공법과 정의

안창호 재판관 의견 모음집

박영사

머 리 말

"오직 공법(צְדָקָה)을 강물같이, 정의(מִשְׁפָּט)를 하수같이 흘릴지로다."

— 성경 아모스 5장 24절 —

천부(天賦)인권, 즉 인간의 존엄과 가치는 공법의 핵심 내용이고 공동체가 실현해야 할 정의의 가치 기준이다. 우리 헌법은 "모든 국민은 인간으로서의 존엄과 가치를 가지며, 행복을 추구할 권리를 가진다. 국가는 개인이 가지는 불가침의 기본적 인권을 확인하고 이를 보장할 의무를 진다."고 규정하고 있다(제10조). 인간의 존엄과 가치는 우리 헌법의 기본 성격을 결정하고 민주적 기본질서의 두 축인 민주주의와 법치주의가 지향하는 궁극적 가치이다.

개인은 구체적인 삶의 궤적에서 삶의 가치를 실현하는 존재로 '무연고적 자아(unencumbered self)'가 아니다. 개인은 국가·사회·가정 공동체에 귀속되어 자신의 생명과 자유, 안전과 행복을 보호받고 자신의 인격 형성과 발현의 그루터기로 삼고 있다. 개인은 건강한 공동체가 있어야 천부인권을 보장받을 수 있고 인간으로서의 존엄과 가치를 실현할 수 있다. 건강한 공동체는 그 구성원 모두가 자유롭고 평등하며, 안전하고 행복하며, 도덕적으로 수준 높고 경제적으로 풍요로운 공동체이다.

헌법재판은 공동체의 구체적인 헌법현실을 파악하여 인간의 존엄과 가치를 핵심으로 하는 헌법가치를 구현하고 헌법질서를 수호하는 여정이다. 공동체 구성원의 실천적 삶은 구체적 헌법현실과 공동체의 가치에 구속된다. 헌법재판은 헌법가치와 이념을 단순히 선언하는 것이 아니라, 공동체 구성원의 실천적 삶 속에서 헌법가치와 이념을 구현하고 실천하는 것이다. 헌법재판은 헌법가치와 이념을 실현하기 위해 공동체의 정치적·경제적·사회적·문화적·역사적 가치와 맥락을 파악하는 것을 전제로 하여야 한다. 공동체의 헌법현실에 대한 고민이 없는 헌법재판은 헌법질서와 공동체의 가치를 훼손하고, 건강한 공동체를 형성하는 데 방해가 될 수 있으며, 사회통합에 역행할 수 있다.

그러나 헌법재판은 헌법현실을 보존하고 공동체의 가치를 유지하는 것에 그치는 것이 아니라, 그 경험적 한계를 인정하고 그 한계를 극복하여, 인류가 추구하는 보편적 가치를 지향해야 한다. 헌법재판에서 헌법현실과 공동체의 가치에 대해 고려하는 것은 개인의 기본권을 제약하는 구실이 아니라, 공동체 구성원 모두의 존엄과 가치가 실현되기 위한 것이어야 한다. 인간의 존엄과 가치는 인류가 지향하는 궁극적 가치이므로, 헌법현실과 공동체의 가치를 평가하고 가늠하는 기준이 된다. 인간의 존엄과 가치는 공동체 구성원의 실천적 삶 속에서 가치의 충돌을 해소하고 가치의 조화를 도모하여 건강한 공동체를 형성할 수 있게 하며, 그 본질적 내용이 된다.

헌법재판은 공동체의 특수성을 고려하면서도 인간의 존엄과 가치의 실현을 추구해야 한다. 헌법재판은 무엇이 인류가 지향하여야 할 공법이고 무엇이 공동체가 실현해야 할 정의인지, 무엇이 인간에 대한 사랑이고 무엇이 공동체 구성원의 인권인지, 무엇이 인간에 대한 믿음이고 무엇이 공동체의 신뢰인지를 숙려하여야 한다. 헌법재판은 이런 숙려 아래 인간의 존엄과 가치를 핵심으로 하는 헌법가치를 구현하고 헌법질서를 수호하면서 인류가 지향하는 공공선과 공통가치를 실현해야 한다.

지난 6년간(2012. 9. 20~2018. 9. 19) 인간의 존엄과 가치가 우리 사회 구석구석에서 구현되며, 대한민국이 자유롭고 평등하며 안전하고 행복한 나라로서 국민 모두가 풍요로운 가운데 도덕적으로 수준 높은 건강한 국가공동체가 성취되기를 소망하면서, 인간에 대한 사랑과 믿음을 가지고 하나님 앞에서 그리고 역사 앞에서 겸허한 마음으로, 헌법재판에 임하도록 노력하였다.

부족하지만 이러한 경험과 의견을 정리해 보고 이를 통해 우리 사회에서 문제되고 있는 현안에 대해 헌법적 관점을 소통하고 숙려함으로써 헌법가치를 구현하는 것은 의미있다고 본다. 그리고 이 책자를 발간하면서, 이제 북한 땅에서도 자유롭게 원하는 것을 말하고, 자유롭게 신앙하며, 공포와 결핍으로부터 자유로운 땅이 되기를 바라는 염원을 담아 본다.

그동안 부족하고 허물이 큰 저에게 베풀어 주신 하나님의 은혜와 가족의 사랑에 머리 숙여 감사의 말씀을 드리고 싶다. 고귀한 인품과 실력으로 헌법적 가치와 이념을 일깨워 주시고 인생의 가르침을 주신 김용준 전 헌법재판소 소장님과 김양균 전 헌법재판관님, 이 책을 발간하기까지 많은 조언을 아끼지 않으신 안성호 한국행정연구원장님, 박균성, 장영수, 한수웅 교수님께 이 자리를 빌려 깊이 감사드린다. 이 책자 발간을 기획하고 총괄한 오영신 부장검사님과 내용을 정리하고 편집하는

데 함께한 박억수, 김성주, 신대경 부장검사님, 이영남 부장판사님, 김광욱, 정주희 연구관님께도 감사의 마음을 전하고 싶다. 그리고 이 책자의 출간에 도움을 주신 박영사 안종만 회장님, 임재무 이사님과 이승현 과장님께도 감사드린다.

이 책을 하나님, 국가, 이웃에 대한 사랑을 가르치시고 하늘나라에 가신 어머니 홍명자 권사님께 바친다.

2018. 12. 25.

안 창 호

안창호 헌법재판관
— 민주주의를 신봉하는 합리적 개혁론자 —

"이 사건 탄핵심판은 보수와 진보라는 이념의 문제가 아니라 헌법적 가치를 실현하고 헌법질서를 수호하는 문제이다." 안창호 재판관이 2017. 3. 박근혜 대통령에 대한 탄핵인용결정에서 이른바 '제왕적 대통령제'의 헌법구조적 문제점을 해소할 것을 주장하는 보충의견을 개진하면서 쓴 명구이다. 나는 이 문구가 안창호 재판관의 헌법적 가치관을 잘 표현하였다고 생각한다. 그는 헌법재판관으로서 재직하는 동안 '보수나 진보'라고 하는 추상적 이념이 아니라, 현재와 미래 대한민국을 만들어나갈 헌법가치를 판단의 기준으로 삼아, 우리가 처한 구체적 헌법현실에 바탕한 합리적인 규범적 해결방안을 끈질기게 추구하였다.

나를 포함하여 안창호 재판관을 가까이서 지켜본 이들은 늘 기도하는 독실한 신앙인으로서 불우청소년에서 심지어 무기수에 이르기까지 소외받는 사람들에 대한 깊은 애정, 우리의 온존한 삶을 가능하게 하는 공동체의 가치에 대한 존중과 민주주의에 대한 강한 신념, 지위의 높고 낮음을 가리지 않고 소탈하게 교감을 나누는 모습, 의미있는 해결책이 나올 때까지 연구하고 토론하기를 즐겨하는 모습 등으로 그를 기억한다.

이 책은 안창호 재판관이 헌법재판관으로 6년 동안 재직하는 동안 법정의견을 주도하거나 반대·보충의견 등 소수의견을 피력한 주요 헌법재판소 결정들을 분야별로 정리하였다.[1] 헌법재판소 결정은 재판관 각자의 독자적인 헌법적 가치관에 따른 의견의 성찰적 조합에 의해 이루어진 것으로 인공지능이 흉내내거나 대체할 수 없

---

* 필자는 안창호 재판관과 2006년 서울중앙지검 2차장검사와 소속 검사의 관계로 처음 만났고, 이후 2009년 대전지검에서 검사장과 범죄예방업무 전담검사로, 그리고 2012년 9월 헌법재판관과 전속 헌법연구관(파견)으로 인연을 맺었다. 이런 인연으로 이 글을 쓰게 되었다.
1) 분야별로 정리된 내용에는 민사법 분야가 적게 다루어지고 있으나, 이는 기본권 침해를 다루는 헌법재판의 특성에 기인하는 측면이 크다. 그리고 분야별로 안창호 재판관이 집필한 내용을 중심으로 편집하면서, 그의 동의하에 소제목 및 내용의 표현 일부를 수정하였다.

는 영역에 속한다. 이처럼 안창호 재판관이라는 한 인간이 지닌 헌법적 가치관을 쫓아 6년간의 헌법재판소 결정을 살펴보는 것이 이 책이 가지는 중요한 특징 중 하나이다. 이 글에서 나는 그의 개인적 가치관이 헌법재판소의 결정에 어떻게 반영되고, 의미있는 변화를 가져왔는지를 그가 제시한 견해와 내 경험을 바탕으로 얘기하려고 한다.[2]

안창호 재판관이 작은 교회의 장로로서 독실한 기독교 신앙을 가지고 있다는 것은 잘 알려져 있다. 삶 대부분을 차지한 공직생활과 그의 신앙은 서로 떼어낼 수 없다. 그의 가훈은 '할렐루야 주의 영광, 나의 일터 나의 조국, 나의 사랑 나의 이웃'이다. 이처럼 종교적 신념이 안창호 재판관의 가치관을 구성하는 바탕이 되었지만, 그의 헌법재판관으로서 판단은 헌법의 가치에 입각한 설득력 있는 논증으로 지지되고 있다.[3] 안창호 재판관에게 있어 신앙은 '인간에 대한 깊은 사랑을 바탕으로 하나님의 뜻이기도 한 정의가 이 세상에서 실현되는 것'을 의미하기 때문일 것이다. 그는 헌법재판관으로 임명되기 이전에 서울고검장으로 퇴직할 때까지 검사로 재직하면서, 서민 등 사회적 약자의 법률복지에 획기적인 전기를 마련한 '공익법무관 제도'와 수용자의 교정·교화에 획기적인 성과를 내고 있는 최초의 민간교도소인 '소망교도소'의 도입을 위해 그 방안을 기획하고 이를 구체화한 법안을 마련하는 데 주도적인 역할을 담당하였다. 그는 교도소에서 무기수 등 자원자들의 발을 씻어주는 세족식을 하는 등 범죄자 교화에도 많은 노력을 기울였다. 부산지검에 근무할 당시 아

---

2) 헌법재판관 개인이 헌법재판소 결정에서 낸 의견에 대한 일정 분석틀(사법소극/적극주의 등)에 따른 성향분석을 하는 시도가 이뤄지고 있다(임지봉, "제1기 헌법재판소 변정수 재판관의 판결성향분석", 세계헌법연구 제17권 제1호, 251~277면 등: 임지봉 교수 외에는 이러한 작업을 하는 연구자가 보이지 않는다). 이 글에서는 이러한 분석틀을 참고하되, 필자가 가까이서 지켜보았던 경험을 바탕으로 안창호 재판관의 가치관이 어떻게 헌법재판의 결정에 반영되었는지를 분석하려고 한다.

3) 간통죄 사건, 성매매 사건 등이 종교적 신념과 직접적으로 관련될 수 있는 사건이다. 이 결정들에서 그는 혼인과 가족생활 보호에 관한 헌법 제36조 제1항의 규범적 해석과 여전히 여성이 사회경제적 약자인 현실을 논거로 제시하여 합헌의 반대의견을 제시하거나(간통죄 사건의 경우), 인간의 절제되지 않는 욕망이 헌법상 행복추구권의 내용이 될 수 없다는 규범적 해석, 성매매 비범죄화가 가져올 여러 사회문제를 지적하며 합헌의 보충의견을 제시하였다(성매매죄 사건의 경우). 이처럼 안창호 재판관은 그가 가진 종교적 가치관을 내세우지 않고 헌법규범과 헌법현실에 투영하여 설득력 있는 논증으로 반영하고 있다. 그가 박근혜 대통령 탄핵결정 보충의견에서 성경 말씀인 '공법과 정의'에 관한 아모스 5장 24절 등을 인용하고 있는데, 이는 그 내용이 성경 말씀인 동시에 인류가 지향하는 보편적 이념이자 헌법 가치이기 때문이다.

침마다 광안리 해수욕장 등지에서 깨진 병 등 쓰레기를 주웠다는 일화 등은 안창호 재판관이 가진 독실한 신앙과 겸손함이 공직생활과 어떻게 조화를 이루고 있는지를 잘 보여준다.

　　우리 사회에서 경제적·사회적 약자에 대한 그의 관심과 애정은 사회적 기본권과 관련되어 다수의 위헌의견으로 표출되었다. 사회적 기본권과 관련해서는 실제 위헌결정에 이르는 예가 드물다. 그런 이유로 그의 의견 대부분은 법정의견과 뜻을 달리하는 소수의견이다. 안창호 재판관의 따스한 시선은 사회적 배려가 필요한 국민건강보험의 저소득 지역가입자(2015헌바199), 초기 정착지원금을 필요적으로 몰수·추징당하는 북한이탈주민(2015헌가22), 소규모의 영세한 비영리 노인복지시설 운영자(2015헌바46), 출퇴근용 교통수단을 제공받는 근로자와 달리 출퇴근 시 사고를 당해도 산재처리를 받지 못하는 근로자(2014헌바254), 유급휴가를 보장받지 못하는 근로기간 1년 미만 근로자(2013헌마619) 등 현실에서 불합리하게 차별을 받고 있는 우리 사회의 소외된 구성원들을 향하고 있다.[4] 특히 출퇴근 근로자 산업재해보상사건에서 애초 안창호 재판관은 평등원칙의 합리성 심사기준에 따라 법정의견에 가담함으로써 합헌결정이 이루어졌으나, 재임 중 다시 제기된 같은 법조문에 대한 위헌심사에서 심각해지는 양극화 등 사회갈등을 완화하기 위하여 기존에 정립된 기준보다 강화된 평등원칙 심사기준을 제시하면서 헌법불합치 입장으로 변경함으로써 6명의 위헌정족수가 채워져 헌법불합치 결정이 내려졌다.

　　안창호 재판관은 검찰에서 오랜 기간 근무하였고, 사회의 공공질서를 담당하는 공안부서에서 근무한 경력 등을 이유로 언론 등에서 보수적 성향이라는 평가를 받아왔다. 보수와 진보에 대하여는 정치학이나 사회학 등에서 수많은 개념정의가 존재하고, 우리의 경우에는 남북간 이념대립이라는 현실 때문에 더욱 그 개념정의가 복잡하게 얽혀 있는 것이 현실이다. 안창호 재판관은 우리 공동체와 그 근간을 이루는 가족의 가치를 중시한다는 점에서 기본적으로는 보수적인 입장이라고 평가될 수도 있다. 그가 통합진보당 사건이나 이른바 양심적 병역거부사건, 그리고 성도덕질서와 관련된 간통죄 사건, 성매매 사건 등에서 개진한 의견은 건강한 공동체와 그 가치를 지키고 발전시키자는 취지이다. 안창호 재판관은 건강한 공동체가 없다면 개인의 자

---

4) 이러한 안창호 재판관의 결정들은 제7장 '사회적 기본권'에 정리되어 있다.

유는 명목상으로만 인정되는 것일 뿐 형해화될 수 있다고 생각한다. 따라서 건강한 공동체와 그 가치의 존속, 발전과 긴밀하게 관련된 사안에서 그는 개인의 자유는 일정한 정도 제한될 수 있음을 솔직하게 인정한다. 그러나 건강한 공동체와 그 가치의 유지·존속과 관련성이 밀접하지 않다고 여겨지는 사안에서 안창호 재판관은 개인의 자유를 최대한 인정하는 입장을 취하고 있다. 그의 의견을 주의깊게 살펴보면, 기존 질서를 변화시키자고 하는 주장에 대하여 헌법현실에 바탕을 둔 근본적 문제제기를 하고 그에 대한 책임있는 답을 요청하고 있다. 통합진보당 사건에서 그는 주체사상을 신봉하고 북한식 사회주의 체제를 추구하면서 대한민국의 자유민주주의를 부정하고 그 전복을 꾀하는 정당을 과연 우리 헌법의 보호범위 안에 둘 것인지 심각하게 묻는다. 이른바 양심적 병역거부 사건에서는 대체복무를 허용하자는 법정의견에 대하여, 전쟁가능성이 상존한 현실에서 국가비상사태의 경우 국가의 안전보장에 필요한 병력수급이 가능할 것인지, 진정한 양심을 심사하는 절차가 실제로 가능할 것인지라고 하는 현실적 문제 외에도 더 나아가 구성원 모두의 생존에 있어 전제가 되는 국가공동체를 지키는 국방의무가 가지는 헌법적 의미에 대하여 근본적 문제제기를 한다. 그는 문제제기에 그치지 않고 더 나아가 위헌정당의 해산이 우리 헌법의 가치를 지키는 진보정당들이 소모적 이념논쟁에서 벗어나 더욱 성장할 수 있을 것이라고 판단하였고, 국민적 합의가 있다면 전시의 특칙을 둔 대체복무제가 도입될 수 있으나, 그 전이라도 공직임용 제한, 변호사 등록 제한 등 형사처벌 외에 추가적으로 더해지는 기본권제한에 대하여는 완화조치가 필요하다고 주장하고 있다. 이처럼 안창호 재판관이 지키려 한 것은 개인의 자유를 최대한 보장하는 '건강한 공동체의 가치와 질서'이지 단순히 '기존의 가치와 질서'가 아니다. 그리고 건강한 공동체 질서를 만들기 위한 핵심코드로 그가 상정한 것은 '성숙한 민주주의'이다.

이런 측면에서 안창호 재판관이 낸 의견 중 주목하여야 할 부분은 그가 권력행사의 투명성과 그에 대한 견제와 통제, 토론과 타협 등 민주주의가 제대로 작동하기 위해 필수적인 사항들을 강조한 점이다. 그는 대통령 탄핵사건에서 보충의견을 통하여 "1987년 대통령 직선제 헌법 개정으로 대통령 '권력형성'의 민주적 정당성 측면에서는 획기적인 변화가 있었지만, 대통령 '권력행사'의 민주적 정당성 측면에서는 과거 권위주의적 방식에서 크게 벗어나지 못하였다."고 우리의 권력구조상 문제점을 지적하면서, 선거로 선출된 이후에도 투명한 절차와 소통을 통해 권력행사의 민주적 정당성을 끊임없이 확보해야 한다고 주장한다. 구체적으로는 획기적인 지방분권, 비례대표제의 확대, 국민소환제·국민발안제 등 직접민주제적 요소의 도입, 주요 권력기관장의 임명시 국회동의 등 민주주의 진전을 위해 도입이 필요한 법적 장치들을 제시하였다.[5] 안창호 재판관의 민주주의에 대한 관심과 이해도의 깊이를 잘 알 수 있는 사건이 있다. 지방의회의 위원회가 시민단체의 방청신청을 불허하자 이를 취소하여 달라고 헌법소원을 제기한 사안에서, 안창호 재판관은 심판의 이익이 없다는 법정의견에 반대하는 위헌의견을 집필하였다. 위헌의견을 통하여 안창호 재판관은 국정운영의 투명성에 근거한 공정성이 최대한 확보될 수 있도록 합의제 기관인 의회는 원칙적으로 국민에게 공개되어야 한다고 하여 헌법 제50조 제1항 의사공개원칙의 헌법적 의미를 지방의회까지 확대시키는 논의를 전개하였고, 방청불허가 다수 의원의 의사에 의하더라도 헌법상 비례원칙을 위반한 경우에는 국민의 알 권리를 침해한다고 하여 지방자치에 대한 주민의 통제기능이 강화되어야 함을 주장하였다. 사소해 보이는 사안에서 국정운영의 투명성이라고 하는 민주주의의 기본원칙을 발견해내고 그 의미를 부각시켰다는 점에서, 안창호 재판관의 위헌의견은 높게 평가될 수 있다.

　안창호 재판관은 격의없는 토론을 즐겨한다. 일반적으로 상사의 일방적 지시와 이를 잘 수행하는 부하가 능력을 인정받는 경직된 사회구조에서 그는 특이한 존재이다. 그는 자신과 의견이 다르더라도 끝까지 다른 사람의 의견을 경청할 줄 안다. 그러한 소통능력은 다양한 의견이 개진되고 설득의 다툼이 벌어지는 헌법재판소에서 그 진가를 발휘하였다고 생각한다. 안창호 재판관은 필요하다고 생각하면 다른 재판관들의 방에 찾아가 개별적으로 설득하는 것도 꺼려하지 않았다. 내가 그의 전속 연구관으로 근무하면서 경험하였던 몇몇 사건들에서 내려진 위헌결정들은 안창호 재판관의 이러한 성품에 기인하는 것이었다고 생각한다. 2013년 어느 날 주심재판관으로부터 임대차존속기간을 20년으로 제한한 민법 제651조 제1항에 대한 위헌소원 사건의 합헌취지의 보고서가 전달되었다.[6] 보고서를 읽던 안창호 재판관에게

---

5) 그 외 민주주의와 관련된 안창호 재판관의 주요 견해는 제1장 '민주주의와 법치주의'에 정리되어 있다.

6) 재판관의 평의가 있기 전 주심재판관은 연구관의 보고서를 미리 재판관들에게 전달하고 이를 받은 재판관 중 주심재판관과 다른 의견이 있는 경우에는 담당연구관이나 전속 연구관으로 하여금 추가의견서, 반대의견서 등을 작성하도록 하는 것이 실무이다.

가장 기초적인 의문이 생겼다. 왜 건물임대차는 20년으로 제한되어야 하는가? 이 사건은 민자역사건물 임대차의 양 당사자(모두 변호사가 대리하였다)가 민법 규정에도 불구하고 합의하에 30년으로 약정하였다가 장사가 잘 되지 않자 임차인 쪽에서 20년을 넘는 부분의 무효를 주장하였던 사안이었다. 법조문이 거래현실에 맞지 않고 오히려 자율적 거래관계 형성에 장애물이 된다면 이는 헌법상 계약의 자유를 침해한다는 것이 안창호 재판관의 생각이었다. 안창호 재판관은 담당연구관인 김소연 연구관, 전속연구관이었던 나와 함께 여러 차례 토론을 하였고, 건물임대차의 현실상황, 해당 조문 관련 법적 분쟁태양 등에 대하여 추가 리서치를 통해 이 조문이 가지는 위헌성이 분명해지면서 안창호 재판관이 위헌의 법정의견을 집필하였다. 인상 깊은 사건이 하나 더 있다. 형사변호인이 아닌 경우에는 수용자 접견 시, 차단시설을 사이에 두고 접견하도록 한 형집행법 시행령에 대하여 헌법소원이 제기되었고 증거인멸이나 금지물품 반입의 우려 등을 이유로 한 합헌의견 취지의 보고서를 보고받았다. 안창호 재판관은 수용자가 수용되어 있다는 자체로 자신의 재산 등 권리를 지키는데 매우 열악한 위치에 있음에도 법률적 조력자인 변호사와의 접견에서 자유로운 의사소통이 제한되는 것은 심각한 기본권 침해가 될 수 있다고 생각하였다. 이후 전속연구관들과의 토론을 통해 국가나 교정기관을 상대로 한 소송의 경우에는 소송자료가 소송의 상대방인 검열자에게 그대로 노출될 수 있고, 형사재판이 아니라는 점에서 증거인멸의 우려는 제한의 근거가 될 수 없으며, 금지물품 반입은 신체검사 등의 조치를 통해 방지할 수 있는 점 등의 위헌논거를 명확히 함으로써 헌법불합치의 법정의견을 집필하였다.

이처럼 안창호 재판관의 헌법적 가치관은 개인의 자유를 최대한 보장하는 '건강한 공동체의 질서' 수호이다. 그는 이를 위한 방법론으로서 성숙한 민주주의의 구현방안을 고민하고, 치열한 고민과 토론을 통해 불합리한 제도의 변화를 도모하였다. 이런 의미에서 안창호 재판관은 민주주의의 신봉자, 합리적 개혁주의자라고 평가될 수 있다.

이 책이 신앙인으로서, 공직자로서, 법률가로서 살아온 안창호 재판관의 삶과 가치관이 잘 녹아들어간 글을 전체적으로 살필 수 있는 좋은 자료가 되기를 희망한다.

차   례

머 리 말 ·· i

안창호 헌법재판관 ─ 민주주의를 신봉하는 합리적 개혁론자 ─ ····················· iv

제 1 장   민주주의와 법치주의

서   론 ··· 3

대통령 박근혜 탄핵심판 사건

　(헌재 2017. 3. 10. 2016헌나1) ··· 5

통합진보당 해산 사건

　(헌재 2014. 12. 19. 2013헌다1) ·· 18

정당등록취소 사건

　(헌재 2014. 1. 28. 2012헌마431 등) ·· 56

공무원 정당가입금지 사건

　(헌재 2014. 3. 27. 2011헌바42) ··· 62

소선거구 다수대표제 사건

　(헌재 2016. 5. 26. 2012헌마374) ··· 76

지방의회 방청불허 사건

　(헌재 2017. 7. 27. 2016헌마53) ··· 80

국가긴급권 관련 사건 ··· 92

기타 중요 사건 ·· 97

제 2 장   양심 등 개인의 자유

서   론 ··· 101

이른바 '양심적 병역거부' 사건

　(헌재 2018. 6. 28. 2011헌바379등) ··· 103

간통죄 사건

　(헌재 2015. 2. 26. 2009헌바17등) ··· 143

성매매 처벌 사건

　(헌재 2016. 3. 31. 2013헌가2) ·· 151

청탁금지법(일명 김영란법) 사건

　(헌재 2016. 7. 28. 2015헌마236등) ·· 156

불법체류자 보호 사건

　(헌재 2018. 2. 22. 2017헌가29) ·· 168

조세특례제한법 제70조 제1항 관련 사건

　(헌재 2015. 5. 28. 2014헌바262등) ·· 178

국적법 제12조 제2항 관련 사건

　(헌재 2015. 11. 26. 2013헌마805등) ·· 183

기타 중요 사건 ·· 186

제 3 장　집회 및 표현의 자유

서　론 ·· 191

국회의사당 주변 시위금지 사건

　(헌재 2018. 5. 31. 2013헌바322 등) ·· 193

야간시위 금지 사건

　(헌재 2014. 3. 27. 2010헌가2) ·· 202

경찰의 집회촬영 사건

　(헌재 2018. 8. 30. 2014헌마843) ·· 212

정보통신망법상 명예훼손죄 사건

　(헌재 2016. 2. 25. 2013헌바105등) ·· 221

대통령에 대한 명예훼손 사건

　(헌재 2013. 12. 26. 2009헌마747) ··· 230

'스토킹' 처벌 사건

(헌재 2016. 12. 29. 2014헌바434) ·································· 242

정서적 학대 처벌 사건

(헌재 2015. 10. 21. 2014헌바266) ·································· 248

인터넷언론사의 실명확인 관련 의무 사건

(헌재 2015. 7. 30. 2012헌마734 등) ······························ 255

온라인서비스제공자의 삭제의무 등 사건

(헌재 2018. 6. 28. 2016헌가15) ···································· 266

기타 중요 사건 ·· 277

제 4 장 참정권과 선거운동의 자유

서   론 ··· 283

수형자 등의 선거권제한 사건

(헌재 2014. 1. 28. 2012헌마409 등) ······························ 285

문서를 이용한 선거운동제한 사건

(헌재 2014. 4. 24. 2011헌바17 등) ······························· 290

국회의원선거 기탁금 등 사건

(헌재 2016. 12. 29. 2015헌마509 등) ···························· 303

선거범에 대한 선거권 제한 등 사건

(헌재 2018. 1. 25. 2015헌마821 등) ······························ 326

배우자의 선거법 위반에 따른 당선무효 등 사건

(헌재 2016. 9. 29. 2015헌마548) ·································· 347

예비후보자 기탁금 반환 사건

(헌재 2018. 1. 25. 2016헌마541) ·································· 355

예비후보자 선거운동원 제한 사건

(헌재 2013. 11. 28. 2011헌마267) ································· 361

점자형 선거공보 관련 사건

(헌재 2014. 5. 29. 2012헌마913) ·································· 365

기타 중요 사건 ·· 374

제 5 장   형사절차 관련 기본권

서   론 ·· 379

통신사실 확인자료 제공 사건

　(헌재 2018. 6. 28. 2012헌마191 등) ·· 381

패킷 감청 사건

　(헌재 2018. 8. 30. 2016헌마263) ·· 395

공범에 대한 공판조서의 증거능력 사건

　(헌재 2013. 10. 24. 2011헌바79) ·· 404

청소년성보호법상 증거능력 특례조항 사건

　(헌재 2013. 12. 26. 2011헌바108) ·· 407

피내사자에 대한 출석요구 사건

　(헌재 2014. 8. 28. 2012헌마776) ·· 412

변호인에 대한 후방착석요구 사건

　(헌재 2017. 11. 30. 2016헌마503) ·· 421

송환대기 외국인에 대한 변호사접견 불허 사건

　(헌재 2018. 5. 31. 2014헌마346) ·· 434

차단시설 설치장소에서의 변호사 접견 사건

　(헌재 2013. 8. 29. 2011헌마122) ·· 440

수용자의 접견내용 제공 사건

　(헌재 2016. 11. 24. 2014헌바401) ·· 447

기타 중요 사건 ·· 452

제 6 장   형벌 관련 헌법원칙 등

서   론 ·· 459

폭처법상 위험한 물건 휴대 폭력 사건

　(헌재 2015. 9. 24. 2015헌가17) ·· 462

노역장 유치기간 하한 설정 사건

　(헌재 2017. 10. 26. 2015헌바239등) ·· 476

주거침입강제추행치상죄 사건

(헌재 2015. 11. 26. 2014헌바436) ··· 490

농협법상 후보자비방죄 사건

(헌재 2012. 11. 29. 2011헌바137) ··· 497

국회 허위증언 가중처벌 사건

(헌재 2015. 9. 24. 2012헌바410) ··· 501

'법률에 의한 추가제한' 관련 사건

(헌재 2016. 10. 27. 2014헌마709) ··· 507

성범죄자 신상정보등록 사건

(헌재 2016. 3. 31. 2014헌마785) ··· 513

아동학대관련범죄자 취업제한 사건

(헌재 2018. 6. 28. 2017헌마130) ··· 521

디엔에이감식시료 채취절차 사건

(헌재 2018. 8. 30. 2016헌마344) ··· 527

기타 중요 사건 ·· 536

제 7 장 사회적 기본권

서   론 ··· 541

지역가입자 건강보험료 산정기준 사건

(헌재 2016. 12. 29. 2015헌바199) ··· 544

북한이탈주민 정착지원금 필요적 몰수 사건

(헌재 2017. 8. 31. 2015헌가22) ··· 552

재외국민 영유아 지원배제 사건

(헌재 2018. 1. 25. 2015헌마1047) ··· 559

노인복지시설 운영자처벌 사건

(헌재 2016. 6. 30. 2015헌바46) ··· 564

국가유공자 가족 가산점 사건

(헌재 2012. 11. 29. 2011헌마533) ··· 570

보훈보상대상자 지원 순위 사건

(헌재 2018. 6. 28. 2016헌가14) ··· 576

출퇴근 근로자 산업재해보상 사건

(헌재 2016. 9. 29. 2014헌바254) ··· 580

산업재해 입증책임 사건

(헌재 2015. 6. 25. 2014헌바269) ··· 586

청원경찰 근로3권제한 사건

(헌재 2017. 9. 28. 2015헌마653) ··· 589

공문서 한글전용 등 사건

(헌재 2016. 11. 24. 2012헌마854) ··· 597

검정고시 출신 대학지원제한 사건

(헌재 2017. 12. 28. 2016헌마649) ··· 605

국립대학교 총장후보 기탁금 사건

(헌재 2018. 4. 26. 2014헌마274) ··· 614

기타 중요 사건 ··· 620

제 8 장 경제질서와 헌법재판제도

서   론 ··· 629

민법 제651조 제1항 관련 사건

(헌재 2013. 12. 26. 2011헌바234) ··· 631

상가임대차법 제2조 관련 사건

(헌재 2014. 3. 27. 2013헌바198) ··· 639

공무원의 기본권 주체성 사건

(헌재 2018. 4. 26. 2014헌마274) ··· 648

행정규칙의 공권력 행사성 사건

(헌재 2018. 5. 31. 2015헌마853) ··· 656

기본권 침해가 종료된 권력적 사실행위의 심판이익 사건

(헌재 2016. 10. 27. 2014헌마626) ··· 668

위법한 권력적 사실행위의 심판이익 사건

(헌재 2017. 12. 28. 2015헌마632) ··· 675

제소기간이 도과된 행정처분 사건

　(헌재 2014. 1. 28. 2010헌바251) ···································· 682

기타 중요 사건 ··· 688

부　록

안창호 서울고검장 퇴임사 ·· 695

안창호 헌법재판관 취임사 ·· 699

안창호 헌법재판관 퇴임사 ·· 702

[인터뷰] 헌재가 이념에 경도되면 국회도 무력화 시킬 수 있다 ·············· 705

제 1 장
민주주의와 법치주의

서 론

'인간의 존엄과 가치'의 실현을 목표로 하는 민주적 기본질서는 민주주의와 법치주의를 두 축으로 한다. 민주주의는 사람이 정치 공동체 내에서 정치적 지배를 피할 수 없다는 것을 전제로, '자기결정과 자기지배'의 결과로 나타나는 통치형태이다. 법치주의는 국민이 국가권력의 단순한 대상이 아니라 권리의 주체라는 인식 아래, 국가권력이 법에 의해 통제되는 통치형태이다.

국가공동체에서 그 구성원은 민주주의원리에 따라 국가권력의 형성 및 의사결정에 균등하게 참여할 수 있고, 법치주의원리에 따라 인간으로서 그 존엄과 가치를 보장받고 있다. 국가권력은 '민주적 정당성'의 확보를 위해 개인의 균등한 민주적 참여에 의해 선출되어야 하지만, 민주적으로 정당화된 국가권력이라고 해도 '인간의 존엄과 가치'의 실현을 위해 법치주의에 의한 제약을 받는다. 국가공동체 구성원의 가치가 다양하게 표출되고 갈등과 대립이 일상화 되고 있는 현실에서는 민주주의는 법치주의를 내용으로 할 때 비로소 그 완결성을 가질 수 있다.

오늘날 대의제 민주국가에서는 정당이 국민의 정치적 의사형성을 담당하고 매개자로서 대의기관의 운영을 주도하기 때문에, 정당의 자유로운 설립과 활동은 민주주의 실현의 전제조건이라고 평가된다. 헌법은 정당에 대하여 특별한 보호를 받는 결사의 지위를 부여하고 복수정당제를 보장하고 있으며, 정당해산은 정당의 목적이나 활동이 민주적 기본질서에 위배된 경우로 제한하고 있다.

제1장 '민주주의와 법치주의'에서는 대통령 탄핵 및 정당해산 사건을 비롯하여 민주주의와 관련 있는 사건 가운데 6건을 선정하여, 재판관 안창호가 집필한 부분을 중심으로 수록하였다. 선정된 6건은 다음과 같다.

대통령 박근혜 탄핵심판 사건(헌재 2017. 3. 10. 2016헌나1)은 헌법질서의 수호를 위하여 국민이 선출한 대통령을 탄핵 결정한 사건으로 대한민국 헌정사에서 매우 중요한 의미를 갖는다. 재판관 안창호는 법정(인용)의견과 견해를 같이 하면서, 보충의견에서 현행 대통령제의 문제점을 지적하고, 집권(集權)이 아닌 분권, 통치가 아닌 협치(協治), 공정하고 투명한 권력행사의 중요성을 강조하였다.

통합진보당 해산 사건(헌재 2014. 12. 19. 2013헌다1)은 방어적 민주주의의 가치에 따라 민주적 기본질서를 지키기 위해 위헌정당을 해산한 사건으로 대한민국 헌정사에서 중요한 사건으로 분류된다. 재판관 안창호 등은 법정(인용)의견과 견해를 같이 하면서, 보충의견에서 진보적 민주주의의 문제점을 지적하고 연방제 통일의 주장이 합헌적일 수 있다는 의견을 제시하였다.

정당등록취소 사건(헌재 2014. 1. 28. 2012헌마431 등)은 대의제 민주국가에서 필수요소로 평가되는 정당의 등록취소에 관한 위헌소원 사건이다. 재판관 안창호 등은 법정(위헌)의견에서 정당이 단 한 번의 국회의원선거에서 일정 득표를 얻지 못했다는 이유로 정당등록이 취소되는 것은 정당제 민주주의의 발전에 역행한다고 보아 헌법에 위반된다고 판단하였다.

공무원 정당가입금지 사건(헌재 2014. 3. 27. 2011헌바42)은 국민전체에 대한 봉사자인 공무원의 정당가입을 제한하는 규정에 관한 위헌소원 사건이다. 재판관 안창호는 법정(합헌)의견과 견해를 같이 하면서, 보충의견에서 우리의 문화와 지역적 특수성 등에 대한 분석을 통해 법정의견을 보완하였다.

소선거구 다수대표제 사건(헌재 2016. 5. 26. 2012헌마374)은 대의제 민주주의에서 소선거구 다수대표제에 대한 위헌소원 사건이다. 재판관 안창호는 법정(합헌)의견과 견해를 같이 하면서도, 보충의견에서 투표가치의 등가성을 강조하고 국회의원선거에서 비례대표제 강화 방안을 제시하였다.

지방의회 방청불허 사건(헌재 2017. 7. 27. 2016헌마53)은 지방의회 상임위원회가 주민의 방청을 불허한 행위에 대한 위헌소원 사건이다. 재판관 안창호 등은 반대(위헌)의견에서 대의제 민주주의에서 절차의 투명성을 강조하면서, 지방의회의 방청불허는 의사공개원칙과 함께 국민의 알 권리를 침해할 수 있다는 의견을 제시하였다.

재판관 안창호는 위 사건들에서 보는 바와 같이, 대통령 박근혜 탄핵심판 사건과 통합진보당 해산 사건에서 민주주의와 법치주의의 구현을 위해 인용의견을, 정당등록취소 사건에서 소수정당의 보호와 민주주의의 다양성 확보를 위해 위헌의견을, 공무원 정당가입금지 사건에서 헌법현실을 고려하여 합헌의견을, 소선거구 다수대표제 사건에서 투표가치의 등가성 확충을 위해 비례대표제의 강화방안을, 지방의회 방청불허 사건에서 지방의회의 투명성 강화를 위하여 위헌의견을 제시하고 있다. 그밖에 국가긴급권 관련 사건(헌재 2013. 3. 21. 2010헌바132등)에서 국가의 정당하지 못

한 권력행사와 관련된 법률 및 대법원 판결에 대해 헌법에 위반된다는 의견을, 국회
의원선거구구역표 사건(헌재 2014. 10. 30. 2012헌마192 등)에서 투표가치의 등가성 강
화를 위해 헌법불합치의견을, 이른바 '국회선진화법' 관련 권한쟁의 사건(헌재 2016.
5. 26. 2015헌라1)에서 통치가 아닌 협치를 위해 각하의견을, 정당후원금 금지 사건
(헌재 2015. 12. 23. 2013헌바168)에서 정당제 민주주의의 발전을 위해 헌법불합치의견
을 취하였다.

대통령 박근혜 탄핵심판 사건
(헌재 2017. 3. 10. 2016헌나1)

□ 사건개요 등

헌법재판소는 박근혜 대통령에 대한 탄핵심판 사건에서 재판관 8인의 전원일치
의견으로, 대통령 박근혜를 파면하는 결정을 하였다. 이 결정에는 재판관 2명의 세
월호 관련 보충의견과 재판관 안창호의 이른바 '제왕적 대통령제' 관련 보충의견이
있었다.

법정의견은 피청구인의 이 사건 헌법과 법률 위배행위가 국민의 신임을 배반한
행위로서 헌법수호의 관점에서 용납될 수 없는 중대한 법 위배행위라고 판단하면서,
피청구인에 대해 파면결정을 하였는데, 그 중요 내용은 다음과 같다.

① 피청구인은 최○원이 추천한 인사를 다수 공직에 임명하였고 이렇게 임명된
일부 공직자는 최○원의 이권 추구를 돕는 역할을 하였다. 피청구인은 사기업으로
부터 재원을 마련하여 재단법인 미르와 재단법인 케이 스포츠(다음부터 '미르'와 '케이
스포츠'라고 한다)를 설립하도록 지시하였고, 대통령의 지위와 권한을 이용하여 기업
들에게 출연을 요구하였다. 이어 최○원이 추천하는 사람들을 미르와 케이 스포츠
의 임원진이 되도록 하여 최○원이 두 재단을 실질적으로 장악할 수 있도록 해 주
었다. 그 밖에도 피청구인의 사기업 경영에 간여하는 행위는 최○원 등의 이익을 위
해 대통령으로서의 지위와 권한을 남용한 것으로서 공정한 직무수행이라 할 수 없
다. 피청구인은 헌법 제7조 제1항, 국가공무원법 제59조, 공직자윤리법 제2조의2 제

3항, 부패방지권익위법 제2조 제4호 가목, 제7조를 위반하였다.

　　② 피청구인은 직접 또는 경제수석비서관을 통하여 대기업 임원 등에게 미르와 케이 스포츠에 출연할 것을 요구하였다. 그밖에도 피청구인은 기업에 스포츠 팀 창단 및 더블루 케이와의 계약 체결을 요구하였고, 그 과정에서 고위공직자인 안○범이나 김○을 이용하여 영향력을 행사하였다. 피청구인의 이와 같은 일련의 행위들은 기업의 임의적 협력을 기대하는 단순한 의견제시나 권고가 아니라 구속적 성격을 지닌 것으로 평가된다. 공권력 개입을 정당화할 수 있는 기준과 요건을 법률로 정하지 않고 대통령의 지위를 이용하여 기업으로 하여금 재단법인에 출연하도록 한 피청구인의 행위는 해당 기업의 재산권 및 기업경영의 자유를 침해한 것이다.

　　③ 피청구인의 지시와 묵인에 따라 최○원에게 많은 문건이 유출되었고, 여기에는 대통령의 일정·외교·인사·정책 등에 관한 내용이 포함되어 있다. 이런 정보는 대통령의 직무와 관련된 것으로, 일반에 알려질 경우 행정 목적을 해할 우려가 있고 실질적으로 비밀로 보호할 가치가 있으므로 직무상 비밀에 해당한다. 피청구인이 최○원에게 위와 같은 문건이 유출되도록 지시 또는 방치한 행위는 국가공무원법 제60조의 비밀엄수의무를 위반한 것이다.

　　④ 이처럼 피청구인은 최○원에게 공무상 비밀이 포함된 국정에 관한 문건을 전달했고, 공직자가 아닌 최○원의 의견을 비밀리에 국정 운영에 반영하였다. 피청구인의 이러한 위법행위는 피청구인이 대통령으로 취임한 때부터 3년 이상 지속되었다. 피청구인은 국민으로부터 위임받은 권한을 사적 용도로 남용하여 적극적·반복적으로 최○원의 사익 추구를 도와주었고, 그 과정에서 대통령의 지위를 이용하거나 국가의 기관과 조직을 동원하였다는 점에서 법 위반의 정도가 매우 중하다. 대통령은 공무 수행을 투명하게 공개하여 국민의 평가를 받아야 한다. 그런데 피청구인은 최○원의 국정 개입을 허용하면서 이 사실을 철저히 비밀에 부쳤고, 그에 관한 의혹이 제기될 때마다 이를 부인하며 의혹 제기 행위만을 비난하였다. 따라서 권력분립원리에 따른 국회 등 헌법기관에 의한 견제나 언론 등 민간에 의한 감시 장치가 제대로 작동될 수 없었다. 이와 같은 피청구인의 일련의 행위는 대의민주제의 원리와 법치주의의 정신을 훼손한 것으로서 대통령으로서의 공익실현의무를 중대하게 위반한 것이다.

　　사람에게 인격이 있듯이 나라에는 국격이 있다. 국격은 국민 개개인의 품성만에 의해 높아지지 않는다. 국격은 헌법질서의 품질로 평가된다. 재판관 안창호는 보충의견에서 이른바 '제왕적 대통령제'로 비판되는 대한민국 헌법의 권력구조가 피청구인의 헌법 및 법률위반의 필요조건이 되었다는 점을 지적하면서 권력구조의 개혁과제를 제시하였다.

먼저, 1987년 대통령직선제 헌법 개정으로 대통령 '권력형성'의 민주적 정당성 측면에서는 획기적인 변화가 있었지만, 대통령 '권력행사'의 민주적 정당성 측면에서는 과거 권위주의적 방식에서 크게 벗어나지 못하였다는 점을 적시하였다. 현행 헌법 하에서 계속되고 있는 '비선조직의 국정개입, 대통령의 권한남용, 재벌기업과의 정경유착'이 제왕적 대통령제가 낳은 정치적 폐습으로 주요한 헌법가치인 민주적 정당성과 절차적 투명성, 사회적 공정성과 경제적 정의의 실현을 방해하고 있음을 논증하였다.

이러한 인식을 기반으로 권력분립원리에 기초하여, 지방의 자율·책임을 강조하는 지방분권원리와 대의제 민주주의의 한계를 보완하는 직접민주주의원리를 강화한 '현대적 분권국가의 헌법질서'는 제왕적 대통령제에 대한 대안이 될 수 있음을 주장하면서 중앙집권적 권력의 대폭 지방이양, 비례대표제 확대, 국민소환제 등 직접민주제 요소의 강화, 주요 국가권력기관장 임명에 국회동의(투명성, 공정성 확보), 청와대 참모조직 축소 및 대통령의 사면권제한, 양원제 도입 등이 민주적 공론화 과정을 통해 마련될 수 있는 구체적 방안임을 제시하였다.

재판관 안창호의 보충의견은 역대 대한민국 대통령들이 퇴임 후 국민들로부터 존경과 사랑을 받지 못하고 불행한 전철을 밟는 것을 분석하여, 그 원인을 강력한 '제왕적 대통령제'에서 비롯된다고 논증하고 그 대안을 제시하고 있다. 이러한 견해는 많은 지지를 받았다. 결론적 논의에서 "이 사건 탄핵심판은 보수와 진보라는 이념의 문제가 아니라 헌법적 가치를 실현하고 헌법질서를 수호하는 문제이다. 그리고 이 사건 탄핵심판은 단순히 대통령의 과거 행위의 위법과 파면 여부만을 판단하는 것이 아니라 미래 대한민국이 지향해야 할 헌법가치와 질서의 규범적 표준을 설정하는 것이기도 하다."라고 한 부분은 탄핵심판과정에서 극심한 이념논란이 벌어져 국론이 분열된 상황에서 우리 헌법이 탄핵심판제도를 두고 있는 이유와 이 사건에서 탄핵인용이유를 간명하고 설득력 있게 제시한 명문구로 평가된다.

□ 재판관 안창호의 보충의견

나는 피청구인의 헌법과 법률 위반행위가 '헌법 수호의 관점에서 용납될 수 없는 중대한 법 위반 행위'에 해당하여 피청구인이 파면되어야 한다는 법정의견과 뜻을 같이 한다. 나는 이른바 '제왕적 대통령제(imperial presidency)'로 비판되는 우리 헌법의 권력구조가 이러한 헌법과 법률 위반행위를 가능하게 한 필요조건이리고 본다. 따라서 이를 명확히 밝히는 것이 이 사건 심판의 헌법적 의미를 분명하게 드러내고 향후 헌법개정의 방향을 모색하는 데 필요하다고 생각하여 다음과 같이 보충의견을 개진한다.

가. 우리 헌정사와 제왕적 대통령제

현행 헌법은 "모든 국민은 인간으로서의 존엄과 가치를 가지며, 행복을 추구할 권리를 가진다. 국가는 개인이 가지는 불가침의 기본적 인권을 확인하고 이를 보장할 의무를 진다."고 규정하고 있다(제10조). 인간의 존엄과 가치는 헌법의 근본적 성격을 결정하고 개인과 공동체의 관계를 규정하는 핵심개념이다. 그런데 인간의 존엄과 가치를 구현하고자 하는 민주주의 헌법은 이상적인 형태가 따로 존재하는 것이 아니라 국가공동체의 정치적·경제적·사회적·문화적 환경과 그 시대의 이념적 지향점이 무엇이냐에 따라 각기 다른 모습을 가지게 된다.

우리 헌법은 제정 이후 현행 헌법에 이르기까지 아홉 차례의 개헌이 있었다. 4·19 혁명 직후 의원내각제 도입과 3·15 부정선거관련자 처벌을 위한 헌법개정을 제외한 나머지 헌법개정은 주로 대통령의 선출방식·임기·지위·권한 등과 관련해 이루어졌다. 그동안 우리 헌법이 채택한 대통령제는 대통령에게 정치권력을 집중시켰음에도 그 권력에 대한 견제장치가 미흡한 제왕적 대통령제로 평가된다.

현행 헌법은 1987년 6월 민주항쟁 이후 여야합의로 개정된 것으로서, 인간의 존엄성과 국민의 기본권을 최대한 보장하는 정치공동체를 실현하려는 국민의 열망을 담고 있다. 대통령직선제를 규정하여 대통령의 민주적 정당성을 강화하였으며, 대통령임기를 5년 단임제로 하고 대통령의 국회해산권 등을 폐지하여 장기독재의 가능성을 차단하였다. 국회의 국정감사권을 부활시키고 헌법재판소를 신설하는 등으로 대통령의 권한을 제한하고 기본권규정을 강화하였다.

그러나 이 사건 심판은 현행 헌법 아래에서도 정경유착과 같은 제왕적 대통령제의 폐해가 상존하고 있음을 확인하였다. 권위주의적 권력구조를 청산하고자 했던 현행 헌법에서 이러한 폐해가 근절되지 않고 계속되는 까닭은 무엇인가?

나. 현행 헌법상 권력구조의 문제점

1987년 대통령직선제 헌법 개정으로 대통령 '권력형성'의 민주적 정당성 측면에서는 획기적인 변화가 있었지만, 대통령 '권력행사'의 민주적 정당성 측면에서는 과거 권위주의적 방식에서 크게 벗어나지 못하고 있다. 대통령에게 법률안제출권과 예산편성·제출권, 광범위한 행정입법권 등 그 권한이 집중되어 있지만, 이에 대한 효과적인 견제장치가 없거나 제대로 작동하지 않고 있다. 이러한 현행 헌법의 권력구조는 피청구인의 리더십 문제와 결합하여 '비선조직의 국정개입', '대통령의 권한남용', '재벌기업과의 정경유착'과 같은 정치적 폐습을 가능하게 하였다.

(1) 비선조직의 국정개입

헌법 제67조 제1항에 따라 대통령은 국민의 보통·평등·직접·비밀선거에 의해 선출되어 민주적 정당성을 부여받게 된다. 이때 대통령은 권력형성과정에서 선거를 통해 민주적 정당성을 확보해야 할 뿐만 아니라 권력행사과정에서도 투명한 절차와 소통을 통해 민주적 정당성을 끊임없이 확보해야 한다.

비선조직 이른바 '비선실세'의 국정개입은 대통령 권력이 과도하게 집중된 제왕적 대통령제와 관련된다. 현행 헌법의 대통령은 제왕적 대통령제라는 신조어를 만들어낸 워터게이트사건이 문제된 미국 대통령보다 집중된 권력을 행사할 수 있는 것으로 평가된다. 우리나라에서는 미국과 달리 행정부가 법률안제출권과 예산편성·제출권을 갖고 있으며, 반면 국회의 동의를 받거나 인사청문회를 거치는 공직자의 범위는 제한적이다. 우리나라의 지방자치단체는 연방국가인 미국과 달리 중앙정부에 종속되어 있으며 자율과 책임이 미흡한 지방자치가 시행되고 있을 뿐이다.

1987년 제9차 헌법개정 때보다 국가경제의 규모가 십여 배 확장되고 사회적 갈등구조가 다층적으로 심화되고 있는 현실에서는, 국가의 원수이자 행정부의 수반인 대통령의 업무는 양적으로 증가되었을 뿐만 아니라 질적으로 전문화·다양화·복잡화 되었다. 이에 따라 대통령 권력은 실질적으로 확대되었고, 민주적 정당성을 부여받지 못한 비선조직은 강력한 대통령 권력에 기대어 활동공간을 넓힐 수 있었다.

비선조직의 국정개입은 정책결정의 투명성·공정성 제고, 국민의 예측·통제가능성 확보, 권력행사에 따른 책임의 담보라는 측면에서 취약하다. 특히 비선조직의 '계속적인' 국정개입은 국민과 국가기관 사이의 '민주적 정당성의 연결고리'를 단절하고, '정치과정의 투명성'과 '정치과정에서 국민의 참여 가능성'을 차단함으로써 대의민주제 원리를 형해화할 수 있다.

이 사건 심판에서 민주적 정당성이 없는 이른바 비선실세 최○원은 피청구인에게 장·차관, 청와대 참모를 추천하는 등 고위 공직자의 인사에 개입하고, 국가정책 결정에 영향력을 행사하는 등 '계속적으로' 국정에 개입한 사실이 확인되었다. 대통령 권력을 과도하게 집중시킨 현행 헌법의 권력구조는 최○원의 국정개입을 조장함으로써 권력행사의 민주적 정당성과 절차적 투명성 확보에 심각한 문제점을 보이고 있다.

(2) 대통령의 권한남용

제왕적 대통령의 지시나 말 한마디는 국가기관의 인적 구성이나 국가정책의 결정에서 절대적인 영향력을 발휘한다. 대통령의 리더십에 따라 정도의 차이가 있지만, 국무총리를 비롯한 국무위원과 청와대 참모는 대통령의 의사결정과 지시에 복종할 뿐, 대통령의 뜻과 다른 의견을 자유롭게 개진하기 어렵다. 더욱이 현행 헌법상 대통령 권력의 과도한 집중은 아직 청산되지 않은 하향식 의사결정문화와 정의적(情意的) 연고주의와 결합하여 대통령의 자의적 권력행사의 문제점을 더욱 심각하게 할 수 있다. 따라서 현행 헌법의 대통령제는 대통령의 자의적 권력행사를 가능하게 하는 필요조건이 될 수 있다.

우리나라는 선거에서 1표라도 더 얻으면 제왕적 정치권력을 획득하고 그렇지 못하면 권력으로부터 소외되는 승자독식 다수대표제를 채택하고 있다. 그 결과 우리 사회의 중요한 가치와 자원은 정치권력을 중심으로 편성되고, 정치권은 그 권력 획득을 위해 극한 대립과 투쟁으로 분열되어 있다. 정치세력간의 이전투구는 이념대립과 지역주의를 부추기고 사회적 갈등을 유발하기도 한다. 이에 따라 국가기관의 인적 구성이나 국가정책의 결정이 투명한 절차를 통해 공정하고 객관적으로 이루어지는 것이 아니라, 대통령의 사적·당파적 이익에 따라 자의적으로 이루어지기도 한다.

대통령을 비롯한 국가기관의 모든 의사결정은 법이 정한 절차에 따라 이루어져야 하고 실질적으로 법의 기속을 받아야 한다. 대통령의 권한남용은 법치국가의 이념을 훼손하고, 개인의 기본권을 침해할 수 있으며, 직업공무원제도의 본질적인 내용을 훼손할 수 있다. 특히 대통령의 권한남용이 사익추구를 이유로 할 경우에는 국가공동체가 지향하는 공동선과 공통가치를 훼손할 수 있다.

이 사건 심판에서 피청구인은 국가기관의 기밀문서가 최○원에게 상당기간 유출되도록 지시 또는 묵인하였고, 국가권력의 공공성을 방과(放過)하여 사기업 경영 등에 개입한 사실이 확인되었다. 이처럼 현행 헌법의 권력구조는 대통령 권력을 과도하게 집중시킴으로써 대통령의 자의적 권력행사와 권한남용을 조장하는 등 권력행사의 공정성과 합법성 확보에 문제점을 보이고 있다.

(3) 재벌기업과의 정경유착

현행 헌법상 대통령 권력의 과도한 집중은 우리사회의 고질적 문제점으로 지적되는 '재벌기업과의 정경유착'과도 깊이 관련되어 있다. 과거 재벌기업은 정치권력의 보호 속에서 고도 경제성장을 이뤄낸 산업화의 주역이었음을 부인할 수는 없다. 그러나 재벌기업 중심의 경제성장은 정경유착과 이로 인한 불법과 부패의 원인이 되기도 하였다. 정치권력의 재벌기업과의 정경유착은 재벌기업에게는 특권적 지위를 부여하는 반면, 다른 경제주체의 자발성과 창의성을 위축시키는 결과를 초래하기도 하였다.

현행 헌법은 "대한민국의 경제질서는 개인과 기업의 경제상의 자유와 창의를 존중함을 기본으로 한다."(제119조 제1항), "국가는 균형 있는 국민경제의 성장 및 안정과 적정한 소득의 분배를 유지하고, 시장의 지배와 경제력의 남용을 방지하며, 경제주체간의 조화를 통한 경제의 민주화를 위하여 경제에 관한 규제와 조정을 할 수 있다."(제119조 제2항)라고 규정하고 있다. 이는 개인과 기업의 경제상의 자유와 창의를 보장하면서도 과거 재벌기업 중심의 경제정책과 정경유착에서 벗어나 경제민주화를 실현하겠다는 헌법적 선언이다.

그러나 1987년 헌법개정 이후에도 정치권력과 재벌기업의 정경유착의 모습은 계속 나타나고 있다. 이 사건 심판에서도 피청구인은 비밀리에 대통령의 권한을 이용하여 재벌기업으로 하여금 피청구인이 주도하는 재단에 기금을 출연하도록 한 사실이 확인되었다. 대통령 권력의 과도한 집중은 정경유착의 원인이 되어 시장경제질서의 골간인 개인·기업의 재산권과 경제적 자유를 침해하고 경제적 정의와 사회적 공정성 실현의 걸림돌이 될 수 있음을 단적으로 보여준다.

(4) 소결론

현행 헌법의 권력구조 아래에서 계속되고 있는 '비선조직의 국정개입, 대통령의 권한남용, 재벌기업과의 정경유착'은 제왕적 대통령제가 낳은 정치적 폐습이다. 이러한 정치적 폐습은 주요한 헌법가치인 민주적 정당성과 절차적 투명성, 사회적 공정성과 경제적 정의의 실현을 방해하고 있다.

다. 현행 헌법상 권력구조의 개혁과제

(1) 국민의 기본권 보장을 위해 권력을 분할하고 권력 상호간의 견제와 균형이 이루어지는 권력분립원리에 기초하여, 지방의 자율·책임을 강조하는 지방분권원리와 대의민주주의의 한계를 보완하는 직접민주주의원리를 강화한 현대적 분권국가의 헌법질서는 제왕적 대통령제에 대한 대안이 될 수 있다.

현행 헌법의 권력구조는 대통령에게 '국가원수'(제66조 제1항), '국가와 헌법의 수호자'(제66조 제2항) 로서의 지위를 부여하고 권력을 집중시켜 국정수행에서 대통령의 강력한 리더십을 기대한다. 그러나 정치권력은 주권자인 국민으로부터 멀어지는 집권화 경향을 띠고, 집권화는 절대주의로 향하며, 절대 권력은 반드시 부패한다. 더욱이 전문적이고 복잡다기한 현대 국가의 방대한 정책과제를 대통령 개인의 정치적 역량에 맡기는 것은 오히려 비효율을 초래할 수 있다.

선진국 문턱에서 심각한 발전 장애를 겪고 있는 우리나라는 경제적 양극화의 문제를 해결하고 이념·지역·세대 갈등을 극복하여 사회통합과 국가발전을 이루어야 한다. 나아가 미국·중국·일본·러시아 등 강대국의 틈바구니에서 북한의 핵과 미사일 위협으로부터 국가안전을 도모하고 평화통일의 길을 열어야 한다. 민주주의는 사회적 갈등을 억압하는 것이 아니라 이를 정치의 틀 안에서 통합하면서 사회적 합의를 만들어 가는 데 있다. 우리나라가 이러한 시대적 과제를 효과적으로 수행하기 위해서는, 권력구조가 타협과 숙의(熟議)를 중시하고 사회의 다양한 이해관계를 투명한 절차와 소통을 통해 민주적으로 조율하여 공정한 권력행사가 가능하도록 해야 한다. 투명하고 공정한 권력행사는 사회적 갈등을 해소하고 사회적 신뢰와 국민안전을 제고하여 사회통합과 국가발전을 이룰 수 있기 때문이다(이사야 32장 16절~17절 참조). 따라서 정경유착 등 정치적 폐습과 이전투구의 소모적 정쟁을 조장해온 제왕적 대통령제를 협치와 투명하고 공정한 권력행사를 가능하게 하는 권력공유형 분권제로 전환하는 권력구조의 개혁이 필요하다.

(2) 국민이 선출한 대통령에게 권한을 집중시킨 우리 헌법의 역사, 국민의 개별 국가기관에 대한 신뢰도, 남북분단에 따른 안보현실, 정부형태에 대한 국민의 법 감정 등을 고려할 때, 이원집정부제, 의원내각제 또는 책임총리제의 실질화 등이 국민의 선택에 따라 현행 헌법의 대통령제에 대한 현실적 대안이 될 수 있다.

과도하게 집중된 대통령 권력을 분산하는 방법은 정부형태의 변경과 함께, 중앙집권적인 권력을 지방으로 대폭 이양하여 주민근거리 민주주의를 실현하는 것이다. 지방자치제도는 국민주권의 원리에서 출발하여 주권의 지역적 주체로서의 주민에 의한 자기 통치의 실현이다(헌재 1998. 4. 30. 96헌바62). 획기적인 지방분권은 주민의 자율적 참여와 민주시민의식을 고양시켜 풀뿌리 자치를 실천하고, 지방의 경제적·사회적·문화적 특성을 바탕으로 지역발전을 도모하여 상향적 국가발전을 이룰 수 있다. 또한 이와 같이 강화된 지방분권은 중앙집권적 자원배분으로 인한 지역불만을 완화하여 사회통합에 이바지하고, 나아가 평화통일의 길을 여는 데 일조할 수 있으며 통일 후에는 국민통합에도 기여할 수 있다.

국회의원선거에서 비례대표제는 정당제 민주주의에 근거를 두고 국민주권원리의 출발점인 투표결과의 비례성을 강화하여 사회의 다원적인 정치적 이념을 유권자의 의사에 따라 충실히 반영하는 것으로 평가된다(헌재 2009. 6. 25. 2007헌마40 참조). 따라서 우리 사회의 다양한 이해관계의 조화로운 해결을 위해서는 정당의 정체성을 확립하고 비례대표 국회의원후보자의 선정과정에서 투명성과 공정성을 확보하는 가운데 비례대표제를 확대해야 한다(헌재 2016. 5. 26. 2012헌마347 보충의견 참조).

국민이 국가정책의 핵심적 사항을 파악하고 국가기관에 대한 효과석인 통제를 하기 위해서는 권력행사과정의 투명성원칙이 헌법적으로 천명되고 법령에 의해 구체화되어야 한다. 그리고 과도하게 집중된 대통령 권력을 분권하는 과정에서 국회나 지방자치기관에 분산된 권력은 국민소환제·국민발안제·국민투표제 등 직접민주제적 요소의 강화를 통해 통제되는 방안이 적극적으로 검토되어야 한다.

행정각부의 장을 비롯하여 주요 국가권력을 행사하는 국가정보원장·검찰총장·경찰청장·국세청장 등의 임명에 투명성과 공정성을 확보하는 방안, 예컨대 이들의 임명에 있어 국회동의를 받도록 하는 방안이 적극적으로 검토되어야 한다. 비대한 청와대 참모조직을 축소하고, 대통령의 사면권을 제한하여 권력분립과 법의 형평성이라는 법치국가원리가 훼손되지 않도록 해야 한다. 그리고 지방자치의 활성화, 지역주의의 극복, 평화통일과 통일국가의 국민통합을 위해서는 지역대표형 상원을 설치하는 국회양원제도의 도입에 대한 검토가 필요하다. 통일이 현실화하는 단계에서 뒤늦게 국회양원제도의 도입에 대해 논의하는 것은 오히려 평화통일에 장애가 될 수 있음을 유념해야 한다.

(3) 권력구조의 개혁은 분권과 협치, 투명하고 공정한 권력행사를 가능하게 하고, 이를 통해 인간의 존엄과 가치를 존중하고 국민의 기본권을 최대한 보장하기 위한 것이어야 한다. 이러한 권력구조의 개혁은 주권자인 국민의 의사가 충실히 반영되도록 설계된 국민참여과정을 거쳐야 한다. 이는 정치세력 사이의 권력투쟁이나 담합의 장으로 전락하지 않고 이성적 대화와 숙의가 이루어지고 다수 국민의 의사가 수렴되는 민주적 공론화 과정이 되어야 한다.

라. 탄핵심판관련 주장에 대한 의견

과거 정권에서 비선조직의 국정개입, 국가권력의 사유화와 재벌기업과의 정경유착이 더 심했다고 하면서 피청구인에 대한 탄핵심판청구는 기각되어야 한다는 주장이 있다.

(1) 현행 헌법은 국회가 아닌 헌법재판소가 탄핵심판을 하도록 규정하여(제111조 제1항 제2호) 법치국가원리를 강조하는 입장으로 해석된다. 탄핵제도의 목적은 법 위반 행위를 한 공직자를 파면하여 헌법질서를 확립하는 데 있다. 대통령이 헌법이나 법률을 중대하게 위반하여, 대통령의 직을 유지하는 것이 더 이상 헌법 수호의 관점에서 용납될 수 없거나 대통령이 국민의 신임을 배반함으로써 국정을 담당할 자격을 상실한 때에 헌법재판소는 파면을 결정한다(헌재 2004. 5. 14. 2004헌나1 참조). '대통령의 파면을 정당화 할 정도의 중대한 법 위반 행위'의 여부는 확정적·고정적인 것이 아니라 구체적 사건에서 '대통령의 법 위반 행위'의 경위와 내용, 침해되는 헌법질서의 의미와 내용뿐만 아니라, 탄핵심판의 시대적 상황, 지향하는 미래의 헌법적 가치와 질서, 민주주의의 역사와 정치적·경제적·사회적·문화적 환경, 헌법수호에 대한 국민의 법 감정 등이 종합적으로 고려되어 결정된다.

헌법은 모든 국민은 법 앞에 평등하다고 하면서 누구든지 성별·종교 또는 사회적 신분에 의하여 정치적·경제적·사회적·문화적 생활의 모든 영역에 있어서 차별을 받지 아니한다고 선언하고 있다(제11조 제1항). 그러나 헌법상 평등은 불법의 평등까지 보장하는 것은 아니다(헌재 2016. 7. 28. 2014헌바372 참조).

따라서 피청구인의 법 위반 행위가 증거에 의해 인정되고 그 법 위반 행위가 위와 같은 점이 고려되어 '대통령의 파면을 정당화 할 정도의 중대한 법 위반 행위'로 인정된 이 사건 심판에서, 과거 정권에서의 법 위반 행위와 비교하여 이를 기각하여야 한다는 주장은 더 이상 의미 있는 주장이 아니다.

(2) '헌법을 준수하고 수호해야 할 의무'가 법치국가원리에서 파생되는 지극히 당연한 것임에도, 헌법은 국가의 원수이자 행정부의 수반이라는 대통령의 막중한 지위를 감안하여 제66조 제2항 및 제69조에서 이를 다시 강조하고 있다. 이러한 헌법정신에 의한다면, 대통령은 국민 모두에 대한 '법치와 준법의 상징적 존재'인 것이다. 이에 따라 대통령은 헌법을 수호하고 실현하기 위한 모든 노력을 기울여야 할 뿐만 아니라, 법을 준수하여 현행법에 반하는 행위를 해서는 안 되며, 나아가 입법자의 객관적 의사를 실현하기 위한 모든 행위를 해야 한다(헌재 2004. 5. 14. 2004헌나 1 참조). "지도자가 위법한 행위를 했어도 용서한다면 어떻게 백성에게 바르게 하라고 하겠는가(犯禁蒙恩何爲正)."라는 옛 성현의 지적이 있다. 대통령을 비롯한 지도자의 준법을 강조하는 말이다. 따라서 대통령의 법 위반 행위는 일반국민의 위법행위보다 헌법질서에 미치는 부정적 영향이 크다고 할 것이므로 엄중하게 대처해야 한다.

우리나라에서는 '부정청탁 및 금품 등 수수의 금지에 관한 법률'이 2015년 3월 제정되어 2016년 9월 시행되었다. 이 법률은 적용대상으로 공직자뿐만 아니라 사립학교 관계자와 언론인을 포함하고, 공직자등의 부정청탁행위 자체를 금지하는 한편 공직자등의 금품등 수수행위를 직무관련성이나 대가성이 없는 경우에도 제재할 수 있도록 하고 있다. 이 법률은 공직사회의 부패구조를 청산하여 공직자의 공정한 직무수행을 보장하고 공공기관에 대한 국민의 신뢰를 확보하는 것을 입법목적으로 한다. 이러한 공정하고 청렴한 사회를 구현하려는 국민적 열망에 비추어 보더라도 대통령의 법 위반 행위에 대해서는 엄정하게 대처하지 않을 수 없다.

우리와 우리 자손이 살아가야 할 대한민국은 인간의 존엄과 가치를 존중하고 국민의 기본권을 최대한 보장함으로써, 국민 모두가 자유롭고 평등하며 안전하고 풍요로운 가운데 행복한 삶을 영위하는 나라이다. 그런데 이 사건 심판청구를 기각한다면, 앞으로 대통령이 이 사건과 유사한 방법으로 헌법과 법률을 위반해도 파면 결정을 할 수 없게 된다. 그 결과 비선조직이 강력한 대통령 권력에 기대어 고위공직자의 인사와 국가정책의 결정에 개입하여 사익을 취하거나 또는 대통령이 영향력을 행사하여 대기업으로 하여금 자신이 주도하는 재단에 기금을 출연하도록 하는 등의 위법행위가 있다 하더라도 우리 사회가 이를 용인해야 하고 이에 따른 정경유착 등 정치적 폐습은 확대·고착될 우려가 있다. 이는 현재의 헌법질서에 부정적 영향을 주는 것일 뿐만 아니라 나아가 우리 헌법이 지향하는 이념적 가치와도 충돌한다.

(3) 그렇다면 우리 헌법의 헌법질서를 수호하고, 비선조직의 국정개입, 대통령의 권한남용, 재벌기업과의 정경유착과 같은 정치적 폐습을 타파하기 위해서라도 이 사건 심판청구를 인용하여야 한다.

마. 결 론

(1) 이 사건 심판절차의 전 과정에서 대통령의 직무수행 단절로 인한 국정공백은 중대하고 국론분열로 인한 국가적 손실은 엄중하다. 이러한 난국을 극복하고 국민통합을 이루기 위해서는 대통령 개인에 대한 탄핵심판을 넘어 비선조직의 국정개입, 대통령의 권한남용, 재벌기업과의 정경유착과 같은 정치적 폐습을 청산하고, 정치적 폐습을 조장한 권력구조를 개혁하기 위한 반성과 성찰이 있어야 한다.

물론 제왕적 대통령제를 규정한 현행 헌법의 권력구조는 피청구인의 법 위반 행위를 정당화하는 구실이 될 수 없다. 그러나 앞서 살펴본 바와 같이 대통령 권력의 과도한 집중이 피청구인의 법 위반 행위를 부추긴 요인이었음을 부인할 수 없다. 더욱이 대통령 탄핵심판에서 나타난 시대정신은 분권과 협치, 투명하고 공정한 권력행사로 나아갈 것을 명령하고 있다. 제왕적 대통령제를 이러한 시대정신이 반영된 권력공유형 분권제로 개편하는 것은 우리 사회의 수직적 권위주의문화의 폐습을 청산하고 정치·경제·사회 곳곳에 자리 잡고 있는 비민주적인 요소를 타파하는 데 기여할 수 있다. 나아가 이는 우리 사회의 모든 영역에서 각인의 기회를 균등히 하고 능력을 최고도로 발휘하게 하며, 국가공동체의 공정성 강화와 국민생활의 균등한 향상을 도모할 수 있다.

일찍이 플라톤은 50대에 저술한 「국가」에서 "통치하는 것이 쟁취의 대상이 되면, 이는 동족간의 내란으로 비화하여 당사자들은 물론 다른 시민들마저 파멸시킨다.”고 경고했다. 이러한 플라톤의 경고는 우리가 권력구조의 개혁을 논의하는데 있어 시사하는 바가 크다.

(2) “오직 공법을 물같이, 정의를 하수같이 흘릴지로다(아모스 5장 24절).” 성경말씀이다. 불법과 불의한 것을 버리고 바르고 정의로운 것을 실천하라는 말씀이다.

이 사건 탄핵심판과 관련하여 국민간의 이념적 갈등에 대한 우려가 있는 것을 알고 있지만, 이 사건 탄핵심판은 보수와 진보라는 이념의 문제가 아니라 헌법적 가치를 실현하고 헌법질서를 수호하는 문제이다. 그리고 이 사건 탄핵심판은 단순히 대통령의 과거 행위의 위법과 파면 여부만을 판단하는 것이 아니라 미래 대한민국이 지향해야 할 헌법적 가치와 질서의 규범적 표준을 설정하는 것이기도 하다.

법정의견에서 살펴본 바와 같이, 피청구인의 법 위반 행위는 대통령이 국민 모두에 대한 ‘법치와 준법의 상징적 존재’임에도 헌법과 법률을 중대하게 위반한 행위이다. 이 사건 탄핵심판청구를 기각한다면 정경유착 등 정치적 폐습은 확대·고착될 우려가 있다. 이는 현재의 헌법질서에 부정적 영향을 주는 것일 뿐만 아니라 우리 헌법이 지향하는 이념적 가치와도 충돌하고 최근 부패방지관련법 제정에서 나타난 ‘공정하고 청렴한 사회를 구현하려는 국민적 열망’에도 배치된다.

이러한 점을 고려할 때, 이 사건 탄핵심판과 관련하여 소명을 받은 헌법재판관으로서는 피청구인에 대해 파면을 결정할 수밖에 없다. 피청구인에 대한 파면결정은 자유민주적 기본질서를 기반으로 한 헌법질서를 수호하기 위한 것이며, 우리와 우리 자손이 살아가야 할 대한민국에서 정의를 바로 세우고 비선조직의 국정개입, 대통령의 권한남용, 정경유착과 같은 정치적 폐습을 청산하기 위한 것이다.

(3) 이 사건 심판절차에서의 파면결정과 이를 계기로 시대정신을 반영한 권력구조의 개혁이 이루어진다면 우리나라의 자유민주주의와 시장경제는 보다 높은 단계로 나아갈 수 있다. 자율과 조화를 바탕으로 한 자유민주적 기본질서는 가일층 확고해지고, 자유와 창의를 기본으로 한 시장경제질서는 국민생활의 균등한 향상을 기하는 가운데 더욱 발전하여 우리와 우리 자손의 자유와 평등, 그리고 안전과 행복은 확대될 것이다.

통합진보당 해산 사건

(헌재 2014. 12. 19. 2013헌다1)

□ 사건개요 등

헌법재판소는 피청구인인 통합진보당의 목적이나 활동이 대한민국 헌법의 민주적 기본질서에 위배된다고 하여 그 정당을 해산하고, 소속 국회의원은 의원직을 상실한다고 결정하였다. 이 결정에는 재판관 1명의 반대의견과 재판관 안창호 외 1명의 법정(인용)의견에 대한 보충의견이 있었다.

법정의견은 피청구인 주도세력이 북한식 사회주의를 실현한다는 목적을 가지고 내란을 논의하는 등 활동을 한 것은 민주적 기본질서에 위배되고, 피청구인에 대한 해산결정은 비례원칙에 어긋나지 아니하며, 피청구인 소속 국회의원의 의원직 상실은 정당해산심판제도의 본질로부터 인정되는 기본적 효력이라고 판단하였다. 그 중요 내용은 다음과 같다.

첫째, 정당해산심판의 제소권자가 정부인 점을 고려하면 피소되는 정당은 사실상 야당이 될 것이므로, 정당해산심판제도는 정당 존립의 특권 특히 정부를 비판하는 역할을 하는 야당의 존립과 활동을 보호하는 데에 규범적 의미가 있다.

둘째, 파시즘과 전체주의에 경도된 정당이 민주적 지지를 얻고 집권한 후 숭고한 인간성을 말살하고 인류의 보편적 가치를 훼손했던 지난 세기의 경험과 역사적 교훈은, 정당 활동의 자유가 보장된다 하더라도 정당은 그 목적이나 활동이 민주적 기본질서를 침해해서는 안 된다는 헌법적 한계의 필요성을 역설한다.

셋째, 민주적 기본질서는, 개인의 자율적 이성을 신뢰하고 다원적 세계관에 입각하여, 다수를 존중하면서도 소수를 배려하는 민주적 의사결정과 자유·평등을 기본원리로 하여 구성·운영되는 정치적 질서를 말하며, 구체적으로는 국민주권의 원리, 기본적 인권의 존중, 권력분립제, 복수정당제 등이 그 요소라고 볼 수 있다.

넷째, 민주적 기본질서의 위배란, 민주적 기본질서에 대한 단순한 위반이나 저촉을 의미하는 것이 아니라, 민주 사회의 불가결한 요소인 정당의 존립을 제약해야 할 만큼 그 정당의 목적이나 활동이 우리 사회의 민주적 기본질서에 대해 실질적인 해악을 끼칠 수 있는 '구체적 위험성'을 초래하는 경우를 가리킨다.

다섯째, 헌법 제37조 제2항의 내용, 침익적 국가권력 행사에 수반되는 법치국가적 한계, 정당해산제도의 최후 수단적 및 보충적 성격을 감안하면, 정당해산은 정당의 위헌 문제를 해결할 수 있는 다른 대안적 수단이 없고 비례원칙을 위반하는 경우에 한해 헌법적으로 정당화될 수 있다.

여섯째, 해산정당 소속 국회의원이 의원직을 유지하는 것은, 그 정당의 위헌적인 정치이념을 대변하고 또 이를 실현하려는 활동을 허용함으로써 실질적으로는 위헌 정당이 계속 존속하는 것과 같은 결과를 가져올 수 있으므로, 헌법재판소는 정당해산의 실효성 확보를 위해 해산정당 소속 국회의원의 의원직을 상실시킬 수 있다.

재판관 안창호 외 1명은 법정의견에 대한 보충의견을 제시하였는데, 그 중요 내용은 다음과 같다.

첫째, 피청구인 주도세력이 주장하는 '진보적 민주주의'는, 자유민주주의체제를 변혁하여 북한식 사회주의체제로 나아가기 위한 과도기적 체제라는 점에서 헌법상 허용되는 서구의 사회민주주의와는 명백히 구분된다.

둘째, 피청구인 주도세력이 주장하는 '민중주권주의'는, 폭력 등에 의한 변혁을 통해 '국민의 일부가 배제된 민중독재'를 확립하는 것으로서, 헌법상 국민주권원리에 배치되고, 권력분립제, 복수정당제, 정당의 자유를 형해화하는 것이다.

셋째, 피청구인 주도세력이 주장하는 '연방제 통일방안'은, 자유민주주의체제의 변혁을 위한 수단으로 제시되고 종국에는 북한식 사회주의체제를 지향하는 것으로, 헌법적으로 허용될 수 있는 김대중 전 대통령의 연방제 통일방안 및 우리 정부의 6·15 남북 공동선언에 대한 입장과는 전혀 다른 것이다.

민주주의는 가치상대주의에 기반을 둔 것이라고 하더라도, 민주적 공동체를 보호하고 민주 헌법을 수호하기 위해 민주적 기본질서를 부정하는 자유까지 허용하는 것은 아니다. 헌법재판소는 이러한 방어적 민주주의원리에 따라 피청구인인 통합진보당을 해산하였다. 법정의견과 그에 대한 보충의견은 피청구인의 주장과 반대의견에 대해 구체적 증거자료를 제시하며 논리적으로 반박함으로써, 피청구인이 북한식 사회주의체제를 추구하면서 대한민국의 자유민주주의체제를 부정하고 전복을 꾀하는 행위가 헌법적 한계를 넘어섰음을 분명히 하였다.

그러나 법정의견은 정당해산결정을 위해서는 독일에서의 정당해산과는 달리, 그 정당의 목적이나 활동이 민주적 기본질서에 대하여 실질적인 해악을 끼칠 수 있는 구체적 위험성이 있어야 하고, 비례원칙에 부합하여야 한다는 매우 엄격한 조건을 제시하고 있다. 또한 법정의견은 정당해산결정이 또 다른 소모적인 이념 논쟁으로 비화될 가능성을 경계하면서, '진보정당'들이 성장할 수 있는 계기가 되어, 민주적 기본질서의 존중 아래 한층 더 성숙한 민주적 토론과 우리 사회의 이념적 다양성이 실현될 수 있기를 희망하고 있다. 이를 위해 법정의견은 피청구인 주도세력을 설정하고 그 주도세력을 주체사상이라는 이념적 지향점이 같은 사람으로 제한함으로써, 정당해산에 따른 일반 당원에 대한 사회적 낙인과 이념 공세를 차단하고 있다.

한편 법정의견에 대한 보충의견은 김대중 전 대통령의 연방제 통일 주장 및 6·15 남북공동선언이 헌법에 합치된다는 의견을 제시하여, 우리 사회에서 금기시되어 있던 연방제 통일론도 합헌적으로 논의가 가능하다는 점을 명백히 함으로써, 한반도 통일과 관련된 논의의 지평을 확대했다는 평가가 있다. 또한 법정의견과 보충의견에 대해서는 비판적인 의견도 있으나 우리나라 민주주의의 마그나카르타라는 평가도 있다.

☐ 법정의견[1]

가. 일반론

(1) 정당해산심판제도의 의의

㈎ 입헌적 민주주의 체제

1) 민주주의(democracy)라는 말은 고대 희랍어에서 유래된 것으로서, '평범한 시민'을 의미하는 데모스(dēmos)와 '권력, 지배'를 의미하는 크라토스(kratos)의 결합으로 이루어진 말이다. 이것은 '평범한 시민들의 지배'를 의미하는데, 고대 희랍의 정치철학에서는 군주에 의한 '1인의 지배'나 귀족 등에 의한 '소수의 지배'에 대비되는 맥락에서 '다수의 지배'를 의미하는 것으로 이해되기도 하였다. 그러나 그로부터 연유한 서구의 오랜 전통 속에서 민주주의는 가난한 자들이나 제대로 교육받지 못한 자들이 수적 우세를 내세워 자신들의 의사를 일방적으로 관철시킬 수 있는 정치체제로 통용되어 왔다. 즉, 평민 혹은 하층민에 의한 일방적이고 전제적인 지배체제로

---

1) 결정문의 법정의견 가운데 일반론과 결론 부분을 중심으로 발췌하였다.

인식되어 온 것이다.

이처럼 부정적으로 인식되었던 민주주의가 역사에 다시금 전면적으로 등장한 것은 근대의 입헌적 민주주의 체제가 성립된 이후였다. 고대 민주주의의 부정적 인식에서 탈피한 새로운 민주주의 체제는, 특정인이나 특정세력에 의한 전제적 지배를 배제하고 공동체 전체의 동등한 구성원들에 의한 통치를 이상으로 하는 공화주의 이념과, 개인의 자유와 권리를 강조하는 자유주의 이념으로부터 큰 영향을 받았다. 전자는 공민으로서 시민이 가지는 지위를 강조하고 이들에 의해서 자율적으로 이루어지는 공적 의사결정을 중시한다. 따라서 이것은 시민들의 정치적 동등성, 국민주권, 정치적 참여 등의 관념을 내포하고, 우리 헌법상 '민주주의원리'로 표현되고 있다. 그에 반해 후자는 국가권력이나 다수의 정치적 횡포로부터 보호받을 수 있는 인권의 우선성을 주장한다. 기본적 인권, 국가권력의 법률기속, 권력분립 등의 관념들은 자유주의의 요청에 해당하며, 우리 헌법상에는 '법치주의원리'로 반영되어 있다. 따라서 오늘날 입헌적 민주주의에서는 원칙적으로 다수의 정치적 의사가 존중되어야 하겠지만, 그렇다고 하더라도 다수의 의사에 의해 소수의 권리가 무력화되어서도 안 된다. 자유를 누리기 위해 다수파에 가담해야 하는 사회라면 그러한 사회에서는 진정한 자유가 존재한다고 보기 어려운 까닭이다.

이렇듯 근대의 입헌적 민주주의 체제는 사회의 공적 자율성에 기한 정치적 의사결정을 추구하는 민주주의원리와, 국가권력이나 다수의 정치적 의사로부터 개인의 권리, 즉 개인의 사적 자율성을 보호해 줄 수 있는 법치주의원리라는 두 가지 주요한 원리에 따라 구성되고 운영된다.

2) 한편 민주주의원리는 개인의 자율적 판단능력을 존중하고 사회의 자율적인 의사결정이 궁극적으로 올바른 방향으로 전개될 것이라는 신뢰를 바탕으로 하고 있다. 이 신뢰는 국민들이 공동체의 최종적인 정치적 의사를 책임질 수 있다는, 즉 국민들이 주권자로서의 충분한 능력과 자격을 동등하게 가진다는 규범적 판단에 기초한다. 따라서 국민 각자는 서로를 공동체의 대등한 동료로 존중해야 하고, 자신의 의견이 옳다고 믿는 만큼 타인의 의견에도 동등한 가치가 부여될 수 있음을 인정해야 한다. 민주주의는 정치의 본질이 피치자에 대한 치자의 지배나 군림에 있는 것이 아니라, 타인과 공존할 수 있는 동등한 자유, 그리고 대등한 동료시민들 간의 존중과 박애에 기초한 자율적이고 협력적인 공적 의사결정에 있는 것이다.

따라서 민주주의원리는 하나의 초월적 원리가 만물의 이치를 지배하는 절대적 세계관을 거부하고, 다양하고 복수적인 진리관을 인정하는 상대적 세계관(가치상대주의)을 받아들인다. 이 원리에서는 사회가 본질적으로 복수의 인간'들'로 구성되고 각 개인들의 생각은 서로 상이할 수밖에 없다고 보므로, 결국 정견의 다양성은 민주주의의 당연한 전제가 된다.

그래서 개인들의 의견은 원칙적으로 그 나름의 합리성에 기초한 것으로서 존중되어야 하므로, 이 체제에서는 누구나 다양한 정치적 견해를 가질 수 있고 이를 자유로이 표현할 수 있다. 경우에 따라서는 이러한 견해들 사이에 대립이 발생하기도 하지만, 이는 본질적으로 자연스러운 현상이다. 민주주의원리는 억압적이지 않고 자율적인 정치적 절차를 통해 일견 난립하고 서로 충돌하기까지 하는 정견들로부터 하나의 국가공동체적 다수의견을 형성해 가는 과정으로 실현된다는 점에서 비민주적인 이념들과 근본적으로 구분된다. 설혹 통념이나 보편적인 시각들과 상충하는 듯 보이는 견해라 하더라도 원칙적으로 논쟁의 기회가 부여되어야 하고, 충돌하는 견해들 사이에서는 논리와 설득력의 경합을 통해 보다 우월한 견해가 판명되도록 해야 한다는 점이 민주주의원리가 지향하는 정치적 이상이다.

요컨대, 다원주의적 가치관을 전제로 개인의 자율적 이성을 존중하고 자율적인 정치적 절차를 보장하는 것이 공동체의 올바른 정치적 의사형성으로 이어진다는 신뢰가 우리 헌법상 민주주의원리의 근본바탕이 된다. 우리 헌법도 개인의 자율성이 오로지 분열로만 귀착되는 상황을 피하고 궁극적으로 공존과 조화에 이르고자 하는 노력을 중시하고 있다. "자율과 조화를 바탕으로 자유민주적 기본질서를 더욱 확고히" 한다고 규정한 헌법 전문은 우리의 민주주의가 지향하는 방향을 단적으로 보여주는 것이다.

⑷ 정당의 중요성과 정당해산심판제도

오늘날 민주주의 체제는 기본적으로 대의제를 채택하고 있고, 다양한 정치적 이념과 가치관을 추구하는 여러 정당들이 사회의 공적인 갈등과 정치적 문제를 둘러싸고 각자의 대안과 해법을 제시하는 과정에서 다수 국민들의 지지를 얻는 정당으로 하여금 주어진 시한 속에서 국정의 주도권을 행사하도록 보장하는 절차로 운영된다. 논리와 정당성의 우위를 통해 지지를 확보하려는 정당들의 경쟁 속에서 사회의 민주적 발전을 이룩하고자 하는 복수정당 체제가 그 기본바탕이 된다.

여기서 정당은 국민과 국가의 중개자로서의 기능을 수행한다. 정당은 국민의 다양한 정치적 의사들을 대표하고 형성하며, 통상 국민들은 정당에 대한 지지 혹은 선거에서의 투표를 통해서 국가정책의 결정에 참여하거나 그에 대한 영향을 끼칠 수 있게 된다. 이와 같이 국민의 정치의사형성을 매개하는 정당은 오늘날 민주주의에 있어서 필수불가결한 요소이기 때문에, 정당의 자유로운 설립과 활동은 민주주의 실현의 전제조건이라고 할 수 있다(헌재 2004. 3. 25. 2001헌마710 참조). 여타의 단체들과 달리 우리 헌법이 정당에 대해서는 별도의 규정(제8조)을 두고, 공직선거법에서 정당에 의한 후보자 추천 제도를 인정하는 등 각별히 규율하고 있는 것도 이 때문이다.

또한 국가권력의 집행을 담당하는 정부와 그에 협력하는 여당은 자신들이 누리는 권력에 기대어 유력한 야당을 탄압하거나 그들에게 정치적인 타격을 입히고자 하는 유혹을 느끼기 쉽다. 물론 다수의 국민들이 지켜보는 상황에서 정치적 부담을 무릅쓰고 야당을 탄압하려는 시도가 흔히 있는 일은 아닐 터이나, 만약에라도 정부와 여당이 기득권을 이용하여 자신들에게 유리한 여론을 조성하면서 정치적 반대세력을 제거하려는 일이 발생할 수 있다고 한다면, 그것이 민주주의 체제에 미치는 파장과 악영향을 고려해 이에 대한 대비책을 헌법적으로 마련해 두는 것이 필요하다. 제헌헌법 이래 지속적으로 보장되어 온 결사의 자유도 하나의 방편이 될 수 있겠지만, 우리는 그렇게 길다고 볼 수도 없는 대한민국의 현대사 속에서도 정치적 반대세력을 제거하고자 하는 정부의 일방적인 행정처분에 의해서 유력한 진보적 야당이 등록취소되어 사라지고 말았던 불행한 과거를 알고 있다. 헌법 제8조의 정당에 관한 규정, 특히 그 제4항의 정당해산심판제도는 이러한 우리 현대사에 대한 반성의 산물로서 1960. 6. 15. 제3차 헌법 개정을 통해 헌법에 도입된 것이다.

따라서 우리의 경우 이 제도는 발생사적 측면에서 정당을 보호하기 위한 수단으로서의 성격이 부각된다. 정당해산심판의 제소권자가 정부인 점을 고려하면 피소되는 정당은 사실상 야당이 될 것이므로, 이 제도는 정당 중에서도 특히 정부를 비판하는 역할을 하는 야당을 보호하는 데에 실질적인 의미가 있다. 비록 오늘날 우리 사회의 민주주의가 예전에 비해 성숙한 수준에 이른 것은 사실이라 하더라도, 정치적 입지가 불안한 소수파나 반대파의 우려를 해소해 주는 것이 민주주의 발전에 기초가 된다는 헌법개정 당시의 판단은 지금도 마찬가지로 존중되어야 한다.

㈐ 제도의 엄격운영 필요성

정당해산심판제도가 비록 정당을 보호하기 위한 취지에서 도입된 것이라 하더라도 다른 한편 이는 정당의 강제적 해산가능성을 헌법상 인정하는 것이므로, 그 자체가 민주주의에 대한 제약이자 위협이 될 수 있음을 또한 깊이 주의해야 한다. 정당해산심판제도는 운영 여하에 따라 그 자체가 민주주의에 대한 해악이 될 수 있으므로 일종의 극약처방인 셈이다. 따라서 정치적 비판자들을 탄압하기 위한 용도로 남용되는 일이 생기지 않도록 정당해산심판제도는 매우 엄격하고 제한적으로 운용되어야 한다. '의심스러울 때에는 자유를 우선시하는(in dubio pro libertate)' 근대 입헌주의의 원칙은 정당해산심판제도에서도 여전히 적용되어야 할 것이다.

㈑ 정당 활동의 한계

상대적 세계관에 기초한 오늘날의 민주주의 체제는 국민의 자율적인 의사결정으로 운영되고 그 의사결정 과정에서 정당이 핵심적 역할을 담당하고 있다는 점을 고려해 보면, 어떤 정당의 목적이나 활동에 위헌적인 성격이 있다는 의심이 제기된다 하더라도, 일단 자유롭고 공정한 논쟁 속에서 국민들의 민주적 정치과정을 통해 위헌적인 측면이 진지하게 논박되고 그 결과로 해당 정당의 지지기반이 상실되도록 함으로써 그 정당이 자연스럽게 정치영역에서 고립되거나 배제되는 과정을 거치도록 함이 원칙적으로 타당하다.

그러나 어떤 정당이 앞서 본 민주적이고 자율적인 정치적 과정 자체를 거부하면서 민주주의의 근본적인 이념을 부정하는 등 폭력적이거나 억압적 혹은 자의적인 지배를 통해 전체주의적인 통치를 추구할 경우에는 이러한 정당이 권력을 장악하여 민주주의 체제의 근본토대를 허물어뜨릴 위험이 발생할 수 있다. 정당은 여타 단체들과 달리 정치권력을 장악하는 것을 목적으로 하며, 국정 운영의 주도권을 쥐고 자신의 정치적 계획을 현실 속에서 실현하고자 하는 속성을 가지는 법이다. 파시즘과 전체주의에 경도된 정당이 민주적 지지를 얻고 집권한 후 숭고한 인간성을 말살하고 인류의 보편적 가치를 훼손했던 지난 세기의 경험과, 그러한 비정상적인 지배로부터 벗어나 다시금 민주주의 체제를 건설하기까지 오랜 시간과 노력, 사회적 희생이 있었다는 역사적 교훈을 쉽게 잊어서는 안 될 것이다. 따라서 그들이 이 민주주의 체제를 공격함으로써 이를 폐지하거나 혹은 심각하게 훼손시켜 그것이 유명무실해지도록 만드는 것을 사전에 방지할 제도적 장치로서 정당해산심판제도의 필요성 역시 인정된다.

㈐ 소 결

이상의 내용을 종합적으로 이해할 때 우리 헌법이 정당에 대하여 취하고 있는 규범적 태도는 다음과 같다. 즉, 모든 정당의 존립과 활동은 최대한 보장되며, 설령 어떤 정당이 민주적 기본질서를 부정하고 이를 적극적으로 공격하는 것으로 보인다 하더라도 국민의 정치적 의사형성에 참여하는 정당으로서 존재하는 한 우리 헌법에 의해 최대한 두텁게 보호되므로, 단순히 행정부의 통상적인 처분에 의해서는 해산될 수 없고, 오직 헌법재판소가 그 정당의 위헌성을 확인하고 해산의 필요성을 인정한 경우에만 정당정치의 영역에서 배제된다는 것이다(헌재 1999. 12. 23. 99헌마135 참조).

따라서 정당해산심판제도는 정당 존립의 특권 특히 그 중에서도 정부의 비판자로서 야당의 존립과 활동을 특별히 보장하고자 하는 헌법제정자의 규범적 의지의 산물로 이해되어야 한다. 그러나 한편 이 제도로 인해서, 정당 활동의 자유가 인정된다 하더라도 민주적 기본질서를 침해해서는 안 된다는 헌법적 한계 역시 설정된다 할 것이다.

(2) 정당해산심판의 사유

헌법 제8조 제4항은 "정당의 목적이나 활동이 민주적 기본질서에 위배될 때에는 정부는 헌법재판소에 그 해산을 제소할 수 있고, 정당은 헌법재판소의 심판에 의해 해산된다."고 규정하고 있고, 정당해산심판의 사유와 관련하여 이 규정을 구체적으로 어떻게 해석할 것인지 문제된다.

㈎ "정당의 목적이나 활동"

정당의 목적이란, 어떤 정당이 추구하는 정치적 방향이나 지향점 혹은 현실 속에서 구현하고자 하는 정치적 계획 등을 통칭한다. 이는 주로 정당의 공식적인 강령이나 당헌의 내용을 통해 드러나겠지만, 그밖에 정당대표나 주요 당직자 및 정당관계자(국회의원 등)의 공식적 발언, 정당의 기관지나 선전자료와 같은 간행물, 정당의 의사결정과정에서 일정한 영향력을 가지거나 정당의 이념으로부터 영향을 받은 당원들의 행위 등도 정당의 목적을 파악하는 데에 도움이 될 수 있다. 만약 정당의 진정한 목적이 숨겨진 상태라면 공식 강령은 이른바 허울이나 장식에 불과할 것이고, 이 경우에는 강령 이외의 자료를 통해 진정한 목적을 파악해야 한다.

정당의 활동이란, 정당 기관의 행위나 주요 정당관계자, 당원 등의 행위로서 그 정당에게 귀속시킬 수 있는 활동 일반을 의미한다. 여기에서는 정당에게 귀속시킬 수 있는 활동의 범위, 즉 정당과 관련한 활동 중 어느 범위까지를 그 정당의 활동으로 볼 수 있는지가 문제된다. 구체적으로 살펴보면, 당대표의 활동, 대의기구인 당대회와 중앙위원회의 활동, 집행기구인 최고위원회의 활동, 원내기구인 원내의원총회와 원내대표의 활동 등 정당 기관의 활동은 정당 자신의 활동이므로 원칙적으로 정당의 활동으로 볼 수 있고, 정당의 최고위원 등 주요 당직자의 공개된 정치 활동은 일반적으로 그 지위에 기하여 한 것으로 볼 수 있으므로 원칙적으로 정당에 귀속시킬 수 있을 것으로 보인다. 정당 소속의 국회의원 등은 비록 정당과 밀접한 관련성을 가지지만 헌법상으로는 정당의 대표자가 아닌 국민 전체의 대표자이므로 그들의 행위를 곧바로 정당의 활동으로 귀속시킬 수는 없겠으나, 가령 그들의 활동 중에서도 국민의 대표자의 지위가 아니라 그 정당에 속한 유력한 정치인의 지위에서 행한 활동으로서 정당과 밀접하게 관련되어 있는 행위들은 정당의 활동이 될 수도 있을 것이다.

그 밖의 정당에 속한 개인이나 단체의 활동은 그러한 활동이 이루어진 구체적인 경위를 살펴서 그것을 정당의 활동으로 볼 수 있는 사정이 있는지를 판단해야 한다. 예컨대, 활동을 한 개인이나 단체의 지위 등에 비추어 볼 때 정당이 그러한 활동을 할 권한을 부여하거나 그 활동을 독려하였는지 여부, 설령 그러한 권한의 부여 등이 없었다 하더라도 사후에 그 활동을 적극적으로 옹호하는 등 그 활동을 사실상 정당의 활동으로 추인한 것과 같다고 볼 수 있는 사정이 있는지 여부, 혹은 사전에 그 정당이 그러한 활동의 계획을 알았더라도 이를 정당 차원에서 지원하고 지지했을 것이라고 가정적으로 판단할 수 있는 사정이 있는지 여부 등을 구체적으로 살펴 전체적이고 종합적으로 판단해야 한다. 반면, 정당대표나 주요 관계자의 행위라 하더라도 개인적 차원의 행위에 불과한 것이라면 이러한 행위에 대해서까지 정당해산심판의 심판대상이 되는 활동으로 보기는 어렵다.

한편 동 조항의 규정형식에 비추어 볼 때, 정당의 목적이나 활동 중 어느 하나라도 민주적 기본질서에 위배된다면 정당해산의 사유가 될 수 있다고 해석된다.

(나) "민주적 기본질서"

1) 앞서, 우리의 입헌적 민주주의 체제가 민주주의원리와 법치주의원리에 기초하고 있고, 정당해산심판제도는 특정 정당에 의해 이와 같은 입헌적 민주주의 체제

가 파괴되는 것을 막기 위해 예외적인 경우에 불가피하게 사용되는 이례적 수단임을 확인한 바 있다.

따라서 정당해산심판제도가 수호하고자 하는 민주적 기본질서는 우리가 오늘날의 입헌적 민주주의 체제를 구성하고 운영하는 데에 필요한 가장 핵심적인 내용이나 요소를 의미하는 것으로서, 민주적이고 자율적인 정치적 절차를 통해 국민적 의사를 형성·실현하기 위한 요소, 즉 민주주의원리에 입각한 요소들과, 이러한 정치적 절차를 운영하고 보호하는 데에 필요한 기본적인 요소, 즉 법치주의원리에 입각한 요소들 중에서 필요불가결한 부분이 중심이 되어야 한다. 이는 이것이 보장되지 않으면 우리의 입헌적 민주주의 체제가 유지될 수 없다고 평가되는 최소한의 내용이라 하겠다.

결국 위에서 본 바와 같은 입헌적 민주주의의 원리, 민주 사회에 있어서의 정당의 기능, 정당해산심판제도의 의의 등을 종합해 볼 때, 우리 헌법 제8조 제4항이 의미하는 민주적 기본질서는, 개인의 자율적 이성을 신뢰하고 모든 정치적 견해들이 각각 상대적 진리성과 합리성을 지닌다고 전제하는 다원적 세계관에 입각한 것으로서, 모든 폭력적·자의적 지배를 배제하고, 다수를 존중하면서도 소수를 배려하는 민주적 의사결정과 자유·평등을 기본원리로 하여 구성되고 운영되는 정치적 질서를 말하며, 구체적으로는 국민주권의 원리, 기본적 인권의 존중, 권력분립제도, 복수정당제도 등이 현행 헌법상 주요한 요소라고 볼 수 있다.

2) 헌법 제8조 제4항의 민주적 기본질서 개념은 정당해산결정의 가능성과 긴밀히 결부되어 있다. 이 민주적 기본질서의 외연이 확장될수록 정당해산결정의 가능성은 확대되고, 이와 동시에 정당 활동의 자유는 축소될 것이다. 민주 사회에서 정당의 자유가 지니는 중대한 함의나 정당해산심판제도의 남용가능성 등을 감안한다면, 헌법 제8조 제4항의 민주적 기본질서는 최대한 엄격하고 협소한 의미로 이해해야 한다.

따라서 민주적 기본질서를 현행 헌법이 채택한 민주주의의 구체적 모습과 동일하게 보아서는 안 된다. 정당이 위에서 본 바와 같은 민주적 기본질서, 즉 민주적 의사결정을 위해서 필요한 불가결한 요소들과 이를 운영하고 보호하는 데 필요한 최소한의 요소들을 수용한다면, 현행 헌법이 규정한 민주주의 제도의 세부적 내용에 관해서는 얼마든지 그와 상이한 주장을 개진할 수 있는 것이다.

마찬가지로, 민주적 기본질서를 부정하지 않는 한 정당은 각자가 옳다고 믿는 다양한 스펙트럼의 이념적인 지향을 자유롭게 추구할 수 있다. 오늘날 정당은 자유민주주의 이념을 추구하는 정당에서부터 공산주의 이념을 추구하는 정당에 이르기까지 그 이념적 지향점이 매우 다양하므로, 어떤 정당이 특정 이념을 표방한다 하더라도 그 정당의 목적이나 활동이 앞서 본 민주적 기본질서의 내용들을 침해하는 것이 아닌 한 그 특정 이념의 표방 그 자체만으로 곧바로 위헌적인 정당으로 볼 수는 없다. 정당해산 여부를 결정하는 문제는 결국 그 정당이 표방하는 정치적 이념이 무엇인지가 아니라 그 정당의 목적이나 활동이 민주적 기본질서에 위배되는지 여부에 달려있기 때문이다.

㈐ "위배될 때"

헌법 제8조 제4항은 정당해산심판의 사유를 "정당의 목적이나 활동이 민주적 기본질서에 위배될 때"로 규정하고 있는바, 이 "위배될 때"의 해석 여하에 따라서는 정당의 목적이나 활동이 민주적 기본질서에 단순히 저촉되는 때에도 그 정당이 해산될 수 있다고 볼 수도 있을 것이다. 그러나 이러한 해석에 의하면 극단적인 경우 정당의 목적이나 활동이 민주적 기본질서와 부합하지 않는 부분이 경미하게라도 존재하기만 한다면 해산을 면할 수 없다는 결론도 가능한데, 이는 민주주의 사회에서 정당이 차지하는 중요성에 비추어 볼 때 쉽게 납득하기 어려운 결론이다. 정당에 대한 해산결정은 민주주의원리와 정당의 존립과 활동에 대한 중대한 제약이라는 점에서, 정당의 목적과 활동에 관련된 모든 사소한 위헌성까지도 문제 삼아 정당을 해산하는 것은 적절하지 않다.

특정 정당을 해산하는 결정은 해산되는 정당의 이념을 우리 사회의 정치적 공론의 장에서 영구적으로 추방시키는 것이므로, 이러한 결정은 오늘날 우리의 민주주의에서 정당이 차지하는 핵심적 역할에 비추어 볼 때 매우 극단적인 조치로 이해되어야 하고, 따라서 매우 제한된 상황 속에서만 활용되어야 한다는 것은 앞서 본 바와 같다.

그렇다면 헌법 제8조 제4항에서 말하는 민주적 기본질서의 위배란, 민주적 기본질서에 대한 단순한 위반이나 저촉을 의미하는 것이 아니라, 민주 사회의 불가결한 요소인 정당의 존립을 제약해야 할 만큼 그 정당의 목적이나 활동이 우리 사회의 민주적 기본질서에 대하여 실질적인 해악을 끼칠 수 있는 구체적 위험성을 초래하는 경우를 가리킨다.

㈃ 비례원칙

비례원칙은 침익적인 국가권력의 행사에 부과되는 법치국가적 한계이다. 비록 합헌적이고 정당한 법령에 따른 권력 행사라고 할지라도 그것의 행사방식이 자의적이라든가 그 제한이 필요 이상의 과도한 제한이라든가 하는 경우에 그러한 국가권력의 행사는 설령 명시적인 규범에 위반된 바가 없다 하더라도 권한을 일탈·남용한 것으로 헌법에 부합하지 않는다. 따라서 기본권을 제한하는 국가권력의 행사는 목적 달성에 필요한 최소한도에 그쳐야 되고 국가권력의 행사로 인하여 침해되는 이익보다 달성하고자 하는 이익이 클 때에만 허용될 수 있다(헌재 2003. 12. 18. 2001헌마754 참조).

일반적으로 비례원칙은 우리 재판소가 법률이나 기타 공권력 행사의 위헌 여부를 판단할 때 사용하는 위헌심사 척도의 하나이다. 그러나 정당해산심판제도에서는 헌법재판소의 정당해산결정이 정당의 자유를 침해할 수 있는 국가권력에 해당하므로 헌법재판소가 정당해산결정을 내리기 위해서는 그 해산결정이 비례원칙에 부합하는지를 숙고해야 하는바, 이 경우의 비례원칙 준수 여부는 그것이 통상적으로 기능하는 위헌심사의 척도가 아니라 헌법재판소의 정당해산결정이 충족해야 할 일종의 헌법적 요건 혹은 헌법적 정당화 사유에 해당한다. 이와 같이 강제적 정당해산은 우리 헌법상 핵심적인 정치적 기본권인 정당 활동의 자유에 대한 근본적 제한이므로 헌법재판소는 이에 관한 결정을 할 때 헌법 제37조 제2항이 규정하고 있는 비례원칙을 준수해야만 하는 것이다.

따라서 헌법 제37조 제2항의 내용, 침익적 국가권력의 행사에 수반되는 법치국가적 한계, 나아가 정당해산심판제도의 최후수단적 성격이나 보충적 성격을 감안한다면, 헌법 제8조 제4항의 명문규정상 요건이 구비된 경우에도 해당 정당의 위헌적 문제성을 해결할 수 있는 다른 대안적 수단이 없고, 정당해산결정을 통하여 얻을 수 있는 사회적 이익이 정당해산결정으로 인해 초래되는 정당의 정당활동 자유 제한으로 인한 불이익과 민주주의 사회에 대한 중대한 제약이라는 사회적 불이익을 초과할 수 있을 정도로 큰 경우에 한하여 정당해산결정이 헌법적으로 정당화될 수 있다.

나. 피청구인의 해산 여부

(1) 피청구인의 진정한 목적과 활동

㈎ 과거 민주노동당 또는 피청구인 내에서 같이 활동하다가 피청구인 주도세력과의 헤게모니 쟁탈전에서 패배하였거나 그들의 본질을 파악하고 더 이상 정당활동을 함께 할 수 없다 하여 탈당한 사람들이야말로 피청구인 주도세력의 성향과 실체를 누구보다도 정확하게 알고 있을 것이다. 그들은 피청구인 주도세력에 대하여, "유독 국가보안법 사건에서는 진보운동의 상식과 이성이 마비된다는 사실을 알았다."(심상정), "자주파에게는 북한이 신성불가침의 영역이다. 특정 정파가 지하당처럼 움직였다. 여기에서 오더를 내리면 그것을 다 관철했다."(노회찬), "당내 친북세력과 결별하지 않고는 당이 국민의 신뢰를 받을 수 없다."(조승수), "NL들에게 북한 추종은 종교생활과 같다. 위기의 핵심은 김일성주의자들이 당 안방을 차지한 것이다."(주대환), "NL의 나침반은 떨지를 않는다. 한 곳에 고정된 고장난 나침반이다."(이덕우), "자주파는 책임은 지지 않고 토론은 이루어지지 않고 공부와 학습도 하지 않는 종북주체일 뿐이다."(홍세화), "당내 자주파의 종북주의에 근거한 패권주의가 당을 망쳐온 제일 큰 원인이다."(김종철), "자주파는 북조선노동당의 지도를 받아 움직이는 일종의 통일전선체이다."(진중권), "NL노선의 알파요 오메가는 바로 북한이다."(김하영)"는 등으로 말하고 있는바, 이러한 발언들이야말로 바로 피청구인 주도세력의 성향과 실체를 정확하게 표현한 것으로 보인다.

피청구인 주도세력은 "민주주의가 망할 때까지 민주주의를 외쳐라. 공산주의자는 법률위반, 거짓말, 속임수, 사실은폐 따위를 예사로 해치우지 않으면 안 된다."고 한 레닌의 말처럼 용어혼란전술, 속임수전술 등을 통하여 북한식 사회주의의 실현을 '민주혁명의 과업'으로 바꾸어 말하고 있고, 그들이 말하는 자주·민주·통일이라는 용어도 일반적으로 사용하는 의미와는 전혀 다른 것이다. 그들은 '우익 대 좌익'의 싸움을 '민족·민주·민중 대 반민족·반민주·반민중'으로, '평화 대 전쟁, 통일 대 반통일, 화해 대 분열'로 포장한다. 나아가 그들은 내면화된 신념으로 무장하며, 자신의 깊숙한 정체를 드러내지 않은 채 조직적으로 활동하여 왔다. 폭력적 방법의 사용도 불사하여 자유민주주의 체제의 파괴를 기도하였다.

㈏ 피청구인 주도세력의 진정한 목적과 활동에 관하여 살펴본다.

1) 앞서 본 바와 같이 피구인 주도세력의 강령상 목표는 1차적으로는 폭력에 의하여 진보적 민주주의를 실현하고, 이를 기초로 통일을 통하여 최종적으로는 사회주의를 실현하는 것이다.

그리고 피청구인이 진보적 민주주의를 강령으로 채택하게 된 경위 및 과정, 피청구인 주도세력의 성향이 북한을 추종하고 있는 점, 피청구인 주도세력이 주장하는 진보적 민주주의가 북한의 대남혁명전략과 우리 사회에 대한 인식, 변혁을 위한 강령적 과제와 순위, 변혁의 주체 및 주권의 소재와 그 범위, 변혁의 대상, 변혁의 전술적 방법, 변혁의 목표, 연방제 통일방안 등 거의 모든 점에서 전체적으로 같거나 매우 유사하고, 이러한 동일성 내지 유사성은 단편적 또는 부분적 범주를 넘어선 것인 점도 앞서 본 바와 같다.

2) 한편 피청구인 주도세력은 민중민주주의변혁론에 따라 혁명을 추구하면서, 대중투쟁의 일환으로 외부단체와 연계하여 한미FTA 무효화, 제주해군기지 전면 재검토, 국가보안법 폐지 등 각종 사회적 이슈에 참가하여 왔다. 북한의 핵실험, 북한 인권문제와 3대 세습문제에 대해서도 피청구인 주도세력은 일관되게 북한의 입장을 옹호하고, 북한에게 책임 있음이 명백한 장거리 미사일 발사, 천안함 사건, 연평도 포격 등에 관해서도 오히려 그 책임을 대한민국 정부에 돌리고 있다. 일심회 사건 관련자들을 여전히 당내 주요 직위에서 활동하도록 하고 있으며, 비례대표 부정경선 사건은 단순한 법률위반 수준을 뛰어넘어 선거제도를 형해화함으로써 민주주의원리를 훼손하는 것이다. 나아가 애국가를 부정하거나 태극기도 게양하지 않는 등의 행태는 대한민국의 정통성을 부정하는 또 다른 모습이다.

이러한 경향은 이석기 등 내란관련 사건에서 보다 극명하게 드러났다. 이 사건 회합에 참석한 사람들은 북한의 정전협정폐기 선언 등으로 북한의 군사도발위협이 고조되자 '결정적 시기'라 판단하고는, 북한을 위하여 국가기간시설까지 파괴하겠다는 태도를 보임과 동시에 정보전·선전전을 펼치는 방안을 논의하고, 수령론과 선군사상을 찬양하는 발언까지 하였음에도, 피청구인은 이석기 등 관련자를 당에서 제명하는 등 적극적인 차별화 조치를 취하지 않으며, 오히려 당조직을 투쟁본부로 전환하고 전당적 차원에서 이들을 옹호하고 정부를 비난하고 있다.

3) 이상과 같은 사정과 피청구인 주도세력이 피청구인을 장악하고 있음에 비추

어 그들의 목적과 활동은 피청구인의 목적과 활동으로 볼 수 있는 점 등을 종합하여 보면, 피청구인의 진정한 목적과 활동은 1차적으로는 폭력에 의하여 진보적 민주주의를 실현하고, 최종적으로는 북한식 사회주의를 실현하는 것으로 판단된다.

(2) 피청구인의 목적이나 활동이 민주적 기본질서에 위배되는지 여부

㈎ 민주적 기본질서에 대한 실질적 해악을 끼칠 구체적 위험성

헌법 제8조 제4항에서 말하는 민주적 기본질서의 위배란, 민주적 기본질서에 대한 단순한 위반이나 저촉을 의미하는 것이 아니라, 민주 사회의 불가결한 요소인 정당의 존립을 제약해야 할 만큼 그 정당의 목적이나 활동이 우리 사회의 민주적 기본질서에 대하여 실질적인 해악을 끼칠 수 있는 구체적 위험성을 초래하는 경우를 가리킨다는 점은 위에서 본 바와 같다.

㈏ 피청구인의 목적이 민주적 기본질서에 저촉되는지 여부

1) 앞서 우리는 우리 헌법 제8조 제4항이 의미하는 민주적 기본질서는, 개인의 자율적 이성을 신뢰하고 모든 정치적 견해들이 각각 상대적 진리성과 합리성을 지닌다고 전제하는 다원적 세계관에 입각한 것으로서, 모든 폭력적·자의적 지배를 배제하고, 다수를 존중하면서도 소수를 배려하는 민주적 의사결정과 자유·평등을 기본원리로 하여 구성되고 운영되는 정치적 질서를 말하며, 구체적으로는 국민주권의 원리, 기본적 인권의 존중, 권력분립제도, 복수정당제도 등임을 확인하였다.

2) 피청구인의 진정한 목적인 폭력에 의한 진보적 민주주의의 실현과 이에 기초한 북한식 사회주의의 실현이 민주적 기본질서에 저촉되는지를 살펴본다.

피청구인이 실현하려고 하는 북한식 사회주의 체제는 조선노동당이 제시하는 정치적 노선을 절대적인 선으로 받아들이고 그 정당의 특정한 계급노선과 결부된 인민민주주의 독재방식과 수령론에 기초한 1인의 독재를 통치의 본질로 추구하는 점에서 우리 헌법상 민주적 기본질서와 근본적으로 충돌한다. 북한의 계급독재적 통치이념이 관철되는 사회에서는 모든 국민에게 주권이 인정되는 국민주권원리가 부인됨은 물론, 자유로운 정견의 표출과 이를 통한 정치적 참여라는 가장 기본적인 표현의 자유 내지 사상의 자유조차 향유하기 어려울 것으로 보이고, 이는 개인의 기본적 인권이 심각하게 침해되는 상황을 강하게 암시한다. 나아가 복수정당간의 경쟁을 통해 민주적 의사가 드러나는 정치적 과정도 구현되기 어려우며, 개인의 인권과 민주적 절차를 보호하기 위한 권력분립과 사법권 독립의 취지도 무색해질 것이다. 이

러한 요소들이 명목상 보장될 수는 있겠지만 실질적으로 기능하기는 힘들다.

북한식 사회주의는 절대적인 계급노선을 통해 정치적 의사결정의 방향이 이미 확정되고, 인민민주주의적 독재로 이 노선을 관철함으로써 다른 의견과 건설적인 정치적 평론의 가능성이 심각하게 제약된다는 점에서, 장래 의사결정의 내용적 불확실성과 비결정성을 기본이념으로 하며 민주적 의사결정의 절차적 정당성을 중시하는 우리 헌법상 민주적 기본질서와는 이념적 전제부터 근본적으로 달리한다. 이와 같은 북한식 사회주의 체제가 수립된다면 우리 헌법의 중핵을 구성하는 내용들을 유지하는 것이 불가능해진다.

또한 피청구인은 진보적 민주주의를 실현하기 위해서는 대중투쟁, 전민항쟁, 저항권 등 폭력을 행사하여 자유민주주의 체제를 전복할 수 있다고 하는바, 이는 모든 폭력적·자의적 지배를 배제하고, 다수를 존중하면서도 소수를 배려하는 민주적 의사결정을 기본원리로 하는 우리의 민주적 기본질서에 정면으로 저촉된다.

㈐ 피청구인의 활동이 민주적 기본질서에 저촉되는지 여부

1) 피청구인의 활동 가운데 특히 내란관련 사건은 피청구인의 진정한 목적을 명백하게 드러낸 활동으로 볼 수 있다. 내란은 대한민국 영토에 대하여 주권을 미치지 못하게 하거나 헌법질서를 정상적으로 작동하지 못하도록 폭동을 일으켜 국가의 존립 자체를 위협하는 것으로서, 이석기 등 피청구인 소속 국회의원과 당원들이 내란을 선동하고 대한민국의 존립에 위해를 가할 수 있는 방안들을 구체적으로 논의한 것은 그 자체로 민주적 기본질서에 반함이 명백하다.

2) 과거 인권을 탄압하였던 권위주의 정부 시절에는 평화적인 방법에 의한 민주화운동 등이 사실상 불가능하고 폭력에 의존해서만 사회개혁이 가능하다고 생각했던 경우도 있었다. 그러나 이제는 우리 사회의 민주화가 상당히 진전됨에 따라 민주주의 이념에 입각한 사회 변화를 추구하는 것이 충분히 가능하다. 합헌적인 내용으로 충분한 설득력을 가지는 정책이라면 언제든지 다수 국민을 설득시켜 입법 등을 통해 그 정책을 제도적으로 실현할 수 있는 가능성이 보장되고 있다. 또한 자유로운 의사교환에 의한 민주적 의사결정을 방해하고 권위주의적 지배를 옹호하는 법률이라면 헌법재판을 통해 무효화시킬 수 있는 길도 열려있다. 급진 이념이라고 하더라도 원칙적으로 헌법에 의해 하나의 정견으로 주장되고 논의될 수 있는 자격이 주어져 있으며, 과거 폭력적 수단에 의지했던 투쟁의 신화가 오늘날 대한민국의 민주적 정당성을

갖춘 정부에 대해서도 마찬가지로 적용될 수 있다고 믿는 것은 시대착오이다.

　따라서 여전히 자신들의 시대착오적 신념을 폭력에 의지해 추구하고, 이를 구체적인 실현의 단계로 옮기려 하였거나 옮긴 내란관련 사건과 중앙위원회 폭력 사건 등은 목적 달성을 위해 조직적, 계획적으로 폭력적인 수단의 사용을 옹호한 것으로서 민주주의의 이념에 정면으로 저촉된다.

　3) 결국 내란관련 사건, 비례대표 부정경선 사건, 중앙위원회 폭력 사건 및 관악을 지역구 여론조작 사건 등 앞서 본 피청구인의 여러 활동들은 내용적 측면에서는 국가의 존립, 민주적 의사형성, 법치주의 등을 부정하거나 훼손하는 것이고, 수단이나 성격의 측면에서는 자신의 의사를 관철하기 위해 폭력, 위계 등을 적극적으로 사용하여 민주주의 이념에 반하는 것이다.

　㈘ 피청구인의 목적이나 활동이 민주적 기본질서에 위배되는지 여부

　1) 정권의 획득이나 권력의 장악을 추구하는 정당의 개념본질적인 표지로 인해, 정당의 목적은 항상 실천적 성격과 현실적 지향성을 지닌다. 정당의 목적이나 정치적 이념은 단순한 관념에 불과한 것이 아니라 현실 속에서 구현하고자 하는 실물적인 힘과 의지를 내포한다. 따라서 정당이라는 단체의 위헌적 목적은 그 정당이 제도적으로 존재하는 한 현실적인 측면에서 상당한 위험성을 인정할 충분한 이유가 된다. 특히 우리의 경우 정당법상 정당등록요건을 갖추기 위해서는 일정 수준의 당원(1천인 이상)과 시·도당수(5 이상)를 가져야 하는바(정당법 제17조, 제18조), 피청구인의 경우 주도세력에 의하여 정당의 의사결정이 이루어질 뿐만 아니라 16개 시·도당수에 수만 명의 당원을 가지고 활동하고 있다.

　또한 위 내란관련 사건, 비례대표 부정경선 사건, 중앙위원회 폭력 사건 및 관악을 지역구 여론조작 사건 등 앞서 본 피청구인의 여러 활동들은 그 경위, 양상, 피청구인 주도세력의 성향, 구성원의 활동에 대한 피청구인의 태도 등에 비추어 보면, 피청구인이 단순히 일회적, 우발적으로 민주적 기본질서에 저촉되는 사건을 일으킨 것이 아니라 피청구인의 진정한 목적에 기초하여 일으킨 것으로서, 향후 유사 상황에서 반복될 가능성도 매우 크다. 더욱이 앞서 본 바와 같이 피청구인이 폭력에 의한 집권 가능성을 인정하고 있는 점에 비추어 피청구인의 여러 활동들은 민주적 기본질서에 대해 실질적인 해악을 끼칠 구체적 위험성이 발현된 것으로 보인다. 특히 내란관련 사건에서 보듯이 이석기를 정점으로 한 피청구인 주도세력은 북한의

정전협정 폐기 선언을 전쟁상태의 돌입으로 인식하면서 북한에 동조하여 국가기간 시설 파괴 등을 도모하는 등 대한민국의 존립에 위해를 가할 수 있는 방안들을 구체적으로 논의하기까지 하였다. 이는 피청구인의 진정한 목적을 단적으로 드러낸 것으로 표현의 자유의 한계를 넘어 민주적 기본질서에 대한 구체적 위험성을 배가시킨 것이다. 또한 북한과 정치·군사적으로 첨예하게 대치하고 있는 한반도 상황에 비추어 이러한 위험성은 단순히 추상적 위험에 그친다고 볼 수만은 없다.

이상을 종합하면, 피청구인의 위와 같은 진정한 목적이나 그에 기초한 활동은 우리 사회의 민주적 기본질서에 대해 실질적인 해악을 끼칠 수 있는 구체적 위험성을 초래하였다고 판단된다.

2) 정견의 자유를 누리는 정당이라면, 자신들의 대안을 통해 현재보다 진일보한 국가공동체의 미래상을 지향하는 과정에서 현재 지배적인 관념들에 대한 의문을 제기할 수 있다. 현행 헌법상의 민주적 기본질서에 포함된다고 인정되는 내용들이라고 하더라도 그에 대한 정치적 대안을 제시하여 사회적 논의를 시도하는 것은 가능하고 또한 공당의 성실한 자세로서 마땅히 존중되어야 한다. 이러한 맥락에서라면 어떤 정당이 정치적 견해를 개진하는 과정에서 다소간 민주적 기본질서와 상치되는 주장을 제시하는 것도 불가능하지는 않다. 즉, 민주적 기본질서의 내용으로 간주되는 개별 요소들에 대한 정치적 논의와 비판의 자유는 보장된다. 이는 우리 사회의 건전한 토론과 정치적 숙고를 촉발시키고, 보다 진전된 정치적 목표를 형성하여 이것이 우리 공동체 안에서 널리 공유될 수 있도록 하는 데 기여할 것이다.

그러나 지금껏 드러난 피청구인의 목적이나 활동은 위와 같은 차원에서 우리 헌법상 민주적 기본질서의 내용에 대한 정치적 비판을 제기하는 상황이 아니라, 의도적이고 계획적으로 그리고 적극적이고 투쟁적으로 헌법상 민주적 기본질서를 훼손시키거나 폐지하고자 시도하는 것이다. 피청구인은 민주사회에서 보장되는 합법적인 의사결정의 과정 등을 부정하지 않는다고 주장하지만, 자신에게 유리한 조건에서만 그러할 뿐, 필요하면 폭력적인 수단일지라도 사용해서 의사를 관철할 수 있다는 투쟁노선을 여전히 버리지 않고 있으며, 이는 앞서 본 피청구인의 목적과 활동 속에서 확인되었다.

결국 피청구인의 위와 같은 목적이나 그에 기초한 활동은 우리 헌법상 민주적 기본질서에 위배된다.

(3) 비례의 원칙에 위배되는지 여부

㈎ 정당해산에서의 비례의 원칙

앞서 우리는 헌법 제8조 제4항의 요건이 구비된 경우에도 정당해산제도의 최후 수단적 성격과 보충적 성격을 감안한다면, 해당 정당의 위헌적 문제성을 해결할 수 있는 다른 대안적 수단이 없고 정당해산결정으로 인해 초래되는 정당의 정당활동 자유 제한으로 인한 불이익과 민주주의 사회에 대한 중대한 제약이라는 사회적 불이익을 상쇄하거나 이를 초과할 수 있을 정도로 정당해산결정을 통해 얻을 수 있는 사회적 이익이 큰 경우에 한해 정당해산결정이 정당화될 수 있음을 확인하였다.

㈏ 구체적 검토

우리는 다음과 같은 사정들을 고려하여 볼 때 피청구인에 대한 정당해산결정이 비례원칙에 어긋나지 않는다고 판단한다.

첫째, 피청구인의 목적과 활동에 내포된 위헌적 성격의 중대성이다.

피청구인의 목적은 궁극적으로 북한식 사회주의를 실현하는 것이고, 북한식 사회주의는 특정한 계급노선과 인민민주주의 독재 이념을 토대로 하여 조선노동당을 절대적 지위를 가지는 정치적 주체로 인정하는 것이며, 이러한 사회주의를 대한민국으로 확장하기 위하여 비합법적·반합법적이고 폭력적인 수단들도 고려하고 있고, 전민항쟁에 의한 집권도 배제하지 않는다는 내심의 의도까지 드러낸 바 있다.

피청구인은 그 동안 공당으로서 당내 북한 추종세력들의 활동을 묵인하고, 때로는 장려하기도 했으며, 외부로부터의 비판이 제기될 때에는 그들의 이념과 활동의 정당성을 옹호해 왔다. 이러한 상황은 진보적 민주주의로 포장된 북한 추종적 이념을 무기로 우리 헌법상 민주적 기본질서를 공격하고 제거 혹은 폐지하려는 주장들이 현재 피청구인의 의사결정과정에서 쉽게 관철될 수 있는 조건이 마련되었음을 의미한다. 자신과 적대적인 정견을 가진 집단에 대하여 폭력적 수단을 사용하는 것을 긍정하는 입장이 정치적 다수자의 지위를 차지한다면, 그들이 정치적 소수자의 의견을 통제하거나 묵살하고, 심지어 폭력으로 억압하게 될 것이라는 점은 북한 등의 역사적 경험에 비추어 볼 때 그리 예상하기 어려운 일이 아니다.

이러한 피청구인의 정치적 입장은 우리 헌법상 민주적 기본질서와 결코 부합할 수 없을 뿐만 아니라, 적극적이고 계획적으로 우리 헌법상의 민주적 기본질서를 공격하여 그 근간을 훼손시키거나 이를 폐지하고자 하는 것이므로, 이로 인해 우리 사회에 초래되는 위험성을 시급히 제거할 필요성이 있다. 목적이나 활동에 관하여 일정 부분의 위헌적 성격을 가지는 정당에 대해서 설령 현재 우리 사회의 정치적 공론장이 적절하게 작동함으로써 그 정당의 정치적 위험성을 상당부분 견제할 수 있다 하더라도, 그 정당의 목적이나 활동이 중대한 위헌성을 지니는 것이라면 정당해산제도의 예방적 성격에 비추어 정당해산의 필요성은 인정된다.

둘째, 대한민국이 처해 있는 특수한 상황 또한 고려되어야 한다.

우리는 분단이라는 특수성으로 인하여 민족공동체임에도 대남혁명전략에 따라 대한민국 체제를 파괴·변혁하고 전복하려는 북한이라는 반국가단체와 대결하고 있다. 북한은 6·25전쟁 이후부터 지속적으로 대남도발을 전개해왔고, 이는 지금도 계속 자행되고 있는 현재진행형이다. 21세기라는 새로운 시대는 탈냉전이라는 역사적 흐름에도 불구하고 아직까지 한반도는 이념적 대립으로 인해 남과 북으로 분단된 정치적·경제적 체제를 유지하며 첨예한 대결의 양상을 보이고 있으며, 북한은 여전히 남한을 궁극적으로 타도 또는 대체해야 할 대상으로 여기고 있다. 대한민국의 민주적 기본질서는 현실적인 적으로부터 공격의 대상으로 겨냥되고 있는 상황이다.

오늘날 우리가 산업화와 민주화를 이룩하고 얻은 자유와 번영, 놀라울 정도의 발전은 빛나는 업적으로 자부해도 좋을 일이지만, 그 과정 속에 이루 말로 표현하기 힘들 정도의 큰 노력과 희생이 수반되었음을 잊어서는 안 된다. 그리고 지난 세기 전체주의 정당이 집권했던 독일, 이탈리아 등의 경험을 돌이켜 보면, 우리는 일단 허물어진 민주적 기본질서를 다시금 회복하는 일에도 상당한 노력과 사회적 희생이 소요됨을 확인할 수 있다.

셋째, 피해의 최소성, 즉 다른 대안적 수단이 존재하는지 살펴본다.

피청구인으로 인해 우리 사회에 초래된 위험성은, 가령 실정법을 위반한 일부 당원에 대해서 형사적 제재를 가하고 관련자들을 정당에서 배제하면 되지 굳이 정당해산까지 나아갈 필요가 있는지 하는 의문이 있을 수 있다. 그러나 개별적인 형사처벌의 경우 위법행위가 확인된 개개인에 대해 형사처벌이 가능할 뿐이고, 정당 자체의 위험성은 제거되지 않기 때문에, 나머지 당원들은 계속하여 그 정당을 통해 위헌적 활동을 할 수 있게 된다. 또한 개별 당원의 제명이나 자격심사는 단순한 인적 교체에 불과할 뿐만 아니라, 2차 분당 사태까지 초래했던 비례대표 부정경선 사건과 관련된 피청구인 주도세력의 행태에 비추어 볼 때 이는 사실상 기대하기 어렵다. 그리고 우리 헌법상 문제된 행위나 발언을 한 국회의원에 대하여 국회가 제명시킬 수 있는 제도적 장치가 마련되어 있으나(헌법 제64조 제3항), 그 동안의 역사적 경험에 비추어 볼 때 이 역시 기대하기 어렵다.

피청구인 주도세력은 언제든 그들의 위헌적 목적을 정당의 정책으로 내걸어 곧바로 실현할 수 있는 상황에 있다. 따라서 합법정당을 가장하여 국민의 세금으로 상당한 액수의 정당보조금을 받아 활동하면서 헌법상 최고 가치인 민주적 기본질서를 파괴하려는 피청구인의 고유한 위험성을 제거하기 위해서는 결국 정당해산결정 외에는 다른 대안이 없다.

정당해산제도는 최후적·보충적인 수단이므로 우리 사회의 정치적 공론장이 제대로 작동하는 한 정당해산결정을 통한 정치과정에의 개입은 최대한 자제되어야 한다는 견해는 피청구인의 경우 그 취지는 옳지만 지나친 낙관으로 일관하는 자세로서 적절한 태도라고 볼 수 없다. 예컨대, 세계 제2차 대전의 발발에 결정적인 원인을 제공했고 집권기간에 비인도적 범죄를 저질러 인류에 큰 상처를 안겼던 독일 나치당의 전례는 시사하는 바가 적지 않다. 나치당은 1928년 5월 선거에서 2.6%의 득표에 그쳐 고작 12석의 의석을 확보하는 수준이었다. 그러나 불과 2년 후인 1930년 9월 선거에서 18%를 득표했고, 107석의 의석을 가져갔으며, 다시 2년이 지난 1932년 7월에 있었던 선거에서 나치당은 전체 투표자 중 37.2%의 지지를 얻었고, 230석의 의석을 획득함으로써 제1당으로 부상하였다. 이처럼 나치당은 불과 4년 만에 2.6%의 지지율을 보인 군소정당에서 37.2%의 득표에 성공한 제1당으로 변모한 것이다. 비록 이를 흔한 일로 볼 수는 없을지라도, 현실정치의 역동적인 성격에 비추어 볼 때 향후에 결코 다시 발생하지 않을 일이라고 단언할 수도 없다.

두 차례의 분당을 거치면서 피청구인이 종북주의에 매몰되었다는 일반 국민들의 인식과 내란관련 사건 등으로 인하여 그 정치적 기반이 축소된 것은 사실이다. 특히 피청구인은 2014. 6. 4. 시행된 제6회 지방선거에서 광역 비례대표 의원 3인, 기초 지역구 의원, 비례대표 의원 3인을 당선시키는데 그쳤고, 광역비례대표 정당득표율은 약 4.3%였다. 2010. 6. 2. 시행된 제5회 지방선거에서 피청구인의 전신인 민주노동당이 기초단체장 3석, 광역 의원 24석, 기초 의원 115석을 차지한 것과 비교하면 상당한 차이를 엿볼 수 있다. 비록 피청구인에 대한 지지율이 현저히 떨어지고 피청구인의 진성당원의 수가 급격히 줄었다고 하나, 전체 당원의 수가 수만 명으로 여전히 적지 않은 수이며, 특히 당내 주도세력이 수적으로는 소수에 불과하지만 조직적으로 뭉쳐 응집력을 발휘하는 까닭에 피청구인의 비례대표 국회의원 선정과정이나 각종 정책결정과정에서 결정적인 영향력을 행사하고 있는 점에 비추어 보면, 정치적 상황과 환경의 변화에 따라서는 언제든지 정치적 기반의 확대를 가져올 가능성이 있다. 이는 앞서 본 나치당의 전례에서도 확인된다.

넷째, 해산결정을 해야 할 사회적 필요성(법익 형량)과 관련하여 살펴본다.

해방 이후 1948년 대한민국의 건국과 더불어 채택한 헌법의 자유민주주의와 시장경제질서는 보편적 가치로서 산업화, 민주화의 밑바탕이 되어 오늘날의 자유와 국가적 번영을 가져다 주었다. 우리 헌법은 그 동안 공산주의라는 유토피아의 허울 아래 실상 1당독재와 1인독재로 운영된 북한의 도전으로부터 헌법적 가치를 지키기 위해 몸부림을 치면서 스스로의 생존을 지켜왔다. 그것은 곧 우리 국민의 의지이다. 멀리 단군의 홍익인간 이념으로부터 시작되는, 대한민국 임시정부의 법통을 이어받은 대한민국의 정통성은 우리나라의 기본이념과 가치를 담고 있는 헌법질서 그 자체이자 우리의 정체성이다. 북한식 사회주의 체제로 가려는 주장은 반헌법적인 것이고 인류 보편의 가치를 거스르는 시대역행적 현상이다.

정당해산결정을 할 경우 정당의 정당활동의 자유가 제한됨은 물론, 그 정당이 지향하는 이념을 지지하는 국민들의 정치적 자유가 제한될 수 있고, 우리 사회에서 통용될 수 있는 정치적 사상이나 이념의 폭이 협소해져 다원적 민주주의에 일정 부분 제한이 가해질 수 있는 우려는 인정된다. 그러나 우리 사회가 다원적 민주주의를 추구할지라도 다원적 민주주의 자체를 부정하는 세력에 대해서는 관용을 유보할 수 있으며, 민주적 기본질서를 훼손하고 폐지하고자 하는 이념을 추구하는 정당을 지지할 정치적 자유는 그와 같은 범위 안에서 제한될 수 있는 것이다. 헌법상 정당보호도 중요한 가치이기는 하나 그 정당을 보호하는 헌법마저 부정하고 헌법에 기초한 현 체제의 변혁을 꾀하는 정당에 대해서까지 상대적·다원적 가치를 이유로 보호한다는 것은 정당보호의 근거인 헌법 질서를 파괴하거나 국가의 정체성을 침해하는 것이어서 허용될 수 없다.

따라서 피청구인에 대한 정당해산결정으로 얻을 수 있는 이익은 피청구인이 파괴하려고 한 우리 헌법상의 최고가치인 국민주권원리, 기본권 보장, 복수정당제, 권력분립 등의 민주적 기본질서 수호이다. 나아가 피청구인에 대한 정당해산결정이 한

알의 밀알이 되어 이 땅에 전체주의나 북한의 이념과 체제를 추종하지 않으면서도 진보적 사상과 이념을 지향하는 진보정당이 터잡고 성장할 수 있는 자리를 마련함으로써 민주주의의 다원성과 상대성을 보장할 수 있다. 이러한 민주적 기본질서의 수호와 민주주의의 다원성·상대성 보장이라는 사회적 이익은 정당해산결정으로 초래되는 피청구인의 정당활동의 자유에 대한 근본적 제약이나 민주주의에 대한 일부 제한이라는 불이익에 비하여 월등히 크고 중요하다.

결국 피청구인에 대하여 해산결정을 해야 할 사회적 필요성(법익 형량)도 인정된다.

㈐ 소 결

우리 재판소는 대한민국이 국민주권 원리, 기본적 인권의 존중, 민주적 의사 결정 등 헌법상 민주적 기본질서를 실질적으로 확립해오기까지 4·19 혁명이나 1987년 민주화운동 등과 같이 수많은 국민들의 희생과 정성, 그리고 헌신과 노력이 있었음을 무겁게 받아들이는 바이므로, 이 헌법의 근본가치를 무력화 혹은 약화시키려는 세력에 대해서는 그 위험성을 섬세하게 감지할 수밖에 없다. 피청구인 주도세력은 북한식 사회주의를 추구하면서 적극적이고 계획적으로 우리 헌법상 민주적 기본질서를 공격하여 이를 훼손하거나 궁극적으로 폐지하려고 한다.

따라서 피청구인에 대한 해산결정은 민주적 기본질서에 가해지는 위험성을 실효적으로 제거하기 위한 부득이한 해법으로서 헌법 제8조 제4항에 의하여 정당화되므로 비례의 원칙에 어긋나지 않는다.

(4) 피청구인의 해산

위에서 본 바와 같이 피청구인의 목적이나 활동이 민주적 기본질서에 위배되고, 피청구인의 목적과 활동에 내포된 위헌적 성격의 중대성과 대한민국이 처해 있는 특수한 상황 등에 비추어 피청구인의 위헌적 문제성을 해결할 수 있는 다른 대안적 수단이 없으며, 정당해산결정으로 초래되는 불이익보다 이를 통하여 얻을 수 있는 사회적 이익이 월등히 커서 피청구인에 대하여 해산결정을 해야 할 사회적 필요성(법익 형량)도 있다고 인정된다. 따라서 피청구인은 해산되어야 한다.

다. 피청구인 소속 국회의원의 의원직 상실 여부

헌법재판소의 해산결정으로 위헌정당이 해산되는 경우에 그 정당 소속 국회의원이 그 의원직을 유지하는지 상실하는지에 대하여 헌법이나 법률에 명문의 규정이 없다. 하지만 아래에서 보는 바와 같은 이유로 피청구인 소속 국회의원은 모두 그 의원직이 상실되어야 한다.

(1) 국회의원의 국민 대표성과 정당 기속성

㉮ 국회의원은 어느 누구의 지시나 간섭을 받지 않고 국가이익을 우선하여 자신의 양심에 따라 직무를 행하는 국민 전체의 대표자로서 활동을 하는 한편(헌법 제46조 제2항 참조), 현대 정당민주주의의 발전과 더불어 현실적으로 소속 정당의 공천을 받아 소속 정당의 지원이나 배경 아래 당선되고 당원의 한사람으로서 사실상 정치의사 형성에 대한 정당의 규율이나 당론 등에 영향을 받아 정당의 이념을 대변하는 지위도 함께 가지게 되었다.

㉯ 공직선거법 제192조 제4항은 비례대표 국회의원에 대하여 소속 정당의 '해산' 등 이외의 사유로 당적을 이탈하는 경우 퇴직된다고 규정하고 있는데, 이 규정의 의미는 정당이 스스로 해산하는 경우에 비례대표 국회의원은 퇴직되지 않는다는 것으로서, 국회의원의 국민대표성과 정당기속성 사이의 긴장관계를 적절하게 조화시켜 규율하고 있다.

(2) 정당해산심판제도의 본질적 효력과 의원직 상실 여부

㉮ 헌법재판소의 해산결정에 따른 정당의 강제해산의 경우에는 그 정당 소속 국회의원이 그 의원직을 상실하는지 여부에 관하여 헌법이나 법률에 아무런 규정을 두고 있지 않다. 따라서 위헌으로 해산되는 정당 소속 국회의원의 의원직 상실 여부는 위헌정당해산 제도의 취지와 그 제도의 본질적 효력에 비추어 판단해야 한다.

㉯ 정당해산심판 제도의 본질은 목적이나 활동이 민주적 기본질서에 위배되는 정당을 국민의 정치적 의사 형성과정에서 미리 배제함으로써 국민을 보호하고 헌법을 수호하기 위한 것이다. 어떠한 정당을 엄격한 요건 아래 위헌정당으로 판단하여 해산을 명하는 것은 헌법을 수호한다는 방어적 민주주의 관점에서 비롯되는 것이고, 이러한 비상상황에서는 국회의원의 국민대표성은 부득이 희생될 수밖에 없다.

㉰ 국회의원이 국민 전체의 대표자로서의 지위를 가진다는 것과 방어적 민주주의의 정신이 논리 필연적으로 충돌하는 것이 아닐 뿐 아니라, 국회의원이 헌법기관으로서 정당기속과 무관하게 국민의 자유위임에 따라 정치활동을 할 수 있는 것은 헌법의 테두리 안에서 우리 헌법이 추구하는 민주적 기본질서를 존중하고 실현하는

경우에만 가능한 것이지, 헌법재판소의 해산결정에도 불구하고 그 정당 소속 국회의원이 위헌적인 정치이념을 실현하기 위한 정치활동을 계속하는 것까지 보호받을 수는 없다.

㈒ 만일 해산되는 위헌정당 소속 국회의원들이 의원직을 유지한다면 그 정당의 위헌적인 정치이념을 정치적 의사 형성과정에서 대변하고 또 이를 실현하려는 활동을 계속하는 것을 허용함으로써 실질적으로는 그 정당이 계속 존속하여 활동하는 것과 마찬가지의 결과를 가져오게 될 것이다. 따라서 해산정당 소속 국회의원의 의원직을 상실시키지 않는 것은 결국 위헌정당해산 제도가 가지는 헌법수호의 기능이나 방어적 민주주의 이념과 원리에 어긋나는 것이고, 나아가 정당해산결정의 실효성을 제대로 확보할 수 없게 된다.

㈔ 이와 같이 헌법재판소의 해산결정으로 해산되는 정당 소속 국회의원의 의원직 상실은 정당해산심판 제도의 본질로부터 인정되는 기본적 효력으로 봄이 상당하므로, 이에 관하여 명문의 규정이 있는지 여부는 고려의 대상이 되지 아니하고, 그 국회의원이 지역구에서 당선되었는지, 비례대표로 당선되었는지에 따라 아무런 차이가 없이, 정당해산결정으로 인하여 신분유지의 헌법적인 정당성을 잃으므로 그 의원직은 상실되어야 한다.

(3) 소 결

그러므로 정당해산심판제도의 본질적 효력에 따라, 그리고 정당해산결정의 취지와 목적을 실효적으로 확보하기 위하여, 피청구인 소속 국회의원들에 대하여 모두 그 의원직을 상실시키기로 한다.

라. 결 론

피청구인의 해산을 명하고, 피청구인 소속 국회의원들 모두의 국회의원직을 상실시키기로 하여 주문과 같이 결정한다.

이 사건은 우리 헌정사 초유의 정당해산심판사건이지만, 세계적으로 볼 때 정당해산제도가 없는 국가들도 많다. 끊임없는 대화와 토론, 그리고 설득과 같은 민주적 방식이야말로 헌법의 근본 질서를 파괴하려는 정당을 제어하고 그들의 정치적 기반을 허물어뜨릴 수 있는 효과적인 수단이라고 볼 수 있기 때문이다. 그러나 그와 인식을 달리 하여, 우리의 헌법제정자들이 헌법에 정당해산제도를 규정해 두었다면,

이는 민주적 기본질서를 부정하는 정당에 대한 우리 헌법의 해법이 그렇지 않은 헌법의 해법과 다를 수 있다는 점을 의미하는 것이다.

우리 재판소는 이 결정으로 인해 우리의 민주주의가 후퇴하고 진보정당의 활동이 위축될 것이라는 우려가 있음을 알고 있다. 그러나 이 사건 해산결정은 북한식 사회주의 이념을 추구하는 정당이 다원적 세계관에 입각한 우리의 민주 헌정에서 보호될 수 없음을 선언한 것일 뿐이며, 민주적 기본질서에 위배되지 않는다면 우리 사회에서 새롭고 대안적인 생각들이 얼마든지 제기되고 논의될 수 있다는 점을 분명히 하고 있다. 오히려 이 결정을 통해 북한식 사회주의 이념이 우리의 정치영역에서 배제됨으로써, 그러한 이념을 지향하지 않는 진보정당들이 이 땅에서 성장할 수 있는 계기가 될 수 있으리라 믿는다.

한편 우리는 피청구인의 해산이 또 다른 소모적인 이념 논쟁으로 비화될 가능성을 경계한다. 피청구인 주도세력이 북한식 사회주의를 추구한다는 우리의 결론은 많은 시간과 노력을 투입한 지난 1년간의 오랜 심리 끝에 나온 것이고 우리 재판부에서도 다른 시각이 있는 만큼, 과거에 위 주도세력과 무관했던 피청구인의 일반 당원들 및 경우에 따라 피청구인과 우호적인 관계를 맺기도 했던 다른 정당들에 대한 사회적 낙인과 이념 공세는 있어서는 안 될 것이다. 이 결정을 통해 향후 민주적 기본질서의 존중 아래 한층 더 성숙한 민주적 토론과 우리 사회의 이념적 다양성이 실현될 수 있기를 희망한다.

□ 법정의견에 대한 보충의견

우리는 피청구인 또는 반대의견의 몇 가지 주장 등에 대해 비판적으로 검토하여 법정의견의 논거를 보충하고자 한다.

가. 피청구인과 반대의견은 "통합진보당은 자본가 계급을 부정하고 거부하지 않는다. 민주주의는 평등한 선거권과 피선거권을 기본요건으로 한다. (진보적 민주주의사회는) 종속 신자유주의체제를 극복한 새로운 대안 경제체제로서 외자주도, 수출주도, 재벌중심 경제체제를 타파해, 내자주도, 내수주도, 중소기업 중심으로 경제체제를 재편하는 것이 그 핵심목표이다."는 등 사회민주주의에서 주장할 수 있는 내용을 제시하면서, 진보적 민주주의에는 문언에 나타난 내용 이외에 숨겨진 목적이나

다른 진정한 목적이 없다는 취지로 주장한다.

　　사회민주주의 또는 사민주의는 그 용어의 다양성에도 불구하고 일반적으로 참정권의 확대와 민주주의의 발달에 따라, 폭력혁명이나 프롤레타리아 독재가 아닌 의회민주주의 정치를 통해 점진적인 방법으로 (자본주의체제 자체를 부정하지 않으면서) 사회주의의 이념과 원칙을 추구하는 사상적 조류라고 정의되고 있다. 「통합진보당 강령이야기 20문 20답」에서는 이념적 스펙트럼을 사회주의성격의 강화 정도에 따라 순차적으로 사회주의, 진보적 민주주의, 사회민주주의, 신자유주의로 구분하면서, 사회민주주의는 자본주의체제내 개혁이라고 하고, 진보적 민주주의는 자본주의를 근원적으로 극복하는 이념이라고 한다. 「21세기 진보적 민주주의」는 "일부에서는 사회민주주의 길은 자본주의의 유지 온존을 전제로 한 것이기 때문에 문제될게 없는 것이 아닌가 하는 문제를 제기할 수 있다. 하지만 그럴 경우 사실상 자본주의와 신자유주의의 착취와 수탈을 근절할 수 없기는 진보적 자유주의와 다를 바 없다. (중략) 사민주의의 한계는 곧 진보적 자유주의의 한계와 거의 일치한다고 볼 수 있다."고 평가한다.

　　사회민주주의에 대한 피청구인 주도세력의 위와 같은 평가를 구체적으로 살펴보면, 사회민주주의와 진보적 민주주의의 차이점이 더욱 명백하게 나타난다.

　　피청구인의 강령 등에서 나타나는 대부분의 경제 사회 문화정책들(즉, 국제투기자본의 변동성 억제, 내수기반 성장정책 추진, 조세개혁으로 소득의 재분배 실현 및 서민금융 확대, 식량주권 확립, 재벌위주 경제체제 해체 및 경제민주화, 중소기업과 사회적 기업 등의 육성 및 소유구조 다원화, 교육의 공공성 실현 및 무상교육체제 구축, 공공의료중심의 무상의료 실현, 개발주의 청산 및 생태적 국가관리체제 도입, 남북경제협력 확대발전, 남북환경공동체 구축 등)은 사회민주주의 이념에 의해서도 추구될 수 있는 정책인 것으로 보인다.

　　반면에 「집권전략보고서」, 「21세기 진보적 민주주의」 등을 종합하여 보면, 피청구인 주도세력은 신자유주의가 정치경제적 불평등의 주범이고 이를 극복하기 위한 코드는 새로운 대안체제의 구축문제이며, 이는 계급투쟁 및 정치의 문제로서 재벌과 특권층 중심인 현재의 정치경제구조를 혁파하여 민중중심의 정치경제구조인 진보적 민주주의체제를 만들어야 한다고 주장하고 있다. 이와 같이 현재의 정치경제구조의 혁파를 통해 새로운 대안체제를 구축한다는 점에서, 피청구인 주도세력이 주장하는 진보적 민주주의와 사회민주주의의 차이점이 두드러진다고 할 수 있다.

법정의견에서 본 바와 같이, 피청구인 주도세력이 주장하는 진보적 민주주의체제는 자유민주주의체제를 변혁하여 사회주의체제(북한식 사회주의체제)로 나아가기 위한 과도기적 체제로서, 그 체제가 공고화됨에 따라 통일전선을 구축하기 위해 용인하였던 자유민주주의체제의 요소를 탈색시키면서 사회주의성격을 강화하여 사회주의체제(북한식 사회주의체제)를 준비하는 것이다. 「강령이란 무엇인가 (30문 30답)」에서는, 진보적 민주주의의 높은 단계부터는 사회민주주의와 달리 자주적 민주정부의 완성의 상징이자 높은 단계의 공공화인 '주요산업의 국유화'를 주장하여, 점진적으로 자본가 계급에 대한 규제가 강화될 것임을 시사함으로써 진보적 민주주의사회에서 계급해방 문제를 해결할 것을 주장하고 있다. 법정의견에서 살펴본 박경순, 김장민, 이정훈 등의 글에서도 이러한 취지의 주장이 다수 발견된다.

결국 피청구인 주도세력이 주장하는 진보적 민주주의는 사회민주주의와는 다른 것이며, 그들이 '현재' 사회민주주의에서 실시가 가능한 내용들을 주장하고 있다고 하여, 자본주의를 근원적으로 극복하려고 진보적 민주주의를 주장하는 피청구인 주도세력에게 우리사회를 변혁(혁명)하여 새로운 대안체제를 구축하고 종국적으로 북한식 사회주의를 추구하려는 숨겨진 목적 또는 진정한 목적이 없다고 할 수 없다.

나. 피청구인은 민중주권주의와 관련하여, 소수 특권계급의 '주권'과 민중의 주권이 적대적으로 대립하는 것이 아니라 소수 특권계급의 '특권'과 민중의 주권이 적대적으로 대립하는 것이며, 소수 특권계급의 특권을 타파하여 민중 또는 국민의 주권을 실질화하는 것으로 국민주권주의에 배치되지 않는다는 취지로 주장한다.

그러나 법정의견에서 본 바와 같이, 피청구인 주도세력은 주권자의 범위를 민중에 한정하고 민중에 대비되는 일부 특정 집단에 대해 적대적인 관계로 실정하면서, 그들을 변혁의 대상 또는 규제의 대상으로 보고 있으므로, 피청구인 주도세력이 내세우는 민중주권주의는 모든 국민을 주권자로 보는 국민주권주의와 다르다.

한편 이러한 민중주권주의의 의미, 즉 국민을 변혁의 주체와 변혁의 대상으로 구분하고 소수 특권계급의 특권을 타파하여 민중 또는 국민의 주권을 실질화 한다는 의미는, 인민민주주의국가에서 인민민주주의혁명(또는 프롤레타리아혁명)과 인민민주주의독재(또는 프롤레타리아독재)를 통해 인민(또는 프롤레타리아)의 주권을 확립한다는 의미로 보일 뿐이고, 우리 헌법상의 국민주권주의와는 다르다.

법정의견에서 살펴본 김장민의 "(한국사회에 대한) '민중민주주의변혁전략'은 제국주의 단계의 반식민지, 식민지, 식민국가에서 일반적인 '사회주의변혁전략'인 '인민민주주의혁명전략'을 분단국가의 특성에 맞게 재구성한 것이다."는 언급, 김하영의 "자민통계열의 진보적 민주주의는 북한의 인민민주주의론과 같다."는 평가, 최규엽의 "(강령에는) 공산주의라는 말만 안했지 다 들어가 있다."고 한 발언 등은 이러한 판단을 뒷받침한다.

그리고 피청구인은 강령에서 '일하는 사람이 주인이 되는 자주적 민주정부'를 세우고, '민중이 진정한 주인이 되는 진보적인 민주주의 사회'를 실현하며, '일하는 사람이 주인이 되는 세상'을 열어 가겠다고 표현하였다 하더라도, 이는 정당이 모든 계층을 대변할 수는 없으므로 피청구인이 전적으로 또는 주로 대변할 계층을 그와 같이 정하였을 뿐, 그 범위에만 주권을 인정한다는 취지는 아니라고 주장한다.

어느 정당이 국가 전체의 이익 또는 공익을 위하여 특정 국민의 이익을 전적으로 또는 우선적으로 그 정당의 기본이념이나 정책에 반영하고자 하는 것은 정당의 헌법상 기능이나 정당의 자유라는 측면에서 충분히 가능하고 또 바람직하다. 그러나 국민 전체의 이익을 위한 수단이나 과정으로서가 아니라, 특정 계층만의 이익 보호를 종국적인 목적으로 삼고 나머지 국민에 대하여는 적대적 태도를 보인다면, 그것은 국민주권주의와 일치하지 않는다. 법정의견에서 본 바와 같이, 피청구인의 주도세력이 민중의 범위를 '특권 지배집단을 배제하고 사회발전과 역사의 진보에 기여하는 사람들' 등으로 한정하는 것은 일부 특정집단을 주권자의 범주에서 배제하는 것으로 보인다. 따라서 민중주권이 단지 '민중'이라는 특정계층의 이익을 대변하기 위한 개념이라는 피청구인의 주장에 대하여 선뜻 동의할 수 없다.

다. 피청구인 주도세력은 이른바 '민중독재'를 주장하고 있는 것으로 평가된다.

(1) 법정의견에서 본 바와 같이, 피청구인 주도세력은 우리사회를 '거꾸로 된 사회, 예속된 천민적 자본주의 사회, 폭력적이고 억압적인 정치체제, 종속적 신자유주의, 제국주의적 지배와 수탈체제, 민중수탈체제와 노동착취체제, 비민주주의(독재)체제, 식민지 반(半)자본주의' 등으로 인식하면서, 우리사회의 변혁을 위한 강령적 과제로 민족자주(자주), 민족화해(통일)와 함께 '민주주의 실현'을 강조하고 있다.

「21세기 진보적 민주주의」에서는 '민주주의 실현'과 관련하여, "정치권력의 구조적 불평등성 문제를 해결하지 않고서 주권을 말할 수 없으며 '민주주의'를 논할 수 없다. 그것은 기존 정치경제구조의 구조적 개혁을 수반해야 하는 매우 거창한 변

혁의 문제이다. 특권적 지배권력의 수중에 장악되어 있는 권력을 빼앗아 권력의 참
된 주인인 민중에게 되돌려 주는 작업이다."고 하면서, '(진보적) 민주주의의 실현'과
민중권력을 안정적으로 구축하기 위해, 자주적 민주정부는 낡은 정치경제구조를 '민
주적'으로 개조함으로써 낡은 정치가 재생산할 수 있는 정치경제구조를 타파해야 하
며, 이를 떠받치고 있는 '반민족적 반민주적 정치세력'인 특권적 지배계급을 규제해
야 한다고 한다. 그리고 위 문헌은 민중주권원리가 구현된 '민주주의사회'를 구축하
기 위해서는 우리사회의 낡은 지배구조인 한미동맹체제, 국가보안법체제, 정경유착
구조로 짜여있는 친미보수동맹체제를 혁파하고, 이 체제를 유지하고 있는 정치세력
인 외세와 친미보수세력, 수구보수세력, 낡은 군부세력 등을 변혁 및 규제해야 한다
고 주장한다. 나아가 위 문헌은 "낡은 지배구조 혁파는 불평등조약의 폐지, 국가보
안법 폐지, 반민주적 공안기구의 해체, 정경유착 권언유착을 근본적으로 근절시킬
수 있는 법과 제도의 마련(부정부패처벌법 제정, 정치자금법의 민주적 개정, 정당법과 선거
법의 민주적 개정, 반민주 언론규제법 제정), 민주주의수호법 제정(반민주 행위에 대한 진상
조사와 처벌, 반민주행위자 처벌, 반민주정당의 해산과 활동금지) 등의 개혁조치들을 통해
구체화해 나가야 한다."고 한다. 「통합진보당 강령이야기 20문 20답」에서도 외세와
수구보수세력을 규제할 것을 강조하고 있다.

한편 법정의견에서 본 바와 같이, 피청구인 주도세력은 민중민주주의변혁(혁명)
을 통해 진보적 민주주의체제를 구축하고 사회주의체제로 나아가기 위해서는 기존
의 착취계급인 수구보수세력 등과의 치열한 계급투쟁에서 승리하여 정권을 장악, 낡
은 지배구조를 혁파하고 그들의 권력회복 시도를 저지해야 한다고 주장하고 있다.

이를 종합하여 보면, 피청구인 주도세력은 한국사회를 '자유민주주의체제', '신
자유주의체제' 또는 '자본주의체제'로서 소수의 특권적 지배계급이 다수의 민중을 정
치경제적으로 지배하고 착취수탈하고 있는 '거꾸로 된 사회'로 인식하고, 소수의 특
권적 지배계급에 장악되어 있는 주권을 빼앗아 참된 주인인 민중에게 되돌려 주는
것과 기존의 거꾸로 된 낡은 지배구조를 혁파하는 것을 '민주주의의 실현'으로 보면
서, 이에 반대·저항하거나 기존의 낡은 지배구조를 관철·고착시키려는 행위를 반
민주적으로 보고 있다. 그리고 그들은 민주주의의 실현과 민중권력이 주권을 행사하
는 진보적 민주주의체제를 제도적·구조적으로 구축하기 위해 낡은 지배구조인 국가
보안법체제와 친미보수동맹체제 등을 혁파하고, 낡은 정치세력인 외세와 친미보수

세력, 수구보수세력 등을 규제하고 척결해야 한다고 한다. 즉, 피청구인 주도세력이 주장하는 진보적 민주주의체제는 민중정권으로서 주권 내지 국가권력이 민중에게 있다는 것을 의미하고, 국가는 민중에 적대적인 계급(즉, 자본가 계급 내지 특권적 지배계급)을 억압하기 위한 수단이 될 수 있다는 것이다.

마르크스-레닌주의에 따르면, '독재'라는 단어는 주권 내지 국가 권력의 소재와 적대적 계급에 대한 계급적 억압을 위한 수단을 의미한다.

이와 같은 사정에다가, 법정의견에서 본 바와 같이 피청구인 주도세력은 우리 사회에 대한 대안체제구축을 위해 민족해방 민중민주주의변혁(혁명) 내지 민중민주주의변혁(혁명)을 주장하고 있는 점을 아울러 고려하면, 피청구인 주도세력이 주장하는 진보적 민주주의체제는 프롤레타리아독재의 범주에 해당하는 계급독재 또는 '민중독재'가 실현된 사회를 의미한다고 할 것이다.

민주노동당 정책위의장을 역임한 주대환은 조선일보 인터뷰(2008. 2. 20.)에서, "NL은 김일성주의자들이라고 한다면, PD(사회민주주의자 제외)는 박헌영주의자들이라고 할 수 있다. 둘 사이에 동일성이 있다고 본다. 그것은 '프롤레타리아 독재론'을 둘러싼 입장이 동일하다."고 한다. 피청구인 당원교육위원인 이정훈(일심회 사건 관련자)은 「수권과 변혁을 위한 당의 이념적 지향」에서 "'자주와 평등'이란 명칭은 중의적 의미를 갖는다. 하나는 NLPD노선의 기본과제를 의미하는 말로 민족해방과 계급해방을 의미한다. NLPD노선은 민족문제와 계급문제를 결합하여 하나의 PT독재정권으로 두 과제를 순차적으로 해결하는 노선이다."고 하여, 진보적 민주주의를 주장하는 자주파의 NLPD노선, 즉 민족해방 인민(민중)민주주의노선은 프롤레타리아 독재정권에 의해 수행될 것임을 주장한다. 21세기 코리아연구소 소장 조덕원은 '코리아 국제포럼'에서, 진보적 민주주의에서 세워질 민중정권은 광의의 프롤레타리아 독재라고 평가한 바 있다. 위 주장 등과 앞서 살펴본 김장민, 김하영, 최규엽의 언급 등은 위와 같은 판단을 뒷받침한다.

(2) 법정의견에서 본 바와 같이, 진보적 민주주의체제의 국민은 민중에 속하느냐 또는 수구보수세력 등에 속하느냐에 따라 법적 지위와 사회적 신분이 달라진다. 이로써 국민의 평등은 국민의 분리로 대체된다고 할 수 있으며, 이는 국민이 정치적 지배권을 가진 계급(민중)과 변혁 또는 규제대상이 되는 계급(수구보수세력 등)으로 구분되고 개인은 계급의 소속 등에 의해 국가로부터 지원을 받거나 규제대상이 된다

는 것을 의미한다. 진보적 민주주의체제에서는 자본주의체제의 변혁, 진보적 민주주의체제의 안정적 구축과 사회주의체제의 준비를 위해 '민주주의 실현'이라는 명목으로 수구보수세력 등의 정치적 표현의 자유, 선거의 자유 등 일정한 기본권이 제한된다. 진보적 민주주의체제에 반대·저항하거나 자유민주주의의 정치경제구조를 관철·지지하는 정당이나 시민단체도 반민주적 정치세력으로 규제될 수 있어, 복수정당제와 정당의 자유도 무의미해지고, 나아가 권력분립도 형해화된다. 그리고 법정의견에서 본 바와 같이, 피청구인 주도세력은 진보적 민주주의사회를 실현하기 위해서 폭력을 행사하여 자유민주주의체제를 전복할 수 있다고 한다.

　　결국 법정의견에서 인정한 바와 같이 (피청구인 주도세력이 피청구인을 장악한 사실에 비추어) 피청구인의 최종 목적인 북한식 사회주의가 우리 헌법의 민주적 기본질서에 저촉될 뿐 아니라, 피청구인의 1차(중간) 목적인 진보적 민주주의 역시 우리 헌법의 민주적 기본질서에 저촉된다.

　　라. 피청구인은 연방제 통일과 관련하여, 남북 총투표로 연방정부를 구성하고 통일헌법을 제정하여 통일국가를 구성하기 때문에 국민이 원하지 아니하면 통일은 이루어질 수 없다고 하면서, 피청구인이 북한식 사회주의·공산주의체제의 실현을 최종 목적으로 하는 것은 아니라는 취지로 주장한다.

　　「집권전략보고서」는 "민중주체의 자주적 민주정부는 코리아연방공화국을 형성하고 완성해나갈 이남의 진보적인 민주정부인 것이다."라고 하면서, "연방제통일 이후 남북사회의 발전과 체제 수렴에 따라 '민중'들이 하나의 체제를 선택한다면 1국가 1체제 1정부의 단일공화국으로 통일될 수 있다."고 하고, "통일국가가 과연 체제통합을 이루어 1국가 1체제 1정부로 발전할 것인지는 통일국가의 '주권자'가 선택할 문제이다."고 한다. 코리아연방공화국을 형성하고 완성해 나갈 자주적 민주정부의 성격과 이를 결정할 남북총투표의 참여자를 살펴볼 필요가 있다.

　　「집권전략보고서」는 소위 낮은 단계연방제에 대한 합의가 있으면 코리아연방공화국 헌법(1국가 2체제 2정부)을 제정한 다음, 남북의 지역정부도 이에 부합하는 정부형태를 고쳐야 할 것이라고 하면서, 우리 헌법은 '민중 중심의 자주적인 민주주의정부 헌법'을, 북한의 헌법은 '사회주의정부 헌법'을 제시하고, 이를 전제로 코리아(연방)공화국 헌법(대안체제로의 수렴)으로 수렴할 것을 주장하고 있다. 즉, 북한은 이미 사회주의헌법에 기초하고 있으므로, 남한은 민족해방 (민중)민주주의변혁(혁명)을 통해 자주적 민주정부가 수립되고 진보적 민주주의가 실현되는 헌법제정을 거쳐, 남북한의 체제수렴을 추진하여야 한다는 것이다. 법정의견에서 본 바와 같이, (통일국가의 형성과 체제수렴을 담당할) 자주적 민주정부는 국민주권과는 다른 민중주권에 기초한 정권으로, 수구보수세력과 보수정당 등을 규제하는 정권이다. 그리고 진보적 민주주의사회를 실현하는 자주적 민주정부에서 주권자는 국민이 아니라 이념을 달리하는 수구보수세력 등이 배제된 계급적 개념인 민중이다.

결국 피청구인 주도세력이 주장하는 남북총투표는 변혁의 대상인 수구보수세력 등이 배제된 '민중'만이 주권자로서 참여하는 투표를 의미할 뿐이며, 통일국가를 형성하고 완성해 나갈 정권은 진보적 민주주의사회를 실현하는 자주적 민주정부이다. 이러한 사정과 함께, 북한에서는 주민의 의사가 북한식 사회주의체제의 수령인 김정은과 조선노동당의 의사에 의해 결정되는 주체사상의 법체계와 현실을 고려한다면, 비록 남북 총투표로 통일헌법을 제정하고 연방정부를 구성한 다음 체제가 수렴된 통일국가를 형성한다 하더라도, 이는 우리 국민 전체의 의사가 제대로 반영된 국민투표라고 할 수 없을 뿐만 아니라, 남북한 주민의 의사가 정의롭게 반영된 남북총투표라고 할 수도 없다. 그렇다면 남북 총투표가 남북한 주민의 의사를 올바르게 반영하는 것을 전제로 한 피청구인의 주장은 받아들일 수 없다.

마. 김대중 전 대통령도 연방제 통일을 주장하였고, 6·15 남북공동선언이 "남과 북은 나라의 통일을 위한 남측의 연합제안과 북측의 낮은 단계의 연방제안이 서로 공통이 있다고 인정하고 앞으로 이 방향에서 통일을 지향시켜 나가기로 하였다."고 하고 있으므로, 연방국가인 코리아연방공화국을 주장하였다고 하여도 헌법적으로 아무런 문제가 없다는 주장이 있다.

물론 한반도에서 연방제 통일을 주장하였다는 이유만으로 위헌적이라고 할 수 없다. 그러나 명칭이 같은 연방제라 하더라도 각기 주장하는 목적과 내용에 따라 대한민국의 민주적 기본질서에 위배되는지 여부가 달리 판단될 수 있으므로 연방제를 주장하는 목적과 내용을 살펴볼 필요가 있다.

김대중 전 대통령의 3단계 통일방안을 살펴보면, 1단계는 '1민족 2국가 2체제 2독립정부 1연합의 남북연합'의 정치체제를, 2단계는 '1민족 1국가 1체제 1연방정부 2지역자치정부'의 정치체제를, 3단계는 '대통령제'나 미국 또는 독일식 연방국가의 정치체제를 설정한 다음, 2단계 연방국가로 진입하기 위해서는 먼저 북한이 복수정당제와 자유선거제도 등을 도입함으로써 민주화되어 남북 공히 자유민주주의의 정치체제를 수용하고 북한이 시장경제체제를 받아들여 남북경제공동체가 형성되는 등의 조건이 충족되어야 한다고 하는바, 이는 우리 헌법의 민주적 기본질서에 부합할 뿐 위배된다고 할 수 없다.

그리고 노태우 정부의 한민족공동체 통일방안과 김영삼 정부의 민족공동체 통일방안은, 남북한이 제도와 체제를 달리한 상태에서는 남북연합을 구성한 다음 민족의 동질성을 회복하면서 사회적·문화적·경제적 공동체를 이루어나가 최종적으로 대한민국의 자유민주주의체제에 의한 통일국가를 형성하는 것이고, 6·15 남북공동선언은 위와 같은 내용으로 된 우리 정부의 남북연합제안(1민족, 2정치실체, 2제도, 2정부)과 북한의 낮은 단계 연방제안(1민족, 1국가, 2제도, 2정부)이 서로 공통성이 있다고 인정하고 앞으로 이 방향에서 통일을 지향시켜 나가기로 한 것인바, 이러한 내용만으로는 우리 헌법의 민주적 기본질서에 위배된다고 할 수 없고, 오히려 이는 남북한 통일방안의 공통성을 인정하는 기초위에 현행 헌법의 민주적 기본질서에 부합하는 통일국가를 형성한다는 것으로 해석된다.

반면에 법정의견에서 본 바와 같이, 피청구인 주도세력은 연방제통일을 우리나라의 자유민주주의체제의 변혁을 위한 수단으로 주장하면서 결국은 우리나라를 진보적 민주주의체제를 거쳐 북한식 사회주의체제를 지향하는 것인바, 이는 김대중 전 대통령의 연방제 통일 주장 및 우리정부의 6·15남북공동선언에 대한 입장과 그 내용을 달리하는 것이므로, 이러한 김대중 전 대통령의 주장과 우리 정부의 입장이 합헌적으로 해석된다고 하더라도 피청구인 주도세력의 연방제 주장이 합헌적인 것은 아니다.

바. 피청구인 주도세력은 최종적인 통일국가의 모습에 대해 구체적이고 직접적인 언급을 회피하면서, 6·15 남북공동선언에 따른 우리 정부의 남북연합제(1민족, 2정치실체, 2체제, 2정부)에 기초한 통일방안과 북한의 낮은 단계 연방제(1민족, 1국가, 2체제, 2정부)에 기초한 통일방안 중 북한의 통일방안과 같은 연방제 통일방안을 주장하면서, 그 이유를 다음과 같이 제시하고 있다.

「집권전략보고서」에서는 우리 정부의 통일방안에 대해 국가연합에 기초한 통일방안이라고 전제하면서 "통일의 준비기가 국가연합일 필요가 없고, 국가연합 자체가 통일방안으로 오인될 수 있다는 점, 남북기본합의서 이후 남북은 상호간에 국

가성을 부인하고 있다는 점에서 국가연합은 통일방안이 될 수 없다."고 주장하고 있
다. 「21세기 진보적 민주주의」에서는 "체제와 제도를 인정하고 공존 공영할 수 있
는 통일방식으로 거론되고 있는 것 중의 하나가 연합제방식의 통일이 있다."고 하면
서, "국가연합방식이란 남북을 기본적으로 상대방을 독립적인 국가로 인정하고 그
것에서 출발하자는 것인데, 그렇게 되는 순간 통일의 당위성이 사라진다. 각각 독립
국가로 존재하면서 상호 협력과 협조체제를 구축하면 될 것을 굳이 통일 체제를 구
축해야할 필요성이 없다는 논리에 답하기 어렵다. 현재 국가적 실체성을 인정하고
거기에서 출발하자는 논리라고 하더라도 통일체제라는 것은 남북 양자의 국가적 실
체성을 극복하고 하나의 국가성을 획득하는 순간부터 통일체제의 출발인 것이지 그
이전은 통일체제라 할 수 없다. 그렇기 때문에 국가연합방식은 통일체제의 전단계이
며, 그것은 현재의 남북화해협력단계와 본질적으로 동일한 것이다. 남북협력단계를
질적으로 극복하고 통일체제로 한 단계 도약하는 첫 출발은 남북 양 체제의 국가적
실체성을 뛰어넘어 하나의 국가로 출발하는 순간부터인 것이다."고 주장한다.

그러나 피청구인 주도세력의 이러한 주장은 다음과 같은 이유로 설득력이 없
다. 그들은 우리 정부의 통일방안이 국가연합에 기초한 통일이라고 전제하고 이를
비판하고 있으나, 우리 정부의 통일방안은 남북한이 상대방을 독립한 국가로 인정하
지 아니하고 단지 현실적인 정치실체를 인정하여 남북연합(이러한 이유로 '국가연합'이
라는 용어를 사용하지 아니함)을 구성하고 통일국가로 나아간다는 것이다. 즉, 우리 정
부의 통일방안은 남북한이 상대방을 국가로 인정하는 국가연합을 전제로 하여 통일
국가를 구성한다거나 남북연합 자체를 통일로 보는 것이 아니다. 피청구인 주도세력
이 우리 정부의 통일방안에 대해 국가연합에 의한 통일이라고 전제하고 이를 비판
하는 것은 우리 정부의 통일방안을 진실과 다르게 해석한 것에 근거한 것이므로 적
절한 비판이라 할 수 없다.

그리고 과거 예멘은 체제와 제도를 달리하여 연방제 통일을 이루었으나 곧바로
전쟁이 일어나 전쟁을 통해 하나의 체제와 제도를 가진 통일국가로 나아갔고, 그 이
후에는 현재 지구상에서 체제와 제도가 다른 연방제 국가는 없다. 이러한 역사적 경
험에 비추어볼 때, 체제와 제도가 다른 복수의 국가 또는 정치실체가 일방의 붕괴나
전쟁을 통한 통일을 배제하고 통일국가를 형성하려 한다면 통일국가를 이루기 전에
(그것이 연방제이든 단일국가이든) 체제와 제도의 동질성이 먼저 회복되어야 한다. 그래

야 전쟁이 없는 평화통일이 가능한 것이므로, 우리 정부가 통일국가의 형성의 전단계로서 '화해협력단계'와 그와는 별도로 '남북연합제(1민족, 2정치실체, 2체제, 2정부)'를 설정하는 것은 법과 제도에 기초해 민족의 동질성을 회복하면서 통일국가를 지향하는 것으로서 보다 안정적으로 통일국가를 형성하려는 것이다.

한편 체제와 제도가 다른 연방제 통일이 전쟁을 수반할 가능성 때문에, 피청구인 주도세력은 1민족, 1국가, 2체제, 2정부 형태로 남북한이 주요 권한을 행사하는 낮은 단계의 연방제 통일을 설정하고 있다. 그러나 이 정도 수준의 연방제 통일로도 그들이 주장하는 민족분단에 따른 모순을 극복할 수 있을지는 의문이고, 만약 그들이 그렇다고 본다면 굳이 연방제 통일을 고집하지 않더라도 평화협정체결을 통한 평화체제의 보장과 남북교류의 활성화 또는 남북연합제에 기초한 통일방안 등만으로도 그 정도의 목적은 달성할 수 있다고 보이므로 굳이 민족분단을 극복하는 통일방안으로서 연방제통일을 상정하는 통일방안을 채택할 이유가 없다.

결국 피청구인 주도세력이 소위 낮은 단계 연방제 통일방안을 채택한 이유로 제시한 내용은 설득력 있는 근거가 되지 못한다. 법정의견에서 본 바와 같이, 피청구인 주도세력이 1민족 1국가 2체제 2정부의 연방제 통일방안을 주장하는 이유는 북한과 같이 자유민주주의체제의 변혁과 진보적 민주주의체제 및 사회주의체제(북한식 사회주의체제)를 추구하기 위한 전략으로 인식하고 있기 때문인 것으로 보인다.

　　사. 민주노동당의 강령 개정 과정에서 당내에서 논란이 심했던 사항은 강령에서 사회주의 요소, 이른바 '사회주의적 이상과 원칙의 계승·발전'의 삭제 문제였다. 진보적 민주주의의 도입을 주장하였던 피청구인 주도세력은 강령 개정 논의 이전부터 진보적 민주주의의 도입과 동시에 '사회주의'라는 용어를 삭제하려고 시도하였다. 2007. 10. 민주노동당 집권전략위원회가 주최한 '한국사회의 성격과 변혁전략 토론회'에서 발표된 김장민의 「한국사회의 성격과 변혁전략」, 2009. 6. 민주노동당에서 작성한 「강령개정위원회 구성건의」 및 「21세기 진보적 민주주의」에서의 주장 등을 종합해보면, 현재 우리사회에서는 자본의 수탈 그 자체라기보다 종속적이며 기형적이며 전근대적인 특성으로부터 오는 모순이 더 중요하고 당면하게 해결하여야 할 절박한 모순으로 되고 있기 때문에, 일차적으로 이러한 모순을 해결하는 것을 당면과제로 내세워야 하며 탈자본주의적 변혁은 과도한 목표로서 아직 시기상조이고, 그럼에도 사회주의적 변혁을 내세운다면 중간계층의 이탈을 가져와 대중들의 적극

적인 참여를 이끌어 낼 수 없어 기득권세력과의 치열한 투쟁에서 열세를 면치 못하게 될 것이므로, 사회주의 이상과 원칙을 강령에 표방하는 것은 적절하지 않다는 것으로 요약할 수 있다.

그러나 피청구인 주도세력의 이러한 주장은 설득력이 없는 주장이다. 「집권전략보고서」에서는 강령이 '집권 직후'의 국가상과 사회상을 집중적으로 규명해야 한다고 하면서도 "강령은 민주노동당이 궁극적으로 지향하는 이념과 체제를 시사한다."고 한다. 강령에 궁극적으로 지향하는 이념과 체제를 언급할지 여부는 당의 입장에 따라 달라질 수 있다. '사회주의적 이상과 원칙의 계승·발전'은 민주노총 등을 배경으로 출범한 민주노동당의 정체성을 나타내주는 것으로 궁극적으로 민주노동당이 지향하는 이념과 체제이고, 민주노동당 및 피청구인의 구성원은 이러한 이념과 체제에 공감하여 당원이 된 사람들이다. 또한 '사회주의적 이상과 원칙의 계승·발전'이라는 표현의 삭제를 주장하였던 자주파들 조차도 사회주의를 포기한 것은 아니다. 즉, 최규엽, 박경순, 김장민 등은 실정법상 한계와 진보적 대중정당의 집권전략상 위와 같은 표현을 삭제하는 것이지 사회주의를 포기한 것은 아니라고 주장하고 있다. 그렇다면 '사회주의적 이상과 원칙의 계승·발전'은 피청구인이나 그 주도세력들이 지금도 계속하여 지향하는 이념과 체제로서 궁극적으로 지향할 목표일 뿐, 과도한 목표라 할 수 없고, 이를 당 강령에 적시한 것이 시기상조라고 할 수도 없다.

그리고 현재 우리사회에서는 진보정당은 물론 보수정당도 친서민정책을 개발해 이를 홍보하는 분위기가 확산되어 있으며, 사회주의적 이상과 원칙을 추구한다고 하더라도 그것이 폭력혁명이나 프롤레타리아독재 등을 주장·실행하지 아니하는 한 어떠한 제재나 불이익도 없다. 이와 같이 우리사회가 사회주의에 대해 개방적인 태도를 취하면서, 민주노동당은 창당할 때부터 강령에 '사회주의적 이상과 원칙의 계승·발전'을 적시하였음에도 점차 세를 확장하여 국회의원을 배출한 원내 제3당의 지위를 획득하기도 하였다. 2008. 6. 민주노동당의 의뢰에 따른 한길리서치 여론조사결과에 의하면, 민주노동당의 긍정적 이미지에 관해 서민 소외계층 대변이 67.6%로 압도적으로 높게 나타났으며, 반면에 민주노동당의 국민 지지율이 하락하거나 정체된 이유는 경직된 투쟁, 친북성향, 비현실적인 정책, 무책임, 급진적 성향 때문인 것으로 나타나고 있다(「집권전략보고서」 참조). 한편 강령에 '진보적 민주주의사회의 실현'을 적시하는 것은 '진보적'이라는 개념의 사용만으로도 피청구인이 진보적 성격의 정당임을 알 수 있어 일반인의 인식에서 '사회주의적 이상과 원칙의 계승·발전'을 적시한 것과 별다른 차이점이 발견되지 않을 뿐만 아니라, 피청구인은 스스로에 대해 탈당한 당원들이 주도하여 만든 '진보정의당' 등보다 사회주의에 가까운 정당으로 구분하고 있고, 일반인의 피청구인과 그 구성원에 대한 인식도 이와 크게 다르지 아니하다(「통합진보당 강령이야기 20문 20답」 참조). 따라서 강령에 '사회주의적 이상과 원칙의 계승·발전'을 적시한다고 하여, 중간계층의 이탈을 가져와 대중들의 적극적인 참여를 끌어내지 못한다는 피청구인 주도세력의 주장은 설득력이 없다.

결국 피청구인 주도세력이 진보적 민주주의의 도입과 관련하여 북한이 주장하는 논거와 같은 이유만을 제시할 뿐 합리적인 이유를 제시하지 못하면서, '사회주의적 이상과 원칙의 계승·발전'에 공감하는 당원들과의 심각한 갈등을 야기하면서까지 강령에서 이를 삭제한 것은 북한이 대남혁명론에서 사회주의 혁명의 수행 등을 주장하지 말라고 내린 지침을 피청구인 주도세력이 맹목적으로 따른 것이라는 설명 외에는 다른 이유를 찾아보기 어렵다.

진보언론 「레프트 21」이 "민주노동당 지도부는 사회주의 강령이 진보대통합에 걸림돌이 된다고 말한다. 그러나 지난 분당사태 때도 논쟁이 된 것은 자주파 경향의 패권주의와 북한에 대한 태도 문제였지 사회주의 강령은 쟁점이 되지도 않았다. 현재의 진보대연합 논의에서 진보신당, 사회당 등이 사회주의 강령을 문제 삼고 있는 것도 아니다. 당원의 눈높이를 핑계대는 것도 말이 안 된다. 지금 사회주의 강령 삭제 주장은 아래로부터 당원들이 제기한 것이 아니라 위로부터 자주파 지도부가 제기한 것이다. 민주노동당 강령에서 사회주의를 표방한지 10년이 지났다. 일부 당원들은 국가보안법으로 탄압받지만, 민주노동당 자체가 이적단체로 공격받지는 않았다. 국가보안법으로 탄압받은 민주노동당원들은 대부분 북한과 연계가 탄압구실이었다. 사회주의 구절은 2008년 민주노동당 분당의 사유가 전혀 아니었다. 북한 문제가 진정한 쟁점 가운데 하나였다. 일부 자주파 지도자들이 북한 핵실험을 북한의 자위권이라는 식으로 무비판적으로 옹호한 것이 문제를 일으킨 것도 사실이다. 현재 진보대통합 논의에서도 북한 문제가 뜨거운 쟁점 중 하나다."라고 비판한 점도 이러한 판단을 뒷받침한다.

정당등록취소 사건

(헌재 2014. 1. 28. 2012헌마431 등)

□ 사건개요 등

이 사건은 국회의원선거에 참여하여 의석을 얻지 못하고 유효투표총수의 100분의 2 이상을 득표하지 못한 정당에 대하여 그 등록을 취소하고, 동일한 명칭을 일정 기간 정당의 명칭으로 사용할 수 없도록 한 정당법 제41조 제4항 중 제44조 제1항 제3호에 관한 부분(이하, '정당명칭사용금지조항'이라 한다) 및 정당법 제44조 제1항 제3호(이하, '정당등록취소조항'이라 한다)에 대한 위헌소원 사건이다.

헌법재판소는 재판관 전원의 일치된 의견으로, 정당등록취소 및 정당명칭사용금지조항이 헌법에 위반된다고 결정하였다. 법정의견은 위 조항들이 과잉금지원칙을 위반하여 정당설립의 자유를 침해한다는 견해인데, 그 중요 내용은 다음과 같다.

첫째, 헌법 제8조 제1항의 정당설립의 자유는 정당존속의 자유와 정당활동의 자유를 포함하고, 자신들이 원하는 명칭을 사용하여 정당을 설립하거나 정당활동을 할 자유도 포함하므로, 위 조항들이 정당등록을 취소하고 일정기간 정당 명칭을 사용하지 못하게 하는 것은 헌법 제8조 제1항의 정당설립의 자유를 제한한다.

둘째, 정당설립의 자유를 제한하는 입법은 국가안전보장·질서유지 또는 공공복리를 위하여 필요하고 불가피한 예외적인 경우에만 그 제한이 정당화될 수 있으므로, 단지 국민으로부터 일정 수준의 정치적 지지를 얻지 못한 정당이라는 이유만으로 그 정당을 국민의 정치적 의사형성과정에서 배제하는 것은 헌법상 허용될 수 없다.

셋째, 신생정당은 처음부터 전국적으로 높은 지지를 받는 것이 쉽지 않다는 점을 감안하여, 일정기간 공직선거에 참여할 수 있는 기회를 부여하고 그 결과에 따라 등록취소를 판단하거나, 국회의원선거에서 후보자를 추천한 선거구 수와 득표율 등을 고려하여 등록취소 여부를 결정하는 방법이 고려될 수 있다.

소수·신생 정당은 국회의원선거에서 의석을 얻지 못하거나 법률이 정한 수준의 득표를 하지 못해 정당등록취소 및 정당명칭사용금지 조항에 따라 정당등록이 취소되고 정당 명칭을 일정기간 사용하지 못하는 사례가 많이 있었다. 소수·신생

정당이 종래 정당 명칭을 사용하지 못하는 사이, 그 정당 명칭이 다른 정치집단에 의해 사용되고, 그 결과, 소수·신생 정당은 그 명칭을 영구히 사용하지 못하게 되어 그 정당을 국민들에게 지속적으로 알리고 정치적 의사를 형성하는데 결정적으로 제한받고 있었다. 이 결정으로 인해, 소수·신생 정당은 단 한 번의 국회의원선거 결과에 관계없이 지속적으로 동일한 명칭을 가지고 활동할 수 있게 됨으로써, 정체성을 확보하는데 유리해졌을 뿐만 아니라 국민의 다양한 의견을 보다 효과적으로 수렴할 수 있게 되었다. 이 결정은 민주적 기본질서의 내용을 이루는 복수정당제와 현대 민주주의의 특징으로 규정되는 정당제 민주주의의 발전에 기여한 것으로 평가된다.

□ 법정(위헌)의견

가. 제한되는 기본권

정당설립의 자유는 헌법 제8조 제1항 전단에 규정되어 있지만, 국민 개인과 정당 그리고 '권리능력 없는 사단'의 실체를 가지고 있는 정당에게 인정되는 '기본권'이다. 이 사건 심판대상조항들에 의해 제한되는 기본권은 헌법 제21조 제1항 의 '결사의 자유'의 특별규정으로서 헌법 제8조 제1항 전단의 '정당설립의 자유'이다(헌재 2006. 3. 30. 2004헌마246 참조).

헌법 제8조 제1항 전단은 단지 정당설립의 자유만을 명시적으로 규정하고 있지만, 정당의 설립만이 보장될 뿐 설립된 정당이 언제든지 해산될 수 있거나 정당의 활동이 임의로 제한될 수 있다면 정당설립의 자유는 사실상 아무런 의미가 없게 되므로, 정당설립의 자유는 당연히 정당존속의 자유와 정당활동의 자유를 포함하는 것이다. 한편 정당의 명칭은 그 정당의 정책과 정치적 신념을 나타내는 대표적인 표지에 해당하므로, 정당설립의 자유는 자신들이 원하는 명칭을 사용하여 정당을 설립하거나 정당활동을 할 자유도 포함한다고 할 것이다.

이 사건의 경우, 정당등록취소조항은 국회의원선거에 참여하여 의석을 얻지 못하고 일정 수준의 득표를 하지 못한 정당인 진보신당·녹색당 및 청년당의 등록을 취소함으로써 청구인들의 정당존속 및 정당활동의 자유를 내용으로 하는 정당설립의 자유를 제한하고, 정당명칭사용금지조항은 청구인들이 등록취소된 정당인 진보신당·녹색당 및 청년당의 명칭과 동일한 명칭을 정당의 명칭으로 사용하는 것을 금지함으로써 정당설립의 자유를 제한한다.

나. 정당의 헌법적 기능과 기본권 제한의 한계

(1) 헌법 제8조 제2항은 "정당은 그 목적·조직과 활동이 민주적이어야 하며, 국민의 정치적 의사형성에 참여하는데 필요한 조직을 가져야 한다."라고 규정하고, 정당법 제2조는 "이 법에서 정당이라 함은 국민의 이익을 위하여 책임 있는 정치적 주장이나 정책을 추진하고 공직선거의 후보자를 추천 또는 지지함으로써 국민의 정치적 의사형성에 참여함을 목적으로 하는 국민의 자발적 조직을 말한다."라고 규정하고 있다.

정당은 국민과 국가의 중개자로서 정치적 도관(導管)의 기능을 수행하여 주체적·능동적으로 국민의 다원적 정치의사를 유도·통합함으로써 국가정책의 결정에 직접 영향을 미칠 수 있는 규모의 정치적 의사를 형성하고 있다. 정당은 국민의 정치적 의사형성의 담당자이며 매개자이자 민주주의에 있어서 필수불가결한 요소이기 때문에, 정당의 자유로운 설립과 활동은 민주주의 실현의 전제조건이라고 할 수 있다(헌재 2004. 3. 25. 2001헌마710 참조).

(2) 오늘날 대의민주주의에서 차지하는 정당의 이러한 의의와 기능을 고려하여, 헌법은 정당설립의 자유를 일반적인 결사의 자유로부터 분리하여 제8조 제1항에 독자적으로 규율함으로써 정당설립의 자유의 특별한 의미를 강조하고 있다. 헌법 제8조 제1항은 "정당의 설립은 자유이며, 복수정당제는 보장된다."라고 규정하여, 국민 누구나가 원칙적으로 국가의 간섭을 받지 아니하고 정당을 설립할 권리를 기본권으로서 보장하면서, 아울러 정당설립의 자유를 보장한 것의 당연한 법적 산물인 복수정당제를 제도적으로 보장하고 있다(헌재 1999. 12. 23. 99헌마135 참조).

이러한 정당관련 헌법과 법률의 규정과 정당의 중요성을 참작하여 볼 때, 한편으로 입법자는 정당설립의 자유를 최대한 보장하는 방향으로 입법하여야 하고, 또 다른 한편에서 헌법재판소는 정당설립의 자유를 제한하는 법률의 합헌성을 심사할 때에 헌법 제37조 제2항에 따라 엄격한 비례심사를 하여야 한다. 그러므로 정당설립의 자유를 제한하는 입법은 국가안전보장·질서유지 또는 공공복리를 위하여 필요하고 불가피한 예외적인 경우에만 그 제한이 정당화될 수 있으며, 그 경우에도 정당설립의 자유의 본질적인 내용을 침해할 수 없다.

다. 정당등록취소조항에 대한 판단

(1) 목적의 정당성 및 수단의 적합성

정당등록취소조항은 정당명칭사용금지조항과 함께 국가보위입법회의에 의하여 1980. 11. 25. 법률 제3263호로 개정된 정당법에서 신설되었다. 정당등록취소조항이 처음 도입될 당시는 물론 이후 국회에서 이루어진 정당법 개정과정에서의 회의록을 살펴보아도, 그 조항의 입법 취지를 찾을 수 없다.

헌법 제8조 제1항은 정당설립의 자유와 복수정당제를 명시적으로 규정함으로써 정당 간의 경쟁을 유도하고 정치적 다양성 및 정치과정의 개방성을 보장하고 있으며, 헌법 제8조 제4항은 그 목적이나 활동이 자유민주적 기본질서를 부정하고 이를 적극적으로 제거하려는 정당까지도 국민의 정치적 의사형성에 참여하는 한 '정당설립의 자유'의 보호를 받는 정당으로 보고, 오로지 헌법재판소가 그의 위헌성을 확인한 경우에만 정치생활의 영역으로부터 축출될 수 있음을 규정하여 정당설립의 자유를 두텁게 보호하고 있다. 헌법 제8조 제1항의 정당설립의 자유와 헌법 제8조 제4항의 입법취지를 고려하여 볼 때, 입법자가 정당으로 하여금 헌법상 부여된 기능을 이행하도록 하기 위하여 그에 필요한 절차적·형식적 요건을 규정함으로써 정당설립의 자유를 구체적으로 형성하고 동시에 제한하는 경우를 제외한다면 정당설립에 대한 국가의 간섭이나 침해는 원칙적으로 허용되지 않는다(헌재 1999. 12. 23. 99헌마135 참조). 따라서 단지 국민으로부터 일정 수준의 정치적 지지를 얻지 못한 군소정당이라는 이유만으로 정당을 국민의 정치적 의사형성과정에서 배제하기 위한 입법은 헌법상 허용될 수 없다.

다만 대의민주주의에서 정당의 가장 본질적인 존재의 의의는 '국민의 정치적 의사형성에 참여'하는 것이라고 할 수 있는바, 실질적으로 국민의 정치적 의사형성에 참여할 의사가 없거나 국민의 정치적 의사를 집약·결집하여 국가에 매개할 능력이 없는 정당을 정치적 의사형성과정에서 배제함으로써 정당제 민주주의의 발전에 기여하고자 하는 한도에서 정당등록취소조항의 입법목적의 정당성은 인정될 수 있다. 그리고 국회의원선거에서의 의석 확보 여부 및 득표율은 정당이 실질적으로 국민의 정치적 의사형성에 참여할 진지한 의사와 역량을 갖추었는지를 가늠할 수 있는 하나의 표지가 되므로, 국회의원선거에서 원내 진출 및 일정 수준의 득표에 실패한 정당에 대해 등록을 취소하는 것은 이러한 입법목적 달성에 유효한 수단이 될 수 있다. 따라서 정당등록취소조항은 입법목적의 정당성과 수단의 적합성을 갖추고 있다고 할 것이다.

(2) 침해의 최소성 및 법익의 균형성

⑺ 정당설립의 자유를 법률로써 제한하는 것은 대의민주주의에서 정당의 중요성을 감안할 때 필요최소한에 그쳐야 한다. 특히 정당등록의 취소는 정당의 존속 자체를 박탈함으로써 모든 형태의 정당활동을 불가능하게 하므로, 그에 대한 입법은 필요최소한의 범위에서 엄격한 기준에 따라 이루어져야 한다.

헌법재판소의 결정으로 정당이 해산된 경우와는 달리, 정당등록취소조항에 의해 정당등록이 취소된 경우에는 대체정당의 설립이 가능하고 일정기간이 경과하면 등록취소된 정당의 명칭을 사용할 수 있다고 하더라도(정당법 제40조, 제41조 제4항 참조), 입법자로서는 보다 덜 제한적인 방법이 있는 때에는 입법목적 달성에 지장이 없는 한 이를 채택하여야 한다. 그런데 입법목적 달성에 지장이 없으면서도 정당등록취소조항에서 정한 방법보다 덜 제한적인 방법을 상정할 수 있다. 예컨대 단 한번만의 국회의원선거 결과로 정당을 취소할 것이 아니라 일정기간 동안 국회의원선거 등 공직선거에 참여할 수 있는 기회를 수회 더 부여하고 그 결과에 따라 등록취소 여부를 판단하는 방법을 고려할 수 있다. 또한 신생정당의 경우 처음부터 전국적으로 높은 지지를 받기 어렵다는 점을 감안하여 국회의원선거에서 후보자를 추천한 선거구의 개수와 분포 및 그 선거구에서의 득표율 등을 종합하여 등록취소 여부를 결정하는 방법을 고려할 수 있을 것이다.

이처럼 국민의 정치적 의사형성에 참여할 진지한 의사나 능력을 갖추지 못한 정당을 배제시키면서도 정당으로 하여금 국민의 지지와 신뢰를 획득할 수 있는 정책 개발에 더욱 매진하도록 할 방법이 있음에도 불구하고, 정당등록취소조항이 단 한 번의 국회의원선거에서 의석을 얻지 못하고 일정 수준의 득표를 하지 못하였다는 이유로 정당등록을 취소하는 것은 입법목적 달성을 위해 필요한 최소한의 수단이라고 볼 수 없다.

⑻ 정당법 제44조 제1항은 정당이 정당법 제17조(법정시·도당수) 및 제18조(시·도당의 법정 당원수)의 요건을 구비하지 못하게 된 경우(제1호)와 최근 4년간 임기만료에 의한 국회의원선거 또는 임기만료에 의한 지방자치단체의 장선거나 시·도의회

의원선거에 참여하지 아니한 경우(제2호)를 정당등록취소사유로 규정하여, 국민의 정치적 의사형성에 참여할 진지한 의사나 능력을 갖추지 못한 정당을 배제할 수 있도록 하고 있다. 또한 정치자금법 제27조는 정당의 국회의원 의석수 또는 국회의원 선거 등에서의 득표수 비율을 기준으로 정당에 지급되는 경상보조금과 선거보조금을 차등지급하도록 규정하여 국회의원선거 등에서 일정 수준의 정치적 지지를 얻지 못한 정당에 대한 국고 지원을 배제하고 있다.

이와 같이 현재의 법체계 아래에서는 심판대상조항인 정당등록취소조항이 없다고 하더라도 국민의 정치적 의사형성에 참여할 진지한 의사나 능력을 갖추지 못한 정당을 자연스럽게 배제할 수 있는 장치들이 충분히 마련되어 있다고 볼 여지도 있다. 미국, 독일, 일본 등 외국의 입법례를 보더라도, 선거에서의 의석 확보 여부나 득표율은 정당의 선거 참여나 정당에 대한 국고 지원 등을 허용할지 여부를 결정하는 하나의 요소일 뿐, 정당의 존립 여부 자체를 결정하는 요소로 기능하는 경우는 찾아볼 수 없다.

㈐ 정당등록취소조항은 단 한 번의 국회의원선거에서 부진한 결과를 얻었다는 이유만으로 즉시 정당등록을 취소하는바, 어느 정당이 대통령선거나 지방자치선거에서 아무리 좋은 성과를 올리더라도 국회의원선거에서 일정 수준의 지지를 얻는데 실패할 경우 정당등록이 취소될 수밖에 없는 불합리한 결과를 초래한다. 또한 신생·군소정당의 경우 등록취소에 대한 우려로 국회의원선거에의 참여 자체를 포기함으로써 국민의 정치적 의사형성에 지속적으로 참여하고자 하는 의사를 객관적으로 표명하고 자신의 존재와 정책을 효과적으로 알릴 기회를 상실하게 될 수도 있다. 그 결과 정당등록취소조항은 신생·군소정당이 국민의 정치적 의사형성에 참여할 진지한 의사를 가지고 계속적으로 정당활동을 수행하는 과정에서 국민의 지지를 획득하여 보다 굳건한 정당으로 성장할 수 있는 기회를 박탈함으로써, 소수의견의 정치적 결집을 봉쇄하고 정치적 다양성과 정치과정의 개방성을 훼손할 수 있다. 이와 같이 정당등록취소조항이 헌법 제8조 제1항 후단에서 제도적으로 보장된 복수정당제를 훼손하고 정당제 민주주의의 발전에 걸림돌이 될 여지를 만들어 주는 것은, 위 조항이 입법목적의 실현을 위하여 필요한 범위를 벗어나는 과도한 제한을 가하고 있음으로 인한 결과이다.

㈑ 입법을 통하여 달성하려는 공익은 기본권 제한의 정도와 비례관계를 유지하

여야 한다. 정당등록취소조항에 의하여 실현하고자 하는 공익은 실질적으로 국민의 정치적 의사형성에 참여할 의사나 능력이 없는 정당을 배제함으로써 정당제 민주주의를 발전시키기 위한 것이라고 보더라도, 앞에서 본 바와 같이 위 조항이 그러한 공익의 실현에 기여하는 효과는 불분명한 반면, 위 조항으로 인해 침해되는 정당설립의 자유의 공익적 가치는 매우 크다 할 것이므로, 위 조항으로 인해 얻는 공익적 성과와 그로부터 초래되는 부정적인 효과는 합리적인 비례관계를 현저하게 일탈하고 있다.

㈑ 따라서 정당등록취소조항이 단 한 번의 국회의원선거에서 의석을 얻지 못하고 일정 수준의 득표를 하지 못하였다는 이유로 정당의 등록을 취소하는 것은 침해의 최소성과 법익의 균형성 요건을 충족시키지 못한다.

(3) 소결론

이와 같이 정당등록취소조항은 입법목적의 정당성과 수단의 적합성이 인정될 수 있지만 침해의 최소성과 법익의 균형성이 인정되지 않으므로 과잉금지원칙에 위배되어 청구인들의 정당설립의 자유를 침해한다.

라. 정당명칭사용금지조항에 대한 판단

정당명칭사용금지조항은 정당등록취소조항에 의하여 등록이 취소된 정당의 명칭을 등록취소된 날부터 최초로 실시하는 임기만료에 의한 국회의원선거의 선거일까지 정당의 명칭으로 사용할 수 없게 하는 조항인바, 이는 앞서 본 정당등록취소조항을 전제로 하고 있으므로 같은 이유에서 정당설립의 자유를 침해한다.

공무원 정당가입금지 사건
(헌재 2014. 3. 27. 2011헌바42)

□ 사건개요 등

이 사건은 공무원의 정당가입을 금지한 구 정당법 제53조 중 '제22조 제1항 단서 제1호 본문의 규정을 위반하여 당원이 된 「국가공무원법」 제2조(공무원의 구분)에 규정된 공무원' 부분 및 구 국가공무원법 제84조 중 '제65조 제1항의 정당가입에 관한 부분을 위반한 자' 부분(이하, '이 사건 정당가입 금지조항'이라 한다), 구 국가공무원법 제84조 중 '제65조 제4항의 대통령령으로 정하는 정치적 행위의 금지에 관한 한계를 위반한 자' 부분(이하, '이 사건 정치행위규제조항'이라 하고, 위 조항들을 통틀어 '심판대상조항'이라 한다)에 대한 위헌소원 사건이다.

헌법재판소는 심판대상조항에 대하여 헌법에 위반되지 아니한다고 결정하였다. 이 결정에는 이 사건 정당가입 금지조항에 관한 재판관 4명의 반대의견과 재판관 안창호의 법정(합헌)의견에 대한 보충의견이 있었다.

법정의견은, 공무원이 국민전체에 대한 봉사자로서 그 임무를 충실히 수행할 수 있도록 공무원의 정치적 중립성을 보장하고, 초·중등학교 교원이 당파적 이해관계에 따라 영향받지 않도록 교육의 중립성을 확보할 필요가 있다고 하면서, 이 사건 정당가입 금지조항이 과잉금지원칙을 위반하여 정당가입의 자유를 침해하지 않는다고 결정하였다. 법정의견에 대한 보충의견의 중요 내용은 다음과 같다.

첫째, 우리 공직사회는 정실주의, 하향식 의사전달 구조 등이 자리 잡고 있어, 공무원의 정당가입을 허용할 경우, 공무원이 충성차원에서 특정정당에 가입하고 정당 이념에 경도된 업무를 수행할 우려가 있고, 선출직 인사권자가 같은 정당에 가입한 사람만 주요 공직에 임명하고 이를 선거에 악용할 가능성이 있다.

둘째, 수도권 내지 중부권, 영남권, 호남권으로 대별되는 지역구도가 지역주의와 결합하여 각종 폐해를 양산하고 있는 헌법현실에서, 공무원의 정당가입을 허용하게 되면, 특정 지역의 공직사회가 특정 정당에 의해 지배되는 현상이 고착되어, 공무원이 국민전체에 대한 봉사자로서 기능하는데 제약이 될 수 있다.

셋째, 우리 선거문화는 관권선거 논란으로 갈등이 계속되고 있는데, 이런 환경에서 비록 공무원이 공정하게 공무를 집행한다거나 직무와 관련 없이 정당과 관련한 정치적 표현행위를 한다 해도, 공무원의 정당가입 사실로 인해 정치적 중립성에 대한 국민의 기대와 신뢰가 크게 훼손될 수 있다.

공직은 민주주의 관점에서는 국민이 국가권력을 부여하는 권한이고, 공익실현의 관점에서는 국민에 대하여 봉사하고 책임을 지는 의무를 의미한다. 헌법 제7조는 제1항에서 공무원은 국민전체에 대한 봉사자로서 국민에 대해 책임을 진다고 선언하고, 제2항에서 직업공무원제도를 규정하면서 공무원의 정치적 중립성을 보장하고 있다. 법정의견은 헌법 제7조에 근거하여 이 사건 정당가입 금지조항이 헌법에 위반되지 아니한다고 보았다. 이에 대한 보충의견은 헌법의 규범적 해석론에서 한걸음 더 나아가 우리 공동체의 헌법현실을 사려 깊게 고려하여 법정의견을 보완하고 있다. 얼마 전까지도 국가정보원의 선거개입으로 많은 논란이 있었다. 외국에서 공무원의 정당가입이 허용된다고 하여 우리의 헌법현실을 도외시 한 채 이를 도입할 경우 공직사회뿐만 아니라 국가공동체에 그 폐해가 심각할 수 있다. 앞으로 입법과정이나 헌법재판과정에서 위 보충의견이 제기한 헌법현실에 대해 심사숙고해서 공무원의 정당가입 등 정치적 자유 확대 여부를 결정해야 할 것이다.

☐ 법정(합헌)의견

가. 심판대상조항의 연혁

(1) 정당법

제1공화국 시기에는 정당에 관한 우리나라 최초의 법규인 '정당에 관한 규칙'(1946. 2. 23. 미군정법령 제55호)이 제헌 헌법 제100조에 의하여 정부 수립 후에도 그 효력을 유지하다가, 제2공화국 들어서 헌법에 정당조항(제13조)이 신설되고 '신문 등 및 정당 등의 등록에 관한 법률'과 '정치운동에 관한 법률'이 제정되면서 위 군정 법령이 폐지되었는데, 이때까지 공무원을 당원의 자격에서 배제하는 규정은 없었다. 제3공화국 출범 후 1962. 12. 31. 최초의 정당법이 제정되면서 '정치운동에 관한 법률'과 '신문 등 및 정당 등의 등록에 관한 법률'이 폐지되었다. 위 정당법에서 발기인의 자격(제6조)과 당원의 자격(제17조)은 따로 규정되었는바, 두 조항의 내용은 국회의원 선거권을 가진 자는 누구든지 발기인과 당원이 될 수 있으나 각령으로 정하는 공무원 등은 예외로 한다는 것으로 실질적으로 동일하였다. 위 정당법 시행령 제1조, 제3조에서 각각 발기인 또는 당원이 될 수 없는 공무원을 구체적으로 규정하였다. 1993. 12. 27. 법률 제4609호 개정법에서는 정당설립요건 및 정당가입자격·절차 등을 완화하거나 간소화하여 국민의 정치참여 기회를 확대하였고, 이에 따라 대통령령에 위임되어 있던 발기인과 당원의 자격제한을 법률에 직접 규정하였으며, 언론인의 정당가입을 전면 허용하였다. 또한, 제6조와 제17조로 나뉘어져 있던 발기인과 당원의 자격에 관한 규정을 제6조에 통합하여 규정하였다. 그 후 2005. 8. 4. 법률 제7683호로 개정되면서 정당법 제22조로 옮겼으나 공무원의 발기인, 당원 자격 제한의 기본적 구조는 그대로 유지되고 있다. 한편 위법으로 발기인이나 당원이 된 자에 대한 형사처벌조항으로 정당법 제정 당시 제46조가 규정된 후, 법정형의 변경, 자구 수정 이외에는 실질적 내용이 동일하게 유지되다가 2005. 8. 4. 법률 제7683호로 개정되면서 조문의 위치가 현행 정당법과 같이 제53조로 변경되었다.

(2) 국가공무원법

1949. 8. 12. 제정된 국가공무원법(법률 제44호) 제37조는 "공무원은 정치운동에 참여하지 못하며 공무 이외의 일을 위한 집단적 행동을 하여서는 아니 된다."고 규정하였다. 동 조항은 1962. 2. 23. 법률 제1029호로 한 번 개정된 후("공무원은 정치운동에 참여하지 못하며 노동운동 기타 공무 이외의 일을 위한 집단적 행동을 하여서는 아니 된다. 단, 사실상 노무에 종사하는 공무원의 노동운동은 예외로 한다.") 1963. 4. 17. 전면 개정되기 전까지 그 골자를 그대로 유지하고 있었다. 전면 개정 전의 위 조항 위반행위에 대한 형사처벌 조항은 없었다.

1963. 4. 17. 전면개정된 국가공무원법(법률 제1325호)은 제65조에 기존 법의 제37조 중 정치운동의 금지 부분을, 제66조에 집단행위 금지 부분을 분리하여 규정한 바, 제65조는 그 이래 사실상 기본구조를 현재에 이르기까지 그대로 유지하고 있다. 또한, 같은 조 위반 행위에 대한 형사처벌의 근거 규정이 되는 같은 법 제84조도 당시 함께 도입된 후 법정형의 변경, 자구 수정 이외에는 사실상 동일하게 유지되다가, 2014. 1. 14. 법률 제12234호 개정으로 종전의 제84조 중 제65조 위반을 제외한 나머지 부분이 제84조의2로 이동하고, 제84조(정치 운동죄)가 신설되어 제65조를 위반한 자에 대하여 그 법정형을 3년 이하의 징역과 3년 이하의 자격정지에 처하는 것으로 강화하였다.

나. 정당가입의 자유와 직업공무원의 정치적 중립성의 헌법적 의미

(1) 국민의 정당가입의 자유

헌법재판소는 정당의 헌법상 위상에 대하여 "정치적 결사로서의 정당은 국민의 정치적 의사를 적극적으로 형성하고 각계각층의 이익을 대변하며, 정부를 비판하고 정책적 대안을 제시할 뿐만 아니라, 국민 일반이 정치나 국가작용에 영향력을 행사하는 매개체의 구실을 하는 등 현대의 대의제 민주주의에 없어서는 안 될 중요한 공적 기능을 수행하고 있으므로 그 설립과 활동의 자유를 보장하고 국가의 보호를 받는다."고 하였고(헌재 1996. 3. 28. 96헌마18), 정당가입의 자유에 관하여 "헌법 제8조 제1항은 단지 정당설립의 자유만을 명시적으로 규정하고 있지만, 헌법 제21조의 결사의 자유와 마찬가지로 정당설립의 자유만이 아니라 누구나 국가의 간섭을 받지 아니하고 자유롭게 정당에 가입하고 정당으로부터 탈퇴할 수 있는 자유를 함께 보장한다."고 하여(헌재 1999. 12. 23. 99헌마135; 헌재 2006. 3. 30. 2004헌마246), 정당가입의 자유는 국민 모두에게 인정되는 기본권임을 밝히고 있다.

(2) 직업공무원의 정치적 중립성

공무원의 신분 보장에 관한 헌법적 의의를 보건대, "헌법 제7조 제2항은 공무원의 신분과 정치적 중립성을 법률로써 보장할 것을 규정하고 있다. 위 조항의 뜻은 공무원이 정치과정에서 승리한 정당원에 의하여 충원되는 엽관제를 지양하고, 정권교체에 따른 국가작용의 중단과 혼란을 예방하며 일관성 있는 공무수행의 독자성과 영속성을 유지하기 위하여 공직구조에 관한 제도적 보장으로서의 직업공무원제도를 마련해야 한다는 것이다. 직업공무원제도는 바로 그러한 제도적 보장을 통하여 모든 공무원으로 하여금 어떤 특정 정당이나 특정 상급자를 위하여 충성하는 것이 아니라 국민 전체에 대한 봉사자로서 법에 따라 그 소임을 다할 수 있게 함으로써 공무원 개인의 권리나 이익을 보호함에 그치지 아니하고 나아가 국가기능의 측면에서 정치적 안정의 유지에 기여하도록 하는 제도이다."(헌재 1997. 4. 24. 95헌바48 참조)

나아가 직업공무원에 대한 정치적 중립성의 필요성에 관하여, 공무원은 국민 전체에 대한 봉사자이므로 중립적 위치에서 공익을 추구하고(국민 전체의 봉사자설), 행정에 대한 정치의 개입을 방지함으로써 행정의 전문성과 민주성을 제고하고 정책적 계속성과 안정성을 유지하며(정치와 행정의 분리설), 정권의 변동에도 불구하고 공무원의 신분적 안정을 기하고 엽관제로 인한 부패·비능률 등의 폐해를 방지하며(공무원의 이익보호설), 자본주의의 발달에 따르는 사회경제적 대립의 중재자·조정자의 기능을 적극적으로 담당하기 위하여 요구되는 것(공적 중재자설)이라고 일반적으로 설명하고 있는바, 공무원의 정치적 중립성 요청은 결국 위 각 근거를 종합적으로 고려하여 공무원의 직무의 성질상 그 직무집행의 중립성을 유지하기 위하여 필요한 것이다(헌재 1995. 5. 25. 91헌마67; 헌재 2004. 3. 25. 2001헌마710 참조).

다. 이 사건 정당가입 금지조항에 대한 판단

(1) 과잉금지원칙 위배 여부

㈎ 입법목적의 정당성

이 사건 정당가입 금지조항은 국가공무원이 정당에 가입하는 것을 금지함으로써, 공무원의 정치적 중립성을 확보하여 공무원의 국민 전체에 대한 봉사자로서의 근무기강을 확립하고, 나아가 정치와 행정의 분리를 통하여 공무집행에서의 혼란의 초래를 예방하고 국민의 신뢰를 확보하여 헌법상 직업공무원제도를 수호하려는 목적을 가진다.

공무원은 공직자인 동시에 국민의 한 사람이기도 하므로, 공무원은 공인의 지위와 사인의 지위, 국민 전체에 대한 봉사자의 지위와 기본권을 누리는 기본권주체의 지위라는 이중적 지위를 가진다. 따라서 공무원이라고 하여 기본권이 무시되거나 경시되어서도 아니 되지만, 공무원의 신분과 지위의 특수성에 비추어 공무원에 대해서는 일반 국민보다 더욱 넓고 강한 기본권제한이 가능하게 된다. 그런 측면에서 우리 헌법은 공무원이 국민 전체의 봉사자라는 지위에 있음을 확인하면서 공무원에 대하여 정치적 중립성을 지킬 것을 요구하고 있다.

이와 같은 공무원에 대한 정치적 중립성의 요청은 교육 분야에서 종사하는 교육공무원에게까지 제도적으로 보장되고 있다. 즉 헌법 제31조 제4항은 "교육의 … 정치적 중립성 … 은 법률이 정하는 바에 의하여 보장된다."고 선언함으로써 헌법적 차원에서 이를 강력히 보장하고 있다. 이는 교육이 국가권력이나 정치적 세력으로부터 부당한 간섭을 받지 아니할 뿐만 아니라 그 본연의 기능을 벗어나 정치영역에 개입하지 않아야 한다는 것을 뜻한다. 교육은 그 본질상 이상적이고 비권력적임에 반하여 정치는 현실적이고 권력적이기 때문에 서로 일정한 거리를 유지하는 것이 바람직한 까닭이다(헌재 2004. 3. 25. 2001헌마710 참조). 즉, 교육은 국가 백년대계의 기초인 만큼 국가의 안정적인 성장·발전을 도모하기 위해서 교육방법이나 교육내용이 당파적 편향성에 의하여 부당하게 침해 또는 간섭당하지 않고 가치 중립적인 진리교육이 보장되어야 하고, 인간의 내면적 가치증진에 관련되는 교육 분야에 있어서는 당파적인 정치적 관념이나 이해관계가 그대로 적용되는 것은 바람직하지 않다(헌재 1992. 11. 12. 89헌마88 참조). 초·중등학교 교원이 정당의 당원이 되는 것을 이 사건 정당가입 금지조항으로 허용하지 않는 것은 특히 교원의 활동이 미성숙한 학생들의 가치판단에 중대한 영향을 주고 있으므로 교육자로서의 특별한 처신이 요구되고, 피교육자인 학생들의 기본권 또는 학부모들의 자녀에 대한 교육권과의 갈등을 예방하기 위한 것이다(헌재 2004. 3. 25. 2001헌마710 참조). 따라서 이 사건 정당가입 금지조항의 입법목적은 정당하다.

(나) 수단의 적합성

개인적 정치활동과 달리 단체를 통한 정치활동은 국민의 정치적 의사형성에 미치는 영향력이 크게 차이 나고, 특히 헌법상 특별한 보호를 받고 있는 정당의 경우 국가작용에 영향을 미치는 각종 헌법적 권한을 보유·행사하고 있는 점에 비추어, 이에 대한 공무원의 가입을 금지하는 것은 공무원의 정치적 중립성을 확보하기 위해서도 반드시 필요하고 유효적절한 것이라 할 수 있다. 따라서 이 사건 정당가입 금지조항은 앞서 본 입법목적을 달성하기 위한 효과적이고 적합한 수단이다.

(다) 침해의 최소성

이 사건 정당가입 금지조항은 공무원의 정당가입의 자유를 원천적으로 금지하고 있다. 그러나 공무원의 정당가입이 허용된다면, 공무원의 정치적 행위가 직무 내의 것인지 직무 외의 것인지 구분하기 어려운 경우가 많고, 설사 공무원이 근무시간 외에 혹은 직무와 관련 없이 정당과 관련한 정치적 표현행위를 한다 하더라도 공무원의 정치적 중립성에 대한 국민의 기대와 신뢰는 유지되기 어렵다. 나아가 공무원의 행위는 근무시간 내외를 불문하고 국민에게 중대한 영향을 미친다고 할 것이므로, 직무 내의 정당 활동에 대한 규제만으로 공무원의 근무기강을 확립하고 정치적 중립성을 확보하는 데 충분하다고 할 수 없다.

한편 이 사건 정당가입 금지조항은 공무원이 '정당의 당원이 된다'는 정치적 행위를 금지하고 있을 뿐이므로, 정당에 대한 지지의사를 선거와 무관하게 개인적인 자리에서 밝히거나 선거에서 지지 정당에 대해 투표를 하는 등 일정한 범위 내의 정당 관련 활동은 공무원에게도 허용되고 있다. 이러한 점에서 볼 때 이 사건 정당가입 금지조항은 침해의 최소성 원칙에 반하지 아니한다.

(라) 법익의 균형성

만약 공무원의 정당가입 행위가 일반적으로 허용된다면, 국가 정책의 수립과 집행에 대한 국민적 신뢰 확보가 어렵고, 공무원이 그 소속 당파적 이익을 대변하여 이를 관철할 수도 있으며, 편향적 공무 집행을 통해 간접적으로 특정 정당이나 후보자에 대한 지지·반대를 표현하게 됨으로써 정치적 중립성을 훼손할 수도 있다. 나아가 국가 정책의 집행을 위해 화합하고 협력하여야 할 공무원 사이에 정치적 이념에 따른 상호 대립과 분열을 조장할 수도 있다.

한편 이 사건 정당가입 금지조항이 청구인들과 같은 초·중등학교 교원의 정당가입 자유를 금지함으로써 정치적 기본권을 제한하는 측면이 있는 것은 사실이나, 감수성과 모방성, 그리고 수용성이 왕성한 초·중등학교 학생들에게 교원이 미치는 영향은 매우 크고, 교원의 활동은 근무시간 내외를 불문하고 학생들의 인격 및 기본 생활습관 형성 등에 큰 영향을 끼치는 잠재적 교육과정의 일부분인 점을 고려하고, 교원의 정치활동은 교육수혜인 학생으로서는 수업권의 침해로 받아들여질 수 있다는 점에서 현시점에서는 국민의 교육기본권을 더욱 보장함으로써 얻을 수 있는 공익을 우선시해야 할 것이다(헌재 2004. 3. 25. 2001헌마710 참조).

이러한 점을 두루 고려할 때, 이 사건 정당가입 금지조항이 달성하려는 공익은 그로 말미암아 제한받는 사익에 비해 결코 작다고 할 수 없으므로 법익의 균형성 또한 인정된다.

㈐ 소 결

이 사건 정당가입 금지조항은 과잉금지원칙에 위배된다고 볼 수 없다.

(2) 평등원칙 위배 여부

이 사건 정당가입 금지조항이 대학의 교원인 공무원에 대하여는 정당가입의 자유를 허용하면서도 청구인들과 같은 초·중등학교의 교원에 대하여는 이를 금지하여 양자를 차별 취급하고 있음은 문언상 명백하다.

헌법상 평등원칙은 본질적으로 같은 것은 같게, 다른 것은 다르게 취급할 것을 요구하나, 이는 일체의 차별적 대우를 부정하는 절대적 평등을 의미하는 것이 아니라, 입법과 법의 적용에 있어서 합리적인 근거가 없는 차별을 배제하는 상대적 평등을 뜻하므로, 합리적 근거가 있는 차별은 평등원칙에 반하는 것이 아니다(헌재 2001. 6. 28. 99헌마516 참조). 초·중등학교의 교원, 즉 교사는 법령이 정하는 바에 따라 학생을 교육하는 자이고(교육기본법 제14조 제3항, 초·중등교육법 제20조 제4항), 반면에 대학의 교원, 즉 교수·부교수·조교수와 전임강사는 학생을 교육·지도하고 학문을 연구하되, 학문연구만을 전담할 수 있는 자이다(고등교육법 제15조 제2항). 이처럼 현행

교육법령은 양자의 직무를 달리 규정하고 있다. 물론 대학교수도 학생을 교육하기는 하나 그 주된 직무는 연구기능이므로, 이 점에서 매일 매일을 학생과 함께 호흡하며 수업을 하고 학생을 지도해야 하는 초·중등학교 교원보다 상대적으로 많은 학문 연구와 사회활동의 자유가 인정된다(헌재 1993. 7. 29. 91헌마69 참조). 그뿐만 아니라 초·중등학교의 교육은 일반적으로 승인된 기초적인 지식의 전달에 중점이 있는 데 비하여, 대학의 교육은 학문의 연구·활동과 교수기능을 유기적으로 결합하여 학문 의 발전과 피교육자인 대학생들에 대한 교육의 질을 높일 필요성이 있기 때문에 대 학교원의 자격기준도 이와 같은 기능을 수행할 수 있는 능력을 갖출 것이 요구된다 (헌재 1998. 7. 16. 96헌바33등 참조).

그렇다면 이 사건 정당가입 금지조항이 초·중등학교 교원에 대해서는 정당가 입의 자유를 금지하면서 대학의 교원에게 이를 허용한다 하더라도, 이는 양자 간 직 무의 본질이나 내용 그리고 근무 태양이 다른 점을 고려한 합리적인 차별이라고 할 것이므로 평등원칙에 위배된다고 할 수 없다(헌재 2004. 3. 25. 2001헌마710 참조).

라. 이 사건 정치행위 규제조항에 대한 판단

(1) 죄형법정주의의 법률주의 위배 여부

죄형법정주의의 법률주의는 특정한 범죄행위의 구체적 내용을 하위법령에서 형성하도록 허용하는 경우에도 형벌의 범위는 법률에 구체적으로 설정되어야 하고, 아울러 금지의 실질도 그 대강의 내용은 이미 법률에 의하여 설정되어 있을 것을 요 구한다(헌재 1998. 3. 26. 96헌가20; 헌재 2012. 6. 27. 2011헌마288 참조)

살피건대, 이 사건 정치행위 규제조항은 "제65조를 위반한 자는 다른 법률에 특별히 규정된 경우 외에는 1년 이하의 징역 또는 300만 원 이하의 벌금에 처한다." 고 하여 범죄의 구성요건과 그에 대한 형벌을 법률 스스로 규정하고 있다.

다음으로, 이 사건 정치행위 규제조항 중 금지조항에 해당되는 제65조 제4항 은, "제3항 외에 정치적 행위의 금지에 관한 한계는 국회규칙, 대법원규칙, 헌법재판 소규칙, 중앙선거관리위원회규칙 또는 대통령령으로 정한다."고 되어 있는데, 같은 조 제3항은 "공무원은 다른 공무원에게 제1항과 제2항에 위배되는 행위를 하도록 요구하거나, 정치적 행위에 대한 보상 또는 보복으로서 이익 또는 불이익을 약속하 여서는 아니 된다."고 규정하고, 다시 같은 조 제1항은 공무원은 정당이나 그 밖의 정치단체의 결성에 관여하거나 이에 가입할 수 없다는 내용을, 같은 조 제2항은 공무원은 선거에서 투표 권유 운동 등으로 특정 정당 또는 특정인을 지지 또는 반대하기 위한 행위를 하여서는 안 된다는 내용을 담고 있다. 결국 제65조 제4항은 위 관련 조항들과 유기적·체계적으로 종합하여 판단할 때, '정당 구성 행위 및 선거운동에 관한 공무원의 능동적·적극적 정치행위'를 형벌을 통해 금지하고자 하는 행위의 본질적 내용으로 밝혔다고 볼 수 있다.

따라서 이 사건 정치행위 규제조항에 의한 범죄구성요건의 실질은 이미 법률에 규정되어 있다 할 것이므로, 죄형법정주의의 기본적 요청인 법률주의에 위배된다고 볼 수 없다.

(2) 포괄위임입법금지원칙 위배 여부

㈎ 처벌법규 일부의 위임 시 죄형법정주의와 포괄위임입법금지원칙과의 관계

헌법 제12조 제1항 후문과 제13조 제1항 전단에서 천명하고 있는 죄형법정주의란 범죄와 형벌이 법률로 정해져야 한다는 것으로, 이러한 죄형법정주의에서 파생되는 명확성원칙은 누구나 법률이 처벌하고자 하는 행위가 무엇이며, 그에 대한 형벌이 어떠한 것인지를 예견할 수 있고, 그에 따라 자신의 행위를 결정할 수 있도록 구성요건을 명확히 정하여야 함을 의미한다(헌재 2000. 6. 29. 98헌가10 참조). 여기서 구성요건이 명확하여야 한다는 것은 입법자의 입법의도가 건전한 일반상식을 가진 자에 의하여 일의적으로 파악될 수 있는 정도로 규정되어야 한다는 것이다.

그런데 현대국가의 사회기능증대와 사회현상의 복잡화에 비추어 볼 때 처벌법규를 모두 입법부에서 제정한 법률만으로 정할 수는 없다고 할 것이어서, 이를 행정부에 위임하는 것도 허용된다고 할 것인데(헌재 1991. 7. 8. 91헌가4 참조), 범죄와 형벌에 관한 사항에 있어서도 위임입법의 근거와 한계에 관하여 정하고 있는 헌법 제75조가 적용되기 때문에, 처벌법규가 구성요건 일부를 하위법령에 위임하고 있고 이러한 위임형식의 위헌성이 문제 되는 경우에는 포괄위임입법금지원칙 역시 문제가 된다. 따라서 그러한 경우에는 처벌법규에 대한 포괄위임입법금지원칙의 심사를 통해 그 위헌성을 판단하되, 헌법상 죄형법정주의 명확성원칙을 고려하여 위임의 필요성과 예측가능성이라는 기준을 보다 엄격하게 해석·적용하여야 한다(헌재 2010. 5. 27. 2009헌바183 참조).

㈏ 처벌법규에 있어서 위임의 한계

법률에 의한 처벌법규의 위임은 죄형법정주의와 적법절차, 기본권보장 우위 사상에 비추어 바람직하지 못한 일이므로, 처벌법규의 위임은 첫째, 특히 긴급한 필요가 있거나 미리 법률로써 자세히 정할 수 없는 부득이한 사정이 있는 경우에 한정되어야 하고, 둘째, 이러한 경우일지라도 법률에서 범죄의 구성요건은 처벌 대상인 행위가 어떠한 것일 거라고 이를 예측할 수 있을 정도로 구체적으로 정하고, 셋째, 형벌의 종류 및 그 상한과 폭을 명백히 규정하여야 한다(헌재 2004. 8. 26. 2004헌바14; 헌재 1991. 7. 8. 91헌가4 참조).

㈐ 이 사건 정치행위 규제조항에 대한 판단

이 사건 정치행위 규제조항 중 금지조항에 해당되는 국가공무원법 제65조 제4항은 '제3항 외에 정치적 행위의 금지에 관한 한계'의 내용에 대하여 각 헌법기관에 위임하는 형식을 취하고 있는바, 독자적인 헌법기관인 국회, 법원, 헌법재판소, 선거관리위원회, 행정부의 기능 및 업무의 특성상 소속 공무원에 대하여 금지하여야 할 정치적 행위의 내용을 개별적으로 구체화할 필요성이 긍정되고, 그 정치적 행위의 내용을 일일이 법률로써 규정하는 것은 입법기술상 매우 곤란하다고 판단되므로 그 위임의 필요성이 인정된다.

다음으로, 처벌 대상 행위의 내용인 '제3항 이외에 정치적 행위의 금지에 관한 한계'의 예측가능성에 관하여 살펴본다.

국가공무원법 제65조 제3항은 "공무원은 다른 공무원에게 제1항과 제2항에 위배되는 행위를 하도록 요구하거나, 정치적 행위에 대한 보상 또는 보복으로서 이익 또는 불이익을 약속하여서는 아니 된다."라는 내용으로, 이는 같은 조 제1항과 제2항이 금지하는 정치적 행위에 대하여 적극적으로 교사하는 등의 행위를 막기 위한 보완적인 규정이다.

그렇다면 이 사건 정치행위 규제조항의 위임에 근거하여 처벌 대상 행위가 되는 '제3항 외에 정치적 행위의 금지에 관한 한계'의 구체적인 내용이나 태양은 같은 조 제1항이 금지하는 행위(정당 내지 정치단체의 결성 및 가입 행위)나 같은 조 제2항이 금지하는 행위(선거에서 특정 정당 또는 특정인을 지지 또는 반대하기 위한 능동적·적극적 행위)와 그 직접적 관련성과 밀접한 연계의 정도가 제3항의 경우에 이른다고 볼 수 있는 경우로서 공무원의 정치적 중립성을 훼손할 가능성이 큰 행위에 한하여 정해질 것임은 누구라도 충분히 예상할 수 있다.

㈑ 소 결

이 사건 정치행위 규제조항은 포괄위임입법금지원칙에 위배되지 않는다.

□ **법정(합헌)의견에 대한 보충의견**

나는 우리나라의 헌법현실을 고려할 때 일반적으로 공무원의 정당가입을 허용하면 공무원의 정치적 중립성을 훼손하여 공무원은 국민전체에 대한 봉사자라는 헌법적 요청에 부응할 수 없다고 생각하므로, 이 사건 정당가입 금지조항의 과잉금지원칙 위배 여부에 대한 법정의견을 보충하고자 한다.

가. 헌법 제7조 제2항은 "공무원의 신분과 정치적 중립성은 법률이 정하는 바에 의하여 보장된다."라고 규정하고 있다.

공무원의 정치적 중립성 보장을 규정한 헌법 제7조 제2항은 정당설립의 자유를 규정한 헌법 제8조 제1항과 규범 조화적 해석을 하여야 하므로, 공무원의 정치적 중립성 보장이 필요하다고 하여 공무원의 정당관련 정치적 행위가 전면적으로 금지될 수 있는 것이 아니라, 공무원이 국민전체에 대한 봉사자로서 객관적이고 공정한 직무수행을 위하여 '직무수행에 있어서의' 정치적 중립성이 확보되는 한도에서는 공무원의 정당관련 정치적 행위는 허용되어야 한다. 반면에 공무원의 정치적 중립성 보장이라는 헌법적 요청에 비추어 공무원의 정당가입 등이 '직무수행에 있어서의' 정치적 중립성에 심각한 영향을 미칠 것이라고 판단되는 경우에는 이를 금지하는 것이 정당화 될 수 있다.

공무원의 정당가입 등이 직무수행에 있어서의 정치적 중립성에 어떠한 영향을 미칠지는 우리나라의 선거문화의 역사성, 정치 및 공직 문화의 특수성, 정치적 환경, 공무원의 신분보장, 국민의 신뢰와 법 감정 등이 종합적으로 고려되어 판단되어야 한다.

나. 우리나라의 경우 그 동안 이루어온 민주주의의 발전상과 높아진 국제적 위상, 국민의식의 향상에도 불구하고 과연 현재 우리의 정치 및 공직 문화가 공무원의 정당 가입을 허용해도 될 정도의 안정적 수준에 와 있는지, 이에 대한 국민의 신뢰와 지지가 뒷받침되고 있는지는 매우 의문이다. 우리나라 공직사회에는 선진 서구사

회와 달리 독특한 지역주의와 정실주의가 잔존하고 있고, 자유로운 토론과 상향식 의사결정 구조가 아닌 최고 결정권자를 정점으로 한 하향식 의사전달 구조가 자리잡고 있다. 이러한 우리의 특수성을 고려하지 않고 공무원에게 정당 가입을 일반적으로 허용하게 될 경우, 공무원들이 개인의 정치적 신념과 무관하게 충성경쟁 차원에서 특정 정당에 가입하거나 선출직 인사권자가 자신의 정치적 색채에 따라 입맛에 맞는 사람만 주요 공직에 임명하고 이를 선거에 악용하는 관권선거의 유혹에 빠져드는 폐해가 나타나지 않으리라고 장담할 수 없다. 또한 정당에 가입한 공무원이 정당으로부터 일방적 정보와 의견을 제공받음으로써 특정 정당의 시각에 고착되어 업무수행의 편향성이 강화되고, 공무원의 지위를 이용하여 당파적 이익을 위해 정보를 수집하거나 활용할 수 있으며, 자신이 가입한 정당에 유리하도록 불공정하고 편파적인 법규 제정이나 법집행을 할 염려도 있을 뿐만 아니라, 편향적 공무집행을 통해 간접적으로 특정 정당이나 후보자에 대한 지지·반대를 표현하게 됨으로써 정치적 중립성을 훼손할 수도 있다.

　　다. 나아가 우리나라 선거문화는 과거 관권선거의 폐해로 인해 얼룩진 경험이 있고 최근까지도 관권선거 논란으로 사회적 갈등이 계속되고 있다. 이러한 정치적 환경 속에서 공무원이 특정 정당에 가입할 경우, 비록 공무원이 공정하게 공무를 집행한다거나 근무시간 외에 혹은 직무와 관련 없이 정당과 관련한 정치적 표현행위를 한다 하더라도, 공무원의 정당가입 사실로 인하여 정치적 중립성에 대한 국민의 기대와 신뢰가 훼손될 수 있다 할 것이므로, 공직수행의 중립성과 공정성 측면에서 공무원의 정당가입은 결코 바람직하다고 할 수 없다.

　　라. 특히 수도권 내지 중부권, 영남권, 호남권으로 대별되는 우리나라의 지역구도는 이러한 폐해를 더욱 심화시킬 우려가 있다. 길지 않은 민주주의와 지방자치의 역사 속에서 지역주의에 편승하여 관권선거, 선출직인 고위직 인사권자의 눈치 보기 행정, 줄 세우기 및 편 가르기 인사 등의 폐해가 잔존하고 있는 것이 엄연한 우리의 현실이고 이를 바라보는 국민들의 시선도 차갑다. 이런 상황에서 공무원의 정당가입을 일반적으로 허용하게 된다면 특정 지역의 공직사회가 특정 정당에 의해 지배되는 현상이 당연시되고 고착됨으로써 공무의 공정성과 객관성이 훼손됨은 물론, 공무원으로서의 지위와 신분보장이 약화되고 공직사회의 분열과 갈등이 초래될 수도 있으며 지역 갈등의 골도 더욱 깊어질 염려가 있다.

마. 이러한 점을 종합하여 보면, 공무원의 정당가입을 일반적으로 허용하면 공무원의 직무수행에 있어서의 정치적 중립성에 심각한 영향을 미쳐 입법목적 달성이 불가능하다고 할 수 있으므로, 직업공무원제도의 보장과 공무원의 정치적 중립성 확보를 위하여 공무원의 정당가입을 금지하는 것이 필요하다고 본 입법자의 판단이 현저히 불합리하거나 필요한 범위를 벗어난 과도한 제한이라고 보이지 않는다. 그리고 공무원은 각종 선거과정에서 자유롭게 투표할 수 있고 선거와 무관하게 개인적인 자리에서 정당에 대한 지지의사를 밝힐 수 있는 등 정치적 자유의 본질적 권리를 제한 없이 향유하고 있으므로, 이 사건 정당가입 금지조항이 공무원의 정당가입을 금지함으로 인해 야기되는 공무원 개인의 현실적 권리침해 내용은 제한적이라고 할 수 있다. 반면 공무원의 정당가입 금지를 통해 달성하려는 공익은 직업공무원 제도와 공무원의 정치적 중립성 보장이라는 중대한 헌법적 가치이며 공직사회를 비롯한 사회전반에 대한 부정적 영향의 예방이다. 따라서 이 사건 정당가입 금지조항이 달성하려는 공익은 그로 말미암아 제한받는 사익에 비해 결코 작다고 할 수 없으므로 법익의 균형성 또한 인정된다.

바. 한편 헌법재판소가 방법의 적절성으로 심사하는 내용은 입법자가 선택한 방법이 최적의 것이었는가 하는 것이 아니고 그 방법이 입법목적 달성에 유효한 수단인가 하는 점에 한정된다고 할 것이다(헌재 2007. 1. 17. 2006헌바3). 수단이 목적 실현에 유일무이하거나 최적 수단일 것을 요구하지 않고 목적 실현에 기여하는 것으로 족하다는 의미이다. 이런 측면에서 볼 때, 직업공무원제도와 공무원의 정치적 중립성 보장이라는 헌법적 요청을 법률로 규정한 이 사건 정당가입 금지조항이 그 입법 목적의 실현에 기여하는 적합한 수단이 아니라는 반대의견에는 동의할 수 없다.

우리나라의 선거문화의 역사성, 정치 및 공직 문화의 특수성, 국민의 신뢰와 법감정 등에 비추어 볼 때, 이 사건 정당가입 금지조항이 헌법적 요청인 직업공무원제도와 공무원의 정치적 중립성을 보장하고 공직사회를 비롯한 사회전반에 대한 부정적 영향을 예방하는데 기여하지 못했다고 단정할 수 없다. 그 동안 공무원의 정당가입 금지나 각종 정치활동 제한에도 불구하고 정치적 중립성이 제대로 준수되지 않았었다고는 하나, 이는 우리의 선거문화의 역사성, 정치 및 공직 문화의 특수성 등에 기인한 한계나 폐해로 보는 것이 합당하지, 이 사건 정당가입 금지조항 자체가 무용한 수단이라는 의미가 될 수는 없다.

그리고 반대의견은 교육방법이나 교육내용이 종교적 종파성이나 정치적 당파성에 의하여 부당하게 간섭받지 않고 가치중립적인 진리교육이 보장되어야 한다고 하면서, 교원의 종교단체가입을 금지할 수는 없는 것과 마찬가지로 교원인 공무원의 정당가입을 금지하는 것은 부적절한 수단이라고 주장한다. 그러나 헌법 제7조 2항이 공무원의 정치적 중립성을 보장하는 명문의 규정을 두고 있는 점, 공무원의 정당가입은 그 자체가 정치적 행위인 점, 공무원의 직무는 그 성격상 정치적 간섭의 여지가 큰 영역인 점 등을 고려할 때, 공무원의 정당가입과 종교단체가입에 대한 헌법적 평가는 그 궤를 달리한다 할 것이므로 교원인 공무원의 종교단체가입이 허용된다고 하여 공무원의 정당가입이 헌법적으로 허용되어야 하는 것은 아니다.

　　사. 그렇다면 이 사건 정당가입 금지조항이 헌법상의 과잉금지원칙에 위배되거나 기본권의 본질적 내용을 제한하여 헌법 제8조 제1항에 규정된 정당설립의 자유를 침해한다고 볼 수 없다.

소선거구 다수대표제 사건
(헌재 2016. 5. 26. 2012헌마374)

□ 사건개요 등

　　이 사건은 선거관리위원회가 지역구국회의원선거에서 유효투표의 다수를 얻은 자를 당선인으로 결정하는 공직선거법 제188조 제1항에 대한 위헌소원 사건이다.

　　헌법재판소는 재판관 전원의 일치된 의견으로, 소선거구 다수대표제에서 다수의 사표가 발생하더라도 선거권과 평등권을 침해하지 않는다고 결정하였다. 이 결정에는 재판관 안창호의 보충의견이 있었다. 보충의견은 투표가치의 등가성을 강조하면서 현행 선거제도에서 '비례대표제'의 확충이 필요하다는 견해인데, 그 중요 내용은 다음과 같다.

　　첫째, 비례대표제는 정당제 민주주의에 근거를 두고 국민주권주의의 출발점인 투표가치의 등가성을 강화하고, 우리 사회의 다원적인 정치적 이념을 유권자의 의사에 따라 충실하게 반영할 수 있는 장점이 있으므로 확대되어야 한다.

둘째, 비례대표제가 국민의 의사를 제대로 반영하기 위해서는, 정당의 강령이나 정책 등 정당의 정체성이 확립되어야 하고, 비례대표국회의원 후보자 선정 과정의 투명성과 공정성이 확보되어야 한다.

셋째, 소선거구 다수대표제를 근간으로 하는 현행 선거제도가 헌법에 위반되지 않는다 하더라도 비례대표제는 점진적으로 확대하는 것이 바람직하며, 특별히 비례대표제로 인해 정국의 불안정이 초래되었다는 점 등이 검증되지 않는 한 현재 시행되고 있는 비례대표제를 축소하는 것은 엄격히 제한되어야 한다.

보충의견은 소선거구 다수대표제에 대해 합헌이라는 법정의견에 동의하면서도, 청구인이 제기하고 있는 소선거구 다수대표제에서 다수의 사표가 발생하는 문제에 대해 논의하고 있다. 보충의견은 이러한 문제를 해결하기 위해서는 비례대표제를 더욱 확충해야 하며, 정치적 이해관계에 따라 이를 축소해서는 안 된다는 견해를 피력하고 있다. 다만 우리 헌정사에서 비례대표제가 금권선거와 정당대표의 전횡에 의해 오염되었던 경험에 비추어, 정당의 정체성 확립과 후보자 선정과정의 투명성 강화가 선행되어야 한다고 강조하고 있다. 특히 대통령제와 비례대표제의 정합성 문제, 즉 다수당이 행정부를 구성하는 의원내각제와는 달리 대통령제 국가에서 비례대표제의 강화는 원활한 정책 수행을 위해 필요한 안정적 다수의 형성을 어렵게 할 수 있어 대화와 타협의 문화가 성숙되지 아니한 정치토양에서는 정국의 안정을 저해하고 국정의 효율성을 저하할 수 있음도 지적하고 있다. 한편 권역별 비례대표제의 도입은 여러 요소를 고려해서 신중하게 도입해야 한다고 하면서, 통일과정에서 남북한 권역별 비례대표제는 반드시 도입되어야 한다는 입장이다. 보충의견은 비록 간략하지만 '비례대표제'가 가지는 헌법적 의미와 쟁점에 대하여 적극적으로 입장을 피력함으로써 헌법적 논의의 깊이를 더 하였다는 평가가 있다.

□ 보충의견

나는 이 사건 법률조항이 헌법에 위반된다고 판단하지 않는다. 다만, 청구인은 이 사건 법률조항이 소선거구 다수대표제를 채택하여 차순위 득표자에게 투표한 청구인의 표가 사표가 된 것을 문제 삼고 있으므로 이와 관련하여 비례대표제에 대하여 아래와 같이 의견을 밝힌다.

가. 법정의견에서 본 바와 같이, 입법자는 우리나라 선거제도와 정당의 역사성, 우리나라 선거 및 정치문화의 특수성, 정치적·경제적·사회적 환경, 선거와 관련된 국민의식의 정도와 법 감정을 종합하여, 국회의원 후보자의 당선인을 결정하는 방식으로 다수대표제·비례대표제·혼합형 선거제 중에서 어느 것을 택할 것인지, 비례대표제의 경우 그 형태 및 저지조항을 둘 것인지 또는 저지조항을 둘 경우 그 비율을 어떻게 정할 것인지, 혼합형 선거제의 경우 지역구 국회의원과 비례대표 국회의원의 비율을 어떻게 정할 것인지를 정할 수 있다.

그리고 그것이 헌법 제41조 제1항에 명시된 보통·평등·직접·비밀선거의 원칙과 자유선거 등 국민의 선거권이 부당하게 제한되지 않는 한 헌법에 위반된다고 할 수 없다.

나. 비례대표제란 정당에 대한 선거권자의 지지에 비례하여 정당의 의석을 배분하는 선거제도를 말한다. 비례대표제에서는 선거권자들의 정치적 의사표명에 의해 직접 결정되는 것은 어떠한 비례대표국회의원후보자가 비례대표국회의원으로 선출되느냐의 문제라기보다는 비례대표국회의원을 할당받을 정당에 배분되는 비례대표국회의원의 의석수이며, 비례대표의원선거는 인물에 대한 선거가 아닌 정당에 대한 선거로서의 성격을 갖는다(헌재 2006. 7. 26. 2004헌마217; 헌재 2009. 6. 25. 2008헌마413 등 참조).

비례대표제가 국민의 진정한 의사를 제대로 반영하기 위해서는 정당의 강령이나 정책 등 정당의 정체성이 확립되어 있어야 하며, 비례대표국회의원후보자 선정과정에서의 공정성과 투명성의 확보가 전제되어야 한다. 비례대표제는 정치현실에서 이러한 전제조건이 충족되지 못한 경우 오히려 국민의 진정한 의사를 왜곡하고 정당의 민주화에 역행하는 등 역기능으로 인한 폐해가 심각해질 수 있다.

그리고 비례대표제는 사표를 방지하고 정당의 지지에 대한 다양한 견해를 반영하고 이를 공론화하여 거대정당에 의한 정치적 독점을 배제하는 순기능을 하는 한편, 다른 한편으로는 정국의 불안정을 초래할 우려가 있다. 특히 다수당이 행정부를 구성하는 의원내각제와는 달리 대통령제 국가에서 비례대표제의 강화는 원활한 정책 수행을 위하여 필요한 안정적 다수의 형성을 어렵게 할 수 있어 대화와 타협의 문화가 성숙되지 아니한 정치토양에서는 정국의 안정을 저해하고 국정의 효율성을 저하할 수 있음도 비례대표제의 운용에 있어 유의하여야 한다.

다. 정당은 국민과 국가의 중개자로서 정치적 도관의 기능을 수행하여 주체적·능동적으로 국민의 다원적 정치의사를 유도·통합함으로써 국가정책의 결정에 직접 영향을 미칠 수 있는 정치적 의사를 형성하고 있다. 대의제 민주주의에서 정당은 국민의 정치적 의사형성의 담당자이며 매개자이자 민주주의에 있어서 필수불가결한 요소로서 그 중요성이 더욱 강조되고 있다(헌재 2014. 1. 28. 2012헌마431등).

비례대표제는 정당제 민주주의에 바탕을 두고 (소선거구) 다수대표제의 단점, 즉 거대정당에게 유리하고 다양해진 국민의 목소리를 제대로 대표하지 못하며 사표를 양산하는 문제점에 대한 보완책으로 고안되고 시행되었다. 비례대표제가 적절히 운용되는 경우 사회세력에 상응한 대표를 형성하고 정당정치를 활성화하며 정당간의 경쟁을 촉진하여 정치적 독점을 배제할 수 있다(헌재 2009. 6. 25. 2007헌마40; 헌재 2013. 10. 24. 2012헌마311 등 참조).

이와 같이 대의제 민주주의에서 정당의 중요성이 강조되는 가운데 비례대표제는 정당제 민주주의에 근거를 두고 국민주권주의의 출발점인 투표결과의 비례성을 강화하여 사회의 다원적인 정치적 이념을 유권자의 의사에 따라 충실하게 반영할 수 있는 장점이 있다. 이에 더하여 헌법 제41조 제3항이 국회의원과 관련된 선거제도를 법률에 위임하면서도 비례대표제를 특별히 규정하고 있는 점 등을 고려하면, 비록 소선거구 다수대표제를 포함하는 선거제도가 헌법상 선거원칙에 위반되지 않는다 하더라도 정당명부식 비례대표제는 점진적으로 확대하는 것이 바람직하며, 특별히 비례대표제로 인하여 정국의 불안정이 초래되었다는 점 등이 검증되지 않는 한 현재 시행되고 있는 비례대표제를 축소하는 것은 엄격히 제한되어야 한다.

라. 지역주의의 완화를 이유로 권역별 비례대표제가 지속적으로 논의되고 있다. 권역별 비례대표제는 효과적으로 운용되는 경우 정당의 지역편중을 완화시키고 유권자의 정치적 의사가 충실히 반영될 수 있다는 점에서 그 도입은 충분히 검토해 볼 만한 방안으로 보인다.

그러나 전국을 하나의 선거구로 단일화한 현행 정당명부식 비례대표제(고정식)는 선거와 지방과의 관련성이 약화되어 선거에 있어서 지역감정을 차단시킬 수 있는 장점이 있는 데 반해, 권역별 비례대표제는 위에서 살펴 본 비례대표제의 장점을 약화시킬 수 있고, 특히 우리나라에서는 지역주의가 강고하게 자리하고 있어 정치적 상황에 따라 권역별 비례대표제가 지역주의를 더욱 심화시킬 수 있다.

더욱이 권역별 비례대표제는 그 방식에 따라서는 저지조항 등에 의해 다수의 사표를 발생시킬 수 있고, 특히 권역별 비례대표제 도입으로 인해 지역외의 다양한 요소를 반영할 수 있는 적정한 비례대표국회의원 수가 확보되지 않는다면 소수 정치세력의 의회진출의 기회를 제약하여 다양한 국민의 여론형성을 방해할 수 있으며, 정당에서 여성·장애인 등 사회적 약자와 전문가 등의 영입에 부정적으로 작용하는 등, 비례대표제가 가지고 있는 장점을 반감시킬 수 있다.

선거제도의 개혁은 지역주의의 해소만이 아니라 투표결과의 비례성 강화, 민주주의의 다양성 확보, 사회적 약자 등에 대한 배려, 정당정치의 발전, 정치의 안정 등이 동시에 고려되어야 한다. 따라서 지역구에 대한 소선거구 다수대표제와 전국 단위의 정당명부식 비례대표제(고정식)의 혼합한 형태를 채택하고 있는 현행 국회의원 선거제도에서는 우선 각 정당이 권역별 인구를 감안하여 비례대표국회의원이 당선될 수 있도록 정당명부를 작성하도록 함으로써 현행 선거제도의 장점에 대한 훼손을 최소화 하면서 지역주의를 완화하는 방안을 고려할 수 있다.

권역별 비례대표제 도입여부 및 방법은 정당의 정체성 확립과 비례대표 후보자 선정과정에서의 공정성 및 투명성의 확보를 전제로 우리나라 선거 및 정치문화의 특수성, 정치적·경제적·사회적 환경 등을 고려하여 비례대표제의 확대와 함께 신중하게 검토되어야 할 것이다. 다만 독일통일과정에서 보는 바와 같이 우리나라의 경우에도 통일과정에서 일시적으로 저지조항 등과 관련하여 남북한 권역에 따른 비례대표제의 도입은 적극적으로 고려되어야 할 것이다.

지방의회 방청불허 사건

(헌재 2017. 7. 27. 2016헌마53)

□ 사건개요 등

헌법재판소는 지방의회 위원회가 시민단체의 방청신청을 불허한 행위를 취소하여 달라는 헌법소원 사건에서 주관적 권리보호이익이 소멸하였고, 심판이익도 없다는 이유로 각하하였다. 이 결정에는 재판관 안창호 외 2명의 반대(위헌)의견이 있었다.

반대의견은 법정의견과 달리 심판이익을 인정한 다음, 지방의회의 방청불허행위가 청구인들의 알 권리를 침해한다는 견해인데, 그 중요 내용은 다음과 같다.

첫째, 헌법소원에서 주관적 권리보호이익이 소멸하였다고 하더라도, 국가기관이 법령의 재량규정에 근거하여 적법하다는 인식하에 공권력 행사를 반복적으로 행하고 있고, 이에 대한 헌법적 해명이 필요한 경우에는 심판이익이 인정된다.

둘째, 다원적 인적 구성의 합의체인 의회는 국정운영의 투명성에 근거한 공정성이 최대한 확보될 수 있도록 원칙적으로 국민에게 공개되어야 하고, 지방의회 위원회에도 헌법 제50조 제1항의 의사공개원칙이 적용된다.

셋째, 대의민주제에서 알 권리는 주권자인 국민의 정치적 의사형성의 초석이 되고, 국정운영의 민주적 정당성 확보의 근거가 되므로, 의회의 방청불허가 다수 의원의 의사에 의하여 결정된 경우라도 헌법상 비례원칙을 위반한 때에는 국민의 알 권리를 침해할 수 있다.

넷째, 지방의회의원은 쉽게 자기들만의 '정치적 카르텔'을 형성할 수 있고 영리를 목적으로 하는 직업에 종사할 수 있다. 이는 의사결정의 공정성을 훼손하고 정치적 야합과 부패로 연결될 가능성을 크게 하며 지방자치에 대한 국민의 신뢰를 훼손할 수 있으므로, 지방의회는 주민의 통제가 더욱 필요하다.

알 권리는 민주국가에서 가장 중요한 기본권의 하나인 표현의 자유 실현의 전제가 된다는 점에서 표현의 자유에 포함되고, 헌법 제1조의 국민주권을 실현하는 기본권이라는 점에서 민주주의의 본질적 요소가 될 뿐만 아니라, 개인의 자기결정과 인격발현에 중요한 의미를 갖는다.

반대의견은 대의민주제 아래에서의 의회운영의 투명성이 가지는 헌법적 의미를 강조하면서, 의회의 방청 문제를 단순히 '의사공개원칙'의 문제만이 아니라 국민의 '알 권리'와 관련되는 문제로 보고 있다. 반대의견은 의회가 국민의 대표로 구성된 '합의제 대의기관'으로 토론을 통하여 국민의 다양한 견해와 이익을 교량하여 공동체의 중요한 의사를 결정하므로, 의회에서 논의되는 내용은 원칙적으로 '일반적으로 접근할 수 있는 정보원으로부터 자유롭게 얻을 수 있는 정보'에 해당하는 것으로 보고, 의회의 방청을 자유권적 성격을 가지는 알 권리 문제로 인식하고 있다. 반대의견은 국회나 지방의회에서 다수결에 의해 방청불허를 결정한다고 하여 곧바로 합헌적으로 되는 것이 아니라, 헌법상 요구되는 비례원칙, 즉 이러한 방청불허라도 국민의 알 권리를 제한하는 것이므로 국가안전보장·질서유지·공공복리를 위하여 필요한 경우에 한해 가능하다고 한다.

제왕적 대통령의 권한을 축소하는 경우 그 권한은 국회와 지방자치단체 등으로 분산될 수밖에 없는데, 국회와 지방의회의 역할에 의문을 제기하면서 대통령권한의 분산에 부정적인 견해가 있다. 반대의견에 따르면 국회나 지방의회의 방청불허는 비례원칙이 적용됨으로, 국회와 지방의회의 투명한 운영과 민주적 통제가 강화될 수 있고, 이로써 국회와 지방의회의 부정적 기능에 대한 우려를 불식시킬 수 있다. 반대의견은 국회와 지방의회의 부정적 기능에 대한 우려를 불식시킴으로써, 민주적인 권한 분산과 지방분권의 강화를 위한 대책을 제시하고 있다는 평가가 있다.

□ 반대(위헌)의견

우리는 다수의견과 달리 이 사건 심판청구에 관하여 예외적으로 심판의 이익을 인정하여 본안 판단에 나아가야 한다고 생각한다. 그리고 이 사건 방청불허행위가 헌법상 과잉금지원칙을 위반하여 청구인들의 알 권리를 침해하는 등 헌법에 위반된다고 생각하므로 아래와 같이 그 의견을 밝힌다.

가. 심판이익의 인정 여부

(1) 이 사건에서 청구인들이 방청하려던 지방의회 상임위원회인 기장군의회 운영행정위원회 임시회의는 이미 종료되었다. 그러나 기본권 침해행위가 장차 반복될 위험이 있거나 당해 분쟁의 해결이 헌법질서의 유지·수호를 위하여 긴요한 사항이어서 헌법적으로 그 해명이 중대한 의미를 지니고 있는 때에는 예외적으로 심판의 이익을 인정할 수 있다(헌재 2011. 12. 29. 2010헌마285; 헌재 2016. 5. 26. 2013헌마879 등 참조).

공권력행사의 근거법률이 재량규정으로 되어 있고 당해 공권력행사가 그 법률에서 정한 내용을 따른 것으로 인정될 수 있는 경우, 이러한 공권력행사는 적법하다는 인식하에서 계속적·반복적으로 이루어질 수 있으므로 기본권 침해행위의 반복가능성이 인정된다. 그리고 적법하다는 인식하에 계속적·반복적으로 공권력행사가 이루어지고, 그 근거법률에서 유래된 공권력행사의 일반적·추상적 내용에 대한 헌법적 한계를 확정짓고 그에 대한 합헌적 기준을 제시할 필요가 있는 경우에는 이에 대한 헌법적해명이 필요하다고 할 것이다(헌재 2016. 10. 27. 2014헌마626 재판관 이진성, 재판관 안창호의 보충의견 참조).

(2) 지방의회 위원회 회의에 대한 방청과 관련하여 지방자치법은 '위원회에서는 해당 지방의회의원이 아닌 자는 위원장의 허가를 받아 방청할 수 있다.'라고 규정하고 있다(제60조 제1항). 지방자치법은 이처럼 지방의회 위원회 회의에 대한 방청 허부를 위원장의 재량으로 규정하면서도, 어떤 경우에 위원장이 회의의 방청을 허가하거나 불허할 수 있는지에 관하여 이를 구체화하는 아무런 규정을 두고 있지 않다.

이 사건에서 피청구인은 운영행정위원회 위원들의 의결을 거쳐 이 사건 방청불허행위를 하였다. 이러한 방청불허행위는 법률이 정한 내용에 따른 공권력행사로서 적법한 행위라는 인식하에 계속적·반복적으로 행하여질 수 있다. 따라서 이 사건에서는 기본권 침해행위의 반복위험성이 인정될 수 있다.

(3) 한편 청구인들이 이 사건 심판청구에서 다투는 것은 피청구인이 지방자치법상 관련 규정에 근거하여 청구인들의 운영행정위원회 회의의 방청을 불허한 행위가 헌법상 보장되는 기본권을 침해하였는지, 헌법상 의사공개원칙의 한계를 벗어난 것인지에 관한 것이다. 이는 법률에 근거해서 계속적·반복적으로 이루어질 수 있는 방청불허행위에 대하여, 그 헌법적 한계를 확정짓고 그에 대한 합헌적 기준을 제시함으로써 판단될 수 있다.

물론 지방의회 위원회 회의에 대한 방청과 관련하여서는 해당 위원회의 직무와 소관, 안건의 주제, 방청신청인의 지위, 방청석의 여건 등 구체적 사정을 고려하여 특정 방청불허행위의 위헌 여부에 대한 판단이 달라질 수 있다. 그러나 지방의회 위원회 위원장이 지방자치법 제60조 제1항에 근거하여 행하는 방청불허행위에 대한 헌법적 한계를 확정짓고 그에 대한 합헌적 기준을 제시하는 문제는, 단순히 개별행위에 대한 위법 여부의 문제를 넘어 지방의회 위원회 회의를 방청할 자유에 대한 범위를 확인하고 그 방청을 불허하는 행위의 헌법적 한계를 확정짓는 것이므로 헌법적으로 해명이 필요한 문제에 해당한다. 더군다나 이 문제에 관하여 아직까지 헌법재판소에서 헌법적 해명이 이루어진 적도 없으므로 그 해명의 필요성이 인정된다.

(4) 그렇다면 이 사건 방청불허행위에 대한 심판청구는 주관적 권리보호이익은

소멸하였으나, 기본권 침해행위의 반복가능성과 헌법적 해명의 필요성이 인정되어
심판이익을 인정할 수 있다.

나. 본안 판단

(1) 알 권리와 의사공개의 원칙

㈎ 알 권리는 민주주의 국가에서 국정에 대한 참여를 보장하고 인격의 자유로
운 발전을 도모하며 인간다운 생활을 확보하기 위하여, 필요한 정보를 자유롭게 수
집하거나 국가기관 등에 대하여 정보의 공개를 청구할 수 있는 권리를 말한다(헌재
2013. 7. 25. 2012헌마167 등 참조). 이는 오늘날 민주주의 국가에서 국민이 갖는 가장
중요한 기본권의 하나인 표현의 자유 실현의 전제가 되는 기본권으로서 표현의 자
유에 포함되고(헌재 1992. 2. 25. 89헌가104 등 참조), 자유민주주의 국가에서 국민주권
을 실현하는 핵심이 되는 기본권이라는 점에서 헌법 제1조의 국민주권주의와도 밀
접하게 관련된다(헌재 1989. 9. 4. 88헌마22 등 참조).

특히 대부분의 민주주의 국가에서 채택하고 있는 대의제 민주주주의에서는 알
권리의 적절한 보장 없이는 국민이 국가의 국정운영에 대해 정확한 정보를 획득하
기 어려우며, 이러한 경우에는 국민의 올바른 정치적 의사형성 또한 불가능하다. 주
권자인 국민이 국정운영을 아는 것은 단순히 그에 관한 정보를 얻는 데 그치지 않고
정치적 의사형성을 통해 국정운영을 감시·견제하며 나아가 국정운영에 참여할 수
있도록 하는 기반이 된다. 따라서 대의제 민주주의에서 알 권리는 주권자인 국민의
정치적 의사형성의 초석이 되고 국정운영의 민주적 정당성 확보의 근거가 된다고
할 수 있다.

㈏ 민주주의는 사회적 갈등을 정치의 틀 안에서 통합하면서 사회적 합의를 만
들어가는 기초가 된다. 특히 이념·지역·세대 간의 갈등으로 심각한 문제를 안고 있
는 우리 사회에서는 다양한 이해관계를 민주적으로 조율하여 공정한 국정운영이 되
도록 해야 한다. 공정한 국정운영은 사회적 갈등을 해소하고 국민의 신뢰와 국가안
전을 제고하여 사회통합을 이룰 수 있기 때문이다(헌재 2017. 3. 10. 2016헌나1 재판관
안창호의 보충의견 참조). 국정운영의 공정성 확보를 위해서는 국정운영이 투명하게 이
루어져야 한다. 이러한 투명성의 요청은 단지 국정운영의 결과가 투명하게 공개되는
것에 그치지 않는다. 민주주의란 '국정운영의 정당성을 끊임없이 새롭게 획득해야

하는 과정'이며 절차에 대한 투명성이 결과에 대한 공정성을 담보하므로, 국정운영
과정의 투명성을 확보하는 것이 보다 중요하다.

국정운영과정의 투명성은 국민의 직접선거에 의해 구성되는 '합의제 대의기관'
인 의회의 의사절차에서 더욱 의미가 있다. 의회의 의사절차는 국민의 대표로 구성
된 '다원적 인적 구성의 합의체'에서 토론을 통하여 국민의 다양한 견해와 이익을
인식하고 교량하여 공동체의 중요한 의사를 결정하는 과정이다. 이는 전문관료들에
의해 이루어지는 행정절차와는 달리, 국민의 의사를 수렴·반영하여 공익을 발견하
고 상충하는 이익을 조정하기 때문에 국민에게 의회의 의사절차를 투명하게 공개할
필요성이 더 한층 크다고 할 수 있다(헌재 2004. 3. 25. 2001헌마882 등 참조).

이와 같은 의회 의사절차의 특성과 기능을 대의제 민주주의에서의 알 권리의
의의와 함께 고려하면, 합의제 대의기관인 의회의 의사절차에서는 국정운영과정의
투명성을 최대한 확보하는 것이 중요하다 할 것이므로 그 의사절차는 원칙적으로
공개되어야 한다(헌재 2017. 3. 10. 2016헌나1 재판관 안창호의 보충의견 참조).

㈐ 헌법은 제50조 제1항 본문에서 '국회의 회의는 공개한다.'라고 규정하여 의
사공개원칙을 선언하고 있다.

1) 의사공개원칙은 국민의 직접선거에 의해 구성되는 '합의제 대의기관'인 의회
의 의사진행의 내용과 정책결정과정을 공개하여 민의에 기초한 국정운영을 하라는
민주주의적 요청에서 유래하는 것이다. 의사공개원칙은 대의민주제에서 국정운영에
대한 알 권리를 보장하고, 주권자인 국민의 정치적 의사형성과 국정운영에 대한 감
시·견제·참여를 가능케 하며, 의회의 의사결정의 공정성을 담보할 뿐만 아니라 정
치적 야합과 부패에 대한 방부제 역할을 하기도 한다.

이러한 의사공개원칙의 헌법적 의미와 기능을 고려할 때, 의사공개원칙은 대의
민주제에서 국민주권의 원리에 입각한 민주국가를 실현하기 위한 필수적 요건으로
서, 국민의 직접선거에 의해 구성되는 '합의제 대의기관'인 의회에 적용되는 헌법원
칙이라고 할 것이다. 따라서 헌법 제50조 제1항은 의사공개원칙이 헌법원칙임을 확
인하면서 국회의 헌법적 기능과 관련된 모든 회의(단순한 행정적 회의 제외)가 원칙적
으로 국민에게 공개되어야 함을 천명한 것이라고 할 수 있다.

오늘날 국회기능의 중심이 본회의에서 위원회로 옮겨져 위원회중심주의로 운
영되고 있고, 법안 등의 의안에 대한 실질적인 심의가 위원회에서 이루어지고 있다.

따라서 국회 위원회 회의에 대한 공개 없이는 의사공개원칙의 실효성을 담보하기 어렵다고 할 것이므로, 헌법 제50조 제1항이 천명하고 있는 의사공개원칙은 국회 위원회 회의에도 당연히 적용되는 것으로 보아야 한다(헌재 2000. 6. 29. 98헌마443등 참조).

2) 지방의회는 국회와 달리 일정한 지방자치단체를 위하여 구성되는 합의제 대의기관이기는 하지만, 법령의 범위 안에서 자치에 관한 규정의 제정 및 개폐뿐만 아니라 예산의 심의·확정, 결산의 승인, 기타 법률에 규정된 사항에 대한 의결권을 가지고, 법률의 규정에 의하여 지방자치단체 사무에 관한 행정사무 감사 및 조사권 등을 가진다(헌법 제117조 제1항, 제118조, 지방자치법 제39조, 제41조). 이와 같이 지방의회는 법령의 범위 안에서 국정을 담당하는 기관이고, 주민의 직접선거에 의하여 구성되는 합의제 대의기관이자 의결기관이라는 점을 부인할 수 없다. 따라서 민의에 기초한 국정운영을 요구하는 민주주의적 요청은 국회와 마찬가지로 지방의회에도 타당하므로 지방의회 회의의 의사과정 역시 공개되어야 한다.

특히 지방의회는 상대적으로 제한된 지역에서 선출되는 의원으로 구성되고 의원의 정수도 국회의원의 그것보다 적어 지방의회 의원 등 지역엘리트들은 보다 쉽게 자기들만의 '정치적 카르텔'을 형성할 수 있다. 또한 지방의회의원은 국회의원·법률이 정한 공공기관의 임직원·농업협동조합의 임직원 등 법령이 정하는 직업을 제외하고는 다른 직업을 가질 수 있으므로 영리를 목적으로 하는 직업에도 종사할 수 있다(지방자치법 제35조). 이러한 점들은 우리 사회의 정의적(情意的) 연고주의와 결합하여 의사결정의 공정성을 훼손하고 정치적 야합과 부패로 연결될 가능성을 크게 하며, 그 결과 지방자치에 대한 국민의 신뢰를 훼손한다. 이를 극복하기 위해서는 헌법원칙인 의사공개원칙은 지방의회 회의와 관련하여 더욱 강조될 필요가 있다.

오늘날 지방의회 기능의 중심은 국회에서와 같이 본회의에서 위원회로 옮겨져 위원회중심주의로 운영되고 있고, 조례안 등의 의안에 대한 실질적인 심의가 위원회에서 이루어지고 있다. 따라서 지방의회 위원회 회의에 대한 공개 없이는 의사공개원칙의 실효성을 담보하기 어렵다 할 것이므로, 의사공개원칙은 지방의회 위원회 회의에도 당연히 적용되는 것으로 보아야 한다.

3) 헌법은 '지방자치단체에 의회를 둔다(제118조 제1항).', '지방의회의 조직·권한·의원선거… 기타 지방자치단체의 조직과 운영에 관한 사항은 법률로 정한다(제

118조 제2항).'라고 규정하고 있다. 지방자치법은 제정 당시부터 '지방의회의 회의는 공개한다.'라고 규정하여 지방의회의 회의와 관련하여 공개가 원칙임을 선언하고 있을 뿐(제65조 제1항), 지방의회 위원회 회의와 관련하여 이를 명시적으로 규정하고 있지 않다. 그러나 앞서 본 바와 같이 대의민주제에서 헌법적 의미와 기능이 중대한 의사공개원칙이 지방의회 위원회 회의와 관련하여 배제될 특별한 이유가 없으므로, 헌법원칙인 의사공개원칙은 지방의회 위원회 회의에도 적용되는 것으로 보아야 한다.

4) 결국 국회의 본회의 및 위원회 회의, 지방의회 본회의뿐만 아니라 지방의회 위원회 회의는 원칙적으로 공개되어야 하고, 원하는 모든 국민은 그 회의를 가능한 방청할 수 있어야 한다.

(2) 심사기준

㈎ 지방자치단체의 주민은 지방의회 본회의 및 위원회 회의를 방청함으로써 주민참여에 필요한 정보를 얻게 되고 그러한 정보를 바탕으로 정치적 의사를 형성할 수 있다. 이와 같이 형성된 주민의사는 국정운영에 대한 건전한 감시·견제·참여를 가능하게 하고, 이러한 과정을 통하여 확보된 국정운영에 대한 통제 가능성은 지방의회 의사결정의 공정성을 담보하고 정치적 야합과 부패를 방지하는 등 바람직한 주민자치의 토대가 된다.

따라서 지방의회 본회의 및 위원회 회의를 방청할 자유는 헌법원칙인 의사공개원칙의 한 내용을 이루는 것이며(헌재 2000. 6. 29. 98헌마443등 참조), 나아가 이러한 자유는 지방의회 본회의 또는 위원회가 회의를 공개함으로써 반사적으로 누리게 되는 이익이나 단순한 법률상의 권리가 아니라 알 권리의 일환으로서 헌법상 보장되는 기본권이라고 할 것이다.

㈏ 지방의회 본회의 및 위원회 회의를 방청할 자유를 제한하는 방청불허행위는 알 권리를 제한하는 것이므로 헌법 제118조 제2항 및 지방자치법 제60조 제1항, 제65조 제1항에 따라 곧바로 정당화될 수 없다. 특히 앞서 본 바와 같이 대의민주제에서 알 권리는 주권자인 국민의 정치적 의사형성의 초석이 되고 국정운영의 민주적 정당성 확보의 근거가 된다고 할 것이므로, 이러한 기본권을 제한하는 방청불허행위는 헌법 제37조 제2항의 규정에 따라 국가안보·질서유지·공공복리를 위하여 필요하고 불가피한 예외적인 경우에만 그 제한이 정당화될 수 있으며, 그 경우에도 지방의회 본회의 및 위원회 회의를 방청할 자유의 본질적인 내용을 침해할 수 없다. 더

욱이 의사공개원칙은 대의민주제에서 국민주권의 원리에 입각한 민주국가를 실현하기 위한 필수적 요건이라고 할 수 있으므로 이에 반하는 방청불허행위는 헌법 제37조 제2항에 따른 한계를 한층 엄격히 지켜야 한다. 지방의회 본회의 및 위원회 회의 방청불허행위가 절차적으로 회의비공개에 관한 의결정족수를 충족하여 결정되었다고 하더라도 마찬가지이다.

㈐ 지방자치단체의 정책결정에 대해 자유위임을 받은 지방의회 의원들은 단기적인 인기를 의식한 발언·의결의 유혹과 사회적 압력으로부터 자유로운 가운데 효율적으로 국정을 운영할 수 있어야 하고, 이를 위해서는 지방의회의 자율권이 존중되어야 한다. 그러나 대한민국의 주권은 국민에게 있고 모든 권력은 국민으로부터 나오는 것이므로(헌법 제1조 제2항), 지방의회는 소수대표자의 담합이 아니라 주권자인 국민의 의사가 충실히 반영되고 민주적 효율성이 제고될 수 있도록 자율권이 행사되어야 한다. 따라서 지방의회는 단지 자율권을 이유로 임의로 그 회의를 방청할 자유를 제한할 수 없으며, 지방의회 본회의 및 위원회 회의를 방청할 자유를 제한하는 행위에 대한 합헌성 심사는 헌법 제37조 제2항에 따라 엄격한 비례심사를 하여야 한다. 나아가 방청불허행위가 알 권리를 침해하는 경우에는 헌법원칙인 의사공개원칙에도 위반된다고 할 것이다.

(3) 이 사건 방청불허행위의 위헌여부

㈎ 피청구인은 2015. 10. 30. 청구인들에게 '기장군의회 상임위원회 회의 방청 관련 질의사항에 대한 회신' 문건을 통하여, 이 사건 방청불허행위가 운영행정위원회 위원들의 자유로운 의사발언 기회를 보장하고 원활한 회의 진행을 위하여 이루어진 것임을 통지하였다. 그러나 운영행정위원회 임시회의가 열렸던 2015. 10. 26.자 및 2015. 10. 28.자 회의록에는 이 사건 방청불허행위의 목적에 대한 아무런 기재가 없다. 또한 피청구인은 이 사건 방청불허행위를 할 당시에는 청구인들에게 운영행정위원회 위원들의 거부 의사로 인하여 회의의 방청을 허가할 수 없다는 취지의 설명을 하였을 뿐이다. 따라서 이 사건 방청불허행위가 2015. 10. 30.자 통지내용과 같은 목적으로 이루어진 것이라고 단정할 수 없으며, 달리 그 목적의 정당성과 수단의 적절성을 인정할 명백한 사정도 발견되지 않는다.

㈏ 이 사건 방청불허행위가 침해의 최소성 요건을 충족하고 있는지 살펴본다.

1) 지방자치법은 '위원회에서는 해당 지방의회의원이 아닌 자는 위원장의 허가

를 받아 방청할 수 있다.'라는 규정을 두고 있다(제60조 제1항). 앞서 본 바와 같이 의
사공개원칙은 헌법원칙으로서 지방의회 위원회 회의에도 당연히 적용되는 것이므
로, 지방자치법 제60조 제1항은 특별한 사정이 없는 한 지방의회 위원회 회의를 공
개함이 원칙이라는 것을 전제로 규정된 것으로 해석된다.

　　따라서 지방의회 위원회 위원장이라고 하여 아무런 제한없이 임의로 방청불허
결정을 할 수 있는 것은 아니다. 지방의회 위원회 위원장에게 질서를 유지하고 사무
를 감독할 책무가 부여되어 있는 점(지방자치법 제82조, 제84조), 위원장은 질서를 유
지하기 위하여 필요할 때에는 방청인의 퇴장을 명할 수 있는 점(지방자치법 제60조 제
2항) 등에 비추어 보면, 지방의회 위원회 위원장이 국가안보와 관련 없는 공적 성격
의 안건과 관련하여 방청불허결정을 할 수 있는 사유란 회의장의 장소적 제약으로
불가피한 경우, 회의의 원활한 진행과 같은 회의의 질서유지를 위하여 필요한 경우
등으로 한정된다고 할 것이다(헌재 2000. 6. 29. 98헌마443등 참조).

　　이 사건에서 운영행정위원회 임시회의 당시 안건은 기장군의 예산이나 주민세
율 등 국가안보와 관련 없는 공적인 사안에 관한 것이다. 청구인들이 소속된 부산경
실련 기장지역자치모임은 경제정의를 실현하기 위하여 지방의회 본회의 및 위원회
회의에 대한 방청을 지속적으로 진행하고 있는 시민단체이다. 이 단체는 지방의회
의원들의 민주적이고 건전한 의정활동 여부를 감시·견제하고자 하는 목적에서 방청
을 신청하는 것임을 밝히고 있다. 이 단체는 과거 회의장에서 소란을 피우거나 의사
진행을 방해하는 등 회의장 질서를 어지럽힌 사실이 없었다. 그밖에 이 사건 방청불
허행위 당시 특별히 장소적 제약이나 운영행정위원회의 질서유지에 장애가 될 사유
등은 발견되지 않는다. 그렇다면 이 사건 방청불허행위는 방청불허결정을 할 수 있
는 사유에 해당한다고 할 수 없다.

　　2) 피청구인은 당시 심의 안건에 대한 의원들의 자유로운 발언 기회를 보장하
고 의사진행을 원활하게 하기 위하여 방청을 불허한 것이라고 주장하고 있다.

　　앞서 본 바와 같이 지방의회 위원회 위원장이 국가안보와 관련 없는 공적 성격
의 안건과 관련하여 방청불허결정을 할 수 있는 사유란 회의의 질서유지를 위하여
필요한 경우 등으로 한정된다. 그런데 지방의회 위원회 위원장은 지방자치법 제60
조 제2항에 근거하여 질서유지를 위하여 필요할 때에는 방청인의 퇴장을 명할 수
있으므로, 질서유지를 이유로 한 방청불허사유는 막연하게 회의의 원활한 진행이 방

해될 우려가 있다는 추정만으로는 부족하고 그러한 우려가 현실화될 구체적 가능성이 있어야 한다. 만약 원활한 회의진행에 방해가 될 염려가 있다는 추상적인 이유만으로 회의의 방청이 불허된다면 헌법원칙인 의사공개원칙과 알 권리의 일환으로서 헌법상 보장되는 기본권 보장이 형해화될 수 있기 때문이다.

운영행정위원회 임시회의 당시 심의 안건에는 예산이나 주민세율 등 주민의 권리의무에 관련된 안건도 상당수 포함되어 있었던 만큼 방청을 허용하면 회의의 원만한 진행이 방해될 수 있다는 우려가 있을 수 있다. 그러나 이러한 추상적인 이유 이외에 달리 운영행정위원회의 질서유지에 장애가 현실화될 구체적 가능성이 있다는 사정은 그 어느 자료에서도 발견되지 않는다. 따라서 위와 같은 피청구인의 주장은 받아들일 수 없다.

3) 물론 피청구인은 이 사건 방청불허행위 이후 이와 관련된 회의록을 기장군의회 인터넷 홈페이지를 통해 전부 공개하였다. 그러나 사후에 회의록을 확인하는 것만으로는 회의 당시의 분위기나 위원들의 실제 발언내용, 태도 등을 구체적으로 파악할 수 없고, 위원회의 의사형성 및 결정과정에 대한 충분한 감시 및 견제가 이루어지기 어렵다. 위원회 회의장에서 위원들의 토론 진행과정이나 토론내용을 정확히 파악하고 적시에 의정활동에 대한 감시와 견제를 하기 위해서는 토론이 이루어지는 그 자리에서 방청하는 것이 가장 효과적인 방법이다. 따라서 피청구인이 사후적으로 회의록을 공개하였다는 사정만으로 이 사건 방청불허행위의 위헌성이 치유되는 것은 아니다.

4) 한편 운영행정위원회 임시회의 당시 심의 안건은 대부분 기장군의 지방재정과 관련된 것으로 청구인들이 속한 시민단체의 감시·견제 활동과 밀접한 관련이 있다. 이러한 경우 지방의회 위원회 위원장이 방청불허결정을 하는 때에는 지체 없이 방청을 신청한 사람에게 불허결정의 구체적인 사유와 불복의 방법 및 절차를 통지해야 한다(공공기관의 정보공개에 관한 법률 제13조 제4항 참조).

그러나 앞서 본 바와 같이 피청구인은 이 사건 방청불허행위 당시에는 청구인들에게 운영행정위원회 위원들의 거부 의사로 인하여 회의의 방청을 허용할 수 없다는 취지의 설명을 하였을 뿐 구체적 사유를 전혀 설명하지 않았다. 단지 운영행정위원회 임시회의 종료 후 사후적으로 이 사건 방청불허행위가 위원들의 자유로운 의사발언 기회를 보장하고 원활한 회의 진행을 위한 것이라고 서면통보만을 하였을 뿐이다. 이러한 사후의 추상적·형식적 고지만으로는 청구인들이 어떠한 사정에 의하여 이 사건 방청불허행위가 행하여진 것인지, 이 사건 방청불허행위가 정당한 절차에 의하여 이루어진 것인지, 그에 대한 불복의 방법과 절차가 무엇인지를 알 수 없게 한다.

5) 이러한 사실을 종합하여 판단하면, 이 사건 방청불허행위는 침해의 최소성 요건을 충족한다고 할 수 없다.

㈐ 앞서 본 바와 같이 이 사건 방청불허행위는 그 공익목적이 불분명할 뿐만 아니라 설령 공익목적이 인정된다고 하더라도 원만한 회의 진행에 방해가 될 염려가 있다는 추상적인 내용뿐이다. 이러한 이 사건 방청불허행위로 얻어질 공익의 정도는 청구인들이 운영행정위원회 임시회의를 방청하지 못함으로써 당시 논의된 주민의 권리의무와 밀접한 관련이 있는 안건에 대하여 정치적 의사를 형성할 수 없었던 불이익 등보다 크다고 할 수 없다.

따라서 이 사건 방청불허행위는 법익의 균형성 요건도 충족한다고 할 수 없다.

㈑ 그렇다면 이 사건 방청불허행위는 그 목적의 정당성과 수단의 적절성이 인정될 수 있는지 의문이며, 침해의 최소성 및 법익의 균형성 요건을 충족하고 있지 못하므로 과잉금지원칙을 위반하여 헌법상 보장되는 기본권인 알 권리를 침해한 것이다. 이와 같이 이 사건 방청불허행위가 과잉금지원칙을 위반하여 청구인들의 알 권리를 침해하는 이상, 절차적으로 회의비공개에 관한 의결정족수를 충족하여 결정되었다고 하더라도 그 이유만으로 이 사건 방청불허행위가 정당화될 수 없다.

또한 이 사건 방청불허행위는 운영행정위원회 임시회의의 국정운영에 대한 청구인들의 알 권리를 침해함으로써 헌법원칙인 의사공개원칙을 위반한 것이다.

다. 소결론

이 사건 방청불허행위는 헌법을 위반하여 청구인들의 알 권리를 침해하고 의사공개원칙을 위반하였으므로 취소되어야 한다. 그러나 이 사건 방청불허행위는 이미 종료되었으므로 동일 또는 유사한 기본권 침해의 반복을 방지하기 위하여 선언적 의미에서 그에 대한 위헌확인을 하여야 한다.

국가긴급권 관련 사건

□ 긴급조치 사건(헌재 2013. 3. 21. 2010헌바132등)

이 사건은 유신헌법을 부정·반대·왜곡 또는 비방하거나, 유신헌법의 개정·폐지를 주장·발의·제안·청원하는 일체의 행위 등을 전면적으로 금지하고, 이를 위반하면 비상군법회의 등에서 재판받도록 하는 것을 내용으로 한 대통령 긴급조치에 대한 위헌소원 사건이다.

헌법재판소는 재판관 전원의 일치된 의견으로, 위와 같은 긴급조치가 모두 헌법에 위반된다고 판단하였다. 헌법재판소는 유신헌법 개정 주장 등을 금지·처벌하는 긴급조치 제1호, 제9호 등에 대하여, 대한민국 헌법의 근본원리인 국민주권주의와 자유민주적 기본질서에 부합하지 아니하고, 국가긴급권이 갖는 내재적 한계를 일탈하였으며, 국민의 헌법개정권 행사와 관련하여 참정권, 국민투표권, 신체의 자유 등을 중대하고 명백하게 침해한다고 판단하였다.

이 결정은 긴급조치가 헌법의 근본이념인 국민주권주의와 민주적 기본질서의 핵심적 내용을 침해하였음을 분명히 하고, 정치적 표현의 자유가 민주주의 실현에서 가지는 중요성을 다시금 강조한 의미를 가진다. 이와 관련해서 대법원은 2010년 12월 16일 2010도5986 판결에서 긴급조치 제1호에 대해 위헌무효를, 2013년 4월 18일 2011초기689 결정에서 긴급조치 제9호에 대해 위헌무효를, 같은 해 5월 16일 2011도2631 판결에서 긴급조치 제4호에 대해 위헌무효를 선언하였다.

□ 계엄시 영장없는 구속 등 사건(헌재 2012. 12. 27. 2011헌가5)

이 사건은 국가재건최고회의가 1961년 8월 7일 국가보안법위반 등 일부 범죄에 대하여 법관의 영장 없이 구속·압수·수색할 수 있도록 제정한 구 '인신구속 등에 관한 임시특례법' 제2조 제1항에 대한 위헌제청 사건이다. 헌법재판소는 재판관 전원의 일치된 의견으로, 위 법률조항이 영장주의 등에 위반된다고 결정하였다.

헌법재판소는 위 법률조항이 법원의 영장 없이 구속 등을 할 수 있도록 규정하고 있을 뿐만 아니라 이에 대한 사후영장 규정도 마련하지 아니함으로써, 영장주의의 본질에 위배된다고 결정하였다. 또한 위 법률조항은 무려 2년 4개월이 넘는 기간 동안 영장주의를 완전히 무시하는 입법조치로써 구 헌법이나 현행 헌법이 정한 특별한 조치에도 해당하지 아니한다고 판단하였다.

□ 국가비상상태시 근로자의 단체교섭권 제한 사건(헌재 2015. 3. 26. 2014헌가5)

이 사건은 국가비상사태에서 근로자의 단체교섭권을 제한하고 주무관청의 조정에 따르도록 한 '국가보위에 관한 특별조치법' 제2조 등에 대한 위헌제청 사건이다. 헌법재판소는 재판관 전원의 일치된 의견으로, 위 법률조항이 헌법에 위반된다고 결정하였다.

헌법재판소는, 1971년 위 법률 제정 당시 국내외 상황이 이를 정당화할 수 있을 정도의 '극단적 위기상황'이라 볼 수 없으며, 국회의 사후통제절차를 규정하고 있지 않을 뿐만 아니라, 임시적·잠정적 성격을 지녀야 할 국가비상사태의 선포가 장기간 유지되었다고 하면서, 위 법률조항이 국가긴급권의 한계를 일탈하였다고 판단하였다. 또한 위 법률조항은 근로자의 범위, 단체교섭권의 행사요건 및 한계 등에 관한 기본사항조차 규정하지 아니한 채 주무관청의 조정에 의하여 결정되도록 함으로써, 근로3권의 본질적 내용을 침해한다고 결정하였다.

□ 민주화보상법상 화해간주 사건(헌재 2018. 8. 30. 2014헌가10등)

이 사건은 신청인이 '민주화운동관련자명예회복보상심의위원회'의 보상금 등 지급결정에 동의한 경우, '민주화운동과 관련하여 입은 피해'에 대하여 재판상 화해가 성립된 것으로 간주하는 민주화운동관련자 명예회복 및 보상 등에 관한 법률(이하, '민주화보상법'이라 한다) 제18조 제2항에 대한 위헌제청 사건이다. 헌법재판소는 위 법률조항의 '민주화운동과 관련하여 입은 피해' 중 불법행위로 인한 정신적 손해에 관한 부분은 헌법에 위반된다고 결정하였다. 이 결정에는 재판관 2명의 반대(합헌)의견이 있었다.

법정의견은 민주화운동과 관련하여 입은 피해에는 적법한 행위로 발생한 손실과 위법한 행위로 발생한 손해가 모두 포함되고, 위법한 행위에 의한 손해는 적극적·소극적 손해와 정신적 손해로 나누어진다는 전제에서, 적극적·소극적 손해 내지 손실에 상응하는 배상 또는 보상이 이루어졌다는 사정만으로 정신적 손해에 대한 국가배상청구마저 금지하는 것은 민주화보상법의 입법목적에도 부합하지 않고, 국가의 기본권 보호의무를 규정한 헌법 제10조 제2문의 취지에도 반하는 것으로서, 관련자와 유족의 국가배상청구권을 침해한다고 판단하였다.

□ **과거사사건 관련 국가배상청구 소멸시효 사건(헌재 2018. 8. 30.
   2014헌바148 등)**

이 사건은 '진실·화해를 위한 과거사 정리 기본법'(이하, '과거사정리법'이라 한다)이 정한 사건의 국가배상청구에 적용되는 소멸시효와 관련된 위헌소원 사건이다. 헌법재판소는 소멸시효를 정한 민법 제166조 제1항, 제766조 제2항 중 위 사건에 적용되는 부분이 헌법에 위반된다고 결정하였다. 이 결정에는 재판관 3명의 반대(합헌)의견이 있었다.

법정의견은, 민법상 소멸시효의 기산점 및 그 기간에 합리적인 이유가 인정된다고 하더라도 과거사정리법에 규정된 '민간인 집단희생사건' 및 '중대한 인권침해·조작의혹사건'의 특수성을 고려하지 아니한 채 민법상 소멸시효의 기산점을 그대로 적용되도록 한 것은 국가배상청구권에 관한 입법형성권의 한계를 일탈한 것이라고 보았는데, 그 취지는 다음과 같다.

과거사정리법은 과거의 반민주적 또는 반인권적 인권유린이나 폭력·학살 사건 등을 조사하여 왜곡·은폐된 진실을 밝혀냄으로써 과거와의 화해를 통해 미래로 나아가기 위하여 제정된 법률이다. 2005년 여·야의 합의로 과거사정리법이 제정된 경위 등에 비추어 보더라도 이러한 사건들이 일반적인 국가배상사건과 근본적으로 다른 유형에 해당됨을 알 수 있다. 이들 사건은 국가가 소속 공무원을 조직적으로 동원하여 불법행위를 저지르고 그에 관하여 조작·은폐함으로써 피해자의 권리를 장기간 저해한 사안이므로, '채권자의 권리불행사 제재' 및 '채무자의 보호가치 있는 신뢰 보호'라는 소멸시효제도의 취지가 이들 사건에서 인정될 수 없다. 또한 개인이 가지는 기본권을 보장할 의무를 가지는 국가가 오히려 국민에 대하여 불법행위를 저질렀다면, 법적 안정성의 요청이 '국가의 기본권 보호 의무' 및 '국가배상청구권 보장 필요성'을 희생시킬 정도로 중요하다고 보기 어렵다. 결국 '민간인 집단 희생사건' 및 '중대한 인권침해·조작의혹사건'의 국가배상청구에서도 불법행위 시점을 소멸시효의 기산점으로 삼는 것은, 피해자와 가해자 보호의 균형을 도모하는 것으로 보기 어렵고 발생한 손해의 공평·타당한 분담이라는 손해배상제도의 지도 원리에도 부합하지 않는다.

□ 긴급조치 관련 국가배상책임 부정 대법원 판결 사건(헌재 2018. 8. 30. 2015헌마861등)

이 사건은 재판소원을 금지한 헌법재판소법 제68조 제1항 본문 중 '법원의 재판을 제외하고는' 부분(이하, '재판소원 금지조항'이라 한다) 및 대통령의 긴급조치 발령행위 등에 대하여 국가배상책임을 인정하지 않은 대법원 판결에 대한 위헌소원 사건이다. 헌법재판소는 재판소원 금지조항이 헌법에 위반되지 않는다는 이유로 이 부분 심판청구를 기각하고, 대법원 판결이 헌법소원의 대상이 될 수 없다는 이유로 이 부분 심판청구를 각하하였다. 이 결정에는 대법원 판결에 대한 헌법소원에 대해 재판관 안창호 외 1명의 반대(위헌)의견이 있었다.

반대의견은 헌법재판소가 위헌으로 결정한 법령을 적용한 재판은 예외적으로 헌법소원의 대상이 될 수 있다는 헌법재판소의 기존 입장을 전제로, 이러한 재판에는 헌법재판소의 위헌 결정을 뒷받침하는 핵심적인 이유와 논리를 부인하는 법원의 재판도 포함되어야 한다고 보고, 이 사건에서 대법원의 판결은 취소되어야 한다는 견해인데, 그 취지는 다음과 같다.

헌법재판소가 2013. 3. 21. 2010헌바132 결정에서 긴급조치 제1호, 제9호가 헌법에 위반된다고 결정한 것은, 국민의 기본권 침해와 관련된 국가작용은 사법심사에서 면제될 수 없다는 전제에서 이들 긴급조치가 애초부터 발령요건을 갖추지 못한 채 국민의 자유와 권리를 억압하여 발령된 것으로 그 위헌성이 중대하고 명백하다고 판단했기 때문이다. 그런데 이 사건 대법원 판결이 ① 긴급조치의 발령이 고도의 정치성을 띤 국가행위이기 때문에 국가배상책임의 성립여부에 관한 사법적 판단의 대상이 되지 않는다는 의미라면, 이는 국민의 기본권 침해와 관련된 국가작용은 사법심사에서 면제될 수 없다는 헌재 2010헌바132등 결정의 기속력에 위배되고, ② 만약 긴급조치의 발령이 명백히 위헌이라는 것을 알면서 입법을 한 특수한 경우에 해당하지 않아 불법행위가 성립하지 않는다는 의미라면, 이는 긴급조치 제1호와 제 9호가 중대하고 명백한 위헌성을 지녔으며, 그 위헌성이 정당한 목적을 실현하기 위해 노력하는 과정에서 피치 못하게 수반되는 것이 아니라 애초부터 국민의 자유와 권리를 억압하기 위해 발령된 것이라는 취지의 헌재 2010헌바132등 결정의 기속력에 위배된다.

□ 국가긴급권 등에 대한 재판관 안창호의 견해

국가긴급권은 법치국가의 수호를 위한 필수적 수단이면서, 동시에 법치국가에 대한 위협적 요소라는 양면성을 가지고 있다.

전쟁이나 내란, 경제공황 등과 같은 비상사태가 발발하여 국가공동체의 존립이나 헌법질서의 유지가 위태롭게 된 경우에는 국가적·헌법적 위기를 극복하기 위하여 비상조치가 강구되지 않을 수 없다. 현대 민주국가의 헌법에서도 국가비상사태에 대처하기 위해 국가긴급권을 인정하고 있다. 국가긴급권은 국가공동체의 존립이나 헌법질서를 위태롭게 하는 비상사태가 발생한 경우에 국가를 보전하고 헌법질서를 수호하기 위한 헌법보장의 한 수단이다. 다만 국가긴급권은 국가비상사태를 극복하기 위한 예외적 조치이므로, 정상적인 헌법질서를 회복하는데(소극적 목적) 기여해야 하고 그 목적 달성을 위한 필요최소한으로 제한되어야 한다. 국가긴급권에 대한 안전장치는 헌법에 의한 구체적 형성이 필요하고, 국가비상사태의 개시에 대한 엄격한 요건과 종료에 대한 명확한 규정이 있어야 하며, 이에 대한 엄중한 통제가 있어야 한다.

재판관 안창호는 위와 같은 국가긴급권에 대한 인식아래, 긴급조치 사건(2010헌바132등), 계엄시 영장없는 구속 등 사건(2011헌가5), 국가비상상태시 근로자의 단체교섭권 제한 사건(2014헌가5)에서 위헌의견을 채택하고, 국가긴급권과 직·간접적으로 관련될 수 있는 민주화보상법상 화해간주 사건(2014헌가10등), 과거사사건 관련 국가배상청구 소멸시효 사건(2014헌바148등), 긴급조치 관련 국가배상책임 부정 대법원 판결 사건(2015헌마861등)에서 관련 법률뿐만 아니라 대법원 판결까지 헌법에 위반된다는 의견을 채택하였다.

재판관 안창호의 의견은 국가의 정당하지 아니한 권력행사는 있어서는 아니 되고, 그러한 부당한 권력행사가 있는 경우에는 그에 상응하는 국가의 배상이 있어야 한다는 견해이다. 이러한 견해는 대한민국이 국민의 자유와 평등, 안전과 행복이 최대한 보장되는 가운데 인간의 존엄과 가치가 구현되는 품격 높은 국가공동체가 형성되기 위해서는 국가공동체는 정의롭고 건강하며, 그 권력행사는 정당해야 한다는 평소 신념에 따른 것이다.

기타 중요 사건

□ 국회의원선거구구역표 사건(헌재 2014. 10. 30. 2012헌마192 등)

이 사건은 인구편차 상하 50%를 기준으로 국회의원지역선거구를 정하고 있는 공직선거법 제25조 제2항 별표1 국회의원선거구구역표에 대한 위헌소원 사건이다.

헌법재판소는 국회의원선거구구역표에서 인구편차 상하 33 1/3 %의 기준을 넘는 선거구에 대한 부분은 평등선거원칙에 위반되어 헌법에 합치되지 아니한다고 결정하였다. 이 결정에는 재판관 3명의 반대(합헌)의견이 있었다.

헌법은 국회의원이 평등선거에 의해 선출된다고 하여(제41조 제1항), 투표가치의 등가성을 보장하고 있다. 법정의견은 국회의원의 지역대표성을 고려할 때 일정부분 인구편차를 허용할 수밖에 없으나, 인구편차의 허용기준이 영(零)에 수렴할수록 투표가치의 등가성에 부합하는 것임을 강조하면서 헌법상 허용되는 인구편차의 기준을 위와 같이 변경하였다. 소선거구 다수대표제에서 인구편차를 축소한 법정의견은 투표가치의 등가성 확보를 통해 국민주권주의를 강화하고 대의민주주의의 내용을 확충하는 의미를 가진다.

□ 이른바, '국회선진화법' 관련 권한쟁의 사건(헌재 2016. 5. 26. 2015헌라1)

이 사건은 이른바 '국회선진화법'에 따라, 국회의장이 국회의원의 심사기간지정

요구를 거부한 행위 등에 대한 권한쟁의 사건이다.

헌법재판소는 국회의장이 과반수에 미치지 못하는 국회의원의 심사기간지정 요구를 거부하였다고 하더라도 이는 현행 국회법상 국회의원의 법률안 심의·표결권을 침해할 위험성이 없고, 과반수의 요구에 의한 직권상정이라는 비상입법절차를 두지 않은 입법부작위는 진정입법부작위에 해당한다고 하면서 이 사건 심판청구를 각하하였다. 이 결정에는 재판관 2명의 합헌의견, 재판관 2명의 위헌의견이 있었다.

법정의견의 결과, 대화와 타협에 의한 의회정치를 위해 도입된 국회법 관련조항이 계속 기능함으로써, 법정의견이 협치를 통한 의회민주주의의 실현에 기여했다는 평가가 있다.

□ 정당후원금 금지 사건(헌재 2015. 12. 23. 2013헌바168)

이 사건은 정당 후원회를 금지한 정치자금법 제6조에 대한 위헌소원 사건이다. 헌법재판소는 이 조항이 정당활동의 자유와 국민의 정치적 표현의 자유를 침해한다는 취지로 헌법불합치결정을 하였다. 이 결정에는 재판관 1명의 반대(합헌)의견이 있었다.

법정의견은 정당에 대한 후원회 금지가 다양한 신진 정치세력의 진입을 가로막고 있는 현실에 대한 인식하에 위 법률조항에 대해 헌법불합치결정을 한 것이다. 법정의견은, 정치자금 기부는 국민이 자신의 정치적 견해를 표명하는 매우 효과적인 수단일 뿐만 아니라 정당에 영향력을 행사하는 중요한 방법이고, 정당이 당원 또는 후원자로부터 정당의 목적에 따른 활동에 필요한 정치자금을 모금하는 것은 정당의 조직과 기능을 원활하게 수행하는 필수적 요소이자 정당활동의 자유를 보장하기 위한 필수불가결한 전제로서 정당활동의 자유의 내용에 포함된다는 견해이다. 이는 소액 다수 국민의 정당 후원을 장려·권장함으로써 정당을 통한 국민의 정치참여 기회가 확대되고, 정당 간 경쟁을 유도하여 정당제 민주주의가 국민 속에 뿌리내리는데 기여했다는 평가가 있다. 위 법률조항은 2017년 6월 30일 법률 제14838호로 개정되어 정당도 후원회를 둘 수 있게 되었다.

제 2 장
양심 등 개인의 자유

서 론

헌법 제10조는 "모든 국민은 인간으로서의 존엄과 가치를 가지며, 행복을 추구할 권리를 가진다. 국가는 개인이 가지는 불가침의 기본적 인권을 확인하고 이를 보장할 의무를 진다."고 규정하고 있다. 인간의 존엄과 가치는 헌법의 근본적 성격을 결정하고 개인과 공동체의 관계를 규정하는 핵심개념이다. 인간의 존엄과 가치는 국민 개개인의 자유가 보장됨으로써 실현될 수 있다. 개인의 자유는 국가 이전에 존재하는 자유이며 헌법에 열거되지 아니하여도 보장된다.

그런데 사람은 다른 사람과 어울려 살 수밖에 없는 사회적 존재이다. 사람이 살아가는 삶의 근본 터전으로는 가장 기초가 되는 가정공동체, 이에 기반을 둔 사회공동체, 그리고 정치공동체인 국가공동체가 있다. 사람은 건강한 공동체에 귀속되어 자신의 생명과 자유, 안전과 행복을 보호받고 자신의 인격 발현의 그루터기로 삼고 있다. 건강한 공동체에 뿌리를 두지 아니하고 무연고적 자아(unencumbered self)에 기반한 개인의 자유와 권리는 언제라도 훼손될 수 있는 것이므로, 개인의 기본권과 인간으로서의 존엄과 가치를 보장받기 위해서는 건강한 공동체의 존재를 전제로 한다. 헌법 제37조 제2항이 국가안전보장, 질서유지, 공공복리를 위하여 개인의 기본권이 제한될 수 있다는 것은 바로 이러한 이유 때문이다.

그러나 공동체의 존재는 개인의 기본권을 제약하는 구실이 되어서는 아니 되며, 공동체가 지향하는 공동선과 공통가치는 공동체 구성원의 기본권을 보장하고 인간의 존엄과 가치를 실현하는 것이어야 한다. 국가안전보장, 질서유지, 공공복리를 위해 개인의 기본권이 제한될 수 있다 해도 엄격한 비례원칙이 준수돼야 한다.

제2장 '양심 등 개인의 자유'에서는 공동체와 관련된 개인의 자유 가운데 7건을 선정하여 재판관 안창호가 집필한 부분을 중심으로 수록하였다. 선정된 7건은 다음과 같다.

이른바 '양심적 병역거부' 사건(헌재 2018. 6. 28. 2011헌바379등)은 우리나라에서 양심적 병역거부가 헌법적으로 허용될 수 있는지에 대한 사건으로, 국민적 관심뿐만 아니라 국제사회의 관심도 많았던 사건이다. 재판관 안창호는 양심적 병역거부자에 대한 대체복무는 국방의무의 내용이 될 수 없고 단지 사회봉사를 조건으로 한 국방의무의 면제에 해당한다고 하면서, 병역종류조항인 병역법 제5조에 대해서는 각하의 견을, 처벌조항인 병역법 제88조 제1항에 대해서는 합헌의견을 제시하였다.

간통죄 사건(헌재 2015. 2. 26. 2009헌바17등)은 간통을 형사처벌하는 것에 대해 사회적으로 논란이 많았던 사건이다. 재판관 안창호 등은 반대(합헌)의견에서 간통은 성적자기결정권의 보호영역에 포함될 수 없고, 간통죄의 폐지는 사회 전반에서 성도덕 의식의 하향화를 가져오고 성도덕의 문란을 초래할 수 있으며 혼인과 가족공동체의 해체를 초래할 수 있음을 지적하면서, 간통에 대한 형사처벌이 헌법에 위반되지 않는다는 의견을 제시하였다.

성매매 처벌 사건(헌재 2016. 3. 31. 2013헌가2)은 성매매를 처벌하는 것과 관련해 사회적으로 논란이 많았던 사건이다. 재판관 안창호 등은 법정(합헌)의견과 견해를 같이 하면서, 보충의견에서 성매매가 성적자기결정권의 보호영역에 포함될 수 있는 것인지에 대한 의문을 제기하고, 성매매 비범죄화가 초래할 수 있는 문제점에 대하여 지적하였다.

청탁금지법(일명 김영란법)사건(헌재 2016. 7. 28. 2015헌마236등)은 공정하고 투명한 사회를 위해 제정된 청탁금지법에 대한 위헌소원 사건이다. 재판관 안창호 등은 일부 반대(위헌)의견에서 위 법률의 취지에 공감하면서도 국민에게 미치는 영향이 큰 내용 등은 반드시 의회에서 법률로 정해야 한다는 의견 등을 제시하였다.

불법체류자 보호 사건(헌재 2018. 2. 22. 2017헌가29)은 최근에 사회 문제로 부각되고 있는 외국인의 불법체류와 관련된 위헌제청 사건이다. 재판관 안창호 등은 법정(합헌)의견에서 국가공동체의 존속과 질서를 위하여 불법체류자에 대한 일정한 제재는 헌법에 위반되지 아니한다고 판단하였다.

조세특례제한법 제70조 제1항 관련 사건(헌재 2015. 5. 28. 2014헌바262등)은 병역의무를 이행하는 사람에 대해 어느 부분까지 조세특례를 인정할 지에 관한 위헌소원 사건이다. 재판관 안창호는 반대(위헌)의견에서 국가공동체에 대한 병역의무이행으로 인해 실질적인 피해가 발생하지 않도록 하는 의견을 제시하였다.

국적법 제12조 제2항 관련 사건(헌재 2015. 11. 26. 2013헌마805등)은 복수국적자에 대해 제1국민역에 편입된 날부터 3개월 이내에 복수 국적 중 하나를 선택하도록 하는 규정에 대한 위헌소원 사건이다. 재판관 안창호 등은 반대(위헌)의견에서 위 규정이 복수국적자의 기본권을 과도하게 제한할 수 있다는 의견을 제시하였다.

　　재판관 안창호는 양심 등 개인의 자유가 인간의 존엄과 가치를 실현하기 위하여 최대한 보장돼야 한다고 하면서, 이는 건강한 공동체 안에서 극대화될 수 있다는 입장이다. 이러한 입장에서 이른바 양심적 병역거부 사건(일부 각하의견), 간통죄 사건, 성매매 처벌 사건, 청탁금지법 사건(일부 위헌의견), 불법체류자 보호사건에서 합헌의견 등을 제시하고, 조세특례제한법 제70조 제1항 관련 사건에서 위헌의견을 제시하였다. 그밖에도 같은 이유로 군대 내 동성애 처벌 사건(헌재 2016. 7. 28. 2012헌바258)에서 합헌의견을 취하였다. 그러나 건강한 공동체와 그 가치관의 존속 및 유지와 상대적으로 관련이 적은 사건인 국적법 제12조 제2항 관련 사건, 주민등록번호 변경 불허 사건(헌재 2015. 12. 23. 2013헌바68등), 가족관계등록 증명서 발급 사건(헌재 2016. 6. 30. 2015헌마924), 정신질환자 강제입원 사건(헌재 2016. 9. 29. 2014헌가9)에서는, 개인의 자유와 기본권 보장을 위해 관련 조항이 헌법에 위반된다는 의견을 취하였다.

이른바 '양심적 병역거부' 사건

(헌재 2018. 6. 28. 2011헌바379등)

□ 사건개요 등

　　이 사건은 종교적 이유로 병역을 거부한 이른바 '양심적 병역거부자'에 대한 대체복무와 관련된 위헌소원 및 위헌제청 사건이다.

　　헌법재판소는 병역종류를 규정하면서 양심적 병역거부자에 대한 대체복무를 규정하지 아니한 병역법 제5조 제1항(이하, '병역종류조항'이라 한다)이 과잉금지원칙을 위반하여 양심적 병역거부자의 양심의 자유를 침해한다고 하면서 헌법에 합치되지 아니한다고 결정하고, 정당한 사유 없이 입영일·소집일로부터 3일이 지나도 입영하지 않거나 소집에 응하지 않는 경우 처벌하는 병역법 제88조 제1항 본문 제1호 및 제2호(이하, '처벌조항'이라 한다)가 헌법에 위반되지 아니한다고 결정하였다.[1] 이 결정

---

1) 재판관 2명은 병역종류조항에 대해 헌법불합치의견을 취하면서도, 처벌조항에 대해 재판관 안창호 외 1명과 다른 이유로 합헌의견을 취하고 있다. 그 결과 처벌조항은 헌법에 위반되지

에는 재판관 안창호 외 1명의 병역종류조항에 대한 반대(각하)의견 및 처벌조항에 대한 합헌의견, 재판관 1명의 병역종류조항 및 처벌조항에 대한 반대(각하)의견, 재판관 안창호의 보충의견 등이 있었다.

병역종류조항에 대한 법정의견은 양심적 병역거부자의 수가 매년 약 600명 정도에 불과하여 전체 병역자원에 비추어볼 때 국가안보에 미치는 영향이 크지 않고, 양심적 병역거부자는 소수자로서 그의 양심은 보호돼야 하며, 그들에 대한 처벌을 국제사회가 비판하고 있다는 등을 이유로 병역종류조항이 헌법에 합치되지 않는다는 견해이다. 재판관 안창호 외 1명의 병역종류조항에 대한 반대(각하)의견 및 처벌조항에 대한 합헌의견은, 병역종류조항에 대한 헌법소원은 부적법하고 처벌조항은 양심의 자유를 침해하지 아니한다는 견해인데, 그 중요 내용은 다음과 같다.

첫째, 청구인 등은 양심을 이유로 직·간접의 병력형성, 군 작전명령에 대한 복종·협력, 군사훈련 및 군사업무지원을 거부할 뿐만 아니라, 군과 관련된 조직의 지휘를 받거나 감독을 받는 민간영역에서의 복무도 거부하고 있으므로, 청구인 등이 주장하는 대체복무는 국토방위와는 전혀 관계없는 것이다.

둘째, 청구인 등이 주장하는 대체복무는 사회봉사를 조건으로 하는 병역면제에 해당할 따름이고 국방의무에 포섭될 수 없으므로, 청구인 등이 병역종류조항에 대체복무를 규정하라고 주장하는 것은 진정입법부작위를 다투는 것인데, 이는 헌법재판소법 제68조 제2항에 의한 헌법소원으로는 허용되지 아니한다.

셋째, 국방의무는 국가의 안전보장과 국토방위를 위해 그 구성원인 국민 모두가 균등하게 부담하는 기본의무로서 헌법에 '신성한' 국민의 의무로 규정되어 있으며, 국가공동체의 정체성을 확보하고 그 구성원인 국민의 생명과 자유, 안전과 행복을 보장하며 인간의 존엄과 가치를 실현하기 위한 불가결한 헌법적 가치이다.

넷째, 국방의무는 인명살상이나 평화파괴를 목적으로 하는 것이 아니라, 부당하고 불의한 침략과 위협으로부터 헌법의 이념과 가치를 지키고 실현하기 위한 것으로, 정당성과 보편성을 가진다. 반면에, 양심적 병역거부에서의 양심은 지극히 개인적·주관적이고 가변적인 것이며, 이에 근거한 병역거부는 보편적으로 받아들여질 수 있는 양심실현행위라고 할 수 없다.

아니한다고 결정되었다.

다섯째, 북한은 주민 의사가 아니라 수령과 노동당 의사에 의하여 국가 정책이 결정되는 독재체제이고, 세계 최강의 군사력을 가진 미국, 중국, 러시아, 일본은 한반도를 중심으로 직·간접으로 인접해 있어, 한반도에서는 수령 등의 의사, 강대국의 패권경쟁 및 이해관계에 따라 언제라도 무력충돌이 있을 수 있다. 한반도와 동북아시아에서 평화체제가 공고해지기 전까지는 우리의 안보상황은 엄중하다.

여섯째, 한반도의 지정학적 특수성, 우리의 역사적·문화적·종교적 환경 등에 비춰 보았을 때, 현재 종교를 이유로 병역을 거부하는 사람이 600명 정도에 불과해도, 대체복무제의 도입은 윤리적·도덕적·철학적 동기에서 병역을 거부하는 양심적 병역거부자의 수가 대폭 증가하는 원인이 될 수 있으며, 국민의 안보의식과 군의 사기 등에 부정적 영향을 미쳐 국가안보에 위해가 될 수 있다.

일곱째, 양심은 지극히 개인적이고 주관적이며 수시로 변하는 것이므로 양심에 대한 심사는 불가능하거나 대단히 어렵고, 군 복무는 총기와 폭발물을 취급해 상시 생명과 신체가 위험에 노출되어 있어 병역의무와 등가성 있는 대체복무의 설정이 가능한지 의문이다. 특히 전시 등의 경우에는 생명을 담보로 하는 병역의무와 대체복무 사이에 등가성 확보는 불가능하다.

재판관 안창호의 보충의견은 양심적 병역거부자에 대한 대체복무의 도입은 국민 합의에 기초해야 하고, 대체복무제를 도입하는 경우 전시 등의 상황에서는 특칙을 규정해야 한다고 하면서, 양심적 병역거부자에 대한 제재 완화 방안을 제시하고 있는데, 그 중요 내용은 다음과 같다.

첫째, 사람은 정치공동체인 국가에서 다른 사람과 어울려 살 수 밖에 없는 존재이다. 국가공동체는 사람이 살아가는 삶의 근본 터전으로, 가정 및 사회 공동체와 더불어 인간의 가장 기본적인 공동체이다. 국가공동체는 외부 적대세력의 위협과 침략으로부터 그 구성원의 생명과 자유, 안전과 행복을 지키는 보루이다.

둘째, 병역종류의 한 내용으로 양심적 병역거부자에 대하여 대체복무가 인정되고, 모든 병역의무자가 지극히 주관적 사유인 양심을 이유로 대체복무를 선택한다면, 국방의무를 이행할 사람이 없게 된다. 대체복무제의 도입은, 헌법에 규정된 국방의무와 충돌할 수 있으므로 헌법개정이나 국민적 합의가 전제되어야 한다.

셋째, 특히 전시·사변 또는 이에 준하는 국가비상사태의 경우에는, 대체복무제의 도입이 국가의 안전보장과 국토방위에 심각하게 부정적인 결과를 초래할 수 있고, 양심적 병역거부의 심사, 병역의무와 대체복무 사이의 등가성 확보는 사실상 불가능할 수 있으므로, 대체복무제를 도입하는 경우라도 '특칙'을 두어야 한다.

넷째, 양심적 병역거부자에 대한 형사처벌, 그로 인한 부정적인 사회적 평가 및 추가되는 법적 제재는 국민 합의에 기초하여 경감될 수 있다. 국가공동체가 대체복무제를 도입하기 전에도, 양심적 병역거부자에 대한 사면 등으로 법적 제재를 완화함으로써 그에 대한 기본권 제한을 경감하는 방안이 검토될 수 있다.

개인의 기본권과 인간의 존엄과 가치를 보장받기 위해서는 건강한 공동체의 존재를 전제로 한다. 대한민국 헌법이 추구하는 가치는 인류가 지향하는 공동선과 가치에 부합하며 헌법은 헌법가치와 질서를 수호하기 위해 국방의무를 규정하고 있다. 양심적 병역거부를 인정하는 경우, 대부분의 국가는 헌법개정이나 국민적 합의를 바탕으로 이를 인정하고 있으며, 사법기관이 나서서 재판으로 이를 인정한 나라는 중남미의 1개국이 있을 뿐인데, 이 나라의 법체계와 안보 상황은 우리와 다르다.

헌법재판소의 결정에 따라, 소위 양심적 병역거부자에 대한 대체복무제가 도입되게 되었다. 헌법재판소의 결정에 대해서는 헌법에 규정된 국방의무의 의미와 내용을 전혀 고려하지 않은 결정이고, 청구인 등이 주장하는 대체복무는 국방의무에 포섭될 수 없어 병역종류조항의 내용이 될 수 없음에도, 헌법재판소가 이를 병역법에 규정하라는 것은 법리적으로 타당하지 않을 뿐만 아니라, 양심적 병역거부를 인정할 필요가 있다는 이유만으로, 국민개병제도와 징병제를 근간으로 하는 법제도에서 국회로 하여금 대체복무제 도입을 강제하는 것은 권력분립원칙이나 헌법재판소의 기능적 한계를 넘은 결정이라는 비판이 있다. 한편 재판관 안창호 외 1명의 반대의견은 한반도의 지정학적 특수성에 대한 냉철한 인식과 역사적·문화적·사회적 국방현실에 대한 심도있는 분석에 기초하여 합리적 대안을 제시하고 있는 것으로 평가되기도 한다. 향후 대체복무제 도입과정에서 재판관 안창호 등의 의견은 반드시 참고가 되어야 한다는 여론도 있다.

헌법재판소의 결정 이후, 대법원은 진정한 양심에 따른 병역거부라면 이는 병역법 제88조 제1항(처벌조항)의 '정당한 사유'에 해당한다고 하여, 대체복무제 도입 전에 양심적 병역거부를 인정하였다(대법원 2018. 11. 1. 선고 2016도10912 전원합의체 판결). 대법원의 위 결정에 대해서는 일부 찬성하는 의견도 있었으나, 다수 국민은 깊은 우려를 표명하였다.

□ 병역종류조항에 대한 재판관 안창호 외 1명의 반대(각하)의견

가. 넓은 의미의 입법부작위에는, 입법자가 헌법상 입법의무가 있는 어떤 사항에 관하여 전혀 입법을 하지 아니함으로써 입법행위의 흠결이 있는 경우(입법권의 불행사)와 입법자가 어떤 사항에 관하여 입법은 하였으나 입법의 내용·범위·절차 등이 당해 사항을 불완전, 불충분 또는 불공정하게 규율함으로써 입법행위에 결함이 있는 경우(결함이 있는 입법권의 행사)가 있는데, 일반적으로 전자를 진정입법부작위, 후자를 부진정입법부작위라고 부르고 있다(헌재 2008. 10. 30. 2006헌바80; 헌재 2014. 4. 24. 2012헌바332 참조).

병역종류조항에 대한 헌법불합치의견(이하 '헌법불합치의견'이라 한다)은 국가안보의 개념이 군사적 위협뿐만 아니라 사회재난이나 테러 등으로 인한 안보 위기에 대한 대응을 포함하는 포괄적 안보개념으로 나아가고 있다고 하면서, 이러한 넓은 의미의 안보에 기여할 수 있는 것이라면 비군사적 의무 역시 광의의 병역의무에 포함될 수 있으므로, 청구인들의 주장은 병역종류조항이 비군사적 내용의 대체복무제를 규정하지 아니하여 불완전·불충분하다고 문제를 삼는 것으로 부진정입법부작위를 다투는 것이라고 한다.

양심적 병역거부자에 대한 대체복무가 넓은 의미의 국방의무의 내용이 될 수 있는지, 대체복무가 병역의 종류로서 규정될 수 있는 성질의 것인지에 따라 청구인들이 주장하는 입법부작위의 내용이 확정되는 것이므로, 이에 대하여 살펴본다.

나. 국방의무란 외부 적대세력의 직접적·간접적 침략행위로부터 국가의 독립을 유지하고 영토를 보전하기 위한 의무로서 직접적인 병력형성의무만을 가리키는 것이 아니라 병역법 등에 의한 간접적인 병력형성의무 및 병력형성이후 군 작전명령에 복종하고 협력하여야 할 의무도 포함한다(헌재 1995. 12. 28. 91헌마80; 헌재 2002. 11. 28. 2002헌바45 참조). 이와 같이 국방의무가 군복무에 임하는 등의 직접적인 병력형성의무만을 가리키는 것은 아니라고 하더라도, 그 의무의 내용이 국가의 안전보장과 국토방위라는 국가과제와 직접 관계가 있는 것이 아닐 경우에는 국방의무 및 그 의무의 가장 직접적인 내용인 병역의무의 범주에 포섭될 수 없다. 이는 국민이 납부한 세금이 국방비로 사용된다고 하여 납세의무를 국방의무라고 하지 아니하는 것과 같은 이치이다.

일반적으로 대체복무제란 양심적 병역거부자로 하여금 국가기관, 공공단체, 사회복지시설 등에서 공익적 업무에 종사하게 함으로써 현행 병역법에 따른 병역의무에 갈음하는 제도를 말한다. 이 사건 청구인 등은 단순히 집총을 거부한 것이 아니라 현역입영이나 사회복무요원 등으로 소집통지를 받고 입영일이나 소집일로부터 3일이 지나도 입영하지 아니하거나 소집에 응하지 아니한 사람들이다. 청구인 등의 대부분을 차지하는 '여호와의 증인'신도들은 직·간접의 병력형성과 군 작전명령에 대한 복종·협력뿐만 아니라, 군사훈련 및 군사업무지원을 거부하고, 군과 관련된 조직의 지휘를 받거나 감독을 받는 민간영역에서의 복무도 거부하고 있다. 이들에게는 현행 병역법상 병역의무의 일부를 줄이는 것만으로는 양심의 자유의 제한을 전혀 완화하지 못한다. 이들에게는 모든 종류의 직·간접의 병력형성과 군 작전명령에 대한 복종·협력뿐만 아니라, 군사훈련 및 군사업무지원 등을 거부하는 양심상의 결정은 당위의 요청으로서 진실하고 진지한 것이고, 어떠한 불이익이 주어지더라도 이에 반할 수 없으며, 타협할 수 없는 것이기도 하다. 이들에게는 이러한 의무가 모두 면제되어야 비로소 양심의 자유의 제한이 제거될 수 있다.

현재 대체복무제 도입을 내용으로 하는 병역법 개정안 등은 대체복무요원이 국군조직법에 따른 국군의 업무 등에 복무할 수 없도록 하면서 대체복무의 내용을 사회복지관련 업무 또는 소방·재난·구호 등의 공익관련 업무로 규정하고 있다. 독일 등 대체복무제를 도입한 많은 나라에서는 본인의 희망에 따라 군대와 관련 없는 대체복무가 가능하도록 하여야 하는 것으로 규정하고 있다. 유럽인권재판소도 양심적 병역거부자를 군의 관리와 감독을 받는 민간영역에서 복무하게 하는 것도 양심의 자유를 침해한다고 판시하고 있다.

이와 같이 직·간접의 병력형성의무, 군 작전명령에 복종·협력할 의무, 군사훈련 및 군사업무지원 의무 등을 포함하지 아니하는 대체복무는 국방의무 및 그 의무의 가장 직접적인 내용인 병역의무의 범주에서 벗어난 사회봉사의무를 부과하는 것이며, 병역의무의 조건부 면제로 평가될 수 있을 뿐이다. 한편 병역법상 보충역의 경우 국가의 안전보장 및 국토방위와 관련성이 적은 사회적·공익적 서비스에 복무하기도 하지만, 이들은 전시·사변 또는 이에 준하는 국가비상사태가 발생하면 언제든지 부대편성이나 작전수요를 위한 병력동원 또는 군사업무지원을 위한 소집대상이 되고, 또한 일정한 경우 군사교육을 위한 소집대상이 된다는 점에서 이들의 복무는 양심적 병역거부와 관련해서 논의되는 대체복무와는 전혀 다른 것이다(병역법 제 44조, 제53조, 제55조).

따라서 청구인 등이 주장하는 대체복무는 직·간접의 병력형성의무, 군 작전명령에 복종·협력할 의무, 군사훈련 및 군사업무지원 의무와는 관계가 없는 것이므로 국방의무 및 병역의무의 범주에 포섭될 수 없다.

다. 병역법은 국민의 병역의무에 관하여 규정함을 목적으로 제정되었고(제1조), 병역종류조항은 직·간접의 병력형성의무, 군 작전명령에 복종·협력할 의무, 군사훈련 및 군사업무지원 의무를 내용으로 하는 병역의 종류를 정하고 있을 뿐이다. 따라서 이 조항에 양심적 병역거부자에 대해 이러한 국가의 안전보장과 국토방위와 직접 관련이 없는 대체복무를 규정하라고 하는 것은 병역법 및 병역종류조항과 아무런 관련이 없는 새로운 조항을 신설하라는 주장이다.

이처럼 종래의 법률에 포섭될 수 없는 전혀 새로운 조항을 신설하라는 주장은 진정입법부작위를 다투는 것으로 보는 것이 헌법재판소의 확고한 입장이다(헌재 2004. 1. 29. 2002헌바36등; 헌재 2010. 2. 25. 2009헌바95; 헌재 2014. 4. 24. 2012헌바332; 헌재 2016. 11. 24. 2015헌바413등 참조). 결국 위와 같은 청구인들의 주장은 진정입법부작위를 다투는 주장과 다름 아닌 것이다. 그런데 헌법재판소법 제68조 제2항에 의한 헌법소원은 '법률'의 위헌성을 적극적으로 다투는 제도이므로 '법률의 부존재' 즉 진정입법부작위를 다투는 것은 그 자체로 허용되지 아니한다(헌재 2004. 1. 29. 2002헌바36등; 헌재 2016. 11. 24. 2015헌바413등).

라. 그렇다면 병역종류조항에 대한 심판청구는 법률의 부존재가 위헌임을 주장하는, 즉 진정입법부작위를 다투는 것으로서 헌법재판소법 제68조 제2항에 의한 헌법소원심판에서는 그 자체로 허용될 수 없으므로 부적법하다.

□ 처벌조항에 대한 재판관 안창호 외 1명의 반대(합헌)의견

가. 국방의 의무 개관

(1) 대한민국의 목적과 과제

㈎ 헌법은 "모든 국민은 인간으로서의 존엄과 가치를 가지며, 행복을 추구할 권리를 가진다. 국가는 개인이 가지는 불가침의 기본적 인권을 확인하고 이를 보장

할 의무를 진다."고 규정함으로써(제10조), 인간의 존엄과 가치를 최고의 헌법적 가치로 삼고 있다.

평화는 이러한 헌법의 이념과 가치를 보호하고 지키기 위한 전제이며, 국민은 평화가 유지될 때에만 자유와 평등, 안전과 행복을 누릴 수 있다. 헌법은 전문에서 '평화적 통일의 사명'을 언급하고 '밖으로는 항구적인 세계평화와 인류공영에 이바지함으로써'라고 하여 평화통일의 과제와 국제평화주의를 천명하고 있다. 또 헌법은 제4조에서 평화통일의 과제를, 제5조에서 국제평화주의를 다시 구체화하고, 제6조에서 국제법질서를 존중하며 외국인의 법적 지위를 보장함으로써 대한민국이 국제사회의 일원으로서 국제적 평화공존의 질서에 기여하겠다는 의지를 밝히고 있다.

(나) 국가공동체는 평화라는 이상적 가치의 공허한 외침만으로 지켜지지 않는다. 평화질서를 공고히 하고 평화통일을 이루기 위해서는 평화를 지킬 힘과 능력이 필요하다. 국가공동체의 독립과 영토의 보전, 구성원의 생명과 자유, 안전과 행복은 그 구성원이 이를 지키려는 의지와 지킬 수 있는 능력을 가질 때 수호될 수 있다. 헌법의 핵심적 가치와 질서를 지키고 국가의 정체성을 확보하는 것은, 외부의 위협이나 침략을 방어하고 내부적으로 평화질서를 확립함으로써 구체적으로는 국가의 안전보장과 국토방위를 통하여 실현될 수 있다(헌법 제5조 제2항 참조).

국가의 안전보장이란 기본적으로 외부의 위협이나 침략으로부터 국가의 존립과 안전을 지키는 것을 의미하고, 국가의 독립, 영토의 보전, 국가적 안전을 확보하는 것을 말하며, 국토방위란 외부의 위협이나 침략으로부터 영토를 보전하는 것을 의미한다. 국가의 안전보장과 국토방위는 국가의 존립과 안전을 지키기 위한 필수적 요건이자, 헌법의 핵심적 가치와 질서를 확보하고 국민의 생명과 자유, 안전과 행복을 보장하며 인간의 존엄과 가치를 실현하기 위한 전제조건으로서 헌법상 인정되는 중대한 법익이다.

헌법은 국제평화주의를 선언하면서 침략전쟁을 부인하고 있으나(제5조 제1항), 이것이 방위전쟁까지 금지하는 것은 아니다. 국제법상으로도 국가는 무력공격에 대한 개별적인 또는 집단적인 자위(自衛)의 고유한 권리를 보장받는다(국제연합헌장 제51조).

(2) 헌법상 국방의무와 병역법상 병역의무

(가) 국가공동체의 구성원인 국민은 그 공동체의 존립과 영토보전, 국가공동체가

가지는 헌법의 핵심적 가치와 질서의 확보를 위해서 기본의무를 부담한다.

국민의 기본의무는 기본권에 대한 위협이 아니라 기본권을 보장하고 국가공동체가 존속하고 기능하기 위한 필수적 전제조건으로, 국가공동체의 구성원이면 누구나 함께 그리고 균등하게 부담하는 의무이다. 물론 실제로 모든 국민이 기본의무를 부담하는 것은 아니지만, 최소한 국민이 일정한 요건을 충족하면 동등하게 그 의무를 부담해야 한다. 이는 국민의 기본의무가 평등한 자유를 누리는 국민이 공평하게 나누어지는 부담이기 때문이다.

헌법 제11조 제1항 제1문은 모든 국민은 법 앞에 평등하다고 규정한다. 입법자는 모든 국민에 대해 차별 없이 국민으로서의 기본의무를 부과해야 한다.

(나) 국방의무는 국가의 안전보장과 국토방위를 위해 구성원인 국민 모두가 균등하게 부담해야 하는 기본의무로서, 국가의 정체성을 확보하고 국민의 생명과 자유, 안전과 행복을 보장하며 인간의 존엄과 가치를 실현하기 위한 불가결한 헌법적 가치이다.

헌법 제39조 제1항은 "모든 국민은 법률이 정하는 바에 의하여 국방의 의무를 진다."고 규정하고 있다. 여기서 국방의무란, 외부 적대세력의 직·간접적인 침략행위로부터 국가의 독립을 유지하고 영토를 보전하기 위한 의무로서, 현대전이 고도의 과학기술과 정보를 요구하고 국민전체의 협력을 필요로 하는 이른바 총력전인 점에 비추어 단지 병역법에 의하여 군복무에 임하는 등의 직접적인 병력형성의무만을 가리키는 것이 아니라, 병역법, 향토예비군설치법, 민방위기본법, 비상대비자원 관리법 등에 의한 간접적인 병력형성의무 및 병력형성 이후 군 작전명령에 복종하고 협력하여야 할 의무도 포함하는 개념이다(헌재 1995. 12. 28. 91헌마80; 헌재 2002. 11. 28. 2002헌바45).

그리고 국방의무 가운데 외부 적대세력의 직·간접적인 침략행위로부터 국가의 독립을 유지하고 영토를 보전하기 위한 활동을 가장 직접적으로 규율하고 있는 것은 대한민국 국민의 병역의무에 관하여 규정함을 목적으로 하는 병역법이다(제1조). 병역법은 대한민국 국민인 남성이 병역법에 따른 병역의무를 이행하도록 규정하고(제3조 제1항), 병역종류조항을 통하여 구분되는 병역의 종류에 따라 병역의무의 내용을 구체화하고 있다.

(다) 헌법은 전문에서 국제평화주의를 천명하면서, 평화적 통일정책을 수립·추

진하며 국제평화의 유지에 노력하고 침략적 전쟁을 부인한다고 규정하고 있다(제4조 내지 제6조). 헌법상 국방의무에 따른 전시·사변 또는 이에 준하는 국가비상사태에서의 군사적 활동이나 지원은 인명의 살상이나 평화의 파괴를 목적으로 하는 것이 아니다. 다만 외부 적대세력의 직·간접적인 침략행위로부터 국가의 독립과 영토를 수호하고 국가의 정체성을 확보하며 국민의 기본권을 최대한 보장하기 위한 것이다.

헌법에 규정된 국방의무와 그 의무의 가장 직접적인 내용으로 병역법에 따라 부과되는 병역의무는 국가의 안전보장과 국토방위를 통하여 대한민국 헌법의 핵심적 가치와 질서를 확보하고 국민의 생명과 자유, 안전과 행복을 보장하며 인간의 존엄과 가치를 실현하기 위한 것으로 정당성과 보편성을 가진다.

나. 제한되는 기본권

(1) 헌법 제19조는 "모든 국민은 양심의 자유를 가진다."라고 하여 양심의 자유를 국민의 기본권으로 보장하고 있다. 여기에서의 양심은 어떤 일의 옳고 그름을 판단함에 있어서 그렇게 행동하지 아니하고는 자신의 인격적인 존재가치가 허물어지고 말 것이라는 강력하고 진지한 마음의 소리로서 절박하고 구체적인 양심이다(헌재 2002. 4. 25. 98헌마425등; 헌재 2004. 8. 26. 2002헌가1 참조). 즉 헌법상 양심의 자유에 의하여 보호되는 양심이란 개인의 모든 내적 확신이나 신념을 말하는 것이 아니며, 구체적인 상황에서 개인이 무조건 따라야 하는 것으로 진지하게 받아들이기 때문에 양심상의 심각한 갈등이 없이는 그에 반하여 행동할 수 없는 것을 말한다.

이러한 양심은 시대적·문화적 맥락에 따라 달리 취급되기도 하며 개인에 있어서도 고정불변한 것이 아니라 변할 수 있는 것이므로, 지극히 개인적·주관적일 뿐만 아니라 가변적이라고 할 수 있다(헌재 2004. 8. 26. 2002헌가1; 헌재 2011. 8. 30. 2008헌가22등 참조). 개인의 양심은 그 대상이나 내용 또는 동기에 의하여 판단될 수 없고, 양심상의 결정이 이성적·합리적인지 또는 법질서나 도덕률과 일치하는지 여부는 양심의 존재를 판단하는 기준이 될 수 없다.

일반적으로 민주적 다수는 법과 사회의 질서를 그들의 정치적 의사와 도덕적 기준에 따라 형성하기 때문에, 국가의 법질서나 사회의 도덕률과 갈등을 일으키는 양심은 현실적으로 이러한 법질서나 도덕률에서 벗어나려는 소수의 양심이다. 따라서 진실성 내지 진지성을 전제로 하는 양심상의 결정은 어떠한 종교관·세계관 또는 그 밖의 가치체계에 기초하고 있는지와 관계없이, 헌법상 양심의 자유에 의해 보장된다(헌재 2011. 8. 30. 2008헌가22등 참조).

(2) 양심의 자유는 내심의 자유인 '양심형성의 자유'와 양심적 결정을 외부로 표현하고 실현하는 '양심실현의 자유'로 구분된다.

양심형성의 자유는 외부로부터의 부당한 간섭이나 강제를 받지 않고 개인이 내심영역에서 양심을 형성하고 양심상의 결정을 내리는 자유를 말한다. 양심실현의 자유는 형성된 양심을 외부로 표명하고 양심에 따라 삶을 형성할 자유, 구체적으로는 양심을 표명하거나 또는 양심을 표명하도록 강요받지 아니할 자유(양심표명의 자유), 양심에 반하는 행동을 강요받지 아니할 자유(부작위에 의한 양심실현의 자유), 양심에 따른 행동을 할 자유(작위에 의한 양심실현의 자유)를 모두 포함한다.

양심형성의 자유는 내심에 머무르는 한 절대적으로 보호되는 기본권인 반면, 양심실현의 자유는 법질서에 위배되거나 타인의 권리를 침해할 수 있기 때문에 법률에 의하여 제한될 수 있는 상대적인 자유이다(헌재 1998. 7. 16. 96헌바35 등 참조).

(3) 앞서 본 바와 같이 헌법 제39조 제1항은 국방의무를 규정하고 있고, 이를 구체화하기 위한 법률 중 하나로 병역법이 제정되어 있다.

병역법은 병역의 종류를 현역, 예비역, 보충역, 병역준비역, 전시근로역으로 정하면서, 병역의무의 이행을 강제하기 위하여 처벌조항을 두고 있다. 처벌조항은 현역입영 또는 소집 통지서를 받은 사람이 정당한 사유 없이 입영일이나 소집일부터 일정기간이 지나도 입영하지 아니하거나 소집에 응하지 아니한 경우 3년 이하의 징역에 처한다고 규정하고 있다. 처벌조항은 '정당한 사유 없이' 입영하지 않거나 소집에 응하지 아니하는 경우만을 처벌하도록 하고 있으나, 양심상의 결정을 내세워 입영을 거부하거나 소집에 불응하는 것은 '정당한 사유'에 해당하지 않는다는 것이 대법원의 확고한 판례이므로(대법원 2004. 7. 15. 선고 2004도2965 전원합의체 판결 참조), 양심적 병역거부자도 일반 병역기피자와 마찬가지로 처벌조항에 따라 처벌받게 된다.

자신의 종교관·가치관·세계관 등에 따라 전쟁과 그에 따른 인간의 살상에 반대하는 진지한 양심이 형성되었다면, 병역의무의 이행을 거부하는 결정은 양심에 반하여 행동할 수 없다는 강력하고 진지한 윤리적 결정이며, 병역의무를 이행하여야 하는 상황은 개인의 윤리적 정체성에 대한 중대한 위기상황에 해당한다. 이러한 상황에서 처벌조항이 병역의무 불이행에 대하여 일률적으로 형벌을 부과함으로써 양심적 병역거부자에게 양심에 반하는 행동을 강요하고 있다.

따라서 처벌조항은 '양심에 반하는 행동을 강요당하지 아니할 자유', 즉 '부작위에 의한 양심실현의 자유'를 제한하는 규정이다(헌재 2011. 8. 30. 2008헌가22등 참조).

다. 양심의 자유 침해 여부

(1) 심사기준

헌법상 보장되는 양심의 자유는 헌법이 실현하고자 하는 가치의 핵심이라고 할 수 있는 인간의 존엄과 가치와 관계있는 기본권이다. 국방의무는 국가의 안전보장과 국토방위를 위해 그 구성원인 국민 모두가 균등하게 부담하는 기본의무로서, 헌법의 핵심적 가치와 질서를 수호하고 국민의 기본권을 보장하며 인간의 존엄과 가치를 실현하기 위한 불가결한 헌법적 가치이다. 이와 같이 헌법적 가치가 서로 충돌하는 경우, 입법자는 양 가치를 양립시킬 수 있는 조화점을 모색해야 하고, 그것이 불가능해 부득이 어느 하나의 헌법적 가치를 후퇴시킬 수밖에 없는 경우에도 그 목적에 비례하는 범위 내에 그쳐야 한다.

헌법 제37조 제2항의 비례원칙은, 단순히 기본권제한의 일반원칙에 그치지 않고, 모든 국가작용은 정당한 목적을 달성하기 위하여 필요한 범위 내에서만 행사되어야 한다는 국가작용의 한계를 선언한 것이므로, 처벌조항에 대한 심사는 헌법상 비례원칙을 위반해서는 아니 된다(헌재 2011. 8. 30. 2008헌가22등 참조).

다만 처벌조항에 대한 심사를 함에 있어, 헌법 제19조에서 보호되는 양심은 지극히 개인적·주관적일 뿐만 아니라 가변적일 수 있는 내적 확신 내지 신념이라는 점, 헌법 제39조 제1항과 제5조 제2항에서 국민의 기본의무로서 국방의무를 규정하고 이를 신성한 의무라고 선언하고 있는 점, 국가의 안전보장 및 국토방위와 관련된 작은 실수나 오판은 국가공동체의 존립과 안전을 치명적으로 훼손할 수 있으며, 그 회복은 영구히 불가능할 수 있다는 점 등이 고려되어야 한다.

(2) 목적의 정당성 및 수단의 적절성

헌법은 제5조 제2항에서 국군은 국가의 안전보장과 국토방위의 '신성한' 의무를 수행함을 사명으로 한다고 하고, 제39조 제1항에서 국가의 안전보장과 국토방위를 실현하기 위한 중요한 가치로서 국방의무를 규정하고 있다. 이는 국가공동체의 구성원 스스로가 국가공동체를 지키겠다는 국민적 합의의 표현이자 국방의무를 '국가공동체의 헌법적 가치'로 확인한 것이다. 또한 헌법은 제76조 제1항에서 국가의 안전보장을 위해 대통령에게 국가긴급권을 부여하고 있고, 제91조에서 대통령의 자문기관으로서 국가안전보장회의를 두도록 규정하는 등 국가의 안전보장을 중대한 헌법적 법익으로 규정하고 있다.

처벌조항은 국민개병제도와 징병제를 근간으로 하는 병역제도 아래에서 병역자원의 확보와 병역부담의 형평을 기하고 국가의 안전보장과 국토방위를 통해 헌법상 인정되는 중대한 법익을 실현하고자 하는 것으로 입법목적이 정당하다. 그리고 병역법에 의하여 직·간접의 병력형성의무, 군 작전명령에 복종·협력할 의무, 군사훈련 및 군사업무지원 등 병역의무에 관한 사항이 구체화됨에 따라, 처벌조항은 병역의무의 이행에 관한 입영기피 내지 소집불응자를 형사처벌을 하고 있는데, 이는 병역기피를 방지하고 병역의무의 이행을 강제하는 것으로서 위와 같은 입법목적을 달성하기 위한 적절한 수단이 된다(헌재 2011. 8. 30. 2008헌가22등 참조).

(3) 침해의 최소성

처벌조항은 국가의 안전보장 및 병역의무의 공평부담이라는 공익을 실현하기 위해 그 위반자를 3년 이하의 징역형에 처하도록 하고 있다. 어떤 행위를 범죄로 규정하고 어떠한 형벌을 과할 것인가에 관하여는 원칙적으로 입법자에게 형성권이 인정되나, 형벌은 다른 법적 수단과는 비교할 수 없는 강력한 법률효과 및 기본권 제한 효과를 발생시키므로 가급적 그 사용을 억제하여야 한다. 입법자는 형벌이 아닌 다른 수단으로써 입법목적을 달성할 수 있는지 여부를 검토하여 국민의 기본권 제한을 최소화 하는 방법을 모색할 필요가 있다. 따라서 병역의무와 관련하여 부담의 형평을 유지하면서도 개인의 양심을 지켜줄 수 있는 수단, 즉 양심의 자유와 병역의무라는 상충하는 법익을 조화시키는 방안으로 대체복무제의 도입이 논의되고 있으므로, 양심적 병역거부자에 대하여 대체복무를 허용하더라도 국가의 안전보장과 국토방위라는 중대한 공익의 달성에 지장이 없는지 여부도 판단한다(헌재 2011. 8. 30. 2008헌가22등 참조).

㈎ 형사처벌의 필요성

우리나라와 같이 국민개병제도와 징병제를 근간으로 하는 병역제도 아래에서는 병역의무이행의 실효성을 담보하기 위해 공평하고 공정한 징집이라는 병역상의 정의를 실현하는 것이 무엇보다도 중요하다. 이러한 병역상의 정의를 실현하려면 의무부과가 평등하게 이루어져야 하고, 병역의무의 이행을 확보하는 수단 또한 마련되어야 한다. 병역의무의 이행확보 수단은 복무여건이 어떤가에 따라 강도가 달라질 수 있는데, 복무여건이 위험하고 열악할수록 의무이행을 회피하는 행위에 대하여 강력한 제재가 사용될 수밖에 없다(헌재 2011. 8. 30. 2008헌가22등 참조).

우리나라에서 병역의무를 이행하는 사람들은 대부분 20대의 나이에 2년 내지 3년(일부 복무기간의 조정이 가능하고, 훈련기간이 추가되기도 한다)의 의무복무기간 동안 학업을 중단하거나 안정적 직업과 직업훈련의 기회를 포기한 채 병역에 복무해야 한다. 특히 현역병은 상명하복의 엄격한 규율과 열악한 복무환경(특히 우리나라에서는 하향식 의사결정문화가 뿌리 깊게 자리하고 있어 군대의 엄격한 규율과 결합해 열악한 복무환경의 주요 요인이기도 하다)에서 훈련과 총기 취급에 따른 각종 총기사고나 폭발물사고와 같은 위험에 노출되어 있다. 뿐만 아니라 복무기간 동안 군부대 내에서 거주함에 따라(병역법 제18조 제1항), 신체의 자유, 거주이전의 자유, 사생활의 자유 등의 다양한 기본권도 제한받게 된다.

이러한 부담을 회피하기 위해 병역의무를 지게 되는 사람들 가운데 일부는 외국국적을 자진 취득함으로써 국적을 이탈하거나, 스스로 신체를 훼손하거나 또는 의료기록을 조작하는 등 병역기피를 위한 각종 탈법·불법행위를 자행하기도 한다. 이와 같은 현실에서 병역기피를 방지하고 군 병력을 일정 수준으로 유지시켜 국가의 독립을 유지하고 영토를 보존하기 위해서는 병역기피행위에 대한 일반적인 강제수단으로서의 형사처벌은 불가피하다(헌재 2011. 8. 30. 2008헌가22등 참조).

⑷ **대체복무제의 도입가능성**

1) 대체복무제의 의의

대체복무제란 자신의 종교관·가치관·세계관 등에 따라 전쟁과 인간의 살상에 반대하는 진지한 양심이 형성되었고 그 양심에 따라 병역의무를 이행할 수 없다고 결정한 사람(헌재 2011. 8. 30. 2008헌가22등 참조), 즉 양심적 병역거부자로 하여금 국가기관, 공공단체, 사회복지시설 등에서 공익적 업무에 종사하게 함으로써 현행 병역법에 따른 병역의무에 갈음하는 제도를 말한다. 앞서 본 바와 같이, 직·간접의 병력형성의무, 군 작전명령에 복종·협력할 의무 등을 전혀 포함하지 아니하는 대체복무는 국가의 안전보장과 국토방위를 위한 국방의무 및 병역의무의 범주에서 벗어난 사회봉사의무를 부과하는 것이며, 병역의무의 조건부 면제로 평가될 수 있을 뿐이다.

그럼에도 일반적으로 양심적 병역거부자의 기본권 침해를 제거하는 수단으로 대체복무제가 논하여지는 이유는, 일정한 불이익이나 부담의 부과가 양심상의 결정을 확인하는 간접적인 지표로 활용될 수 있고 일정한 의무의 부과를 통해 병역기피를 예방할 수 있으며 병역의무를 이행하는 사람과 양심적 병역거부자 사이에 발생하는 부담의 형평에 관한 문제를 완화하는 방편이 될 수 있기 때문이다.

대한민국은 인간의 존엄성과 가치를 존중하고 국민의 기본권을 최대한 보장함으로써, 국민 모두가 자유롭고 평등하며 안전하고 행복한 삶을 영위할 수 있도록 하는 국가공동체이다. 헌법상 국방의무는 인명살상이나 평화파괴를 목적으로 하는 것이 아니라, 부당하고 불의한 침략과 위협으로부터 대한민국의 이념과 가치를 지키고 실현하기 위한 것이다. 이러한 국방의무의 한 내용으로 병역법에 따라 부과되는 병역의무는 대한민국이라는 국가공동체의 존립을 유지하고 그 영토를 보전함으로써 그 구성원인 국민의 생명과 자유, 안전과 행복을 지키고, 인간의 존엄과 가치의 실현의 바탕이 되는 토대를 굳건히 하고자 하는 것으로 정당성과 보편성을 가진다. 이러한 관점에서 본다면, 자신의 종교관·가치관·세계관에 의해 전쟁과 인간의 살상에 반대하는 진지한 양심이 형성되었고 양심에 따라 병역의무의 이행을 거부한다 하더라도, 이러한 양심은 지극히 개인적·주관적인 것이고, 이에 기초한 병역거부는 보편적으로 받아들여질 수 있는 양심실현행위라고 할 수 없다.

그럼에도 불구하고 양심적 병역거부자에 대한 대체복무제의 도입은 대한민국이라는 국가공동체가 양심적 병역거부에 대하여 합법성과 정당성을 인정하는 의미를 갖는다.

2) 한반도의 특수상황

우리나라는 대한민국만이라도 독립된 민주정부를 세울 수밖에 없었던 헌법제정 당시의 특수한 상황이 있고, 6·25전쟁이라는 동족 간 전면전을 치른 뼈아픈 역사를 가지고 있다. 전쟁의 결과, 수백만의 사상자가 발생하였을 뿐만 아니라, 수많은 기간시설과 산업시설은 파괴되었고 국토는 황폐해졌다. 아직도 전쟁은 끝난 것이 아니라 정전(停戰)인 불안정한 상태이다. 남·북한은 정전 이후 현재까지도 이념대립 속에서 적대적 군비경쟁을 통하여 군사력을 축적하고 이를 바탕으로 군사적·정치적 대치상태에 있는 분단국가이다. 더욱이 북한의 핵무기 개발, 미사일 발사 등으로 초래되는 한반도의 위기상황은 주변국의 외교·안보 상황에도 큰 영향을 미치고 있으며, 얼마 전까지도 계속된 바 있는 각종의 무력 도발에서 보는 바와 같이 북한의 군사적 위협은 간접적·잠재적인 것이 아니라 직접적·현실적인 것이다(헌재 2011. 8. 30. 2008헌가22 등 참조).

한편 북한은 조선노동당에 의한 일당독재 및 세습수령에 의한 일인지배를 정당화하고 주체사상과 선군(先軍)사상에 의해 지배되는 유일지도 이념체제이다. 북한은 주민의 의사가 아니라 수령을 비롯한 노동당의 의사에 의하여 국가의 주요 정책이 결정되는 비민주주의 체제이다(헌재 2014. 12. 19. 2013헌다1 참조). 또한 세계 최강의 군사력을 가진 미국, 중국, 러시아, 일본은 한반도를 중심으로 육지 또는 바다로 직·간접으로 인접해 있고, 한반도 주변에서 이들 강대국의 패권(覇權)경쟁 및 이해관계에 따라 언제라도 충돌할 수 있다. 이러한 점 등을 고려하면, 북한의 핵무기 및 미사일 개발과 관련하여 남·북한 및 국제사회의 협상이 진행된다거나, 6·25전쟁에 대해 종전(終戰)이 선언되고 남한·북한 및 북한·미국 간 평화협정이 체결되어 한반도의 긴장상태가 개선된다 하더라도, 한반도를 중심으로 한 동북아시아에서 평화체제가 공고해지기 전까지는 우리의 안보상황은 여전히 엄중하다고 아니할 수 없다.

이러한 한반도의 특수한 안보상황을 고려할 때, 다른 나라에서 이미 대체복무제를 시행하고 있다는 것이 우리나라가 대체복무제를 도입해야 하는 근거가 될 수 없다. 오히려 우리나라의 특수한 안보상황을 무시하고 양심이라는 주관적인 사유로 병역의무의 예외를 인정하는 경우, 국민들 사이에 이념적인 대립과 갈등을 심화하고 우리나라의 안보상황을 더욱 악화시킬 우려가 있다.

3) 군의 전투력 등에 미치는 영향

가) 병무청 통계에 의하면 우리나라의 양심적 병역거부자는 연평균 약 600명 내외로 발생하고 있는데, 2016년 병역판정검사를 받은 339,716명 중 281,222명이 현역으로, 42,704명이 보충역으로 판정되었고, 양심적 병역거부자 대부분은 '여호와의 증인' 신도들이다. 단지 양심적 병역거부자의 숫자만을 놓고 본다면, 우리나라의 전체적인 병력규모나 현대전의 특성에 비추어 양심적 병역거부자에 대한 대체복무제의 도입이 국가의 안전보장에 중대한 영향을 미치지 않을 것이라는 주장이나 전망도 이해하지 못할 바는 아니다.

나) 그러나 앞서 본 바와 같이, 한반도의 역사적·정치적 환경 및 지정학적 특수성에 비추어 보면 우리나라의 안보상황은 미국이나 서구 선진국 등과 같이 안정적이라고 할 수 없고 엄중하다고 할 것이다. 나아가 병역의무를 이행하는 군인은 전시는 물론이고 전시가 아니더라도 총기와 폭발물의 취급으로 인해 상시 생명과 신체의 안전이 위험에 노출되어 있으며, 상명하복의 엄격한 규율과 열악한 복무환경에서 신체의 자유, 거주이전의 자유, 사생활의 자유 등 기본권이 제한된 상태로 근무하고 있다.

이러한 사정들과 함께 대체복무제의 도입은 양심적 병역거부에 대해 합법성과 정당성을 인정하는 의미를 가지는 점에 비추어볼 때, 대체복무제를 도입할 경우에는 양심적 병역거부자의 대부분이 특정 종교의 신도였던 지금까지의 현상과 달리, 병역의무를 면제받기 위하여 특정 종교로 개종하는 사람이 나오지 않으리라는 보장이 없다. 또한 자신의 종교에서 일반적으로 받아들이는 교리에 따르면 반드시 병역거부가 요구되는 것은 아님에도 대부분의 종교가 내포하고 있는 생명존중의 사상을 이유로 또는 종교와 관계없이 자신의 가치관과 세계관을 이유로 병역거부를 정당화하고자 하는 사람 역시 그 수가 대폭 증가할 가능성을 배제하기 어렵다.

참고로 독일의 경우, 대체복무자 수는 양심적 병역거부자의 대체복무가 독일 전역에서 가능하게 된 1961년에는 574명에 불과하였으나, 1990년부터 징병제에서 모병제로 전환하기 직전 해인 2010년 사이에는 매년 적게는 74,450명에서 많게는 135,924명에 이르고 있다. 그리고 대만의 경우, 대체복무제가 도입된 해의 이듬해인 2001년부터 2017년 사이 대체복무자 수는 적게는 10,000명에서 많게는 26,941명에 이르고 있는데, 그 기간 동안 종교를 이유로 병역을 거부한 대체복무자 수는 10명에서 87명에 불과하다. 이러한 통계수치가 가지는 의미와 내용은 그 나라 제도의 구체적 내용과 역사적·사회적·종교적·문화적 특수성에 따라 달라지는 것이지만, 다른 나라에서는 대체복무제 도입 이후 특정 종교와 관계없이 대체복무자 수가 크게 증가한 사실이 확인된다.

다) 국가공동체에 대한 구성원의 가치관과 공동체의식, 국방의무에 대한 국민의 법 감정, 국방의무와 관련된 역사적·사회적·종교적·문화석 가치와 환경 등에 따라, 대체복무제의 도입이 국가공동체의 안보상황에 미치는 영향은 크게 달라질 수 있다.

현행 헌법은 군인·군무원 등이 전투·훈련 등 직무집행과 관련하여 받은 손해에 대하여는 법률이 정하는 보상 이외에 국가 등에 대하여 공무원의 직무상 불법행위로 인한 배상을 청구할 수 없다고 하고 있다(헌법 제29조 제2항). 게다가 과거뿐 아니라 현재까지도 국가공동체를 위해 희생·헌신한 사람들에 대한 보상 및 예우와 관련된 각종 법령과 법체계에 대한 평가가 반드시 긍정적인 것만은 아니다. 또한 상대적으로 길지 아니한 민주주의의 역사 속에서 적지 않은 사람들이 병역기피를 위해 탈법·불법행위를 자행하거나 심지어는 대한민국 국적을 이탈하는 등, 국가공동체를 위한 그 구성원의 연대의식이 제대로 자리를 잡았다고 보기 어려운 측면이 있다. 나아가 우리 사회에서는 최근까지도 정치인, 기업인, 고위 공직자 등 소위 사회지도층과 그 자녀의 병역기피는 사회문제가 되고 있고, 점증하는 국가적 위기 앞에서도 국민들 사이에는 이념·지역·세대 간의 갈등이 표출되고 있으며, 장애인 학교의 설립이 지역주민들의 반대로 무산되기도 한다. 국민의 공동체의식, 즉 '국가공동체의 구성원이라면 누구라도 그 공동체의 존립과 안전을 위해 명예롭게 헌신하고 다른 구성원을 위해 자신을 희생할 수 있다'는 연대의식이 충분히 성숙하였다고 볼 수 있는지 의문이다.

이러한 상황에서, 양심적 병역거부자에 대한 대체복무제의 도입은 국가공동체의 구성원인 국민의 공동체에 대한 책임의식을 치명적으로 훼손할 수 있고, 병역의무를 이행하는 군인 등의 안보관과 사기에 매우 부정적인 영향을 줄 수 있다. 국방의무와 관련하여 역사적·종교적 환경이 다르고 국가공동체 구성원의 일체감과 책임의식 등이 다른 외국에서 국내외의 분쟁 중에도 대체복무제가 시행되었다는 사실은 우리나라가 현 상황에서 대체복무제를 도입해도 국가안보에 위해가 되지 않는다는 근거가 될 수 없다.

라) 특히 전시·사변 또는 이에 준하는 국가비상사태 상황에서는 양심적 병역거부자에 대한 대체복무제의 도입이 국가의 안전보장과 국토방위에 미칠 부정적 영향은 더욱 엄중할 수 있다.

전쟁의 포화가 빗발치는 전투현장에서 또는 적의 타격 대상이 되는 군사시설 등에서 근무하는 사람 중에는 전쟁의 참혹한 현실을 직시하면서 진정한 양심의 명령에 따라 병역을 거부하는 사람이 나올 수 있다. 양심적 병역거부자가 전투현장 등에서 벗어나 국토방위와 전혀 관련 없는 시설에서 대체복무하게 된다면, 전쟁의 최일선 등에서 생명을 담보로 병역의무를 이행하는 군인의 안보관과 사기는 심각하게 훼손될 수 있으며, 그 결과 양심을 빙자한 병역거부자도 급증할 수 있다. 양심적 병역거부자에 대한 대체복무제의 도입은 양심적 병역거부가 국가공동체로부터 합법성과 정당성을 인정받는 것이며, 그러하지 아니한 지금과는 군인을 비롯한 국가공동체 구성원 모두의 의식에 미치는 영향이 달라지기 때문이다.

마) 한편 이런 문제를 해소하기 위해, 양심적 병역거부자에 대한 대체복무제를 도입하면서, 현행 병역법이 규정하고 있는 병역의무 중 특정 내용(예를 들면 집총훈련)만을 배제하는 대체복무제를 도입하거나, 대체복무자를 일정한 수 이하로 제한하거나, 전시·사변 또는 이에 준하는 국가비상사태의 경우에는 양심적 병역거부자에 대하여 대체복무를 인정하지 아니하는 방안이 주장될 수 있다.

그러나 이러한 주장들은 양심의 자유 및 평등권 침해라는 또 다른 위헌성 논란을 야기할 수 있고 대체복무제 도입의 의미를 형해화하거나 양심적 병역거부 주장 자체의 정당성을 부정하는 것이 될 수 있다. 특히 평상시보다 전시·사변 또는 이에 준하는 국가비상사태의 경우에 양심적 병역거부자에 대해 대체복무를 허용하지 아니하는 것은 가장 핵심적이고 본질적인 국면에서 양심적 병역거부를 부인하는 것이 되어, 양심적 병역거부 주장 자체의 정당성을 부정하는 것이 될 수 있으며 그 주장의 논리적 일관성을 상실하게 하는 것이다. 양심적 병역거부자는 자신의 종교관·가치관·세계관 등에 의해 전쟁과 인간의 살상에 반대하는 진지한 양심에 따라 병역의무의 이행을 거부하는 사람이고, 전시·사변 또는 이에 준하는 국가비상사태의 경우는 양심적 갈등이 가장 첨예하고 현실화된 상황이므로 양심적 병역거부를 인정하여야 할 당위성이 크다고 할 것이기 때문이다.

따라서 양심적 병역거부자에 대한 대체복무제를 도입하면서, 전시·사변 또는 이에 준하는 국가비상사태의 경우에는 양심적 병역거부자에 대해 대체복무를 인정하지 아니하는 방안은 적어도 대체복무제의 도입을 주장하는 사람이 그 도입에 따라 초래될 안보상황의 위험을 해소하는 방안으로 주장할 수 있는 내용이 아니다.

바) 이러한 점들에 비추어 보면, 양심적 병역거부자에 대한 대체복무제의 도입은 '국가공동체는 반드시 우리 손으로 지켜야 한다.'는 국가공동체 구성원의 책임의식과 병역의무를 이행하고 있는 군인 등의 안보관에 부정적 영향을 주어 양심적 병역거부자와 양심을 빙자한 병역기피자의 급격한 증가를 초래할 수 있다. 나아가 대

체복무제의 도입은 이와 같은 병력자원의 감소와 함께 병역의무를 이행하는 군인 등의 사기를 심각하게 훼손하고, 국가가 안보를 위해 필요한 시기에 병력수급을 적절하게 결정할 수 없게 하는 등 군의 전투력에 막대한 손실을 가져와 대한민국의 안보상황에 엄중한 결과를 가져올 수 있다.

4) 양심에 대한 심사의 곤란성

헌법불합치의견은 양심적 병역거부자에 대한 대체복무제를 도입하면서, 공정하고 객관적인 심사절차와 엄격한 사후 관리절차를 갖춘다면, 진정한 양심적 병역거부자와 그렇지 않은 자를 가려낼 수 있다고 주장한다.

물론 진정한 양심에 따른 병역거부인지 여부를 독립성과 전문성이 부여된 위원회에서 판정하도록 하고 그 판정절차를 엄격하게 하는 등 제도적 장치를 마련한다면 '일정부분' 양심을 가장한 병역기피자를 가려낼 수 있을 것이다.

그러나 헌법이 보호하는 양심은 그 주체의 주관적인 관점에서 판단될 수밖에 없다. 지금까지 양심적 병역거부자의 대부분은 특정한 종교의 신도였으므로 그간의 종교활동 등을 근거로 양심적 병역거부자와 병역기피자를 구분할 수 있었을 것으로 보인다. 그러나 앞서 본 바와 같이, 양심의 자유에서 보장하는 양심은 반드시 종교적인 신념에 기초한 것을 요하지 않고, 그 밖의 세계관과 가치체계에 기초할 수 있으며, 후천적·경험적으로 체득한 지식이나 깨달음에 의해 형성될 수도 있다. 비종교적 양심을 빙자한 병역기피자를 심사단계에서 가려내는 것은 지극히 개인적·주관적인 양심의 형성과정을 추적해야 하는 쉽지 않은 일이다. 또한 조건부 병역거부의 경우, 그 자체는 양심의 실현 문제는 아니라고 볼 수 있으나, 현실적으로는 이를 양심적 병역거부와 구분하는 것이 곤란할 수 있다. 병역거부의 최초 동기는, 특정한 조건에서 비롯된 것이라고 하더라도, 그것이 병역의무의 본질에 대한 윤리적 판단으로 전화(轉化)되어 형성·발전되었다고 주장하는 경우, 그러한 주장의 신뢰성을 판단할 준거를 마련하는 것은 매우 까다로운 문제가 될 수 있다.

더욱이 헌법상 양심의 자유에 의해 보호되는 양심은 시대적·문화적 맥락에 따라 전혀 달리 취급되기도 하며 개인에 있어서도 고정불변이 아니라 변할 수 있는 것이다. 특정한 경험으로부터 양심이 형성되거나 '양심상의 결정'을 한 시기가 병역거부의 의사를 표시한 때로부터 시간적으로 근접해 있다면, 양심형성의 인과관계나 진지성 등에 관하여 파악할 수 있는 객관적 자료를 얻는 것이 과연 가능한 것인지 의문이다. 특히 전투가 벌어지고 있는 현장에서 전쟁의 참혹한 현실을 보고 갑자기 생명존중과 평화주의에 기반해 양심상의 결정을 하고 이를 이유로 병역의무의 이행을 거부하는 경우가 있을 수도 있는데, 제3자가 이러한 결정의 바탕이 되는 양심형성의 인과관계나 진지성을 구체적으로 파악하는 것은 불가능한 것일 수 있다.

한편 양심적 병역거부자에 대한 대체복무제를 도입한 후, 양심적 병역거부의 심사과정에서 판단 자료가 부족하다거나 그 판단이 쉽지 아니하다는 이유로 또는 양심의 형성이 상당기간에 걸쳐 형성된 것이 아니라는 이유로 양심적 병역거부를 인정하지 않게 된다면, 양심적 병역거부자에 대한 대체복무제를 도입한 의미가 없어지며, 실질적으로는 특정 종교의 신도만을 보호하는 방편으로 전락할 수 있다. 또 양심적 병역거부의 심사가 지나치게 엄격하게 진행된다면, 이는 또 다른 양심의 자유 침해라는 논란을 야기할 수 있다.

이러한 헌법적 문제를 초래하지 아니하고 진정한 양심적 병역거부자를 특정하는 것은 사실상 불가능하거나 매우 까다로운 일이라고 아니할 수 없으므로, 양심적 병역거부자에 대한 대체복무제 도입이 이 제도를 악용한 대규모 병역기피로 이어질 가능성을 배제할 수 있는지 의문이다.

5) 대체복무의 등가성

헌법불합치의견은 병역의무와 대체복무 사이의 형평성을 확보함으로써, 대체복무를 통해 병역의무를 회피하려는 요인을 제거한다면, 병역을 거부하는 양심에 대한 심사의 곤란성과 병역기피자의 증가 문제를 효과적으로 해결할 수 있다고 주장한다.

물론 대체복무의 복무 기간 및 강도 등을 현역복무의 그것보다 길고 무겁게 하여 양심을 가장한 병역기피자가 대체복무를 신청할 가능성을 줄일 수 있다. 그러나 대체복무가 너무 무거우면, 이는 양심의 자유를 침해한다거나 형평에 어긋난다는 또 다른 논란을 불러올 수 있다. 이러한 문제 소지가 없도록 병역의무와 대체복무 사이의 등가성이 확보되어야 하는 것은 당연하나, 생명과 신체에 대한 위험 속에서 이행하는 병역의무와 등가성이 확보된 대체복무를 설정하는 것은 매우 까다로운 일이며, 그 기준을 설정함에 있어 국민적 합의가 전제되지 않는다면 사회통합을 해하고 자의적이라는 비판을 면하기 어렵다.

헌법불합치의견은 가능한 대체복무의 내용으로 소방·의료·재난복구·구호 등의 공익관련 업무나 사회복지관련 업무 등을 그 예로 들고 있다.

앞서 본 바와 같이, 국방의무는 외부 적대세력의 직접적·간접적 침략행위로부터 국가의 독립을 유지하고 영토를 보전하기 위한 의무로서 직접적인 병력형성의무와 함께 병역법 등에 의한 간접적인 병력형성의무 및 군 작전명령에 복종하고 협력할 의무도 포함한다. 물론 소방·의료·재난복구·구호 등 공익관련 업무가 군 작전명령에 따르는 것이라고 한다면 국방의무에 포함된다고 할 수 있다. 그런데 청구인 등의 대부분을 차지하는 '여호와의 증인' 신도들은 직·간접의 병력형성과 군 작전명령에 대한 복종·협력뿐만 아니라, 군사훈련 및 군사업무지원을 거부하고, 군과 관련된 조직의 지휘를 받거나 감독을 받는 민간영역에서의 복무도 거부하고 있다. 이들은 현행 병역법이 규정하고 있는 모든 병역의무 및 그 이상의 복무형태를 거부하고 있다고 할 수 있다. 만일 군 작전명령과 관련된 공익관련 업무를 내용으로 하는 대체복무제가 도입된다면, 이들은 이러한 내용의 대체복무에 대해서도 양심상 결정을 이유로 이를 거부하고 지금과 같이 형사처벌을 받을 수밖에 없다. 따라서 헌법불합치의견에서 언급하는 대체복무의 내용이 군 작전명령에 따르는 것이라면, 이러한 대체복무제의 도입은 그 자체로 그 도입의 의미를 형해화하고 그 당위성을 부정하는 것이 될 수 있다. 결국 대체복무의 내용이 될 수 있는 소방·의료·재난복구·구호 등 공익관련 업무는 군 작전명령 등과 관계없는 것이어야 한다. 서구 선진국에서도 소방·의료·재난복구·구호 등 공익관련 업무를 대체복무의 내용으로 하면서도 군 작전명령 등과 관련이 없도록 한 것으로 보인다.

그렇다면 이와 같이 군 작전명령 등과 관계없는 공익관련 업무를 내용으로 하는 대체복무를 상명하복의 엄격한 규율과 열악한 복무환경에서 각종 총기사고나 폭발물사고와 같은 위험에 노출되어 생명과 신체가 상시적으로 위협받고 있는 군인 등의 병역의무와 어떠한 방법으로 등가성을 확보할 수 있는지 의문이다.

더욱이 전시·사변 또는 이에 준하는 국가비상사태의 경우, 군인 등은 정당한 사유없이 수소(守所) 또는 직무를 이탈하거나, 상관의 정당한 명령에 반항 또는 복종하지 아니할 때에는, 법정형이 최고 사형에 이르는 엄중한 법적 책임을 지게 되고 (군형법 제28조, 제30조 제1항, 제31조, 제44조, 제45조 등), 생명과 신체의 위험이 구체적으로 현실화된 상황에서 그 무엇과도 바꿀 수 없는 생명을 담보로 의무를 이행하게 되므로, 이러한 병역의무와 그러하지 아니한 대체복무 사이에 등가성이 확보될 수 없다.

따라서 전시·사변 또는 이에 준하는 국가비상사태의 상황까지 포함한다면, 대체복무와 병역의무 사이에 등가성에 의문이 제기되지 아니하도록 대체복무제를 설계하는 것은 사실상 불가능하거나 매우 까다로운 일이라고 아니할 수 없다.

그렇다고 하여, 전시·사변 또는 이에 준하는 국가비상사태의 경우에 양심적 병역거부자에 대하여 대체복무를 허용하지 아니하는 것은 앞서 본 바와 같이 가장 핵심적이고 본질적인 국면에서 양심적 병역거부를 부인하는 것이 된다.

6) 국민적 합의의 부재

가) 양심적 병역거부자에 대한 대체복무제를 도입하기 위해서는 이에 대한 국민적 합의가 전제되어야 한다.

앞서 본 바와 같이, 헌법은 제5조 제2항에서 국군은 국가의 안전보장과 국토방위의 '신성한' 의무를 수행함을 사명으로 한다고 하고, 제39조 제1항에서 국가의 안전보장과 국토방위를 실현하기 위한 중요한 가치로서 국방의무를 규정하고 있다. 이는 국가공동체 구성원 스스로가 국가공동체를 지키겠다는 국민적 합의의 표현이자 국방의무를 공동체적 헌법가치로 확인한 것이다. 그렇다면 양심적 병역거부자에 대해 국가의 안전보장과 국토방위의 의무를 면제하는 대신 대체복무를 부담하게 하는 것은 국민적 합의가 있을 때만 가능한 것이다.

또한 대체복무제의 도입은 국가공동체가 양심적 병역거부에 대한 합법성과 정당성을 인정하는 문제이고, 국방의무는 외부 적대세력의 침략과 위협으로부터 대한민국이라는 국가공동체의 존립과 안전을 수호하는 문제이며, 국가공동체의 정체성을 확보하고 그 구성원의 생명과 자유, 안전과 행복을 보장하는 문제이므로, 대체복무제의 도입여부는 규범적 평가 이전에 국민적 합의가 선행되어야 할 영역이다.

더욱이 우리나라는 국민개병제도와 징병제를 채택함으로써 병역문제와 관련하여 국민 모두가 직·간접적으로 연관되어 있다는 점에서, 병역부담의 형평에 대한 사회적 요구가 다른 어떤 나라보다 강력하고 절대적이다. 국민적 합의가 전제되지 않는 한, 대체복무제의 도입은 사회통합을 저해하여 국가 전체의 역량에 심각한 손상을 가할 수 있고, 나아가 국민개병제도에 바탕을 둔 병역제도의 근간을 흔들 수도 있다(헌재 2011. 8. 30. 2008헌가22 등 참조).

따라서 대체복무제의 도입여부와 양심적 병역거부자에 대한 처벌문제는 단순히 양심적 병역거부를 인정할 필요가 있다는 규범적 요청만을 근거로 판단할 사안이 아니다. 사법기관인 헌법재판소가 이러한 문제의 해결에 있어 전면에 나서서 국회로 하여금 대체복무제의 도입을 실질적으로 강제하는 것은 권력분립의 원칙이나 헌법재판소의 기능적 한계를 벗어난 것이다. 만일 국회의 입법 등을 통한 양심적 병역거부자에 대한 문제 해결을 기대하기 어려우므로, 헌법재판소가 그 역할을 담당할 수밖에 없다고 주장한다면, 그 주장 자체로 아직은 대체복무제의 도입에 대한 국민적 합의가 이루어지지 않았음을 방증하는 것이기도 하다. 참고로 다른 서구선진국가에서 헌법이나 법률로 대체복무제가 도입되지 않은 상황에서 사법기관이 대체복무제를 도입하도록 결정한 사실은 없다.

나) 병역의무와 대체복무 사이의 등가성에 대해서도 구체적으로 국민적 합의가 필요하다. 만일 병역의무와 대체복무 사이의 등가성에 대해서 국민적 합의가 전제되지 아니한다면, 이와 관련된 새로운 헌법적 문제가 초래될 수 있을 뿐만 아니라, 사회통합에도 저해요인이 될 수 있다.

군복무의 형태 및 기간과의 관계에서, 대체복무의 내용을 무엇으로 할 것인지, 대체복무의 기간은 어느 정도로 설정하여야 할 것인지 등에 대한 국민적 합의가 있어야 한다. 또한 현역복무에 상응하는 수준의 기본권 제한이 수반되어야 한다는 이유로 대체복무에 합숙의무를 부과해야 하는 것인지, 합숙의무를 부과한다면 어떠한 유형의 합숙의무를 부과할 것인지(대체복무자 위주의 합숙은 배경이 서로 다른 사람들로 이루어진 현역병의 합숙과 동질의 합숙형태라고 볼 수 없으며, 현역병의 합숙에는 취침 중간에 경계근무를 서야 하고 군기의 유지를 위해 내무생활에서 엄격한 규율이 적용되는 점도 대체복무자의 합숙형태를 결정할 때 고려되어야 한다), 그 밖에 대체복무제도의 운영방식과 그 비용에 관하여도 국민적 합의가 필요하다.

다) 남북한 사이에 평화체제가 확고히 형성되고 한반도 주변의 국제질서가 안정적으로 정착되어 우리나라의 안보상황이 위협받지 아니한 다음, 군복무와 관련된 제반 환경이 개선됨으로써 병역기피의 요인이 제거되고, 나아가 우리 사회에서 양심적 병역거부자에 대한 이해와 관용이 자리 잡음으로써 그들에게 대체복무를 허용하더라도 병역의무의 이행에 있어서 부담의 평등이 실현되고 사회통합이 저해되지 않는다는 국가공동체 구성원의 공감대가 형성된다면(헌재 2004. 8. 26. 2002헌가1 참조), 양심적 병역거부자에 대한 병역의 면제와 대체복무의 부과가 처벌조항의 입법목적을 달성하는 데에 영향을 미치지 아니한다고 볼 수도 있을 것이다.

그러나 최근까지 대체복무제의 도입에 관하여 실시된 많은 여론조사 결과가 설문의 형태에 따라 찬반을 달리하고 있고 국회에서 대체복무제의 도입을 결의하지 못하는 것은, 국가공동체가 양심적 병역거부에 대해 합법성과 정당성을 부여할지 여부, 대체복무제 도입이 국가안보 등에 미치는 영향, 대체복무의 구체적인 내용 등 핵심적 사항에 관하여 아직 국민적 합의가 이루어지지 못한 것이라는 의미로 읽힌다.

라) 결국 양심적 병역거부자에 대한 대체복무제의 도입이 병역기피를 억제할 수 있을지 여부는 불확실하고, 국가공동체가 양심적 병역거부에 대한 합법성과 정당성을 인정할 것인지에 대한 국민적 합의가 이루어졌다고 볼 수 없으며, 양심에 대한 심사와 병역의무에 상응하는 대체복무의 내용 등에 대한 우리 사회의 논의가 충분히 성숙된 상태에 있다고 볼 수 없는 등 대체복무제의 도입과 관련하여 국민적 합의가 있다고 볼 수 없다.

㈐ 소 결

이러한 사정들을 종합해 보면, 현재 우리나라에서 양심적 병역거부자에 대한 대체복무제를 도입하는 것은 대한민국이라는 국가공동체의 독립과 영토보전, 국가공동체의 정체성 확보라는 국가과제를 수행함에 있어 심각한 문제를 초래할 수 있을 뿐만 아니라, 사회통합에도 저해요인이 될 수 있다.

이러한 사정과 함께 국가의 안전보장 및 국토방위와 관련된 작은 실수나 오판은 국가공동체의 존립과 안전을 치명적으로 훼손할 수 있으며, 그 회복은 영구히 불가능할 수 있다는 점을 고려하면, 현재와 같은 대한민국의 상황에서 처벌조항이 양심적 병역거부자에 대해 형벌을 부과한다고 하여 침해의 최소성 요건을 충족하지 못한다고 볼 수 없다(헌재 2011. 8. 30. 2008헌가22등 참조).

(4) 법익의 균형성

양심적 병역거부자는 강력하고 진지한 내적 확신 내지 신념에 반하여 행동하지 아니하는 대신, 처벌조항에 의하여 3년 이하의 징역이라는 형사처벌을 받게 된다. 이러한 불이익은 결코 경미한 것이 아니며, 이와 같은 불이익을 감수하면서 지키고자 하는 개인의 내적 확신 내지 신념은 그 진지성이 인정될 수 있다. 또한 병역의무의 이행을 거부하는 양심상의 결정은 대개 생명존중과 평화주의에 기반한 종교관, 세계관, 그 밖의 가치관 등에 기초하였을 것으로 생각되고, 그러한 양심은 존중될 수 있다.

그러나 병역의무의 이행을 거부하는 양심의 자유는 양심실현의 자유에 관한 것이므로 형량이 가능하며, 양심상 결정의 표현으로서 병역거부는 양심의 자유를 제한하는 근거가 되는 다른 공익적 가치와 형량할 때 결코 우선적으로 보호받아야 할 보편적 가치를 가진다고 할 수 없다.

반면 처벌조항에 의하여 달성되는 공익은 국민개병제도와 징병제를 근간으로 하는 병역제도 아래에서 병역자원의 확보와 병역부담의 형평을 기하고 대한민국이라는 국가공동체의 안전보장과 국토방위를 수호함으로써, 대한민국 헌법의 핵심적 가치와 질서를 확보하고 대한민국 국민의 생명과 자유, 안전과 행복을 지키며 인간의 존엄과 가치의 실현의 바탕이 되는 토대를 굳건히 하는 것이다.

이러한 점들과 함께, 처벌조항에 따른 양심적 병역거부자에 대한 형사처벌의 내용이 헌법적으로 용인될 수 없을 정도로 과도한 제한이라고 할 수 없는 점을 고려하면, 처벌조항에 의하여 제한되는 사익이 달성하려는 공익에 비하여 우월하다고 할 수 없으므로, 처벌조항은 법익의 균형성 요건을 충족한다.

한편 청구인 등은 양심적 병역거부자가 공무원으로 임용될 수 없거나 기업의 임직원으로 채용될 수 없고 재직 중인 경우에는 해직되며, 각종 관허업(官許業)의 특허·허가·인가·면허·등록 또는 지정 등을 받을 수 없고 이를 받은 경우에는 취소될 뿐만 아니라, 형사처벌 이후에는 일정기간 동안 공무원으로 임용될 수 없고 변호사로서 업무를 수행할 수 없는 등 추가적인 제재를 받는다고 하면서 이러한 추가적 법적 제재가 가혹하다고 주장한다. 그러나 이러한 법적 제재는 처벌조항에 의한 불이익이 아니라, 다른 법률조항(병역법 제76조 제1항, 제2항, 국가공무원법 제33조 제3호, 지방공무원법 제31조 제3호, 변호사법 제5조 등)에 의한 불이익일 따름이다.

(5) 소결론

처벌조항은 목적의 정당성 및 수단의 적절성이 인정될 수 있을 뿐만 아니라 침해의 최소성 및 법익의 균형성 요건도 충족하고 있으므로, 과잉금지원칙을 위반하여 청구인 등의 양심의 자유를 침해한다고 볼 수 없다.

라. 기타 청구인 등 주장에 대한 판단

(1) 책임과 형벌 간의 비례원칙 위반 여부

법정형의 종류와 범위의 선택은 그 범죄의 죄질과 보호법익에 대한 고려뿐만 아니라 우리의 역사와 문화, 입법 당시의 시대적 상황, 국민일반의 가치관 내지 법감정 그리고 범죄예방을 위한 형사정책적 측면 등 여러 가지 요소를 종합적으로 고려하여 입법자가 결정할 사항으로서 광범위한 입법재량 내지 형성의 자유가 인정된다(헌재 2006. 6. 29. 2006헌가7 참조).

처벌조항은 그 법정형으로 3년 이하의 유기징역형을 규정하고 있다. 그런데 병역의무의 이행으로서 현역병의 복무는 2년 내지 2년 4개월의 범위 내에서 이루어지고(병역법 제18조 제2항, 제19조에 따라 복무기간의 조정이 가능하다), 보충역으로서 사회복무요원, 예술·체육요원, 공중보건의사, 공익법무관, 공중방역수의사, 전문연구요원 등의 복무 역시 2년 2개월 내지 3년의 범위 내에서 이루어진다(병역법 제30조 제1항, 제33조의8 제1항, 제34조 제2항, 제34조의6 제2항, 제34조의7 제2항, 제39조 제1항). 병역의무를 이행하는 장교의 의무복무기간은 3년이며(군인사법 제7조 제1항 제4호), 공중보건의사, 공익법무관, 공중방역수의사 등과 함께 군사교육기간은 의무복무기간에 포함되지 아니하여 그 기간만큼 의무복무기간이 연장된다(병역법 제34조 제3항, 제34조의6 제3항, 제34조의7 제3항, 제58조 제4항).

현역병은 복무기간 중 생명·신체가 위험에 노출되어 있고 다양한 기본권, 즉 신체의 자유, 거주·이전의 자유, 사생활의 자유, 언론·출판·집회·결사의 자유, 직업선택의 자유, 교육을 받을 권리, 근로의 권리 등을 현실적으로 제한받는다. 보충역의 경우에도 전시·사변 또는 이에 준하는 국가비상사태에는 부대편성이나 작전수요를 위한 병력동원소집의 대상이 되어 현역과 같이 복무하여야 하고, 병력동원소집을 위한 병력동원훈련소집의 대상이 되어 현역에 준하여 복무하며, 군사교육을 위하여 일정기간 교육소집의 대상이 되는 등 현역에 비하여 정도가 덜하기는 하지만 위와 유사한 기본권 제한이 따르고 있다(병역법 제44조, 제48조, 제49조, 제52조, 제55조 제1항).

한편 청구인들은 처벌조항에 따라 양심적 병역거부자들이 1년 6월의 실형을 선고받는 것이 너무 무거운 처벌이라고 주장을 한다. 그러나 이는 법원이 양심적 병역거부자에 대하여 징역 1년 6월의 실형을 선고함으로써 그로 하여금 병역법 제65조 제1항 제2호, 병역법 시행령 제136조 제1항 제2호 가목, 제6항에 따라 전시근로역에 편입될 수 있도록 하기 위한 것으로, 법원이 구체적인 사건에서 처벌조항을 적용하여 판결을 한 결과일 따름이다.

이러한 사정들에 병역자원의 확보와 병역부담의 형평을 위하여 병역의무를 이행하지 아니하는 사람에 대해 엄히 처벌할 필요가 있는 점을 보태어 보면, 위와 같은 법정형이 입법형성권의 재량을 벗어난 것이라고 할 수 없다.

따라서 처벌조항이 책임과 형벌 간의 비례원칙에 위반된다고 할 수 없다.

(2) 헌법 제6조 제1항 위반 여부

헌법 제6조 제1항은 "헌법에 의하여 체결 공포된 조약과 일반적으로 승인된 국제법규는 국내법과 같은 효력을 가진다."고 규정함으로써 국제법질서 존중의 원칙을 선언하고 있으므로, 우리나라가 가입한 국제조약이나 일반적으로 승인된 국제법규에서 양심적 병역거부권을 인정하고 있다면 우리나라에도 법적인 구속력이 발생하게 된다.

㈎ 국제조약과 양심적 병역거부

우리나라는 1990. 4. 10.(효력발생은 1990. 7. 10.) 시민적·정치적 권리에 관한 국제규약(International Covenant on Civil and Political Rights, 이하 '규약'이라 한다)에 가입하였고, 규약 제18조에는 양심 및 종교의 자유에 관하여 규정하고 있는바, 규약에서 양심적 병역거부권이 도출되는지 여부와 규약이 국내법으로 수용될 수 있는지에 관하여 본다.

규약 제18조에는, "① 모든 사람은 사상, 양심 및 종교의 자유를 향유할 권리를 가진다. 이러한 권리는 스스로 선택하는 종교나 신념을 가지거나 받아들일 자유와 단독으로 또는 다른 사람과 공동으로, 공적 또는 사적으로 예배, 의식, 행사 및 선교에 의하여 그의 종교나 신념을 표현할 자유를 포함한다. ② 어느 누구도 스스로 선택하는 종교나 신념을 가지거나 받아들일 자유를 침해하게 될 강제를 받지 아니한다. ③ 자신의 종교나 신념을 표현하는 자유는, 법률에 규정되고 공공의 안전, 질서, 공중보건, 도덕 또는 타인의 기본적 권리 및 자유를 보호하기 위하여 필요한 경우에만 제한할 수 있다."라고 규정하고 있다. 위 조항의 해석과 관련하여 국제연합 인권이사회(Human Rights Committee)와 국제연합 인권위원회(United Nations Commission on Human Rights)는 이미 여러 차례 양심적 병역거부권이 규약 제18조에 기초한 정당한 권리행사라는 점을 분명히 하고, 이 권리를 인정하지 않는 국가는 양심적 병역거부자의 신념의 본성을 차별하지 말고, 특정 사안에서 양심적 병역거부가 진지하게 이루어졌는지를 결정하기 위한 독립적이고 공정한 의사결정기구를 만들 것을 호소하고 있으며, 또한 징병제를 채택하고 있는 국가의 경우 비전투적 또는 민간적 임무를 수행하고 '징벌적 성격'을 띠지 않는 대체복무제를 실시할 것을 권고하였다.

그러나 규약 제18조는 물론, 규약의 다른 어느 조문에서도 양심적 병역거부권 (right of conscientious objection)을 기본적인 인권의 하나로 명시하고 있지 않은 점, 위와 같은 국제인권기구의 해석은 각국에 권고적 효력만 있을 뿐 법적 구속력을 갖는 것은 아닌 점, 양심적 병역거부권의 인정 문제와 대체복무제의 도입문제는 어디까지나 규약 가입국의 역사와 안보환경, 사회적 계층 구조, 정치적·문화적·종교적 또는 철학적 가치 등 국가별로 상이하고도 다양한 여러 요소에 기반한 정책적인 선택이 존중되어야 할 분야로 가입국의 입법자에게 형성권이 인정되는 분야인 점 등을 고려하면, 규약에 따라 바로 양심적 병역거부권이 인정되거나, 양심적 병역거부에 관한 법적인 구속력이 발생한다고 볼 수 없다(헌재 2011. 8. 30. 2008헌가22 등 참조).

㈏ 일반적으로 승인된 국제법규와 양심적 병역거부

우리나라가 가입하지 않았지만 일반성을 지닌 국제조약과 국제관습법에서 양심적 병역거부권을 인정한다면 우리나라에서도 일반적으로 승인된 국제법규로서 양심적 병역거부의 근거가 될 수 있다.

그러나 유럽연합 기본권헌장(Charter of Fundamental Rights of the European Union)과 유럽국가 등 일부국가의 법률 등에서 양심적 병역거부권이 보장된다고 하더라도, 전 세계적으로 양심적 병역거부권의 보장에 관한 일반적으로 승인된 국제법규가 존재한다거나 국제관습법이 형성되었다고 할 수 없다. 따라서 양심적 병역거부가 일반적으로 승인된 국제법규로서 우리나라에 수용될 수는 없다(헌재 2011. 8. 30. 2008헌가22 등 참조).

㈐ 소 결

처벌조항이 양심적 병역거부자를 형사처벌한다고 하더라도 국제법 존중의 원칙을 선언하고 있는 헌법 제6조 제1항에 위반된다고 할 수 없다.

(3) 헌법 제10조 위반 여부

청구인 등은 처벌조항이 헌법 제10조 전문에 규정된 인간의 존엄과 가치를 침해하고, 헌법 제10조 후문에 규정된 기본권 보호의무를 위반한다고 주장한다.

㈎ 헌법 제10조 전문은 "모든 국민은 인간으로서의 존엄과 가치를 가지며, 행

복을 추구할 권리를 가진다."고 규정함으로써 인간의 존엄과 가치를 헌법이념의 핵심적 가치로 삼고 있다.

헌법 제10조는 국가가 헌법에 규정된 개별적 기본권을 비롯하여 헌법에 열거되지 아니한 자유와 권리까지도 보장해야 하며, 이를 통해 개별 국민이 가지는 인간으로서의 존엄과 가치를 존중하고 확보하여야 한다는 헌법의 기본원리를 선언하고 있다. 국민의 자유와 권리의 보장은 1차적으로 개별적 기본권규정을 매개로 이루어지지만 기본권제한에 있어서 인간의 존엄과 가치를 침해한다거나 기본권형성에 있어서 최소한의 필요한 보장조차 규정하지 않음으로써 결과적으로 인간으로서의 존엄과 가치를 훼손한다면, 헌법 제10조 전문에서 규정한 인간의 존엄과 가치에 위반된다(헌재 2000. 6. 1. 98헌마216 참조).

이렇듯 헌법의 기본원리로서 보충적으로 작용하는 인간의 존엄과 가치는 처벌조항의 양심의 자유 침해 여부를 판단함에 있어 고려하면 족하다고 할 것이므로, 처벌조항이 인간의 존엄과 가치를 침해하는지 여부에 대해서는 따로 판단하지 아니한다.

(나) 헌법 제10조 후문은 "국가는 개인이 가지는 불가침의 기본적 인권을 확인하고 이를 보장할 의무를 진다."고 규정하고 있다.

여기에서 기본권 보호의무란 기본권적 법익을 기본권 주체인 사인에 의한 위법한 침해 또는 침해의 위험으로부터 보호하여야 하는 국가의 의무를 말하며, 주로 사인인 제3자에 의한 개인의 생명이나 신체의 훼손에서 문제된다(헌재 2009. 2. 26. 2005헌마764 참조). 이 사건은 제3자에 의한 개인의 생명이나 신체의 훼손이 문제되는 사안도 아닐 뿐만 아니라, 앞서 본 바와 같이 양심의 자유라는 기본권 침해 여부를 판단하므로, 기본권 보호의무 위반 여부에 대해서는 따로 판단하지 않는다(헌재 2011. 8. 30. 2008헌가22등).

□ 재판관 안창호의 보충의견

가. 국방의무 및 대체복무의 의의

(1) 사람은 정치공동체인 국가에서 다른 사람과 어울려 살 수 밖에 없는 존재이다. 국가공동체는 사람이 살아가는 삶의 근본 터전으로, 가정 및 사회 공동체와 더

불어 인간의 가장 기본적인 공동체이다.

국가공동체는 외부 적대세력의 위협과 침략으로부터 그 구성원의 생명과 자유, 안전과 행복을 지키는 보루이다. 국가공동체의 존립과 안전이 지켜지지 않는다면, 국가공동체의 핵심적 가치와 질서를 확보할 수 없고 그 구성원의 생명과 자유, 안전과 행복은 보장될 수 없으며 인간의 존엄과 가치는 실현될 수 없다.

국방의무는 국민의 기본의무로서 국가공동체의 인적·물적 토대를 수호하기 위한 것이다. 국방의무는 국가공동체를 유지·존속시킴으로써 그 정체성을 확보하고 그 구성원의 생명과 자유, 안전과 행복을 보장하며 인간의 존엄과 가치를 실현하는 전제가 된다. 국방의무는 헌법의 핵심적 가치·질서의 수호와 국민의 기본권 보호를 위하여 양보할 수 없는 헌법적 가치이다.

우리나라는 한반도의 역사적·정치적 환경 및 지정학적 특수성, 국방의무에 대한 국민의 법 감정, 병력수급상황 등을 고려하여 국민개병제도와 징병제에 바탕을 둔 병역제도를 채택하고 있다.

(2) 양심적 병역거부에는 현행 병역법이 규정하고 있는 병역의무 중 일부(예를 들면 집총훈련)의 이행을 거부하는 행위도 포함된다는 주장이 있다.

그러나 헌법상 보호되는 '양심'은 그렇게 행동하지 아니하고는 자신의 인격적인 존재가치가 허물어지고 말 것이라는 강력하고 진지한 마음의 소리로서 절박하고 구체적인 것이자 이에 무조건적으로 따라야 하는 것으로 받아들이기에 그에 반하여 행동할 수 없는 것을 말하는바, 양심을 상대화 하는 것은 이러한 양심의 본질과 부합할 수 없다(헌재 2004. 8. 26. 2002헌가1 참조). 실제로 이 사건 청구인 등의 대부분을 차지하는 '여호와의 증인' 신도들은 직·간접의 병력형성과 군 작전명령에 대한 복종·협력뿐만 아니라, 군사훈련 및 군사업무지원을 거부하고, 군과 관련된 조직의 지휘를 받거나 감독을 받는 민간영역에서의 복무도 거부하고 있다. 이들에게는 현행 병역법상 병역의무의 일부를 줄이는 것만으로는 양심의 자유의 제한을 전혀 완화하지 못하므로, 그 의무가 모두 면제되어야 양심의 자유의 제한이 제거될 수 있다. 만일 현행 병역법상 병역의무의 일부만을 제외하는 대체복무제를 도입한다면, 이들은 이러한 내용의 대체복무에 대해서도 양심상 결정을 이유로 거부하고 지금과 같이 형사처벌을 받을 수밖에 없다. 결국 이러한 대체복무제의 도입은 그 도입의 의미를 형해화하고 그 도입의 당위성을 부정하는 것이 될 수 있다. 따라서 현행 병역법상 병역의무의 전부를 배제하는 것을 내용으로 하는 대체복무제의 도입이 문제될 뿐이다.

병역종류조항에 대한 헌법불합치의견(이하 '헌법불합치의견'이라 한다)은 현행제도 가운데 사회복무요원, 예술·체육요원, 공중보건의사, 공익법무관 등은 대체복무제와 유사한 제도라고 주장한다.

그러나 사회복무요원 등은 전시·사변 또는 이에 준하는 국가비상사태의 경우에는 언제든지 부대편성이나 작전수요를 위한 병력동원 또는 군사업무지원을 위한 소집대상이 되고 일정한 경우 군사교육을 위한 소집대상이 된다는 점에서 이런 의무를 전혀 부담하지 아니하는 양심적 병역거부자의 대체복무와는 본질적인 차이가 있다(병역법 제44조, 제53조, 제55조). 이러한 대체복무는 국방의무 및 그 의무의 가장 직접적인 내용인 병역의무의 범주에 포섭될 수 없는 것이므로 사회봉사의무에 해당할 뿐이고, 실질적으로는 사회봉사의무의 부담을 조건으로 한 국방의무 및 병역의무의 면제라고 할 수 있다.

(3) 한편 병역법에 따라 병역의무를 이행하는 사람이 어떠한 종류의 병역에 복무할지는 국가가 신체등급 등 객관적·구체적으로 확인이 가능한 자료와 병력수급상황 등을 고려하여 결정하는 것으로 병역의무를 부담한 사람이 선택할 수 있는 것이 아니다. 반면 대체복무는 양심적 병역거부자의 개인적·주관적인 내적 확신 내지 신념에 의해 결정되는 것이므로 실질적으로 양심적 병역거부자가 스스로 병역의 종류를 결정하는 것이 된다. 이러한 사정과 함께, 전시·사변 또는 이에 준하는 국가비상사태의 경우에는 병역의무와 대체복무 사이에 등가성이 확보될 수 없다는 점 등을 고려하면, 대체복무제의 도입은 양심적 병역거부자가 병역법에 따라 병역의무를 이행하는 사람에 비하여 특혜를 부여받는 것이 될 수 있다.

나. 대체복무제의 도입과 국민적 합의

(1) 헌법불합치의견은 양심적 병역거부를 인정할 필요성이 있다는 규범적 요청을 이유로 대체복무제를 도입해야 한다고 주장한다.

그러나 양심적 병역거부자에 대한 대체복무제의 도입여부는 단순히 규범적인 문제만이 아니다. 대체복무제의 도입여부는 옳고 그름이나 좋고 나쁨만의 문제가 아니라, 대한민국이라는 국가공동체의 존립·안전과 헌법가치의 수호와 직결되는 문제이다. 또한 대체복무제의 도입여부는 대한민국 국민의 생명과 자유, 안전과 행복을 확보하고 인간의 존엄과 가치를 실현하는 문제와 밀접한 관련을 가지고 있다. 한편 대체복무제의 도입은 그 제도의 도입 후에 구체적으로 내용을 형성하는 문제와는 달리, 국가공동체가 양심적 병역거부에 대해 합법성과 정당성을 인정하는 의미를 가진다. 결국 대체복무제의 도입여부는 규범적 평가 이전에 국민적 결단이 선행되어야 할 영역이라고 할 것이다.

(2) 헌법 제5조 제2항이 국군은 국토방위의 신성한 의무를 수행함을 사명으로 한다고 규정한 것은 절대자와 같이 고결하고 신성한 국가공동체의 존재를 전제로 희생을 강요하는 것이 아니라, 그 구성원의 국방의무의 숭고함을 선언한 것이다. 헌법 제39조 제1항이 국방의무를 모든 국민의 의무로 규정한 것은, 국방의무가 국가의 안전보장과 국토방위를 통해 헌법의 핵심적 가치와 질서를 확보하고 국민의 기본권을 보장하기 위한 불가결한 공동체적 헌법의 가치임을 국민적 합의로 확인한 것이다.

그런데 위에서 본 바와 같이, 청구인 등이 주장하는 대체복무는 국방의무 및 그 의무의 한 내용으로 규정될 수 있는 병역의무의 범주에 포섭될 수 없으며, 이는 국민적 합의로 확인된 국방의무 및 병역의무의 조건부 면제에 해당하는 것이므로 이 역시 국민적 합의로 결정되어야 한다.

한편 헌법에 의해 보호되는 '양심의 결정'은 무한히 확대될 수 있다. 양심의 결정이 진실하고 진지한 것이라면 어떠한 종교관·세계관 또는 그 밖의 가치체계에 기초하고 있는지와 관계없이, 또한 선천적으로 타고난 어떤 소질에 기한 것이거나, 후천적·경험적으로 습득하거나 지각하여 형성된 식견에 기초한 것인지와 관계없이, 모든 내용의 양심상 결정이 양심의 자유에 의하여 보호되는 영역에 포섭될 수 있기 때문이다(헌재 2011. 8. 30. 2008헌가22등 참조).

병역종류의 한 내용으로 양심적 병역거부자에 대하여 대체복무가 인정되고, 모든 병역의무자가 개인적 현상으로서 지극히 주관적 사유인 자신의 양심을 이유로 대체복무를 선택한다면, 국방의무를 이행할 사람이 없는 것이 된다. 결국 병역의 한 종류로서 양심적 병역거부자에 대해 대체복무제를 도입한다는 것은, 불가결한 헌법적 가치인 국방의무와 정면으로 충돌하고 이를 배제함으로써 국가공동체의 해체라는 의미를 가지는 것이 될 수 있으므로 국민적 합의가 전제되어야 한다.

(3) 국민의 기본권은 국가공동체를 통해 비로소 보장되고 실현될 수 있다. 따라서 국가공동체의 구성원인 국민은 공동체의 존립과 영토보전을 통해 스스로의 기본권을 보장하기 위해서 기본의무를 부담한다. 인간존엄의 절대적 평등성과 국민주권의 일반성에 비추어 보더라도, 평등한 기본권을 가지는 국민 모두는 국민의 기본의무인 국방의무를 공평하게 부담해야 한다.

그런데 누군가에게 국방의무 및 병역의무의 예외를 인정하는 것은 국가공동체의 존립과 헌법질서를 확보하고 국민의 기본권을 보장하는 것에 역행할 수 있으며, 사회통합을 저해하고 국민개병제도와 징병제에 바탕을 둔 병역제도의 근간을 흔들수 있다. 뿐만 아니라, 이는 병역의무를 이행하는 사람에게 가중된 희생을 요구하는 것이 될 수 있으므로, 국방의무 및 병역의무의 조건부 면제 내지 특혜인 대체복무제의 도입은 국민적 합의가 있어야 한다.

(4) 이러한 사정에 비추어 보면, 대체복무제의 도입여부는, 헌법재판소에서 규범적으로 판단하기에 앞서 대한민국의 구성원인 국민의 현실인식과 법 감정에 기초한 국민적 합의에 의하여 결정되고 평가되어야 한다.

헌법은 대통령과 국회는 헌법개정을 발의할 수 있고(제128조 제1항), 대통령은 필요하다고 인정할 때에는 외교·국방·통일 기타 국가안위에 관한 중요정책을 국민투표에 붙일 수 있다고 규정하고 있다(제72조). 양심적 병역거부자에 대한 대체복무제의 도입여부는 국방·통일 기타 국가안위에 관한 중요사항이므로, 그 제도의 도입은 헌법 개정이나 국민투표에 의하여, 그 구체적 내용은 국회에 의하여 결정하는 것도 대체복무제 도입을 위한 국민적 합의의 방법이 될 수 있다.

참고로 독일은 기본법에서 양심적 병역거부를 인정하고 대체복무제를 도입하였으며, 양심적 병역거부를 인정하는 거의 모든 나라에서는 헌법 또는 법률에 의해 대체복무제를 도입하였지 사법기관이 먼저 대체복무제의 도입을 결정한 사실이 없다.

다. 대체복무제를 도입할 경우 고려 사항

양심적 병역거부자에 대한 대체복무제는 국민적 합의에 기초하여 도입되어야 하고, 그 도입을 위해서는 다음과 같이 일정한 전제가 충족되고 양심적 병역거부자와 병역기피자를 구분하는 합리적 기준 등이 마련되어야 한다.

(1) 먼저 대체복무제를 도입하기 위해서는 병역기피를 초래하는 환경에 대한

개선이 선행되어야 한다.

합헌의견에서 본 바와 같이, 한반도의 역사적·정치적 환경 및 지정학적 특수성에 비추어 보면 대한민국의 안보상황이 엄중하다 아니할 수 없다. 대체복무제의 도입은 국가의 안전보장과 국토방위와 직결되는 문제이므로, 그 제도의 도입에 앞서 북한의 올바른 선택을 유도하고, 미국·중국·일본·러시아 등 주변 강대국들과 긴밀한 협력을 유지하는 가운데, 국제사회와 공조하여 한반도를 중심으로 하는 동북아시아의 평화체제를 공고히 구축해 나가야 한다.

그리고 사회지도층의 국가공동체를 위한 희생과 봉사의 실천으로 '국가공동체의 자유로운 구성원이라면 누구라도 국가공동체의 존립과 안전을 위해 명예롭게 헌신하고 다른 구성원을 위하여 자신을 희생할 수 있다'는 연대의식을 확산·정착시키고, 공동체 정신을 함양하여 양심을 빙자한 병역기피자의 발생을 막아야 한다.

나아가 국가공동체를 위하여 희생·헌신한 사람들에 대한 보상 및 예우와 관련한 각종 법령을 정비하고 의무복무를 하는 군인에 대한 처우를 획기적으로 개선하여야 한다. 또한 군대의 특성상 엄격한 규율이 필요하다 하더라도 병영 내에서 발생할 수 있는 인권 침해를 예방·억제하고, 시정되어야 할 군대 문화를 대폭 개선해야 한다.

이러한 개선조치와 함께, 병력자원의 적재적소 배치, 전략·전술의 개발 및 첨단 무기 도입을 통해 병역의무의 질적 변화방안도 마련하여야 하며, 그밖에 구체적 병역처분을 하는 과정에서 부정이 발생하지 않도록 투명한 절차를 형성하여 병역의무의 이행에 대한 공정성을 강화해야 함은 물론이다.

(2) 국민 모두가 공평하게 부담하여야 할 의무를 누군가는 부당하게 회피하였거나 회피하려 한다는 인식의 확산은 국가공동체의 결속을 저해한다는 측면에서 바람직하지 않을 뿐만 아니라, 대체복무제의 도입을 포함한 새로운 병역제도의 형성에 관하여 열린 토론의 장을 마련하는 것 자체를 힘들게 하기도 한다. 따라서 대체복무제 도입 시 양심적 병역거부자를 병역기피자와 구분해내는 합리적 기준을 마련하고 대체복무와 병역의무 사이에 형평성이 있어야 한다.

양심이란 '어떤 일의 옳고 그름을 판단함에 있어서 그렇게 행동하지 아니하고는 자신의 인격적인 존재가치가 허물어지고 말 것이라는 강력하고 진지한 마음의 소리'라고 추상적으로 정의되고 있다. 그러나 병역의무의 이행 거부가 양심에 근거한 것인지 여부를 판단하는 것은 구체적 병역처분을 하여야 하는 행정주체에게도, 그러한 처분의 위법·무효 여부나 병역기피자에 대한 형사처벌 여부를 판단하여야 하는 재판기관에게도 쉽지 않은 일이다. 특히 대체복무제가 도입된 이후에는 양심적 병역거부자를 사칭하는 자들이 대폭 증가할 수 있고, 그 경우 이들을 진정한 양심적 병역거부자와 구분하는 것은 더욱 어려운 작업이 될 수 있다. 따라서 현재까지의 양심적 병역거부자의 현황과 병역거부에 이른 사유에 대한 면밀한 분석과 함께, 앞서 양심적 병역거부자에 대한 대체복무제를 도입한 국가들의 경험을 바탕으로 양심적 병역거부자와 병역기피자를 구분하는 합리적 기준을 마련하여야 한다.

한편 현재까지 양심을 빙자한 병역기피자가 폭증하고 있지 않은 것은 처벌조항에 의한 형사처벌 및 추가적 법적 제재 등이 병역의무의 이행보다 적지 않은 부담으로 작용하는 것도 그 원인이 된다 할 수 있다. 이를 감안하면 대체복무가 병역의무에 비해 가벼워서는 아니 된다. 반대로 그것이 지나치게 무거운 부담이 되는 것은 또 다른 양심의 자유의 침해 및 형평성 논란을 불러올 수 있으므로, 병역의무와 대체복무 사이에 등가성이 확보되어야 한다. 다만, 병역의무의 이행은 신체의 자유, 거주이전의 자유, 사생활의 자유 등 각종 기본권이 제한되는 것을 의미하고, 나아가 생명과 신체가 직접적인 위험에 노출되는 것을 의미하기도 하는 것이므로 이를 등가적으로 대체할 만한 복무를 상시적으로 마련하기란 말처럼 쉬운 것이 아니다. 따라서 특정한 종교관, 가치관 및 세계관을 가진 사람들에 대한 특혜가 되거나, 또는 반대로 지나치게 대체복무자에게 정신적·육체적 고통을 가하는 것이 되지 않도록 그 부담의 내용을 세밀하게 검토하고, 대체복무제의 운영에 따를 수 있는 부작용을 예측하여 그 대책을 마련해야 한다.

(3) 특히 전시·사변 또는 이에 준하는 국가비상사태의 경우에는, 대체복무제의 도입이 국가의 안전보장과 국토방위에 심각하게 부정적인 결과를 초래할 수 있고, 양심적 병역거부자와 병역기피자를 구분하는 심사뿐만 아니라 병역의무와 대체복무 사이의 등가성 확보가 사실상 불가능하거나 매우 까다로운 일이라고 아니할 수 없다. 이러한 경우에는 국가안보가 매우 엄중하고 긴박한 시기이므로 '특칙'을 두어 대체복무제의 도입에 따른 국가의 안전보장과 국토방위에 소홀함이 없도록 해야 한다.

라. 양심적 병역거부자에 대한 불이익 경감 방안

(1) 국가안보에 대한 위험이 상존하고, 복무여건이 열악한 현실에서도 대다수 병역의무자들은 기꺼이, 그리고 묵묵히 병역의무를 다하고 있다. 그러나 탈법적이거나 불법적인 방법을 통해서 병역기피를 시도하는 사람들 역시 상당수 존재하는 것이 현실이고, 이들의 병역기피가 모두 적발된다고 보기도 어렵다. 우리 국민이 공유하는 위와 같은 현실인식과 병역의무 이행의 부담을 고려할 때, 병역의무를 면하였거나 면하려고 하는 특정인이나 특정집단에 대한 '모든' 국민의 법 감정이 우호적일 것을 기대하는 것은 쉬운 일이 아니다. 따라서 양심적 병역거부에 대해 합법성과 정당성을 인정하는 것에 대한 국민적 합의를 도출하는 것은 매우 어려운 과정일 수 있다.

그리고 양심은 지극히 개인적·주관적이고 가변적일 수 있으므로 과연 양심적 병역거부자와 양심을 빙자한 병역기피자를 구분할 수 있는지 의문이고, 생명의 위험 속에서 근무하는 병역의무와 대체복무 사이에 등가성을 확보하는 것도 말처럼 그리 쉬운 일이 아니다. 특히 전시·사변 또는 이에 준하는 국가비상사태의 경우에는, 전쟁의 참혹한 현상을 보고 갑자기 생긴 '병역거부의 양심'에 대한 심사가 가능할지도 의문이다. 또한 개인에게 있어서는 자신의 생명은 전체 우주보다도 소중한 것이므로, 생명과 신체가 직접적·구체적으로 위협받는 전시 등의 상황에서 생명을 담보로 의무를 이행하는 병역의무와, 일체의 군 관련 의무를 부담하지 아니하는 대체복무 사이에 등가성이 확보된다고 할 수 없다.

더욱이 전시·사변 또는 이에 준하는 국가비상사태의 경우에는 특칙을 만들어 대체복무의 예외를 두는 방안은 양심적 갈등이 가장 첨예하고 현실화된 상황에서 양심적 병역거부를 부정하는 것이므로, 양심적 병역거부를 인정하고 대체복무제의 도입을 주장하는 견해는 이 방안을 채택할 수 없다. 이에 다음과 같이 양심적 병역거부자에 대한 불이익 경감 방안을 제시하고자 한다.

(2) 처벌조항은 현역입영 또는 소집통지서를 받은 사람이 '정당한 사유' 없이 입영 또는 소집일로부터 정하여진 기간 내에 입영하지 아니하거나 소집에 불응한 경우 3년 이하의 징역형으로 처벌하도록 규정하고 있다. 그런데 실제 법원 형사재판의 실무에서 양심적 병역거부자들은 전시근로역에 편입될 수 있는 최소한의 실형(제65

조 제1항 제2호, 병역법 시행령 제136조 제1항 제2호 가목), 즉 징역 1년 6개월의 실형을 선고받고 있다. 양심적 병역거부자에 대해 처벌조항에 의한 형사처벌은 불가피하고, 형사처벌의 내용은 현역병의 병역의무의 기간과 내용 등에 비추어 보면 헌법적으로 용인할 수 없을 정도로 과도한 제한이라고 할 수 없다.

다만 양심적 병역거부자에 대해서는 처벌조항에 의한 형사처벌 이외에 공무원 임용 및 기업의 임·직원취임 제한, 각종 관허업의 특허·허가·인가·면허·등록 또는 지정 등의 제한, 형사처벌에 따른 공직 임용과 변호사의 직업수행의 제한(병역법 제76조 제1항, 제2항, 국가공무원법 제33조 제3호, 지방공무원법 제31조 제3호, 변호사법 제5조) 등의 법적 제재가 수반된다. 이러한 법적 제재와 형사처벌로 인한 부정적인 사회적 평가는 병역의무를 이행하는 사람과 달리 양심적 병역거부자만 받게 되는 불이익이다. 그런데 양심적 병역거부자에 대한 형사처벌, 그로 인한 부정적인 사회적 평가 및 추가되는 법적 제재는 모두 국민적 합의에 기초하여 경감될 수 있는 것이지만, 국가공동체가 양심적 병역거부에 대해 합법성과 정당성을 인정하기 전에라도(양심적 거부자에 대한 형사처벌로 인한 부정적인 사회적 평가는 양심적 병역거부가 합법성을 인정받으면 당연히 부수적으로 해소될 수 있다) 양심적 병역거부자에 대해 형사처벌 이외의 법적 제재를 완화함으로써 그에 대한 기본권 제한을 경감하는 방안을 검토해 볼 수 있다.

(3) 양심적 병역거부자에 대하여, 현재와 같이 처벌조항에 의하여 형사처벌을 하는 것을 전제로 그 외의 법령에 의한 제재는 경감되는 방안은 아래와 같다.

예컨대 학계·법조계·종교계 등으로 구성된 전문위원회가 형 집행 종료 즈음에 수형자에 대한 형 집행 과정에서 취득한 자료 등에 기초하여 진정한 양심에 따른 병역거부인지 여부를 판정하고, 양심적 병역거부자인 경우에는 사면을 통하여 형 집행이 종료된 이후에도 계속될 수 있는 불이익을 완화하거나, 공직 임용과 기업의 임·직원취임, 각종 관허업의 특허 등 취득 등과 관련하여 양심적 병역거부자에 대한 불이익의 예외를 인정하는 방법이 고려될 수 있다. 이에 더하여 양심적 병역거부자가 징역형을 선고받고 정역에 복무할 때(형법 제67조), 그 정역을 대체복무에서 고려될 수 있는 내용으로 함으로써, 대체복무제를 도입하지 아니한 상황이라고 하더라도 일정부분 대체복무제를 도입한 효과를 거둘 수 있게 하는 방법도 고려될 수 있다.

(4) 이런 불이익 완화 조치는 병역의무와 양심적 병역거부자의 '양심의 자유'와

의 조화를 모색하는 가운데, '평상시'에만 양심적 병역거부자에 대한 법적 제재를 완화하여 국가안보의 위험성을 최소화 할 수 있다. 또한 이러한 조치는 양심적 병역거부에 대해 합법성과 정당성을 인정하는 것은 아니더라도 실질적으로 그 정당성을 일정부분 확보하는 의미가 될 수 있다. 나아가 이러한 완화 조치는 현 단계에서 양심적 병역거부에 대하여 합법성과 정당성을 인정하는 것은 아니므로 국민적 합의가 필요하다 하더라도 그 합의는 상대적으로 쉽게 이루어질 수 있는 것으로 보인다.

다만 이러한 완화 조치 역시 병역기피를 유발할 위험이 없다고 단언하기 어렵고 국방의무를 이행하지 아니한 사람에 대해 공직 임용 등을 허용할 것인가와 관련해서 논란이 있을 수 있으므로, 양심적 병역거부자에 대한 불이익 완화 조치 역시 국민적 합의를 전제로 가능한 것이다.

마. 소결론

(1) 대한민국은 인간으로서의 존엄과 가치를 존중하고 국민의 기본권을 최대한 보장함으로써, 그 구성원 모두가 자유롭고 평등하며 안전하고 행복한 삶을 영위하도록 하는 국가공동체이다(헌법 제10조). 이와 같은 대한민국이 추구하는 이념과 가치는 인류가 보편적으로 지향하는 공동선과 공통의 가치에 부합한다. 따라서 대한민국이라는 국가공동체의 구성원인 국민이 외부 적대세력의 직·간접의 위협이나 침략으로부터 대한민국을 수호하고 그 이념과 가치를 지키는 것은 정당성과 보편성을 가진다.

대한민국은 평화통일과 국제평화주의를 지향한다(헌법 전문, 제4조, 제6조). 평화는 인류가 지향해야 할 숭고한 가치이고, 전쟁 및 무기사용의 금지는 평화라는 숭고한 가치를 실현하기 위한 중요한 방법이 될 수 있다. 그러나 전쟁 없는 사회가 이상일 수 있으나 현실에서는 그 실현이 불가능하고, 자유와 평화가 공격받을 때에는 무장해제가 아니라 물리력을 통해서라도 지켜내야 한다. 인류의 반복된 역사적 경험은 이러한 사실을 확인해 준다. 대한민국과 국제사회는 침략전쟁을 부인하고 있으나 방위전쟁까지 금지하는 것은 아니다(헌법 제5조 제1항, 국제연합헌장 제51조).

대한민국은 모든 국민이 신성한 국방의무를 가진다고 선언하고 있다(헌법 제39조 제1항, 제5조 제2항). 이런 국방의무는 침략전쟁이나 평화파괴를 목적으로 하는 것이 아니라 국가의 안전보장과 국토방위를 통해 헌법의 핵심적 가치를 수호하고 국민의 기본권을 최대한 보장하며 인간의 존엄과 가치를 실현하기 위한 것이다.

(2) 국가의 안전보장과 국토방위는 국가공동체의 존재와 정체성에 관한 엄중한 사안이므로, 항상 '최악의 사태'를 가정하고 이를 대비해야 한다. 국가의 안전보장 및 국토방위와 관련된 작은 실수나 오판은 국가공동체의 존립과 안전을 치명적으로 훼손할 수 있으며, 그 회복은 영구히 불가능할 수 있다. 대체복무제의 도입은 국가의 안전보장 및 국토방위와 직결되는 문제이고 이와 관련된 실수나 오판은 국가공동체의 존립과 안전에 치명적일 수 있으므로 신중하게 결정되어야 한다.

합헌의견에서 본 바와 같이, 한반도의 역사적·정치적 환경 및 지정학적 특수성에 비추어 보면 대한민국의 안보상황이 엄중하다 아니할 수 없다. 더구나 지금과 같이 한반도의 안보환경이 급변할 수 있는 상황에서, 국민적 합의 없이 대체복무제를 도입하는 것은 국가안보와 직결된 법체계를 변경하는 것으로 국가안보에 엄중한 결과를 초래할 수 있을 뿐만 아니라 사회통합에도 저해요인이 될 수 있다. 또한 국가와 관련된 공동체 의식과 법 감정, 국방의무와 관련된 역사적·사회적·종교적·문화적 가치와 환경 등에 비추어 볼 때, 대체복무제의 도입이 국가의 안전보장과 국토방위에 부정적 영향을 주지 아니한다는 확실한 보장이 없다. 특히 전시·사변 또는 이에 준하는 국가비상사태의 경우에는, 대체복무제의 도입은 국가공동체가 양심적 병역거부에 대해 합법성과 정당성을 부여하는 의미를 가지는 것이므로, 양심적 병역거부자가 대폭 증가하지 아니한다고 장담할 수 없는 등 군의 전투력에 막대한 손실을 가져와 우리나라의 안보상황에 엄중한 결과를 초래할 수 있다.

또한 합헌의견에서 본 바와 같이, 대체복무제를 도입하지 아니하고 처벌조항에 의해 양심적 병역거부자를 처벌한다고 하여 개인의 기본권을 과도하게 제한한다고 단정할 수 없다. 대체복무제를 도입함으로써 보호되는 양심적 병역거부자의 양심의 자유가 그 도입으로 인해 침해될 수 있는 국민 모두의 기본권 및 헌법의 가치와 질서보다 우위에 있다고 할 수 없다.

이러한 사정을 종합하면, 대체복무제의 도입이 병역기피를 방지하고 병역의무의 공평한 부담을 실현해 국가의 존립과 안전을 수호하기에 충분하지 않다고 본 입법자의 판단이 부당하다거나 처벌조항이 헌법에 위반된다고 할 수 없다.

다만 병역의무의 이행을 거부하는 양심상의 결정은 대부분 생명존중과 평화주의 등의 가치관에 바탕을 둔 것이므로, 양심적 병역거부자의 기본권 제한을 최소화하려는 노력의 일환으로, 앞서 본 바와 같이 평상시에는 양심적 병역거부자에 대하여 형사처벌 이외의 법적 제재를 완화하는 방안을 검토할 수 있다고 할 것이다.

(3) 국가공동체가 외부 적대세력의 위협과 침략을 방지하고 평화를 지키기 위해서는 평화를 지키려는 의지와 능력이 있어야 한다. 현재와 같은 대한민국의 안보 상황에서 대체복무제를 도입하지 아니하고 양심적 병역거부자를 처벌하는 것이 헌법에 위반되지 않는다는 견해라고 하여, 북한 및 국제사회와 공조하여 평화를 위한 노력을 하지 말자는 것이 아니다. 오히려 현 단계에서 이러한 견해를 취하는 것은 튼튼한 대한민국의 안보에 기반하여, 한반도와 동북아시아의 평화체제를 공고히 하기 위한 것이다.

그리고 합헌의견은 양심적 병역거부자의 양심의 자유가 개인에게 있어 마땅히 보호되어야 한다는 것을 인정하지만, 대한민국이라는 국가공동체의 존립과 안전을 지키고 대한민국 헌법의 핵심적 가치와 질서를 확보하여 그 구성원인 국민 '모두'의 생명과 자유, 안전과 행복을 보장하고 인간의 존엄과 가치를 실현하는 것 또한 소중하기에 이 의견을 취하는 것이다. 또한 합헌의견은 민주주의의 포용성과 다양성을 포기하려는 것이 아니라, 민주주의의 가치와 질서를 수호하여 이를 바탕으로 그 포용성과 다양성을 확대하기 위한 것이며, 이를 통해 우리와 우리 자손들이 자유롭고 평등한 가운데 안전하고 행복하게 살 수 있는 터전을 마련하기 위한 것이다.

간통죄 사건
(헌재 2015. 2. 26. 2009헌바17등)

□ 사건개요 등

이 사건은 간통한 사람과 그 상대방을 처벌하는 형법 제241조(이하, '심판대상조항'이라 한다)에 대한 위헌소원 및 위헌제청 사건이다.

헌법재판소는 심판대상조상에 대해 헌법에 위반된다고 결정하였다. 이 결정에는 심판대상조항이 간통을 처벌하는 것은 과잉금지원칙에 위배하여 성적자기결정권 등을 침해한다는 재판관 5명의 위헌의견, 심판대상조항이 상간자(相姦者)까지 처벌하는 것은 성적자기결정권을 과도하게 제한하는 것이라는 재판관 1명의 위헌의견, 심판대상조항이 징역형으로만 처벌하는 것은 책임과 형벌 간 비례원칙에 위배된다는 재판관 1명의 위헌의견이 있었고, 심판대상조항이 헌법에 위반되지 않는다는 재판관 안창호 외 1명의 반대(합헌)의견이 있었다.

반대의견은 심판대상조항이 성적자기결정권 등을 침해하지 아니한다는 견해인데, 그 중요 내용은 다음과 같다.

첫째, 간통은 배우자와 가족의 행복추구권 등을 실현하기 위한 기본토대인 가정공동체를 부정하고, 혼인과 성(性)에 대한 성실의무를 부정하는 것일 뿐만 아니라, 혼인과 가족생활의 보장을 규정한 헌법 제36조 제1항의 취지에 배치되므로, 성적자기결정권의 보호영역에 포함된다고 보기 어렵다.

둘째, 간통죄의 폐지는 우리 사회 전반에서 성도덕의 한 축을 허물어 성의식의 하향화를 가져오고, 성도덕의 문란을 초래할 수 있으며, 가정공동체의 해체를 촉진시킬 수 있을 뿐만 아니라, 가정 내 경제적·사회적 약자인 배우자와 자녀의 인권과 복리에 역행하는 결과를 초래할 수 있다.

셋째, 간통죄는 고조선의 8조 법금에서 유래하는 것으로, 다수 국민이 그 존치를 원하고 있으며, 현행 민법상의 제도나 재판실무만으로는 가정 내 경제적·사회적 약자인 배우자의 보호에 미흡하다. 간통과 관련하여 국민의 법의식이 일부 변하였다고 하더라도, 이는 법률 해석 등을 통해 반영될 수 있다.

국민의 자유, 권리와 행복은 도덕적으로 건강한 공동체에서 극대화 될 수 있다. 간통죄를 부정한다고 하여 인간의 존엄과 가치가 현실에서 구현되는 것은 아니다. 반면에 간통의 허용은 가정 내 경제적·사회적 약자의 보호를 방해하고 공동체의 가치와 질서를 훼손할 수 있다. 이 사건에서 헌법재판소의 결정으로 간통죄가 폐지됨으로써, 성매매와 군대 내 동성애 등 성도덕 관련 처벌 법률의 폐지가 본격적으로 사회적 관심사로 부각되었다. 한편 법정의견은 간통에 대한 손해배상청구 등 민사법 제도를 통해 배우자의 보호 등이 가능하다고 보았으나, 이 사건 결정 이후 민사소송에서는 간통의 불법성이 약화되었다는 이유로 오히려 위자료의 액수가 낮아지기도 한다. 그리고 간통죄의 폐지와 간통으로 인한 위자료의 하향 조정 등은 경제적·사회적으로 우월한 지위에 있는 유명 인사들의 중혼(重婚)이 사실상 허용되는 결과를 초래하기도 하였다. 이에 간통죄의 부활을 주장하는 시민들의 움직임은 계속되고 있다.

□ 반대(합헌)의견

우리는 다수의견과 달리 심판대상조항이 헌법에 위배되지 않는다고 생각하므로 다음과 같이 의견을 밝힌다.

가. 간통의 헌법상 보호되는 성적자기결정권 포함 여부

(1) 헌법 제10조는 "모든 국민은 인간으로서의 존엄과 가치를 가지며, 행복을 추구할 권리를 가진다. 국가는 개인이 가지는 불가침의 기본적 인권을 확인하고 이를 보장할 의무를 진다."라고 규정하여 개인의 인격권과 행복추구권을 보장하고 있다. 개인의 인격권·행복추구권에는 개인의 자기운명결정권이 전제되는 것이고, 자기운명결정권에는 성행위의 여부 및 그 상대방을 선택할 수 있는 성적자기결정권이 포함됨은 분명하다.

헌법상 기본권으로 보장되는 자기운명결정권은 인격의 주체가 자기의 인격을 형성하고 발현하기 위하여 자기 자신에 관한 사항을 자율적으로 결정할 수 있는 인격적 자율권을 말하는 것이고, 이는 이성적이고 책임감 있는 사람을 전제로 하는 것이다. 두 개인이 스스로의 자유로운 의사에 따라 형성하여 공동으로 영위하는 가족생활에 있어서 부부는 혼인에 따르는 의무와 책임을 부담하여야 한다. 혼인을 기초로 성립된 가족관계는 부부간의 성에 대한 성실의무와 신뢰를 전제로 상대방을 포함한 가족 구성원의 기본적 생활의 유지·보호, 새로운 가족 구성원의 생산과 양육 등을 함께 부담하는 공동체를 이루게 되고, 가족공동체는 본인뿐만 아니라 배우자와 가족에게 있어서도 인격권·행복추구권을 실현하기 위한 기본적 토대가 되기 때문이다.

그런데 배우자 있는 자의 간통은 혼인이라는 사회적 제도를 선택하는 자기결단을 한 자가 혼인에서 비롯된 성에 대한 성실의무를 위배하는 행위라는 점에서, 그리고 그러한 점을 알면서 상간하는 것은 사회적·법적 제도로서의 혼인을 보호하는 공동체를 부정하는 것이라는 점에서, 이러한 행위까지 성적자기결정권의 보호영역으로 포섭하는 다수의견에는 선뜻 동의하기 어렵다. 이성이 서로 사랑하고 정교관계를 맺는 것은 자기결정권의 보호영역이라고 할 수 있지만, 간통 및 상간 행위는 자신만의 영역을 벗어나 다른 인격체나 공동체의 법익을 침해하는 행위이기 때문에 성적 자기결정권의 내재적 한계를 벗어나는 것이 아닌가 하는 의문이 든다.

(2) 인간이 살아가는 가장 근본적인 공동체의 틀은 가정이다. 따라서 국가와 사회의 기초를 이루기 위해서는 무엇보다 먼저 그 근간인 가정이 바로 정립되고 유지되어야 한다. 혼인을 통한 부부관계가 가족공동체의 기본적 요소임을 감안한다면 국가와 사회의 건전한 존립과 유지를 위해 혼인을 통한 부부관계는 법적으로 보호받고 유지되어야 함이 마땅하다.

우리 헌법 제36조 제1항은 "혼인과 가족생활은 개인의 존엄과 양성의 평등을 기초로 성립되고 유지되어야 하며, 국가는 이를 보장한다."고 규정하여 인간의 존엄과 양성의 평등이 가족생활에 있어서도 보장되어야 함을 규정함과 동시에 혼인과 가족생활에 관한 제도적 보장 역시 규정한다(헌재 2002. 3. 28. 2000헌바53 참조). 따라서 혼인과 가족생활에 관한 입법에 있어 개인의 존엄과 양성의 평등은 그 헌법적 지침이 된다 할 것이다. 개인의 존엄성에 기초한 혼인제도는 중혼을 금지하고 일부일처제를 요청한다. 그런데 간통 및 상간행위는 혼인제도의 근간을 이루는 일부일처제에 대한 중대한 위협이 되며, 배우자와 가족 구성원에 대한 유기 등 사회문제를 야기한다.

따라서 심판대상조항은 일부일처제에 기초한 혼인제도 및 가족생활을 보장하고 부부간 성에 대한 성실의무를 지키게 하기 위한 것으로 헌법 제36조 제1항의 규정에 의하여 국가에 부과된, 개인의 존엄과 양성의 평등을 기초로 한 혼인과 가족생활의 유지·보호의무의 이행을 위한 것이다. 이러한 점에서 볼 때, 일부일처제에 기초한 혼인이라는 사회적 제도를 훼손하고 '본인·배우자 및 가족의 인격권·행복추구권'의 실현을 위한 기본적 토대가 되는 가족공동체의 유지·보호에 파괴적인 영향을 미치는 행위를 인격권·행복추구권에서 연유하는 개인의 성적자기결정권이라는 범주아래 용인하는 것이 과연 타당한가에 대해서는 강한 의문을 표하지 않을 수 없다.

나. 간통에 대한 형사처벌 유무 및 그 정도의 입법재량 여부

간통(및 상간)행위에 대해 비형벌적 제재나 가족법적 규율이 아닌 형벌의 제재를 규정한 것이 지나친 것은 아닌지에 대한 문제는 제기될 수 있다. 어떠한 행위를 불법이며 범죄라 하여 국가가 형벌권을 행사하여 이를 규제할 것인지 아니면 단순한 도덕률에 맡길 것인지의 문제는 인간과 인간, 인간과 사회와의 상호관계를 함수로 하여 시간과 공간에 따라 그 결과를 달리할 수밖에 없는 것이고, 결국은 그 사회의 시대적인 상황이나 사회구성원들의 의식 등에 의하여 결정될 수밖에 없다. 따라서 간통행위에 대하여 민사상의 책임 외에 형사적 제재도 가할 것인지 여부는 기본적으로 입법정책의 문제로서 입법권자의 입법형성의 자유에 속한다(헌재 2001. 10. 25. 2000헌바60 참조).

심판대상조항에 대하여 개인의 윤리나 도덕의 문제에 법이 직접 개입하여 강제한다는 비판이 있으나, 배우자 있는 자의 간통 및 그에 동조한 상간자의 행위는 사회적 윤리의 상당성을 일탈한 것을 넘어 혼인과 가족생활의 해체를 초래하거나 초래할 위험성이 높다는 점에서 이를 단순히 윤리와 도덕적 차원의 문제라고만은 볼 수 없다.

물론 간통죄에 대한 오늘날 세계 각국의 입법례는 이를 폐지해 가는 것이 그 추세이고, 우리 사회 역시 급속한 개인주의적·성개방적 사고방식에 따라 성에 관한 국민의 법의식에도 많은 변화가 있었으며, 심판대상조항의 규범력도 어느 정도 약화되었음은 부인할 수 없다. 그러나 우리 사회의 구조와 국민의식의 커다란 변화에도 불구하고 우리 사회에서 고유의 정절 관념 특히 혼인한 남녀의 정절 관념은 전래적 전통윤리로서 여전히 뿌리 깊게 자리 잡고 있으며, 일부일처제의 유지와 부부간의 성에 대한 성실의무는 우리 사회의 도덕기준으로 정립되어 있어, 간통은 사회의 질서를 해치고 타인의 권리를 침해하는 경우에 해당한다고 보는 우리의 법의식은 여전히 유효하다(헌재 2008. 10. 30. 2007헌가17등 참조). 우리 재판소는 창설 이래 2008년에 이르기까지 선례들을 통해서 수차례 이 점을 확인하고 간통죄가 헌법에 위반되지 아니한다고 판시하여 왔는바, 이렇게 거듭 확인된 선례를 변경하여야 할 사정변경의 유무를 판단함에 있어서는 신중을 기하여야 할 것이다.

다수의견은 간통에 대한 우리 사회 대다수의 법의식이 변화하였다고 하나 현재 국민 법의식에 대한 실태조사결과 등 이를 입증할 어떠한 증좌도 없다. 오히려 2005년 한국가정법률상담소가 실시한 간통죄 존폐 설문조사 결과에서는 응답자 1만 2,516명 중 60%에 달하는 7,621명이 존치의견이었고, 2009년 여론조사기관이 전국 19세 이상 성인 1,000명을 대상으로 실시한 간통죄 형사처벌 찬반여부 설문조사에서는 응답자의 64.1%가 찬성 입장이었으며, 2014년 한국여성정책연구원이 전국 19

세 이상 남녀 2,000명을 대상으로 실시한 간통죄 존폐 설문조사 결과에서도 응답자의 60.4%가 존치의견을 나타냈다. 이렇듯 가정 내 경제적·사회적 약자의 입장에 있는 여성들을 비롯한 일반 국민들 중에서는 간통을 형법으로 규제함으로써 국가가 가정을 보호해 주어야 한다는 의견이 존재하는 것은 명백한 사실이다. 이는 대다수 외국과는 달리 우리 형법에서 존속에 대한 상해나 살인죄를 가중처벌하는 것을 효(孝)의 강요 내지 법에 의한 도덕의 강제로 보지 않고 우리 사회에서 지켜야 할 최소한의 윤리도덕을 유지하기 위한 것으로서 그 정당성이 인정되고 있는 것과 마찬가지이다.

또한 사회의 건전한 성도덕을 유지하는 데 있어서 형법의 역할을 전적으로 부정할 수는 없다. 우리나라는 고조선의 8조법금에서부터 지금까지 일관되게 간통을 금지하고 간통행위를 한 자를 형사처벌하여 왔고 그로 인해 우리 사회에서 간통은 법으로 금지된 행위이고 간통행위를 할 경우에는 형사처벌을 받게 된다는 인식이 오랫동안 뿌리 깊게 이어져 왔다. 즉 간통죄의 존재 자체만으로도 일반인들로 하여금 간통행위에 나아가지 않게 하는 일반예방적 효과가 있었고, 그로 인하여 사회의 건전한 성도덕이 유지되고 혼인관계와 소중한 가정이 보호되어 온 측면을 무시할 수 없다. 특히 간통죄의 폐지는 '성도덕의 최소한'의 한 축을 허물어뜨림으로써 우리 사회 전반에서 성도덕 의식의 하향화를 가져오고, 간통에 대한 범죄의식을 없앰으로써 우리 사회에서 성도덕의 문란을 초래할 수 있으며, 그 결과 혼인과 가족 공동체의 해체를 촉진시킬 수 있다. 이는 독일 철학자 헤겔이 말하는 '가정, 사회, 국가'라는 인간이 살아가는 근본적인 공동체의 틀을 훼손할 수 있다는 의미이다. 이러한 점을 고려할 때, 간통행위에 대하여 개인과 사회의 자율적 윤리의식의 제고를 촉구하는 데 그치지 아니하고 형벌의 제재를 동원한 행위금지를 선택한 입법자의 판단이 자의적인 것이라고 보기 어렵다.

다만 법적으로 혼인이 해소되지 않았으나 장기간 별거 등 실질적으로 부부공동생활이 파탄되어 회복될 수 없을 정도의 상태에 이르러 더 이상 배우자에 대한 성적 성실의무를 부담한다고 볼 수 없는 경우까지도 형사처벌의 대상으로 삼는 것은 입법목적 달성을 위한 필요한 범위를 넘어서는 것이 아닌가 하는 의문이 있을 수 있다. 그러나 사회적으로 비난가능성이 없는 간통행위는 사회상규에 위배되지 아니하는 행위로 볼 여지가 있고, 나아가 간통의 종용 또는 유서의 개념을 적절히 보완함으로써 간통죄의 성립을 부정할 수도 있다. 이와 관련하여 대법원은 비록 부부가 아직 이혼하지 아니하였지만 실질적으로 부부공동생활이 파탄되어 회복할 수 없을 정도의 상태에 이르렀다면, 제3자가 부부의 일방과 성적인 행위를 하더라도 이를 두고 부부공동생활을 침해하거나 유지를 방해하는 행위라고 할 수 없고, 또한 그로 인하여 배우자의 부부공동생활에 관한 권리가 침해되는 손해가 생긴다고 할 수도 없으므로 불법행위가 성립한다고 보기 어렵다고 하였다(대법원 2014. 11. 20. 선고 2011므2997 전원합의체 판결). 이는 민사적인 불법행위책임에 관한 판결이기는 하나, 부부공동생활의 실체가 더 이상 존재하지 아니한다고 볼 정도에 이른 경우 간통행위는 사회윤리 내지 사회통념에 비추어 용인되는 사회상규에 위배되지 아니하는 행위로서 위법성이 조각될 여지가 있음을 보여준다.

　한편 어떠한 범죄를 어떻게 처벌할 것인가 하는 문제, 즉 법정형의 종류와 범위의 선택은 그 범죄의 죄질과 보호법익에 대한 고려뿐만 아니라 우리의 역사와 문화, 입법 당시의 시대적 상황, 국민일반의 가치관 내지 법감정 그리고 범죄예방을 위한 형사정책적 측면 등 여러 가지 요소를 종합적으로 고려하여 입법자가 결정할 사항으로서 광범위한 입법재량 내지 형성의 자유가 인정되어야 할 분야이다.

　심판대상조항은 징역형만을 규정하고 있으나 2년 이하의 징역에 처하도록 하여 법정형의 상한 자체가 높지 않을 뿐만 아니라 비교적 죄질이 가벼운 간통행위에 대하여는 선고유예까지 선고할 수 있으므로 행위의 개별성에 맞추어 책임에 알맞은 형벌을 선고할 수 없도록 하는 지나치게 과중한 형벌을 규정하고 있다고 볼 수 없다. 또한, 간통 및 상간행위는 일단 소추가 된 때에는 행위태양에 관계없이 필연적으로 가족의 해체로 인한 사회적 문제를 야기한다는 점에서 다른 성풍속에 관한 죄와는 다른 법익침해가 문제되고, 경미한 벌금형은 기존의 혼인관계의 해소에 따른 부양이나 손해배상의 책임을 피하고자 하는 간통행위자에 대하여는 위하력을 가지기 어렵다는 점 등을 고려할 때 입법자가 심판대상조항에 대하여 형법상 다른 성 풍속에 관한 죄와 달리 벌금형을 규정하지 아니한 것이 형벌체계상의 균형에 반하는 것이라 할 수도 없다(헌재 2008. 10. 30. 2007헌가17등 참조).

다. 간통죄의 존속의 의의

　우리나라의 이혼율은 1980년대 들어와 급격히 증가하기 시작하여 2000년대 이후로는 혼인 대비 이혼율이 40%에 이르게 되었고 현재 우리나라는 아시아에서 이혼율이 가장 높은 국가가 되었다. 특히 2000년에서 2006년까지 재판상 이혼의 원인 중에서 배우자의 부정행위는 47.1%로 가장 많은 비중을 차지하고 있다. 다수의견은 이혼을 하게 되더라도 재산상 및 정신적 손해배상 등을 통해서 부정한 행위를 한 배우자의 상대방을 보호할 수 있다고 하지만, 특히 사회활동의 경험이 없고 가정 내 경제적·사회적 약자의 처지에 놓여 있는 전업주부 여성의 경우 상대방의 재산 은닉 등으로 인하여 재산분할제도가 실효성이 없는 경우가 많고, 위자료로 받을 수 있는 액수도 미미한 수준이다. 아직까지 우리 사회에서 혼인중의 재산분할 인정, 주거용 건물 등에 대한 부부 일방의 임의 처분 제한, 재산분할청구권 보전을 위한 사해행위 취소권, 이혼에 따른 상속분 보장 등 가정 내 경제적·사회적 약자를 보호하기 위한 다양한 제도가 마련되어있지 아니하여 현행 민법상의 제도나 재판실무만으로는 이들의 보호에 미흡할 수밖에 없다.

최근 우리 사회에서 심각한 사회문제로 대두되고 있는 청소년 비행에 있어서도 마찬가지이다. 가정은 자녀의 출산과 양육, 사회화, 사회통제 등을 담당하는 사회적 기관으로서 자녀에게 사회적으로 안정적인 삶의 자원 및 기회를 제공할 뿐만 아니라 사회적으로 승인된 사회규범을 내면화시키고 일탈을 억제함으로써 자녀가 사회의 구성원으로 성장하는 데 있어서 중요한 역할을 담당하고 있다. 따라서 간통으로 인한 가족공동체의 파괴가 자녀에게 심각한 악영향을 미칠 수 있다는 점은 쉽게 짐작할 수 있다. 실제로 청소년 비행의 원인에 대한 수많은 연구결과가 부모의 이혼이나 별거 등으로 인한 결손가정의 경우 청소년 자녀의 비행의 정도가 양친가정에 비해 월등히 높게 나타나고 있음을 보여주고 있다.

그런데 이와 같이 부부가 이혼할 경우 가정 내 경제적·사회적 약자에 대한 보호장치가 제대로 마련되어 있지 않고, 부모의 이혼으로 인한 자녀양육에 대한 책임과 파괴된 가정에 대한 사회적 안전망이 구축되지 않은 상태에서 간통죄를 폐지할 경우에는 혼인관계에서 오는 책임과 가정의 소중함은 뒤로 한 채 오로지 자신의 성적자기결정권과 사생활의 자유만을 앞세워 수많은 가족공동체가 파괴되고 가정 내 약자와 어린 자녀들의 인권과 복리가 침해되는 사태가 발생하게 될 것을 우려하지 않을 수 없다.

이렇듯 간통죄는 아직까지 우리 사회에서 그 존재의의를 찾을 수 있고, 그로 인해 보호되는 공익은 선량한 성도덕의 수호, 나아가 혼인과 가족제도의 보장이라는 헌법적 가치이다. 그에 반해 심판대상조항으로 인한 행위규제는 법률혼 관계가 유지되고 있는 동안 간통할 수 없고, 법률상 배우자 있는 자라는 사실을 알면서 상간할 수 없다는 특정한 관계에서의 성행위 제한이다. 이는 간통행위자에 대하여는 스스로의 자유로운 의사에 따라 형성한 혼인관계에 따르는 당연한 의무이자 책임의 내용일 뿐이며, 미혼인 상간자에 대하여도 타인의 법적·도덕적 의무위반을 알면서 적극적으로 동참하여서는 아니 된다는 것일 따름이다. 따라서 심판대상조항으로 인해 얻는 공익적 성과와 그로부터 초래되는 부정적 효과는 합리적인 비례관계를 일탈하였다고 할 수 없다.

라. 소결론

심판대상조항은 성적자기결정권을 제한한다고 보기 어려울 뿐 아니라, 과잉금지원칙에 위배되어 청구인들의 기본권을 침해한다고 할 수도 없으므로 헌법에 위배되지 않는다.

성매매 처벌 사건

(헌재 2016. 3. 31. 2013헌가2)

□ 사건개요 등

이 사건은 성판매자와 성구매자를 처벌하는 '성매매알선 등 행위의 처벌에 관한 법률'(이하, '성매매처벌법'이라 한다) 제21조 제1항(이하, '심판대상조항'이라 한다)에 대한 위헌제청 사건이다.

헌법재판소는 심판대상조항이 헌법에 위반되지 않는다고 결정하였다. 이 결정에는 재판관 1명의 전부 위헌의견, 재판관 2명의 일부 위헌의견이 있었고, 재판관 안창호 외 1명의 법정(합헌)의견에 대한 보충의견이 있었다. 법정의견은 심판대상조항이 과잉금지원칙을 위반하여 성적자기결정권 등을 침해하지 아니한다는 견해이다. 이러한 법정의견에 대한 보충의견의 중요 내용은 다음과 같다.

첫째, 행복추구권은 욕망에 대한 이성적인 절제를 바탕으로 하는 것이어야 하고, 절제되지 않은 본능에 좌우되어 공동체가 추구하는 가치관과 질서를 훼손하는 욕망 및 이를 추구하는 행위까지 행복추구권에 의해 반드시 보호되는 것은 아니다.

둘째, 행복추구권에서 근거하는 성적자기결정권은 성적 폭력·착취·억압으로부터의 자유에서 유래되는 것이므로, 성을 상품화하면서 사회의 건전한 성풍속과 성도덕을 훼손하는 성매매는 성적자기결정권의 영역에 포섭되지 아니한다.

셋째, 우리나라에서 성(性)구매 경험이 있는 사람은 미국이나 영국 등에 비하여 월등히 높은 수치를 보여주고 있는 상황에서 성매매를 전면 비범죄화 하게 되면, 성산업의 팽창과 성풍속·성도덕의 훼손이 우려되고, 성매매를 위한 저개발국 여성의 유입과 인신매매와 같은 사회문제가 급격하게 증가할 수 있다.

넷째, 성판매자만을 비범죄화 하는 방안은 보호의 필요성이 없는 성판매자까지 법적인 제재가 이루어지지 않게 하고, 청소년들이 쉽게 돈을 벌 목적으로 성매매에 빠지는 동인(動因)이 되며, 그 결과 국민의 근로의욕을 저하시킬 수 있다.

국민의 행복은 도덕적으로 건강한 사회공동체에서 극대화 될 수 있다. 성매매를 인정한다고 하여 인간의 존엄과 가치가 구현되는 것이 아니다. 성매매의 허용은 실질적으로 인간의 존엄과 가치를 훼손하고 사회공동체의 가치와 질서를 훼손할 수 있다. 보충의견은 이러한 인식 아래 우리 사회의 성매매와 관련된 헌법현실을 고려하여 성매매의 비범죄화에 반대하면서도, 구체적인 사안에서 성매매처벌법상의 '성매매 피해자'의 개념을 유연하게 해석하고 단속위주의 성매매 정책을 지양하며 성판매자에 대한 보호관찰, 상담위탁 등과 같은 성매매처벌법상의 보호처분을 적극 활용할 것을 제안하고 있다.

헌법재판소는 2016. 9. 29. 2015헌바65 사건에서 이 사건과 같은 맥락에서 성매매처벌법 중 성매매 영업알선행위를 처벌하는 조항과 그 범죄로 인하여 얻은 재산을 몰수·추징하는 조항에 대해 합헌결정을 하였다.

□ 법정(합헌)의견에 대한 보충의견

우리는 인간의 성을 거래의 대상으로 삼는 성매매가 행복추구권에서 파생되는 성적자기결정권에 의해 보호되는지에 대해 의문이 들고, 성매매의 비범죄화가 가져올 사회적 유해성이 크다고 생각하므로 다음과 같이 보충의견을 밝힌다.

가. 헌법 제10조의 행복추구권은 개인의 자기운명결정권을 전제하는바, 여기에는 성행위 여부와 상대방을 결정할 수 있는 자유, 즉 성적자기결정권도 포함되어 있다. 그런데 행복추구권에서 말하는 행복의 의미에 관하여는 다양한 견해가 있을 수 있지만, 인간이 추구하는 모든 유형의 절제되지 않은 욕망까지 이에 포함된다고 볼 수는 없다.

인간이 이성보다 감각이나 욕망의 이끌림에 순응하는 모든 행위를 헌법의 테두리에서 보호하는 것은 곧 사회적으로 유해한 각종 범죄행위도 인간의 본능에 따른 행위로서 보호한다는 것을 의미한다. 이는 사회 전체를 무질서와 혼란에 빠뜨려 그 구성원들의 삶조차 불행하게 할 수 있다. 따라서 행복을 추구할 권리는 어디까지나 공동체 구성원들 사이에 공유된 가치관의 보호와 그것을 지켜내기 위한 이성적인 절제를 바탕으로 하는 것이어야 하고, 절제되지 않은 본능에 좌우되어 공동체가 추구하는 가치관과 질서를 훼손하는 욕망 및 이를 추구하는 행위까지 행복추구권에 의해 반드시 보호되는 것은 아니다.

성(性)과 관련하여서도 마찬가지이다. 모든 인간은 성적 본능을 가지며, 성에 대한 본능이 표출되는 방식은 사람마다 다를 수 있지만, 성과 관련된 모든 형태의 인간의 행동이 헌법상 기본권으로 보호되는 것은 아니다. 헌법에 의해서 보호되는 성적자기결정권은 성적 폭력·착취·억압으로부터의 자유에서 연유하는 것인바, 성을 상품화하여 거래의 대상으로 삼으면서 사회의 건전한 성풍속과 성도덕을 해하는 성매매가 '성적자기결정권'이라는 헌법적 테두리 안에서 보호되어야 하는지에 대하여는 강한 의문이 든다.

나. 어떠한 행위를 범죄로 볼 것인지, 그러한 범죄를 어떻게 처벌할 것인지의 문제는 범죄의 죄질과 보호법익에 대한 고려뿐만 아니라 우리의 역사와 문화, 입법 당시의 시대적 상황, 국민일반의 가치관 내지 법 감정 그리고 범죄예방을 위한 형사정책의 측면 등 여러 요소를 종합적으로 고려하여 입법자가 결정할 사항으로서 광범위한 입법재량 내지 형성의 자유가 인정되어야 할 분야이다(헌재 2010. 3. 25. 2008헌바84 참조). 특히 사회의 성풍속 및 성도덕에 관한 입법의 경우에는 규범 자체가 도덕적, 윤리적 가치 판단에 근거한 것으로 우리의 역사와 사회 현실, 사회의 가치관과 이에 대한 구성원들의 공감대 및 국민적 합의 등 여러 요소를 고려하여 이루어

진 입법자의 결단이라 할 것이므로, 심판대상조항과 같이 성풍속 및 성도덕에 관련된 입법의 경우에는 그 위헌성을 보다 신중하게 판단해야 한다.

앞서 본 바와 같이 입법자가 성매매의 형사처벌 여부를 결정함에 있어서는 그 사회의 특유한 문화와 사회적 현실 외에도 비범죄화에 따라 발생할 수 있는 사회문제 등이 전반적으로 고려되어야 한다. 그런데 2010년도 여성가족부의 실태조사를 보도한 기사에 따르면, 우리나라에서 성(性)구매 경험이 있는 자는 미국이나 영국 등에 비하여 월등히 높은 수치를 보여주고 있고, 이는 우리 사회 특유의 성매매에 관대한 조직문화와 접대문화를 반영한 것으로 볼 수 있다. 이 같은 상황에서 성매매를 전면 비범죄화 하게 되면, 성산업의 팽창은 걷잡을 수 없게 되고, 사회의 건전한 성풍속과 성도덕이 훼손될 것임은 자명한 사실이다.

성매매의 비범죄화에 따른 문제점은 다른 나라의 경우를 통해서도 경험적으로 뒷받침되고 있다. 독일의 경우 2001년 성매매 행위를 합법적 직업으로 인정하고 관련 종사자들의 노동권을 보장하는 법률을 제정한 이래 성매매 산업이 급속히 팽창하였으며, 성매매로 유입되는 여성의 수는 물론 성구매자의 수 역시 증가하였다. 독일은 성매매 종사자의 사회보험 가입률을 제고하고 성매매 근로 환경을 개선하며 탈성매매 환경을 조성하고자 하였으나 그러한 개선효과는 크게 나타나지 않았다. 그 밖에 네덜란드, 영국, 프랑스, 호주 등 성매매를 허용하는 국가들에서는 성매매 산업의 확대와 저개발국 여성들의 성매매 유입 증가와 같은 사회문제를 공통적으로 경험하고 있다. 성매매의 비범죄화에 따른 이와 같은 문제점이 우리나라의 경우에만 예외일 것이라고 보기 어려우므로, 전부 위헌의견에서와 같은 성매매의 비범죄화 주장은 쉽게 받아들일 수 없다.

다. 한편 일부 위헌의견에서는 성구매자에 대하여만 형사처벌을 하고, 성판매자에 대하여는 형사처벌을 해서는 안 된다는 차별적 범죄화를 주장하고 있다.

사회구조적인 이유로 성매매에 내몰린 자들이 존재한다는 것은 우리 사회의 안타깝지만 엄연한 현실이고, 이들에 대한 보호 및 선도의 필요성도 인정된다. 그런데 음란물이나 마약 판매, 장기 매매 등과 같은 범죄의 경우 죄질과 입법목적 달성의 효과 등을 고려하여 매도인을 거래 상대방보다 더 중하게 처벌하는 등 매도인 중심의 처벌이 이루어지고 있다. 특히 장기 매매의 경우에는 사회구조적 요인에 기인한 생계형 범죄가 많다는 측면에서 보면 성판매와 유사한 특징을 가짐에도 불구하고,

유독 성매매에 있어서는 성구매자 등만 처벌하고 성매매의 공급자, 즉 성판매자를 처벌해서는 안 된다는 주장이 다른 범죄와 비교하여 처벌의 형평성 문제를 비켜갈 수 있는지 의문이다. 성판매행위를 경제적·사회구조적 요인에 기인하는 것으로 보면서 오히려 성판매자의 경제적 절박함을 직접적으로 해소해 줄 수 있는 성구매자와 포주 등은 처벌해야 한다는 주장 역시 논리일관성 문제나 그에 따른 처벌의 형평성 문제에서 자유롭지 못하다.

절박한 생존상의 이유로 성매매에 종사하는 '생계형' 성판매자의 범위 역시 불분명하다. 사람마다 생계에 필요한 경제적 이익이 다를 수 있으므로 '생계형'의 범위가 모호할 뿐만 아니라, 급여나 근로시간과 같은 노동조건을 달리하는 다른 직업이 존재함에도 불구하고 더 많은 돈을 벌 수 있다는 이유로 성매매에 종사하는 경우에도 생계유지 목적을 이유로 '생계형' 성판매자로 분류할 수 있을지도 의문이다. 설령 생계형 성판매자의 존재를 인정하더라도, 다양한 유형의 성판매자 중에는 절박한 생존상의 이유로 어쩔 수 없이 성매매에 내몰린 자뿐만 아니라, 유흥이나 과소비 등을 이유로 쉽게 돈을 벌기 위하여 성매매에 종사하는 자들도 존재하는바, 이들을 오로지 주관적 동기만으로 구별하여 선별적인 형사처벌을 하는 것은 사실상 불가능에 가깝다.

그렇다고 하여 성판매행위 모두를 비범죄화 하게 되면, 보호의 필요성이 없는 성판매자에 대해서까지 법적인 제재를 포기하는 결과가 되고, 이들이 다양한 방법을 사용하여 성구매자로 하여금 성매매를 하도록 유도하는 것도 막을 수 없게 되어 사회의 건전한 성풍속 및 성도덕 확립이라는 입법목적이 훼손될 수밖에 없다. 나아가 성판매의 비범죄화는 국민적 합의 없이 '성매매가 사회적으로 보호받는 노동의 일종'이라는 인식을 심어 주어, 열심히 일하며 생계를 꾸려가는 대다수 일반국민의 건전한 근로 의욕을 저하시킬 우려가 있다. 특히 1990년대 가출 청소년의 증가로 청소년 성매매가 번성하였던 우리의 경험에 비추어 보면, 성판매의 비범죄화는 장래에 대한 판단능력이 미약하거나 다른 직업을 구하기 어려운 청소년들이 쉽게 돈을 벌 목적으로 성매매에 빠지도록 유인할 가능성이 크다. 성매매를 처벌하지 않던 스웨덴의 경우 1999년 입법을 통해 '성구매자를 처벌'하도록 하면서 성매매가 일부 감소하였으나, 성판매를 형사처벌하지 않음에 따라 성판매 여성의 포주나 범죄조직에 대한 예속을 강화시켰다는 비판이 있는 점을 고려하면, 성매매를 비범죄화 한다고 하여 성판매자의 포주나 범죄조직에의 예속 문제가 해결되는 것도 아니다.

이처럼 성매매에 대한 비범죄화는 여러 사회문제를 가져올 수 있는바, 성판매자를 형사처벌하면 안 된다는 일부 위헌의견의 입장은 타당하지 않다.

라. 물론 경제적으로 절박한 이유에서 성매매에 내몰리는 경우도 있으므로, 그러한 성판매자를 보호할 필요가 있음을 부인할 수 없다. 하지만 그 경우 모든 성판매자에 대하여 비범죄화 정책을 취할 것이 아니라, 구체적인 사안을 고려하여 성매매처벌법상의 '성매매 피해자'의 개념을 유연하게 해석함으로써 성매매처벌법의 테두리 안에서 이들을 보호하는 것이 보다 적절하다. 나아가 성판매자에 대한 보호관찰, 사회봉사·수강명령, 성매매 피해상담소에의 상담위탁, 전담의료기관에의 치료위탁 등과 같이 성매매처벌법상의 보호처분을 적극 활용함으로써 성판매자의 보호 및 선도에 국가가 앞장서 더욱 노력해야 할 것이다.

또한 성매매를 규제하는 이유는 그것이 사회의 건전한 성풍속과 성도덕을 해하고, 그로 인해 인간의 존엄과 가치를 저해하기 때문인바, 성매매에 대한 적발 및 단속 또한 어디까지나 그러한 입법목적을 고려하여 신중하게 이루어져야 한다. 따라서 혹여라도 건전한 성풍속 및 성도덕에 실질적으로 어떠한 영향을 주는지에 대한 고민 없이 단순히 실적을 쌓는 등 입법목적과 부합하지 않는 단속이 있다면 이는 지양되어야 할 것이다.

청탁금지법(일명 김영란법) 사건
(헌재 2016. 7. 28. 2015헌마236등)

□ 사건개요 등

이 사건은 2016. 9. 28.부터 시행되는 '부정청탁 및 금품등 수수의 금지에 관한 법률'(이하, '청탁금지법'이라 한다) 일부 조항에 대한 위헌소원 사건이다.

헌법재판소는 청탁금지법 ① 제5조 제1항 및 제2항 제7호 중 사립학교 관계자와 언론인에 관한 부분(이하, '부정청탁금지조항'이라 한다), ② 제8조 제1항과 제2항 중 사립학교 관계자와 언론인에 관한 부분(이하, '금품수수금지조항'이라 한다), ③ 제8조

제3항 제2호, 제10조 제1항 중 사립학교 관계자와 언론인에 관한 부분(이하, '위임조항'이라 한다), ④ 제9조 제1항 제2호 중 사립학교 관계자와 언론인에 관한 부분(이하, '신고조항'이라 한다), ⑤ 제22조 제1항 제2호, 제23조 제5항 제2호 중 사립학교 관계자와 언론인에 관한 부분(이하, '제재조항'이라 한다)에 대하여 헌법에 위반되지 아니한다고 결정하였다. 이 결정에는 '위임조항' 중 제8조 제3항 제2호에 대한 재판관 안창호 외 2명의 반대(위헌)의견, '제재조항' 중 제22조 제1항 제2호 부분에 대한 재판관 안창호 외 3명의 반대(위헌)의견 등이 있었다.

　법정의견은 심판대상조항이 언론인 및 사립학교 관계자의 일반적 행동자유권, 평등권을 침해하지 않는다고 결정하였다. 부정청탁 및 금품수수 금지조항은, 법질서 전체와의 관계에서 사회상규에 위반되지 아니하는 행위를 제재대상에서 제외하고 있는 점, 언론인이나 사립학교 관계자가 부정청탁을 받고 그에 따라 직무를 수행한 경우만 처벌하는 점, 이들에게 상당한 금품을 주는 것은 일정한 대가관계를 추정할 수 있는 점을 고려하면, 과잉금지원칙을 위반하여 일반적 행동자유권을 침해한다고 보기 어렵다. 위임조항은, 청탁금지법상 수수가 허용되는 경조사비, 선물, 음식물의 가액은 사회현실의 변화에 대응하여 유연하게 규율할 필요가 있고, 대통령령에 규정될 수수허용 금품등의 가액이나 외부강의 등 사례금은 직무관련성이 있는 경우로서 100만 원을 초과하지 아니하고 공직자 등의 청렴성을 해하지 아니하는 정도가 될 것임을 충분히 예측할 수 있는 점 등에 비추어보면, 헌법에 위반되지 아니한다. 제재조항은, 공직자등과 경제적 이익 등을 공유하는 배우자가 직무와 관련하여 수수 금지 금품등을 받는 행위는 실질적으로 본인이 수수한 것과 마찬가지로 볼 수 있는 점 등에 비추어보면 헌법에 위반되지 아니한다.

　위임조항 중 제8조 제3항 제2호에 대한 반대의견은 위 법률의 전체적인 취지에 동의하면서도 위 법률조항이 국회에서 법률로 정해야 할 사항인 '금품등 수수 금지 행위의 가액 하한선'을 대통령령에 위임하는 것은 의회유보원칙에 위배된다는 견해이다. 그 중요 내용은 다음과 같다.

　첫째, 국민의 헌법상 기본권과 관련된 중요한 사항 내지 본질적인 내용에 대한 정책 형성 기능은 주권자인 국민에 의해 신출된 대표자들로 구성되는 입법부가 법률 형식으로 수행해야 하며, 행정부 등에 그 기능을 넘겨서는 안 된다.

　둘째, 위 법률조항에 따라 대통령령에서 정해지는 '금품등 수수 금지행위의 가액 하한선'은 공직자, 사립학교 교직원, 언론인뿐만 아니라 농어민을 비롯한 모든 국민 의 기본권에 직·간접적으로 영향을 미치는 기본적이고 중요한 사항에 속한다.

셋째, 국민의 경험과 법 감정, 청탁금지법의 입법취지를 고려할 때, 공직자등에게 제공되는 음식물·경조사비·선물 등의 수수 금지 하한인 100만 원은 지나치게 고액으로, 이는 어떠한 실질적인 입법 지침으로 기능한다고 할 수 없고 공직자등의 구체적인 행동규범의 기준으로서 특별한 의미를 가진다고 할 수 없다.

'제재조항' 중 제22조 제1항 제2호 부분에 대한 반대의견은 이 조항이 책임과 형벌 간 비례원칙 등에 위반된다는 견해인데, 그 중요 내용은 다음과 같다.

첫째, 공직자등이 그 배우자의 금품등 수수 사실을 알면서 신고하지 아니한 행위(이하, '불신고행위'라고 한다)는 그 가벌성과 죄질, 비난가능성, 행위의 책임이 공직자등이 직접 금품 등을 수수한 경우와 동일하다고 보기 어렵다.

둘째, 불신고행위와 유사한 국가보안법상의 불고지 또는 군형법상 반란 불보고는 본범이 중하게 처벌되는 경우에만 처벌되는데 반해, 위 법률조항은 본범이 처벌되지 않음에도 처벌되는데 이러한 입법례는 전례를 찾기 어렵다.

셋째, 위 법률조항의 공소시효(5년)는 공직자등의 배우자가 금품등을 수수한 시기와 관계없이, 공직자등이 '배우자의 금품등의 수수행위를 알고서도 신고하지 아니한 때'로부터 진행하게 되므로, 이는 공소시효 기간이 무한정으로 연장되는 불합리한 결과를 초래한다.

공정하고 투명한 권력행사는 분권과 협치와 함께 현대 국가의 시대적 요청이다. 청탁금지법은 이러한 시대적 요청에 따라 공정하고 투명한 공동체로 나아가기 위해 제정되었다. 반대의견들은 이러한 청탁금지법의 취지에 반대하는 것이 아니라 이를 적극적으로 지지하면서도 구체적인 입법의 내용에 대하여 개별적인 문제점을 지적하고 있다. 위임조항 중 제8조 제3항 제2호와 관련해서는 농어민 등 경제적·사회적 약자 등이 그 개정을 요구하는 등 많은 논란이 있었고 그 요구에 따라 대통령령의 개정이 있었다. 반대의견에서 지적하는 내용에 대한 재검토를 통해 청탁금지법의 완결성을 높이고 우리 사회가 공정하고 투명한 공동체로 한 발 더 나아가는 계기가 되어야 할 것이다.

□ 위임조항 중 제8조 제3항 제2호에 대한 반대(위헌)의견

우리는 공직자등의 공정한 직무수행을 저해하는 부정청탁 관행을 근절하고, 공직자등의 금품등의 수수행위를 직무관련성 또는 대가성이 없는 경우에도 제재가 가능하도록 하여 공직자등의 공정한 직무수행을 보장하고 공공기관에 대한 국민의 신뢰를 확보하고자 하는 청탁금지법의 입법목적에 충분히 공감하고 이를 위해 필요·적절한 범위 내에서 입법적 조치가 뒷받침되어야 함에도 전적으로 동의한다. 다만, 우리는 위임조항 중 청탁금지법 제8조 제3항 제2호는 의회유보원칙의 관점에서 헌법 제37조 제2항에 반하여 청구인들의 일반적 행동자유권을 침해하는바 헌법에 위반된다고 생각하므로, 이에 대하여 아래와 같이 반대의견을 밝힌다.

가. 헌법은 법치주의를 그 기본원리의 하나로 하고 있고, 법치주의는 법률유보원칙, 즉 행정작용에는 국회가 제정한 형식적 법률의 근거가 요청된다는 원칙을 그 핵심적 내용으로 하고 있다. 나아가 오늘날의 법률유보원칙은 단순히 행정작용이 법률에 근거를 두기만 하면 충분한 것이 아니며, 국가공동체와 그 구성원에게 기본적이고도 중요한 의미를 갖는 영역, 특히 국민의 기본권 실현에 관련된 영역에 있어서는 행정에 맡길 것이 아니라 국민의 대표자인 입법자 스스로 그 본질적 사항에 대하여 결정하여야 한다는 요구, 즉 의회유보원칙까지 내포하는 것으로 이해되고 있다(헌재 2015. 5. 28. 2013헌가6).

한편 오늘날 행정작용이 미치는 범위가 광범위하게 확산되고 있고 그 내용도 복잡·다양하게 전개되는 것이 현대행정의 양상임을 고려할 때, 형식적으로 법률상의 근거를 갖출 것을 요구하는 것만으로는 국가작용과 국민생활의 기본적이고도 중요한 요소마저 행정에 의하여 결정되는 결과를 초래하게 될 것인바, 이러한 결과는 국가의사의 근본적 결정권한이 국민의 대표기관인 의회에 있다고 하는 의회민주주의의 원리에 배치되는 것이다. 입법자가 형식적 법률로 스스로 규율하여야 하는 그러한 사항이 어떤 것인가는 일률적으로 획정할 수 없고, 구체적 사례에서 관련된 이익 내지 가치의 중요성, 규제 내지 침해의 정도와 방법 등을 고려하여 개별적으로 결정할 수 있을 뿐이나, 적어도 헌법상 보장된 국민의 자유나 권리를 제한할 때에는 그 제한의 본질적인 사항에 관한 한 입법자가 법률로써 스스로 규율하여야 할 것이다. 헌법 제37조 제2항은 '국민의 모든 자유와 권리는 국가안전보장·질서유지 또는 공공복리를 위하여 필요한 경우에 한하여 법률로써 제한할 수 있다'고 규정하고 있는바, 여기서 '법률로써'라고 한 것은 국민의 자유나 권리를 제한하는 작용의 경우 적어도 그 제한의 본질적인 사항에 관한 한 국회가 제정하는 법률에 근거를 두는 것만으로 충분한 것이 아니라 국회가 직접 결정함으로써 실질에 있어서도 법률에 의한 규율이 되도록 요구하고 있는 것으로 이해하여야 한다(헌재 1999. 5. 27. 98헌바70 참조).

따라서 적어도 국민의 헌법상 기본권 및 기본의무와 관련된 중요한 사항 내지 본질적인 내용에 대한 정책 형성 기능만큼은 주권자인 국민에 의하여 선출된 대표자들로 구성되는 입법부가 담당하여 법률의 형식으로써 수행해야 하지, 행정부나 사법부에 그 기능을 넘겨서는 안 된다. 국회의 입법절차는 국민의 대표로 구성된 다원적 인적 구성의 합의체에서 공개적 토론을 통하여 국민의 다양한 견해와 이익을 인식하고 교량하여 공동체의 중요한 의사결정을 하는 과정이며, 일반 국민과 야당의 비판을 허용하고 그들의 참여가능성을 개방하고 있다는 점에서 전문 관료들만에 의하여 이루어지는 행정입법절차와는 달리 공익의 발견과 상충하는 이익간의 정당한 조정에 보다 적합한 민주적 과정이기 때문이다. 그리고 이러한 견지에서, 규율대상이 기본권적 중요성을 가질수록 그리고 그에 관한 공개적 토론의 필요성 내지 상충하는 이익간 조정의 필요성이 클수록, 그것이 국회의 법률에 의해 직접 규율될 필요성 및 그 규율밀도의 요구 정도는 그만큼 더 증대되는 것으로 보아야 한다(헌재 2004. 3. 25. 2001헌마882).

나. 먼저, 청탁금지법 제8조 제3항 제2호에 따라 정해지는 가액 기준의 성격을 살펴볼 필요가 있다.

(1) 현행 법령상으로는 공직자가 직무관련성이나 대가관계 없이 금품을 받는 경우에는 처벌받지 않으므로 직무관련성이나 대가관계에 대한 증명이 안 되는 때에는 거액의 금품을 받고도 처벌받지 않는 공직자가 있었다. 그러나 직무관련성이나 대가성이 아무리 없다고 해도 적지 않은 금품 등을 받는 공직자등의 행위는 직무수행의 공정성에 대한 의심을 일으킬 수 있기 때문에 고도의 윤리성이 요구되는 공직자등으로 하여금 직무관련성이나 대가관계를 묻지 않고 이유 없는 금품 등의 수수를 금지해야 한다는 사회적 요청이 지속되어 왔다.

이에 청탁금지법은 현행 뇌물관련 법제 하에서의 처벌의 공백을 메우고자, 직무관련성이나 대가관계가 없다 하더라도 공직자등이 동일인으로부터 1회에 100만 원 또는 매 회계연도에 300만 원 초과하는 금품등을 받거나 요구 또는 약속하는 행위를 금지하고 이를 위반하면 형사처벌하도록 하고(제8조 제1항, 제22조 제1항), 직무와 관련해서는 대가성 여부를 불문하고 제1항에서 정한 금액 이하의 금품등도 금지하면서 이를 위반한 경우에는 과태료를 부과할 수 있도록 하였다(제8조 제2항, 제23조 제5항).

공직자등의 금품 수수에 직무관련성, 대가성이 인정될 경우 그 금액의 다과를 불문하고 기존 뇌물관련 법제로 처벌되는 것은 물론이고, 이에 더 나아가 청탁금지법은 공직자등이 금품을 수수한 경우에는 직무관련성이나 대가성이 없더라도 일정한 제재를 가할 수 있도록 하여 공직자등의 금품등 수수를 원칙적으로 금지함으로써 공직자등의 직무수행의 공정성에 대한 국민의 신뢰를 확보하고 사회의 청렴도와 투명성을 제고하고자 한 것이다.

다만 원활한 직무수행 또는 통상적인 사교·의례 범위의 음식물·경조사비·선물에 대해서는 공직자등의 경우에도 그 수수를 허용하는 것이 사회적으로 상당하기 때문에, 청탁금지법은 제8조 제3항 제2호를 통해 위와 같은 범위에서 예외적으로 허용되는 금품등의 구체적 가액 기준을 대통령령으로 정하도록 위임하고 있다.

(2) 청탁금지법 제8조 제1항, 제2항, 제3항의 관계를 살펴보면, 제3항은 제1항 및 제2항에서 금지하는 행위의 예외를 규정하고 있어 일견 기본권을 제한하는 규정이 아니라 제1항 및 제2항에 의한 기본권 제한을 완화하는 규정이 아닌가 하는 의문이 제기될 수 있다.

그러나 청탁금지법 제8조 제1항은 명목을 불문한 일정액 이상의 금품 등의 수수를 금지하고 제2항은 직무와 관련해서는 대가성을 불문하고 일정액 이하의 금품 등의 수수도 금지하는 내용인바, 이들 조항만 있는 경우에는 사실상 공직자등은 청탁금지법의 입법취지와는 무관한 일상적인 사적 금전거래마저도 모두 할 수 없는 것이 되고 이는 보호법익의 침해가 없는 행위마저 금지하는 결과를 초래하며, 특히 제1항은 공직자등이 그 명목에 관계없이 동일인으로부터 1회에 100만 원을 초과하는 금품 등을 수수하면 곧바로 범죄의 구성요건에 해당하게 되는 불합리한 결과를 발생하게 하므로, 청탁금지법 제8조 제1항 및 제2항은 그 자체로는 완결적인 금지 조항이라고 보기 어렵다.

이러한 불합리함을 해소하고 청탁금지법의 입법취지에 맞는 실효성을 확보하기 위해 청탁금지법은 제8조 제3항을 규정하여 형식상 제1항 및 제2항에 해당하는 행위이지만 청탁금지법이 보호하고자 하는 법익의 침해가 전혀 없는 행위들을 처음부터 제1항 및 제2항의 규율에서 벗어나게 하도록 하였다.

따라서 청탁금지법 제8조에 의해 금지되는 행위에 대한 법적 평가는 제1항 및 제2항으로 완성되는 것이 아니라 제3항까지 고려함으로써 비로소 확정될 수 있는 것이다. 이는 그 법문을 통해서도 확인되는바, 일반적으로 형법상 위법성 조각사유에 관한 규정들이 "…벌하지 아니한다."라는 규정형식을 취하는 것과 달리(형법 제20조 내지 24조 참조), 청탁금지법 제8조 제3항은 "…제1항 또는 제2항에서 수수를 금지하는 금품등에 해당하지 아니한다."라고 규정하여 제3항에 해당하는 행위는 처음부터 청탁금지법의 금지행위 자체에 해당하지 않음을 분명히 하고 있다.

(3) 이러한 사정에 비추어보면, 청탁금지법 제8조 제3항 제2호에 따라 정해지는 가액 기준은 한편으로는 청탁금지법 제8조에서 금지하는 행위에 대한 허용기준이 되지만 동시에 공직자등에게 제공되는 음식물·경조사비·선물 등과 관련된 '금품 등 수수 금지행위의 가액 하한선'이 되는 것이다. 결국 공직자등에게 금품 등 수수와 관련하여 실질적인 행동규범으로 작용하는 기준은 청탁금지법 제8조 제1항에서 정한 '동일인으로부터 1회에 100만 원 또는 매 회계연도에 300만 원'과 함께 청탁금지법 제8조 제3항 제2호에 따라 대통령령에서 정해지는 가액이 된다고 할 것이다.

현재 청탁금지법의 시행을 앞두고 사회적 논쟁이 되고 있는 주된 부분이 청탁금지법의 인적 적용범위와 아울러 바로 청탁금지법 제8조 제3항 제2호에 의해 대통령령에서 정해질 금품등의 가액 기준을 둘러싼 것임은 주지의 사실인바, 이러한 현상은 대통령령에서 정해지는 가액 기준의 위와 같은 실질적 규범력을 방증하는 것이라고 할 수 있다.

따라서 청탁금지법 제8조 제3항 제2호에 따라 정해지는 가액 기준은, 공직자등의 금품등 수수에 직무관련성, 대가성이 인정될 경우 그 금액의 다과를 불문하고 뇌물죄로 처벌하는 현행 뇌물관련 법제에 추가하여, 공직자등에게 제공되는 음식물·경조사비·선물 등과 관련된 '금품등 수수 금지행위의 가액 하한선'을 정한 것으로 청구인들을 포함한 공직자등의 일반적 행동자유권과 관련된 중요한 사항 내지 본질적인 내용에 대한 것이라 할 것이므로, 이는 주권자인 국민에 의하여 선출된 대표자들로 구성되는 입법부가 담당하여 법률로써 결정되어야 할 사항이지 행정부에 그 기능을 넘겨 결정할 사항이 아니다.

　다. 법정의견은 청탁금지법 제8조 제1항과 제2항을 종합하여 보면, 청탁금지법 제8조 제3항 제2호에 의해 대통령령에 정해질 가액의 상한선은 100만 원이라고 해석되므로 입법자는 구체적이고 명확한 입법의 기준을 제시하고 있다는 취지로 언급하고 있다.

　그러나 법정의견과 같이 청탁금지법 제8조 제3항 제2호에 의해 대통령령에 정해질 가액의 상한선이 100만 원이라고 해석되더라도 대통령령에서 정해질 가액이 가지는 실질적 규범력과 국민 생활에의 전반적 영향을 고려하면 그 상한선을 100만 원으로 제시하는 것만으로 입법자의 의무를 다했다고 할 수 없다.

　법정의견에 따르면 대통령령은 100만 원의 범위 내에서는 그 허용 가액 기준을 자유롭게 정할 수 있게 된다. 그런데 음식물·경조사비·선물 등의 가액과 관련된 국민 일반의 일상생활에서의 경험과 법 감정, 공직사회의 투명성 제고 등 청탁금지법의 입법취지를 고려할 때, 공직자등에게 제공되는 음식물·경조사비·선물 등과 관련하여 가액 상한선 100만 원은 지나치게 고액이므로 상한선으로서 어떠한 실질적인 입법의 지침으로 기능한다고 할 수 없으며, 공직자등의 구체적인 행동규범의 기준으로서 특별한 의미를 가진다고 할 수 없다. 그 결과 공직자등에게 제공되는 음식물·경조사비·선물 등과 관련하여 대통령령에 규정될 가액기준이 100만 원의 범위 내이기만 하면 모두 청탁금지법의 입법취지에 부합한다고 할 수 없다.

　따라서 입법자는 공직자등에게 제공되는 음식물·경조사비·선물 등과 관련하여 허용되는 가액기준이 비록 100만 원의 범위 내라고 하더라도 이에 관련된 다수 국민들의 이해관계를 충분히 고려하고 국민의 법 감정과 청탁금지법의 입법취지에 부합하는 구체적인 가액기준을 직접 제시할 필요가 있는 것이다.

　라. 청탁금지법 제8조 제3항 제2호는 다수의 공직자등 뿐만 아니라 수많은 국민들의 이해관계에 관련되어 있다.

　청탁금지법상 '금품등'에는 사교·의례 또는 부조의 목적으로 제공되는 음식물·경조사비·선물 등도 포함되고(청탁금지법 제2조 제3호), 청탁금지법 제8조 제3항 제2호에 의해 위와 같은 음식물·경조사비·신물 등으로 수수 가능한 범위가 대통령령으로 정해지게 된다. 그런데 음식물·경조사비·선물 등은 비단 공직자등 뿐만 아니라 우리 국민 모두가 일상생활에서 사교·의례 또는 부조의 목적으로 서로 주고받는 것으로 이는 국민들의 일상생활에 있어 기본적이고도 중요한 의미를 갖는 영역이어서, 대통령령에서 정해지는 가액기준은 공직자등을 비롯하여 청탁금지법을 직접 적용받는 자 뿐만 아니라 수많은 국민들의 행동방향을 설정하는 기준이 될 수 있음을 부정하기 어렵다.

특히, 2015년 9월 기준으로 청탁금지법의 적용대상 기관은 40,008개, 적용대상 '공직자등'의 인원은 약 224만 명으로 추산될 만큼 많다(현대경제연구원, '청탁금지법의 적정 가액기준 판단 및 경제효과 분석', 2015. 9., 25면 참조). 그 밖에 공직자등의 배우자는 공직자등의 직무와 관련하여 수수 금지 금품등을 수수하여서는 아니 되는 의무를 부담하므로(청탁금지법 제8조 제4항) 공직자등의 배우자 역시 청탁금지법의 적용을 받게 된다. 또한 국민 누구든지 공직자등에게 또는 그 공직자등의 배우자에게 수수 금지 금품 등을 제공하거나 그 제공의 약속 또는 의사표시를 하여서는 아니 되고, 이를 위반하면 형사처벌 또는 과태료의 제재를 받게 된다(청탁금지법 제8조 제5항, 제22조 제1항 제3호, 제23조 제5항 제3호)는 점까지 감안하면, 청탁금지법은 사실상 모든 국민이 그 적용을 받는다고 보아야 할 것이다.

나아가 청탁금지법의 직접 적용을 받지 않더라도, 예컨대 국내에서 생산되어 선물용으로도 많이 유통되는 농·축·수산물의 생산·판매·유통관련 업무에 종사하는 자, 요식업을 비롯하여 청탁금지법이 '금품 등'으로 규정한 것과 관련된 산업에 종사하는 자 등에 이르기까지 청탁금지법 제8조 제3항 제2호에 의해 대통령령으로 정해지는 가액으로 인해 실질적 또는 간접적으로 영향을 받을 가능성이 있는 국민들의 수도 상당할 것으로 예상된다.

결국 청탁금지법 제8조 제3항 제2호에 따라 대통령령으로 정해질 가액은 단지 공직자 등만의 문제에 국한되지 않고 국민 모두의 이해관계 내지 기본권 제한에 직·간접적으로 영향을 미치는 기본적이고 중요한 사항에 속하므로 국민의 대표기관인 국회가 스스로 법률로써 직접 규율할 필요가 있는 것이다.

앞서 살펴본 바와 같이, 국회의 입법절차는 국민의 대표로 구성된 다원적 인적 구성의 합의체에서 공개적 토론을 통하여 국민의 다양한 견해와 이익을 인식하고 교량하여 공동체의 중요한 의사결정을 하는 과정으로 의견이 상이한 집단간의 비판을 허용하고 국민들의 참여가능성을 개방하고 있다는 점에서, 청탁금지법이 추구하는 공익의 발견과 청탁금지법의 시행으로 말미암은 상충하는 이익간의 정당한 조정에 보다 적합한 민주적 과정이라고 할 수 있다. 그 반면에, 주로 전문 관료들의 판단에 의존하여 이루어지는 대통령령 제정을 비롯한 행정입법절차는 국민 전체의 일상 생활에 관련된 기본적이고 중요한 사항으로서 공개적 토론을 통하여 상충하는 다양한 이해관계를 조정할 필요가 큰, 이 사건 '금품등 수수 금지행위의 가액 하한선'을 제정하는 데 적합한 절차라고 할 수 없다.

따라서 청탁금지법 제8조 제3항 제2호에 따라 대통령령으로 정해질 가액은 국회의 입법절차를 통해 정해져야 한다.

마. 한편, 청탁금지법 제8조 제3항 제2호에서 규정하는 '금품 등 수수 금지행위의 가액 하한선'을 법률에서 직접 규정하기에 곤란한 부득이한 사정이 있다고 보기 어렵고, 청탁금지법 제8조 제3항 제2호에 의해 대통령령에 위임된 사항이 행정입법에 의하여 탄력적으로 대처할 긴급한 필요성이 있는 것이라고 보기도 어렵다.

청탁금지법 제8조 제3항 제2호에 의해 대통령령에 정해지는 내용은 공직자등의 사교·의례 또는 부조와 관련된 '금품 등 수수 금지행위의 가액 하한선'인바, 이것이 행정부 전문관료들의 전문적 판단이 요구되는 전문적·기술적 영역이라고 보이지 않고, 시대적·경제적·문화적인 변화나 국민인식의 변화, 경제규모와 물가수준의 변화 등을 고려하더라도 그 액수가 수시로 급변하는 성질의 것이라고 할 수 없어 행정입법을 통한 탄력적 대응이 필요한 사항이라고 보이지 아니한다. 또한 공직사회에 대한 투명성의 요청은 갈수록 더 높아질 것이고 결국 이러한 흐름은 민간영역으로도 확대됨이 반부패논의에 관한 세계적 추세에 비추어 예견되는바, 공직자등에게 제공되는 음식물·경조사비·선물 등과 관련된 '금품 등 수수 금지행위의 가액 하한선'의 기준에 대한 국민의 법 감정도 쉽게 변할 것으로 보이지 않는다.

즉, 청탁금지법 제8조 제3항 제2호에 의해 대통령령에 정해지는 내용은 공직자등의 사교·의례 또는 부조와 관련된 '금품 등 수수 금지행위의 가액 하한선'으로, 공직사회의 투명성 제고 등 청탁금지법의 입법취지, 국민 일반의 가치관과 법 감정, 그리고 우리의 경제·사회·문화적 영향을 종합적으로 고려한 입법자의 결단이 필요한 영역으로 판단될 뿐이다.

따라서 청탁금지법 제8조 제3항 제2호에서 규정하는 '금품 등 수수 금지행위의 가액 하한선'을 대통령령에 위임하는 것은 타당하지 아니하다.

바. 법정의견은 관련 조항들의 해석을 종합하면 위임조항에 의하여 대통령령에

규정될 가액은 직무관련성이 있는 경우에 관한 것이므로 100만 원을 초과하지 않는 범위 내의 액수가 될 것임을 예측할 수 있다고 하는바, '직무관련성'요건이 청탁금지법 제8조 제3항 제2호에 입법의 지침으로 기능할 것인지에 관하여 살펴본다.

현재 대법원은 뇌물죄에서의 '직무'에 대하여 "뇌물죄는 직무집행의 공정과 이에 대한 사회의 신뢰에 기하여 직무행위의 불가매수성을 그 직접의 보호법익으로 하고 있으므로 뇌물성은 의무위반 행위나 청탁의 유무 및 금품수수 시기와 직무집행 행위의 전후를 가리지 아니한다. 따라서 뇌물죄에서 말하는 '직무'에는 법령에 정하여진 직무뿐만 아니라 그와 관련 있는 직무, 과거에 담당하였거나 장래에 담당할 직무 외에 사무분장에 따라 현실적으로 담당하지 않는 직무라도 법령상 일반적인 직무권한에 속하는 직무 등 공무원이 그 직위에 따라 공무로 담당할 일체의 직무를 포함한다."라고 판단하고 있다(대법원 2013. 11. 28. 선고 2013도9003 판결).

또한 대법원은 뇌물죄의 '직무관련성'에 대하여 '공무원이 그 직무의 대상이 되는 사람으로부터 금품 기타 이익을 받은 때에는 그것이 그 사람이 종전에 공무원으로부터 접대 또는 수수받은 것을 갚는 것으로서 사회상규에 비추어 볼 때에 의례상의 대가에 불과한 것이라고 여겨지거나, 개인적인 친분관계가 있어서 교분상의 필요에 의한 것이라고 명백하게 인정할 수 있는 경우 등 특별한 사정이 없는 한 직무와의 관련성이 없는 것으로 볼 수 없다. 공무원이 얻는 어떤 이익이 직무와 대가관계가 있는 부당한 이익으로서 뇌물에 해당하는지 혹은 사회상규에 따른 의례상의 대가 혹은 개인적 친분관계에 따른 교분상의 필요에 의한 것으로서 직무와의 관련성이 없는 것인지 여부는 당해 공무원의 직무의 내용, 직무와 이익제공자의 관계, 이익의 수수 경위 및 시기 등의 사정과 아울러 공여되는 이익의 종류와 가액도 함께 참작하여 판단하여야 한다.'고 판시하였다(대법원 2013. 11. 28. 선고 2013도9003 판결 참조).

그런데 청탁금지법은 직무관련성, 대가성을 요건으로 하는 현행 뇌물관련 법제 하에서의 처벌 공백을 메우기 위한 것이라는 점에서 여기서 요구되는 '직무관련성'은 위와 같이 뇌물죄에서 요구되는 것보다 더 확대될 가능성을 배제할 수 없다. 실제로 청탁금지법을 둘러싼 학계의 논의를 살펴보면, 청탁금지법에서 요구되는 '직무관련성'은 공직자등이 해당 직위를 보유하지 않았더라면 공직자등에게 해당 금품 등이 주어지지 않았을 경우까지 포괄한다고 보고 있다.

이러한 학계동향에 청탁금지법의 입법취지와 대법원에서 이미 뇌물죄에서의

'직무관련성'을 넓게 인정하고 있는 점 등을 종합해서 고려해보면, 사실상 청탁금지법 제8조 제3항 각 호에서 정한 예외에 해당하지 않는 한 청탁금지법상 '직무관련성'이 부정되는 경우는 쉽게 찾기 어려울 것으로 보인다.

따라서 법정의견과 달리 '직무관련성' 요건은 사실상 청탁금지법 제8조 제3항 제2호에 입법의 지침으로 기능한다고 할 수 없으므로, 청탁금지법에서 공직자등의 가장 중요한 실질적 행동기준이 되는 '금품 등 수수 금지행위의 가액 하한선'을 법률에서 정하지 아니하고 하위 법령에 위임하는 것이 정당화되지 않는다.

한편 법정의견은 청탁금지법 제8조 제2항 위반 시 그 제재가 과태료에 그치는 점에서도 위임조항의 규정방식에 문제가 없다고 한다. 그러나 청탁금지법 제8조 제2항은 '직무관련성'이 인정되는 경우에 대한 규제인바, 오늘날 공직의 구조 및 공직에 대한 인식의 변화에 따라 직무와 무관한 공무원의 위법행위에 대해서는 사안에 따라 신분, 연금 등에 대한 불이익 부과 시 엄격한 심사를 하기도 하나, 직무와 관련된 경우에는 여전히 공무원은 국민에 대한 봉사자로서 공정한 공직수행을 위하여 직무상 높은 수준의 염결성을 갖출 것을 요구하는 점에 변화가 없으므로, 청탁금지법의 주요 수범자인 공무원의 경우 직무와 관련하여 제재를 받게 되면 그것이 과태료라 하더라도 공무원의 신분 등과 관련하여 불이익한 처우로 이어질 가능성이 없다고 쉽게 단정할 수는 없는 것이다.

사. 이러한 사정을 종합해보면, 청탁금지법 제8조 제3항 제2호를 통해 대통령령에서 정해지는 가액은 청탁금지법상 금품등 수수 금지 규정의 인적 적용 범위, 청탁금지법 제8조 제1항에서 정한 금액기준과 더불어 청탁금지법이 규율하고자 하는 사항 및 그로 인한 공직자등의 기본권 제한에 있어 본질적이고도 중요한 부분일 뿐만 아니라 다수 국민들의 이해관계에도 직·간접적으로 관련된다 할 것이므로, 청탁금지법의 인적 적용 범위 및 청탁금지법 제8조 제1항에서 정한 금액기준과 마찬가지로 마땅히 법률로 정해야 할 것이고 하위법령에 그 입법을 위임할 수 없는 사항이다.

따라서 청탁금지법 제8조 제3항 제2호가 '금품등 수수 금지행위의 가액 하한선'을 법률이 아닌 대통령령에서 정하도록 위임한 것은 헌법 제37조 제2항에서 정하는 기본권 제한의 법률유보원칙, 특히 의회유보원칙에 위반하여 청구인들의 일반적 행동자유권을 침해한다.

불법체류자 보호 사건[2)

(헌재 2018. 2. 22. 2017헌가29)

□ 사건개요 등

출입국관리사무소장은 국내체류 외국인이 집행유예 등의 형을 선고받아 그 판결이 확정되었다는 이유로 강제퇴거 및 보호 명령을 하였는데, 외국인은 위 명령의 취소를 구하는 소를 제기하였다. 법원은 출입국관서의 장이 강제퇴거명령을 받은 외국인에 대해 송환할 수 있을 때까지 그를 보호시설에 보호할 수 있도록 규정한 출입국관리법 제63조 제1항(이하, '심판대상조항'이라 한다)에 관해 직권으로 위헌법률심판 제청을 하였다.

헌법재판소는 심판대상조항이 헌법에 위반되지 아니한다고 결정하였다. 이 결정에는 심판대상조항이 헌법에 위반된다는 재판관 5명의 반대(위헌)의견이 있었다. 법정의견은 심판대상조항이 과잉금지원칙을 위반하여 신체의 자유를 침해하지 아니하고 적법절차원칙에도 위반되지 아니한다는 견해인데, 그 중요 내용은 다음과 같다.

첫째, 심판대상조항에 의한 보호대상은 국내에 불법으로 입국하였거나 체류기간을 도과하는 등 체류조건을 위반하여 불법으로 국내에 체류하고 있는 외국인으로, 출입국관리법에 따라 심사를 거쳐 강제퇴거명령을 받은 사람이다.

둘째, 강제퇴거대상자는 규범적으로 국내에 체류할 수 없는 사람이고, 본국이나 제3국으로 자진 출국함으로써 언제든지 보호 상태를 벗어날 수 있는 등, 강제퇴거대상자에 대한 신체의 자유 제한은 그의 의사에 좌우될 수 있는 특수성이 있다.

셋째, 강제퇴거대상자 가운데 장기간 자진해서 출국하지 아니하는 사람 중에는 경제적인 이유로 출국을 거부하는 사람이 다수 있으며, 일정기간 경과 후 무조건 그들을 석방하는 경우에는 불법체류자 급증의 원인이 될 수 있다.

---

2) 송환대기 외국인에 대한 변호사접견 불허 사건(헌재 2018. 5. 31. 2014헌마346)은 국내 입국을 허가받지 못하여 공항 송환대기실에 있는 외국인의 법적 지위와 관련된 사건으로 이 사건과 일정 부분 연관되어 있으나, 위 사건에 대해 법정의견에서 공항 송환대기실에 있는 청구인을 구금된 것으로 보고 헌법상 변호인 접견권을 침해한다고 판단하고 있으므로, 이를 제5장 '형사절차 관련 기본권'에 수록하였다.

외국인의 출입국과 관련해서 국가적으로 많은 논란이 있다. 외국인의 인권은 소중하고 이들의 권리는 보호되어야 한다. 그러나 외국인이 단순히 경제적인 이유만으로 국내에 불법으로 유입되는 것은 공동체의 존립과 안전, 우리 국민의 기본권, 외국인의 인권 모두에 부정적인 영향을 미칠 수 있다. 독일을 제외한 대부분의 국가에서는 불법체류 외국인의 보호에 그 기간의 상한을 제한하지 않고 그가 출국할 때까지 보호할 수 있도록 하고 있다.

법정의견은 이런 점을 고려하여 외국인에 대한 출입국 정책은 신중하게 수립·시행돼야 한다는 입장에서, 심판대상조항에 대하여 합헌의견을 제시하고 있다. 다만 법정의견은 강제퇴거 대상에 해당한다고 의심할 만한 사유가 있는 사람에 대한 보호 개시 및 연장의 경우 법원 등 제3의 기관에 의한 심사가 이루어질 수 있도록 하는 견해를 제시하고 있다. 법정의견은 향후 출입국관련 입법과 정책에서 참고가 될 수 있다.

□ 법정(합헌)의견

가. 과잉금지원칙 위배 여부

심판대상조항이 강제퇴거대상자의 신체의 자유를 제한한다고 하더라도, 다음과 같은 점이 고려되어 심사되어야 한다.

강제퇴거대상자는 대한민국에 체류할 수 없을 뿐 본국 또는 제3국으로 자진출국함으로써 언제든지 보호상태를 벗어날 수 있는 등, 강제퇴거대상자에 대한 신체의 자유 제한은 그의 의사에 좌우될 수 있다는 특수성이 있다. 또한 강제퇴거대상자는 대한민국에 불법으로 입국하였거나, 체류기간을 도과하는 등 체류조건을 위반하였거나, 범죄를 저질러 일정한 형을 선고받는 등으로 강제퇴거명령을 받아 규범적으로 대한민국에 머무를 수 없는 사람들이다. 출입국관리법상 보호는 국가행정인 출입국관리행정의 일환이며, 주권국가로서의 기능을 수행하는 데 필요한 것이므로 일정부분 입법정책적으로 결정될 수 있다(헌재 2014. 4. 24. 2011헌마474등; 헌재 2016. 4. 28. 2013헌바196 결성 중 재판관 김창종, 재판관 안창호의 다수의견에 대한 보충의견 참조).

(1) 입법목적의 정당성과 수단의 적정성

불법체류외국인들은 그들의 소재파악과 본국 송환 등을 위하여 국가의 인적·

물적 자원이 다량 투입되고 있음에도 2017년 12월 현재 그 수가 251,041명에 이르고 있다.

출입국관리법상 보호는 출입국관리공무원이 강제퇴거 대상에 해당된다고 의심할 만한 상당한 이유가 있는 사람을 출국을 위한 심사와 그 집행을 위하여 외국인보호소 등에 인치하고 수용하는 집행활동을 말한다(법 제2조 제11호). 강제퇴거 대상에 해당한다고 의심할 만한 상당한 이유가 있고 도주하거나 도주할 염려가 있는 외국인은 외국인보호소 등에 보호할 수 있으며, 그 외국인의 강제퇴거대상자 여부를 심사·결정하기 위한 보호기간은 10일 이내이고 한차례 연장할 수 있다(법 제51조 제1항, 제52조 제1항).

심판대상조항은 심사 후 퇴거명령을 받은 강제퇴거대상자에 대하여 그 집행을 위해서 외국인보호소 등에 인치하고 수용함으로써, 외국인의 출입국과 체류를 적절하게 통제하고 조정하여 국가의 안전보장·질서유지 및 공공복리를 도모하기 위한 것으로 입법목적이 정당하다. 강제퇴거대상자를 출국 요건이 구비될 때까지 보호시설에 보호하는 것은 강제퇴거명령의 신속하고 효율적인 집행과 외국인의 출입국·체류관리를 위한 효과적인 방법이므로 수단의 적정성도 인정된다.

(2) 침해의 최소성

㈎ 심판대상조항에 의한 보호대상은 출입국관리법에 따라 심사를 거쳐 강제퇴거명령을 받은 사람이다.

강제퇴거명령은 국내에 불법으로 입국하였거나 체류기간을 도과하는 등 체류조건을 위반하여 불법으로 체류하고 있는 외국인, 외국인등록 의무를 위반하거나 범죄를 저질러 금고 이상의 형을 선고받은 외국인, 대한민국의 이익·공공의 안전을 침해하거나 경제질서·사회질서·선량한 풍속을 해치는 행동을 할 염려가 있다고 인정할 만한 상당한 이유가 있는 외국인 등에 대하여 발령된다(법 제59조 제2항, 제46조 제1항 참조). 이처럼 강제퇴거대상자는 입국자체가 불법이거나, 체류기간을 도과하는 등 체류조건을 위반하거나, 체류기간 동안 범법행위를 하는 등 질서유지를 해칠 우려가 있는 외국인 등이다. 이들에 대해서는 국가의 안전보장, 질서유지 및 공공복리를 위해서 본국으로 송환될 때까지 그 송환을 위해 보호 및 관리가 필요하다.

따라서 지방출입국·외국인관서의 장이 송환이 가능한 시점까지 강제퇴거대상자를 보호하는 것은 심판대상조항의 입법목적을 달성하기 위하여 필요한 조치이다.

(나) 심판대상조항에 따른 강제퇴거대상자는 그가 여권 미소지 또는 교통편 미확보 등의 사유로 즉시 대한민국 밖으로 송환할 수 없을 때 송환할 수 있을 때까지 외국인보호시설 등에서 보호될 수 있다.

그런데 강제퇴거대상자는 여권이 없거나 여권의 유효기간이 도과된 경우에는 주한 자국공관으로부터 여행증명서를 발급받고 출국항공권을 예약하는 등 출국요건을 구비하여야 하고, 우리나라나 송환국의 사정으로 교통편 확보가 지연되는 경우 교통편이 마련될 때까지 기다려야 하는데, 각 나라의 사정이나 절차 진행 상황 등에 따라 그 소요기간이 달라질 수밖에 없으므로 언제 송환이 가능해질 것인지 미리 알 수가 없다. 따라서 심판대상조항이 보호기간의 상한을 두지 않고 '송환할 수 있을 때까지' 보호할 수 있도록 한 것은 입법목적 달성을 위해 불가피한 측면이 있다.

이와 같이 심판대상조항이 입법목적 달성을 위해 보호기간의 상한을 두지 아니한 것에 불가피한 측면이 있다고 하더라도, 심판대상조항은 강제퇴거대상자가 여권 미소지 또는 교통편 미확보 등의 사유로 '즉시' 송환할 수 없을 때에만 보호조치할 수 있다고 규정하고 있으므로, 심판대상조항에 따른 보호는 강제퇴거명령의 집행확보의 목적으로만 발하여져야 하며, 적법하게 보호가 이루어진 경우에도 그 보호는 송환이 가능할 때까지 목적 달성을 위해 필요한 최소한의 기간 동안만 가능하다.

대법원 역시, '출입국관리법 제63조 제1항의 보호는 강제퇴거명령의 집행확보 이외의 다른 목적을 위하여 이를 발할 수 없다는 목적상의 한계가 있고, 송환이 가능할 때까지 필요한 최소한의 기간 동안 잠정적으로만 보호할 수 있으며 다른 목적을 위하여 보호기간을 연장할 수 없다는 시간적 한계가 있다'고 판시하였다(대법원 2001. 10. 26. 선고 99다68829 판결 참조).

실제로 강제퇴거의 집행은 대부분 신속하게 이루어지고 있으며, 최근 통계에 의하면 강제퇴거대상자가 송환 준비를 갖추어 송환되기까지 보호기간의 평균은 11일 정도이다.

(다) 강제퇴거대상자는 대한민국에 체류할 수 없을 뿐 본국 또는 제3국으로 임의로 자진출국함으로써 언제든지 보호상태에서 벗어날 수 있다.

강제퇴거대상자 가운데 장기간 자진해서 출국하지 아니하는 사람 중에는 단순히 그가 여권을 소지하지 않았다든지 교통편이 확보되지 아니하여 출국하지 않는 것이 아니라, 경제적인 이유 등 개인적인 목적 때문에 출국을 피하기 위해 출국에

필요한 협조를 거부하고 자진해서 출국하지 아니하는 사람도 있다. 이러한 경우에는
강제퇴거대상자가 자신이 언제 풀려날지 전혀 예측할 수 없어 심각한 정신적 압박
감을 가진다고 단정할 일은 아니다.

만일 심판대상조항에 보호기간의 상한이 규정될 경우, 강제퇴거대상자에 대한
송환이 지연되어 그 기간의 상한을 초과하게 되었을 때에는 그에 대한 보호는 원칙
적으로 해제되어야 한다. 그런데 강제퇴거대상자들은 대부분 국내에 안정된 거주기
반이나 직업이 존재하지 않기 때문에, 그들이 보호해제 된 후 잠적할 경우 소재를
파악하지 못하여 강제퇴거명령의 집행이 불가능하거나 현저히 어려워질 수 있다. 실
제로 최근 5년간(2013년부터 2017년까지) 보호가 일시해제되었다가 소재불명 등으로
보호해제가 취소된 사례는 136건이나 되는 점을 감안하면, 위와 같은 우려가 단순
한 기우에 불과하다고 할 수 없다.

한편 강제퇴거대상자들은 범죄에 쉽게 노출될 수 있다. 강제퇴거대상자의 열악
한 지위로 인하여, 그들은 국내에서 안정적인 생활이 쉽지 아니하기 때문에 조직폭
력·마약거래·인신매매·성매매 등 범죄에 쉽게 연루될 수 있으며, 이러한 범죄의
대상이 될 수 있다. 또한 강제퇴거대상자들의 국내체류 허용여부는 고용·임금 등
노동문제, 환경문제 등의 국가정책과 밀접한 관련이 있으며, 그들이 국내에 불법으
로 체류하는 경우에는 임금 등 노동조건에서 열악한 처우를 받을 가능성도 크다.

따라서 심판대상조항에 보호기간의 상한을 규정하는 것은 국가안보·질서유지
및 공공복리에 위해가 될 수 있을 뿐만 아니라 강제퇴거대상자의 인권에도 결코 바
람직하지 아니한 결과를 초래할 수 있다.

㈑ 다른 나라의 입법례를 살펴보아도 강제퇴거의 집행을 위한 보호 또는 구금
기간의 상한을 설정해 두지 않은 나라가 적지 않다.

프랑스는 강제퇴거 결정 후 해당 외국인을 수용시설에 보호할 수 있는 상한기
간에 대한 명확한 규정을 두고 있지 아니다. 다만 '외국인의 강제퇴거에 필요최소
한의 기간 동안만' 보호가 가능하다고 규정하고 있다. 캐나다와 호주도 외국인에 대
하여 강제퇴거의 집행을 위해 구금을 할 수 있다고 하면서도 구금기간의 상한을 규
정하지 않고 있다. 일본은 우리나라와 유사하게, 강제퇴거대상자를 바로 출국시킬
수 없을 때에는 '송환가능한 때까지' 그 사람을 수용할 수 있다고 규정하고 수용기
간의 상한을 두고 있지 않다. 중국 역시 강제출국이 결정되었으나 즉시 집행할 수

없는 경우 해당 외국인을 구류소 혹은 외국인 송환 장소에 구금해야 한다고 규정할 뿐, 구금기간의 상한을 규정하고 있지 않다.

미국은 강제퇴거명령이 확정된 외국인을 90일의 퇴거기간 이내에 퇴거시켜야 하고, 그 기간 동안 해당 외국인을 구금하여야 한다고 규정하고 있다. 그러나 외국인이 출국에 필요한 서류를 기간 내에 마련하지 않은 등의 경우 퇴거기간이 연장되는데, 연장 가능 기간에 대한 제한은 없으며 외국인은 그 연장된 기간 동안 구금될 수 있다. 퇴거기간이 지난 후에도 출국하지 않은 외국인에 대하여는 보호관찰을 하여야 하나, 범죄경력 등으로 입국이 거부되었거나 범죄·테러활동 등으로 강제퇴거 대상이 된 외국인 등은 퇴거기간 이후에도 구금할 수 있으며, 퇴거기간 이후의 구금기간의 상한은 법률에서 규정하고 있지 않다. 미국 연방대법원은 퇴거기간 경과 후 무제한 구금이 허용되는 것이 아니라 그 합리적 기간은 6개월로 추정된다고 하면서도, 이는 퇴거기간 내에 강제퇴거되지 않은 외국인이 모두 6개월 후 구금에서 해제되어야 한다는 의미는 아니며, 합리적으로 예측 가능한 미래에 강제퇴거가 될 가능성이 현저히 적다고 판단될 때까지 외국인을 구금할 수 있다고 하였다. 위 판결 후 미국 법무부장관은 퇴거기간 후 구금 조항에 대한 연방규칙을 제정하였는데, 안보나 테러상의 이유로 구금된 경우 등 일정한 경우에는 강제퇴거 집행이 불가능하더라도 지속적으로 구금할 수 있다고 규정하고, 구금기간에 특별한 제한을 두지 않았다.

이와 같이 일본과 중국 등 주변국과 미국, 프랑스, 캐나다, 호주 등 주요국가에서 강제퇴거대상자의 구금기간의 상한을 두고 있지 않다는 점을 감안할 때, 우리나라가 보호기간의 상한을 두고 그 기간을 도과한 강제퇴거대상자의 보호를 해제할 경우, 이점을 악용하여 우리나라에 불법으로 체류하는 외국인이 급증할 가능성도 배제할 수 없다.

㈐ 출입국관리법은 강제퇴거대상자가 보호상태에서 벗어날 수 있는 여러 가지 수단들을 마련하고 있다.

지방출입국·외국인관서의 장 등은 강제퇴거대상자 등의 청구를 받으면 그의 정상(情狀), 해제요청사유, 자산, 그 밖의 사항을 고려하여 2천만 원 이하의 보증금을 예치시키고 주거의 제한이나 그 밖에 필요한 조건을 붙여 보호를 일시해제할 수 있다(법 제65조 제1항, 제2항). 강제퇴거대상자에 대한 보호기간이 3개월을 넘는 경우에는 소장 등은 3개월마다 미리 법무부장관의 승인을 받아야 하고, 승인을 받지 못하면 지체 없이 보호를 해제하여야 한다(법 제63조 제2항, 제3항).

강제퇴거대상자는 강제퇴거명령이나 심판대상조항에 따른 보호를 다툼으로써 보호에서 해제될 수도 있다. 강제퇴거대상자는 법무부장관에게 강제퇴거명령 또는 심판대상조항에 따른 보호에 대한 이의신청을 할 수 있고, 이의신청이 이유 있다고 결정되면 보호에서 해제된다(법 제60조 제1항, 제4항, 제63조 제6항, 제55조 제1항, 제2항). 법무부장관은 강제퇴거명령에 대한 이의신청이 이유 없다고 인정되는 경우라도 대상자가 대한민국에 체류하여야 할 특별한 사정이 있다고 판단되면 체류를 허가할 수 있다(법 제61조 제1항). 나아가 강제퇴거대상자는 강제퇴거명령이나 그에 따른 보호의 취소를 구하는 행정소송을 제기할 수 있고, 그 과정에서 보호에 대한 집행정지 신청도 할 수 있다(실제로 당해 사건의 원고 김○선은 제1심 재판 진행 중 집행정지를 신청하고 그 신청이 인용되어 현재 보호명령 집행이 정지되어 있는 상태이다). 법무부훈령인 '보호일시해제업무 처리규정'은 강제퇴거명령 또는 난민불인정 처분에 대한 취소 소송의 제1심 또는 제2심에서 승소한 경우에는 그 소송이 확정되기 전이라도 원칙적으로 보호를 일시해제하도록 하고 있다(제6조 제2항).

이와 같이 출입국관리법에는 강제퇴거대상자가 심판대상조항에 의한 보호에서 해제될 수 있는 다양한 제도가 마련되어 보호기간의 상한이 없는 점을 보완하고 있다.

㈐ 강제퇴거대상자를 출국 요건이 구비될 때까지 보호하는 대신, 그들의 주거지를 제한하거나 주거지에 대하여 정기적으로 보고하도록 하는 방법, 신원보증인을 지정하거나 보증금을 내도록 하는 방법 등을 고려할 수 있다. 그러나 강제퇴거대상자들의 신병을 확보하지 않는 이상 그들이 잠적하거나 범죄에 연루 또는 그 대상이 되는 것을 원천적으로 차단하기 어려우며, 위와 같은 방법으로는 강제퇴거명령의 신속한 집행과 외국인의 효과적 체류 관리를 통한 국가의 안전보장·질서유지 및 공공복리라는 입법목적을 심판대상조항과 동등한 정도로 달성하기 어렵다.

강제퇴거대상자를 출국 요건이 구비될 때까지 보호하되 보호기간의 상한을 두는 방법도 대안으로 고려할 수 있다. 그러나 앞서본 바와 같이 보호기간의 상한을 초과할 경우 계속 신병을 확보할 수 없어 강제퇴거명령의 신속한 집행이 어려워지고 강제퇴거대상자의 체류를 통제하기 어렵게 되므로, 이 방법 역시 심판대상조항과 동등한 정도로 입법목적을 달성한다고 볼 수 없다.

그 밖에 심판대상조항과 동등하게 입법목적을 달성하면서도 강제퇴거대상자의 기본권을 덜 제한하는 입법대안을 상정하기 어렵다.

(사) 이러한 사정을 종합하면, 심판대상조항이 강제퇴거대상자에 대하여 보호기간의 상한을 규정하고 있지 않다고 하더라도 입법목적 달성에 필요한 정도를 벗어난 과도한 제한이라고 할 수 없다. 따라서 심판대상조항은 침해의 최소성 원칙을 충족한다.

(3) 법익의 균형성

심판대상조항은 국가의 안전보장·질서유지 및 공공복리와 직결되는 출입국관리 및 체류관리를 위한 것으로 이러한 공익은 매우 중대하다.

반면 강제퇴거대상자는 그가 여권 미소지 또는 교통편 미확보 등의 사유로 즉시 대한민국 밖으로 송환할 수 없을 때 송환할 수 있을 때까지 일시적·잠정적으로 신체의 자유를 제한받는 것에 불과하며, 대한민국에 체류할 수 없을 뿐 본국 또는 제3국으로 자진출국함으로써 언제든지 보호상태에서 벗어날 수 있다. 즉, 강제퇴거대상자가 출국하는 것을 선택할 경우에는 신체의 자유 제한이 발생하지 않는다.

이처럼 심판대상조항이 보호하고자 하는 공익은 매우 중대하고, 심판대상조항에 의한 보호제도는 그와 같은 공익의 실현을 위하여 반드시 필요한 반면, 강제퇴거대상자는 강제퇴거명령을 집행할 수 있을 때까지 일시적·잠정적으로 신체의 자유를 제한받는 것이고 보호에서 해제될 수 있는 다양한 제도가 마련되어 있으므로, 심판대상조항은 법익의 균형성 요건도 충족한다.

(4) 소 결

심판대상조항은 과잉금지원칙에 위배되어 강제퇴거대상자의 신체의 자유를 침해하지 아니한다.

나. 적법절차원칙 위배 여부

(1) 헌법 제12조 제1항은 "법률과 적법한 절차에 의하지 아니하고는 처벌·보안처분 또는 강제노역을 받지 아니한다."고 규정하여 적법절차원칙을 규정하고 있다. 적법절차원칙은 형사소송절차에 국한하지 않고 모든 국가작용에 대하여 적용된다(헌재 1992. 12. 24. 92헌가8; 헌재 2014. 8. 28. 2012헌바433 등 참조). 그러나 이 원칙이 구체적으로 어떠한 절차를 어느 정도로 요구하는 지는 규율되는 사항의 성질, 관련

당사자의 사익, 절차의 이행으로 제고될 가치, 국가작용의 효율성, 절차에 소요되는 비용, 불복의 기회 등 다양한 요소들을 형량하여 개별적으로 판단할 수밖에 없으므로(헌재 2003. 7. 24. 2001헌가25, 헌재 2007. 10. 4. 2006헌바91 참조), 강제퇴거대상자에 대한 보호는 다음과 같은 점이 고려되어 적법절차원칙 위반 여부가 판단되어야 한다.

앞서 본 바와 같이 강제퇴거대상자는 대한민국에 체류할 수 없을 뿐 본국 또는 제3국으로 자진출국함으로써 언제든지 보호상태를 벗어날 수 있는 등, 강제퇴거대상자에 대한 신체의 자유 제한은 그의 의사에 좌우될 수 있다는 특수성이 있다. 또한 강제퇴거대상자는 대한민국에 불법으로 입국하였거나, 체류기간을 도과하는 등 체류조건을 위반하였거나, 범죄를 저질러 일정한 형을 선고받는 등으로 강제퇴거명령을 받아 규범적으로 대한민국에 머무를 수 없는 사람들이다. 출입국관리법상 보호는 국가행정인 출입국관리행정의 일환이며, 주권국가로서의 기능을 수행하는 데 필요한 것이므로 일정부분 입법정책으로 결정될 수 있다.

(2) 강제퇴거대상자에 대한 보호의 특수성에 비추어볼 때, 출입국관리에 관한 공권력 행사와 관련하여 단속, 조사, 심사, 집행 업무를 동일한 행정기관에서 하게 할 것인지, 또는 서로 다른 행정기관에서 하게 하거나 사법기관을 개입시킬 것인지는 입법정책의 문제이며, 반드시 객관적·중립적 기관에 의한 통제절차가 요구되는 것은 아니다.

오히려 출입국관리와 같은 전문적인 행정분야에서는 동일 행정기관으로 하여금 단속, 조사, 심사, 집행 업무를 동시에 수행하게 하는 것이 행정의 전문성을 살리고, 신속한 대처를 통한 안전한 출입국관리를 가능하게 하며, 외교관계 및 국제정세에 맞춰 적절하고 효율적인 출입국관리를 가능하게 하는 길이라고 볼 수도 있다. 미국이나 일본 등 주요 국가에서도 강제퇴거명령 및 구금에 대한 결정, 그 결정의 집행이 동일한 행정조직 내에서 이루어지고 있으며 사법부가 개입하는 것은 아니다.

한편 앞서본 바와 같이 강제퇴거대상자는 보호의 원인이 되는 강제퇴거명령에 대하여 행정소송을 제기함으로써 그 원인관계를 다툴 수 있고, 보호 자체를 다투는 소송을 제기하거나 그 집행의 정지를 구하는 집행정지신청을 할 수 있다. 이와 같이 행정소송 등을 통해 사법부로부터 보호의 적법 여부를 판단받을 수 있는 이상, 객관적·중립적 기관에 의한 통제절차가 없다고 볼 수 없다.

따라서 출입국관리법상 심판대상조항에 의한 보호의 개시나 연장 단계에서 제3의 독립된 중립적 기관이나 사법부의 판단을 받도록 하는 절차가 규정되어 있지 않다고 하여 곧바로 적법절차원칙에 위반된다고 볼 수는 없다.

(3) 적법절차 원칙에서 도출할 수 있는 중요한 절차적 요청은 당사자에게 적절한 고지를 행할 것, 당사자에게 의견 및 자료 제출의 기회를 부여할 것을 들 수 있다(헌재 2003. 7. 24. 2001헌가25; 헌재 2015. 9. 24. 2012헌바302 참조).

출입국관리법에 의하면, 강제퇴거 대상에 해당한다고 의심할 만한 사유가 있는 사람은 출입국관리공무원이 조사를 마치면 지방출입국·외국인관서의 장이 지체없이 심사하여 강제퇴거 여부를 결정하고, 강제퇴거명령을 받은 사람은 지체없이 송환국으로 송환하여야 하며(법 제58조, 제62조 제3항), 그가 여권 미소지 또는 교통편 미확보 등의 사유로 즉시 대한민국 밖으로 송환할 수 없을 때 심판대상조항에 의해 보호된다. 이와 같이 강제퇴거대상자에 대한 보호는 강제퇴거 대상에 해당한다고 의심할 만한 사유가 있는 사람에 대한 조사를 근거로 하여 이루어지는데, 그에 대한 조사는 그의 진술을 조서에 적고 그 내용에 대한 추가·변경 등의 청구가 있으면 이를 조서에 적어야 하는 등 강제퇴거대상자는 조사과정에서 자신의 의견을 진술할 기회를 가진다(법 제48조 제3항, 제4항).

출입국관리공무원은 보호명령서를 집행할 때 강제퇴거대상자에게 이를 보여주어야 하고(법 제63조 제6항, 제53조, 같은 법 시행령 제78조 제1항), 3일 이내에 강제퇴거대상자의 법정대리인 등에게 보호의 일시·장소 및 이유를 서면으로 통지하여야 하며, 강제퇴거대상자가 원하는 경우에는 부득이한 사유가 없으면 국내에 주재하는 그의 국적이나 시민권이 속하는 국가의 영사에게 보호의 일시·장소 및 이유를 통지하여야 한다(법 제63조 제6항, 제54조).

또한 강제퇴거대상자는 보호에 대한 이의신청을 하면서 이의의 사유를 소명하는 자료를 제출할 수 있고(출입국관리법 시행령 제69조 제1항), 행정소송을 제기할 때에도 자신의 의견을 진술하거나 자료를 제출할 수 있는 기회가 보장되어 있다.

(4) 이러한 점들을 종합할 때, 심판대상조항은 헌법상 적법절차원칙에 위반된다고 볼 수 없다.

다. 소결론

심판대상조항은 과잉금지원칙이나 적법절차원칙을 위반하여 강제퇴거대상자의 신체의 자유를 침해한다고 할 수 없다. 다만 심판대상조항이 위헌에 이르렀다고 할 수는 없으나, 강제퇴거 대상에 해당한다고 의심할 만한 사유가 있는 사람에 대한 보호 개시 및 강제퇴거대상자에 대한 보호 및 연장의 경우 그 판단을 사법부 등 제3의 기관이 하도록 하는 입법적 방안을 검토할 필요성은 있다고 보인다. 또한 외국인에 대한 지나친 장기보호의 문제가 발생하지 않도록 하기 위해서, 구금기간을 명시하고 있는 독일의 법률이나 유럽연합(EU) 불법체류자 송환지침 등을 참고하여, 우리나라의 실정에 맞는 합리적인 보호기간의 상한을 설정할 수 있는지를 신중하게 검토할 수 있다 하겠으며, 출입국 관련 절차가 신속하고 효율적으로 진행될 수 있도록 제도를 정비할 필요성이 있다는 점을 밝혀둔다.

조세특례제한법 제70조 제1항 관련 사건
(헌재 2015. 5. 28. 2014헌바262등)

□ 사건개요 등

청구인들은 농지를 취득하고 양도소득세 신고를 하면서 농지대토로 인한 양도소득세 감면을 신청했다. 관할세무서장은 농지대토 무렵 청구인들이 군 복무 때문에 농지를 직접 경작하지 않은 것은 양도소득세 감면요건에 해당하지 않는다는 이유로 양도소득세를 부과하였다. 청구인들은 양도소득세 부과 처분의 취소를 구하는 소를 제기하고, 군 복무 때문에 농지를 직접 경작하지 못한 경우에 조세감면을 규정하지 않은 조세특례제한법 제70조 제1항(이하, '이 사건 법률조항'이라 한다)에 대해 위헌법률심판제청신청을 하였으나, 기각되자 헌법소원심판을 청구하였다.

헌법재판소는 이 사건 법률조항이 조세평등원칙 및 헌법 제39조 제2항에 위반되지 않는다고 결정하였다. 이 결정에는 이 사건 법률조항이 헌법 제39조 제2항에 위배된다는 재판관 안창호의 반대(위헌)의견이 있었다. 반대의견은 이 사건 법률조항과 조세특례제한법 시행령 제67조이 병역의무를 이행하는 사람에 대해 예외를 인정하지 않아, 병역의무이행으로 인한 불이익한 처우를 금지한 헌법 제39조 제2항에 위배된다는 견해인데, 그 중요 내용은 다음과 같다.

첫째, 병역의무이행을 직접적인 이유로 법적 불이익을 가하는 법제도는 병역의무이행자를 불리하게 차별 취급하는 것이어서 사실상 존재하기 어렵다 할 것이므로, 헌법 제39조 제2항이 금지하는 불이익한 처우를 병역의무이행으로 인한 직접적인 법적 불이익으로 제한하는 것은 위 헌법조항을 형해화할 수 있다.

둘째, 병역의무이행으로 인한 불이익이 간접적·사실상 불이익이라 하더라도, 병역의무이행으로 인해 일반적으로 발생하는 불이익이 아니고, 그 불이익이 사소하거나 경미하다고 볼 수 없는 경우에는 헌법 제39조 제2항이 금지하는 불이익한 처우에 해당할 수 있다.

셋째, 병역의무를 이행하는 동안 농지를 직접 경작할 수 없고, 그에 따라 병역의무를 이행하는 사람이 그 의무이행으로 인해 조세감면의 혜택을 받지 못하는 것은 헌법 제39조 제2항이 금지하는 불이익한 처우가 된다.

헌법재판소의 선례는 헌법 제39조 제2항이 금지하는 "불이익한 처우"를 법적인 불이익을 의미하는 것으로 보면서, 간접적·사실상 불이익은 헌법 제39조 제2항의 불이익한 처우에서 배제하고 있다. 반대의견은 헌법재판소의 선례로 인하여 병역의무이행으로 인한 불이익한 처우를 금지한 헌법 제39조 제2항이 제대로 기능하지 못하는 현실을 주목하고 있다. 반대의견은 어떠한 법 제도가 수범자의 병역의무이행을 전혀 염두에 두지 않고 입법하여 병역의무를 이행하는 사람에게 불이익이 발생하는 경우 헌법 제39조 제2항에 위배될 수 있음을 지적한 것이다. 향후 입법과정에서 헌법 제39조 제2항의 취지를 고려하여, 병역의무를 이행하는 사람에게 불이익이 발생하지 않도록 세심한 주의를 기울임으로써, 국가공동체를 위해 헌신하는 사람에게 불이익이 발생하지 아니하고 병역기피의 원인이 사전에 제거되도록 해야 한다.

□ **반대(위헌)의견**

나는 이 사건 법률조항이 헌법 제39조 제2항에 위반된다고 생각하므로 아래와

같이 그 의견을 밝힌다.[3]

가. 헌법 제39조 제2항의 의미

헌법 제39조 제2항이 규정하고 있는 병역의무이행으로 인한 불이익 처우금지란 병역의무 이행을 직접적 이유로 차별적 불이익을 가하거나, 또는 병역의무를 이행한 것이 결과적, 간접적으로 그렇지 아니한 경우보다 오히려 불이익을 받는 결과를 초래해서는 안 된다는 것이 그 일차적이고 기본적인 의미이다(헌재 1999. 2. 25. 97헌바3; 헌재 2007. 5. 31. 2006헌마627; 헌재 2009. 7. 30. 2007헌마991; 헌재 2013. 9. 26. 2012헌마365 등 참조).

헌법재판소의 선례는 헌법 제39조 제2항이 금지하는 "불이익한 처우"를 법적인 불이익을 의미하는 것으로 보면서(헌재 1999. 12. 23. 98헌바33; 헌재 2003. 6. 26. 2002헌마484; 헌재 2008. 5. 29. 2005헌마1173 참조), 간접적·사실상 불이익은 헌법 제39조 제2항의 불이익한 처우에서 배제하고 있다. 종전의 선례는 헌법 제39조 제2항의 적용범위를 지나치게 좁게 인정하고 있어, 실제 문제된 사안에서 불이익한 처우라고 인정한 사례가 거의 없다. 그런데 병역의무이행을 이유로 법적 불이익을 가하는 법제도는 병역의무를 이행하는 사람을 오히려 역차별 하는 의미를 가지는 것이므로 존재하기 어렵다고 할 것이고, 현실적으로 병역의무이행으로 인한 불이익이 문제되는 것은 대부분 간접적이고 사실적인 불이익이 될 수밖에 없다. 결국 헌법 제39조 제2항에 의해 보호되는 '불이익한 처우'를 직접적인 법적 불이익으로 제한하는 것은, 헌법이 금지하는 범위에서 병역의무를 이행하는 사람이 실제로 입게 되는 불이익을 대부분 배제하는 결과를 초래하게 된다.

헌법 제39조 제2항은 병역의무를 이행하지 않았다면 입지 않았을 불이익을 제거하도록 요청하고 있는바, 간접적·사실상 불이익이라 하더라도 병역의무의 이행으로 인해 불이익이 발생하는 경우에는 헌법 제39조 제2항에 의해 보호될 필요가 있다. 국민이 병역의무를 이행하였다는 바로 그 이유 때문에 불이익한 처우를 받은 경우에는 그 불이익이 비록 간접적·사실상 불이익이라 하더라도, 입법자는 그 불이익을 제거하기 위한 노력을 해야 하고, 모든 간접적·사실상 불이익을 제거하는 것이

---

3) 이하, 결정문의 내용을 명확하게 하기 위해 그 표현을 일부 수정·보완하였다.

불가능하다면 일정 범위에서라도 그 불이익을 제거할 수 있도록 해야 한다. 이러한 입법은 병역의무를 이행하는 사람에게 적극적으로 특혜를 주거나 보상조치를 하는 것이 아니라 소극적으로 그 불이익을 제거하는 것이라는 점에서, 병역의무를 이행하는 사람이 그 의무를 이행하느라 받는 불이익을 최소화 하는 것이고, 국방의무를 신성한 의무로 규정한 헌법 제5조 제2항의 헌법 정신과 헌법 제39조 제2항이 추구하는 헌법적 가치를 구현하는 방법이 될 수 있다.

따라서 병역의무이행으로 인한 불이익이 간접적·사실상의 불이익이라 하더라도, 병역의무이행으로 인해 일반적으로 발생하는 불이익이 아니고, 그 불이익이 사소하거나 경미하다고 볼 수 없는 경우에는 헌법 제39조 제2항이 금지하는 불이익한 처우에 해당할 수 있도록 해야 한다.

나. 이 사건 법률조항에 대한 검토

법정의견은 이 사건 법률조항이 병역의무이행 그 자체를 이유로 청구인을 감면 대상에서 제외하고 있는 것은 아니라는 이유로 헌법 제39조 제2항에 위반되지 않는다고 한다. 이 사건 법률조항이 직접적인 법적인 불이익을 가하는 것이 아니라는 이유로 병역의무를 이행하는 사람에게 발생하는 불이익을 외면할 것이 아니라, 이러한 불이익이 헌법 제39조 제2항에 비춰 허용될 수 있는 것인지를 판단해야 한다.

이 사건 법률조항에 의하면, 병역의무를 이행하는 사람은 일정기간 동안 농지를 직접 경작할 수 없고, 그에 따라 병역의무이행으로 인하여 조세감면의 혜택을 받지 못하는 불이익이 발생할 수 있다. 농지를 직접 경작하던 사람이 병역의무를 이행하게 되어, 농지를 직접 경작하지 못하는 도중에 해당 농지가 공공용지로 수용이 되는 경우가 있다. 병역의무의 이행으로 인해 농지를 직접 경작할 수 없는 사람은 이러한 사정에 미리 대처할 수 없었던 부득이한 사유가 있었음에도 불구하고 이 사건 법률조항에 따른 조세감면의 혜택을 받을 수 없게 되는 현실적인 손해가 발생한다. 이런 불이익은 비록 병역의무이행으로 인한 직접적인 법적 불이익이 아니라고 하더라도, 일반적으로 발생하는 불이익이 아니고 그 불이익이 사소하거나 경미하다고 볼 수 없으므로, 헌법 제39조 제2항에서 금지하는 불이익한 처우에 해당한다. 이와 같이 병역의무를 이행하는 사람이 불이익한 처우를 받지 않기 위해서는 입법자에게 병역의무의 이행으로 인해 농지를 직접 경작할 수 없었던 부득이한 경우 조세감면의 혜택을 받을 수 있도록 입법하여야 할 의무가 있으며, 그러한 입법이 없는 경우에는 헌법 제39조 제2항에 위반된다고 보아야 한다.

이 사건 법률조항은 병역의무를 이행하는 사람이 불이익한 처우를 받지 않도록 규정하고 있지 않다. 이 사건 법률조항의 위임을 받아 양도소득세 감면요건에 대해 규정하고 있는 조세특례제한법 시행령 제67조에도 병역의무를 이행하는 사람에게 직접 경작요건에 대한 특례를 인정하는 규정을 찾아볼 수 없다. 그런데 헌법 제39조 제2항에 따라 병역의무이행으로 인한 불이익한 처우금지의 헌법상 요청을 실현하면서 농지대토 감면제도를 두는 것은 충분히 가능한 일이다. 예를 들어, 조세특례제한법 제30조의6은 가업승계에 대한 증여세 과세특례를 규정하고 있는데, 정당한 사유 없이 가업에 종사하지 않게 된 경우에는 증여세를 부과하고 있다. 조세특례제한법 시행령 제27조의6 제3항 및 시행규칙 제14조의4는 병역의무의 이행으로 가업에 종사할 수 없게 된 경우 정당한 사유가 있다고 보아 증여세 과세특례조항이 적용되도록 규정하고 있다. 조세특례제한법상 가업상속에 관해 증여세를 부과하지 않는 정당한 사유로 병역의무의 이행을 들고 있는 것과 마찬가지로, 이 사건 법률조항의 대토 감면제도에서도 병역의무를 이행하는 경우에는 해당 토지를 직접 경작할 수 없었던 정당한 사유를 인정하는 방식으로 양도소득세 감면의 특례를 부여하는 입법이 가능하다. 또는 이 사건 법률조항의 위임을 받아 양도소득세 감면요건에 대해 규정하고 있는 조세특례제한법 시행령 제67조에서 병역의무를 이행하는 사람의 경우 직접 경작요건에 대한 특례를 규정할 수도 있을 것이다.

따라서 이 사건 법률조항이 특례범위에서 병역의무로 인해 직접 경작할 수 없었던 경우를 무조건 배제하는 것은 헌법 제39조 제2항에서 병역의무이행으로 인한 불이익한 처우를 금지하는 취지에 위배된다.

다. 소결론

이 사건 법률조항은 헌법 제39조 제2항에 위배된다.

국적법 제12조 제2항 관련 사건
(헌재 2015. 11. 26. 2013헌마805등)

□ 사건개요 등

청구인들은 출생으로 대한민국 국적과 미국 시민권을 동시에 취득한 복수국적자인 남성이다. 청구인들은 복수국적자에 대하여 제1국민역에 편입된 날부터 3개월 이내에 대한민국 국적과 미국 시민권 중 하나를 선택하도록 하고, 그렇지 않을 경우 병역의무를 해소한 뒤에야 외국 국적을 선택할 수 있도록 한 국적법 제12조 제2항 본문 및 제14조 제1항 단서(이하, '심판대상조항'이라 한다)에 대해 헌법소원심판을 청구하였다.

헌법재판소는 심판대상조항이 헌법에 위반되지 아니한다고 결정하였다. 이 결정에는 재판관 안창호 외 3명의 반대(위헌)의견과 재판관 1명의 별개의견이 있었다. 반대의견은 심판대상조항이 과잉금지원칙을 위반하여 국적이탈의 자유를 침해한다는 견해로, 그 중요 내용은 다음과 같다.

첫째, 병무청은 물론 재외공관도 외국에 거주하는 복수국적자인 남성에 대하여 국적선택절차에 관한 개별적 관리·통지를 하지 않는 현실에서, 복수국적자는 제한된 기한 내에 대한민국 국적을 이탈해야 한다는 사실에 대하여 알지 못할 수 있다.

둘째, 복수국적자의 생활 근거가 되는 국가에서 공직자의 자격요건으로 그 국가국적만을 보유할 것을 요구하는 경우, 정한 기간 내에 대한민국 국적을 이탈하지 못한 복수국적자는 대한민국에서 병역의무를 이행하지 않는 한 국적을 이탈할 수 없게 되므로 외국의 공직 등에 진출하지 못할 수 있다.

셋째, 정한 기간 내에 국적을 이탈하지 못한 복수국적자에게 그 기간 내에 대한민국 국적을 이탈하지 못한 데에 정당한 사유 등을 소명토록 하고, 그 사유가 인정되는 경우에는 예외적으로 대한민국 국적의 이탈을 허용한다고 하더라도 복수국적을 이용한 병역면탈은 예방할 수 있다.

헌법재판소는 2006. 11. 30. 2005헌마739 결정에서도 심판대상조항과 같은 내용을 규정한 구 국적법 조항이 국적이탈의 자유를 침해하지 않는다고 판단하였는데, 법정의견은 선례의 태도를 그대로 유지한 것이다. 이에 대해 반대의견은 대한민국에 진정한 귀속감이 없이 단지 혈통주의에 의해 국적을 취득하였을 뿐인 재외국민에게 심판대상조항이 예외 없이 적용되는 것은 부당한 결과를 초래할 수 있다는 점을 주목하고, 이런 재외국민 가운데 생활근거를 외국에 두고 있는 복수국적자인 남성에 대해 구제절차를 마련하면서도 병역면탈 목적의 국적이탈을 방지·제제할 수 있는 방법을 제시하고 있다.

반대의견은 국가공동체를 위한 국방의무를 소중하게 생각하면서도 대한민국에 진정한 유대감과 귀속감이 없는 복수국적자에게 발생할 수 있는 부당한 결과를 방지하기 위한 견해로 평가된다. 향후 입법과정이나 헌법재판과정에서 이를 참작하여 복수국적자의 기본권이 침해되는 일이 없도록 해야 할 것이다.

□ 반대(위헌)의견

우리는 법정의견과 달리 심판대상조항은 과잉금지원칙을 위반하여 청구인들의 국적이탈의 자유를 침해한다고 생각하므로 아래와 같이 견해를 밝힌다.

가. 심판대상조항은 복수국적자라고 하더라도 대한민국 국민인 이상 병역의무를 이행해야 한다는 것을 전제로 하여, 복수국적을 이용한 기회주의적인 병역면탈을 규제하고, 병역의무부담의 형평성을 확보하려는 데에 그 입법취지가 있다. 이 점에 대하여는 법정의견과 견해를 같이 한다.

나. 심판대상조항에 의하여 국적이탈의 자유를 제한받는 사람 중에 특히 문제가 되는 사람은 주된 생활 근거를 외국에 두고 있는 복수국적자인 남성이다. 그런데 주된 생활 근거를 외국에 두고 있고, 대한민국 국민의 권리를 향유한 바도 없으며, 대한민국에 대한 진정한 유대 또는 귀속감이 없이 단지 혈통주의에 따라 대한민국의 국적을 취득하였을 뿐인 복수국적자에 대하여, 심판대상조항에 따라 제1국민역에 편입된 때부터 3개월 이내에만 병역의무의 해소 없이 대한민국 국적을 이탈할 수 있도록 하여 자신의 생활 근거가 되는 국가의 국적을 선택하도록 한다면, 복수국적자에게 책임을 돌릴 수 없는 사유 등으로 심판대상조항에서 정한 기간 내에 대한민국 국적을 이탈하지 못한 경우에도 병역의무를 해소하지 않고서는 자신의 주된 생활 근거가 되는 국가의 국적을 선택할 수 없게 된다.

병역자원을 담당하는 병무청은 물론 재외공관도 외국에 거주하는 복수국적자인 남성에 대하여 국적선택절차에 관한 개별적 관리·통지를 하고 있지 않은 현실에서, 위와 같은 복수국적자는 자신이 대한민국 국민으로 병역의무를 이행하여야 하고, 이를 면하기 위해서는 제한된 기한 내에 대한민국 국적을 이탈하여야 한다는 사실에 관하여 전혀 알지 못할 수 있으므로, 심판대상조항이 예외 없이 적용되는 것은 복수국적자에게 심히 부당한 결과를 초래할 수 있다. 예컨대 복수국적자의 주된 생활 근거가 되는 국가에서 주요공직자의 자격요건으로 그 국가의 국적만을 보유하고 있을 것을 요구하고 있다면, 심판대상조항에서 정한 기간 내에 대한민국 국적을 이탈하지 못한 복수국적자로서는 일정기간 대한민국 국적을 이탈할 수 없게 되는바, 자신의 주된 생활의 근거가 되는 외국에서 주요공직에 진출하지 못하게 된다.

다. 심판대상조항에서 정한 기간 내에 대한민국 국적을 이탈하지 못한 복수국적자에 대하여 위 기간 내에 대한민국 국적을 이탈하지 못한 데에 정당한 사유, 또는 위 기간이 경과한 후에 대한민국 국적을 이탈하여야만 하는 불가피한 사유 등을 소명하도록 하여, 그러한 사유가 인정되는 경우에는 예외적으로 대한민국 국적의 이탈을 허용한다고 하더라도 복수국적을 이용한 병역면탈은 예방할 수 있다.

이에 대하여 국적선택기간의 예외를 인정하게 되면 복수국적을 이용한 병역면탈은 더 용이해지게 되어 심판대상조항의 실효성을 떨어뜨리게 된다는 우려가 있을 수 있으나, 정당한 사유 등에 대하여 엄격한 소명자료를 요구하고, 관할관청에서 병역면탈의 의사가 있는 것은 아닌지 등을 엄격하게 심사한다면 복수국적을 이용한 병역면탈에 대한 우려를 충분히 불식시킬 수 있을 것이다.

또한 위와 같은 문제점은 대한민국 국적을 이탈한 복수국적자에 대하여 대한민국으로의 입국이나, 대한민국에서의 체류자격·취업자격 등을 제한하는 방법으로도 해결할 수 있다. 실제로 출입국관리법 제11조 제1항은 법무부장관이 외국인에 대하여 입국을 금지할 수 있도록 하고 있고, '재외동포의 출입국과 법적 지위에 관한 법률' 제5조 제2항은 대한민국 안에서 활동하려는 외국국적동포가 병역을 기피할 목적으로 외국 국적을 선택하거나 대한민국 국적을 이탈한 경우에는 38세가 될 때까지 재외동포체류자격을 부여하지 않도록 하고 있으며, 국적법 제9조는 병역면탈을 목적으로 대한민국 국적을 이탈한 사람에 대하여는 국적회복을 반드시 불허하도록 하고 있는 등 이미 각종 법률에서 이를 방지할 수 있는 수단들을 마련하고 있다. 이러한 제도를 좀 더 정비하고 실질적으로 운영한다면, 대한민국을 생활영역으로 하면서도 병역의무는 면탈하는 기회주의적인 복수국적자들의 발생을 억제할 수 있다.

　　라. 그렇다면 심판대상조항은 과잉금지원칙을 위반하여 청구인들의 국적이탈의 자유를 침해한다.

기타 중요 사건

□ 군대 내 동성애 처벌 사건(헌재 2016. 7. 28. 2012헌바258)

　　청구인은 군복무 중 후임병인 피해자를 추행하였다는 공소사실로 기소되어, 항소심 계속 중 구 군형법 제92조의5에 대하여 위헌법률심판제청신청을 거쳐 헌법소원심판을 청구하였다.

　　헌법재판소는 위 법률조항이 죄형법정주의의 명확성원칙에 위배되지 않고, 군인의 성적자기결정권, 신체의 자유 등을 침해하지 않으며, 평등원칙에도 위배되지 않는다고 결정하였다. 이 결정에는 재판관 4명의 반대(위헌)의견이 있었다.

　　위 법률조항은 "계간(鷄姦)이나 그 밖의 추행을 한 사람은 2년 이하의 징역에 처한다."라고 규정하고 있었다. 헌법재판소는 이와 동일한 내용의 구 군형법 제92조 중 '기타 추행'에 관한 부분이 헌법에 위반되지 않는다고 판단하였는데(헌재 2002. 6. 27. 2001헌바70; 헌재 2011. 3. 31. 2008헌가21), 이 사건 결정의 법정의견은 이러한 선례의 태도를 유지한 것이다.

　　법정의견은 위 법률조항이 위헌으로 결정되는 경우, 다시 군대 내의 동성애에 관한 입법이 어렵다는 점을 주목하고, 군대 내 동성애에 의한 질병확산과 그로 인한 군사력 저하 등 공동체에 대한 폐해를 예방하면서, 국민개병제도와 징병제를 근간으로 하는 군대가 동성애를 배우는 학습장소로 변질되어 국방의무를 기피하는 요인이 되는 것을 방지하기 위한 견해로 평가된다.

□ 주민등록번호 변경불허 사건(헌재 2015. 12. 23. 2013헌바68등)

　　이 사건은 개인별 주민등록번호의 변경에 관한 규정을 두고 있지 않은 주민등록법 제7조에 관한 위헌소원 사건이다.

헌법재판소는 국가가 주민등록번호 유출 또는 오·남용으로 인해 발생할 수 있는 피해 등에 대한 고려 없이 주민등록번호 변경을 일체 허용하지 않는 것은 개인정보자기결정권에 대한 침해라고 결정하였다. 이 결정에는 재판관 2명의 반대(합헌)의견이 있었다. 이 결정에 따라, 2016년 5월 29일 법률 제14191호로 주민등록법이 개정되어 주민등록번호 변경이 가능하게 되었다.

□ 가족관계등록 증명서 발급 사건(헌재 2016. 6. 30. 2015헌마924)

이 사건은 형제자매에게 가족관계증명서 교부청구권을 부여하는 '가족관계의 등록 등에 관한 법률' 제14조 제1항에 관한 위헌소원 사건이다.

헌법재판소는, 개인정보자기결정권의 중요성을 강조하면서, 가족관계가 소가족제도로 변경되는 등 사회변화가 크게 있었음에도, 위 법률조항이 가족관계증명서 발급에 있어 형제자매에게 정보주체인 본인과 같은 지위를 부여하고 있는 것은 개인정보자기결정권을 침해한다고 결정하였다. 이 결정에는 재판관 3명의 반대(합헌)의견이 있었다. 이 결정에 따라, 2017년 10월 31일 법률 제14963호로 위 법률이 개정되어 형제자매 부분이 삭제되었다.

□ 정신질환자 강제입원 사건(헌재 2016. 9. 29. 2014헌가9)

이 사건은 보호의무자 2인의 동의와 정신건강학과 전문의 1인의 진단으로 정신질환자의 강제입원이 가능케 한 정신보건법 제24조 제1항 및 제2항에 대한 위헌제청 사건이다. 이 조항으로 인해 재산문제 등을 이유로 가족구성원이 다른 가족을 정신질환자라고 하여 강제로 입원시키는 사례가 다수 발생하기도 하였다.

헌법재판소는 위 법률조항이 정신질환자를 신속·적정하게 치료하고 정신질환자 본인과 사회 안전을 도모하기 위한 것이라는 점을 인정하면서도, 현행 제도가 입원치료·요양을 받을 정도의 정신질환이 어떠한 것인지 구체적인 기준을 제시하지 않고 있고, 정신과전문의가 입원 필요성을 판단함에 있어 권한남용의 가능성이 있는 점 등을 고려하여 위 법률조항이 신체의 자유를 침해한다고 결정하였다.

　　정신보건법은 2016년 5월 29일 법률 제14224호로 전면 개정되어, '정신건강증진 및 정신질환자 복지서비스 지원에 관한 법률'로 법명이 변경되고, 보호입원제도의 남용 가능성을 배제할 수 있는 절차적 방안 등이 마련되었다.

제3장
집회 및 표현의 자유

— 헌법재판소 평의실, 전직 재판소장님 및 제1기 재판관님들과 함께 —

서 론

헌법 제21조 제1항은 "모든 국민은 언론·출판의 자유와 집회·결사의 자유를 가진다."고 규정하고 있다. 집회의 자유는 공동의 목적을 위하여 집단적으로 의사표현을 할 수 있게 함으로써 개인의 인격신장과 아울러 여론형성에 영향을 미친다. 이를 통하여 집회의 자유는 대의제 민주주의의 기능을 보완하고 사회통합에도 기여하는 등 현대 민주국가에서 반드시 필요한 기본권으로 인식되고 있다. 표현의 자유 역시 개인이 인간으로서의 존엄과 가치를 실현하고 국민이 그 주권을 행사하는 데 매우 중요한 요소로서, 집회의 자유와 더불어 민주적 공동체가 기능하기 위한 불가결한 요소로 평가되고 있다.

집회 및 표현의 자유는 다른 기본권과 마찬가지로 건강한 공동체의 존재를 전제로 하는 것이므로, 헌법 제37조 제2항에 의하여 국가안전보장·질서유지 또는 공공복리를 위해 필요한 경우에 법률로써 제한할 수 있다. 헌법 제21조 제4항은 "언론·출판은 타인의 명예나 권리 또는 공중도덕이나 사회윤리를 침해하여서는 아니 된다."고 규정하고 있다. 다만 집회 및 표현의 자유가 가지는 현대 민주국가에서 가지는 의미에 비추어 볼 때, 그 제한은 엄격한 비례원칙이 준수되어야 한다.

제3장 '집회 및 표현의 자유'에서는 집회의 자유와 관련하여 3건, 표현의 자유와 관련하여 6건을 선정하여, 재판관 안창호가 집필한 부분을 중심으로 수록하였다. 선정된 9건은 다음과 같다.

국회의사당 주변 시위금지 사건(헌재 2018. 5. 31. 2013헌바322 등)은 국회의사당 경계지점으로부터 100미터 이내의 장소에서 집회를 금지하는 규정에 대한 위헌소원 사건이다. 재판관 안창호 등은 법정(헌법불합치)의견에서 이러한 금지는 헌법에 합치되지 아니한다고 판단하였다.

야간시위 금지 사건(헌재 2014. 3. 27. 2010헌가2)은 야간 시위를 절대적으로 금지하는 규정에 대한 위헌제청 사건이다. 재판관 안창호 등은 법정(한정위헌)의견에서 '일몰시간 후부터 같은 날 24시까지의 시위'를 금지하는 것은 헌법에 위반된다고 판단하였다.

경찰의 집회촬영 사건(헌재 2018. 8. 30. 2014헌마843)은 경찰이 집회현장에서 어느 범위까지 촬영할 수 있는지에 관한 위헌소원 사건이다. 재판관 안창호 등은 법정(합헌)의견에서 경찰이 신고된 범위를 벗어난 집회를 촬영하는 것에 대해 수사의 한 수단으로서 허용될 수 있다고 판단하였다.

정보통신망법상 명예훼손죄 사건(헌재 2016. 2. 25. 2013헌바105등)은 정보통신망을 통해 사실을 적시하여 명예훼손을 하는 행위를 처벌하는 규정에 대한 위헌소원 사건이다. 재판관 안창호 등은 법정(합헌)의견에서 우리 헌법현실의 특수성을 고려해서 헌법에 위반되지 아니한다고 판단하였다.

대통령에 대한 명예훼손 사건(헌재 2013. 12. 26. 2009헌마747)은 정보통신망에 대통령비판 동영상을 게시한 사실과 관련된 위헌소원 사건이다. 재판관 안창호 등은 법정의견에서 공직자에 대한 비방과 제3자가 제작한 표현물 게시행위의 허용기준을 제시하면서 기소유예처분을 취소하였다.

'스토킹' 처벌 사건(헌재 2016. 12. 29. 2014헌바434)은 이른바 '스토킹'을 처벌하는 규정에 대한 위헌소원 사건이다. 재판관 안창호 등은 법정(합헌)의견에서 그 범죄의 의미를 헌법적으로 해석하고 이를 처벌하는 규정이 합헌이라고 판단하였다.

정서적 학대 처벌 사건(헌재 2015. 10. 21. 2014헌바266)은 아동에 대한 정서적 학대행위를 처벌하는 규정에 대한 위헌소원 사건이다. 재판관 안창호 등은 법정(합헌)의견에서 아동에 대한 '정서적 학대행위'의 의미를 헌법적으로 해석하고 이를 처벌하는 규정이 합헌이라고 판단하였다.

인터넷언론사의 실명확인 관련 의무 사건(헌재 2015. 7. 30. 2012헌마734 등)은 인터넷언론사가 관리하는 게시판 등에 선거관련 문자 등을 게시하는 사람의 실명확인을 위한 기술적 조치를 하도록 하는 규정에 대한 위헌소원 사건이다. 재판관 안창호 등은 법정(합헌)의견에서 선거의 공정성을 언급하면서 위 규정이 헌법에 위반되지 아니한다고 판단하였다.

온라인서비스제공자의 삭제의무 등 사건(헌재 2018. 6. 28. 2016헌가15)은 '온라인서비스제공자'가 관리하는 정보통신망에서 '아동·청소년이용음란물'과 관련하여 일정한 조치를 하도록 하는 규정에 대한 위헌제청 사건이다. 재판관 안창호 등은 법정(합헌)의견에서 아동음란물이 초래하는 각종 폐해를 차단하기 위해서는 예외적으로 온라인서비스제공자에게 일정한 의무를 부과할 수 있다고 판단하였다.

　　재판관 안창호는 민주국가에서 집회 및 표현의 자유가 가지는 중요성을 인식하고 집회 및 표현의 자유를 최대한 보장해야 한다는 견해를 취하고 있다. 다만 표현의 자유 등 개인의 기본권은 건전한 공동체의 존재를 전제로 한다는 견지에서, 헌법 제21조 제4항에 규정된 명예훼손·공중도덕 및 사회윤리 등과 관련된 헌법현실을 고려해서 위헌심사를 해야 한다는 입장이다. 사전집회신고 사건(헌재 2014. 1. 28. 2011헌바174 등), 공직선거법상 후보자비방죄 사건(헌재 2013. 6. 27. 2011헌바75), 의료광고 사전검열 사건(헌재 2015. 12. 23. 2015헌바75), 인터넷신문 등록제한 사건(헌재 2016. 10. 27. 2015헌마1206 등)에서도 이러한 입장을 견지하고 있다.

국회의사당 주변 시위금지 사건

(헌재 2018. 5. 31. 2013헌바322 등)

□ 사건개요 등

　　이 사건은 국회의사당 경계지점으로부터 100미터 이내의 장소에서 집회 및 시위를 절대적으로 금지한 집회 및 시위에 관한 법률(이하, '집시법'이라 한다) 제11조 제1호(이하, '심판대상조항'이라 한다)에 대한 위헌소원 사건이다.

　　헌법재판소는 심판대상조항이 과잉금지원칙을 위반하여 집회의 자유를 침해한다고 하면서 헌법불합치결정을 하였는데, 그 중요 내용은 다음과 같다.

　　첫째, 국회는 '국민주권에 바탕을 둔 대의제 민주주의'를 실현하기 위해서 '국민의 의사'에 다가가 이를 국정에 가능한 반영해야 하고, 국회의사당 인근에서의 집회를 통해 보다 충실하게 헌법적 기능을 수행할 수 있다.

　　둘째, '민의의 수렴'이라는 국회기능을 고려할 때, 국회의원이 양심에 따라 직무를 수행하기 위해 외부세력의 부당한 압력으로부터 보호돼야 한다는 의미는, 국회의원에 대한 물리적인 압력이나 위해를 가할 가능성 및 국회의사당 등 국회 시설에의 출입이나 안전에 위협을 가할 위험성으로부터의 보호를 말한다.

　　셋째, '소규모 집회', '공휴일 등에 행하여지는 집회', '국회의 활동을 대상으로 한 집회가 아닌 집회'처럼 옥외집회에 의한 국회의 헌법적 기능이 침해될 가능성이 부인되거나 현저히 낮은 경우에는, 집회금지에 대한 예외가 인정되어야 한다.

법정의견은 심판대상조항과 동일한 내용을 규정한 구 집시법 규정에 대해 합헌으로 결정한 종전의 헌법재판소 결정(헌재 2009. 12. 29. 2006헌바20등)을 변경한 것이다. 법정의견은 국회의원이 양심에 따라 직무를 수행해야 하는데, 이때 '민의의 수렴'이라는 국회기능의 특수성이 고려될 수 있다고 하여, 법관의 양심 및 국회의원의 양심과 관련된 집회의 허용범위가 다를 수 있음을 시사하면서, 심판대상조항이 헌법에 합치되지 아니한다고 결정하였다.

이 사건 결정 이후 헌법재판소는 집시법 제11조 제3호, 제23조 제1호 중 제11조 제3호에 관한 부분, 제24조 제5호 중 제20조 제2항 가운데 제11조 제3호를 위반한 집회 및 시위에 관한 부분(헌재 2018. 6. 28. 2015헌가28등), 집시법 제11조 제1호 및 제23조 제1호 중 제11조 제1호 가운데 각급 법원에 관한 부분(헌재 2018. 7. 26. 2018헌바137)에 대해서도 모두 헌법불합치결정을 하였다.

□ 법정(헌법불합치)의견

가. 심판대상조항 개관

(1) 심판대상조항의 입법연혁

1962. 12. 31. 법률 제1245호로 제정된 집시법은 국회의사당 경계지점으로부터 주위 2백 미터 이내의 장소에서 옥외집회를 금지하고(제7조 제1호), 이를 위반한 경우 주최자는 3년 이하의 징역 또는 6만 원 이하의 벌금을, 그 정을 알면서 참가한 자는 1년 이하의 징역 또는 2만 원 이하의 벌금, 구류 또는 과료에 처하여질 수 있도록 규정하였다(제15조). 집시법이 1980. 12. 18. 법률 제3278호로 개정되면서 위 법정형이 변경되어 주최자는 5년 이하의 징역 또는 200만 원 이하의 벌금, 그 정을 알면서 참가한 자는 2년 이하의 징역 또는 50만 원 이하의 벌금·구류 또는 과료에 처하여질 수 있게 되었다(제15조).

이후 집시법은 1989. 3. 29. 법률 제4095호로 전부개정되었는데, 개정시 국회의사당 경계지점으로부터 1백 미터 이내의 장소에서 옥외집회를 금지하도록 옥외집회금지장소가 축소되었다(제11조 제1호). 위 개정시 벌칙규정도 개정되어 주최자는 1년 이하의 징역 또는 100만 원 이하의 벌금, 질서유지인은 6월 이하의 징역 또는 50

만 원 이하의 벌금·구류 또는 과료, 그 정을 알면서 참가한 자는 50만 원 이하의 벌
금·구류 또는 과료에 처하여질 수 있게 되었다(제20조). 이후 위 조항은 집시법이
2007. 5. 11. 법률 제8424호로 전부개정되면서 일부 자구수정을 거치는 외에는 그
내용이 그대로 유지되어 심판대상조항에 이르고 있다.

(2) 심판대상조항의 내용

심판대상조항은 국회의사당 경계지점으로부터 100미터 이내의 장소(이하, '국회
의사당 인근'이라 한다)에서 옥외집회를 할 수 없도록 하고, 이를 위반한 경우 주최자,
질서유지인, 그 사실을 알면서 참가한 자인지 여부에 따라 각기 다른 법정형을 부과
하여 처벌할 수 있도록 하고 있다.

심판대상조항에 의한 집회의 제한은 개별적인 경우에 구체적인 위험 상황이 발
생하였는지를 고려하지 않고, 국회의사당 인근이라는 특정한 장소에서 옥외집회가
행하여진다는 사실만으로 이를 일괄적으로 금지하는 내용으로서, 예외 없는 절대적
인 집회금지장소를 설정한 것이다.

심판대상조항에 의한 금지에도 불구하고 국회의사당 인근에서 집회를 주최하
고자 신고하는 경우에는 관할 경찰서장 또는 지방경찰청장(이하 '관할경찰관서장'이라
한다)은 주최자에게 금지통고를 할 수 있고(집시법 제8조 제1항 제1호), 심판대상조항을
위반한 집회에 대하여 그 집회의 해산을 명령할 수 있다(집시법 제20조 제1항 제1호).
이를 위반하여 집회를 주최한 사람 등은 심판대상조항 위반에 따른 처벌 이외에 별
도의 집시법 위반으로 처벌될 수 있다(집시법 제22조 제2항, 제24조 제5호).

(3) 관련 선례

헌법재판소는 2009. 12. 29. 2006헌바20등 결정에서, 누구든지 국회의사당 경
계지점으로부터 1백 미터 이내의 장소에서 옥외집회 또는 시위를 하여서는 아니 된
다고 규정한 구 집시법(2004. 1. 29. 법률 제7123호로 개정되고, 2007. 5. 11. 법률 제8424호
로 전부개정되기 전의 것) 제11조 제1호 중 '국회의사당' 부분이 과잉금지원칙에 반하
여 집회의 자유를 침해하지 않는다고 판단하였다.

나. '집회의 장소' 제한의 헌법적 의미

(1) 헌법 제21조 제1항은 '모든 국민은 언론·출판의 자유와 집회·결사의 자유
를 가진다.'고 규정하여 집회의 자유를 보장하고 있다.

인간의 존엄과 가치를 최고의 헌법적 가치로 삼고 있는 헌법질서 내에서, 집회의 자유는 국민들이 타인과 접촉하고 정보와 의견을 교환하며 공동의 목적을 위하여 집단적으로 의사표현을 할 수 있게 함으로써 개성신장과 아울러 여론형성에 영향을 미칠 수 있게 하여 동화적 통합을 촉진하는 기능을 하며, 나아가 정치·사회 현상에 대한 불만과 비판을 공개적으로 표출케 함으로써 정치적 불만세력을 사회적으로 통합하여 정치적 안정에 기여하는 역할을 한다. 또한 집회의 자유는 선거와 선거 사이의 기간에 유권자와 그 대표 사이의 의사를 연결하고, 대의기능이 약화된 경우에 그에 갈음하는 직접민주주의의 수단으로서 기능하며, 현대사회에서 의사표현의 통로가 봉쇄되거나 제한된 소수 집단에게 의사표현의 수단을 제공한다는 점에서, 대의제 민주국가에서는 언론·출판의 자유와 더불어 필수적 구성요소가 된다(헌재 2009. 9. 24. 2008헌가25 참조). 이러한 의미에서 헌법이 집회의 자유를 보장한 것은 관용과 다양한 견해가 공존하는 다원적인 '열린 사회'에 대한 헌법적 결단이라고 할 수 있다(헌재 2003. 10. 30. 2000헌바67등 참조).

(2) 집회의 자유는 집회의 시간, 장소, 방법과 목적을 스스로 결정하는 것을 보장하는 것으로, 구체적으로 보호되는 주요 행위는 집회의 준비 및 조직, 지휘, 참가, 집회장소·시간의 선택이다(헌재 2016. 9. 29. 2014헌가3등 참조).

이 가운데 집회의 장소는 일반적으로 집회의 목적·내용과 밀접한 내적 연관관계를 가질 수 있다. 집회는 특별한 상징적 의미 또는 집회와 특별한 연관성을 가지는 장소, 예를 들면, 집회를 통해 반대하고자 하는 대상물이 위치하거나 집회의 계기를 제공한 사건이 발생한 장소 등에서 행해져야 이를 통해 다수의 의견표명이 효과적으로 이루어질 수 있으므로, 집회의 장소에 대한 선택은 집회의 성과를 결정짓는 주요 요인이 될 수 있다(헌재 2003. 10. 30. 2000헌바67등 참조). 따라서 집회의 장소를 선택할 자유는 집회의 자유의 한 실질을 형성한다고 할 수 있다(헌재 2005. 11. 24. 2004헌가17 참조).

(3) 심판대상조항은 국회의사당 인근에서의 옥외집회를 절대적으로 금지하고 이를 위반한 경우에는 형사처벌을 예정하고 있으므로 집회의 자유를 장소적으로 제한하고 있다. 심판대상조항의 옥외집회장소의 제한은 입법자에 의한 것으로 헌법 제21조 제2항의 '사전허가제 금지'에는 위반되지 않으나, 헌법 제37조 제2항이 정하는 기본권 제한의 한계 내에 있는지 여부가 문제된다(헌재 2009. 12. 29. 2006헌바

20등 참조).

다. 집회의 자유 침해 여부

(1) 목적의 정당성 및 수단의 적합성

국회는 국민을 대표하는 대의기관으로서 법률을 제정하거나 개정하며, 국정통제기관으로서 특히 행정부에 대한 강력한 통제권한을 행사하는 등 국가정책결정의 주요한 기능을 담당하고 있다. 이와 같은 국회의 기능과 역할은 헌법이 부여하고 보장하는 것으로 헌정질서의 유지·작동을 위한 기초가 되고, 그 특수성과 중요성에 비추어 특별하고도 충분한 보호가 요청된다. 그런데 국회의사당 인근에서 옥외집회가 행하여지는 경우 그러한 집회는 이해관계나 이념이 대립되는 여러 당사자들 사이에 갈등이 극단으로 치닫거나 입법자에 대한 압력행사를 통하여 일정한 이익을 확보하려는 목적으로 이루어질 수 있고, 물리적 충돌이 발생할 여지도 있다.

심판대상조항은 위와 같은 사정을 감안하여 국회의원과 국회에서 근무하는 일반 직원, 그리고 국회에 출석하여 진술하고자 하는 일반 국민이나 공무원 등이 어떠한 압력이나 위력에 구애됨이 없이 자유롭게 국회의사당에 출입하여 업무를 수행하며, 국회의사당을 비롯한 국회 시설의 안전이 보장될 수 있도록 하기 위한 목적에서 입법된 것이다(헌재 2009. 12. 29. 2006헌바20등 참조).

이러한 심판대상조항의 입법목적은 정당하고, 국회의사당 인근에서의 옥외집회를 전면적으로 금지하는 것은 국회의 기능을 저해할 가능성이 있는 집회를 사전에 차단함으로써 국회의 기능을 보호하는 데 기여할 수 있으므로 수단의 적합성도 인정된다.

(2) 침해의 최소성

㈎ 집회의 자유는 대의제 민주주의의 기능을 강화·보완하고 사회통합에도 기여하는 등 언론·출판의 자유와 더불어 대의제 민주국가의 필수적 구성요소라고 할 것이므로, 국회의 특수성과 중요성을 고려한다 하더라도 국회의사당 인근에서 집회의 장소를 제한하는 것은 필요최소한에 그쳐야 한다.

위에서 본 바와 같이 국회는 국민을 대표하는 대의기관으로서 법률을 제정하거나 개정하며, 국정통제기관으로서 특히 행정부에 대한 강력한 통제권한을 행사하는 등 국가정책결정의 헌법적 기능을 담당한다. 이와 같이 국회가 국가의 주요한 공익적 기능을 수행함에 있어 국회의원은 자신을 선출한 '국민의 의사'에 반드시 기속되는 것은 아니라고 하더라도, '국민주권에 바탕을 둔 대의제 민주주의'를 실현하기 위해서는 국회는 '국민의 의사'에 다가가 이를 국정에 가능한 반영하여야 한다. 그렇다면 국회의 헌법적 기능은 국회의사당 인근에서의 집회와 양립이 불가능한 것이 아니라 양립이 가능한 것이며, 국회는 이를 통해 보다 충실하게 헌법적 기능을 수행할 수 있다고 할 것이다.

국회의원은 국가이익을 우선하여 양심에 따라 직무를 수행해야 하므로(헌법 제46조 제2항), 특정인이나 일부 세력의 영향 때문에 직무의 순수성이 왜곡되어서는 안 된다. 따라서 '민의의 수렴'이라는 국회의 기능을 고려할 때, 국회가 특정인이나 일부 세력의 부당한 압력으로부터 보호될 필요성은 원칙적으로 국회의원에 대한 물리적인 압력이나 위해를 가할 가능성 및 국회의사당 등 국회 시설에의 출입이나 안전에 위협을 가할 위험성으로부터의 보호로 한정되어야 한다.

심판대상조항은 국회의사당 인근에서의 집회를 전면적으로 금지하면서도 '국회의사당'이라는 구체적인 공간의 범위를 명시적으로 정의하는 규정을 두고 있지 않고, 집시법과 국회법의 규정을 살펴보더라도 '국회의사당'의 의미를 구체적으로 설정하는 규정은 없다. 국회의 헌법적 기능 보호라는 심판대상조항의 입법취지를 감안하여 '국회의사당'을 '국회 본관뿐만 아니라 의원회관, 국회도서관 등 국회의 기능적 활동이 이루어지는 국회 부지 내의 장소 전체'로 해석할 수 있고, 실제로 법원이나 검찰·경찰 등 법집행기관에서 심판대상조항을 이와 동일하게 해석·적용하고 있다. 그런데 이와 같이 '국회의사당'을 해석하게 되면 국회의사당으로의 출입과 무관한 지역 및 국회 부지로부터 도로로 분리되어 있거나 인근 공원·녹지까지도 집회금지장소에 포함된다. 결국 심판대상조항은 국회의사당 인근 일대를 광범위하게 집회금지장소로 설정함으로써, 국회의원에 대한 물리적인 압력이나 위해를 가할 가능성이 없는 장소 및 국회의사당 등 국회 시설에의 출입이나 안전에 지장이 없는 장소까지도 집회금지장소에 포함되게 한다.

더욱이 대한민국 국회는 국회 부지의 경계지점에 담장을 설치하고 있고, 국회의 담장으로부터 국회의사당 건물과 같은 국회 시설까지 상당한 공간이 확보되어 있으므로 국회의원 등의 자유로운 업무수행 및 국회 시설의 안전이 보장될 수 있다. 그럼에도 심판대상조항이 국회 부지 또는 담장을 기준으로 100미터 이내의 장소에서 옥외집회를 금지하는 것은 국회의 헌법적 기능에 대한 보호의 필요성을 고려하더라도 지나친 규제라고 할 것이다.

(나) 헌법재판소는 '집회의 금지는 원칙적으로 공공의 안녕질서에 대한 직접적인 위협이 명백하게 존재하는 경우에 한하여 허용될 수 있다. 집회의 금지는 집회의 자유를 보다 적게 제한하는 다른 수단, 즉 집회참가자 수의 제한, 집회 대상과의 거리 제한, 집회 방법·시기·소요 시간의 제한 등과 같은 조건을 붙여 집회를 허용하는 가능성을 모두 소진한 후에 비로소 고려될 수 있는 최종적인 수단이다.'라고 판시하였다(헌재 2003. 10. 30. 2000헌바67등 참조). 이러한 헌법재판소의 결정에 비추어 보았을 때, 국회의사당 인근에서의 집회가 심판대상조항에 의하여 보호되는 법익에 대한 직접적인 위협을 초래한다는 일반적 추정이 구체적인 상황에 의하여 부인될 수 있는 경우라면, 입법자로서는 예외적으로 옥외집회가 가능할 수 있도록 심판대상조항을 규정하여야 할 것이다.

예를 들어, 국회의 기능을 직접 저해할 가능성이 거의 없는 '소규모 집회'의 경우 국회의원 등에게 물리적인 압력이나 위해를 가할 가능성 또는 국회의사당 등 국회 시설의 출입이나 안전에 위협을 가할 위험성은 일반적으로 낮다. 이러한 소규모 집회가 일반 대중의 합세로 인하여 대규모 집회로 확대될 우려나 폭력집회로 변질될 위험이 없는 때에는 그 집회의 금지를 정당화할 수 있는 헌법적 근거를 발견하기 어렵다. 그리고 국회의 업무가 없는 '공휴일이나 휴회기 등에 행하여지는 집회'의 경우에도 국회의원 등의 국회의 자유로운 출입 및 원활한 업무 보장 등 보호법익에 대한 침해의 위험이 일반적으로 낮다. '국회의 활동을 대상으로 한 집회가 아니거나 부차적으로 국회에 영향을 미치고자 하는 의도가 내포되어 있는 집회'의 경우에도 국회를 중심으로 한 법익충돌의 위험성이 낮고, 국회의원 등에 대한 직접적·간접적 물리력이 행사될 가능성도 낮다. 이처럼 옥외집회에 의한 국회의 헌법적 기능이 침해될 가능성이 부인되거나 또는 현저히 낮은 경우에는, 입법자로서는 심판대상조항으로 인하여 발생하는 집회의 자유에 대한 과도한 제한 가능성이 완화될 수 있도록 그 금지에 대한 예외를 인정하여야 한다.

외국의 입법례를 보더라도 심판대상조항과 같은 전면적인 옥외집회 금지는 이례적이다. 예를 들어 독일은, '연방헌법기관의 보호구역에 관한 법률'(Gesetz über befriedete Bezirke für Verfassungsorgane des Bundes)에서 연방의회를 보호구역으로 설정하고 이러한 보호구역 내에서의 집회를 금지하면서도, 연방의회의 활동을 저해하거나 연방의회에 위치한 건물로의 출입을 방해할 염려가 없을 때에는 연방내무부장관이 연방의회 장의 동의를 얻어 그 집회를 허가할 수 있도록 규정하고, 특히 연방의회의 각 기관 및 위원회 등의 회의가 없는 날에 집회가 열리면 원칙적으로 이를 허가할 수 있도록 해석하고 있다. 또한 미국은 연방법전(U.S.C)에서 국회의사당 구역에서의 집회를 금지하면서도, 그 책임자가 임명되어 있고, 상원과 하원의 의장이 질서를 유지하며 국회의사당을 훼손하지 않도록 할 적절한 수단이 마련되어 있다고 판단하는 경우 상원과 하원의 의장은 공동으로 집회에 대한 제한을 유보할 수 있다고 규정하고 있다.

그럼에도 불구하고 심판대상조항은 전제되는 위험 상황이 구체적으로 존재하지 않는 경우까지도 예외 없이 국회의사당 인근에서의 집회를 금지하고 있는바, 이 또한 입법목적의 달성에 필요한 범위를 넘는 과도한 제한이라고 할 것이다.

㈐ 오늘날 우리 사회에서는 각종 사회·이익단체에 의해 주최되는 대규모 집회가 폭력적이고 불법적인 집회로 흐를 위험이 있고, 이러한 집회문화에 비추어 국회의사당 인근에서의 집회를 앞으로도 폭넓게 금지하여야 할 필요가 있다는 목소리도 있을 수 있다.

물론 국회의사당 인근에서 폭력적이고 불법적인 대규모 집회가 행하여지는 일정한 경우에는 국회의 헌법적 기능이 훼손될 가능성이 커지는 것은 사실이다. 그러나 집시법은 이러한 특수한 상황에 대처할 수 있도록 집회의 성격과 양상에 따른 다양한 규제수단들을 규정하고 있다.

즉, 집시법 제5조는 집단적인 폭행, 협박, 손괴, 방화 등으로 공공의 안녕질서에 직접적인 위협을 끼칠 것이 명백한 집회의 주최를 금지하고(제1항), 누구든지 제1항에 따라 금지된 집회를 선전하거나 선동하여서는 안 된다고 규정하고 있다(제2항). 집시법 제6조는 옥외집회를 주최하려는 사람으로 하여금 관할 경찰서장에게 그에 관한 신고를 하도록 하고 있고, 제8조는 관할경찰관서장으로 하여금 신고된 옥외집회가 공공의 안녕질서에 직접적인 위협을 끼칠 것이 명백하다고 판단되는 경우 그 집회의 금지를 통고할 수 있도록 하고 있다(제1항). 집시법은 제14조에서 확성기 등을 사용하여 타인에게 심각한 피해를 주는 소음 발생을 제한하고 있고, 제16조 내지 제18조에서는 주최자, 질서유지인, 참가자로 하여금 다른 사람의 생명을 위협하거나 신체에 해를 끼칠 수 있는 기구를 휴대하거나 사용하는 행위 및 폭행, 협박, 손괴, 방화 등으로 질서를 문란하게 하는 행위 등을 하지 못하도록 규정하고 있으며, 제20조에서는 집회에 대한 사후적인 통제수단으로 관할경찰관서장의 해산명령에 관하여 규정하고 있다. 집시법은 이러한 제한을 위반한 경우에 처벌하는 규정을 두고 있고 (제22조, 제24조), 집회 과정에서의 폭력행위나 업무방해행위 등은 형사법상의 범죄행위로서 처벌된다.

그렇다면 국회의사당 인근에서의 옥외집회를 예외적으로 허용한다고 하더라도 위와 같은 수단들을 통하여 심판대상조항이 달성하려는 국회의 헌법적 기능은 충분히 보호될 수 있다고 할 것이므로, 단지 폭력적·불법적의 가능성이 있다는 이유만으로 심판대상조항에 의한 일률적·절대적 옥외집회의 금지가 정당화되는 것은 아니라 할 것이다.

㈐ 이러한 사정들을 종합하여 볼 때, 심판대상조항은 그 입법목적을 달성하는 데 필요한 최소한도의 범위를 넘어, 규제가 불필요하거나 또는 예외적으로 허용하는 것이 가능한 집회까지도 이를 일률적·전면적으로 금지하고 있다고 할 것이므로 침해의 최소성 원칙에 위배된다.

(3) 법익의 균형성

공통된 이익에 대한 공동의 의사를 일정한 장소에 모여 사회에 표출하여 여론을 형성하고 국가의 정책결정과정에 간접적으로 참여하거나 자신들의 의사를 효과적으로 반영하기 위해서는 국민을 대표하는 대의기관이며 국가정책결정기관으로서 공익적 기능을 수행하는 국회가 집회의 장소로 선택될 수 있다. 그러나 국회의사당 인근에서 집회가 열린다고 하여 국회의 기능이 멈추는 것은 아니며, 오히려 국민주권에 바탕을 둔 대의제 민주주의를 충실하게 실현하기 위해서는 국회가 국민의 목소리에서 벗어난 곳에 존재하여서는 안 된다.

헌법기관인 국회의 기능을 보호하는 것이 매우 특별한 중요성을 지닌 공익에 해당함은 의심의 여지가 없으나, 심판대상조항은 위에서 살펴본 바와 같이 국회의 헌법적 기능을 무력화시키거나 저해할 우려가 있는 집회를 금지하는 데 머무르지 않고, 그 밖의 평화적이고 정당한 집회까지 전면적으로 제한함으로써 구체적인 상황을 고려하여 상충하는 법익간의 조화를 이루려는 노력을 전혀 기울이지 않고 있다.

이처럼 심판대상조항을 통한 국회의 헌법적 기능 보호라는 목적과 집회의 자유에 대한 제약 정도를 비교할 때, 심판대상조항으로 달성하려는 공익이 제한되는 집회의 자유 정도보다 크다고 단정할 수는 없다고 할 것이므로 심판대상조항은 법익의 균형성 원칙에도 위배된다.

라. 소결론

심판대상조항은 입법 목적의 정당성과 수단의 적합성이 인정된다고 하더라도, 침해의 최소성 및 법익의 균형성 원칙에 반한다고 할 것이므로 과잉금지원칙을 위반하여 집회의 자유를 침해한다.

야간시위 금지 사건
(헌재 2014. 3. 27. 2010헌가2)

□ 사건개요 등

이 사건은 '일출시간 전, 일몰시간 후'에 시위를 금지하고, 그 시위에 참가한 자를 처벌하는 구 '집회 및 시위에 관한 법률'(이하, '집시법'이라 한다) 제10조 및 제23조의 야간 시위부분(이하 '이 사건 법률조항'이라 한다)에 대한 위헌제청 사건이다.

헌법재판소는 이 사건 법률조항에 대하여 한정위헌결정을 하였다. 이 결정에는 재판관 3명의 반대(위헌)의견이 있었다. 법정의견은 이 사건 법률조항이 '일몰시간 후부터 같은 날 24시까지의 시위'에 적용하는 한 헌법에 위반된다는 견해로, 그 중요 내용은 다음과 같다.

첫째, 입법자는 집시법상 '시위'를 집회 개념으로부터 의도적으로 분리하였으므로, '집시법'상 집회와 옥외집회의 개념은 '기본권'으로서의 집회의 자유의 내용을 이루는 집회의 개념과는 달리, 시위에 해당하는 부분을 제외한 부분으로 축소된다.

둘째, 예외적으로 해가 뜨기 전이나 해가 진후의 옥외집회를 허용할 수 있도록 한 집시법 제10조 단서는 시위에 대하여 적용되지 않으며, 이 사건 법률조항은 해가 뜨기 전이나 해가 진후의 시위를 예외 없이 절대적으로 금지하고 있다.

셋째, 적어도 해가 진후부터 같은 날 24시까지는 이미 보편화된 야간의 일상적인 생활의 범주에 속하는 것이어서, 그 시간의 시위는 특별히 공공의 질서 내지 법적 평화를 침해할 위험성이 크다고 할 수 없으므로, 이러한 시위를 일률적으로 금지하는 것은 과잉금지원칙에 위반된다.

헌법재판소는 헌재 2009. 9. 24. 2008헌가25 사건에서 야간의 옥외집회를 원칙적으로 금지한 구 집시법 제10조 및 제23조 중 '옥외집회' 부분에 대해 헌법불합치 결정을 하였다. 헌법재판소는 위 결정에서 입법자가 2010. 6. 30. 이전에 개선입법을 할 때까지 위 조항들을 계속 적용하도록 하였는데, 2010. 6. 30.까지 개선입법이 이루어지지 않아 위 조항들은 그 효력을 상실하였다. 그런데 집시법상 집회와 시위는 명백히 구분되는 것이므로 야간 시위에 참가한 사람은 이 사건 법률조항에 의하여 계속하여 처벌을 받았다. 이번 헌법재판소의 결정으로 비로소 야간 시위에 참가한 사람들 가운데 '해가 진 다음부터 같은 날 24시까지'의 시위에 참가한 사람은 처벌을 받지 아니하게 되었다. 헌법재판소의 결정 이후, 대부분의 야간 시위는 24시 이전에 종료하고 있고, 법원은 24시를 넘은 야간 시위에 참가한 사람만을 처벌하는 등으로 새로운 시위문화가 정착되고 있다.

□ 법정(한정위헌)의견

가. 집시법상 야간 시위의 금지

(1) 1962. 12. 31. 법률 제1245호로 집시법이 제정될 때에는 옥외집회와 시위에 대한 정의규정이 존재하지 아니하였으나, 법문상 집회, 옥외집회, 시위라는 용어가 사용되고 있었고, 시위 개념은 '집회 또는 시위', '옥외에서의 집회 또는 시위', '옥외집회 또는 시위'와 같이 집회 개념과 구분하여 병렬적으로 사용되었다. 이후 1973. 3. 12. 법률 제2592호로 개정된 집시법이 제1조의2에서 『1. "옥외집회"라 함은 천정이 없거나 사방이 폐쇄되지 않은 장소에서의 집회를 말한다. 옥내집회라 하더라도 확성기 설치 등으로 주변에서의 옥외참가를 유발하는 집회는 옥외집회로 본다. 2. "시위"라 함은 다수인이 공동목적을 가지고 도로 기타 공중이 자유로이 통행할 수 있는 장소를 진행하거나 위력 또는 기세를 보여 불특정 다수인의 의견에 영향을 주거나 제압을 가하는 행위를 말한다.』고 명시적으로 옥외집회와 시위를 구분하는 규정을 둔 이후 일부 자구의 수정 및 구체화, 일부 옥내집회에 대한 규율의 변화가 있

었으나, 옥외집회와 시위의 개념은 실질적으로 동일하게 유지되고 있다.

현행 집시법 제2조 제1호는 『"옥외집회"란 천장이 없거나 사방이 폐쇄되지 아니한 장소에서 여는 집회를 말한다.』고 규정하고, 제2호는 『"시위"란 다수인이 공동목적을 가지고 도로·광장·공원등 공중이 자유로이 통행할 수 있는 장소를 행진하거나 위력 또는 기세를 보여, 불특정한 여러 사람의 의견에 영향을 주거나 제압을 가하는 행위를 말한다.』고 규정하여, 옥외집회와 시위를 구분하고 있다.

위와 같은 문언과 법률의 연혁에 비추어 보면, 집시법상의 시위는, 다수인이 공동목적을 가지고 ① 도로·광장·공원 등 공중이 자유로이 통행할 수 있는 장소를 행진함으로써 불특정한 여러 사람의 의견에 영향을 주거나 제압을 가하는 행위와 ② 위력 또는 기세를 보여 불특정한 여러 사람의 의견에 영향을 주거나 제압을 가하는 행위를 말한다고 풀이해야 할 것이다(헌재 1994. 4. 28. 91헌바14 참조). 따라서 집시법상의 시위는 반드시 '일반인이 자유로이 통행할 수 있는 장소'에서 이루어져야 한다거나 '행진' 등 장소 이동을 동반해야만 성립하는 것은 아니다.

다만 다수인이 일정한 장소에 모여 행한 특정행위가 공동의 목적을 가진 집단적 의사표현의 일환으로 이루어진 것으로서 집시법상 시위에 해당하는지 여부는, 행진 등 행위의 태양 및 참가 인원, 행위 장소 등 객관적 측면과 아울러 그들 사이의 내적인 유대 관계 등 주관적 측면을 종합하여 전체적으로 그 행위를 불특정 다수인의 의견에 영향을 주거나 제압을 가하는 행위로 볼 수 있는지 여부에 따라 개별·구체적으로 판단되어야 할 것이다(대법원 2011. 9. 29. 선고 2009도2821 판결 참조).

(2) 집시법상 집회에 대한 정의규정은 존재하지 아니한다. 그러나 일반적으로 집회는, 일정한 장소를 전제로 하여 특정 목적을 가진 다수인이 일시적으로 회합하는 것을 말하는 것으로 일컬어지고 있고, 그 공동의 목적은 '내적인 유대 관계'로 족하다(헌재 2009. 5. 28. 2007헌바22; 헌재 2014. 1. 28. 2011헌바174 등).

이에 따를 때, 옥외집회는 집회 가운데 일정한 장소적 기준에 의하여 분류되는 집회를 의미하고, 시위는 집회 가운데 일정한 행위가 있는 경우를 말한다고 볼 여지가 있다. 개념적으로 시위는 집회의 부분집합이 되고, 옥외집회와 시위는 일부 교집합을 형성하게 될 가능성이 있는 것이다.

그러나 집시법은 전체적으로 시위를 집회와 별도로 규율하는 체제를 취하고 있다. 집시법 제1조는 적법한 '집회와 시위', '집회 및 시위'의 권리를 보장하도록 하고

있고, 집시법 제6조, 제8조는 '옥외집회나 시위'에 관한 사전신고제와 금지 또는 제
한 통고 제도를 규정하고 있으며, 집시법 제11조는 '옥외집회 또는 시위'의 금지장소
를 규정하면서 옥외집회와 시위를 병렬적으로 열거하고 있다. 또 집시법 제12조는
교통소통을 위한 '집회 또는 시위'의 제한을, 집시법 제20조는 '집회 또는 시위'에 대
한 해산명령에 관하여 규율하면서 집회와 시위를 함께 규정하고 있다. 다만 집시법
은 3개의 조항에서 예외를 두고 있는데, 위법한 '시위'로부터 국민을 보호할 것을 규
정한 집시법 제1조, 예외적인 경우에 해가 뜨기 전이나 해가 진 후에도 '옥외집회'를
허용할 수 있다고 규정한 집시법 제10조 단서, 그리고 학문, 예술, 체육, 종교, 의식,
친목, 오락, 관혼상제 및 국경행사에 관한 '집회'에는 집시법상 일정한 규제를 적용
하지 않도록 한 집시법 제15조가 그것이다. 이러한 예외 조항들은 시위에 대한 규제
의 폭을 넓히는 방향의 규정들이라는 점에서, 집시법은 집회로부터 분리된 시위에
대해 특별하게 규율하려는 의도를 나타내고 있다고 볼 수 있다.

결국 집시법의 전체적인 규정체계를 종합하면, 입법자는 집시법상의 시위 개념
을 집시법상의 집회, 옥외집회 개념으로부터 의도적으로 분리한 것으로 이해함이 상
당하고, 집시법상의 집회와 옥외집회의 개념은 시위에 해당하는 부분을 제외한 부분
으로 축소된다. 이는 '기본권으로서의 집회의 자유'의 내용을 이루는 집회, 시위의
개념과는 구분되는 실정법상 개념 정의로 볼 수 있다.

(3) 따라서 예외적으로 해가 뜨기 전이나 해가 진 후의 옥외집회를 허용할 수
있도록 한 집시법 제10조 단서는 시위에 대하여 적용되지 않으며, 이 사건 법률조항
은 해가 뜨기 전이나 해가 진 후의 시위를 예외 없이 절대적으로 금지하는 것이라고
볼 것이다.

나. 이 사건 법률조항의 집회의 자유 침해 여부

(1) 집회의 자유의 의미와 역할[1]
(2) 과잉금지원칙 위반 여부

이 사건 법률조항은 '해가 뜨기 전이나 해가 진 후'(이하 '야간'이라 한다)의 시위
를 절대적으로 금지하는바, 과잉금지원칙에 위반하여 집회의 자유를 침해하고 있는

---

1) 이 부분은 앞에 수록된 '국회의사당 주변 시위금지 사건(헌재 2018. 5. 31. 2013헌바322 등)'의
'나. (1)항 부분과 대동소이하여 생략하였다.

지 살펴본다.

㈎ 목적의 정당성 및 수단의 적합성

집시법상의 시위는 다수인의 집단적인 행동을 수반한다는 점에서 개인적인 의사표현의 경우보다 공공의 안녕질서 등과 마찰을 빚을 가능성이 크다. 그리고 다수인이 공동목적을 가지고 불특정한 여러 사람의 의견에 영향을 주거나 제압을 가하기 위하여, 도로 등 공공장소를 행진하거나, 위력 또는 기세를 보이는 방법을 사용하기 때문에, 개별적·구체적 사안에 따라서 예외가 있을 수 있으나, 일반적으로는 집시법상의 집회나 옥외집회보다 공공의 안녕질서, 법적 평화 및 타인의 평온에 미치는 영향이 크다고 할 수 있을 것이다(헌재 1994. 4. 28. 91헌바14 참조).

또한 야간이라는 특수한 시간적 상황은 시위 장소 인근에서 거주하거나 통행하는 시민들의 평온이 강하게 요청되는 시간대이다. 시위 참가자 입장에서도 주간보다 감성적으로 민감해지거나 심리적으로 위축되어 합리적 판단력이나 자제력이 낮아질 가능성이 있고, 시위 참가자들 상호간이나 제3자 사이의 식별이 어려워 예기치 못한 돌발 상황이 발생하기 쉬우며, 사소한 자극에도 과잉반응으로 이어져 물리적 충돌을 일으키거나 과격 시위, 폭력 시위로 변화할 가능성이 커진다. 나아가 적법한 집회와 시위를 보장하고, 공공의 안녕질서와의 조화를 위한 규율을 집행해야 하는 행정관서의 입장에서도 야간의 시위는 주간의 시위보다 질서를 유지시키기가 어렵고, 예기치 못한 폭력적 돌발 상황이 발생하여도 어둠 때문에 행위자 및 행위의 식별이 어려워 이를 진압하거나 채증하기가 쉽지 않다.

이 사건 법률조항이 야간 시위의 위와 같은 특징과 차별성을 고려하여 야간의 시위를 금지한 것은 사회의 안녕질서를 유지하고 시위 참가자 등의 안전과 제3자인 시민들의 주거 및 사생활의 평온을 보호하기 위한 것으로서 정당한 목적 달성을 위한 적합한 수단이 된다고 볼 수 있다.

㈏ 침해의 최소성 및 법익균형성

집회의 자유는 집회의 시간, 장소, 방법과 목적을 스스로 결정할 권리, 즉 집회를 하루 중 언제 개최할지 등 시간 선택에 대한 자유와 어느 장소에서 개최할지 등 장소 선택에 대한 자유를 내포하고 있다(헌재 2003. 10. 30. 2000헌바67). 따라서 야간의 시위 주최 및 참가 역시 집회의 자유로 보호됨이 원칙이고, 이를 사회의 안녕질서 또는 국민의 주거 및 사생활의 평온 등을 위하여 제한함에는 목적 달성에 필요한 최소한의 범위로 한정되어야 한다(헌재 2009. 9. 24. 2008헌가25).

그런데 오늘날 우리 사회 대다수의 직장과 학교는 그 근무 및 학업 시간대를 오전 8~9시부터 오후 5~6시까지로 하고 있어 평일의 위 시간대에는 개인적 활동을 하기 어렵다. 시위를 주최하거나 참가하려는 직장인이나 학생은 특별한 사정이 없는 한 퇴근 또는 하교 후인 오후 5~6시 이후에나 시위의 주최 또는 참여가 가능한 경우가 많을 것이다. 그 결과 낮 시간이 짧은 동절기의 평일의 경우, 직장인이나 학생은 사실상 시위를 주최하거나 참가할 수 없게 되는데, 이는 헌법이 모든 국민에게 보장하는 집회의 자유를 실질적으로 박탈하거나 명목상의 것으로 만드는 결과를 초래하게 된다.

도시화·산업화가 진행된 현대 사회는 낮과 밤의 길이에 따라 그 생활형태가 명확하게 달라지지 않는 경우가 많고, 해가 진후라고 할지라도 일정한 시간 동안에는 낮 시간 동안 이루어지던 활동이 계속되는 것이 일반적이며, 도심지의 경우 심야에 이르기까지 주변의 조명이 충분하여 일상생활에 지장이 없다. 그러므로 전통적 의미의 야간 즉, '해가 뜨기 전이나 해가 진 후'라는 광범위하고 가변적인 시간대는 앞에서 본 바와 같은 '야간'이라는 시간으로 인한 특징이나 차별성이 명백하게 존재한다고 할 수 없고, 설령 일부 있다고 하여도 그 정도가 심각한 수준에 이른다고 보기 어렵다. 오히려 위와 같은 특징이나 차별성은 보다 구체적으로 표현하면 '야간'이 아닌 '심야'의 특수성으로 인한 위험성이라고도 할 수 있다. 그럼에도 불구하고 이 사건 법률조항은 '해가 뜨기 전이나 해가 진 후'라는 광범위하고 가변적인 시간대의 시위를 금지하고 있으므로, 이는 목적달성을 위해 필요한 정도를 넘는 지나친 제한이라고 할 것이다. 게다가 이 사건 법률조항은 위와 같은 과도한 제한을 완화하기 위한 적절한 예외도 전혀 인정하고 있지 아니하다.

나아가 집시법은 국민의 주거 및 사생활의 평온과 사회의 공공질서가 보호될 수 있도록 여러 보완장치를 마련하고 있다. 즉 공공의 안녕질서에 직접적인 위협을 끼칠 것이 명백한 집회 또는 시위 등의 주최를 금지하고(제5조 제1항), 금지된 집회 또는 시위 내지 질서 유지에 직접적인 위험을 명백하게 초래한 집회 또는 시위의 경우 관할경찰관서장이 해산을 명할 수 있도록 하고 있다(제20조 제1항). 또 다른 사람의 주거지역이나 이와 유사한 장소로서 집회나 시위로 재산 또는 시설에 심각한 피해가 발생하거나 사생활의 평온을 뚜렷하게 해칠 우려가 있는 경우, 학교의 주변 지역으로서 집회 또는 시위로 학습권을 뚜렷이 침해할 우려가 있는 경우 등에 있어서 거주자나 관리자가 시설이나 장소의 보호를 요청하는 때에는 관할경찰관서장이 집회나 시위의 금지 또는 제한을 통고할 수 있고(제8조 제3항 제1호, 제2호), 집회 또는 시위의 주최자가 타인에게 심각한 피해를 줄 수 있는 소음을 발생시키는 경우에는 관할경찰관서장이 확성기 등의 사용 중지 등 필요한 조치를 할 수 있다(제14조). 그 밖에 관할경찰관서장은 대통령령으로 정하는 주요 도시의 주요 도로에서의 집회 또는 시위에 대하여 교통 소통을 위하여 필요하다고 인정하면 이를 금지하거나 교통질서 유지를 위한 조건을 붙여 제한할 수도 있다(제12조 제1항).

한편 우리 헌법상 집회의 자유에 의하여 보호되는 것은 오로지 '평화적' 또는 '비폭력적' 집회에 한정되는 것이므로(헌재 2003. 10. 30. 2000헌바67 등 참조) 집회의 자유를 빙자한 폭력행위나 불법행위 등은 헌법적 보호범위를 벗어난 것인 만큼, 형법, '폭력행위 등 처벌에 관한 법률', 도로교통법 등에 의하여 형사처벌되거나 민사상의 손해배상책임 등에 의하여 제재될 수 있다(헌재 2009. 9. 24. 2008헌가25 참조).

이러한 규정들을 종합하여 보면, 시위가 금지되는 시간대를 이 사건 법률조항과 같이 광범위하게 정하여 절대적으로 금지한 것은 목적 달성에 필요한 기본권의 제한을 최소화할 수 있는 방법을 강구하지 아니한 것으로서 침해최소성의 원칙에 반한다.

그리고 앞서 살핀 바와 같이, 이 사건 법률조항은 하루의 절반이나 되는 시간동안 자유롭게 집회의 자유를 누릴 수 없게 하는 것이다. 일반 대중에게 자신의 의사를 표현할 수 있는 대중매체를 이용할 수 없는 국민들이나 다수에 의하여 인정되지 아니하는 소수의견을 피력하고자 하는 국민들에게 있어, 시위는 다수의 대중에게 호소할 수 있는 수단으로서 특별한 의미가 있고, 표현행위자와 수용자 사이에 대면 접촉을 통하여 의사소통의 유연성을 높이고 호소력을 높일 수 있다는 점에서 유용성이 큰 것임에도, 위와 같이 광범위한 야간 시간대의 시위를 절대적으로 금지하는 것은 집회의 자유에 대한 중대한 제한이 된다. 이 사건 법률조항에 의하여 달성되는 사회의 안녕질서 유지의 공익이나 시위 참가자 등의 안전과 제3자인 시민들의 평온보호 등의 공익 역시 중요한 것이나, 현대 대의민주국가에서 민주적 공동체의 필수적 구성요소인 집회의 자유의 평화적인 행사로 인하여 필연적으로 발생하고, 회피되기 어려운 일정한 혼란 내지 법익의 제한은 일정한 범위에서 국가와 제3자에 의하여 수인되어야 할 것이라는 점에 비추어 보면, 야간이라는 광범위한 시간 동안 절대적으로 시위를 하지 못하게 하는 것은 공공의 안녕질서 보호라는 공익에 비해 집회의 자유를 과도하게 제한하는 것으로 법익 균형성 원칙도 위반하고 있다고 할 것이다.

(다) 소 결

이 사건 법률조항은 목적달성을 위하여 필요한 범위를 넘어 과도하게 야간 시위를 제한함으로써, 과잉금지 원칙에 위배하여 집회의 자유를 침해하는 것으로 헌법에 위반되고, 이를 구성요건으로 하는 집시법 제23조 제3호의 해당 부분 역시 헌법에 위반된다.

다. 위헌부분 특정의 필요성

(1) 시위는 공공의 질서 내지 법적 평화와 마찰을 일으킬 가능성이 상당히 높은 것이어서 일정한 제한은 불가피하고, 관련 법익들을 비교 형량하여 그러한 법익들이 조화되고, 동시에 최대한 실현될 수 있도록 조정되어야 한다. 이 사건 법률조항이 가지는 위헌성은 야간 시위를 제한하는 것 자체에 있는 것이 아니라, 사회의 안녕질서와 시민들의 평온 등을 보호하기 위하여 필요한 범위를 넘어 '해가 뜨기 전이나 해가 진 후'라는 광범위하고 가변적인 시간대에 일률적으로 시위를 금지하는 데 있다.

광범위한 시간동안 시위를 절대적으로 금지하는 것에는 위헌적인 부분과 합헌적인 부분이 공존하고 있으며, 위와 같은 입법목적을 달성하면서도 시위의 주최자나 참가자의 집회의 자유를 필요최소한의 범위에서 제한하는 방법은 여러 방향에서 검토될 수 있다. 즉 일반인의 시간대 별 생활형태, 주거 및 사생활의 평온이 절실히 요청되는 시간의 범위, 기타 시위의 문화와 실정 등 제반 사정을 참작하여, 시위가 금지되는 시간대나 장소를 한정하거나, 한 장소에서의 연속적이고 장기간에 걸친 시위를 제한하거나, 일정한 조도 이상의 조명 장치를 갖추도록 하거나, 확성기 장치 등 소음을 유발하는 장비의 사용을 제한하거나, 시위 참가자의 규모를 고려하여 제한하는 등 다양한 방법을 통하여 시위의 자유와 공공의 안녕질서를 조화시키는 방법을 모색할 수 있으며, 이는 원칙적으로 입법자의 판단에 맡기는 것이 바람직하다.

(2) 헌법재판소는 위헌법률의 제거가 법적 공백이나 혼란을 초래할 우려가 있

는 경우, 심판대상 법률조항의 합헌부분과 위헌부분의 경계가 모호하여 단순위헌결정으로 대처하기 어려운 경우 등에 있어 헌법불합치 결정을 하여 왔다.

야간의 옥외집회를 원칙적으로 금지한 '집회 및 시위에 관한 법률'(2007. 5. 11. 법률 제8424호로 개정된 것) 제10조 중 '옥외집회' 부분 및 제23조 제1호 중 '제10조 본문의 옥외집회' 부분의 위헌 여부가 문제된 사건에서도, 헌법재판소는 위 조항들의 합헌적인 부분과 위헌적인 부분의 경계가 모호하고, 그 경계의 획정은 입법자의 판단에 맡기는 것이 바람직하다는 이유로 헌법불합치 결정을 하고, 입법자가 2010. 6. 30. 이전에 개선입법을 할 때까지 위 조항들을 계속 적용하도록 하면서, 만일 위 일자까지 개선입법이 이루어지지 않는 경우 위 조항들은 2010. 7. 1.부터 그 효력을 상실하도록 한 바 있다(헌재 2009. 9. 24. 2008헌가25 참조).

그런데 결과적으로 위 조항들은 2010. 6. 30.까지 개선입법이 이루어지지 아니하여 그 효력을 상실하였으며, 대법원은 위 결정이 형벌에 관한 법률조항에 대한 위헌결정에 해당하는 이상, 헌법재판소법 제47조 제2항 단서에 의하여 위 조항들은 소급하여 효력을 상실한다고 판단하였다(대법원 2011. 6. 23. 선고 2008도7562 판결). 그에 따라 과거 야간 옥외집회를 주최하거나 그에 참가하였다는 이유로 위 조항들에 의하여 형사처벌을 받았던 이들이 일률적으로 형사 재심 청구를 하는 것이 가능해졌고, 야간의 옥외집회는 주간의 옥외집회와 마찬가지로 규율되게 되었다.

불법 과격, 폭력 시위 현황에 관한 경찰통계의 자료에 의하면, 위 조항들이 효력을 상실한 때를 전후로 하여 불법·폭력 시위의 유의미한 증가세는 관찰되지 아니하나, 이 점이 야간의 시위에 대한 규율의 필요성이 없다는 점을 방증하는 것이라 단정하기는 어렵다. 이전에는 규율상의 차이가 크지 않음으로 인하여 야간의 옥외집회와 시위를 명확하게 구별하여 법률을 적용하고 집행하지 아니하였으나, 야간의 옥외집회에 대한 규율이 사라지면서, 실무적으로 야간의 옥외집회와 시위를 구분하여 야간 시위의 경우 이 사건 법률조항을 엄격히 적용하기 시작한 점, 야간 옥외집회 금지 규정이 실효된 후 장기간의 대규모 옥외집회와 시위를 야기하는 특별한 사회적·정치적 논제들이 비교적 많지 않았던 점 등이 고려되어야 할 것이다. 한편 야간 옥외집회와 야간 시위의 규율이 현저하게 달라짐에 따라 야간에 옥외집회나 시위를 주최하고, 참가하려는 이들이 느끼는 규제의 강도는 큰 차이가 있게 되었으며, 집시법을 집행하고 해석·적용하는 행정관서와 사법기관에서 일부 혼란이 나타나게 되었다.

(3) 위와 같은 규범공백 상태 및 현실 문제를 종합적으로 고려하면, 헌법재판소가 2008헌가25 사건에 대한 결정이 있던 때와 달리 현재는, 헌법에 합치되지 아니하는 법률의 잠정적용을 명하여야 할 예외적인 필요성, 즉 법적 안정성의 관점에서 법치국가적으로 용인하기 어려운 법적 공백이나 혼란이 예상되어 예외적으로 일정 기간 위헌적인 상태를 감수하는 것이 헌법적 질서에 보다 가까운 경우라 보기는 어렵다(헌재 1999. 10. 21. 97헌바26 참조).

그러나 이 사건 법률조항에 대하여 헌법불합치 결정을 하면서 전부의 적용을 중지할 경우, 야간의 옥외집회와 시위 전부가 주최 시간대와 관계없이 주간의 옥외집회나 시위와 마찬가지로 규율됨에 따라, 공공의 질서 내지 법적 평화에 대한 침해의 위험이 높아 일반적인 옥외집회나 시위에 비하여 높은 수준의 규제가 불가피한 경우에도 대응하기 어려운 문제가 발생할 수 있다.

따라서 이 사건 법률조항에 존재하는 합헌적인 부분과 위헌적인 부분 가운데, 현행 집시법의 체계 내에서 시간을 기준으로 한 규율의 측면에서 볼 때, 규제가 불가피하다고 보기 어려움에도 시위를 절대적으로 금지한 부분의 경우에는 위헌성이 명백하다고 할 수 있으므로 이에 한하여 위헌 결정을 하기로 한다.

우리 국민의 일반적인 생활형태 및 보통의 집회·시위의 소요시간이나 행위태양, 대중교통의 운행시간, 도심지의 점포·상가의 운영시간 등에 비추어 보면, 적어도 해가 진 후부터 같은 날 24시까지의 시위의 경우, 이미 보편화된 야간의 일상적인 생활의 범주에 속하는 것이어서 특별히 공공의 질서 내지 법적 평화를 침해할 위험성이 크다고 할 수 없으므로 그와 같은 시위를 일률적으로 금지하는 것은 과잉금지원칙에 위반됨이 명백하다. 그러나 24시 이후의 시위를 금지할 것인지 여부는 국민의 주거 및 사생활의 평온, 우리나라 시위의 현황과 실정, 국민 일반의 가치관 내지 법 감정 등을 고려하여 입법자가 결정할 여지를 남겨두는 것이 바람직하다.

(4) 그렇다면 적어도 이 사건 법률조항과 이를 구성요건으로 하는 집시법 제23조 제3호의 해당 부분은 '해가 진 후부터 같은 날 24시까지의 시위'에 적용하는 한 헌법에 위반된다고 할 것이다. 이러한 결론이 이 사건 법률조항의 입법목적을 달성하면서도 시위의 주최자나 참가자의 집회의 자유를 필요최소한의 범위에서 제한하는 방법을 여러 방향에서 검토하여야 할 입법자의 의무를 가볍게 하거나, 면하도록

하는 것이 아님은 물론이다. 입법자로서는 시간을 기준으로 하는 이 사건 법률조항의 입법개선을 포함하여 시위의 여러 양상들을 종합적으로 고려한 다방면의 입법조치를 검토하여 집회의 자유와 공공의 안녕질서가 조화를 이룰 수 있도록 해야 한다.

경찰의 집회촬영 사건
(헌재 2018. 8. 30. 2014헌마843)

□ 사건개요 등

청구인들은, 신고된 집회·시위가 그 범위를 벗어나자, 경찰이 이를 촬영한 것은 헌법에 위반된다고 하면서 헌법소원심판을 청구하였다.

헌법재판소는 집회·시위가 신고된 범위를 벗어난 다음, 경찰이 이를 촬영한 것에 대해 헌법에 위반되지 아니한다고 결정하였다. 이 결정에는 재판관 5명의 반대의견이 있었다. 법정의견은 경찰이 수사로써 불법행위를 촬영할 수 있다면서, 신고된 범위를 벗어난 집회 및 시위를 촬영하는 것은 집회의 자유 등을 침해하지 아니한다는 견해인데, 그 중요 내용은 다음과 같다.

첫째, 집회·시위현장에서 집회·시위 참가자에 대한 사진 및 영상촬영 등은 집회·시위 참가자들에게 심리적 부담으로 작용하여 집회의 자유를 위축시키는 결과를 가져올 수 있다. 경찰의 집회촬영은 일반적 인격권, 개인정보자기결정권과 함께 집회의 자유를 제한한다.

둘째, 경찰의 집회촬영은 기본권을 제한하는 것이므로 수사 목적이라고 하더라도 필요최소한에 그쳐야 한다. 다만 옥외집회·시위 참가자에 대한 촬영은 공개된 장소에서의 행위에 대한 촬영이고, 현행 집시법은 독일 등과 달리 옥외집회·시위 참가자의 변장 등을 금지하고 있지 아니하는 점이 위헌심사에서 고려되어야 한다.

셋째, 미신고 옥외집회·시위 또는 신고범위를 넘는 집회·시위의 주최자는 현행 집시법에 의해 처벌될 수 있고, 새로이 주최자가 나타날 수 있으며, 이러한 옥외집회·시위는 경찰의 해산명령에 불응하는 집회·시위로 이어질 수 있으므로, 경찰은 이런 옥외집회·시위를 촬영하여 수사자료를 수집할 수 있다.

법정의견은 구체적 수사현실을 반영하여 집회·시위 현장에서 경찰의 촬영행위에 대해 기준을 설정하였다는 점에서 의미가 있다. 집회·시위 현장에서 경찰의 촬영행위는 필요 최소한에 그쳐야 하고, 증거보전의 필요성 및 긴급성, 방법의 상당성이 인정되는 때에 한하여 인정되는 것이나, 신고된 집회·시위가 그 범위를 벗어나는 경우에는 공공의 안녕과 질서유지를 위해 수사의 한 방법으로 이를 촬영할 수 있음을 명백히 한 것이다. 타인의 법익이나 공공의 안녕질서에 대한 직접적인 위험을 아직 명백하게 초래하지 아니하였다는 이유로 신고된 범위를 일탈한 옥외집회·시위에 대해 경찰이 촬영할 수 없다면, 수사목적을 달성할 수 없는 경우가 다수 발생할 수 있다. 물론 경찰이 집회를 촬영한 수사자료는 수사목적을 위해서만 사용되어야 하며, 그 목적을 달성한 경우에는 즉시 파기하여야 한다. 법정의견은 우리 사회에서의 집회 및 그에 대한 수사 현실을 반영한 것이라는 평가가 있다.

□ **법정(합헌)의견**

가. 심판의 이익 인정 여부[2]

나. 본안에 대한 판단

(1) 경찰의 촬영행위 일반론

(가) 경찰의 촬영행위의 의의

경찰의 촬영행위란 현장 상황을 촬영·녹화하는 것을 말한다. 이 사건과 관련하여 특히 각종 집회·시위 및 치안현장에서 경찰이 불법 또는 불법이 우려되는 상황에서 하는 촬영 등이 문제되므로, 이하에서는 이를 중심으로 살펴본다.

이 사건에서 문제되는 경찰의 촬영행위는 옥외집회·시위와 같이 공개된 장소에서 이루어지는 활동에 대한 것이고 촬영행위의 상대방에게 직접적인 물리적 강제력을 수반하는 것이 아니다. 한편 공권력은 적법하게 행사되어야 하고, 공권력 행사의 적법성은 공권력 주체가 입증하는 것이 원칙이다. 집회·시위 현장의 촬영자료는

---

2) 이 부분은 제8장 '경제질서와 헌법재판제도' 중 '기본권 침해가 종료된 권력적 사실행위의 심판이익 사건(헌재 2016. 10. 27. 2014헌마626)'에 수록된 내용을 근거로 적법성을 인정하여 본안판단을 하고 있으므로 생략하였다.

공권력 행사의 적법성을 입증할 자료가 될 수 있으므로, 경찰의 촬영행위는 경찰권 행사의 적법성을 담보하는 수단이 될 수 있다.

이러한 경찰의 촬영행위는 범죄수사를 위한 증거자료를 확보하기 위한 것일 수도 있고, 집회 및 시위와 관련해서 침해될 수 있는 법익 등을 보호하고 범죄를 예방하여 공공의 안녕과 질서를 유지하기 위한 것일 수도 있다. 양자는 그 목적, 성질, 권한의 법적 근거가 상이하므로, 어느 것에 해당하는지는 행위의 성격과 함께 업무 수행자의 의사를 기준으로 판단되어야 한다. 이 사건 촬영행위는 이 사건 집회 참가자들이 신고 장소를 벗어난 후 경찰이 경고 등 조치를 할 즈음 시작되었고, 이러한 경우 경찰은 범죄예방 뿐 아니라 수사도 할 수 있다. 피청구인은 이 사건 촬영행위가 범죄수사를 위한 것이라고 주장하므로, 피청구인이 범죄수사로서 한 이 사건 촬영행위가 헌법에 위반되는지 여부를 살펴볼 필요가 있다. 다만 이 사건 촬영행위는 형사소송법 제196조, 제199조에 근거한 것으로서 법률에 근거를 둔 것이며, 청구인들은 이 사건 촬영행위의 과잉금지원칙 위배 여부에 대해 다투고 있으므로 이에 대하여 살펴본다.

⑷ **제한되는 기본권**

1) 일반적 인격권

사람은 자신의 의사에 반하여 얼굴을 비롯하여 일반적으로 특정인임을 식별할 수 있는 신체적 특징에 관하여 함부로 촬영당하지 아니할 권리, 즉 헌법 제10조로부터 도출되는 초상권을 포함한 일반적 인격권을 가지고 있다(헌재 2014. 3. 27. 2012헌마652 참조). 따라서 옥외집회·시위 현장에서 참가자들을 촬영·녹화하는 경찰의 촬영행위는 집회참가자들에 대한 초상권을 포함한 일반적 인격권을 제한할 수 있다.

2) 개인정보자기결정권

개인정보자기결정권은 자신에 관한 정보가 언제 누구에게 어느 범위까지 알려지고 또 이용되도록 할 것인지를 그 정보주체가 스스로 결정할 수 있는 권리이다. 개인정보자기결정권의 보호대상이 되는 개인정보는 개인의 신체, 신념, 사회적 지위, 신분 등과 같이 개인이 인격주체성을 특징짓는 사항으로서 개인의 동일성을 식별할 수 있게 하는 일체의 정보라고 할 수 있고, 반드시 개인의 내밀한 영역이나 사사(私事)의 영역에 속하는 정보에 국한되지 않고 공적 생활에서 형성되었거나 이미 공개된 정보까지 포함한다. 또한 이러한 개인정보를 대상으로 한 조사·수집·보관·

처리·이용 등의 행위는 원칙적으로 개인정보자기결정권에 대한 제한에 해당한다(헌재 2005. 7. 21. 2003헌마282등; 헌재 2009. 9. 24. 2007헌마1092 등 참조).

따라서 경찰의 촬영행위는 개인정보자기결정권의 보호대상이 되는 신체, 특정인의 집회·시위 참가 여부 및 그 일시·장소 등의 개인정보를 정보주체의 동의 없이 수집하였다는 점에서 개인정보자기결정권을 제한할 수 있다.

3) 집회의 자유

헌법 제21조 제1항은 '모든 국민은 언론·출판의 자유와 집회·결사의 자유를 가진다.'고 규정하여 집회의 자유를 '표현의 자유'로서 언론·출판의 자유와 함께 국민의 기본권으로 보장하고 있다. 집회의 자유에는 집회를 통하여 형성된 의사를 집단적으로 표현하고 이를 통해 불특정 다수인의 의사에 영향을 줄 자유를 포함한다. 따라서 이를 내용으로 하는 시위의 자유 또한 집회의 자유를 규정한 헌법 제21조 제1항에 의하여 보호되는 기본권이다(헌재 2005. 11. 24. 2004헌가17).

집회의 자유는 그 내용에 있어 집회참가자가 기본권행사를 이유로 혹은 기본권행사와 관련하여 국가의 감시를 받게 되거나, 경우에 따라서는 어떠한 불이익을 받을 수도 있다는 것을 걱정할 필요가 없는, 즉 자유로운 심리상태의 보장이 전제되어야 한다. 개인이 가능한 외부의 영향을 받지 않고 집회의 준비와 실행에 참여할 수 있고, 집회참가자 상호간 및 공중과의 의사소통이 가능한 방해받지 않아야 한다.

따라서 집회·시위 등 현장에서 집회·시위 참가자에 대한 사진이나 영상촬영 등의 행위는 집회·시위 참가자들에게 심리적 부담으로 작용하여 여론형성 및 민주적 토론절차에 영향을 주고 집회의 자유를 전체적으로 위축시키는 결과를 가져올 수 있으므로 집회의 자유를 제한한다고 할 수 있다.

4) 소 결

경찰의 촬영행위는 직접적인 물리적 강제력을 동원하는 것이 아니라고 하더라도 청구인들의 일반적 인격권, 개인정보자기결정권 및 집회의 자유를 제한할 수 있다. 이러한 기본권 제한은 헌법 제37조 제2항에 따라 국가안전보장·질서유지 또는 공공복리를 위해 필요한 경우에 한하여 허용될 수 있다. 따라서 경찰의 촬영행위는 과잉금지원칙을 위반하여 국민의 일반적 인격권, 개인정보자기결정권 및 집회의 자유를 침해해서는 아니 된다.

⒟ **수사로서의 촬영행위**

수사란 범죄혐의의 유무를 명백히 하여 공소를 제기·유지할 것인가의 여부를 결정하기 위해 범인을 발견·확보하고 증거를 수집·보전하는 수사기관의 활동을 말한다(형사소송법 제195조, 대법원 1999. 12. 7. 선고 98도3329 판결 등 참조). 집회 및 시위 현장의 영상과 소리를 그대로 담고 있는 촬영자료는 집회 및 시위와 관련된 범인의 검거와 범죄 입증에 상당히 효과적이고 중요한 증거방법이 된다. 따라서 집회·시위 현장에서 범죄행위가 행해지고 있는 경우 이에 대한 촬영행위는 수사의 한 방법이라 할 수 있다.

범죄수사를 위한 촬영행위와 관련하여 형사소송법 등에 구체적이고 명확한 근거규정은 없다. 그러나 사법경찰관은 범죄의 혐의가 있다고 인식하는 때에는 범인, 범죄사실과 증거에 관하여 수사를 개시·진행하여야 하고(형사소송법 제196조 제2항), 수사목적을 달성하기 위해 필요한 조사를 할 수 있으므로(형사소송법 제199조 제1항 본문), 경찰은 집회·시위현장에서 범죄가 발생한 때에는 증거수집을 위해 이를 촬영할 수 있다.

다만 경찰의 촬영행위는 일반적 인격권, 개인정보자기결정권 및 집회의 자유 등 기본권 제한을 수반하는 것이므로 필요최소한에 그쳐야 한다(형사소송법 제199조 제1항 단서 참조). 따라서 범죄수사를 위한 경찰의 촬영행위는 현재 범행이 이루어지고 있거나 행하여진 직후이고, 증거보전의 필요성 및 긴급성이 있으며, 일반적으로 허용되는 상당한 방법에 의한 경우로 제한되어야 한다. 그러한 경우라면 그 촬영행위가 영장 없이 이루어졌다 하더라도 위법하다고 할 수 없다(대법원 1999. 9. 3. 선고 99도2317 판결 등 참조).

(2) 과잉금지원칙 위배 여부

⒢ **목적의 정당성 및 수단의 적합성**

수사란 범죄혐의의 유무를 명백히 하여 공소를 제기·유지할 것인가의 여부를 결정하기 위해 범인을 발견·확보하고 증거를 수집·보전하는 수사기관의 활동을 말한다. 경찰은 범죄행위가 있는 경우 이에 대한 수사로서 증거를 확보하기 위해 촬영행위를 할 수 있다.

이 사건 촬영행위는 집회·시위 참가자들이 신고된 집회·시위 장소를 벗어난 다음 경찰이 집회·시위 주최자 등의 '집회 및 시위에 관한 법률'(이하 '집시법'이라 한

다) 위반과 관련하여 수사하는 과정에서 이루어진 것이다. 따라서 이 사건 촬영행위는 집회·시위 주최자 등의 범죄에 대한 증거를 수집하여 형사소추에 활용하기 위한 것으로서 목적의 정당성과 수단의 적합성이 인정된다.

(나) 침해의 최소성

1) 경찰은 범인을 발견하고 증거를 수집·보전하기 위하여 촬영행위를 할 수 있다. 범죄의 증명은 검사가 해야 하고, 이를 위한 증거에는 직접증거 뿐 아니라 간접증거 또는 정황증거도 포함된다. 주관적 구성요건 또는 객관적 구성요건이라도 그 개념이 추상적일 경우에는 당시 상황을 종합적으로 검토하여야 하므로, 수사기관은 범죄에 이르게 된 경위나 그 전후 사정에 관한 것이라도 증거로 수집할 수 있다.

집시법 제6조 제1항은 옥외집회 또는 시위의 주최자는 720시간 내지 48시간 전에 관할 경찰서장에게 이를 신고하여야 한다고 규정하고, 집시법 제22조 제2항은 이를 위반한 경우 형사처벌하고 있다. 그리고 집시법 제16조 제4항 제3호는 집회 또는 시위의 주최자는 신고한 목적, 일시, 장소, 방법 등의 범위를 뚜렷이 벗어나는 행위를 하여서는 아니 된다고 규정하고, 집시법 제22조 제3항은 이를 위반한 경우 형사처벌하고 있다. 신고범위를 뚜렷이 벗어나는 행위로 인한 집시법위반은 신고 내용과 실제 상황을 구체적·개별적으로 비교하여 살펴본 다음 이를 전체적·종합적으로 평가하여 판단해야 하므로(대법원 2010. 3. 11. 선고 2009도12609 판결 등 참조), 증거수집의 범위는 '뚜렷이 벗어난' 이후의 것에만 한정할 수 없고, 적어도 신고범위를 일탈하기 시작한 무렵의 증거도 포함될 수 있다.

한편 집시법 제24조 제5호는 집시법 제20조에 따른 경찰의 해산명령에 불응하는 집회참가자들을 형사처벌하고 있다. 집시법 제20조 제1항 제2호는 미신고 옥외집회·시위(집시법 제6조 제1항 위반)를 해산명령의 대상으로 하면서 별도의 해산 요건을 규정하고 있지 아니하다. 그러나 미신고 옥외집회·시위로 인하여 타인의 법익이나 공공의 안녕질서에 대한 직접적인 위험이 명백하게 초래된 경우에 한하여, 경찰은 위 조항에 기하여 해산을 명할 수 있고, 집회·시위 참가자가 이런 적법한 해산명령에 불응하는 경우에만 집시법 제24조 제5호에 의하여 처벌할 수 있다(대법원 2012. 4. 26. 선고 2011도6294 판결 등 참조). 이와 마찬가지로 집시법 제20조 제1항 제5호가 해산명령의 대상으로 규정하는 '신고 범위를 뚜렷이 벗어난 행위(집시법 제16조 제4항 제3호)로 질서를 유지할 수 없는 집회' 역시 '신고 범위를 뚜렷이 벗어난 행위로 타인의 법익이나 공공의 안녕질서에 대한 직접적인 위험이 명백하게 초래하는 집회'로 해석해야 한다(헌재 2016. 9. 29. 2015헌바309등 참조).

이 사건에서 청구인들을 포함한 이 사건 집회 참가자 약 120명은 신고된 집회·시위 장소인 경향신문사 앞을 지나 광화문광장으로 행진하기 위해 한국씨티은행 앞까지 약 100m 정도 신고범위를 벗어났고, 경찰은 이에 대하여 경고 등의 조치를 하였다. 사정이 이러한 경우, 경찰로서는 옥외집회·시위의 주최자 등의 집시법 제6조 제1항, 제16조 제4항 제3호, 제20조 위반 등에 대한 수사를 위해 채증행위를 할 수 있다 할 것이므로, 위와 같은 청구인 등의 행위가 타인의 법익이나 공공의 안녕질서에 대한 직접적인 위험을 아직 명백하게 초래하지 아니하였다는 이유로, 이 사건 촬영행위가 헌법에 위반된다고 단정할 일은 아니다.

2) 경찰의 촬영행위는 일반적 인격권, 개인정보자기결정권, 집회의 자유 등 기본권 제한을 수반하는 것이므로 수사를 위한 것이라고 하더라도 필요최소한에 그쳐야 한다. 다만 옥외 집회나 시위 참가자 등에 대한 촬영은 사적인 영역이 아니라 공개된 장소에서의 행위에 대한 촬영인 점과 독일 연방집회법 등과 달리 현행 집시법에서는 옥외집회·시위 참가자가 신원확인을 방해하는 변장을 하는 것 등이 금지되고 있지 아니하는 점이 고려될 수 있다.

미신고 옥외집회·시위 또는 신고범위를 넘는 집회·시위에서 단순 참가자들에 대한 경찰의 촬영행위는 비록 그들의 행위가 불법행위로 되지 않는다 하더라도 주최자에 대한 집시법 위반에 대한 증거를 확보하는 과정에서 불가피하게 이루어지는 측면이 있다. 이러한 촬영행위에 의하여 수집된 자료는 주최자의 집시법 위반에 대한 직접·간접의 증거가 될 수 있을 뿐만 아니라 그 집회 및 시위의 규모·태양·방법 등에 대한 것으로서 양형자료가 될 수 있다. 따라서 경찰이 미신고 옥외집회·시위 또는 신고범위를 넘는 집회·시위의 주최자에 대한 촬영행위를 함에 있어 단순 참가자들에 대한 촬영 등이 있었다 하더라도 헌법적으로 허용 가능한 촬영의 범위를 벗어난 것이라고 단정할 수 없다.

그리고 미신고 옥외집회·시위 또는 신고범위를 넘는 집회·시위의 주최자가 집회·시위 과정에서 바뀔 수 있고 새로이 실질적으로 옥외집회·시위를 주도하는 사람이 나타날 수 있으므로, 경찰은 새로이 집시법을 위반한 사람을 발견·확보하고 증거를 수집·보전하기 위해서는 미신고 옥외집회·시위 또는 신고범위를 넘는 집회·시위의 단순 참자자들에 대해서도 촬영할 필요가 있다. 또한 미신고 옥외집회·시위 또는 신고범위를 벗어난 옥외집회·시위가 적법한 경찰의 해산명령에 불응하는 집회·시위로 이어질 수 있으므로, 이에 대비하여 경찰은 미신고 옥외집회·시위 또는 신고범위를 벗어난 집회·시위를 촬영함으로써, 적법한 경찰의 해산명령에 불응하는 집회·시위의 경위나 전후 사정에 관한 자료를 수집할 수 있다. 옥외집회·시위가 타인의 법익이나 공공의 안녕질서에 대한 직접적인 위험을 초래한 이후에만 이를 촬영할 수 있도록 한다면, 이는 매순간 급격하게 변할 수 있는 집회·시위 현장에서 경찰이 범인을 발견·확보하고 증거를 수집·보전하는 데 부정적으로 작용할 수 있다.

한편 근접촬영과 달리 먼 거리에서 집회·시위 현장을 전체적으로 촬영하는 소위 조망촬영이 기본권을 덜 침해하는 방법이라는 주장도 있으나, 최근 기술의 발달로 조망촬영과 근접촬영 사이에 기본권 침해라는 결과에 있어서 차이가 있다고 보기 어려우므로, 경찰이 이러한 집회·시위에 대해 조망촬영이 아닌 근접촬영을 하였다는 이유만으로 헌법에 위반되는 것은 아니다.

나아가 옥외집회·시위 현장에서의 불법행위자의 체포는 오히려 경찰과 집회·시위 참가자들의 마찰을 유발할 가능성이 있으므로 옥외집회·시위 현장에서 경찰의 촬영행위에 대한 대체방법이 될 수 없다. 옥외집회·시위 등 현장에서 경찰의 촬영행위는 오히려 덜 제약적인 방법으로 증거를 수집하고 범죄에 대응하는 기능을 하여 기본권 침해를 최소화하는 방법이 될 수 있다.

위에서 본 바와 같이, 이 사건에서 경찰은 청구인 등 이 사건 집회 참가자들이 신고범위를 벗어난 다음부터 자발적으로 해산할 때까지 이를 촬영한 것이고, 달리 이 사건 촬영행위보다 청구인 등의 기본권을 덜 침해하는 방법으로 이 사건 집회 주최자 등에 대한 집시법 위반 수사를 위한 증거를 확보할 방법이 있다고 할 수 없다. 또한 사후에는 범인을 발견·확보하고 증거를 수집·보전하는 것이 쉽지 아니할 수 있다는 점에서, 이 사건 촬영행위는 증거보전의 필요성과 긴급성이 인정되며, 일반적으로 허용되는 상당한 방법에 의한 촬영행위로써 증거를 수집하였으므로 헌법에 위반된다고 할 수 없다.

3) 옥외집회·시위에 대한 경찰의 촬영행위는 증거보전의 필요성 및 긴급성, 방법의 상당성이 인정되는 때에는 헌법에 위반된다고 할 수 없으나, 경찰이 옥외집회 및 시위 현장을 촬영하여 수집한 자료의 보관·사용 등은 엄격하게 제한하여, 옥외

집회·시위 참가자 등의 기본권 제한을 최소화해야 한다.

옥외집회·시위에 대한 경찰의 촬영행위에 의해 취득한 자료는 '개인정보'의 보호에 관한 일반법인 '개인정보 보호법'이 적용될 수 있다(개인정보 보호법 제6조).

개인정보 보호법에 따르면, 경찰은 개인정보처리자로서(제2조 제5호 및 제6호) 목적에 필요한 최소한의 정보만 수집하고, 개인정보의 처리 방법 및 종류 등에 따라 정보주체의 권리가 침해받을 가능성과 그 위험 정도를 고려하여 개인정보를 안전하게 관리하여야 하며, 정보주체의 사생활 침해 등을 최소화하는 방법으로 개인정보를 처리해야 한다(제3조, 제16조).

그리고 개인정보 보호법에 따르면, 경찰은 범죄수사를 목적으로 촬영하여 수집한 자료를 그 목적의 범위에서만 이용할 수 있고, 다른 법률에 특별한 규정이 있거나 정보주체의 동의가 없는 한 목적 외의 용도로 활용하여서는 아니 되며 제3자에게 제공할 수 없다(제3조, 제15조, 제17조, 제18조). 또한 경찰은 보유기간의 경과, 개인정보의 처리 목적 달성 등 그 개인정보가 불필요하게 되었을 때에는 지체없이 이를 파기해야 하며(제21조), 개인정보가 분실·도난·유출·위조·변조 또는 훼손되지 아니하도록 안전조치를 취할 의무를 부담한다(제29조, 제59조). 나아가 경찰관 등은 업무상 알게 된 개인정보를 누설하거나 권한 없이 다른 사람이 이용하도록 제공할 수 없다(제59조). 이를 위반한 경찰관 등은 형사처벌되거나 과태료가 부과되고, 정보주체는 손해배상을 청구할 수 있다(제39조, 제70조 내지 제75조).

경찰청 예규인 채증활동규칙 등 경찰 내부의 기준도 불법행위가 발생하는 순간부터 촬영하도록 하는 등 집회의 유형에 따라 상황별 채증활동 시점과 대상을 상세히 규정하면서, 촬영자료는 불법행위자의 증거자료 확보를 위해서만 사용하고, 그 관리에 있어서도 촬영자료가 개인정보인 경우 유출되거나 다른 목적으로 사용되지 아니하도록 하고 있으며, 촬영자료가 수사목적을 달성한 경우에는 지체 없이 폐기되도록 하고 있다.

이 사건에서 경찰은 이 사건 집회 참가자들이 신고범위를 벗어난 다음 촬영행위를 시작하여, 그들이 자발적으로 해산하자 이 사건 집회와 관련한 촬영행위를 곧바로 종료하였다. 한편 경찰은 이렇게 수집한 촬영자료를 곧바로 폐기했다고 주장하고, 이를 객관적으로 확인할 자료는 없으나, 경찰이 청구인들에 대한 수사를 더 이상 진행하지 아니한 것으로 보이므로, 그 촬영자료는 이 사건 집회와 관련한 형사사건의 증거로 사용될 가능성은 없다. 아울러 경찰이 이를 폐기하였다고 한 이상 혹시라도 청구인들에 대한 다른 사건에서 이를 증거로 사용하는 것도 허용되어서는 아니 될 것이다.

4) 이러한 사정들을 종합하면, 이 사건 촬영행위는 침해의 최소성 원칙에 위배된다고 할 수 없다.

㈐ 법익의 균형성

경찰의 촬영행위는 집회의 시간, 장소, 방법과 목적을 스스로 결정하는 권리를 보장하는 집회의 자유를 직접적으로 제한하는 것이 아니고, 촬영활동으로 인한 집회 참가자들의 심리적 위축을 통해 '간접적으로' 집회의 자유를 제한하는 것이다. 그리고 이 사건 촬영행위는 공개된 장소에서 이루어졌고, 경찰은 이 사건 집회참가자들이 신고범위를 벗어난 때부터 자발적으로 해산할 때까지만 촬영행위를 하였으며, 촬영자료는 이 사건 집회가 종료한 후 곧바로 폐기된 것으로 보이므로, 청구인들의 기본권 제한은 제한적이다.

따라서 이 사건 촬영행위로 달성하려는 공익, 즉 범인을 발견·확보하고 증거를 수집·보전함으로써 종국적으로 이루려는 질서유지보다 청구인들의 기본권 제한이 크다고 단정할 수 없으므로, 이 사건 촬영행위는 법익의 균형성에 위배된다고 할 수 없다.

㈑ 소 결

이 사건 촬영행위는 과잉금지원칙을 위반하여, 청구인들의 일반적 인격권, 개인정보자기결정권 및 집회의 자유를 침해한다고 볼 수 없다.

정보통신망법상 명예훼손죄 사건

(헌재 2016. 2. 25. 2013헌바105등)

□ 사건개요 등

이 사건은 정보통신망을 이용하여 사실적시에 의해 다른 사람의 명예를 훼손한 사람을 처벌하는 구 '정보통신망 이용촉진 및 정보보호 등에 관한 법률'(이하, '정보통신망법'이라 한다) 제70조 제1항(이하, '심판대상조항'이라 한다)에 대한 위헌소원 사건이다.

헌법재판소는 심판대상조항이 헌법에 위반되지 아니한다고 결정하였다. 이 결정에는 재판관 2명의 반대(위헌)의견이 있었다. 법정의견은 심판대상조항이 죄형법정주의의 명확성원칙에 위배되지 않고, 과잉금지원칙에 위배되어 표현의 자유를 침해하지 아니한다는 견해인데, 그 주요내용은 다음과 같다.

첫째, 심판대상조항이 개인의 명예라는 인격권을 보호하기 위하여, 사람을 비방할 목적으로 정보통신망을 통해 공공연하게 사실을 드러내어 다른 사람의 명예를 훼손한 사람을 처벌하는 것은 표현의 자유를 제한할 수 있다.

둘째, 우리 사회에서는 비록 적시된 사실은 허위가 아니라고 하더라도 그 사실에 기초하여 왜곡된 의혹을 제기하거나 부당한 평가를 추가로 적시하는 방법으로 다른 사람의 명예를 훼손하는 경우가 많이 있다.

셋째, 이러한 행위는 허위사실을 적시하여 타인의 명예를 훼손하는 경우와 실질적으로 다를 바 없거나 사회적 평가를 심대하게 훼손하기도 하고, 그 결과 비방글 등으로 인해 피해자가 자살하는 등 사회적 피해가 심각하다.

표현의 자유는 다른 기본권과 마찬가지로 건강한 공동체의 존재를 전제로 하는 것이므로, 헌법 제37조 제2항에 따라 법률로 이를 제한할 수 있다. 헌법 제21조 제4항은 "언론·출판은 타인의 명예나 권리 또는 공중도덕이나 사회윤리를 침해하여서는 아니 된다."고 규정하고 있어, 표현의 자유가 타인의 명예를 훼손할 수 없음을 명백히 하고 있다. 다만 표현의 자유는 민주적 공동체가 기능하기 위한 불가결한 요소로 평가되고 있으므로, 그 제한은 엄격한 비례원칙이 준수되어야 한다.

법정의견은 우리나라에서 정보통신망을 이용하여 타인의 명예를 훼손하는 사례가 빈번하게 발생하는 점과 그 피해가 다른 나라에 비하여 심각하다는 현실을 반영한 견해이다. 또한 법정의견은 적시된 사실이 허위가 아니라고 하더라도 이와 관련된 의혹을 제기하여 실질적으로 허위사실의 적시에 의한 명예를 훼손하는 것과 동일한 경우가 많이 있다는 헌법현실을 면밀히 분석하여 합헌의견을 제시하고 있다. 외국에서 명예훼손 특히 사실적시에 의한 명예훼손을 처벌하지 아니한다고 하여 우리나라의 현실을 무시하고 이를 처벌하지 않아야 하는 것은 아니다.

헌법재판소는 이 사건 이외에도 농협법상 후보자비방죄 위헌소원(헌재 2012.

11. 29. 2011헌바137), 공직선거법 제110조 등 위헌소원(헌재 2010. 11. 25. 2010헌바
53), 공직선거법 제251조 위헌소원(헌재 2013. 6. 27. 2011헌바75) 사건 등에서도 이
러한 헌법현실을 반영하여 모두 합헌으로 결정하였다. 앞으로도 모욕이나 명예훼손
에 대한 처벌과 관련하여 논의가 계속될 것으로 보이는데, 우리나라의 모욕 및 명
예훼손과 관련된 헌법현실에 대한 면밀한 분석을 통해 헌법재판이 이루어져야 할
것이다.

□ 법정(합헌)의견

가. 심판대상조항의 내용 및 입법취지

　　형법상 사실을 적시하여 명예를 훼손한 경우 2년 이하의 징역 또는 금고, 500
만 원 이하의 벌금에 처한다(형법 제307조 제1항). 심판대상조항은 사람을 비방할 목
적으로 정보통신망을 통하여 공공연하게 사실을 드러내어 다른 사람의 명예를 훼손
한 경우 3년 이하의 징역이나 금고 또는 2천만 원 이하의 벌금에 처하도록 규정하
고 있다. '비방할 목적'을 요구한다는 점에서 형법상 명예훼손죄와 차이가 있으며,
형법상 명예훼손죄보다 형이 가중되어 있다.

　　사람을 비방할 목적으로 정보통신망을 통하여 공연히 명예를 훼손한 경우에는
정보의 확산 속도가 매우 빠르고 그 범위를 예측하기 어려울 뿐만 아니라 정보의 반
복·재생산으로 인하여 이미 유포된 정보의 삭제가 매우 어렵다는 측면에서 그로 인
한 피해가 더 심각할 수 있다. 그런데 이에 대한 가중처벌규정이 없고 형법상의 일
반 명예훼손죄(형법 제307조)로만 규율할 수밖에 없게 되자, 2001. 1. 16. 법률 제
6360호로 전부개정된 정보통신망법에서는 인터넷 등 정보통신망을 통한 명예훼손
행위를 가중처벌하는 규정을 도입하게 되었다.

　　정보통신망법이 2007. 12. 21. 법률 제8778호로 개정되면서 조문의 위치만 제
61조에서 제70조로 변경되었다가, 2014. 5. 28. 법률 제12681호로 개정된 정보통신
망법에서는 벌금형이 '2천만 원 이하'에서 '3천만 원 이하'로 상향되었고, 금고형이
삭제되었다.

나. 침해되는 기본권

심판대상조항이 규정하는 '비방할 목적'이 공공의 이익을 위하여 '비판할 목적'과 구별되지 않는 불명확한 개념으로 명확성 원칙에 위배되어 청구인들의 표현의 자유를 침해하는지 여부가 문제된다.

그리고 심판대상조항이 개인의 명예라는 인격권을 보호하기 위하여 사람을 비방할 목적으로 정보통신망을 통하여 공공연하게 사실을 드러내어 다른 사람의 명예를 훼손한 자를 형사처벌하는 것이 과잉금지원칙을 위반하여 표현의 자유를 침해하는지 여부가 문제된다.

다. 표현의 자유 침해 여부

(1) 명확성 원칙 위배 여부

㈎ 표현의 자유를 규제하는 입법에 있어서 명확성 원칙은 특별히 중요한 의미를 지닌다. 현대 민주사회에서 표현의 자유가 국민주권주의 이념의 실현에 불가결한 것인 점에 비추어 볼 때, 불명확한 규범에 의한 표현의 자유의 규제는 헌법상 보호받는 표현에 대한 위축 효과를 야기하고, 그로 인하여 다양한 의견, 견해, 사상의 표출을 가능케 함으로써 그러한 표현들이 상호 검증을 거치도록 한다는 표현의 자유의 본래 기능을 상실케 한다. 따라서 표현의 자유를 규제하는 법률은 규제되는 표현의 개념을 세밀하고 명확하게 규정할 것이 헌법적으로 요구된다.

한편 이러한 명확성 원칙은 죄형법정주의 원칙에서도 요청된다. 즉 헌법 제12조 및 제13조를 통하여 보장되는 죄형법정주의 원칙은 범죄와 형벌이 법률로 정하여져야 함을 의미하며, 이러한 죄형법정주의에서 파생되는 명확성 원칙은 법률이 처벌하고자 하는 행위가 무엇이며 그에 대한 형벌이 어떠한 것인지를 누구나 예견할 수 있고, 그에 따라 자신의 행위를 결정할 수 있도록 구성요건을 명확하게 규정하여야 하는 것을 의미한다(헌재 2009. 5. 28. 2006헌바109등 참조).

그러나 모든 법규범의 문언을 순수하게 기술적 개념만으로 구성하는 것은 입법기술적으로 불가능하고, 다소 광범위하여 어느 정도의 범위에서는 법관의 보충적인 해석을 필요로 하는 개념을 사용하였다고 하더라도, 통상의 해석방법에 의하여 건전한 상식과 통상적인 법 감정을 가진 사람이라면 당해 처벌법규의 보호법익과 금지된 행위 및 처벌의 종류와 정도를 알 수 있도록 규정하였다면 헌법이 요구하는 명확성 원칙에 반한다고 할 수는 없다(헌재 2009. 5. 28. 2006헌바109등; 헌재 2013. 6. 27. 2012헌바37 참조).

심판대상조항은 비방할 목적으로 정보통신망을 통하여 공공연하게 사실을 드러내어 다른 사람의 명예를 훼손한 자를 형사처벌하도록 함으로써 표현의 자유를 제한하고 있으므로, 죄형법정주의 원칙에서 파생되는 명확성 원칙뿐만 아니라 표현의 자유를 규제하는 입법에 있어서 요구되는 엄격한 의미의 명확성 원칙을 충족하여야 한다.

㈏ 심판대상조항의 보호법익은 사람의 가치에 대한 사회적 평가로서 외적 명예이다. '비방할 목적'은 고의 외에 추가로 요구되는 주관적 구성요건요소로서, '비방'의 사전적 의미는 남을 비웃고 헐뜯어서 말하는 것을, '목적'의 사전적 의미는 실현하려고 하는 일이나 나아가는 방향을 의미한다는 점 등을 종합하면, '비방할 목적'이란 사람의 가치에 대한 사회적 평가를 훼손하거나 저해하려는 인식 내지 인용을 넘어 사람의 명예에 대한 가해의 의사나 목적을 의미함을 알 수 있다.

또한, '비방'이나 '목적'이라는 용어는 정보통신망법에서만 사용되는 고유한 개념이 아니고, 일반인이 일상적으로 사용하거나 다른 법령들에서도 사용되는 일반적인 용어로서, 특별한 경우를 제외하고는 법관의 보충적 해석 작용 없이도 일반인들이 그 대강의 의미를 이해할 수 있는 표현이다. 심판대상조항에서 사용되는 의미 또한 일반적으로 사용되는 의미범위를 넘지 않고 있으므로, '비방할 목적'이 불명확하다고 보기 어렵다.

한편, 정당한 이유 없이 사람의 사회적 평가를 훼손하려는 가해의 의사나 목적을 의미하는 '비방할 목적'과 공공의 이익을 위하여 사물의 옳고 그름에 대한 판단을 표현하는 '비판할 목적'은 서로 구별되는 개념이다. 대법원도 '비방할 목적'은 행위자의 주관적 의도의 방향에서 공공의 이익을 위한 것과는 상반되는 관계에 있다고 할 것이므로, 적시한 사실이 공공의 이익에 관한 것인 경우에는 특별한 사정이 없는 한 비방할 목적은 부인되고(대법원 2011. 11. 24. 선고 2010도10864 판결 등 참조), 공공의 이익에 관한 것에는 널리 국가·사회 그 밖에 일반 다수인의 이익에 관한 것뿐만 아니라 특정한 사회집단이나 그 구성원 전체의 관심과 이익에 관한 것도 포함되며(대법원 2012. 1. 26. 선고 2010도8143 판결 등 참조), 적시된 사실이 공공의 이익에 관한 것인지는 그 표현이 객관적으로 국민이 알아야 할 공공성·사회성을 갖춘 공적 관심 사안에 관한 것으로 사회의 여론 형성이나 공개토론에 기여하는 것인지 아니면 순수한 사적인 영역에 속하는 것인지 여부, 피해자가 그와 같은 명예훼손적 표현의 위험을 자초한 것인지 여부, 그리고 그 표현으로 훼손되는 명예의 성격과 그 침해의 정도, 그 표현의 방법과 동기 등 제반 사정을 고려하여 판단하여야 하고, 행위자의 주요한 동기나 목적이 공공의 이익을 위한 것이라면 부수적으로 다른 사익적 목적이나 동기가 내포되어 있더라도 비방할 목적이 있다고 보기는 어렵다고 판시하여, 비방할 목적과 공공의 이익에 대한 판단기준을 분명하게 제시하고 있다(대법원 2005. 10. 14. 선고 2005도5068 판결; 대법원 2011. 11. 24. 선고 2010도10864 판결; 대법원 2012. 11. 29. 선고 2012도10392 판결 등 참조).

따라서 사람의 사회적 평가를 훼손하려는 '비방할 목적'은 공공의 이익을 위하여 '비판할 목적'과 충분히 구별될 수 있으며, 법 집행기관의 자의적인 해석이나 적용 가능성이 있는 불명확한 개념이라고 보기 어려우므로, 심판대상조항은 명확성 원칙에 위배되지 아니한다.

(2) 과잉금지원칙 위반 여부

(가) 입법목적의 정당성 및 수단의 적합성

명예훼손적 표현이 표현의 자유의 한 내용으로 인정된다고 하더라도, 사람의 인격에 대한 가치판단을 저해하는 표현이 인터넷 등 정보통신망을 통하여 공공연하게 이루어진다면, 인터넷 등 정보통신망에서의 정보의 빠른 전파력과 광범위한 파급효로 인하여 사람의 명예는 과거와 비교할 수 없을 정도로 심각하게 훼손되고, 그 피해의 회복 또한 쉽지 않게 된다. 따라서 인터넷 등 정보통신망에서 사람을 비방할 목적으로 공공연하게 이루어지는 명예훼손행위를 금지할 필요가 있으므로, 입법목적의 정당성이 인정된다.

또한, 사람을 비방할 목적으로 정보통신망을 통하여 공공연하게 타인의 명예를 훼손하는 행위를 한 자를 형사처벌하는 것은 입법목적을 달성하기 위한 적절한 수단이므로, 수단의 적합성도 인정된다.

(나) 침해의 최소성

1) 어떤 범죄를 어떻게 처벌할 것인가 하는 문제, 즉 법정형의 종류와 범위의 선택은 그 범죄의 죄질과 보호법익에 대한 고려뿐만 아니라 우리의 역사와 문화, 입

법당시의 시대적 상황, 국민 일반의 가치관 내지 법감정 그리고 범죄예방을 위한 형사정책의 측면 등 여러 요소를 종합적으로 고려하여 입법자가 결정할 사항으로서 광범위한 입법재량 내지 형성의 자유가 인정되어야 할 분야이다(헌재 2010. 3. 25. 2008헌바84 등 참조).

진실한 사실이라도 사람을 비방할 목적으로 이루어지는 명예훼손적인 표현은 인터넷 등 정보통신망이 갖는 익명성과 비대면성, 빠른 전파가능성으로 말미암아 표현에 대한 반론과 토론을 통한 자정작용이 사실상 무의미한 경우도 적지 않고, 신상털기 등 타인의 인격 파괴에 대한 최소한의 감정적·이성적 배려마저도 상실한 채 개인에 대한 정보가 무차별적으로 살포될 가능성이 있으며, 이로 인하여 한 개인의 인격을 형해화시키고 회복불능의 상황으로 몰아갈 위험 또한 존재한다(헌재 2012. 5. 31. 2010헌마88 참조).

특히 우리나라는 현재 인터넷의 이용이 상당한 정도로 보편화됨에 따라 정보통신망을 이용한 명예훼손범죄가 급격히 증가하는 추세에 있다. 우리 사회에서는 아직도 인터넷 등 정보통신망을 이용하여 다른 사람의 신분적·사회적 지위나 활동 등을 둘러싸고 근거가 희박한 의혹을 제기하거나 소문을 적시하는 경우도 적지 아니하고, 비록 적시된 사실이 허위의 사실이 아닌 경우라고 하더라도 그 사실에 기초하여 왜곡된 의혹제기·편파적 의견 또는 부당한 평가를 추가로 적시하는 방법으로 실제로는 허위의 사실을 적시하여 다른 사람의 명예를 훼손하는 경우와 다를 바 없거나 적어도 다른 사람의 사회적 평가를 심대하게 훼손하는 경우도 적지 않게 발생하고 있다. 더욱이 명예와 체면을 중시하는 우리 사회의 전통적 가치관의 영향으로, 인터넷 등 정보통신망에서의 명예훼손, 비방 글들로 인하여 피해를 입고 개인이 자살과 같은 극단적 선택을 하는 등 사회적 피해가 이미 심각한 상황에 이르고 있다. 따라서 표현의 자유를 보장하는 경우에도 우리 사회의 특수성을 고려하여, 이러한 명예훼손적인 표현을 규제함으로써 인격권을 보호해야 할 필요성은 매우 크다.

2) 심판대상조항은 이러한 현실 속에서 타인의 명예를 침해하는 정보가 무분별하게 유통되는 것을 방지하면서도, '비방할 목적'이라는 초과주관적 구성요건을 추가로 요구하여 인터넷 등 정보통신망에서 공공연하게 적시되는 명예훼손적 표현 중에서도 정보전달, 공공의 이익을 위한 문제제기 등의 범위를 넘어 사람의 명예에 대한 가해의 의사나 목적을 가진 표현만이 금지되도록 그 규제 범위를 최소한도로 제

한하고 있다.

대법원은 '비방할 목적'의 의미를 공공의 이익을 위한 것과는 행위자의 주관적 의도의 방향에 있어 서로 상반되는 관계에 있다고 보고, 공공의 이익에 관한 것에는 널리 국가·사회 기타 일반 다수인의 이익에 관한 것뿐만 아니라 특정한 사회집단이나 그 구성원 전체의 관심과 이익에 관한 것도 포함되며, 행위자의 주요한 동기 내지 목적이 공공의 이익을 위한 것이라면 부수적으로 다른 사익적 목적이나 동기가 내포되어 있더라도 비방할 목적이 인정되기는 어렵다고 판시함으로써 '비방할 목적'의 의미를 엄격하게 해석·적용하고 있다(대법원 2011. 11. 24. 선고 2010도10864 판결 등 참조).

또한 인터넷 등 정보통신망을 통한 명예훼손을 처벌하는 것은 자칫 공적인 인물이나 국가기관에 대한 비판을 제한하고 억압하는 수단으로 남용될 가능성이 있는데, 헌법재판소는 명예훼손 관련 실정법을 해석·적용할 때에는 공적 인물과 사인, 공적인 관심 사안과 사적인 영역에 속하는 사안 간에는 심사기준에 차이를 두어야 하고, 공적 인물의 공적 활동에 대한 명예훼손적 표현은 그 제한이 더 완화되어야 한다는 기준을 제시하고 있다(헌재 1999. 6. 24. 97헌마265; 헌재 2013. 12. 26. 2009헌마747 참조). 대법원 또한 정부 또는 국가기관의 정책결정이나 업무수행과 관련된 사항은 항상 국민의 관심과 비판의 대상이 되어야 하므로, 정부 또는 국가기관은 형법상 명예훼손죄의 피해자가 될 수 없고, 정부 또는 국가기관의 정책결정 또는 업무수행과 관련된 사항을 주된 내용으로 하는 언론보도 등으로 인하여 그 정책결정이나 업무수행에 관여한 공직자에 대한 사회적 평가가 다소 저하될 수 있다고 하더라도, 그 보도의 내용이 공직자 개인에 대한 악의적이거나 심히 경솔한 공격으로서 현저히 상당성을 잃은 것으로 평가되지 않는 한, 그 보도로 인하여 곧바로 공직자 개인에 대한 명예훼손이 성립되지는 않는다고 판시함으로써(대법원 2011. 9. 2. 선고 2010도17237 판결 참조), 정보통신망에서의 명예보호가 표현의 자유에 대한 지나친 위축효과로 이어지지 않도록 엄격하게 해석·적용하고 있다.

3) 인터넷 등 정보통신망에서 명예를 훼손당한 자는 직접 인터넷 등 정보통신망에 반론이나 반박문을 게시할 수 있으나, 정보통신망에서의 정보는 신속하고 광범위하게 반복·재생산되며 확대되기 때문에 명예훼손의 피해자가 명예훼손적인 정보를 모두 찾아내어 반박한다는 것이 현실적으로 가능하지 않고, 명예훼손 사실을 알

지 못한 사이에 광범위하게 피해가 확대되거나, 반박 글을 게시하더라도 논리적인 구성이나 설득력에 따라 명예훼손적인 글에 대한 상쇄효과가 나타나지 않을 수 있고, 오히려 반론이 명예훼손적인 글의 확대·재생산을 초래할 위험도 있으므로, 정보통신망에서 반론이나 반박이 가능하다는 것만으로 인터넷 등 정보통신망에서의 명예훼손행위가 충분히 규율될 수 있다고 보기는 어렵다.

또한, 정보통신서비스제공자에게 그 침해사실을 소명하여 정보의 삭제 또는 반박내용의 게재를 요청하는 방법(정보통신망법 제44조의2 제1항)은 피해자가 인터넷 등 정보통신망에서의 명예훼손사실을 알지 못하거나 이미 광범위하게 유포된 이후에는 사후에 일일이 확인하여 삭제 또는 반박 내용의 게재를 요청한다는 것이 어려워 명예훼손에 대한 실효적인 구제방법이라고 보기 어렵다.

그밖에 민사상 손해배상소송(민법 제751조)을 제기하거나 명예훼손 분쟁조정신청(정보통신망법 제44조의10)과 같은 민사적 구제방법은 형벌과 같은 위하력과 예방효과를 가지기 어렵고, 정정보도, 반론보도, 추후보도 등의 구제수단(언론중재 및 피해구제 등에 관한 법률 제14조 내지 제17조의2)도 언론사 등이 아닌 일반 개인이 행한 명예훼손행위에 대하여는 적합한 구제수단이 될 수 없다.

따라서 앞서 본 명예훼손 구제에 관한 제도들이 형사처벌을 대체하여 인터넷 등 정보통신망에서의 악의적이고 공격적인 명예훼손행위를 방지하기에 충분한 덜 제약적인 수단이라고 보기 어렵다.

4) 그러므로 심판대상조항은 침해의 최소성원칙에 위배되지 않는다.

㈐ **법익의 균형성**

진실한 사실은 건전한 토론과 논의의 토대가 되므로, 사회구성원들 상호간에 자유로운 교환이 보장되어야 한다. 그런데 진실한 사실이라는 이유만으로 특정인의 명예에 대한 가해의 의사나 목적을 가진, 편파적인 의혹제기 또는 흑색선전 등을 위한 명예훼손행위가 무분별하게 허용된다면 개인의 인격과 명예는 제대로 보호받지 못하게 되고, 특히 인터넷 등 정보통신망에서의 정보의 유통은 신속하고 광범위하게 이루어지기 때문에 명예훼손으로 인한 피해가 기존매체와 비교할 수 없을 정도로 크다는 점, 헌법 제21조 제1항이 표현의 자유를 보장하면서도 같은 조 제4항에서 표현의 자유가 넘을 수 없는 구체적 한계로 타인의 명예와 권리를 규정하고 있는 취지, 심판대상조항이 진실한 사실 중에서도 비방할 목적이 있는 경우에 한하여 형사처벌의 대상으로 규정하고 있다는 점 등을 고려하면, 심판대상조항이 개인의 명예를 보호하기 위하여 표현의 자유를 지나치게 제한함으로써 법익의 균형을 상실하였다고 보기 어렵다.

(3) 소결론

심판대상조항은 명확성 원칙 및 과잉금지원칙을 위반하여 청구인의 표현의 자유를 침해하지 아니한다.

대통령에 대한 명예훼손 사건
(헌재 2013. 12. 26. 2009헌마747)

□ 사건개요 등

청구인은 제3자가 제작한 대통령을 비판하는 내용의 동영상을 일부 수정하여 이를 인터넷사이트 '다음'에 개설된 자신의 블로그에 게시한 혐의로, 검사로부터 정보통신망이용촉진및정보보호등에관한법률위반(명예훼손)으로 기소유예처분을 받고, 검찰의 기소유예 처분에 대해 헌법소원심판을 청구하였다.

헌법재판소는 재판관 전원의 일치된 의견으로, 위 기소유예처분을 헌법에 위반된다고 하면서 취소하였는데, 그 중요 내용은 다음과 같다.

첫째, 공직자의 공무집행과 직접 관련이 있는 경우뿐만 아니라, 사생활에 대한 것이더라도 공직자의 자질·도덕성·청렴성과 관련된 사실은 공직자의 사회적 활동에 대한 비판 내지 평가의 자료가 될 수 있으므로, 이러한 것들에 관한 문제 제기나 비판은 허용되어야 한다.

둘째, 공직자의 공적 관심 사안에 관한 표현이라고 하더라도 허위사실로써 개인에 대한 악의적이거나 현저히 상당성을 잃은 공격은 명예훼손으로 처벌될 수 있다. 이러한 표현은 개인의 인격권을 침해하는 동시에 여론형성이나 공론의 공정성을 해침으로써 정치적 의사형성을 저해하게 되므로 헌법적으로 제한된다.

셋째, 제3자의 표현물을 공개적으로 게시한 행위가 단순히 그 표현물을 인용 또는 소개하는 것에 불과한 경우에는 명예훼손의 책임이 부정된다. 그러나 제3자의 표현물을 실질적으로 이용·지배함으로써 그 표현물을 직접 적시한 것과 다름없다고 평가되는 경우에는 명예훼손의 책임이 인정될 수 있다.

헌법 제21조 제4항은 "언론·출판은 타인의 명예나 권리 또는 공중도덕이나 사회윤리를 침해하여서는 아니 된다."고 규정하고 있어, 표현의 자유가 타인의 명예를 훼손할 수 없음을 명백히 하고 있다. 다만 공직자에 대한 비판과 그의 공사생활에 대한 문제제기는 건강한 공동체를 형성하는 데 이바지하는 것이므로, 그 제한은 엄격한 비례원칙이 준수되어야 한다.

법정의견은 공직자에 대한 비판과 문제제기와 관련해서 명예훼손의 기준을 제시하고 있고, 특히 제3자가 제작한 표현물에 의한 명예훼손의 기준을 명백히 한 점은 다른 사건에서도 참고가 될 것으로 보인다.

□ 법정의견(기소유예처분 취소)

가. 인정되는 사실

이 사건 수사기록 및 심판기록을 검토하면 다음과 같은 사실을 인정할 수 있다.

(1) 청구인의 지위

청구인은 2005. 3. 8. 국민은행 관련 인력송출 전문업체인 '주식회사 KB한마음'(이하 'KB한마음'이라 한다)을 설립하고 대표이사로 취임하였다(2008. 9. 26. 청구인은 위 회사의 대표이사에서 사임하였고, 위 회사의 상호는 '주식회사 뉴스타트'로 변경되었다). 청구인은 정당에 가입한 적은 없고, 사단법인 역사문제연구소에 운영위원으로 가입되어 있다.

(2) 청구인의 블로그 운영 및 글의 게시 경위

청구인은 2008. 5. 29. KB한마음의 대표이사로 일을 하면서 직원들과 소통할 목적으로 인터넷 사이트인 다음에 블로그(http://blog.daum.net/goldwise)를 개설하였다. 청구인은 위 블로그에 책을 읽은 소감이나 고전 이야기 등을 하면서 자신의 생각을 직원들에게 표현하고 직원들로 하여금 자신의 생각을 이해할 수 있도록 하였다. 청구인의 블로그는 하루에 많아야 20명 정도가 방문할 뿐이있다.

청구인의 위 블로그는 '나의 이야기', '내가 불러본 노래', '시를 읽다', '내가 쓴 편지', '사진에세이', '영화이야기', '고전에서 글 찾기', '독서일기', '여행', '세상이야기'라는 소제목의 카테고리로 구성되어 있고, 당시 게재된 글의 수는 모두 24개이다.

청구인은 2008. 6. 18. 인터넷 검색 도중 '서프라이즈'라는 인터넷 사이트에 게시되어 있던 이 사건 동영상을 본 뒤, 퍼가기 메뉴를 이용하여 자신의 블로그 중 '세상이야기'라는 카테고리에 이를 게시하였다. 청구인은 이 사건 동영상을 게시하면서 '제목'란에는 "지금 이 땅에서 무슨 일이 일어나고 있는 걸까", '본문'란에는 "이 동영상을 한번 보시라. 지금 이 땅에서 무슨 일이 일어나고 있는지를... 그리고 우리는 서로에게 물어야한다. 당신은 촛불을 켜셨나요."라고 기재하였다.

(3) 이 사건 동영상의 내용

이 사건 동영상은 미국에 서버가 있는 마이스페이스(www.myspace.com)라는 인터넷 사이트에 'J, 그리고 나 – 연결된 우리'라는 표제로 블로그를 개설한 제이킴(Jay Kim)이 제작하여 게시한 것인데, 박상협이 제이킴의 양해 아래 위 동영상에 한글자막을 넣은 후 2008. 6. 16. 엠엔캐스트(www.mncast.com)라는 동영상 게시사이트에 최초로 게시한 것으로 보인다. 이 동영상은 원제가 "Secret of Koreans' Protest Against US Mad Cow Beef"이지만, 한국 누리꾼들 사이에서 미국 내 의료 현실을 비판한 마이클 무어 감독의 '식코'에 빗대어 '쥐코'라는 제목으로도 알려져 있다.

이 사건 동영상은 25분 32초 분량으로 영어 내레이션으로 진행되고, 이명박 대통령의 정책에 대한 비판을 주된 내용으로 하고 있다. 동영상은 서울에서 대규모 집회가 매일 열리고 있고, 대통령이 당선된 지 3개월째 되는 시점에 대국민 사과방송을 하게 된 이유를 알아보자는 것으로 시작된다. 이명박 후보자가 2007. 12. 말 대통령선거에서 당선된 것을 설명한 다음, 이명박 대통령의 한반도 대운하 정책, 영어 몰입교육정책, '강부자 내각'과 땅투기 논란, 일본과의 관계와 역사인식, 50개 생필품 가격통제, 미국산 쇠고기 수입, 촛불집회에 대한 폭력적인 진압방법, 외교문서상 번역오류, 복지예산 삭감, 공공부문 민영화에 대하여 차례로 비판하고 있다.

(4) 청구인에 대한 수사 및 피청구인의 이 사건 기소유예처분 경위

국무총리실장은 2008. 11. 17. 서울지방경찰청 동작경찰서장에게 "청구인이 인터넷 다음 블로그에 '동자꽃' 사이트를 개설하여 허위사실을 유포함으로써 대통령에 대한 명예를 훼손한 혐의가 있다"며 청구인에 대한 수사를 요청하였다. 서울동작경찰서 소속 담당 수사관은 청구인에 대한 업무상횡령 및 정보통신망이용촉진및정보

보호등에관한법률위반(명예훼손) 부분에 대하여 조사한 후 2009. 3. 11. 명예훼손 혐의에 대해 기소의견으로 서울중앙지방검찰청에 송치하였다. 피청구인은 청구인에 대한 조사를 마친 후 중앙선거관리위원회의 제17대 대통령선거총람 검토 및 동영상 시청 결과 등을 바탕으로 이 사건 기소유예처분을 하였다.

나. 이 사건의 쟁점

(1) 이 사건 적시사실 특정의 문제

피청구인은 피의사실의 요지를 기재함에 있어 '이명박 대통령을 비난하는 동영상을 게시하는 등 공연히 허위의 사실을 적시하여 피해자의 명예를 훼손하였다'고만 기재하고 있을 뿐이어서 이 사건 동영상에서 문제되는 '허위의 사실'이 무엇인지 불기소결정서의 피의사실만으로는 확인할 수 없다. 다만, 수사기록상 이 사건 동영상 중 ① '피해자가 30개의 전과를 가진 범죄자'라는 부분(이하 '전과 적시사실'이라 한다)과 ② '피해자가 개발예정지에 엄청난 땅을 사둔 사람'이라는 부분(이하 '토지소유 적시사실'이라 한다)에 대하여만 피의자신문이 행해진 점을 고려하여 볼 때 피청구인은 위 두 가지 적시사실이 허위라고 판단하여 이 사건 기소유예처분에 이른 것으로 보인다. 따라서 이 사건 동영상에서 적시된 허위사실을 위 두 부분에 한정하여 판단하기로 한다.

(2) 쟁점의 정리

이 사건 근거조항은 사람을 비방할 목적으로 정보통신망을 통하여 공연히 허위의 사실을 적시하여 타인의 명예를 훼손한 자를 처벌하는 규정이다.

이 사건 동영상은 공적 인물인 대통령의 공적인 활동과 관련하여 허위의 사실을 적시하여 그의 명예를 훼손할 수 있는 표현을 담고 있는바, 이 경우 인격권으로서의 개인의 명예 보호와 표현의 자유 보장이라는 상반되는 두 권리가 서로 충돌되므로 이를 어떻게 합리적으로 조정할 것인지가 문제된다. 이 사건 동영상은 제3자가 제작한 것인데, 제3자의 표현물에서 문제되는 명예훼손적 표현과 관련하여 제3자의 표현물을 인터넷에 게시한 사람에게 명예훼손의 책임을 인정할 수 있는지도 문제된다. 이 사건 피의사실에 이 사건 근거조항이 적용되기 위해서는 위와 같은 문제의식이 고려되어야 하므로, 이에 대한 법리를 살펴본 후 이 사건에서 청구인에게 비방의 목적이 있었다고 할 수 있는지, 청구인이 허위사실에 대한 인식이 있었는지 판단하도록 한다.

다. 표현의 자유와 명예훼손

(1) 표현의 자유와 명예의 보호

헌법 제21조 제1항은 언론·출판의 자유, 즉 표현의 자유를 규정하고 있는데, 이는 전통적으로 사상 또는 의견의 자유로운 표명과 그것을 전파할 자유를 의미하는 것으로서 개인이 인간으로서의 존엄과 가치를 유지하고 행복을 추구하며 국민주권을 실현하는 데 필수불가결한 것으로 오늘날 민주국가에서 국민이 갖는 가장 중요한 기본권의 하나로 인식되고 있다.

통치권자와 피통치자가 이념상 자동적(自同的)인 자유민주주의 체제하에서는 정치지도자들이 내리는 결정이나 행동에 관해서 충분한 지식을 가지고 있는 국민을 필요로 하고, 자유스러운 표현체계의 유지는 개인의 자기실현을 확보하고 진리에 도달하는 수단이며 사회구성원의 정치적·사회적인 결단의 형성에 참가하는 것을 확보하는 수단일 뿐만 아니라 사회의 안정과 변혁 사이의 균형을 유지하는 수단이다. 또한 자유민주주의 사회는 전체주의 사회와 달라서 정부의 무류성(無謬性)을 믿지 않으며 정부는 개인이나 일반 국민과 마찬가지로 또는 그 이상으로 오류를 범한 가능성이 있을 뿐만 아니라 권력을 가진 자가 오류를 범한 경우의 영향은 대단히 크다고 하는 역사적 경험을 전제로 하여 정부가 국민의 비판을 수렴함으로써 오류를 최소화할 수 있다는 사고방식을 보편적으로 수용하고 있다. 이와 같이 표현의 자유가 헌법상 가장 중요한 기본권의 하나로 인식되는 것은 단순히 개인의 자유에 그치는 것이 아니고, 통치권자를 비판함으로써 피치자가 스스로 지배기구에 참가한다고 하는 자치정체(自治政體)의 이념을 그 근간으로 하고 있기 때문이다(헌재 1992. 2. 25. 89헌가104 참조).

신문·방송 등 언론매체의 보도는 국민에게 공공성·사회성을 갖춘 사실을 전달함으로써 국민의 알 권리에 기여하고, 언론보도를 통한 정보는 활발한 비판과 토론을 할 수 있게 하여 국민의 정치에 대한 높은 관심과 적극적인 참여라는 기능을 수행하여 왔다. 이러한 기능과 역할은 언론매체에만 국한된 것은 아니고, 개인의 표현행위도 공공성·사회성을 갖춘 사실을 전달하고, 그에 대한 자신의 의견을 개진함으로써 여론형성이나 공개토론에 기여할 수 있다. 특히 각종 홈페이지 게시판, 블로그,

소셜네트워크서비스(SNS) 등 인터넷상 의사표현의 매체가 다양해진 환경에서 개인은 적극적으로 글이나 동영상 등을 게시하여 자신의 의견을 개진하고 있고, 인터넷 공간에서 이에 대한 토론과 반론이 활발하게 이루어지고 있다. 이처럼 개인의 표현도 공공적·사회적·객관적인 의미를 지닌다면 개인의 인격형성과 자기실현은 물론 정치적 의사형성과정에 참여하여 자기통치를 실현하는 공적 성격을 아울러 가진다고 할 것이고, 이 또한 헌법적으로 평가하여야 한다.

한편 사람의 가치에 대한 사회적 평가, 즉 명예의 보호도 표현의 자유와 마찬가지로 민주주의를 구성하는 요소로서, 명예의 보호가 제대로 이루어지지 않는 경우에도 표현의 자유에 대한 위협적 효과가 있다. 왜냐하면 국가가 자신의 명예를 보호해 주리라는 믿음이 존재하지 않는 사회에서는, 개인이 공적 토론에 참여하는 것이나 다수의 의견과 다른 견해를 공적으로 표명하는 것은 용기가 필요할 뿐 아니라 큰 위험부담을 안고 있어, 일반 국민은 이를 주저하게 되며, 결국 다양한 사고의 자유로운 경합을 통하여 진리를 발견하고자 하는 민주적 의견형성과정이 크게 저해될 수 있기 때문이다. 공동체가 개인의 명예를 제대로 보호하지 못한다는 것은, 공적 생활 또는 공적 토론에 적극적으로 참여할 의사가 있는 많은 사람들이 민주적 의사형성과정에 참여하는 것을 막을 수 있으므로, 명예의 보호는 자유로운 의견과정에 대한 한계일 뿐 아니라 동시에 민주주의를 구성하는 중요한 요소이다.

이와 같이 표현의 자유와 명예의 보호는 모두 인간으로서의 존엄과 가치, 행복추구권에 그 뿌리를 두고 있기 때문에 그 우열을 쉽사리 단정할 수는 없으나, 헌법은 제21조 제4항에서 "언론·출판은 타인의 명예나 권리 또는 공중도덕이나 사회윤리를 침해하여서는 아니 된다"고 규정함으로써, 개인의 기본권인 표현의 자유가 타인의 인격권인 명예의 보호와의 관계에서 제한을 받고 있음을 분명히 하고 있다(헌재 1999. 6. 24. 97헌마265 참조).

(2) 공인이나 공적인 관심 사안에 대한 표현과 명예훼손

이처럼 표현의 자유와 명예의 보호는 인간의 존엄과 가치, 행복을 추구하는 기초가 되고 민주주의의 근간이 되는 기본권이므로, 두 기본권을 비교형량 하여 어느 쪽이 우위에 서는지를 가리는 것은 헌법적 평가 문제에 속한다. 역사적으로 보면, 개인의 명예를 보호할 목적으로 만든 명예훼손 관련 실정법은 권력을 가진 자들에 대한 국민의 비판을 제한하고 억압하는 수단으로 사용된 측면이 많았었다. 따라서 개인의 명예훼손적 표현에 이 사건 근거조항과 같은 명예훼손 관련 실정법을 해석·적용할 때에는 표현의 자유와 명예의 보호라는 상반되는 두 기본권의 조정 과정에 다음과 같은 사정을 고려하여야 한다. 당해 표현으로 인한 피해자가 공적 인물인지 아니면 사인(私人)인지, 그 표현이 공적인 관심 사안에 관한 것인지 순수한 사적인 영역에 속하는 사안인지, 피해자가 당해 명예훼손적 표현의 위험을 자초(自招)한 것인지, 그 표현이 객관적으로 국민이 알아야 할 공공성·사회성을 갖춘 사실(알 권리)로서 여론형성이나 공개토론에 기여하는 것인지 등을 종합하여 구체적인 표현 내용과 방식에 따라 상반되는 두 권리를 유형적으로 형량한 비례관계를 따져 표현의 자유에 대한 한계 설정을 할 필요가 있는 것이다. 공적 인물과 사인, 공적인 관심 사안과 사적인 영역에 속하는 사안 간에는 심사기준에 차이를 두어야 하고, 더욱이 이 사건과 같은 공적 인물의 공적 활동에 대한 명예훼손적 표현은 그 제한이 더 완화되어야 하는 등 개별사례에서의 이익형량에 따라 그 결론도 달라지게 된다(헌재 1999. 6. 24. 97헌마265 참조).

다만 공인 내지 공적인 관심 사안에 관한 표현이라 할지라도 무제한 허용되는 것은 아니다. 일상적인 수준으로 허용되는 과장의 범위를 넘어서는 명백한 허위사실로서 개인에 대한 악의적이거나 현저히 상당성을 잃은 공격은 명예훼손으로 처벌될 수 있다. 공적 토론의 장은 개인의 의견과 그에 대한 다른 사람의 비판을 서로 주고받음으로써 형성되는 것인데, 지나치게 개인을 비방하는 표현은 그 개인의 인격권을 침해하는 동시에 여론형성이나 공개토론의 공정성을 해침으로써 정치적 의사형성을 저해하게 되므로, 이러한 표현에 대해서는 표현의 자유가 제한될 수 있어야 한다.

공직자의 특정정책에 대해 비판적인 언론보도와 같은 경우 표현의 자유가 폭넓게 보호된다고 볼 수 있다. 정부 또는 국가기관의 정책결정이나 업무수행과 관련된 사항은 항상 국민의 감시와 비판의 대상이 되어야 하고, 이러한 감시와 비판은 이를 주요 임무로 하는 언론보도의 자유가 충분히 보장될 때에 비로소 정상적으로 수행될 수 있으며, 정부 또는 국가기관은 형법상 명예훼손죄의 피해자가 될 수 없으므로, 정부 또는 국가기관의 정책결정 또는 업무수행과 관련된 사항을 주된 내용으로 하는 언론보도 등으로 인하여 그 정책결정이나 업무수행에 관여한 공직자에 대한 사회적 평가가 다소 저하될 수 있다고 하더라도, 그 보도의 내용이 공직자 개인에 대한 악의적이거나 심히 경솔한 공격으로서 현저히 상당성을 잃은 것으로 평가되지 않는 한, 그 보도로 인하여 곧바로 공직자 개인에 대한 명예훼손이 된다고 할 수 없다(대법원 2011. 9. 2. 선고 2010도17237 판결 참조).

공직자의 공무집행과 직접적인 관련이 없는 개인적인 사생활에 관한 사실이라도 일정한 경우 공적인 관심 사안에 해당할 수 있다. 공직자의 자질·도덕성·청렴성에 관한 사실은 그 내용이 개인적인 사생활에 관한 것이라 할지라도 순수한 사생활의 영역에 있다고 보기 어렵다. 일정한 범위의 공직자 및 공직후보자는 재산과 병역사항 등을 공개하고 있고(공직자윤리법 제10조, 제10조의2, 공직자등의 병역사항 신고 및 공개에 관한 법률 제10조), 공직선거 후보자의 경우에는 재산, 병역사항, 소득세·재산세·종합부동산세의 납부 및 체납사실, 범죄경력, 정규학력에 관한 서류를 제출하도록 하고 있다(공직선거법 제49조 제4항). 이러한 사실은 공직자 등의 사회적 활동에 대한 비판 내지 평가의 한 자료가 될 수 있고, 업무집행의 내용에 따라서는 업무와 관련이 있을 수도 있으므로, 이에 대한 문제제기 내지 비판은 허용되어야 한다.

(3) 정보통신망법상 명예훼손죄의 '비방의 목적'에 대한 판단

이 사건 근거조항의 '사람을 비방할 목적'을 판단함에 있어서도, 비방할 목적은 공공의 이익을 위한 것과는 행위자의 주관적 의도의 방향에 있어 서로 상반되는 관계에 있으므로, 적시한 사실이 공공의 이익에 관한 것인 경우에는 특별한 사정이 없는 한 비방할 목적은 부인된다고 봄이 상당하다. 나아가 그 적시된 사실이 이러한 공공의 이익에 관한 것인지 여부를 판단함에 있어서는 피해자가 공적 인물인지, 그 표현이 공적인 관심 사안에 관한 것인지 등 제반 사정을 고려하여 판단하여야 하고, 행위자의 주요한 동기 내지 목적이 공공의 이익을 위한 것이라면 부수적으로 다른 사익적 목적이나 동기가 내포되어 있더라도 비방할 목적이 있다고 보기는 어렵다(대법원 2011. 11. 24. 선고 2010도10864 판결 참조).

이 사건에서도 청구인에게 비방의 목적이 있었는지 여부를 판단함에 있어서, 우선 문제되는 각각의 표현이 공인 및 공적 관심 사안에 해당하는 것인지, 그 사안에 관한 당시의 정황 및 구체적인 표현의 내용과 표현방법을 살펴보아야 한다.

(4) 제3자의 표현물을 인터넷에 게시한 행위의 명예훼손 판단

제3자가 작성·제작한 글 또는 동영상을 인터넷에 게시한 경우, 게시한 사람이 해당 표현물에서 문제되는 부분을 직접 적시한 것으로 보아 명예훼손의 책임을 지는지 문제된다. 제3자의 표현물을 인터넷에 게시한 행위에 대해 명예훼손의 책임을 인정하기 위해서는 헌법상 자기책임의 원리에 따라 게시자 자신의 행위에 대한 법적 평가가 있어야 할 것이다.

인터넷에 제3자의 표현물을 게시하는 행위의 태양은 매우 다양하여, 출처를 밝히고 원문의 존재를 밝히고 있는지, 제3자가 작성한 표현물을 인용하는 것에 불과한지, 제3자의 표현물에 더하여 적극적으로 자신의 표현을 추가하였는지, 제3자의 표현물의 내용에 대해 동조하거나 비판하는 의견을 개진하였는지, 제3자의 표현물을 그대로 게시하였는지 아니면 변형을 가하였는지, 제3자의 표현물을 게시한 공간의 성격은 어떠한지, 제3자의 표현물을 어떤 범위의 사람들에게 공개하였는지 등 구체적인 사정이 다를 수 있고, 현재에는 예측할 수 없는 방식으로 제3자의 표현물을 게시하게 될 수도 있을 것이다. 따라서 제3자의 표현물을 게시한 행위가 전체적으로 보아 단순히 그 표현물을 인용하거나 소개하는 것에 불과한 경우에는 명예훼손의 책임이 부정되고, 제3자의 표현물을 실질적으로 이용·지배함으로써 제3자의 표현물과 동일한 내용을 직접 적시한 것과 다름없다고 평가되는 경우에는 명예훼손의 책임이 인정되어야 할 것이다.

이 사건에서도 청구인은 제3자인 제이킴이 제작한 이 사건 동영상을 퍼가기 기능을 이용하여 자신의 블로그에 게시하였다. 이 사건 동영상 게시행위가 전체적으로 보아 이 사건 동영상을 단순히 이용 내지 소개한 것에 그친 것이 아니라 이를 실질적으로 이용·지배함으로써 피해자의 전과와 토지소유에 관한 사실을 직접 적시한 것과 다름없는 것으로 평가할 수 있는지 보아야 할 것이다.

라. 청구인에게 비방의 목적이 인정되는지 여부

(1) 전과 적시사실에 관한 부분

㈎ 피해자는 국정의 최고책임자인 대통령으로 공인에 해당한다. 피해자의 전과는 대통령의 자질 및 도덕성에 관련되므로 순수한 사적 영역이라고 보기 어렵고, 명백히 악의적이고 근거 없이 음해하는 내용이 아닌 한 그에 대한 공개적인 문제제기는 허용되어야 할 것이므로, 피해자의 전과는 공적 관심 사안에 해당한다.

㈏ 피해자의 '전과'는 2007년 제17대 대통령선거 당시 대통령 후보자의 자질에 관한 주요 쟁점이었다. 한나라당 경선과정에서 다른 후보자 측이 기자들에게 "이 전 시장이 10년 전 국회에 제출한 자료를 보면 전과 14범이다. 취재해보면 알 수 있

다.”라고 발언한 이후 피해자의 전과에 대한 논란이 있었다. 피해자는 오랜 기간 현대건설 주식회사의 대표자로 재직한 사람으로 양벌규정에 의하여 10여 차례 벌금형을 받은 사실은 당시 이명박 후보자 측에서 전과에 대한 의혹 해명을 위하여 직접 밝힌 바가 있다. 피해자의 전과와 관련하여, 중앙선거관리위원회가 2007. 11. 30. 이명박 후보자의 전과 유무를 ‘없음’에서 ‘1건’으로 수정공고한 사실이 있으며, 당시 인터넷에는 언론기사를 근거로 하여 피해자의 20여 건의 범죄전력에 대해 구체적인 일자와 죄명이 명시된 자료가 이미 유포되어 있었다.

일반인들이 ‘전과’라는 단어를 사용할 때에는 재판을 통하여 형이 확정된 경우뿐만 아니라 범죄전력, 경찰 및 검찰로부터 조사를 받은 경우를 포함하는 뜻으로 사용하기도 하고, 형의 실효·사면여부 등을 엄밀히 구분하지 않기도 한다. 제17대 대통령선거 당시 이명박 후보자의 전과는 1건으로 공고되었지만, 공직선거법 제49조 제4항 제5호에 의하면 공직선거 후보자의 전과는 금고 이상의 형(공직선거법 제18조 제1항 제3호에 규정된 죄의 경우에는 100만 원 이상의 벌금형)에 불과하여, 일반인들은 위 공고에도 불구하고 피해자의 전과가 다수 있다고 생각할 수 있다. 당시 일반 국민 사이에서는 대통령선거과정에서 불거진 피해자의 전과 의혹과 관련하여 피해자의 범죄전력이 정확하게 몇 개인지는 확인하기 어려운 바, 전과 적시사실 부분은 대통령선거 당시 언론보도 등에서 논의된 내용을 근거로 하였을 것으로 보인다.

㈐ 문제되는 전과 적시사실은 동영상 도입부분에 피해자가 대통령으로 선출된 배경을 언급하는 과정에서 나타나고, 배경화면에 대통령선거 후보자토론회 당시 피해자의 화면을 담고 있다. 그 전체 문맥은 ‘유권자들은 피해자가 30개의 전과를 가진 것을 유권자들이 알고 있었지만, 피해자가 경제문제를 해결해 줄 수 있는 것으로 판단하여 선출하였다’는 것으로, ‘유권자들이 피해자를 대통령으로 선출한 이유’를 강조하기 위한 것으로 보인다. 이 사건 동영상에서 ‘무려 30개의 전과’라고 언급하고 있으나, 피해자의 인격을 직접 비난하거나 비하하는 표현을 사용하지 않았고, 과도하게 감정적이거나 모멸적인 정도에까지 이르렀다고 보이지 않는다. 이로 인하여 피해자에 대한 신뢰가 흔들릴 정도로 피해자의 공적 영향력이 악화되었다고 보기 어렵고, 전과 적시사실 부분이 피해자에 대한 악의적이거나 현저히 상당성을 잃은 공격이라고 볼 수 없다.

(2) 토지소유 적시사실에 관한 부분

㈎ 피해자의 부동산 소유 현황은 2007년 대선 당시 논의된 쟁점이었다. 더욱이 피해자의 토지소유 현황은 부동산 정책과 관련이 있을 수 있어서 단순히 사적인 영역에 있다고 보기 어렵고, 피해자의 대운하와 부동산 관련 정책은 국민이 알아야 할 공공성·사회성을 갖춘 사안으로 그에 대한 비판은 사회의 의견형성과 공개토론에도 기여하므로, 피해자의 토지소유 현황은 공인의 공적 관심 사안에 해당한다.

㈏ 피해자의 토지소유 현황은 2007년 제17대 대통령선거 당시 한나라당 경선 과정에서 피해자의 친인척이 약 85만 9천여 평을 소유하고 있다는 의혹이 제기되었고, 다른 정치인들도 보도자료를 배부하여 이를 적극적으로 알렸으며 언론을 통해 수차례 보도되었다. 또한 이 사건 동영상이 제작될 무렵 피해자는 오랜 기간 현대건설 주식회사의 대표자로 재직한 사람으로 여러 곳의 땅을 차명으로 보유하고 있다는 의혹이 언론보도를 통하여 제기되고 있었다. 일반 국민이 대통령의 토지소유 현황을 정확히 확인하기는 어려운바, 토지소유 적시사실 부분은 대통령선거 당시 상대방 후보자 측에서 나왔던 자료와 언론기사 등을 기초로 한 것으로 보인다.

㈐ 이 사건 동영상에서 '피해자가 개발예정지에 엄청난 땅을 가진 사람'이라고 적시할 때의 화면을 보면, "이명박 정부 부동산 정책… '강부자'만 있고 '서민'은 없다"라는 제목의 경향신문 2008. 6. 6.자 기사를 위에서 아래로 훑어 내려가고 있는데, 이 기사는 피해자의 부동산 정책을 비판하는 내용이다. 또한 토지소유 적시사실의 자막이 나가는 동안 영어로 "Only because he's got enormous crew with the land property holding on the G-spot."라고 말하는데, 이는 '그에게는 주요지역에 토지를 가진 거대한 무리가 있기 때문이다.'라는 뜻으로 번역되고, 피해자 개인의 토지소유 자체보다는 "crew"라고 표현된 일부 계층에게 우호적인 부동산 정책을 비판하는 것으로 해석될 수 있다.

또한 토지소유 적시사실의 전반적인 내용은 대운하정책을 추진하는 데 소요되는 비용으로 상당히 많은 유익한 정책을 시행할 수 있음에도 피해자가 천문학적인 금액이 소요되는 대운하정책을 고집하는 이유에 대한 것이다. 토지소유 적시사실의 표현방법을 보면 '엄청난 땅을 개발예정지에 사둔 사람'이라고만 표시하였을 뿐, 구체적인 내용이 결여되어 있어 이로 인한 피해자의 명예가 훼손되는 정도가 그다지 크지 않아, 피해자의 공적 영향력을 현저히 악화시키는 정도라고 볼 수 없다.

(3) 청구인의 게시행위 부분

청구인은 제3자의 표현물인 이 사건 동영상을 자신의 블로그에 게시하면서 본문 란에 "지금 이 땅에서 무슨 일이 일어나고 있는지, 그리고 우리는 서로에게 물어야 한다. 당신은 촛불을 켜셨나요"라고 기재하였을 뿐, 피해자의 전과나 토지소유에 관한 어떠한 언급도 하지 않고 있다. 이 사건 동영상을 게시하면서 청구인이 직접 기재한 표현은 단순히 이 사건 동영상의 전체적인 내용에 대한 공감을 표시한 정도로 볼 여지가 있다.

이 사건 동영상이 게시된 청구인의 개인블로그는 주위 사람들과의 친목을 도모하고 인맥을 관리하는 정도의 지극히 개인적인 형태로 운영되고 있었다. 청구인이 개인적인 블로그의 '세상이야기' 카테고리에 이 사건 동영상을 게시한 것은 피해자가 대통령으로서 추진하고 있는 정책과 그에 대한 비판을 지인에게 소개하기 위한 것으로 볼 수 있다. 청구인은 이 사건 동영상에 평소 관심이 있었던 의료민영화 등에 관한 내용이 있어 나중에 시간을 두고 천천히 다시 보기 위하여 동영상을 퍼왔다고 일관되게 진술하고 있는바, 지인에게 이 사건 동영상을 소개하거나 본인이 나중에 다시 보기 위한 목적에서 게시하였다고 보는 것이 타당하다.

또한 대통령에 대한 정책 비판을 주된 내용으로 하고 있는 이 사건 동영상은 당시 사회적 화제가 되고 있었다. 게재 당시 이 사건 동영상은 이미 35만 회 이상 조회되는 등 인터넷에 널리 유포되어 있었고, 많은 인터넷 매체에서 이 사건 동영상에 대한 기사를 작성하였다. 일부 언론사는 이 사건 동영상에 대한 기사를 작성하면서 위 동영상을 볼 수 있도록 링크를 걸어두기도 하였고, 청구인 외에도 수많은 사람들이 자신의 블로그에 게시하였다. 이와 같은 이 사건 동영상에 관한 주변 정황을 고려하면, 청구인이 별다른 의도 없이 이 사건 동영상을 게시하였을 가능성도 배제할 수 없고, 청구인에게만 특별히 피해자를 비방할 목적이 있었다고 인정할 이유도 없다.

(4) 소 결

대통령인 피해자의 전과와 토지소유 현황은 공인에 관한 공적 관심 사안에 해당하는바, 공적 관심 사안에 대한 비판은 표현의 자유가 보다 폭넓게 인정되어야 한다는 원칙 하에서 위와 같은 사정을 모두 고려하여 볼 때, 청구인이 피해자의 정책 비판을 주된 내용으로 하고 있는 이 사건 동영상을 게시한 행위에 피해자를 비방할 목적이 있었다고 볼 수 없다.

마. 청구인에게 허위사실의 인식이 있었는지 여부

피청구인은 객관적인 자료에 비추어 이 사건 적시사실이 허위임을 쉽게 알 수 있고, 청구인도 허위라는 점에 대해 적어도 미필적으로나마 인식하고 있었다고 주장한다. 청구인이 검찰조사단계에서 이 사건 동영상을 시청했을 때 전과 적시사실과 토지소유 적시사실에 대해 '사실이 아닐 것이다 허위내용일 것이다'라고 생각했었다고 진술한 바 있지만, 이 사건 심판기록에 의하면 청구인은 허위임을 인식하지 못하였다고 주장하고 있다. 또한 검찰·경찰 조사 당시 진술의 표현방법, 앞뒤맥락 및 전체적인 내용을 살펴보면 청구인은 적시사실의 진위 여부에 대해서 별다른 관심을 가지지 아니하였고, 피해자의 전과와 토지소유 현황에 관한 당시의 언론보도 등에 비추어 보면 적시된 사실의 중요한 부분이 객관적 사실과 합치된다고 생각하였던 것으로 보이므로(대법원 2011. 6. 10. 선고 2011도1147 판결 참조), 청구인에게 허위사실에 대한 미필적 인식이 있었다고 볼 수 없다.

'스토킹' 처벌 사건
(헌재 2016. 12. 29. 2014헌바434)

□ 사건개요 등

이 사건은 휴대전화를 이용하여 피해자에게 공포심이나 불안감을 유발하는 문언을 반복적으로 도달하게 하는 행위를 처벌하는 '정보통신망 이용촉진 및 정보보호 등에 관한 법률'(이하, '정보통신망법'이라 한다) 제74조 제1항 제3호(이하, '심판대상조항'이라 한다) 등에 대한 위헌소원 사건이다.

헌법재판소는 재판관 전원의 일치된 의견으로, 심판대상조항이 헌법에 위반되지 않는다고 판단하였다. 법정의견은, 스토킹을 처벌하는 것은 표현의 자유를 침해하지 아니한다는 견해로, 그 중요 내용은 다음과 같다.

첫째, 이른바 '스토킹'은 '사회통념상 일반인에게 두려워하고 무서워하는 마음, 마음이 편하지 아니하고 조마조마한 느낌을 일으킬 수 있는 내용의 문언을 되풀이하여 전송하는 일련의 행위'를 의미한다.

둘째, 심판대상조항은 개인 간 정보통신망을 통해 일정한 내용의 문언을 되풀이 하여 전송하는 일련의 행위를 처벌함으로써 발신인의 일정한 표현을 금지하고 있으므로, 발신인의 표현의 자유를 제한한다.

셋째, 심판대상조항이 달성하고자 하는 '피해자의 사생활의 평온 보호와 정보의 건전한 이용풍토 조성이라는' 공익은 심판대상조항을 위반한 사람에 대한 비교적 가벼운 처벌로 인해 침해되는 사익보다 작다고 할 수 없다.

이 결정은 이른바 스토킹 금지조항에 대해 헌법재판소가 최초로 판단한 사건이다. 현대정보사회에서 정보통신망을 이용한 의사소통이 보편화되면서, 이를 이용한 스토킹 범죄가 매우 가파르게 증가하고 있다. 법정의견은 스토킹 범죄의 구성요건을 명백히 하고 이를 처벌하는 조항이 표현의 자유를 침해하지 아니한다는 것을 확인하였다.

□ 법정(합헌)의견

가. 죄형법정주의의 명확성원칙 위반 여부

(1) 죄형법정주의의 명확성원칙

헌법 제12조 및 제13조를 통하여 보장되고 있는 죄형법정주의 원칙은 범죄와 형벌이 법률로 정하여져야 함을 의미하며, 이러한 죄형법정주의에서 파생되는 명확성원칙은 법률이 처벌하고자 하는 행위가 무엇이며 그에 대한 형벌이 어떠한 것인지를 누구나 예견할 수 있고, 그에 따라 자신의 행위를 결정할 수 있도록 구성요건을 명확하게 규정할 것을 요구하고 있다. 그러나 처벌법규의 구성요건이 명확하여야 한다고 하여 모든 구성요건을 단순한 서술적 개념으로 규정하여야 하는 것은 아니고, 다소 광범위하여 법관의 보충적인 해석을 필요로 하는 개념을 사용하였다고 하더라도 통상의 해석방법에 의하여 건전한 상식과 통상적인 법감정을 가진 사람이면 당해 처벌법규의 보호법익과 금지된 행위 및 처벌의 종류와 정도를 알 수 있도록 규정하였다면 헌법이 요구하는 처벌법규의 명확성에 배치되는 것이 아니다(헌재 2011. 10. 25. 2010헌가29 참조).

그리고 처벌법규에 대한 예측가능성의 유무는 당해 특정조항 하나만으로 판단할 것이 아니라, 관련 법 조항 전체를 유기적·체계적으로 종합하여 판단하여야 하고, 그것도 각 대상법률의 성질에 따라 구체적·개별적으로 검토하여야 하며, 일반적이거나 불확정한 개념이 사용된 경우에는 당해 법률의 입법목적과 당해 법률의 다른 규정들을 원용하거나 다른 규정과의 상호관계를 고려하여 합리적으로 해석할 수 있는지 여부에 따라 가려야 한다(헌재 1996. 2. 29. 94헌마13; 헌재 2001. 6. 28. 99헌바34; 헌재 2016. 3. 31. 2014헌바397 참조).

(2) 판 단

⑺ 심판대상조항은 정보통신망을 통하여 공포심이나 불안감을 유발하는 문언 등을 반복적으로 상대방에게 도달하도록 하는 내용의 정보유통을 금지하고, 이를 위반한 경우 처벌을 규정하고 있다. 이는 공포심이나 불안감을 유발하는 문언 등으로부터 개인의 사생활의 평온을 보호하고, 정보의 건전한 이용풍토를 조성하기 위한 규정이다.

⑻ 심판대상조항의 사전적 의미를 보면, '공포심'은 '두려워하고 무서워하는 마음', '불안감'은 '마음이 편하지 아니하고 조마조마한 느낌', '문언'은 '문장 속의 말과 글', '반복적으로'는 '같은 일을 되풀이하여', '상대방에게 도달'은 '수신인에게 송신하여 인식이 가능한 상태에 이르게 하는 것'을 각각 뜻한다.

심판대상조항 중 '문언', '상대방에게 도달' 부분은 그 의미가 명확하다. 다만, 심판대상조항 중 '공포심이나 불안감', '반복적으로' 부분은 사전적 의미만으로 그 뜻이 명확한지 의문이 있을 수 있으므로 이 부분이 죄형법정주의가 요구하는 명확성원칙에 위반되는지에 관하여 살펴본다.

심판대상조항과 같이 공포심을 일으키는 행위에 대한 처벌규정은 형법상 협박죄가 있다. 협박죄는 사람의 의사결정의 자유를 보호법익으로 하는 위험범으로(대법원 2007. 9. 28. 선고 2007도606 전원합의체 판결 참조), '협박'이라고 함은 일반적으로 그 상대방이 된 사람으로 하여금 공포심을 일으키기에 충분한 정도의 해악을 고지하는 것으로, 여기서의 '해악'이란 법익을 침해하는 것을 가리키는데 그 해악이 반드시 피해자 본인이 아니라 그 친족 그 밖의 제3자의 법익을 침해하는 것을 내용으로 하더라도 피해자 본인과 제3자가 밀접한 관계에 있어서 그 해악의 내용이 피해자 본인에게 공포심을 일으킬 만한 것이라면 협박죄가 성립할 수 있다(대법원 2012. 8. 17. 선고 2011도10451 판결 참조).

심판대상조항이 개인의 사생활의 평온 보호를 보호법익으로 하는 위험범이고,

형법상 협박죄와 같이 반의사불벌죄로 규정되어 있는 점 등에 비추어 보면, 심판대
상조항 중 '공포심'이라는 개념은 형법상 협박죄의 '공포심'과 그 뜻이 다르지 않다
고 볼 수 있으므로 '사회통념상 일반인인 수신자를 기준으로 두려워하고 무서워하는
마음'을 의미한다. 그리고 심판대상조항 중 '불안감'은 '공포심'의 정도에는 이르지
아니하나 '사회통념상 일반인인 수신자를 기준으로 마음이 불편하고 조마조마하여
사생활의 평온이 깨어질 수 있는 상태'를 의미하는 것으로 해석할 수 있고, 심판대
상조항이 개인의 사생활의 평온을 깨뜨릴 수 있는 표현행위를 금지하는 데에 입법
목적이 있다는 점을 고려하면 단순히 수신자의 마음을 불편하게 하거나 마음에 거
슬리는 일체의 표현까지도 처벌대상이 된다고 보기는 어렵다.

한편 심판대상조항은 형법상 협박죄와 달리 반복적인 행위를 그 구성요건 요소
로 하고 있는바, 비록 심판대상조항에서 행위의 총 횟수나 시간적 근접성 등에 대해
명확한 기준을 제시하고 있지는 않으나 구체적인 상황에서 사회통념상 일반인인 수
신자를 기준으로 공포심이나 불안감을 느끼게 하는 정도의 반복성을 요건으로 하고
있다. 대법원은 "정보통신망을 이용한 일련의 불안감 조성행위가 이에 해당한다고
하기 위해서는 각 행위 상호간에 일시·장소의 근접, 방법의 유사성, 기회의 동일,
범의의 계속 등 밀접한 관계가 있어 그 전체를 일련의 반복적인 행위로 평가할 수
있어야 한다. 그와 같이 평가될 수 없는 일회성 내지 비연속적인 단발성 행위가 수
차 이루어진 것에 불과한 경우에는 그 문언의 구체적 내용 및 정도에 따라 협박죄나
경범죄처벌법상 불안감 조성행위 등 별개의 범죄로 처벌함은 별론으로 하더라도 심
판대상조항 위반행위로 처벌할 수는 없다."고 판시하여(대법원 2008. 8. 21. 선고 2008
도4351 판결 참조), '공포심이나 불안감'과 '반복적 행위'를 결합하여 심판대상조항 위
반행위에 대한 판단기준을 제시하고 있다.

㈐ 심판대상조항의 문언 및 입법목적, 관련 법 조항 등을 종합하여 보면, '공포
심이나 불안감을 유발하는 문언을 반복적으로 도달하게 한 행위'는 '사회통념상 일
반인에게 두려워하고 무서워하는 마음, 마음이 편하지 아니하고 조마조마한 느낌을
일으킬 수 있는 내용의 문언을 되풀이하여 전송하는 일련의 행위'를 의미하는 것으
로 해석된다. 따라서 건전한 상식과 통상적인 법감정을 가진 수범자는 심판대상조항
에 의하여 금지되는 행위가 어떠한 것인지 충분히 알 수 있으며, 법관의 보충적인
해석을 통하여 그 의미가 확정될 수 있으므로, 심판대상조항은 죄형법정주의의 명확

성원칙에 위반되지 아니한다.

나. 표현의 자유 침해 여부

(1) 제한되는 기본권

심판대상조항은 개인 간 정보통신망을 통한 표현의 전달행위를 처벌함으로써 일정한 내용의 표현 자체를 금지하고 있으므로 청구인과 같은 발신인의 표현의 자유를 제한한다(헌재 2009. 5. 28. 2006헌바109등 참조).

한편 청구인은 심판대상조항에 의하여 통신의 자유와 행복추구권이 침해되었다고 주장하나, 통신의 자유는 개인이 그들의 의사나 정보를 자유롭게 전달·교환하는 경우에 그 내용이 공권력에 의해 침해당하지 아니하는 자유, 즉 통신의 비밀보장을 의미하는데, 심판대상조항에 의해 청구인의 통신의 비밀이 침해된 바 없고, 행복추구권은 다른 기본권에 대한 보충적 기본권으로서의 성격을 지니므로(헌재 2002. 8. 29. 2000헌가5등 참조), 표현의 자유 침해 여부에 대하여 판단하는 이상 행복추구권 침해 여부에 대해서는 별도로 판단하지 아니한다.

(2) 판 단

㈎ 심판대상조항은 정보통신망을 이용하여 불법정보를 유통하는 행위, 그 중에서도 공포심이나 불안감을 유발하는 문언을 반복적으로 상대방에게 도달하는 행위를 금지함으로써 불건전한 정보통신망의 이용으로부터 개인의 사생활의 평온을 보호함과 아울러 나아가 정보의 건전한 이용풍토를 조성하기 위한 것으로 이러한 입법목적은 정당하다.

공포심이나 불안감을 유발하는 문언을 반복적으로 상대방에게 보내는 행위를 형사처벌하는 것은 이러한 입법목적을 달성하기 위한 적절한 수단이다.

㈏ 형법상 협박죄는 사람으로 하여금 공포심을 일으킬 수 있는 정도의 해악의 고지를 그 요건으로 하고 있어, 해악의 고지는 없으나 반복적인 음향이나 문언 전송 등의 다양한 방법으로 상대방에게 공포심이나 불안감을 유발하는 소위 '사이버스토킹' 행위를 규제하기에는 불충분하다.

현대정보사회에 있어서 정보통신망을 이용한 의사소통이 보편화됨에 따라 정보통신망을 이용한 불법행위가 급증하는 추세에 있고, 정보통신매체를 이용한 불법행위는 현실세계의 불법행위에 비해 그 방법의 손쉬움으로 인해 더욱 빈번하게 발생하고 있으며, 오프라인 공간에서 발생하는 불법행위에 비해 피해자에게 미치는 효과는 결코 적다고 할 수도 없다. 특히 정보통신매체를 이용한 통신의 경우 발신자를 알 수 없는 경우가 많고, 그 행위유형도 비정형적이고 다양하여 상대방에게 주는 고통은 더욱 클 수 있다. 따라서 이러한 공포심이나 불안감을 유발하는 표현을 규제함으로써 피해자의 사생활의 평온을 보호해야 할 필요성이 매우 크다.

심판대상조항은 정보통신망을 이용한 개인 간의 모든 표현행위를 처벌하는 것이 아니라, 사회통념에 비추어 공포심이나 불안감을 일으키는 표현을 도달하게 한 경우만 처벌하고 있다. 또한 일정 행위의 반복을 구성요건요소로 하고 있어서, 각 행위 상호간에 일시·장소의 근접, 방법의 유사성, 기회의 동일, 범의의 계속 등 밀접한 관계가 있어 그 전체를 일련의 반복적인 행위로 평가할 수 있는 경우에만 심판대상조항 위반행위에 해당하는 것으로 해석함으로써, 그 적용범위를 제한하고 있다.

어떤 범죄를 어떻게 처벌할 것인가 하는 문제 즉 법정형의 종류와 범위의 선택은 그 범죄의 죄질과 보호법익에 대한 고려뿐만 아니라 우리의 역사와 문화, 입법당시의 시대적 상황, 국민일반의 가치관 내지 법감정 그리고 범죄예방을 위한 형사정책적 측면 등 여러가지 요소를 종합적으로 고려하여 입법자가 결정할 사항으로서 광범위한 입법재량 내지 형성의 자유가 인정되어야 할 분야이다. 따라서 어느 범죄에 대한 법정형이 그 범죄의 죄질 및 이에 따른 행위자의 책임에 비하여 지나치게 가혹한 것이어서 현저히 형벌체계상의 균형을 잃고 있다거나 그 범죄에 대한 형벌 본래의 목적과 기능을 달성함에 있어 필요한 정도를 일탈하였다는 등 헌법상의 평등의 원칙 및 비례의 원칙 등에 명백히 위배되는 경우가 아닌 한, 쉽사리 헌법에 위반된다고 단정하여서는 아니 된다(헌재 1995. 4. 20. 93헌바40 참조).

심판대상조항의 법정형은 1년 이하의 징역 또는 1,000만 원 이하의 벌금으로 형벌 규정 중 상대적으로 가볍고, 이를 과태료나 민사적 구제수단으로 대체할 경우 형벌과 같은 위하력과 예방효과를 가진다고 보기 어려워 이들이 형벌을 대체하여 '사이버스토킹'의 피해를 방지하기에 충분한 덜 제약적인 수단이라고 보기 어렵다. '스토킹행위'에 대한 민사적 구제절차는 공포심이나 불안감으로 인해 심적 고통을 받고 있는 피해자로 하여금 가해자를 상대로 스스로 민사적 구제절차를 취하여야 하는 부담을 감수하도록 하는 것이어서 피해자에게 지나치게 가혹할 수 있으며, 실제 민사적인 방법으로 피해를 구제받을 수 있을지도 의문이다.

또한 피해자가 정보의 수신을 차단한다고 하더라도 발신자가 다른 전화번호 내지 아이디 등을 사용하여 반복적으로 정보를 보낼 경우 피해자는 지속적인 공포심이나 불안감에 노출될 수밖에 없으므로 피해자가 수신을 차단할 수 있다고 하여 처벌의 필요성이 없다거나 감소된다고 볼 수도 없다.

이러한 사정을 종합하면 심판대상조항에서 공포심이나 불안감을 유발하는 문언 등의 전송행위에 대하여 형사처벌 하도록 한 것이 침해의 최소성에 반한다고 할 수 없다.

㈐ 심판대상조항으로 인하여 개인은 정보통신망을 통한 표현에 일정한 제약을 받게 되나, 수신인인 피해자의 사생활의 평온 보호 및 정보의 건전한 이용풍토 조성이라고 하는 공익이 제한되는 사익보다 크다고 할 것이어서 심판대상조항은 법익균형성의 요건도 충족하였다.

㈑ 그렇다면 심판대상조항은 과잉금지원칙을 위반하여 청구인의 표현의 자유를 침해하지 아니한다.

정서적 학대 처벌 사건[3)]
(헌재 2015. 10. 21. 2014헌바266)

□ 사건개요 등

이 사건은 아동에 대해 정서적 학대행위한 자를 5년 이하의 징역 또는 3천만 원 이하의 벌금에 처하도록 규정한 아동복지법 제17조 제5호, 제71조 제1항 제2호 (이하, '이 사건 법률조항'이라 한다)에 대한 위헌소원 사건이다.

헌법재판소는 재판관 전원의 일치된 의견으로, 이 사건 법률조항이 헌법에 위반되지 않는다고 판단하였다. 법정의견은 아동에 대한 정서적 학대행위를 처벌하는 것이 헌법에 위반되지 아니한다는 견해로, 그 중요 내용은 다음과 같다.

---

3) 정서적 학대행위는 '아동에 대해 극히 부정적인 태도를 가지며 언어적 또는 정서적으로 공격하거나 공격의 위협을 가하는 것' 등으로 정의되고 있어, 이는 표현의 자유를 제약하는 의미도 포함하고 있으므로 제3장 '집회 및 표현의 자유'에 수록하였다.

첫째, '정서적 학대행위'란 '아동이 사물을 느끼고 생각하여 판단하는 마음의 자세나 태도가 정상적으로 유지되고 성장하는 것을 저해하거나 이에 대해 현저한 위험을 초래할 수 있는 행위로서, 아동의 신체에 손상을 주거나 유기 또는 방임하는 것과 같은 정도의 행위'를 의미한다.

둘째, 아동에 대한 정서적 학대는 낮은 자아 존중감, 사회적 능력의 손상, 분노, 우울, 불안, 학업 능력 저하 및 학교 부적응 등 아동의 행동적·정서적 부적응 문제를 일으키는 주요 원인이 된다.

셋째, 정서적 학대행위는 치유와 원상회복이 어려운 경우가 적지 않아 부정적인 영향이 신체적·성적 학대행위 못지않게 심각할 수 있으므로, 이 사건 법률조항이 정서적 학대행위를 한 사람을 5년 이하의 징역, 5천만 원 이하의 벌금으로 처벌하는 것은 헌법에 위반되지 아니한다.

이 사건은 아동복지법상 '정서적 학대행위'의 개념에 관하여 판단한 최초의 선례이다. 우리 사회의 급격한 변화에 따라 아동에 대한 정서적 학대가 확대되고 있는데, 아동의 건전한 인격 성장을 위해서는 이러한 행위에 대해 엄정하게 대처해야 할 것이다.

□ 법정(합헌)의견

가. 죄형법정주의의 명확성원칙 위배 여부

(1) 죄형법정주의의 명확성원칙: 이하 생략[4]

(2) 이 사건에 대한 판단

(가) 아동복지법은 제1조에서 "이 법은 아동이 건강하게 출생하여 행복하고 안전하게 자랄 수 있도록 아동의 복지를 보장하는 것을 목적으로 한다."고 규정하고 있고, 제2조에서 "① 아동은 자신 또는 부모의 성별, 연령, 종교, 사회적 신분, 재산, 장애유무, 출생지역, 인종 등에 따른 어떠한 종류의 차별도 받지 아니하고 자라나야 한다. ② 아동은 완전하고 조화로운 인격발달을 위하여 안정된 가정환경에서 행복하게 자라나야 한다. ③ 아동에 관한 모든 활동에 있어서 아동의 이익이 최우선적으

---

4) 이 부분은 앞서 살펴본 '스토킹 처벌 사건(헌재 2016. 12. 29. 2014헌바434)'의 '죄형법정주의의 명확성원칙' 내용과 동일하여 생략하였다.

로 고려되어야 한다. ④ 아동은 아동의 권리보장과 복지증진을 위하여 이 법에 따른 보호와 지원을 받을 권리를 가진다."고 규정하여 아동복지법의 기본이념을 천명하고 있다.

이에 따라 아동복지법은 아동에 대한 학대행위를 금지하고 있는바, 제3조 제7호는 "아동학대란 보호자를 포함한 성인이 아동의 건강 또는 복지를 해치거나 정상적 발달을 저해할 수 있는 신체적·정신적·성적 폭력이나 가혹행위를 하는 것과 아동의 보호자가 아동을 유기하거나 방임하는 것을 말한다."고 정의하고, 제17조에서는 금지되는 학대행위의 유형으로, 아동에게 성적 수치심을 주는 성희롱 등의 성적 학대행위(제2호), 아동의 신체에 손상을 주거나 신체의 건강 및 발달을 해치는 신체적 학대행위(제3호), 아동의 정신건강 및 발달에 해를 끼치는 정서적 학대행위(이 사건 법률조항), 자신의 보호·감독을 받는 아동을 유기하거나 의식주를 포함한 기본적 보호·양육·치료 및 교육을 소홀히 하는 방임행위(제6호)를 규정함으로써 학대의 유형을 네 가지로 구별하고 있다.

㈏ 아동복지법 제3조 제7호와 이 사건 법률조항의 내용을 결합해 보면, 아동에 대한 정서적 학대란 '성인이 아동의 정신건강이나 그 발달을 저해하는 정신적 폭력행위나 가혹행위를 하는 것'이라고 볼 수 있다.

'정서적 학대'의 의미를 사전적 의미를 통해 구체화해 보면, '정신'이란 육체나 물질에 대립하는 영혼이나 마음으로서 사물을 느끼고 생각하여 판단하는 능력 또는 그런 작용, 마음의 자세나 태도이고, '정신건강'이란 이러한 정신이 아무 탈 없는 상태이며, 그 '발달'은 이러한 정신이 성장하거나 성숙함을 의미한다. '저해'란 이러한 정신 상태를 유지하거나 성장하는 것을 방해하는 것이고, '폭력행위'란 남을 거칠고 사납게 제압할 때 힘을 사용하는 것이며, '가혹행위'란 사람에게 심한 수치·모욕·고통을 주는 행위를 의미한다. 결국 사전적 의미에서의 정서적 학대란 '사물을 느끼고 생각하여 판단하는 마음의 자세나 태도가 정상적으로 유지되고 성장하는 것을 방해하는 행위로서 마음에 상처를 주는 폭언 등을 하는 행위 또는 심한 수치·모욕·고통을 주는 행위'라고 할 수 있다.

㈐ 정서적 학대행위와 관련하여 대법원은, 정서적 학대행위는 신체적 학대행위와 달리 언제나 유형력 행사를 동반하는 것은 아니며, 신체적 손상을 요건으로 하지 않는다는 점에서 이에 이르지 않는 유형력의 행사도 정서적 학대행위에 해당될 수

있다고 보고 있다(대법원 2011. 10. 13. 선고 2011도6015 판결 참조). 중앙아동보호전문기관은 '아동에게 행하는 언어적 모욕, 정서적 위협, 감금이나 억제, 기타 가학적인 행위'를 정서적 학대행위로 보고 있고, 그밖에 '아동을 모멸하거나 무시하는 것과 같이 아동에게 심리적 위해를 주는 언동', '아동에 대한 무시나 거부 혹은 애정을 갖지 않거나 칭찬을 하지 않는 것 또는 끊임없이 고함을 치거나 공포를 조성하고 트집을 잡는 행위', '아동에 대해 극히 부정적인 태도를 가지며 언어적 또는 정서적으로 공격하거나 공격의 위협을 가하는 것' 등으로 정서적 학대행위를 정의하고 있는데, 이와 같이 정서적 학대행위가 무엇인지에 대해서는 다양한 해석이 있다.

정서적 학대가 무엇을 의미하는지에 대해 여러 가지 견해들이 있는 이유는 정서적 학대의 유형이 그만큼 다양하기 때문이다. 게다가 정서적 학대는 신체적 학대나 성적 학대처럼 피해자의 신체 등에 흔적을 남기지 않기 때문에, 정서적 학대로 어느 정도의 피해를 입었는지 외부에서 객관적으로 평가하여 정량화하기가 어렵다. 정서적 학대로 인한 피해는 오로지 학대를 당한 아동의 주관적인 경험에 의존할 수밖에 없고, 동일한 행위 유형이라 하더라도 당사자에게 미치는 영향은 서로 다르기 때문에 이를 범주화하여 유형화하는 것이 쉽지 않다. 그렇다고 이러한 행위에 대한 처벌을 포기할 수도 없는데, 정서적 학대는 성인이 된 이후에도 영향을 받을 만큼 그 피해가 일시적이지 않고 장기적으로 지속되기 때문이다.

㈑ 한편 정당한 훈육에 해당하는 상당수의 행위가 정서적 학대행위와 경계를 이루고 있다고 보아 정서적 학대행위를 처벌하는 것에 대해 그 의미의 모호성을 지적하는 견해들이 있는데, 아동복지법에서 신체적 학대와 정서적 학대, 그리고 유기와 방임행위를 동일한 법정형으로 처벌하도록 한 것을 고려할 때(제17조 제3호 내지 제6호, 제71조 제1항 제2호), 이 사건 법률조항에서 금지하는 정서적 학대행위는 적어도 신체적 학대행위나 유기 또는 방임행위와 동일한 정도의 피해를 아동에게 주는 행위이어야 할 것이므로 교육적 목적으로 이루어지는 정상적인 훈육과는 구별된다.

㈒ 그렇다면 아동복지법의 입법목적과 기본이념, 장기간 지속될 경우 아동의 인격 발달에 치명적인 영향을 미칠 수 있는 정서적 학대행위의 특수성, 학대의 유형을 구별하되 신체적·정서적 학대행위와 유기 및 방임행위를 동일한 법정형으로 처벌하도록 규정한 아동복지법의 입법체계, 관련 판례 및 학계의 논의 등을 종합할 때, 이 사건 법률조항이 규정하는 "아동의 정신건강 및 발달에 해를 끼치는 정서적 학대행

위"란, '아동이 사물을 느끼고 생각하여 판단하는 마음의 자세나 태도가 정상적으로 유지되고 성장하는 것을 저해하거나 이에 대하여 현저한 위험을 초래할 수 있는 행위로서, 아동의 신체에 손상을 주거나 유기 또는 방임하는 것과 같은 정도의 행위'를 의미한다고 볼 수 있다. 이러한 행위에는, 아동에 대한 악의적·부정적 태도에서 비롯된 것으로서, 폭언과 위협, 잠을 재우지 않는 행위, 벌거벗겨 내쫓는 행위, 억지로 음식을 먹게 하는 행위, 특정 아동을 차별하는 행위, 방 안에 가두어 두는 행위, 아이를 오랜 시간 벌을 세우고 방치하는 행위, 찬물로 목욕시키고 밖에서 잠을 자게 하는 행위, 음란물이나 폭력물을 강제로 시청하게 하는 행위 등이 있을 것이다.

(ㅂ) 위와 같은 해석은 다소 추상적이고 광범위하게 보일 수 있으나, 이는 다양한 형태의 정서적 학대행위로부터 아동을 보호함으로써 아동의 건강과 행복, 안전과 복지를 보장하고자 하는 아동복지법 전체의 입법취지를 실현하고자 하는 것으로서, 어떠한 행위가 정서적 학대행위에 해당하는지에 관하여는 아동에게 가해진 유형력의 정도, 행위에 이르게 된 동기와 경위, 피해아동의 연령 및 건강 상태, 가해자의 평소 성향이나 행위 당시의 태도, 행위의 반복성이나 기간 등에 비추어 법관의 해석과 조리에 의하여 구체화될 수 있다.

(ㅅ) 따라서 이 사건 법률조항은 죄형법정주의의 명확성원칙에 위배된다고 볼 수 없다.

나. 과잉금지원칙 위반 여부

(1) 책임과 형벌 간의 비례원칙

어떤 행위를 범죄로 규정하고 이를 어떻게 처벌할 것인가 하는 문제 즉, 범죄의 설정과 법정형의 종류 및 범위의 선택 문제는 그 범죄의 죄질과 보호 법익에 대한 고려뿐만 아니라 우리의 역사와 문화, 입법 당시의 시대적 상황, 국민 일반의 가치관과 법 감정 그리고 범죄 예방을 위한 형사 정책적 측면 등 여러 가지 요소를 종합적으로 고려하여 입법자가 결정할 사항으로서, 입법 재량 내지 형성의 자유가 인정되어야 할 분야이다(헌재 1995. 4. 20. 91헌바11; 헌재 2002. 10. 31. 99헌바40등 참조).

다만 헌법은 국가 권력의 남용으로부터 국민의 기본권을 보호하려는 법치국가의 실현을 기본 이념으로 하고 있고, 법치국가의 개념은 범죄에 대한 법정형을 정함에 있어 죄질과 그에 따른 행위자의 책임 사이에 적절한 비례 관계가 지켜질 것을 요구하는 실질적 법치국가의 이념을 포함하고 있으므로(헌재 1992. 4. 8. 90헌바24), 어떤 행위를 범죄로 규정하고 어떠한 형벌을 과할 것인가 하는 데 대한 입법자의 입법 형성권이 무제한한 것이 될 수는 없다. 형벌의 위협으로부터 인간의 존엄과 가치를 존중하고 보호하여야 한다는 헌법 제10조의 요구에 따라야 하고, 헌법 제37조 제2항이 규정하고 있는 과잉입법금지의 정신에 따라 죄질과 책임에 상응하는 형벌이 과하여질 수 있는 범위의 법정형을 설정하여 실질적 법치국가의 원리를 구현하도록 하여야 한다(헌재 2003. 11. 27. 2002헌바24; 헌재 2010. 11. 25. 2009헌바27 등 참조).

(2) 이 사건에 대한 판단

(가) 아동복지법상 아동은 18세 미만인 사람으로서(제3조 제1호) 학대행위에 스스로 저항할 수 있는 능력이 부족하고, 자신에 대한 적대적·부정적인 태도에서 비롯된 말이나 행동에 쉽게 충격을 받는다. 특히 아동에 대한 정서적 학대는 낮은 자아존중감, 사회적 능력의 손상, 분노, 우울, 불안, 학업 능력 저하 및 학교 부적응 등 아동의 행동적·정서적 부적응 문제를 일으키는 주요 원인이 된다.

그럼에도 불구하고 아동학대의 현장에서 실제 처벌되거나 사회적 관심을 받는 부분은 주로 아동의 신체에 직접적으로 행하여지는 신체적·성적 학대행위이고, 정서적 학대의 심각성에 대해서는 주목하지 않는 경우가 많다.

그러나 신체적·성적 학대와 달리 정서적 학대는 눈에 두드러지게 보이는 것도 아니고 당장 그 결과가 심각하게 나타나지 않기 때문에 그냥 지나칠 수도 있다는 점에서 위험성이 있으며, 정서적 학대행위가 오랫동안 지속될 경우 그로 인한 피해는 신체 손상에 비하여 상대적으로 치유가 어렵고 원상회복이 어려운 경우가 적지 않아 사실상 아동에 대해서 미치는 부정적인 영향은 신체적·성적 학대행위 못지않게 심각할 수 있다. 중앙아동보고전문기관의 통계 결과에 의하면, 2001년부터 2013년까지 신고된 아동학대 유형 중 신체적 학대나 성적 학대보다 정서적 학대의 발생 건수가 더 많고 규모가 커져가고 있음을 알 수 있는바, 아동에 대한 정서적 학대행위를 근절하기 위해서는 국가가 적극적으로 나서서 개입할 수밖에 없고, 형사처벌은 그 유용한 수단이 될 수 있다.

(나) 청구인들은 정서적 학대행위의 경우 행위자와 아동의 정서적 교감을 향상시킨다든가 심리적 치료를 우선해야 할 사안들이 대부분이므로, 형사처벌을 가하는 것은 제재방법으로서 부적절하고 지나치다고 주장한다.

살피건대, 아동학대가 심각한 사회문제로 대두되면서 2000. 1. 12. 아동복지법 개정을 통해 아동학대에 관한 형사처벌 규정이 신설되었으나, 학대행위가 가정 내부의 문제 또는 아동훈육의 문제로 취급되면서 국가의 개입이 소극적으로 이루어졌고, 학대행위자를 형사처벌하는 경우에도 대부분 피해아동의 부모나 보호자라는 이유로 '원가정보호'라는 목적 하에 비교적 경미하게 처벌됨에 따라 아동학대가 근절되지 않고 있다. 이러한 상태에서 가해자에 대한 제재를 과태료 부과나 심리치료 등으로 대체하고 형사처벌을 아예 포기해 버린다면 아동학대의 예방과 근절이라는 이 사건 법률조항의 입법목적은 달성될 수 없을 것이다.

(다) 한편 아동학대에 대한 소극적인 대처로 인해 최근 아동학대 사례가 계속하여 증가하고 끊임없이 사회적 문제를 일으키자 아동학대를 근절하기 위한 다양한 제도들이 등장하고 있다. 예컨대, 학대행위자의 처벌강화와 피해아동의 보호를 목적으로 2014. 1. 28. '아동학대범죄의 처벌 등에 관한 특례법'이 제정되어 2014. 9. 29.부터 시행되고 있으며, 보건복지부는 2015. 1. 27. 아동학대에 대한 처벌의 대폭 강화와 학대 신고의 활성화, 어린이집 CCTV 설치 의무화, 우수한 보육교사 양성을 위한 자격관리 강화 등을 내용으로 한 '어린이집 아동학대 근절대책'을 발표하기에 이르렀다. 또한 2015. 5. 18. 영유아보육법을 개정하여 아동학대범죄를 저지른 자에 대한 어린이집 설치·운영 및 취업 결격기간을 늘리고(기존 10년에서 20년, 제16조 제5호 및 제6호), 보건복지부장관이 아동학대범죄로 처벌받은 어린이집 원장 및 보육교사의 자격을 정지할 수 있는 기간(기존 1년에서 2년, 제46조) 및 자격취소 후 재교부할 수 없는 기간(기존 10년에서 20년, 제48조 제2항 제2호)을 늘리는 등 제재 수위를 종전보다 강화하였다. 이러한 방법과 더불어 '아동학대범죄의 처벌 등에 관한 특례법'은 학대의 유형에 따라 가해자에게 심리적 치료를 병행하게 하거나 피해아동과 가해자 사이의 특수한 관계를 고려할 수 있도록 형사적 제재수단 외에 다양한 형태의 보호처분(재범예방에 필요한 수강명령 또는 아동학대 치료프로그램의 이수명령)과 친권을 제한하는 민사적 조치(제8조, 제9조) 등과 같은 방법도 강구하고 있다. 이러한 아동학대 근절대책들은 그동안 아동학대 문제를 미온적으로 대처해 온 것에 대한 반성적 고려에 기인한 것으로 보인다.

(라) 나아가 이 사건 법률조항은 징역형을 규정하면서 벌금형도 선택형으로 규정하고 있고, 법정형의 하한에 제한을 두지 않아 학대의 경위나 피해 정도 등을 고려하여 재량으로 집행유예나 선고유예를 선고할 수 있으므로, 지나치게 과중한 형벌을

규정하고 있다고 볼 수 없다(헌재 2010. 9. 30. 2009헌가17 참조).

㈐ 그렇다면 이 사건 법률조항은 범죄의 죄질 및 행위자의 책임에 비하여 지나치게 가혹하다고 보기 어려우므로 과잉금지원칙에 위반된다고 할 수 없다.

인터넷언론사의 실명확인 관련 의무 사건[5]
(헌재 2015. 7. 30. 2012헌마734 등)

□ 사건개요 등

이 사건은 인터넷언론사로 하여금 선거운동기간 중 인터넷홈페이지의 게시판 등에 후보자에 대한 지지 또는 반대의 문자 등을 게시하는 사람의 실명확인을 위한 기술적 조치를 하도록 하는 공직선거법 제82조의6 제1항, 제6항, 제7항(이하, '실명확인조항'이라 한다)에 대한 위헌소원 사건이다.

헌법재판소는 실명확인조항이 헌법에 위반되지 아니한다고 결정하였다. 이 결정에는 재판관 4명의 반대(위헌)의견이 있었다. 법정의견은 실명확인조항이 언론의 자유 및 정치적 익명표현의 자유 등을 침해하지 아니한다는 견해인데, 그 중요 내용은 다음과 같다.

첫째, 실명확인조항은 게시판 이용자가 자신의 신원을 밝히지 아니한 채 익명으로 자신의 정치적 사상·견해를 표명하고 전파할 정치적 익명표현의 자유를 제한하고, 게시판 이용자의 자유로운 의사표현을 바탕으로 여론을 형성·전파하는 인터넷언론사의 언론의 자유 역시 제한한다.

둘째, 인터넷 정보는 복제성, 확장성, 신속성을 가지고 있어 전통적인 다른 방법보다 신속하고 광범위하게 전파될 수 있다. 특히 인터넷언론사는 다른 인터넷 사이트에 비해 상대적으로 높은 공신력과 지명도를 가지고 있으므로, 인터넷언론사의 홈페이지 게시판 등에 게시된 정보는 보다 신속하고 광범위하게 유통될 수 있다.

셋째, 기술적 조치가 필요한 시기는 '선거운동기간'으로 비교적 단기이고, 그 기

---

5) 이 사건은 공직선거법 관련 사건이나 인터넷언론사의 언론의 자유 및 게시판 이용자의 정치적 익명표현의 자유와 관련되어 있으므로, 제3장 '집회 및 표현의 자유'에 수록하였다.

간 중 인터넷언론사 홈페이지의 게시판·대화방을 통한 흑색선전이나 허위사실이 유포될 경우 광범위한 정보왜곡이 일어날 수 있으며, 그 기간 내에 이를 치유하는 것은 사실상 불가능하여 선거에 막대한 영향을 미칠 수 있다.

헌법재판소는 헌재 2012. 8. 23. 2010헌마47등 사건에서는, 인터넷게시판을 설치·운영하는 정보통신서비스 제공자에게 본인확인조치 관련 의무를 부과하여 게시판 이용자로 하여금 본인확인절차를 거쳐야만 게시판을 이용할 수 있도록 하는 '정보통신망 이용촉진 및 정보보호 등에 관한 법률'과 동법 시행령 조항에 대해 인터넷게시판 이용자의 표현의 자유 등을, 인터넷게시판을 운영하는 정보통신서비스 제공자의 언론의 자유를 침해한다고 결정하였다. 그러나 이 사건은 위 사건과 규율대상의 기간과 내용이 다르다. 이 사건에서 헌법재판소는, 이러한 점과 인터넷언론사를 통한 정보의 특성과 인터넷을 이용한 선거문화의 현실을 고려하여, '선거운동기간에 한하여' 인터넷언론사의 홈페이지 게시판 등에 게시된 '선거관련 내용'을 규율대상으로 하고 있는 실명확인조항은 헌법에 위반되지 아니한다고 결정하였다.

공직선거의 선거운동과 관련해서, 종래에는 금품수수가 가장 큰 문제였으나, 최근에는 흑색선전과 허위사실의 유포가 가장 큰 문제로 부각되고 있다. 더욱이 인터넷언론사에 의한 여론조작 등에 대해 사회적 비판이 적지 아니하다. 인터넷을 통한 '가짜뉴스' 문제가 사회적인 관심사항으로 부각되고 있는 현실에서, 이 사건에서의 법정의견은 온라인상에서의 실명확인 관련 조항에 대한 논의에서 반드시 경청해야 할 것이다.

☐ 법정(합헌)의견

가. 개 관

(1) 선거운동 등 정치적 표현의 자유와 선거의 공정성[6]: 이하 생략

(2) 입법연혁

구 공직선거 및 선거부정방지법(2004. 3. 12. 법률 제7189호로 개정되고, 2005. 8. 4.

---

6) 이 부분은 제4장 '참정권과 선거운동의 자유'에 수록된 '문서를 이용한 선거운동제한 사건(헌재 2014. 4. 24. 2011헌바17 등)'의 '선거운동의 자유와 선거의 공정성' 부분과 대동소이 하여 이를 생략하였다.

법률 제7681호로 개정되기 전의 것) 제82조의6 제1항은 "인터넷언론사는 당해 인터넷사이트의 게시판·대화방 등에 선거에 관한 의견을 게시할 수 있도록 하는 경우에는 의견게시를 하고자 하는 자가 기입하는 성명과 주민등록번호의 일치 여부를 확인한 후 일치하는 경우에 한하여 의견게시를 할 수 있도록 하는 기술적 조치를 하여야 한다."라고 규정하고, 제2항은 "정당·후보자 및 예비후보자는 자신의 명의로 개설·운영하는 인터넷홈페이지의 게시판·대화방 등에 선거에 관한 의견을 게시할 수 있도록 하는 경우에는 제1항의 규정에 의한 기술적 조치를 할 수 있다."라고 규정하여 실명확인제를 도입하였다.

이는 같은 법 제82조의4(정보통신망을 이용한 선거운동)에서 선거운동을 할 수 있는 자에 대하여 선거운동기간 중에 정보통신망을 이용하여 인터넷홈페이지 또는 그 게시판·대화방 등에 선거운동을 위한 내용의 정보를 게시하거나 전자우편을 전송하는 방법으로 선거운동을 할 수 있게 하고, 제59조(선거운동기간) 제3호에서 후보자, 후보자가 되고자 하는 자가 자신이 개설한 인터넷홈페이지를 이용하여 선거운동을 하는 경우 선거운동기간의 제한을 받지 않게 함에 따른 조치였다(헌재 2010. 2. 25. 2008헌마324등 참조).

이와 같이 도입된 실명확인제는 인터넷언론사로 하여금 그 이용자가 '선거에 관한 의견을 게시하는 경우'에, 사전에 '성명과 주민등록번호의 일치 여부를 확인한 후 일치하는 경우에 한하여' 의견게시를 할 수 있도록 하고 실명확인기간은 특별한 제한이 없었지만, 이 사건 실명확인조항은 '선거운동기간 중' 당해 '인터넷언론사 홈페이지의 게시판·대화방' 등에 '정당·후보자에 대한 지지·반대의 문자·음성·화상 또는 동영상 등의 정보'를 게시하는 경우에 한하여 '실명을 확인받도록 하는 기술적 조치'를 하도록 하면서(제82조의6 제1항), 실명확인을 받은 정보 등은 '실명인증' 표시가 나타나도록 하고 '실명인증'의 표시가 없는 지지·반대의 정보 등이라도 일단 게시는 가능하되 사후에 삭제의 대상이 되도록 하였다(같은 조 제4항, 제6항, 제7항).

(3) 헌법재판소 결정

헌법재판소는 2010. 2. 25. 2008헌마324등 사건에서, 인터넷언론사에 대하여 선거운동기간 중 당해 인터넷홈페이지의 게시판·대화방 등에 정당·후보자에 대한 지지·반대의 글을 게시할 수 있도록 하는 경우 실명을 확인받도록 하는 기술적 조치를 할 의무 및 위와 같은 글이 '실명인증'의 표시가 없이 게시된 경우 이를 삭제할 의무를 부과한 구 공직선거법(2008. 2. 29. 법률 제8879호로 개정되고, 2010. 1. 25. 법률 제9974호로 개정되기 전의 것) 제82조의6 제1항, 제6항, 제7항이 명확성원칙, 사전검열 금지원칙에 위배되지 아니하고, 과잉금지원칙을 위반하여 익명표현의 자유, 언론의 자유 등을 침해하지 아니한다고 판시하였다.

그리고 헌법재판소는 2011. 12. 29. 2007헌마1001등 사건에서, "구 공직선거법 제93조 제1항의 '그 밖에 이와 유사한 것'에 정보통신망을 이용하여 인터넷홈페이지 또는 그 게시판·대화방 등에 글이나 동영상 등 정보를 게시하거나 전자우편을 전송 하는 방법이 포함된다고 해석하는 한 헌법에 위반된다."라는 한정위헌 결정을 하였고, 이에 따라 선거운동기간의 제한없이(선거일 당일제외) 정보통신망을 이용하여 인 터넷홈페이지 또는 그 게시판·대화방 등에 글·동영상 등 정보를 게시하거나 전자 우편을 전송하는 방법으로 선거운동 등을 할 수 있게 되었다.

한편 헌법재판소 2012. 8. 23. 2010헌마47등 사건에서는, 인터넷게시판을 설 치·운영하는 정보통신서비스 제공자에게 본인확인조치의무를 부과하여 게시판 이 용자로 하여금 본인확인절차를 거쳐야만 게시판을 이용할 수 있도록 하는 본인확인 제를 규정한 '정보통신망 이용촉진 및 정보보호 등에 관한 법률'(2008. 6. 13. 법률 제 9119호로 개정된 것) 제44조의5 제1항 제2호, 같은 법 시행령(2009. 1. 28. 대통령령 제 21278호로 개정된 것) 제29조, 제30조 제1항이 과잉금지원칙을 위반하여 인터넷게시 판 이용자의 표현의 자유, 개인정보자기결정권 및 인터넷게시판을 운영하는 정보통 신서비스 제공자의 언론의 자유를 침해한다고 판시하였다.

나. 명확성원칙 위배 여부

(1) 헌법재판소는 2010. 2. 25. 2008헌마324등 사건에서, 실명확인조항과 실질 적인 내용이 같은 구 공직선거법(2008. 2. 29. 법률 제8879호로 개정되고, 2010. 1. 25. 법 률 제9974호로 개정되기 전의 것) 제82조의6 제1항 중 '인터넷언론사'와 '지지·반대의 글' 부분이 명확성원칙에 위배되지 않는다고 판시하였는데, 그 요지는 다음과 같다.

『1. 이 사건 법률조항의 '인터넷언론사'의 개념을 공직선거법 제8조의5(인터넷선 거보도심의위원회) 제1항에서 규정하고 있음은 관련조항 항목에서 보는 바와 같고, 같 은 조 제6항은 "인터넷선거보도심의위원회는 인터넷 선거보도의 정치적 중립성·형 평성·객관성 및 권리구제 기타 선거보도의 공정을 보장하기 위하여 필요한 사항을 정하여 이를 공표하여야 한다."라고 규정하고, 이에 의한 '주요 심의대상 인터넷언론사의 관리 등에 관한 규정' 제2조는 인터넷언론사의 범위에 관하여 "1.「신문 등의 자유와 기능보장에 관한 법률」제2조 제3호의 신문사업자와 같은 조 제4호의 인터넷신문사업자,「잡지 등 정기간행물의 진흥에 관한 법률」제2조 제1호 가목의 잡지와「방송법」제2조 제1호의 방송을 경영·관리하는 자,「뉴스통신진흥에 관한 법률」제2조 제3호의 뉴스통신사업자 등이 직접 운영하거나 별도 법인으로 운영하는 인터넷홈페이지, 2. 자체적으로 기사·논평·칼럼 등을 생산하여 신문·방송·웹진 등의 형태로 보도하는 인터넷홈페이지, 3. 인터넷포털사이트(뉴스공급원으로부터 뉴스나 기사를 제공받아 편집·가공하거나 매개하여 제공하는 경우를 포함한다), 4. 그 밖에 위 각 호의 어느 하나에 해당하지 아니하는 경우로서 심의위원회가 인터넷언론사로 결정한 인터넷홈페이지"로 구체적으로 규정하고, 제4조 내지 제7조에서는 인터넷언론사를 결정할 때에는 작성기준일 전 3개월 동안 최소 1회 이상의 새로운 보도기사를 게재하고 있는 지 등을 확인하여 매 분기 첫 달의 10일 이내에 결정하여 이를 심의위원회 홈페이지에 공개하도록 하고 있다.

위와 같은 관계법령의 규정 내용이 구체적으로 인터넷언론사의 범위에 관하여 규정하고 있고 독립된 헌법기관인 중앙선거관리위원회가 설치·운영하는 인터넷선거보도심의위원회가 이를 결정·게시하는 이상, 해당 인터넷언론사가 자신이 실명확인 조치의무를 지는지 여부에 관하여 확신이 없는 상태에 빠지는 경우는 없다고 할 것이다. 나아가 이 사건 법률조항은 인터넷언론사의 '당해 인터넷홈페이지'의 게시판·대화방 등으로 범위를 한정하고 있으므로, '당해 인터넷홈페이지'에 해당하지 아니하는 공간, 예컨대 개인의 카페·블로그 등은 실명확인조치의 범위에 포함되지 아니함이 명백하다.

2. 공직선거법은 후보자, 후보자가 되고자 하는 자가 개설한 인터넷 홈페이지를 이용한 '선거운동'을 허용하고(제59조 제3호), 선거운동을 할 수 있는 자가 선거운동기간 중에 인터넷 홈페이지 또는 그 게시판·대화방 등에 선거운동을 위한 내용의 정보를 게시하는 등의 '선거운동'을 허용하며, 후보자(후보자가 되고자 하는 자를 포함), 그의 배우자 등에 대한 허위사실의 유포나 비방을 금지하면서(제82조의4 제1항, 제2항), 선거운동기간 중에 인터넷언론사의 인터넷홈페이지의 게시판·대화방 등에 정당·후보자에 대한 '지지·반대의 글'을 게시할 수 있도록 하는 경우에 이 사건 실명

확인 절차를 거치도록 함으로써, 인터넷 선거운동에서 발생할 수 있는 폐해를 예방하는 한편 '선거운동'과 '지지·반대의 글'을 구분하고 있다.

한편 공직선거법상의 '선거운동'이란, 특정 후보자의 당선 내지 이를 위한 득표에 필요한 모든 행위 또는 특정 후보자의 낙선에 필요한 모든 행위중 당선 또는 낙선을 위한 것이라는 목적의사가 객관적으로 인정될 수 있는 능동적, 계획적 행위를 말하는 것이다(헌재 1994. 7. 29. 93헌가4등; 헌재 2001. 8. 30. 2000헌마121등 참조).

따라서 이와 같은 선거운동의 개념, 허위사실 유포나 비방의 발생이 빈번한 인터넷홈페이지에서 책임 있는 글쓰기를 유도하려는 이 사건 법률조항의 입법취지와 목적, 공직선거법 관련조항과의 관계와 용어의 구분 등을 고려하면, 이 사건 '지지·반대의 글'은 위와 같은 선거운동에 이르는 글을 포함하면서, 그에 이르지 아니 한다고 하더라도 정당·후보자에 대하여 찬동하여 원조하거나 찬성하지 않고 맞서서 거스르는 글을 의미하고, 건전한 상식과 통상적인 법감정을 가진 사람이면 자신의 글이 이에 해당하는지를 충분히 알 수 있다고 할 것이므로 헌법이 요구하는 명확성원칙에 위배된다고 할 수 없다.』

(2) 이 사건에도 위 결정의 취지가 타당하고, 달리 판단할 사정의 변경이나 필요성이 있다고 인정되지 아니하므로, 실명확인조항 중 '인터넷언론사'와 '지지·반대' 부분은 명확성원칙에 위배되지 아니한다.

다. 과잉금지원칙 위배 여부

(1) 제한되는 기본권

실명확인조항은 게시판 이용자가 자신의 신원을 누구에게도 밝히지 아니한 채 익명으로 자신의 정치적 사상이나 견해를 표명하고 전파할 정치적 익명표현의 자유를 제한한다. 동시에 게시판 이용자의 정치적 익명표현의 자유에 대한 제한으로 말미암아 게시판 이용자의 자유로운 의사표현을 바탕으로 여론을 형성·전파하려는 인터넷언론사의 언론의 자유 역시 제한되는 결과가 발생한다(헌재 2010. 2. 25. 2008헌마324; 헌재 2012. 8. 23. 2010헌마47 등 참조).

한편 실명확인조항은 인터넷언론사에게 인터넷홈페이지 게시판을 운영함에 있어서 선거운동기간 중 이용자의 실명확인조치의무, 실명인증 표시조치의무 및 실명인증 표시가 없는 게시물에 대한 삭제의무를 부과하여 인터넷언론사의 직업수행의 자유도 제한하나, 이 사건과 가장 밀접한 관계에 있고 또 침해의 정도가 큰 주된 기본권은 언론의 자유라 할 것이고, 인터넷언론사의 언론의 자유의 제한은 게시판 이용자의 정치적 익명표현의 자유의 제한에 수반되는 결과라고 할 수 있으므로, 이하에서는 게시판 이용자의 정치적 익명표현의 자유 침해 여부를 중심으로 하여 인터넷언론사의 언론의 자유 등 침해 여부를 함께 판단하기로 한다(헌재 2012. 8. 23. 2010헌마47등 참조).

그밖에 이 사건에서 실명확인정보는 개인의 동일성을 식별할 수 있는 정보로서 개인정보자기결정권의 보호대상이 되는 개인정보에 해당하고, 실명인증자료가 공직선거법 제82조의6 제3항에 따라 행정안전부장관 및 신용정보업자에 의하여 수집·관리된다는 점에서 실명확인조항은 게시판 이용자의 개인정보자기결정권도 제한한다(헌재 2012. 8. 23. 2010헌마47등 참조).

청구인들은 실명확인조항이 다른 매체를 이용 또는 운영하는 자와 인터넷언론사 게시판을 이용 또는 운영하는 자를 합리적 이유 없이 차별취급하여 평등권을 침해한다고 주장하나, 청구인들이 주장하는 차별취급은 실명확인제가 게시판 이용자의 정치적 익명표현의 자유 및 인터넷언론사의 언론의 자유를 제한함에 따라 부수적으로 발생할 수밖에 없는 결과일 뿐인 것으로서 그에 관한 판단은 정치적 익명표현의 자유의 침해 여부 등에 관한 판단과 동일하다고 할 것이므로 별도로 판단하지 아니한다(헌재 2012. 8. 23. 2010헌마47등 참조).

(2) 실명확인조항에 관한 판단

㈎ 목적의 정당성 및 수단의 적절성

실명확인조항은 선거운동기간 중 인터넷언론사 홈페이지의 게시판·대화방 등에서 후보자에 대한 인신공격과 흑색선전이 난무하는 경우가 많고, 부당한 선거운동이나 소수에 의한 여론 왜곡으로 선거의 평온과 공정이 위협받을 가능성이 있기 때문에, 그로 인한 사회경제적 손실과 부작용을 방지하고 선거의 공정성을 확보하기 위한 것이므로 목적의 정당성이 인정된다.

인터넷이용자가 인터넷언론사 홈페이지의 게시판·대화방 등에 정당·후보자에 대한 지지·반대의 정보를 게시할 수 있도록 하는 경우에는 실명확인을 거치도록 함으로써 후보자에 대한 인신공격이나 각종 흑색선전이 줄어들 수 있고, 이로 인하여 선거의 공정성의 확보 효과를 거둘 수 있음이 예상되므로 수단의 적합성도 인정된다.

(나) 침해의 최소성

1) 선거운동의 자유 내지 정치적 표현의 자유를 제한할 때 그 한계로서 논의되는 침해의 최소성 원칙을 판단함에 있어서는 우리나라 선거문화의 역사성, 선거 및 정치 문화의 특수성, 정치적·경제적·사회적 환경, 선거와 관련된 국민의식의 정도와 법 감정 등을 종합하여 판단하여야 한다(헌재 2009. 5. 28. 2007헌바24; 헌재 2014. 4. 24. 2011헌바17등 참조).

우리나라의 경우 그 동안 이루어온 민주주의의 발전상과 높아진 국제적 위상, 국민의식의 향상에도 불구하고 과연 현재 우리의 선거문화가 인터넷을 이용한 선거운동 등 정치적 표현행위를 무조건 전면적으로 허용해도 선거의 공정성을 훼손하지 아니할 정도의 안정적 수준에 와 있는지, 이에 대한 국민의 신뢰와 지지가 뒷받침되고 있는지 의문이다.

우리 국민은 정치에 대한 관심과 열정이 다른 어느 나라보다 높아 민주주의 실천의 원동력이 되었음에도 이는 과열선거와 혼탁선거로 나아갈 수 있는 원인이 되기도 한다. 공조직과 사조직 그리고 혈연·지연·학연을 이용한 불법선거, 여론조작과 흑색선전 등 거짓말 선거, 금권을 이용한 금전선거의 폐해가 잔존하고 있는 것이 엄연한 현실이고 이를 시정하여 공명선거를 이루고자 하는 국민적 열망이 뜨겁다. 이러한 상황에서 인터넷을 이용한 선거운동 등 정치적 표현행위를 무조건 전면적으로 허용한다면 후보자나 예비후보자 등 사이의 지나친 경쟁으로 선거가 과열되고, 그들이 관련되는 공조직 및 사조직을 이용하거나 불법적으로 동원한 선거운동원뿐 아니라 그를 지지하는 유권자들의 인터넷을 이용한 무분별한 흑색선전, 진실을 왜곡한 의혹제기, 편파적 의견이나 부당한 표현, 허위사실유포나 비방 등으로 인하여 선거의 공정성과 평온이 위협을 받을 수 있다. 특히 인터넷언론사를 통한 정보는 뒤에서 보는 바와 같이 언론사의 공신력과 지명도에 기초하여 광범위하게 유통될 수 있기 때문에 그로 인해 발생할 수 있는 선거의 공정성에 대한 훼손과 개인적 피해는 다른 수단과 비교할 수 없을 정도로 확대될 수 있다.

실명확인조항은 이러한 우리나라 선거문화의 특성을 고려하여 선거의 공정성 확보와 개인적 피해를 방지하기 위해 실명확인제를 도입하면서도, 실명확인이 필요한 기간을 '선거운동기간 중'으로 한정하고, 그 대상을 '인터넷언론사 홈페이지의 게시판·대화방' 등에 '정당·후보자에 대한 지지·반대의 정보'를 게시하는 경우로 제한하고 있는바, 실명확인조항이 청구인들의 기본권을 과도하게 제한하고 있다고 단정할 수 없다.

2) 실명확인조항은 실명확인이 필요한 기간을 '선거운동기간 중'으로 한정하고 있다. 선거운동기간은 선거일 직전으로 비교적 짧고(대통령 선거의 경우 22일, 국회의원·지방자치단체의 의회의원 및 장 선거의 경우 13일), 선거의 공정성이 가장 절실하게 요구되는 시기이다. 공직선거에서 그 선거운동기간 중 인터넷언론사 홈페이지의 게시판·대화방을 통한 흑색선전이나 허위사실이 유포될 경우 신속하고도 광범위한 정보의 왜곡이 일어날 수 있을 뿐만 아니라 그 기간 내에 이를 치유하기란 지극히 어렵다. 또한 현행법상 명예훼손에 관한 법리나 후보자비방죄로 규제하는 사후적 구제수단만으로는 선거에서 당선을 목적으로 하는 정당·후보자에 대한 실질적인 권리구제가 이루어지기 어렵고, 특히 흑색선전 등을 한 장본인이 당선자가 아닌 제3자일 경우에는 당선무효 등을 통해 선거의 결과를 되돌릴 수도 없다.

그리고 인터넷 정보는 복제성, 확장성, 신속성을 가지고 있어 과거의 전통적인 다른 방법보다 신속하고 광범위하게 전파될 수 있다. 특히 인터넷언론사는 개인의 홈페이지나 블로그 등 기타 인터넷 사이트와 비교하여 상대적으로 높은 공신력과 지명도를 가지고 있으므로 접속자 수가 월등히 많고, 그로 인해 인터넷언론사의 홈페이지의 게시판·대화방에 게시된 정보들은 보다 신속하고 광범위하게 유통될 수 있다. 그로 인해 발생할 수 있는 선거의 공정성에 대한 훼손과 개인적 피해는 종래의 고전적인 수단이나 개인의 인터넷홈페이지의 게시판 등을 이용한 수단과 비교할 수 없을 정도로 확대될 수 있다.

따라서 선거운동기간 중에 인터넷언론사 홈페이지의 게시판·대화방 등에 선거관련 정보가 게시되는 경우에는 선거의 공정성 확보를 위해 그에 상당한 조치를 취해야 할 필요성이 더욱 크다고 할 수 있다.

3) 한편 실명확인방법은 점차 용이한 방법으로 개선되고 있다. 2005. 8. 4. 공직선거법의 개정으로 종전과 같이 인터넷언론사가 스스로 이용자의 성명과 주민등록번호의 일치 여부를 확인하는 것이 아니라 행정안전부장관이 제공하는 실명인증방법으로 실명을 확인받도록 하는 것으로 변경되었고, 2008. 2. 29. 공직선거법이 개정되면서 실명확인을 받는 기관이 행정안전부장관 외에 신용정보업자도 추가되어

이원화됨에 따라 편의성이 향상되었다.

그리고 인터넷이용자가 인터넷언론사 홈페이지의 게시판·대화방 등에 정당·후보자에 대한 지지·반대의 정보를 게시하는 경우에도 실명확인을 받고 정보를 게시할 것인지 여부는 게시자가 선택할 수 있고 실명확인에 별다른 시간과 비용이 소요되는 것이 아니며, 실명확인을 거치지 않은 정보가 정당·후보자에 대한 지지·반대의 정보인 경우에는 인터넷언론사에 의해 사후적으로 삭제될 뿐이다. 또한 실명확인 후에도 게시자의 실명이나 성별, 나이 등과 같은 개인정보가 노출되는 것이 아니라 단지 '실명인증'이라는 표시만 나타난다.

'정보통신망 이용촉진 및 정보보호 등에 관한 법률'이 규정한 본인확인제의 경우 입법목적은 '건전한 인터넷 문화의 조성'이고, 기간제한 없이 표현의 내용을 불문하고 대부분의 인터넷게시판 이용과 관련하여 본인확인을 요구하는 것이지만, 실명확인조항은 입법목적이 '선거의 공정성'이고, 선거운동기간에 한하여 인터넷언론사 홈페이지의 게시판·대화방 등에 정당·후보자에 대한 지지·반대의 정보를 게시하는 경우에만 실명확인을 구하는 것으로서 양자는 본질적인 차이가 있다고 할 수 있다.

4) 이를 종합하여 판단하면, 인터넷을 이용한 선거운동 등이 선거일을 제외하고 상시적으로 허용되는 가운데, 선거의 공정성 확보와 후보자 등의 피해를 방지하기 위해, 실명확인조항이 선거운동기간 중에 인터넷언론사 홈페이지의 게시판·대화방 등에 정당·후보자에 대한 지지·반대의 정보를 게시하는 경우 실명확인을 받게 하고 실명인증 표시가 없는 정보는 이를 삭제하도록 규정하였다고 하여 침해의 최소성 원칙에 위반된다고 할 수 없다.

㈐ **법익의 균형성**

인터넷언론사 홈페이지의 게시판·대화방을 이용한 허위사실유포 등으로 인하여 선거의 공정성의 훼손, 후보자의 인격권 침해 및 여론 왜곡 등의 폐해 방지라는 실명확인조항으로 얻는 공익이, 인터넷언론사의 이용자가 실명확인 과정에서 겪는 불편함이나 글 등을 게시하면서 겪게 될 수 있는 주저함, 인터넷언론사의 기술적 조치에 따른 비용 발생 또는 이용자 수의 감소 등의 사익보다 훨씬 크다 할 것이므로, 실명확인조항은 법익의 균형성도 갖추었다.

㈑ 소 결

실명확인조항은 과잉금지원칙을 위반하여 청구인 안○호, 김○원의 정치적 익명표현의 자유, 개인정보자기결정권 및 청구인 주식회사 딴지그룹, 주식회사 다음커뮤니케이션의 언론의 자유를 침해한다고 할 수 없다.

라. 기타 청구인들의 주장에 대한 판단

(1) 사전검열금지원칙 위배 여부

헌법 제21조 제1항과 제2항은 모든 국민은 언론·출판의 자유를 가지며, 언론·출판에 대한 허가나 검열은 인정되지 아니한다고 규정하고 있다. 여기서의 검열은 행정권이 주체가 되어 사상이나 의견 등이 발표되기 이전에 예방적 조치로서 그 내용을 심사, 선별하여 발표를 사전에 억제하는, 즉 허가받지 아니한 것의 발표를 금지하는 제도를 뜻한다(헌재 1996. 10. 4. 93헌가13).

이 사건 법률조항과 관련한 인터넷언론사의 의무는 후보자·정당에 대한 지지·반대의 정보를 게시하려는 이용자의 경우에는 실명을 확인받도록 하는 기술적 조치를 할 의무(제1항), 그와 같은 실명확인을 받은 경우 '실명인증' 표시가 나타나도록 기술적 조치를 취할 의무(제4항), '실명인증'의 표시가 없는 지지·반대의 정보가 이미 게시되어 있을 경우 이를 삭제할 의무(제6항, 제7항)를 부담할 뿐이고, 이용자로서는 스스로의 판단에 따라 자신이 게시하려는 것이 지지·반대의 정보에 해당하면 실명확인 절차를 거쳐 '실명인증'의 표시가 나타나게 게시하고 그렇지 아니하다고 판단되면 실명확인 절차를 거치지 아니하고 게시하는 것이 가능하므로, 이러한 제한이 사전검열금지원칙에 위배된다고 할 수 없다(헌재 2010. 2. 25. 2008헌마324등 참조).

또한 위와 같은 인터넷언론사의 의무내용을 종합할 때, 청구인들이 주장하는 바와 같이 당해 인터넷언론사가 내용과 상관없이 먼저 실명확인의 절차를 거치지 아니하면 정보 등을 게시조차 못하게 하였다고 하더라도, 이는 자신의 홈페이지 관리의 편의를 위한 사실상의 조치일 뿐 이 사건 법률조항으로 인하여 생기는 법률효과는 아니라고 할 것이다.

(2) 포괄위임금지원칙 위배 여부

포괄위임금지원칙이 적용되기 위해서는 법률이 일정한 사항을 하위법령에 위임하였을 것이 논리적 전제로서 요구된다. 그런데 이 사건 법률조항 및 공직선거법 전체를 살펴보아도 실명인증방법의 기준이나 범위에 관하여 대통령령이나 하위법규에 위임한 바가 없다. 따라서 이 사건에서는 이 사건 법률조항이 헌법상 포괄위임금지원칙 또는 위임입법금지의 한계에 관한 원칙에 위반하는지 여부는 문제되지 아니한다(헌재 2001. 8. 30. 99헌바90; 헌재 2014. 8. 28. 2013헌바172등 참조).

온라인서비스제공자의 삭제의무 등 사건
(헌재 2018. 6. 28. 2016헌가15)

□ 사건개요 등

이 사건은 '온라인서비스제공자'로 하여금 그가 관리하는 정보통신망에서 '아동·청소년이용음란물을 발견하기 위하여 대통령령으로 정하는 조치', '발견된 아동·청소년이용음란물을 즉시 삭제하고, 전송을 방지 또는 중단하는 기술적인 조치'를 취하도록 하고 이를 위반한 경우 처벌하는 '아동·청소년의 성보호에 관한 법률' 제17조 제1항(이하, '심판대상조항'이라 한다) 등에 대한 위헌제청 사건이다.

헌법재판소는 재판관 전원의 일치된 의견으로, 심판대상조항이 온라인서비스제공자의 영업수행의 자유, 서비스이용자의 표현의 자유 등을 침해하지 않는다고 결정하였는데, 그 주요 내용은 다음과 같다.

첫째, 심판대상조항은 온라인서비스제공자에게 정보통신망에서 '아동·청소년이용음란물'에 대한 발견의무와 삭제·전송방지조치 의무를 부과함으로써 영업수행의 자유를 제한하고, 서비스이용자의 통신의 비밀과 표현의 자유를 제한한다.

둘째, 아동음란물은 아동·청소년을 성적 대상으로 보는 왜곡된 인식과 비정상적 가치관 형성에 영향을 주어, 아동·청소년을 대상으로 하는 성범죄 발생의 주된 원인 중 하나이며, 정보통신망은 아동음란물이 대량 유통되는 주요 경로이다.

셋째, 심판대상조항은 온라인서비스제공자에게 일반적인 의무를 부과한 것이 아니라, 그 폐해가 심각한 '아동음란물'의 보관·유통에 관여한 온라인서비스제공자만을 수범자로 하고 있고, 기술적으로 현저히 곤란한 경우에는 처벌하지 않는 예외를 규정하고 있다.

법정의견은 심판대상조항이 온라인서비스제공자에게 아동·청소년이용음란물을 발견, 삭제, 전송방지 조치 등의 의무를 부과하고, 이를 위반하는 경우 처벌하도록 한 것에 대하여 헌법에 위반되지 아니한다고 판단한 것이다. 그러나 언론의 자유는 민주적 공동체가 기능하기 위한 불가결한 요소로 평가되고 있으므로, 온라인서비스제공자에게 전송되는 내용에 대해 '일반적으로' 발견, 삭제, 전송방지 등의 의무를 부과하는 것은 서비스이용자의 표현의 자유 등을 침해할 수 있음을 유념해야 한다.

□ 법정(합헌)의견

가. 심판대상조항의 내용

(1) 심판대상조항의 수범자

심판대상조항이 규정하는 의무는 '온라인서비스제공자'가 부담한다. 온라인서비스제공자는 다른 사람들이 '정보통신망 이용촉진 및 정보보호 등에 관한 법률' 제2조 제1항 제1호의 정의에 따른 정보통신망을 통하여 온라인 자료를 이용할 수 있도록 서비스를 제공하는 자로서[아동·청소년의 성보호에 관한 법률(이하 '청소년성보호법'이라 한다) 제2조 제8호], ① 전기통신사업법에 따른 허가를 받거나 등록·신고를 하고 전기통신역무를 제공하는 기간통신사업자, 별정통신사업자, 부가통신사업자 등 전기통신사업자와(전기통신사업법 제2조 제8호, 제5조 참조), ② 영리를 목적으로 전기통신사업자의 전기통신역무를 이용하여 정보를 제공하거나 정보의 제공을 매개하는 자를 말한다(청소년성보호법 시행령 제2조, 정보통신망 이용촉진 및 정보보호 등에 관한 법률 제2조 제1항 제3호 참조).

(2) 심판대상조항에 따른 의무

(개) 심판대상조항은 온라인서비스제공자에게 자신이 관리하는 정보통신망에서 ① 아동·청소년 이용 음란물을 발견하기 위하여 대통령령으로 정하는 조치, ② 발견된 아동·청소년 이용 음란물을 즉시 삭제하고, 전송을 방지 또는 중단하는 기술적인 조치를 하도록 하고, 이러한 조치를 하지 않은 경우 처벌한다.

(내) 아동·청소년 이용 음란물(이하 '아동음란물'이라 한다)이란 아동·청소년 또는 아동·청소년으로 명백하게 인식될 수 있는 사람이나 표현물이 등장하여, 성교 행위, 유사 성교 행위, 성적 수치심이나 혐오감을 일으키는 신체의 접촉·노출 행위, 자위

행위를 하거나 그 밖의 성적 행위를 하는 내용을 표현하는 것으로서 필름·비디오물·게임물 또는 컴퓨터나 그 밖의 통신매체를 통한 화상·영상 등의 형태로 된 것을 말한다(청소년성보호법 제2조 제4호, 제5호). "아동·청소년으로 인식될 수 있는 사람"은 일반인의 입장에서 실제 아동·청소년으로 오인하기에 충분할 정도의 사람이 등장하는 경우를 의미하고, "아동·청소년으로 인식될 수 있는 표현물" 부분도 아동·청소년을 상대로 한 비정상적 성적 충동을 일으키기에 충분한 행위를 담고 있어 아동·청소년을 대상으로 한 성범죄를 유발할 우려가 있는 수준의 것에 한정된다(헌재 2015. 6. 25. 2013헌가17등).

　㈐ 아동음란물을 발견하기 위하여 대통령령으로 정하는 조치(이하 '발견의무'라 한다)에 대하여 본다. 온라인서비스제공자는 ① 이용자가 아동음란물로 의심되는 온라인 자료를 발견하는 경우 자신에게 상시 신고할 수 있도록 하는 조치(청소년성보호법 시행령 제3조 제1항 제1호, 이하 '신고접수조치'라 한다), ② 온라인 자료의 특징 또는 명칭을 분석하여 기술적으로 아동음란물로 인식되는 자료를 찾아내도록 하는 조치(동 시행령 제3조 제1항 제2호, 이하 '인식 목적 기술적 조치'라 한다)를 하여야 한다. 다만 동 시행령은 다른 법률에서 정한 조치를 함으로써 아동음란물을 발견할 수 있는 경우에는 위 각 조치의 전부 또는 일부를 하지 아니할 수 있다고 규정한다(제3조 제1항 단서).

　신고접수조치나 인식 목적 기술적 조치를 구체적으로 어떻게 적용할 것인지는 온라인서비스제공자의 재량에 맡겨져 있다. 온라인서비스제공자들은 일반적으로 신고접수조치와 관련하여, 신고 접수센터나 대표 전화·이메일 등을 개설·공지하여 서비스이용자로부터 아동음란물 등 '음란한 부호·문언·음향·화상 또는 영상을 배포·판매·임대하거나 공공연하게 전시하는 내용의 정보'(이하 '불법음란정보'라 한다) 일반에 대한 신고를 받고 있다. 또한, 인식 목적 기술적 조치와 관련해서는, 특정 검색어를 기반으로 불법음란정보와 같은 특정 자료의 검색·전송을 차단하는 기술(이하 '금칙어 인식 기술'이라 한다), 또는 이미 불법음란정보를 담고 있는 것으로 판정된 자료의 데이터를 일정한 함수에 따라 짧은 길이의 데이터로 변환한 해시값(hash)이나 데이터의 고유 특성을 추출한 특징값(DNA)목록과 대조하여 일치되는 자료를 차단하는 기술(이하 '대조 인식 기술'이라 한다) 등을 자신의 서비스에 적용하고 있으며, 이러한 기술의 성능은 꾸준히 개선되고 있다.

㈜ 발견된 아동음란물을 즉시 삭제하고, 다른 이용자가 이용하지 못하도록 전송을 방지 또는 중단하는 기술적 조치(이하 '삭제 및 전송방지 조치'라 한다)를 구체적으로 어떻게 적용할 것인지도 온라인서비스제공자의 재량에 맡겨져 있다. 다만, 온라인서비스제공자가 아동음란물 등 불법음란정보를 일단 발견한 이상, 그 전송을 방지·중단하는 것은 기술적으로 큰 어려움이 없는 것으로 보인다.

(3) 심판대상조항의 면책사유

심판대상조항에 따른 조치의 구체적 적용 방법은 온라인서비스제공자에게 맡겨져 있는데, 그 중 특정한 자료가 아동음란물 등 불법음란정보에 해당함을 판정하는 조치, 즉 인식 목적 기술적 조치는 현재 널리 적용되는 기술이 불법음란정보를 빠짐없이 판정하는 데는 미흡하며 오류나 누락의 가능성이 상존한다.

심판대상조항 중 단서 부분은 이를 고려하여, 정보통신망에서 아동음란물을 발견하기 위하여 상당한 주의를 게을리 하지 아니하였거나, 발견된 아동음란물의 전송을 방지하거나 중단시키고자 하였으나 기술적으로 현저히 곤란한 경우에는 처벌하지 않는다는 예외를 규정하고 있다.

나. 발견의무에 관한 부분이 포괄위임금지원칙에 위반되는지 여부

(1) 형벌법규의 명확성이 단순히 구성요건의 일부를 위임하고 있는 부분만 문제되는 경우에는, 헌법 제75조에 의한 포괄위임금지원칙과 죄형법정주의에서 파생되는 명확성원칙이 서로 경합한다고 보아(헌재 2002. 5. 30. 2001헌바5등 참조), 처벌법규가 위임입법의 한계를 준수하였는지 여부를 기준으로 그 위헌성을 판단하되, 다만 헌법이 죄형법정주의를 정하고 있는 취지를 고려하여 위임입법이 허용되는 위임의 필요성과 예측가능성이라는 기준을 엄격하게 적용하여야 한다(헌재 2015. 7. 30. 2013헌바416; 헌재 2017. 9. 28. 2016헌가20 등 참조).

헌법 제75조는 "대통령은 법률에서 구체적으로 범위를 정하여 위임받은 사항과 법률을 집행하기 위하여 필요한 사항에 관하여 대통령령을 발할 수 있다."고 규정하고 있다. 이는 법률에 이미 대통령령으로 규정될 내용 및 범위의 기본사항이 구체적으로 규정되어 있어서 누구라도 당해 법률로부터 대통령령에 규정될 내용의 대강을 예측할 수 있어야 한다는 것을 의미한다.

위임입법의 위와 같은 구체성 내지 예측가능성의 요구 정도는 규제대상의 종류와 성질에 따라 달라질 것인데, 특히 국민의 기본권을 직접적으로 제한하거나 침해할 소지가 있는 처벌법규 등에서는 그 위임의 요건과 범위가 더 엄격하게 제한적으로 규정되어야 할 것이나, 예측가능성이 있는지는 당해 특정조항 하나만을 가지고 판단할 것이 아니고 관련 법 조항 전체를 유기적·체계적으로 종합적으로 살펴보아야 하며, 대상법률의 성질에 따라 구체적·개별적으로 검토하여야 한다(헌재 1998. 2. 27. 97헌마64 참조).

(2) 온라인서비스제공자의 범위가 넓고 이들이 제공하는 서비스 태양도 다양하므로, 여러 유형의 온라인서비스제공자가 자신이 관리하는 전기통신망에서 아동음란물과 같은 특정 정보를 발견하는 기술적 조치에도 다양한 방법이 있을 수 있다. 또 정보통신망을 통하여 정보를 전송하는 방법은 매우 빠른 속도로 발전하고 있고, 변화하는 정보통신망의 특성에 발맞추어 정보통신망을 통해 유통되는 특정 정보를 발견하는 기술적 조치 역시 빠른 속도로 발전하고 있다.

결국 온라인서비스제공자가 정보통신망에서 아동음란물을 발견하는 조치의 구체적 방법은 전문적·기술적 사항으로서 이를 법률에서 직접 모두 규정하기보다는, 각 온라인서비스의 특성과 관련 기술의 발전에 탄력적으로 대응할 수 있도록 구체적·세부적 사항은 하위법령에 위임할 필요성이 인정된다(헌재 2010. 2. 25. 2009헌바38 참조).

(3) 법률에서 처벌대상인 행위가 어떠한 것인지 예측할 수 있도록 구성요건을 구체적으로 정하였는지 살펴본다.

앞서 본 바와 같이, 심판대상조항의 수범자인 '온라인서비스제공자'는 다른 사람들이 '정보통신망 이용촉진 및 정보보호 등에 관한 법률' 제2조 제1항 제1호의 정의에 따른 정보통신망을 통하여 온라인 자료를 이용할 수 있도록 서비스를 제공하는 자로서 대통령령으로 정하는 자이다(청소년성보호법 제2조 제8호).

관련 법 조항을 살펴면, '정보통신망 이용촉진 및 정보보호 등에 관한 법률' 제2조 제1항 제3호에서는 "정보통신서비스 제공자"를 "① 전기통신사업법 제2조 제8호에 따른 전기통신사업자와 ② 영리를 목적으로 전기통신사업자의 전기통신역무를 이용하여 정보를 제공하거나 정보의 제공을 매개하는 자"로 정의하고 있다. 이처럼 심판대상조항의 수범자의 범위는 법률에서 이미 명확하게 규정하고 있다. 심판대상조항의 위임에 따른 청소년성보호법 시행령 제2조는 온라인서비스제공자를 '정보통신망 이용촉진 및 정보보호 등에 관한 법률' 제2조 제1항 제3호에 따른 정보통신서비스제공자와 동일한 것으로 재확인하고 있을 뿐이다.

이 중 전기통신사업법 제2조 제8호에 따른 전기통신사업자는 전기통신사업법에 따른 허가를 받거나 등록·신고를 하고 전기통신역무를 제공하는 전기통신사업자로, 같은 법 제5조에서 기간통신사업자, 별정통신사업자, 부가통신사업자 등을 상세히 정의하고 구분하고 있는 점 등에 비추어 볼 때 불명확성이 있다거나 그 해석에 별다른 문제점이 존재하지 아니한다.

또한, 후자의 경우, '영리 목적'은 재산상 이익을 취득하거나 이윤을 추구하려는 목적이 있는 것을, '정보제공'은 각종 정보를 게시·전송·대여·공유하는 등의 행위를, '정보제공 매개'는 정보를 제공하려는 자와 받으려는 자를 연결하는 행위를 말하는 것이 명백하므로, 그 의미를 이해하고 수범자의 범위를 예측하는 데 어려움이 없다.

(4) 이러한 온라인서비스제공자가 해야 하는 조치는 '자신이 관리하는 정보통신망에서 아동음란물을 발견하기 위한' 조치이다. 아동음란물을 '발견'하는 것은 온라인서비스제공자가 스스로 할 수도 있겠지만, 본질적으로 온라인서비스제공자는 정보통신망 또는 이를 이용할 수 있는 수단을 제공할 뿐이고 이러한 수단을 통하여 실제 정보를 주고받는 것은 서비스이용자이므로, 유통되는 정보의 구체적 내용은 온라인서비스제공자보다 서비스이용자가 손쉽게 알 수 있는 경우도 있다. 이를 고려하면, 심판대상조항의 위임에 의하여 대통령령에 정해질 내용은, 온라인서비스제공자가 직접 정보통신망을 통하여 전송되는 자료의 명칭 등을 통하여 아동음란물을 발견하는 조치, 서비스이용자로부터 신고를 받는 방법을 마련할 조치 등이 될 것임을 충분히 예측할 수 있다.

(5) 이처럼 심판대상조항 중 발견의무에 관한 부분은 대통령령에 규정될 사항이 어떤 것인지 대체로 예측 가능하다. 따라서 심판대상조항 중 발견의무에 관한 부분은 포괄위임금지원칙에 위배되지 아니한다.

다. 삭제 및 전송방지 조치에 관한 부분이 명확성원칙에 위반되는지 여부

(1) 헌법 제12조 제1항 제2문과 제13조 제1항 전단에서 도출되는 죄형법정주의는 범죄와 형벌이 법률로 정해져야 함을 의미하며, 죄형법정주의에서 파생되는 명확

성원칙은 누구나 법률이 처벌하고자 하는 행위가 무엇이며, 그에 대한 형벌이 어떠한 것인지를 예견할 수 있고, 그에 따라 자신의 행위를 결정할 수 있도록 구성요건이 명확해야 함을 의미한다(헌재 2000. 6. 29. 98헌가10 참조).

　(2) 온라인서비스제공자는 일단 아동음란물로 밝혀진 자료에 대해서는 즉시 삭제하고 더는 전송되지 않도록 하는 조치를 하여야 한다. '즉시 삭제'는 특정 자료가 온라인서비스제공자가 관리하는 정보통신망에 전부 또는 일부가 전송되어 현재 저장되어 있는 것을 전제로 하므로, 온라인서비스제공자는 저장된 위치에서 해당 아동음란물을 제거하여 다른 이용자들이 이를 내려받거나 재생하는 등 이용 행위를 하지 못하도록 조치하면 된다. 또 '전송을 방지 또는 중단'은 특정 자료가 온라인서비스제공자 관리의 정보통신망을 거쳐 이동 중임을 전제로 하므로, 온라인서비스제공자는 자신이 제공하는 서비스 유형에 적합한 방법으로 자료의 이동을 막아 해당 아동음란물이 다른 이용자의 이용 상태에 놓이지 않도록 조치하면 된다.

　(3) 이처럼 심판대상조항의 삭제 및 전송방지 조치 의무 부분은 온라인서비스제공자 누구나 금지·처벌하는 행위가 무엇인지 예견할 수 있고, 그에 따라 자신의 행위를 결정할 수 있도록 구성요건이 명확하게 규정되어 있으므로, 명확성원칙에 위반되지 않는다.

라. 온라인서비스제공자의 영업수행의 자유, 서비스이용자의 통신의 비밀과 표현의 자유의 침해 여부

(1) 제한되는 기본권

　심판대상조항은 온라인서비스제공자에게 발견의무와 삭제 및 전송방지 조치 의무를 부과함으로써 직업의 자유, 구체적으로는 영업수행의 자유를 제한한다. 또한, 심판대상조항은 그러한 과정에서 서비스이용자가 자유롭게 자료를 검색하거나 전송하는 행위를 통제하고, 특히 서비스이용자가 아동음란물을 전송하는지 확인하기 위하여 결국 서비스이용자의 통신 내용을 파악할 여지가 있으므로 서비스이용자의 통신의 비밀과 표현의 자유를 제한한다.

　심판대상조항은 온라인서비스제공자를 직접 수범자로 하고 있으므로, 이하에서는 과잉금지원칙에 위배되어 온라인서비스제공자의 영업수행의 자유가 침해되는지 여부를 중심으로 하여, 서비스이용자의 통신의 비밀, 표현의 자유 침해 여부도 함께 본다.

(2) 목적의 정당성

불법음란정보는 노골적이고 적나라한 성 표현을 통하여 그 자체로 인간 존엄을 훼손할 뿐 아니라, 이를 열람하는 사람이 성에 대한 왜곡된 인식을 가지게 하며, 잘못된 성적 흥미를 추구하게 함으로써 성범죄를 유발하는 측면이 있다(헌재 2015. 6. 25. 2013헌가17등 참조). 특히 아동음란물은 아동·청소년을 성적 대상으로 보는 왜곡된 인식과 비정상적 가치관 형성에 영향을 줄 수 있고, 이것이 결국 아동·청소년을 대상으로 하는 성범죄로 연결될 수 있으므로 더욱 그 폐해가 크다고 할 수 있으며, 아동·청소년을 성범죄로부터 보호하기 위해서는 아동음란물에 대한 엄격한 규제가 필요하다(헌재 2015. 6. 25. 2013헌가17등 참조).

심판대상조항은 온라인서비스제공자가 정보통신망을 제공하는 등 직·간접적으로 아동음란물 유통을 돕거나 방치하는 행위를 처벌함으로써 정보통신망에서 아동음란물의 유통을 억제·차단하여 아동·청소년을 성범죄로부터 보호하려는 목적을 가지고 있는바, 이러한 입법목적은 정당하다.

(3) 수단의 적합성

(개) 수단의 적합성은 입법자가 선택한 방법이 목적 달성에 최적의 것이 아니라 하더라도 그 수단이 입법목적 달성에 유효한 수단이라면 인정된다(헌재 2006. 6. 29. 2002헌바80등 참조). 그러므로 설사 온라인서비스제공자가 심판대상조항에 따른 조치를 하여도 미처 발견할 수 없는 아동음란물이 있다거나, 서비스이용자가 온라인서비스제공자의 기술적 조치를 우회하여 아동음란물을 보관·전송하는 것이 가능하더라도, 그것이 부분적으로 차단되거나 손쉽게 되지 않음으로써 아동음란물 유통·확산이 어느 정도 억제될 수 있다면 입법목적 달성에 유효한 수단이라 할 수 있다.

(내) 특히 인식 목적 기술적 조치의 기술적 불완전성 내지 한계가 문제된다. 그러나 가장 기초 단계의 기술적 조치라고 할 수 있는 '금칙어 인식 기법'만 하더라도, 아동음란물에 해당하는 자료로 추단할 수 있는 단어·문구의 목록과, 온라인서비스를 통해 유통되고 있는 당해 자료의 파일명 등에 사용된 단어·문구를 대조하여 일치되는 경우, 곧바로 이를 아동음란물로 인식·발견할 수 있으므로, 입법목적 달성에 유용한 수단이 된다. 또한, '대조 인식 기법'의 경우에도, 비록 차단을 회피하기 위한 서비스이용자의 의도적 자료 변형에 다소 취약하기는 하지만 아동음란물 인

식·발견에 유용한 수단이다. 그리고 이러한 기술적 조치는 꾸준히 개선되어 향후 더 효과적으로 아동음란물을 인식·발견할 수 있을 것이라는 전망도 가능하다.

따라서 심판대상조항의 수단의 적합성은 인정된다.

(4) 침해의 최소성

㈎ 아동음란물은 아동·청소년을 성적 대상으로 보는 왜곡된 인식과 비정상적 가치관 형성에 영향을 주는 결정적 수단이고, 이를 시청하는 것은 아동·청소년을 대상으로 하는 성범죄 발생의 주된 원인 중 하나로 알려져 있다. 정보통신기술의 급속한 발전으로 정보통신망은 아동음란물이 대량 유통되는 주요 경로로 지목된다. 아동·청소년을 성범죄로부터 보호하고 아동·청소년을 성적 대상으로 보는 왜곡된 인식 형성을 막기 위하여, 정보통신망을 매개로 한 아동음란물의 보관·유통을 적극적으로 억제할 필요성이 인정된다.

㈏ 아동음란물은 그 제작 과정에서 아동·청소년의 성적자기결정권을 침해하는 학대행위가 발생하게 되고, 아동·청소년을 상대로 한 비정상적 성적 충동을 일으키기에 충분한 성적 행위를 담고 있는 것으로서 잠재적으로 아동·청소년을 대상으로 한 성범죄를 유발할 우려가 있어서, 단순히 건전한 성풍속을 해하기 때문에 형사처벌 대상이 되는 일반적인 음란물보다 그 죄질이 나쁘고 비난가능성이 더 크다(헌재 2015. 6. 25. 2013헌가17등 참조). 인터넷 공간에서 음란물이 유포되는 현상의 심각성 등에 비추어 볼 때, 온라인서비스제공의 개별 단계마다 아동음란물의 보관·유통을 적극적으로 억제할 필요성이 있다. 이에 따라 심판대상조항은 특정한 유형의 정보통신사업자에 한정하지 않고 아동음란물의 보관·유통에 관여할 여지가 있는 정보통신망과 관련된 사업자의 대부분을 수범자로 하여 의무를 부과하고 있다.

이와 같이 심판대상조항은 그 폐해가 특히 심각한 아동음란물만을 대상으로 하여 그 보관·유통에 관여한 온라인서비스제공자를 수범자로 하고 있으므로 영업의 자유를 과도하게 제한한다고 단정할 수 없다.

㈐ 심판대상조항은 온라인서비스제공자에게 발견의무와 삭제 및 전송방지 조치 의무를 부과하면서도, 단서에서 온라인서비스제공자를 처벌하지 않는 면책사유를 설정하고 있다. 심판대상조항 중 단서는 현재 널리 이용되고 있는 인식 목적 기술적 조치의 경우 불법음란정보를 판별하는 데 있어 오류나 누락의 가능성이 있다는 점을 고려하여, 온라인서비스제공자가 정보통신망에서 아동음란물을 발견하기

위하여 상당한 주의를 게을리 하지 아니하였거나, 발견된 아동음란물의 전송을 방지하거나 중단시키고자 하였으나 기술적으로 현저히 곤란한 경우에는 처벌하지 않는다는 예외를 규정한다.

따라서 심판대상조항에 따라 온라인서비스제공자가 자신이 제공하는 서비스 안에서 아동음란물을 빠짐없이 발견하여야 한다거나, 기술적 한계를 뛰어넘어 아동음란물의 유통을 완전히 차단할 수 있는 조치까지 하여야 하는 의무를 부담하고 있는 것은 아니다.

㈐ 아동음란물의 특성상 자료가 이미 확산되어 버린 이후에는 관련된 아동·청소년의 인권 침해를 막기 어려우며, 온라인서비스제공자에게 적극적 발견 의무를 부과함으로써 선제적으로 대응하지 않으면 아동음란물의 광범위한 확산에 효과적으로 대응할 수 없다.

그런데 저작권법 제102조 제3항에서 온라인서비스제공자가 자신의 서비스 안에서 침해행위가 일어나는지를 모니터링하거나 그 침해행위에 관하여 적극적으로 조사할 의무를 지지 아니한다고 규정하고 있는 방식과 같이, 온라인서비스제공자에게 아동음란물을 적극적으로 발견할 의무를 부과하지 않고, 단지 서비스이용자로부터 아동음란물의 삭제 또는 전송 차단 요청이 있는 경우 이에 응할 의무만을 부과하는 방법 등은 심판대상조항과 같은 정도로 입법목적을 달성할 수 없다.

또한 아동음란물 보관·유통을 억제하는 일정한 조치가 서비스이용자에게 이용상 불편을 초래할 수 있는 점을 고려하면, 서비스이용자로부터 일정한 대가를 받아 이윤을 창출하는 온라인서비스제공자가 이윤 감소를 감수하면서까지 아동음란물 보관·유통을 규제하는 방안을 자율적으로 도입할 것을 기대하기 어렵다. 그러므로 아동음란물 보관·유통에 대한 대응을 온라인서비스제공자의 자율적 규제에 맡기는 데에는 한계가 있고, 실효적이지도 않다.

따라서 아동음란물의 보관·유통을 실효적으로 차단하기 위해서는 온라인서비스제공자에게 적극적 의무를 부과하는 것이 필요하고, 그 과정에서 심판대상조항과 같은 효과를 거두면서 덜 침해적인 수단을 찾기 어렵다고 할 수 있다.

㈑ 제재의 측면에서 심판대상조항은 발견의무 또는 삭제 및 전송방지 조치 의무 위반시 과태료 부과 등의 더 경미한 수단을 규정하지 않고 오로지 형벌 부과만을 규정하고 있다. 헌법재판소는 형벌 법규에 대한 입법권의 범위와 한계에 관하여 "어

떤 행위를 범죄로 규정하고, 이에 대하여 어떠한 형벌을 과할 것인가 하는 문제는 원칙적으로 입법자가 우리의 역사와 문화, 입법 당시의 시대적 상황과 국민의 가치관 내지 법감정, 범죄의 실태와 죄질 및 보호법익 그리고 범죄예방 효과 등을 종합적으로 고려하여 결정하여야 할 국가의 입법정책에 관한 사항으로서 광범위한 입법재량 내지 형성의 자유가 인정되어야 할 분야"라고 일관되게 판시하고 있다(헌재 1992. 4. 28. 90헌바24; 헌재 1999. 5. 27. 96헌바16; 헌재 2007. 11. 29. 2006헌가13 등 참조).

심판대상조항이 온라인서비스제공자의 발견의무 또는 삭제 및 전송방지 조치의무 위반을 범죄로 규정하고 형벌로 대응하는 것은, 입법자가 아동음란물 보관·유통이 가져오는 폐해가 심각하다고 보고, 날로 발전하는 정보통신기술과 고도화하는 정보통신망이 이러한 실태를 더욱 악화시킬 소지가 있다는 점을 고려하여, 온라인서비스제공자를 직접 수범자로 하여 의무를 부과하고 형벌이라는 강력한 제재수단을 통하여 실효성을 확보할 필요가 있다고 판단한 데 따른 것이다.

결국 심판대상조항이 온라인서비스제공자에게 적극적 의무를 부과하고 형벌로 대응한다고 하여 입법자의 재량의 한계를 넘은 것이라 할 수 없다.

㈐ 이러한 점을 종합하면, 심판대상조항은 침해의 최소성 원칙에 위배되지 아니한다.

(5) 법익의 균형성

심판대상조항으로인하여온라인서비스제공자들은 아동음란물 발견을 위한 조치와 발견된 아동음란물의 삭제 및 전송방지 조치를 적용하여야 하는 부담을 갖게 되고 이에 따른 비용이 발생하며, 기술적 조치가 미흡한 경우에는 처벌까지 받을 수도 있는 사적 불이익이 초래된다. 또한, 온라인서비스제공자가 아동음란물을 발견하기 위하여 서비스이용자로부터 아동음란물로 의심되는 자료에 대한 신고를 받고, 자료의 특징·명칭을 기술적으로 분석하는 과정에서 서비스이용자의 통신이 온라인서비스제공자의 감시 아래 놓이게 되어, 서비스이용자의 통신의 비밀이나 표현의 자유가 다소 위축되는 등의 사적 불이익이 초래될 여지도 있다.

그러나 심판대상조항을 통하여 달성되는 이익, 즉 아동음란물의 광범위한 유통·확산을 사전적으로 차단하고 이를 통해 아동음란물이 초래하는 각종 폐해를 방지하며 특히 관련된 아동·청소년의 인권 침해 가능성을 사전적으로 차단하는 공익이 위와 같이 초래되는 사적 불이익보다 더 크며, 서비스이용자의 통신의 비밀, 표현의 자유가 침해될 수 있는 점은 온라인서비스 제공자에게 비밀 유지 의무 등을 부과하는 별도의 법령을 통하여 보장함으로써 대처할 문제이다.

따라서 심판대상조항은 법익의 균형성 원칙에 위배되지 아니한다.

(6) 소결론

심판대상조항은 온라인서비스제공자의 영업수행의 자유, 서비스이용자의 통신의 비밀과 표현의 자유를 침해하지 아니한다.

기타 중요 사건

□ 사전집회신고 사건(헌재 2014. 1. 28. 2011헌바174 등)

이 사건은 옥외 집회 및 시위에 대해 48시간 전에 신고하도록 규정한 집회 및 시위에 관한 법률 제22조 제2항 중 제6조 제1항 본문에 대한 위헌소원 사건이다. 헌법재판소는 위 법률조항이 헌법에 위반되지 아니한다고 결정하였다. 이 결정에는 재판관 4명의 반대(위헌)의견이 있었다. 법정의견의 취지는 다음과 같다.

일반적으로 집회는 일정한 장소를 전제로 하여 특정한 공동의 목적을 가진 다수인이 일시적으로 회합하는 것을 말하는 것으로, 그 공동의 목적은 '내적인 유대관계'로 족하다. 집회에 대한 사전신고는 경찰관청 등으로 하여금 집회의 순조로운 개최와 공공의 안전보호를 위하여 필요한 준비를 할 수 있는 시간적 여유를 주기 위한 것으로 협력의무이다. 위 조항은 일정한 신고절차만 밟으면 옥외집회 및 시위를 할 수 있도록 보장하고 있으므로, 사전허가금지원칙에 위배되지 않는다. '긴급집회'의 경우에는 신고가능성이 존재할 때 즉시 신고하여야 하는 것으로 해석되고, 48시간 이내에 신고를 할 수 없는 긴급한 사정이 있는 등 일정한 경우에는 위법성이 조각되거나 책임이 조각될 수 있다.

이 사건은 사전신고제도의 합헌성을 확인하고 특히 긴급집회의 신고 및 처벌 기준을 제시한 것으로서 의미를 가진다.

□ 공직선거법상 후보자비방죄 사건(헌재 2013. 6. 27. 2011헌바75)[7]

이 사건은 당선되거나 되게 하거나 되지 못하게 할 목적으로 연설·방송·신문 등에 의해 공연히 사실을 적시하여 '후보자가 되고자 하는 자' 등을 비방한 사람을 처벌하도록 한 공직선거법 제251조에 대한 위헌소원 사건이다.

헌법재판소는 위 법률조항이 명확성원칙에 위배되지 않고, 선거운동 등 정치적 표현의 자유를 침해하지 않는다고 결정하였다. 이 결정에는 재판관 5명의 반대(일부 위헌)의견이 있었다. 법정의견은 우리 헌법현실을 고려하여 위 법률조항이 과도한 인신공격을 방지함으로써 후보자가 되고자 하는 자와 그 가족의 명예를 보호하고, 유권자들로 하여금 장래 후보자 등에 대한 올바른 판단을 하게 함으로써 선거의 공정성을 확보하려는 것으로 헌법에 위배되지 아니한다고 결정하였다.

□ 의료광고 사전검열 사건(헌재 2015. 12. 23. 2015헌바75)

이 사건은 사전심의를 거치지 않은 의료광고를 금지하는 의료법 규정에 대한 위헌소원 사건이다. 헌법재판소는 위 규정이 사전검열금지원칙에 위배되어 위헌이라고 결정하였다. 이 결정에는 재판관 1명의 반대(합헌)의견이 있었다.

법정의견은 법령상 사전심의의 주체인 보건복지부장관은 언제든지 위탁을 철회하고 직접 의료광고 심의업무를 담당할 수 있고, 의료법시행령이 심의위원회 구성에 관하여 직접 규율하고 있으며, 심의기준 및 절차 등에 관한 사항을 대통령령으로 정하도록 하고 있는 점 등에 비추어, 의사협회가 행정권의 영향으로부터 벗어나 독립적이고 자율적으로 사전심의업무를 수행한다고 보기 어려우므로 위 규정은 사전검열금지원칙에 위배된다고 결정하였다. 이는 의료광고에 대한 사전검열의 공익성에도 불구하고 그 검열은 민간이 주도해야 한다는 의견이다.

---

7) 이 사건은 공직선거법 관련 사건이지만, 명예훼손과 밀접한 관련을 가지고 표현의 자유를 제한하는 것이므로, 제3장 '집회 및 표현의 자유'에 수록하였다.

□ 인터넷신문 등록제한 사건(헌재 2016. 10. 27. 2015헌마1206 등)

이 사건은 인터넷신문의 독자적인 기사 생산을 위한 요건으로서 취재 인력 3명 이상을 포함하여 취재 및 편집 인력 5명 이상을 상시적으로 고용하도록 하는 '신문 등의 진흥에 관한 법률 시행령' 제2조 제1항 제1호 가목, 제4조 제2항 제3호 다목 및 라목 등에 대한 위헌소원 사건이다.

헌법재판소는 인터넷신문의 등록요건으로 최소 인력 등을 규정한 위 시행령조항이 언론의 자유를 침해한다고 하면서 헌법에 위반된다고 결정하였다. 이 결정에는 재판관 2명의 반대(합헌)의견이 있었다. 법정의견의 취지는 다음과 같다.

언론의 자유에 의하여 보호되는 것은 정보의 획득에서부터 뉴스와 의견의 전파에 이르기까지 언론의 기능과 본질적으로 관련되는 모든 활동이다. 위 시행령 조항은 인터넷신문의 발행을 제한하는 효과를 가지고 있으므로 언론의 자유를 제한한다. 인터넷신문의 부정확한 보도로 인한 폐해를 규제할 필요가 있다 하더라도 다른 덜 제약적인 방법들이 신문법, 언론중재법 등에 이미 충분히 존재하고 있다. 인터넷신문의 질 저하 및 그로 인한 폐해는 인터넷신문의 취재 및 편집 인력의 부족에 기인한다기보다는, 주요 포털사이트의 검색에 의존하는 인터넷신문의 유통구조에 기인한 것이다.

이 결정 이후 2017년 3월 15일 대통령령 제27936호로 위 시행령이 개정되어 인터넷신문의 상시 고용인력 요건에 관한 규정이 삭제되었다.

제 4 장
참정권과 선거운동의 자유

— 헌법재판소 백송(천연기념물 제8호), 원로 헌법학자분들과 함께 —

서 론

참정권이란 국가의사형성에 참여하는 국민의 권리를 의미한다. 참정권에는 국민투표권(직접적 참정권), 선거권(간접적 참정권), 공무담임권이 포함된다.

오늘날 민주주의 국가에서 선거는 국민 스스로 정치적 의사형성과정에 참여하여 통치기관을 구성하고 그에 정당성을 부여하는 국민주권원리와 대의제 민주주의를 실현하는 핵심적인 수단이다. 선거권은 국민의 주권행사의 발현이므로, 국민이 선거과정에 참여하는 것은 원칙적으로 폭넓게 인정되어야 하며, 그 제한은 국민주권과 민주적 가치질서를 침해할 수 있기 때문에 필요최소한에 그쳐야 한다. 대의제 민주주의를 원칙으로 하는 민주정치에서는 국민이 선거과정에서 정치적 의견을 자유로이 발표·교환할 때 비로소 그 기능을 다할 수 있고, 선거운동은 정치적 표현의 자유로서 헌법 제21조 제1항에서 규정한 '언론·출판의 자유'에 의한 보호를 받으므로, 최대한 보장되어야 한다.

다만 선거권은 천부의 자연권이 아니라 국가공동체에 의해 인정되는 실정권(實定權)이므로 공동체의 의사결정 원리라는 관점에서 보면 공동체의 질서를 훼손한 경우에는 일정 부분 그 권한이 제한될 수 있다. 선거운동의 자유는 '선거의 공정성', 즉 선거 및 선거운동에서 기회의 균등이 담보될 때 그 정당성을 가지는 것이므로, 선거운동이 구체적인 공동체 내에서 선거의 공정성을 훼손하는 경우에는 그 제한이 헌법적으로 정당화될 수 있다.

제4장 '참정권과 선거운동의 자유'에서는 선거와 관련된 사안 중 8건을 선정해, 재판관 안창호가 집필한 부분을 중심으로 수록하였다. 선정된 8건은 다음과 같다.

수형자 등의 선거권제한 사건(헌재 2014. 1. 28. 2012헌마409 등)은 유기징역 등의 선고를 받고 그 집행이 종료되지 아니하거나 집행유예기간 중인 사람들에 대하여 선거권을 제한하는 규정에 관한 위헌소원 사건이다. 재판관 안창호는 집행유예자와 관련해서는 위헌의견을, 수형자와 관련해서는 합헌의견을 제시하였다.

문서를 이용한 선거운동제한 사건(헌재 2014. 4. 24. 2011헌바17 등)은 유권자가 법외 문서를 이용해 선거운동하는 것을 금지하는 규정에 대한 위헌소원 사건이다.

재판관 안창호 등은 법정(합헌)의견에서 선거의 공정성과 현행 법률상 예비후보자제
도 등에 비춰볼 때 위 규정이 헌법에 위반되지 아니한다고 판단하였다.

국회의원선거 기탁금 등 사건(헌재 2016. 12. 29. 2015헌마509 등)은 기탁금조항,
지역구 기탁금반환조항, 연설 등 금지조항, 호별방문금지조항 등에 대한 위헌소원
사건이다. 재판관 안창호는 비례대표 기탁금조항과 연설 등 금지조항에 대해서는 위
헌의견을, 나머지 조항들에 대해서는 합헌의견을 제시하였다.

선거범에 대한 선거권 제한 등 사건(헌재 2018. 1. 25. 2015헌마821 등)은 선거범
에 대한 선거권제한조항, 피선거권제한조항, 선거운동제한조항, 기탁금 등 반환조항
에 관한 위헌소원 사건이다. 재판관 안창호는 제한되는 기본권의 성질과 정도를 고
려하여, 선거권제한조항 및 선거운동제한조항에 대해서는 위헌의견을, 피선거권제
한조항 및 기탁금 등 반환조항에 대해서는 합헌의견을 제시하였다.

배우자의 선거법 위반에 따른 당선무효 등 사건(헌재 2016. 9. 29. 2015헌마548)은
배우자의 선거법 위반에 따라 당선이 무효가 되고 그에 따라 기탁금을 반환하도록
하는 규정에 대한 위헌소원 사건이다. 재판관 안창호 등은 당선무효조항에 대한 반
대(위헌)의견에서 현대사회의 가족관계 변화 등을 고려하여, 위 규정이 헌법에 위반
된다는 의견을 제시하였다.

예비후보자 기탁금 반환 사건(헌재 2018. 1. 25. 2016헌마541)은 예비후보자가 정
당의 추천을 받지 못하여 지역구국회의원선거에서 후보자로 등록하지 아니한 경우
예비후보자 기탁금을 반환하지 않도록 한 규정에 대한 위헌소원 사건이다. 재판관
안창호 등은 법정(헌법불합치)의견에서 정당제 민주주의의 취지에 부합하지 아니한다
는 이유 등으로 위 규정이 헌법에 합치되지 아니한다고 판단하였다.

예비후보자 선거운동원 제한 사건(헌재 2013. 11. 28. 2011헌마267)은 예비후보자
또는 그의 배우자가 그와 함께 다니는 사람 중에서 지정한 각 1명도 명함교부 및 지
지호소를 할 수 있도록 한 규정에 대한 위헌소원 사건이다. 재판관 안창호 등은 반
대(합헌)의견에서 이 규정에 대해 합헌의견을 제시하였다.

점자형 선거공보 관련 사건(헌재 2014. 5. 29. 2012헌마913)은 대통령선거에서 시
각장애인을 위한 점자형 선거공보의 작성 여부를 후보자의 임의사항으로 하고, 그
선거공보의 면수도 비장애인을 위한 책자형 선거공보의 면수 이내에서 작성하도록
하는 규정에 대한 위헌소원 사건이다. 재판관 안창호 등은 반대(위헌)의견에서 점자

형 선거공보의 중요성을 지적하면서 위 규정에 대해 위헌의견을 제시하였다.

재판관 안창호는 선거권과 선거운동은 최대한 보장되어야 한다는 입장이지만, 이를 제한하는 조항에 대해 위헌심사를 할 경우에는 선거권은 공동체의 의사결정 원리라는 관점이 고려될 수 있고, 선거운동의 자유는 그 공정성과 조화를 이루어야 한다는 견해를 취하고 있다. 그밖에 선거연령 제한 사건(헌재 2013. 7. 25. 2012헌마174), 재외국민 국민투표권 및 선거권 제한 사건(헌재 2014. 7. 24. 2009헌마256등), 언론인 선거운동 금지 사건(헌재 2016. 6. 30. 2013헌가1), 교육감 후보자 매수죄 사건(헌재 2012. 12. 27. 2012헌바47) 등에서도 위와 같은 입장을 견지하고 있다.

수형자 등의 선거권제한 사건
(헌재 2014. 1. 28. 2012헌마409 등)

□ 사건개요 등

이 사건은 형벌을 받은 사람의 선거권을 제한하고 있는 공직선거법 제18조 제1항 제2호 중 '유기징역 또는 유기금고의 선고를 받고 그 집행유예기간 중인 자'에 관한 부분 및 형법 제43조 제2항 중 유기징역 또는 유기금고의 판결을 받아 그 형의 집행유예기간 중인 자의 '공법상의 선거권'에 관한 부분(이하, '집행유예자 부분'이라 한다)과 위 공직선거법 조항 중 '유기징역 또는 유기금고의 선고를 받고 그 집행이 종료되지 아니한 자'에 관한 부분 및 위 형법 조항 중 유기징역 또는 유기금고의 판결을 받아 그 형의 집행이 종료되지 아니한 자의 '공법상의 선거권'에 관한 부분(이하, '수형자 부분'이라 한다)에 대한 위헌소원 사건이다.

헌법재판소는 '집행유예자 부분'은 헌법에 위반되고, '수형자 부분'은 헌법에 합치되지 아니한다고 결정하였다. 이 결정에는 재판관 안창호의 수형자 부분에 대한 반대(합헌)의견과 재판관 1명의 집행유예자 부분에 대한 별개의견 및 수형자 부분에 대한 위헌의견이 있었다. 재판관 안창호의 의견은 집행유예자 부분에 대해서는 법정의견과 같이 위헌의견이나 수형자 부분에 대해서는 과잉금지원칙을 위반하여 선거권 등을 침해하지 아니한다는 견해인데, 그 중요 내용은 다음과 같다.

첫째, 선거권은 기본권으로서의 측면 이외에 대의제 민주국가에서 공동체의 의사결정 원리라는 관점에서 보면, 공동체 구성원으로서 지켜야 할 기본적인 의무를 위반한 범죄자에게 공동체의 조직과 운영에 참여하는 기회를 일정부분 법률에 의해 제한하는 것은 정당화될 수 있다.

둘째, 불법성이 상대적으로 경미한 사안에서 정상을 참작받아 교정시설에 구금되지 않고 공동체의 구성원으로서 정상적인 사회활동이 가능한 집행유예자와는 달리, 수형자는 법관이 그 범행의 불법성이 크다고 보아 금고 이상의 실형을 선고된 중범죄자로서 그 집행이 아직 종료되지 않은 사람이다.

셋째, 수형자는 응보적 제재로서 공동체로부터 격리되어 정상적인 공동체 생활이 불가능해진 사람이므로, 이들에 대해 '공동체로부터 격리된 기간 동안' '공동체의 운명을 결정하는 통치조직'을 구성하는 선거권을 정지시키는 것은 입법목적의 달성에 필요한 정도를 벗어난 과도한 제한이라고 할 수 없다.

수형자 부분에 대한 반대(합헌)의견은 헌법 제24조가 "모든 국민은 법률이 정하는 바에 의하여 선거권을 가진다."고 규정한 점, 선거권은 자유권이 아닌 참정권이라는 측면과 대의제 민주국가에서 공동체의 의사결정 원리라는 점을 주목하고 있다. 한편 법정의견은 집행유예자 부분에 대한 위헌의견과는 달리 수형자 부분에 대해서는 헌법불합치의견을 제시하여 선거권 허용기간의 구체적 내용은 국회의 재량에 위임하였다. 국회는 위 결정에 따라 2015년 8월 13일 법률 제13479호로 공직선거법 제18조 제1항 제2호를 개정하면서, 수형자 부분에 대한 반대(합헌)의견의 취지를 반영해서 수형자 중 '1년 미만'의 징역 또는 금고의 형의 선고를 받아 수형 중에 있는 사람과 형의 집행유예 기간 중에 있는 사람에 대해서만 선거권을 부여하였다.

▫ 수형자 부분에 대한 반대(합헌)의견

나는 심판대상조항 중 집행유예자 부분이 위헌이라는 다수의견에는 찬성하지만, 수형자 부분은 헌법에 위반되지 않는다고 생각하므로 다음과 같은 의견을 밝힌다.

가. 선거권 제한에 대한 위헌심사의 기준

선거권도 다른 기본권과 마찬가지로 헌법 제37조 제2항의 규정에 따라 본질적인 내용을 침해하지 아니하는 한 과잉금지원칙을 준수하는 범위 내에서 법률로써 제한이 가능하다. 다만 선거권은 국민의 주권행사의 발현으로서 선거과정에 참여하는 행위는 원칙적으로 자유롭게 행하여질 수 있도록 최대한 보장되어야 하며, 참정권의 제한은 국민주권에 바탕을 두고 자유·평등·정의를 실현시키려는 헌법의 민주적 가치질서를 직접적으로 침해하게 될 위험성이 크기 때문에 필요한 최소한에 그쳐야 한다(헌재 1994. 7. 29. 93헌가4등; 헌재 1995. 5. 25. 91헌마67).

한편 선거권은 천부의 자연권이 아니라 우리 헌법 제24조에 근거하여 법률이 정하는 바에 의하여 보장되는 '실정권'이므로, 입법형성권을 갖고 있는 입법자가 선거법을 제정하는 경우에 헌법에 명시된 선거제도의 원칙을 존중하는 가운데 구체적으로 어떠한 입법목적의 달성을 위해 어떠한 방법을 선택할 것인가는 '입법자의 재량영역에 속한다.'고 할 것이다(헌재 1997. 6. 26. 96헌마89 참조). 또한 선거권은 권리로서의 측면 이외에 대의제 민주국가에서 공동체의 의사결정 원리라는 관점에서 보면 공동체 구성원으로서 반드시 지켜야 할 기본적 의무를 저버린 중범죄자에게 공동체 조직과 운영에 직·간접적으로 참여하는 기회를 대의기관의 입법에 의해 제한하는 것은 정당화될 수 있다는 점도 무시될 수 없는 요소이다. 따라서 수형자의 선거권을 제한하는 규정에 대한 기본권 침해 여부를 판단함에 있어서는 이러한 선거권의 특수성이 고려되어야 한다.

나. 수형자 부분의 기본권 침해여부

(1) 심판대상조항 중 수형자 부분이 수형자의 선거권을 제한하는 것은 그들이 공동체 구성원으로서의 기본적 의무를 저버린 데 대한 사회적 제재의 의미를 가지고, 형사적 제재의 연장으로서 범죄에 대한 응보적 기능을 하며, 시민으로서의 책임성 함양과 법치주의에 대한 존중의식을 제고하는데 기여할 수 있으므로, 심판대상조항중 수형자 부분의 입법목적은 정당하고, 수형자 등에 대한 선거권 제한은 이를 달성하기 위한 적절한 수단이라는 다수의견과 견해를 같이 한다.

(2) 불법성이 상대적으로 경미한 사안에 있어 정상을 참작 받아 교정시설에 구금되지 않고 공동체의 구성원으로 정상적인 사회활동이 가능한 집행유예자의 경우와 달리, 수형자는 형사재판에서 법관이 그 범행의 불법성이 크다고 보아 금고 이상의 실형을 선고한 중범죄자로서 그 집행이 아직 종료되지 않은 자이다.

형사재판에서 법관은 범인의 성행, 환경, 범행의 동기와 수단 및 결과, 범행 후의 정황 등의 양형조건을 고려하여 형종, 형량을 선택하게 되는데, 법관이 범행 전·후의 모든 정황을 고려하여 벌금형을 선고하거나 금고 이상의 형에 대한 선고유예, 집행유예를 선고하지 아니하고 금고 이상의 실형을 선고함으로써 일반의 공동체 사회와 격리하여 구금까지 하였다면 그 법률적·사회적 비난가능성이 결코 작지 아니함을 의미한다.

이와 같이 실형이 선고된 수형자의 경우는 중한 범죄를 저지름으로써 공동체의 구성원으로서 반드시 지켜야 할 기본적 의무를 저버리고 공동체의 안전에 해를 끼친 데 대한 응보적 제재로서 공동체로부터 격리되어 정상적인 공동체 생활이 불가능해 진 사람이므로, 수형자에 대해 '공동체로부터 격리된 기간 동안' 공동체의 운용을 주 도하는 통치조직의 구성과 공동체의 나아갈 방향을 결정짓는 선거권을 정지시키는 것은 입법목적의 달성에 필요한 정도를 벗어난 과도한 것이라고 보이지 않는다.

(3) 집행유예자와 수형자에 대해 범죄의 종류나 내용, 불법성의 정도 등을 고려 하지 않고 과실범, 단기 자유형을 선고받은 자에 대해서까지 일률적으로 선거권을 박탈하는 것이 책임주의에 반하는 과도한 제한인지 문제될 수 있다.

물론 상대적으로 불법성이 낮은 집행유예자까지 범죄의 종류나 내용, 불법성의 정도 등을 고려하지 않고 선거권 제한의 범위에 획일적으로 포함하는 경우라면 이 러한 지적은 타당할 수 있지만, 선거권 제한의 범위를 일정 수준 이상의 불법성을 징표하는 수형자로 국한한다면 그 비판의 설득력은 현저히 떨어진다.

우선 법률에 특별한 규정이 있는 경우는 별론으로 하더라도 범죄의 종류나 내 용이 수형자에 대한 선거권의 제한 범위를 결정하는 데 있어 불법성과 별개로 반드 시 고려되어야 할 요소라고 볼 필요가 있는지 의문이다. 선거권 제한을 범죄의 종류 나 내용과 무관하게 불법성의 정도를 기준으로 하여 일정 수준 이상의 중한 처벌이 내려진 수형자의 경우로 한정하는 것만으로도 포괄적이고 획일적인 과잉 입법이라 는 비판에서 비교적 자유로울 수 있고, 더 나아가 선거권 제한의 기간을 그 형사책 임에 비례하여 선고된 구금기간 동안으로만 제한하는 것이라면 더욱 그러하다 할 수 있다.

과실범인 수형자나 단기 자유형 수형자의 경우에도 법관이 주의의무 위반의 정 도 등 불법성의 경중이나 사안의 특성을 살펴 중한 처벌이 불가피하다고 판단하고

수위가 높은 실형을 선고한 경우이므로, 그들에 대한 선거권 제한의 문제에 있어서
다른 수형자의 경우와 달리 취급되어야 할 특별한 이유가 없어 보인다. 물론 과실범
인 수형자나 단기 자유형 수형자는 고의범인 장기 자유형 수형자의 경우에 비하여
상대적으로 범행의 불법성이 낮은 것이 일반적이겠지만, 이러한 사정은 수형자가 선
고받은 형량, 즉 형사책임의 경중에 비례하여 선거권 제한의 기간에 저절로 반영되
므로 책임원칙에 반한다고 보기도 어렵다.

　　또한 집행유예자가 아닌 수형자에 대해서만 선거권을 제한하는 입장에 선다면,
집행유예자에 대한 선거권 제한기간이 상대적으로 중한 범죄자인 단기자유형을 선
고받은 자보다 길어져 선거권 제한에서 그 제재와 책임이 비례하지 않을 가능성이
크다는 다수의견의 비판도 더 이상 의미가 없어진다.

　　(4) 다른 나라의 입법례를 살펴보더라도, 집행유예자의 경우와는 달리 수형자에
대한 선거권의 제한은 대의제 민주주의가 발달한 현재에도 많은 나라에서 자국의
전통과 실정에 맞게 변모되어 여전히 유효하게 운용되고 있다. 다만 그 구체적 제한
범위나 방법에 있어서는 우리나라와 동일하게 모든 수형자에 대한 선거권을 제한하
는 일본에서부터, 3년 이상의 형을 선고받은 수형자에 대해서만 선거권을 제한하는
호주와 이탈리아, 중범죄로 유죄판결을 받은 사람의 선거권을 제한할 수 있다는 연
방대법원의 판례가 형성된 미국, 법률에 규정이 있는 경우에 한하여 법관이 유죄판
결을 받은 사람에게 부가적인 제재로 일정 기간 선거권을 제한할 수 있는 독일, 수
형자라고 하더라도 제한 없이 선거권을 부여하는 캐나다에 이르기까지 스펙트럼이
넓고 다양하다. 이처럼 보통선거의 원칙이 확립된 다수의 선진 각국은 그 나라의 형
사법 체계, 범죄의 종류·내용 및 불법성의 정도와 선고형과의 상관관계 등과 같은
형사사법 운용 실태, 범죄 및 법적 제재에 대한 국민의 법 감정, 역사적 경험, 정치
환경 등 구체적 실정을 고려하여 수형자의 선거권을 제한하고 있다. 이러한 입법례
를 보더라도 공동체로부터 격리된 수형자에 대해 구금기간 동안 선거권을 제한한다
고 해서 바로 보통선거의 원칙을 위반한다거나 입법자의 재량범위를 일탈하여 불합
리 또는 불공정하다 할 수 없다.

　　(5) 결국 수형자가 구금기간 동안 선거권을 행사하지 못하는 것은 수형자 자신
의 범죄행위에 근거한 것으로서 자신의 책임으로 인하여 일정한 기본권 제한을 받
는 것이므로, 심판대상조항 중 수형자부분이 보통선거의 원칙에 어긋난다거나 기본

권침해의 최소성원칙을 위반한다고 할 수 없고, 수형자의 선거권 제한을 통하여 달성하려는 공익이 선거권을 행사하지 못함으로써 입게 되는 수형자 개인의 기본권침해의 불이익보다 크지 않다고 단정할 수 없다(헌재 2004. 3. 25. 2002헌마411 참조).

다. 소결론

심판대상조항 중 수형자에 관한 부분은 과잉금지원칙을 위반하여 청구인들의 선거권을 침해한다거나 평등원칙에 어긋난다고 할 수 없다.

문서를 이용한 선거운동제한 사건
(헌재 2014. 4. 24. 2011헌바17 등)

□ 사건개요 등

유권자인 청구인 등은 선거에 영향을 미칠 목적으로, 특정 정당을 비판하는 글을 게시하여 공직선거법 제255조 제2항 제5호, 제93조 제1항(이하 '이 사건 법률조항'이라 한다)을 위반하였다는 사실로 기소되었다. 이에 청구인 등은 이 사건 법률조항에 대해 위헌법률심판제청을 신청하였으나, 기각되자 헌법소원심판을 청구하였다.

헌법재판소는 이 사건 법률조항이 헌법에 위반되지 아니한다고 하였는데, 이 결정에는 재판관 3명의 반대(위헌)의견이 있었다. 법정의견은 이 사건 법률조항이 과잉금지원칙 등을 위반하여 선거운동 등 정치적 표현의 자유 등을 침해하지 아니한다고 결정하였는데, 그 주요 내용은 다음과 같다.

첫째, 선거운동 등 정치적 표현의 자유는 기본권보장의 헌법이념과 헌법원칙에 합치되도록 최대한 보장되어야 하나, 선거운동 등 정치적 표현의 자유가 선거의 공정성을 훼손할 경우에는 그 제한이 헌법적으로 정당화될 수 있다.

둘째, 선거의 공정성이란 국민의 선거의 자유와 선거운동 등에 있어서의 기회의 균등이 담보되는 것을 의미하므로, 선거의 공정성 없이는 진정한 의미에서의 선거의 자유도, 선거운동 등의 기회균등도 보장되지 아니한다.

셋째, 후보자·예비후보자뿐만 아니라 유권자에게까지 문서 등 인쇄물의 배부·

게시 등에 의한 선거운동이 전면적으로 허용된다면, 후보자 등의 정당가입 유무와 가입정당의 규모, 후보자 등 및 그를 지지하는 유권자의 정치적·경제적·사회적 영향력의 차이에 따른 선거운동에서의 불균형이 발생할 수 있다.

넷째, 유권자에 대한 문서 등 인쇄물에 의한 선거운동을 전면적으로 허용하는 것은 선거운동에 있어서 균등한 기회를 보장하고 있는 헌법 제116조 제1항의 취지에 반하고 예비후보자제도 등 각종 공직선거법의 규정을 무력화할 수 있다.

우리 국민은 정치에 대한 관심과 열정이 높아 민주주의 실천의 원동력이 되었음에도 이는 과열·혼탁선거로 나아갈 수 있는 원인이 되기도 한다. 또한 조직·혈연·지연·학연을 이용한 불법선거, 금권을 이용한 금전선거, 여론조작과 흑색선전 등 거짓말 선거의 폐해가 잔존하고 있는 것은 엄연한 현실이다.

법정의견은 선거운동 등 정치적 표현의 자유와 선거의 공정성의 관계를 밝히고, 우리 선거문화를 분석하고 그 특수성을 반영하여 이 사건 법률조항이 헌법에 위반되지 아니한다고 판단하고 있다. 법정의견에서 지적하는 바와 같이, 청구인과 같은 일반 유권자에게 선거운동의 자유를 허용하는 것은 그 대상자가 광범위하게 확장되는 것을 의미하고, 이는 오히려 거대 정당이나 경제적·정치적·사회적 영향력이 큰 후보자 등에게 유리할 수 있다.

한편 헌법재판소는 2011. 12. 29. 2007헌마1001등 결정에서 "공직선거법 제93조 제1항의 '그밖에 이와 유사한 것'에 정보통신망을 이용하여 인터넷 홈페이지 또는 그 게시판·대화방 등에 글이나 동영상 등 정보를 게시하거나 전자우편을 전송하는 방법이 포함된다고 해석하는 한 헌법에 위반된다."고 한정위헌 결정을 한 바 있다. 이에 따라 2012년 2월 29일 법률 제11374호로 공직선거법이 개정되어 일반 유권자도 선거운동기간의 제한없이(선거일 당일제외) 정보통신망을 이용하여 인터넷홈페이지 또는 그 게시판·대화방 등에 글·동영상 등 정보를 게시하거나 전자우편을 전송하는 방법으로 선거운동 등을 할 수 있게 되었다.

향후 이 사건 법률조항에 대해 위헌심사를 할 때, 법정의견에서 지적한 점 등이 고려되어 과연 '오프라인'상에서의 선거운동을 어느 정도 확대할 필요가 있는지에 대하여 심사숙고함으로써 선거의 공정성 확보와 공명선거의 정착에 역행하는 일이 없어야 할 것이다.

□ **법정(합헌)의견**

가. 개 관

(1) 선거운동의 자유와 선거의 공정성

선거는 오늘날 자유민주주의 국가에서 통치기관을 구성하고 그에 정당성을 부여하는 한편 국민 스스로 정치적 의사형성과정에 참여하여 국민주권과 대의민주주의를 실현하는 핵심적인 수단이다.

선거운동은 유권자가 경쟁하는 여러 정치세력 가운데 선택을 통해 선거권을 행사할 수 있도록 그 판단의 배경이 되는 정보를 제공하는 기능을 수행하므로, 후보자 및 후보자가 되고자 하는 사람(이하 '후보자'라 한다)이나 정당 등에 관한 정치적 정보 및 의견을 자유롭게 발표하고 교환할 수 있는 자유가 보장되어야 한다. 그리고 대의제 민주주의를 원칙으로 하는 현대 민주정치 아래에서는 국민이 선거에 참여하는 것이 반드시 필요하고, 국민이 선거과정에서 정치적 의견을 자유로이 발표·교환함으로써 정치적 표현의 자유는 비로소 그 기능을 다하게 된다 할 것이므로, 선거운동 등 정치적 표현의 자유는 헌법 제21조 제1항에서 정한 언론·출판의 자유 보장 규정에 의한 보호를 받는다(헌재 2011. 12. 29. 2007헌마1001등 참조).

선거의 공정성이란 국민의 선거의 자유와 선거운동 등에 있어서의 기회의 균등이 담보되는 것을 의미하므로, 선거의 공정성 없이는 진정한 의미에서의 선거의 자유도 선거운동 등의 기회균등도 보장되지 아니한다고 할 수 있다(헌재 2001. 8. 30. 99헌바92등 참조). 선거에 있어서 유권자에게 전달되는 정치적 정보나 의견이 허위 또는 왜곡되거나 균형을 잃은 경우에는, 유권자가 올바른 선택을 할 수 없게 되어 민의를 왜곡하는 결과를 초래하게 되므로 선거제도의 본래적 기능과 대의제 민주주의의 본질이 훼손된다 할 것이다. 따라서 대의제 민주주의에서 후보자나 정당 등에 관한 정치적 정보 및 의견을 자유롭게 발표하고 교환하는 것을 내용으로 하는 선거운동 등 정치적 표현의 자유는 선거의 공정성을 전제로 인정되는 것이며, 선거의 공정성은 그러한 자유의 한정원리로 기능한다고 할 수 있다. 우리 헌법 제116조 제1항은 "선거운동은 각급 선거관리위원회의 관리하에 법률이 정하는 범위 안에서 하되, 균등한 기회가 보장되어야 한다."고 하여 선거의 공정성을 보장하면서 선거운동의 한계에 관하여 법률로 정할 수 있다고 규정하고 있다.

결국 선거운동 등 정치적 표현의 자유는 그 제한이 과도하여 선거권 및 피선거권의 행사나 선거의 기능을 지나치게 제약하거나 왜곡하여서는 안 되고 기본권보장의 헌법이념과 헌법상의 제반원칙에 합치되도록 최대한 보장되어야 하나, 선거운동 등 정치적 표현의 자유가 선거의 공정성을 훼손할 경우에는 이를 제한하는 것이 헌법적으로 정당화될 수 있다고 할 것이다.

(2) 이 사건 법률조항의 입법연혁

사실상 선거운동의 성격을 가진 문서, 인쇄물 등이 무분별하고 무제한적으로 배부되어 선거운동에 부당한 경쟁을 초래함으로써 선거의 공정을 해치는 것을 막기 위하여, 탈법방법에 의한 선거 관련 행위를 제한하는 법률조항은 1958. 1. 25. 법률 제470호로 제정된 민의원의원선거법 제57조 제1항, 제58조 등에 규정된 이래 선거 관련 법률에 계속 존치되어 왔고, 이 사건 법률조항과 같이 선거일 전 180일부터 선거일까지 탈법방법에 의한 선거 관련 행위를 금지하고 이를 처벌하는 규정은 1994. 3. 16. 법률 제4739호로 제정된 '공직선거 및 선거부정방지법'에서 선거일을 법정하면서 최초로 도입되었다.

위 법 제93조 제1항은 "누구든지 선거일전 180일(보궐선거등에 있어서는 그 선거의 실시사유가 확정된 때)부터 선거일까지 선거에 영향을 미치게 하기 위하여 이 법의 규정에 의하지 아니하고는 정당(창당준비위원회와 정당의 정강·정책을 포함한다. 이하, 이 조에서 같다) 또는 후보자(후보자가 되고자 하는 자를 포함한다. 이하, 이 항에서 같다)를 지지·추천하거나 반대하는 내용이 포함되어 있거나 정당의 명칭 또는 후보자의 성명을 나타내는 광고, 인사장, 벽보, 사진, 문서·도화 인쇄물이나 녹음 녹화테이프 기타 이와 유사한 것을 배부 첩부 살포 또는 게시할 수 없다."라고 규정하였다. 그 후 1997. 11. 14. 법률 제5412호로 개정된 '공직선거 및 선거부정방지법' 제93조 제1항에서 '상영'이라는 문구를 추가한 것 외에 별다른 변화 없이 내려오다가(헌재 2011. 12. 29. 2007헌마1001등 참조), 2002. 3. 7. 법률 제6663호 개정된 법률에서는 후보자의 명함배부행위를 허용하는 단서조항이 신설되었다.

2005. 8. 4. 법률 제7681호 개정된 법률에서는 법명이 '공직선거법'으로 변경되었고, 후보자 외에 명함을 배부할 수 있는 자로 후보자가 지정한 1인과 후보자의 배우자가 추가되었고, 2010. 1. 25. 법률 제9974호로 개정된 공직선거법에서는 각 호를 신설하여, 제1호에는 기존 단서에 규정되어 있었던 후보자 등의 명함배부행위를,

제2호에는 통상적인 정당활동을 예외적으로 허용되는 행위로 규정하였으며, 이러한 내용은 현재까지 그대로 유지되고 있다.

(3) 헌법재판소 결정

헌법재판소는 구 '공직선거 및 선거부정방지법'(1997. 11. 14. 법률 제5412호로 개정된 것) 제93조 제1항에 대한 헌법소원사건(헌재 2001. 8. 30. 99헌바92등)에서 합헌결정을 선고한 이래, 다수의 헌법소원사건에서 "공직선거법 제93조 제1항에 의한 제한은 선거의 자유와 공정을 보장하기 위한 제도적 장치로서, 선거운동 내지 의사표현에 있어서의 특정한 수단, 특히 폐해의 우려가 크다고 인정되는 인쇄물, 녹음 등의 배부, 살포 등 특정한 선거운동방법에 국한되는 것이므로, 과잉금지원칙에 위반하여 선거운동의 자유 등을 제한하거나 그 본질적 내용을 침해하지 않는다."는 이유로 합헌결정을 하였다(헌재 2001. 10. 25. 2000헌마193; 헌재 2001. 12. 20. 2000헌바96등; 헌재 2002. 5. 30. 2001헌바58; 헌재 2006. 5. 25. 2005헌바15; 헌재 2007. 1. 17. 2004헌바82; 헌재 2008. 10. 30. 2005헌바32; 헌재 2009. 2. 26. 2006헌마626; 헌재 2009. 5. 28. 2007헌바24 참조).

다만 헌법재판소는 2011. 12. 29. 2007헌마1001등 결정에서 "공직선거법 제93조 제1항의 '그 밖에 이와 유사한 것'에 정보통신망을 이용하여 인터넷 홈페이지 또는 그 게시판·대화방 등에 글이나 동영상 등 정보를 게시하거나 전자우편을 전송하는 방법이 포함된다고 해석하는 한 헌법에 위반된다."라는 한정위헌 결정을 한바 있다. 이는 문서, 인쇄물 등 오프라인상의 표현수단이 작성 내지 제작·배포에 상당한 비용과 노력이 소요되고 정보의 전달 및 수용도 일방적·수동적으로 이루어지는 데 반해, 인터넷은 쌍방향 의사소통이 가능하고 자체적인 교정의 가능성이 있어 선거의 공정성과 평온에 미치는 영향이 확연히 다르다는 점을 고려하였기 때문이다. 헌법재판소는 위 2007헌마1001등 결정에서 이 사건 법률조항 중 인터넷이 아닌 오프라인상의 표현 수단인 문서·도화, 인쇄물이나 녹음·녹화테이프 등을 이용한 선거운동 등에 대해서 합헌으로 결정한 기존의 선례를 변경한 것은 아니라고 할 것이다.

나. 명확성원칙 위배 여부

(1) 청구인들은 '선거에 영향을 미치게 하기 위하여'라는 표현의 의미가 불분명

하여 명확성원칙에 반한다고 주장한다.

법치국가 원리의 한 표현인 '명확성의 원칙'은 기본적으로 모든 기본권제한입법에 대하여 요구되는 것이다. 규범의 의미내용으로부터 무엇이 금지되는 행위이고 무엇이 허용되는 행위인지를 수범자가 알 수 없다면 법적 안정성과 예측가능성은 확보될 수 없게 되고, 또한 법 집행당국에 의한 자의적 집행을 가능하게 할 것이기 때문이다(헌재 1998. 4. 30. 95헌가16).

이와 같은 명확성의 원칙은 특히 처벌법규에 있어서 엄격히 요구된다. 다만 그 구성요건이 명확하여야 한다고 하여 입법권자가 모든 구성요건을 단순한 의미의 서술적인 개념에 의하여 규정하여야 한다는 것은 아니고, 자의를 허용하지 않는 통상의 해석방법에 의하더라도 당해 처벌법규의 보호법익과 그에 의하여 금지된 행위 및 처벌의 종류와 정도를 누구나 알 수 있도록 규정하여야 한다는 의미로 파악되어야 할 것이며, 처벌법규의 구성요건이 다소 광범위하여 어떤 범위에서는 법관의 보충적인 해석을 필요로 하는 개념을 사용하였다고 하더라도 그 점만으로 헌법이 요구하는 처벌법규의 명확성에 반드시 배치되는 것이라고는 볼 수 없다. 그렇지 않으면, 처벌법규의 구성요건이 지나치게 구체적이고 정형적이 되어 부단히 변화하는 다양한 생활관계를 제대로 규율할 수 없게 될 것이기 때문이다.

다만 자의를 허용하지 않는 통상의 해석방법에 의하더라도 당해 처벌법규의 보호법익과 그에 의하여 금지된 행위 및 처벌의 종류와 정도를 누구나 알 수 있도록 규정하여야 하므로, 처벌법규의 구성요건이 어느 정도 명확하여야 하는가는 일률적으로 정할 수 없고, 각 구성요건의 특수성과 그러한 법적 규제의 원인이 된 여건이나 처벌의 정도 등을 고려하여 종합적으로 판단하여야 한다(헌재 1992. 4. 28. 90헌바27등; 헌재 2001. 8. 30. 99헌바92등 참조).

(2) 헌법재판소는 '선거에 영향을 미치게 하기 위하여'라는 부분에 대하여 명확성원칙에 위반되지 않는다고 결정하였다. 그 결정의 요지는, 이 사건 법률조항 중 '선거에 영향을 미치게 하기 위하여'라는 부분은 그 의미에 있어서 다소 불명확한 요소가 있고 광범위한 해석의 여지가 없는 것은 아니나, 공직선거법 전체 및 공직선거법 제93조 제1항의 입법목적, 공직선거법에 규정된 다른 규제 조항들과의 체계적인 대비 및 그 조항들의 내용 등을 종합적으로 고려하면, 이는 선거의 준비과정 및 선거운동, 선거결과 등에 어떤 작용을 하려는 의도를 가리키는 것으로 해석할 수 있

고, 그 인정에 있어서는 정당 또는 후보자를 지지·추천하거나 반대하는 내용이 포함
되어 있거나 정당의 명칭 또는 후보자의 성명을 나타내는 문서, 도화 등의 배부·첩
부 등의 행위 그 자체 및 행위 당시의 정황, 행위의 방법 및 결과 등을 참작하여야
할 것인바, 행위의 동기가 반드시 위와 같은 의도만에 의한 경우가 아니라 하더라도
행위의 수단 및 결과, 전후 사정 등 전체적 과정에 비추어 그에 해당하는지 여부를
가릴 수가 있으므로, 명확성원칙에 위반되지 않는다는 것이다(헌재 2001. 8. 30. 99헌
바92등; 헌재 2007. 1. 17. 2004헌바82 참조).

　　대법원도 "공직선거법 제93조 제1항에 규정된 문서·도화의 배부·게시 등 행위
가 일상적·의례적·사교적 행위에 불과한 것인지 아니면 선거에 영향을 미치게 하
기 위한 탈법행위인지 여부를 판단할 때에는, 위 조항의 입법목적이 그에 정한 행위
가 비록 선거운동에까지는 이르지 않더라도 선거의 공정성과 평온을 침해하여 그러
한 탈법적인 행위를 차단함으로써 공공의 이익을 도모하려는 것임을 염두에 두고,
행위의 시기, 동기, 경위와 수단 및 방법, 행위의 내용과 태양, 행위 당시의 상황 등
모든 사정을 종합하여 사회통념에 비추어 합리적으로 판단하여야 한다."라고 판시
하고 있다(대법원 2009. 5. 28. 선고 2009도1937 판결 참조).

　　그렇다면 이 사건 법률조항에서 '선거에 영향을 미치게 하기 위하여'라는 개념
은 후보자나 정당이 선거에서 승리하기 위한 계획을 수립하고 준비를 시작할 것으
로 예상되는 '선거일전 180일 전'부터 '선거일'까지 사이에 선거의 준비과정 및 선거
운동, 선거결과 등에 실질적으로 선거운동에 준하는 작용을 하려는 의도를 가리키는
것으로서, 그 인정에 있어서는 행위자와 후보자 및 정당과의 관계, 행위의 내용과
태양, 행위에 이르게 된 경위와 결과, 행위 당시의 상황 등 여러 사정을 종합하여
합리적으로 판단될 수 있다고 보아야 한다.

　　이와 같이 해석하는 경우 건전한 상식과 통상적인 법 감정을 가진 사람이라면
누구나 선거에 영향을 미치게 하기 위한 의사를 가지고 행하여지는 행위와 선거와
관계없이 단순한 의사표현으로서 이루어지는 행위를 구분할 수 있고 법률적용자에
대한 관계에서도 자의가 허용될 소지는 없어질 것이므로, 이 사건 법률조항은 명확
성원칙에 위배되지 않는다.

다. 과잉금지원칙 위배 여부

(1) 심사기준

이 사건 법률조항은 선거운동의 자유 내지 정치적 표현의 자유를 제한하고 있다. 선거운동 등의 자유를 제한하는 경우에는 다른 기본권을 제한하는 경우와 마찬가지로 헌법 제37조 제2항에 따라 국가의 안전보장, 질서유지 또는 공공복리를 위하여 필요한 경우에 한하여 법률로써 제한할 수 있다(헌재 1994. 7. 29. 93헌가4등; 헌재 1995. 5. 25. 95헌마105; 헌재 2001. 8. 30. 99헌바92등 참조). 특히 선거는 민주적 의회정치의 기초이고 선거운동 등은 정치적 표현의 자유의 한 형태로서 민주사회를 구성하고 움직이게 하는 요소이므로 최대한 보장되어야 한다. 다만 선거운동 등 정치적 표현의 자유는 헌법 제21조 제4항에 따라 타인의 명예나 권리 또는 공중도덕이나 사회윤리를 침해해서는 안 되고, 이러한 자유는 선거의 공정성을 전제로 인정되는 것이므로 선거의 공정성을 훼손하는 경우에는 이를 제한할 수 있다 할 것이다.

(2) 목적의 정당성 및 수단의 적합성

이 사건 법률조항은 헌법 제116조 제1항에 규정된 '선거운동 기회균등보장의 원칙'에 입각하여 선거운동의 부당한 경쟁 및 후보자들 간의 경제력 차이에 따른 불균형이라는 폐해를 막고, 선거의 공정성과 평온을 해하는 결과의 발생을 방지함으로써 선거의 자유 및 공정성의 보장을 도모하여 선거관계자를 포함한 선거구민 내지는 국민 전체의 공동이익을 달성하고자 하는 것으로 그 입법목적이 정당하다(헌재 2001. 8. 30. 99헌바92등 참조).

그리고 이 사건 법률조항은 후보자들 간의 치열한 경쟁이 전개되는 선거에서 문서나 인쇄물의 무제한적인 제작, 배부를 허용할 경우 선거운동 등에서 부당한 경쟁을 초래하여 후보자들 간의 경제력의 차이에 따른 불균형이 두드러지게 될 뿐 아니라, 무분별한 흑색선전으로 인하여 선거의 공정성과 평온이 심각한 위협을 받게 되고, 공직선거법이 정한 여타의 금지규정을 회피하는 수단으로까지 이용되는 등 폐해가 발생할 우려가 커 이를 규제하는 것이므로, 입법목적을 달성하는 데 필요한 것으로서 그 수단의 적합성이 인정된다(헌재 1995. 4. 20. 92헌바29; 헌재 2001. 8. 30. 99헌바92등; 헌재 2007. 1. 17. 2004헌바82 참조).

(3) 침해의 최소성

선거운동의 자유 내지 정치적 표현의 자유를 제한할 때 그 한계로서 논의되는 침해의 최소성 원칙을 판단함에 있어서는 우리나라 선거문화의 역사성, 선거 및 정치 문화의 특수성, 정치적·경제적·사회적 환경, 선거와 관련된 국민의식의 정도와 법 감정 등을 종합하여 판단하여야 한다(헌재 2009. 5. 28. 2007헌바24 참조).

㈎ 현행 공직선거법은 건국 이후 치러진 수많은 선거에서 금권에 의한 타락선거, 흑색선전과 비방으로 얼룩진 과열선거 그리고 관권선거가 문제되어 온 역사적 경험을 직시하고, 혼탁한 선거문화를 바로잡고 고비용의 선거구조를 혁신하여 공정하고 깨끗한 선거문화를 정착시키고자 선거운동의 기간과 방법 등을 상세하게 규율하고 있다.

선거운동은 선거기간 개시일부터 선거일 전일까지에 한하여 할 수 있고(제59조), 예비후보자제도를 두어 예비후보자에게만 선거운동기간 전에 선거운동을 허용하되 명함배부 등 공직선거법에서 정한 소정의 방법만을 제한적으로 허용하고 있으며(제60조의2 내지 제60조의4), 이를 위반하여 사전선거운동을 하는 경우에는 형사처벌을 하고 있다(제254조). 또한 공직선거법은 사실상 선거운동의 성격을 가진 문서, 도화, 인쇄물 등이 무제한적으로 배부되어 선거운동에 과도한 경쟁을 초래함으로써 선거의 공정을 해치는 것을 막기 위하여 선거벽보(제64조), 선거공보(제65조), 선거공약서(제66조), 신문광고(제69조), 명함(제60조의3 제1항 제2호, 제2항, 제93조 제1항 제1호) 등의 규정을 두어 문서, 도화, 인쇄물 등의 배부·게시를 엄격하게 규제하고 있다.

이 사건 법률조항은 이러한 규제를 전제로 그 실효성을 확보하기 위하여 위와 같은 방법에 의하지 아니한 문서와 인쇄물의 배부·게시를 전면적으로 금지하고 이를 위반한 자를 형사처벌하는 조항이다. 이 사건 법률조항이 위헌으로 선언되어 후보자 및 예비후보자뿐만 아니라 유권자에 의한 문서 및 인쇄물의 배부·게시가 전면적으로 허용된다면, 위와 같은 공직선거법상의 규제들은 사실상 무의미해지고 선거의 공정성을 훼손할 위험이 있다.

따라서 문서 및 인쇄물에 의한 선거운동 등 정치적 표현행위의 전면적인 허용 여부는 이러한 공직선거법의 전반적인 체계와 구조를 고려하여 신중하게 접근하여야 한다.

㈏ 우리나라의 경우 그 동안 이루어온 민주주의의 발전상과 높아진 국제적 위

상, 국민의식의 향상에도 불구하고 과연 현재 우리의 선거문화가 문서 및 인쇄물에 의한 선거운동 등 정치적 표현행위를 전면적으로 허용해도 선거의 공정성을 훼손하지 아니할 정도의 안정적 수준에 와 있는지, 이에 대한 국민의 신뢰와 지지가 뒷받침되고 있는지 매우 의문이다.

우리 국민은 정치에 대한 관심과 열정이 다른 어느 나라보다 높아 민주주의 실천의 원동력이 되었음에도 이는 과열선거와 혼탁선거로 나아갈 수 있는 원인이 되기도 한다. 공조직과 사조직 그리고 혈연·지연·학연을 이용한 불법선거, 금권을 이용한 금전선거, 여론조작과 흑색선전 등 거짓말 선거의 폐해가 잔존하고 있는 것이 엄연한 현실이고 이를 시정하여 공명선거를 이루고자 하는 국민적 열망이 뜨겁다. 이러한 상황에서 후보자 및 예비후보자뿐만 아니라 정당조직 및 그 관련조직에 속한 정당관계자와 유권자에게까지 문서 및 인쇄물의 배부·게시에 의한 선거운동 등이 전면적으로 허용된다면, 후보자 및 예비후보자의 정당가입 유무와 가입정당의 규모, 후보자·예비후보자 및 그를 지지하는 유권자의 경제적·정치적·사회적 영향력의 차이에 따른 선거운동 등에서의 불균형이 두드러지게 되어, 선거운동에 있어서 균등한 기회를 보장한다고 규정한 헌법 제116조 제1항의 취지에 반하게 된다.

또한 후보자나 예비후보자 등 사이의 지나친 경쟁으로 선거가 과열되고, 그들이 관련되는 공조직 및 사조직을 이용하거나 불법적으로 동원한 선거운동원뿐 아니라 그를 지지하는 유권자들의 문서나 인쇄물을 이용한 무분별한 흑색선전, 진실을 왜곡한 의혹제기, 편파적 의견이나 부당한 표현, 허위사실유포나 비방 등으로 인하여 선거의 공정성과 평온이 심각한 위협을 받을 수 있다. 특히 후보자가 유권자와 은밀히 결탁하여 불법으로 선거운동 등을 하는 경우, 유권자의 개인적인 형사책임만 따를 뿐 그가 지지한 후보자의 당선무효로 연결시키는 것을 어렵게 하여 이를 악용할 때에는 점차 정착되어 가는 공명선거 분위기에 역행할 위험 또한 크다.

㈐ 이 사건 법률조항은 우리나라의 선거문화의 특성을 고려하여 이미 사실상 선거운동의 계획 및 준비가 시작되는 시점인 선거일전 180일부터 선거일까지 선거에 영향을 미칠 목적으로 이루어지는 '선거운동에 준하는 내용의 표현행위'만을 규제함으로써, 유권자인 국민들이 제기하는 건전한 비판과 여론형성은 그 규제대상에서 제외하고 있다는 점에서 과도하게 기본권을 제한하고 있다고 할 수 없다. 또한 이 사건 법률조항에 의해 제한되는 것은 선거운동 등의 방법 전반에 대한 전면적인

제한이 아니라 우리 선거문화와 과거의 선거경험에 비추어 특히 폐해의 우려가 크다고 인정되는 문서와 인쇄물의 배부 등 특정한 방법에만 국한되는 부분적인 제한에 불과하므로 이로써 선거운동의 자유 내지 정치적 표현의 자유가 전혀 무의미해지거나 형해화된다고 단정할 수 없다.

나아가 2011. 11. 29. 2007헌마1001등 사건에 대한 헌법재판소의 한정위헌 결정으로, 후보자·예비후보자를 포함한 유권자에게 선거에 영향을 미치게 하기 위하여 정당 또는 후보자를 지지, 추천하거나 반대하는 내용 등이 담긴 정보를 정보통신망을 이용하여 인터넷 홈페이지 또는 그 게시판·대화방 등에 게시하거나 전자우편을 전송하는 행위가 허용됨으로써, 전자우편 등의 방법에 의한 선거운동 등 정치적 표현행위가 선거일을 제외하고 상시 가능하게 되었으므로, 이 사건 법률조항이 유권자 등의 선거운동의 자유 내지 정치적 표현의 자유를 과도하게 제한하거나 그 본질적 내용을 침해한다고 할 수 없다.

㈔ 문서나 인쇄물에 의한 선거운동 등을 인터넷에서의 선거운동 등과 달리 일정기간 제한하는 것이 선거운동 등 정치적 표현의 자유에 대한 과도한 제한인지 여부를 살펴본다.

인터넷은 그 속성상 전달되는 정보 및 의견에 대해 즉시 교정이 가능한 쌍방향 의사소통 수단이고 수용자의 적극적인 행위에 의하여 이를 취사선택할 수 있다. 반면 문서나 인쇄물은 전달되는 정보 및 의견에 대해 즉시 교정이 가능하지 않고 일반적으로 일방에 의해 배부되거나 게시되어 즉석에서 쌍방의 소통이 이루어지는 데 한계가 있다 할 것이므로, 문서나 인쇄물을 이용한 무분별한 흑색선전, 진실을 왜곡한 의혹제기, 편파적 의견이나 부당한 표현, 허위사실유포나 비방 등으로 야기될 수 있는 선거의 공정성 훼손행위에 대하여 인터넷 공간처럼 유효적절하게 대처할 수 있는 방법이 제한적이다 할 것이다.

한편 문서와 인쇄물은 정보의 전달 방식에 있어서도 원칙적으로 대면이나 접촉을 전제로 하며, 다중을 대상으로 한 배부·게시, 우편 발송, 대량 살포, 끼워 넣기 등 선거과열을 초래할 수 있는 방법으로 전달되고 세력과시의 수단으로 이용될 수 있으므로 선거의 공정성과 평온에 미치는 영향 또한 인터넷과 다르다고 할 것이다.

따라서 인터넷에서의 선거운동 등과 달리 문서나 인쇄물에 의한 선거운동 등에 대해 일정기간 법률로써 제한하는 것은 입법목적 달성을 위해 반드시 필요하고 그

것이 선거운동의 자유나 정치적 표현의 자유를 과도하게 제한한다고 할 수 없다.

(마) 청구인들은 이 사건 법률조항이 문서 및 인쇄물의 배부 등을 제한하면서 그 제한기간을 너무 길게 규정하였고 후보자간의 경제력 차이에 따른 불균형 문제는 선거비용의 제한을 통하여 충분히 해결이 가능하다고 주장하면서 이 사건 법률조항의 위헌성을 지적하고 있으므로 이에 관해 살펴보기로 한다.

먼저, 선거운동 등의 기간제한 측면에서 선거운동 등의 자유를 지나치게 침해하는지 여부를 살펴본다.

이 사건 법률조항은 '선거일전 180일(보궐선거 등에 있어서는 그 선거의 실시사유가 확정된 때)부터 선거일까지' 일정한 문서나 인쇄물의 배부 등을 금지하고 있고, 특히 대통령 선거, 국회의원 선거, 지방선거가 순차적으로 맞물려 돌아가는 현실을 고려하면 위 기본권 제한의 시기가 넓다고 할 수 있는 측면이 있다.

그러나 선거가 가까워질수록 건전하고 중장기적 목표를 가진 정책보다는 유권자의 인기에 영합하는 정책에 정치력을 집중하고, 특정 지역에서 행해지는 보궐선거나 재선거와 관련하여서도 각 정당이나 후보자측이 과도한 정치적 의미를 부여하면서 사활을 걸고 선거전에 돌입하는 우리나라의 정치현실을 감안할 때, 선거일전 180일부터 선거일까지 문서나 인쇄물의 배부 등을 통해 실질적인 선거운동이 가능하도록 한다면 이는 곧 선거운동기간 제한규정의 의미를 반감시키는 결과를 초래하고, 정치적 성향에 따른 후보자 또는 유권자 사이의 대립과 갈등을 심화시켜 상시적인 정치적 대결의 장이 됨으로써 선거의 과열 및 이로 인한 선거의 공정성에 미치는 부작용은 더욱 커질 것으로 예상된다. 나아가 여러 형태의 선거가 많이 예정되어 있다는 사실은 위와 같은 선거의 과열을 방지하고 선거의 공정성을 확보하려는 이 사건 법률조항에 의한 규제의 필요성을 오히려 강화시켜 준다고 할 것이다(헌재 2011. 12. 29. 2007헌마1001등 반대의견 참조).

그리고 공직선거법은 선거운동기간을 제한하는 규정(제59조)을 두고 있는 것 외에도 국회의원, 지방자치단체의 장, 지방의회의원 등의 당해 선거구 안에 있는 자 등에 대한 기부행위 상시제한 규정(제113조)을 두는 한편, 시기적으로 다양하게 선거에 영향을 줄 수 있는 특정행위를 제한 내지 금지하고 있다. 이러한 규정들은 소정의 각 행위가 선거에 미치는 영향력, 일반적으로 선거에 즈음하여 선거에 영향을 미치게 하기 위한 행위를 하였을 때 그 효과의 지속 정도, 선거운동 등 정치적 표현의 자유와 관련하여 침해되는 법익과의 균형, 우리의 선거현실에 대한 그 동안의 경험적 자각 등 여러 가지 사정을 참작하여, 입법자가 그 소정행위에 대한 제한 또는 금지의 기간을 다르게 확정한 것이라고 할 수 있다. 선거에 영향을 줄 수 있는 특정한 행위에 대해 어느 정도의 금지기간을 두는 것이 선거운동 등 정치적 표현의 자유에 대한 침해를 최소화하고 선거의 공정성을 확보할 것인지는 헌법적 한계를 일탈하지 않는 한 입법자의 판단에 맡기는 것이 바람직하다고 할 것이다.

따라서 선거에 영향을 줄 수 있는 특정행위를 제한하는 기간에 대해 입법자의 입법형성권을 존중한다는 점, 기존의 선거관행에 비추어볼 때 선거일 전 180일부터는 일반적으로 선거운동을 계획하고 준비행위가 시작되는 시기라고 볼 수 있는 점, 문서·인쇄물의 배부 등 행위가 선거의 결과에 영향을 미치는 개연성이 높다는 의미에서 선거와의 인접성을 인정할 수 있는 점 등에 비추어 보면, 비록 이 사건 법률조항의 적용으로 인해 선거운동의 자유 내지 정치적 표현의 자유가 다소 제한된다 하더라도 그 제한이 입법목적 달성에 필요한 정도를 넘는 과도한 제한이라고 볼 수 없다(헌재 2001. 8. 30. 99헌바92등 참조).

다음으로, 문서나 인쇄물의 배부·게시를 전면적으로 허용함으로써 발생할 수 있는 후보자 사이의 경제력 차이에 따른 불균형 문제는 선거비용의 제한을 통하여 충분히 해결이 가능하다는 주장에 대해 살펴본다.

문서와 인쇄물은 유권자들에 의하여도 손쉽게 제작·배부될 수 있는 성질의 것이어서 후보자에 대한 선거비용 제한만으로 그 폐해를 실효적으로 예방하거나 규제하기 어렵다 할 것이다. 그리고 유권자의 경제적·정치적·사회적 능력의 차이에 따라 그들이 지지·반대하는 후보자와 그렇지 않은 후보자 간에 있어서 실질적인 선거운동의 기회 불균형을 초래하여 선거의 공정성을 훼손할 우려도 크다. 특히 후보자가 유권자를 빙자하거나 은밀히 결탁하는 경우에는 공직선거법 제8장 특히 제119조 내지 제121조에서 규정하고 있는 선거비용의 규제 등 후보자에 대한 각종 규제를 잠탈하는 수단으로 악용되고 무차별한 선거운동으로 인한 선거과열을 초래하여 선거의 평온을 훼손할 수 있다.

㈐ 이러한 사정들을 종합하면, 이 사건 법률조항이 입법목적을 달성하기 위하여 행위주체에 관계없이 선거일 전 180일부터 선거일까지의 기간 동안 선거에 영향을 미치기 위한 문서 및 인쇄물의 배포 등 행위를 금지하고 처벌하는 것은 침해의

최소성 원칙에 위반된다고 볼 수 없다.

(4) 법익의 균형성

앞서 살펴본 우리의 헌법현실을 고려할 때, 이 사건 법률조항에 의하여 보호되는 선거의 실질적 자유와 공정성의 확보라는 공익은 국민적 열망을 담고 있는 것으로서 높은 가치를 지니는 것이라고 할 수 있다(헌재 2001. 8. 30. 99헌바92등 참조). 이러한 공익보다 인터넷에 의한 선거운동 등이 상시 허용되는 상황에서 문서와 인쇄물을 이용한 선거운동 등을 금지함으로써 제한되는 선거운동의 자유 내지 정치적 표현의 자유가 크다고 단정할 수 없다 할 것이므로 이 사건 법률조항이 법익의 균형성 원칙에 위배된다고 할 수 없다.

(5) 소 결

이 사건 법률조항은 과잉금지원칙에 위배되어 선거운동의 자유 및 정치적 표현의 자유를 침해하지 아니한다.

국회의원선거 기탁금 등 사건
(헌재 2016. 12. 29. 2015헌마509 등)

□ 사건개요 등

청구인 등은 소수정당의 당원들로서, 국회의원선거의 후보자가 되려는 자들이고, 국회의원선거 후보자에게 기탁금을 납부하도록 하고 선거운동 등을 제한하고 있는 공직선거법 규정에 대해 헌법소원심판을 청구하였다.

헌법재판소는 ① 공직선거법 제56조 제1항 제2호(이하, '기탁금조항'이라 하고, 그 중 '지역구국회의원선거'에 관한 부분은 '지역구 기탁금조항', '비례대표국회의원선거'에 관한 부분은 '비례대표 기탁금조항'이라 한다) 중 지역구 기탁금조항은 헌법에 위반되지 아니하고, 비례대표 기탁금조항은 헌법에 합치되지 아니하며, ② 같은 법 제57조 제1항 제1호 '지역구국회의원선거'에 관한 부분 중 가목 가운데 '유효투표총수의 100분의 15 이상을 득표한 경우'에 관한 부분 및 나목(이하, '지역구 기탁금반환조항'이라 한다), ③ 같은 법 제79조 제1항 중 '비례대표국회의원후보자'에 관한 부분(이하, '연설 등 금지조항'이라 한다), ④ 같은 법 제106조 제1항 및 제3항 중 '국회의원선거'에 관한 부분(이하, '호별방문금지조항'이라 한다)은 헌법에 위반되지 아니한다고 결정하였다. 이 결정에는 비례대표 기탁금조항에 대하여는 재판관 안창호 외 2명의 반대(위헌)의견, 연설 등 금지조항에 대하여는 재판관 안창호 외 4명의 반대(위헌)의견, 호별방문금지조항에 대하여는 재판관 3명의 반대(위헌)의견이 있었다. 재판관 안창호는 지역구 기탁금, 지역구 기탁금반환 및 호별방문금지 조항에 대해서는 법정(합헌)의견과 견해를 같이 했고, 비례대표 기탁금 및 연설 등 금지 조항에 대해서는 반대(위헌)의견을 제시하였는데, 그 중요 내용은 다음과 같다.

첫째, 지역구국회의원선거에서 기탁금은 후보자의 무분별한 난립 등을 방지하고 선거의 신뢰성 및 후보자의 진지성을 담보하는 한편, 선거과정에서 발생한 불법행위에 대한 과태료 및 행정대집행비용을 사전에 확보하는 기능을 한다. 입법자는 지역구국회의원선거에서 후보자가 되려는 사람에게 적정한 금액의 기탁금을 납부하게하고 일정한 경우 기탁금을 반환하지 아니하도록 입법할 수 있다.

둘째, 비례대표국회의원선거에서 기탁금은 정당이 추천하는 후보자 수가 의원정수 범위 내로 제한되므로 후보자의 무분별한 난립 방지 목적은 상정할 수 없고, 그 선거운동 방법 등에 비추어 보면 불법행위에 대한 과태료 등의 사전 확보라는 행정목적도 그 의미가 반감되며, 이런 목적만으로 비례대표국회의원선거의 후보자에게 기탁금을 납부하도록 할 수 없다.

셋째, 비례대표국회의원선거에서 소수정당 내지 신생정당이 자신의 정강·정책을 알리기 위해 실제 활용할 수 있는 선거운동방법은 극히 일부로 제한되어 있으므로, 비례대표국회의원선거에서 모든 정당이 일정한 조건아래 유권자에게 직접 연설할 수 있는 기회를 제공해야 한다.

넷째, 공사(公私)조직, 혈연·지연·학연을 이용한 불법선거, 금권을 이용한 금전선거, 여론조작·흑색선전이 난무하는 거짓말선거 등 부정적 측면이 잔존하고 있는 현실에서 호별방문에 의한 선거운동을 허용하는 것은 불법선거를 조장하거나, 유권자의 합리적 판단이 아닌 정리(情理)에 기반한 선택을 초래할 수 있다.

재판관 안창호의 의견은 우리나라의 선거문화와 정치현실에 바탕을 두고 이에 대한 심도있는 분석을 통해 자신의 견해를 밝힌 것으로 보인다. 특히 종래에는 헌법재판소가 기탁금제도와 관련해서 지역구국회의원선거와 비례대표국회의원선거를 구분하지 아니하고 위헌성을 판단하여 합헌으로 결정하였으나, 이 사건에서는 양 선거의 본질적인 차이를 검토하여 비례대표국회의원선거와 관련된 기탁금제도는 헌법에 위반된다는 결론에 이르렀다. 앞으로도 공직선거법 관련 위헌심사에서 필요한 경우 지역구국회의원선거와 비례대표국회의원선거를 나누어 판단할 필요가 있음을 시사한다.

□ 재판관 안창호의 의견

가. 지역구 기탁금조항 및 기탁금반환조항에 대한 판단(합헌의견)

(1) 지역구국회의원선거의 기탁금제도

현행법상 기탁금제도는 지역구국회의원선거에 출마하려는 자에게 입후보의 요건으로 1천500만 원의 기탁금을 납부할 것을 요구하고(공직선거법 제56조 제1항 제2호, 이하 법명은 생략한다), 후보자가 당선되거나 사망한 경우와 유효투표총수의 100분의 15 이상을 득표한 경우에는 기탁금 전액을, 후보자가 유효투표총수의 100분의 10 이상 100분의 15 미만을 득표한 경우에는 기탁금의 100분의 50에 해당하는 금액을 반환하되(제57조 제1항 제1호), 다만 과태료 및 행정대집행비용을 반환하는 기탁금에서 공제하도록 규정하고 있다(제57조 제2항). 즉, 후보자가 당선되거나 사망하지 않고 유효투표총수의 100분의 10 미만을 득표한 경우에는 기탁금 전액, 유효투표총수의 100분의 10 이상 100분의 15 미만을 득표한 경우에는 기탁금 반액을 후보자에게 반환하지 않고 국고에 귀속시킴으로써 선거에 자유롭게 입후보할 자유를 제한함과 동시에 과태료나 대집행비용을 사전 확보하는 법적 효과를 갖는다.

이러한 법적 효과를 통하여 지역구 기탁금조항 및 지역구 기탁금반환조항은 선거에 출마하려는 입후보자의 수를 적정한 범위로 제한함으로써 후보자난립으로 인한 선거관리사무와 비용의 증가를 방지하고, 유권자의 후보자선택을 용이하게 하며, 선거의 신뢰성 및 후보자의 진지성을 담보하고, 행정대집행비용 등을 사전 확보하는데 그 입법목적이 있다고 볼 수 있다(헌재 2003. 8. 21. 2001헌마687등 참조).

(2) 헌법재판소의 선례 및 심사기준

헌법재판소는 구 '공직선거및선거부정방지법'(2001. 10. 8. 법률 제6518호로 개정되고, 2002. 3. 7. 법률 제6663호로 개정되기 전의 것) 제56조 제1항 제2호에서 지역구국회의원선거 후보자등록을 신청하는 자는 1천500만 원의 기탁금을 납부하도록 규정하고, 같은 법 제57조 제1항 제1호에서 지역구국회의원선거에서 후보자의 득표수가 유효투표총수를 후보자수로 나눈 수 이상이거나 유효투표총수의 100분의 15 이상인 때 기탁금 1천500만 원 중에서 과태료 및 대집행비용을 공제한 나머지 금액을 기탁자에게 반환한다고 규정한 것이 공무담임권, 평등권 등을 침해하지 않는다고 판단한 바 있다(헌재 2003. 8. 21. 2001헌마687등 참조).

2001헌마687등 결정에서는 국회의원선거에 입후보하기 위한 요건으로서 기탁금의 액수와 그 반환의 요건을 정하는 문제는 우리의 선거 및 정치 문화와 풍토, 국민경제적 여건, 그리고 국민의 법감정 등 여러 가지 요소를 종합적으로 고려하여 입법자가 정책적으로 결정할 사항이라는 전제하에, 그 구체적인 기탁금액이 입법자에게 허용된 입법형성권의 범위와 한계 내에서 설정되어 그 금액이 현저하게 과다하거나 불합리하지 않는지 여부를 판단하였다.

그런데 지역구국회의원선거에 입후보하기 위한 요건으로서의 기탁금 및 그 반환 요건에 관한 규정은 입후보에 영향을 주므로 공무담임권을 제한하는 것이고, 이러한 공무담임권에 대한 제한은 헌법 제37조 제2항이 정하고 있는 바와 같이 법률로써 하여야 하며, 국가안전보장, 질서유지 또는 공공복리 등 정당하고 중요한 공공의 목적을 달성하기 위하여 필요하고 적정한 수단과 방법에 의하여서만 가능하므로(헌재 2015. 4. 30. 2014헌마621 참조), 이하에서는 과잉금지원칙을 기준으로 하여 공무담임권 침해 여부를 판단하기로 한다.

(3) 공무담임권의 침해 여부

㈎ 목적의 정당성 및 수단의 적합성

지역구국회의원후보자는 무소속으로 입후보할 수 있고, 입후보하는 후보자 수에 제한이 없으므로 그 수가 무한정 늘어날 소지가 있다. 또한 선거공보 및 선거벽보의 제작, 선거사무소 설치, 명함 배부, 어깨띠나 표지물 착용, 전화를 통한 지지호소 등 후보자 개인별로 선거운동이 가능하고 정치자금의 모금도 가능하다. 지역구국회의원선거에서는 후보자의 무분별한 난립 및 그로 인한 선거관리업무의 가중이나 비용의 증가를 방지하고 선거의 신뢰성 및 후보자의 진지성을 담보하는 한편, 선거과정에서 발생한 불법행위에 대한 과태료 및 행정대집행비용을 사전 확보할 필요가 있다. 지역구 기탁금조항 및 지역구 기탁금반환조항이 지역구국회의원선거에서 후보자등록을 신청하는 자에게 1천500만 원의 기탁금을 납부하도록 하고, 일정한 요건 하에서 기탁금 반환이 가능하도록 규정한 것은 그 입법목적이 정당하며, 수단의 적합성 또한 인정된다.

(나) **침해의 최소성**

1) 지역구국회의원후보자에게 후보자등록을 위하여 납부하는 기탁금액을 얼마로 정할 것인지, 납부한 기탁금을 국고에 귀속시키는 요건을 어떻게 정할 것인지의 문제는 우리의 선거·정치 문화와 풍토, 국민경제적 여건, 그리고 국민의 법감정 등 여러 가지 요소를 종합적으로 고려하여 결정할 사항이다.

만일 기탁금액을 지나치게 과다하게 정하여 입후보 자체를 못하게 하거나, 그 반환 요건을 너무 엄격하게 하여 기탁금 액수 상당의 재산적 손실을 감수해야만 후보자로 등록할 수 있다면 이는 공무담임권에 대한 침해로 이어질 수 있다. 입법자가 정한 구체적인 기탁금액과 기탁금 반환 요건은 기탁금제도에 의하여 달성하려는 공익목적과 그로 인한 기본권 제한 사이에 균형과 조화를 이루어야 하는 헌법적 한계가 있다. 그러나 만약 기탁금액이 지나치게 낮거나 기탁금 반환이 매우 용이하여 실제로 후보자가 기탁금을 납부하는 것에 대하여 아무런 부담도 느끼지 않는다면, 이는 기탁금제도에 의하여 달성하려는 후보자의 무분별한 난립 방지와 후보자의 책임성 및 진지성 담보, 행정상 제재금의 사전확보라는 입법목적에 전혀 기여할 수 없게 된다.

따라서 기탁금액과 기탁금 반환 요건의 설정은 지역구국회의원후보자로 등록하면서 기탁금을 반환받지 못하는 것에 부담을 느껴 등록할 것인지의 여부를 신중하게 고려하도록 하고, 불성실한 후보자에게는 실질적인 제재효과가 미칠 수 있게 하는 등 후보자의 난립을 방지하고 선거의 신뢰성과 선거운동의 성실성을 담보할 수준에 이르러야 할 것이다(헌재 2003. 8. 21. 2001헌마687등; 헌재 2010. 12. 28. 2010헌마79 등 참조).

2) 먼저 기탁금제도보다 덜 침해적으로 지역구국회의원후보자의 무분별한 난립을 방지할 수 있는 수단이 있는지 살펴본다.

선거에 입후보하려는 지역구국회의원후보자를 적정한 범위로 제한하는 방법으로 유권자의 추천을 요구하는 방법이나 절대다수대표제 또는 결선투표제를 도입하는 방법을 상정해볼 수 있다. 그러나 우리의 정치문화와 선거풍토에서는 선거의 신뢰성과 공정성을 확보하는 것이 무엇보다도 중요하고 시급한 과제이며, 이를 위해서는 특히 사전선거운동 등 선거운동의 과열을 막는 것이 반드시 필요하다. 그런데 유권자추천제도는 유권자의 추천을 받는 과정에서 사실상 사전선거운동이 행해져 선거가 과열 또는 혼탁하게 될 위험성이 클 뿐 아니라, 진지하지 못한 추천이 남발될 경우에는 후보자를 적정한 범위로 제한하는 기능을 전혀 할 수 없게 될 가능성도 적지 않다. 그리고 선거에 소요되는 경비를 원칙적으로 국가가 부담하는 선거공영제(헌법 제116조 제2항)하에서 결선투표제나 절대다수투표제를 도입하는 것도 결국 선거의 반복으로 이어져 국민의 경제적 부담을 가중시키고, 정국의 불안정으로 이어져 쉽게 채택할 것이 못된다.

따라서 대의민주주의에서 선거의 기능과 기탁금제도의 목적 및 성격, 그리고 우리의 정치문화와 선거풍토에 있어서 현실적인 필요성 등을 감안할 때, 선거의 신뢰성과 공정성을 확보하고, 유권자가 후보자 선택을 용이하게 하며, 후보자의 진지성과 성실성을 담보하기 위하여 후보자에게 기탁금의 납부를 요구하는 것은 필요불가결하고, 그보다 덜 침해적인 수단을 상정하기는 어렵다 할 것이다(헌재 2003. 8. 21. 2001헌마687등 참조).

3) 다음으로 1천500만 원의 기탁금이 그 입법목적 달성을 위해 필요한 최소한의 액수보다 지나치게 과다한지 여부에 관하여 살펴본다.

지역구국회의원선거에서 적정한 후보자의 수가 몇 명이며, 후보자가 몇 명 이상일 때 과연 후보자의 난립이라고 평가할 수 있는지에 대해 분명하고 일의적인 기준을 제시하기는 어렵다. 그러나 적어도 우리 사회의 평균적인 생활인이 그의 소득조건에서 지역구국회의원선거에 출마하는 데 어느 정도 부담을 느껴 입후보할 것인지 여부를 신중하고 진지하게 고려할 정도의 수준에 머물러야 하고, 불성실한 후보자에게는 실질적인 제재효과가 미칠 수 있는 정도에 이르러야 한다.

1천500만 원의 기탁금을 납부하도록 한 제17대부터 제19대까지 지역구국회의원선거의 선거구당 후보자 수의 변동추이를 보면, 각각 3.4명, 3.5명, 3.5명으로 후보자의 수가 고정되는 경향을 보이고 있다. 이러한 점에 비추어 보면, 지역구 기탁금조항에서 정하고 있는 1천500만 원의 기탁금은 기탁금제도의 목적과 취지를 실현하는 데 적절하고 실효적인 범위내의 금액이고, 후보자의 성실성을 담보할 수 있을 정도의 실질적인 제재수단이 되는 금액에 해당하는 것으로 보인다.

또한 2015년도 고용노동부 통계에 의한 근로자 1인당 월평균 소득을 보면, 일반 근로자 1인당 월평균 소득은 3,062,000원이고, 임금이 비교적 높은 금융·보험업에 종사하는 근로자의 월평균 소득은 5,112,000원으로 나타난다. 이에 따르면 1천500만 원의 기탁금은 통상적인 평균임금을 수령하는 도시 근로자가 그 소득을 5개월 정도 저축하면 모을 수 있는 정도이며, 금융·보험업에 종사하는 근로자의 경우 3개월 정도 임금을 저축하면 마련할 수 있는 정도의 금액에 해당하는 것이다. 따라서 현재의 기탁금액 수준이 평균적인 생활인으로서 마련하기 현저히 어려운 금액이라 보기 어렵다. 헌법재판소가 2003년에 2001헌마687등 결정에서 1천500만 원의 기탁금에 대해 근로자의 월평균 임금(일반 근로자 2,511,545원, 금융·보험업 종사 근로자 4,682,667원)을 기준으로 과다한 액수가 아니라고 한 것과 비교해 보더라도 선례와 달리 판단할 필요성을 인정하기 어렵다.

4) 끝으로 지역구 기탁금반환조항과 관련하여, 기탁금 반환 요건이 기탁금제도의 목적을 달성하기 위한 최소한의 제한으로서 입법형성권의 범위와 한계 내에 있는지 여부에 관하여 살펴본다.

기탁금제도의 목적이 후보자의 무분별한 난립 방지 등에 두고 있는 이상, 선거 결과 후보자의 진지성과 성실성이 결여된 것으로 확인된 경우에는 그에게 기탁금을 반환할 필요가 없고, 또한 이러한 기탁금제도의 실효성을 유지하기 위해서는 일정한 반환기준에 미달하는 경우에는 기탁금을 국고에 귀속시키는 것이 반드시 부당한 것은 아니다. 그러나 기탁금 반환 요건은 고액의 기탁금과 결합하여 공무담임권의 위축효과를 가져오므로, 입후보하려는 자가 기탁금을 반환받지 못하게 되는 부담에도 불구하고 선거에 입후보할 것인지를 진지하게 고려할 정도에 이르러야 하되, 지나치게 그 반환 요건이 엄격하여 진지하게 입후보하려는 자가 입후보를 포기할 정도가 되어서는 안 될 헌법적 한계를 가진다.

헌법재판소는 앞서 본 바와 같이 이미 2001헌마687등 결정에서 역대 선거에서의 기탁금반환비율의 추이, 기탁금제도의 취지와 기탁금제도의 실효성을 유지하기 위한다는 기탁금반환제도 및 국가귀속제도의 입법취지, 실제 반환 통계 등을 감안할 때, 2002. 3. 7. 법률 제6663호로 개정되기 전의 구 '공직선거및선거부정방지법' 제57조 제1항 제1호에서 기탁금의 전액 반환 요건을 유효투표총수의 100분의 15 이상으로 정한 것이 현저히 불합리하거나 자의적인 기준이라 할 수 없다고 판단한 바 있다. 그런데 지역구 기탁금반환조항은 위와 같은 기탁금 전액 반환 요건에 더하여 '유효투표총수의 100분의 10 이상 100분의 15 미만을 득표한 경우' 기탁금의 반액을 반환하도록 하는 부분이 추가되었다. 이는 반환기준을 차등화하여 진지하게 입후보를 고려하는 자가 섣불리 입후보를 포기하지 않도록 기탁금 반환 요건을 완화한 것으로 볼 수 있다.

물론 유효투표총수의 100분의 10 미만을 득표하여 기탁금을 반환받지 못하게 된 후보자들을 모두 진지하지 못한 후보자라 평가할 수는 없겠지만, 유효투표총수의 100분의 10 미만 득표 시 국고 귀속 기준은 기탁금 반환 요건을 낮출 경우 우려되는 폐해를 막기 위한 입법자의 불가피한 입법적 선택으로 볼 수 있으며, 이러한 반환 요건은 후보자의 진지성과 성실성을 담보하기 위한 최소한의 제한으로서 입법형성권의 범위와 한계 내에 있는 것으로 볼 수 있다.

5) 이러한 사정들을 종합하면, 지역구 기탁금조항 및 기탁금반환조항은 침해의 최소성 원칙에 위배되지 않는다.

㈐ **법익의 균형성**

지역구 기탁금조항이 기탁금을 1천500만 원으로 하고, 지역구 기탁금반환조항이 일정한 요건을 갖춘 경우에 한하여 기탁금을 반환하도록 한 것은 개별적·구체적으로는 당선가능성이 충분히 있음에도 기탁금을 마련하지 못하거나 반환받지 못할 것을 우려하여 입후보를 포기하도록 하는 공무담임권의 제한을 가져올 수 있지만, 이는 후보자의 진지성과 성실성을 담보하고 적정한 선거관리를 하려는 공익보다 우월하다고 할 수는 없으므로 법익의 균형성 원칙에도 위배되지 않는다.

㈑ **소결론**

지역구 기탁금조항 및 기탁금반환조항이 과잉금지원칙을 위반하여 지역구국회의원선거에 입후보하려는 청구인들의 공무담임권을 침해한다고 볼 수 없다.

나. 비례대표 기탁금조항에 대한 판단(위헌의견)

(1) 문제의 제기

헌법재판소는 국회의원선거에서 기탁금제도의 목적에 대하여 불성실한 입후보자의 난립방지를 통하여 선거의 과열·혼탁을 방지하고, 선거관리업무 및 비용의 증가를 방지하며, 당선자로 하여금 다수표를 획득할 수 있도록 하여 민주적 정당성을 강화시키는 한편, 불법행위에 대한 제재금을 사전에 확보하고자 함이라는 취지로 설시하여 왔다(헌재 1989. 9. 8. 88헌가6; 헌재 2003. 8. 21. 2001헌마687등 참조). 그런데 이러한 설시는 청구인들이 지역구국회의원선거에 입후보하였던 자들로서 지역구국회의원선거의 기탁금 액수를 다투었던 사건에서 이루어졌다는 점과 비례대표국회의원선거를 지역구국회의원선거와 분리하여 유권자에게 별도로 정당에 대한 투표로서 1인 1표를 부여하는 현행의 비례대표국회의원선거 방식이 본격적으로 실시되기 이전에 나온 것이다. 따라서 위와 같이 규명된 기탁금의 목적 및 성격이 이 사건에서 문제된 현행의 비례대표국회의원선거에도 동일하게 적용될 수 있는지에 대하여 비례대표국회의원선거의 본질과 성격 등을 고려하여 살필 필요성이 대두된다.

(2) 대의제 민주주의에서 정당의 헌법상 지위 및 기능

대의제 민주주의를 원칙으로 하는 오늘날의 민주정치 아래에서의 선거는 국민의 참여가 필수적이고, 주권자인 국민이 자신의 정치적 의사를 자유로이 결정하고 표명하여 선거에 참여함으로써 민주사회를 구성하고 움직이게 한다(헌재 1994. 7. 29. 93헌가4등 참조). 대의제 민주주의 아래에서 정당은 '국민의 정치적 의사형성에 참여'하는 것에 가장 본질적 존재 의의를 두고 중요한 헌법적 기능을 수행하고 있다(헌재 2014. 1. 28. 2012헌마431등 참조). 즉, 정당은 주체적·능동적으로 국민의 다원적 정치의사를 유도·통합하고 각계각층의 이익을 대변하여 국가정책의 결정에 직접 영향을 미칠 수 있는 규모의 정치적 의사를 형성한다. 뿐만 아니라 정부와 국회의 주요 핵심 공직을 선출, 임면하는 데 결정적인 역할을 하고, 의회와 정부 등의 정책과 결정에 영향을 행사함으로써, 국가의 의사형성에 결정적인 영향을 미치고 있다. 이와 같이 정당은 국민 개개인의 정치적 의사를 집약·정리하고 국민 일반이 정치나 국가작용에 영향력을 행사하는 매개체의 역할을 수행하는 등 대의제 민주주의에서 중요한 공적 기능을 수행하고 있다(헌재 2004. 3. 25. 2001헌마710; 헌재 2014. 4. 24. 2012헌마287 참조).

이러한 정당의 헌법상 지위와 기능을 고려하여, 헌법 제8조 제1항에서는 정당설립의 자유와 복수정당제를 명시적으로 규정함으로써 정당 간의 경쟁을 유도하고 정치적 다양성 및 정치과정의 개방성을 보장하고 있고, 헌법 제8조 제2항 내지 제4항에서는 정당의 목적·조직·활동이 민주적인 한 법률이 정하는 바에 의하여 국가가 이를 보호하며, 정당운영에 필요한 자금을 보조할 수 있도록 하는 등 정당을 일반결사에 비하여 특별히 두텁게 보호하고 있다(헌재 2014. 1. 28. 2012헌마431등; 헌재 2014. 4. 24. 2012헌마287 참조). 또한 입법자는 비례대표제에 관하여 정하고 있는 헌법 제41조 제3항에 근거하여 공직선거법 등 법률에서 국회의원의석의 일부를 정당의 득표율에 비례하여 할당하는 방식의 비례대표국회의원선거에 관하여 규정하고 있다.

(3) 정당활동의 자유 등 침해 여부

㈎ 목적의 정당성

1) 비례대표 기탁금조항의 입법목적 및 연혁

선거제도에서 기탁금 요건을 두는 입법목적은 모든 선거에서 동일한 것이 아니라, 선거의 종류나 성격, 입후보가능한 후보자의 수 및 그 제한가능성, 선거운동방식, 선거와 정치 문화의 풍토 등에 따라 달리 파악될 수 있다.

연혁적으로 비례대표국회의원선거에서 기탁금에 관한 조항은, 비례대표제가 1984. 7. 25. 법률 제3731호로 개정된 국회의원선거법에 다시 도입되면서 전국구후보자에게 700만 원을 기탁하도록 규정한 이래, 액수의 변동은 있었지만 정당추천 지역구국회의원후보자에 대한 기탁금과 동일하게 규정되어 왔다. 그 중 1994. 3. 16. 법률 제4739호로 제정된 '공직선거 및 선거부정방지법'부터 현행 공직선거법에 이르기까지는 지역구와 비례대표를 구별하지 않고 국회의원선거에 대한 포괄적인 조항으로서 기탁금조항이 존재하였다. 그러나 비례대표국회의원선거에서 기탁금을 납부하도록 한 취지에 관하여 국회의원선거법, '공직선거 및 선거부정방지법', 공직선거법의 개정과정에서의 회의록을 살펴보아도 명시적인 설명을 찾기는 어렵다. 1984. 7. 25. 법률 제3731호로 개정된 국회의원선거법에 관한 입법자료에서 전국구후보자에 대해서도 정당추천 지역구후보자와 동일한 액수로 기탁금을 내도록 한다는 내용과 여기에는 야당의 전국구후보자 추천 남발을 막기 위한 의도가 사실상 내포되어 있었다는 취지의 해석이 발견되는 정도이다.

이후 헌법재판소는 2001. 7. 19. 지역구국회의원선거에서의 기탁금 2천만 원이 과다하고, 지역구국회의원선거에서 표출된 유권자의 의사를 그대로 정당에 대한 지지의사로 의제하여 비례대표의석을 배분하는 것이 민주주의원리 등에 반한다는 취지로 위헌결정을 선고하였고, 그에 따라 2001. 10. 8. 법률 제6518호로 개정된 '공직선거및선거부정방지법'에서 국회의원선거의 기탁금액을 1천500만 원으로 감액하였다. 그 과정에서도 비례대표국회의원선거에 고유한 기탁금제도의 입법취지에 대한 언급은 찾아보기 어렵다. '공직선거및선거부정방지법'은 2005. 8. 4. 법률 제7681호로 법명만 '공직선거법'으로 개정되었으며, 여전히 지역구·비례대표를 구별하지 아니한 채 국회의원선거에 대하여 후보자 1명마다 1천500만 원을 납부하도록 동일하게 규정하고 있다. 이러한 개정연혁에 비추어 볼 때, 비례대표국회의원선거는 지역구국회의원선거와 그 성격과 방식이 상당히 다름에도 불구하고 비례대표 기탁금조항에 그 차이를 전혀 반영하지 않고 기탁금액을 설정하였음을 추단할 수 있다.

2) 비례대표국회의원선거에서 정당 난립 방지 목적을 상정할 수 있는지 여부

비례대표국회의원선거에서는 지역구국회의원선거와 달리 후보자 개인이 아닌 정당을 매개로 하여 후보자를 등록하고 기탁금을 납부하도록 절차가 규정되어 있다. 이에 비추어 비례대표 기탁금조항의 입법목적으로 진지성과 성실성을 결여한 정당의 비례대표국회의원선거에의 참여를 억제하는 목적을 상정할 수 있는지 여부를 살펴본다.

오늘날 정당은 정치권력에 영향을 행사하려는 모든 중요한 세력, 이익, 시도 등을 인식하고 이를 취합·선별하여 내부적으로 조정을 한 다음, 국민이 선택할 수 있는 정책을 형성하는 기능을 한다(헌재 1999. 12. 23. 99헌마135 참조). 그리고 정당법은 정당이 중앙당과 5개 이상의 시·도당을 갖추고(정당법 제17조), 그 시·도당마다 당해 시·도당의 관할 구역 안에 주소를 둔 1천 인 이상의 당원을 갖추도록 하고 있으며(정당법 제18조), 중앙당이 중앙선거관리위원회에 등록하는 것을 그 요건으로 하고 있다(정당법 제4조). 이러한 엄격한 설립절차와 등록요건을 갖추어 국민의 정치적 의사형성에 참여하는 데 필요한 조직을 확보한 정당은 그 자체로 정치에 참여하여 정치적 쟁점을 공론화하고 국정의 현안에 대한 관심을 제고시키고자 하는 진지한 의지를 표명한 것으로 볼 수 있다. 또한 정당제 민주주의에 비추어 볼 때 당원 수나 재정 규모, 소속 국회의원의 수 등과 관계없이 정당은 국민의 다원적 정치의사를 유도·통합하는 정치적 의사형성과정에 기여할 수 있어야 하고, 이를 위해 선거에 자유로이 참여하여 후보자를 추천할 수 있는 기회를 최대한 보장하도록 하여야 한다.

따라서 진지하지 못하고 불성실한 정당이 비례대표국회의원선거에 참여하는 것을 사전적으로 억제한다는 목적은 이미 정당법상 등록된 정당의 헌법상 지위와 기능을 부정하는 것으로서 정당제 민주주의나 비례대표제의 취지에 반하므로, 비례

대표 기탁금조항의 입법목적으로 상정할 수 없다.

3) 무분별한 비례대표국회의원후보자 등록 방지 목적의 정당성 인정 여부

가) 정당은 비례대표국회의원정수의 범위 내에서 그 소속당원을 후보자로 추천할 수 있는데(제47조 제1항 본문), 이는 의원정수 범위를 초과하여 추천할 수 있는 비례대표자치구·시·군의원과 다른 점에 해당한다(같은 항 단서). 그리고 지역구국회의원선거의 경우 정당의 추천을 받은 사람뿐 아니라 정당에 소속되지 아니한 사람도 일정한 거주 요건 등을 충족하면 후보자가 될 수 있어 기탁금 요건을 두지 아니하면 지역구국회의원후보자의 수가 무한정 늘어날 소지가 있다. 그런데 비례대표국회의원선거에서는 앞서 본 바와 같이 설립절차와 등록요건을 갖추어 국민의 정치적 의사형성에 참여하는 정당만이 후보자를 추천하여 등록을 신청할 수 있고, 정당이 추천할 수 있는 후보자의 수도 의원정수 범위 내로 제한되므로 지역구국회의원선거에서와 같이 후보자가 진지성과 성실성을 결여한 채 입후보할 우려는 사전에 차단된다.

나) 비례대표국회의원선거에서 경쟁하는 것은 후보자가 아닌 정당이며, 비례대표국회의원선거는 전국을 하나의 선거구로 하는 전국단위의 선거이다. 이에 공직선거법은 지역구국회의원후보자와 비례대표국회의원후보자에게 허용되는 선거운동의 방법에 차이를 두면서 비례대표국회의원선거의 경우 기본적으로 후보자 개인이 아닌 정당을 선거운동의 주체로 하여 정당의 정강이나 정책을 홍보하는 것에 선거운동의 초점을 맞추고 있다.

구체적으로 살펴보면, 정당은 후보자 모두의 사진·성명·학력·경력을 게재한 선거공보를 12면 이내로 작성할 수 있고(제65조 제1항), 방송시설을 이용하여 연설할 수 있는 후보자나 중앙선거방송토론위원회가 개최하는 대담·토론회에 참여하는 후보자를 선임 또는 지정할 수 있다(제71조 제1항 제2호, 제82조의2 제1항 제2호). 또한 후보자 개인을 위한 후원회를 둘 수 없고, 예비후보자로서 사전선거운동도 할 수 없으며, 현수막 설치나 선거벽보 및 후보자 개인별 선거공보의 작성이 금지되고, 후보자 개인을 위한 선거사무소 및 선거사무관계자를 둘 수 없는 등 지역구국회의원선거에서 허용되는 선거운동방법도 상당 부분 금지되고 있다(제60조의2 제1항 제2호, 제60조의3, 제61조 제1항 제3호, 제62조 제2항 제3호, 제64조 제2항, 제65조 제1항, 제67조 제1항, 제64조 제2항, 제79조 제1항·제3항 제2호). 결국 비례대표국회의원후보자 개인이 할 수 있

는 선거운동방법은 선거운동기간 동안 어깨띠 등 소품 착용(제68조 제1항), 문자메시지 전송(제59조 제1항 제2호), 인터넷 홈페이지 등에 글이나 동영상 등 게시, 전자우편 전송(제59조 제1항 제3호) 등 일부로 제한된다. 이 중에서도 후보자만 할 수 있는 자동 동보통신의 방법을 통한 대량 문자메시지 전송에 대해서는 중앙선거관리위원회에 신고한 1개의 전화번호만을 사용하여 5회를 넘을 수 없다는 제한이 가해진다. 이와 같이 선거운동방법의 측면에서 보면, 정당이 등록을 신청하는 후보자 수의 증가가 곧바로 선거운동 양상을 무분별하게 과열시키거나 혼탁하게 할 것이라는 추측은 기우에 불과하다.

다) 물론 비례대표국회의원선거에서 기탁금의 제약이 없어짐으로써 정당이 추천하는 후보자 수가 증가하는 경우 선거관리의 업무나 비용이 다소 증가할 것으로 예상되지만, 그것이 선거관리 사무를 마비시킬 정도로 과도하게 증가할 것으로는 보이지 아니한다. 비례대표국회의원선거의 투표용지에는 기호와 정당명만 기재될 뿐 후보자는 기재되지 아니하며(제150조 제1항), 특히 많은 비용이 소요되는 후보자 개인별 선거공보나 선거벽보를 이용한 선거운동은 위에서 본 바와 같이 비례대표국회의원선거에서 허용되지 않기 때문이다. 그리고 이와 같이 선거관리 내지 감독에 관한 업무나 비용이 다소 증가할 수 있다는 점을 대의제 민주주의에서 정당의 헌법적 기능 수행과 국민의 정치 참여를 위하여 중요한 전제가 되는 정당활동의 자유와 공무담임권의 보장을 유예할 만한 사유라고 볼 수는 없다.

나아가 후보자명부에 대하여 고정명부식을 채택하고 있는 현행 비례대표국회의원선거에서는 사후적으로 후보자순위에 변동이 발생할 수 없고(제50조 제1항) 정당의 득표율에 따라 정당에게 할당된 의석이 후보자명부의 순위대로 배분된다. 따라서 헌법재판소가 국회의원선거에서 기탁금제도와 관련하여 언급한 바 있는 당선자로 하여금 다수표를 획득할 수 있도록 하여 민주적 정당성을 강화한다는 입법목적(헌재 1989. 9. 8. 88헌가6; 헌재 2003. 8. 21. 2001헌마687등)도 비례대표국회의원선거의 성격과 본질에 부합한다고 할 수 없으므로 비례대표국회의원선거에 그대로 적용할 수 없다.

라) 오히려 정당에 대한 선거로서의 성격을 갖는 비례대표국회의원선거에서는 정당의 성향과 추구하는 이념, 정책목표, 정책실현의지 내지 역량 등에 관한 정보를 제공하는 과정이 필요하다. 이는 정당의 정강 및 강령뿐 아니라 정당이 추천한 비례

대표국회의원후보자들의 면면에 의해서도 구체화될 수 있다. 즉 후보자들이 어떠한 경험과 경력을 지니고 있는지, 실제로 해당 정당의 정책이나 정강을 제대로 펼칠 만한 능력이나 신념, 의지, 역량을 지녔는지에 대한 검증을 함으로써 해당 정당이 추구하는 정치적 목표 및 기본이념 등을 보다 구체적으로 파악할 수 있는 것이다. 따라서 정당이 추천하는 후보자 수의 증가는 정당의 구성원에 대한 정보를 보다 풍부하게 제공할 수 있다는 점에서 궁극적으로 정당에 대한 이해를 증진시키는 효과가 있다.

마) 이러한 사정을 종합적으로 고려하면, 과연 현행의 비례대표국회의원선거 체제에서 기탁금 요건을 통해 정당의 후보자 추천 및 등록신청을 억제하여 후보자 수를 제한할 필요성이 있는지 강한 의문이 제기된다. 현대 정당제 민주주의에서는 사회세력에 상응한 대표의 형성, 정당정치의 활성화, 정치적 독점배제가 전제되어야 할 것이며, 이를 위해서는 국민의 정치적 의사형성에 참여하는 가장 기본적이고 핵심적인 수단이 되는 선거에 정당이 최대한 자유로이 후보자를 추천할 수 있도록 보장하는 것이 필요하다. 비례대표국회의원선거에서 기탁금을 후보자 등록 요건으로 설정함으로써 상대적으로 재정상태가 열악한 신생정당이나 소수정당과 그 정당이 추천하는 후보자들이 실질적으로 국민의 정치적 의사형성에 진지하게 참여할 의사가 있음에도 국민의 정치적 의사형성과정에서 배제되는 결과를 초래하는 입법은 헌법상 허용될 수 없다. 따라서 비례대표 기탁금조항이 후보자난립을 방지하여 선거의 과열·혼탁과 선거관리업무·비용의 증가를 방지한다는 목적은 더 이상 정당하다고 할 수 없다.

4) 행정공익적 목적의 정당성 인정 여부

공직선거법 제56조 제3항은 선거과정에서의 과태료(제261조) 및 불법시설물 등에 대한 대집행비용(제271조)을 기탁금에서 부담한다고 규정하면서 정당이 제출한 후보자명부에 올라 있는 후보자 중 당선인이 있어 정당에게 기탁금 전액을 반환(제57조 제1항 제2호)할 때에는 기탁금에서 위 과태료 및 행정대집행비용을 공제하고 반환하도록 규정하고 있다(제57조 제2항). 이러한 규정에 비추어 기탁금에는 과태료 등을 사전적으로 확보하는 기능이 있다고 볼 수 있다. 헌법재판소 역시 기존에 지역구국회의원선거를 비롯한 각종 공직선거에서 기탁금의 목적 중 하나로 선거과정에서 발생하는 불법행위에 대한 과태료 및 행정대집행비용을 사전 확보하여 행정효율을 달성하려는 목적의 정당성을 인정하여 왔다(헌재 1991. 3. 11. 91헌마21; 헌재 1995. 5.

25. 92헌마269등; 헌재 1996. 8. 29. 95헌마108; 헌재 2001. 7. 19. 2000헌마91등; 헌재 2003. 8. 21. 2001헌마687등; 헌재 2010. 12. 28. 2010헌마79 참조).

그런데 이러한 과태료 등을 사전 확보하는 공익은 아직 저지르지 않은 불법을 미리 가정한 것이고 순수한 행정상 공익에 해당한다. 따라서 이를 기탁금조항의 부수적 목적이나 기능으로 볼 수 있을지언정 유일한 목적으로 삼거나 본질적인 목적으로 삼기는 어려운 면이 있다. 또한 선거과정에서 절차적 위법이 발생하는 경우에 대해서는 사후적으로 과태료 및 행정대집행비용을 강제집행하거나 정당보조금에서 공제하는 등 다른 방법이 존재하므로, 사전적으로 과태료 및 행정대집행비용을 확보하기 위한다는 목적만으로 오늘날 대의제 민주주의 아래에서 정치적 의사형성과정에 참여하는 데 중핵이 되는 기본권인 정당활동의 자유 및 공무담임권에 대한 중대한 제한을 정당화되기는 어렵다. 더욱이 후보자 명부에 올라 있는 후보자 중 당선인이 없어 기탁금 전액이 국가에 귀속되는 정당의 경우 위 과태료 및 대집행비용이 기탁금에서 공제될 수 없으므로(제57조 제2항), 기탁금조항이 과태료 등을 사전적으로 확보한다는 입법목적은 성립할 수 없다.

5) 소 결

비례대표국회의원선거의 성격과 방식에 비추어 볼 때, 비례대표국회의원선거에서 정당의 난립을 방지한다는 목적은 상정할 수 없고, 선거과열 및 선거관리업무나 비용 증가를 방지하려는 목적은 더 이상 그 정당성이 인정되지 아니한다. 또한 과태료 및 행정대집행비용을 사전 확보한다는 목적은 기탁금제도의 본질적이고 독자적인 목적이 되기 어려울 뿐 아니라 경우에 따라 그 목적 자체가 성립될 수 없는 때도 발생하므로, 그 정당성이 인정될 수 없다. 따라서 비례대표 기탁금조항은 그 목적의 정당성이 인정되지 아니한다.

⑷ **수단의 적합성**

위에서 본 바와 같이 비례대표국회의원선거에서 후보자 1인을 기준으로 기탁금을 납부하도록 하도록 하는 것은 입법목적이 정당하지 않고, 수단의 적합성 측면에서 보더라도 기탁금이 어떻게 비례대표국회의원 후보자난립의 방지에 기여할 수 있다는 것인지 이를 뒷받침할 수 있는 근거가 전혀 제시되지 않고 있다.

뿐만 아니라 고액의 기탁금은 비례대표제의 본래 취지에 반하게 오히려 신생정당, 소수정당 등 소수의 정치에 대한 참여를 위축시키는 효과를 초래한다. 비례대표

국회의원선거에서의 기탁금 반환 요건은 후보자명부에 올라 있는 후보자 중 당선인이 1명이라도 있어야 하는데, 그 1명이 당선되기 위해서는 다시 해당 정당이 유효투표총수의 3% 이상을 획득하였거나 지역구국회의원 의석을 5석 이상 확보하였을 것을 요한다. 이러한 기탁금 반환 요건은 그 요건을 달성할 가능성이 높은 기성정당 내지 거대정당에 대해서는 비례대표국회의원후보자를 비례대표국회의원 정수인 47명까지 추천을 하는 데 아무런 제약이나 부담으로 작용하지 않는 반면, 그 반환요건을 달성할지 여부를 예측하기 어려운 소수정당에 대해서는 후보자 1명을 추천할 때마다 상당한 재정적 부담으로 작용하게 된다. 즉 고액의 기탁금 액수와 상당히 엄격한 기탁금 반환 요건이 결합하면서 비례대표 기탁금조항은 신생정당이나 소수정당에 대해서는 진지하지 못한 후보자의 추천을 방지하는 수준에 그치는 것이 아니라 처음부터 선거에 참여하는 것 자체를 배제하는 효과를 낳고, 기성정당 내지 거대정당에 대해서는 사실상 기탁금의 제약이 없는 것과 같은 결과를 가져온다. 이는 신생정당이나 소수정당에 대하여 선거의 출발선상에서부터 기성정당 내지 거대정당을 극복할 수 없는 열악하고 불리한 여건을 조성한다.

결국 비례대표 기탁금조항은 일부 거대정당의 정치적 독점을 배제하고 다원적인 국민의 목소리를 반영하기 위한 비례대표제의 본래 취지에도 어긋나는 것이며, 신생정당이나 소수정당에 대해서도 정치적 의사형성과정에 참여할 것을 독려하고 정당정치의 활성화를 도모하지 못하는 결과를 초래한다. 이러한 점을 고려할 때 비례대표 기탁금조항은 수단의 적합성 역시 인정되지 아니한다.

㈐ **침해의 최소성 및 법익의 균형성**

그밖에 비례대표 기탁금조항이 침해의 최소성 및 법익의 균형성 원칙에 위반된다는 점에 대해서는 법정의견과 견해를 같이 하므로 더 나아가 살피지 아니한다.

㈑ **소결론**

비례대표 기탁금조항은 과잉금지원칙을 위반하여 정당활동의 자유 등을 침해한다.

다. 연설 등 금지조항에 대한 판단(위헌의견)

(1) 목적의 정당성 및 수단의 적합성

연설 등 금지조항은 공개된 장소에서의 연설·대담을 지역구국회의원후보자에게만 허용하고, 비례대표국회의원후보자 개인에게는 허용하지 아니하고 있다. 이는 전국을 하나의 선거구로 하는 정당에 대한 선거로서의 성격을 가지는 비례대표국회 의원선거의 취지를 살리고 선거의 특성에 맞는 선거운동방법을 규정함으로써 선거 에 소요되는 사회적 비용 절감 및 효율적인 선거관리를 도모하여 선거의 공정성을 확보하고자 하는 것으로 그 목적의 정당성이 인정되고, 비례대표국회의원후보자에 게 공개된 장소에서의 연설·대담을 금지한 것은 위 목적을 달성하기 위한 적합한 수단에 해당한다.

(2) 침해의 최소성

㈎ 비례대표국회의원후보자가 공개된 장소에서 연설·대담을 통하여 정당을 홍 보하는 것이 비례대표국회의원선거의 특성에 비추어 전면적·절대적으로 금지되어 야 하는지 여부에 대하여 살피도록 한다.

비례대표국회의원선거에서는 기본적으로, 정당이 선거운동의 주체가 되어 매 세대에 발송되는 선거공보의 작성(제65조), 방송시설을 이용한 방송연설(제71조), 중 앙선거방송토론위원회 주관의 대담·토론회(제82조의2), 정책토론회(제82조의3), 신문 광고(제69조), 방송광고(제70조) 등을 통해 선거운동을 할 수 있으나, 여기에 할당된 지면이나 참여인원, 횟수, 시간적 범위 등은 법으로 엄격히 제한되고 있다.

정당이 작성하는 선거공보의 경우 12면 이내로 지면이 제한되고(제65조 제2항), 방송연설의 경우 정당이 비례대표국회의원후보자 중 선임한 대표 2인이 텔레비전 및 라디오 방송별 각 1회씩 각각 1회 10분 이내에서 이루어지며(제71조 제1항 제2호), 신문광고의 경우 일간신문에 총 20회 이내로(제69조 제1항 제2호), 방송광고의 경우 텔레비전 및 라디오 방송별로 각 15회 이내로 각각 그 기준이 법정되어 있어(제70조 제1항 제2호) 정당의 정강·정책 등을 홍보하는 데 일정한 한계가 존재한다.

그리고 중앙선거방송토론위원회가 주관하는 대담·토론회의 경우 해당 정당의 대표자가 지정하는 1명 이상의 비례대표국회의원후보자 또는 선거운동을 할 수 있 는 사람을 초청하여 2회 이상 개최하도록 하고 있으나(제82조의2 제2항), 그 초청대상 은 국회에 5인 이상의 소속의원을 가진 정당일 것, 직전 대통령선거 등에서 전국 유 효투표총수의 100분의 3 이상을 득표한 정당일 것 등 일정한 요건을 충족한 정당의 후보자로 제한되고 있다(같은 조 제4항 제2호). 중앙선거방송토론위원회가 위 초청대 상에 포함되지 아니하는 정당의 후보자를 대상으로 별도의 대담·토론회도 개최할

수는 있으나, 그 시간이나 횟수는 중앙선거관리위원회규칙이 정하는 바에 따라 초청
대상 후보자의 대담토론회와 다르게 정할 수 있다(같은 조 제5항). 이는 신생정당 내
지 소수정당의 참여기회가 현실적 여건이나 필요성에 따라 주요정당에 비해 상대적
으로 취약하게 보장될 수 있음을 시사한다. 뿐만 아니라 위 대담·토론회의 방송시
간대도 대다수의 직장인이 시청하기 어려운 오전 10시에서 12시까지 또는 오후 2시
부터 4시까지로 편성되는 등 방송사의 재량에 따라 시청률이 저조한 시간대로 편성
될 수 있다. 청구인들이 제출한 자료에 의하면, 초청대상인 정당의 후보자토론회 시
청률은 3% 내지 5%로, 초청대상이 아닌 정당의 후보자토론회 시청률은 1.8% 내지
2.0%로 나타났다. 이마저도 초청대상의 범위에 속하는 3~4개 정도의 주요정당이 2
회 이상에 걸쳐 주요 정책과 현안별로 심층적인 토론을 벌이는 것과 달리, 초청대상
이 아닌 15개가 넘는 정당들은 1회의 토론회에 한꺼번에 참여하고 발언시간도 단지
몇 분으로 제한되므로 그 질적 수준도 정책토론이 아닌 사실상 대표 공약을 잠시 알
리는 수준에 머무르게 된다. 중앙선거방송토론위원회가 주관하는 정책토론회의 경
우 선거일 전 90일부터 후보자등록신청개시일 전일까지 월 1회 이상 개최하여 정기
적으로 정당의 정강·정책을 홍보하는 기회를 부여하고 있으나, 이러한 정책토론회
역시 위 대담·토론회와 마찬가지로 일정한 요건을 갖춘 정당이 초청대상이 되므로
신생정당이나 소수정당에 대해서는 마찬가지의 어려움이 발생하게 된다. 요컨대 국
가 차원에서 정당의 홍보 기회를 제공하는 토론회 등의 경우 정당의 참여요건이 규
정되어 정당의 지지율이나 소속 국회의원 수에 따라 그 참여가능 여부나 활용 가능
한 시간 길이가 달라진다고 할 수 있다. 더욱이 정당이 스스로 비용을 부담하게 되
는 방송광고나 신문광고, 인터넷광고의 경우 상당히 고액의 비용을 요하여 상대적으
로 열악한 재정상태에 놓여있는 신생정당이나 소수정당의 입장에서는 사실상 활용
하기 어려울 수 있다.

　이러한 사정에 비추어보면, 비례대표국회의원선거에서 소수정당 내지 신생정당
이 자신의 정강·정책을 알리기 위해 실제로 활용할 수 있는 선거운동방법은 극히
일부로 제한된다 할 것이므로, 비례대표국회의원선거에서 정당의 규모나 인지도에
관계없이 유권자를 접하고 선거운동을 할 수 있는 수단을 강구하는 것이 필요하다.

　⑷ 비례대표국회의원후보자들은 정당의 정강·정책에 대하여 가장 잘 이해하고
정치적 활동을 통하여 그것을 실현해 나가고자 하는 의지를 가지고 있는 사람들이

다. 그리고 신문광고 등의 선거운동방법을 통하여 정당의 정책노선 등에 대하여 알
릴 수는 있으나, 이는 한정된 지면이나 시간, 횟수 속에서 최대한 집약적으로 정보
를 제공하여야 하는 한계를 가지고 있을 뿐 아니라 소통방향도 일방적이다. 인터넷
을 통한 선거운동방법은 쌍방향적이고 소통이 가능하기는 하나, 이 역시 유권자와
현장에서 상호 교감하고 그 반응을 즉각적으로 확인할 수 있는 방법에는 해당하지
아니한다. 따라서 이러한 일련의 선거운동방법들이 허용되어 있다는 이유로 공개된
장소에서의 연설·대담을 전면적으로 금지할 수 있는 것은 아니며, 선거의 공정성을
담보할 수 있는 일정한 요건과 절차를 마련하여 정당을 홍보할 수 있는 선거운동의
자유 및 정당활동의 자유가 최대한 보장될 필요가 있다.

　　㈐ 비례대표국회의원후보자 개개인에게 연설·대담을 통한 선거운동을 허용할
경우, 선거운동기간 중 정당의 정강·정책이나 후보자의 정견 등을 홍보하기 위한
연설·대담이 많이 이루어지고, 그 결과 선거운동이 과열되거나 유권자가 유의미한
정보를 습득하는 데 오히려 방해를 줄 수 있는 것은 사실이다. 기탁금 액수가 낮아
져서 정당마다 추천할 수 있는 비례대표국회의원후보자의 수가 늘어날 것으로 예상
되는 현 상황에서 공개된 장소에서의 연설·대담을 허용할 경우 이러한 우려는 더욱
커질 수 있다.

　　그러나 이러한 우려는 연설·대담의 방식 및 조건을 제한함으로써 상당 부분
해소할 수 있다. 예컨대, 특정 지역구에 어떤 정당이 추천한 지역구국회의원후보자
가 없는 경우에 한하여 그 지역구에 해당 정당 소속의 비례대표국회의원후보자 중
에서 연설·대담을 할 수 있는 사람 1인을 대표 연설·대담자로 등록하도록 한 다음
공개장소에서 연설·대담을 하도록 한다면 선거분위기를 지나치게 과열하지 않으면
서 모든 정당에게 기존의 정치영향력이나 인지도 등과 관계없이 정당을 홍보할 수
있는 길이 열릴 수 있는 것이다. 그리고 이러한 공개된 장소에서의 연설·대담에 의
한 선거운동은 후보자의 연설 등을 듣기 위하여 일정한 장소로 모이는 유권자의 자
발적 참여를 전제하고 있으므로 후보자가 가정 등에 직접 방문하여 유권자를 만나
는 호별방문에 의한 선거운동보다 선거과정에서의 불법이나 과열 양상의 우려가 적
으면서도 효율적인 홍보수단이라 할 수 있다.

　　㈑ 이와 같은 점을 종합하면, 연설 등 금지조항은 비례대표국회의원후보자의
연설·대담의 기회 자체를 전면적으로 박탈하고 있으므로 침해의 최소성 원칙에 위

반된다.

(3) 법익의 균형성

연설 등 금지조항에 의해 제한되는 선거운동의 자유 및 정당활동의 자유의 정도는 대의제 민주주의 체제에서 선거가 차지하는 비중에 비추어 그 제한을 통하여 달성하고자 하는 사회적 비용의 절감이나 선거의 공정성 확보라는 공익에 비해 훨씬 크다고 할 것이다. 따라서 연설 등 금지조항은 법익균형성 원칙에도 위반된다.

(4) 소결론

연설 등 금지조항은 과잉금지원칙을 위반하여 비례대표국회의원후보자인 청구인들과 이들을 추천한 청구인의 선거운동의 자유 및 정당활동의 자유를 침해한다.

라. 호별방문금지조항에 대한 판단(합헌의견)

(1) 제한되는 기본권

호별방문금지조항은 선거운동방법의 하나인 호별방문을 금지함으로써 청구인들의 선거운동의 자유를 제한하고, 널리 선거과정에서 자유로이 정치적 의견 내지 의사를 발표·교환할 자유의 한 태양으로서 정치적 표현의 자유를 제한함과 동시에, 정당 및 정당원으로서 정당의 정강이나 정책을 알림으로써 정치적 의사를 형성하고자 하는 정당활동의 자유를 제한한다.

(2) 선거운동의 자유 등 침해 여부

㈎ 목적의 정당성 및 수단의 적합성

호별방문금지조항은 선거운동을 위하여 공개되지 않은 장소에서 유권자를 만날 경우 생길 수 있는 투표매수 등 불법·부정선거 조장 위험을 방지함으로써(대법원 2015. 9. 10. 선고 2014도17290 판결 참조), 선거의 공정 및 유권자의 사생활의 평온을 확보하기 위한 것이므로, 그 목적의 정당성과 수단의 적합성이 인정된다.

㈏ 침해의 최소성

1) 민주적 의회정치의 기초인 선거는 본래 자유로워야 하고, 선거과정에 참여하는 국민 및 정당은 선거과정에서의 선거운동을 통하여 자유로이 정치적 의견을 발표·교환할 수 있어야 한다. 그러나 다른 한편, 부정선거와 과열된 선거운동으로 말미암아 발생할 사회경제적 손실과 부작용을 방지하며 실질적인 선거운동의 기회균등을 보장하기 위해서는 선거의 공정성이 확보되어야 하고, 이를 위해 어느 정도 선

거운동에 대한 규제가 불가피하다. 이러한 현실을 직시하여 현행 공직선거법은 혼탁한 선거문화를 바로잡으며 고비용의 선거구조를 혁신하여 공정하고 깨끗한 선거문화를 정착시키고 국민의 진정한 의사를 제대로 반영하기 위하여 선거운동의 기간과 방법 등을 상세히 규율하고 있다. 선거운동의 자유 등을 제한함에 있어 그 한계로서 논의되는 침해의 최소성 원칙을 판단할 때에는 우리나라 선거문화의 역사성, 선거 및 정치 문화의 특수성, 정치적·경제적·사회적 환경, 선거와 관련된 국민의식의 정도와 법 감정 등을 종합적으로 고려하여야 한다(헌재 2009. 5. 28. 2007헌바24; 헌재 2014. 4. 24. 2011헌바17등 참조).

2) 호별방문에 의한 선거운동을 허용하는 경우, 국회의원후보자를 비롯한 선거운동원은 후보자의 소속 정당명이나 경력, 정견 및 소속정당의 정강, 정책 등을 알리기 위하여 일반인의 자유로운 출입이 허용되지 않는 일상생활을 영위하는 거택, 주거·업무 등을 위한 장소 등에 방문할 수 있게 된다. 이는 후보자 개인과 정당에 대하여 개별 유권자와 직접 만나 소통하는 창구를 제공할 수 있다. 실제로 호별방문에 의한 선거운동방법은 일본을 제외한 서구의 다른 국가들에서는 자연스럽게 유권자와 접촉하여 의견을 표명하고 교환할 수 있는 가장 기본적인 선거운동방법에 해당한다.

그런데 앞서 본 바와 같이 우리나라의 선거역사와 정치현실을 살펴보면, 공조직과 사조직, 혈연·지연·학연을 이용한 불법선거, 금권을 이용한 금전선거, 여론조작과 흑색선전이 난무하는 비난선거 등 부정적 측면이 잔존하고 있음을 부정할 수 없다. 이러한 상황에서 비공개된 사적 공간에서 유권자와 후보자가 은밀하게 접촉할 기회를 제공할 수 있는 호별방문에 의한 선거운동이 금전선거 내지 불법선거를 조장하거나, 유권자에게 합리적 판단에 기초한 선택이 아닌 정리(情理)에 기반한 선택을 하도록 유도한다는 비판과 우려로부터 자유로울 수 없다는 것도 사실이다.

또한 호별방문에 의한 선거운동을 허용하면 모든 정당과 후보자가 가능한 최대의 인원을 동원하여 최대한 많은 세대를 방문하고자 하는 과정에서 주민 또는 다른 후보자와 갈등이 유발되는 등 경쟁이 과열되거나 선거내용이 혼탁해질 가능성이 크다. 유권자들로서는 사적 공간인 주거에서조차도 선거운동기간 동안 자신들의 의지와 상관없이 선거운동에 노출될 수 있고, 그로 인하여 적지 않은 불안감이나 긴장감, 거부감 등을 느낄 수 있다.

이러한 점에 비추어 보면, 호별방문에 의한 선거운동은 별도의 자본 투입 없이 가장 쉽고 간단하게 할 수 있는 선거운동방법이라는 장점을 가지고 있음에도 불구하고 언제든지 선거의 공정과 유권자의 사생활의 평온을 깨뜨릴 수 있는 가능성을 내포하고 있으므로 그 허용 여부에 대해 신중하게 접근할 필요가 있다.

3) 지역구국회의원선거의 경우 기본적으로 인물에 대한 선거로서의 성격을 가지므로 개별 지역구에서 개인 중심의 인물경쟁이 이루어지는 과정에서 정치적 의견이나 정책의 홍보에 초점을 맞추기보다는 기존의 혈연·지연·학연 등 특정 후보자와의 인연을 바탕으로 한 불법선거나 금권을 이용한 금전선거 등으로 연결될 가능성이 크다. 나아가 후보자가 유권자의 가정을 방문하는 것은 지역구국회의원후보자가 그 후보자의 정견 등을 듣고자 자발적으로 모인 유권자를 대상으로 공개된 장소에서 연설 등을 하는 것과 달리 후보자가 직접 유권자의 내밀한 사적 주거를 찾아가는 것이라는 점에서 그 사이에 발생하는 불법행위를 일일이 확인하거나 적발하기가 어렵고 관리감독비용도 증가될 수밖에 없다. 이때 후보자나 소속 정당의 인지도, 경제력 등의 차이가 호별방문의 범위나 그 효과에 영향을 미칠 수 있고, 후보자 간의 경쟁이 과열되어 혼탁선거로 이어질 가능성도 배제할 수 없다.

한편 정당에 대한 선거로서의 성격을 가지고 전국을 선거단위로 하며 정당이 선거운동의 주체가 되는 비례대표국회의원선거의 경우에는 일반 가정을 일일이 방문하는 방법이 효과적이라거나 반드시 필요한 선거운동방법이라 단정할 수 없다. 또한 이 사건에서 비례대표 기탁금조항이 헌법에 합치되지 아니한 것으로 결정되어 향후 정당마다 추천하는 비례대표국회의원후보자가 증가할 것으로 예상되는 상황에서 호별방문에 의한 선거운동을 허용한다면 비례대표국회의원선거에서도 위에서 본 지역구국회의원선거에서와 마찬가지의 문제점이 발생할 수 있다.

그리고 공직선거법은 인터넷 등 온라인 소통방식을 통한 상시적이고 쌍방향적인 선거운동방법을 비롯하여, 지역구국회의원선거에 있어서는 예비후보자등록 제도, 후보자 개인별 선거벽보 및 선거공보의 제작, 공개된 장소에서의 연설·대담 등 지역구국회의원후보자 개인의 경력이나 정치적 의견·정책 등을 효과적으로 홍보할 수 있는 선거운동방법을 허용하고 있고, 비례대표국회의원선거에 있어서도 전국적인 영향력을 지닌 매체인 신문광고, 방송광고, 인터넷 광고나 방송연설, 선거방송토론위원회가 주관하는 대담·토론회에의 참여, 정당별 선거공보의 제작 등을 통해 정당의 정강·정책 등을 설명할 수 있는 기회를 마련하고 있다.

따라서 각 가정을 실제 방문하여 개별 유권자를 접촉하는 방법이 아니더라도 후보자 개인과 정당이 유권자에게, 반대로 유권자가 후보자 개인과 정당에게 각종 정보 및 정치적 의견 등을 알릴 수 있는 다양한 방법들이 마련되어 있으므로, 여러 가지 심각한 문제 발생이 우려되는 호별방문에 의한 선거운동을 허용하지 않는다고 하여 국회의원후보자나 정당이 정치적 의사형성과정에 참여하고 유권자와 소통을 하는 데에 지나친 제한이 가해진다고 할 수 없다.

4) 호별방문금지조항이 국회의원선거에 있어 일반인에게 자유로운 출입이 허용되지 않는 장소에서의 호별방문은 금지하고 있지만, 이로 인하여 유권자와의 개별적·직접적 접촉이 완전히 차단된다고 할 수는 없다. 관혼상제의 의식이 거행되는 장소와 도로·시장·점포·다방·대합실 기타 다수인이 왕래하는 공개된 장소에서는 후보자가 직접 유권자를 만나 정당에 대한 지지를 호소할 수 있는 기회가 여전히 열려 있다(제106조 제2항).

5) 이상을 종합하면, 호별방문금지조항은 침해의 최소성 원칙에 위반된다고 할 수 없다.

㈐ **법익의 균형성**

호별방문금지조항이 선거운동 등을 위한 호별방문을 금지하는 것은 선거의 공정과 사생활의 평온을 위한 것이고, 대의민주주의를 채택하고 있는 우리나라에서 이러한 공익은 매우 크고 중요하다. 반면 국회의원후보자와 그 소속 정당으로서는 각 국회의원선거에 적합한 선거운동방법을 통하여 유권자에게 후보자 개인 및 정당에 대하여 효과적으로 홍보하는 것 이외에 직접 호별방문을 할 필요성이 크다고 보기 어렵고, 이를 금지함으로써 제한되는 기본권 제한의 정도가 공익에 비하여 크다고 할 수 없다. 따라서 호별방문금지조항은 법익의 균형성 원칙에도 위반되지 않는다.

㈑ **소결론**

호별방문금지조항이 과잉금지원칙을 위반하여 선거운동의 자유 등을 침해한다고 볼 수 없다.

선거범에 대한 선거권 제한 등 사건

(헌재 2018. 1. 25. 2015헌마821 등)

□ 사건개요 등

청구인 등은 지방선거에 출마하였다가 낙선한 사람들로서, 공직선거법 위반으로 벌금 또는 형의 집행유예를 선고받아 선거권, 피선거권, 선거운동, 기탁금 반환 등이 제한되자 공직선거법의 관련 조항에 대해 헌법소원심판을 청구하였다.

헌법재판소는 ① 공직선거법 제18조 제1항 제3호 중 '선거범으로서 100만 원 이상의 벌금형의 선고를 받고 그 형이 확정된 후 5년을 경과하지 아니한 자 또는 형의 집행유예의 선고를 받고 그 형이 확정된 후 10년을 경과하지 아니한 자'에 관한 부분(이하, '선거권제한조항'이라 한다), ② 공직선거법 제19조 제1호 중 선거권제한조항에 관한 부분(이하, '피선거권제한조항'이라 한다), ③ 공직선거법 제60조 제1항 제3호 중 선거권제한조항에 관한 부분(이하, '선거운동제한조항'이라 한다), ④ 공직선거법 제265조의2 제1항 전문 중 '당선되지 아니한 사람으로서 제264조에 규정된 자신의 죄로 당선무효에 해당하는 형이 확정된 사람'에 관한 부분(이하, '기탁금 등 반환조항'이라 한다)에 대해 헌법에 위반되지 아니한다고 결정하였다. 이 결정에는 선거권제한조항과 선거운동제한조항에 대하여는 재판관 안창호 외 4명의 반대(위헌)의견, 기탁금 등 반환조항 중 기탁금 부분에 대하여 재판관 4명의 반대(위헌)의견이 있었다.

재판관 안창호는 선거권제한 및 선거운동제한 조항에 대해서는 반대(위헌)의견을 제시하고, 피선거권제한 및 기탁금 등 반환조항에 대해서는 법정(합헌)의견과 견해를 같이 하였는데, 그 중요 내용은 다음과 같다.

첫째, 헌법재판소는 2014. 1. 28. 2012헌마409등 사건에서 수형자와 집행유예자에 대해 선거권을 제한한 법률조항이 선거권을 침해한다고 결정하였다. 이에 비추어 보면, 비록 선거범이라 하더라도 수형자와 집행유예자에 비해 범죄행위의 불법성과 비난가능성이 훨씬 경미한 벌금 100만 원 이상의 형을 선고받은 사람에 대해 일률적으로 5년 또는 10년 동안 선거권을 제한하는 것은 과도한 제한이다.

둘째, 공무원은 국민전체에 대한 봉사자이고 국민에 대해 책임을 지며 국가기관 등의 업무를 수행하고 있어, 공무원이 되려는 자가 공직선거법을 위반했다면, 공무원의 자질에 흠결이 있다 할 것이고, 국민을 대표하거나 국민 신임을 얻을 자격에 의문이 제기될 수 있으며, 공직의 공정한 수행에 대한 신뢰를 훼손할 수 있으므로, 선거범에 대해 일정기간 피선거권을 제한하는 것은 허용된다.

셋째, 선거범에 대한 선거운동의 제한은 선거범의 본질에서 당연히 도출되는 것이 아니고, 선거운동의 자유는 선거과정에서 '표현의 자유'의 한 태양이기도 하므로, 선거범에 대해 선거운동을 법률로써 제한하는 것은 필요 최소한에 그쳐야 한다. 선거범이라고 하더라도 벌금 100만 원 이상의 형을 선고받은 사람에 대해 일률적으로 5년 또는 10년 동안 선거운동을 제한하는 것은 과도한 제한이다.

넷째, 선거범죄는 일반범죄와 달리 선거 및 국민투표의 공정성을 직접 해치는 범죄유형이고, 선거범에 대하여 '경제적 제재'를 가하는 것은 선거권 및 선거운동의 자유를 제한하는 것과 달리 재산권을 제한하는 것이므로, 입법자의 입법형성권의 범위를 벗어나지 아니하는 한 이를 헌법에 위반된다고 할 수 없다.

헌법재판소는 선거권제한조항, 피선거권제한조항, 선거운동제한조항 및 기탁금 등 반환조항에 대해 모두 합헌결정을 하였으나, 재판관 안창호는 선거권제한조항과 선거운동제한조항에 대해서는 위헌의견을, 피선거권제한조항과 기탁금 등 반환조항에 대해서는 합헌의견을 제시하였다. 재판관 안창호의 의견은 우리 선거문화와 현실에 바탕을 두면서, 제한되는 기본권의 성질과 정도를 고려하여 심사기준을 달리한 결과이다. 이러한 견해는 향후 선거사범에 대한 형사처벌에 추가되는 법적 제재에 대한 위헌성을 판단할 경우 중요한 참고가 될 수 있다.

□ 재판관 안창호의 의견

가. 선거권제한조항에 대한 판단(위헌의견)

(1) 쟁점 정리

청구인들은 선거권제한조항이 선거권을 침해하고 그 밖에 이중처벌금지원칙을 위반한다고 주장하나, 헌법 제13조 제1항 후단에 규정된 이중처벌금지의 원칙에 있어 '처벌'이라 함은 원칙적으로 범죄에 대한 국가 형벌권 실행으로서의 형벌을 의미하는 것인데, 선거권제한조항이 정하는 선거권의 제한은 범죄에 대한 국가 형벌권의 실행으로서의 형벌에 해당하지 않음이 명백하므로, 이 점에 대해서는 더 나아가 판단하지 않는다.

또한 청구인들은 선거권제한조항이 청구인들의 평등권을 침해한다고 주장하나, 이는 양형에 따른 차별을 두지 않고 과도한 제재를 함으로써 과잉금지원칙을 위반하여 선거권을 침해한다는 주장에 포함되는 것이므로, 이에 대하여는 따로 판단하지 않는다.

나아가 청구인들은 선거권제한조항으로 인해 생존권과 행복추구권도 침해받았다고 주장하나, 이 조항은 생존권과는 실질적인 관련이 없고, 행복추구권은 다른 기본권에 대한 보충적 기본권으로서의 성격을 지니므로(헌재 2000. 12. 14. 99헌마112등 참조), 이 사건에서 선거권의 침해 여부에 대하여 판단하는 이상 별도로 이에 대해서는 판단하지 않는다.

결국 선거권제한조항이 과잉금지원칙을 위반하여 청구인들의 선거권을 침해하였는지 여부가 문제된다.

(2) 선거권의 의의 및 심사기준

헌법 제1조가 천명하고 있는 국민주권의 원리는 국민의 합의로 국가권력을 조직한다는 것이다. 이를 위해서는 주권자인 국민이 정치과정에 참여하는 기회가 되도록 폭넓게 보장될 것이 요구된다. 대의민주주의를 원칙으로 하는 오늘날의 민주정치 아래에서 국민의 참여는 기본적으로 선거를 통하여 이루어지므로 선거는 주권자인 국민이 그 주권을 행사하는 통로라고 할 수 있다.

이러한 국민주권의 원리와 선거를 통한 국민의 참여를 위하여 헌법 제24조는 모든 국민에게 법률이 정하는 바에 의하여 선거권을 보장하고 있고, 헌법 제11조는 정치적 생활영역에서의 평등권을 규정하고 있으며, 또한 헌법 제41조 제1항 및 제67조 제1항은 국회의원선거와 대통령선거에 있어서 보통·평등·직접·비밀선거의 원칙을 보장하고 있다. 헌법이 선거권과 선거원칙을 이같이 명문으로 보장하고 있는 것은 국민주권주의와 대의제 민주주의 하에서는 국민의 선거권 행사를 통해서만 국가와 국가권력의 구성과 창설이 비로소 가능해지고 국가와 국가권력의 민주적 정당성이 마련되기 때문이다.

헌법 제24조는 모든 국민은 '법률이 정하는 바에 의하여' 선거권을 가진다고 규정함으로써 법률유보의 형식을 취하고 있지만, 이것은 선거권을 실현하고 보장하기 위한 것이지 제한하기 위한 것이 아니므로, 선거권의 내용과 절차를 법률로 규정하는 경우에도 국민주권을 선언하고 있는 헌법 제1조, 평등권에 관한 헌법 제11조, 국회의원선거와 대통령선거에 있어서 보통·평등·직접·비밀선거를 보장하는 헌법 제41조 및 제67조의 취지에 부합하도록 하여야 한다. 그리고 민주주의 국가에서 국민주권과 대의제 민주주의의 실현수단으로서 선거권이 갖는 이 같은 중요성으로 인해 한편으로 입법자는 선거권을 최대한 보장하는 방향으로 입법을 하여야 하며, 또 다른 한편에서 선거권을 제한하는 법률의 합헌성을 심사하는 경우에는 그 심사의 강도도 엄격하게 하여야 한다.

따라서 선거권을 제한하는 입법은 헌법 제24조에 의해서 곧바로 정당화될 수는 없고, 헌법 제37조 제2항의 규정에 따라 국가안전보장·질서유지 또는 공공복리를 위하여 필요하고 불가피한 예외적인 경우에만 그 제한이 정당화될 수 있으며, 그 경우에도 선거권의 본질적인 내용을 침해할 수 없다. 더욱이 보통선거의 원칙은 선거권자의 능력, 재산, 사회적 지위 등의 실질적인 요소를 배제하고, 성년자이면 누구라도 당연히 선거권을 갖는 것을 요구하므로, 보통선거의 원칙에 반하는 선거권 제한의 입법을 하기 위해서는 헌법 제37조 제2항의 규정에 따른 한계가 한층 엄격히 지켜져야 한다(헌재 2007. 6. 28. 2004헌마644등; 헌재 2011. 12. 29. 2009헌마476 등 참조).

한편 범죄자에 대한 선거권 제한은 고대 그리스와 로마시대의 소위 '시민으로서의 지위 박탈'의 일종으로서 그 역사적 뿌리가 깊다. 그러나 보통선거의 원칙이 확립된 이후 더 이상 '시민으로서의 지위 박탈'은 현대의 시민권 개념과 조화되기 어렵게 되었다. 따라서 범죄자에 대해 형벌의 내용으로 선거권을 제한하는 경우에도 선거권 제한 여부 및 적용범위의 타당성에 관하여 보통선거의 원칙에 입각한 선거권 보장과 그 제한의 관점에서 헌법 제37조 제2항에 따라 비례심사를 하여야 한다(헌재 2014. 1. 28. 2012헌마409등 참조).

(3) 선거권 침해 여부

㈎ 목적의 정당성과 수단의 적합성

선거권제한조항은 선거범죄를 방지하여 공정한 선거를 보장하고 진정한 주권자의 의사를 선거결과에 제대로 반영하기 위한 것이다. 또한 선거권제한조항은 선거범을 포함하여 일반국민으로 하여금 선거의 공정성에 대한 의식을 제고하는 데 기여할 수 있다. 선거범에 대하여 선거권을 제한하는 것은 공동체 구성원으로서 선거와 관련하여 반드시 지켜야 할 기본적 의무를 저버린 범죄자에게까지 그 공동체의 운용을 주도하는 통치조직의 구성에 참여하도록 하는 것이 바람직하지 아니하다는 기본적 인식에 기초하여 선거범에 대하여 형사처벌에 추가하여 사회적 제재를 부과하는 의미를 가진다.

이러한 선거권제한조항이 담고 있는 목적은 정당하고, 이 조항에 따른 선거권 제한은 이러한 목적을 달성하기 위한 효과적이고 적절한 방법의 하나가 될 수 있다.

따라서 선거권제한조항은 입법목적의 정당성과 수단의 적합성이 인정된다.

(나) **침해의 최소성**

1) 선거권제한조항에서 '선거범'이란 공직선거법 제16장 벌칙에 규정된 죄와 국민투표법 위반의 죄를 범한 자를 말하고(공직선거법 제18조 제2항), 공직선거법상 선거범죄 중 법정형이 가장 낮은 것도 '1년 이하의 징역 또는 100만 원 이하의 벌금'(제255조 제4항)으로 정해져 있어, 공직선거법상 모든 선거범에 대하여 100만 원 이상의 벌금형 선고가 가능하므로, 구체적인 범죄의 태양이나 내용에 관계없이 모두 선거권제한조항으로 인한 선거권 제한의 대상이 되며, 그 기간도 예외 없이 100만 원 이상의 벌금형은 5년, 징역형의 집행유예의 경우는 10년으로 획일적으로 정해져 있다. 그 결과 100만 원 이상의 벌금형 또는 징역형의 집행유예를 선고받은 선거범은 5년 또는 10년 동안 이루어지는 다수의 각종 공직선거에서 선거권을 행사할 수 없게 된다.

그러나 선거범죄가 일반범죄와 달리 선거 및 국민투표의 공정성을 직접 해치는 범죄 유형이라고 하더라도, 선거범에 대한 선거권 제한은 선거범에 대해 통치조직의 구성에 참여하는 것을 제한하는 사회적 제재일 뿐, 선거범의 본질에서 당연히 도출되는 것은 아니다.

따라서 민주주의 국가에서 국민주권과 대의제 민주주의의 실현수단으로서 선거권이 가지는 의미와 보통선거원칙의 중요성에 비추어 볼 때, 선거범에 대해 선거권을 법률로써 제한하는 것은 필요 최소한에 그쳐야 한다.

2) 그 동안 우리의 선거사에서 지적되어 오던 선거의 과열과 타락, 불법으로 인한 선거풍토를 일신하고 공정한 선거문화를 정착시키기 위해서는 선거의 부정에 대한 제재를 강화할 필요가 있다.

공정한 선거의 보장은 범죄의 불법성과 비난가능성을 고려하여 선거범에 대한 엄정한 형사처벌과 이에 추가되는 부수적 제재로써 달성될 수 있다. 현행 공직선거

법에는 선거범으로 징역형 또는 100만 원 이상의 벌금형을 선고받은 때에는 당선인
은 당선이 무효가 되고(제264조), 후보자는 반환받은 기탁금과 보전받은 선거비용을
반환하여야 하며(제265조의2), 당선인과 후보자를 포함한 일반 유권자는 피선거권을
박탈당하는(제19조) 등의 경제적·사회적 제재가 규정되어 있다. 이러한 제재는 공정
한 선거의 보장을 위해 당선인, 후보자, 후보자가 되려는 자에게 효과적인 제재수단
이 될 수 있다.

　위와 같은 경제적·사회적 제재에 더하여, 선거권제한조항은 공정한 선거의 보
장과 준법의식을 제고하고자 선거범에 대하여 일정한 요건 아래 선거권을 제한하고
있다. 그러나 각종 공직선거에서의 투표율 등에 비추어 볼 때, 선거범에 대한 선거
권 제한의 효과는 그리 크지 않을 수 있다는 점에서 비록 선거범이라 하더라도 선거
권 제한의 대상은 제한적이어야 한다.

　따라서 선거권제한조항이 입법목적 달성을 위해 100만 원 이상의 벌금형 또는
징역형의 집행유예를 선고받은 선거범 모두에 대하여 일률적으로 선거권을 제한하
는 것은 입법형성권의 범위를 벗어난 제재가 될 수 있다.

　3) 선거권제한조항은 '100만 원 이상의 벌금형' 또는 '징역형의 집행유예'를 선
고받은 선거범에 대하여 일정한 기간 동안 선거권을 제한하고 있다. 법원의 선고형
을 기준으로 선거권을 제한하는 것 자체가 헌법상 허용되지 않는 방법이라고 볼 수
는 없으나, 선거범이라는 점을 감안하더라도 이 조항에서 정한 기준은 지나치게 엄
격한 기준이라고 할 수 있다.

　헌법재판소는 2014. 1. 28. 2012헌마409등 사건에서 선거범죄 이외의 일반범죄
로 유기징역형을 선고받고 그 집행이 종료되지 아니한 사람에 대하여 선거권을 제
한한 법률조항을 헌법에 합치하지 아니한다고 하고, 징역형의 집행유예를 선고받고
집행유예기간 중인 사람에 대하여 선거권을 제한한 법률조항을 헌법에 위반된다고
결정하였다. 이에 따라 공직선거법이 2015. 8. 13. 법률 제13497호로 개정되어 선거
범죄 이외의 일반범죄로 징역형의 집행유예를 선고받은 사람은 그 유예기간이 경과
하지 아니하였다고 하더라도 선거권이 인정되고, 1년 미만의 징역형을 선고받은 사
람도 그 집행의 종료여부 등과 관계없이 선거권이 인정되었다(제18조 제1항 제2호).

　징역형의 집행유예는 3년 이하의 징역형을 선고하면서 형법 제51조(양형의 조
건)의 사항을 참작하여 그 정상에 참작할 만한 사유가 있는 때에 1년 이상 5년 이하

의 기간 동안 그 형의 집행을 유예하는 것으로(형법 제62조), 통상 범죄행위의 불법성 및 반사회성은 징역형의 실형의 경우와 비교하면 현격한 차이가 있고 그 정도가 무겁지 아니하다. 더욱이 벌금형을 선고받은 경우에는 그것이 100만 원 이상이라 하더라도, 일반적으로 징역형은 물론 그 형의 집행유예를 선고받은 경우에 비하여 범죄행위의 불법성과 법률적·사회적 비난가능성이 훨씬 경미하다고 할 수 있다.

따라서 일반범죄와 비교하여, 선거범죄라는 이유만으로 벌금 100만 원 이상의 형을 선고받은 사람에 대해 일률적으로 5년 또는 10년 동안 선거권을 제한하는 것은 입법형성권의 범위를 벗어난 과도한 제한이라고 아니 할 수 없다.

4) 선거범은 그 태양이 다양하고 그 행위의 불법성과 법률적·사회적 비난가능성이 다양하다. 앞서 본 바와 같이 민주주의 국가에서는 선거권 의의 및 보통선거원칙의 중요성이 강조되고 있으므로, 선거범에 대하여 선거권을 제한하는 경우에도 과도하게 제한하지 아니하는 방법이 강구되어야 한다.

범죄행위의 불법성 및 법률적·사회적 비난가능성이 경미한 선거범은 선거권 제한의 대상에서 제외하는 방법이 가능하고, 선거권제한조항과 같이 선고된 형에 따라 당연히 선거권이 제한되는 방법이 아니라 개개 사건에서 법원이 구체적 사정을 고려하여 판결로써 선거권을 제한하는 방법도 가능하며, 선거권제한조항과 같은 법률이 있다고 하더라도 법원이 정상을 참작하여 법에서 정한 제한기간을 단축하거나 그 제한을 면제할 수 있게 하는 등 덜 침해적인 방법이 가능하다.

5) 이러한 점들을 종합하면, 선거권제한조항이 100만 원 이상의 벌금형을 선고받고 그 형이 확정된 후 5년 또는 징역형의 집행유예를 선고받고 그 형이 확정된 후 10년을 경과하지 아니한 선거범 모두에 대하여 일률적으로 선거권을 제한하는 것은 입법목적 달성에 필요한 정도를 벗어난 과도한 제한이라고 할 수 있다.

따라서 선거권제한조항은 침해 최소성의 원칙에 어긋난다.

㈐ **법익의 균형성**

선거권은 그 기본권 주체가 정치적 의사를 실현할 수 있는 수단으로서 국민 개개인의 기본권이다. 보통선거의 원칙에 따른 선거권의 보장은 헌법질서를 구성하는 '국민주권에 바탕을 둔 대의제 민주주의'를 실현하기 위한 핵심적 요소로서 선거를 통하여 구성된 국가권력의 민주적 정당성을 확보하는 공익적 가치를 갖고 있다. 입법목적 달성에 필요한 정도를 벗어난 과도한 선거권 제한은 기본권 주체의 개인적 권리뿐만 아니라 위와 같은 공익을 함께 침해하는 것이다.

그런데 선거권제한조항을 통해 달성하고자 하는 선거의 공정성 확보 등의 공익은 앞서 본 바와 같이 제한적이라고 할 것이므로, 이 조항에 의해 침해되는 기본권 주체의 권리 및 민주적 선거제도의 공익적 가치보다 크다고 할 수 없다.

따라서 선거권제한조항은 법익의 균형성이 인정되지 아니한다.

㈜ 소결론

선거권제한조항은 과잉금지원칙을 위반하여 청구인들의 선거권을 침해한다.

나. 피선거권제한조항에 대한 판단(합헌의견)

(1) 쟁점의 정리

청구인들은 피선거권제한조항이 공무담임권을 침해하고 그 밖에 이중처벌금지원칙을 위반한다고 주장하나, 앞서 본 바와 같이 이중처벌금지원칙에 있어 '처벌'은 원칙적으로 범죄에 대한 국가 형벌권 실행으로서의 형벌을 의미하고, 피선거권제한조항이 정하는 피선거권의 제한은 범죄에 대한 국가 형벌권의 실행으로서의 처벌에 해당하지 않음이 명백하므로, 이 점에 대해서는 더 나아가 판단하지 않는다.

또한 청구인들은 피선거권제한조항이 청구인들의 평등권을 침해한다고 주장하나, 이는 양형에 따른 차별을 두지 않고 과도한 제재를 함으로써 과잉금지원칙을 위반하여 공무담임권을 침해한다는 주장에 포함되는 것이므로, 이에 대하여는 따로 판단하지 않는다.

청구인들은 피선거권제한조항으로 인해 생존권과 행복추구권도 침해되었다고 주장하나, 이 조항은 생존권과는 실질적인 관련이 없고, 행복추구권은 다른 기본권에 대한 보충적 기본권으로서의 성격을 지니므로(헌재 2000. 12. 14. 99헌마112등 참조), 이 사건에서 공무담임권의 침해 여부에 대하여 판단하는 이상 별도로 이에 대해서는 판단하지 않는다.

결국 피선거권제한조항이 과잉금지원칙을 위반하여 청구인들의 공무담임권을 침해하였는지 여부가 문제된다.

(2) 침해되는 기본권과 심사기준

피선거권제한조항은 선거범으로서 100만 원 이상의 벌금형을 선고받아 확정되면 5년 또는 징역형의 집행유예의 선고를 받고 그 형이 확정된 후 10년을 경과하지 아니한 자에 대하여 피선거권을 정지시킨다는 내용으로 청구인들의 피선거권, 즉 헌법 제25조가 보장하는 국민의 기본권인 공무담임권을 제한하고 있다. 공무담임권은 그 본질적 내용을 침해하지 아니하는 한 국가의 안전보장·질서유지 또는 공공복리를 위하여 필요한 경우에 한하여 제한할 수 있으므로(헌법 제37조 제2항), 피선거권제한조항이 규정하는 공무담임권에 대한 제한이 헌법적으로 허용되는 한계를 준수한 것인지 여부는 과잉금지원칙에 의해 심사하여야 한다(헌재 2008. 1. 17. 2004헌마41; 헌재 2011. 12. 29. 2009헌마476 참조). 다만 공무원은 국민전체에 대한 봉사자이고 국민에 대하여 책임을 지며(헌법 제7조 제1항), 국가나 지방자치단체 등 공공단체의 기능이나 작용은 국가기관 등의 기관이 담당하고 국가기관 등의 구체적 활동은 공무원이 수행하고 있으므로, 피선거권제한조항에 대한 공무담임권 침해여부를 판단함에 있어서는 이러한 공무원 지위의 특수성이 고려되어야 한다.

(3) 공무담임권 침해 여부

㈎ 헌법재판소 선례

헌법재판소는 2008. 1. 17. 2004헌마41 결정에서 피선거권제한조항 중 벌금형 부분과 실질적으로 내용이 동일한 구 공직선거및선거부정방지법(1994. 3. 16. 법률 제4739호로 제정되고, 2005. 8. 4. 법률 제7681호로 개정되기 전의 것) 제19조 제1호 중 제18조 제1항 제3호 가운데 '선거범으로서 100만 원 이상의 벌금형의 선고를 받고 그 형이 확정된 후 5년을 경과하지 아니한 자' 부분이 청구인의 공무담임권을 침해하지 않는다고 판단한 바 있고, 2011. 12. 29. 2009헌마476 결정에서도 동일한 판단을 하였다. 위 2004헌마41 결정의 요지는 다음과 같다.

『1) 목적의 정당성과 수단의 적합성

선거의 공정성을 해친 바 있는 선거범에 대하여는 주권자인 국민의 정치적 의사형성과 표현의 과정인 참정권의 행사를 공명하게 담보하기 위하여 일정기간 피선거권의 행사를 정지시키는 등으로 부정선거의 소지를 차단할 필요가 있다. 100만 원 이상의 벌금형을 선고받은 선거범에 대하여 5년간 피선거권을 정지시킴으로써 선거의 공정성을 해친 바 있는 선거범에 의한 부정선거를 방지함과 아울러 선거범에 대한 제재를 강화하여 선거법을 경시하는 선거풍토를 일신하고 선거문화를 쇄신하여 선거의 공정성을 확보하고자 하는 피선거권제한조항은 입법목적의 정당성이 인정된다. 그리고 선거범에 대하여 피선거권을 제한하는 것은 선거범죄를 방지하기 위한 효과적인 제재수단이므로 선거범죄를 방지하여 공정한 선거를 보장하려는 입법목적의 달성을 위하여 적절한 수단이 될 수 있다.

2) 침해의 최소성

국민이 자신의 정치적 의사를 자유로이 결정하고 표명하여 주권행사를 실현하는 선거과정에서 선거부정행위를 저질러 국민의 자유로운 의사를 왜곡한 바 있는 선거범으로부터 부정선거의 소지를 차단하여 공정한 선거가 이루어지도록 하기 위하여는 선거범 스스로 공직선거의 후보자가 되는 길을 제한하는 것이 효과적인 방법이 될 수 있으므로, 선거범으로서 형벌을 받은 자에 대하여 일정기간 피선거권을 정지하는 규정 자체는 국민의 공무담임권을 침해하는 위헌규정이라고 단정할 수 없다(헌재 1997. 12. 24. 97헌마16 참조).

다만 선거범으로서 형벌을 받은 자에 대하여 일정기간 피선거권을 제한하는 법률을 제정함에 있어 구체적으로 어떤 종류의 형벌을 얼마만큼 선고받은 자에 대하여 어느 정도의 기간 동안 피선거권의 행사를 정지시킬 것인가가 문제이나, 이는 그 나라의 역사와 정치문화, 선거풍토와 선거문화의 수준 등 제반사정을 고려하여 입법자가 결정할 문제이다(헌재 1993. 7. 29. 93헌마23; 헌재 1997. 12. 24. 97헌마16).

피선거권제한조항은 선거의 공정성을 확보하기 위하여 선거범에 대하여 피선거권을 제한함에 있어 선거범이 선고받은 벌금형의 액수(100만 원 이상)를 기준으로 5년 동안 피선거권의 행사를 정지시키고 있는바, 이 조항이 피선거권의 제한기준으로 100만 원의 벌금형을 정한 것은 지나치게 엄격한 기준설정이 아닌가 하는 의문을 가질 수 있다. 그러나 그 동안 우리의 선거사에서 지적되어 오던 선거의 과열과 타락, 불법으로 인한 선거풍토를 일신하고 공정한 선거문화를 정착시키기 위하여는 선거부정 및 부패에 대한 제재를 강화할 필요성이 있다.

그리고 위 100만 원 이상의 벌금형은 법정형이나 처단형이 아닌 선고형으로서, 법원은 선거범에 대한 형사재판에 있어서 형법 제51조 소정의 양형의 조건을 참작하여 형을 정할 때에 피선거권이 제한되는 사정을 고려하여 선고형인 벌금액을 결정할 수 있는 재량이 있으므로, 법원의 사법적 판단 내지 양형재량에 의하여 선거범에 대한 피선거권 제한이 이루어질 수 있도록 한 것은 합리성을 인정할 수 있다(헌재 1993. 7. 29. 93헌마23; 헌재 2005. 10. 27. 2004헌바41 참조).

이에 대하여는 법원이 선거범죄의 형량을 정함에 있어 범죄의 태양과 죄질에 따른 양형판단보다 피선거권의 제한 여부를 위주로 한 양형판단을 하게 되어 범죄와 형벌 간의 비례성에 기반한 양형체계를 왜곡하는 원인이 될 수 있다는 비판이 가능할 것이나, 피선거권제한조항은 선거에 대한 규율이 광범위하고도 포괄적이어서 선거법위반의 가능성이 많은 우리 선거법 체계하에서 선거범에 대하여 일률적으로 피선거권을 제한하는 대신, 선거범죄에 대한 구체적·개별적인 사정을 반영하여 타당성 있는 제재를 하도록 함으로써 피선거권을 가급적 폭넓게 보장하고자 하는 뜻에서, 입법부로부터 양형재량을 부여받은 법원의 사법적 판단에 의하여 피선거권이 제한되도록 한 것으로 이해된다.

그리고 피선거권제한조항은 100만 원 이상의 벌금형을 선고받은 선거범에 대하여 5년간 피선거권을 제한하고 있는데, 선거의 공정성을 확보하기 위한 피선거권제한조항의 입법취지 및 피선거권의 제한이 선거범 스스로가 선거법을 위반함에 따른 불이익이라는 점을 고려하면 5년간의 제한기간은 지나치게 장기간이라고 보기 어렵다.

이와 같이 선거의 공정성을 해친 바 있는 선거범으로부터 부정선거의 소지를 차단하여 공정한 선거가 이루어지도록 하기 위해서는 피선거권을 제한하는 것이 효과적인 방법이 될 수 있는 점, 법원이 형량을 결정함에 있어서 양형의 조건뿐만 아니라 피선거권의 제한 여부에 대한 합리적 평가도 하게 되는 점 및 입법자가 피선거권제한조항에서 피선거권의 제한기준으로 채택한 수단이 지나친 것이어서 입법형성권의 범위를 벗어난 것이라고 단정하기 어려운 점 등을 종합하여 보면, 피선거권제한조항은 침해 최소성의 원칙에 어긋나지 아니한다.

3) 법익의 균형성

피선거권제한조항으로 인하여 선거범의 피선거권이 일정기간 제한되지만 이를 통하여 달성하려는 선거의 공정성 확보라는 공익이 선거범 자신의 귀책사유로 인하여 피선거권을 행사하지 못하게 되는 불이익보다 크다고 할 것이므로 법익의 균형성도 인정된다.

4) 소결론

피선거권제한조항이 청구인의 공무담임권을 침해하는 것은 아니다.』

(나) 이 사건에서 공직선거법 위반으로 벌금 100만 원 이상의 벌금형을 선고받은 청구인 김○현, 안○성의 경우 위 선례와 달리 판단해야 할 사정변경이나 필요성이

있다고 보기 어렵다.

한편 공직선거법 위반으로 벌금형의 경우보다 무거운 징역형의 집행유예를 선고받은 청구인 정현태의 경우에도, 피선거권제한조항의 입법목적과 수단 등에 비추어 볼 때 위 선례와 달리 판단하여야 할 필요성이 있다고 보기 어렵다. 다만 징역형의 집행유예 선고를 받은 경우는 피선거권의 제한기간이 벌금형의 경우보다 긴 10년이 되나, 징역형의 집행유예는 100만 원의 벌금형보다 범죄행위의 불법성 및 법률적·사회적 비난가능성이 훨씬 무거운 것임을 고려하면, 이 역시 지나치게 장기간이라고 보기 어려우므로 과잉금지원칙에 위반된다고 단정할 수 없다.

특히 공무원은 국민전체에 대한 봉사자이고 국민에 대하여 책임을 지며(헌법 제7조 제1항), 국가나 지방자치단체 등 공공단체의 기능이나 작용은 국가기관 등의 기관이 담당하고 국가기관 등의 구체적 활동은 공무원이 수행하고 있으므로, 공무원이 되려는 자는 누구보다도 법을 엄중하게 준수해야 한다. 공무원이 되려는 자가 공직선거법을 위반하였다면, 공무원으로서의 자질에 흠결이 있다 할 것이고, 국민을 대표하거나 국민의 신임을 얻을 자격에 의문이 제기될 수 있으며, 공직의 공정한 수행에 대한 신뢰를 기대하는데 한계가 있다.

이러한 점들을 종합하면, 피선거권제한조항이 100만 원 이상의 벌금형을 선고받고 그 형이 확정된 후 5년 또는 징역형의 집행유예를 선고받고 그 형이 확정된 후 10년을 경과하지 아니한 사람에 대하여 피선거권을 제한한다고 하더라도, 이 조항이 과잉금지원칙을 위반한다고 할 수 없다.

따라서 피선거권제한조항이 과잉금지원칙을 위반하여 청구인들의 공무담임권을 침해하는 것은 아니다.

다. 선거운동제한조항에 대한 판단(위헌의견)

(1) 선거운동의 자유와 심사기준

선거운동의 자유는 널리 선거과정에서 자유로이 의사를 표현할 자유의 일환이므로 표현의 자유의 한 태양이기도 하다. 이러한 정치적 표현의 자유는 선거과정에서의 선거운동을 통하여 국민이 정치적 의견을 자유로이 발표, 교환함으로써 비로소 그 기능을 다하게 된다 할 것이므로, 선거운동의 자유는 헌법이 정한 언론·출판·집회·결사의 자유를 보장하는 규정에 의해 보호를 받는다. 헌법은 참정권의 내용으로 모든 국민에게 법률이 정하는 바에 따라 선거권을 부여하고 있는데, 선거권이 제대로 행사되기 위해서는 후보자에 대한 정보의 자유교환이 필연적으로 요청된다 할 것이므로, 선거운동의 자유는 선거권 행사의 전제 내지 선거권의 중요한 내용을 이룬다고 할 수 있고, 따라서 선거운동의 제한은 선거권을 제한하는 측면이 있다고 할 수 있다(헌재 2004. 4. 29. 2002헌마467 참조).

　　이러한 선거운동의 자유는 무제한일 수는 없고, 선거의 공정성이라는 또 다른 가치를 위하여 어느 정도 선거운동의 주체, 기간, 방법 등에 대한 규제가 행하여질 수 있다. 그러나 선거운동은 국민주권 행사의 일환일 뿐 아니라 정치적 표현의 자유의 한 형태로서 민주사회를 구성하고 움직이게 하는 요소이므로 그 제한입법의 위헌여부에 대하여는 엄격한 심사기준이 적용되어야 한다(헌재 2016. 6. 30. 2013헌가1 참조).

(2) 선거운동의 자유 침해 여부

(가) 목적의 정당성과 수단의 적합성

　　선거운동제한조항은 선거범죄를 방지하여 공정한 선거를 보장하고 진정한 주권자의 의사를 선거결과에 제대로 반영하기 위한 것이다. 또한 선거운동제한조항은 선거범을 포함하여 일반국민으로 하여금 선거의 공정성에 대한 의식을 제고하는 데 기여할 수 있다. 선거범에 대하여 선거운동을 제한하는 것은 공동체 구성원으로서 선거와 관련하여 반드시 지켜야 할 기본적 의무를 저버린 범죄자에게까지 민주사회를 구성하고 움직이게 함에 있어 중요한 기능을 하는 선거운동에 참여하게 하는 것이 바람직하지 아니하다는 기본적 인식에 기초하여, 선거범에 대하여 형사처벌에 추가하여 사회적 제재를 부과하는 의미를 가진다.

　　이러한 선거운동제한조항이 담고 있는 목적은 정당하고, 이 조항에 따른 선거운동 제한은 이러한 목적을 달성하기 위한 효과적이고 적절한 방법의 하나가 될 수 있다.

　　따라서 선거운동제한조항은 입법목적의 정당성과 수단의 적합성이 인정된다.

(나) 침해의 최소성

　　1) 선거운동제한조항에서 '선거범'이란 공직선거법 제16장 벌칙에 규정된 죄와 국민투표법 위반의 죄를 범한 자를 말하고(공직선거법 제18조 제2항), 공직선거법상 선거범죄 중 법정형이 가장 낮은 것도 '1년 이하의 징역 또는 100만 원 이하의 벌금'

(제255조 제4항)으로 정해져 있어, 공직선거법상 모든 선거범에 대하여 100만 원 이상의 벌금형 선고가 가능하므로, 구체적인 범죄의 태양이나 내용에 관계없이 모두 선거운동제한조항으로 인한 선거운동 제한의 대상이 되며, 기간도 예외 없이 100만 원 이상의 벌금형은 5년, 징역형의 집행유예의 경우는 10년으로 획일적으로 정해져 있다. 그 결과 100만 원 이상의 벌금형 또는 징역형의 집행유예를 선고받은 선거범은 5년 또는 10년 동안 이루어지는 다수의 각종 공직선거에서 선거운동을 할 수 없게 된다.

그러나 선거범죄가 일반범죄와 달리 선거 및 국민투표의 공정성을 직접 해치는 범죄 유형이라고 하더라도, 선거범에 대한 선거운동의 제한은 선거범에 대하여 형사처벌에 추가하여 선거운동을 제한하는 사회적 제재일 뿐, 선거범의 본질에서 당연히 도출되는 것은 아니다.

따라서 국민주권 행사의 일환일 뿐 아니라 정치적 표현의 자유의 한 형태로서 민주사회를 구성하고 움직이게 함에 있어 중요한 기능을 하는 선거운동의 의의에 비추어 볼 때, 선거범에 대해서도 선거운동의 자유를 법률로써 제한하는 것은 필요 최소한에 그쳐야 한다.

2) 그동안 우리의 선거사에서 지적되어 오던 선거의 과열과 타락, 불법으로 인한 선거풍토를 일신하고 공정한 선거문화를 정착시키기 위하여는 선거의 부정에 대한 제재를 강화할 필요가 있다.

공정한 선거의 보장은 범죄의 불법성과 비난가능성을 고려하여 선거범에 대한 엄정한 형사처벌과 이에 추가되는 부수적 제재로써 달성될 수 있다. 현행 공직선거법에는 선거범으로 징역형 또는 100만 원 이상의 벌금형을 선고받은 경우 당선인은 당선이 무효가 되고(제264조), 후보자는 반환받은 기탁금과 보전받은 선거비용을 반환하여야 하며(제265조의2), 당선인과 후보자를 포함한 일반 유권자는 피선거권을 박탈당하는(제19조) 등의 경제적·사회적 제재가 규정되어 있다. 이러한 제재는 공정한 선거의 보장을 위해 당선인, 후보자, 후보자가 되려는 자에게 효과적인 제재수단이 될 수 있다.

위와 같은 경제적·사회적 제재에 더해, 선거운동제한조항은 공정한 선거의 보장과 준법의식을 제고하고자 선거범에 대하여 일정한 요건 아래 선거운동의 자유를 제한하고 있다. 그러나 피선거권제한조항에 의하여 벌금 100만 원 이상의 형이 확

정된 선거범은 일정기간 후보자로서 선거운동을 할 수 없는 점과 각종 공직선거에
서의 투표율 등에 비추어 볼 때, 선거범에 대해 선거운동의 자유를 제한하는 것은
그 효과가 그리 크지 않을 수 있다는 점에서 비록 선거범이라 하더라도 선거운동의
자유를 제한하는 대상은 제한적이어야 한다.

　3) 선거운동제한조항은 '100만 원 이상의 벌금형' 또는 '징역형의 집행유예'를
선고받은 선거범에 대하여 일정한 기간 동안 선거운동을 제한하고 있다. 법원의 선
고형을 기준으로 선거운동을 제한하는 것 자체가 헌법상 허용되지 않는 방법이라고
볼 수는 없으나, 선거범이라는 점을 감안하더라도 이 조항에서 정한 기준은 지나치
게 엄격한 기준이라고 할 수 있다.

　헌법재판소는 2014. 1. 28. 2012헌마409등 사건에서 선거범죄 이외의 일반범죄
로 유기징역형을 선고받고 그 집행이 종료되지 아니한 사람에 대하여 선거권을 제
한한 법률조항을 헌법에 합치하지 아니한다고 하고, 징역형의 집행유예를 선고받고
집행유예기간 중인 사람에 대하여 선거권을 제한한 법률조항을 헌법에 위반된다고
결정하였다. 이에 따라 공직선거법이 2015. 8. 13. 법률 제13497호로 개정되어 선거
범죄 이외의 일반범죄로 징역형의 집행유예를 선고받은 사람은 집행유예기간이 경
과하지 아니하였다고 하더라도 선거권이 인정되고, 1년 미만의 징역형을 선고받은
사람도 그 집행의 종료여부 등과 관계없이 선거권이 인정되었다(제18조 제1항 제2호).
그 결과 선거운동제한조항이 선거권이 없는 경우에는 선거운동을 할 수 없도록 규
정하고 있으므로, 선거범죄 이외의 일반범죄의 경우에는 벌금형은 물론 징역형의 집
행유예를 선고받은 때에도 아무런 제한없이 선거운동을 할 수 있게 되었다.

　징역형의 집행유예는 통상 범죄행위의 불법성 및 반사회성은 징역형의 실형의
경우와 비교하면 현격한 차이가 있고 그 정도가 무겁지 아니하다. 더욱이 벌금형을
선고받은 경우에는 그것이 100만 원 이상이라 하더라도, 일반적으로 징역형은 물론
그 형의 집행유예를 선고받은 경우에 비하여 범죄행위의 불법성과 법률적·사회적
비난가능성이 훨씬 경미하다고 할 수 있다.

　따라서 일반범죄와 비교하여, 선거범죄라는 이유만으로 벌금 100만 원 이상의
형을 선고받은 사람에 대하여 일률적으로 5년 또는 10년 동안 선거운동을 제한하고
있는 것은 과도한 제한이라고 아니할 수 없다.

　4) 선거범은 그 태양이 다양하고 그 행위의 불법성과 법률적·사회적 비난가능

성이 다양하다. 앞서 본 바와 같이 선거운동은 국민주권 행사의 일환일 뿐 아니라 정치적 표현의 자유의 한 형태로서 민주사회를 구성하고 움직이게 함에 있어 중요한 기능을 하고 있으므로, 선거범에 대해 선거운동의 자유를 제한하는 경우에는 과도하게 제한하지 아니하는 방법이 강구되어야 한다.

범죄행위의 불법성 및 법률적·사회적 비난가능성이 경미한 선거범을 선거운동 제한의 대상에서 제외하는 방법이 가능하고, 선거운동제한조항과 같이 선고된 형에 따라 당연히 선거운동의 자유가 제한되는 방법이 아니라 개개 사건에서 법원이 구체적 사정을 고려하여 판결로써 선거운동을 제한하는 방법도 가능하며, 선거운동제한조항과 같은 법률이 있다고 하더라도 법원이 정상을 참작하여 법에서 정한 제한기간을 단축하거나 그 제한을 면제할 수 있게 하는 등 덜 침해적인 방법이 가능하다.

5) 이러한 점들을 종합하면, 선거운동제한조항이 100만 원 이상의 벌금형을 선고받고 그 형이 확정된 후 5년 또는 징역형의 집행유예를 선고받고 그 형이 확정된 후 10년을 경과하지 아니한 선거범 모두에 대하여 일률적으로 선거운동의 자유를 제한하는 것은 입법목적 달성에 필요한 정도를 벗어난 과도한 제한이라고 할 수 있다.

따라서 선거운동제한조항은 침해 최소성의 원칙에 어긋난다.

㈐ **법익의 균형성**

선거운동의 자유는 기본권 주체가 국민주권 행사의 일환으로 정치적 의사를 자유롭게 표현하는 국민 개개인의 기본권이다. 선거운동의 자유는 헌법질서를 구성하는 '국민주권에 바탕을 둔 대의제 민주주의'를 실현하기 위한 중요한 요소로서 선거를 통하여 구성된 국가권력의 민주적 정당성을 확보하는 공익적 가치를 갖고 있다. 입법목적 달성에 필요한 정도를 벗어난 과도한 선거운동의 제한은 기본권 주체의 개인적 권리뿐만 아니라 위와 같은 공익을 함께 침해하는 것이다.

그런데 선거운동제한조항을 통해 달성하고자 하는 선거의 공정성 확보 등의 공익은 앞서 본 바와 같이 제한적이라고 할 것이므로, 이 조항에 의해 침해되는 기본권 주체의 권리 및 민주적 선거제도의 공익적 가치보다 크다고 할 수 없다.

따라서 선거운동제한조항은 법익의 균형성이 인정되지 아니한다.

㈐ 소결론

선거운동제한조항은 과잉금지원칙을 위반하여 청구인들의 선거운동의 자유를 침해한다.

라. 기탁금 등 반환조항에 대한 판단(합헌의견)

(1) 쟁점의 정리

헌법 제13조 제1항 후단에 규정된 이중처벌금지원칙에 있어 '처벌'이라 함은 원칙적으로 국가의 형벌권 실행으로서의 처벌을 의미하는 것이므로 국가가 행하는 일체의 제재나 불이익처분이 모두 그에 포함된다고 할 수 없다. 기탁금 등 반환조항에 따른 기탁금 등의 반환은 국가 형벌권의 실행으로서의 처벌에 해당하지 않음이 명백하므로, 이 점에 대해서는 더 나아가 판단하지 않는다.

청구인들은 징역형의 실형부터 100만 원의 벌금형까지 경중을 따지지 않고 모두 기탁금 등을 반환하도록 하는 것은 평등권을 침해한다고 주장하나, 이는 결국 재산권에 대한 과도한 제한으로써 침해 최소성의 원칙에 어긋난다는 주장으로 볼 수 있으므로, 이에 대하여는 따로 판단하지 않는다.

또한 청구인들은 선거비용 보전을 받지 않은 선거범과 아무런 이유 없이 차별하는 것은 평등권 침해라고 주장하나, 기탁금 등 반환조항은 선거범죄에 대한 제재로서 보전해 준 선거비용을 반환하게 하는 것이므로, 선거비용을 보전받은 후보자와 애초부터 선거비용을 보전받을 수 없는 후보자는 기탁금 등 반환조항과의 관계에서는 본질적으로 서로 동일한 비교집단으로 볼 수 없다. 따라서 이와 다른 전제에서 한 위 주장에 대하여는 더 나아가 살피지 않는다.

결국 기탁금 등 반환조항이 과잉금지원칙을 위반하여 청구인들의 재산권을 침해하였는지 여부가 문제된다.

(2) 기탁금제도와 선거공영제

기탁금제도는 후보자로 하여금 일정액의 금원을 기탁하게 하고 후보자가 선거에서 일정 수준의 득표를 하지 못할 때 기탁금의 전부 또는 일부를 국고에 귀속시키는 방법으로 금전적 제재를 가함으로써, 후보자의 무분별한 난립을 방지하고, 당선인에게 가급적 다수표를 몰아줌으로써 정국의 안정을 기하며, 아울러 후보자의 성실성을 담보하려는 취지에서 만들어진 것이다. 그리고 공직선거법에 따른 과태료 및 불법시설물 등에 대한 대집행비용은 기탁금에서 부담하고(공직선거법 제56조 제3항), 기탁금 반환조항에 따라 선거범으로 당선이 무효로 된 사람이나 당선되지 아니한 사람으로서 당선무효에 해당하는 형이 확정된 사람은 반환받은 기탁금을 다시 반환하여야 하므로(공직선거법 제265조의2 제1항), 기탁금은 과태료 및 대집행비용을 미리 확보하고 선거범에 대한 경제적 제재 기능도 부수적으로 수행한다(헌재 2016. 9. 29. 2015헌마548 참조). 후보자가 납부한 기탁금은 후보자가 당선되거나 유효투표총수의 일정한 비율 이상을 득표한 경우, 후보자에게 전액 또는 100분의 50에 해당하는 금액을 반환한다(공직선거법 제57조 제1항).

선거공영제는 선거에서의 기회균등과 공정성을 확보하기 위하여 국가가 선거를 관리하고 선거비용을 원칙적으로 국가의 부담으로 하는 제도를 말한다. 헌법은 민주주의에서 선거가 가지는 중요한 정치적 기능을 고려하여 제116조 제2항에서 "선거에 관한 경비는 법률이 정하는 경우를 제외하고는 정당 또는 후보자에게 부담시킬 수 없다."라고 규정하여 선거공영제를 채택하고 있다. 선거공영제는 우리나라 선거문화와 풍토, 정치문화 및 국가의 재정상황과 국민의 법감정 등 여러 가지 요소를 종합적으로 고려하여 입법자가 정책적으로 결정할 사항으로서 넓은 입법형성권이 인정되는 영역이다(헌재 2016. 9. 29. 2015헌마548).

선거비용 중 선거사무소 등 간판·현판·현수막 설치·철거·교체, 선거벽보·선거공보의 인쇄, 어깨띠 등 소품 제작, 신문·방송·인터넷광고에 소요되는 비용 등은, 후보자가 지출한 후 선거비용제한액의 범위 안에서 국가 또는 지방자치단체의 부담으로 득표율에 따라 선거일 이후에 보전하고(공직선거법 제122조의2 제1항), 선거벽보의 첩부, 선거공보의 발송에 소요되는 비용 등은 처음부터 국가 또는 지방자치단체가 예산으로 지출한다.

(3) 입법연혁과 헌법재판소 선례

(가) 선거범의 기탁금 등 반환에 대해서는 2004. 3. 12. 법률 제7189호로 개정된 '공직선거및선거부정방지법'에서 처음으로 규정되었다. 당시에는 당선이 무효로 된 사람만을 대상으로 하였다. 그러나 선거의 공정성 확보를 위하여 선거범에 대해 경제적 제재를 가한다는 입법목적은 선거에서의 당선 여부에 따라 달리 취급할 사유가 아니라는 이유로 2010. 1. 25. 법률 제9974호로 공직선거법이 개정되면서 당선인뿐만 아니라 당선되지 아니한 사람도 기탁금 등 반환의 대상에 포함되어 현재에 이

르고 있다.

(나) 헌법재판소는 2011. 4. 28. 2010헌바232 결정에서, 선거범죄로 당선이 무효로 된 자에게 반환받은 기탁금과 보전받은 선거비용을 다시 반환하도록 한 구 공직선거법(2005. 8. 4. 법률 제7681호로 개정되고, 2010. 1. 25. 법률 제9974호로 개정되기 전의 것) 제265조의2 제1항 전문 중 '제264조의 규정에 의하여 당선이 무효로 된 자'에 관한 부분이 헌법에 위반되지 아니한다고 판단한 바 있다. 그 후 헌법재판소는 2015. 2. 26. 2012헌마581 결정에서도 공직선거법(2010. 1. 25. 법률 제9974호로 개정된 것) 제265조의2 제1항 전문 중 '제265조의 규정에 의하여 당선이 무효로 된 사람'에 관한 부분이 청구인의 재산권을 침해하지 않는다고 판단하였다.

(4) 재산권 침해 여부

(가) 목적의 정당성 및 수단의 적합성

선거의 공정성을 해친 바 있는 선거범에 대하여는 주권자인 국민의 정치적 의사 형성과 표현의 과정인 참정권의 행사를 공명하게 담보하기 위하여 일정한 제재를 가함으로써 부정선거의 소지를 차단할 필요가 있다(헌재 2008. 1. 17. 2004헌마41 참조).

기탁금 등 반환조항은 공직선거법 제264조에 규정된 자신의 죄로 당선무효에 해당하는 형이 확정된 경우에는 선거법 위반행위가 엄중하다고 보고, 비록 선거에서 당선되지 아니한 사람이라고 하더라도 반환받은 기탁금과 보전받은 선거비용을 모두 반환하도록 함으로써, 부정선거의 소지를 차단하고 선거범죄를 억제하며 공정한 선거문화를 확립하려는 것이다.

선거범에 대하여 기탁금 등을 반환하도록 하는 것은 공동체 구성원으로서 선거와 관련하여 반드시 지켜야 할 기본적 의무를 저버린 범죄자에게까지 기탁금을 반환하거나 선거비용을 보전하는 것은 바람직하지 아니하다는 인식에 기초하여 선거범에 에 대하여 형사처벌에 추가하여 경제적 제재를 부과하는 의미를 가진다.

이러한 기탁금 등 반환조항이 담고 있는 목적은 정당하고, 이 조항에 따른 기탁금 등의 반환은 이러한 목적을 달성하기 위한 효과적이고 적절한 방법의 하나가 될 수 있다. 따라서 기탁금 등 반환조항은 입법목적의 정당성과 수단의 적합성이 인정된다.

(나) 침해의 최소성

1) 선거범죄로 형사처벌을 받은 선거범에 대하여 추가로 일정한 불이익을 가하

는 것은 선거의 공정성을 확보하기 위한 법적 조치이고, 그 경우에 어떠한 범죄로
어떤 종류의 형벌을 얼마만큼 선고받은 자에 대하여 어느 정도의 불이익을 가할 것
인가는 기본적으로 입법자가 결정할 문제이다(헌재 2009. 3. 26. 2008헌마99 참조).

선거범죄는 일반범죄와 달리 선거 및 국민투표의 공정성을 직접 해치는 범죄
유형이고, 선거범에 대하여 형사처벌에 추가하여 경제적 제재를 가하는 것은 선거
권 및 선거운동의 자유를 제한하는 것과 달리 재산권을 제한하는 것이므로, 기본적
으로 입법자의 입법형성권의 범위를 벗어난 것이라고 평가되지 아니하는 한 이를
헌법에 위반된다고 할 수 없다(헌재 2011. 4. 28. 2010헌바232; 헌재 2016. 9. 29. 2015헌
마548 참조).

2) 기탁금 등 반환조항은 당선되지 아니한 사람이 공직선거법 제264조에 규정
된 자신의 죄로 당선무효에 해당하는 형이 확정된 사람, 즉 선거범으로서 벌금 100
만 원 이상의 형을 선고받은 사람에 대하여 반환받은 기탁금과 보전받은 선거비용
을 일률적으로 반환하도록 규정하고 있다.

앞서 본 바와 같이, 기탁금 등 반환조항은 그 동안 우리 선거사에서 지적되어
오던 선거의 과열과 타락, 불법으로 인한 선거풍토를 일신하고 공정한 선거문화를
정착시키기 위해서는 선거부정과 부패에 대한 제재를 강화할 필요가 있다는 판단에
근거하여 그 기준을 설정한 것이다.

선거의 공정성 확보를 위하여 선거범에 대하여 경제적 제재를 가하는 기탁금
등 반환조항의 입법목적에 비추어 보면, 당해 선거에서 당선되지 아니한 사람을 당
선자와 달리 취급할 이유가 없다. 그리고 기탁금 등의 반환 대상으로 설정된 100만
원 이상의 벌금형이라는 기준은 법정형이나 처단형이 아니라 형법 제51조에서 정한
양형사유가 반영된 법원의 선고형을 의미하는 것이므로, 사소하고 경미한 선거범죄
는 물론이고 양형에 반영할 만한 구체적·개별적인 사정이 있는 선거범의 경우는 제
재의 대상에서 벗어날 수 있는 여지를 남겨 두었다.

3) 선거범죄의 태양이나 내용에 따라서는 당해 선거에서 나타난 국민의 정치적
의사를 왜곡시키는 중대한 결과를 초래하기도 한다. 선거범죄의 구체적인 태양이나
내용에 따라 반환할 금액의 범위를 차등적으로 정하는 것이 덜 침해적인 방법이라
고 할 수는 있겠지만, 구체적인 선거범죄가 후보자들의 득표율에 실제로 미친 영향
을 계산할 방법이 없으며, 이를 계산하더라도 각 경우에 얼마를 반환하도록 할 것인

지에 관한 객관적인 기준을 설정할 수도 없어 제재의 개별화를 실현하기는 어렵다 (헌재 2016. 9. 29. 2015헌마548 참조).

그리고 선거공영제가 실시되고 있다고 하더라도 국민의 정치적 의사를 왜곡시킨 선거범에 대하여까지 그 이념을 관철해야 하는 것은 아니므로, 선거범에 대하여 보전받은 선거비용을 모두 반환하게 한다고 하여 지나친 제한이라고 할 수 없다.

4) 앞서 본 바와 같이, 공직선거에서 기탁금은 선거범죄에 대한 경제적 제재로서의 기능도 담당하고 있으므로, 선거범에 대하여 반환받은 기탁금을 다시 반환하도록 한다고 하여 기탁금제도의 본질에 반하는 것은 아니다.

기탁금 등 반환조항 중 기탁금 부분은 실질적으로는 기탁금을 반환하지 아니하는 요건을 설정하는 의미가 있으며, 공직선거의 기탁금의 액수와 그 반환의 요건을 정하는 문제는 우리의 선거문화와 풍토, 정치문화와 풍토, 국민경제적 여건, 그리고 국민의 법감정 등 여러 가지 요소를 종합적으로 고려하여 입법자가 정책적으로 결정할 사항이다(헌재 2003. 8. 21. 2001헌마687등 참조).

이와 같이 선거범에 대하여 반환받은 기탁금을 다시 반환하도록 하는 것은 형사처벌에 추가적으로 부과된 경제적 제재로서 입법재량이 인정되는 영역이므로, 기탁금이 후보자가 납입한 돈이라는 이유만으로, 기탁금 등 반환조항 중 기탁금 부분이 입법목적 달성에 필요한 정도를 벗어난 과도한 제한이라고 단정할 수 없다.

기탁금 등 반환조항이 선거범으로 당선무효에 해당하는 형을 선고받은 후보자를 기준으로 기탁금 반환의 기준을 설정한 것은 나름대로 합리적인 이유가 있다고 할 수 있으며, 법원이 형사절차에서 당선무효에 해당하는 선고형을 정할 때 기탁금 등 반환조항에 따른 제재도 고려할 수 있다는 점에서, 이 조항이 별도로 의견진술절차 등을 거치지 아니하고 당선무효에 해당하는 형을 선고받은 후보자로 하여금 반환받은 기탁금을 다시 반환하게 한다 하더라도 입법재량의 한계를 넘었다고 보기 어렵다.

5) 이러한 점들을 종합하면, 기탁금 등 반환조항에서 정한 제재의 기준이나 내용이 지나친 것이어서 입법형성권의 범위를 벗어난 것이라고 할 수 없으므로, 이 조항이 침해 최소성의 원칙에 어긋난다고 할 수 없다.

㈐ 법익의 균형성

기탁금 등 반환조항이 달성하려는 선거의 공정성 확보라는 공익은 선거범 자신의 귀책사유로 인하여 경제적 제재를 당하는 불이익보다 크다고 할 것이므로 법익의 균형성도 인정된다.

㈃ 소결론

기탁금 등 반환조항이 과잉금지원칙을 위반하여 청구인들의 재산권을 침해하는 것은 아니다.

배우자의 선거법 위반에 따른 당선무효 등 사건

(헌재 2016. 9. 29. 2015헌마548)

□ 사건개요 등

청구인은 지방의회 의원으로 당선되었으나, 청구인의 배우자가 공직선거법 제113조 제1항 등을 위반하여 벌금 300만 원을 선고받고 형이 확정됨에 따라, 같은 법 제265조에 의해 당선이 무효로 되고 반환받은 기탁금 등을 반환하게 되었다. 이에 청구인은 공직선거법의 관련 조항에 대해 헌법소원심판을 청구하였다.

헌법재판소는 제265조 본문 중 '후보자의 배우자가 제257조 제1항 중 기부행위를 한 죄로 징역형 또는 300만 원 이상의 벌금형의 선고를 받은 경우'에 관한 부분(이하, '당선무효조항'이라 한다) 및 제265조의2 제1항 전문 중 '제265조의 규정에 따라 배우자의 선거범죄로 당선이 무효로 된 사람'에 관한 부분(이하, '반환조항'이라 한다)이 헌법에 위반되지 아니한다고 결정하였다. 이 결정에는 재판관 안창호 외 1명의 당선무효조항에 대한 반대(위헌)의견 및 반환조항의 법정의견에 대한 보충의견과 재판관 2명의 반환조항에 대한 반대(위헌)의견이 있었다.

당선무효조항에 대한 반대의견은 당선무효조항이 자기책임원리 및 헌법 제13조 제3항의 연좌제금지에 위배되고, 반환조항에 대한 법정의견은 반환조항이 과잉금지원칙을 위반하여 재산권을 침해하지 아니한다는 견해인데, 당선무효조항에 대한 반대의견 및 반환조항의 법정의견에 대한 보충의견의 중요 내용은 다음과 같다.

첫째, 우리 헌법이 지향하는 민주적이고 평등한 가족관계에서는 부부가 평등하고 독립된 인격주체로서 독자적으로 정치적 견해를 형성하여 선거운동을 할 수 있

다. 한편 배우자는 선임절차 없이 선거운동 전반에 참여할 수 있으므로, 배우자의
행위에 대한 후보자의 책임범위가 회계책임자의 경우와 동일하다고 할 수 없다.

둘째, 당선무효조항이 헌법상 자기책임원칙에 부합하려면, 배우자가 처벌을 받
아 후보자의 당선을 무효로 하더라도, 당선된 후보자가 이의를 제기하는 경우에는
후보자에게 귀책사유가 있었는지 여부를 판단할 수 있는 독립된 절차를 두고, 후보
자에게 책임을 돌릴 수 없는 때에는 면책할 수 있는 길을 열어주어야 한다.

셋째, 후보자의 당선이 무효로 되는 경우, 국가 등은 다시 치르는 선거에서 다
시 선거관리비용과 후보자들의 주요 선거비용을 지출하게 된다. 당선무효에 대해 책
임 있는 후보자가 기왕의 선거에서 보전받은 선거비용뿐만 아니라 반환받은 기탁금
에 대해 일정한 제재를 받는다고 하여 선거공영제의 취지에 반한다고 할 수 없다.

헌법재판소는 헌재 2011. 9. 29. 2010헌마68 사건 이후 당선무효조항이 헌법상
의 자기책임원칙과 헌법 제13조 제3항의 연좌제금지에 위반되지 않으며, 공무담임
권을 침해하지 않는다고 판단하고 있다. 그러나 당선무효조항에 대한 반대의견에서
지적한 바와 같이, 우리 사회의 민주적이고 평등한 가족관계의 변화 등을 고려하여
후보자에게 귀책사유가 없는 경우에는 면책될 수 있도록, 당선무효조항에 예외가 규
정되어야 할 것이다.

☐ 반환조항에 대한 법정(합헌)의견

가. 일반론

(1) 기탁금제도와 선거공영제[1]
(2) 반환조항의 입법취지

반환조항은, 배우자의 선거 법령 위반행위로 인해 후보자의 당선이 무효로 된
경우, 후보자에게 이미 반환받은 기탁금과 보전받은 선거비용을 다시 반환할 의무를
부과하고 있다.

반환조항의 입법취지는 선거 법령 위반행위에 대한 강한 제재를 규정함으로써
사전에 이와 같은 위반행위를 억제하고자 하는 것이다. 특히, 반환조항 중 보전받은

---

1) 이 부분은 이 장(章)에 수록된 '선거범에 대한 선거권 제한 등 사건'(헌재 2018. 1. 25. 2015헌마
821 등)의 '기탁금제도와 선거공영제' 부분과 대동소이하여 이를 생략하였다.

선거비용을 반환하도록 하는 부분은, 후보자의 당선이 무효로 됨에 따라 국가는 다시 한 번 선거를 실시하여야 하는바, 선거의 관리·운영에 필요한 비용을 이중으로 국고에 부담시키는 것은 타당하지 않다는 고려에서 규정된 것으로 보인다.

(3) 제한되는 기본권

청구인은 반환조항이 당선무효조항과 관련되어 있는 이상, 인간의 존엄성과 기본적 인권 보장, 평등원칙, 연좌제금지, 비례원칙에 반하여 청구인의 재산권, 참정권을 침해한다는 취지로 주장한다.

그러나 반환조항은 당선이 무효로 된 후보자에게 반환·보전받은 기탁금 및 선거비용을 반환할 의무를 부과하는 규정이고, 그 자체로 선거권, 국민투표권, 공직취임을 배제하거나 공무원 신분을 박탈하는 내용을 두지 않고 있으므로 공무담임권을 제한하지 않는다. 반환조항은 당선무효조항에 따라 후보자의 당선이 무효로 된 것을 전제로 그에게 기탁금 및 선거비용의 반환의무만을 부과하는 규정이므로, 후보자가 불이익을 받는 것이 연좌제금지, 평등원칙에 위배되는지 여부는 당선무효조항에 관하여 판단한 것으로 족하다.

따라서 반환조항이 과잉금지원칙에 위배되어 청구인의 재산권을 침해하는지 여부만을 판단한다.

나. 재산권 침해 여부

(1) 입법목적의 정당성 및 수단의 적합성

선거의 공정성을 해치는 선거 법령 위반행위에 대해서는 주권자인 국민의 정치적 의사형성과 표현의 과정인 참정권의 행사를 공명하게 담보하기 위하여 일정한 제재를 가함으로써 부정선거의 소지를 차단할 필요가 있다(헌재 2008. 1. 17. 2004헌마41 참조). 반환조항은 배우자의 선거 법령 위반행위로 후보자가 당선무효에 이른 경우에는 그 선거 법령 위반행위가 엄중하다고 보고, 후보자로 하여금 이미 반환·보전받은 기탁금 및 선거비용도 모두 반환하도록 하는 강력한 제재를 가함으로써 부정선거의 소지를 차단하고 선거범죄를 억제하며 공정한 선거문화를 확립하고자 하는데 그 입법목적이 있고, 그러한 입법목적의 정당성은 인정된다. 당선이 무효로 된 후보자에게 이와 같은 경제적 제재를 가하는 것은 선거 법령 위반행위를 억제하려는 입법목적의 달성을 위한 적절한 수단이 될 수 있다(헌재 2011. 4. 28. 2010헌바232).

(2) 침해의 최소성

㈎ 선거범죄에 따른 불이익의 종류와 범위, 부과기준과 절차, 면책 사유 인정 여부 등은 입법자가 결정할 문제이다. 우리 선거사에서 지속적으로 문제된 선거의 과열과 타락, 불법으로 인한 선거풍토를 일신하고 공정한 선거문화를 정착시키기 위해서 선거부정 및 부패에 대한 제재를 강화할 필요가 있다고 판단하여 후보자의 당선을 무효로 하는 데서 더 나아가, 후보자에게 반환·보전받은 기탁금 및 선거비용을 반환하도록 하는 경제적 제재를 부과하는 것은 입법형성권의 범위를 벗어난 것이라 할 수 없다(헌재 2011. 4. 28. 2010헌바232 참조).

배우자의 선거범죄에 대한 후보자의 가담·인지 여부 등 구체적·개별적 사정을 고려하여 후보자의 반환의무를 면제하는 절차를 별도로 두는 방법도 고려해 볼 수 있다. 하지만, 후보자의 가족 등이 선거의 이면에서 음성적·조직적으로 역할을 분담하여 불법·부정을 자행하는 경우가 적지 않은 것이 우리 선거의 현실이므로, 배우자가 중대한 불법을 저질러 후보자의 당선이 무효로 되는 데 이르렀다면 감독상의 주의의무 이행이라는 면책사유를 별도로 인정하지 않고 후보자에게 일종의 법정 무과실책임을 지우는 제도를 형성한 것이 반드시 필요 이상의 지나친 규제를 가하는 것이라고 단정하기 어렵다. 배우자의 형사재판에서는 후보자에 대한 위와 같은 제재들을 종합적으로 고려하여 양형이 이루어진다. 실제 배우자의 선거 법령 위반행위가 사소하고 경미하거나 배우자의 위법행위에 대한 후보자의 관여가 없는 등의 구체적·개별적 사정이 있는 경우에는 법관의 양형판단을 통하여 제재의 대상에서 벗어날 수 있으므로, 구체적 사정을 전혀 고려하지 않고 있다고 볼 수도 없다.

㈏ 반환조항이 반환받은 기탁금을 다시 반환하도록 하는 부분에 관하여 살펴보면, 후보자가 반환하여야 하는 금액의 범위를 차등적으로 정하는 것과 같은 방법을 고려할 수도 있다. 그러나 배우자의 선거범죄로 후보자의 당선이 무효로 되는 경우 당해선거에서 득표수로 나타난 국민의 정치적 의사는 위 배우자의 선거범죄로 인하여 왜곡된 것이라고 볼 수밖에 없다. 그 결과 후보자의 당선사실이나 득표수를 기탁금 반환의 기준으로 삼을 수 없을 뿐만 아니라, 선거 법령 위반행위가 후보자의 득표에 실질적으로 미친 영향을 계산할 방법이 없고, 이를 계산하더라도 각 경우에 얼마를 반환하도록 할 것인지에 관한 객관적인 기준을 설정할 수도 없어 제재의 개별화를 실현하기는 어렵다(헌재 2015. 2. 26. 2012헌마581 참조).

㈐ 반환조항이 보전받은 선거비용을 반환하도록 하는 부분에 관하여 살펴보면, 후보자의 당선이 무효로 됨에 따라 기왕 실시된 선거는 무용한 것이 되어 다시 한 번 선거를 치르는 데 추가적인 비용이 발생한다. 그러므로 기왕 실시된 선거에 대해서까지 선거공영제의 이념을 관철할 것은 아니고, 다시 선거를 치르는 데 책임이 있는 후보자로 하여금 무용한 선거에 소요된 비용 중 적어도 후보자 본인이 지출한 후 보전받은 부분은 반환할 의무를 지움으로써 국고의 부당한 낭비를 막을 필요성도 인정된다.

이러한 사정들을 종합해 보면, 반환조항은 입법목적의 달성을 위하여 필요한 범위 내에 있으므로 침해의 최소성이 인정된다.

(3) 법익의 균형성

반환조항으로 인하여, 당선이 무효로 된 후보자는 이미 반환·보전받은 기탁금과 선거비용을 다시 반환할 의무를 부담하게 되는 불이익을 받지만, 엄중한 제재를 통하여 달성하려는 선거의 공정성 확보라는 공익이 위와 같이 제한되는 사익보다 크다고 할 것이므로 법익의 균형성도 인정할 수 있다.

다. 소결론

반환조항은 과잉금지원칙에 위반되어 청구인의 재산권을 침해하지 아니한다.

□ 재판관 안창호의 의견

가. 당선무효조항에 대한 반대(위헌)의견

당선무효조항은 자기책임원칙 및 헌법 제13조 제3항의 연좌제금지에 위반되어 결국 헌법에 위반된다고 생각하므로 다음과 같이 그 이유를 밝힌다.

(1) 개인의 존엄과 자율성을 인정하는 우리 헌법질서 아래에서는 자기의 행위가 아닌 타인의 행위에 대하여 책임을 지지 않는 것이 원칙이다.

그런데 당선무효조항은 후보자가 배우자의 선거 법령 위반행위에 관하여 알았는지 여부, 알고도 조치를 취하지 않았거나 알지 못한 데 대한 귀책사유가 있었는지 여부 등을 묻지 않고, 배우자가 일정한 선거범죄로 벌금 300만 원 이상의 형을 선고받으면 곧바로 후보자의 당선이 무효로 되도록 규정하고 있다. 그 결과 후보자는 배우자의 선거 법령 위반행위에 대하여 아무런 귀책사유가 없더라도 당선무효라는 불이익을 피할 수 없다.

법정의견은, 배우자가 후보자와 불가분의 선거운명공동체를 형성하여 활동하는 것이 일반적이므로 그러한 배우자의 실질적 지위와 역할을 근거로 배우자의 선거법령 위반행위를 후보자의 행위와 동일시하여 당선무효라는 불이익을 가하는 것이 헌법상 정당화된다고 한다. 배우자가 후보자와 일상을 공유하면서 선거와 관련된 사항을 상호 협의하는 것이 통상적이기는 하나, 언제나 그와 같은 관계가 성립한다고 단정할 수는 없다. 우리 헌법이 지향하는 민주적이고 평등한 가족관계에서는 부부가 각각 평등하고 독립된 별개의 인격주체로서 독자적으로 자신의 정치적 견해를 형성하여 그에 따른 행위를 할 수 있는 것이고, 실제로 부부가 서로 정치적 견해나 활동 태양을 달리하면서 각자의 영역에서 자신의 필요에 따라 독립된 활동을 전개하는 사례를 발견하는 것도 어렵지 않다.

따라서 후보자와 배우자가 조직적으로 역할을 분담하여 불법·부정행위를 자행하는 경우가 많고, 실제 선거에서 배우자의 행위가 후보자의 행위와 같이 인식되는 것이 일반적이라고 하더라도, 그런 추상적인 개연성에 기반하여 후보자에게 면책가능성을 부여하지 아니한 채 배우자의 위법행위만을 근거로 후보자의 공무담임권을 확정적으로 박탈하는 것은 명백히 헌법상 자기책임원칙에서 벗어나는 것이다. 당선무효조항이 헌법상 자기책임원칙에 부합하려면, 적어도 위와 같은 현실을 반영하여 원칙적으로 배우자가 일정한 형벌을 받은 경우 후보자의 당선을 무효로 하더라도, 일본의 입법례와 같이 당선된 후보자가 이의를 제기하는 경우 그 후보자에게 귀책사유가 있었는지 여부를 판단할 수 있는 독립된 절차를 두고, 후보자에게 책임을 돌릴 수 없는 때에는 면책할 수 있는 길을 열어주어야 할 것이다. 다만 그러한 독립된 절차가 지나치게 장기화될 경우, 해당 선출직 공무원의 임기 중 상당 기간을 당선무효 여부를 가리는 데 소진하게 되어 공무 수행의 불안정과 공백이 초래될 우려가 있다. 그러므로 후보자에게 면책을 주장할 수 있는 독립된 절차를 허용할 경우 제소기간의 제한, 상소의 제한, 입증책임의 전환 등과 같은 제도적 장치가 함께 검토되어야 할 것이다.

(2) 헌법재판소는 후보자의 회계책임자가 일정한 선거범죄 또는 정치자금 부정수수죄로 징역형 또는 300만 원 이상의 벌금형을 선고받은 경우 후보자의 당선을

무효로 하는 구 공직선거법(2005. 8. 4. 법률 제7681호로 개정되고, 2010. 1. 25. 법률 제9974호로 개정되기 이전의 것) 제265조 본문에 대한 위헌 확인 사건에서, 후보자는 공직선거법을 준수하면서 공정한 경쟁이 되도록 할 의무가 있는 자로서 후보자 자신뿐만 아니라 최소한 회계책임자 등에 대하여는 선거범죄를 범하지 않도록 지휘·감독할 책임을 지는 것이므로, 위 공직선거법 조항은 후보자 '자신의 행위'에 대하여 책임을 지우고 있는 것에 불과하기 때문에, 헌법상 자기책임원칙에 위반되지 아니한다는 취지의 결정을 하였다(헌재 2010. 3. 25. 2009헌마170).

　　그러나 회계책임자는, 후보자 등 선임권한을 가진 사람이 '정치자금법에 따른 정치자금의 수입·지출'이라는 업무를 수행할 특정인을 선임한 후 관할 선거관리위원회에 서면으로 신고함으로써 취임하는 것으로 배우자와는 사정이 다르다. 회계책임자의 선임 및 신고절차는 법정되어 있고 이를 후보자가 주도하게 되며, 회계책임자의 업무영역은 정치자금의 수입·지출, 회계장부의 기재·비치 등으로 명확하게 특정되어 있어 후보자가 지휘·감독하여야 할 범위도 비교적 분명하게 드러난다. 따라서 회계책임자가 저지를 수 있는 선거범죄는 정치자금의 수입·지출, 회계장부의 기재·비치 등에 관한 사항으로 특정되며 이에 관한 지휘·감독 책임을 게을리 한 후보자의 책임을 묻는 것도 타당하다.

　　반면 배우자의 선거 법령 위반행위에 관해서는 곧바로 후보자가 책임을 부담하는 것이 과연 타당한지에 대한 의문이 제기될 수 있다. 배우자는 회계책임자와 달리 별도의 선임 절차 없이 당연히 선거운동 전반에 참여할 수 있고(공직선거법 제68조 등 참조), 앞서 본 바와 같이 부부는 서로 독립된 별개의 인격주체로서 독자적으로 자신의 정치적 견해를 형성하여 그에 따른 행위를 할 수 있는 것이므로, 배우자의 행위에 대한 후보자의 관여 정도나 가능성, 책임 범위가 회계책임자의 경우와 동일하다고 할 수 없다. 여기에 선거운동이 실제 매우 역동적으로 이루어지는 점 등의 사정을 더하여 보면, 결국 후보자의 회계책임자에 관한 위 헌법재판소 선례의 결론을 이 사건에서도 관철할 것은 아니다.

　　(3) 법정의견은 배우자의 형사재판에서 법관의 양형판단을 통하여 실질적으로 후보자를 당선무효로 하는 것이 적정한지 여부가 판단될 수 있다고 하나, 이것이 과연 타당한지 의문이다. 일정한 형벌이 확정된 때, 그 형벌에 따른 별도의 법령상 제재가 법원의 판단 없이 추가적으로 부과되는 제도의 위헌 여부는 원칙적으로 엄격

하게 심사할 필요가 있다. 법원이 양형판단 시 별도의 법령상 제재가 추가될 것을 고려한다고 하나, 앞서 본 바와 같이 추가적인 법령상 제재의 필요성에 대한 독자적 심사를 할 수 없음은 물론, 부과되는 형벌의 측면에서도 자칫 행위에 상응하는 형사 책임이 부과되어야 한다는 형사법의 대원칙, 즉 책임과 형벌의 비례원칙에 부합하지 못하는 결과를 낳을 여지가 있다.

더욱이 당선무효조항은 타인의 형벌에 따라 당선무효라는 별도의 법령상 제재 가 부과되는 경우로서, 후보자의 당선무효라는 불이익이 배우자의 주관적 양형 조건 에 따라 부당하게 영향받을 수도 있다. 배우자에 대한 양형판단에는 그 범죄가 선거 의 공정성이나 결과에 미친 영향만이 반영되는 것이 아니고, 형법 제51조 소정의 배 우자에 대한 주관적 양형 조건이 종합적으로 고려되는데, 이와 같이 주관적 양형 조 건도 함께 반영된 배우자의 형벌에 후보자의 공무담임권 박탈을 예외 없이 연계시 키는 것은 헌법상 자기책임원리와 결코 조화될 수 없고, '자기의 행위가 아닌 친족 의 행위로 인하여 불이익한 처우'를 받는 경우에 해당하므로 헌법 제13조 제3항이 금지하고자 하는 연좌제의 범위에 포함되는 것이다.

(4) 이상의 사정을 종합할 때, 배우자가 일정한 선거범죄로 300만 원 이상의 벌 금형을 받기만 하면 후보자에게 일체의 면책가능성조차 부여하지 아니하고 후보자 의 당선을 확정적으로 무효로 하는 당선무효조항은 헌법상 자기책임원리 및 헌법 제13조 제3항의 연좌제금지에 위배된다.

나. 반환조항의 법정(합헌)의견에 대한 보충의견

당선무효조항에서 본 바와 같이 별도의 절차에 의하여 후보자에게 책임이 인정 되지 않는 경우에는 후보자의 당선을 무효로 하지 아니함이 상당하므로 이때는 반 환조항에 의하여 기탁금 및 선거비용을 반환할 여지도 없다. 반면, 후보자에게 배우 자의 선거 법령 위반행위에 관한 일정한 책임이 있어 당선이 무효로 된 경우에는 기 왕에 실시된 선거를 무용한 것이 되게 한 데 대한 책임을 물어 반환조항에 따른 기 탁금 및 선거비용을 반환할 의무를 부담시키는 것이 타당하다. 그 이유는 법정의견 (침해의 최소성 판단 부분 중 후보자의 무과실 책임 부분 제외)과 같이 하고 다음 의견을 추가한다.

우리나라는 헌법 제116조 제2항의 규정에 따라 선거공영제가 실시되고 있는바,

국가 또는 지방자치단체는 선거관리비용을 지출할 뿐만 아니라 후보자들이 지출한 선거공보, 선거벽보, 법정 선거사무원 관련 비용 등 주요 선거비용을 득표율에 따라 보전하고 있다. 후보자의 당선이 무효가 되는 경우 기왕에 실시된 선거는 무용한 것이 되고, 다시 치르게 되는 선거에서 국가 등은 또다시 선거관리비용과 후보자들의 주요 선거비용을 지출하게 된다.

따라서 자신의 당선무효에 대하여 책임이 있는 후보자는 무용한 것이 된 기왕의 선거에서 국가 등이 지출한 선거관리비용과 자신을 포함한 후보자들이 보전받은 선거비용에 대해 일부 책임을 진다고 하여 선거공영제의 취지에 반한다고 할 수 없으므로, 당선무효된 후보자가 반환조항에 따라 보전받은 선거비용뿐만 아니라 반환받은 기탁금을 국가 등에 반환토록 한다고 하여 과도한 제재라고 할 수 없다.

예비후보자 기탁금 반환 사건

(헌재 2018. 1. 25. 2016헌마541)

□ 사건개요 등

이 사건은 예비후보자가 정당 공천관리위원회에 의해 정당경선후보자 대상자에서 제외되어 국회의원선거 후보자로 등록하지 않은 경우에, 예비후보자로 등록하면서 납부한 기탁금을 반환받지 못하도록 규정한 공직선거법 제57조 제1항 제1호 다목(이하 '심판대상조항'이라 한다)에 대한 위헌소원 사건이다.

헌법재판소는 심판대상조항이 헌법에 합치되지 아니한다고 결정하였다. 이 결정에는 재판관 3명의 별개의견이 있었다. 법정의견은 심판대상조항이 과잉금지원칙을 위반하여 재산권을 침해한다는 견해인데, 그 중요 내용은 다음과 같다.

첫째, 정당의 추천을 받고자 공천신청을 하였음에도 정당후보자로 추천받지 못한 예비후보자는 소속 정당에 대한 신뢰·소속감 또는 당선가능성 때문에 국회의원선거의 후보자로 등록하지 않을 수 있다. 이를 두고 예비후보자가 처음부터 진정성이 없이 예비후보자 등록을 하였다고 단정할 수 없다.

둘째, 만일 이러한 경우까지 예비후보자가 납부한 기탁금을 반환하지 아니한다면, 정치신인 등은 기탁금을 반환받지 못할 수 있는 것에 대한 부담으로 예비후보자로 등록하는 것을 꺼리게 될 수 있고, 이는 선거운동의 자유를 확대하려는 예비후보자제도의 도입 취지에 정면으로 배치되는 결과를 초래할 수 있다.

셋째, 심판대상조항으로 인해, 정당후보자가 되지 못한 예비후보자가 소속 정당을 탈당하여 국회의원선거의 후보자로 등록한다면 오히려 무분별한 후보자 난립의 결과가 발생할 수 있다. 이는 후보자의 난립을 방지하고자 하는 기탁금제도의 취지와 조화되지 아니하고, 정당제 민주주의의 발전에도 바람직하지 아니하다.

법정의견은 심판대상조항으로 인해 정당소속 국민들이 예비후보자로 등록하는 것에 주저하는 것을 해소함으로써 국민의 정치적 기본권을 확대하였다는 평가가 있다. 국회의원선거뿐만 아니라 지방자치단체 관련 선거에서도 예비후보자가 정당의 추천을 받지 못해 본선거의 정당후보자로 등록하지 아니한 경우에는 기탁금을 반환하여야 한다는 여론도 있다.

□ 법정(헌법불합치)의견

가. 예비후보자제도 및 예비후보자 기탁금제도

(1) 예비후보자제도는 2004년 제17대 국회의원선거를 앞두고 2004. 3. 12. 법률 제7189호로 공직선거법을 개정하면서 처음 도입되었는데, 선거일 전 일정 일부터(지역구국회의원선거의 경우는 선거일 전 120일) 관할 선거구선거관리위원회에 예비후보자 등록을 하면 일정 범위 내에서 선거운동을 할 수 있도록 하는 제도이다. 종전에는 누구든지 선거운동기간이 아닌 때에는 선거운동을 할 수 없도록 함으로써 '사전선거운동'을 금지하고 있었으나, 현역 국회의원의 경우 직무활동으로 인정되는 의정활동보고를 통하여 사실상 선거운동의 효과를 누리는 기회가 주어지고 있어서 정치 신인과의 선거운동 기회가 불균등하다는 문제점이 끊임없이 제기되어 왔다. 이에 선거운동 기회의 형평성 차원에서 정치 신인에게도 자신을 알릴 수 있는 기회를 어느 정도 보장하고자 예비후보자제도를 도입하게 된 것이다(헌재 2005. 9. 29. 2004헌바52; 헌재 2013. 11. 28. 2012헌마568 참조).

공직선거법상 국회의원의 선거운동은 원칙적으로 후보자 등록마감일 후 6일부터 선거일 전일까지에 한하여 할 수 있으나(제33조 제3항, 제59조 본문), 예비후보자로

등록한 자는 공식적인 선거운동기간 이전이라도 공직선거법 제60조의3 제1항, 제2
항에 규정된 선거운동을 할 수 있고(제59조 단서 제1호, 제60조의3 제1항, 제2항), 선거
사무소를 설치할 수 있으며(제61조 제1항), 선거사무장을 포함하여 일정수의 선거사
무원을 선임할 수 있다(제62조). 또한 후원회를 두고 이를 통하여 1억 5,000만 원 이
내의 정치자금도 모금할 수 있다(정치자금법 제6조, 제12조 제1항 제4호).

(2) 예비후보자의 기탁금제도 도입 이전에는 예비후보자 등록에 있어서 정당
또는 선거권자의 추천이나 기탁금 예치 등의 의무가 없고, 간단한 서류의 구비만으
로 등록이 가능하였다. 그러자 선거에서 후보자가 되려는 진정성이 전혀 없는 자
등이 예비후보자로 다수 등록하게 되어 선거의 희화화를 가져오는 한편, 이들을 감
시 · 감독해야 하는 선거관리위원회의 업무 부담을 가중시키는 폐해가 지적되어 왔
다. 이에 따라 입법자는 2010. 1. 25. 법률 제9974호로 공직선거법을 개정하면서 예
비후보자의 기탁금 납부 및 반환에 관한 공직선거법 규정들(제56조 제1항 후문, 제57조
제1항 제1호 다목, 제60조의2 제2항)을 신설하기에 이르렀다.

기탁금제도는, 후보자로 하여금 일정액을 기탁하게 하고 후보자가 선거에서 일
정수준의 득표를 하지 못할 때 기탁금의 전부 또는 일부를 국고에 귀속시키는 방법
으로 금전적 제재를 가함으로써, 후보자의 무분별한 난립을 방지하고 당선자에게 가
급적 다수표를 몰아주어 정국의 안정도 기하고 아울러 후보자의 성실성을 담보하려
는 취지에서 만들어진 것이다(헌재 1991. 3. 31. 91헌마21 참조). 예비후보자로 하여금
예비후보자 등록신청시 일정액의 기탁금을 납부하도록 하는 예비후보자 기탁금제도
의 취지도 예비후보자의 무분별한 난립을 막고 책임성을 강화하며 그 성실성을 담
보하는 데 있다(헌재 2013. 11. 28. 2012헌마568).

나. 쟁점의 정리 및 헌법재판소 선례

(1) 청구인은 심판대상조항이 청구인의 재산권을 침해할 뿐만 아니라, 정당 공
천관리위원회의 심사에서 탈락한 예비후보자와 당내경선에서 탈락한 예비후보자를
불합리하게 차별하여 청구인의 평등권을 침해한다고 주장한다.

이러한 주장은 예비후보자 등록신청 시 납부한 기탁금을 일정한 경우에만 반환
하는 것이 재산권을 침해하는지 여부에 대한 판단에서 함께 판단하게 되므로, 이에
대해 별도로 판단하지 아니한다.

(2) 헌법재판소는 2013. 11. 28. 2012헌마568 사건에서, 질병은 후보자 등록을 하지 못할 정도에 이르는 객관적이고 예외적인 사유가 될 수 없다고 하면서, 예비후보자가 질병을 이유로 예비후보자 등록을 한 선거의 선거구(이하 '본선거'라 한다)에서 후보자 등록을 하지 않은 경우에 기탁금 반환을 허용하지 아니한 심판대상조항이 예비후보자의 재산권을 침해하지 않는다고 결정한 바 있다.

다. 재산권 침해 여부

(1) 목적의 정당성 및 수단의 적합성

공직선거법상 예비후보자는 선거사무소 설치, 명함 배부, 어깨띠나 표지물 착용, 전화를 통한 지지 호소 등 후보자가 할 수 있는 상당 부분의 선거운동이 가능하고 정치자금의 모금도 가능하므로, 예비후보자의 무분별한 난립을 막고 예비후보자의 책임성을 강화할 필요가 있다. 당선가능성이 희박함에도 무리하게 예비후보자 등록을 하는 등 예비후보자가 난립할 경우 선거관리가 어려워지고, 선거운동이 과열·혼탁해지기 쉬우며, 선거비용이 과다하게 소요될 수 있다. 또한 유권자로서는 예비후보자 중 누가 후보자 등록을 할지 여부를 모르는 상태에서 예비후보자들이 후보자임을 전제로 판단하게 되므로 성실한 후보자 선택에 혼란을 줄 수 있다. 따라서 심판대상조항은 예비후보자가 후보자로 등록하지 않는 경우에 납부한 기탁금을 국가 또는 지방자치단체에 귀속하는 것을 원칙으로 하되, 예비후보자의 무분별한 난립으로 인한 위와 같은 폐단을 방지하고 그 성실성을 담보하기 위한 것으로서 그 입법목적이 정당하고, 방법의 적정성도 인정된다(헌재 2013. 11. 28. 2012헌마568 참조).

(2) 침해의 최소성

(가) 예비후보자가 후보자 등록을 하지 않는 경우에 기탁금을 국고에 귀속시키는 요건을 어떻게 정할 것인지의 문제는 우리의 선거·정치문화와 풍토, 국민경제적 여건, 그리고 국민의 법감정 등 여러 가지 요소를 종합적으로 고려하여 결정할 사항이다. 다만, 기탁금 반환 요건을 너무 엄격하게 하여 기탁금 액수 상당의 재산적 손실을 감수해야만 예비후보자로 등록할 수 있도록 한다면, 개인의 재산권에 대한 침해로 이어질 수 있으므로, 기탁금 반환 요건은 기탁금제도에 의하여 달성하려는 공익목적과 그로 인한 기본권 제한 사이에 균형과 조화를 이루어야 하는 헌법적 한계가 있다.

그러나 만약 기탁금 반환이 매우 용이하여 실제로 예비후보자들이 기탁금을 납부하는 것에 대하여 아무런 부담도 느끼지 않는다면, 이는 기탁금제도에 의하여 달성하려는 예비후보자의 무분별한 난립 방지와 예비후보자의 성실성 및 책임성 담보라는 입법목적에 전혀 기여할 수 없게 된다.

따라서 기탁금의 반환 요건은 예비후보자로 등록하면서 기탁금을 반환받지 못하는 것에 부담을 느껴 등록할 것인지의 여부를 신중하게 고려하도록 하고, 불성실한 예비후보자에게는 실질적인 제재효과가 미칠 수 있게 하는 등 예비후보자의 난립을 방지하고 선거의 신뢰성과 선거운동의 성실성을 담보할 수준에 이르러야 할 것이다(헌재 2010. 12. 28. 2010헌마79; 헌재 2013. 11. 28. 2012헌마568 등 참조).

㈏ 예비후보자제도 자체는 선거운동의 자유를 좀 더 보장하고자 도입된 것으로서 본선거의 후보자로 등록할 것을 전제로 한 제도라는 점을 고려할 필요가 있다. 그뿐만 아니라 기탁금은 당선가능성이 있는 자에게는 사후반환이 보장된 일시적 예납금이라는 점, 즉 예비후보자가 본선거의 후보자로 등록을 한 후 그 선거에서 득표한 비율에 따라 기탁금의 반환 가능성이 열려 있다는 점을 고려할 필요가 있다.

이러한 점 등을 감안하여 보면, 예비후보자가 본선거의 후보자로 등록하지 않는 경우에는, 예비후보자의 무분별한 난립과 선거운동의 과열·혼탁을 방지하고 그 성실성과 책임성을 담보하기 위하여 납부한 기탁금을 반환하지 아니하는 것이 예비후보자 기탁금제도의 본래적인 취지에 상응하는 것이다.

따라서 예비후보자의 기탁금 반환 사유는 후보자 등록을 하지 못할 정도에 이르는 객관적이고 예외적인 사유로 한정함이 상당하다(헌재 2013. 11. 28. 2012헌마568 등 참조).

㈐ 심판대상조항은 예비후보자가 사망하거나 공직선거법 제57조의2 제2항 본문에 따라 후보자로 등록될 수 없는 경우에만 납부한 기탁금 전액을 반환하도록 규정하고 있다.

예비후보자가 사망한 경우는 물론, 당내경선의 후보자로서 당내경선에서 당해 정당의 후보자로 선출되지 아니한 자는 원칙적으로 당해 선거의 같은 선거구에서는 후보자로 등록될 수 없다(공직선거법 제57조의2 제2항). 이러한 경우는 예비후보자가 본선거의 정당후보자로 등록하려 하였으나 자신의 의사와 관계없이 사망 또는 법률에 의한 제한으로 본선거의 후보자로 등록하지 못한 것이므로, 예비후보자의 성실성과 책임성이 결여된 것이라고 볼 수 없으며, 결국 본선거의 후보자 등록을 하지 못할 정도에 이르는 객관적이고 예외적인 사유에 해당되어 기탁금을 반환하는 것이다.

예비후보자가 본선거의 정당후보자로 등록하려고 하였으나 자신의 의사와 관계없이 정당 공천관리위원회의 심사에서 탈락한 경우에는, 예비후보자가 사망하거나 당내경선의 후보자로서 당내경선에서 당해 정당의 후보자로 선출되지 아니한 경우와는 달리 당해 정당의 후보자는 아니더라도 본선거의 후보자로 등록할 수 있다.

그러나 정당의 추천을 받고자 공천신청을 하였음에도 정당의 후보자로 추천받지 못한 예비후보자는 소속 정당에 대한 신뢰·소속감 또는 당선가능성 때문에 본선거의 후보자로 등록을 하지 아니할 수 있다. 이를 두고 예비후보자가 처음부터 진정성 없이 예비후보자 등록을 하였다거나 예비후보자로서 선거운동에서 불성실하다고 단정할 수 없다. 만일 이러한 경우까지 예비후보자에게 납부한 기탁금을 반환하지 아니한다면, 정치 신인 등은 기탁금을 반환받지 못할 수 있는 것에 대해 부담을 느끼고 예비후보자로 등록하는 것을 꺼리게 될 수 있으며, 이는 선거운동의 자유를 확대하려는 예비후보자제도의 도입 취지에 정면으로 배치되는 결과를 초래할 수 있다.

한편 심판대상조항으로 인해 정당 공천관리위원회의 심사에서 탈락한 예비후보자가 소속 정당을 탈당하고 본선거의 후보자로 등록한다면 오히려 무분별한 후보자 난립의 결과가 발생할 수도 있다. 이는 후보자의 난립을 방지하여 후보자의 수를 적정한 범위로 제한하고 당선자의 득표율을 높임으로써 민주적 정당성을 강화하고자 하는 기탁금제도의 취지와 조화되지 아니하고, 정당이 국민의 정치적 의사형성의 담당자이며 매개자이자 민주주의에 있어서 필수불가결한 요소로 기능하는 정당제 민주주의의 발전에도 바람직하지 아니하다.

㈑ 이러한 점들을 종합하면, 예비후보자가 본선거의 정당후보자로 등록하려 하였으나 자신의 의사와 관계없이 정당 공천관리위원회의 심사에서 탈락하여 본선거의 후보자로 등록하지 아니한 것은 후보자 등록을 하지 못할 정도에 이르는 객관적이고 예외적인 사유에 해당한다. 따라서 이러한 사정이 있는 예비후보자가 납부한 기탁금은 반환되어야 함에도 불구하고, 심판대상조항이 예비후보자에게 기탁금을 반환하지 아니 하는 것은 입법형성권의 범위를 벗어난 과도한 제한이라고 할 수 있다.

㈐ 그렇다면 심판대상조항은 침해 최소성의 원칙에 어긋난다.

(3) 법익의 균형성

심판대상조항이 추구하는 예비후보자의 무분별한 난립으로 인한 폐단방지, 예비후보자의 성실성과 책임성을 담보하는 공익이 중요함은 명백하다. 그러나 이러한 공익은 정당 공천관리위원회의 심사에서 탈락하여 본선거의 후보자로 등록하지 아니한 예비후보자에게 그가 납부한 기탁금을 반환한다고 하여 크게 훼손된다고 할 수 없으므로, 심판대상조항이 이러한 예비후보자에게 기탁금을 반환하지 아니하도록 함으로써 그가 입게 되는 기본권 침해의 불이익보다 크다고 단정할 수 없다.

따라서 심판대상조항은 법익의 균형성이 인정되지 아니한다.

(4) 소 결

심판대상조항이 예비후보자가 정당 공천관리위원회의 심사에서 탈락하여 본선거의 후보자로 등록하지 아니한 경우에 그가 납부한 기탁금 전액을 반환하지 아니하도록 하는 것은 과잉금지원칙을 위반하여 청구인의 재산권을 침해한다.

예비후보자 선거운동원 제한 사건

(헌재 2013. 11. 28. 2011헌마267)

□ 사건개요 등

이 사건은 예비후보자 또는 그의 배우자가 그와 함께 다니는 사람 중에서 지정한 각 1명도 명함교부 및 지지호소를 할 수 있도록 규정한 공직선거법 제60조의3 제2항 제3호 중 '배우자' 관련 부분(이하, '이 사건 3호 법률조항'이라 한다) 등에 대한 위헌소원 사건이다.

헌법재판소는, 이 사건 3호 법률조항은 선거운동에서 기회균등의 원칙에 반하고, 배우자의 유무라는 우연적인 사정에 근거하여 합리적 이유 없이 배우자 없는 예비후보자를 차별 취급하는 것이므로, 평등권을 침해한다고 결정하였다. 이 결정에는 이 사건 3호 법률조항에 대해서는 재판관 안창호 외 1명의 반대(합헌)의견이 있었다.[2] 반대의견은 이 사건 3호 법률조항이 평등권을 침해하지 아니한다는 견해인데,

---

2) 헌법재판소는 후보자의 선거운동원과 관련된 공직선거법 제93조 제1항 제1호에 대한 위헌소원 사건(헌재 2016. 9. 29. 2016헌마287)에서도 이 사건과 동일한 이유로 위헌결정을 하였고, 재판관 안창호외 1명은 반대의견을 제시하였다.

그 중요 내용은 다음과 같다.

첫째, 이 사건 3호 법률조항은 공직선거에서의 선거운동의 자유를 점차적으로 확대하는 과정에서 도입된 것일 뿐, 예비후보자에게 배우자 유무에 따라 선거운동의 기회를 차별적으로 부여하려는 것이 아니다.

둘째, 이 사건 3호 법률조항은 국민주권주의를 실현하기 위하여 원칙적으로 허용되어야 하는 선거운동의 자유를 선거의 공정성을 해할 우려가 없는 범위에서 보장하기 위한 것이지, 시혜적 차원에서 배우자 있는 예비후보자에게 선거운동의 기회를 추가로 부여한 것이 아니다.

셋째, 법정의견은 선거운동의 원칙적 자유와 공익을 이유로 한 예외적 제한이라는 헌법적 의미를 도외시하고, 공직선거에 대한 국가의 후견적 개입이 정당하다는 전제하에 선거의 형식적 공정성만을 앞세운 것이며, 이는 이른바 '자유와 권리의 하향평준화'로 귀결된다.

반대의견은 선거의 공정성이 훼손될 우려 없는 범위에서는 선거운동이 최대한 보장되어야 하며, 결과적 불평등의 문제는 선거운동의 자유를 확대하는 입법으로 해결하여야 한다는 입장이다. 특히 반대의견은 말미에 '굳이 헌법재판에서 이를 다룬다면 이러한 불평등을 보완할 입법이 마련되지 않았음을 이유로 한 입법부작위의 위헌성을 다투어야 한다.'는 견해를 피력하고 있다.

앞으로는 이와 유사한 사건에서는 반대의견의 말미에서 언급한 방법으로 심판대상을 선해하여 입법부작위의 위헌성을 다룸으로써, 선거의 공정성을 확보하면서도 선거운동의 자유를 최대한 보장하도록 하는 것이 타당한 것으로 보인다.

□ 반대(합헌)의견

우리는 다수의견과 달리 예비후보자의 배우자가 그와 함께 다니는 사람 중에서 지정한 1명이 예비후보자의 명함을 직접 주거나 예비후보자에 대한 지지를 호소할 수 있도록 규정한 이 사건 3호 법률조항이 청구인의 평등권을 침해하지 않는다고 생각하므로 다음과 같이 그 이유를 밝힌다.

가. 이 사건 3호 법률조항의 위헌여부는 선거운동의 자유가 가지는 헌법적 의미를 중심으로 하여 판단하여야 한다. 대의민주주의를 원칙으로 하는 오늘날의 민주

정치 아래에서의 선거는 국민의 참여가 필수적이고, 주권자인 국민이 자신의 정치적 의사를 자유로이 결정하고 표명하여 선거에 참여함으로써 민주사회를 구성하고 움직이게 하는 것이다. 따라서 국민의 주권행사 내지 참정권 행사의 의미를 지니는 선거과정에의 참여행위는 원칙적으로 자유롭게 행하여질 수 있도록 최대한 보장하여야 한다. 이처럼 민주적 의회정치의 기초인 선거는 본래 자유로워야 하는 것이지만 금권, 관권, 폭력 등에 의한 타락선거를 방지하고, 무제한적이고 과열된 선거운동으로 말미암아 발생할 사회경제적 손실과 부작용을 방지하며, 실질적인 선거운동의 기회균등을 보장하기 위해서는 선거의 공정성이 확보되어야 한다(헌재 1994. 7. 29. 93헌가4 등 참조).

나. 이 사건 3호 법률조항의 도입은 이하에서 보는 바와 같이 공직선거에서의 선거운동의 자유를 점차적으로 확대하는 과정에서 이루어진 것일 뿐, 선거운동의 기회를 차별적으로 부여하기 위한 것이 아니다.

즉 금권, 관권 및 폭력에 의한 부정, 과열선거로 점철되어온 우리 선거풍토를 바로잡기 위해 선거운동기간을 정하고 사전선거운동 일반을 금지하였는데, 우리의 선거문화가 개선되어감에 따라 사전선거운동 금지가 정치 신인에게 자신을 알릴 수 있는 기회를 보장함으로써 현역 정치인과의 선거운동 기회의 형평성을 제고하고자 노력하고 있다.

이를 위해, 구 공직선거법은 2004. 3. 12. 법률 제7189호로 개정되어 예비후보자 제도가 도입되었고, 예비후보자가 할 수 있는 선거운동 방법의 하나로 명함교부를 통한 선거운동이 허용된 것이다. 이후 2005. 8. 4. 법률 제7681호로 개정으로 예비후보자가 그와 함께 다니는 자 중에서 지정한 1인과 예비후보자의 배우자 혹은 예비후보자가 그의 직계 존·비속 중에서 신고한 1인도 예비후보자의 선거운동을 위하여 명함을 직접 줄 수 있고, 이 경우 예비후보자의 배우자는 예비후보자의 지지를 호소할 수 있게 되었다. 2010. 1. 25. 법률 제9974호로 다시 개정되면서, 배우자와 직계 존·비속 모두 예비후보자를 수행하지 않은 상태에서 명함을 직접 주거나 예비후보자에 대한 지지를 호소할 수 있게 되었고, 예비후보자와 함께 다니는 선거사무장·선거사무원 및 활동보조인, 예비후보자 또는 그의 배우자가 그와 함께 다니는 사람 중에서 지정한 각 1명도 명함을 교부하거나 지지를 호소할 수 있게 되어 그 범위가 점차적으로 확대되었다(제60조의3 제2항).

364 제 4 장 참정권과 선거운동의 자유

이처럼 이 사건 3호 법률조항은 국민주권주의를 실현하기 위해 원칙적으로 허용되어야 하는 선거운동의 자유를 선거과열 등 선거의 공정성을 해할 우려가 없는 범위에서 보장하기 위한 것이지, 시혜적 차원에서 배우자 있는 예비후보자에게 선거운동의 기회를 추가로 부여한 것이 아니다.

다. 다수의견은 이 사건 3호 법률조항이 위헌이라는 근거로 배우자 있는 예비후보자에게 차별적으로 선거운동의 기회를 부여하고 있을 뿐 아니라 선거의 조기과열 및 유급 선거운동원의 고용에 따른 폐해를 피하기 어렵다고 하고 있다.

이러한 다수의견은 선거운동의 원칙적 자유와 공익을 이유로 한 예외적 제한이라고 하는 헌법적 의미를 도외시하고, 공직선거에 대한 국가의 후견주의적 개입이 정당하다는 전제하에 선거의 형식적 공정성을 앞세운 것이다. 또한 선거비용을 제한하고, 이를 일정한도 이상 초과하여 지출하는 경우 형사처벌과 함께 벌금 300만원 이상 선고시에는 당선을 무효로 하는 등 강력한 통제방안을 마련하고 있는바, 단지 예비후보자의 배우자가 함께 다니는 선거운동 보조자 중 1인으로 하여금 예비후보자의 배우자를 보조하는 차원에서 직접 명함을 주거나 예비후보자에 대한 지지를 호소할 수 있도록 한 것이 선거의 조기과열이나 유급 선거운동원의 고용에 따른 폐해를 가져온다고 보기도 어렵다.

또한 다수의견은 예비후보자의 배우자가 지정하는 1인이 예비후보자의 배우자를 보조하는 차원을 넘어서 독자적 유급 선거운동원을 허용하게 되는 것이나 마찬가지이므로 결국 배우자 없는 예비후보자를 합리적 이유없이 차별하는 것이라고 하나, 예비후보자의 배우자가 지정하는 1인은 예비후보자의 배우자와 함께 다니는 경우에만 명함을 주거나 지지를 호소할 수 있을 뿐이라는 점에서 선거운동기회의 심각한 불균형을 가져온다고 보기도 어렵다. 만일 다수의견과 같이 선거운동의 자유를 확인하여 보장하는 이 사건 3호 법률조항의 위헌심사에 있어 배우자 없는 예비후보자와의 차별성을 이유로 평등권이 침해된다고 한다면, 이는 이른바 '자유와 권리의 하향평준화'로 귀결될 것인바, 이는 과잉금지 및 평등권 심사를 통한 기본권 보장을 추구하는 헌법재판의 본질과도 배치되는 것이다.

라. 따라서 우리는 배우자가 없는 예비후보자에게 결과적으로 선거운동에 있어 다소 불리한 상황이 발생하였더라도 이를 평등권 침해라고 보기는 어렵다고 생각한다. 배우자 없는 예비후보자에게 발생하는 결과적 불평등의 문제는 입법자가 이러한

상황을 고려하여 — 예를 들면, 예비후보자의 직계 존비속 중 1인이 그와 동행하는 선거운동원 1인을 지정할 수 있도록 하는 등 — 선거운동의 자유를 확대하는 입법을 함으로써 해결되어야 할 문제일 뿐이다. 굳이 헌법재판에서 이를 다룬다면 이러한 불평등을 보완할 입법이 마련되지 않았음을 이유로 한 입법부작위의 위헌성을 다투어야 할 것이지, 선거운동의 자유를 보장하고 확인하는 이 사건 3호 법률조항이 청구인의 평등권을 침해하였다고 볼 수는 없는 것이다.

점자형 선거공보 관련 사건
(헌재 2014. 5. 29. 2012헌마913)

□ 사건개요 등

시각장애 1급인 청구인은 대통령선거에서 시각장애인을 위한 점자형 선거공보의 작성 여부를 후보자의 선택사항으로 하고, 점자형 선거공보의 면수도 비장애인을 위한 책자형 선거공보의 면수 이내에서 작성하도록 규정하고 있는 공직선거법 제65조 제4항(이하 '심판대상조항'이라 한다)에 대하여 헌법소원심판을 청구하였다.

헌법재판소는 심판대상조항이 청구인의 선거권과 평등권을 침해하지 않고, 헌법 제34조 제5항에 위반되지 않는다고 결정하였다. 이 결정에는 재판관 안창호 외 3명의 반대(위헌)의견이 있었다. 반대의견은 심판대상조항이 시각장애인의 선거권 보장을 위해 보다 적극적인 입법을 해야 하며 이를 소홀히 한 것은 시각장애인의 선거권과 평등권을 침해한다는 견해인데, 그 중요 내용은 다음과 같다.

첫째, 입법자는 '후보자나 정당에 관한 정치적 정보 및 의견에 대한 알 권리'를 내포하는 선거권을 최대한 보장하는 방향으로 입법해야 하며, 이를 제한하는 입법은 헌법 제37조 제2항의 규정에 따라 국가안전보장·질서유지 또는 공공복리를 위해 필요하고 불가피한 경우에만 그 제한이 정당화될 수 있다.

둘째, 국가가 과도한 부담이나 현저히 곤란한 사정이 있지 아니함에도, 시각장애선거인이 후보자 등에 대한 정치적 정보를 종합적이고 체계적으로 취득하기 위한 매체에 대한 필요한 조치를 강구하지 아니하여, 선거의 공정성이 훼손되고 시각장애선거인에게 차별이 초래된 때에는 그의 선거권과 평등권이 침해될 수 있다.

셋째, 점자형 선거공보는 시각장애선거인이 시간과 장소에 구애받지 않고 후보자 등에 대한 정치적 정보를 종합적이고 체계적으로 접근할 수 있게 하는 유일한 매체라고 할 수 있으므로, 심판대상조항이 점자형 선거공보의 작성 여부를 후보자의 선택사항으로 규정하는 것은 시각장애선거인의 선거권과 평등권을 침해한다.

반대의견은 선거와 관련하여 장애인에 대해 실질적인 차별 및 불평등이 초래된 경우에는 그 해소를 위하여 국가가 적극적인 입법을 해야 하며, 이를 위반한 경우에는 관련 법령이 장애인의 선거권 및 평등권을 침해할 수 있다는 견해이다.

국회는 이 사건의 반대의견을 반영하여, 2015년 8월 13일 법률 제13497호로 공직선거법 제65조 제4항을 개정, 대통령선거·지역구국회의원선거 및 지방자치단체의 장 선거의 후보자에 대해서는 점자형 선거공보를 책자형 선거공보의 면수 이내에서 '의무적'으로 작성·제출하도록 하였다. 새로이 개정된 조항에 대해서도 헌법소원심판이 청구되었는데, 헌법재판소는 헌재 2016. 12. 29. 2016헌마548 사건에서 새로이 개정된 조항이 선거권 및 평등권을 침해하지 않는다고 판단하였다. 다만 2016헌마548 사건에서도 대통령선거에 관하여는 점자형 선거공보의 작성면수를 제한해서는 안 된다는 재판관 안창호 외 3명의 의견이 있었다.

☐ 반대(위헌)의견

가. 선거권의 의의와 선거의 공정성

(1) 선거권은 자유민주주의 국가에서 통치기관을 구성하고 그에 정당성을 부여하는 한편, 국민 스스로 정치형성과정에 참여하여 국가권력을 통제하고 국민의 의사를 국정에 반영함으로써 국민주권과 대의민주주의를 실현하는 핵심적인 수단이라는 점에서 아주 중요한 기본권 중의 하나이다.

헌법 제24조는 모든 국민은 법률이 정하는 바에 의하여 선거권을 가진다고 규정함으로써 법률유보의 형식을 취하고 있으나, 선거권의 내용과 절차를 법률로 정하는 경우에도 국민주권을 선언한 헌법 제1조, 평등권에 관한 헌법 제11조, 보통·평등·직접·비밀 선거를 보장하는 헌법 제41조 및 제67조의 취지에 부합하여야 한다. 특히 선거권을 공정하고 정당하게 행사하기 위해서는 그 전제로 후보자가 누구인지,

후보자나 소속 정당의 정책 및 공약은 무엇인지에 대한 충분한 정보가 제공되어야 하고, 이에 대한 유권자의 알 권리가 보장되어야 한다. 따라서 입법자는 '후보자나 정당에 관한 정치적 정보 및 의견'에 대한 알 권리를 내포하는 선거권을 최대한 보장하는 방향으로 입법하여야 하며, 이를 제한하는 입법은 헌법 제24조에 따라 곧바로 정당화될 수는 없고, 헌법 제37조 제2항의 규정에 따라 국가안전보장·질서유지 또는 공공복리를 위하여 필요하고 불가피한 경우에만 그 제한이 정당화될 수 있으며 그 경우에도 선거권의 본질적인 내용을 침해할 수 없다(헌재 2014. 1. 28. 2012헌마409등 참조).

    (2) 선거의 공정성이란 국민의 선거의 자유와 선거운동 등에서의 기회의 균등이 담보되는 것을 의미하므로, 선거의 공정성 없이는 진정한 의미에서의 선거의 자유도 선거운동 등에서의 기회균등도 보장되지 아니한다. 선거에 있어서 유권자에게 전달되는 정치적 정보나 의견이 균형을 잃어 선거의 공정성을 상실한 경우에는, 민의를 왜곡하는 결과를 초래하게 되므로 선거제도의 본래적 기능과 대의민주주의의 본질이 훼손된다 할 것이다(헌재 2014. 4. 24. 2011헌바17등 참조). 이러한 선거의 공정성의 의의와 헌법 제1조, 제11조, 제41조, 제67조 및 제116조 제1항의 취지를 고려하면 선거의 공정성 확보는 매우 중요한 헌법적 요청이라고 할 수 있다.

    따라서 국가는 후보자 등에 대한 정치적 정보에 대한 접근이 제한된 시각장애선거인이 그 정치적 정보에 접근할 수 있도록 필요한 조치를 하여 그의 선거권에 대한 실질적 보장과 선거의 공정성을 확보하여야 하며, 국가가 과도한 부담이나 현저히 곤란한 사정 등이 있지 아니함에도 시각장애선거인이 후보자 등에 대한 정치적 정보를 종합적이고 체계적으로 취득하기 위한 유일한 매체 또는 핵심적 수단에 대한 필요한 조치를 강구하지 아니함으로써 선거의 공정성이 훼손되고 시각장애선거인에게 실질적인 차별 및 불평등이 초래된 경우에는 헌법상 보장된 시각장애선거인의 선거권이 침해된다고 할 수 있다.

    한편 '장애인차별금지 및 권리구제 등에 관한 법률'은 위와 같은 헌법적 요청의 실천을 위해 과도한 부담이나 현저히 곤란한 사정 등이 있는 경우가 아닌 한 장애인에 대하여 형식상으로는 불리하게 대하지 아니하지만 정당한 사유 없이 장애를 고려하지 아니하는 기준을 적용함으로써 장애인에게 불리한 결과를 초래하거나 정당한 사유 없이 장애인에 대하여 정당한 편의 제공을 거부하는 것을 장애인에 대한 차별로 규정하고(제1조, 제4조 제1항 제2호 및 제3호, 제3항), 이를 금지하고 있으며 국가 및 지방자치단체로 하여금 그 차별의 방지와 해소를 위한 적극적인 조치를 하도록 규정하고 있다(제6조 및 제8조). 특히 참정권과 관련하여, 국가 및 지방자치단체와 공직선거후보자 및 정당은 장애인이 선거권 등을 행사함에 있어서 차별하여서는 아니된다고 하면서 공직선거후보자 및 정당은 장애인에게 후보자 및 정당에 관한 정보를 장애인 아닌 사람과 동등한 정도의 수준으로 전달하여야 한다고 규정하고 있다(제27조 제1항 및 제3항). 이러한 점을 고려할 때, 심판대상조항이 시각장애선거인에 대한 차별을 해소하기 위한 선거권 영역에서의 적극적인 조치라는 이유만으로 그 방법의 선택이 입법자의 재량영역이라고 단정할 것은 아니다.

나. 목적의 정당성과 수단의 적합성

심판대상조항은 시각장애선거인을 위하여 후보자가 점자형 선거공보를 작성하여 제출할 수 있도록 하고 있으나, 그 작성을 의무사항으로 하지 아니하고 후보자의 선택에 맡겨 임의적 선택사항으로 규정하고 있으며, 작성하는 경우에도 책자형 선거공보의 면수 이내로 한정하였다. 이는 점자형 선거공보의 작성에 상당한 비용과 노력이 소요되고 그 비용은 선거공영제의 확대 차원에서 국가가 전액 부담하고 있는 점과 점자형 선거공보 작성의 효율성 등을 고려한 것으로 보인다. 그러나 이와 같은 사정만으로는 점자형 선거공보가 아예 작성되지 않거나 그 내용이 불충분하여, 시각장애선거인의 후보자 등에 대한 정치적 정보취득의 기회가 원천적으로 배제되거나 제한될 수 있는 불이익을 정당화할 수 있는지 의문이다. 설령 그 입법목적의 정당성과 수단의 적절성이 인정될 수 있다 하더라도 다음에서 보는 바와 같이 심판대상조항은 침해의 최소성 및 법익의 균형성 원칙에 위반된다.

다. 침해의 최소성

(1) 다수의견은 시각장애인선거인이 후보자의 방송에 의한 선거운동과 후보자가 참가한 대담·토론회에 대한 방송을 통해 효율적으로 선거정보를 얻을 수 있다고 하면서, 선거공보는 공직선거법이 정한 다양한 선거정보제공 수단 중 하나에 불과하고 여기에 게재된 정보가 선거권 행사 여부를 좌우할 만큼 필수적인 요소라고 보기는 어렵다고 한다.

㈎ 공직선거법은 책자형 선거공보(제65조 제1항)를 비롯한 법률이 규정한 방법을 제외하고는 문서, 도화, 인쇄물 등 시각적 방법에 의한 선거운동을 포괄적으로 금지하고 있다(제93조 제1항).

공직선거법은 책자형 선거공보를 작성함에 있어 대통령선거에 있어서는 16면 이내로 작성하도록 하는 등 선거유형마다 그 면수와 수량을 제한하고 있고, 후보자의 재산상황·병역사항·최근 5년간 소득세 등 납부 및 체납실적·전과기록·직업과 학력 등 인적사항과 같은 후보자정보공개자료를 둘째 면에 게재하도록 규정하고 있으며(제65조 제2항, 제3항, 제8항), 후보자는 책자형 선거공보에 위 공개자료 이외에 그의 정견·공약, 소속정당의 정강·정책 등 후보자의 홍보에 필요한 사항을 종합적이고 체계적으로 게재할 수 있다. 공직선거법은 그 밖에도 문자메시지 전송 등(제59조 단서 제2호, 제3호), 예비후보자 현수막·명함·홍보물·어깨띠·공약집(제60조의3, 제60조의4), 선거벽보(제64조), 선거공약서(제66조), 현수막(제67조), 어깨띠 등 소품(제68조), 신문광고(제69조), 인터넷광고(제82조의7) 등에 의한 시각적 방법에 의한 선거운동을 인정하고 있으나, 이러한 선거운동을 통해 제공되는 후보자 등에 대한 정치적 정보는 시각장애선거인이 다른 사람의 도움이 없는 한 정상적으로 취득할 수 없다 할 것이므로, 시각적 방법에 의한 후보자 등에 대한 정치적 정보의 제공은 시각장애선거인에게는 실효성 있는 수단이라고 할 수 없다.

㈏ 공직선거법은 점자형 선거공보(제65조 제4항)를 비롯한 법률이 규정한 방법을 제외하고는 녹음·녹화 테이프 등 비시각적 방법에 의한 선거운동도 포괄적으로 금지하고 있어(제93조 제1항) 시각장애선거인은 후보자 등에 대한 정치적 정보를 얻는 방법이 제한되어 있다.

공직선거법은 점자형 선거공보를 작성함에 있어 위 후보자정보공개자료의 내용을 책자형 선거공보의 내용과 같아야 한다고 규정하고 있고(제65조 제8항), 후보자는 점자형 선거공보에 책자형 선거공보와 같이 위 공개자료 이외에 그의 정견·공약, 소속정당의 정강·정책 등 후보자의 홍보에 필요한 사항을 종합적이고 체계적으로 게재할 수 있다. 공직선거법은 점자형 선거공보 이외에 인터넷이용 음성정보전송 등(제59조 제3호), 전화통화(제60조의3 제1항 제6호, 제82조의4 제1항), 방송광고(제70조), 후보자 등의 방송연설(제71조), 방송시설주관 후보자연설의 방송(제72조), 경력방송(제73조), 연설·대담·토론회·정책토론회 개최 및 방송(제79조 내지 제82조의3) 등 비시각적 방법에 의한 선거운동에 대하여 인정하고 있다.

그러나 시각장애선거인이 후보자 등의 전화통화, 텔레비전·라디오 등 방송 및 연설·대담·토론회·정책토론회를 통해 후보자 등에 대한 정치적 정보를 취득하기 위해서는 특정한 매체 또는 특정 시간과 장소를 확보해야 하고, 별도의 조치를 취하지 않는 이상 방송과 구술언어의 일과성으로 인해 후보자 등에 대한 정치적 정보를 심사숙고하여 충분히 지득하는 데 한계가 있다. 물론 공직선거법이 후보자에 대한 정치적 정보를 수회 방송할 수 있도록 하는 등으로 방송과 구술언어의 특성에 따른 한계를 보완하고 있으나 그 한계가 완전히 극복되어 시각장애선거인이 문서화된 점자형 선거공보를 통하여 정치적 정보를 취득하는 것과 동일시할 수는 없다 할 것이다. 특히 위와 같은 방법은 후보자, 대담 및 토론회 개최자, 언론매체 또는 법률 등에 의하여 후보자 등에 대한 정치적 정보를 제공하는 것이 제한될 수 있으므로, 시각장애선거인이 위와 같은 방법으로 모든 후보자에 대하여 종합적이고 체계적인 정치적 정보를 취득하는 것은 심각하게 제한된다고 할 것이다.

나아가 연설·대담·토론회·정책토론회의 경우, 특정한 장소에서 개최되어 시각장애선거인으로서는 다른 사람의 도움없이 그 곳에 참석하는 것이 불가능하고, 방송광고와 경력방송은 1분 내지 2분으로 제한되어 대통령선거에 있어 16면까지 작성할 수 있는 책자형 선거공보에 비추어 볼 때 후보자 등에 대한 충분한 정치적 정보를 전달하기에 부족하며, 후보자 등의 방송연설·방송시설주관 후보자연설의 방송 및 언론기관의 후보자 등 초청 대담·토론회 방송은 시각장애선거인이 정치적 정보를 얻을 수 있는 시간대를 임의로 조정할 수 없어 근접한 시간대에 후보자 등의 연설을 청취·비교하는 것이 불가능하게 됨으로써 후보자 등에 대한 정치적 정보를 판단함에 있어 제약이 따른다고 할 것이다.

한편 2011. 12. 29. 2007헌마1001등 사건에 대한 헌법재판소의 한정위헌결정과 2012. 2. 29. 법률 제11374호로 개정된 공직선거법에 의하여 전면적으로 허용된 인터넷이용 음성정보전송 등 비시각적 선거운동방법은, 시각장애선거인이 제공되는 음성정보를 계속적·반복적으로 청취할 수 있으므로 구술언어의 특성으로 인한 정치적 정보취득 제한이 상당부분 극복된다고 할 수 있으나, 후보자 등이 인터넷을 통해 음성정보를 제공하지 않는 한 시각장애선거인으로서는 후보자 등에 대한 정치적 정보에 접근할 수 없으며, 그 내용에서도 선거공보와는 달리 후보자의 준법의식과 공직자로서의 자질 평가에 핵심적 요소가 되는 사항, 즉 후보자의 병역사항·최근 5년간 소득세 등 납부 및 체납실적·전과기록·직업과 학력 등 인적사항 등에 대하여 임의로 제공하지 아니할 수 있으므로, 후보자 등에 대하여 종합적이고 체계적인 정치적 정보를 제공하지 못하는 것으로 평가된다.

더구나 시각장애선거인이 청각장애까지 동시에 가지고 있는 경우에는 구술언어에 의해 제공되는 정보도 통상의 방법으로 취득할 수 없다고 할 것이므로, 점자형 선거공보를 제외한 공직선거법상의 시각적·비시각적 선거운동방법은 시각장애선거인에게 후보자 등에 대한 정치적 정보를 제공하는 실효성 있는 수단이라고 할 수 없다.

㈐ 이러한 점을 고려한다면, 점자형 선거공보는 다른 선거홍보물에 접근하기 어려운 시각장애선거인이 시간과 장소에 구애받지 않고 후보자 등에 대한 정치적 정보를 종합적이고 체계적으로 접근할 수 있도록 도와주는 유일한 매체 내지 핵심적 수단이라고 할 수 있고, 그 밖의 다른 방법은 시각장애선거인이 후보자 등에 대한 정치적 정보를 제공받게 하는 수단이 될 수 없거나 그러한 정보를 제공받는 수단이 될 수 있다 하더라도 종합적이고 실효성 있는 수단이 되지 못한다 할 것이다. 따라서 입법자는 시각장애선거인이 점자형 선거공보를 통해 후보자 등에 대한 정치적 정보를 충분히 취득할 수 있도록 필요한 조치를 취하여야 할 것이다.

(2) 시각장애선거인의 선거권을 실질적으로 보장하기 위해서는, 선거공보를 통한 후보자 등에 대한 정치적 정보취득의 과정에서도 시각장애선거인과 비장애선거인을 달리 취급하여서는 아니 되고, 장애를 고려하지 아니하는 기준을 적용함으로써 시각장애선거인에게 실질적으로 불리한 결과를 초래하지 않도록 하여야 한다.

심판대상조항은 후보자가 비장애인을 위한 책자형 선거공보 이외에 시각장애선거인을 위한 점자형 선거공보 1종을 작성할 수 있다고 하여, 비장애인을 위한 책자형 선거공보와 같이 점자형 선거공보의 작성 여부를 임의적 선택사항으로 규정하고 있다. 그러나 심판대상조항은 점자형 선거공보의 작성 여부를 독자적인 임의적 선택사항으로 규정함으로써, 비장애선거인을 위한 책자형 선거공보를 작성하는 경우에도 점자형 선거공보를 작성하지 않을 수 있도록 하고 있다. 실제로 책자형 선거공보는 일반적으로 모든 후보자에 의하여 작성되고 있는 반면, 점자형 선거공보는 예외적으로 또는 선택적으로 작성되고 있다. 제18대 대통령선거에서 책자형 선거공보는 등록한 7명의 후보자가 모두 작성·제출한 반면, 점자형 선거공보는 5명의 후보자만이 작성·제출하였다.

나아가 책자형 선거공보의 경우와 달리, 점자형 선거공보의 전부 또는 일부를 제출하지 아니하는 때에는 점자형 후보자정보공개자료를 별도로 작성하여 제출할 수 있을 뿐 의무사항이 아니고(공직선거법 제65조 제9항), 정당 또는 후보자가 정당한 사유 없이 점자형 후보자정보공개자료를 제출하지 아니하더라도 후보자 등록무효사유가 되지 않으며(공직선거법 제52조 제1항 제11호), 관할선거관리위원회는 점자형 후보자정보공개자료를 게재하지 아니하였다는 이유로 점자형 선거공보의 접수를 거부할 수 없다(공직선거법 제65조 제11항). 이에 따라 비장애인은 책자형 선거공보가 작성되지 아니하는 경우에도 후보자의 체납실적·전과기록 등 중요한 인적사항이 게재된 후보자정보공개자료를 제공받게 되지만, 시각장애선거인은 점자형 선거공보가 작성되지 아니하는 경우 점자형 후보자정보공개자료까지 제공받지 못할 수 있다.

더욱이 심판대상조항은 점자형 선거공보의 작성을 임의적 선택사항으로 규정한 것에서 더 나아가, 점자형 선거공보를 작성하는 경우에도 책자형 선거공보의 면수 이내로 한정하여 그 내용의 동일성을 유지할 수 없도록 하고 있다. 점자는 일반 활자에 비하여 글씨 크기의 조절이 불가능하고, 자음과 모음 하나하나를 독립적인 글자로 표시해야 하며, 종이의 양면을 사용하기 위하여 줄과 줄 사이는 8㎜ 정도를 띄워 반대면의 점자와 겹치지 않도록 해야 하는 특성이 있다. 이러한 특성 때문에 점자는 일반 활자와 동일한 내용을 전달하기 위하여 약 2.5배 내지 3배 정도의 면수를 필요로 한다. 점자형 선거공보가 후보자의 재량에 의해 작성되는 경우에도 심판대상조항의 면수 제한 때문에 후보자의 정견·공약, 소속정당의 정강·정책 등에 대한 자세한 내용을 대부분 삭제하고, 공약의 제목 등을 나열하는 수준에 그치는 것이 현실이다.

따라서 심판대상조항은 시각장애선거인이 후보자 등에 대한 정치적 정보를 종합적이고 체계적으로 취득하기 위한 유일한 매체 또는 핵심적 수단으로 평가되는 점자형 선거공보에 대해 임의적 선택사항으로 규정함과 동시에 장애를 고려하지 아니하는 기준을 적용함으로써, 시각장애선거인의 후보자 등에 대한 정치적 정보취득의 기회가 박탈될 수 있게 하거나 제한되게 하여 선거의 공정성을 심각하게 훼손하고, 합리적인 이유 없이 시각장애선거인에게 불리한 결과 즉 실질적인 불평등을 초래하여 그를 선거권 행사 영역에서 차별하고 있다고 할 수 있다.

(3) 대통령은 국가 원수이자 행정부 수반(헌법 제66조 제1항, 제4항)으로서 장애인 복지를 비롯한 국가 정책 전반에 걸쳐 광범위한 권한을 행사할 수 있으므로 시각장애인의 기본권 실현과 밀접한 관계를 가지고 있다. 따라서 시각장애선거인이 대통령선거와 관련하여 후보자 등에 대한 정치적 정보취득의 기회를 균등하게 보장받고, 선거권을 실질적으로 행사할 수 있도록 선거의 공정성을 확보할 필요성은 더욱 강조될 수 있다 할 것이다. 또한 대통령선거는 5년마다 실시되고 있고 다른 선거에 비교하여 후보자가 소수에 불과하므로, 점자형 선거공보의 작성비용이 시각장애선거인의 선거권 행사와 관련된 정보취득의 균등한 기회보장을 희생해야 할 만큼 국가적 차원에서 감당하기 어려운 정도라고 보기도 어렵다. 따라서 공직선거법의 적용을 받는 대통령선거, 국회의원선거, 지방의회의원 및 지방자치단체의 장의 선거 중에서, 적어도 대통령선거에서는 점자형 선거공보의 작성을 임의적 선택사항으로 하고 그 면수를 책자형 선거공보의 면수로 제한할 필요가 없다 할 것이므로, 심판대상조항은 침해의 최소성원칙에 위반된다.

(4) 다수의견은 점자형 선거공보를 의무적으로 작성·제출하게 하는 경우 필연적으로 후보자의 선거운동의 자유를 제한하는 결과를 초래한다고 한다.

그러나 선거운동은 유권자가 경쟁하는 여러 정치세력 가운데 선택을 통해 선거권을 행사할 수 있도록 그 판단의 배경이 되는 정치적 정보를 제공하는 기능을 수행하는바(헌재 2014. 4. 24. 2011헌바17등), 시각장애선거인의 후보자 등에 대한 정치적 정보취득의 기회를 확보하여 시각장애인의 선거권을 실질적으로 보장하고 선거의 공정성을 담보하려는 것은 선거운동의 자유를 내실화 내지 확대하는 측면이 있다.

그리고 공직선거법은 국가가 점자형 선거공보의 작성·발송 비용을 전액부담하도록 하고 있으므로(제122조의2 제3항 제2호), 점자형 선거공보의 작성을 의무화하더라도 후보자의 선거운동의 자유를 제한한다고 단정할 수 없다.

라. 법익의 균형성

대의민주주의에서의 선거권의 의의, 시각장애선거인의 '후보자나 정당에 관한 정치적 정보 및 의견'에 대한 알 권리를 내포하는 선거권의 실질적 보장과 선거의 공정성이 갖는 헌법적 의의 그리고 민주정치의 발전이라는 공익적 성격에 비추어 볼 때, 심판대상조항에 의해 침해되는 공익과 시각장애선거인이 입는 불이익은 현저한 반면, 대통령 선거에서 점자형 선거공보작성의 비용과 효율성은 국가적 차원에서 감당하기 어렵다 할 수 없으므로, 심판대상조항은 법익의 균형성원칙에 위반된다.

마. 소결론

이와 같이 심판대상조항은 입법목적의 정당성과 수단의 적합성을 인정할 수 있다 하더라도, 침해의 최소성 및 법익의 균형성원칙에 위반되어 시각장애선거인의 선거권을 제한하고 있으며, 합리적인 이유 없이 시각장애인선거인에게 불리한 결과를 초래하여 그를 선거권 행사 영역에서 차별하고 있다. 그렇다면 심판대상조항은 청구인과 같은 시각장애선거인의 선거권과 평등권을 침해한다.

기타 중요 사건

□ 선거연령 제한 사건(헌재 2013. 7. 25. 2012헌마174)

이 사건은 대통령 및 국회의원 선거의 선거연령을 19세 이상으로 정하고 있는 공직선거법 제15조 제1항에 대한 위헌소원 사건이다. 헌법재판소는 위 조항이 헌법에 위반되지 아니한다고 결정하였다. 이 결정에는 재판관 3명의 반대(위헌)의견이 있었다.

법정의견은 헌법 제24조가 선거연령을 어떻게 정할 것인지를 입법자에게 위임하고 있고, 19세 미만의 연령에 해당하는 국민 중 다수가 고등학교에 재학 중인 점 등을 고려해서 위 조항이 헌법에 위반되지 아니한다고 결정하였다.

□ 재외국민 국민투표권 및 선거권 제한 사건(헌재 2014. 7. 24. 2009 헌마256 등)

이 사건은 외국에 거주하는 재외국민으로서 주민등록이 되어 있지 않고 국내 거소신고도 하지 아니한 재외선거인에게 국민투표권 또는 선거권을 인정하지 아니한 국민투표법 및 공직선거법의 관련 조항에 대한 위헌소원 사건이다.

헌법재판소는 재외선거인이 국민투표권을 행사할 수 없도록 한 국민투표법 제14조 제1항에 대해 헌법불합치결정을, 재외선거인이 지역구국회의원선거권을 행사할 수 없도록 한 공직선거법 제218조의5 제1항 등에 대해 합헌결정을 하였다. 국민투표법 조항에 대해서는 재판관 3명의 반대(합헌)의견, 공직선거법 조항에 대해서는 재판관 2명의 반대(위헌)의견이 있었다. 법정의견의 취지는 다음과 같다.

국민투표는 선거권 행사와 달리 국민이 직접 국가의 정치에 참여하는 절차이므로 그 투표권은 대한민국 국민의 자격이 있는 사람에게는 반드시 인정되어야 한다. 한편 전국을 단위로 하는 실시하는 대통령선거와 비례대표국회의원선거에 투표하기 위해서는 국민이라는 자격만으로 충분한데 반해, 특정 지역구의 국회의원선거에 투표하기 위해서는 해당 지역과의 관련성이 인정되어야 한다. 주민등록과 국내 거소신고를 기준으로 지역구국회의원선거의 선거권을 인정하는 것은 해당 국민의 지역적 관련성을 확인하는 합리적인 방법이다.

□ 언론인 선거운동 금지 사건(헌재 2016. 6. 30. 2013헌가1)

이 사건은 대통령령으로 정하는 언론인의 선거운동을 금지하고 이를 위반하는 경우 처벌하는 공직선거법 제60조 제1항 제5호(이하, '금지조항'이라 한다)와 제255조 제1항 제2호 가운데 제60조 제1항 제5호 중 '제53조 제1항 제8호에 해당하는 자' 부분(이하, '처벌조항'이라 한다)에 대한 위헌제청 사건이다. 헌법재판소는 위 조항들에 대해 헌법에 위반된다고 결정하였다. 이 결정에는 재판관 2명의 반대(합헌)의견이 있었다. 법정의견은 금지조항이 포괄위임금지원칙을 위반하고, 처벌조항이 선거운동의 자유를 침해한다고 판단하였다. 법정의견의 취지는 다음과 같다.

금지조항은 '대통령령으로 정하는 언론인'이라고만 하여 '언론인'이라는 단어 외에 대통령령에서 규정할 내용의 한계를 설정하지 아니하였고, 언론인과 관련해서, 방송·신문·뉴스통신 등과 같이 다양한 언론매체 중에서 어느 범위로 한정될지, 어떤 업무에 어느 정도 관여하는 사람까지 포함될지 등을 예측할 수 없다. 한편 처벌조항은 언론매체를 이용하지 아니한 언론인 개인의 선거운동까지 전면적으로 금지할 필요는 없으며, 공직선거법은 언론인의 불공정한 선거운동에 대해 다양한 관점에서 이미 충분히 규제하고 있다.

2017년 7월 26일 법률 제14839호로 개정된 공직선거법에서는 언론인 가운데 중앙선거관리위원회규칙에서 정하는 언론인에 대해서만 선거운동을 금지하고 있다.

□ 교육감 후보자 매수죄 사건(헌재 2012. 12. 27. 2012헌바47)

이 사건은 후보자를 사퇴한 대가로 후보자였던 사람에게 금전을 제공하는 것을 처벌하는 공직선거법 조항을 교육감선거에 준용하도록 규정한 '지방교육자치에 관한 법률' 조항에 대한 위헌소원 사건이다. 헌법재판소는 위 법률조항이 헌법에 위반되지 아니한다고 결정하였다. 이 결정에는 재판관 3명의 반대(위헌)의견이 있었다.

법정의견은 '계속되는' 각종 선거에서 비록 사후라고 하더라도 후보자를 사퇴하는 것에 대한 대가를 목적으로 하는 금전 제공행위를 처벌해야 피선거권의 불가매수성과 선거의 공정성 확보가 가능하다는 등의 이유로 위 법률조항이 헌법에 위반되지 아니한다고 판단하였다.

제 5 장
형사절차 관련 기본권

— 안창호 재판관 집무실, 스페인 재판관 일행과 함께 —

서 론

형사절차는 범죄에 대한 수사, 형사재판과 형벌의 집행이라는 국가 기능을 수행하기 위한 절차로서, 그 과정에서 필연적으로 국민의 자유와 권리를 제한하고, 기능 수행 등과 관련하여 절차적 기본권을 제한한다.

수사는 범죄혐의의 유무를 명백히 하여 공소를 제기·유지할 것인지 여부를 결정하기 위해 범인을 발견·확보하고 증거를 수집·보전하는 수사기관의 활동을 말하며, 이는 대상자의 기본권을 중대하게 침해할 수 있으므로 필요최소한에 그쳐야 한다. 그리고 헌법상 공정한 재판받을 권리는 모든 재판절차에 적용되는 기본원칙이지만, 형사절차의 경우 국가의 형벌권 행사에 의해 개인의 방어권이 제한된다는 점에서 특별한 의미를 가진다. 한편 형벌의 집행과 관련하여, 현대민주국가에서는 수용자에 대한 기본권 제한은 형의 집행과 도망의 방지라는 구금목적과 관련된 기본권(신체의 자유, 거주이전의 자유, 사생활의 자유 등) 제한에 한정되어야 하고, 목적 달성을 위해 필요한 한도를 벗어날 수 없다.

제5장 '형사절차 관련 기본권'에서는 수사, 형사재판절차, 형벌의 집행과 관련해서 9건을 선정하여 재판관 안창호가 집필한 부분을 중심으로 수록하였다. 선정된 9건은 다음과 같다.

통신사실 확인자료 제공 사건(헌재 2018. 6. 28. 2012헌마191 등)은 통신사실 확인자료 제공과 관련된 요건과 사후 통지절차에 관한 위헌소원 사건이다. 재판관 안창호 등은 법정의견에서 통신사실 확인자료 제공요청시 법원의 허락을 받도록 한 것은 영장주의에 위배되지 아니한다 하면서도, 그 요건과 사후 통지절차는 현행 법률보다 엄격하게 규정해야 한다면서 헌법에 합치되지 아니한다고 판단하였다.

패킷 감청 사건(2018. 8. 30. 2016헌마263)은 국가안보와 관련된 사건 등에서 패킷 감청에 대한 위헌소원 사건이다. 법정의견은 현행법보다 엄격한 사후 절차를 규정해야 한다면서 헌법불합치결정을 하였다. 재판관 안창호 등은 반대(합헌)의견에서 패킷 감청이 다른 감청과 본질적으로 다른 것은 아니고, 그 절차는 매우 엄격하게 규정되어 있으며, 막연하게 상대적으로 좋은 제도가 있다거나 수사기관이 법에서 정한 절차를 준수하지 않을 우려가 있다는 이유만으로 관련 제도에 대한 규정이 헌법에 위반되는 것은 아니라는 견해를 제시하였다.

공범에 대한 공판조서의 증거능력 사건(헌재 2013. 10. 24. 2011헌바79)은 공범이 다른 사건에서 피고인으로서 진술한 내용을 기재한 공판조서의 증거능력을 인정하는 법률조항에 대한 위헌소원 사건이다. 재판관 안창호 등은 법정(합헌)의견에 대한 보충의견에서 위와 같은 공판조서에 대해 증거능력을 부여함에 있어 보다 명확한 입법을 하는 것이 필요하다는 의견을 제시하였다.

청소년성보호법상 증거능력 특례조항 사건(헌재 2013. 12. 26. 2011헌바108)은 동석하였던 신뢰관계에 있는 자가 '영상물에 수록된 피해자의 진술'에 대해 진정성립을 인정하면 증거능력을 부여하는 법률조항에 대한 위헌소원 사건이다. 재판관 안창호 등은 반대(위헌)의견에서 반대신문권의 보장이 공정한 재판을 받을 권리의 핵심적인 내용이라면서 위헌의견을 제시하였다.

피내사자에 대한 출석요구 사건(헌재 2014. 8. 28. 2012헌마776)은 피내사자 등에 대한 수사기관의 출석요구와 관련된 위헌소원 사건이다. 재판관 안창호 등은 반대(기각)의견에서 수사기관의 피내사자 등에 대한 출석요구행위가 공권력 행사성이 인정된다는 견해를 제시하였다.

변호인에 대한 후방착석요구 사건(헌재 2017. 11. 30. 2016헌마503)은 수사기관이 피의자신문과정에서 변호인과 피의자의 동석을 거부하는 행위에 대한 위헌소원 사건이다. 재판관 안창호 등은 법정(위헌)의견에서 피의자신문절차에서의 변호인 역할을 강조하면서 위 행위에 대해 헌법에 위반된다고 판단하였다.

송환대기 외국인에 대한 변호사접견 불허 사건(2018. 5. 31. 2014헌마346)은 입국이 거부되어 공항 송환대기실에 있는 외국인에 대해 변호사 접견을 거부한 국가기관의 행위에 관한 위헌소원 사건이다. 재판관 안창호 등은 별개(위헌)의견에서 입국 전 공항 송환대기실에 있는 외국인에게는 헌법상 변호인 접견권이 아닌 재판청구권이 인정되어야 한다면서 위헌의견을 제시하였다.

차단시설 설치장소에서의 변호사 접견 사건(헌재 2013. 8. 29. 2011헌마122)은 수형자가 차단시설이 설치된 장소에서 민사소송 등을 위한 변호사를 접견하도록 하는 규정에 대한 위헌소원 사건이다. 재판관 안창호 등은 법정(위헌)의견에서 위 규정이 수형자의 재판청구권을 침해한다고 판단하였다.

수용자의 접견내용 제공 사건(헌재 2016. 11. 24. 2014헌바401)과 관련해서, 재판관 안창호는 보충의견에서 접견기록물이 미결수용자의 개인정보자기결정권과 형사사건의 방어권에도 영향을 미칠 수 있으므로 이를 타 기관에 제공하는 행위에 대해 형집행법에 근거규정을 두는 것이 바람직하다는 의견을 제시하였다.

재판관 안창호는 수사, 형사재판 및 형벌집행과 관련해서 공권력 행사는 가능한 구체적인 법률적 근거가 있어야 하고, 원칙적으로 필요최소한에 그쳐야 하며, 반대신문권과 변호인 접견권 등 절차적 권리가 충분히 보장되어야 한다는 입장이다. 그밖에 전투경찰대 영창제도 사건(헌재 2016. 3. 31. 2013헌바190), 체포영장에 기한 타인주거 수색 사건(헌재 2018. 4. 26. 2015헌바370 등), 요양급여내역 제공 사건(헌재 2018. 8. 30. 2014헌마368) 물포 발포행위 사건(헌재 2018. 5. 31. 2015헌마476), 피의자 촬영허용 사건(헌재 2014. 3. 27. 2012헌마652), 구치소 내 과밀수용 사건(헌재 2016. 12. 29. 2013헌마142), 변호사와 수형자 간 접견시간 제한 사건(헌재 2015. 11. 26. 2012헌마858), 수형자의 사복착용금지 사건(헌재 2015. 12. 23. 2013헌마712) 등에서도 이러한 입장을 견지하고 있다. 다만 패킷 감청 사건에서는 수사기관이 법에서 정한 절차를 준수하지 않을 우려가 있다는 이유만으로 관련 규정이 위헌이 되는 것은 아니라고 하면서 헌법재판의 한계를 지적하고 있다.

통신사실 확인자료 제공 사건
(헌재 2018. 6. 28. 2012헌마191 등)

□ 사건개요 등

수사기관은 청구인들에 대한 집회 및 시위에 관한 법률 등 위반 혐의의 수사 및 체포영장 집행을 위하여, 법원의 허가를 얻어 전기통신사업자에게 청구인들에 대한 통신사실 확인자료의 제출을 요청하여 이를 제공받았다. 이에 청구인들은 통신비밀보호법의 관련조항이 통신의 자유 등을 침해한다고 주장하면서 헌법소원심판을 청구하였다.

헌법재판소는 ① 통신비밀보호법 제13조 제1항 중 '검사 또는 사법경찰관은 수사를 위하여 필요한 경우 전기통신사업법에 의한 전기통신사업자에게 제2조 제11호 바목, 사목의 통신사실 확인자료의 열람이나 제출을 요청할 수 있다'는 부분(이하, '이 사건 요청조항'이라 한다), ② 수사 종료 후 위치정보 추적자료를 제공받은 사실 등을 통지하도록 한 통신비밀보호법 제13조의3 제1항 중 제2조 제11호 바목, 사목의 통신사실 확인자료에 관한 부분(이하, '이 사건 통지조항'이라 한다)이 헌법에 합치되지 아니한다고 결정하였고, ③ 수사기관이 전기통신사업자에게 위치정보 추적자료 제공을 요청함에 있어 법원의 허가를 받도록 규정한 통신비밀보호법 제13조 제2항 본문 중 제2조 제11호 바목, 사목의 통신사실 확인자료에 관한 부분(이하, '이 사건 허가조항'이라 한다)에 대해서는 헌법에 위반되지 아니한다고 결정하였다. 이 결정에는 재판관 3명의 이 사건 요청조항 및 통지조항에 대한 반대(합헌)의견이 있었다.

법정의견은 이 사건 요청조항에 대해 과잉금지원칙을 위반하여 개인정보자기결정권과 통신의 자유를 침해하고, 이 사건 통지조항은 적법절차원칙을 위반하여 개인정보자기결정권을 침해하며, 이 사건 허가조항은 영장주의에 위반되지 아니한다고 결정하였는데, 그 주요 내용은 다음과 같다.

첫째, 이 사건 요청조항의 '수사를 위하여 필요한 경우'란, '위치정보 추적자료가 범인의 발견이나 범죄사실의 입증에 기여할 개연성이 충분히 소명된다는 전제하에, 범인을 발견·확보하며 증거를 수집·보전하는 수사기관의 활동을 위해 그 목적을 달성할 수 있는 범위 안에서 관련 있는 자에 대한 위치정보 추적자료 제공요청이 필요한 경우'를 의미한다.

둘째, 수사기관은 위치정보 추적자료의 통하여 정보주체의 위치 및 이동상황에 대한 정보를 취득할 수 있고, 특히 실시간 위치정보 추적자료에 의해 정보주체의 현재 위치와 이동상황을 파악할 수 있다는 점에서 민감한 정보에 해당하므로 엄격하게 절차가 진행되어야 함에도, 이 사건 요청조항은 위치정보 추적자료 요청시 예외 없이 수사의 필요성만을 요건으로 하고 있으므로 과잉금지원칙에 위반된다.

셋째, 통신사실 확인자료 제공요청은 수사 대상이 된 가입자 등의 동의·승낙을 얻지 않고 전기통신사업자를 상대로 이루어지는 '통신비밀보호법이 정한 강제처분'이므로 그 제공요청에는 영장주의가 적용되나, 이 사건 허가조항은 수사기관이 위치정보 추적자료 제공을 요청할 경우 법원의 허가를 받도록 하고 있으므로 영장주의에 위배된다고 볼 수 없다.

넷째, 이 사건 통지조항은 수사기관이 전기통신사업자로부터 위치정보 추적자료를 제공받은 사실에 대해, 그 제공과 관련된 사건에 대해 수사가 계속 진행되거나 기소중지결정이 있는 경우에는 정보주체에게 통지할 의무를 규정하지 아니하고, 통지하는 경우에도 그 내용이 형식적인 것이어서 적법절차원칙에 위배된다.

오늘날 정보통신기술의 발달에 따라 다양한 정보가 통신에 의해 전송되고 있고 수사도 통신사실에 의해 진행되는 경우가 많으므로, 이러한 수사를 보장하면서도 그에 의한 기본권 침해가 최소화 될 수 있는 방안이 강구되어야 한다.

헌법재판소는 이 결정에서, 범죄예방과 사건의 조기해결을 위해 수사기관의 위치정보 추적자료 제공의 필요성을 인정하면서도 그 요건과 관련해서 현행 법률에서 규정한 '수사의 필요성' 이외의 요건이 필요한 경우가 있고, 적법절차원칙의 준수를 위해 사후통지 절차를 보완해야 한다고 결정하였다. 향후 국회의 개선입법에 따라 위치정보 추적자료 제공요청의 요건이 추가되고 정보주체인 국민을 위한 사후통지 절차가 보완된다면, 위치정보 추적자료 제공요청의 오·남용으로 인한 국민의 개인정보자기결정권과 통신의 자유 제한이 개선될 것으로 기대된다.

□ 법정의견

가. 입법연혁 등

2001. 12. 29. 법률 제6546호로 개정된 통신비밀보호법은 제13조에 통신사실 확인자료 제공요청의 법적 근거와 절차를 마련하여, 범죄수사를 위한 통신사실 확인자료는 검사 또는 사법경찰관이 관할 지방검찰청 검사장의 사전승인을 얻어 전기통신사업자에게 요청할 수 있는 것으로 규정하였다. 이와 같이 통신비밀보호법이 개정된 다음에 범죄수사를 위한 수사기관의 통신사실 확인자료 제공요청이 급증하자 이와 관련된 수사기관의 권한남용의 우려가 커지게 되었다. 이에 2005. 5. 26. 법률 제7503호로 개정된 통신비밀보호법은 검사 또는 사법경찰관이 범죄수사를 위한 통신사실 확인자료의 제공을 요청할 경우 관할 지방법원 또는 지원의 허가를 받도록 하는 한편(이 사건 요청조항 및 이 사건 허가조항), 통신사실 확인자료를 제공받은 사건에 관하여 공소제기 등의 처분을 한 경우 정보주체인 전기통신가입자에게 이를 통지하도록 규정하였다(이 사건 통지조항).

이 사건에서 문제되는 통신사실 확인자료는 시간의 경과와 함께 계속적으로 변화하는 동적 정보이자 전자적(디지털 형태)으로 저장된 위치정보 추적자료이다. 이는 정보통신망에 접속된 정보통신기기의 위치를 확인할 수 있는 발신기지국의 위치추적자료와 컴퓨터통신 또는 인터넷의 사용자가 정보통신망에 접속하기 위하여 사용하는 정보통신기기의 위치를 확인할 수 있는 접속지의 추적자료이다(이 사건 정의조항).

검사 또는 사법경찰관은 법원의 허가를 받으면, 정보주체의 동의나 승낙을 얻지 아니하고도, 통신비밀보호법(제15조의2)에 따라 협조의무가 있는 공공기관이 아닌 전기통신사업자에게 정보주체에 관한 통신사실 확인자료의 제공을 요청하여 이를 제공받음으로써 정보주체의 기본권을 제한할 수 있으므로, 이러한 통신사실 확인자료 제공요청은 통신비밀보호법이 정한 강제처분에 해당한다.

나. 이 사건 요청조항에 대한 판단(헌법불합치의견)

(1) 쟁점의 정리

㈎ 청구인들은 이 사건 요청조항 중 '수사를 위하여 필요한 경우'의 의미가 불분명하여 명확성원칙에 위배된다고 주장하므로 이에 대하여 판단한다.

한편, 청구인들은 위치정보 추적자료의 인적·시적 범위가 불분명하므로 이 사건 요청조항이 명확성원칙에 위배된다는 주장도 한다. 그러나 이 사건 요청조항이 위치정보 추적자료의 인적·시적 범위를 제한하고 있지 아니함은 법 문언상 명백하고, 위 주장은 이 사건 요청조항의 내용이 광범위하여 정보주체의 기본권을 과도하게 제한한다는 취지로 선해될 수 있으므로, 이를 과잉금지원칙 위반 여부에 포함하여 판단한다.

㈏ 개인정보자기결정권은 자신에 관한 정보가 언제 누구에게 어느 범위까지 알려지고 또 이용되도록 할 것인지를 그 정보주체가 스스로 결정할 수 있는 권리로서, 헌법 제10조 제1문에서 도출되는 일반적 인격권 및 헌법 제17조의 사생활의 비밀과 자유에 의하여 보장된다. 이와 같은 개인정보자기결정권의 보호대상이 되는 개인정보는 개인의 신체, 신념, 사회적 지위, 신분 등과 같이 개인의 인격주체성을 특징짓는 사항으로서 그 개인의 동일성을 식별할 수 있게 하는 일체의 정보라고 할 수 있다. 이러한 개인정보를 대상으로 한 조사·수집·보관·처리·이용 등의 행위는 원칙

적으로 개인정보자기결정권에 대한 제한에 해당한다(헌재 2005. 7. 21. 2003헌마282; 헌재 2012. 12. 27. 2010헌마153 참조).

　이 사건 요청조항은 수사기관이 수사를 위하여 필요한 경우 법원의 허가를 얻어 전기통신사업자에게 정보주체의 위치정보 추적자료의 제공을 요청할 수 있도록 하고 있다. 이 사건에서 문제되고 있는 위치정보 추적자료는 청구인들의 인적정보와 결합하여 특정인의 위치를 파악할 수 있는 개인정보이고, 수사기관은 정보주체의 동의 없이 제공받은 위치정보 추적자료를 통해 그의 활동반경·이동경로·현재위치 등을 확인할 수 있으므로, 이 사건 요청조항은 개인정보자기결정권을 제한하고 있다.

　따라서 이 사건 요청조항이 정보주체인 전기통신가입자의 개인정보자기결정권을 침해하는지 여부에 대하여 판단한다.

　㈐ 헌법 제18조는 '모든 국민은 통신의 비밀을 침해받지 아니한다.'라고 규정하여 통신의 비밀보호를 그 핵심내용으로 하는 통신의 자유를 기본권으로 보장하고 있다. 사생활의 비밀과 자유에 포섭될 수 있는 사적 영역에 속하는 통신의 자유를 헌법이 별개의 조항을 통해 기본권으로 보장하는 이유는 우편이나 전기통신의 운영이 전통적으로 국가독점에서 출발하였기 때문에 개인 간의 의사소통을 전제로 하는 통신은 국가에 의한 침해가능성이 여타의 사적 영역보다 크기 때문이다(헌재 2001. 3. 21. 2000헌바25 참조). 자유로운 의사소통은 통신내용의 비밀을 보장하는 것만으로는 충분하지 아니하고 구체적인 통신으로 발생하는 외형적인 사실관계, 특히 통신관여자의 인적 동일성·통신시간·통신장소·통신횟수 등 통신의 외형을 구성하는 통신이용의 전반적 상황의 비밀까지도 보장해야 한다.

　따라서 이 사건 요청조항은 수사기관이 전기통신사업자에게 위치정보 추적자료의 제공을 요청하여 이를 제공받도록 함으로써 정보주체인 전기통신가입자의 통신의 자유를 제한하므로 이에 대하여 판단한다.

　㈑ 청구인들은 수사기관의 위치정보 추적자료 제공요청은 통신의 자유를 제한함과 동시에 사생활의 비밀과 자유도 제한한다는 취지로 주장한다. 사생활의 비밀과 자유에 포섭될 수 있는 사적 영역에 속하는 통신의 자유를 헌법이 제18조에서 별도의 기본권으로 보장하고 있는 취지에 비추어 볼 때, 이 사건 요청조항이 청구인들의 통신의 자유를 침해하는지를 판단하는 이상 사생활의 비밀과 자유 침해 여부에 관하여는 별도로 판단하지 아니한다(헌재 2010. 12. 28. 2009헌가30 참조).

(2) 명확성원칙 위반 여부

㈎ 법치국가원리의 한 표현인 명확성원칙은 기본적으로 모든 기본권제한 입법에 요구된다. 법규범이 명확한지 여부는 그 법규범이 수범자에게 법규의 의미내용을 알 수 있도록 공정한 고지를 하여 예측가능성을 주고 있는지 여부와 그 법규범이 법을 해석·집행하는 기관에게 충분한 의미내용을 규율하여 자의적인 법해석이나 법집행이 배제되는지 여부, 다시 말하면 예측가능성 및 자의적 법집행 배제가 확보되는지 여부에 따라 판단할 수 있다. 법규범의 의미내용은 그 문언뿐만 아니라 입법목적이나 입법취지, 입법연혁, 그리고 법규범의 체계적 구조 등을 종합적으로 고려하는 해석방법에 의하여 구체화하게 되므로, 결국 법규범이 명확성원칙에 위반되는지 여부는 위와 같은 해석방법에 의하여 그 의미내용을 합리적으로 파악할 수 있는 해석기준을 얻을 수 있는지 여부에 달려 있다(헌재 2017. 4. 27. 2014헌바405 참조).

㈏ 청구인들은 이 사건 요청조항 중 '수사를 위하여 필요한 경우'의 의미가 불분명하여 명확성원칙에 위배된다고 주장한다.

우선 '수사'라 함은 범죄혐의의 유무를 명백히 하여 공소를 제기·유지할 것인가의 여부를 결정하기 위해 범인을 발견·확보하고 증거를 수집·보전하는 수사기관의 활동을 말한다(형사소송법 제195조, 대법원 1999. 12. 7. 선고 98도3329 판결 등 참조). 이는 형사소송법을 비롯한 여러 법률에서 널리 사용되고 있을 뿐만 아니라 일상생활에서도 흔히 사용되는 용어이므로 그 의미가 불명확하다고 볼 수 없다.

다음으로 '필요한 경우'의 의미가 명확한지에 관하여 본다.

통신비밀보호법은 통신 및 대화의 비밀과 자유에 대한 제한 시 그 대상을 한정하고 엄격한 법적 절차를 거치도록 함으로써 통신비밀을 보호하고 통신의 자유를 신장함을 그 목적으로 하고(제1조), 수사기관이 통신사실 확인자료의 제공을 요청할 때 '요청사유, 해당 가입자와의 연관성, 필요한 자료의 범위'를 기재한 요청허가서를 작성하고 있다(제13조 제2항). 그리고 형사소송법은 수사기관이 근거 법률의 규정이 있고 필요한 최소한도의 범위 안에서만 강제처분을 하도록 규정하고 있다(제199조 제1항 단서). 이러한 점들에 비추어 보면, 수사기관이 통신사실 확인자료의 제공을 요청할 때에는 통신사실 확인자료가 범인의 발견이나 범죄사실의 입증에 기여할 개연성이 충분히 소명되어야 그 필요성이 인정될 수 있다(헌재 2018. 4. 26. 2015헌바370 등 참조).

따라서 이 사건 요청조항의 '수사를 위하여 필요한 경우'란 '위치정보 추적자료가 범인의 발견이나 범죄사실의 입증에 기여할 개연성이 충분히 소명된다는 전제하에, 범인을 발견·확보하며 증거를 수집·보전하는 수사기관의 활동을 위하여 그 목적을 달성할 수 있는 범위 안에서 관련 있는 자에 대한 위치정보 추적자료 제공요청이 필요한 경우'를 의미한다고 해석할 수 있다.

(다) 그렇다면 이 사건 요청조항은 건전한 상식과 통상적인 법감정을 가진 사람이라면 그 취지를 예측할 수 있을 정도의 내용으로 확정되어 있어 불명확하다고 할 수 없으므로, 명확성원칙에 위배되지 아니한다.

(3) 과잉금지원칙 위반 여부

(가) 목적의 정당성 및 수단의 적정성

현대사회에서는 정보통신기술의 비약적인 발달로 인하여 개인의 인적사항이나 위치정보 등 각종 개인정보가 정보주체의 의사나 인식 여부와 관계없이 제3자에 의하여 광범위하게 수집·보관·처리·이용될 수 있게 되었다. 이러한 정보는 수사기관이 범인을 발견·확보하고 증거를 수집·보전하는데 중요한 자료가 될 수 있다. 특히, 이동전화나 인터넷의 사용이 일상화되면서, 수사기관은 그 사용에 관한 정보를 이용하여 특정인의 활동반경·이동경로·현재위치 등을 확인하는 등, 위치정보 추적자료를 범죄 수사에 있어 중요한 자료로 활용하고 있다.

이 사건 요청조항은 수사기관이 수사의 필요성 있는 경우에 전기통신사업자에게 정보주체인 전기통신가입자의 위치정보 추적자료의 제공을 요청할 수 있도록 함으로써, 수사의 신속성과 효율성을 도모하고 이를 통하여 실체적 진실발견과 국가형벌권의 적정한 행사에 기여하고자 하는 것이므로 입법목적이 정당하다. 수사기관이 전기통신사업자에게 전기통신가입자의 위치정보 추적자료의 제공을 요청하는 것은 위와 같은 입법목적을 달성하는데 효과적인 방법이 될 수 있으므로 수단의 적절성도 인정된다.

(나) 침해의 최소성

1) 수사기관은 실체적 진실발견과 국가형벌권의 적정한 행사를 위해 제3자인 전기통신사업자에게 정보주체인 전기통신가입자에 대한 위치정보 추적자료의 제공을 요청할 수 있다.

위치정보 추적자료는 시간의 경과와 함께 계속적으로 변화하는 동적 정보이자 전자적으로 저장되는 정보라는 특성을 가지고 있으므로, 피의자·피내사자 등 범죄관련자의 행적을 용이하게 추적할 수 있게 한다. 수사기관은 위치정보 추적자료를 활용하여 신속하고 효과적으로 범인을 발견·확보하고, 증거를 수집·보전하며, 범죄관련자 진술의 진위 여부를 확인함으로써, 실체적 진실발견과 국가형벌권의 적정한 행사를 도모할 수 있다.

그런데 비록 수사기관이 전기통신사업자에게 전기통신가입자에 관한 위치정보 추적자료의 제공을 요청하는 것이 그 가입자에 대한 직접적이고 물리적인 강제력을 행사하는 것은 아니라고 하더라도, 이러한 수사기관의 위치정보 추적자료 제공요청은 통신비밀보호법이 정하는 강제처분에 해당하는 것이므로 필요한 최소한도의 범위 내에서만 하여야 한다(형사소송법 제199조 제1항 단서 참조).

2) 위치정보 추적자료는 정보주체인 전기통신가입자가 이동전화 등을 사용하는 때에 필연적으로 생성되는 것으로, 정보주체가 특정한 시간에 존재하거나 존재하였던 장소에 관한 정보를 제공한다. 이러한 정보는 개인의 사적 생활의 비밀과 자유에 관한 것이 될 수 있으므로, 수사기관에 제공될 경우 정보주체에 대한 통신의 자유 및 개인정보자기결정권의 침해로 연결될 수 있다.

수사기관은 위치정보 추적자료의 분석을 통하여 특정 시간대 정보주체의 위치 및 이동상황에 대한 정보를 취득할 수 있고 정보주체의 예상경로 및 이동목적지 등을 유추하는 것도 가능하다. 특히, 실시간 위치정보 추적자료는 정보주체의 현재 위치와 이동상황을 제공한다는 점에서, 비록 내용적 정보가 아니지만 충분한 보호가 필요한 민감한 정보에 해당할 수 있다.

그럼에도 불구하고, 이 사건 요청조항은 '수사를 위하여 필요한 경우'만을 요건으로 하면서 전기통신사업자에게 특정한 피의자·피내사자뿐만 아니라 관련자들에 대한 위치정보 추적자료의 제공요청도 가능하도록 규정하고 있다. 즉, 이 사건 요청조항은 수사기관이 범인의 발견이나 범죄사실의 입증에 기여할 개연성만 있다면, 모든 범죄에 대하여, 수사의 필요성만 있고 보충성이 없는 경우에도, 피의자·피내사자뿐만 아니라 관련자들에 대한 위치정보 추적자료 제공요청도 가능하도록 하고 있다.

따라서, 이 사건 요청조항은 입법목적 달성을 위해 필요한 범위를 벗어나 광범위하게 수사기관의 위치정보 추적자료 제공요청을 허용함으로써, 정보주체의 기본권을 과도하게 제한하고 있다.

3) 수사기관의 위치정보 추적자료 제공요청과 관련해서는, 이 사건 요청조항의 입법목적 달성에 지장을 초래하지 아니하면서도 정보주체의 기본권을 덜 침해하는 방법이 가능하다.

예를 들면, ① 수사기관이 전기통신사업자로부터 실시간 위치정보 추적자료를 제공받는 경우 또는 불특정 다수에 대한 위치정보 추적자료를 제공받는 경우에는 수사의 필요성뿐만 아니라 보충성이 있을 때, 즉 다른 방법으로는 범죄 실행을 저지하거나 범인의 발견·확보 또는 증거의 수집·보전이 어려운 경우에 한하여, 수사기관이 위치정보 추적자료의 제공을 요청할 수 있게 하는 방법, ② 통신비밀보호법 제5조 제1항에 규정된 통신제한조치가 가능한 범죄 이외의 범죄와 관련해서는 수사의 필요성뿐만 아니라 보충성이 있는 경우에 한하여 수사기관이 위치정보 추적자료의 제공을 요청할 수 있도록 하는 방법 등이 개선입법으로 고려될 수 있다. 이러한 방법 등을 통하여 수사의 신속성 및 효율성을 확보하고 실체적 진실발견 및 국가형벌권의 적정한 행사라는 이 사건 요청조항의 입법목적을 달성하면서도, 수사기관의 위치정보 추적자료 제공요청의 남용을 방지하고 정보주체의 기본권 보장을 도모할 수 있다.

그럼에도 불구하고, 이 사건 요청조항은 정보주체의 기본권 제한을 최소화하려는 노력을 도외시한 채 수사기관의 수사편의 및 효율성만을 도모한 것으로, 입법목적의 달성에 필요한 범위를 벗어나 정보주체의 기본권을 과도하게 제한하고 있다.

4) 수사기관이 전기통신사업자에게 위치정보 추적자료 제공을 요청할 경우 법원의 허가를 받아야 한다는 점에서, 이 사건 요청조항이 수사의 필요성만을 규정하고 보충성 등의 요건이나 대상범죄를 제한하고 있지 않더라도, 위치정보 추적자료 제공요청 관련 수사기관의 권한남용은 일정부분 통제된다고 볼 여지도 있다.

그러나 수사절차에서 요건이 엄격한 통신제한조치의 활용은 점차 줄어드는 대신 상대적으로 요건이 완화된 통신사실 확인자료의 활용이 빈번해지고 있는 실정이고, 통신제한조치 허가신청에 대한 법원의 기각률은 약 4%인데 반해 통신사실 확인자료 제공요청 허가신청에 대한 법원의 기각률은 약 1%에 불과한데, 이는 이 사건 요청조항이 보충성 등을 요구하지 않은 채 수사의 필요성만을 요건으로 규정하고 있음에도 그 원인이 있다. 따라서 현재와 같이 통신사실 확인자료 제공요청에 대한 요건이 완화되어 있는 상태에서는 법원이 허가를 담당한다는 사정만으로 수사기관의 위치정보 추적자료 제공요청 남용에 대한 통제가 충분히 이루어지고 있다고 할 수 없다.

한편, 통신비밀보호법 제2조 제11호 바목에 해당하는 발신기지국의 위치추적자료의 경우에는 기지국의 통신범위가 최소 수백 미터에서 최대 수천 미터에 이르는 등 그 폭이 상당히 넓기 때문에 보다 정확한 위치를 파악하기 어려워 정보주체에 대한 기본권 제한의 정도가 심하지 않다고 볼 여지도 있다.

그러나 오늘날 정보통신기술의 발달과 함께 위치정보를 정확하게 측량하여 이용할 수 있는 기술들도 급속히 발전하고 있고, 오차범위와 기지국 주변의 건물 상황 등 여러 조건을 종합하여 수사대상자 등의 위치정보를 상당히 정확한 수준으로 파악하는 것이 가능하게 되어, 정보주체의 기본권에 중대한 침해가 될 수 있다.

5) 사정이 이러하다면, 이 사건 요청조항은 침해의 최소성 요건을 충족한다고 할 수 없다.

㈐ 법익의 균형성

이 사건 요청조항이 달성하고자 하는 실체적 진실발견과 국가형벌권의 적정한 행사라는 공익은 중요하고, 이러한 공익목적 달성을 위하여 수사기관이 전기통신사업자로부터 위치정보 추적자료를 제공받는 것은 불가피한 측면이 있다. 그러나 이 사건 요청조항은 공익목적의 달성에 필요한 범위를 벗어나 정보주체의 통신의 자유와 개인정보자기결정권을 과도하게 제한하고 있으므로, 이 사건 요청조항으로 달성하려는 공익이 그로 인해 제한되는 정보주체의 기본권보다 중요하다고 단정할 수 없다.

따라서 이 사건 요청조항은 법익의 균형성 요건을 충족한다고 할 수 없다.

㈑ 소 결

이 사건 요청조항은 과잉금지원칙을 위반하여 청구인들의 개인정보자기결정권 및 통신의 자유를 침해한다.

다. 이 사건 허가조항에 대한 판단(합헌의견)

(1) 쟁점의 정리

청구인들은 이 사건 허가조항이 영장주의에 위배된다고 주장하므로 이에 대하여 판단한다.

한편 청구인들은 위치정보 추적자료 제공요청이 실질적으로 압수·수색과 동일함에도 이 사건 허가조항은 위치정보 추적자료 제공요청의 경우에는 압수·수색과 달리 법원의 허가만으로 가능하도록 함으로써 양자를 합리적 이유 없이 차별하여 청구인들의 평등권을 침해한다고 주장한다. 그러나 위 주장은 이 사건 허가조항이 영장주의에 위배됨을 다투는 것과 실질적으로 동일하므로, 영장주의 위배 여부를 살펴보는 이상 별도로 판단하지 아니한다.

(2) 헌법상 영장주의 위배 여부

㈎ 헌법 제12조 제3항은 '체포·구속·압수 또는 수색을 할 때에는 적법한 절차에 따라 검사의 신청에 의하여 법관이 발부한 영장을 제시하여야 한다.'라고 규정하고, 헌법 제16조는 '주거에 대한 압수나 수색을 할 때에는 검사의 신청에 의하여 법관이 발부한 영장을 제시하여야 한다.'라고 규정함으로써 영장주의를 헌법적 차원에서 보장하고 있다. 우리 헌법이 채택하여 온 영장주의는 형사절차와 관련하여 체포·구속·압수·수색의 강제처분을 함에 있어서는 사법권 독립에 의하여 신분이 보장되는 법관이 발부한 영장에 의하지 않으면 아니 된다는 원칙이다. 따라서 헌법상 영장주의의 본질은 체포·구속·압수·수색 등 기본권을 제한하는 강제처분을 함에 있어서는 중립적인 법관의 구체적 판단을 거쳐야 한다는 데에 있다.

한편, 입법자는 수사기관의 강제처분에 관한 법률을 제정함에 있어, 헌법 제12조 제3항을 준수하는 범위 내에서 해당 강제처분의 특수성, 그 강제처분과 관련된 우리 사회의 법 현실, 국민의 법 감정 등을 종합적으로 고려해 정책적인 선택을 할 수 있다(헌재 2012. 5. 31. 2010헌마672 참조).

㈏ 앞서 본 바와 같이, 통신사실 확인자료 제공요청은 수사 또는 내사의 대상이 된 가입자 등의 동의나 승낙을 얻지 아니하고도 공공기관이 아닌 전기통신사업자를 상대로 이루어지는 것으로 통신비밀보호법이 정한 수사기관의 강제처분이다. 이러한 통신사실 확인자료 제공요청과 관련된 수사기관의 권한남용 및 그로 인한 정보주체의 기본권 침해를 방지하기 위해서는 법원의 통제를 받을 필요가 있으므로, 통신사실 확인자료 제공요청에는 헌법상 영장주의가 적용된다.

위치정보 추적자료는 시간의 경과와 함께 계속적으로 변화하는 동적 정보이면서 전자적으로 저장되는 정보라는 특성을 가지고 있다. 이러한 위치정보 추적자료를 활용하면 피의자·피내사자 등 범죄관련자들의 행적을 용이하게 추적할 수 있기 때문에 수사기관은 신속하고 효율적인 수사를 위하여 그 자료를 적극적으로 활용하고 있다. 그러나 위치정보 추적자료가 수사기관에 의해 무분별하게 수집되어 오용·남용될 경우, 이로 인한 정보주체의 사적 생활의 비밀과 자유는 심각하게 침해될 수 있다. 이에 이 사건 허가조항은 위치정보 추적자료 제공요청과 관련하여, 수사기관의 권한남용을 방지하고 정보주체의 기본권을 충실하게 보장하며 절차의 공정성을 확보하기 위하여 법원의 허가를 받도록 하고 있다. 즉 이 사건 허가조항은 강제처분인 위치정보 추적자료 제공요청의 특수성, 이와 관련된 입법연혁과 수사현실, 국민의 법 감정 등을 고려하여, 형사소송법상 압수·수색영장의 특수한 형태로서 수사기관의 위치정보 추적자료 제공요청시 법원의 허가를 받도록 한 것이다.

또한 영장주의의 본질이 수사기관의 강제처분은 인적·물적 독립을 보장받는 중립적인 법관의 구체적 판단을 거쳐야만 한다는 점에 비추어 보더라도, 수사기관이 위치정보 추적자료의 제공을 요청한 경우 법원의 허가를 받도록 하고 있는 이 사건 허가조항은 영장주의에 위배된다고 할 수 없다.

라. 이 사건 통지조항에 대한 판단(헌법불합치의견)

(1) 쟁점의 정리

이 사건 통지조항은 수사기관이 전기통신사업자로부터 위치정보 추적자료를 제공받은 사건에 관하여 공소를 제기하거나, 공소의 제기 또는 입건을 하지 아니하는 처분(기소중지결정을 제외한다)을 한 때에는, 그 처분을 한 날부터 30일 이내에 위치정보 추적자료를 제공받은 사실과 제공요청기관 및 그 기간 등을 서면으로 통지하도록 하고 있다. 이와 관련하여, 청구인들은 이 사건 통지조항이 기소중지결정이나 수사 중에는 수사기관에게 위치정보 추적자료를 제공받은 사실 등에 관하여 통지할 의무를 부과하지 아니하고, 수사기관이 그 사실을 통지할 때에도 위치정보 추적자료 제공요청 사유를 통지사항으로 규정하지 아니한 것이 적법절차원칙에 위배되어 개인정보자기결정권을 침해한다고 주장하므로, 이에 대하여 판단한다.

한편, 청구인들은 이 사건 통지조항이 위치정보 추적자료 제공요청 사유를 명시하고 있지 아니하는 등 통지내용의 범위 및 한계가 불명확하여 명확성원칙에 반한다고 주장하나, 이는 결국 이 사건 통지조항이 적법절차원칙에 반하여 개인정보자기결정권을 침해하는지 여부를 다투는 것에 지나지 아니하므로 별도로 판단하지 아니한다.

(2) 적법절차원칙 위반 여부

㈎ 헌법 제12조에 규정된 적법절차원칙은 형사절차뿐만 아니라 모든 국가작용 전반에 적용된다. 적법절차원칙에서 도출되는 중요한 절차적 요청으로, 당사자에게 적절한 고지를 행할 것, 당사자에게 의견 및 자료 제출의 기회를 부여할 것 등을 들수 있다. 그러나 이 원칙이 구체적으로 어떠한 절차를 어느 정도로 요구하는지는 규율되는 사항의 성질, 관련 당사자의 권리와 이익, 절차의 이행으로 제고될 가치, 국가작용의 효율성, 절차에 소요되는 비용, 불복의 기회 등 다양한 요소를 비교하여 개별적으로 판단할 수밖에 없다(헌재 2003. 7. 24. 2001헌가25; 헌재 2015. 9. 24. 2012헌바302 등 참조).

㈏ 수사기관의 위치정보 추적자료 제공요청은 법원의 허가를 얻어 전기통신사업자를 상대로 이루어지므로, 정보주체로서는 그 사실을 통보받기 전까지는 자신의 위치정보 추적자료가 어떤 절차와 내용으로 제공되었는지를 알 수 없는 구조이다.

수사기관의 위치정보 추적자료 제공요청과 관련해서, 수사기관이 정보주체에게 사전에 통지한다든지 또는 검사의 기소중지결정이나 수사가 진행되는 동안 통지하는 것은 범인의 발견·확보 및 증거의 수집·보전을 불가능하게 하거나 대단히 어려워지게 하여 실체적 진실발견과 국가형벌권의 적정한 행사에 역행할 수 있다.

그러나 이와 같이 수사의 밀행성 확보가 필요하다 하더라도, 수사기관의 권한남용을 방지하고 정보주체의 기본권을 보호하기 위해서는, 정보주체에게 위치정보 추적자료 제공과 관련하여 적절한 고지와 실질적인 의견진술의 기회가 부여되어야 한다.

위치정보 추적자료 제공요청과 관련하여, 사전에 정보주체인 피의자 등에게 이를 통지하는 것은 수사의 밀행성 확보를 위하여 허용될 수 없다 하더라도, 수사기관이 전기통신사업자로부터 위치정보 추적자료를 제공받은 다음에는 수사에 지장이 되지 아니하는 한 그 제공사실 등을 정보주체인 피의자 등에게 통지해야 한다. 이와 같이 수사기관이 피의자 등에게 위치정보 추적자료 제공사실을 통지함으로써, 피의자 등은 위치정보 추적자료의 제공이 적법한 절차에 따라 이루어졌는지, 위치정보 추적자료가 제공 목적에 부합하게 사용되었는지 또는 제공된 위치정보 추적자료가 개인정보 보호법 등에 규정된 적법한 절차에 따라 폐기되었는지 등을 확인할 수 있게 된다. 정보주체인 피의자 등은 이를 통하여 수사기관의 불법 또는 부당한 행위가 확인되는 경우에 수사기관이나 법원에 그 시정을 요구하는 등으로 실효성 있게 권리구제를 받을 수 있게 된다.

㈐ 그럼에도 이 사건 통지조항은 수사기관이 전기통신사업자로부터 위치정보 추적자료를 제공받은 사실에 대해, 그 제공과 관련된 사건에 대하여 수사가 계속 진행되거나 기소중지결정이 있는 경우에는 정보주체에게 통지할 의무를 규정하지 않고 있다.

이에 따라, 통신사실 확인자료를 제공받은 사건에 관하여 기소중지결정이 있거나 수사·내사가 장기간 계속되는 경우에는, 정보주체는 그 기간이 아무리 길다 하여도 자신의 위치정보가 범죄수사에 활용되었거나 활용되고 있다는 사실을 알 수 있는 방법이 없다. 또한 이 사건 통지조항은 수사기관이 정보주체에게 위치정보 추적자료의 제공을 통지하는 경우에도 그 사유에 대해서는 통지하지 아니할 수 있도록 함으로써 정보주체는 수사기관으로부터 통신사실 확인자료 제공사실 등에 대해 사후통지를 받더라도 자신의 위치정보 추적자료가 어떠한 사유로 수사기관에게 제공되었는지 전혀 짐작할 수도 없다. 그 결과, 정보주체는 위치정보 추적자료와 관련된 수사기관의 권한남용에 대해 적절한 대응을 할 수 없게 된다.

따라서, 이 사건 통지조항은 정보주체의 절차적 권리와 개인정보자기결정권을 충분히 보장하기에 미흡하다고 할 수 있다.

㈑ 수사기관의 위치정보 추적자료 제공사실의 통지와 관련해서는, 실체적 진실 발견과 국가형벌권의 적정한 행사에 지장을 초래하지 아니하면서도 피의자 등 정보주체의 기본권을 덜 침해하는 방법이 가능하다.

예를 들면, ① 통신사실 확인자료를 제공받은 사건에 관하여 기소중지결정이 있거나 수사·내사가 장기간 계속되는 경우에는, 통신사실 확인자료제공 이후 일정한 기간이 경과하면 원칙적으로 수사·내사의 대상인 정보주체에 대해 이를 통지하도록 하되, 통지가 수사에 지장을 초래하는 경우 등에는 사법부 등 객관적·중립적 기관의 허가를 얻어 그 통지를 유예하는 방법, ② 일정한 예외를 전제로 정보주체가 위치정보 추적자료 제공요청 사유의 통지를 신청할 수 있도록 하는 방법, ③ 위치정보 추적자료 제공사실에 대한 통지의무를 위반할 경우 이를 효과적으로 제재할 수

있도록 하는 방법 등이 개선입법으로 고려될 수 있다. 이를 통해 수사기관의 위치정
보 추적자료 제공요청의 남용을 방지하고 정보주체를 위한 적법절차와 개인정보자
기결정권을 보장할 수 있다.

　㈐ 위에서 언급한 바와 같이, 위치정보 추적자료 제공과 관련된 수사기관의 통
지의무의 실효성을 확보하기 위해서는 그 의무위반에 대한 제재조항이 있어야 한다.
그런데 검사 또는 사법경찰관이 통신제한조치의 집행에 관한 통지를 하지 아니하면
3년 이하의 징역 또는 1천만 원 이하의 벌금에 처하도록 하는 것(통신비밀보호법 제17
조 제2항 제3호)과는 달리, 통신사실 확인자료 제공과 관련된 수사기관의 통지의무
위반에 대하여는 아무런 제재규정도 마련되어 있지 아니하다. 그 결과, 수사기관이
정보주체에게 위치정보 추적자료 제공과 관련된 통지를 하지 아니하더라도 이를 통
제할 방법이 전혀 없고, 실제로 수사기관이 이러한 통지의무를 이행하지 아니한 사
례도 상당수 발견된다.

　㈑ 이러한 점들을 종합할 때, 이 사건 통지조항이 규정하는 사후통지는 헌법
제12조에 의한 적법절차원칙에서 요청되는 적절한 고지라고 볼 수 없으므로, 이 사
건 통지조항은 헌법상 적법절차원칙에 위배된다.

　(3) 소 결

　이 사건 통지조항은 적법절차원칙에 위배되어 청구인들의 개인정보자기결정권
을 침해하므로, 헌법에 위반된다.

패킷 감청 사건
(헌재 2018. 8. 30. 2016헌마263)

□ 사건개요 등

　청구인은, 국가정보원장이 청구외 김○윤의 국가보안법위반에 대한 수사를 위
해 그가 사용하는 인터넷회선을 감청하는 과정에서 자신의 명의로 가입된 인터넷회
선에 대해 감청을 하였다고 하면서, 통신제한조치 허가에 관한 규정인 통신비밀보호
법(이하, '법'이라 한다) 제5조 제2항(이하, '이 사건 법률조항'이라 한다) 등에 대해 헌법소

원심판을 청구하였다.

헌법재판소는 인터넷 회선 감청의 특성을 고려하여 그 집행 단계나 집행 이후에 수사기관의 권한 남용을 통제하고 기본권의 침해를 최소화하기 위한 제도적 장치가 충분히 마련되지 않은 상태에서, 이 사건 법률조항이 수사를 위해 인터넷회선 감청을 할 수 있도록 규정하고 있다는 이유로 헌법에 합치되지 아니한다고 결정하였다. 이 결정에는 재판관 안창호 외 1명의 반대(합헌)의견, 재판관 1명의 반대(각하)의견, 재판관 안창호의 반대(합헌)의견에 대한 보충의견이 있었다.[1]

반대(합헌)의견은 인터넷회선에 대한 감청은 통신제한조치의 한 내용으로, 사전절차가 엄격할 뿐만 아니라, 집행단계에서도 수사기관의 권한 남용이나 관련 기본권의 침해를 객관적으로 통제할 수 있다는 수단이 마련되어 있지 아니하다고 할 수 없다는 이유로, 이 사건 법률조항이 헌법에 위반되지 아니한다는 견해인데, 그 중요 내용은 다음과 같다.

첫째, 전화 등 다른 송·수신 중인 통신에 대한 감청이 그 특성상 범죄와 무관한 부분까지 광범위하게 이루어질 수 있다는 점에서, 인터넷회선 감청은 다른 송·수신 중인 통신에 대한 감청과 기술적 태양 및 대상에 따른 상대적 차이가 있을 뿐 본질적인 차이가 있다고 할 수 없다.

둘째, 인터넷회선 감청을 포함한 범죄수사를 위한 통신제한조치는 내란죄, 외환죄 등 중대한 범죄로 대상범죄가 한정되어 있고, 이들 범죄와 관련된 혐의가 충분히 있으며, 다른 방법으로는 범죄의 실행을 저지하거나 범인의 체포 또는 증거 수집이 어려운 경우에 한해 허가된다.

셋째, 인터넷회선 감청에 의해 취득한 자료 가운데 범죄수사와 관련되지 아니한 자료는 감청집행기관인 수사기관이 다른 법률에 특별한 규정이 있거나 정보주체의 동의가 없는 한 지체없이 파기해야 하고, 공무원이 인터넷회선 감청을 통해 알게 된 내용을 공개·누설하는 것은 금지되며 이를 위반하는 공무원은 처벌받는다.

넷째, 인터넷회선 감청의 '집행 단계'에서 수사기관이 관련법을 위반할 우려가

---

1) 재판관 안창호는 반대(합헌)의견에 대한 보충의견에서 앞서 수록된 헌재 2018. 6. 28. 2012헌마191 사건의 법 제13조의3 제1항에 대한 헌법불합치의견과 유사한 이유로, 통신제한조치의 집행에 관한 통지를 규정한 법 제9조의2에 대해 헌법불합치의견을 제시하고 있다. 이 부분은 수록을 생략하였다.

있다거나 절차적으로 법원의 개입이 보장되어 있지 아니하다는 이유만으로, 통신제한조치의 '허가 대상'을 정한 이 사건 법률조항이 침해의 최소성을 충족하지 못한다고 판단할 일은 아니다.

선출되지 않은 권력인 헌법재판소가 국민의 대표기관인 국회가 만든 법률에 대한 합헌성을 심사함에 있어 그 자격과 관련해서 많은 논란이 있었다. 헌법은 국민의 기본권을 보장하고 헌법질서를 수호하기 위해 헌법재판소에 법률의 합헌성을 심사할 수 있는 권한을 부여하였다. 그러나 헌법재판소는 다른 국가권력을 통제함에 있어 스스로 입법자의 자리를 차지한다든지, 정부 대신 정치적인 결정을 내리는 등, 다른 국가기관의 기능을 스스로 이행하거나 대체하는 기능적 한계를 벗어난 재판을 해서는 안 된다. 이와 같이 헌법재판은 헌법이 부여한 기능적 범위 내에 머물러야 하는 것이므로, 막연하게 상대적으로 보다 좋은 제도가 있다거나, 법률이 기본권 제한을 최소화하기 위한 조치를 규정하고 있음에도 수사기관이 이를 제대로 준수하지 않을 우려가 있다는 사실만으로 관련 법률이 헌법에 위반된다고 판단해서는 안 된다. 이러한 경우에는 필요에 따라 입법을 권고할 수 있을 뿐이다. 그리고 헌법재판소는 강제수사의 집행단계의 규정에 문제가 있으면 그 규정에 대해 위헌여부를 판단해야지, 강제수사를 위한 법원의 허가단계의 조항에 대해 위헌여부를 판단해서는 안 된다.

반대(합헌)의견은, 이런 원칙에 근거하여 법정의견이 헌법재판소의 기능적 한계를 벗어난 결정이라는 점을 명백히 하면서 반대의견을 제시한 것이다. 한편 반대(합헌)의견은, 수사기관이 감청을 종료 후에 인터넷회선 감청집행에 의해 취득한 자료를 봉인하여 법원에 제출하도록 하거나, 감청집행의 결과를 법원에 보고하도록 하고 그 결과가 사적인 생활형성의 핵심 영역으로부터 인지한 사실이 확인되면 그 사용을 금지하도록 하는 등으로 인터넷회선 감청의 집행 단계에서 법원의 통제를 강화하는 방법 등이 검토될 수 있다는 의견을 제시하고 있는데, 이와 같은 견해는 향후 입법 과정에서 고려될 수 있을 것이다.

□ 반대(합헌)의견

우리는 다수의견과 달리 이 사건 법률조항이 과잉금지원칙에 위반하여 청구인의 통신 및 사생활의 비밀과 자유를 침해하지 아니한다고 생각하므로 다음과 같이 견해를 밝힌다.

가. 목적의 정당성 및 수단의 적합성

이 사건 법률조항의 입법목적의 정당성과 수단의 적정성이 인정된다는 점은 다수 의견과 같다.

나. 침해의 최소성

(1) 통신제한조치는 통신의 비밀에 대한 직접적이고 강력한 제한을 초래하는 수사방법이다. 통신제한조치 중 인터넷회선의 감청은 수사기관이 피의자 및 피내사자의 통신 내용이 '패킷' 형태로 쪼개어져 전송되는 데이터 단위를 수집한 다음 이를 재조합하여 열람이 가능한 형태로 전환하여 그 내용을 파악하는 방법으로 행하여진다. 그 결과 피의자 내지 피내사자 이외에 해당 인터넷회선을 공유하는 다수의 사람들의 통신정보나 피의자 내지 피내사자의 통신정보 중 범죄와 무관한 것까지 수사기관에 의하여 광범위하게 수집될 가능성이 있고, 이러한 점에서 다른 종류의 통신제한조치보다 개인의 통신 및 사생활의 비밀과 자유가 상대적으로 폭넓게 제한될 수 있다. 그러나 인터넷 사용이 보편화·일상화된 현실에 비추어 볼 때, 중대한 범죄의 실행을 효과적으로 차단하거나 이미 실행된 범죄수사를 위해서 피의자 및 피내사자가 인터넷회선을 통하여 송·수신하는 통신정보에 대한 감청이 부득이 필요하다는 점 또한 부인할 수 없다.

따라서 범죄수사 목적을 위해 인터넷회선 감청이라는 통신제한조치의 필요성을 불가피하게 인정하더라도, 그로 인하여 기본권 침해가 광범위하게 이루어질 수 있는 점을 고려하여, 엄격한 요건 하에 인터넷회선 감청이 이루어지고 그 수집된 자료가 범죄수사의 목적으로만 활용될 수 있도록 하는 등 기본권 제한을 최소화할 수 있는 장치가 관련 법규에 미리 마련되어 있어야 한다.

(2) 법은 범죄수사를 위한 통신제한조치가 엄격한 조건하에 이루어지도록 규정하고 수사기관이 사용하는 감청설비 등에 대해서도 엄격한 규율아래 두고 있다.

㈎ 법은 특정인의 '통신의 내용'을 파악할 수 있는 통신제한조치에 대하여 규정하면서, 통신이용과 관련하여 발생하는 전자적 정보 중 통신일시, 시간, 가입자번호

등 '비내용적 정보'에 관한 통신사실확인자료의 제공과는 그 요건 및 절차를 달리 규율하고 있다.

범죄수사를 위한 통신제한조치는 통신사실확인자료의 제공과 관련된 규정과는 달리, 내란죄, 외환죄 등 국민의 재산이나 생명·신체의 안전 보호가 중대한 범죄로 대상범죄가 한정되어 있고, 이들 범죄를 계획 또는 실행하고 있거나 실행했다고 의심할 만한 충분한 이유가 있고 다른 방법으로는 그 범죄의 실행을 저지하거나 범인의 체포 또는 증거의 수집이 어려운 경우에 한하여 허가될 수 있다(법 제5조 제1항).

그리고 법원이 이러한 실체적 요건의 충족 여부를 심사하여 통신제한조치의 허가 여부를 결정하도록 함으로써 통신제한조치를 사법적 통제 하에 두고 있다(법 제5조 제2항). 통신제한조치의 대상자인 피의자 및 피내사자는 통신제한조치의 허가 청구 시부터 특정되어 있어야 하고, 검사는 다른 방법으로는 범죄 실행 저지 등 동일한 목적을 달성할 수 없다는 점 등 법 제5조 제1항이 정한 요건을 충족하는 이유를 기재한 서면과 함께 소명자료를 첨부하여 법원에 허가를 청구하여야 한다(법 제6조 제1항 및 제4항). 법원은 범죄수사를 위한 통신제한조치 허가를 위한 검사의 청구가 법 제5조 제1항의 요건을 충족하는지를 심사하여 통신제한조치의 종류, 목적, 대상, 범위, 기간, 집행 장소 및 방법 등을 특정하여 피의자 내지 피내사자별로 허가서를 발부해야 한다(법 제6조 제5항 및 제6항).

이러한 통신제한조치의 허가 여부를 결정하는 법원의 심사 과정에서 대상 범죄의 중요성 및 해당 통신제한조치의 필요성뿐만 아니라 해당 방법이 범죄 실행 저지 등을 위해 불가피하게 요구되는 최후의 보충적 수단에 해당하는지가 판단된다. 그 외에도 특정 전기통신수단과 피의자 및 피내사자의 사용 간의 관련성, 해당 통신제한조치가 야기할 수 있는 통신 및 사생활의 비밀과 자유에 대한 침해 가능성 등이 종합적으로 고려된다. 그리고 법원은 통신제한조치의 대상, 목적, 방법 등을 특정하여 허가할 수 있으므로 피의자 또는 피내사자의 통신사실에 대한 자료가 구체적으로 확보되어 있다면, 특정 헤더부와 관련된 패킷의 송·수신의 경우에만 패킷의 재조합 또는 지득을 할 수 있도록 대상 내지 방법을 제한하거나, 감청 대상을 대상자의 이메일로 특정하는 등으로 인터넷회선 감청 대상과 범위를 가능한 좁게 특정함으로써 관련 기본권 제한을 최소화할 수 있다.

㈏ 법은 집행기관이 사용하는 감청설비 등에 대해서도 규율하고 있다. 수사기

관 등이 감청설비를 도입하면 정기적으로 과학기술정보통신부장관에게 신고하거나 국회 정보위원회에 통보함으로써 그 성능 등에 대해 통제를 받게 된다(법 제10조의2). 그리고 국회의 상임위원회와 국정감사 및 조사를 위한 위원회는 필요한 경우 특정한 통신제한조치에 대하여 법원행정처장·해당 기관의 장에게 보고를 요구하거나, 감청장비보유현황 등에 대해 현장검증이나 조사를 실시할 수 있으므로(법 제15조), 통신제한조치와 관련되어 국회에 의한 통제도 이루어지고 있다.

더욱이 헌법재판소가 2010. 12. 28. 2009헌가30 결정에서 통신비밀보호법 (2001. 12. 29. 법률 제6546호로 개정된 것) 제6조 제7항 단서 중 전기통신에 관한 '통신제한조치기간의 연장'에 관한 부분에 대하여 2011. 12. 31.까지를 잠정 적용기한으로 하여 헌법불합치 결정을 하였다. 그 결과, 법이 규정한 통신제한조치의 기간은 2월로 제한되게 되었고, 만약 수사기관이 동일한 피의자 및 피내사자에 대한 통신제한조치를 계속하려면 새로운 사유를 들어 법원에 통신제한조치 청구를 다시 하여야 하므로(법 제6조 제4항 참조), 통신제한조치가 법원이 허가한 범위 내에서 집행되고 있는지 여부는 사실상 2월의 기간마다 법원의 허가 절차에 의해 통제되고 있다고 할 수 있다. 그리고 법원에 의하여 허가받은 통신제한조치의 기간 중이라고 하더라도 통신제한조치의 목적이 달성된 경우에는 즉시 그 집행을 종료하여야 한다(법 제6조 제7항 전문).

(3) 법에서 범죄수사를 위한 통신제한조치가 특정 범죄에 대해 일정한 요건 하에 보충적으로만 활용되도록 하고 그 허가 여부를 사법적 통제 하에 두고 있다 하더라도, 통신제한조치의 특성상 집행 과정에서 피의자 및 피내사자의 사생활 중 범죄와 관련 없는 부분까지 수사기관에 노출되고 이들과 접촉한 제3자의 사생활의 비밀도 광범위하게 침해될 우려가 있으므로, 감청 집행의 과정이나 그 이후에도 수사기관에 의한 권한 남용을 방지하고 기본권 제한을 최소화할 수 있는 장치가 요구된다.

㈎ 법은 통신제한조치가 범죄수사 또는 국가안전보장을 위해 보충적인 수단으로 이용되어야 하고, 국민의 통신비밀에 대한 침해가 최소한에 그치도록 노력해야 하며, 불법감청에 의해 지득 또는 채록(採錄)된 전기통신의 내용 등은 재판 또는 징계절차에서 증거로 사용할 수 없다고 규정하고 있다(법 제3조, 제4조).

그리고 법은 통신제한조치의 허가·집행·통보 등에 관여한 공무원 등으로 하여금 이 조치로 알게 된 내용을 외부에 공개하거나 누설하는 것을 금지하고, 이를 위반하는 경우 공무원은 10년 이하의 징역에 처하도록 규정하고 있다(법 제11조, 제16조). 또한 법은 통신제한조치로 취득한 자료의 사용을 ① 통신제한조치의 목적이 된 범죄나 이와 관련되는 범죄를 수사·소추하거나 그 범죄를 예방하기 위해 사용하는 경우, ② 해당 범죄로 인한 징계절차에 사용하는 경우, ③ 통신의 당사자가 제기하는 손해배상소송에서 사용하는 경우, ④ 기타 다른 법률이 정한 경우로 제한함으로써(법 제12조) 통신제한조치로 취득한 자료의 남용을 방지하고 있다.

(나) 인터넷회선 감청에 의해 취득한 자료는 법이 규율하지 않는 부분에 대해서는 '개인정보'의 보호에 관한 일반법인 '개인정보 보호법'이 적용될 수 있다(개인정보 보호법 제6조).

개인정보 보호법에 따르면, 감청집행기관인 수사기관은 개인정보처리자로서(제2조 제5호 및 제6호) 목적에 필요한 최소한의 정보만 수집하고, 개인정보의 처리 방법 및 종류 등에 따라 정보주체의 권리가 침해받을 가능성과 그 위험 정도를 고려하여 개인정보를 안전하게 관리하여야 하며, 정보주체의 사생활 침해를 최소화하는 방법으로 개인정보를 처리해야 한다(제3조, 제16조).

그리고 개인정보 보호법에 따르면, 감청집행기관인 수사기관은 범죄수사를 목적으로 통신제한조치를 통하여 수집한 자료를 그 목적의 범위에서만 이용할 수 있고, 다른 법률에 특별한 규정이 있거나 정보주체의 동의가 없는 한 그 목적 외의 용도로 활용하여서는 아니 되며 제3자에게 제공할 수 없다(제3조, 제15조, 제17조, 제18조). 또한 감청집행기관인 수사기관은 보유기간의 경과, 개인정보의 처리 목적 달성 등 그 개인정보가 불필요하게 되었을 때에는 지체없이 이를 파기해야 하며(제21조), 개인정보가 분실·도난·유출·위조·변조 또는 훼손되지 아니하도록 안전조치를 취할 의무를 부담한다(제29조, 제59조). 이를 위반한 수사기관의 종사자 등은 형사처벌되거나 과태료가 부과되고, 정보주체는 손해배상을 청구할 수 있다(제39조, 제70조 내지 제75조).

(4) 다수의견은 법원의 허가를 통하여 통신제한조치의 집행이 필요한 범위 내로 제한될 수 있다는 점을 인정하면서도, 인터넷회선 감청의 집행 단계에서 수사기관의 권한 남용이나 관련 기본권의 과도한 침해를 객관적으로 통제할 수 있는 수단이 마련되어 있지 아니하고, 당사자에게도 통신제한조치를 집행한 사건에 관해 검사가 공소를 제기하거나 공소의 제기 또는 입건을 하지 아니하는 처분을 한 때를 기준

으로 하여, 집행한 사실과 집행 기관·시간만을 통지하므로(법 제9조의2), 객관적 통제 수단의 부재와 결합하여 인터넷회선 감청으로 인한 피의자 등의 통신 및 사생활의 비밀과 자유가 심각하게 침해된다고 한다.

그런데 전화 등 다른 송·수신 중인 통신에 대한 감청도 그 특성상 범죄와 무관한 부분까지 광범위하게 이루어질 수 있다는 점에서, 인터넷회선 감청은 다른 송·수신 중인 통신에 대한 감청과 기술적 태양과 대상에 따른 상대적 차이가 있을 뿐 본질적인 차이가 있다고 할 수 없다. 인터넷회선 감청의 기술적 특성 등으로 인해 취득한 자료가 다른 송·수신 중인 통신에 대한 감청에 비해 상대적으로 광범위하여 범죄수사와 관련되지 아니한 내용을 다량으로 포함하고 있다 하더라도, 앞서 살펴본 바와 같이 범죄수사와 관련되지 아니하는 것은 그 성질상 수사·소추하거나 그 범죄를 예방하는 등을 위하여 사용할 수 있는 것이라고 할 수 없으므로, 감청집행기관인 수사기관은 다른 법률에 특별한 규정이 있거나 정보주체의 동의가 없는 한 이를 보존하거나 제3자에게 제공해서는 아니 되고 지체없이 파기해야 한다. 또한 감청집행기관의 공무원이 위와 같이 인터넷회선 감청을 통해 알게 된 내용을 외부에 공개·누설하는 것은 일체 금지되고, 이를 위반하는 공무원은 10년 이하의 징역에 처해지게 되며, 이를 정보주체의 동의 없이 제3자에게 제공·유출하거나 지체없이 파기하지 아니하는 경우에는 형사처벌을 받게 되거나 과태료가 부과될 뿐만 아니라, 정보주체인 피의자 등은 손해배상을 청구할 수 있다.

그 결과, 인터넷회선 감청과 관련해서 정보주체인 피의자 등에게 적절한 고지와 실질적인 의견진술의 기회가 주어진다면, 정보주체인 피의자 등은 그 감청이 적법한 절차에 따라 이루어졌는지, 감청에 의하여 취득한 자료가 범죄수사의 목적에 부합하게 사용되었는지, 그 자료가 개인정보 보호법 등을 위반하여 보관·제공·유출된 사실이 없는지 또는 개인정보 보호법 등에 규정된 절차에 따라 파기되었는지 등을 확인할 수 있고, 이를 통해 수사기관의 감청과 관련된 불법 또는 부당한 행위가 확인되는 경우 수사기관이나 법원에 그 시정을 요구하거나 손해배상을 청구하는 등으로 실효성 있게 권리구제를 받을 수 있다.

따라서 인터넷회선 감청의 집행 단계에서 수사기관의 권한 남용이나 관련 기본권의 과도한 침해를 객관적으로 통제할 수 있다는 수단이 마련되어 있지 아니하다고 할 수 없으므로, 인터넷회선 감청의 집행 단계에서 절차적으로 법원의 개입이 보장되어 있지 아니한 것을 이유로 통신제한조치의 허가 대상을 정한 이 사건 법률조항이 침해의 최소성을 충족하지 못한다고 판단할 일은 아니다. 다만 '통신제한조치의 집행'에 관한 법 제9조의2가 정하고 있는 집행 통지의 시점이나 통지 내용 및 방법 등이 정보주체인 피의자 등에게 적절한 고지와 실질적인 의견진술의 기회가 보장되었는지 여부가 문제일 수 있으나, 이는 동 조항의 위헌성 여부의 문제일 뿐이고 이 사건 법률조항의 위헌성 문제가 아니다.

(5) 이러한 점들을 종합해보면, 인터넷회선 감청이 '패킷'의 수집으로 이루어지는 기술적 특성상 전화감청 등 다른 통신제한조치에 비해 수사기관에 불특정 다수인의 통신정보가 상대적으로 광범위하게 수집되는 면이 있다 하더라도, 이 사건 법률조항이 침해의 최소성 원칙에 위반된다고 단정할 일은 아니다.

다. 법익의 균형성

이 사건 법률조항에 의해 제한되는 사익은 인터넷회선 감청에 의해 수집된 자료가 피의자 및 피내사자의 범죄정보와 관련된 경우와 그 범죄정보와 관련되지 아니한 경우로 나누어 살펴볼 필요가 있다.

전자의 경우 이 사건 법률조항을 통해 달성될 수 있는 공익인 중대범죄로부터 국민의 재산, 생명·신체의 보호 및 실체적 진실발견을 통한 국가형벌권의 적절한 행사의 엄중함을 고려할 때, 통신제한조치로 인해 제한되는 피의자 및 피내사자 등의 사익의 정도가 공익보다 크다고 할 수 없다.

그리고 후자의 경우와 관련하여 살펴보면, 앞서 본 바와 같이 법원은 법이 규정한 중대한 범죄에 한해 그 범죄를 계획 또는 실행하고 있거나 실행하였다고 의심할 만한 충분한 이유가 있고 다른 방법으로는 그 범행의 실행을 저지하거나 범인의 체포 또는 증거의 수집이 어려운 경우에만 보충적 수단으로 인터넷회선 감청을 허가하면서 그 대상과 범위를 특정하여 허가하는데, 그 집행과정에서 범죄수사와 관련되지 아니한 다량의 자료가 수집되는 것은 불가피한 측면이 있다. 또한 이와 같이 감청을 통하여 알게 된 일체의 감청 내용은 공개·누설 등이 금지되고, 인터넷회선 감청에 의해 취득한 자료는 수집 목적 이외의 사용이 금지되며, 범죄수사의 목적과 관련이 없거나 그 목적이 달성된 경우에는 이를 지체없이 파기 하는 등으로 기본권 제한을 최소화하는 방안을 마련하고 있다.

사정이 이러하다면, 인터넷회선 감청의 기술적 특성상 다른 송·수신 중인 통신에 대한 감청에 비하여 정보가 상대적으로 광범위하게 수집되는 면이 있고, 수사기관이 법 등에서 마련된 기본권 제한을 최소화하기 위한 조치를 제대로 준수하지 않을 수도 있다는 우려만을 가지고, 이 사건 법률조항으로 인해 제한되는 사익의 정도가 그로 인해 달성되는 공익에 비해 크다고 단정할 수는 없다.

따라서 이 사건 법률조항은 법익의 균형성을 충족한다.

라. 소결론

이 사건 법률조항은 과잉금지원칙을 위반하여 청구인의 통신 및 사생활의 비밀과 자유를 침해하지 아니한다. 다만 인터넷회선 감청의 기술적 태양과 대상의 특수성과 이로 인한 감청의 집행 과정에서 있을 수 있는 통신 및 사생활의 비밀에 대한 침해가 상대적으로 광범위하게 이루어질 수 있다는 우려를 고려하여, 수사기관이 감청을 종료 후에 인터넷회선 감청집행에 의해 취득한 자료를 법원에 봉인하여 제출하도록 하거나, 감청집행의 결과를 법원에 보고하도록 하고 그 결과가 사적인 생활 형성의 핵심 영역으로부터 인지한 사실이 확인되면 그 사용을 금지하도록 하는 등으로 인터넷회선 감청의 집행 단계에서 법원의 통제를 강화하는 방법 등이 검토될 수 있으며, 이에 따라 이 사건 법률조항이 아니라 법 제9조가 개정될 수 있음을 지적해 둔다.

공범에 대한 공판조서의 증거능력 사건
(헌재 2013. 10. 24. 2011헌바79)

□ 사건개요 등

이 사건은 '기타 특히 신용할 만한 정황에 의하여 작성된 문서'에 대하여 당연히 증거능력을 인정한 형사소송법 제315조 제3호(이하 '이 사건 법률조항'이라 한다)에 관한 위헌소원 사건이다.

헌법재판소는, 공판조서는 고도의 임의성과 기재의 정확성, 절차적 적법성이 담보되어 있어 이 사건 법률조항이 정한 서류에 포섭될 수 있고, 이 사건 법률조항을 위헌으로 할 경우 실체적 진실 발견에 중대한 지장을 초래한다는 점 등을 고려하여 위 조항이 헌법에 위반되지 않는다고 결정하였다. 이 결정에는 재판관 안창호 외 3명의 보충의견이 있었다. 보충의견은 공범의 진술이 기재된 공판조서의 신빙성에 의문을 제기하면서 입법개선을 권고하고 있는데, 그 중요 내용은 다음과 같다.

첫째, 형사절차에서 '공정한 재판을 받을 권리'는, 피고인이 단순한 형벌의 객체가 아니라 형사소송절차를 형성·유지하는 당사자로서 공격과 방어의 기회를 충분히 보장받고, 실질적인 '무기평등'이 이루어진 재판을 받을 권리를 가지는 것을 의미하며, 피고인에 대한 반대신문권의 보장을 그 핵심적인 내용으로 한다.

둘째, 공범의 진술이 기재된 공판조서는 원진술자인 공범이 당해 사건의 피고인에게 책임을 전가하는 진술을 할 가능성이 있으므로, 그것이 '피고인에 대한 반대신문을 할 필요가 없을 만큼' 고도의 신용성이 정황적으로 보장되어 있는지 의문이고, 문언상 이 사건 법률조항이 다른 사건에서 피고인으로서 한 공범의 진술을 기재한 공판조서를 포함하는지에 대해 논란이 제기될 수 있다.

셋째, 다른 사건에서 피고인으로서 한 공범의 진술을 기재한 공판조서에 대하여, 공범이 증인으로 출석할 수 없거나 증인으로 출석하여 다른 진술을 한 경우에 한해 증거능력을 부여하는 등 공정한 재판을 받을 권리의 침해소지를 없애는 명확한 입법을 하는 것이 바람직하다.

보충의견은 피고인의 반대신문권의 중요성을 강조한 견해로 합리적인 의견으로 평가되고 있다. 공범이 증인으로 출석할 수 없거나 증인으로 출석하여 다른 진술을 한 때 한하여, 다른 사건에서 피고인으로서 한 공범의 진술을 기재한 공판조서에 대하여 증거능력을 부여하도록 형사소송법이 개정되어야 할 것이다.

□ 법정(합헌)의견에 대한 보충의견

우리는 이 사건 법률조항이 헌법에 위반된다고 판단하지는 않지만, 피고인 아닌 사람의 진술이 기재된 다른 사건의 공판조서의 증거능력 인정요건을 명확하게 규정하는 것으로 입법을 개선할 필요가 있다고 생각하므로, 아래와 같이 견해를 밝힌다.

반대신문권의 보장은, 피고인에게 단순한 처벌의 객체가 아니라 형사소송절차를 형성·유지하는 당사자의 지위에서 공격과 방어의 기회가 충분히 보장되고, 실질적인 '무기평등'이 이루어진 재판을 받을 권리를 의미하는 기본권인 '공정한 재판을 받을 권리'의 핵심적인 내용으로서(헌재 1996. 12. 26. 94헌바1; 헌재 1997. 11. 27. 94헌마60 참조), 이에 대한 제한은 그 예외를 인정할 수 있는 부득이한 사유가 있는 때에 한하여 필요 최소한으로 그쳐야 한다. 법원에서도 이와 같이 전문법칙의 예외를 인정할 수 있는 부득이한 사유가, 단순한 진술의 임의성과 적법성을 넘어 반대신문의 검증을 굳이 거치지 않아야 할 정도의 신용성이 담보되는 것을 의미함을 분명히 하고 있다(대법원 2011. 11. 10. 선고 2010도12 판결 참조).

그런데 공범의 진술이 기재된 공판조서는 어디까지나 타인의 진술을 문자의 형태로 기록한 전문증거의 하나로서 일반 진술증거가 갖는 오류 가능성을 그대로 가지고 있을 뿐 아니라, 그 진술이 공개된 법정에서 법관의 면전 하에 이루어진 것이어서 고도의 '임의성'과 '절차적 적법성'이 담보되는 것에 해당할지는 몰라도, 그 내용에 관하여는 원진술자인 공범이 당해 사건의 피고인에게 책임을 전가하는 허위의 진술을 할 가능성이 얼마든지 있고, 따라서 과연 그것이 '굳이 반대신문을 거칠 필요가 없을 만큼' 고도의 신용성이 정황적으로 보장되어 있는 경우에 해당하는지에 관하여 정당한 의문이 제기될 수 있다.

우리는 일본 형사소송법 등과 달리 공범이 다른 사건에서 한 진술을 기재한 공판조서의 증거능력을 규율하는 명시적인 조항을 갖고 있지 않은 상황에서 법원에서 수십 년간 형사재판에 적용하여 온 이 사건 법률조항에 관한 해석이, 위헌의 선언을 요구할 정도에 이를 만큼 명백하게 피고인의 공정한 재판을 받을 권리를 침해하고 있다고 보기 어렵다는 점에서는 다수의견의 결론에 따르기로 한다.

그러나 이 사건 법률조항의 적용범위에 공범의 다른 사건에서 피고인으로서의 진술을 기재한 공판조서를 포함시키는 것이 그 문언과 체계적 해석에 비추어 다소의 의문이 없지 아니하고, 또 다른 사건에서 공범이 피고인으로서 한 진술을 기재한 공판조서에 대하여, 공범이 증인으로 출석할 수 없거나 증인으로 출석하여 다른 진술을 한 때 한하여 증거능력을 부여하는 등 공정한 재판을 받을 권리 침해의 소지를 없앨 수 있는 명확한 입법을 하는 것이 국민의 기본권 보장과 법치국가원리에 입각한 형사소송제도의 형성을 위해서 더욱 바람직하다고 할 것이므로, 그러한 내용으로 입법을 개선할 필요가 있다고 생각한다.

청소년성보호법상 증거능력 특례조항 사건
(헌재 2013. 12. 26. 2011헌바108)

□ 사건개요 등

이 사건은 아동·청소년의 성보호에 관한 법률(이하, '청소년성보호법'이라 한다)제 18조의2 제5항 중 조사과정에 동석하였던 신뢰관계에 있는 자의 진술에 의하여 그 성립의 진정함이 인정된 때에는 영상물에 수록된 피해자의 진술을 증거로 할 수 있 도록 한 부분(이하, '증거능력 특례조항'이라고 한다)에 대한 위헌소원 사건이다.

헌법재판소는 동석한 신뢰관계인에 대한 신문이나 영상녹화물에 대한 탄핵이 가능하고, 법원의 구체적·개별적 판단에 따라 피해아동에 대한 반대신문이 가능하 다는 등의 이유로 증거능력 특례조항이 헌법에 위반되지 아니한다고 결정하였다. 이 결정에는 재판관 안창호 외 2명의 반대(위헌)의견이 있었다. 반대의견은 증거능력 특례조항이 과잉금지원칙을 위반하여 공정한 재판을 받을 권리를 침해한다는 견해 인데, 그 중요 내용은 다음과 같다.

첫째, 자기에게 불리하게 진술한 증인에 대하여 반대신문의 기회를 부여하여야 한다는 절차적 권리의 보장은, 헌법 제12조 제1항, 제27조 제1항, 제3항 및 제4항에 의하여 인정되는 '공정한 재판을 받을 권리'의 핵심적인 내용을 이룬다.

둘째, 피고인에 대한 반대신문권의 보장은 피고인이 반대신문을 기대할 수 있는 단순한 가능성의 부여가 아니라, 원진술자의 법정 출석이 제도적으로 보장되는 것을 전제로 하여, 반대신문을 위한 충분하고도 적절한 기회를 가지는 것을 의미한다.

셋째, 반대신문권의 보장은 실체적 진실의 발견을 위해 '가치 있는 증거'를 얻 고, 재판결과에 대한 승복의 기초가 되는 절차적 정당성을 확보하고자 하는 데에 있 는 것이므로, 이를 배제한 일방만의 보호는 실체적 진실발견을 위협할 수 있다.

반대의견은 증거능력 특례조항으로 피해아동을 보호한다는 공익을 감안하더라 도, 반대신문권의 보장이 공정한 재판을 받을 권리의 핵심 내용이라는 점을 고려할 때, 증거능력 특례조항이 반대신문권을 일률적으로 배제하고 있는 것은 헌법에 위반된다는 견해이다. 반대의견은 재판과정에서 피고인이 가지는 반대신문권의 중요성을 강조하여 실체적 진실발견과 피고인의 절차상 권리 보호에 기여한 것으로 평가되고 있으므로, 향후 반대의견에 따라 입법개선이 있어야 할 것이다.

□ 반대(위헌)의견

가. 반대신문권 보장의 헌법적 의의

자기에게 불리하게 진술한 증인에 대하여 반대신문의 기회를 부여하여야 한다는 절차적 권리의 보장은 헌법 제12조 제1항, 제27조 제1항, 제3항 및 제4항에 의하여 인정되는 '공정한 재판을 받을 권리'의 핵심적인 내용을 이루는 것으로서(헌재 1996. 12. 26. 94헌바1 참조), 자신이 탄핵할 기회를 부여받지 못한 피해자의 일방적인 진술만을 근거로 유죄의 판결을 받을 수 있도록 하는 것은, 우리 헌법이 보장한 공정한 재판을 받을 권리와 적법절차의 원칙으로부터 요청되는 최소한의 공정성과 절차적 정의를 갖추지 못한 것이므로 원칙적으로 허용될 수 없다.

이와 같이 반대신문권의 보장이 공정한 재판을 받을 권리의 핵심적인 내용으로 이해되는 이유는, 전문증거의 내용이 되는 진술증거는 불완전한 인간의 지각과 기억에 기초한 것일 뿐 아니라 그 표현과 전달에 잘못이 있을 수 있고 또 신문자의 신문 방식에 의해서도 진술자의 원래 의사나 기억과 다른 내용이 전달될 가능성도 커서 본질적으로 오류 가능성이 큰 증거방법이므로, 반대신문에 의한 탄핵을 거쳤을 때에만 비로소 진정한 증거로서의 가치를 가질 수 있고, 이러한 검증을 거치지 않은 증거는 실체적 진실발견에 중대한 지장을 초래할 수 있다는 점에 있다(헌재 1996. 12. 26. 94헌바1 참조). 나아가 절차적 정의의 측면에서도, 피고인이 단순한 형사절차의 객체로 취급되지 아니하고 자신에게 불리한 진술을 한 증인을 직접 대면하고 물어볼 기회를 가짐으로써 그 재판에 대한 형성과 참여가 보장되었을 때에만 비로소 그 불리한 증언을 기초로 한 형사처벌을 수용할 수 있는 절차적 정당성이 확보될 수 있는 것이다.

나. 과잉금지원칙 위배 여부

(1) 아동은 질문자에 의한 암시에 취약하고, 상상과 현실을 혼동하거나 기억내용의 출처를 제대로 인식하지 못할 가능성이 성인에 비하여 강하다는 점에서(대법원 2008. 7. 10. 선고 2006도2520 판결 등 참조), 아동진술은 증거의 성질상 반대신문에 의한 검증을 거쳐야만 할 강한 필요성이 있으며, 피고인에게 이를 보장하는 것이 불가능하지도 않음에도, 증거능력 특례조항은 피해아동의 보호라는 적극적인 목적을 위해 이를 제한하고 있다.

물론 성폭력범죄 피해아동이 받을 수 있는 2차 피해를 방지하는 것은 이러한 범죄와 관련한 형사소송절차를 형성함에 있어 포기할 수 없는 중요한 가치이기는 하지만, 그것만이 고려되어야 할 유일한 목적일 수는 없고, 우리 헌법과 형사소송법이 보장하고 있는 피고인의 방어권과 조화와 균형을 이룰 때에만 그 합헌성을 인정받을 수 있는 것이다.

(2) 이러한 관점에서 보건대, 우선 증거능력 특례조항이 피고인의 반대신문권을 제한하여 오로지 피해자의 일방적인 진술만을 기초로 피고인에 대한 유죄판결이 가능하도록 하고 있는 것은 성폭력범죄 피해아동의 보호라는 입법목적의 중대성을 감안하더라도 그 제한을 정당화할 만한 부득이한 사정이 있다거나 입법목적의 달성을 위한 합리적이고 적절한 수단이 된다고 보기 어렵다. 왜냐하면, 반대신문권 보장의 의의가 앞서 본 바와 같이 실체적 진실의 발견을 위하여 '가치 있는 증거'를 얻고, 재판결과에 대한 승복의 기초가 되는 절차적 정당성을 확보하고자 하는 데에 있는 것이라면 이를 배제한 일방만의 보호는, 실체적 진실의 발견을 위협할 수 있다는 점에서 궁극적으로 피해자 본인을 위한 것일 수도 없으며, 그 재판결과를 피고인에게 설득할 수도 없는 것이기 때문이다.

또한 피고인의 반대신문권을 완전히 박탈하지 않으면서도 피해아동의 2차 피해를 방지할 수 있는 조화적인 방법을 강구할 때에 비로소 기본권 제한입법에 요구되는 침해최소성의 요건이나 법익균형성의 요건에 부합할 수 있을 것인데, 우리 법령은 이미 그러한 방법으로, 심리의 비공개(성폭력범죄의 처벌 등에 관한 특례법 제31조), 피해자의 신원 및 사생활에 관한 비밀의 누설 금지(아동·청소년의 성보호에 관한 법률 제31조), 전담재판부에 의한 심리(성폭력범죄의 처벌 등에 관한 특례법 제28조), 비디오 등 중계장치에 의한 증인신문(형사소송법 제165조의2 제2호), 신뢰관계인의 동석(아동·청소년의 성보호에 관한 법률 제28조), 피해아동을 위한 변호사 선임(아동·청소년의 성보호에 관한 법률 제30조), 진술조력인의 재판과정 참여(성폭력범죄의 처벌 등에 관한 특례법 제37조), 피해아동에 대한 부적절한 신문사항의 제한(성폭력범죄 사건의 심리·재판 및 피해자 보호에 관한 규칙 제2조 제2항) 등 성폭력범죄 피해아동의 보호를 위한 여러 가지 장치를 마련해 두고 있다.

그리고 반복적인 피해상황의 진술로 인한 2차 피해를 방지하기 위해서라면, 영상녹화 대신 형사소송법 제184조 제1항의 증거보전절차를 사건 초기에 적극적으로 활용하는 방법으로 피고인의 반대신문권을 보장하면서도, 증거능력 특례조항의 입법목적을 달성할 수 있을 것이다.

나아가 증거능력 특례조항은 만 19세 미만의 아동·청소년에 대하여 일률적으로 피고인의 반대신문권 행사를 제한하고 있는데, 나이 어린 아동과 성인에 가까운 청소년 사이에는 인지적, 정서적, 사회적, 성적 발달의 정도와 그에 따른 법정 신문 제한의 필요성에 현저한 차이가 있는데도, 성인과 거의 다를 바 없는 만 19세에 가까운 청소년에 대해서까지 일률적으로 반대신문권 행사를 제한한 것은 입법목적의 달성에 필요한 범위를 넘어선 과도한 제한이라고 하지 않을 수 없다.

결국 피고인의 반대신문권을 보장하면서도 성폭력범죄 피해아동을 보호할 수 있는 조화적인 방법이 있는데도, 19세 미만의 모든 성폭력범죄 피해아동에 대하여 일률적으로 반대신문권을 배제하는 방법을 택한 증거능력 특례조항은 침해최소성이나 법익균형성의 요건을 갖추었다고 할 수 없다.

(3) 한편 다수의견은 피고인은 여전히 피해아동을 증인으로 신청할 수 있고, 법원이 피고인의 방어권과 피해아동 보호의 이익을 형량하고 제반사정을 고려하여 위 신청에 따라 또는 직권으로 피해아동을 증인으로 채택할 수 있기 때문에, 증거능력 특례조항이 피고인의 방어권을 본질적으로 침해한다거나 과잉금지원칙에 위배되는 것이 아니라고 한다.

그러나 피해아동에 대한 피고인의 증인신청이 반드시 받아들여진다거나 이미 자신의 진술에 증거능력을 부여받은 피해아동이 법정에 반드시 출석하리라는 보장이 없으므로, 피고인은 여전히 자신이 탄핵할 기회를 갖지 못한 피해자의 일방적인 진술에 의하여 유죄를 선고받을 수 있는 위험에 놓여 있게 된다. 공정한 재판을 받을 권리의 핵심적인 내용으로서 반대신문권의 보장은, 반대신문을 기대할 수 있는 단순한 가능성의 부여가 아니라 반대신문을 위한 충분하고도 적절한 기회의 부여를 의미하는 것이며, 여기에는 그 행사의 전제가 되는 원진술자의 법정 출석이 제도적으로 보장될 것이 전제되는 것이다. 법원의 재량에 의하여 비로소 부여되는 권리는 '보장'되고 있는 것이 아니다.

또한 다수의견은 동석한 신뢰관계인에 대한 반대신문을 통하여 영상녹화물의 증거가치를 탄핵할 수 있는 기회를 부여하고 있다고 하나, 피해아동과 동석한 신뢰관계인은 탄핵 또는 검증의 대상이 되는 진술의 원진술자가 아닐 뿐 아니라 그 신뢰관계인이 사건을 직접 경험하거나 목격한 사람도 아니므로, 신뢰관계인의 진술은 영상녹화물의 원진술자인 피해아동에 대한 반대신문을 대체하는 수단으로서 아무런 의미를 가질 수 없다.

나아가 영상녹화물이 진술 당시의 모습을 기계적으로 재현함으로써 소극적 실체적 진실의 발견이라는 측면에서 피고인에게 불리한 증거방법이라고 볼 수만은 없다는 다수의견의 견해에 관하여 본다.

진술의 자연스러운 최초의 발화 과정을 포착하는 것이 아니라 사후적인 수사과정에서 피고인 또는 변호인의 참여와 감시 없이 만들어진 영상녹화물이 전체적인 진술의 형성 과정에 있어 왜곡의 가능성이 없다고 보기 어려울 뿐 아니라, 영상녹화물이 갖는 기계적·시각적 재현이라는 특성이 오히려 그와 같은 왜곡 가능성을 은폐할 수 있다는 점에서, 영상녹화물이 과연 반대신문에 의한 검증과 탄핵의 필요성이 상대적으로 적은 증거방법이라고 볼 수 있는지 의문이다. 그리고 바로 이러한 위험성 때문에 우리 형사소송법은 원칙적으로 영상녹화물을 조서의 성립인정에 관한 자료로 사용할 수 있도록 하고 있을 뿐 이를 공소사실의 입증을 위한 본증으로 사용할 수 있도록 규정하고 있지는 아니한 것이다.

(4) 마지막으로 성폭력범죄 피해아동의 보호가 어느 나라에서나 예외 없는 중대한 관심사임에도 불구하고, 미국, 일본, 독일, 영국 등 주요 국가 가운데 수사와 재판 과정을 통틀어 반대신문의 기회를 전혀 부여받지 않은 영상녹화물에 증거능력을 인정하는 입법례가 존재하지 않음은, 피고인에 대한 반대신문권의 보장이 포기할 수 없는 근본적인 공정성의 요소임을 보여주는 것이다.

(5) 결론적으로 증거능력 특례조항은 피해아동의 보호만을 앞세워 공정한 재판

을 받을 권리에서 도출되는 가장 중요한 형사절차상의 권리인 피고인의 반대신문권을 박탈하여 공정한 재판을 받을 권리로부터 요구되는 최소한의 절차적 정의를 갖추지 못한 것이다.

다. 소결론

증거능력 특례조항은 헌법 제37조 제2항에 따라 기본권 제한입법이 준수하여야 할 과잉금지원칙을 위반하고 있으므로 헌법에 위반된다.

피내사자에 대한 출석요구 사건

(헌재 2014. 8. 28. 2012헌마776)

□ 사건개요 등

검찰은 통합진보당의 당내경선 과정에서 당원들의 대리투표 등이 있었다는 사실을 확인하고, 혐의 있는 당원에 대해서 출석을 요구하였다. 통합진보당원인 청구인 등은 검사의 출석요구행위가 정당활동의 자유와 평등권을 침해한다고 주장하며 헌법소원심판을 청구하였다.

헌법재판소는 통합진보당 당내경선 수사와 관련하여 검사가 통합진보당 당원들에 대해 출석을 요구한 행위에 대한 헌법소원을 각하하였다. 재판관 3명은 권리보호이익이 없다는 이유로, 재판관 2명은 공권력 행사성이 인정되지 아니한다는 이유로 헌법소원이 부적법하다고 보았다. 이에 대하여 재판관 안창호 외 3명은 반대(기각)의견에서 검사의 피내사자에 대한 출석요구행위가 적법하다는 의견을 제시하였다. 반대의견은 청구인 등에 대한 검사의 출석요구행위가 공권력 행사성과 심판이익이 인정된다고 하면서 본안판단을 하였는데, 그 중요 내용은 다음과 같다.

첫째, 수사기관이 피의자 및 피내사자에 대하여 출석을 요구하는 행위는 형벌권 실현과정에 이루어진 고권작용임을 부정할 수 없고, 피의자 등이 불출석하는 경우 체포영장에 의해 체포될 수 있는 등 불출석으로 인한 불이익과 심리적 강제가 내재되어 있다는 점에서 공권력 행사성이 인정된다.

둘째, 수사의 필요성은 수사 조건이므로, 범죄의 혐의가 없음이 객관적으로 명백하거나 소송조건이 갖춰질 수 없는 때에는 강제수사는 물론 임의수사라도 허용될 수 없다. 다만 수사의 필요성이 인정된다고 하더라도 수사목적을 달성하기 위해 덜 침해적인 수단이 있으면 이를 사용하여야 하고, 수사목적을 달성하여 얻는 이익과 수사 활동으로 침해되는 이익 사이에 균형성이 있어야 한다.

셋째, 선행 판례 등에 의해 범죄가 명백히 성립하지 않는 것으로 법리적 판단이 내려졌다거나 보편적 법 감정이나 사회상규에 비춰 객관적으로 비난의 여지가 없는 사안과 같이 수사의 필요성을 인정하기 어려운 특별한 사정이 있는 경우가 아닌 한, 법리나 사실관계에 대한 다툼이 존재하는 상황에서 이루어진 검사의 피의자 등에 대한 출석요구는 헌법에 위반된다고 단정할 수 없다.

반대의견은 수사기관의 피내사자 등 출석요구행위에 대해 공권력 행사성을 인정함으로써, 헌법재판소가 수사기관의 무분별한 피의자 및 피내사자에 대한 소환을 통제할 수 있게 하는 의미를 가지고 있다. 수사기관에 의해 수사 특히 내사가 이루어지는 경우, 수사기관이 불필요하게 피내사자를 소환하는 경우도 적지 아니하고 상부에 보고가 없거나 장부기재 등 소환근거도 남기지 아니하여 적절한 내부의 통제가 이루어지지 아니하기도 한다. 피내사자 등의 소환은 피내사자 등에게 심리적 압박이 클 뿐만 아니라 생업에도 지장을 주는 등으로 기본권을 제한하는 것이므로 이에 대한 엄격한 통제가 필요하다는 점을 고려할 때, 헌법재판소가 이를 통제할 수 있도록 하는 반대의견은 적법절차원칙의 확립을 위해 큰 의미를 가진다.

□ 반대(기각)의견

청구인 김○형, 윤○진, 김○욱의 청구는 적법한 것으로서 기각되어야 하고, 청구인 이○희의 청구는 권리보호의 이익이 없다고 판단한 법정의견과는 달리 독립적인 헌법소원심판의 대상이 될 수 없다는 이유로 각하되어야 한다고 생각하므로 다음과 같은 의견을 밝힌다.

가. 청구인 김○형, 윤○진, 김○욱의 청구에 대한 판단

(1) 적법요건에 대한 판단

㈎ 권리보호이익[2]

법정의견이 청구인들의 헌법소원에 대해 권리보호이익을 문제 삼아 부적법하다고 판단하고 있으므로 권리보호이익에 대하여 언급하고자 한다.

청구인 김○형, 윤○진, 김○욱에 대한 수사와 처분이 종결되어 더 이상 이 사건 출석요구행위를 다툴 주관적 권리보호이익은 없어졌다고 할 수 있다. 다만 헌법소원은 주관적 권리구제 뿐만 아니라 헌법질서 보장의 기능도 겸하고 있으므로 청구인들의 권리구제에는 직접 도움이 되지 않는다고 하더라도 같은 유형의 침해행위가 앞으로 반복될 위험이 있고, 헌법질서의 수호 유지를 위하여 그에 대한 헌법적 해명이 긴요한 사항에 대하여는 심판이익을 인정할 수 있을 것이다(헌재 1997. 11. 27. 94헌마60 등 참조).

청구인들은 정당 내의 경선 과정에서 위임 투표를 명시적으로 금지하는 법령이 없는데다 대부분 단체에서 임원 선출 시 위임투표를 허용하고 있는 사정을 고려하면 애초부터 범죄가 성립될 수 없는 경우이고, 여러 당원이 한 대의 휴대전화를 이용하여 순차적으로 투표한 것이 명백하여 혐의를 인정하기 어려운 사안인데도 검사가 혐의를 두고 무리하게 출석을 요구하는 것은 위헌적 공권력 행사라고 주장한다.

이에 대해 법정의견은 청구인들이 출석요구라는 수사 방법 자체의 위헌 여부를 다투는 것이 아니라 구체적인 사건에서 출석을 요구한 행위의 위헌 여부를 다투고 있으므로 이 사건에서 문제되고 있는 정당의 후보자 선출 과정에서도 대리투표 등이 인정되지 않는다는 점이 최근 대법원 판결을 통해 이미 확인된 이상 심판이익을 인정하기가 어렵다고 판단하였다.

그러나 청구인들의 주장은 일반적인 범죄 수사에 있어서도 법리나 사실관계에 비춰 범죄혐의가 성립되기 어려워 보이는 경우까지 혐의자로서 출석을 요구하는 행위의 위헌성을 다투는 것으로 보는 것이 보다 합당하다. 일반 범죄에 대한 수사에 있어서도 역시 수사대상 행위의 범죄 성립 여부가 다투어지며 수사기관의 출석요구

---

[2] 이 부분에 대한 반대의견의 취지는 제8장 '경제질서와 헌법재판제도'의 '기본권 침해가 종료된 권력적 사실행위의 심판이익' 사건(헌재 2016. 10. 27. 2014헌마626)에서 상세히 다루고 있다.

행위의 정당성 시비가 불거진 사례는 흔히 있어왔고 앞으로도 여전히 있을 것으로 예상되기 때문이다. 또한 형사소송법 제200조는 "검사 또는 사법경찰관은 수사에 필요한 때에는 피의자의 출석을 요구하여 진술을 들을 수 있다."라고 규정하여 '수사의 필요성'을 출석요구의 요건으로 규정하고 있는데, '수사의 필요성'은 해석에 따라 얼마든지 넓어질 여지가 있기 때문에 이에 대한 적절한 통제가 필요하다는 점에서도 법리나 사실관계에 대한 다툼이 존재하는 상황에서 이루어진 출석요구의 정당성에 대한 헌법적 해명은 필요하다고 할 수 있다.

따라서 법리나 사실관계에 대한 다툼이 존재하는 상황에서 검사가 혐의 대상자를 신문하기 위해 출석을 요구하는 행위에 대한 헌법적 정당성 여부의 해명은 헌법 질서의 수호를 위하여 긴요한 사항으로서 중요한 의미를 지니고 있다고 볼 수 있으므로 이 사건에서 심판이익은 존재한다고 할 것이다.

⑷ 공권력 행사성

헌법소원은 공권력의 행사 또는 불행사로 인하여 헌법상 보장된 기본권을 침해받은 자가 제기하는 권리구제수단이므로, 공권력의 행사를 대상으로 하는 헌법소원에 있어서는 적어도 기본권침해의 원인이 되는 행위가 행정청이 우월적 지위에서 일방적으로 행하는 권력적 행위에 해당하여야 한다. 일반적으로 행정청의 행위가 헌법소원의 대상이 되는 공권력 행사에 해당하는지 여부는, 당해 행정주체와 상대방과의 관계, 그 사실행위에 대한 상대방의 의사·관여 정도·태도, 그 사실행위의 목적·경위, 법령에 의한 명령·강제수단의 발동가부 등 그 행위가 행하여질 당시의 구체적 사정을 종합적으로 고려하여 개별적으로 판단하여야 한다(헌재 2012. 10. 25. 2011헌마429 참조).

검사는 수사의 주체로서 범죄의 혐의가 있다고 사료하는 때에는 범인, 범죄사실과 증거를 수사하여야 하고(형사소송법 제195조), 수사에 필요한 때에는 피의자의 출석을 요구하여 진술을 들을 수 있다(형사소송법 제200조). 이처럼 검사는 피의자와 같이 범죄의 혐의가 있다고 판단되는 사람을 신문하기 위해 출석을 요구할 수 있는데, 이 경우 검사의 출석요구행위는 성질상 물리적 강제력이 수반되지 않는다는 점에서 공권력 행사성 유무에 대한 논란이 있을 수 있다.

그러나 수사는 국가의 형벌권 실현을 위한 진행과정에 해당하여 고권작용임을 부정할 수는 없고, 출석을 요구받은 사람으로서는 자신의 의사와 관계없이 수사의 대상이 되었다는 점만으로도 상당한 부담을 가질 수밖에 없으며, 특히 출석요구에 응하지 않을 경우 형사소송법 제200조의2 제1항에 따라 판사가 발부한 영장에 의하여 체포될 위험에 처해 지기도 한다. 청구인들이 검사의 출석요구를 거부한 것만으로 곧바로 체포되는 것은 아니라고 하더라도, 검사는 우월한 지위에서 출석을 요구하고 이를 거부할 경우 법원에 체포영장을 청구할 수 있고, 실제 체포 영장이 발부될 가능성도 커지며, 이로 인해 당사자에게 상당한 심리적 압박감을 줄 수 있으므로 이러한 출석요구행위는 검사의 우월적 지위에서 일방적으로 행하는 권력적 행위라고 보는 것이 합당하다. 이와 같이 피의자와 같은 범죄혐의자를 대상으로 한 출석요구는 출석요구에 불응한 효과로 체포의 가능성을 수반한다는 점에서 일반적 행동의 자유를 제한할 수 있으므로 이 사건 검사의 출석요구행위는 공권력의 행사에 해당하는 것으로 볼 수 있다.

이 사건에서 청구인들은 피내사자의 신분으로 출석을 요구받았는데, 피내사자란 혐의를 받고 수사대상에 오른 사람으로서 아직 정식 피의자로 입건되기 전 단계의 범죄혐의자를 말한다. 이러한 피내사자에 대하여 출석을 요구하는 행위 역시 향후 피의자로 입건되어 체포영장에 의해 체포될 수 있는 등 불출석으로 인한 불이익과 심리적 강제가 내재되어 있다는 점에서 피의자의 경우와 본질적으로 다를 바가 없으므로 마찬가지로 공권력 행사성이 인정될 수 있다. 실제 이 사건 청구인들에 대한 출석요구 당시 검사는 피의자에 대한 경우와 동일하게 불출석 시 체포될 수 있음을 출석요구서에 명기하여 경고한 바도 있다.

한편 헌법재판소는 고소인이나 고발인 등 피의자가 아닌 참고인에 대해 출석을 요구한 경우에는 출석할 의무가 없어 공권력의 행사로 볼 수 없다고 판단하였다(헌재 2012. 1. 17. 2011헌마853, 제1지정부 결정). 참고인은 피의자나 피내사자의 경우와 달리 불출석하더라도 체포영장 발부와 같은 불이익이 초래될 염려가 없기 때문에 심리적 강제 효과가 없고, 설령 참고인으로 소환되어 조사를 받는 과정에서 피의자 신분으로 전환되거나 긴급체포 되는 불이익한 상황이 발생하더라도 이는 새로운 혐의점이 밝혀지는 것과 같이 예기치 않은 사정변경에 기인한 것일 뿐 출석요구와는 직접적 관련이 없는 영역의 문제이다. 따라서 참고인에 대한 출석요구는 피의자에 대한 출석요구와 그 성질을 달리한다.

그리고 형사소송법 제221조의2는 중요 참고인이 출석을 거부하는 경우 검사가 수사상의 증거보전절차를 통해 참고인에게 증인으로서의 출석과 증언의 의무를 부담시킬 수 있는 방법을 마련하고 있으나, 이는 본질적으로 검사에 의한 수사절차가 아닌 판사에 의한 재판절차에 해당하는 것으로서 당해 절차에서 증인 불출석으로 인한 구인 내지 과태료 부과의 불이익 발생 역시 일반 증인신문절차와 동일하게 판사의 출석요구를 거부한 데 대한 결과일 뿐 검사의 출석요구에 관한 문제는 아니며, 그 외에 달리 형사소송법상 검사의 출석요구를 거부한 참고인에 대해 불이익을 발생시키는 규정은 발견되지 않는다.

(2) 본안에 대한 판단

㈎ 사건의 쟁점

청구인들은 명백히 범죄가 성립되지 않는 사안에서 검사가 출석을 요구하는 것은 과잉수사로서 정당 활동의 자유를 침해하는 것이고, 청구인들이 소속된 통합진보당의 경우처럼 부정 경선 의혹이 제기된 다른 정당에 대하여 수사를 개시하거나 출석을 요구하지 않은 것은 평등권 침해라고 주장한다.

그런데 검사의 출석요구행위로 인해 직접적으로 제한되는 기본권은 청구인들의 일반적 행동의 자유로 보아야 하고, 청구인들이 주장하는 정당활동의 자유는 일반적 행동의 자유가 제한됨으로써 나타나게 되는 간접적·사실상 효과에 불과하여 출석요구행위와의 직접적 관련성을 찾기 어렵다. 따라서 이 사건에서는 검사의 출석요구행위가 청구인들의 일반적 행동의 자유와 평등권을 침해하는지 여부가 문제된다고 할 것이다.

㈏ 일반적 행동의 자유 침해 여부

수사기관은 피의자나 피내사자와 같은 범죄혐의자에 대해 출석을 요구하고 신문을 할 수 있는데, 이러한 신문은 성질상 기본권 제한의 가능성을 내포하는 수사절차이기 때문에 형사소송법 제200조는 '수사에 필요한 때'라고 하여 '수사의 필요성'을 요건으로 규정하고 있다. 그런데 이는 단순히 수사의 필요성만을 규정한 것이 아니라 헌법상 비례의 원칙에 따라 수사기관이 수사의 필요성과 균형성이 인정되는 범위에서 수사의 방법을 선택하여야 한다는 점을 규정한 것으로 해석함이 상당하다. 수사의 필요성은 수사의 조건이므로 범죄의 혐의가 없음이 객관적으로 명백하거나 소송조건이 갖춰질 수 없는 때에는 강제수사는 물론 임의수사라도 허용될 수 없으며, 수사의 필요성이 인정된다고 하더라도 수사목적을 달성하기 위하여 덜 침해적인 수단이 있으면 이를 사용하여야 하고, 수사목적을 달성하여 얻는 이익과 수사 활동으로 침해되는 이익 사이에 균형성이 있어야 하는 것이다.

청구인들은 법리상 범죄가 성립될 수 없는 사안이고, 설사 법리상 업무방해죄를 구성할 수 있다 하더라도 구성요건에 해당하는 사실관계가 명백히 존재하지 않는 경우이므로 애초부터 증거 수집이나 신문 등 수사를 진행할 수 없는 사건인데도 검사가 무리하게 혐의를 두고 출석을 요구하는 것은 기본권 침해라고 주장한다.

그러나 객관적으로 범죄가 명백히 성립하지 않는 경우와 같은 예외적 사안이 아닌 이상 단순히 법리와 사실관계에 다툼이 있다는 점만으로 수사의 필요성이나 정당성을 문제 삼을 수는 없다고 보아야 한다. 수사란 의혹이 제기된 범죄혐의를 구체적으로 규명해나가는 과정이라는 점에서 일단 혐의의 가능성이 발견되면 원칙적으로 수사를 개시할 필요성은 인정되는 것이고, 다툼이 있는 법리문제와 사실관계에 대한 규명은 수사기관의 1차적 판단을 거쳐 종국적으로 법원의 판단에 맡겨진 것이지 수사 대상자가 임의로 판단하여 결정내릴 수 있는 성질의 것이 아니기 때문이다. 따라서 익명의 제보, 언론의 보도, 풍문 등이 수사의 단서가 된 경우에도 검사는 이러한 단서를 기초로 일정한 사실 확인절차를 거쳐 구체적 혐의의 가능성을 발견하게 되면 수사여부와 수사방법에 관해 폭넓은 재량을 가지고 수사를 진행할 수 있다고 보아야 한다.

그리고 신문을 위한 출석요구 절차를 통해 사건의 실체를 규명하려는 수사방법은 체포영장에 의한 신병확보 같은 강제적 수단을 동원하지 않는 비교적 덜 침해적인 수단으로서 실무상 가장 보편적으로 활용되고 있는 수사방법이다. 또한 수사절차의 일부로서 검사의 출석요구행위는 다양한 수사를 거쳐 형사재판에 이르는 일련의 국가형벌권의 실현 작용으로서 중대한 공익적 가치를 지니고 있는데 반해 이로 인해 침해되는 사익은 심리적 부담을 가지고 검찰청에 직접 출석하여 진술하여야 하는 정도에 그치는 것이어서 보호하고자 하는 공익적 가치가 제한되는 개인의 일반적 행동자유권에 비해 결코 작다고 할 수도 없다. 물론 검사에 의해 수사가 개시되어 출석을 요구받은 사람으로서는 불출석할 경우 체포영장이 발부될 현실적인 위험에 놓일 염려는 있지만, 그러한 경우에도 수사의 필요성 내지 정당성에 대한 판단은 체포영장 심사과정에서 법원에 의해 이루어질 것이고, 만약 검사가 아예 체포영장을 청구하지 않거나 법원의 체포영장 심사결과 수사의 필요성 등이 문제되어 체포영장이 기각된다면 피의자로서는 출석 불응으로 인해 아무런 불이익을 입지 않을 것이 므로 출석요구행위 자체를 별도로 통제할 현실적 필요성도 크지 않아 보인다.

이러한 점을 종합한다면, 선행 판례 등에 의해 범죄가 명백히 성립하지 않는 것으로 법리적 판단이 내려졌다거나 보편적 법 감정이나 사회상규에 비춰 객관적으로 비난의 여지가 없는 사안과 같이 수사의 필요성을 인정하기 어려운 특별한 사정이 있는 경우가 아닌 이상 법리나 사실관계에 대한 다툼이 존재하는 상황에서 이루어진 검사의 출석요구행위를 두고 헌법에 위반된다고 할 수는 없다.

이 사건에서 검찰은 청구인들에 대한 출석요구 전에 이미 법원으로부터 통합진보당 중앙당사와 서버 관리업체 등 4개소에 대하여 압수수색영장을 발부받아 집행하여 중복투표 사실을 확인한 후 '동일 IP에서 10건 이상의 중복투표를 한 경우'로 수사범위를 제한하여 수사를 개시하였는데, 이와 같은 중복투표는 헌법상 선거의 기본원칙인 보통·평등·직접·비밀선거의 원칙에 반하는 것일 뿐만 아니라 실제 언론보도를 통해 사회적으로도 선거의 공정성 내지 위법성 시비가 야기된 바 있어서 명백히 범죄가 성립되지 않는다거나 객관적으로 비난의 가능성이 없다고 보기는 어려운 사안이다. 이와 같은 사건에서 검사가 이미 확인된 사실관계를 토대로 청구인들과 관련자들에 대해 혐의의 가능성을 두고 중복투표의 경위나 구체적 관여 여부를 조사하기 위해 출석을 요구한 것이 결코 불필요하거나 부당한 수사라고 할 수는 없을 것이다. 오히려 청구인들을 포함하여 관여가 의심되는 당원들을 상대로 직접 진술을 청취하고 해명의 기회를 부여하는 것이야말로 당연히 필요하고 효율적인 수사절차로서 물리적인 강제 수단을 동원하지 않은 비교적 덜 침해적인 수사방법이며, 이 사건 출석요구행위를 포함한 일련의 수사과정을 통한 국가형벌권의 실현과 당내 민주주의와 선거 공정성 확립이라는 공익적 가치는 출석요구행위로 인해 제한되는 사익에 비해 가볍다고 볼 수도 없다.

따라서 이 사건 검사의 출석요구행위는 청구인들의 일반적 행동의 자유를 침해하지 않는다.

㈒ **평등권 침해 여부**

청구인들은 다른 정당의 선거부정 사례에 대해서는 검사가 출석을 요구하거나 수사를 진행하지 않으면서도 유독 청구인들이 속한 통합진보당의 당내 경선만을 수사의 대상으로 삼는 것은 평등권 침해라고 주장한다. 그러나 수사기관으로서는 범죄의 혐의를 발견한 경우 수사를 개시하여 혐의유무를 규명할 의무가 있으므로 이 사건과 같이 검사가 압수수색 등을 통해 통합진보당 비례대표 국회의원후보자 경선과정에서의 대리투표 혐의를 포착하고 수사를 개시하여 관련자인 청구인들에 대해 신문을 위한 출석을 요구한 것은 수사기관으로서의 당연한 책무를 이행한 것에 불과하고, 청구인들의 주장처럼 수사기관에서 다른 정당의 경선과정에서 발생한 부정선거나 범죄혐의를 발견하고도 수사를 개시하지 않고 그대로 방치한 것이 사실이라면 그와 같이 수사를 방기한 행위가 위법하게 될 뿐이다. 평등은 불법의 평등까지 보장하는 것은 아니므로 자신의 불법행위를 용인하도록 하는 내용의 평등권까지 인정될 수는 없다 할 것이고, 만약 청구인들이 주장하고 있는 다른 정당의 경선과정에 대한 의혹과 관련하여 청구인들의 경우와는 달리 수사를 개시할 만한 구체적 단서가 드러나지 않아 수사를 개시할 수 없었던 것이라면 이는 다른 것을 다르게 취급한 것에 불과하여 애초부터 평등권 침해의 문제는 발생될 여지가 없는 것이다.

따라서 이 사건 검사의 출석요구행위는 청구인들의 평등권을 침해하지 않는다.

㈑ 소결론

그러므로 청구인 김○형, 윤○진, 김○욱에 대한 이 사건 검사의 출석요구행위는 위 청구인들의 기본권을 침해하지 않는다.

나. 청구인 이○희의 청구에 대한 판단

앞서 살펴본 청구인 김○형, 윤○진, 김○욱의 청구에 대한 적법요건 판단에서와 마찬가지로 청구인 이○희의 청구도 심판이익은 존재한다고 보아야 한다.

다만 헌법재판소는 검사가 청구인을 수사하여 기소한 경우 검사의 수사나 공소제기 처분이 청구인의 기본권을 침해하였는지 여부는 당해 형사재판절차에 의하여 권리구제가 가능하므로 독립하여 헌법소원심판의 청구대상이 될 수 없다는 입장을 견지해 왔다(헌재 2008. 2. 12. 2008헌마116, 제1지정부 결정; 헌재 2011. 6. 28. 2011헌마317, 제3지정부 결정 등 참조). 따라서 검사의 불기소 종국처분으로 사건이 종결됨으로써 헌법소원 이외에는 달리 기본권침해 여부를 다툴만한 권리구제 수단이 없는 다른 청구인들의 경우와는 달리, 수사를 거쳐 공소가 제기되고 형사재판절차가 진행된 청구인 이○희의 청구는 당해 형사재판절차를 통해 기본권침해 여부가 가려질 기회가 있으므로 별도로 개개 수사행위를 독립하여 헌법소원심판 청구의 대상으로 삼을 수는 없다할 것이어서 부적법하다.

변호인에 대한 후방착석요구 사건
(헌재 2017. 11. 30. 2016헌마503)

□ 사건개요 등

이 사건은 검찰수사관이 피의자신문에 참여한 변호인인 청구인에게 피의자 후방에 앉으라고 요구한 행위(이하, '이 사건 후방착석요구행위'라 한다)에 대한 위헌소원 사건이다.

헌법재판소는 이 사건 후방착석요구행위에 대하여 변호인의 변호권을 침해한다고 결정하였다. 이 결정에는 재판관 2명의 별개의견, 재판관 1명의 반대(각하)의견, 재판관 안창호의 법정의견에 대한 보충의견이 있었다. 법정의견은 피청구인의 후방착석요구행위가 과잉금지원칙을 위반하여 변호인의 변호권을 침해한다고 하였는데, 그 주요 내용은 다음과 같다.

첫째, 피의자 및 피고인이 가지는 변호인의 조력을 받을 권리가 실질적으로 확보되기 위해서는, 피의자 및 피고인에 대한 변호인의 조력할 권리의 핵심적인 부분(이하, '변호인의 변호권'이라 한다), 즉 피의자 및 피고인의 변호인으로부터 조력을 받을 권리와 표리관계에 있는 부분은 헌법상 기본권으로서 보호되어야 한다.

둘째, 피의자신문절차에서 변호인의 역할은 단순히 피의자신문에 입회하는 것에 그치지 아니하고, 피의자가 조언과 상담을 요청할 경우 이를 제공하고 피의자의 요청이 없더라도 신문 후 의견을 진술하며, 신문 중이라도 부당한 신문방법에 대하여 이의를 제기하거나 수사기관의 승인을 얻어 의견을 진술하는 것 등이다.

셋째, 피의자신문절차에서 변호인이 피의자의 옆에서 조력하는 것은 피의자가 변호인으로부터 조력을 받을 권리를 충분히 보장받기 위해 반드시 필요한 것이므로, 수사기관이 변호인에 대해 후방착석을 요구하는 행위는 변호인의 피의자신문참여를 제한함으로써 헌법상 기본권인 변호인의 변호권을 제한할 수 있다.

법정(위헌)의견에 대한 보충의견은 피의자 등에 대한 변호인의 조력할 권리가 일반적으로 헌법 제15조에 따른 변호사의 직업수행의 자유에 의해서 보호될 수 있음을 인정한다. 이러한 변호인의 권리 중 피의자 등의 변호인으로부터 조력을 받을 권리와 표리관계에 있는 것은 헌법 제15조 및 헌법 제12조 제4항 등에 의해 보장되는 '피의자 등이 가지는 변호인의 조력을 받을 권리'에서 도출되는 별도의 헌법상 기본권, 즉 변호인의 변호권으로서 보호되어야 한다고 한다. 이는 변호사의 직업수행의 자유가 기본권의 성격으로 인하여 피의자 등의 보호에 한계가 있다고 보고, 변호인의 변호권을 별도로 인정함으로써 형사절차에서 열악한 지위에 있는 피의자 등의 지위를 보다 확실하게 보장하기 위한 것이다.

헌법재판소의 결정으로 수사기관이 피의자신문에 참여한 변호인에게 정당한 이유 없이 피의자 후방에 앉으라고 요구하는 행위는 근절되게 되었다. 이 결정은 변호인의 피의자신문참여의 중요성을 강조한 결정으로, 피의자가 가지는 변호인의 조력을 받을 권리를 실질적으로 보장하기 위한 조치로서 의미를 가진다.

□ 법정(위헌)의견

가. 이 사건 후방착석요구행위의 적법요건

(1) 공권력 행사성

㈎ 헌법소원은 공권력 행사 또는 불행사로 인하여 헌법상 보장된 기본권을 침해받은 자가 제기하는 권리구제수단이다. 행정청의 사실행위는 경고·권고·시사와 같은 정보제공 행위나 단순한 행정지도와 같이 대외적 구속력이 없는 '비권력적 사실행위'와 행정청이 우월적 지위에서 일방적으로 강제하는 '권력적 사실행위'로 나눌 수 있고, 이 중에서 권력적 사실행위만 헌법소원의 대상이 되는 공권력 행사에 해당하고 비권력적 사실행위는 공권력 행사에 해당하지 아니한다.

그런데 일반적으로 어떤 행정청의 사실행위가 권력적 사실행위인지 또는 비권력적 사실행위인지 여부는, 당해 행정주체와 상대방과의 관계, 그 사실행위에 대한 상대방의 의사·관여정도·태도, 그 사실행위의 목적·경위, 법령에 의한 명령·강제수단의 발동가부 등 그 행위가 행하여질 당시의 구체적 사정을 종합적으로 고려하여 개별적으로 판단하여야 한다(헌재 1994. 5. 6. 89헌마35; 헌재 2009. 12. 29. 2008헌마617; 헌재 2012. 10. 25. 2011헌마429 등 참조).

(나) 피의자가 구속된 상태로 2016. 4. 21. 16:30경 검찰수사관에게 변호인의 참
여를 요청하였고, 그로부터 45분이 경과한 17:15경 변호인인 청구인이 검찰청에 도
착하여 피의자 바로 옆에 앉으려고 하였으나 이 사건 후방착석요구행위로 인하여
피의자의 오른쪽 뒤쪽에 앉아 피의자신문에 참여하였다.

검찰수사관이 변호인인 청구인을 잠재적으로 피의자신문을 방해할 수 있는 존
재로 파악하여 피의자신문이 본격적으로 시작되기 전부터 이 사건 후방착석요구행
위를 한 것으로 보이는 점, 이 사건 후방착석요구행위는 수사기관의 신문실이라는
밀폐된 공간에서 이루어진 만큼, 변호인의 역할을 통제하려는 의도가 있었다고 보이
는 점, 청구인이 이 사건 후방착석요구행위에 대하여 시정을 요구할 경우 신문을 방
해하였다는 구실로 청구인의 퇴실을 명할 가능성도 배제할 수 없는 점 등을 고려하
여 보면, 이 사건 후방착석요구행위는 검찰수사관이 자신의 우월한 지위를 이용하여
청구인에게 일방적으로 강제한 것으로서 권력적 사실행위에 해당한다. 따라서 이 사
건 후방착석요구행위는 헌법소원의 대상이 되는 공권력의 행사에 해당한다.

(2) 보충성

헌법소원심판청구는 다른 법률에 구제절차가 있는 경우에는 그 절차를 모두 거
친 후가 아니면 청구할 수 없다(헌법재판소법 제68조 제1항 단서). 형사소송법 제417조
는 제243조의2에 따른 변호인의 참여 등에 관한 처분에 대하여 불복이 있으면 준항
고를 제기할 수 있다고 규정하고 있지만, 이 사건 후방착석요구행위와 같은 행위에
대하여 준항고가 제기된 사례가 발견되지 아니하는데다가, 실제로 형사소송법 제
417조의 준항고로 다툴 수 있는지 여부도 불명확하므로, 보충성의 예외가 인정된다.

(3) 권리보호이익

(가) 이 사건 후방착석요구행위는 2016. 4. 21. 종료되었으므로, 이에 대한 심판
청구가 인용된다고 하더라도 청구인의 권리구제에는 도움이 되지 아니한다. 그러나
기본권 침해행위가 장차 반복될 위험이 있거나 당해 분쟁의 해결이 헌법질서의 유
지·수호를 위하여 긴요한 사항이어서 헌법적으로 그 해명이 중대한 의미를 지니고
있는 때에는 예외적으로 심판이익을 인정할 수 있다(헌재 2011. 12. 29. 2010헌마285;
헌재 2016. 5. 26. 2013헌마879 등 참조).

(나) 형사소송법 제243조의2 제1항은 검사 또는 사법경찰관은 피의자 또는 변호
인등의 신청에 따라 변호인을 정당한 사유가 없는 한 피의자에 대한 신문에 참여하

게 하여야 한다고 규정하고 있다. 즉 검사 또는 사법경찰관은 정당한 사유가 있는 경우 변호인에 대해 피의자신문참여를 제한할 수 있다.

이 사건 지침은 "검사는 피의자 후방의 적절한 위치에 신문에 참여하는 변호인의 좌석을 마련하여야 한다."고 규정하고 있고, 피청구인은 이 사건 지침에 따라 이 사건 후방착석요구행위를 하였다고 주장하고 있다. 이 사건 지침은 행정조직 내부에서 업무처리지침으로서의 효력만을 갖는 행정규칙에 불과하고(대법원 2007. 11. 30.자 2007모26 결정 참조), 피의자신문에 참여한 변호인에게 피의자의 후방에 착석할 의무를 부과하는 내용이라고 보기도 어렵다. 그러나 수사기관은 이 사건 지침에 근거하여 피의자 옆에 앉으려는 변호인에게 이를 허용하지 아니하고 피의자의 후방에 착석하여야 한다는 요구를 할 가능성을 배제할 수 없으므로, 이러한 후방착석요구행위는 앞으로 반복될 위험성이 있다.

㈐ 청구인이 이 사건 심판청구에서 다투는 것은 피청구인이 이 사건 지침에 따라 변호인이 피의자의 옆에 앉으려는 것을 불허하고 피의자의 후방에 착석할 것을 요구한 행위가 헌법상 보장되는 기본권을 침해하였는지에 관한 것이다. 이는 수사기관이 지침에 따라 변호인에 대해 계속적·반복적으로 행할 수 있는 '피의자신문 시 후방착석요구행위'가 헌법상 기본권을 제한하는 행위인지, 그 행위가 헌법상 기본권을 제한한다면 그 행위의 헌법적 한계를 확정짓고 그에 대한 합헌적 기준을 제시함으로써 판단될 수 있다.

물론 이 사건 후방착석요구행위는 수사기관이 변호인에 대하여 행한 '피의자신문 시 후방착석요구행위'의 경위, 조사받는 피의자 및 참고인의 수, 조사하는 장소의 구조 등 구체적 사정이 고려되어 위헌 여부에 대한 판단이 달라질 수 있다. 그러나 수사기관이 변호인에 대하여 행한 '피의자신문 시 후방착석요구행위'의 헌법적 한계를 확정짓고 그에 대한 합헌적 기준을 제시하는 문제는, 단순히 개별행위에 대한 위법 여부의 문제를 넘어 변호인의 피의자신문참여에 관한 권리에 대한 헌법적 성격과 그 범위를 확인하고 이를 제한하는 행위의 헌법적 한계를 확정짓는 것이므로 헌법적 해명이 필요한 문제이다.

한편 대법원은 수사기관이 피의자신문을 하면서 형사소송법 제243조의2 제1항의 "정당한 사유"가 존재하지 않음에도 불구하고 변호인에 대하여 피의자로부터 떨어진 곳으로 옮겨 앉으라고 지시를 한 다음 이러한 지시를 따르지 않았음을 이유로 변호인에게 퇴실을 명한 사안에서 피의자신문참여권이 침해되었다고 판단하였다(대법원 2008. 9. 12.자 2008모793 결정 참조). 그러나 위 결정에서는 변호인에게 퇴실을 명한 처분을 다루었을 뿐, 이 사건처럼 변호인의 위치를 제한한 처분이 문제된 것은 아니므로, 위 결정만으로 이 사건 후방착석요구행위의 위헌성에 대한 의문이 해소되었다고 보기는 어렵다. 위 문제에 대하여 헌법재판소에서 헌법적 해명이 이루어진 적도 없으므로, 헌법적 해명의 필요성 역시 인정된다.

㈔ 그렇다면 이 사건 후방착석요구행위에 대한 권리보호이익은 소멸하였으나, 심판이익은 인정될 수 있다.

(4) 소 결

이 사건 후방착석요구행위에 대한 심판청구는 적법하다.

나. 피의자신문과 변호인참여권

(1) 피의자신문은 수사기관이 범죄의 혐의를 받고 있는 피의자의 진술을 통하여 범죄사실과 정상에 관한 필요사항을 물어 직접 증거를 수집하는 절차이고(형사소송법 제242조 참조), 동시에 피의자가 자신에게 유리한 사실을 주장하거나 증거를 제시할 수 있는 기회이다. 피의자신문의 결과는 수사의 방향을 결정하고 피의자에 대한 기소 및 유죄 입증에 중요한 증거자료로 사용될 수 있으므로, 형사절차에서 매우 중요한 의미를 가진다. 특히, 수사기관이 작성한 피의자신문조서에 기록된 피의자의 자백은 피의자에게 결정적으로 불리한 증거가 될 수 있기 때문에, 수사기관이 피의자신문을 통하여 피의자의 자백을 받아내고자 위압적인 분위기를 조성하거나 그러한 방법을 사용하게 될 위험성을 배제할 수 없다.

형사소송절차에 있어서는 수사기관인 검사와 사법경찰관은 국가기관으로서 거대한 조직력을 바탕으로 피의자에 대하여 월등하게 우월한 증거수집능력과 수사기술을 갖추고 있다. 피의자는 일반적으로 수사기밀이 유지될 수 있는 조사실 등에서 참고인이나 전문가 등의 진술과 다양한 경로로 수집한 수사자료 등을 확보하고 있는 수사기관으로부터 질문을 받고 그 진술의 진위에 대한 추궁을 받을 수 있다. 이에 피의자는 수사대상으로서 심리적으로 매우 위축되어 자신에게 유리한 사실을 충분히 주장하지 못할 수 있다. 이는 구금된 상태에서 피의자신문을 위하여 소환된 피의자의 경우에 더욱 그러하다. 또한, 피의자는 피의사실에 대한 법률적 평가 이전에 사회 일반인의 생활경험을 기준으로 과거의 사실을 기억하여 진술하므로, 법률적 판단에 필요한 진술을 유도하는 수사기관에 대응하여 방어권을 실질적으로 행사하는데 한계가 있을 수 있다. 이와 같이 수사기관은 수사의 주체로서의 권한뿐만 아니라 법률 등 전문 지식의 측면에서 피의자보다 우월한 지위에 있으므로, 피의자는 수사기관에 대응되는 당사자의 지위에 있기보다는 수사기관이 진행하는 신문의 객체로만 존재할 위험이 상존하고 있다.

　　이와 같은 위험을 방지하고자 피의자신문에 참여하는 변호인은 법률전문가로서 피의자가 수사기관과 대립되는 당사자의 지위에서 스스로 방어하는 것을 지원하는 조력자로서의 역할을 수행하고, 이를 통해 실체적 진실의 발견에 기여하고 피의자의 권리가 준수되는지를 감시·통제하는 역할을 담당하게 된다(헌재 2004. 9. 23. 2000헌마138 참조). 따라서 피의자신문절차에서 변호인의 역할은 단순히 피의자신문에 입회하는 것에 그치지 아니하고, 피의자가 조언과 상담을 요청할 경우 이를 제공하고(헌재 2004. 9. 23. 2000헌마138 참조), 피의자가 요청하지 않더라도 스스로의 판단에 따라 신문 후 의견을 진술하고, 신문 중이라도 부당한 신문방법에 대하여 이의를 제기하거나 검사 또는 사법경찰관의 승인을 얻어 의견을 진술하는 것이 된다(형사소송법 제243조의2 제3항 참조).

　　(2) 헌법 제12조 제4항 및 제12조 제5항 제1문은 형사절차에서 체포·구속된 사람이 가지는 변호인의 조력을 받을 권리를 헌법상 기본권으로 명시하고 있다. 나아가 헌법재판소는 체포·구속된 사람뿐만 아니라 불구속 피의자 및 피고인의 경우에도 헌법상 법치국가원리, 적법절차원칙에 의하여 변호인의 조력을 받을 권리가 당연히 인정된다고 판시하였다(헌재 2004. 9. 23. 2000헌마138 참조). 이처럼 헌법에서 형사절차상 변호인의 조력을 특별히 중요하게 다루는 것은 피의자 및 피고인이 국가권력의 일방적인 형벌권 행사의 단순한 객체로 머무는 것이 아니라, 형사절차의 한 당사자로서 자신의 권리를 적극적으로 행사함으로써 국가권력으로부터 자신을 정당하게 방어하기 위해서는 변호인의 존재가 필수적이기 때문이다. 개인이 독자적인 권리를 가진 독립적인 주체로서 국가권력에 대립하여 자신의 권리를 방어하고 주장하는 절차를 마련하는 것은 법치국가원리에 해당한다. 이에 비추어 보면, 변호인의 조력을 받을 권리의 보장은 피의자·피고인과 국가권력 사이의 실질적 대등을 이루고 이로써 공정한 형사절차를 실현하기 위한 헌법적 요청이라고 할 수 있다.

피의자 및 피고인이 가지는 변호인의 조력을 받을 권리는 그들과 변호인 사이의 상호관계에서 구체적으로 실현될 수 있다. 피의자 및 피고인이 가지는 변호인의 조력을 받을 권리는 그들을 조력할 변호인의 권리가 보장됨으로써 공고해질 수 있으며, 반면에 변호인의 권리가 보장되지 않으면 유명무실하게 될 수 있다. 피의자 및 피고인을 조력할 변호인의 권리 중 그것이 보장되지 않으면 그들이 변호인의 조력을 받는다는 것이 유명무실하게 되는 핵심적인 부분은 헌법상 기본권인 피의자 및 피고인이 가지는 변호인의 조력을 받을 권리와 표리의 관계에 있다 할 수 있다. 따라서 피의자 및 피고인이 가지는 변호인의 조력을 받을 권리가 실질적으로 확보되기 위해서는, 피의자 및 피고인에 대한 변호인의 조력할 권리의 핵심적인 부분(이하 '변호인의 변호권'이라 한다)은 헌법상 기본권으로서 보호되어야 한다(헌재 2003. 3. 27. 2000헌마474 참조).

(3) 헌법상 기본권으로 인정되는 피의자 및 피고인이 가지는 변호인의 조력을 받을 권리에서 '변호인의 조력'이란 변호인의 충분한 조력을 의미한다(헌재 1992. 1. 28. 91헌마111; 헌재 1997. 11. 27. 94헌마60 참조). 앞서 본 바와 같이 피의자신문의 결과는 수사의 방향을 결정하고, 피의자의 기소 및 유죄 입증에 중요한 증거자료로 사용될 수 있으므로, 형사절차에서 매우 중요한 의미를 가진다. 변호인이 피의자신문에 자유롭게 참여할 수 없다면, 변호인은 피의자가 조언과 상담을 요청할 때 이를 시의적절하게 제공할 수 없고, 나아가 스스로의 판단에 따라 의견을 진술하거나 수사기관의 부당한 신문방법 등에 대하여 이의를 제기할 수 없게 된다. 그 결과 피의자는 형사절차에서 매우 중요한 의미를 가지는 피의자신문의 시기에 변호인으로부터 충분한 조력을 받을 수 없게 되어 피의자가 가지는 변호인의 조력을 받을 권리가 형해화될 수 있다.

따라서 변호인이 피의자신문에 자유롭게 참여할 수 있는 권리는 피의자가 가지는 변호인의 조력을 받을 권리를 실현하는 수단이라고 할 수 있으므로 헌법상 기본권인 변호인의 변호권으로서 보호되어야 한다. 이러한 변호인의 피의자신문참여에 대한 권리는 헌법상 기본권인 변호인의 변호권에 해당한다고 하더라도 무제한적인 것이 아니라, 다른 법치국가적 법익과의 비교형량을 통하여 보호된다.

뒤에서 보는 바와 같이 피의자가 수사기관에서 조사받을 때에 변호인이 피의자의 옆에서 조력하는 것은 피의자에 대한 변호인의 충분한 조력을 위해서 보장되어야 하므로 변호인의 피의자신문참여에 관한 권리의 주요부분이 된다. 따라서 수사기관이 변호인에 대하여 피의자신문 시 후방착석을 요구하는 행위는 변호인의 피의자신문참여를 제한함으로써 헌법상 기본권인 변호인의 변호권을 제한할 수 있다. 이러한 후방착석요구행위는 기본권 제한의 일반적 법률유보조항인 헌법 제37조 제2항에 따라 국가안전보장·질서유지 또는 공공복리를 위하여 필요한 경우, 즉 수사방해나 수사기밀의 유출 등 관련 사건의 수사에 현저한 지장 등과 같은 폐해가 초래될 우려가 있는 때에 한하여 허용될 수 있다(헌재 1997. 11. 27. 94헌마60 참조).

다. 이 사건 후방착석요구행위의 기본권 침해 여부

(1) 목적의 정당성 및 수단의 적절성

변호인의 피의자신문 참여를 제한하는 공익으로는 변호인의 수사방해 등을 배제함으로써 실체적 진실을 발견하고 형사소추의 효율성을 달성하는 공익과, 수사기밀의 유출을 막아 공범 기타 사건관계인의 도주나 증거인멸을 방지하고 피해자나 참고인의 생명 및 신체의 안전을 보장하는 공익을 들 수 있다.

그러나 변호인이 피의자신문에 참여하는 이상 피의자 옆에 앉는다고 하여 피의자 뒤에 앉는 경우보다 일반적으로 수사를 방해할 가능성이 높아진다거나 수사기밀을 유출할 가능성이 높아진다고 단정할 수 없다. 더욱이 청구인은 변호인으로서 과거에 수사를 방해하거나 수사기밀을 유출한 사실이 없고, 달리 그 목적의 정당성과 수단의 적절성을 인정할 명백한 사정도 발견되지 아니한다.

(2) 침해의 최소성

㈎ 일반적으로 수사기관은 피의자신문에 앞서 참고인이나 전문가 등의 진술과 다양한 경로로 수집한 수사자료를 확보하고 있다. 이러한 수사기관으로부터 신문을 받는 피의자는 범죄의 혐의가 있는 수사의 대상으로서, 수사기밀이 유지될 수 있는 조사실 등에서 질문을 받고 그 진술의 진위에 대한 추궁을 받을 수 있어 심리적으로 위축될 수 있다.

그런데 수사기관이 피의자신문을 본격적으로 시작하기도 전에 변호인이 피의자 옆에 앉아 조언하려는 것을 거절하게 되면 변호인의 참여에 대해 비우호적인 분위기가 조성되고, 수사기관은 변호인이 피의자 바로 옆에 앉지 못하게 하려는 자신의 뜻을 관철함으로써 피의자와 변호인을 제압할 수 있다. 이처럼 위압적인 분위기가 형성된 가운데 피의자는 더욱 위축된 상태에서 피의자신문에 응하게 될 수 있다. 이와 같은 피의자의 심리상태 등을 고려하면, 피의자가 필요할 때마다 시야에서 벗어나 있는 변호인에게 적극적으로 조언과 상담을 요청하는 것은 기대하기 어렵게 된다고 할 수 있다.

한편 변호인은 피의자가 조언과 상담을 먼저 요청하지 않는 경우에도 자발적으로 부당한 신문방법에 대하여 이의를 제기하거나, 검사 또는 사법경찰관의 승인을 얻어 의견을 진술할 수 있으나(형사소송법 제243조의2 제3항 참조), 뒤에 앉아 있는 변호인으로서는 피의자의 상태를 즉각적으로 파악하는 데 한계가 있다. 또한, 수사기관이 피의자에게 서류 등을 제시하면서 신문하는 경우, 변호인은 서류 등의 내용을 정확하게 파악하여 이의를 제기하거나 의견을 진술하기도 어렵다. 변호인이 수사기관의 신문 내용을 청취하기만 할 경우, 숫자, 도표, 법조문 등으로 이루어진 복잡한 서류의 내용을 바탕으로 법률적 쟁점이 될 사항을 즉각적으로 파악하기는 쉽지 않기 때문이다(헌재 2013. 8. 29. 2011헌마122 참조).

따라서 이 사건 후방착석요구행위는 피의자의 요청이나 스스로의 판단에 따른 피의자에 대한 실질적인 조력을 내용으로 하는 변호인인 청구인의 피의자신문참여에 관한 권리를 과도하게 제한한다고 할 수 있다.

㈏ 형사소송법 제243조의2 제1항은 검사 또는 사법경찰관은 피의자 또는 변호인등의 신청에 따라 변호인을 정당한 사유가 없는 한 피의자에 대한 신문에 참여하게 하여야 한다고 규정하고 있다.

검사 또는 사법경찰관은 정당한 사유가 있는 경우에는 변호인에 대해 피의자신문참여를 제한할 수 있다. 검찰사건사무규칙 제9조의2 제4항 및 '검사의 사법경찰관리에 대한 수사지휘 및 사법경찰관리의 수사준칙에 관한 규정' 제21조 제4항은 변호인의 피의자신문 참여에 대한 제한을 가능하게 하는 정당한 사유로서 검사의 승인 없이 '부당하게' 신문에 개입하거나 모욕적인 언동 등을 행하는 경우, '부당하게' 이의를 제기하는 경우, 신문내용을 촬영·녹음하는 경우 등을 들고 있다.

피의자신문에 참여한 변호인은 피의자를 물리적으로 조력하는 것이 아니라 피의자에 대하여 조언을 하거나 수사기관에 이의를 제기하는 등 구두로 조력하는 것이고, 그 과정에서 변호인이 피의자신문을 방해할 정도로 개입하거나 수사기밀을 유출하는 것은 위법한 조력에 해당하는 것으로서 허용되지 아니한다(헌재 2004. 9. 23.

2000헌마138 참조). 따라서 수사기관이 정당한 사유가 있는 경우에는 변호인에 대해 피의자신문참여를 제한할 수 있도록 규정한 형사소송법 제243조의2 제1항은 입법의 한계를 벗어난 것이라고 할 수 없다.

그런데 앞서 본 바와 같이 수사기관이 피의자신문 시 변호인에 대한 후방착석 요구행위는 단순히 변호인의 직업수행방법을 제한하는 것이 아니라 변호인의 자유로운 피의자신문참여를 제한함으로써 피의자의 변호인으로부터 조력을 받을 권리와 표리의 관계에 있는 변호인의 변호권을 제한하는 것이다. 이러한 행위를 정당화하는 사유는 막연하게 변호인의 수사방해나 수사기밀의 유출에 대한 우려가 있다는 추상적인 가능성만으로는 부족하고 그러한 우려가 현실화될 구체적 가능성이 있어야 한다.

이 사건에서 청구인이 변호인으로서 과거에 수사를 방해하거나 수사기밀을 유출하는 등의 행위를 한 적이 없는 등 이러한 우려가 현실화될 구체적 가능성을 인정할 자료는 발견되지 아니한다. 그밖에 다수의 피의자 및 참고인에 대한 수사나 조사실의 장소적 제약 등과 같이 이 사건 후방착석요구행위를 정당화할 그 외의 특별한 사정도 발견되지 아니한다.

따라서 이 사건 후방착석요구행위는 변호인의 변호권에 대한 제한을 정당화할 사유가 있다고 할 수 없다.

㈐ 피의자신문과정이 위압적으로 진행되는 과정에서 발생할 수 있는 인권 침해의 요소를 방지하기 위하여 진술거부권의 고지, 증거능력의 배제와 같은 규정들이 마련되어 있다(형사소송법 제244조의3, 제309조).

그러나 진술거부권이 규정되어 있다고 하더라도, 피의자가 수사기관에서 신문을 받음에 있어서 진술거부권을 제대로 행사하기 위해서 뿐만 아니라 진술거부권을 행사하지 않고 적극적으로 진술하기 위해서는 변호인이 피의자의 후방에 착석할 것이 아니라 피의자의 옆에 앉아 조력할 필요가 있다. 그리고 증거능력의 배제는 피의자신문과정의 인권 침해에 대한 사후적이고 간접적인 구제수단에 불과하고, 공판단계에서 사후적으로 기능할 여지가 있을 뿐이다.

따라서 위와 같은 규정들이 마련되어 있다는 사정만으로 이 사건 후방착석요구행위의 위헌성이 치유된다고 볼 수도 없다.

㈑ 이러한 사정을 종합하여 보면, 이 사건 후방착석요구행위는 피의자에 대한

변호인의 피의자신문참여에 관한 권리를 제한하는 행위로서 침해의 최소성 요건을 충족한다고 할 수 없다.

(3) 법익의 균형성

이 사건 후방착석요구행위로 인하여 변호인은 단순히 피의자신문에 입회할 수 있을 뿐, 피의자의 요청을 통한 또는 스스로의 판단에 따른 피의자에 대한 적극적인 조력활동을 하는 데 구체적으로 제한을 받게 되므로, 이 사건 후방착석요구행위로 얻어질 공익보다는 변호인의 피의자신문참여에 관한 권리 제한에 따른 불이익의 정도가 크다. 따라서 이 사건 후방착석요구행위는 법익의 균형성 요건도 충족한다고 할 수 없다.

라. 소결론

이 사건 후방착석요구행위는 그 목적의 정당성과 수단의 적절성이 인정될 수 있는지 의문이며, 침해의 최소성 및 법익의 균형성 요건을 충족하지 못한다.

□ 법정(위헌)의견에 대한 보충의견

나는 이 사건 후방착석요구행위가 변호사의 직업수행의 자유가 아니라 변호인에게 특별히 인정되는 헌법상 기본권을 침해한다는 점에 대하여는 법정의견과 견해를 같이 하면서 헌법상 기본권인 '피의자 및 피고인에 대한 변호인의 조력할 권리'의 성격과 내용에 대해 다음과 같이 견해를 밝힌다.

가. 헌법재판소의 선례는 피의자 및 피고인에 대한 변호인의 조력할 권리가 헌법상 기본권인지 여부에 관하여 의견을 달리하고 있다.

피의자 및 피고인에 대한 변호인의 접견교통권이 문제된 사안에서 법정의견은 형사소송법상 권리에 불과하다고 판단한 반면 반대의견은 헌법 제12조 제4항에 근거한 헌법상의 권리로 보았고(헌재 1991. 7. 8. 89헌마181 참조), 구속적부심사절차에서 고소장 및 피의자신문조서를 열람·등사할 변호인의 권리가 문제된 사안에서는 변호인의 조력할 권리의 핵심적인 부분으로서 헌법상 기본권으로 인정된다고 판단하였다(헌재 2003. 3. 27. 2000헌마474 참조). 한편 체포적부심사절차에서 변호인의 체포영장 등사요구를 거부한 행위가 헌법상 기본권을 침해하였는지 여부가 문제된 사안에

서 변호인의 조력할 권리의 핵심적인 부분은 헌법상 기본권이라고 하면서 변호인의
체포영장 등사권은 이러한 헌법상 기본권의 내용으로서 보호되므로 변호인의 체포
영장 등사요구를 거부한 수사기관의 행위는 헌법상 기본권을 침해한다는 견해와 변
호인의 조력할 권리는 단순한 법률상 권리에 불과하다고 하면서 변호인의 체포영장
등사요구를 거부한 수사기관의 행위는 이러한 법률상 권리를 침해한 것에 불과하고
헌법상 기본권을 침해하지 아니하므로 심판청구가 적법하지 아니하다는 견해가 있
었다(헌재 2015. 7. 30. 2012헌마610 참조).

나. 헌법 제15조에서 규정한 직업선택의 자유는 자신이 원하는 직업 내지 직종
을 자유롭게 선택하는 직업선택의 자유뿐만 아니라 그가 선택한 직업을 자기가 결
정한 방식으로 자유롭게 수행할 수 있는 직업수행의 자유를 포함한다(헌재 1995. 7.
21. 94헌마125).

직업수행의 자유는 특정 직업을 어떠한 방법으로 행사할 것인지, 즉 직업활동
의 형태, 수단, 범위, 내용 등에 관하여 결정할 수 있는 자유로서 특정 직업활동의
방법에 관한 것이다. 이러한 직업수행의 개념은 기본권보장의 실효성이라는 관점에
서 광의로 해석될 수 있고 미래의 발전에 대하여 개방적이어야 한다. 따라서 피의자
나 피고인에 대한 변호인의 조력하는 행위는 변호사의 직업수행의 자유의 범주에
포함될 수 있다.

헌법재판소의 결정이 있는 '피의자 및 피고인에 대한 변호인의 접견교통권', '구
속적부심사절차에서 변호인이 고소장 및 피의자신문조서를 열람·등사할 권리', '체
포적부심사절차에서 변호인이 체포영장을 등사할 권리'는 모두 변호인이 피의자 또
는 피고인을 조력하는 과정에서 문제되는 것으로 변호사의 직업수행의 자유에 의해
보장된다고 할 수 있다.

한편 직업선택의 자유와 직업수행의 자유는 기본권 주체에 대한 제한의 효과가
다르기 때문에 제한에 있어 적용되는 기준 또한 다르며, 특히 직업수행의 자유에 대
한 제한의 경우 인격발현에 대한 침해의 효과가 일반적으로 직업선택 그 자체에 대
한 제한에 비하여 작기 때문에, 그에 대한 제한은 보다 폭넓게 허용된다(헌재 2011.
10. 25. 2010헌마661).

다. 헌법 제12조 제4항 및 제12조 제5항 제1문은 형사절차에서 체포·구속된 사
람이 가지는 변호인의 조력을 받을 권리를 헌법상 기본권으로 명시하고 있다. 헌법재

판소는 체포·구속된 사람뿐만 아니라 불구속 피의자 및 피고인의 경우에도 헌법상 법치국가원리, 적법절차원칙에 의하여 변호인의 조력을 받을 권리가 당연히 인정된다고 판시하였다(헌재 2004. 9. 23. 2000헌마138 참조). 한편 형사절차에서 피의자 및 피고인은 유죄판결이 확정될 때까지 무죄로 추정된다(헌법 제27조 제4항). 그럼에도 불구하고 법정의견에서 본 바와 같이 피의자 및 피고인은 심리적으로 위축되어 있고 검사 등 수사기관에 비하여 법률 등 전문지식 및 환경 측면에서 불리한 지위에 있다. 개인이 독자적인 권리를 가진 독립적인 주체로서 국가권력에 대립하여 자신의 권리를 방어하고 주장하는 절차를 마련하는 것은 법치국가원리에 해당한다. 피의자 및 피고인이 가지는 변호인의 조력을 받을 권리의 보장은 피의자·피고인과 국가권력 사이의 실질적 대등을 이루고 이로써 공정한 형사절차를 실현하기 위한 헌법적 요청이다.

그런데 피의자 및 피고인이 가지는 변호인의 조력을 받을 권리는 그들과 변호인 사이의 상호관계에서 구체적으로 실현될 수 있다. 피의자 및 피고인이 가지는 변호인의 조력을 받을 권리는 그들을 조력할 변호인의 권리가 보장됨으로써 공고해질 수 있으며, 반면에 변호인의 권리가 보장되지 않으면 유명무실하게 될 수 있다. 피의자 및 피고인을 조력할 변호인의 권리는 그것이 보장되지 아니한다면 그들이 변호인의 조력을 받는 것이 유명무실하게 될 수 있으므로 피의자 및 피고인이 가지는 헌법상 기본권인 변호인의 조력을 받을 권리와 표리의 관계에 있다고 할 수 있다.

피의자 및 피고인을 조력할 변호인의 권리는 변호사의 직업수행의 자유에 포섭될 수 있지만, 피의자 및 변호인이 가지는 헌법상 기본권인 변호인의 조력을 받을 권리와 표리의 관계에 있으며 이러한 권리를 보다 확실하게 보장하기 위해서는 변호사의 직업수행의 자유의 침해 여부를 판단하는 심사기준보다 엄격한 기준을 적용할 필요가 있다.

따라서 피의자 및 피고인에 대한 변호인의 조력할 권리는 단지 변호사의 직업수행의 자유의 한 내용으로서가 아니라, 헌법 제15조에 따른 변호사의 직업수행의 자유 및 헌법 제12조 제4항 등에 의해 보장되는 '피의자 및 피고인이 가지는 변호인의 조력을 받을 권리'에서 도출되는 별도의 헌법상의 기본권으로서 보호될 수 있다.

라. 이 사건 후방착석요구행위로 인하여 청구인은 피의자신문 시 피의자를 조력하기에 가장 적절한 위치를 선택할 수 없고 대신 피의자 후방에 착석할 수밖에 없으므로, '피의자신문참여'라는 변호인의 업무를 원하는 방식으로 자유롭게 수행하는

자유를 제한받게 된다. 자신의 의뢰인인 피의자를 위하여 신문에 참여하는 것은 형사절차에서 변호인으로 선임된 변호사의 통상적인 업무 중 하나에 해당하고(형사소송법 제243조의2 참조), 이 사건 후방착석요구행위가 위 업무의 수행방법을 제한하였다는 점에 주목하여 보면, 이 사건 후방착석요구행위는 변호사 자신이 선택한 직업을 자기가 원하는 방식으로 자유롭게 수행할 수 있는 자유, 즉 직업수행의 자유를 제한한다고 볼 수 있다.

그런데 변호인의 피의자신문참여권은 피의자가 가지는 변호인의 조력을 받을 권리를 실현하는 수단이라고 할 수 있으므로 피의자 및 피고인에 대한 변호인의 조력할 권리의 한 내용이고, 이 사건 후방착석요구행위는 이러한 변호인의 조력할 권리를 제한하는 것이다. 앞서 본 바와 같이 피의자 및 피고인에 대한 변호인의 조력할 권리는 변호사의 직업수행의 자유와는 별도로 헌법상 특별히 인정되는 기본권으로서, 이를 제한하는 경우에는 변호사의 직업수행의 자유가 아니라 피의자 및 피고인에 대한 변호인의 조력할 권리를 침해하는지 여부를 살펴볼 수 있다.

따라서 이 사건 후방착석요구행위는 변호인의 피의자신문참여권을 제한함으로써 변호인의 헌법상 기본권인 피의자 및 피고인에 대한 변호인의 조력할 권리를 제한하는 것이므로 엄격한 기준에 의해 위헌 여부를 심사하는 것이 상당하다.

송환대기 외국인에 대한 변호사접견 불허 사건[3][4]
(헌재 2018. 5. 31. 2014헌마346)

□ 사건개요 등

이 사건은 공항출입국소장이 공항 송환대기실에 있는 외국인의 변호사 접견신

---

3) 이 사건은 형사사건은 아니나, 법정의견에서 공항 송환대기실에 있는 청구인을 구금된 것으로 보고 헌법상 변호인 접견권을 침해한다고 판단하고 있으므로, 제5장 '형사절차 관련 기본권'에 수록하였다.
4) 헌법재판소는 청구인이 인천공항출입국관리사무소장의 변호사접견불허처분과 관련해 제기한 가처분 신청사건에서 재판관 전원의 일치된 의견으로 가처분 신청을 인용하였다(헌재 2014. 6. 5. 2014헌사592).

청을 거부한 행위(이하, '변호사 접견신청 거부'라 한다)에 대한 위헌소원 사건이다.

헌법재판소는 공항 송환대기실에 있는 외국인에 대한 '변호사 접견신청 거부'가 헌법 제12조 제4항 본문에 규정된 변호인의 조력을 받을 권리를 침해한다고 결정하였다. 이 결정에는 재판관 안창호 외 1명의 별개(위헌)의견이 있었다. 별개의견은 '변호사 접견신청 거부'가 과잉금지원칙 등을 위반하여 재판청구권을 침해한다는 것인데, 그 중요 내용은 다음과 같다.

첫째, 재판청구권은 인간의 권리인 신체의 자유를 실효적으로 보장하는 데 반드시 필요한 권리라고 볼 수 있어, 청구인이 외국인이라 하더라도 재판청구권의 주체가 될 수 있다. 입국을 허가받지 못하고 공항 송환대기실에 있는 외국인도 재판청구권의 주체가 될 수 있다.

둘째, 송환대기 외국인은 본국 또는 제3국으로 임의로 자진 출국함으로써 언제든지 공항 송환대기실 밖으로 나올 수 있다. 그럼에도 불구하고 '자신의 의사에 따라' 공항 송환대기실에 계속 머무르는 과정에서 그의 출입이 통제되었다고 하더라도 그 외국인을 '구금' 상태에 놓여 있었다고 볼 수 없다.

셋째, 송환대기 외국인이 '구금' 상태에 있었다고 보는 경우에는, 영장주의를 규정한 헌법 제12조 제3항에 따라 영장이 필요한지 여부가 문제될 수 있다. 만일 영장이 필요하다고 본다면 영장이 발부되었음에도 피구금자가 '임의'로 출국할 수 있는 것이 되는데, 그것이 현행 '영장제도'에 부합하는지 의문이다.

별개의견은 입국을 허가받지 못하고 공항 송환대기실에 있는 외국인의 경우, 국내 입국이 거부되더라도 이는 헌법 제12조 제4항의 체포 또는 구속 즉 구금에 해당하지 아니하여 변호인 접견권은 인정되지 아니하나 재판청구권은 인정될 수 있다는 견해이다. 만일 위 외국인을 헌법 제12조 제4항의 체포 구속 즉 구금에 해당한다고 보아 변호인접견권이 인정된다고 하면, 동일한 용어를 사용하고 있는 헌법 제12조 제3항에 따라 그들에 대해 영장이 발부되어야 하는지 의문이다. 만일 그들에 대해 영장이 필요하다고 한다면, 법적으로 해결해야 할 많은 문제가 있다. 법정의견은 이러한 문제점에 대해 명백하게 설명하고 있지 아니하다.

헌법재판소의 결정으로, 공항 송환대기실에 있는 외국인은 난민신청이나 자신의 권리구제를 위해 변호사의 조력을 받을 수 있게 되어, 인권 사각지대에 놓여 있던 난민신청자 등의 인권이 크게 신장될 수 있다는 평가가 있다.

외국인의 출입국 및 체류 문제는 단순히 우리나라만의 문제가 아니라 국제적으로도 쉽게 해결할 수 없는 문제이다. 최근 우리 사회에서도 입국을 허가받지 못한 외국인의 입국 문제는 다양한 의견이 제시되는 등 사회적으로 이슈화되고 있다. 이런 문제를 인권에 기초한 관용의 문제로만 본다면, 우리나라에 불법으로 입국하거나 체류하는 외국인이 급증할 가능성도 배제할 수 없다. 외국인의 출입국 및 체류 문제는 국가 차원에서 그들의 인권을 존중하면서도 우리나라의 안전보장, 질서유지, 공공복리에 위배되지 아니하도록 신중하게 결정되어야 한다.

▢ 별개(위헌)의견

우리는 변호사 접견신청 거부가 청구인의 기본권을 침해한다는 결론에는 찬성하나, 다수의견과 달리 변호사 접견신청 거부가 청구인의 변호인 조력을 받을 권리는 침해하지 아니하고 재판청구권을 침해한다고 판단하므로, 아래와 같이 그 의견을 밝힌다.

가. 변호인 조력을 받을 권리 침해 여부

(1) 헌법 제12조 제4항은 "누구든지 체포 또는 구속을 당한 때에는 즉시 변호인의 조력을 받을 권리를 가진다."고 규정하고 있다. 여기서 '구속'이란 강제적으로 신체의 자유를 제한하여 일정 기간 장소적 이전가능성을 금지하는 것으로서, 사람을 붙잡아 끌고 가는 구인(拘引)과 어떤 장소에 가두어 두는 구금(拘禁)을 의미한다.

여기서 '구금'은 보다 구체적으로, 강제로 사람을 일정한 범위의 폐쇄된 공간에 가두어 둠으로써, 그 폐쇄된 공간 밖으로의 자유로운 신체의 이동을 금지하는 행위를 의미한다. 헌법 제12조 제4항의 '구금'에 해당하는지 여부는 자유로운 신체의 이동을 제약할 정도의 폐쇄된 공간인지와 더불어, 자유로운 신체의 이동을 제한받은 경위와 그 제한받은 사람의 의사에 따라 그 제한상태에서 벗어날 수 있는 가능성 등을 종합적으로 고려하여 판단하여야 한다.

(2) 출입국관리행정은 내·외국인의 출입국과 외국인의 체류를 적절하게 통제·조정함으로써 국가의 안전보장, 질서유지, 공공복리를 도모하는 국가행정이다. 이와 같은 출입국관리에 관한 사항 중 특히 국민이 아닌 외국인의 입국에 관한 사항은 주

권국가로서의 기능을 수행하는 데 필요한 것으로서 광범위한 정책재량의 영역에 놓여 있는 분야이다(헌재 2005. 3. 31. 2003헌마87; 헌재 2014. 4. 24. 2011헌마474등 참조).

청구인은 외국인으로서 입국목적이 체류자격에 부합함을 증명하지 못하였다는 이유로 출입국관리법 제12조 제3항 제2호, 제4항에 따라 입국불허결정을 받았다. 출입국관리법 제76조 제1항 제1호 및 제3호에 의하면, 입국목적에 부합하는 체류자격을 갖추지 못하여 입국이 불허된 외국인이 탔던 선박 등의 장이나 운수업자는 그의 비용과 책임으로 그 외국인을 지체 없이 대한민국 밖으로 송환하여야 한다. 국가의 안전보장, 질서유지 및 공공복리를 위해서는, 위와 같이 입국불허결정을 받은 외국인이 송환될 때까지 대한민국으로의 입국이 제한되므로, 그 한도에서 외국인의 '이동의 자유'는 일정 부분 제한될 수 있다.

한편 청구인은 출입국항에서 난민신청을 하였는데, 출입국항에서 난민인정신청을 한 외국인이라 하더라도 난민인정심사 회부결정을 받기 전까지는 대한민국에 입국할 수 없으므로, 입국불허결정을 받은 외국인에 대한 '이동의 자유'의 제한은 계속될 수 있다.

(3) 다수의견이 설시한 바와 같이, 변호사 접견신청 거부 당시 청구인이 머무르고 있던 송환대기실은 물리적으로 폐쇄된 공간으로서 출입이 통제되었던 사정 등이 인정된다.

그러나 입국불허결정을 받은 외국인은 대한민국에 입국할 수 없을 뿐, 본국 또는 제3국으로 임의로 자진하여 출국함으로써 언제든지 송환대기실 밖으로 나올 수 있었으므로, 입국불허결정을 받은 외국인에 대한 '이동의 자유'의 제한은 그의 의사에 좌우될 수 있다는 특수성이 있다(헌재 2018. 2. 22. 2017헌가29 참조). 청구인이 위 송환대기실에 수용되는 것을 원했다고 볼 수는 없겠지만, 앞서 보았듯이 국가의 안전보장, 질서유지 및 공공복리를 위해서는 입국불허결정을 받은 외국인의 '이동의 자유'를 제한할 필요성이 인정되고, 입국이 불허된 청구인이 임의로 자진하여 출국할 수 있음에도 계속 대한민국에 입국하려고 하여 이를 통제하는 과정에서 불가피하게 청구인에 대한 '이동의 자유'의 제한이 있었던 것이므로, 그러한 자유의 제한이 청구인의 의사와 무관하다고는 볼 수 없다.

또한 청구인이 이 사건 송환대기실에 5개월 이상 머무르게 된 것은 그가 난민인정심사 불회부 결정을 받고 그에 대한 취소의 소를 제기하며 다투는 과정에서 출입국항에 머무르는 기간이 길어졌기 때문이다. 이와 같이 청구인이 본국 또는 제3국으로 임의로 자진하여 출국함으로써 언제든지 송환대기실 밖으로 나올 수 있었고, 그럼에도 불구하고 난민인정신청을 위하여 자신의 의사에 따라 출입국항에 계속 머무르는 과정에서 송환대기실의 출입이 통제된 점을 고려하면, 청구인은 헌법에서 예정한 '구금' 상태에 놓여 있었다고 볼 수 없다.

참고로 청구인이 '구금' 상태에 있었다고 보는 경우에는, 영장주의를 규정한 헌법 제12조 제3항에 따라 그 구금에 대하여 영장이 필요한지 여부가 문제될 수 있다. 만약 영장이 필요하다고 본다면 영장이 발부되었음에도 피구금자가 '임의'로 출국할 수 있는 것이 되는데, 그것이 현행 '영장제도'에 부합하는지 의문이고 임의로 자진출국할 수 있는 외국인에게 영장을 발부하는 것은 경우에 따라서는 해당 외국인에게 불리하게 작용할 수 있다.

(4) 따라서 청구인은 헌법 제12조 제4항에 규정된 구속된 사람이 가지는 변호인의 조력을 받을 권리를 갖는다고 볼 수 없으므로, 변호사 접견신청 거부에 의하여 청구인의 헌법상 변호인의 조력을 받을 권리가 제한된다고 볼 수 없다.

나. 재판청구권 침해 여부

변호사 접견신청 거부가 청구인의 재판을 받을 권리를 침해하는지 여부를 살펴본다.

(1) 우선 청구인과 같은 외국인이 재판청구권의 주체가 될 수 있는지 문제된다. 송환대기실에 수용된 청구인이 자유로운 신체의 이동을 제한받고 있고, 그러한 수용의 당부를 다투기 위해 인신보호청구의 소를 제기하였으며, 그 소송과 관련하여 변호사의 조력을 원한다는 점을 고려하면, 이 사건에서 재판청구권은 인간의 권리인 신체의 자유를 실효적으로 보장하는 데 반드시 필요한 권리라고 볼 수 있어, 청구인이 외국인이라 하더라도 재판청구권의 주체가 된다고 봄이 타당하다.

(2) 헌법 제27조는 "모든 국민은 헌법과 법률이 정한 법관에 의하여 법률에 의한 재판을 받을 권리를 가진다."고 규정하여 재판청구권을 보장하고 있고, 이때 재판을 받을 권리에는 민사재판, 형사재판, 행정재판, 헌법재판이 포함된다(헌재 2013. 8. 29. 2011헌마122 참조). 헌법 제27조 제1항이 규정하는 '법률에 의한' 재판청구권을 보장하기 위해서는 입법자에 의한 재판청구권의 구체적인 형성이 필요하지만, 이는

상당한 정도로 권리구제의 실효성이 보장되도록 하는 것이어야 한다(헌재 2001. 6. 28. 2000헌바77; 헌재 2010. 7. 29. 2005헌바89 참조). 현대 사회의 복잡다단한 소송에서의 법률전문가의 증대되는 역할, 민사법상 무기 대등의 원칙 실현 등을 감안할 때, 출입국항에서 입국불허결정을 받아 송환대기실에 있는 사람과 변호사 사이의 접견 교통권의 보장은 헌법상 보장되는 재판청구권의 한 내용 또는 그로부터 파생되는 권리로 볼 수 있다(헌재 2013. 8. 29. 2011헌마122 참조).

따라서 이 사건에서 변호사 접견신청 거부는 재판청구권의 한 내용으로서 청구인의 변호사의 도움을 받을 권리를 제한한다.

(3) 헌법 제37조 제2항에 따라 재판청구권을 제한하기 위해서는 '법률로써' 제한하여야 한다. 그런데 이 사건에서 변호사 접견신청 거부는 아무런 법률상의 근거 없이 이루어졌으므로 그로 인한 청구인의 재판청구권 제한은 헌법에 위반된다.

또한 헌법 제37조 제2항에 따르면, "국가안전보장, 질서유지, 공공복리를 달성하기 위해 필요한 경우에 한하여" 변호사의 조력을 받을 권리를 제한할 수 있다. 그런데 청구인에게 변호사 접견신청을 허용한다고 하여 국가안전보장, 질서유지, 공공복리에 어떠한 장애가 생긴다고 보기는 어렵고, 설령 그러한 장애가 생긴다고 하더라도, 접견 장소를 송환대기실로 제한한다면 국가안전보장이나 환승구역의 질서유지 혹은 공공복리에 별다른 지장을 주지 않으면서도 청구인의 변호사 접견권을 보장할 수 있다.

따라서 이 사건에서 변호사 접견신청 거부는 국가안전보장, 질서유지, 공공복리를 달성하기 위해 필요한 기본권 제한 조치로 볼 수도 없으므로, 변호사 접견신청 거부는 청구인의 재판청구권을 침해한다.

다. 소결론

이 사건에서 변호사 접견신청 거부는 헌법 제12조 제4항에 규정된 변호인의 조력을 받을 권리를 침해하지 아니하나, 청구인의 재판청구권을 침해한다.

차단시설 설치장소에서의 변호사 접견 사건
(헌재 2013. 8. 29. 2011헌마122)

□ 사건개요 등

이 사건은 수형자가 변호사와 접견하는 경우 원칙적으로 접촉차단시설이 설치된 장소에서 접견하도록 한 '형의 집행 및 수용자의 처우에 관한 법률'(이하, '형집행법'이라 한다) 시행령 제58조 제4항(이하, '이 사건 접견조항'이라 한다)에 대한 헌법소원사건이다.

헌법재판소는 이 사건 접견조항이 헌법에 합치되지 아니한다고 결정하였다. 이 결정에는 재판관 2명의 반대(합헌)의견이 있었다. 법정의견은 이 사건 접견조항이 과잉금지원칙을 위반하여 수형자의 재판청구권을 침해한다는 견해인데, 그 중요 내용은 다음과 같다.

첫째, 현대 사회의 복잡한 소송에서의 법률전문가의 역할 증대, 민사소송에서의 무기대등원칙 실현, 헌법소송에서의 변호사강제주의 실천 등을 감안할 때, 교정시설 내 수용자와 변호사 사이의 접견교통권의 보장은 헌법상 보장되는 재판청구권의 한 내용 또는 그로부터 파생되는 권리로 볼 수 있다.

둘째, 수용자의 입장에서 변호사 도움을 받을 권리의 핵심은 필요한 시기에 즉시 도움을 구할 수 있는지, 충분한 도움을 받을 수 있는 물적 조건이 갖춰져 있는지, 소송의 상대방 또는 제3자로부터 대화 내용의 비밀이 유지될 수 있는지 등이다. 그 중 이 사건 접견조항으로 인하여 제한되는 것은 변호사의 법률적 도움을 받을 수 있는 물적 조건과 대화 내용의 비밀 유지라고 할 수 있다.

셋째, 차단시설 설치장소에서의 변호사 접견은 복잡한 문서의 의미와 내용 또는 법률적 쟁점이 될 사항을 바로 파악하는 것을 힘들게 한다. 특히 교도소장 등을 상대로 소송하는 경우, 차단시설은 소송의 상대방에게 소송자료를 노출하는 결과를 가져올 수 있고, 이는 무기대등원칙을 훼손할 수 있다.

법정의견은 교정시설의 질서와 안전 유지라는 공익보다 이 사건 접견조항으로 제한되는 변호사의 조력을 받을 수 있는 권리와 비밀의 유지라는 불이익이 더 크다고 본 것이다. 이 결정은 수용자가 변호사의 도움을 받아 재판준비를 할 수 있는 기본권의 지평을 넓힌 것으로 평가된다. 이 결정에 따라 2014년 6월 25일 대통령령 제25397호로 형집행법 시행령이 개정되어 '수용자가 소송사건의 대리인인 변호사와 접견하는 경우로서 교정시설의 안전과 질서를 해칠 우려가 없는 경우'에는 접촉차단 시설이 없는 장소에서 접견할 수 있도록 하는 예외조항이 신설되었다.

한편 이 사건 결정 이후 헌법재판소는 헌재 2013. 9. 26. 2011헌마398 사건에 서 수형자라 하여 모든 기본권이 제한되는 것은 아니고, 제한되는 기본권은 형의 집 행과 도망의 방지라는 구금의 목적과 관련된 기본권(신체의 자유, 거주이전의 자유, 통 신의 자유 등)에 한정되며, 그 역시 형벌의 집행을 위해 필요한 한도를 벗어날 수 없 다고 하면서, 수형자의 변호사 접견내용을 녹취한 행위에 대해 수형자의 공정한 재 판받을 권리를 침해한다고 결정하였다. 이 결정 이후 민사사건의 변호사와 수용자의 접견도 녹음, 녹화가 제한되었다.

☐ 법정(헌법불합치)의견

가. 수용자의 접견 실태

(1) 수용자와 수형자의 구분

수용자란 수형자, 미결수용자, 사형확정자, 그밖에 법률과 적법한 절차에 따라 교도소, 구치소 및 그 지소에 수용된 사람을 말하고(형집행법 제2조 제4호), 그 중 수 형자란 징역형, 금고형 또는 구류형의 선고를 받아 그 형이 확정된 사람과 벌금 또 는 과료를 완납하지 아니하여 노역장 유치명령을 받은 사람을 말하며(같은 조 제1호), 미결수용자란 형사피의자 또는 형사피고인으로서 체포되거나 구속영장의 집행을 받 은 사람을 말한다(같은 조 제2호). 즉 일정한 사유로 교정시설에 수용된 자를 통틀어 수용자란 개념을 사용하는 반면, 수형자란 그 중 형의 집행으로서 교정시설에 수용 되어 있는 자를 가리키는 용어로서 양자는 구별된다.

헌법재판소가 미결수용자의 형사사건 변호인 접견에는 교도관 등이 참여하여 대화 내용을 듣거나 기록하는 것, 변호인과의 서신을 검열하는 것 등이 위헌이라고 선언(헌재 1992. 1. 28. 91헌마111; 헌재 1995. 7. 21. 92헌마144 등 참조)함에 따라, 형집행 법은 미결수용자가 형사사건 변호인을 접견할 때 교도관의 참여 금지, 청취 또는 녹 취 금지, 접견 시간과 횟수 제한 금지, 서신 검열 금지, 징벌집행 중인 경우의 보장 등을 규정하고 있고(제84조, 제85조), 이는 형사사건으로 수사 또는 재판을 받고 있는 수형자에게도 준용되어 변호인과의 접견교통권 등이 보장된다(제88조).

(2) 녹음녹화접견실의 설치

종래 수용자 접견을 위한 일반적인 접견실은 접촉 방지를 위해 수용자와 접견자 사이에 두 장의 유리와 그 사이 철망이 설치된 채 대화를 위해 작은 구멍이 여러 개 뚫려 있었으며, 수용자 뒤쪽으로 교도관이 배석하여 대화 요지를 수기로 기재하는 방식이었다. 그런데 접견실마다 교도관이 일일이 배석하여 대화 내용을 기재하는 방식의 비효율성 및 작은 구멍을 통한 쪽지, 뾰족한 기구 등의 교환 위험성 등이 문제제기 되었고, 형집행법이 2007. 12. 21. 법률 제8728호로 전부 개정되면서 일정한 경우 소장의 허가 아래 교도관이 접견내용을 청취·기록·녹음 또는 녹화할 수 있게 됨으로써(제41조 제2항) 접견내용의 녹음, 녹화 등을 위한 시설이 필요하게 되었다.

그러나 현실적으로는 별도의 녹음녹화용 접견실을 설치하기 어려울 뿐만 아니라 교도관 인력 절감, 접견의 효율적 관리 등을 위해 기계화의 필요성이 대두되자 대부분의 교정시설에서는 기존의 일반접견실을 녹음녹화가 가능한 이른바 '무인접견실'로 개조하였다.

무인접견실은 스테인리스 창살을 사이에 두고 양면에 투명강화유리를 설치하여 수용자와 접견자 쪽 접견실이 완전히 분리되도록 하였고, 수용자와 접견자 쪽 접견실에 마이크콘솔을 각각 설치하여 이를 통해 대화를 나누도록 하였으며, 접견시간이 끝나면 마이크와 스피커 작동이 자동으로 중지되도록 하며, 수용자의 접견상황을 영상으로 모니터링하기 위하여 접견자 쪽 접견실 내벽에 영상카메라를 설치하도록 되어 있다[법무부예규 제952호(2010. 8. 1. 시행) 수용관리 업무지침 제146조(녹음녹화접견실 방음시설 설치 등) 제1항 내지 제3항]. 그리고 위 '무인접견'이란 명칭은 2010. 8. 1. 시행된 위 수용관리 업무지침에서 '녹음녹화접견'으로 변경되었다. 따라서 이 사건 접견조항의 '접촉차단시설이 설치된 장소'란 현실적으로 위와 같은 '녹음녹화접견실'을 가리킨다.

한편 녹음녹화접견실에서 실제 녹음이 이루어지는 경우에는 미리 당사자들에게 알려 주어야 하고(형집행법 제41조 제3항, 시행령 제62조 제2항), 접견정보 취급자는 직무상 알게 된 접견정보를 누설하는 등 부당한 목적을 위해 사용하는 것이 금지되어 있다(시행령 제62조 제3항).

나. 제한되는 기본권

청구인은 이 사건 접견조항에 의해 인격권과 행복추구권(헌법 제10조), 변호인의 조력을 받을 권리(헌법 제12조), 재판청구권(헌법 제27조)이 침해되었다고 주장한다.

그러나 인격권과 행복추구권은 다른 기본권에 대한 보충적 기본권으로서의 성격을 지니므로(헌재 2012. 5. 31. 2009헌마553 등 참조), 아래에서 보는 바와 같이 주된 기본권인 재판청구권 등의 침해 여부를 판단하는 이상 이를 별도로 판단하지 아니한다.

다음으로 변호인의 조력을 받을 권리에 대한 헌법과 법률의 규정 및 취지에 비추어 보면, '형사사건에서 변호인의 조력을 받을 권리'를 의미한다고 보아야 할 것이므로 형사절차가 종료되어 교정시설에 수용 중인 수형자나 미결수용자가 형사사건의 변호인이 아닌 민사재판, 행정재판, 헌법재판 등에서 변호사와 접견할 경우에는 원칙적으로 헌법상 변호인의 조력을 받을 권리의 주체가 될 수 없다(헌재 1998. 8. 27. 96헌마398; 헌재 2004. 12. 16. 2002헌마478). 따라서 이 사건 접견조항에 의하여 헌법상 변호인의 조력을 받을 권리가 제한된다고 볼 수는 없다.

헌법 제27조는 "모든 국민은 헌법과 법률이 정한 법관에 의하여 법률에 의한 재판을 받을 권리를 가진다."고 규정하여 재판청구권을 보장하고 있고(헌재 2004. 12. 16, 2003헌바105) 이때 재판을 받을 권리에는 민사재판, 형사재판, 행정재판뿐 아니라 헌법재판도 포함된다. 헌법 제27조 제1항이 규정하는 '법률에 의한' 재판청구권을 보장하기 위해서는 입법자에 의한 재판청구권의 구체적인 형성이 필요하지만, 이는 상당한 정도로 권리구제의 실효성이 보장되도록 하는 것이어야 한다(헌재 2001. 6. 28. 2000헌바77; 헌재 2010. 7. 29. 2005헌바89). 따라서 현대 사회의 복잡다단한 소송에서의 법률전문가의 증대되는 역할, 민사법상 무기 대등의 원칙 실현, 헌법소송의 변호사강제주의 적용 등을 감안할 때 교정시설 내 수용자와 변호사 사이의 접견교통권의 보장은 헌법상 보장되는 재판청구권의 한 내용 또는 그로부터 파생되는 권리로 볼 수 있다(헌재 2004. 12. 16. 2002헌마478).

결국 이 사건 접견조항에 따라 접촉차단시설에서 수용자와 변호사가 접견하도록 하는 것은 재판청구권의 한 내용으로서 법률전문가인 변호사의 도움을 받을 권리에 대한 제한이라고 할 것이다.

다. 과잉금지원칙 위반 여부

(1) 목적의 정당성 및 수단의 상당성

교정시설은 다수의 수용자를 집단으로 관리하는 시설로서 구금의 목적을 달성하기 위해서는 수용자의 신체적 구속을 확보하여야 하고 교도소 내의 수용질서 및 규율을 유지하여야 할 필요가 있다. 특히 수형자의 경우에는 교화·갱생을 위하여 접견을 허용하는 것이 필요하더라도, 접견의 자유에는 교정시설의 목적과 특성에 비추어 내재적 한계가 있다고 하지 않을 수 없다(헌재 2004. 12. 29. 2002헌마478 참조).

미결수용자의 형사사건에서 변호인 접견권 보장이라는 예외를 제외하고는 일반 수용자를 원칙적으로 접촉차단시설이 설치된 장소에서 접견하도록 하는 이 사건 접견조항은 교정시설의 기본적 역할인 수용자의 신체적 구속 확보와 교도소 내의 수용질서 및 규율 유지를 위한 목적으로 도입된 것으로서 목적의 정당성 및 수단의 상당성이 인정된다.

(2) 피해의 최소성

㈎ 수용자가 형사사건이 아닌 민사, 행정, 헌법소송 등 법률적 분쟁과 관련하여 변호사의 도움을 받는 경우, 특히 그 교정시설의 장의 조치 기타 자기가 받은 처우에 관하여 국가 또는 교정시설을 상대로 한 소송에서 변호사의 도움을 받는 경우에도 위와 같이 접촉차단시설이 설치된 장소에서 접견하도록 하는 것이 수용자의 재판청구권을 침해하는 것은 아닌지 문제된다.

헌법상 보장되는 재판청구권이라 하더라도 기본적으로 신체의 자유에 관한 제한을 받고 있는 수용자의 지위상 그로부터 파생하는 자유로운 접촉에 대한 일정한 제한은 감수해야 할 영역이 있다. 특히 자유형의 본질상 수형자에게는 외부와의 자유로운 교통·통신에 대한 제한이 수반되며, 수형자에게 그러한 자유를 구체적으로 어느 정도 인정할 것인가의 기준은 기본적으로 입법권자의 입법정책에 맡겨져 있다고 할 수 있다(헌재 1998. 8. 27. 96헌마398; 2004. 12. 16. 2002헌마478). 그러나 이때의 제한 역시 교정시설의 목적과 특성, 즉 신체적 구속의 확보, 교도소 내의 수용질서 및 규율을 위해 필요한 최소한도에 그쳐야 함은 당연하다.

수용자의 입장에서 변호사의 도움을 받을 권리의 핵심은 필요한 시기에 즉시 도움을 구할 수 있는지, 충분한 도움을 받을 수 있는 물적 조건이 갖춰져 있는지,

소송의 상대방 또는 제3자로부터 대화 내용의 비밀이 유지될 수 있는지 등이 될 것이다. 그 중 이 사건 접견조항으로 인하여 제한되는 것은 변호사의 법률적 도움을 받을 수 있는 물적 조건과 비밀 유지라고 할 수 있다.

㈏ 접촉차단시설로 인해서 수용자와 변호사는 복잡한 서류 등을 함께 확인하며 효율적인 재판준비를 하는 것이 지극히 곤란하다. 접촉차단시설은 스테인리스 창살을 사이에 두고 양면에 투명강화유리가 설치되어 있는 구조이므로 마이크를 이용한 의사전달 자체가 방해받지는 않지만, 숫자나 도표, 법조문 등 구체적인 해당 부분까지 일일이 맞춰가며 충분한 의사소통을 하기는 매우 힘들다. 더구나 현대 사회의 복잡한 문서의 의미와 내용에 대하여 구두로 전달하기는 쉽지 않고, 법률적 쟁점이 될 사항을 바로 파악하기 힘든 것들이 대부분이다.

또한 변호사가 관련 자료를 가져와 수용자와 직접 확인을 하게 되면 그 내용이 제3자에게 유출될 염려가 없지만, 수용자의 검토를 위해 관련 자료를 문서 송부나 반입을 하게 될 경우 교정시설의 검열을 의식하지 않을 수 없다. 특히 교정시설의 장의 조치 기타 자기가 받은 처우에 대하여 국가 또는 교정시설을 상대로 소송을 하는 경우 소송의 상대방인 검열자에게 수용자의 소송자료를 그대로 노출하는 것과 동일한 결과가 되고 이는 재판청구권 중 무기대등의 원칙까지 훼손할 수 있다.

㈐ 한편 수용자 중 수형자의 경우에는 형집행법 시행령 제59조 제3항 및 시행규칙 제88조가 위 접촉차단시설을 갖춘 접견실로의 제한에 대한 예외를 두고 있으므로 수형자로서는 위와 같은 예외적 장치들을 통해 변호사의 도움을 받을 권리를 실현할 수 있다는 반론이 있을 수 있다.

그러나 이러한 예외적 조항들은 그 취지 및 요건이 상이하여 이 사건과 같이 소송 상담을 위하여 변호사와 접견하는 경우를 실효적으로 보장하고 있지 않다. 즉 수형자의 변호사 접견이 '교정성적이 우수한 때'(형집행법 시행령 제59조 제3항, 제2항 제2호), '교화 또는 건전한 사회복귀를 위하여 특히 필요하다고 인정되는 때'(형집행법 시행령 제59조 제3항, 제2항 제3호) 또는 '처우상 특히 필요하다고 인정하는 경우'(형집행법 시행규칙 제88조 단서)에는 접촉차단시설이 없는 장소에서 이루어질 수 있게 되어 있지만, 이 사건과 같은 경우에 수형자에게 곧바로 그의 '교정성적이 우수'하거나 또는 그의 접촉차단시설 없는 접견실에서의 접견이 '교화 또는 건전한 사회복귀를 위하여 필요'하다거나 '처우상 특히 필요'한 요건이 발생한다고 볼 수는 없기 때문이다.

㈜ 변호사 접견권을 이용한 증거인멸, 도주 및 마약·담배 등 금지물품(형집행법 제92조) 반입 시도 등이 예상됨에도 변호사와의 직접 접촉을 무제한 허용하게 되는 것은 이 사건 접견조항의 입법목적을 몰각시키게 된다는 반론도 있을 수 있다.

그러나 변호사는 기본적 인권을 옹호하고 사회정의를 실현함을 사명으로 하며 (변호사법 제1조 제1항) 그 사명에 따라 성실히 직무를 수행하고 사회질서 유지와 법률제도 개선에 노력하여야 하는(같은 조 제2항) 공공성을 지닌 법률전문직으로서(같은 법 제2조), 다른 전문직에 비하여도 더욱 엄격한 직무의 공공성과 고양된 윤리성, 사회적 책임성이 강조되고 있다(헌재 2006. 4. 27. 2005헌마997; 헌재 2009. 10. 29. 2008헌마432; 헌재 2013. 5. 30. 2011헌마131 등 참조). 만약 일정한 형을 선고받거나 변호사법에 따라 징계, 제명 등을 당하면 변호사자격 결격사유에 해당하게 되고(변호사법 제5조), 업무에 관하여 거짓된 내용을 표시하는 광고가 금지되며(변호사법 제23조 제2항), 그밖에도 품위유지, 공익활동, 독직금지행위 등의 각종 의무가 부과된다(헌재 2006. 4. 27. 2005헌마997; 헌재 2013. 2. 28. 2012헌바62 등 참조). 이에 따라 변호사윤리장전 제14조 제1항은 "변호사는 의뢰인의 범죄행위 기타 위법행위에 협조하여서는 아니된다. 직무수행 중 의뢰인의 행위가 범죄행위 기타 위법행위에 해당된다고 판단된 때에는 즉시 그 협조를 중단하여야 한다."고 규정하고 있다.

따라서 혹시 발생할지 모르는 금지물품 반입 등에 대한 우려보다는 위와 같은 공공성, 윤리성, 사회적 책임성이 더욱 강조되는 변호사를 신뢰하고, 그 기반 위에서 수용자의 재판청구권 실현을 보장하는 방향이 바람직하다.

더구나 증거인멸에 대한 우려는 접견대상 재판이 민사재판, 행정재판, 헌법재판 등으로서 형사사건이 아니라는 점에서 설득력이 없고, 도주 모의 또한 녹음·녹화 등과 관련된 것일 뿐, 접견시 접촉차단시설이 있는지 여부와는 직접 관련되어 있지 않다. 또한 교도관은 시설의 안전과 질서유지를 위하여 필요하면 수용자의 신체·의류·휴대품·거실 및 작업장 등을 검사할 수 있으므로(형집행법 제93조), 마약, 담배 등 금지물건 반입을 우려하여 그 가능성이 확인되기도 전에 일률적으로 접촉차단시설이 설치된 장소에서의 접견을 강제할 수는 없다.

㈜ 변호사와의 접견시 원칙적으로 접촉차단시설이 없는 장소에서 접견하도록 보장하되, '교정시설의 규율 및 질서 유지를 해하는 결과를 발생시킬 우려가 있다고 인정하여야 할 특별한 사정이 있는 경우' 등에는 예외적으로 접촉차단시설이 설치된

장소에서 접견이 이루어지도록 규정하는 것은 입법기술상 가능하고, 이를 통하여 이른바 부유층을 위한 집사(執事)변호사와 같이 변호사접견이 악용될 가능성을 충분히 방지할 수 있다.

이처럼 원칙적으로 수용자가 접촉차단시설이 없는 장소에서 변호사와 접견을 하도록 하고 특별한 사정이 있는 경우에는 예외를 둠으로써 수용자의 재판청구권을 충분히 보장할 수 있음에도, 일률적으로 수용자로 하여금 접촉차단시설이 설치된 장소에서 변호사와 접견하도록 한 이 사건 접견조항은 피해최소성의 원칙에 위배된다.

(3) 법익의 균형성

이 사건 접견조항은 수용자가 그의 재판청구권을 행사하기 위하여 다른 전문직에 비하여 직무의 공공성, 고양된 윤리성 및 사회적 책임성이 강조되는 변호사와 접견하는 경우에도 접촉차단시설이 설치된 접견실에서의 접견만을 일률적으로 강제함으로써 수용자의 재판청구권을 지나치게 제한한다. 반면 이 사건 접견조항에 의해 추구되는 공익은 교도소 내의 수용질서 및 규율 유지이나, 이는 앞서 본 바와 같이 변호사의 지위에 비추어 침해될 가능성이 거의 없거나 특별한 사정이 있는 경우 변호사와의 접견을 제한함으로써 충분히 보장될 수 있다. 따라서 수용자와 변호사와의 접견을 접촉차단시설에서 접견하도록 하는 이 사건 접견조항은 법익의 균형성을 갖추지 못하였다.

라. 소결론

이 사건 접견조항은 과잉금지원칙을 위반하여 수용자의 재판청구권을 침해하는 것으로 헌법에 위반된다.

수용자의 접견내용 제공 사건
(헌재 2016. 11. 24. 2014헌바401)

□ 사건개요 등

교정시설의 장은 수용중인 청구인과 접견인의 접견내용을 녹음한 다음 접견내용이 담겨 있는 녹음파일을 검찰청에 제공하였고, 검사는 그 녹음파일의 녹취록을 형사재판의 증거로 제출하였다. 이에 청구인은 수용자의 접견내용의 녹음 또는 녹화에 관하여 규정한 '형의 집행 및 수용자의 처우에 관한 법률'(이하, '형집행법'이라 한다) 제41조 제2항 및 제4항이 위헌이라고 주장하면서 헌법소원심판을 청구하였다.

헌법재판소는 형집행법 제41조 제2항 제1호, 제3호 중 미결수용자의 접견내용을 녹음·녹화할 수 있도록 한 부분은 헌법에 위반되지 아니하고, '접견내용의 녹음·녹화 등에 관하여 필요한 사항'은 대통령령으로 위임하도록 규정한 형집행법 제41조 제4항(이하, '이 사건 위임조항'이라 한다)에 대해서는 교정시설의 장이 검찰청에 녹음파일을 제공한 행위의 근거조항이 아니므로 재판의 전제성이 없다고 하면서 각하하였다. 이 사건 위임조항에 관해 재판관 안창호의 보충의견이 있었다.

이 사건 위임조항에 대한 보충의견은 교정시설의 장이 수사기관에 수용자의 접견내용을 제공하는 것은 개인정보자기결정권 등 기본권을 제한하는 것이므로 그에 대해 구체적인 법률의 근거가 필요하다는 견해인데, 그 중요 내용은 다음과 같다.

첫째, 이 사건 위임조항은 '접견내용의 녹음·녹화에 관하여 필요한 사항은 대통령령으로 정한다.'고 하여 포괄적인 위임을 하고 있으나, 이 규정에 의하여 과연 수용자의 접견내용이 녹음·녹화된 기록물을 다른 기관에 '제공'할 수 있는지 의문이고 그 예측이 가능하지도 아니하다.

둘째, 교정시설의 장은 이 사건 위임조항과 형집행법 시행령 제62조 제4항 제2호에 근거하여 접견기록물을 제공한 것으로 보이나, 이 사건 위임조항은 위 시행령의 수권규정이 될 수 없으며 위 시행령 조항만으로는 미결수용자의 개인정보를 제한할 법적근거가 될 수 없다.

셋째, 수용자의 접견기록물에 대한 관계기관에의 제공 등에 관한 내용은 개인정보보호에 관한 일반법인 개인정보 보호법에 근거하기보다는 형의 집행 및 수용자 처우에 관한 법률인 형집행법에 근거를 두는 것이 바람직하다.

위 보충의견은 접견기록물이 형사사건의 수사 등에 활용되는 것은 미결수용자의 개인정보자기결정권은 물론 형사사건의 방어권에도 영향을 미칠 수 있으므로, 교정시설의 장이 수사기관 등에 접견기록물을 제공하는 행위는 구체적인 법률적 근거가 필요하다는 점을 지적하고 있다. 과거 특별권력관계 이론에 따르면 교정시설에 수용된 사람은 국가기관과 특별권력관계에 있는 것으로 보고, 그의 기본권을 제한하는 경우에도 반드시 법적 근거가 구체적으로 필요한 것은 아니었다. 그러나 특별권력관계 이론은 이미 폐기된 이론이고 교정시설에 수용된 사람도 원칙적으로 기본권 보호를 받고 있다. 수형자라 하여 모든 기본권이 제한되는 것은 아니고, 제한되는 기본권은 형의 집행과 도망의 방지라는 구금의 목적과 관련된 기본권(신체의 자유, 거주이전의 자유, 통신의 자유 등)에 한정되며, 그 역시 형벌의 집행을 위해 필요한 한도를 벗어날 수 없는데, 수용자의 자유와 권리를 제한하는 경우에는 구체적인 법률적 근거가 있어야 한다. 특히 과거와는 달리, 오늘날에는 개인정보자기결정권의 중요성이 더욱 강조되고 있으므로 이를 제한하는 경우에는 그 법률적 근거를 명백히 할 필요가 있다.

한편 재판관 안창호를 비롯한 재판관 7명은 구치소장이 미결수용자에 대한 징벌내용을 양형참고자료로 관할 법원에 통보한 행위에 관한 위헌소원 사건(헌재 2016. 4. 28. 2012헌마549등)에서, 징벌에 대한 필요한 사항을 포괄적으로 법무부령에 위임한 형집행법 제115조 제3항이 '미결수용자에게 징벌을 부과한 경우에는 그 징벌대상행위 등에 관한 양형 참고자료를 작성하여 검사 또는 법원에 통보할 수 있다'고 규정한 형집행법 시행규칙 제235조의 수권규정이 되지 못한다고 판단하였다.

이 사건 위임조항에 대한 보충의견에서 지적하는 것과 같이, 형집행법 시행령 제62조 제4항 제2호와 함께 형집행법 시행규칙 제235조의 근거 규정을 형집행법에 구체적으로 마련하거나, 위 시행령 및 시행규칙 조항의 내용을 형집행법에 직접 규정하는 법 개정이 있어야 할 것이다. 앞으로는 수용자 등 국민의 기본권을 제한하는 경우에는 법률에 그 근거규정을 가능한 구체적으로 두어야 할 것이다.

□ 이 사건 위임조항에 대한 보충의견

나는 법정의견과 같이 이 사건 위임조항이 형집행법 시행령 제62조 제4항 제2호의 수권규정이 되지 아니하므로 재판의 전제성이 없다고 생각하나, 형집행법에 접견기록물의 제공에 관한 내용을 규정하여 위 시행령 조항의 근거규정을 마련하여야 한다고 생각한다.

가. 우리 헌법은 권력분립주의에 입각하여 국민의 권리와 의무에 관한 중요한 사항은 주권자인 국민에 의하여 선출된 대표자들로 구성되는 국회에 의하여 법률

의 형식으로 결정되도록 하고 있다. 이러한 의회주의 내지 법치주의의 기본원리는 입법부가 그 입법의 권한을 행정부 내지 사법부에 위임하는 것을 금지함을 내포하고 있다.

그러나 현대국가에 있어서 국민의 권리·의무에 관한 것이라 하여 모든 사항을 국회에서 제정한 법률만으로 규정하는 것은 불가능한데 이는 행정 영역이 복잡·다기하여 상황의 변화에 따라 다양한 방식으로 적절히 대처할 필요성이 요구되는 반면, 국회의 기술적·전문적 능력이나 시간적 적응능력에는 한계가 있기 때문이다.

헌법은 제75조에서 "대통령은 법률에서 구체적으로 범위를 정하여 위임받은 사항과 법률을 집행하기 위하여 필요한 사항에 관하여 대통령령을 발할 수 있다."고 규정하여 위임입법의 근거를 마련하는 한편 대통령령으로 입법할 수 있는 사항을 법률에서 구체적으로 범위를 정하여 위임받은 사항으로 한정함으로써 위임입법의 범위와 한계를 제시하고 있다. 헌법에 의하여 위임입법이 용인되는 한계인 '법률에서 구체적으로 범위를 정하여 위임받은 사항'이라 함은 법률에 이미 대통령령으로 규정될 내용 및 범위의 기본사항이 구체적이고 명확하게 규정되어 있어서 누구라도 당해 법률 그 자체로부터 대통령령에 규정될 내용의 대강을 예측할 수 있어야 한다는 것을 의미한다(헌재 2002. 6. 27. 2000헌가10 참조).

이 사건 위임조항은 접견내용의 녹음·녹화에 관하여 포괄적인 위임을 규정하고 있으나, 미결수용자와 접견인 사이의 녹음·녹화된 기록물을 다른 기관에 제공하는 것에 대하여는 구체적으로 위임하고 있지 않고, 이에 대한 예측이 가능하지도 아니하다. 따라서 이 사건 위임조항은 접견기록물을 다른 관계기관에 제공하는 형집행법 시행령 제62조 제4항 제2호의 수권규정이 될 수 없다.

나. 그러나 형집행법 시행령은 형집행법에서 위임된 사항과 그 시행에 필요한 사항을 규정함을 목적으로 하고(제1조), 형집행법 제41조의 시행에 필요한, 수용자의 접견 시간, 횟수, 장소(형집행법 시행령 제58조), 접견시 유의사항 고지(제61조), 접견내용의 청취·기록(제62조 제1항), 녹음·녹화의 고지(제62조 제2항)에 관하여 규정하고 있다.

형집행법 제41조, 제42조는 자유로운 접견 및 접견내용의 비밀을 원칙으로 하면서 특별한 사유가 있는 경우에만 접견을 제한하고 접견내용을 청취·기록·녹음 또는 녹화할 수 있도록 하고 있는 점, 미결수용자의 구금 목적은 구금의 원인이 된

당해 사건의 증거인멸 방지 및 강제수사, 재판절차의 원활한 진행을 도모하기 위한 것이고 별도의 범죄혐의에 대한 수사나 증거수집을 위한 것은 아닌 점 등에 비추어 보면, 접견내용의 녹음·녹화를 넘어서 그 녹음·녹화파일을 다른 형사사건의 수사 및 공소유지를 위하여 제공하는 것은 개인정보자기결정권은 물론 미결수용자의 방어권에도 영향을 미칠 수 있으므로 접견녹음파일의 관계기관에의 제공에 관한 내용은 형집행법에 명백히 규율할 필요가 있다.

한편 교정시설의 장이 개인정보 보호법 제18조 제2항 제7호에 따라 개인정보를 목적 외의 용도로 제3자에게 제공하는 경우에는, 개인정보를 제공받는 제3자인 수사기관에 대하여 이용 목적, 이용 방법, 그밖에 필요한 사항에 대하여 제한하거나 개인정보의 안전성 확보를 위하여 필요한 조치를 마련하도록 요청하여야 하고, 요청을 받은 자는 개인정보의 안전성 확보를 위하여 필요한 조치를 하여야 하나(개인정보 보호법 제18조 제5항), 이 사건에서 구치소장이 개인정보 보호법 제18조 제5항에 따른 요청을 하였다는 사정은 전혀 보이지 아니한다.

다. 이러한 점에 비추어 보면 구치소장은 형집행법 시행령 제62조 제4항 제2호에 근거하여 접견기록물을 제공한 것으로 보이나, 위 시행령 조항만으로는 미결수용자의 개인정보를 제한할 법적근거가 될 수 없다. 수용자의 접견기록물에 대한 관계기관에의 제공에 관한 내용은 개인정보보호에 관한 일반법인 개인정보 보호법에 근거하기보다는 형의 집행 및 수용자 처우에 관한 법률인 형집행법에 근거를 두는 것이 바람직하다. 한편 헌법재판소는 구치소장이 미결수용자의 규율위반사유 등을 양형참고자료로 관할 법원에 통보한 행위에 관하여 재판관 7명의 의견은, 징벌에 관하여 필요한 사항을 포괄적으로 법무부령에 위임한 형집행법 제115조 제3항이, '미결수용자에게 징벌을 부과한 경우에는 그 징벌대상행위 등에 관한 양형 참고자료를 작성하여 검사 또는 법원에 통보할 수 있다'고 규정한 형집행법 시행규칙 제235조의 수권규정이 되지 못한다고 하였다(헌재 2016. 4. 28. 2012헌마549등). 따라서 형집행법 시행령 제62조 제4항 제2호와 함께 형집행법 시행규칙 제235조의 근거 규정을 형집행법에 구체적으로 마련하거나, 위 시행령 및 시행규칙 조항의 내용을 형집행법에 직접 규정하는 법 개정이 있어야 할 것이다.

기타 중요 사건

☐ 전투경찰대 영창제도 사건(헌재 2016. 3. 31. 2013헌바190)

이 사건은 전투경찰에 대한 징계처분의 하나로 영창을 규정하고 있는 구 전투경찰대설치법 제5조 제1항 및 제2항에 대한 위헌소원 사건이다. 헌법재판소는 위 법률조항이 헌법에 위반되지 아니한다고 결정하였다. 이 결정에는 재판관 안창호 외 4명의 반대(위헌)의견이 있었다.

반대의견은 행정절차에 의하여 구금하는 경우에도 공권력에 의해 신체의 자유를 제한하는 이상 헌법 제12조 제3항의 영장주의가 적용되어야 한다는 입장이다. 반대의견은 영장주의가 단순히 형사절차에서의 체포·구속에 대한 헌법상 원칙이 아니라, 그 형식과 절차를 불문하고 공권력의 행사로 체포·구속하는 모든 경우에 준수되어야 할 헌법상 기본원리라는 점을 분명히 하였다. 최근에는 군대 등의 영창제도 폐지가 논의되고 있다.

☐ 체포영장에 기한 타인주거 수색 사건(헌재 2018. 4. 26. 2015헌바 370 등)

이 사건은 체포영장을 집행하는 경우 필요한 때에는 긴급한 사정과 관계없이 타인의 주거에서 피의자 수색이 가능하도록 규정한 형사소송법 제216조 제1항 제1호 중 제200조의2에 관한 부분에 대한 위헌소원 사건이다. 헌법재판소는 재판관 전원의 일치된 의견으로, 위 법률조항이 영장주의에 위반된다고 결정하였다.

법정의견은 헌법 제16조의 영장주의에 대해서도 그 예외가 인정되나, 체포영장을 집행하는 경우에도 타인의 주거에서 피의자를 수색할 때에는, 현행범 체포나 긴급체포와 같이 피의자가 존재할 개연성이 소명되고, 사전에 영장을 발부받기 어려운 '긴급한 사정'이 있는 경우에만 제한적으로 허용될 수 있다는 입장이다. 체포영장만으로 타인의 주거에서 피의자에 대한 수색하는 것에 대해 제동을 걸어 국민의 주거의 안정에 기여할 수 있다는 평가가 가능하다.

□ **요양급여내역 제공 사건**(헌재 2018. 8. 30. 2014헌마368)

이 사건은 국민건강보험공단이 경찰서장에게 청구인들의 요양급여내역을 제공한 행위에 대한 위헌소원 사건이다. 헌법재판소는 이 사건에서의 제공행위가 과잉금지원칙을 위반하여 청구인들의 개인정보자기결정권을 침해한다고 결정하였다. 이 결정에는 재판관 2명의 반대(합헌)의견이 있었다.

법정의견은 급여일자, 요양기관명 등이 포함된 요양급여정보는 민감 정보로서 불가피한 경우에만 제공하여야 함에도, 그러한 특별한 사정이 없이 제공한 이 사건 제공행위는 헌법에 위반된다는 견해이다.

□ **물포 발포행위 사건**(헌재 2018. 5. 31. 2015헌마476)

이 사건은 살수차를 이용하여 최루액과 물을 혼합한 용액을 집회 참가자들에게 발포한 행위에 대한 위헌소원 사건이다. 헌법재판소는 경찰관 직무집행법이나 대통령령의 구체적 위임 없이 경찰지침만을 근거로 행하여진 혼합살수가 법률유보원칙을 위반하여 신체의 자유와 집회의 자유를 침해한다고 결정하였다. 이 결정에는 재판관 2명의 반대(합헌)의견이 있었다.

법정의견은 최루액을 물에 섞어 살수하는 '혼합살수'는 국민의 생명과 신체에 심각한 위험을 초래할 수 있고, 실제로 살수차의 살상능력을 높여 집회 참가자의 사망사고를 일으키고 있는 새로운 경찰장비에 해당하므로, 법령의 구체적인 위임이 있어야 한다는 견해이다. 법정의견은 공권력 행사로 인한 법익 침해가 중대한 경우에는 개별적이고 구체적인 법적 근거가 필요하다는 입장이다.

□ **피의자 촬영허용 사건**(헌재 2014. 3. 27. 2012헌마652)

이 사건은 경찰이 언론사 기자에게 경찰서 내에서 양손에 수갑을 찬 채 조사받는 피의자의 모습을 촬영할 수 있도록 허용한 행위에 대한 위헌소원 사건이다. 헌법재판소는 이러한 수사기관의 행위가 피의자의 인격권을 침해한다고 결정하였다. 이 결정에는 재판관 2명의 반대(각하)의견이 있었다.

이 결정은 수사기관의 무분별한 피의사실 언론공표 및 조사받는 피의자의 모습을 촬영하는 행위에 제동을 걸게 하였다.

□ 구치소 내 과밀수용 사건(헌재 2016. 12. 29. 2013헌마142)

이 사건은 수형자 등을 과밀한 방실(방실 면적 8.96㎡, 정원 6명)에 수용한 것에 대한 위헌소원 사건이다. 헌법재판소는 교정시설의 1인당 수용면적이 사람의 기본 생활에 필요한 최소한의 공간을 확보하지 못한 때에는 인간으로서의 존엄과 가치가 침해된다고 결정하였다.

이 사건 결정은 인간의 존엄성이 주관적 권리로서 구체적 기본권임을 분명하게 확인하면서, 인간의 존엄과 가치에서 비롯되는 국가형벌권 행사의 한계를 밝혀 수형자 등의 인권 신장에 기여했다는 평가가 있다.

□ 변호사와 수형자 간 접견시간 제한 사건(헌재 2015. 11. 26. 2012헌마858)

이 사건은 수형자와 소송대리인인 변호사와의 접견 시간을 일반 접견과 동일하게 회당 30분 이내로, 횟수는 다른 일반 접견과 합하여 월 4회로 제한하는 '형집행법' 시행령 제58조 제2항 및 제3항에 대한 위헌소원 사건이다. 헌법재판소는 위 시행령조항이 청구인의 재판청구권을 침해한다고 결정하였다. 이 결정에는 재판관 1명의 반대(합헌)의견이 있었다.

헌법재판소의 결정에 따라, 2016년 6월 28일 대통령령 제27262호로 형집행법 시행령 제59조의2가 신설되어 수형자는 소송대리인인 변호사와 접견하는 시간이 회당 60분으로 되고, 접견횟수도 일반접견과 별도로 월 4회를 보장받게 되었다.

□ 수형자의 사복착용금지 사건(헌재 2015. 12. 23. 2013헌마712)

이 사건은 형이 확정된 수형자에 대해 별건의 형사재판과 민사재판에서 사복착용을 허용하지 아니한 규정에 대한 위헌소원 사건이다. 헌법재판소는 심판대상조항이 형사재판의 피고인으로 출석하는 수형자에 대하여 사복착용을 허용하지 않는 것은 헌법에 위반되고, 민사재판의 당사자로 출석하는 수형자에 대하여 사복착용을 허용하지 않는 것은 헌법에 위반되지 않는다고 결정하였다. 이 결정에는 후자에 대해서도 헌법에 위반된다는 재판관 3명의 반대(위헌)의견이 있었다.

헌법재판소는 1999. 5. 27. 97헌마137 사건에서 '미결수용자'가 수사 또는 재판을 받기 위해서 구치소 밖으로 나올 때 재소자용 의류를 입도록 한 것은 헌법에 위반된다고 판시하였다. 그러나 이런 결정 이후에도, 심판대상조항으로 인해 '수형자'는 별도의 형사사건으로 재판을 받는 경우에 재소자용 의류를 입어야 했다. 이 사건의 결정으로 비록 수형자라고 하더라도 다른 형사재판의 피고인으로 법정에 출석할 경우에는 재소자용 의류가 아닌 사복을 착용할 수 있게 되었다.

제 6 장
형벌 관련 헌법원칙 등

서 론

국가는 범죄가 발생한 경우에, 범죄행위를 한 사람에 대해 응보로서 형사처벌을 하고, 사회방위를 위해 보안처분을 하기도 하며, 경제적·사회적 제재를 부과하기도 한다. 범죄자에 대한 형벌은 책임에 상응하는 것이어야 하고, 다른 범죄의 형벌과 비교하여 형벌체계상의 정당성과 균형을 갖춰야 한다. 이러한 대원칙에 합치되지 않은 형벌은 인간의 존엄과 가치를 보장하는 헌법의 기본원리에 위배되고 비례원칙 및 평등원칙에도 위배될 수 있다. 또한 형벌은 불소급의 원칙이 적용되어 행위시의 법률에 의해 범죄를 구성하지 아니하는 행위로 소추되지 아니한다. 그리고 법률에 의한 추가제한은 형벌과 같이 범죄행위를 직접 대상으로 하는 것은 아니지만 범죄행위에 따른 형벌을 전제로 하는 법률상의 불이익이라는 점에서 형벌, 보안처분과 마찬가지로 '범죄행위에 기인한 기본권의 제한'이라고 할 수 있다.

일반적으로 법원의 판단을 전제로 부과되는 형벌이나 보안처분은 그 범죄의 죄질과 보호법익에 대한 고려뿐만 아니라 우리의 역사와 문화, 입법당시의 시대적 상황, 국민 일반의 가치관 내지 법 감정, 그리고 범죄예방을 위한 형사정책의 측면 등을 고려하여 입법자가 결정할 사항으로서 광범위한 입법재량 내지 형성의 자유가 인정된다. 법률에 의한 추가제한은 구체적 사건에서 법원의 판단에 기초하여 부과되는 경우와 '법원의 판단 없이' 법률에 의해 일괄적으로 부과되는 경우가 있는데, 전자의 경우에는 법원의 판단에 기초하여 부과되는 형벌이나 보안처분과 같이 입법자의 재량이 인정된다. 그러나 형벌이나 보안처분과 달리 법원의 판단 없이 법률에 의해 일괄적으로 부과되는 경우에는, 그 제한에 대한 위헌심사는 원칙적으로 엄격하게 심사해야 한다. 다만 이러한 경우에도 그 법적 제재로 인해 제한되는 기본권의 성질과 정도 등에 비추어 제한되는 법익이 경미한 때에는 입법자의 재량이 일정부분 인정될 수 있다.

제6장 '형벌 관련 헌법원칙 등'에서는 형벌과 책임 간 비례원칙, 형벌체계상 정당성 및 균형, 평등원칙과 관련된 논의와 형벌에 추가되는 법적 제재에 대한 논의를 다루고 있는데, 그 중 9건을 선정하여 재판관 안창호가 집필한 내용을 중심으로 수록하였다. 선정된 9건은 다음과 같다.

폭처법상 위험한 물건 휴대 폭력 사건(헌재 2015. 9. 24. 2015헌가17)은 특별한 표지를 추가하지 아니한 채 형법과 똑같은 구성요건을 규정하고, 그 법정형만 상향 조정하는 내용의 특별법은 형벌체계상의 정당성과 균형을 상실하여 평등원칙 등에 위반된다고 결정한 사건이다. 재판관 안창호는 보충의견에서 '폭력행위 등 처벌에 관한 법률' 전반에 대한 개정의견을 제시하였다.

노역장 유치기간 하한 설정 사건(헌재 2017. 10 26. 2015헌바239등)은 이른바 '황제노역'이 문제되어, 1억 원 이상의 벌금형에 대해 노역장 유치기간의 하한을 설정한 규정과 이를 소급 적용하는 규정에 대한 위헌소원 사건이다. 재판관 안창호 등은 법정의견에서 노역장유치기간의 하한을 가중한 것은 헌법에 위반되지 아니하지만, 이를 소급적용하는 것은 '형벌불소급원칙'에 위반된다고 판단하였다.

주거침입강제추행치상죄 사건(헌재 2015. 11. 26. 2014헌바436)은 주거침입강제추행치상에 대하여 무기징역 또는 10년 이상 징역에 처하도록 하는 규정에 대한 위헌소원 사건이다. 재판관 안창호 등은 반대(한정위헌)의견에서 법정형의 하한이 높은 때, 특히 법률상 감경사유가 없는 한 집행유예의 선고가 불가능 한 때에는 엄격한 비례심사를 해야 한다는 의견을 제시하였다.

농협법상 후보자비방죄 사건(헌재 2012. 11. 29. 2011헌바137)은 농협선거와 관련하여 '공연히 사실을 적시하여 후보자를 비방'한 사람에 대해 원칙적으로 일정기간 임원자격이 제한되는 벌금형으로 처벌하는 규정에 대한 위헌소원 사건이다. 재판관 안창호 등은 반대(위헌)의견에서 공직선거법과 달리 사실적시에 의한 비방에 대해 위와 같이 엄격하게 처벌하는 것은 평등원칙에 위배된다는 의견을 제시하였다.

국회 허위증언 가중처벌 사건(헌재 2015. 9. 24. 2012헌바410)은 국회에서의 허위증언에 대해 사전에 증언거부권을 고지하지 아니하고 위증한 사람에 대해 형사상의 위증죄보다 가중 처벌하는 규정에 대한 위헌소원 사건이다. 재판관 안창호 등은 법정(합헌)의견에서 국회에서의 허위 증언은 그 피해가 광범위하고 처벌절차가 엄격하게 규정되어 있으므로 위 규정이 헌법에 위반되지 아니한다고 판단하였다.

'법률에 의한 추가제한' 관련 사건(헌재 2016. 10. 27. 2014헌마709)은 성범죄 등으로 처벌받은 사람에 대해 법률로 제재를 추가하는 규정에 대한 위헌소원 사건이다. 헌법재판소는 법률에 의한 추가제한 중 취업제한조항은 위헌, 등록조항은 합헌으로 결정하였다. 재판관 안창호는 보충의견에서 '법률에 의한 추가제한'의 심사기준을 제시하면서 양자의 결론이 달라진 이유를 설명하고 있다.

성범죄자 신상정보등록 사건(헌재 2016. 3. 31. 2014헌마785)은 아동·청소년이용 음란물을 공연히 전시한 죄로 벌금형이 확정된 사람을 신상정보 등록대상으로 한 규정에 대한 위헌소원 사건이다. 재판관 안창호 등은 법정(합헌)의견에서 신상정보 등록은 수사경력자료 등과 같이 국가기관이 성범죄자의 관리 목적으로 내부에서 보존·관리하는 것으로 법익 침해가 제한적이어서 입법자의 재량이 인정되는 영역이라면서, 위 규정은 개인정보자기결정권을 침해하지 않는다고 판단하였다.

아동학대관련범죄자 취업제한 사건(헌재 2018. 6. 28. 2017헌마130)은 아동학대관련범죄로 형을 선고받아 확정된 자를 10년간 초·중등학교 등에 취업하는 것을 제한하는 규정에 대한 위헌소원 사건이다. 재판관 안창호 등은 법정(위헌)의견에서 위 규정은 법익 침해가 중하다고 하면서 헌법에 위반된다고 판단하였다.

디엔에이감식시료 채취절차 사건(헌재 2018. 3. 30. 2016헌마344)은 유죄판결이 확정된 사람에 대해 법원의 영장을 받아 위 시료를 채취할 수 있도록 한 절차조항에 대한 위헌소원 사건이다. 법정의견은 위 조항이 그 대상자에게 의견진술 기회나 불복절차를 마련하고 있지 않다는 이유로 헌법에 합치되지 아니한다고 결정하였다. 재판관 안창호 등은 반대(합헌)의견에서 위 조항은 법익 침해가 중대하지 않으므로 불복절차 등이 마련되어 있지 않다고 하더라도 헌법에 위반되지 아니한다는 의견을 제시하였다.

재판관 안창호는 '범죄행위에 기인한 기본권의 제한'으로 형벌, 보안처분, 법률에 의한 추가제한이 있는데, 법원 판단을 전제로 하는 형벌, 보안처분, 법률에 의한 추가제한은 입법자의 재량이 넓게 인정될 수 있고, 법원의 판단 없이 법률에 의해 일괄적으로 부과되는 법률에 의한 추가제한은 원칙적으로 엄격하게 심사되어야 한다는 의견이다. 다만 이 경우에도 제한되는 기본권의 성질과 정도에 비추어 제한되는 법익이 경미한 경우에는 입법자의 재량이 상대적으로 넓게 인정될 수 있다는 입장이다. 그밖에 전자발찌 소급적용 사건(헌재 2012. 12. 27. 2010헌가82등), 성범죄자 신상정보 등록기간 사건(헌재 2015. 7. 30. 2014헌마340등), 디엔에이감식시료 채취 사건(헌재 2014. 8. 28. 2011헌마28등), 주민등록증 발급관련 지문 채취 사건(헌재 2015. 5. 28. 2011헌마731)에서도 법원의 판단여부 및 제한되는 법익의 경중에 따라 심사기준이 달리해야 한다는 입장을 견지하고 있다.

폭처법상 위험한 물건 휴대 폭력 사건

(헌재 2015. 9. 24. 2015헌가17)

□ 사건개요 등

이 사건은 흉기 기타 위험한 물건을 휴대하여 형법상 폭행죄 및 상해죄를 범한 사람을 가중 처벌하는 구 '폭력행위 등 처벌에 관한 법률'(이하, '폭처법'이라 한다) 제3조 제1항 중 "흉기 기타 위험한 물건을 휴대하여 형법 제260조 제1항(폭행)의 죄를 범한 자"에 관한 부분(이하, '폭처법상 폭행죄 조항'이라 한다) 및 같은 조항 중 "흉기 기타 위험한 물건을 휴대하여 형법 제257조 제1항(상해)의 죄를 범한 자"에 관한 부분(이하, '폭처법상 상해죄 조항'이라 한다)에 대한 위헌제청 사건이다.

헌법재판소는 '폭처법상 폭행죄 조항'이 헌법에 위반된다고 결정을 하고, '폭처법상 상해죄 조항'이 헌법에 위반되지 아니한다고 결정하였다. 이 결정에는 폭처법상 상해죄 조항에 대한 재판관 1명의 반대의견과 재판관 안창호의 법정의견에 대한 보충의견이 있었다. 법정의견은 폭처법상 폭행죄 조항이 형벌체계상의 균형을 상실하여 평등원칙에 위반되나, 폭처법상 상해죄 조항은 헌법에 위반되지 아니한다는 견해인데, 그 중요 내용은 다음과 같다.

첫째, 형사상 특별법의 구성요건은 개념적으로 일반법의 구성요건을 포함하면서 그 밖의 특별한 표지까지 포함해야 한다. 폭처법상의 가중처벌도 단순히 법정형만을 가중하는 것이 아니라, 일반법 조항의 구성요건 이외에 특별한 구성요건 표지를 추가한 가중처벌의 근거가 마련되어야 한다.

둘째, 형법 제261조(특수폭행)와 똑같은 구성요건을 규정하면서 법정형만 상향 조정한 폭처법상 폭행죄 조항은 형사상 특별법으로서 갖추어야 할 형벌체계상의 정당성과 균형을 잃은 것이 명백하므로, 인간의 존엄성과 가치를 보장하는 헌법의 기본원리에 위배될 뿐만 아니라 그 내용에 있어서도 평등원칙에 위반된다.[1]

셋째, 형법은 '위험한 물건을 휴대하여' 상해죄를 범한 경우에는 이를 가중하여

---

1) 헌법재판소는 2014헌가16등 사건에서 상습절도범과 상습장물취득범을 가중처벌한 특정범죄 가중처벌 등에 관한 법률 제5조의4 제1항, 제4항 등 관련 조항에 대해서도 이 사건에서와 같은 이유로 헌법에 위반된다고 결정하였다.

처벌하는 조항을 규정하고 있지 아니하므로, 폭처법에 위험한 물건을 휴대하여 형법 상의 상해죄를 범한 경우를 가중하여 처벌하는 규정을 둔다 하여도 헌법에 위반되는 것은 아니다.

법정의견에 대한 보충의견은 폭처법에는 폭행죄 조항 이외에도 형법 조항과 같은 구성요건을 규정하면서 법정형만 가중한 조항들이 상당수 있음을 지적하고, 그와 같은 조항들은 위헌적이라고 할 수 있음으로 개정될 것을 권고하고 있다.

2016년 1월 6일 법률 제13718호로 개정된 폭력행위 등 처벌에 관한 법률은 보충의견과 같은 취지로 개정되었다. 앞으로도 형사상 특별법을 제정·개정하여 가중처벌 하는 경우, 일반법 조항의 구성요건 이외에 특별한 구성요건 표지를 추가한 가중처벌의 근거를 마련해야 할 것이다.

□ 폭처법상 폭행죄 조항에 대한 판단

가. 죄형법정주의의 명확성원칙 위반 여부(합헌의견)

(1) '위험한 물건' 부분

헌법재판소는 야간에 흉기 기타 위험한 물건을 휴대하여 형법 제257조 제1항 (상해)의 죄를 범한 자를 처벌하는 구 '폭력행위등처벌에관한법률'(1990. 12. 31. 법률 제4294호로 개정되고, 2006. 3. 24. 법률 제7891호로 개정되기 전의 것) 제3조 제2항 중 '위험한 물건'이라는 구성요건이 다음과 같은 이유로 죄형법정주의의 명확성원칙에 위배되지 않는다고 판단한 바 있다(헌재 2006. 4. 27. 2005헌바36).

『이 사건 법률조항의 '위험한 물건'은 그 물건의 객관적 성질과 사용방법에 따라 사람을 살상할 수 있는 물건을 말하고, 그것이 사람을 살상하기 위하여 제조된 것임을 요하지 않는다. 대법원도 '위험한 물건'이라 함은 흉기는 아니라고 하더라도 널리 사람의 생명, 신체에 해를 가하는 데 사용할 수 있는 일체의 물건을 포함하고, 본래 살상용·파괴용으로 만들어진 것뿐만 아니라 다른 목적으로 만들어진 칼·가위·유리병·각종 공구·자동차 등은 물론, 화학약품 또는 사주된 동물 등도 그것이 사람의 생명·신체에 해를 가하는 데 사용되었다면 본조의 '위험한 물건'이라고 해석하고 있다(대법원 1984. 10. 23. 선고 84도2001, 84감도319 판결 등).

결국 '위험한 물건'이냐 여부는 물건의 객관적 성질과 그 사용방법을 종합하여 구체적인 경우에 사회통념에 따라 판단될 수 있다. 그리고 어떤 물건이 그 성질과 사용방법에 따라 사람을 살상할 수 있는지 여부는 건전한 상식과 통상적인 법 감정을 가진 사람이라면 일의적으로 파악할 수 있다.

평균인이라면 총포·도검류와 같은 본래의 성질상 위험한 물건은 물론이고, 쇠 망치, 방망이, 유리병 등도 용법에 따라서는 살상을 위하여 사용될 수 있는 위험한 물건이라는 점을 쉽게 알 수 있다. 더욱이 이 사건 법률조항은 "흉기 기타 위험한 물건"이라고 흉기와 위험한 물건을 묶어서 규정하고 있어, 여기서 말하는 위험성이 단순히 추상적인 의미의 모든 위험성을 의미하는 것이 아니라 흉기와 같은 물건이 내포하고 있는 위험성, 즉 신체의 완전성을 해할 위험성을 의미한다는 점을 어렵지 않게 알 수 있다. 이는 위험한 물건의 휴대로 인하여 가중처벌되는 형법 본조의 각 죄가 주로 신체의 완전성과 관련된 폭행죄, 상해죄, 체포죄, 감금죄 등이라는 점에서도 논리적인 일관성을 유지하고 있다. 따라서 '위험한 물건'이라는 구성요건이 명확성원칙에 반한다고 할 수 없다.』

2006. 3. 24. 폭처법이 법률 제7891호로 개정되었으나, 폭처법상 폭행죄 조항의 '위험한 물건'이라는 문언에는 변경이 없었다. 그 밖에 '위험한 물건'의 명확성 여부와 관련하여 위 선례와 달리 판단할 사정의 변경이나 필요성이 있다고 인정되지 아니한다. 따라서 폭처법상 폭행죄 조항 중 '위험한 물건' 부분은 죄형법정주의의 명확성원칙에 반한다고 볼 수 없다.

(2) '휴대하여' 부분

'휴대'는 사전적으로 '손에 들거나 몸에 지니고 다님'을 의미한다. 따라서 '휴대하여'는 '손에 들거나 몸에 지니고'라고 해석할 수 있으므로, 건전한 상식과 통상적인 법감정을 가진 사람이라면 어떠한 경우가 '휴대하여'에 해당하는지를 파악할 수 있다.

대법원은 폭처법 제3조 제1항 소정의 흉기 기타 위험한 물건을 휴대하여 그 죄를 범한 자란 범행현장에서 그 범행에 사용하려는 의도 아래 흉기를 소지하거나 몸에 지니는 경우를 가리키는 것이지, 그 범행과는 전혀 무관하게 우연히 이를 소지하게 된 경우까지를 포함하는 것은 아니라고 하여(대법원 1990. 4. 24. 선고 90도401 판결), 위 '휴대하여'의 의미를 합리적으로 제한하여 해석하고 있다.

범행 현장에서 범행에 사용하려는 의도 아래 흉기 등 위험한 물건을 소지하거나 몸에 지닌 이상 이미 그 행위 자체에 내재되어 있는 불법성이 크고 중대한 법익 침해를 야기할 가능성이 높으므로, 그러한 위험한 물건의 휴대사실을 피해자가 인식하지 못하였거나 위험한 물건을 실제로 범행에 사용하지 않았다고 하더라도 폭처법상 폭행죄 조항에 따라 처벌된다는 점을 수범자가 충분히 알 수 있고, 대법원 역시 그와 같은 취지로 판단하고 있다(대법원 2007. 3. 30. 선고 2007도914 판결 참조).

따라서 폭처법상 폭행죄 조항의 '휴대하여'라는 구성요건이 죄형법정주의의 명확성원칙에 반한다고 볼 수 없다.

나. 평등원칙 위반 여부(위헌의견)

(1) 형법 제261조(특수폭행)는 위험한 물건을 휴대하여 형법상의 폭행죄를 범한 사람에 대한 가중처벌을 규정하고 있는데, 그 법정형이 5년 이하의 징역 또는 1천만 원 이하의 벌금으로 되어 있다. 반면 폭처법상 폭행죄 조항은 흉기 기타 위험한 물건을 휴대하여 형법상의 폭행죄를 범한 사람에 대하여 1년 이상의 유기징역형에 처한다고 규정하고 있다. 폭처법상 폭행죄 조항은 '흉기 기타 위험한 물건'이라고 규정하여 '흉기'를 위험한 물건의 한 예로 취급하고 있으므로, 결국 폭처법상 폭행죄 조항의 구성요건인 '흉기 기타 위험한 물건을 휴대하여'와 형법 제261조의 구성요건인 '위험한 물건을 휴대하여'는 그 의미가 동일하다고 볼 수 있다.

즉, 폭처법상 폭행죄 조항은 형법 제261조와 똑같은 내용의 구성요건을 규정하면서 징역형의 하한을 1년으로 올리고, 벌금형을 제외한 것이다. 따라서 폭처법상 폭행죄 조항이 형법 제261조와의 관계에서 형벌체계상의 균형을 잃어 평등원칙에 위반되는지 여부가 문제된다.

(2) 어떤 유형의 범죄에 대하여 특별히 형을 가중할 필요가 있는 경우라 하더라도, 그 가중의 정도가 통상의 형사처벌과 비교하여 현저히 형벌체계상의 정당성과 균형을 잃은 것이 명백한 경우에는 인간의 존엄성과 가치를 보장하는 헌법의 기본원리에 위배될 뿐 아니라, 법의 내용에 있어서도 평등원칙에 반하는 위헌적 법률이 된다(헌재 2014. 4. 24. 2011헌바2; 헌재 2015. 2. 26. 2014헌가16등 참조).

이 사건과 같이 흉기 기타 위험한 물건을 휴대하여 폭행죄를 범하는 경우, 검사는 집단적 또는 상습적으로 폭력행위 등을 범하거나 흉기 그 밖의 위험한 물건을 휴대하여 폭력행위 등을 범한 사람 등을 처벌한다는 폭처법의 입법목적(제1조)에 따라 폭처법상 폭행죄 조항을 적용하여 기소하는 것이 특별법 우선의 법리에 부합한다. 그러나 범인의 성행, 범행의 경위, 범죄전력, 결과발생의 정도 등 여러 사정을 고려하여 형법조항을 적용하여 기소할 수도 있는데, 이러한 기소가 적법함은 물론 이 경우 법원은 공소장의 변경 없이는 형이 더 무거운 폭처법상 폭행죄 조항을 적용할 수 없게 된다.

그런데 폭처법상 폭행죄 조항으로 기소된 피고인은 벌금형을 선고받을 수 없고, 1년 이상 30년 이하의 유기징역형을 선고받아야 하며, 한 차례의 법률상 감경이나 작량감경에 의하더라도 6월 이상 15년 이하의 유기징역형을 선고받아야 함에 비하여, 형법 제261조로 기소된 피고인은 벌금형의 선고도 가능할 뿐만 아니라 1월 이상 5년 이하의 유기징역형을 선고받게 된다. 이와 같이 어느 법률조항이 적용되는지에 따라 벌금형이 선고될 수 있는지 여부가 달라지고, 징역형의 하한을 기준으로 최대 6배에 이르는 심각한 형의 불균형이 발생한다.

(3) 일반법에 대비되는 특별법은 개념적으로 특별법의 구성요건이 일반법의 모든 구성요건을 포함하면서 그 밖의 특별한 표지까지 포함한 경우를 뜻한다. 폭처법에서 말하는 가중처벌도 단순히 법정형만의 가중을 뜻하는 것이 아니라, 일반법 조항의 구성요건 이외에 특별한 구성요건 표지를 추가한 가중처벌의 근거를 마련하는 것을 포함한다고 해석하여야 한다. 만일 구성요건 표지의 추가 없이 법정형만을 가중하려고 한다면 일반법의 법정형을 올리면 되지 따로 특별법을 제정할 필요가 없기 때문이다. 따라서 폭처법상 폭행죄 조항이 형법 제261조보다 법정형을 가중하기 위해서는 범행방법, 신분 등 별도의 가중적 구성요건의 표지를 규정하는 것이 필요하다(헌재 2014. 4. 24. 2011헌바2; 헌재 2015. 2. 26. 2014헌가16등 참조).

현행 폭처법의 규정을 보더라도, 2명 이상이 공동하여 폭행죄 등을 범한 경우(제2조 제2항), 폭처법에 규정된 범죄를 목적으로 하는 범죄단체 등을 구성하거나 그러한 단체 등에 가입한 사람이 단체 등의 위력을 과시하거나 단체 등의 존속·유지를 위하여 폭행죄 등을 범한 경우(제4조 제2항), 위 단체 등을 이용하여 폭처법 또는 그 밖의 형벌 법규에 규정된 죄를 범하게 한 경우(제5조 제1항) 등에 관하여 가중적 구성요건의 표지를 추가하여 규정하고 있다. 이와 달리 폭처법상 폭행죄 조항은 그러한 표지가 전혀 없이 법적용을 오로지 검사의 기소재량에만 맡기고 있으므로, 법집행기관 스스로도 법적용에 대한 혼란을 겪을 수 있고, 이는 결과적으로 국민의 불이익으로 돌아올 수밖에 없다. 한편, 법집행기관이 이러한 사정을 피의자나 피고인의 자백을 유도하거나 상소를 포기하도록 하는 수단으로 악용할 소지도 있다(헌재 2014. 4. 24. 2011헌바2; 헌재 2015. 2. 26. 2014헌가16등 참조).

결국 위험한 물건 휴대 폭행 행위에 대하여 특별히 형을 가중할 필요가 있다는 사정이 인정된다고 할지라도, 형법 제261조와 똑같은 구성요건을 규정하면서 법정형만 상향 조정한 폭처법상 폭행죄 조항은 형사특별법으로서 갖추어야 할 형벌체계상의 정당성과 균형을 잃은 것이 명백하다.

(4) 따라서 폭처법상 폭행죄 조항은 인간의 존엄성과 가치를 보장하는 헌법의 기본원리에 위배될 뿐만 아니라 그 내용에 있어서도 평등원칙에 위반된다.

□ 폭처법상 상해죄 조항에 대한 판단

가. 죄형법정주의의 명확성원칙 위반 여부(합헌의견)

폭처법상 상해죄 조항은 폭처법상 폭행죄 조항과 동일하게 '위험한 물건' 및 '휴대하여'라는 구성요건을 규정하고 있으므로, 앞서 폭처법상 폭행죄 조항에 대하여 판단한 것과 같은 이유로 죄형법정주의의 명확성원칙에 위반되지 아니한다.

나. 책임과 형벌 간 비례원칙 위반 여부(합헌의견)

(1) 형법 제257조 제1항은 사람의 신체를 상해한 자를 7년 이하의 징역, 10년 이하의 자격정지 또는 1천만 원 이하의 벌금에 처하도록 규정하고 있다. 폭처법상 상해죄 조항은 흉기 기타 위험한 물건을 휴대하여 형법상의 상해죄를 범한 자를 3년 이상의 유기징역에 처하도록 규정하고 있다. 흉기 기타 위험한 물건을 휴대한 경우에는 범죄 수단의 불법성이 중대하다는 점을 감안하여 형법상의 상해죄보다 가중하여 처벌하고 있는 것이다.

(2) 헌법재판소는 구 폭력행위등처벌에관한법률(1990. 12. 31. 법률 제4294호로 개정되고, 2006. 3. 24. 법률 제7891호로 개정되기 전의 것) 제3조 제1항 중 '기타 위험한 물건을 휴대하여 형법 제257조 제1항(상해)의 죄를 범한 자'에 관한 부분이 다음과 같은 이유로 책임과 형벌간의 비례원칙에 위배되지 않는다고 판단하였다(헌재 2006. 4. 27. 2005헌가2).

『법정형의 종류와 범위를 정함에 있어서 고려해야 할 사항 중 가장 중요한 것은 당해 범죄의 보호법익과 죄질이다. 그런데 폭처법상 상해죄와 같이 일단 흉기 기타 위험한 물건을 휴대하여 형법상의 상해죄를 범하는 경우에는 이미 그 행위 자체에 내재되어 있는 불법의 정도가 크고, 중대한 법익 침해를 야기할 가능성이 높다고 할 것이어서, 그 구체적인 행위의 결과가 형법상 상해죄에 해당하는지 여부와 무관하게 이미 그 책임이 중하다고 볼 수 있다. 더구나 폭처법이 폭력행위를 엄단함으로써 사회질서를 유지하고자 하는 '사회적 법익' 이외에도 '개인적 법익'을 보호하려는 목적으로 제정된 점과 상해죄가 개인적 법익 중 생명권 다음으로 중요한 신체의 안전성을 보호법익으로 하고 있어 그 입법목적의 정당성이 더욱 높은 점 등을 고려하면, '흉기 기타 위험한 물건을 휴대'한 경우를 가중적 구성요건으로 하여 형법상의 상해죄보다 가중처벌한다고 하더라도 이를 쉽사리 책임과 형벌 간 비례원칙에 위반된다고는 할 수 없다.』

위 결정이 선고되기 직전인 2006. 3. 24. 폭처법이 법률 제7891호로 개정되었으나, 폭처법상 상해죄 조항의 법정형에는 변화가 없었다.

(3) 위험한 물건을 휴대하여 폭행죄, 체포죄, 감금죄, 협박죄, 주거침입죄, 재물손괴죄 등을 범한 경우에는 형법에서 이를 가중처벌하는 조항을 두고 있다(형법 제261조, 제278조, 제284조, 제320조, 제369조 등 참조). 그와 달리 상해죄의 경우에는 위험한 물건을 휴대하여 범행을 하였을 경우를 가중하여 처벌하는 조항이 형법에 규정되어 있지 않다. 따라서 폭처법에 위험한 물건을 휴대하여 형법상의 상해죄를 범한 경우를 가중 처벌하는 규정을 둘 필요성이 없다고 할 수 없다.

(4) 폭처법상 상해죄 조항의 법정형은 징역 3년 이상으로서 법관이 작량감경을 하지 않더라도 집행유예의 선고가 가능하며, 법관의 작량감경에 의하여 피고인의 책임에 상응하는 형을 선고할 수 있다. 피고인이 집행유예 결격사유에 해당되거나 집행유예 기간 중에 폭처법상 상해죄 조항을 위반하여 집행유예의 선고가 실효되는 경우가 발생한다 하더라도, 이는 폭처법상 상해죄 조항이 아니라 집행유예의 결격과 실효를 규정하고 있는 형법 제62조 제1항 단서, 제63조에 의한 결과일 뿐이다.

나아가 폭처법상 상해죄 조항을 위반하여 형을 선고받을 경우 공무원은 선고유예를 받지 않는 한 공무원신분을 잃고, 공무원 임용결격사유가 되며, 국회의원인 경우에는 의원직을 상실하고 일정 기간 피선거권을 행사하지 못하게 되는 등의 불이익이 있으나, 그러한 효과는 폭처법상 상해죄 조항이 아니라 공무원의 당연퇴직, 의원직 상실 등을 규정하고 있는 국가공무원법, 국회법 및 공직선거법 등의 관련조항에 근거하여 발생되는 것이다.

(5) 앞서 살펴본 사정들을 종합하면, 선례인 2005헌가2 결정과 달리 판단할 사정의 변경이나 필요성이 있다고 인정되지 아니한다. 따라서 폭처법상 상해죄 조항은 책임과 형벌의 비례원칙에 위반되지 아니한다.

다. 평등원칙 위반 여부(합헌의견)

(1) 헌법재판소는 구 '폭력행위등처벌에관한법률'(1990. 12. 31. 법률 제4294호로 개정되고, 2006. 3. 24. 법률 제7891호로 개정되기 전의 것) 제3조 제1항 중 '기타 위험한 물건을 휴대하여 형법 제257조 제1항(상해)의 죄를 범한 자'에 관한 부분이 다음과 같은 이유로 형벌체계상의 정당성 및 평등원칙에 위배되지 않는다고 판단하였다(헌재 2006. 4. 27. 2005헌가2).

『폭처법상 상해죄의 법정형은 '3년 이상의 유기징역'으로서 결과불법이 동일한 형법 제257조 제1항의 상해죄(7년 이하의 징역형 등)보다 상당히 높고, 결과불법이 폭처법상 상해죄보다 중한 형법 제258조 제1항의 중상해죄(1년 이상 10년 이하의 징역형)보다 무거우며, 형법 제259조 제1항의 상해치사죄(3년 이상의 유기징역형)와 동일하게 규정되어 있다. 그러나 이러한 사실만으로 곧 폭처법상 상해죄의 행위자를 형벌체계상 균형을 잃었다고 할 정도로 더 무겁게 처벌하는 것이라고는 단정할 수 없다. 어느 범죄에 대한 법정형의 범위는 여러 가지 요소의 종합적 고려에 따라 입법자가 그 재량으로 결정할 사항이며, 범죄로 인한 결과발생(침해법익)의 경중과 법정형의 경중이 언제나 반드시 정비례하는 것은 아니고 당해 범죄의 죄질 및 성격에 따라 달라질 수 있기 때문이다. 이는 예컨대 동일한 상해의 결과발생에 대하여, 형법 제257조 제1항(상해죄), 제262조(폭행치상죄)는 7년 이하의 징역, 10년 이하의 자격정지 또는 1,000만 원 이하의 벌금에 처하도록 하고 있지만, 형법 제266조(과실치상죄)는 500만 원 이하의 벌금, 구류 또는 과료에, 형법 제268조(업무상과실치상죄, 중과실치상죄)는 5년 이하의 금고 또는 2,000만 원 이하의 벌금에 처하도록 하고 있고, 사망의 결과발생에 대하여도, 형법 제250조(살인죄)는 사형, 무기 또는 5년 이상의 징역에 처하도록 하고 있지만, 형법 제251조(영아살해죄)는 10년 이하의 징역에, 형법 제259조(상해치사죄), 제262조(폭행치사죄)는 3년 이상의 유기징역에, 형법 제267조(과실치사죄)는 2년 이하의 금고 또는 700만 원 이하의 벌금에, 형법 제268조(업무상과실치사죄, 중과실치사죄)는 5년 이하의 금고 또는 2,000만 원 이하의 벌금에 처하도록 하고 있는데, 위 형법규정들이 모두 형벌체계상의 균형을 잃은 것으로서 위헌이라고 단정할 수 없다는 점에서도 분명하다.』

(2) 법정형을 정함에 있어서는 범행 결과의 중대성뿐만 아니라 범죄 행위의 위험성 및 범죄예방을 위한 형사정책적 사정도 모두 고려되어야 한다. 그렇기 때문에 유사한 범죄의 법정형이 외관상 균형이 맞지 않거나 범죄와 형벌 사이에 정비례 관계에 있지 아니한 경우도 생길 수 있는 것이다. 형벌체계에 있어서 법정형의 균형은 한 치의 오차도 없이 반드시 실현되어야 하는 헌법상의 절대원칙은 아니다. 중요한 것은, 범죄와 형벌 사이의 간극이 너무 커서 형벌 본래의 목적과 기능에 본질적으로 반하고 실질적 법치국가의 원리에 비추어 허용될 수 없을 정도인지 여부이다(헌재 2006. 4. 27. 2005헌바36 참조).

(3) 폭처법상 상해죄 조항의 법정형이 형법상 상해치사죄(형법 제259조 제1항)의 법정형과 동일한 것은 사실이다. 그런데 상해치사죄가 흉기 기타 위험한 물건을 휴대하여 범한 상해죄보다 언제나 중하다고 단언하기는 어렵다. 사망의 결과가 상해의 결과보다 무거운 것은 사실이나, 상해치사나 폭처법상 상해죄 조항의 상해 모두 살인의 고의가 없다는 점은 동일하고, 흉기 기타 위험한 물건을 휴대하지 아니하고 범한 상해행위에 비하여 흉기 기타 위험한 물건을 휴대하여 범한 상해행위가 행위태양의 위험성은 더 크다. 그러므로 상해치사죄와 위험한 물건 휴대 상해죄 간의 불법성의 경중은 일반적으로 우열을 가리기 곤란하다.

따라서 폭처법상 상해죄 조항이 행위의 불법을 결과의 불법에 비하여 높게 평가하여 상해치사죄와 법정형의 하한을 동일하게 정하고 있다고 하더라도, 그것이 위헌으로 선언될 만큼 형벌체계상의 균형을 잃은 자의적인 입법이라거나 평등원칙에 반하는 것이라고 볼 수 없다(헌재 2006. 4. 27. 2005헌바38 참조).

(4) 앞서 살펴본 2005헌가2 결정과 달리 판단할 사정의 변경이나 필요성이 있다고 인정되지 아니하므로, 폭처법상 상해죄 조항은 형벌체계상의 균형을 상실하여 평등원칙에 반한다고 볼 수 없다.

□ 법정의견에 대한 보충의견

앞서 보았듯이 별도의 가중적 구성요건표지를 규정하지 않은 채 형법 조항과 똑같은 구성요건을 규정하면서 법정형만 상향 조정한 폭처법상 폭행죄 조항은 형사특별법으로서 갖추어야 할 형벌체계상의 정당성과 균형을 잃어 인간의 존엄성과 가치를 보장하는 헌법의 기본원리에 위배될 뿐만 아니라 그 내용에 있어서도 평등원칙에 반하는 것으로서 헌법에 위반된다.

그런데 폭처법상 폭행죄 조항 이외에도 폭처법에는 형법 조항과 똑같은 구성요건을 규정하면서 법정형만 상향 조정한 조항들이 상당수 있는바, 그와 같은 조항들에 대하여 위헌법률심판이 제청되거나 헌법소원이 청구될 경우 위 판시 내용을 그대로 적용하면 위헌으로 결정될 수 있다. 이러한 상황에서 폭처법의 존재가 여전히 필요한지, 헌법재판소가 위와 같은 논리를 계속 유지할 수 있는지 여부에 대하여 의문이 제기될 수 있다. 이에 나는 형법과 폭처법을 정비하는 입법개선이 필요하다고 생각하므로, 다음과 같이 보충의견을 개진한다.

가. 형법과 폭처법의 비교

폭처법의 조항들 중 형법 조항과 똑같은 구성요건을 규정하면서 법정형만 상향 조정한 조항들이 상당수 있다. 예를 들어 ① 폭처법 제2조 제1항 제1호 중 "상습적으로 형법 제260조 제1항(폭행), 제283조 제1항(협박)의 죄를 범한 자"에 관한 부분, 같은 항 제2호 중 "상습적으로 형법 제260조 제2항(존속폭행), 제276조 제1항(체포, 감금), 제283조 제2항(존속협박)의 죄를 범한 자"에 관한 부분, 같은 항 제3호 중 "상습적으로 형법 제257조 제1항(상해)·제2항(존속상해), 제276조 제2항(존속체포, 존속감금), 제350조(공갈)의 죄를 범한 자"에 관한 부분은 형법 제264조(상습범), 제279조(상습범), 제285조(상습범), 제351조(상습범) 중 각 관련 부분과 그 구성요건이 동일하다. ② 폭처법 제3조 제1항 중 "단체나 다중의 위력으로써 또는 흉기나 그 밖의 위험한 물건을 휴대하여 형법 제260조 제1항(폭행)·제2항(존속폭행), 제276조 제1항(체포, 감금)·제2항(존속체포, 존속감금), 제283조 제1항(협박)·제2항(존속협박), 제319조(주거침입, 퇴거불응), 제366조(재물손괴)의 죄를 범한 자"에 관한 부분은 형법 제261조(특수폭행), 제278조(특수체포, 특수감금), 제284조(특수협박), 제320조(특수주거침입), 제369조

(특수손괴) 중 각 관련 부분과 그 구성요건이 동일하다. ③ 폭처법 제3조 제3항 중 "상습적으로 단체나 다중의 위력으로써 또는 상습적으로 흉기나 그 밖의 위험한 물건을 휴대하여 형법 제260조 제1항(폭행)·제2항(존속폭행)의 죄를 범한 자"에 관한 부분은 형법 제264조(상습범) 중 제261조(특수폭행)의 상습범에 관한 부분과 그 구성요건이 동일하다. 따라서 위 폭처법 조항들에 대하여 위헌법률심판이 제청되거나 헌법소원이 청구될 경우 선례에 따라 위헌으로 결정될 수 있다.

반면 ① 폭처법 제2조 제1항 제1호 중 "상습적으로 형법 제319조(주거침입), 제366조(재물손괴)의 죄를 범한 자"에 관한 부분, 같은 항 제2호 중 "상습적으로 형법 제324조(강요)의 죄를 범한 자"에 관한 부분, ② 폭처법 제2조 제2항, 제3항, ③ 폭처법 제3조 제1항 중 "단체나 집단을 가장하여 위력을 보임으로써 제2조 제1항 각 호에 규정된 죄를 범한 사람"에 관한 부분, 폭처법 제3조 제1항 중 "단체나 다중의 위력으로써 또는 흉기나 그 밖의 위험한 물건을 휴대하여 형법 제257조 제1항(상해)·제2항(존속상해), 제324조(강요), 제350조(공갈)의 죄를 범한 자"에 관한 부분, ④ 폭처법 제3조 제3항 중 "상습적으로 단체나 다중의 위력으로써 또는 상습적으로 흉기나 그 밖의 위험한 물건을 휴대하여 형법 제260조 제1항(폭행)·제2항(존속폭행)의 죄를 범한 자"를 제외한 나머지 부분, 폭처법 제3조 제4항, ⑤ 폭처법 제4조, 제5조 등은 동일한 구성요건을 규정하고 있는 형법 조항이 존재하지 아니한다.

나. 상습, 공동, 집단·흉기휴대 폭력범죄 등 처벌조항의 형법 편입

(1) 위와 같이 상습, 공동, 집단·흉기휴대 폭력범죄 등에 대한 가중처벌을 규정하고 있는 폭처법 제2조 제1항, 제2항 및 제3조 제1항, 제3항의 내용 중 상당 부분이 별도의 가중적 구성요건의 표지 없이 형법과 동일한 내용을 규정하면서 법정형만 상향 조정하고 있어, 선례에 의할 경우 위헌으로 결정될 수 있다.

위 조항들 중 형법과 중복되는 부분들만 삭제하고 나머지 부분들은 폭처법에 존치시키는 방안도 고려할 수 있다. 그러나 이 경우 상습, 공동, 집단·흉기휴대 범행에 대한 처벌이 범죄에 따라 어떤 경우는 형법에, 어떤 경우는 폭처법에 규정되어 법률의 열람 및 적용 과정에서 많은 불편과 혼란을 야기하게 된다. 또한 형법에 규정된 범죄와 폭처법에 규정된 범죄 간의 법정형의 차이가 상당하여, 법체계상의 균형에도 문제 발생의 소지가 있다. 가령, 위험한 물건을 휴대하여 폭행죄를 범할 경우 형법 제261조(특수폭행)가 적용되어 그 법정형이 5년 이하의 징역 또는 1천만 원 이하의 벌금형이 되지만, 위험한 물건을 휴대하여 상해죄를 범할 경우 폭처법 제3조 제1항, 제2조 제1항 제3호, 형법 제257조가 적용되어 그 법정형이 3년 이상의 유기 징역형이 되어 법정형의 차이가 상당히 크게 된다. 실무상 폭행과 상해의 경계가 모호한 부분이 많다는 점을 감안하면, 이와 같은 법정형의 현저한 차이는 바람직하지 않다.

그렇다면 폭처법 제2조 제1항, 제2항 및 제3조 제1항, 제3항은 형법으로 통합하고(폭처법 제2조 제1항에 규정된 각 범죄 간의 상습성 인정 부분, 폭처법 제2조 제2항, 폭처법 제3조 제1항 중 '단체나 집단을 가장하여 위력을 보임으로써 제2조 제1항 각 호에 규정된 죄를 범한 사람'에 관한 부분 등은 삭제 가능), 각 범죄들 간의 법정형에 균형이 맞도록 법정형을 상호 조정하는 것이 바람직하다고 생각한다.

(2) 이 경우 폭처법에서 상습, 공동, 집단·흉기휴대 범죄를 규정할 경우와 비교하여 법정형의 하한이 낮아짐으로써 폭력범죄 사범에 대한 처벌의 수위가 지나치게 약해지는 것이 아니냐는 우려가 있을 수 있다. 그러나 2007. 1. 26. 법률 제8270호로 개정된 법원조직법은 대법원에 양형위원회를 두도록 하고(같은 법 제81조의2 제1항), 양형위원회로 하여금 범죄의 유형 및 법정형, 범죄의 중대성을 가중하거나 감경할 수 있는 사정, 피고인의 나이, 성품과 행실, 지능과 환경, 피해자에 대한 관계, 범행의 동기, 수단 및 결과, 범행 후의 정황, 범죄 전력 등의 사항을 고려하여 양형기준을 설정·변경하도록 하며, 양형기준을 공개하도록 하고 있다(같은 법 제81조의6 제3항, 제4항). 양형기준이 법적 구속력을 갖는 것은 아니지만, 법관은 형의 종류를 선택하고 형량을 정할 때 양형기준을 존중하여야 하고, 법원이 양형기준을 벗어난 판결을 하는 경우에는 판결서에 양형의 이유를 적어야 한다(같은 법 제81조의7). 위 법원조직법 규정에 따라 양형위원회가 해마다 양형기준 책자를 발간하여 양형기준을 대외적으로 공개하고 있고, 현재 일선 법원에서는 대체로 양형기준을 존중하여 형사재판을 수행하고 있다.

상해죄의 경우를 예로 들면, 양형위원회가 발간한 '2015 양형기준'은 상해죄를 '일반적인 상해'와 '상습상해·누범상해·특수상해'의 두 유형으로 크게 분류한 다음, 전자를 다시 '일반상해', '중상해', '사망의 결과가 발생한 경우' 및 '보복목적 상해'의 네 유형으로, 후자를 다시 '상습상해·누범상해·특수상해'와 '상습특수상해·누범특수상해'의 두 유형으로 각각 세분하여, 각 유형에 대한 '감경', '기본', '가중'의 세 가지 양형기준과 형의 감경 및 가중요소를 구체적으로 제시하고 있다.

이와 같이 양형기준에 따라 폭력범죄 사범에 대한 적정하고 통일된 기준에 따른 처벌이 이루어지고 있는 이상, 폭처법 제2조 제1항, 제2항 및 제3조 제1항, 제3항의 내용들을 형법에 편입한다고 하여 처벌의 수위가 지나치게 약해진다고 보기는 어렵다.

다. 폭력범죄단체 처벌조항의 존치

폭처법 제4조 및 제5조는 폭처법에 규정된 범죄를 목적으로 하는 단체 또는 집단의 구성, 가입, 구성원 활동, 지원 행위 등에 대한 처벌을 규정하고 있다. 위 규정들은 폭력범죄단체의 결성과 활동을 다양한 측면에서 억제함으로써 조직폭력범죄의 기반을 제거하고자 하는 것이다. 폭처법은 본래 조직폭력사범들을 엄중 처벌함으로써 사회불안을 해소하기 위하여 제정되었으므로, 폭력범죄단체와 관련한 처벌을 규정하고 있는 제4조 및 제5조는 그와 같은 목적을 달성하기 위한 핵심적인 조항으로 볼 수 있다.

형법 제114조는 사형, 무기 또는 장기 4년 이상의 징역에 해당하는 범죄를 목적으로 하는 단체 등의 조직, 가입, 구성원 활동 행위를 처벌하고 있으나, 폭력범죄를 목적으로 하는 범죄단체는 특정 지역 또는 사회 전반에 걸쳐 불안감을 조성하고 국민의 생명과 신체의 안전을 직접적으로 위협하므로, 일반적인 범죄단체와 구별하여 이를 엄단할 필요성이 있다. 이에 따라 폭처법 제4조 및 제5조는 형법 제114조와 달리 폭력범죄단체에 대한 가담형태에 따라 차등해서 처벌하고, 범죄단체의 위력을 과시하거나 그 단체의 존속·유지를 위하여 일정한 폭력범죄를 범하였을 때 가중처벌하며, 폭력범죄단체 가입 강요 및 권유행위, 자금 모집 및 제공행위를 처벌하는 등, 폭력범죄단체 자체의 세력을 확장하거나 그 조직을 존속·유지시키는 것을 방지하기 위한 여러 특별 규정들을 두고 있다.

따라서 폭력범죄단체에 관한 폭처법 제4조 및 제5조는 여전히 독자적인 존재의의를 갖는다고 볼 수 있으므로 이들 규정은 폭처법에 존치시키는 것이 타당하다. 나아가 폭력범죄단체의 구성원이 범한 상습, 공동, 흉기휴대 등 범행은 그 행위태양의 위험성 등을 고려할 때 여전히 폭처법에서 별도로 가중처벌할 필요성이 있으므로,

앞서 보았듯이 폭처법 제2조 제1항, 제2항 및 제3조 제1항, 제3항의 내용을 형법에 흡수하더라도, 폭처법에서 이들 조항을 삭제하는 것보다는 그 행위주체를 폭처법 제4조에 규정된 폭력범죄단체의 구성원들로 한정하여 이들이 행한 상습, 공동, 흉기휴대 등 범행을 가중처벌하는 내용으로 개정하는 것이 타당하다고 생각한다.

라. 누범 가중처벌 조항의 존치

폭처법 제2조 제3항과 제3조 제4항은 폭처법(형법의 각 해당 조항 포함)을 위반하여 2회 이상 징역형을 받은 사람이 다시 폭처법 제2조 제1항 각 호에 규정된 죄나 폭처법 제3조 제1항의 죄를 범하여 누범으로 처벌할 경우를 각 해당범죄의 상습범과 동일한 법정형으로 가중처벌하고 있다. 위 규정들의 취지는, 상습범으로 처벌하기 곤란한 경우라 하더라도 폭력행위 등으로 2회 이상 징역형을 받은 전력이 있는 자가 다시 같은 죄를 범하여 누범으로 처벌하여야 할 때에는 이를 상습범과 같은 법정형으로 가중처벌함으로써 폭력사범을 엄벌하고 민생치안을 확립하기 위한 것이다.

조직폭력사범은 물론이고, 그것이 입증되지 아니하거나 조직폭력사범이 아닌 경우에도 이와 같이 전범에 의한 형벌의 경고 기능을 무시하고 거듭 폭력범죄를 저지른 사람은 사실상 조직폭력사범과 같은 정도로 국민의 생명과 신체의 안전에 위협이 될 수 있으므로 특별법인 폭처법으로써 엄단할 필요성이 있다. 따라서 폭처법 제2조 제3항과 제3조 제4항의 누범 가중처벌 규정은 폭처법에 그대로 존치시키면서, 그 법정형은 폭처법 제2조 제1항 및 제3조 제1항에 각각 규정된 상습범의 법정형에 따르거나(조직폭력사범의 경우), 형법에 규정된 각 폭력범죄의 상습범의 법정형에 따르도록(조직폭력사범 이외의 사람의 경우) 규정하는 것이 가능하다.

마. 특정범죄 가중처벌 등에 관한 법률 중 일부조항의 폭처법 편입

특정범죄 가중처벌 등에 관한 법률(이하 '특가법'이라 한다) 제5조의9는 자기 또는 타인의 형사사건의 수사 또는 재판과 관련하여 고소·고발 등 수사단서의 제공, 진술, 증언 또는 자료제출에 대한 보복 등의 목적으로 제250조 제1항(살인), 제257조 제1항(상해), 제260조 제1항(폭행), 제276조 제1항(체포, 감금), 제283조 제1항(협박)의 죄를 범한 사람 등을 가중처벌하고 있다. 또한, 특가법 제5조의10은 운행 중인 자동차의 운전자를 폭행하거나 협박한 사람에 대한 가중처벌을 규정하고 있다. 그러나 위 범죄들은 모두 폭력범죄의 속성을 지니고 있어 특가법보다는 폭처법에서 규율하는 것이 법체계상 더 적합할 것이므로, 특가법 제5조의9 및 제5조의10은 각각 폭처법에 편입시키는 것이 적절한 것으로 생각한다.

바. 소결론

이상의 내용을 종합하면, 폭처법 제2조 제1항, 제2항 및 제3조 제1항, 제3항의 내용은 형법에 흡수하되, 폭처법에서는 위 조항들의 행위주체를 폭처법 제4조에 규정된 폭력범죄단체의 구성원들로 한정하여 이들이 행한 상습, 공동, 흉기휴대 등 범행을 가중처벌하는 내용으로 개정하고, 폭처법 제2조 제3항 및 제3조 제4항, 폭처법 제4조 및 제5조는 폭처법에 존치시키며, 보복범죄의 가중처벌 및 운행 중인 자동차 운전자에 대한 폭행 등의 가중처벌을 규정하고 있는 특가법 제5조의9 및 제5조의10 은 폭처법에 편입시키는 것이 바람직하다.

이 사건의 폭처법상 폭행죄 조항에 대한 위헌 결정에 따라 조직폭력사범들이 위험한 물건을 휴대하여 범하는 폭행죄에 대하여도 가중 처벌할 근거가 상실될 수 있다는 점을 감안하면, 위와 같은 개정은 조속한 시일 내에 이루어질 필요가 있다. 이와 같이 입법자는 폭력범죄를 근절하고 국민의 생명과 신체의 안전을 보호함에 미흡함이 없도록, 앞서 살핀 바와 같은 방안 등을 포함하여 형법과 폭처법을 합리적·체계적으로 정비하는 입법개선 노력을 기울여야 할 것임을 지적해 두고자 한다.

노역장 유치기간 하한 설정 사건

(헌재 2017. 10. 26. 2015헌바239등)

□ 사건개요 등

이 사건은 1억 원 이상의 벌금형을 선고하는 경우 노역장유치기간의 하한을 정한 형법 제70조 제2항(이하, '노역장유치조항'이라 한다) 및 형법 제70조 제2항을 시행일 이후 최초로 공소제기되는 경우부터 적용하도록 한 형법 부칙 제2조 제1항(이하, '부칙조항'이라 한다)에 대한 위헌소원 사건이다.

헌법재판소는 '노역장유치조항'은 헌법에 위반되지 아니하고, '부칙조항'은 형벌불소급 원칙에 위반된다고 결정하였다. 이 결정에는 노역장유치조항과 관련하여 재판관 안창호의 보충의견과 부칙조항과 관련하여 재판관 2명의 별개의견이 있었다.

부칙조항에 대한 법정의견은 형법 부칙 제2조 제1항이 헌법상 형벌불소급의 원칙에 위반된다는 견해인데, 그 중요 내용은 다음과 같다.

첫째, 형벌불소급원칙이 적용되는 '형벌'의 범위를 형법이 정한 형벌의 종류로만 엄격하게 한정하는 것은, 형법이 정한 형벌 이외의 형태로 가해질 수 있는 형사적 제재나 불이익에 대해 소급적용을 허용하는 결과가 되어, 법적 안정성과 예측가능성을 보장하여 국민을 보호하고자 하는 형벌불소급원칙의 취지를 몰각할 수 있다.

둘째, 범죄행위에 따른 제재의 내용이나 실제적 효과가 가중되거나 부수효과가 불이익하게 변경되는 경우에는 행위시법을 적용함이 바람직하다. 특히 그 제재의 내용이나 실제적 효과가 형벌적 성격이 강하여, 신체의 자유를 박탈하거나 이에 준하는 경우에는 법적 안정성, 예측 가능성 및 국민의 신뢰를 보호하기 위하여 형벌불소급원칙이 적용되어야 한다.

셋째, 노역장유치는 벌금형에 부수적으로 부과되는 환형처분으로서, 그 실질은 신체의 자유를 박탈하여 징역형과 유사한 형벌적 성격을 가지고 있는데, 노역장유치조항은 1억 원 이상의 벌금을 선고받은 자에 대해 노역장유치기간의 하한을 중하게 변경하는 것이므로, 이 조항 시행 전에 행한 범죄행위에 대해서는 범죄행위 당시에 존재하였던 법률이 적용되어야 한다.

노역장유치조항에 대한 보충의견은 노역장유치조항의 개정에 따라 벌금형의 필요적 병과는 책임과 형벌의 비례원칙을 위반할 수 있으므로, 고액 벌금형을 규정하는 경우 신중한 입법이 필요하다는 견해로, 그 중요 내용은 다음과 같다.

첫째, 벌금형의 필요적 병과규정은 주로 특별형법에서 범죄발생의 방지를 위해 징역형 이외에 고액의 벌금을 병과하는 것으로 그 필요성이 인정된다 하더라도, 형법 등 관련 법률에 규정된 몰수·추징에 추가하여 범죄와 관련된 거래액의 수배의 벌금을 부과하는 것 등은 그 자체로 과중한 형벌이 될 수 있다.

둘째, 2016년 1월 6일 형법개정으로 벌금형에 대한 집행유예제도가 도입되면서, 그 대상을 500만 원 이하의 벌금의 형으로 제한하고 있으므로, 노역장유치조항이 적용되는 고액의 벌금형에 대해 선고를 유예하는 것이 가능한지 의문이다.

셋째, 공범 중에는 경제적 수익이 없거나 그 범죄의 가담정도가 경미한 경우가 있는데, 이러한 경우에도 모든 공범에 대해 고액의 벌금을 필요적으로 병과하는 것은 노역장유치조항과 결합하여 책임과 형벌 간 비례 원칙을 위반할 수 있다.

헌법 제13조 제1항 전단은 범죄의 성립과 처벌을 행위시의 법률에 의한다고 규정하여 형벌불소급원칙을 선언하고 있다. 부칙조항에 대한 법정의견은 형벌불소급원칙이 형법상 '형벌'에 국한하지 않고, '범죄행위에 따른 제재의 내용이나 실제적 효과가 형벌적 성격이 강하여 신체의 자유를 박탈하거나 이에 준하는 정도로 신체의 자유를 제한하는 경우'에도 적용될 수 있음을 명백히 하였다. 이러한 법정의견은 형벌불소급원칙의 적용범위를 확대하여 법적 안정성, 예측 가능성 및 국민의 신뢰를 보호한 견해로 긍정적으로 평가되고 있다. 나아가 범죄행위에 따른 제재의 내용이나 실제적 효과가 가중되거나 부수효과가 불이익하게 변경되는 경우에도 위 법정의견이 제시하는 바와 같이, 행위시법을 적용함이 바람직하다고 할 것이다.

한편 재력이 있는 사람들조차 경제적 자력이 충분함에도 단기간의 노역장유치로 고액의 벌금을 면제받는 것으로 나타나자, 이는 소위 '황제노역'이라 불리면서 국민적 비판을 받게 되었다. 이에 고액벌금 미납자에 대해서는 형법 제70조 제2항을 개정하여 300일 이상의 노역장에 유치하도록 하였다. 노역장유치조항의 법정의견에 대한 보충의견은 형법 제70조 제2항이 고액 벌금형의 필요적 병과규정과 결합하여 과도한 제재가 될 수 있으므로 관련 법률의 정비가 필요하다는 의견을 제시하였다.[2] 특별형법은 법원의 온정적 판결을 통제하기 위해 제정되기도 하였는데, 양형기준제의 시행으로 이러한 문제는 상당부분 해소되었다. 그럼에도 특별형법에서 고액 벌금형의 필요적 병과를 규정하는 경우, 행위자의 책임에 비해 형벌이 너무 무겁다는 비판에서 자유롭지 못하고, 특히 노역장 유치조항의 개정으로 그 비판이 더욱 설득력을 가지게 되었다. 벌금형에 대한 필요적 병과규정에 대한 정비와 함께 향후 이에 대한 신중한 입법이 필요하다.

---

[2] 벌금의 필요적 병과를 규정한 특정범죄 가중처벌등에 관한 법률 제8조의 2 제2항에 대한 위헌소원 사건(헌재 2018. 3. 29. 2016헌바202)과 보건범죄 단속에 관한 특별조치법 제2조 제2항에 관한 위헌소원 사건(헌재 2018. 8. 30. 2016헌바369)에서 재판관 안창호 외 2명의 위헌의견이 있었다. 이들 사건에서의 위헌의견은 노역장유치조항의 법정의견에 대한 보충의견과 같은 취지이다.

□ 법정의견

가. 노역장유치제도 일반

(1) 노역장유치의 의의 및 내용

노역장유치란 벌금형 및 과료형의 집행과 관련하여 벌금 등을 완납할 때까지 노역장에 유치하여 작업에 복무하게 하는 환형처분을 말한다. 노역장유치는 벌금형 등에 대한 환형처분이라는 점에서 노역형, 즉 강제노동 자체를 내용으로 하는 형벌과는 구별된다(헌재 2011. 9. 29. 2010헌바188등 참조). 노역장유치는 벌금 등 미납자가 노역장에 유치되면 유치일수만큼 벌금액 등이 탕감되므로 원칙적으로 벌금 등 납입의 대체수단이지만, 벌금 등 미납자에게 그 납입에 대한 강한 심리적 압박을 가한다는 점에서 납입강제의 기능도 있다.

벌금을 선고할 때에는 납입하지 아니하는 경우의 유치기간을 정하여 동시에 선고하며(형법 제70조 제1항), 벌금을 납입하지 아니한 자는 1일 이상 3년 이하의 기간 동안 노역장에 유치하여 작업에 복무하게 한다(형법 제69조 제2항). 형법은 벌금액과 유치기간을 정하고 있을 뿐 1일 환형유치금액을 정하고 있지 않으나, 통상 벌금액을 유치기간으로 나누어 1일 환형유치금액을 파악한다. 노역장유치의 집행에는 형의 집행에 관한 규정이 준용되므로(형사소송법 제492조), 노역장유치의 명령을 받은 자는 징역형이 선고된 수형자와 함께 교도소에 수감되어 정역에 복무한다(형법 제67조, 형의 집행 및 수용자의 처우에 관한 법률 제2조 제2호). 벌금을 선고받은 자가 그 일부를 납입한 때에는 벌금액과 유치기간의 일수에 비례하여 납입금액에 상당한 일수를 제한다(형법 제71조). 판결선고 전의 구금일수는 그 전부를 벌금에 관한 유치기간에 산입하고, 구금일수의 1일은 유치기간의 1일로 계산한다(형법 제57조).

(2) 노역장유치조항의 입법배경 및 취지

종래 고액의 벌금을 선고받은 피고인이 1일 환형유치금액이 높게 책정됨으로써 단기간의 노역장유치만으로 벌금 전부를 면제받는 사례가 발생하기도 하였다. 특히 재력이 있는 사람들조차 경제적 자력이 충분함에도 단기간의 노역장유치로 고액의 벌금을 면제받는 것으로 나타나자, 이는 소위 '황제노역'이라 불리면서 국민적 비판을 받게 되었다. 또한 벌금 액수에 따라 1일 환형유치금액에서 지나친 불균형이 발생하는 것은 형사사법의 정의에 반하고 사법체계 전반에 대한 국민의 불신을 초래한다는 지적이 있었다. 노역장유치조항은 이러한 문제점에 대한 개선이 시급하다는 입법적 판단 하에 마련된 것이다. 노역장유치조항은 1억 원 이상의 벌금에 대한 노역장유치기간의 하한을 정함으로써 고액 벌금형을 단기간의 노역장유치로 무력화하지 못하도록 하고, 노역장유치기간에 대한 기준을 마련함으로써 1일 환형유치금액에 대한 형평성을 제고하기 위한 것이다.

나. 노역장유치조항의 위헌 여부(합헌의견)

(1) 쟁 점

노역장유치조항은 벌금 액수가 1억 원 이상인 청구인들로 하여금 벌금을 납입하지 아니한 경우 반드시 일정기간 이상 노역장에 유치되도록 하고 있으므로 과잉금지원칙에 반하여 청구인들의 신체의 자유를 침해하는지 여부가 문제된다.

청구인들은 노역장유치조항이 책임주의원칙에 반한다고 주장하나 이 부분 주장은 과잉금지원칙 위반 주장과 다르지 않고, 특별법이 아닌 형법에 노역장유치조항을 둔 것은 체계정당성에 위반된다고 주장하나 체계정당성에 위반된다고 해서 곧 위헌이 되는 것은 아니며 비례원칙 등 헌법의 규정이나 원칙을 위반하여야 하므로 (헌재 2010. 6. 24. 2007헌바101등; 헌재 2015. 7. 30. 2013헌바120 참조), 이 부분 주장 역시 과잉금지원칙 위반 여부에 대한 판단으로 족하다.

청구인들은 노역장유치조항이 벌금을 납입할 자력이 있는 자와 없는 자를 차별한다고 주장하나, 이 조항은 경제적 능력의 유무와 상관없이 모든 벌금미납자에게 적용되고, 벌금의 납입능력에 따른 노역장유치 가능성의 차이는 이 조항이 예정하고 있는 차별이 아니라 벌금형이라는 재산형이 가지고 있는 본질적인 성격에서 비롯된 것일 뿐이므로, 노역장유치조항이 경제적 능력이 있는 자와 없는 자를 차별한다고 볼 수 없다(헌재 2011. 9. 29. 2010헌바188등 참조).

(2) 과잉금지원칙 위반 여부

㈎ 목적의 정당성과 수단의 적합성

노역장유치조항은 노역장유치가 고액 벌금의 납입을 회피하는 수단으로 이용되는 것을 막고 1일 환형유치금액에 대한 형평성을 제고하기 위한 것으로, 이러한 입법목적은 정당하다. 1억 원 이상의 벌금을 선고하는 경우 노역장유치기간의 하한을 법률에 정해두게 되면, 벌금의 납입을 심리적으로 강제할 수 있고 1일 환형유치금액 사이의 지나친 차이를 좁혀 형평성을 도모할 수 있으므로, 노역장유치조항은 입법목적 달성에 적절한 수단이다.

　(나) 침해의 최소성

　1) 노역장유치는 벌금을 납입하지 아니하면 자유박탈이라는 제재를 받게 된다는 경고를 주어 벌금의 납입을 강제하는 기능을 한다. 벌금에 비해 노역장유치기간이 지나치게 짧게 정해지면 경제적 자력이 충분함에도 고액의 벌금 납입을 회피할 목적으로 복역하는 자들이 있을 수 있으므로, 고액의 벌금 납입을 심리적으로 강제할 수 있는 최소한의 노역장유치기간을 정할 필요가 있다. 또한 현행법상 노역장유치기간의 상한이 3년으로 정해져 있어 고액 벌금일수록 1일 환형유치금액이 커지는 문제는 발생할 수밖에 없다고 하더라도, 고액 벌금에 대한 유치기간의 하한을 법률로 정해두면 1일 환형유치금액 간에 발생하는 불균형을 최소화 할 수 있다.

　이러한 점에서 노역장유치기간의 하한 설정은 벌금 납입의 실효성을 확보하고 1일 환형유치금액 간의 형평성을 도모하기 위한 불가피한 방법이라고 할 수 있다.

　2) 노역장유치조항은 벌금이 '1억 원 이상'인 경우부터 노역장유치기간의 하한을 정하고 있다. 노역장유치조항은 주로 특별형법상 '범죄이익의 일정 배수 이상'을 벌금의 하한으로 규정하고 있는 경제범죄나 식품·보건·환경범죄 등이 그 대상이 된다. 예컨대, '특정범죄 가중처벌 등에 관한 법률'상의 뇌물죄(제2조), 관세법 위반(제6조), 조세포탈(제8조), 세금계산서 교부의무 위반(제8조의2), '특정경제범죄 가중처벌 등에 관한 법률'상의 수재 등의 죄(제5조), '보건범죄 단속에 관한 특별조치법'상 부정식품·부정의약품·부정유독물 제조(제2조~제4조), '환경범죄 등의 단속 및 가중처벌에 관한 법률'상 멸종위기 야생생물의 포획(제6조), 폐기물 불법처리(제7조), 식품위생법상 금지된 원료를 사용한 식품 판매, 위해식품 제조·판매, 유독기구 사용, 무허가 영업행위, 허위과장광고(제94조), '건강기능식품에 관한 법률'상 무허가 영업행위, 위해 건강기능식품 제조·판매, 허위과장광고(제43조) 등이 있다.

　이러한 범죄들은 대체로 경제적 이익을 목적으로 하는 범죄로서 그 피해가 크고 경제 질서를 교란시키거나 사람의 생명·신체에 중대한 피해를 입히는 등 불법성이 중하다는 특징을 가진다. 벌금형을 선고받은 자에 대하여 벌금 납입의 철저한 집행을 통해 범죄수익의 박탈과 함께 막대한 경제적 손실을 가하지 않으면 그 범죄 발생을 막기 어렵다. 따라서 1억 원 이상의 벌금이 선고되는 경우에 노역장유치기간의 하한을 두는 것은 벌금의 납입을 실효적으로 확보하여 위와 같은 범죄 발생을 방지하기 위한 입법자의 결단으로서 입법의 한계를 벗어난 것이라고 할 수 없다.

3) 노역장유치조항은 벌금 액수에 따라 단계별로 유치기간의 하한이 증가하도록 하고 있어 범죄의 경중이나 죄질에 따른 형평성을 도모하고 있다. 노역장유치조항은 "선고하는 벌금이 1억 원 이상 5억 원 미만인 경우에는 300일 이상, 5억 원 이상 50억 원 미만인 경우에는 500일 이상, 50억 원 이상인 경우에는 1,000일 이상의 유치기간을 정하여야 한다."고 규정하고 있으나, 종래부터 노역장유치기간의 상한이 3년으로 규정된 점과 선고되는 벌금 액수를 고려하면 그 하한이 지나치게 장기라고 보기 어렵다. 또한 노역장유치조항에 의한 1일 환형유치금액은, 벌금이 1억 원 이상 5억 원 미만인 경우 333천 원에서 166만 6천 원, 벌금이 5억 원 이상 50억 원 미만인 경우 100만 원에서 1000만 원, 벌금이 50억 원 이상인 경우 500만 원 이상으로, 벌금 액수에 따라 차이가 있으나, 이는 3년이라는 노역장유치기간의 상한 설정에 따른 불가피한 결과이다.

4) 노역장유치조항은 선고되는 벌금액에 따라 노역장유치기간의 하한을 정하고 있을 뿐이므로, 법관은 그 범위 내에서 다양한 양형요소들을 고려하여 1일 환형유치금액과 노역장유치기간을 정할 수 있다. 또한 법관은 범죄행위로 인한 수익을 몰수·추징하거나 피고인이 피해 회복을 위해 노력하는 등의 양형 요소가 있으면 벌금을 감경할 수 있고 징역형과는 별도로 벌금형만의 선고를 유예할 수도 있다(형법 제59조 제2항). 나아가 노역장유치조항의 적용을 받는 범죄들은 대부분 징역형과 함께 벌금형의 필요적 병과로 규정되어 있으므로, 법관은 필요한 경우 징역형의 양형과정에서 노역장유치조항이 정한 유치기간의 하한을 참작함으로써 구체적 형평을 기할 수 있다.

5) 이러한 점들을 종합하면, 노역장유치조항은 침해의 최소성 요건을 충족한다.

㈐ **법익 균형성**

노역장유치조항은 고액 벌금형을 단기의 노역장유치로 무력화시키지 못하도록 하고, 1일 환형유치금액 사이에 지나친 차이가 발생하지 않게 함으로써 노역장유치제도의 공정성과 형평성을 제고하기 위한 것으로, 이러한 공익은 매우 중대하다.

반면, 그로 인하여 청구인들이 입게 되는 불이익은 선고된 벌금을 납입하지 아니한 경우에 일정기간 이상 노역장에 유치되어 신체의 자유를 제한받게 되는 것이다. 노역장유치는 벌금을 납입하지 않는 경우를 대비한 것으로 벌금을 납입한 때에는 집행될 여지가 없고, 노역장유치로 벌금형이 대체되는 점 등을 고려하면, 청구인들이 입게 되는 불이익이 노역장유치조항으로 달성하고자 하는 공익에 비하여 크다고 할 수 없다.

따라서 노역장유치조항은 법익 균형성 요건을 충족한다.

(3) 소 결

노역장유치조항은 과잉금지원칙에 반하여 청구인들의 신체의 자유를 침해한다고 볼 수 없다.

다. 부칙조항의 위헌 여부(위헌의견)

(1) 쟁 점

부칙조항은 노역장유치조항이 개정되어 시행되기 전에 범죄를 저지른 경우라 하더라도 공소제기가 노역장유치조항 시행 이후에 이루어졌다면 노역장유치조항을 적용하도록 하고 있다. 이는 이미 종료된 범죄행위에 대하여 사후에 개정된 법률을 적용하는 것으로서 소급입법에 해당한다. 따라서 노역장유치가 형벌적 성격을 가진다면, 그리고 그 유치기간의 하한을 설정한 것이 불이익한 변경이라면 헌법 제13조 제1항의 형벌불소급원칙에 위반될 수 있다.

(2) 형벌불소급원칙의 의의 및 적용기준

헌법 제12조 제1항 후문은 "… 법률과 적법한 절차에 의하지 아니하고는 처벌·보안처분 또는 강제노역을 받지 아니한다."라고 규정하고, 헌법 제13조 제1항 전단은 "모든 국민은 행위시의 법률에 의하여 범죄를 구성하지 아니하는 행위로 소추되지 아니하며…"라고 하여 죄형법정주의와 형벌불소급원칙을 규정하고 있다. 위 조항들의 근본 취지는, 허용된 행위와 금지된 행위의 경계를 명확히 설정하여 어떠한 행위가 금지되어 있고 그에 위반한 경우 어떠한 처벌이 정해져 있는가를 미리 국민에게 알려 자신의 행위를 그에 맞출 수 있도록 하고, 사후입법에 의한 처벌이나 가중처벌을 금지함으로써 법적 안정성, 예측가능성 및 국민의 신뢰를 보호하기 위한 데 있다(헌재 1996. 2. 16. 96헌가2등 참조).

그런데 형벌불소급원칙이 적용되는 '처벌'의 범위를 형법이 정한 형벌의 종류에만 한정되는 것으로 보게 되면, 형법이 정한 형벌 외의 형태로 가해질 수 있는 형사적 제재나 불이익은 소급적용이 허용되는 결과가 되어, 법적 안정성과 예측가능성을 보장하여 자의적 처벌로부터 국민을 보호하고자 하는 형벌불소급원칙의 취지가 몰각될 수 있다. 형벌불소급원칙에서 의미하는 '처벌'은 단지 형법에 규정되어 있는 형식적 의미의 형벌 유형에 국한되지 않는다.

헌법재판소는 일찍이 보안처분인 구 사회보호법상 '보호감호'에 대하여 '상습범 등에 대한 보안처분의 하나로서 신체에 대한 자유의 박탈을 그 내용으로 하는 보호감호처분은 형벌과 같은 차원에서의 적법한 절차와 헌법 제13조 제1항에 정한 죄형법정주의의 원칙에 따라 비로소 과해질 수 있는 것이라 할 수 있고, 따라서 그 요건이 되는 범죄에 관한 한 소급입법에 의한 보호감호처분은 허용될 수 없다.'고 판시하여 '형법이 규정한 형벌' 외의 제재에 대해서도 형벌불소급원칙이 적용될 수 있음을 밝힌 바 있다(헌재 1989. 7. 14. 88헌가5등 참조). 그 후에도 헌법재판소는 '보안처분이라 하더라도 형벌적 성격이 강하여 신체의 자유를 박탈하거나 박탈에 준하는 정도로 신체의 자유를 제한하는 경우에는 형벌불소급원칙이 적용된다.'고 판시하고 있다(헌재 2012. 12. 27. 2010헌가82등; 헌재 2014. 8. 28. 2011헌마28등 참조).

대법원도 구 사회보호법상의 '보호감호'에 관하여 사회보호법 시행 이후에 저지른 범죄에 대하여만 보호감호 청구의 대상이 된다고 판시하였고(대법원 1982. 2. 9. 선고 81도2897 판결 참조), '가정폭력범죄의 처벌 등에 관한 특례법'이 정한 보호처분 중 하나인 '사회봉사명령'에 대하여도, 보안처분의 성격을 가지는 것이나 실질적으로는 신체적 자유를 제한하게 되므로 형벌불소급원칙에 따라 행위시법을 적용하여야 한다는 취지로 판결하였다(대법원 2008. 7. 24. 선고 2008어4 판결 참조).

이와 같이 헌법재판소와 대법원은 범죄행위에 따른 제재를 부과할 때 그 제재의 형식적 분류보다는 그 제재의 실질이 가져오는 형벌적 불이익의 정도에 따라 형벌불소급원칙의 적용 여부를 판단하고 있다.

이러한 점들을 종합하여 볼 때, 범죄행위에 따른 제재의 내용이나 실제적 효과가 가중되거나 부수효과가 불이익하게 변경되는 경우에는 행위시법을 적용함이 바람직하다(독일 형법 제2조 제1항 참조). 특히 범죄행위에 따른 제재의 내용이나 실제적 효과가 형벌적 성격이 강하여, 신체의 자유를 박탈하거나 이에 준하는 정도로 신체의 자유를 제한하는 경우에는 법적 안정성, 예측 가능성 및 국민의 신뢰를 보호하기 위하여 형벌불소급원칙이 적용되어야 한다.

(3) 노역장유치조항과 형벌불소급원칙

㈎ 형법은 "벌금을 납입하지 아니한 자는 1일 이상 3년 이하의 기간 노역장에 유치하여 작업에 복무하게 한다."고 하고(제69조 제2항), "벌금을 선고할 때에는 납입하지 아니하는 경우의 유치기간을 정하여 동시에 선고하여야 한다."고 규정하고 있다(제70조 제1항). 이와 같이 노역장유치는 벌금형에 대한 집행방법으로 그 자체가 독립된 형벌이 아니지만 벌금형에 부수적으로 부과되는 환형처분이다.

그리고 노역장유치의 집행에는 형의 집행에 관한 규정이 준용되고(형사소송법 제492조), 노역장유치의 명령을 받은 자는 징역형이 선고된 수형자와 함께 교도소에 수감되어 정역에 복무하는 등(형법 제67조, 형의 집행 및 수용자의 처우에 관한 법률 제2조 제2호), 노역장유치는 집행방법이 징역형과 동일하다. 또한 형법은 판결선고 전의 구금일수 전부를 유치기간에 산입하고, 구금일수의 1일을 유치기간의 1일로 계산하는 등(형법 제57조), 노역장유치의 실질을 징역형과 같은 것으로 규정하고 있다.

따라서 노역장유치는 벌금형에 부수적으로 부과되는 환형처분으로서, 그 실질은 신체의 자유를 박탈하여 징역형과 유사한 형벌적 성격을 가지고 있으므로, 형벌불소급원칙의 적용대상이 된다.

㈏ 형벌불소급원칙은 범죄행위시의 법률에 의해 범죄를 구성하지 않는 경우뿐만 아니라, 범죄행위시의 법률보다 형을 가중한 경우에도 적용된다. 형벌불소급원칙은 범죄행위시의 법률보다 형의 상한 또는 하한을 높인 경우에도 적용되며, 주형을 가중한 경우 외에도 부가형·병과형을 가중한 경우에도 적용된다.

앞서 본 바와 같이, 노역장유치는 벌금형에 부수적으로 부과되는 환형처분으로서 실질은 신체의 자유를 박탈하여 징역형과 유사한 형벌적 성격을 가지고 있으므로, 노역장유치와 관련된 법률의 개정으로 동일한 벌금형을 선고받은 사람에게 그 기간이 장기화되는 등 불이익이 가중된 때에는, 범죄행위시의 법률에 따라 벌금을 납입하지 아니하는 경우의 유치기간을 정하여 선고하여야 한다.

종전에는 노역장유치와 관련하여 1일 이상 3년 이하의 기간 동안 노역장유치를 할 수 있다는 규정 외에 노역장유치기간의 하한이 정해져 있지 않았고, 벌금이 고액이더라도 노역장유치기간이 반드시 그에 비례하여 장기화되는 것은 아니었다. 그런데 노역장유치조항은 "선고하는 벌금이 1억 원 이상 5억 원 미만인 경우에는 300일 이상, 5억 원 이상 50억 원 미만인 경우에는 500일 이상, 50억 원 이상인 경우에는

1,000일 이상의 유치기간을 정하여야 한다."고 규정하여, 1억 원 이상의 벌금형을 선고하는 경우에는 노역장유치기간을 300일 이상 등으로 하한을 정하였다. 그 결과 1억 이상의 벌금을 선고받는 자에 대한 노역장유치기간은 그 하한이 종전보다 장기화되었다. 이 사건에서도 노역장유치조항을 적용받은 청구인들은 이 조항 시행 전에 공소제기된 공범들보다 3배 내지 17배 가까이 장기간의 노역장유치에 처하는 판결을 선고받았다.

따라서 노역장유치조항은 1억 원 이상의 벌금을 선고받은 자에 대하여는 노역장유치기간의 하한이 중하게 변경된 것이므로, 이 조항 시행 전에 행한 범죄행위에 대해서는 범죄행위 당시에 존재하였던 법률을 적용하여야 한다.

(4) 소 결

부칙조항은 노역장유치조항의 시행 전에 행해진 범죄행위에 대해서도 공소제기의 시기가 노역장유치조항의 시행 이후이면 이를 적용하도록 하고 있는바, 부칙조항은 범죄행위 당시보다 불이익한 법률을 소급하여 적용하도록 하는 것이라고 할 수 있으므로, 헌법상 형벌불소급원칙에 위반된다.

이와 같이 부칙조항이 형벌불소급원칙에 반하여 헌법에 위반된다고 판단하는 이상 청구인들의 나머지 주장에 대하여는 더 나아가 판단하지 아니한다.

□ 노역장유치조항에 대한 보충의견

나는 노역장유치조항이 헌법에 위반된다고 판단하지는 않지만, 고액의 벌금형을 필요적으로 병과하는 특별형법 규정이 노역장유치조항과 결합하여 그 범죄자에게 과도한 제재가 될 수 있어 관련 법률을 정비하는 입법개선이 필요하다고 생각하므로, 다음과 같이 보충의견을 개진한다.

가. 노역장유치조항은 선고하는 벌금이 '1억 원 이상'인 경우부터 노역장유치기간의 하한을 정하고 있다. 노역장유치조항은 주로 특별형법상 '범죄이익의 일정 배수 이상'을 벌금형의 하한으로 규정하고 있는 경제범죄나 식품·보건·환경범죄 등이 그 대상이 된다.

'특정범죄 가중처벌 등에 관한 법률' 제2조(뇌물죄), 제6조(관세법상 허위신고, 밀수출입 등), 제8조(조세범 처벌법상 조세 포탈 등), 제8조의2(조세범 처벌법상 무거래 세금계산서 수수 등), '특정경제범죄 가중처벌 등에 관한 법률' 제5조(금융회사 임직원 수재 등), 제11조(무인가 단기금융업), '보건범죄 단속에 관한 특별조치법' 제2조(부정식품 제조 등), 제3조(부정의약품 제조 등), 제4조(부정유독물 제조 등), 제5조(부정의료업자), '마약류 불법거래 방지에 관한 특례법' 제6조(업으로 한 마약 수출입·제조·매매 등), '환경범죄 등의 단속 및 가중처벌에 관한 법률' 제6조(멸종위기 야생생물 포획), 제7조(폐기물 불법 처리), 제8조(제7조 누범가중), '건강기능식품에 관한 법률' 제43조 제3항(무허가 영업행위 등) 등이 그러하다.

나. 어떤 행위를 범죄로 규정하고 이를 어떻게 처벌할 것인가 하는 문제는 원칙적으로 입법자가 우리의 역사와 문화, 입법 당시의 시대적 상황과 국민 일반의 가치관 내지 법 감정, 범죄의 실태와 죄질 및 보호법익 그리고 범죄예방효과 등을 종합적으로 고려하여 결정하여야 할 국가의 입법정책에 관한 사항으로서 광범위한 입법재량 내지 형성의 자유가 인정되어야 할 분야이다(헌재 1995. 11. 30. 94헌가3; 헌재 2010. 5. 27. 2009헌가28).

노역장유치조항이 적용될 수 있는 벌금형을 정한 경제범죄나 식품·보건·환경범죄 등은 대체로 경제적 이익을 목적으로 하는 범죄로서 그 피해가 크고 경제 질서를 교란시키거나 사람의 생명·신체에 중대한 피해를 입히는 등 불법성이 중하다. 이러한 범죄들은 범죄수익의 박탈과 함께 막대한 경제적 손실을 가하지 않으면 범죄발생을 막기 어려울 수 있으므로, 그 범죄발생의 방지를 위해 고액의 벌금을 부과할 필요가 있다. 한편, 법관은 양형 요소가 있으면 벌금 액수를 감경할 수 있고 징역형과는 별도로 벌금형만의 선고를 유예할 수 있다(형법 제59조 제2항). 그리고 이러한 범죄들은 대부분 징역형과 함께 벌금형의 필요적 병과로 규정되어 있으므로, 법관은 필요한 경우 징역형의 양형과정에서 벌금형을 참작함으로써 구체적 형평을 기할 수 있다.

이러한 점을 고려하여, 헌법재판소는 노역장유치조항이 적용될 수 있는 벌금형을 정한 특별형법 조항에 대하여, 이는 범죄발생을 방지하기 위한 입법자의 결단이며 입법재량을 벗어난 것이라고 볼 수 없다고 하면서 합헌결정을 하고 있다(헌재 2013. 12. 26. 2012헌바217등; 헌재 2015. 12. 23. 2015헌바244; 헌재 2015. 12. 23. 2015헌바249; 헌재 2016. 5. 26. 2016헌바81; 헌재 2017. 7. 27. 2017헌바226 등).

다. '범죄이익의 일정 배수 이상'을 벌금형의 하한으로 규정하고 있는 경제범죄나 식품·보건·환경범죄 등은 많은 경우 벌금형의 필요적 병과를 규정하고 있다.

이러한 고액 벌금형의 필요적 병과는 범죄수익의 박탈에 더하여 재산의 손실을 통한 일반적 위하(威嚇)를 가하고자 하는 것이다. 그러나 범죄행위로 인하여 획득한 금전적 이익에 대하여 필요적 몰수·추징에 의한 박탈이 예정되어 있는 경우에는, 고액 벌금형을 필요적으로 병과하는 것은 범죄자에게 이중으로 경제적 고통을 안겨 줄 수 있다.

특히 공범 중에는 경제적 수익이 없거나 경미한 경우가 있을 수 있는데, 이러한 경우에도 모든 공범에 대해 고액의 벌금형을 필요적으로 병과하는 것은 과중한 형벌이 될 수 있다. '범죄이익의 일정 배수 이상'을 벌금형의 하한으로 규정하고 있는 경제범죄 등과 관련하여 수인의 공범이 있는 경우에는, 해당 법률에 따라 공범 모두에게는 고액의 벌금형이 선고되고, 그들은 각자 선고받은 벌금을 납입하여야 하며, 몰수·추징과 달리 공범 중 특정인이 벌금을 납입하더라도 다른 공범은 자신이 선고받은 벌금형의 집행이 면제되지 아니하고 전액을 납입하여야 하기 때문이다.

라. 노역장유치조항은 선고하는 벌금이 1억 원 이상인 경우에는 일정기간 이상의 노역장유치기간을 정하도록 하고 있다(제70조 제2항).

이러한 노역장유치조항은 고액 벌금형의 필요적 병과를 규정한 특별형법 조항과 결합해 범죄자에게 실질적으로 과중한 자유형이 될 수 있다. 법정의견에서 살펴본 바와 같이 노역장유치는 그 실질이 신체의 자유를 박탈하여 징역형과 유사한 형벌적 성격을 가지고 있고, 노역장유치조항으로 인해 노역장유치기간이 상당기간 장기화 될 수 있다. 특히 경제적으로 어려운 사람에게는 벌금형이 1억 원 이상인 경우 이를 납부하는 것이 쉽지 아니하다고 할 것이므로, 이들에 대한 고액의 벌금형은 노역장유치로 환형될 가능성을 높게 한다. 그 결과 노역장유치조항은 고액의 벌금형을 선고받은 경제적 약자로 하여금 선고받은 징역형 이외에 추가로 상당기간 동안 교도소에 수감되어 정역에 복무하게 할 수 있으며, 이는 책임주의에 반한다는 비판이 제기될 수 있다.

마. 노역장유치조항은 징역형에 대해 집행유예를 선고하는 경우에도, 벌금을 납입하지 못할 때에는 벌금 액수에 따라 300일 이상, 500일 이상, 1000일 이상의 노역장유치기간을 정할 수 있도록 하고 있다.

그러나 범인의 연령·성행(性行)·지능 및 환경, 피해자에 대한 관계, 범행의 동기·수단 및 결과, 범행 후의 정황 등을 고려해 징역형에 대해 집행유예를 선고하면서, 경제적인 이유 등으로 병과되는 벌금을 납입하지 못했다는 이유만으로 위와 같이 상당기간 동안 노역장에 유치하여 작업에 복무하게 할 수 있도록 하는 것이 적절하지 아니하다는 비판이 있다. 아울러 단기의 실형이 선고되는 경우에도 징역형은 벌금형보다 무거운 형이므로(형법 제50조), 벌금형에 부수적으로 부과되는 환형처분인 노역장유치기간이 징역형보다 장기화 되는 것은 타당하지 아니하다는 비판도 있다.

한편 형법 제59조 제2항은 "형을 병과할 경우에도 형의 전부 또는 일부에 대하여 그 선고를 유예할 수 있다."고 규정하여, 징역형과 함께 벌금형을 선고하는 경우에 징역형과는 별도로 벌금형만의 선고를 유예할 수 있도록 하고 있다. 이와 같이 벌금형에 대하여 선고를 유예하는 경우, 그 대상이 되는 벌금 액수의 제한은 없다. 그런데 2016. 1. 6. 형법개정으로 벌금형에 대한 집행유예제도가 도입되면서, 그 대상을 500만 원 이하의 벌금의 형으로 제한하고 있다(형법 제62조 제1항). 일반적으로 집행유예보다 형이 가벼운 경우에 형의 선고를 유예하는 것이므로, 벌금형의 집행유예와 달리 벌금 액수와 관계없이 모든 벌금형에 대해 선고를 유예할 수 있는 것은 형벌체계상 정당하지 아니하다는 비판이 제기될 수 있다.

바. 이상의 내용을 종합하면, 노역장유치조항이 법정의견과 같이 과잉금지원칙에 위반되는 것은 아니라고 하더라도, 이 조항으로 인해 선고되는 벌금이 1억 원 이상인 때에는 노역장유치기간이 일정기간 이상으로 장기화될 수 있으며, 고액의 벌금형을 필요적으로 병과하는 특별형법 규정은 노역장유치조항과 결합하여 책임원칙에 반할 수 있다는 비판이 제기되는 등 다양한 논란의 소지가 있다.

따라서 새로이 벌금형을 필요적으로 병과하는 특별형법 규정은 신중하게 입법하여야 하며, 아울러 종래 벌금형의 필요적 병과를 규정하고 있는 특별형법 조항에 대해서도 그 취지를 다시 새겨 합리적·체계적으로 정비하는 입법개선의 노력을 기울여야 할 것이다.

주거침입강제추행치상죄 사건
(헌재 2015. 11. 26. 2014헌바436)

□ 사건개요 등

이 사건은 '성폭력범죄의 처벌 등에 관한 특례법'(이하, '성폭력처벌법'이라 한다) 제8조 제1항 중 '제3조 제1항[형법 제319조 제1항(주거침입)의 죄를 범한 사람이 같은 법 제298조(강제추행)의 죄를 범한 경우]의 죄를 범한 사람이 다른 사람을 상해에 이르게 한 때에는 무기징역 또는 10년 이상의 징역에 처한다.'는 부분(이하, '이 사건 법률조항'이라 한다)에 대한 위헌소원 사건이다.

헌법재판소는 이 사건 법률조항이 헌법에 위반되지 않는다고 결정하였다. 이 결정에는 재판관 안창호 외 4명의 반대(한정위헌)의견이 있었다. 반대의견은 이 사건 법률조항이 항문성교, 구강성교 또는 성기에 도구 등을 삽입하는 행위 등 강간에 못지않은 행위 이외의 강제추행에 대하여 적용되는 한 헌법에 위반된다는 것인데, 그 중요 내용은 다음과 같다.

첫째, 형벌규정에서 법정형의 하한을 높게 규정하는 경우, 특히 작량감경을 하더라도 별도의 법률상 감경사유가 없는 한 집행유예를 선고할 수 없도록 하는 규정은 법관의 양형선택과 판단권을 제한하여 책임과 형벌 간 비례원칙에 위배될 수 있다.

둘째, 주거침입강제추행치상죄는 강제추행죄와 마찬가지로 다양한 행위의 태양을 포함하고 있고 상해의 편차도 크므로, 책임주의 원칙상 그에 대한 법정형의 폭을 넓게 하여 법관이 책임에 비례하는 형을 선고할 수 있도록 해야 한다.

셋째, 주거침입강제추행치상죄는 주거침입강간치상죄와 같이 그 법정형의 하한을 10년 이상의 징역으로 정하고 있어, 강간에 비하여 법익 침해 정도가 훨씬 경미한 강제추행으로 인해 매우 경미한 상해의 결과가 발생한 경우에도 10년 이상의 징역으로 처벌하게 되므로 책임원칙에 반하는 결과가 발생할 수 있다.

반대의견은 법정형의 종류와 범위의 선택은 그 범죄의 죄질과 보호법익에 대한 고려뿐만 아니라 우리의 역사와 문화, 입법당시의 시대적 상황, 국민 일반의 가치관 내지 법 감정 그리고 범죄예방을 위한 형사정책의 측면 등 여러 요소를 종합적으로 고려하여 입법자가 결정할 사항으로서 입법재량 내지 형성의 자유가 인정된다는 점을 인정하고 있다. 다만 법정형의 하한이 정해지고 이로 인해 집행유예의 선고가 어렵게 되는 경우에는 법관의 양형선택과 판단을 극도로 제한하여 책임과 형벌 간 비례원칙을 위반할 수 있으므로, 위헌법률심사에서 보다 엄격한 심사가 요구된다는 견해이다.

　이 사건 결정 이후에도 헌법재판소는 구 '성폭력범죄의 처벌 및 피해자보호 등에 관한 법률'(1997. 8. 22. 법률 제5343호로 개정되고, 2010. 4. 15. 법률 제10258호로 개정되기 전의 것) 제5조 제2항 중 '형법 제334조(특수강도) 제2항의 죄를 범한 자가 동법 제298조(강제추행)의 죄를 범한 때에는 사형·무기 또는 10년 이상의 징역에 처한다.'는 부분에 대하여도 헌법에 위반되지 않는다는 결정하였다(헌재 2016. 12. 29. 2016헌바258). 이 결정에서도 재판관 안창호 외 4명의 반대의견이 있었다. 반대의견은 법정형이 중형으로 규정되어 있는 경우에는 반드시 참조해야 할 의견으로 평가된다.

□ 반대(위헌)의견

　우리는 이 사건 법률조항이 구강, 항문 등 신체(성기는 제외한다)의 내부에 성기를 넣거나 성기, 항문에 손가락 등 신체(성기는 제외한다)의 일부 또는 도구를 넣는 행위 이외의 강제추행행위에 대하여도 적용되는 한 헌법에 위반된다고 판단하므로 다음과 같이 의견을 밝힌다.

가. 형벌 선택에 관한 입법형성권의 한계

　형벌에 대한 법정형의 종류와 범위가 입법재량에 속한다고 하더라도 무제한한 것이 될 수 없으며, 기본권의 본질적 내용을 침해할 수는 없다. 즉 법정형의 종류와 범위를 정할 때에는 인간의 존엄과 가치를 존중하고 보호하여야 한다는 헌법 제10조의 요구에 따라야 하고, 헌법 제37조 제2항이 규정하고 있는 과잉입법금지의 정신에 따라 형벌개별화의 원칙이 적용될 수 있는 범위의 법정형을 설정하여 실질적 법치국가의 원리를 구현하도록 하여야 하며, 형벌이 죄질과 책임에 상응하도록 적절한 비례성을 지켜야 한다. 이러한 요구는 특별형법의 경우도 마찬가지여서 중벌(重罰)주의로 대처할 필요성이 인정되는 경우라 하더라도 범죄의 실태와 죄질의 경중,

이에 대한 행위자의 책임, 처벌규정의 보호법익 및 형벌의 범죄예방효과 등에 비추어 전체 형벌체계상 지나치게 가혹한 것이어서, 그러한 유형의 범죄에 대한 형벌 본래의 기능과 목적을 달성함에 있어 필요한 정도를 현저히 일탈함으로써 입법재량권이 헌법규정이나 헌법상의 제 원리에 반하여 자의적으로 행사된 것으로 평가되는 경우에는 이와 같은 법정형을 규정한 법률조항은 헌법에 반한다고 보아야 한다(헌재 2003. 11. 27. 2002헌바24; 헌재 2013. 7. 25. 2012헌바320 참조).

나. 책임과 형벌 간의 비례원칙 위반 여부

(1) 형사법상 책임원칙은 형벌은 범행의 경중과 행위자의 책임 사이에 비례성을 갖추어야 하고, 특별한 이유로 형을 가중하는 경우에도 형벌의 양은 행위자의 책임의 정도를 초과해서는 안 된다는 것을 의미한다(헌재 2004. 12. 16. 2003헌가12 참조). 형사법상 범죄행위의 유형이 다양한 경우에는 그 다양한 행위 중에서 특히 죄질이 흉악한 범죄를 무겁게 처벌해야 한다는 것은 책임주의의 원칙상 당연히 요청되지만, 그 다양한 행위 유형을 하나의 구성요건으로 포섭하면서 법정형의 하한을 무겁게 책정하여 죄질이 가벼운 행위까지를 모두 엄히 처벌하는 것은 책임주의에 반한다(헌재 2001. 11. 29. 2001헌가16; 헌재 2013. 7. 25. 2012헌바320 참조).

(2) 주거침입강제추행치상죄는 형법 제319조 제1항의 주거침입죄와 형법 제301조의 강제추행치상죄가 결합된 범죄로서, 주거침입죄를 범한 사람이 강제추행죄 내지 강제추행미수죄를 범하여 다른 사람을 상해에 이르게 한 때 성립한다.

형법상 강제추행행위로 인정되는 행위유형은 그 범위가 매우 넓어서, 뒤에서 갑자기 껴안는 행위(대법원 2015. 9. 10. 선고 2015도6980 판결), 옷 위로 유방을 만지는 행위(대법원 2002. 4. 26. 선고 2001도2417 판결), 목 뒤로 팔을 감아 돌림으로써 얼굴이나 상체가 밀착되어 서로 포옹하는 것과 같은 신체접촉행위, 이른바 러브샷(대법원 2008. 3. 13. 선고 2007도10050 판결) 등 강간에 비하여 성적자기결정권을 침해하는 정도가 훨씬 경미한 경우도 포함된다. 입법자는 형법 제298조(강제추행)에서 징역형(10년 이하의 징역) 외에 벌금형(1,500만 원 이하의 벌금)을 규정하여 벌금형에 처하는 것으로 충분한 비교적 경미한 유형의 강제추행행위도 예정하고 있다.

또한 강제추행치상죄의 상해의 결과는 추행행위 그 자체로부터 발생한 경우나 강제추행의 수단으로 사용한 폭행으로부터 발생한 경우는 물론 강제추행에 수반하는 행위에서 발생한 경우도 포함된다(대법원 2009. 7. 23. 선고 2009도1934 판결). 따라서 피해자가 위와 같이 경미한 유형의 강제추행행위를 피하려다 상해의 결과가 발생한 경우 등에도 강제추행치상죄가 성립한다.

더욱이 입법자는 주거침입과 관련하여 형법 제319조 제1항에서 징역형(3년 이하의 징역) 외에 벌금형(500만 원 이하의 벌금)도 규정하고 있고, 주거침입죄의 객체에는 사람의 주거뿐만 아니라 관리하는 건조물, 선박이나 항공기 또는 점유하는 방실도 포함된다. 대법원은 신체의 일부만 들어간 경우에도 사실상 주거의 평온을 해하였다면 주거침입죄는 기수에 이른다는 입장이고, 타인의 집의 창문을 열고 집안으로 얼굴을 들이민 경우(대법원 1995. 9. 15. 선고 94도2561 판결), 피해자가 사용하고 있던 용변 칸에 강간할 의도로 들어간 경우(대법원 2003. 5. 30. 선고 2003도1256 판결), 일반인의 출입이 허용된 음식점에 도청장치를 설치할 목적으로 들어간 경우(대법원 1997. 3. 28. 선고 95도2674 판결), 대학교 강의실에 들어간 경우(대법원 1992. 9. 25. 선고 92도1520 판결) 등에도 주거침입죄를 인정하였다.

그렇다면 강제추행행위가 주거침입죄를 범한 자에 의하여 이루어진 것이고 상해의 결과가 발생하였다고 하더라도 죄질을 일률적으로 평가할 수는 없다. 주거침입강제추행치상죄도 강제추행죄와 마찬가지로 다양한 행위유형을 포함하고 있고, 그 경중의 폭이 넓으므로 형사상의 책임주의 원칙상 그에 대한 법정형의 폭도 넓게 하여 법관이 각 행위의 개별성에 맞추어 형을 선고할 수 있도록 설정되어야 한다(헌재 2006. 12. 28. 2005헌바85; 헌재 2013. 7. 25. 2012헌바320 참조). 그러나 이 사건 주거침입강제추행치상죄는 주거침입강간치상죄와 같이 그 법정형의 하한을 10년 이상의 징역으로 정하고 있어 강간에 비하여 성적자기결정권을 침해하는 정도가 훨씬 경미한 유형의 강제추행행위로 인하여 경미한 상해의 결과가 발생한 경우에도 주거침입의 기회에 행하여졌으면 주거침입강간치상과 같은 법정형으로 처벌하게 되어 책임원칙에 반하는 결과가 발생한다. 뿐만 아니라 위와 같이 법정형의 하한을 높게 규정함으로써 예컨대 일반인의 출입이 허용된 음식점에 강제추행 목적으로 들어가 피해자를 뒤에서 갑자기 껴안으려 하였으나 피해자가 피하였고, 그 과정에서 피해자가 넘어져 찰과상을 입은 경우 실무상 작량감경을 하더라도 별도의 법률상 감경사유가 없는 한 집행유예를 선고할 수 없도록 법관의 양형선택과 판단권을 극도로 제한하고 있어 매우 부당하다.

물론 강제추행행위 중에서도 강간이나 유사강간을 한 경우보다 죄질이 무거운 경우가 있을 수 있고, 주거의 평온과 안전을 현저히 해하는 유형의 주거침입행위도 있을 수 있으며, 강제추행행위로 인하여 중한 상해의 결과가 발생하는 경우도 있을 수 있으나, 법정형의 상한을 높게 규정하면 위와 같은 경우에도 불법의 정도에 상응하는 형을 선고할 수 있다. 그럼에도 불구하고 위와 같은 경우가 발생할 수 있다는 이유로 법정형의 하한을 무겁게 책정하여 주거의 평온과 안전을 크게 해하지 아니한 자가 상대적으로 경미한 유형의 강제추행행위를 하여 경미한 상해를 입게 한 경우까지 모두 엄히 처벌하는 것은 책임주의에 반한다.

(3) 형사정책적 측면에서도 형벌이 지나치게 가혹·잔인하면 일시적으로는 범죄억지력을 발휘할지 모르지만 결국에는 중벌에 대해 면역성과 무감각이 생기게 될 뿐이고, 범죄예방과 법질서수호가 아니라 법의 권위를 실추시키고 법질서의 영속성과 안정을 저해하는 요인이 될 뿐이다(헌재 2003. 11. 27. 2002헌바24; 헌재 2004. 12. 16. 2003헌가12 참조). 또한 법정형의 하한이 지나치게 높게 규정된 경우에는 법집행기관이 구체적 타당성을 이유로 범죄의 성립 범위를 자의적으로 해석하여 법적 안정성을 해할 수 있다.

(4) 입법자는 2012. 12. 18. 법률 제11574호로 형법 제297조의2(유사강간)를 신설하여 '구강, 항문 등 신체(성기는 제외한다)의 내부에 성기를 넣거나 성기, 항문에 손가락 등 신체(성기는 제외한다)의 일부 또는 도구를 넣는 행위' 등 강간에 못지않은 강제추행행위를 한 사람을 2년 이상의 징역에 처하도록 규정하여 강간에 못지않은 불법성을 지닌 강제추행행위와 그렇지 않은 강제추행행위를 구별하여 법정형을 규정함으로써 행위의 개별성에 맞추어 형이 선고되도록 하고 있다.

주거침입강제추행치상죄에 있어서도 강간에 못지않은 강제추행행위와 그렇지 않은 강제추행행위를 구별하여 후자의 경우에는 전자보다 법정형의 하한을 낮게 규정하거나 강제추행행위의 유형에 대한 구분 없이 주거침입강제추행치상죄 자체에 대한 법정형의 하한을 주거침입강간치상죄보다 낮게 규정하여 법정형의 범위를 넓게 정함으로써 법관으로 하여금 그 범위 내에서 각 행위에 상응하는 형벌을 선택할 수 있도록 하여 책임원칙에 합당한 형사처벌이 이루어지도록 규율하는 것이 가능하다.

(5) 그렇다면 이 사건 법률조항이 항문성교, 구강성교 또는 성기에 도구 등을

삽입하는 행위 등 강간에 못지않은 행위 이외의 강제추행행위에도 적용되는 것은 각 행위의 개별성에 맞추어 그 책임에 알맞은 형벌을 선고할 수 있어야 하는 책임과 형벌 간의 비례원칙에 위배된다.

다. 평등원칙 위반 여부

(1) 어느 범죄에 대한 법정형이 형벌의 체계정당성에 반하여 과도한 지의 여부는 법정형의 상한과 하한에 의하여 정하여지는 양형범위가 그 구성요건에 해당하는 다양한 태양의 범죄를 모두 포용할 수 있는지에 따라 결정되고, 어느 범죄에 대한 법정형이 평등원칙에 반하여 다른 범죄에 대한 그것보다 지나치게 높은지의 여부는 범죄의 일반적인 죄질과 보호법익을 기준으로 판단되어야 한다(헌재 2009. 6. 25. 2007헌바25; 헌재 2013. 7. 25. 2012헌바320 참조).

앞서 본 바와 같이 형법상 강제추행행위로 인정되는 행위유형은 강간에 못지않은 행위에서부터 강간에 비하여 성적자기결정권을 침해하는 정도가 훨씬 경미한 유형의 강제추행행위까지 그 범위가 매우 넓다. 입법자는 강간과 강제추행의 법정형을 규정함에 있어 그 죄질과 보호법익 등 여러 가지 요소를 종합하여 강간에 대하여 강제추행보다 징역형의 하한은 3년 가까이 높게, 상한은 20년 높게 규정하면서 벌금형은 규정하고 있지 않다. 단순히 피해자의 의사에 반하여 피해자의 신체부위를 만지는 등의 행위를 하였는데 피해자가 이를 피하려다 경미한 상해를 입게 된 경우, 이는 형법상 강제추행치상죄를 구성하고 그것이 주거침입과 결합하면 이 사건 법률조항이 적용되어 주거침입강제추행치상죄가 성립하는데, 이러한 유형의 강제추행을 한 경우를 주거침입의 기회에 행하여졌고 상해의 결과가 발생하였다는 이유만으로 강간을 한 경우와 동일하게 취급할 수는 없는 것이고, 죄질의 차이가 상대화된다고 볼 수도 없다.

(2) 이 사건 법률조항은 주거침입죄를 범한 사람이 강제추행죄 내지 강제추행미수죄를 범하여 다른 사람을 상해에 이르게 한 때 성립하는 범죄인바, 성폭력처벌법 제3조 제1항은 이 사건 법률조항의 기본범죄인 주거침입강제추행죄의 법정형을 주거침입강간죄 및 주거침입유사강간죄와 동일하게 규정하고 있다.

상해의 결과가 발생하기만 하면 기본범죄가 무엇인지에 관계없이 죄질이 일률적으로 중해지는 것은 아니므로, 주거침입강제추행치상죄의 법정형을 주거침입강간치상죄 및 주거침입유사강간치상죄와 달리 규정하는 것이 형벌 개별화의 원칙상 바람직하며, 성폭력처벌법이 위와 같이 기본범죄의 법정형을 동일하게 규정하고 있다는 이유만으로 주거침입강제추행치상을 주거침입강간치상 및 주거침입유사강간치상과 같이 취급하는 것이 정당화되는 것도 아니다.

다만 주거침입강제추행치상죄의 법정형을 주거침입강간치상죄 및 주거침입유사강간치상죄와 동일하게 규정하더라도 주거침입의 기회에 경미한 유형의 강제추행행위를 하여 경미한 상해를 입게 한 경우 가볍게 처벌할 수 있도록 법정형의 하한을 충분히 낮게 규정하였다면 실질적으로는 주거침입강제추행치상을 주거침입강간치상 및 주거침입유사강간치상과 같이 무겁게 처벌하는 것이 아니라 주거침입강제추행치상과 주거침입강간치상 및 주거침입유사강간치상을 한 조문에서 규정한 것에 불과하여 입법재량의 범위 내라고 볼 여지가 있다.

그런데 이 사건 법률조항은 앞서 본 바와 같이 주거침입강제추행치상죄의 법정형을 주거침입강간치상죄 및 주거침입유사강간죄와 동일하게 규정하면서 법정형의 하한을 지나치게 높게 규정하여, 주거침입의 기회에 경미한 유형의 강제추행행위를 하여 경미한 상해를 입게 한 경우 책임에 상응하는 형벌을 선고할 수 없도록 하고 있으므로, 합리적인 이유 없이 주거침입강제추행치상을 주거침입강간치상 및 주거침입유사강간치상과 동일하게 무겁게 처벌하는 것에 해당한다.

(3) 그렇다면 이 사건 법률조항이 항문성교, 구강성교 또는 성기에 도구 등을 삽입하는 행위 등 강간에 못지않은 행위 이외의 강제추행행위에도 적용되는 것은 법정형을 정함에 있어서 '평등한 것은 평등하게, 불평등한 것은 불평등하게'라는 실질적 평등원칙에 어긋나고, 형벌체계상 균형을 잃었다고 하지 않을 수 없다.

라. 소결론

성폭력 범죄를 예방하기 위해 중벌(重罰)이 요구된다는 부분에서는 법정의견에 동의하지만, 입법목적 달성을 위해 아무리 중벌이 요구된다 하더라도 책임주의에 반하고, 본질적으로 다르다고 평가된 것을 같게 취급한다면, 그 입법목적만으로 정당성을 가질 수는 없다. 결국 이 사건 법률조항은 구강, 항문 등 신체(성기는 제외한다)의 내부에 성기를 넣거나 성기, 항문에 손가락 등 신체(성기는 제외한다)의 일부 또는 도구를 넣는 행위 이외의 강제추행행위에 대하여도 적용되는 한 책임과 형벌 간 비례원칙에 위배되고, 형벌의 체계정당성에 반하여 헌법 제11조의 실질적 평등의 원칙에 부합하지 않으므로, 헌법에 위반된다고 할 것이다.

농협법상 후보자비방죄 사건

(헌재 2012. 11. 29. 2011헌바137)

□ 사건개요 등

이 사건은 농업협동조합 조합장 선거와 관련해서 공연히 사실을 적시하여 후보자를 비방한 사람을 처벌하도록 한 구 농업협동조합법(이하, '농협법'이라 한다) 제172조 제3항(이하, '이 사건 법률조항'이라 한다)에 대한 위헌소원 사건이다.

헌법재판소는 이 사건 법률조항이 헌법에 위반되지 않는다고 결정하였다. 이 결정에는 재판관 안창호 외 4명의 반대(위헌)의견이 있었다. 반대의견은 이 사건 법률조항이 공직선거법 제251조[3] 등에 비추어 볼 때 평등원칙에 위배된다는 견해인데, 그 중요 내용은 다음과 같다.

첫째, 공직선거법은 허위사실을 공표한 경우와 달리 '공연히 사실을 적시하여 후보자를 비방'한 경우에는 3년 이하의 징역 또는 '500만 원 이하'의 벌금에 처하도록 규정하고 있음에도, 이 사건 법률조항은 '허위사실을 공표'한 경우와 '공연히 사실을 적시하여 후보자를 비방'한 경우를 동일하게 '500만 원 이상' 3,000만 원 이하의 벌금에 처하도록 규정하고 있다.

둘째, 공직선거법과 농협법은 모두 후보자비방죄로 100만 원 이상의 벌금의 선고를 받고 일정기간이 지나지 아니한 사람에 대해 피선거권·공무담임권 또는 임원의 자격을 제한하는 규정을 두고 있다.

셋째, 공직선거법상 사실적시에 의해 후보자를 비방한 사람은 양형요소들이 고려되어 100만 원 미만의 벌금이 선고됨으로써 피선거권 등이 박탈되지 않을 수 있음에도, 농협법상 사실적시에 의해 후보자를 비방한 사람은 별도의 작량감경 사유가

---

3) 헌법재판소는 공직선거법 제251조가 헌법에 위반되지 아니한다고 결정하였다(헌재 2013. 6. 27. 2011헌바75). 이 사건은 제3장 '집회 및 표현의 자유'의 '기타 중요 사건'에 수록되어 있다.

없는 한 일정 기간 동안 농협 임원자격이 박탈된다.

　　반대의견은 농협법상 사실적시에 의한 후보자비방죄의 하한이 벌금 500만 원으로 되어 있어, 그 죄를 범한 경우 별도의 작량감경 사유가 없는 한 일정기간 동안 농협의 임원자격이 박탈되는 점을 주목하여, 이 사건 법률조항이 헌법에 위반된다는 견해이다. 농협법이 공직선거법과는 달리 후보자비방죄에 대해 징역형을 규정하고 있지 아니한 점에 비춰 볼 때, 공직 후보자보다는 농협임원 후보자에 대한 비방을 중하게 보고 있지 아니함에도, 공직선거법과는 달리 사실적시에 의한 후보자비방죄에 대한 법정형의 하한을 별도의 작량감경 사유가 없는 한 농협의 임원이 될 수 없도록 하는 것은, 형벌체계상의 균형을 잃어 평등원칙에 위반된다고 할 것이다. 농협법의 관련 조항의 개정이 필요한 것으로 보인다.

□ 반대(위헌)의견

가. 법정형의 차별에 따른 위헌 여부

(1) 차별의 발생

　　공직선거법은 '당선 목적으로 허위사실을 공표'하는 행위에 대하여 5년 이하의 징역 또는 3천만 원 이하의 벌금(제250조 제1항), '낙선 목적으로 허위사실을 공표'하는 행위에 대하여 7년 이하의 징역 또는 500만 원 이상 3천만 원 이하의 벌금(제250조 제2항), '공연히 사실을 적시하여 후보자를 비방'한 경우에는 3년 이하의 징역 또는 500만 원 이하의 벌금(제251조)에 각 처하도록 규정하고 있다. 반면, 이 사건 법률조항은 '공연히 사실을 적시하여 후보자를 비방'한 경우와 '허위사실을 공표'한 경우를 구별하지 않고 동일하게 500만 원 이상 3,000만 원 이하의 벌금에 처하도록 규정하고 있다.

　　이로 인하여, 이 사건의 경우와 같이 '지역농협의 임원선거와 관련하여 공연히 사실을 적시하여 후보자를 비방한 자'는 '공직선거법상 공연히 사실을 적시하여 후보자를 비방한 자'와 비교하여 두 가지 측면에서 차별취급을 받게 된다. 첫째, 공직선거법의 경우와는 달리 '사실을 적시하여 후보자를 비방'한 행위에 대하여 '허위사실을 공표하여 후보자를 비방'한 자와 동일한 법정형의 적용을 받게 되고, 둘째, 공직선거법상 후보자비방죄를 범한 자에 비하여 높은 액수의 벌금형 하한의 적용을 받게 된다.

(2) 차별의 합리성 여부

먼저 첫째 측면의 차별취급과 관련하여 살피건대, 선거과정에서 '허위사실을 공표하여 후보자를 비방'하는 행위와 '공연히 사실을 적시하여 후보자를 비방'하는 행위는 그 죄질 및 그에 따른 행위자 책임의 경중이 크게 다르다고 할 것인데도, 이 사건 법률조항은 위 두 가지 행위를 동일하게 취급하고 있다는 점에서 불합리한 차별을 하고 있는 것이라 할 수 있고, 또한 공직선거법에 비하여 형벌체계상의 균형을 잃고 있다고 할 것이다.

나아가 둘째 측면의 차별취급과 관련하여 보면, 공직선거법과 농협법은 모두 후보자비방죄로 100만 원 이상의 벌금형의 선고를 받고 일정기간이 지나지 아니한 사람의 피선거권과 공무담임권 또는 임원의 자격을 제한하는 규정을 두고 있는바(공직선거법 제19조, 제18조 제1항 제3호, 제264조, 농협법 제49조 제1항 제8호, 제2항), 위에서 살핀 벌금형 하한의 차이 때문에, 법관은 공직선거법상 후보자비방죄를 범한 자에 대하여는 여러 양형요소들을 고려하여 100만 원 미만의 벌금형을 선고함으로써 피선거권이나 공무담임권이 박탈되지 않게 할 수 있는 반면, 농협법상 후보자비방죄를 범한 자에 대하여는 작량감경을 하여도 250만 원 이상의 벌금형을 선고할 수밖에 없어, 특별한 사정이 없는 한 일정 기간 동안 지역농협 임원이 될 자격을 박탈하게 된다.

이 점과 관련하여, 지역농협 임원선거가 과열·혼탁선거로 변질되어 공정을 해하지 못하도록 할 특수한 필요성에 비추어 무거운 법정형 하한의 설정이 불가피하다는 의견도 있을 수 있을 것이나, 상대적으로 좁은 인적, 지역적 범위에서 자조적 조직 구성을 위하여 이루어지는 지역농협 임원선거에서 후보자를 비방한 행위가 국민의 대표를 선출하는 공직선거에서 저질러진 같은 유형의 행위보다 그 죄질과 책임이 더 중하다고 보기는 어렵고, 따라서 이 사건 법률조항이 공직선거법의 경우와 달리 무거운 벌금형의 하한을 정하고 있는 것은 명백히 합리성을 결여한 것이라고 하지 않을 수 없다.

결국 이 사건 법률조항에서 규정된 법정형은 그 범죄의 죄질과 그에 따른 행위자의 책임에 비해 지나치게 가혹하여 현저히 형벌체계상의 균형을 잃은 것일 뿐만 아니라, 공직선거법위반의 경우와 대비하여 자의적인 차별에 의한 것으로서 헌법상 평등원칙을 위반하는 것이라 할 것이다.

나. 특별위법성조각사유 규정의 유무에 따른 차별 여부

이 사건 법률조항은 공직선거법 제251조 단서와 같은 특수한 위법성조각사유를 따로 규정하지 않고 있다.

이 사건 법률조항의 '비방'의 개념에 대한 법원의 합리적 해석 또는 형법 제20조에서 정한 일반위법성조각사유 규정의 적용을 통하여 처벌범위를 어느 정도 한정할 수는 있을 것이다.

그러나 이는 선거과정에서의 특정한 표현행위가 사후적으로 사법심사의 대상이 되었을 때 비로소 의미를 가지는 것으로서, 이 사건 법률조항에 특수한 위법성조각사유가 따로 규정되어 있지 않음으로 인하여 지역농협 임원선거 과정에서 조합원들의 표현의 자유를 위축시켜 스스로 표현행위를 자제하게 만드는 효과가 있을 것임을 간과할 수 없다.

게다가 형법 제20조의 정당행위를 인정하려면, 행위의 동기나 목적의 정당성, 행위의 수단이나 방법의 상당성, 보호이익과 침해이익과의 법익균형성, 긴급성, 보충성 등의 엄격한 요건을 갖추어야 하므로, 이러한 형법상의 일반위법성조각사유가 있다는 이유만으로 이 사건 법률조항에 고유한 위법성조각사유를 규정할 필요가 없다고도 볼 수 없다(헌재 2012. 2. 23. 2010헌바480).

따라서 이 사건 법률조항은 특별위법성조각사유를 규정하지 않음으로써 지역농협 임원선거와 관련하여 후보자비방죄를 범한 자를 공직선거법상 같은 죄를 범한 자에 비하여 합리적 이유 없이 차별하고 있다 할 것이다.

다. 소결론

이 사건 법률조항은 평등원칙에 위배되어 헌법에 위반된다.

국회 허위증언 가중처벌 사건
(헌재 2015. 9. 24. 2012헌바410)

□ 사건개요 등

이 사건은 국회에서 허위로 증언하는 경우 형법상 위증죄에 비하여 중하게 형사처벌하는 '국회에서의 증언·감정 등에 관한 법률'(이하, '국회증언감정법'이라 한다) 제14조 제1항 본문 중 증인에 관한 부분(이하, '심판대상조항'이라 한다)에 대한 위헌소원 사건이다.

헌법재판소는 심판대상조항이 헌법에 위반되지 아니한다고 결정하였다. 이 결정에는 재판관 4명의 반대(위헌)의견이 있었다. 법정의견은 심판대상조항이 진술거부권을 침해하지 않고, 평등원칙에 위반되지 않는다는 견해인데, 그 중요 내용은 다음과 같다.

첫째, 진술거부권은 형사절차뿐만 아니라 행정절차나 국회에서의 조사절차 등에서도 보장되고, 현재 피의자나 피고인으로서 수사 또는 공판절차에 계속 중인 사람뿐만 아니라 장차 피의자나 피고인이 될 사람에게도 보장된다.

둘째, 국회증언감정법이 형사소송법과는 달리 증언거부권 관련 '고지' 규정을 두지 않았는데, 이는 양 절차에서 증언거부권의 고지 여부를 달리 취급하려는 입법자의 의사로 볼 수 있을 뿐, 입법상의 흠결이나 오류로 단정되는 것은 아니다.

셋째, 국회에서의 위증은 국민을 대표하는 국회의 권위를 훼손하고, 다수 국민에게 광범위한 영향을 미칠 수 있으며, 소송절차보다 엄격한 절차를 거쳐야 증언할 수 있는 점을 고려할 때, 심판대상조항이 국회에서의 위증에 대해 소송절차에서의 위증보다 무거운 법정형을 정한 것이 형벌체계상 균형을 잃었다고 할 수 없다.

법정의견은 대의제 민주주의에서 국회기능의 중요성을 확인하면서, 국회에서의 위증은 국민을 대표하는 국회의 권위를 훼손하고, 입법·재정·국정통제 등에 관한 전반적인 국회 기능에 영향을 미치는 행위로서, 형법상 위증죄보다 중하게 처벌되는 것이 헌법적으로 정당화될 수 있음을 명백히 하고 있다.

□ 법정(합헌)의견

가. 국회증언감정법의 입법취지 및 연혁

국회증언감정법은 1954. 9. 23. 법률 제340호로 국회에서 의안 기타 사안의 심사나 조사 또는 국정에 관한 감사에 있어서 정확한 증거를 수집함을 목적으로 제정·시행되다가 1973. 2. 7. 폐지된 후, 1975. 11. 18. 제94회 국회 정기회 제13차 본회의에 새로운 법률안이 상정·의결되어 1975. 11. 29. 법률 제2786호로 다시 제정되었다. 이때 제정된 국회증언감정법은 국회법 제121조 제1항의 규정에 의한 국회의 특정사안에 대한 조사 또는 안건심의와 직접 관련하여 행하는 증언·감정 등의 절차를 규정함을 목적으로 하였고(제1조 참조), 제4조에서 국회의 의장 또는 위원장이 증인 등에게 선서를 시켜야 할 의무 및 위증의 벌이 있음을 알려야 할 의무를 규정하였으며, 제8조에서 위증죄의 법정형을 10년 이하의 징역으로 규정하였다.

이후 국회증언감정법은 여러 차례 개정이 이루어졌는데, 그 중 증언거부권과 위증죄에 관한 개정내용을 보면, 1988. 8. 5. 전부개정(법률 제4012호) 당시 제3조 제1항에서 증인은 형사소송법 제148조 또는 제149조의 규정에 해당하는 경우에 선서·증언 또는 서류제출을 거부할 수 있음을 규정하였고, 국회에서의 증언 등의 진실성을 담보하기 위하여 위증죄의 법정형을 10년 이하의 징역에서 1년 이상 10년 이하의 징역으로 강화하였으며(제14조 제1항 본문), 제9조에서 증인은 변호인을 대동할 수 있도록 하는 등 증인보호규정을 신설하였다. 2010. 3. 12. 개정(법률 제10051호)으로 위증죄를 규정한 제14조 제1항 본문 중 "진술"을 "진술(서면답변을 포함한다)"로 개정하여 증인이 서면으로 허위의 답변을 하는 경우에도 허위의 진술의 경우와 마찬가지로 처벌하도록 하였다.

나. 진술거부권 침해 여부

헌법 제12조 제2항은 "모든 국민은 고문을 받지 아니하며, 형사상 자기에게 불리한 진술을 강요당하지 아니한다."고 규정하여 형사책임에 관하여 자신에게 불이익한 진술을 강요당하지 아니할 것을 국민의 기본권으로 보장하고 있다. 진술거부권은 형사절차뿐만 아니라 행정절차나 국회에서의 조사절차 등에서도 보장되고, 현재 피의자나 피고인으로서 수사 또는 공판절차에 계속 중인 사람뿐만 아니라 장차 피의자나 피고인이 될 사람에게도 보장된다. 또한 진술거부권은 고문 등 폭행에 의한 강요는 물론 법률로써도 진술을 강요당하지 아니함을 의미한다(헌재 2005. 12. 22. 2004헌바25 참조).

심판대상조항의 적용을 받는 증인은 형사상 자기에게 불리한 진술에 대하여 헌법상 진술거부권을 보장받고, 이에 근거한 법률상 증언거부권(자기의 형사책임과 관련한 증언거부권)을 행사할 수 있다. 그런데 청구인은 증언거부이유를 소명하여(국회증언 감정법 제3조 제3항) 적극적으로 진술거부권을 행사할 수 있었음에도 불구하고 진술 거부권을 행사하지 아니한 것이지 진술거부권이 인정되지 않은 것이 아니다. 국회증 언감정법상의 증인의 경우 진술거부권을 고지받을 권리가 인정되지 않으므로, 청구 인이 진술거부권을 고지받지 않았다고 하더라도 이로 인해 청구인의 헌법상 진술거 부권이 제한되는 것은 아니다. 더욱이 진술거부권은 소극적으로 진술을 거부할 권리 를 의미하고, 적극적으로 허위의 진술을 할 권리를 보장하는 것은 아니므로, 당해사 건에서 청구인이 허위의 진술을 하였다는 이유로 위증죄의 처벌을 받은 만큼 진술 거부권이 제한된 것은 아니다. 따라서 심판대상조항으로 인하여 청구인의 진술거부 권이 침해되었다 할 수 없다.

다. 평등원칙 위반 여부

(1) 쟁 점

심판대상조항은 형사소송법과 달리 증언거부권 고지 규정을 두고 있지 않은데, 이것이 형사소송의 증인과 비교하여 불합리한 차별에 해당하는지 문제된다. 그리고 심판대상조항이 형법상 위증죄보다 무거운 법정형을 정하고 있는데, 형벌체계상의 정당성과 균형성을 상실한 것인지 문제된다.

(2) 증언거부권 고지 규정 관련

㈎ 형사소송법에는 증언거부권 고지에 관한 규정을 명문으로 정하고 있음에도 국회증언감정법에는 이 규정을 두고 있지 아니하다. 이는 양 절차에서 증언거부권의 고지 여부를 달리 취급하려는 입법자의 의사로 볼 수 있고, 이러한 입법자의 의사는 존중되어야 한다.

제정 당시(1954. 9. 23. 법률 제341호)부터 증언거부권 및 증언거부권 고지 규정을 둔 형사소송법과는 달리 국회증언감정법은 처음부터 그와 같은 고지 규정을 두지 않았다. 이와 같이 국회증언감정법에 증언거부권 고지 규정을 두지 아니한 것은 특별한 사정이 없는 한 입법상의 흠결이나 오류로 단정되는 것은 아니며, 오히려 국회증언감정법상 증언절차와 형사소송절차에서 증언절차 사이의 목적과 성질상의 차이 등을 고려한 것으로 보아야 한다. 참고로 대법원은 형사소송법과 달리 민사소송법에서 증언거부권 고지 규정을 따로 두고 있지 않은 것에 대하여 "입법의 경위 및 규정 내용에 비추어 볼 때, 이는 양 절차에 존재하는 그 목적·적용원리 등의 차이를 염두에 둔 입법적 선택으로 보인다."고 판시한 바 있다(대법원 2011. 7. 28. 선고 2009도 14928 판결).

그리고 국회증언감정법은 증언거부권에 관하여 형사소송법의 증언거부사유를 원용하면서도(제3조 제1항), 증인 출석요구서의 송달에 관하여는 민사소송법의 송달에 관한 규정을 준용하는 등(제5조 제5항) 성질에 따라 원용 규정을 달리하고 있다. 국회증언감정법이 형사소송법의 증언거부권 고지 규정까지 그대로 원용하여야 한다는 논리는 성립하지 아니한다.

㈏ 국회증언감정법은 형사소송법과는 달리 증언거부사유에 해당하는 증인에게 증언에 따른 위증의 위험으로부터 벗어날 수 있는 별도의 방법을 마련하고 있다.

국회증언감정법은 형사소송법과는 달리 증언거부권 이외에도 제3조에서 선서거부권을 별도로 인정하고 있으므로, 증언거부사유에 해당하는 증인은 증언거부 대신 선서거부를 할 수 있다. 통상 선서는 증언거부 이전에 행하여지는 것이므로 증언거부사유에 해당하는 증인은 선서거부를 통하여 허위진술에 따른 위증죄로부터 자유로울 수 있다.

또한 증인에게 신문할 요지를 첨부하여 늦어도 출석요구일 7일전에 증인에게 출석요구서를 송달하도록 하고 있으므로(국회증언감정법 제5조 제1항, 제3항, 제4항), 증인은 자신이 국회에 증인으로 출석하여 어떠한 진술을 하게 될 것인지 사전에 대비할 수 있다. 특히 국회증언감정법은 국회에서 증언하는 증인이 변호사인 변호인을 대동할 수 있도록 하여 증인에 대하여 헌법 및 법률상의 권리에 관하여 조언할 수 있도록 하는 등(제9조) 증인을 특별히 보호하는 규정을 두고 있다. 증인은 이러한 변호인의 조언을 통하여 자신이 증언거부권을 행사할 수 있는지 여부를 미리 확인할 수 있다.

㈐ 국회증언감정법상 증인의 경우, 현실적으로 증인 채택에 있어 안건 등과의

직접적인 관련성이 제대로 고려되지 않고, 출석요구서와 답변서 등의 활용에 미흡한 점이 있으므로 오히려 증언거부권 고지의무 규정을 둘 필요성이 크다는 주장이 있다.

그러나 국회가 증인에 대해 출석을 요구할 때에는 출석요구서에 신문할 요지를 첨부하도록 하고 증인이 사전에 신문할 요지에 대한 답변서를 제출할 수 있도록 하고 있다(국회증언감정법 제5조 제3항, 제6항). 이러한 내용과 더불어 국회가 국정감사권이나 국정조사권을 행사하는 경우 증인의 출석과 증언을 요구할 수 있다는 헌법 제61조 제1항 및 이에 따른 국회에서의 증언이 가지는 엄중함을 고려한다면, 국회에서는 증인 채택 및 증언 절차를 국회증언감정법의 취지에 맞게 엄격하게 진행하여야 한다. 현실에서 국회의 증인 채택 및 증언 절차가 위 법률의 취지에 맞게 엄격하게 진행되지 아니하고 있다 하더라도 이를 이유로 심판대상조항이 증언거부권 고지 규정을 두어야 한다는 근거가 될 수 없다.

㈐ 이러한 사정들을 종합하면, 심판대상조항이 국회증언감정법상 증인과 형사소송법상 증인을 달리 취급하는 데에는 합리적 이유가 없다고 할 수 없으므로, 평등원칙에 위반된다고 할 수 없다.

(3) 형법상 위증죄보다 무거운 법정형 관련

㈎ 어떤 범죄를 어떻게 처벌할 것인가 하는 문제, 즉 법정형의 종류와 범위의 선택은 그 범죄의 죄질과 보호법익에 대한 고려뿐만 아니라 우리의 역사와 문화, 입법당시의 시대적 상황, 국민 일반의 가치관 내지 법감정, 그리고 범죄예방을 위한 형사정책의 측면 등 여러 요소를 종합적으로 고려하여 입법자가 결정할 사항으로서 광범위한 입법재량 내지 형성의 자유가 인정되어야 할 분야이다. 따라서 어느 범죄에 대한 법정형이 그 범죄의 죄질 및 이에 따른 행위자의 책임에 비하여 지나치게 가혹한 것이어서 현저히 형벌체계상의 균형을 잃고 있다거나 그 범죄에 대한 형벌 본래의 목적과 기능을 달성함에 있어 필요한 정도를 일탈하였다는 등 헌법상의 평등원칙 및 비례원칙 등에 명백히 위배되는 경우가 아닌 한, 법정형의 높고 낮음은 입법정책 당부의 문제이고, 쉽사리 헌법에 위반된다고 단정하여서는 아니 된다(헌재 2013. 7. 25. 2012헌바320; 헌재 2015. 3. 26. 2012헌바297 참조).

㈏ 형법 제152조의 위증죄는 법률에 의하여 선서한 증인이 허위의 진술을 한 때에 성립하는 범죄로서, '국가의 사법작용 내지 사법기능'을 보호법익으로 한다. 반면 심판대상조항은 국회로부터 안건심의 또는 국정감사나 국정조사와 관련하여 출석

을 요구받고 선서한 후 증언한 증인이 허위의 진술을 한 경우를 처벌하고 있는바, 그 보호법익은 '입법, 재정, 국정통제 등에 관한 전반적인 국회 기능의 적정성'이라 할 것이다.

형사소송·민사소송 등에서의 위증은 개개 구체적인 사건에서의 위증으로 그 효과가 원칙적으로 사건 당사자에게만 미칠 수 있다. 그러나 헌법에 의하면 국회의 권한에는 입법권, 예산심의·확정권, 국정감사·조사권 등이 있으므로(헌법 제40조, 제54조 제1항, 제61조 제1항), 국회에서의 위증은 입법·예산·국가정책 등 국회의 의정기능 전반, 그리고 그것과 연관된 다수의 국민에게 광범위하게 영향을 미칠 수 있다.

㈐ 헌법 제61조 제1항은 국회가 국정통제에 관한 권한인 국정감사권이나 국정조사권을 행사하는 경우 증인의 출석과 증언이나 의견의 진술을 요구할 수 있음을 명시하고 있다. 그리고 형사소송·민사소송 등에서의 위증은 개인의 고소나 수사기관의 인지 등에 의하여 처벌되는 반면, 국회에서의 위증은 별도의 엄격한 고발 절차를 거쳐야 처벌될 수 있다.

국회증언감정법에 의하면, 본회의 또는 위원회는 증인이 위증의 죄를 범하였다고 인정한 때에는 고발하여야 하고, 그 고발은 증인을 조사한 본회의 또는 위원회의 의장 또는 위원장의 명의로 하며, 청문회를 제외하고는 일반적인 의결정족수를 충족해야 한다. 또한 검사는 고발장이 접수된 날로부터 2월내에 수사를 종결하여야 하며, 검찰총장은 지체 없이 그 처분결과를 국회에 서면으로 보고하여야 한다(제15조 제1항, 제3항, 제4항 참조). 이와 관련하여 대법원은 구 국회증언감정법상 고발을 위증죄의 기소조건 즉, 공소제기의 요건으로 보았다(대법원 1965. 12. 10. 선고 65도826 전원합의체 판결 참조).

㈑ 이와 같이, 국회에서의 위증은 국민을 대표하는 국회의 권위를 훼손하고 국회의 의정활동 전반, 그리고 그것과 연관된 다수의 국민에게 광범위하게 영향을 미칠 수 있으며, 형사소송·민사소송 등에서의 위증보다 엄격한 절차를 거쳐야 처벌될 수 있다는 점을 고려할 때, 심판대상조항이 국회에서의 위증에 대하여 형사소송·민사소송 등에서의 위증보다 무거운 법정형을 정하였다고 하더라도 이를 그 범죄의 죄질 및 이에 따른 행위자의 책임에 비해 지나치게 가혹한 것이어서 현저히 형벌체계상 균형을 잃고 있다고 할 수 없다.

더욱이 심판대상조항의 법정형은 1년 이상 10년 이하의 징역이므로 행위자에게 그 불법의 정도나 행위태양에 비추어 정상을 참작할 만한 특별한 사정이 있는 때에는 법관은 얼마든지 선고유예나 집행유예를 선고할 수 있다. 물론 벌금형을 선고할 수는 없지만, 국회에서의 위증죄가 지니는 불법의 중대성, 절차의 엄격성 등에 비추어 볼 때 법정형에 벌금을 규정하지 않은 것이 그 범죄에 대한 형벌 본래의 목적과 기능을 달성함에 있어 필요한 정도를 일탈하였다고 할 수 없다.

(마) 청구인은 형사소송·민사소송 등에서의 위증이 사람의 생명·신체·재산 등에 직접적으로 불이익을 가져올 수 있으나, 국회에서의 위증은 형사소송·민사소송 등에서의 위증과 비교하여 사람의 생명·신체·재산 등에 대한 효과가 간접적이므로 무겁게 처벌할 수 없다고 주장한다.

그러나 앞서 본 바와 같이 입법권, 예산심의·확정권 등은 국회의 권한에 속하는 것인바, 국회에서의 법률안 심의, 예산안 심의 등은 국민의 생명·신체·재산 등과 밀접한 관련을 가지고 있다 할 것이므로 국회에서의 위증의 효과가 국민의 생명·신체·재산 등에 대하여 반드시 간접적이라고 할 수 없다. 반면에 형사소송·민사소송 등에서의 위증의 내용이 언제나 사람의 생명·신체·재산 등에 직접 관련이 있는 내용이라고 할 수도 없다. 따라서 형사소송·민사소송 등에서의 위증이 국민의 생명·신체·재산 등에 미치는 불이익에 비하여, 국회에서의 위증이 미치는 효과가 간접적이라고 단정할 수 없다.

(바) 이러한 사정을 종합하여 보면, 심판대상조항은 형벌체계상의 정당성이나 균형성을 상실하고 있지 아니하므로 평등원칙에 위반된다고 할 수 없다.

'법률에 의한 추가제한' 관련 사건

(헌재 2016. 10. 27. 2014헌마709)

□ 사건개요 등

청구인은 성폭력범죄의 처벌 등에 관한 특례법위반(성적목적공공장소침입)으로 벌금형을 선고받고, 그 판결이 확정되었다. 청구인은 위 판결로 인해 '아동·청소년의 성보호에 관한 법률' 제56조 제1항 제1호 내지 제11호, 제13호 내지 제17호 중

'성인대상 성범죄 가운데 성폭력범죄의 처벌 등에 관한 특례법 제12조의 범죄로 형을 선고받아 확정된 자'에 관한 부분(이하, '취업제한조항'이라 한다)에 따라 10년 동안 취업이 제한되었고, '성폭력범죄의 처벌 등에 관한 특례법' 제42조 제1항 중 '제12조의 범죄로 유죄판결이 확정된 자'에 관한 부분(이하, '등록조항'이라 한다)에 따라 신상정보 등록대상자가 되었다. 청구인은 이들 조항이 자신의 기본권을 침해한다고 주장하면서 헌법소원심판을 청구하였다.

헌법재판소는 취업제한조항이 직업의 자유를 침해하지만, 등록조항은 개인정보자기결정권을 침해하지 않는다고 결정하였다. 이 결정에는 등록조항이 헌법에 위반된다는 재판관 5명의 반대의견이 있었고, 법정의견에 대한 재판관 안창호의 보충의견이 있었다. 이 보충의견은 헌법재판소가 취업제한조항은 위헌, 등록조항은 합헌으로 결정하였는데 그 판단기준을 제시하고 있다. 그 중요 내용은 다음과 같다.

첫째, 형사처벌을 받은 사람에 대해서는, 법률에 의하여 자격제한·박탈, 신상정보 등록·공개·고지, 당선무효, 연금제한, 디엔에이시료채취 등과 같은 추가적 제한(이하, '법률에 의한 추가제한'이라 한다)이 부가되기도 한다.

둘째, 법률에 의한 추가제한에는 구체적 사건에서 법원의 판단에 기초하여 부과되는 경우와 '법원의 판단 없이' 법률에 의해 일괄적으로 부과되는 경우가 있는데, 전자의 경우에는 법원의 판단에 기초하여 부과되는 형벌이나 보안처분과 같이 입법자의 재량이 인정된다.

셋째, 법률에 의한 추가제한 중 '법원의 판단 없이' 법률에 의해 일괄적으로 부과되는 경우에는 원칙적으로 엄격하게 심사할 필요성이 있으나, 추가되는 법적 제재에 의해 제한되는 법익의 성질 및 정도에 비추어 그 제한이 중대하지 아니한 때에는 입법자의 재량이 인정된다.

넷째, 취업제한조항은 성범죄자에 대해 10년 동안 취업을 제한하여 '직업의 자유'의 제한이 엄중하다 할 것이므로 엄격하게 심사해야 하고, 등록조항은 국가기관이 성범죄자의 관리를 목적으로 신상정보를 내부적으로 보존·관리하는 것으로 법익침해가 크다고 할 수 없으므로 입법자의 재량이 인정된다.

법정의견에 대한 보충의견은 형벌을 받은 사람에 대한 '법률에 의한 추가 제한'과 관련하여, 법익 제한의 중요성 여부와 관계없이 일률적으로 엄격한 심사에 의하여 입법자의 재량을 통제하고 있는 일부 견해에 대하여 그 부당함을 지적하고 있다.

위 보충의견은 '형벌에 부가되는 추가제한'으로 인한 법익 침해가 중한 경우에는 그 제한에 법원의 판단이 필요하고, 그 법익 침해가 크지 아니한 경우에는 법원의 판단 없이 법률에 의한 제한이 가능하다는 독일의 입법례를 참고한 것으로 보인다. 그리고 헌법재판소가 헌재 2005. 5. 26. 2004헌마190 사건 및 헌재 2015. 5. 28. 2011헌마731 사건 등에서 국가기관이 범죄자가 아닌 경우에도 지문을 채취하여 내부적으로 보존·관리하는 규정에 대해 합헌으로 결정한 점에 비추어 보면, 성범죄로 처벌받은 사람에 대해 신상정보를 등록하게 하고 이를 내부적으로 보존·관리하는 것에 대해 헌법에 위반된다고 쉽게 결정할 일은 아니다. 한편 일부 견해에 의하면, 성범죄자 신상정보등록 사건(헌재 2016. 3. 31. 2014헌마785)의 해설에서 볼 수 있는바와 같이, 법적 제재에 의해 제고될 가치 및 국가작용의 효율성, 범죄의 종류 및 추가제한과의 관련성, 형벌의 종류와 양형, 국민의 법 감정 등을 고려하는 과정에서 범죄의 유형 마다 헌법재판의 결론이 달라질 수 있고, 이에 대한 국민들의 혼선으로 법적 안정성을 해할 수 있을 뿐만 아니라, 관련 법률의 위헌심사과정에서 재판관의 자의가 개입할 가능성을 배제할 수 없다.

법정의견에 대한 보충의견에서 살펴본 바와 같이, 처벌받은 사람에 대한 법률에 의한 추가적 제재는 원칙적으로 엄격하게 심사해야 하나, 추가되는 법적 제재에 의해 제한되는 법익의 성질 및 정도에 비추어 제한되는 법익이 중대하지 않거나 그 제재가 구체적 사안에서 법원의 판단에 따라 부과되는 경우에는 입법자의 재량이 인정된다고 하는 것이 타당하다.

□ 법정의견에 대한 보충의견

나는 법정의견과 견해를 같이 하면서 이 사건 등록조항과 취업제한조항이 범죄행위에 따른 형벌을 전제로 법원의 별도 판단없이 법률에 의해 곧바로 부과되는 제한이라는 공통점을 가지고 있음에도 불구하고 그 위헌 여부에 대한 판단이 달라지는 이유에 대해 다음과 같이 의견을 밝힌다.

가. 범죄행위에 대해서는 일반적으로 형벌이 부과되는데, 이러한 형벌과는 별도의 입법목적을 달성하기 위하여 그 형벌을 전제로 법률로 자격제한, 자격박탈, 당선무효, 연금제한 등과 같은 추가적 제한을 규정하는 경우가 있다. 법률에 의한 추가

제한은 형벌과 같이 범죄행위를 직접적 대상으로 하는 것은 아니지만 범죄행위에 따른 형벌을 전제로 하는 법률상의 불이익이라는 점에서 형벌, 보안처분과 마찬가지로 범죄행위에 기인한 기본권의 제한이라고 할 수 있다.

그런데 법률에 의한 추가제한, 형벌 및 보안처분의 상호관계가 문제될 수 있다. 종래에는 형벌과 보안처분을 명백히 구별하기도 하였으나, 현대사회구조 등의 변화와 이에 대한 국가의 적극적 기능이 강조되면서 범죄행위에 대한 국가의 다양하고 복합적인 대응책이 마련되고, 그 결과 이들 구분에 있어 변화가 있게 되었다. 즉, 과학기술의 발달에 따른 사회구조의 변화와 정치이념의 변화에 따라 20세기 후반부터 국가의 적극적인 기능이 강조되면서 형사제재의 다양화가 논의되었고, 보안처분 또는 사회내 처우라는 명칭으로 발전된 다양한 형사제재가 도입되면서 종래의 형벌과 보안처분의 이원적 체계는 그대로 유지될 수 없게 되었다(헌재 2012. 12. 27. 2010헌가82등 참조).

또한 보안처분과 법률에 의한 추가제한과의 구별 역시 한계가 모호하게 되었다. 예컨대 청소년성보호법상 취업제한제도의 성격에 대해서는 보안처분이라는 견해와 법률에 의한 추가제한이라는 견해의 대립이 있다. 취업제한제도는 아동·청소년을 성범죄로부터 보호하려는 목적을 가지고 있고, 입법목적 역시 재범 방지 차원에서 잠재적 피해자와의 접촉가능성을 초기에 차단하고자 함에 있었으므로, 이는 형벌과는 별개로 범죄 위험자 또는 행위자에 대하여 위험성을 요건으로 강제로 과하는 범죄예방처분이라는 점에서 보안처분으로서의 성질을 가진다. 반면에 취업제한제도는 아동·청소년을 보호하거나 아동·청소년과 접촉이 잦은 시설의 운영자나 종사자의 자질을 일정 수준으로 담보하도록 함으로써 아동·청소년을 잠재적 성범죄로부터 보호하고 아동·청소년 관련기관 등의 윤리성과 신뢰성을 높여 아동·청소년 및 그 보호자가 이들 기관을 믿고 이용하거나 따를 수 있도록 하기 위한 것으로 국가공무원법 등에서 정하는 것과 같은 법률상 결격사유의 성격도 있다(헌재 2016. 3. 31. 2013헌마585등 참조).

이와 같이 현대사회구조의 변화와 이에 대한 국가의 적극적 기능이 강조되면서 법률에 의한 추가제한, 형벌 및 보안처분과의 관계가 명백히 구분되는 것이 아니며, 오히려 범죄행위에 따른 형벌을 전제로 하는 법률상의 불이익이라는 점에서 형벌, 보안처분과 마찬가지로 범죄행위에 기인한 기본권의 제한이라는 공통점이 있다.

나. 법률에 의한 추가제한에 대한 위헌심사기준에 대해 살펴본다.[4]

법률에 의한 추가제한은 범죄행위에 따른 형벌이 있고, 그 형벌에 따라 법률에 의해 일정한 제재가 이루어지는 유형이다.

일반적으로 법원의 판단을 전제로 부과되는 형벌이나 보안처분은 어떤 범죄에 대해 어떻게 처벌할 것인가 또는 사회방위를 위해 어떠한 처분을 할 것인가 하는 문제, 즉 법정형 및 보안처분의 종류와 범위의 선택은 그 범죄의 죄질과 보호법익에 대한 고려뿐만 아니라 우리의 역사와 문화, 입법당시의 시대적 상황, 국민의 가치관 내지 법 감정, 그리고 범죄예방을 위한 형사정책의 측면 등 여러 요소를 종합적으로 고려하여 입법자가 결정할 사항으로서 광범위한 입법재량 내지 형성의 자유가 인정된다(헌재 2013. 7. 25. 2012헌바320; 헌재 2015. 3. 26. 2012헌바297 참조).

법률에 의한 추가제한은 구체적 사건에서 법원의 판단을 전제로 하는 경우와 '법원의 판단 없이' 법률에 의해 일괄적으로 부과되는 경우가 있는데, 전자의 경우에는 법원의 판단을 전제로 하는 형벌이나 보안처분과 같이 입법자의 재량이 인정된다. 그러나 법률에 의한 추가제한 중 법원의 판단 없이 법률에 의해 일괄적으로 부과될 경우에는 위헌심사를 함에 있어 엄격하게 심사해야 하는 것은 아닌지 의문이 제기될 수 있다. 물론 범죄행위에 따른 형벌 부과 과정에서 법률에 의한 추가제한이 존재한다는 점이 고려될 수 있으나, 이는 오히려 법관의 합리적인 양형판단을 제한하여 자칫 행위에 상응하는 형사책임이 부과되어야 한다는 형사법의 대원칙을 훼손하는 결과를 낳고 형사사법을 왜곡할 우려가 있다. 또한 개개의 사건에서 법관의 양형판단을 통한 고려는 개별적이라는 한계로 인하여 형벌체계상의 균형이라는 평등원칙에 부합하게 이루어질 것인지도 불분명하므로 법률에 의한 추가제한에 대한 통제를 법관의 양형판단에 의존하는 것은 불합리한 측면이 있다. 따라서 형벌 부과과정에서 법률에 의한 추가제한이 고려될 수 있다는 이유만으로, 법원의 판단 없이 법률에 의해 일괄적으로 부과되는 법률에 의한 추가제한에 대하여 완화된 심사를 해야 하는 것은 아니다.

다만 법률에 의한 추가제한의 태양은 개별 법률이 추구하는 입법목적에 따라 다양하게 구현될 것이므로, 법원의 판단 없이 법률에 의해 일괄적으로 부과되는 법

---

4) 이 부분은 이 장(章)에 수록된 '디엔에이감식시료 채취절차 사건(헌재 2018. 8. 30. 2016헌마344)'의 결정내용을 고려하여 결정문의 표현 등을 일부 수정하였다.

률에 의한 추가제한에 대한 위헌심사를 일률적으로 엄격한 심사를 해야 한다고 단정할 일은 아니다. 즉 이러한 경우에도 법률에 의한 추가제재로 인해 제한되는 법익의 성질과 정도, 법적 제재에 의해 제고될 가치 및 국가작용의 효율성, 법적 제재의 요건과 절차, 그 절차에 소요되는 비용 및 불복의 가능성, 범죄의 종류 및 추가 제한과의 관련성, 형벌의 종류와 양형, 추가제한에 대한 별도의 법원 판단 필요성, 국민의 법 감정 등을 고려하여 심사강도를 달리하는 것이 필요하다.

일반적으로 형사처벌에 추가되어 부과되는 법적 제재에 의하여 제한되는 법익의 성질과 정도에 비추어 그 제한이 중대한 경우에는 그 법적 제재를 위해서는 재범의 위험성과 같은 요건을 두거나 독일에서 보는 바와 같이 그 제재를 위해 개별적으로 법원의 판단을 받도록 하는 것이 바람직하다(헌재 2016. 7. 28. 2013헌마436 참조). 그러나 추가되는 법적 제재에 의해 제한되는 법익이 중대하지 않은 경우에는, 그러한 법적 제재를 위하여 재범의 위험성과 같은 요건이 반드시 필요한 것이 아니고, 비례원칙에 위반되지 아니하는 한 법원의 판단에 의하지 아니하고 직접 법률에 의한 제재도 가능하며, 일정부분 입법자의 재량이 인정될 수 있다.

다. 취업제한조항은 법정의견에서 본 바와 같이 성범죄자의 직업의 자유에 심각한 제한을 부과하고 있어 그 기본권의 제한의 정도가 막중함에도, 범죄의 경중 및 재범의 위험성에 대한 법원의 판단 없이 법률에 의해 일률적으로 10년 동안 일정한 직업에의 취업을 제한하고 있으므로, 직업선택의 자유를 침해한다.

반면에 등록조항은 벌금형을 선고받은 자까지도 등록의무를 부과하고 있다고 하더라도, 국가기관이 성범죄의 재범을 억제하고 수사의 효율성과 신속성을 제고하고자 성범죄자의 신상정보를 '내부적으로' 보존·관리하는 것으로, 기본권의 제한의 정도가 크다고 할 수 없고, 헌법재판소의 헌법불합치결정(헌재 2015. 7. 30. 2014헌마340등)으로 신상정보 등록기간이 합헌적으로 조정될 것이므로, 개인정보자기결정권을 침해한다고 할 수 없다.

그러나 성범죄자에 대한 신상정보 등록조항이 비록 그 자체로는 법정의견에서 보는 바와 같이 기본권 침해의 정도가 크다고 할 수 없다고 하더라도, 그 기간이 부당하게 장기화 되는 경우에는 등록대상자의 신상정보 제출의무조항(성폭력특례법 제43조) 등과 결합하여 기본권의 침해가 중대하게 될 수 있으므로 위헌이 될 수 있다. 설령 성범죄자의 죄질이 중하여 책임에 상응한 중한 형을 선고받았다고 하더라도 등록기간이 부당하게 장기화되어 성범죄자의 기본권이 중대하게 침해받는 경우에는 중한 형을 선고받았다는 이유만으로 그러한 기본권 제한이 곧바로 정당화 될 수 있는 것은 아니다. 이러한 경우에는 별도로 재범의 위험성을 요건으로 하거나 적어도 그러한 제한이 적절한지에 대하여 구체적이고 개별적으로 심사하는 절차가 있어야 한다(헌재 2016. 7. 28. 2013헌마436 참조).

성범죄자 신상정보등록 사건
(헌재 2016. 3. 31. 2014헌마785)

□ 사건개요 등

청구인은 '아동·청소년으로 명백하게 인식될 수 있는 표현물이 등장하는 아동·청소년이용음란물을 공연히 전시하였다'는 범죄사실로 벌금형이 확정되었고, 이에 따라 '성폭력범죄의 처벌 등에 관한 특례법'(이하, '성폭력특례법'이라 한다) 조항에 의해 20년간 신상정보 등록대상자가 되었다. 청구인은 자신을 신상정보 등록대상자로 규정하는 조항 등에 대하여 헌법소원심판을 청구하였다.

헌법재판소는 청구인과 같은 경우에 신상정보 등록대상자가 되도록 한 '성폭력특례법' 제42조 제1항 중 구 '아동·청소년의 성보호에 관한 법률'(이하, '아동·청소년성보호법'이라 한다) 제8조 제4항의 아동·청소년이용음란물 가운데 '아동·청소년으로 인식될 수 있는 사람이나 표현물이 등장하는 것'에 관한 부분으로 유죄판결이 확정된 자에 관한 부분(이하 '등록조항'이라 한다)이 헌법에 위반되지 아니한다고 결정하였다. 이 결정에는 재판관 5명의 반대의견이 있었다. 법정의견은 등록조항이 과잉금지원칙 등을 위반하여 개인정보자기결정권을 침해하지 아니한다고 결정하였는데, 그 중요 내용은 다음과 같다.

첫째, 신상정보 등록제도는 국가기관이 성범죄를 저지른 자로부터 신상정보를 제출받아 신상정보를 '내부적으로' 보존·관리함으로써 성범죄를 억제하고 그에 대한 수사의 효율성과 신속성을 제고하고자 하는 제도로서, 전과기록 및 수사경력자료와 같이 등록대상자의 법익 침해는 제한적이다.

둘째, 등록조항에 따라 등록된 정보는 등록대상 성범죄의 예방과 수사라는 목적 하에 검사 등과 같이 한정된 범위의 사람들에게만 배포되고, 등록정보의 보존·관리 업무에 종사하였거나 종사하였던 자가 직무상 알게 된 등록정보를 누설할 경우 처벌되는 등 등록대상자의 법익 침해의 확대 가능성 또한 제한적이다.

셋째, 아동·청소년이용음란물을 배포하는 행위 등은 아동·청소년이 실제로 등장하는지 여부를 불문하고, 단순 소지와는 달리 아동·청소년에 대한 왜곡된 성적 인식과 태도를 광범위하게 형성할 수 있고, 그 결과 아동·청소년대상 성범죄로 이어질 가능성이 크다는 점에서 그 죄질이 결코 경미하다고 할 수 없다.

일정한 성범죄자에 대한 신상정보 등록은 법원에 의해 유죄판결이 확정된 사람들에 대한 것으로 형사처벌에 부가되는 법적 제재에 해당한다. 그런데 신상정보 등록은 전과기록 및 수사경력자료와 같이 국가기관이 성범죄자의 관리를 목적으로 신상정보를 '내부적으로' 보존·관리하는 것이며 등록된 신상정보는 엄격하게 관리되고 있어, 그에 따른 등록대상자의 법익침해는 제한적이라 할 것이므로, 원칙적으로 입법자의 재량이 인정되는 영역이라고 할 수 있다.

헌법재판소는 신상정보 등록대상 범죄 중 카메라 등 이용 촬영(헌재 2015. 7. 30. 2014헌마340등), 성적 목적 공공장소 침입(헌재 2016. 10. 27. 2014헌마709), 아동·청소년 이용 음란물 소지·배포(헌재 2017. 10. 26. 2015헌마656)에 대해서는 합헌으로, 통신매체 이용 음란죄(헌재 2016. 3. 31. 2015헌마688)에 대해서는 위헌으로 결정하였다. 재판관 안창호는 위 모든 사건에서 성범죄자에 대한 신상정보등록은 법익 침해가 중대하지 아니하므로 입법자의 재량이 인정된다고 보아 헌법에 위반되지 아니한다는 견해를 취하였다.

한편 헌법재판소는 성범죄자 신상정보 등록기간 사건(헌재 2015. 7. 30. 2014헌마340등)에서 성범죄자의 신상정보 등록기간을 일률적으로 20년으로 규정한 법률조항에 대해 헌법에 위반된다고 결정하였다. 그리고 성폭력특례법은 신상정보등록제도 이외에 신상정보 공개 및 고지제도를 두고 있는데, 헌법재판소는 청소년 성매수자의 신상정보 공개제도가 헌법에 위반되지 않는다고 결정한 이래(헌재 2003. 6. 26. 2002헌가14), 아동·청소년 대상 성범죄, 성인대상 강제추행, 준강제추행, 주거침입강간, 강간, 준강간으로 유죄판결이 확정된 자에 대한 신상정보 공개 및 고지제도가 헌법에 위반되지 않는다고 결정하였다(헌재 2013. 10. 24. 2011헌바106등; 헌재 2016. 5. 26. 2015

헌바212; 헌재 2016. 12. 29. 2015헌바196등). 이는 신상정보의 공개 및 고지가 구체적 사안에서 '법원의 판결에 의하여' 이루어지기 때문이다.

□ **법정(합헌)의견**

가. 개인정보자기결정권 침해 여부

(1) 제한되는 기본권

인간의 존엄과 가치, 행복추구권을 규정한 헌법 제10조 제1문에서 도출되는 일반적 인격권 및 헌법 제17조의 사생활의 비밀과 자유에 의하여 보장되는 개인정보자기결정권은 자신에 관한 정보가 언제 누구에게 어느 범위까지 알려지고 또 이용되도록 할 것인지를 그 정보주체가 스스로 결정할 수 있는 권리이다. 즉 정보주체가 개인정보의 공개와 이용에 관하여 스스로 결정할 권리를 말한다. 개인정보자기결정권의 보호대상이 되는 개인정보는 개인의 신체, 신념, 사회적 지위, 신분 등과 같이 개인의 인격주체성을 특징짓는 사항으로서 그 개인의 동일성을 식별할 수 있게 하는 일체의 정보라고 할 수 있고, 반드시 개인의 내밀한 영역이나 사사(私事)의 영역에 속하는 정보에 국한되지 않으며, 공적 생활에서 형성되었거나 이미 공개된 개인정보까지 포함한다. 또한 그러한 개인정보를 대상으로 한 조사·수집·보관·처리·이용 등의 행위는 모두 원칙적으로 개인정보자기결정권에 대한 제한에 해당한다(헌재 2015. 7. 30. 2014헌마340등 참조).

등록조항은 아동·청소년이용음란물배포죄로 유죄판결이 확정된 자를 신상정보등록대상자로 규정하는바, 일정한 성범죄자의 개인정보 수집·보관에 관한 근거규정으로서 개인정보자기결정권을 제한한다.

(2) 판 단

㈎ 목적의 정당성과 수단의 적합성

등록조항은 아동·청소년대상 성범죄의 발생 및 재범을 예방하고 그 범행이 현실적으로 이뤄진 경우에는 수사의 효율성과 신속성을 높이기 위하여 가상의 아동·청소년이용음란물 배포 등의 행위로 유죄판결을 받은 자를 예외 없이 신상정보 등록대상자로 규정하여 그의 신상정보를 수집·보존·관리하려는 것으로서, 목적의 정당성과 수단의 적합성이 인정된다.

(나) **침해의 최소성**

1) 구 '청소년의 성보호에 관한 법률'이 2005. 12. 29. 개정되면서 실제의 아동·청소년이 등장하는 아동·청소년이용음란물을 배포하거나 공연히 전시·상영한 자에 대해 처벌을 시작하였고, 구 아동·청소년성보호법은 2011. 9. 15. 개정되어 '아동·청소년으로 인식될 수 있는 사람이나 표현물'이 등장하는 경우도 아동·청소년이용음란물의 범위에 포함하여 이를 배포한 자 등을 처벌하고 있다. 이후 법 개정을 통해 법정형이 강화되었으나, 법정형의 상향만으로는 아동·청소년대상 성범죄의 억제에 한계가 있었다. 또한 성폭력범죄 등 성범죄는 일단 발생하면 그 피해회복이 어렵고, 특히 피해자가 아동이나 청소년인 경우에는 육체적·정신적으로 평생 지울 수 없는 상처가 남게 되므로, 이러한 범죄에 대해서는 사후처벌보다 사전예방이 더욱 중요하다.

그러므로 아동·청소년대상 성폭력범죄 등 성범죄의 발생 및 재범을 예방하고 잠재적 피해자를 보호하기 위해서는 아동·청소년을 성적 대상으로 보는 왜곡된 인식과 비정상적 가치관을 바로잡기 위한 지속적인 상담이나 교육을 강화하고, 사회안전망을 확충하여 오프라인뿐만 아니라 온라인상에서 아동·청소년이 성범죄에 노출되지 않도록 보호하는 등 근본적인 대책이 마련되어야 한다. 그러나 전문적인 인력과 시설이 부족하고, 왜곡된 성의식 개선 등 사회문화적 부문에서의 근본적인 개선에 많은 시간과 노력이 필요한 상황에서, 가상의 아동·청소년이용음란물배포죄로 유죄판결이 확정된 자를 신상정보 등록대상자로 규정하여 그의 정보를 체계적으로 관리하는 것은 아동·청소년대상 성범죄의 발생 및 재범을 예방하는 유효하고 현실적인 방법이 될 수 있으며, 그에 대한 수사의 효율성과 신속성을 제고할 수 있다(헌재 2014. 7. 24. 2013헌마423등 참조).

2) 신상정보 등록제도는 성범죄자의 신상정보를 일반에게 공개하는 신상정보 공개 및 고지(이하 '공개'라 한다)제도 등과는 달리 법익침해의 정도가 크지 않다.

아동·청소년성보호법 제49조와 제50조에 규정된 신상정보 공개제도는 성범죄의 잠재적인 피해자와 지역사회를 보호하기 위하여 성범죄자의 신상정보를 일반 국민 또는 일정지역 주민 등에게 공개하는 제도이므로 그에 따른 공개대상자의 법익침해 정도가 크다. 반면에 신상정보 등록제도는 국가기관이 성범죄를 저지른 자로부터 신상정보를 제출받아 보존·관리함으로써 성범죄를 억제하고 그에 대한 수사의 효율성과 신속성을 제고하고자 하는 제도인바, 성범죄자에 대한 신상정보 등록은 전과기록 또는 수사경력자료와 같이 국가기관이 성범죄자의 관리를 목적으로 신상정보를 내부적으로 보존·관리하는 것이며 그에 따른 등록대상자의 법익침해는 제한적이다.

그리고 등록조항에 따라 등록된 정보는 등록대상 성범죄의 예방과 수사라는 한정된 목적 하에 검사 또는 각급 경찰관서의 장과 같이 한정된 범위의 사람들에게만 배포되고(성폭력특례법 제46조 제1항), 등록정보의 보존·관리 업무에 종사하였거나 종사하였던 자가 직무상 알게 된 등록정보를 누설할 경우 형사처벌되는 점(성폭력특례법 제48조 제1항 제1호) 등에 비추어 볼 때, 신상정보 등록은 등록정보가 외부로 유출되거나 수사를 위한 내부적 보존·관리 목적 외에 사용되지 않도록 제도적으로 보장되어 있다.

나아가 등록조항에 의하여 등록대상자가 되는 경우에도 성명, 주민등록번호, 주소 및 실제거주지, 직업 및 직장 등의 소재지, 신체정보, 소유차량의 등록번호만이 수집·보관될 뿐, 학력, 종교, 경제상태, 질병, 가족관계 등 등록대상자의 재범 억제 및 수사와 직접적인 관련성이 인정되지 않는 정보의 수집·보관은 이루어지지 않는다(성폭력특례법 제43조 제1항).

한편 헌법재판소는 법무부장관이 등록정보를 최초 등록일부터 20년간 보존·관리하여야 한다고 규정한 성폭력특례법 제45조 제1항에 대하여, 등록대상 성범죄의 종류, 등록대상자의 특성 등을 고려하여 등록기간을 차등화 함으로써 등록대상자의 개인정보자기결정권에 대한 제한을 최소화해야 한다는 취지로 헌법불합치 결정을 하였다(헌재 2015. 7. 30. 2014헌마340등 참조). 이에 따라 성범죄자에 대한 일률적인 등록기간은 등록대상 성범죄의 종류, 등록대상자의 특성 등을 고려하여 합헌적으로 조정될 것으로 예상된다.

따라서 등록조항이 가상의 아동·청소년이용음란물배포죄로 처벌받은 사람을 신상정보 등록대상자로 규정하여 개인정보자기결정권을 제한한다고 하더라도 그 제한의 정도가 크다고 할 수 없으며, 이러한 제한이 범죄에 대한 책임과 비례하지 않는다고 단정할 수 없다.

3) 아동·청소년이용음란물에 대한 지속적 유포 및 접촉은 아동·청소년이 실제로 등장하는지 여부를 불문하고 아동 성애자뿐만 아니라 일반인에게 아동·청소년

의 성에 대한 왜곡된 인식과 비정상적 태도를 형성하게 할 수 있다. 또한 실제로 아동·청소년대상 성범죄자 6명 중 1명 수준으로 범행 직전 아동·청소년이용음란물을 접한 바 있고, 이들이 일반 성범죄자에 비하여 범행 전 아동·청소년이용음란물을 시청한 비율이 높은 것으로 밝혀진 조사 결과 등을 종합하면, 가상의 아동·청소년이용음란물에의 접촉이 아동·청소년을 상대로 한 성범죄로 이어질 수 있다는 점을 부인하기 어렵다(헌재 2015. 6. 25. 2013헌가17등 참조).

그리고 아동·청소년이용음란물을 배포하는 행위 등은 실제의 아동·청소년이용음란물 제작에 등장하는 아동·청소년과 같은 피해를 직접 발생하게 하는 것은 아니나, 아동·청소년이 실제로 등장하는지 여부를 불문하고, 단순한 소지와는 달리 아동·청소년에 대한 왜곡된 성적 인식과 태도를 광범위하게 형성할 수 있고 그 결과 아동·청소년대상 성범죄로 이어질 가능성이 크다는 점에서 그 죄질이 결코 경미하다고 할 수 없다.

등록조항은 가상의 아동·청소년이용음란물을 배포하는 행위 등을 한 개별 행위자의 형사책임의 경중을 기준으로 신상정보 등록 여부를 결정할 수 있도록 규정하고 있지 않다. 가상의 아동·청소년이용음란물을 배포하는 행위 등의 경우에도 개별 사안에서 행위 태양이나 불법성의 경중이 다양하게 나타날 수 있으나, 아동·청소년에 대한 왜곡된 성적 인식과 태도를 형성하고 아동·청소년대상 성범죄로 이어질 수 있다는 점에서 그 본질이 달라지는 것은 아니므로, 입법자가 가상의 아동·청소년이용음란물배포죄로 처벌받은 사람을 일률적으로 등록대상자로 삼는 것이 입법목적 달성을 위하여 불필요한 제한을 부과하는 것이라고 보기 어렵다.

4) 등록조항은 청구인과 같이 '아동·청소년으로 인식될 수 있는 사람 또는 표현물', 즉 가상의 아동·청소년이용음란물을 배포하는 행위 등으로 유죄판결이 확정된 자를 신상정보 등록대상으로 삼고 있다.

대법원은 가상의 아동·청소년이용음란물에 대해 사회 평균인의 시각에서 객관적으로 관찰할 때 외관상 의심의 여지없이 명백하게 아동·청소년으로 인식될 수 있는 사람이나 표현물이 등장하는 음란물만 이에 해당한다고 판시한바 있고(대법원 2014. 9. 24. 선고 2013도4503 판결 등 참조), 헌법재판소는 "아동·청소년으로 인식될 수 있는 표현물은 '표현물'의 묘사 정도나 외관만을 가지고 판단할 것이 아니라, 전체적으로 이러한 표현물을 등장시켜 각종 성적 행위를 표현한 화상 또는 영상 등 매체물의 제작 동기와 경위, 표현된 성적 행위의 수준, 등장인물 사이의 관계, 전체적인 배경이나 줄거리, 음란성 등을 종합하여 판단하여야 한다."고 하면서, "가상의 아동·청소년이용음란물은 실제의 아동·청소년이 등장하는 경우와 마찬가지로 아동·청소년을 상대로 한 성적 충동을 일으키기에 충분한 정도의 것으로서, 아동·청소년을 대상으로 한 성범죄로부터 아동·청소년 보호를 위한 최소한의 불가피한 경우로 한정된다."고 판시하고 있다(헌재 2015. 6. 25. 2013헌가17등 참조).

이와 같이 가상의 아동·청소년이용음란물은 객관적으로 명백하게 아동·청소년으로 인식될 수 있는 사람이나 표현물이 등장하고 아동·청소년을 상대로 한 성적 충동을 일으키기에 충분한 정도의 것으로서 그들을 보호하기 위한 최소한의 경우로 한정되므로, 등록조항에 의한 신상정보 등록대상자의 범위는 이에 따라 제한된다.

5) '형의 실효 등에 관한 법률'은 전과기록(수형인명부, 수형인명표, 범죄경력자료)과 수사경력자료(수사기관이 피의자의 지문을 채취하고 피의자의 인적사항과 죄명 등을 기재한 표)의 작성·관리·삭제를 규정하고 있다. 그러나 위와 같은 기록들은 신상정보 등록제도에 비하여 좁은 범위의 신상정보만을 가지고 있으며, 이미 작성된 정보의 변동이 있는 경우 그러한 변화가 즉각 반영되는 것이 아니므로 지속적으로 정확성을 담보할 수 있는 것은 아니다. 따라서 위와 같은 일반적인 범죄의 수사자료나 전과기록만으로는 아동·청소년대상 성범죄의 재범을 억제하고 수사의 효율성을 제고하고자 하는 등록조항과 같은 효과를 거둘 수 있다고 보기 어렵다(헌재 2014. 7. 24. 2013헌마423등 참조).

한편 성폭력특례법에 의한 보호관찰제도(제16조), 치료감호법에 의한 치료감호제도(제2조 제1항 등), '특정범죄자에 대한 보호관찰 및 전자장치 부착 등에 관한 법률'에 의한 이른바 전자발찌 제도(제5조 제1항 등) 등 성범죄의 재범을 막기 위한 일련의 보안처분 제도 등이 마련되어 있다. 하지만 이러한 제도들은 등록조항에 비하여 좁은 범위의 대상자들에 대하여 제한적으로 적용되고, 각각의 조치들이 가지는 기본권 제한 효과가 이 사건 등록조항에 의하여 발생하는 기본권 제한 효과보다 경미하다고 단언하기도 어렵다는 점에서 신상정보 등록제도를 대체하는 덜 침해적인 수단이 된다고 인정하기 어렵다(헌재 2014. 7. 24. 2013헌마423등 참조).

6) 그렇다면 등록조항의 입법목적의 효과적인 달성을 위하여 달리 덜 제약적인 수단이 있다고 보기 어렵고, 등록조항은 목적 달성을 위하여 필요한 범위 내의 것이

라 할 것이므로 침해의 최소성이 인정된다.

　　㈐ 법익의 균형성

　　등록조항에 의하여 신상정보 등록대상자가 된다고 하여 그 자체로 사회복귀가 저해되거나 전과자라는 낙인이 찍히는 것은 아니다. 등록정보는 등록대상 성범죄의 예방과 수사라는 한정된 목적 하에 검사 또는 각급 경찰관서의 장과 같이 한정된 범위의 사람들에게만 배포될 수 있고, 등록정보의 보존·관리 업무에 종사하였거나 종사하였던 자가 직무상 알게 된 등록정보를 누설할 경우 형사처벌되는 점을 고려할 때, 등록조항으로 인하여 침해되는 사익은 크지 않다고 할 수 있다. 반면 등록조항을 통하여 달성되는 아동·청소년대상 성범죄의 발생 및 재범 방지와 사회 방위의 공익이 매우 중요한 것임은 명백하다. 따라서 등록조항으로 인하여 제한되는 사익에 비하여 달성되는 공익이 크다는 점에서, 법익의 균형성은 인정된다.

　　㈑ 소　결

　　등록조항은 과잉금지원칙을 위반하여 청구인의 개인정보자기결정권을 침해하지 않는다.

나. 청구인의 나머지 주장에 대한 판단

(1) 평등권 침해 여부

　　청구인은 일반적인 음란물 배포에 관한 형법상 음화반포죄를 범한 사람과 달리 아동·청소년이용음란물 배포 등을 행한 사람만을 신상정보 등록대상이 되도록 한 것이 평등권을 침해한다고 주장한다.

　　성폭력특례법은 모든 성범죄자가 아니라 일정한 성범죄를 저지른 자에 한하여 신상정보 등록대상자가 되도록 정하고 있는데, 이는 행위유형과 보호법익의 특성을 고려한 것일 뿐만 아니라, 입법 당시의 사회적 상황, 일반 국민의 법 감정, 범죄의 실태와 예방을 위한 형사정책적 측면 등 여러 가지 요소를 종합적으로 고려한 결과라고 할 것이므로 이와 같은 구분이 자의적인 것이라거나 합리성이 없는 것이라고 보기 어렵다(헌재 2013. 10. 24. 2011헌바106등; 헌재 2014. 7. 24. 2013헌마423등 참조). 따라서 이 사건 등록조항은 청구인의 평등권을 침해하지 않는다.

(2) 재판청구권 침해 여부

　　헌법 제27조 제1항은 "모든 국민은 헌법과 법률이 정한 법관에 의하여 법률에 의한 재판을 받을 권리를 가진다."라고 규정하고 있다. 이는 권리보호절차의 개설과 개설된 절차에의 접근의 효율성에 관한 절차법적 요청에 해당하며(헌재 2002. 10. 31. 2000헌가12 참조), 또한 법관에 의하지 아니하고는 민사·행정·선거·가사사건에 관한 재판은 물론 어떠한 처벌도 받지 아니할 권리를 보장한다는 의미이다(헌재 1998. 5. 28. 96헌바4; 헌재 2003. 6. 26. 2002헌가14 참조).

그런데 등록조항은 신상정보 등록에 관한 실체법적 근거규정으로서 권리보호 절차 내지 소송절차를 규정하는 절차법적 성격을 갖고 있지 아니하기 때문에, 등록 조항에 의하여 재판청구권이 침해될 여지가 없다. 즉 등록조항으로 인하여 일정한 성범죄의 유죄판결이 확정되면 곧 신상정보 등록대상자가 된다고 하더라도 이로 인 하여 앞에서 살핀 것처럼 개인정보자기결정권의 침해 여부가 문제될지언정, 재판청 구권이 침해된다고 할 수 없다. 나아가 신상정보 등록제도는 범죄에 대한 국가의 형 벌권 실행으로서의 처벌에 해당하지 아니하므로, 법관이 신상정보 등록 여부를 별도 로 판단하도록 규정하지 아니하였다고 하더라도 법관에 의한 재판을 받을 권리를 침해하는 것이라 할 수 없다(헌재 2014. 7. 24. 2013헌마423등 참조).

(3) 적법절차원칙 위배 여부

성폭력특례법은 법원이 등록대상 성범죄로 유죄판결을 선고할 경우 등록대상 자라는 사실과 신상정보 제출의무가 있음을 등록대상자에게 알려주도록 규정하고 있고(제42조 제2항), 신상정보 등록대상자의 범위, 신상정보 제출의무의 내용 및 신상 정보의 등록·보존·관리는 모두 법률에 의하여 규율되고 있다. 따라서 등록조항이 적법절차원칙에 반한다고 할 수 없다(헌재 2014. 7. 24. 2013헌마423등 참조).

아동학대관련범죄자 취업제한 사건
(헌재 2018. 6. 28. 2017헌마130)

□ 사건개요 등

이 사건은 아동학대 관련 범죄로 형을 선고받아 확정된 자로 하여금 형이 확정 된 때부터 형의 집행이 종료되거나 집행을 받지 아니하기로 확정된 후 10년 동안 체육시설, '초·중등교육법' 제2조 각 호의 학교를 운영하거나 이에 취업 또는 사실상 노무를 제공할 수 없도록 한 아동복지법 제29조의3 제1항 제17호, 구 아동복지법 제29조의3 제1항 제18호, 아동복지법 제29조의3 제1항 제18호 중 「초·중등교육법」 제2조 각 호의 학교' 가운데 '아동학대 관련 범죄로 형을 선고받아 확정된 사람' 부분(이하, 이를 모두 합해 '심판대상조항'이라 한다)에 대한 위헌소원 사건이다.

헌법재판소는 심판대상조항이 헌법에 위반된다고 결정하였다. 법정의견은 심판대상조항이 과잉금지원칙을 위반하여 직업선택의 자유를 침해한다는 견해인데, 그 중요내용은 다음과 같다.

첫째, 아동학대관련범죄자에 대하여 법원의 판단 없이 법률에 의하여 일률적으로 10년 동안 일정한 직업에 취업할 수 없도록 하는 것은 그 법익 침해가 결코 가볍다고 할 수 없으므로, 엄격한 기준에 의해 심사되어야 한다.

둘째, 아동학대관련범죄자는 심판대상조항에 의해 직업선택의 자유가 중대하게 침해되고 있는바, 죄질이 가볍고 재범의 위험성이 적은 범죄전력자에게는 지나치게 가혹한 제한이 될 수 있다.

셋째, 이와 같이 형사처벌을 받은 사람에 대한 추가제한에 의하여 법익 침해가 중대한 경우에는, 법원이 구체적 사건에서 범죄의 경중 및 관련성, 재범의 위험성 등을 고려해서 취업제한의 유무와 정도를 개별적으로 심사하는 절차가 필요하다.

헌법재판소는 성범죄의료인 취업제한 사건(헌재 2016. 3. 31. 2013헌마585)에서 성범죄로 형을 선고받아 확정된 의료인으로 하여금 그 형의 집행을 종료한 날부터 10년 동안 의료기관을 개설하거나 위 기관에 취업할 수 없도록 한 구 '아동·청소년의 성보호에 관한 법률' 제44조 제1항 등에 대해서 법익 침해가 중대하다고 보아 엄격한 심사를 하여 헌법에 위반된다고 결정하였다. 이러한 논리는 특정 성범죄로 형이 확정된 사람에 대해 아동·청소년 교육기관(헌재 2016. 7. 28. 2013헌마436), 아동복지시설(헌재 2016. 7. 28. 2013헌바739), 학원·교습소(헌재 2016. 7. 28. 2015헌마359 등), 장애인복지시설(헌재 2016. 7. 28. 2015헌마915)에 일정기간 종사할 수 없도록 규정한 조항 등에도 적용되어, 이들 조항이 모두 위헌으로 결정되었다. 2018년 1월 16일 법률 제15352호로 개정된 '아동·청소년의 성보호에 관한 법률' 관련 조항 등은 성범죄를 저지른 자에 대하여 법원이 10년의 범위 내에서 재범의 위험성 등을 고려하여 성범죄 사건의 판결과 동시에 취업제한 기간을 선고하도록 규정하였다. 그리고 헌법재판소는 헌재 2015. 12. 23. 2013헌마575등 사건에서 '마약류 관리에 관한 법률'을 위반하여 금고 이상의 실형을 선고받고 그 집행이 끝나거나 면제된 날부터 20년 동안 택시운송사업의 운전업무에 종사할 수 없도록 규정한 '여객자동차운수사업법' 제24조 제4항 가목 중 제3항 제1호 다목에 관한 부분 등에 대해서도 헌법에 위반된다고 결정하였다. 이에 따라 2016년 12월 2일 법률 제14342호로 여객자동차 운수사업법 제24조 제4항이 개정되었다.

이러한 헌법재판소의 결정들은 형사처벌에 추가되는 법적 제재로 인해 제한되는 법익의 성질 및 정도에 비추어 법익 침해가 중대한 경우에는, 그 제재에 의해 제고될 가치, 범죄의 종류와 법적 제재의 관련성, 형벌의 종류와 양형, 국민의 법 감정 등을 고려하여 엄격하게 심사되어야 한다는 입장에 선 결정이라고 할 수 있다.

□ **법정(위헌)의견**

가. 제한되는 기본권

헌법 제15조는 "모든 국민은 직업선택의 자유를 가진다."라고 규정함으로써 개인이 원하는 직업을 자유롭게 선택하는 '좁은 의미의 직업선택의 자유'와 그가 선택한 직업을 자기가 원하는 방식으로 자유롭게 수행할 수 있는 '직업수행의 자유'를 보장하고 있다.

청구인들은 심판대상조항에 의하여 형이 확정된 때부터 형의 집행이 종료되거나 집행을 받지 아니하기로 확정된 후 10년까지의 기간 동안 아동관련기관인 체육시설 또는 '초·중등교육법' 제2조 각 호의 학교를 운영하거나 그에 취업할 수 없게 되었다. 이는 일정한 직업을 선택함에 있어 기본권 주체의 능력과 자질에 따른 제한에 해당하므로 이른바 '주관적 요건에 의한 좁은 의미의 직업선택의 자유'에 대한 제한에 해당한다.

다만 직업의 자유도 헌법 제37조 제2항에 따라 국가안전보장, 질서유지 또는 공공복리 등 정당하고 중요한 공공의 목적을 달성하기 위하여 필요한 경우에는 그 본질적 내용을 침해하지 않는 범위 내에서 제한될 수 있지만, 좁은 의미의 직업선택의 자유를 제한하는 것은 인격발현에 대한 침해의 효과가 직업수행의 자유를 제한하는 경우보다 일반적으로 크기 때문에 전자에 대한 제한은 후자에 대한 제한보다 더 엄격한 제약을 받는다(헌재 2016. 3. 31. 2013헌마585등 참조).

한편 심판대상조항이 공무담임권과 행복추구권을 침해한다는 청구인들의 주장
도 있으나, 심판대상조항과 가장 밀접한 관계에 있는 직업선택의 자유의 침해 여부
에 대하여 판단하는 이상, 이를 별도로 판단하지 아니한다.

나. 직업선택의 자유 침해 여부

(1) 목적의 정당성 및 수단의 적합성

심판대상조항은 아동학대관련범죄전력자가 아동관련기관인 체육시설 또는 '초·
중등교육법' 제2조 각 호의 학교를 운영하거나 그에 취업하는 것을 형이 확정된 때
부터 형의 집행이 종료되거나 집행을 받지 아니하기로 확정된 후 10년까지의 기간
동안 제한하는 방법으로 아동학대를 예방함으로써 아동들이 행복하고 안전하게 자
라나게 하고, 체육시설 및 학교에 대한 윤리성과 신뢰성을 높여 아동 및 그 보호자
가 이들 기관을 믿고 이용할 수 있도록 하려는 입법목적을 지니는바, 이러한 입법목
적은 정당하다.

아동학대관련범죄로 형을 선고받아 확정된 자에 대하여 일정기간 아동관련기
관인 체육시설 또는 학교에 취업할 수 없도록 하는 것은 위와 같은 입법목적을 달성
할 수 있는 하나의 방안이 될 수 있으므로, 수단의 적합성도 인정된다(헌재 2016. 3.
31. 2013헌마585등 참조).

(2) 침해의 최소성

아동학대관련범죄로 형을 선고받아 확정된 자에 대하여 일정기간 아동관련기
관인 체육시설 또는 학교에 취업을 제한하는 것이 입법목적을 달성하는데 적합한
수단이라고 하더라도, 심판대상조항은 다음과 같은 점에서 침해의 최소성 원칙에 위
반된다.

㈎ 심판대상조항은 아동관련기관인 체육시설 또는 학교에서 아동학대관련범죄
전력자를 배제하여 아동을 관련 범죄로부터 보호하려는 것인데, 이는 아동학대관련
범죄전력자라는 이유만으로 이들이 다시 아동학대관련범죄를 저지를 것이라는 전제
하에 취업제한의 제재를 예외 없이 관철하고 있다는 점에서 문제가 있다. 아동학대
관련범죄전력자가 아동을 대상으로 동종범죄를 다시 저지를 가능성이 없다고 할 수
는 없지만, 범죄전력만으로 그가 장래에 동일한 유형의 범죄를 다시 저지를 것이라

고 단정하기는 어려우므로, 어떠한 예외도 없이 재범가능성을 당연시하는 심판대상 조항은 아동학대관련범죄전력자 중 재범 위험성이 없는 자의 기본권에 과도한 제한 을 초래한다(헌재 2016. 3. 31. 2013헌마585등 참조).

(나) 아동학대관련범죄전력자가 어느 정도 재범의 위험성이 있다는 입법자의 판단을 받아들인다 하더라도, 재범의 위험성은 사람에 따라 얼마든지 달라질 수 있다. 따라서 여러 사정에 비추어 재범의 위험성이 사라졌거나 현저히 낮아졌음이 입증된다면, 단지 그가 아동학대관련범죄전력자라는 이유만으로 계속해서 아동관련기관인 체육시설 또는 학교에 취업할 수 없도록 하는 것은 부당하다. 심판대상조항은 아동학대관련범죄전력에 기초하여 어떠한 예외도 없이 그 대상자의 재범 위험성을 당연시할 뿐만 아니라, 형이 확정된 때부터 형의 집행이 종료되거나 집행을 받지 아니하기로 확정된 후 10년이 경과하기 전에는 결코 재범의 위험성이 소멸하지 않는다는 입장에 서 있다. 이처럼 아동학대관련범죄전력만으로 재범의 위험성이 있다고 간주하고 일률적·편의적인 시각에서 아동학대관련범죄전력자에 대하여 아동관련기관인 체육시설 또는 학교에 10년간 취업을 금지하는 것은, 아동학대관련범죄전력이 있지만 10년의 기간 안에 재범의 위험성이 해소될 수 있는 자들에게 과도한 기본권 제한에 해당한다(헌재 2016. 3. 31. 2013헌마585등 참조).

(다) 설령 아동학대관련범죄전력자에 대하여 재범의 위험성에 관계없이 일정기간 아동관련기관인 체육시설 또는 학교에 취업을 할 수 없도록 하는 결격제도가 정당하다고 하더라도, 범죄행위의 유형이나 구체적 태양 등을 구체적으로 고려하지 않고 일군의 범죄를 저지른 사람 전부에 대하여 동일한 취업제한 기간을 두는 것은 구체적 타당성에도 반한다.

아동학대관련범죄를 저지른 자들이라 하더라도 개별 범죄의 경중에는 차이가 있고, 이는 재범의 위험성도 마찬가지이다. 범죄의 경중과 그와 연관된 재범의 위험성을 가늠하지 않고 동일한 취업제한의 제재를 가하는 심판대상조항은 각 행위의 죄질에 따른 상이한 제재의 필요성을 간과한 것이며, 특히 그 중에서도 단 한 차례의 우발적인 폭행을 저지른 보호자 등과 같이 범행의 정도가 가볍고 재범의 위험성이 상대적으로 크지 않은 자에게까지 10년 동안 일률적인 취업제한을 부과하는 것은 그 제한의 정도가 지나치다.

형사처벌과는 달리, 법률상 결격사유에서는 같은 종류의 아동학대관련범죄를 범하였다면 범죄의 경중과 관계없이 본질적으로 동일하다고 볼 수 있다는 주장도 있을 수 있다. 그러나 법률상 결격사유를 정함에 있어서도 범죄의 경중이나 재범의 위험성에 차등적 가치를 부여하는 것이 타당하며, 현재 우리 실정법에서 법률상 결격사유를 규정하는 통상적인 규정 방식도 그와 다르지 않다. 범죄의 경중이나 재범의 위험성에 관한 개별적 판단 없이 일률적으로 일정기간에 걸쳐 취업을 차단하는 것은 죄질이 가볍고 재범의 위험성이 적은 자에 대한 지나친 기본권 침해가 될 수 있다(헌재 2016. 3. 31. 2013헌마585등 참조).

㈑ 이상에서 언급한 문제점을 해결하기 위해서는 아동학대관련범죄전력자의 취업 제한을 하기에 앞서, 그러한 대상자들에게 재범의 위험성이 있는지 여부, 만약 있다면 어느 정도로 취업제한을 해야 하는지를 구체적이고 개별적으로 심사하는 절차가 필요하다. 이 심사의 세부적 절차와 심사권자 등에 관해서는 추후 심도 있는 사회적 논의가 필요하겠지만, 10년이라는 현행 취업제한기간을 기간의 상한으로 두고 법관이 대상자의 취업제한기간을 개별적으로 심사하는 방식도 하나의 대안이 될 수 있다(헌재 2016. 3. 31. 2013헌마585등 참조).

㈒ 그렇다면 심판대상조항은 오직 아동학대관련범죄전력에 기초해 10년이라는 기간 동안 일률적으로 취업제한의 제재를 부과하는 점, 이 기간 내에는 취업제한 대상자가 그러한 제재로부터 벗어날 수 있는 어떠한 기회도 존재하지 않는 점, 재범의 위험성에 대한 사회적 차원의 대처가 필요하다 해도 이 위험의 경중에 대한 고려가 있어야 하는 점 등에 비추어 침해의 최소성 요건을 충족했다고 보기 힘들다.

(3) 법익의 균형성

아동을 아동학대관련범죄로부터 보호하고, 아동관련기관인 체육시설 및 학교에 대한 윤리성과 신뢰성을 높여 아동 및 그 관계자들이 이 기관을 믿고 이용하도록 하는 것은 우리 사회의 중요한 공익에 해당한다.

그러나 심판대상조항에 의하여 청구인들의 직업선택의 자유 또한 심히 중대하게 침해되고 있는바, 죄질이 가볍고 재범의 위험성이 적은 범죄전력자들에게 지나치게 가혹한 제한이 될 수 있는 점, 재범의 위험성에 대한 판단이 개별적인 방식이 아니라 관련 범죄전력자에 대하여 일률적으로 이루어지고 있고, 10년 기간 내에는 재범의 위험성이 있다는 혐의를 벗어날 수 없으며, 범죄의 경중이나 재범의 위험성 존부에 관하여 구체적이고 개별적으로 판단할 수 있는 어떠한 제도적 절차도 구비되어 있지 않은 점 등을 종합하면, 심판대상조항은 그것이 달성하려는 공익의 무게에도 불구하고 우리 사회가 청구인들에게 감내하도록 요구할 수 있는 수준을 넘어선다고 할 것이다. 따라서 심판대상조항은 법익의 균형성 요건을 충족하지 아니한다(헌재 2016. 3. 31. 2013헌마585등 참조).

다. 소결론

심판대상조항은 그 목적의 정당성 및 수단의 적합성이 인정되지만, 침해의 최소성 및 법익의 균형성 요건을 충족하지 아니하므로 과잉금지원칙에 위반되어 청구인들의 직업선택의 자유를 침해한다.

디엔에이감식시료 채취절차 사건
(헌재 2018. 8. 30. 2016헌마344)

□ 사건개요 등

이 사건은 수사기관이 일정한 범죄행위로 형사처벌을 받고 그 형이 확정된 사람 등에 대해 그의 동의가 없음에도 법원의 영장에 의해 디엔에이감식시료를 채취할 수 있도록 규정한 '디엔에이신원확인정보의 이용 및 보호에 관한 법률'(이하, '디엔에이법'이라 한다) 제8조(이하, '이 사건 영장절차조항'이라 한다)에 대한 위헌소원 사건이다.

헌법재판소는 이 사건 영장절차조항에 대해 대상자에게 의견진술의 기회나 불복절차를 마련하고 있지 않다는 이유로 헌법불합치결정을 하였다. 이 결정에는 재판관 안창호 외 2명의 반대(합헌)의견과 재판관 1명의 반대(각하)의견이 있었다.[5] 반대(합헌)의견은 수사기관이 일정한 범죄행위로 형이 확정된 사람에 대해 법원의 영장

---

5) 헌법재판소는 일정한 범죄의 형이 확정된 수형자 등에 대해 디엔에이감식시료의 채취가 가능하도록 한 '디엔에이신원확인정보의 이용 및 보호에 관한 법률' 제5조 제1항에 대해 합헌으로 결정한 사실이 있다(헌재 2014. 8. 28. 2011헌마28등). 이 사건에 대해서는 이 장(章)의 기타 중요 사건에 '디엔에이감식시료 채취 사건'으로 수록하였다.

에 의해 디엔에이감식시료를 채취할 때 의견진술의 기회나 불복절차를 마련하지 않았더라도 이를 위헌이라고 할 수 없다는 견해인데, 그 중요 내용은 다음과 같다.

첫째, 형벌에 추가되는 법적 제재에 대한 침해 최소성의 판단은 그 제재로 인해 제한되는 법익의 성질 및 정도, 그 제재에 의해 제고될 가치 및 국가작용의 효율성, 법적 제재의 요건과 절차, 그 절차에 소요되는 비용 및 불복의 기회, 범죄의 종류와 법적 제재의 관련성, 형벌의 종류와 양형, 국민의 법 감정 등을 고려해야 한다.

둘째, 형벌에 추가되는 법적 제재에 의해 제한되는 법익의 성질 및 정도에 비추어 그 제한이 중대하지 않은 경우에는, 그 제재 여부뿐만 아니라 제재의 방법과 절차를 입법함에 있어서도 입법자의 재량이 인정된다.

셋째, 디엔에이감식시료는 구강점막 또는 모근을 포함한 모발에서 채취하고 그 방법이 불가능한 경우 등에 한해 분비물, 체액 등의 채취가 허용되며, 채취된 시료의 사용은 엄격하게 제한되는 등, 시료채취에 의해 제한되는 법익이 중대하다고 할 수 없으므로, 채취 여부 및 그 절차를 입법함에 있어 입법자의 재량이 인정된다.

반대(합헌)의견은, 처벌을 받은 사람에 대해 추가되는 법적 제재에 의해 제한되는 법익 제한이 중대한 경우와 그러하지 아니한 경우를 구분하여 관련 법률에 대한 위헌심사 강도가 달라야 한다는 전제에서, 디엔에이감식시료 채취는 그 법익 침해가 중대하다고 할 수 없으므로 그 취재 여부 및 절차에 있어 입법재량이 인정된다는 견해이다. 이는 헌법재판소가 주민등록증 발급 관련 지문채취 사건(헌재 2015. 5. 28. 2011헌마731)에서[6] '지문정보가 다른 신원확인수단에 비해 간편하고 효율적이라는 이유로 주민등록증 발급신청시 열 손가락 지문 채취가 개인정보자기결정권을 침해하지 않는다.'고 결정한 것과 일맥상통한다고 할 수 있다. 즉 반대(합헌)의견은 주민등록증 발급신청을 위해 '비범죄자'에 대해 지문을 채취하는 것이 합헌이라는 취지에 비추어 볼 때, 일정한 '범죄자'에 대해 법원의 영장에 의해 디엔에이감식시료를 채취하는 것은 그 절차나 방법 그리고 사후 관리절차에 비추어 그 법익 제한이 중대하다고 할 수 없다고 보고, 디엔에이감식시료 채취 과정에서 의견진술 기회나 불복절차를 마련하고 있지 않다는 이유만으로 위헌이라고 할 수 없다는 견해이다. 반대(합헌)의견에서 제시한 기준은 향후 형사처벌을 받는 사람에 대해 추가되는 법적 제

---

6) 이 사건에 대해서는 이 장(章)의 기타 중요 사건에 '주민등록증 발급 관련 지문 채취 사건'으로 수록하였다.

재와 관련해서 입법자가 입법하거나 헌법재판소에서 위헌심사를 할 때 반드시 고려되어야 할 것으로 보인다.

□ 반대(합헌)의견

청구인들은 디엔에이법 제5조에 규정된 범죄 또는 이와 경합된 범죄로 인해 형을 선고받고 형이 확정된 사람들이므로 이 사건 영장절차 조항 중 청구인들과 관련된 부분(이하 '영장절차조항'이라 한다)을 심판대상으로 하여 판단한다. 우리는 영장절차조항이 과잉금지원칙에 위반되어 청구인들의 재판청구권을 침해하지 않는다고 보아 다음과 같이 그 견해를 밝힌다.

가. 제한되는 기본권과 심사기준

청구인들은 영장절차조항으로 인해 재판청구권, 인간으로서의 존엄과 가치, 행복추구권, 개인정보자기결정권을 침해당하였다고 주장하고 있으나, 다수의견과 같이 위 조항과 직접 관계되는 기본권은 재판청구권이므로 재판청구권의 침해 여부에 대하여 살펴보기로 한다.

헌법 제27조 제1항이 규정하는 "법률에 의한" 재판청구권을 보장하기 위해서는 입법자에 의한 재판청구권의 구체적 형성이 불가피하므로 입법자의 입법재량이 인정되며(헌재 1996. 8. 29. 93헌바57 등 참조), 재판청구권 침해여부는 헌법 제37조 제2항에 따라 비례원칙에 의한 심사를 한다고 하더라도 완화된 심사를 할 수 있다(헌재 2001. 2. 22. 2000헌가1 참조). 한편 영장절차조항을 심사함에 있어서는 채취대상자인 청구인들이 유죄확정 판결을 받은 사람이라는 점이 고려되어야 한다.

나. 목적의 정당성 및 수단의 적합성

디엔에이법에 따라 일정한 범죄를 저지른 사람으로부터 디엔에이감식시료를 채취하는 것은, 일정한 범죄를 저지른 사람의 디엔에이신원확인정보를 미리 확보·관리하여 조속히 범인을 검거하고, 무고한 용의자를 수사선상에서 조기에 배제하며, 아울러 범죄예방의 효과를 높이기 위한 것일 뿐만 아니라, 사건·사고로 인해 변사자가 발생하는 경우 등에는 그의 신원확인을 위한 것이 될 수 있다.

이와 같이 영장절차조항은 신체의 자유를 제한하는 디엔에이감식시료 채취 과정에서 중립적인 법관이 구체적 판단을 거쳐 발부한 영장에 의하도록 함으로써 법관의 사법적 통제가 가능하도록 한 것이므로, 그 목적의 정당성 및 수단의 적합성은 인정된다.

다. 침해의 최소성

(1) 디엔에이법에 따라 일정한 범죄를 저지른 사람으로부터 디엔에이감식시료를 채취하는 것은, 법이 정한 범죄를 저지르고 형이 확정된 사람들에 대하여 형사처벌 이외에 추가하여 법적 제재를 부과하는 의미를 가진다.

이러한 법적 제재에 대한 침해의 최소성 판단은 그 제재로 인해 제한되는 법익의 성질 및 정도, 법적 제재에 의하여 제고될 가치 및 국가작용의 효율성, 법적 제재의 요건과 절차, 그 절차에 소요되는 비용 및 불복의 기회, 범죄의 종류와 법적 제재의 관련성, 형벌의 종류와 양형, 국민의 법 감정 등을 고려하여 개별적으로 이루어져야 한다(헌재 2016. 10. 27. 2014헌마709 보충의견 참조).

일반적으로 형사처벌에 추가되어 부과되는 법적 제재에 의하여 제한되는 법익이 중대한 경우에는 그 법적 제재를 위해서는 재범의 위험성과 같은 요건을 두거나 엄격한 절차에 의한 법원의 판단을 받도록 하는 것이 바람직하다. 그러나 법적 제재에 의해 제한되는 법익이 중대하지 않은 경우까지 법적 제재를 위해 재범의 위험성과 같은 요건이 반드시 필요한 것은 아니고 비례원칙에 위반되지 아니하는 한 법원의 판단에 의하지 아니하고 직접 법률에 의한 제재도 가능하며, 입법자의 재량이 인정될 수 있다.

(2) 디엔에이법에 따라 일정한 범죄를 저지른 사람으로부터 디엔에이감식시료를 채취하는 것은 그 대상자의 신체의 자유를 제한하는 것이나, 체포·구속 또는 이에 준하는 정도의 보안처분과는 그 의미와 내용을 달리한다.

헌법 제12조 제1항의 신체의 자유는, 신체의 안정성이 외부로부터의 물리적인 힘이나 정신적인 위험으로부터 침해당하지 아니할 자유와 신체활동을 임의적이고 자율적으로 할 수 있는 자유를 말하는 것인바(헌재 1992. 12. 24. 92헌가8; 헌재 2005. 5. 26. 99헌마513등), 디엔에이감식시료의 채취행위는 신체의 안정성을 해한다고 볼 수 있으므로 이 사건 채취 조항은 신체의 자유를 제한한다(헌재 2014. 8. 28. 2011헌마28

등). 그러나 디엔에이법은 디엔에이감식시료는 우선적으로 구강점막 또는 모근을 포함한 모발에서 채취하도록 하고 위의 방법이 불가능하거나 현저히 곤란한 경우에 한해 디엔에이감식시료를 채취할 수 있는 신체부분, 분비물, 체액의 채취를 하게 하는 등 채취대상자의 신체에 대한 침해를 최소화하는 방법을 사용하도록 하고 있다(제9조, 시행령 제8조). 그리고 디엔에이법은 디엔에이감식시료를 채취하는 경우 채취를 거부할 수 있음을 사전에 고지하고 서면으로 동의를 받도록 하고 있고(제8조 제3항), 디엔에이감식시료를 채취할 때에는 대상자에게 채취 이유, 채취할 시료의 종류 및 방법을 고지하도록 하고 있다(제8조 제8항).

따라서 디엔에이법에 따라 법이 정한 범죄를 저지른 사람으로부터 디엔에이감식시료를 채취하는 것이 신체의 자유를 제한한다고 하더라도 기본권 등 법익 침해의 내용은 제한적이라고 할 수 있다.

(3) 디엔에이감식시료채취 이후 그 시료에 대한 데이터베이스 수록 및 관리 등과 관련하여 채취대상자는 개인정보자기결정권 등 기본권을 제한받을 수 있으나, 디엔에이법은 위 수록 및 관리 등과 관련된 사항을 엄격하게 규정하고 있다.

디엔에이법은 디엔에이신원확인정보에 관련한 사무는 검찰총장과 경찰청장이 총괄하도록 하고(제4조), 개인의 인적사항 등과 식별코드를 관리하는 디엔에이인적관리자를 디엔에이신원확인정보를 관리하는 담당자와는 별도로 지정하도록 하여, 디엔에이신원확인정보만으로는 신원확인이 불가능하게 하는 제도적인 장치를 마련하고 있다(시행령 제3조, 제4조). 또한 데이터베이스의 관리·운영을 위하여 디엔에이신원확인정보데이터베이스관리위원회를 두어 디엔에이감식시료의 수집·운반·보관 및 폐기에 관한 사항, 디엔에이감식의 방법, 절차 및 감식기술의 표준화에 관한 사항, 디엔에이신원확인정보의 표기, 데이터베이스 수록·삭제에 관한 사항 등을 심의하게 하고 있다(제14조).

그리고 디엔에이법은 디엔에이신원확인정보담당자가 디엔에이신원확인정보를 데이터베이스에 수록한 때에는 채취된 디엔에이감식시료와 그로부터 추출한 디엔에이를 지체 없이 폐기하도록 하고(제12조 1항), 수형인등이 재심에서 무죄, 면소, 공소기각 판결 또는 공소기각 결정이 확정된 경우에는 데이터베이스에 수록된 자료를 삭제하도록 하고 있다(제13조 제1항). 디엔에이신원확인정보담당자는 업무상 취득한 디엔에이감식시료 또는 디엔에이신원확인정보를 업무목적 외에 사용하거나 타인에게 제공 또는 누설하지 못하게 하고 이를 위반하는 경우에는 형사처벌을 받게 된다 (제15조, 제17조 제3항). 그밖에 부정한 방법으로 디엔에이신원확인정보를 열람하거나 제공받는 경우, 회보된 디엔에이신원확인정보를 업무 목적 외에 사용하거나 타인에게 제공 및 누설하는 경우에도 형사처벌을 받게 된다(제17조 제4항). 나아가, 데이터베이스에 수록된 정보가 유출되거나 임의로 변경·삭제 또는 멸실되는 것을 방지하기 위하여 디엔에이신원확인정보담당자로 하여금 데이터베이스에 보안장치 등 필요한 조치를 취하도록 하는 등(시행령 제14조 제1항) 디엔에이신원확인정보가 오·남용 되는 것을 방지하기 위한 규정을 두고 있다.

한편 디엔에이법 제3조 제2항은 데이터베이스에 수록되는 디엔에이신원확인정보에 개인식별을 위하여 필요한 사항 외의 정보 또는 인적 사항이 포함되어서는 아니 된다고 규정하여, 디엔에이신원확인정보로부터 개인의 유전적 특성에 대한 유전정보를 확인할 수 없고 동일인 여부의 확인기능만을 하도록 하고 있다. 디엔에이신원확인정보는 개인의 동일성을 확인할 수 있는 징표일 뿐 종교, 학력, 병력, 소속 정당, 직업 등과 같이 정보주체의 신상에 대한 인격적·신체적·사회적·경제적 평가가 가능한 내용이 담겨 있지 아니하므로, 그 자체로는 중립적인 정보라고 할 수 있다. 또한 디엔에이신원확인정보는 정보주체를 쉽게 확인할 수 있는 성명·사진·주민등록번호 등과는 달리, 일반인의 경우 디엔에이신원확인정보만을 가지고는 정보주체를 파악하는 것은 불가능하고, 인적관리시스템에서 인적사항 등과 식별코드를 확인해야만 정보주체의 확인이 가능하다. 즉 데이터베이스에 수록되는 디엔에이신원확인정보는 개인정보 누설의 염려가 적어 그 자체로 개인의 존엄과 인격권에 심대한 영향을 미칠 수 있는 민감한 정보라고 보기 어렵다(헌재 2014. 8. 28. 2011헌마28등).

특히 이 사건 청구인들과 같이 디엔에이법 제5조 제1항에서 정한 범죄로 유죄 확정의 판결을 받은 채취대상자의 경우, 디엔에이법이 정한 요건을 충족하고 있는 사람이므로, 영장절차조항 제5항이 검사로 하여금 영장청구서에 청구이유에 대한 소명자료를 첨부하도록 하고 있는 이상, 디엔에이감식시료채취영장발부 과정에서 채취대상자가 법관을 대면하여 의견을 진술할 수 있는 기회를 법률에 명문으로 규정되어 있지 아니하다고 하더라도 그것만으로 그 대상자의 재판청구권이 형해화된다고 할 수 없다.

따라서 디엔에이감식시료채취영장에 따른 디엔에이감식시료 수록 등과 관련하여 채취대상자가 받게 되는 기본권의 제한의 정도가 크다고 할 수 없으며, 그가 현실적으로 제한받게 되는 법익이 엄격한 절차적 권리가 보장되어야 한다고 할 만큼 중대하다고 보기 어렵다.

(4) 영장절차조항은 디엔에이감식시료를 채취하기에 앞서 채취대상자에게 채취를 거부할 수 있음을 고지하고 서면으로 동의를 받아야 하고, 동의를 받지 못한 경우에는 관할 지방법원 판사에게 청구하여 발부받은 영장에 의해 채취대상자로부터 디엔에이감식시료를 채취할 수 있도록 하고 있다(제1항 내지 제3항).

이와 관련하여 영장절차조항은 '디엔에이감식시료채취영장을 청구할 때에는 채취대상자의 성명, 주소, 청구이유, 채취할 시료의 종류 및 방법, 채취할 장소 등을 기재한 청구서를 제출하여야 하며, 청구이유에 대한 소명자료를 첨부하여야 한다'는 규정을 두고 있다(제4항). 그리고 검사는 채취대상자에게 '디엔에이감식시료 채취 출석 안내문'을 보내거나 전화로 이를 통보하고 있는데, 출석 안내문에는 '기한 내에 출석하지 아니할 경우 영장에 의하여 강제채취되거나 지명통보될 수 있다'는 내용이 포함되어 있다. 채취대상자로서는 검사로부터 위와 같은 통보를 받게 될 경우 자신에 대한 영장 발부가 부당하다는 의견을 밝히고 관련 자료를 제출할 수 있다. 법원은 영장심사 과정에서 검사가 제출한 청구서 및 소명자료, 채취대상자가 제출한 의견 및 자료 등을 검토하고 채취대상자가 법률이 정한 범죄를 범해 형이 확정되었는지, 형벌의 내용이 지극히 경미하여 영장을 발부하는 것이 비례원칙에 위반되는지, 그 대상자의 동의가 있었는지 등을 확인하여 영장을 발부하게 된다.

이러한 점들에 비추어 보면, 채취대상자가 영장발부 과정에 참여하여 자신의 의견을 진술할 수 있는 절차가 봉쇄되어 있다고 볼 수 없다.

(5) 다수의견은 영장절차조항이 형사소송법 제201조의2에 의한 구속영장 청구와는 달리 채취대상자에게 디엔에이감식시료채취영장 발부 과정에서 자신의 의견을 진술할 수 있는 기회를 절차적으로 보장하고 있지 아니하므로 채취대상자의 재판청구권은 형해화될 수 있다고 주장한다.

형사소송법 제201조의2에 의한 구속영장 청구 시에는 판사가 직접 피의자를 심문하는 것과는 달리, 영장절차조항에 의한 디엔에이감식시료채취영장 청구 시에는 판사가 채취대상자의 의견을 직접 청취하거나 적어도 서면으로 채취대상자의 의견을 확인하는 절차가 명문화되어 있지 않다. 그러나 형사소송법 제201조의2에 의한 구속영장 청구는 아직 형이 확정되지 아니하여 무죄추정을 받는 피의자에 대한 것으로, 그 대상자에게 직접적인 물리적 강제력을 행사하여 신체의 구속이라는 중대한 기본권 침해를 수반할 수 있는 것이므로 엄격한 비례원칙 및 적법절차가 지켜져야 한다. 반면에, 앞서 본 바와 같이 영장절차조항에 의한 디엔에이감식시료채취영장 청구는 형이 확정된 사람으로부터 디엔에이감식시료를 채취하는 것이고, 그 채취가 채취대상자의 기본권을 제한한다고 하더라도 정도가 중하다고 보기 어려우며, 디엔에이감식시료의 수록·관리 등과 관련해서 채취대상자가 받게 되는 기본권 제한 역시 한정적이라고 할 것이므로, 그 대상자에게 구속영장 청구 시와 같이 엄격한 절차적 권리가 보장되어야 하는 것은 아니다.

그리고 검사로부터 구속영장 청구가 있는 경우, 법원은 과연 피의자가 죄를 범하였다고 의심할 만한 상당한 이유가 있는지, 피의자가 일정한 주거가 없거나 증거를 인멸할 염려가 있는지, 피의자가 도망하거나 도망할 염려가 있는지를 심사해야 할 뿐만 아니라 이러한 구속사유를 심사함에 있어서 범죄의 중대성, 재범의 위험성, 피해자 및 중요 참고인 등에 대한 위해 우려 등을 고려하여 구속영장의 발부여부를 결정해야 하므로(형사소송법 제70조 제1항, 제2항), 구속영장 청구의 경우에는 판사가 구속대상자의 의견을 직접 청취할 필요성이 크다. 반면에, 이 사건 영장절차 조항에 의한 디엔에이감식시료채취영장 청구는 이미 형이 확정된 특정범죄를 저지른 사람과 관련해서 영장을 청구하는 것이므로 구속대상자의 의견을 직접 청취할 필요성은 제한적이라고 할 수 있다. 나아가 디엔에이법 제5조 제1항에서 정한 죄로 형이 확정된 사람 이외에도 같은 죄로 보호관찰명령·치료감호선고·보호처분결정을 받은 사람이나 구속영장이 발부되어 구속된 피의자도 마찬가지로 그 해당 절차에서 법원의 판단을 이미 받은 사람이므로, 그들에 대하여도 디엔에이감식시료채취영장 청구에 관해 의견을 직접 진술할 기회가 반드시 별도로 부여되어야 하는 것은 아니다. 다수의견은 영장절차조항이 영장 발부 후 채취대상자에게 그 영장 발부에 대하여 불복할 수 있는 기회를 주거나 채취행위의 위법성 확인을 청구할 수 있도록 하는 구제절차를 마련하고 있지 않음으로 인하여, 채취대상자의 재판청구권이 형해화될 수 있다고 한다. 그러나 위에서 본 바와 같이 디엔에이감식시료채취 및 그 수록 등과 관련해서 기본권의 제한의 정도가 중대하다고 볼 수 없으므로, 영장 발부 후 반드시 위와 같은 구제절차를 두어야 하는 것은 아니다.

참고로, '성폭력범죄의 처벌 등에 관한 법률'은 제42조에서 특정범죄로 유죄판결이나 약식명령이 확정된 자 및 같은 법에 따라 공개명령이 확정된 자에 대해 별도의 절차 없이 신상정보 등록대상자가 되도록 하고, 등록대상자로 하여금 기본신상정보가 변경된 경우 그 사유와 변경내용을 일정 기간 내에 제출하도록 하는 등의 의무를 부과하고 있다. 헌법재판소는 이처럼 법원의 판단 없이 법률에 의해 신상정보 등록이라는 추가적인 법적 제재를 부과하는 것에 대해, 대부분 범죄와 관련하여 그 자체로 헌법에 위반되는 것은 아니라고 보고 있다(헌재 2015. 7. 30. 2014헌마340등; 헌재 2016. 3. 31. 2014헌마785; 헌재 2016. 10. 27. 2014헌마709; 헌재 2017. 10. 26. 2016헌마656; 헌재 2018. 3. 29. 2017헌마396 등 참조).

또한 국가공무원법은 금고 이상의 형의 선고유예를 받고 그 기간 중에 있는 자를 임용결격사유로 삼고, 그 사유에 해당하는 자가 임용되더라도 이를 당연무효가 되는 것으로 하며(제33조 제1항 제5호), 변호사법은 금고 이상 형의 집행유예를 선고받고 그 기간이 경과한 후 2년을 경과하지 아니한 자는 변호사가 될 수 없다고 규정하는 등(제5조 제2호), 다수의 법률에서 형사처벌에 추가되어 부과되는 법적 제재에 의해 제한되는 법익이 중대한 경우에도 그 법적 제재를 위해서 재범의 위험성과 같은 요건과 엄격한 절차에 의한 법원의 판단을 받지 아니하도록 규정하고 있는데, 이러한 법률조항들에 대해 헌법재판소는 헌법에 위반된다고 판단하지 아니하고 있다(헌재 2016. 7. 28. 2014헌바437; 헌재 2009. 10. 29. 2008헌마432 등 참조).

이러한 사정을 종합하면, 영장절차조항에 채취대상자가 영장 발부에 관한 자신의 의견을 밝히고 소명자료를 제출하도록 하는 내용이 규정되어 있지 아니하고 그 영장 발부에 대하여 불복하는 등의 구제절차가 규정되어 있지 않다고 하더라도, 영장절차조항이 침해 최소성의 원칙에 위반된다고 단정할 일은 아니다.

(6) 그렇다면 영장절차조항은 침해의 최소성 원칙에 위반된다고 볼 수 없다.

라. 법익의 균형성

디엔에이감식시료채취영장을 통하여 확보된 디엔에이신원확인정보가 장래 범죄수사 및 범죄예방 등에 기여하게 되는 공익은 매우 중대한 반면에, 디엔에이감식시료채취영장 발부에 관한 법원의 심사 내용 및 채취대상자의 영장 발부 과정에의 참여 가능성 등에 비추어 보면 영장절차조항으로 인한 재판청구권 제한 정도가 위 공익에 비하여 크다고 볼 수는 없다. 따라서 영장절차조항은 법익의 균형성 요건을 충족한다.

마. 소결론

영장절차조항은 과잉금지원칙을 위반하여 청구인들의 재판청구권을 침해하지 아니한다.

기타 중요 사건

□ 전자발찌 소급적용 사건(헌재 2012. 12. 27. 2010헌가82등)

이 사건은 위치추적 전자장치(이하, '전자발찌'라 한다)를 처음 시행할 때 그 적용 대상에서 제외하였던 사람 중 징역형 집행 중이거나 집행이 종료된 후 3년이 경과 하지 아니한 사람 등에 대하여도 부착할 수 있도록 정한 '특정 범죄자에 대한 위치 추적 전자장치 부착 등에 관한 법률' 부칙 제2조 제1항에 대한 위헌제청 사건이다.

헌법재판소는 위 법률조항에 대해 합헌결정을 하였는데, 재판관 4명의 일부 위헌의견과 재판관 1명의 전부 위헌의견이 있었다. 법정의견의 논지는 다음과 같다.

전자발찌 부착명령은 의무적 노동의 부과나 여가시간의 박탈을 내용으로 하지 않고 전자발찌의 부착을 통해 행동 자체를 통제하는 것도 아니라는 점에서 형벌적 성격을 가지고 있다고 보기 어렵다. 전자발찌 부착명령은 형벌과 구별되는 비형벌적 보안처분이므로, 형벌불소급원칙이 적용되지 않으며, 검사와 법원은 부착여부 결정 시점을 기준으로 재범의 위험성에 대해 구체적으로 판단하게 된다. 전자발찌 부착명령 이후에도 피부착자에 대한 수신자료의 이용은 엄격히 제한되고, 재범의 위험성이 없다고 인정되는 경우에는 부착명령을 가해제할 수 있다.

□ 성범죄자 신상정보 등록기간 사건(헌재 2015. 7. 30. 2014헌마340등)

이 사건은 일정한 성범죄로 유죄가 확정된 자를 신상정보 등록대상자가 되도록 하고 그 등록정보의 보존·관리기간을 20년으로 한 성폭력범죄의처벌등에관한특례법 제45조 제1항 등에 대한 위헌소원 사건이다. 헌법재판소는 재판관 전원의 일치된 의견으로, 위 법률조항에 대해 헌법불합치결정을 하였다.

법정의견은 일정한 성범죄에 대한 등록은 성범죄자의 재범을 억제하고 수사의 효율성을 제고하기 위한 것으로 개인정보자기결정권을 침해하지 않지만, 성범죄의 종류, 등록대상자의 특성을 고려하지 아니하고 일률적으로 보존·관리기간을 20년으로 정한 것은 헌법에 합치되지 아니한다고 판단하였다.

국회는 위와 같은 헌법불합치 결정에 따라 2016년 12월 20일 법률 제14412호로 위 법률조항을 개정하여, 신상정보 등록의 원인이 된 성범죄로 받은 형량에 따라 등록기간을 30년, 20년, 15년 또는 10년으로 차등화 하고, 법원이 법률에서 정하고 있는 등록기간이 부당하다고 인정하는 경우에는 판결로 그 기간을 달리 정할 수 있도록 하였다. 개정된 법조항에 대해 다시 헌법소원심판이 청구되었으나, 헌법재판소는 신상정보 등록제도는 성범죄의 재범을 억제하고, 수사의 효율성과 신속성을 높이기 위한 것이며, 형사책임의 경중 및 재범의 위험성에 따라 등록기간을 차등화 하였을 뿐만 아니라, 법원의 판단으로 그 기간을 달리 정할 수 있다는 등을 이유로 합헌결정을 하였다(헌재 2018. 3. 29. 2017헌마396).

□ 디엔에이감식시료 채취 사건(헌재 2014. 8. 28. 2011헌마28등)

이 사건은 일정한 범죄로 형이 확정된 수형자 등에 대하여 디엔에이감식시료의 채취를 가능하도록 한 '디엔에이신원확인정보의 이용 및 보호에 관한 법률' 제5조 제1항 등에 대한 위헌소원 사건이다. 헌법재판소는 위 법률조항 등이 과잉금지원칙을 위반하여 신체의 자유를 침해하지 아니한다고 결정하였다. 이 결정에는 위 법률조항에 대한 재판관 4명의 반대의견 등이 있었다.

법정의견은 위 법률조항이 범죄 수사 및 예방을 위하여 특정범죄의 수형자로부터 디엔에이감식시료를 채취할 수 있도록 하는 것으로, 디엔에이감식시료 채취 대상

범죄는 디엔에이신원확인정보를 수록·관리할 필요성이 높고, 시료를 서면 동의 또는 영장에 의해 채취하되 채취 이유, 채취할 시료의 종류 및 방법을 고지하도록 하고 있으며, 채취대상자의 신체나 명예에 대한 침해를 최소화하는 규정을 두고 있는 점 등을 고려하여, 위 법률조항이 신체의 자유를 침해하지 않는다고 판단하였다.

헌법재판소는 이 사건에서 과학적 수사방법의 발달에 따라 새롭게 부각된 디엔에이신원확인정보에 관한 헌법적 쟁점들에 대해 처음으로 판단하였다. 이 결정 이후에도 헌법재판소는 디엔에이법상 강제추행죄로 유죄판결이 확정된 사람을 디엔에이 감식시료 채취대상자로 규정한 조항에 대해 헌법에 위반되지 아니한다고 결정하였다(헌재 2016. 3. 31. 2014헌마457).

□ 주민등록증 발급관련 지문 채취 사건(헌재 2015. 5. 28. 2011헌마731)[7]

이 사건은 주민등록증 발급신청서에 열 손가락 지문을 찍도록 규정한 주민등록법 시행령 제36조 제2항의 별지 제30호 서식에 관한 위헌소원 사건이다.

헌법재판소는 지문정보가 다른 신원확인수단에 비해 간편하고 효율적이며, 일정 범위의 범죄자나 손가락 일부 지문정보를 수집하는 것만으로는 열 손가락 지문을 대조하는 것과 그 정확성 면에서 차이가 난다는 점 등을 고려하여, 위 시행령 조항이 개인정보자기결정권을 침해하지 않는다고 결정하였다. 이 결정에는 재판관 3명의 반대(위헌)의견이 있었다. 이 결정은 헌재 2005. 5. 26. 2004헌마190 등 사건의 합헌의견과 같은 내용이나, 지문정보의 수집·보관·이용 요건을 법률에 구체적으로 규정하는 입법개선이 필요함을 지적하였다.

---

7) 이 사건은 형사처벌 및 그에 따른 법적 제재에 대한 사건이 아니나, 지문정보가 디엔에이정보와 같이 신원확인의 유용한 수단이 될 수 있는 점을 고려하여, 이 장(章)에 수록하였다.

제 7 장
사회적 기본권

— 연탄봉사, 헌법재판소 가족과 함께 —

서 론

사회적 기본권이란 헌법 제2장 '국민의 권리와 의무'에 관한 부분에 자유권, 선거권, 청구권 등에 이어서 제31조부터 제36조까지 규정되어 있는 기본권을 말한다.

사회적 기본권은 경제생활이나 사회생활에서 사회적 교섭력이 약화된 국민이 국가에 대하여 급부의 제공이나 제도의 형성을 통해 자유와 권리의 실질적 실현에 필요한 최소한의 물적·제도적 조건을 형성해 줄 것을 요청할 수 있는 헌법상 권리이다. 오늘날과 같이 경제 및 사회의 양극화가 심화되고 있는 사회에서는, 재정적 부담에 따른 현실적 한계를 인정한다 하더라도, 국가는 건강한 공동체 형성을 위해 개별적 사회권이 가지는 본질적 요소에 대해서는 최대한 배려해야 하며, 재정적인 한계 범위 내에서 가용자원을 효과적으로 사용할 의무가 있다고 할 것이다. 한편 사회적 기본권 중에는 그 보장을 확보하기 위해 자유권적 성격이 강조될 수 있다.

사회적 기본권이 사회보장 및 복지·교육·노동 영역에서 가지는 의미는 특히 중요하다. 사회보장 및 복지는 사회적 기본권의 이념적 기초이자 헌법이 일반조항으로 규정한 '인간다운 생활을 할 권리'를 효율적으로 실현하기 위한 중요한 방법이다. 교육은 국민이 인간으로서의 존엄을 유지하고 자주적 인격체로서 인간다운 생활을 영위하는데 필수적인 전제이자 직업의 자유를 실제로 행사할 수 있는 조건을 형성한다. 노동은 생활의 기본적인 수요를 충족시킬 수 있는 생활수단을 확보해 주며 나아가 인격의 자유로운 발현과 인간의 존엄성을 보장하는 수단이 된다.

제7장 사회적 기본권에서는 사회복지, 교육, 노동과 관련된 헌법재판소의 결정 가운데, 사회복지관련 6건, 노동관련 3건, 교육관련 3건을 선정하여 재판관 안창호가 집필한 내용을 중심으로 수록하였다. 선정된 12건은 다음과 같다.

지역가입자 건강보험료 산정기준 사건(헌재 2016. 12. 29. 2015헌바199)은 직장가입자와 달리, 지역가입자의 보험료를 '소득·재산·생활수준·경제활동참가율'을 기준으로 결정하도록 한 규정에 대한 위헌소원 사건이다. 재판관 안창호 등은 반대(헌법불합치)의견에서 직장가입자와 지역가입자의 보험료 산정기준 및 방식이 다른 것은 지역가입자의 평등권을 침해한다는 의견을 제시하였다.

북한이탈주민 정착지원금 필요적 몰수 사건(헌재 2017. 8. 31. 2015헌가22)은 북한이탈주민이 부정한 방법으로 금전 등을 지원받은 경우 이를 필요적으로 몰수·추징하는 규정에 대한 위헌소원 사건이다. 재판관 안창호 등은 반대(위헌)의견에서 북한이탈주민에 대한 정착지원금은 생활의 근거가 될 수 있으므로 일률적으로 필요적 몰수·추징하는 것은 헌법에 위반된다는 의견을 제시하였다.

재외국민 영유아 지원배제 사건(헌재 2018. 1. 25. 2015헌마1047)은 국내거주 재외국민의 영유아가 보육료 등을 지급받지 못하도록 한 규정에 대한 위헌소원 사건이다. 재판관 안창호 등은 법정(위헌)의견에서 국내거주 재외국민의 영유아에 대하여 보육료 등의 지급을 제한하는 것이 헌법에 위반된다고 판단하였다.

노인복지시설 운영자처벌 사건(헌재 2016. 6. 30. 2015헌바46)은 노인복지시설이 기준에 미달하면 신고를 못하게 하고, 신고 못한 노인복지시설 운영자를 처벌하는 규정에 대한 위헌소원 사건이다. 재판관 안창호 등은 반대(위헌)의견에서 노인복지시설에 대해 일률적으로 신고하도록 하고 이를 지원·감독하는 것이 타당하다는 의견을 제시하였다.

국가유공자 가족 가산점 사건(헌재 2012. 11. 29. 2011헌마533)은 계약직 공무원 채용시험에 응시하려는 국가유공자 자녀인 취업지원자에게 가산점 혜택을 부여하지 않는 규정에 대한 위헌소원 사건이다. 재판관 안창호는 반대(헌법불합치)의견에서 국가유공자의 가족에게 기능직 공무원과 달리 계약직 공무원의 채용시험에서 가산점을 부여하지 않는 것은 합리적인 이유가 없다는 의견을 제시하였다.

보훈보상대상자 지원 순위 사건(헌재 2018. 6. 28. 2016헌가14)은 유족보상금 수급권자를 부모 중 1명으로 한정하고 그 중 나이가 많은 자를 우선하게 하는 규정에 대한 위헌제청 사건이다. 재판관 안창호 등은 법정(헌법불합치)의견에서 이러한 내용은 관련 법률의 사회보장적 성격에 비춰 합리적인 이유가 없다고 판단하였다.

출퇴근 근로자 산업재해보상 사건(헌재 2016. 9. 29. 2014헌바254)은 자신의 운송수단을 이용한 출퇴근 근로자가 출퇴근 중 사고에 대해 산업재해보상금을 수령하지 못하도록 하는 규정에 대한 위헌소헌 사건이다. 재판관 안창호는 법정(헌법불합치)의견과 같이 위 규정이 헌법에 합치되지 않는다는 견해를 취하면서도, 이 사건의 경우 심사기준을 강화해야 한다는 보충의견을 제시하였다.

산업재해 입증책임 사건(헌재 2015. 6. 25. 2014헌바269)은 산업재해보상법상 업무와 재해 사이의 인과관계의 입증책임을 근로자 측에 부담시킨 것에 대한 위헌소원 사건이다. 재판관 안창호는 법정(합헌)의견과 같이 산업재해의 입증책임을 근로자 측에서 부담하는 것이 합헌이라는 견해를 취하면서도, 보충의견에서 근로자 측의 입증책임을 완화하는 방안을 제시하였다.

청원경찰 근로3권제한 사건(헌재 2017. 9. 28. 2015헌마653)은 청원경찰로 하여금 노동운동을 할 수 없도록 한 규정에 대한 위헌소원 사건이다. 재판관 안창호 등은 법정(헌법불합치)의견에서 청원경찰은 공무원이 아니므로 일률적으로 근로3권을 금지하는 것은 헌법에 합치되지 아니한다고 판단하였다.

공문서 한글전용 등 사건(헌재 2016. 11. 24. 2012헌마854)은 공문서를 한글로 작성하도록 하고, 중등교육과정에서 한자를 필수과목으로 규정하지 아니한 것에 대한 위헌소원 사건이다. 재판관 안창호는 전자에 대해서는 법정의견과 같이 합헌의견을, 후자에 대해서는 반대의견에서 위헌의견을 제시하였다.

검정고시 출신 대학지원제한 사건(헌재 2017. 12. 28. 2016헌마649)은 교육대학의 수시모집에 검정고시 출신의 지원을 제한한 입시요강에 대한 위헌소원 사건이다. 재판관 안창호 등은 법정(위헌)의견과 같이 위 입시요강에 대해 헌법에 위반된다는 견해를 취하면서, 보충의견에서 자유권의 성격을 가지는 '균등하게 교육을 받을 권리'를 침해할 수 있다는 의견을 제시하였다.

국립대학교 총장후보 기탁금 사건(헌재 2018. 4. 26. 2014헌마274)은 국립대학교 총장의 후보자 등록을 위해 기탁금을 납부하도록 한 학칙에 대한 위헌소원 사건이다. 재판관 안창호 등은 법정(위헌)의견에서 간선제의 경우 이러한 학칙은 헌법에 위반된다고 판단하였다.

재판관 안창호는 자유민주주의와 시장경제를 기반으로 하는 국가에서 공동체의 갈등을 최소화하고 사회연대를 강화하기 위해서는, 인간의 존엄에 상응하는 생활에 필요한 '최소한의 물질적인 생활'의 유지에 필요한 급부의 의미와 내용을 확대하는 한편, 위헌심사의 강도를 높임으로써 사회적 기본권을 보다 적극적으로 확충해야 한다는 입장이다. 이런 입장에서 경제적·사회적 약자의 지위를 강화하기 위해, 사회복지 관련 사건에서는 현행 제도의 미흡한 점을 적극적으로 지적하고, 노동 관련 사건에서는 근로자의 권리를 확충하는 의견을, 교육 관련 사건에서는 교육받을 권리의 강화를 위한 의견을 다양하게 제시하고 있다. 그밖에 대학교수 단결권부정 사건

(헌재 2018. 8. 30. 2015헌가38), 노동조합 운영비 원조금지 사건(헌재 2018. 5. 31. 2012 헌바90), 1년 미만 근로에 대한 유급휴가배제 사건(헌재 2015. 5. 28. 2013헌마619), 6개 월 미만 근로에 대한 해고예고배제 사건(헌재 2015. 12. 23. 2014헌바3), 기간제근로자 사용기간제한 사건(헌재 2015. 5. 28. 2013헌마619), 강제적 셧다운제 사건(헌재 2014. 4. 24. 2011헌마659등), 학교폭력 가해학생 재심제한 사건(헌재 2013. 10. 24. 2012헌마832), 공무원연금법 제32조 사건(헌재 2018. 7. 26. 2016헌마260)에서 근로자와 학생 등의 권 익을 적극적으로 보호하기 위한 의견을 취하고 있다. 다만 교원노조 조합원 자격 제한 사건(헌재 2015. 5. 28. 2013헌마671등)에서는 교원노조가 정치투쟁의 장이 되는 것을 방지하고, 외부 영향 없이 교원의 경제적·사회적 지위 향상과 근로조건의 유 지·개선을 도모하기 위해서는, 교원노조의 조합원은 교원의 자격이 있어야 한다는 견해를 취하였다.

지역가입자 건강보험료 산정기준 사건
(헌재 2016. 12. 29. 2015헌바199)

□ 사건개요 등

청구인은 국민건강보험법상 직장가입자 자격을 유지하여 오다가 지역가입자로 자격이 전환되면서 지역보험료 부과처분을 받게 되자, 지역보험료 부과처분의 근거 가 되는 국민건강보험법 제72조(이하, '이 사건 법률조항'이라 한다)가 평등원칙에 위반 된다고 주장하면서 헌법소원심판을 청구하였다.

헌법재판소는 국민건강보험법상 직장가입자와 지역가입자의 보험료 산정기준 및 방식을 달리 정하고 있는 것이 헌법상 평등원칙에 위반되지 아니한다고 결정하 였다. 이 결정에는 재판관 안창호 외 3명의 반대(헌법불합치)의견이 있었다.

반대의견은 동일한 보험집단을 구성하고 있는 지역가입자와 직장가입자를 서 로 달리 취급할 합리적 근거가 없음에도, 지역가입자에 대하여서만 소득 이외에 다 른 요소를 근거로 소득을 추정하여서 보험료를 산정·부과하도록 하는 것이 평등원 칙에 위배된다는 견해인데, 그 주요 내용은 다음과 같다.

첫째, 사회보험에서 보험료는 보험가입자 또는 그 사용자가 보험급여에 충당할 목적으로 법률에 근거하여 부과되는 일종의 공과금이므로, 사회보험 보험료의 부과에서도 조세에서와 같이 부담평등의 원칙이 준수되어야 한다.

둘째, 법정의견은 지역가입자의 경우 소득파악율이 낮기 때문에 소득을 추정해서 보험료를 산정·부과할 수밖에 없다는 것이나, 그 소득파악율이 낮다는 것은 과세자료에 대한 공단의 보유비율이 낮다는 것을 의미할 뿐, 반드시 지역가입자의 소득 신고율이 낮다거나 소득탈루비율이 높다는 것을 의미하는 것은 아니다.

셋째, 무소득세대의 상당수가 과세자료를 보유하기 힘든 저소득 취약계층이므로, 이들에 대해서는 최저보험료를 부과하는 등의 배려가 필요한 것이지, 세대 구성원의 수나 연령을 기준으로 사회보험 보험료를 부과하는 것은 사회연대의 원칙이나 소득재분배의 원리에 부합하지 않는다.

반대의견은 지역가입자에게 실소득이 아니라 추정소득을 기준으로 보험료를 부과하도록 한 이 사건 법률조항이 실제로 소득이 적어 사회적 배려가 절실한 저소득 지역가입자에게 부담능력에 비해 과도한 보험료를 부과하는 것에 주목하여 위 법률조항이 헌법에 합치되지 아니한다고 판단하였다.

이 결정 이후, 2017년 4월 18일 법률 제14776호로 국민건강보험법의 지역가입자 보험료 산정기준에 관한 법률조항이 개정되었다. 그 내용은 지역가입자의 '소득·재산·생활수준·경제활동참가율'이 아니라 '소득·재산'만이 보험료 산정기준으로 설정될 수 있도록 하여, 반대의견과 같은 취지로 개정되었다.

앞으로 반대의견에서 지적하고 있는 바와 같이, 국가는 사회적 기본권 관련 영역에서 사회보장 및 사회복지의 증진에 노력할 의무를 규정한 헌법 제34조 제2항에 따라 경제적·사회적 약자에 대한 관심과 세심한 배려를 통하여 사회갈등을 최소화하고 사회연대를 강화해야 할 것이다.

□ 반대(헌법불합치)의견

우리는 소득파악율의 차이를 이유로 직장가입자와 달리 지역가입자에 대하여는 소득 이외에 재산, 생활수준, 경제활동참가율 등을 고려하여 보험료를 산정·부과하도록 하는 이 사건 법률조항이 평등원칙에 반한다고 생각한다. 특히 최근 우리 사회의 경제력 집중과 양극화 현상이 심화되고 그에 따른 국가공동체의 통합에 대한 부정적 영향을 목도하면서, 실제 소득이 적어 사회적 배려가 필요한 저소득 지역가입자에 대해 실질적인 부담능력에 따라 보험료를 조정하거나 감액할 수 있는 제도적 장치를 마련하고 있지 아니한 이 사건 법률조항이 헌법에 위반된다고 생각하므로 아래와 같이 의견을 밝힌다.

가. 사회보험은 보험의 원리에 따라 동일한 사회적 위험에 처한 개개인을 하나의 공동체로 결합하고 이들 간에 위험을 분산시켜 사회적 위험으로부터 자기보호를 조성하되, 사회국가원리로부터 파생된 사회연대의 원칙을 기반으로 하여 경제적 약자에게도 동일한 사회보험 급여를 제공하기 위하여 사회적 조정의 요소를 가미한 사회보장제도이다. 따라서 사회보험에서 보험료는 사(私)보험에서와 같이 보험료와 보험급여 간의 보험수리적인 개인별 등가원칙에 의하여 산정되는 것이 아니라, 보험자의 전체적 재정과 관련하여 보험자의 수입이 보험급여를 포함한 전체 지출을 충당할 수 있도록 개인의 보험료를 산정하되, 소득의 과소에 따라 보험료를 차등 부과함으로써 보험가입자간의 소득재분배 효과를 거두고자 하는 것이다(헌재 2000. 6. 29. 99헌마289; 헌재 2003. 10. 30. 2000헌마801 참조).

한편 사회보험에서 보험료는 보험가입자 또는 그 사용자가 보험자의 보험급여를 위한 재정에 충당할 목적으로 법률에 근거하여 납부하는 일종의 공과금이다. 따라서 헌법상의 평등원칙에서 파생하는 부담평등의 원칙은 조세뿐만 아니라, 보험료를 부과하는 경우에도 준수되어야 한다. 조세를 비롯한 공과금의 부과에서의 평등원칙은 공과금 납부의무자가 법률에 의하여 법적 및 사실적으로 평등하게 부담을 받을 것을 요청한다. 즉 납부의무자의 균등부담의 원칙은 공과금 납부의무의 규범적 평등과 공과금의 징수를 통한 납부의 관철에 있어서의 평등이라는 두 가지 요소로 이루어진다. 만일 입법자가 규범적으로만 국민에게 균등한 부담을 부과하는 것에 그치고, 납부의무의 관철에 있어서 국민 간에 현저한 차이가 발생하도록 방치한다면, 납부의무자간의 균등부담의 원칙, 즉 공과금부과에서의 평등은 실현될 수 없다. 따라서 납부의무를 부과하는 실체적 법률은 '사실적 결과에 있어서도 부담의 평등'을 원칙적으로 보장할 수 있는 절차적 규범이나 제도적 조치와 결합되어서 납부의무자간의 균등부담을 보장해야 한다(헌재 2000. 6. 29. 99헌마289).

나. 사회보험에서 균등부담의 원칙은 소득에 비례하여 보험료를 부과하되, 동일

한 소득에 대해서는 동일한 보험료를 부과하는 것으로 구체화된다. 다만 보험료의 형평성은 원칙적으로 동일한 보험집단에게 동일한 보험료 부과기준이 적용됨을 전제로 한다. 현재의 건강보험은 전 국민이 하나의 보험집단에 속하는 단일보험체계를 이루고 있으므로, 전 국민에게 적용되는 보험료 부과기준이 단일할 때 비로소 보험료 부과의 형평성이 확보된다고 할 수 있다.

그런데 현행 건강보험법은 형식적으로는 직장가입자와 지역가입자 모두에 대하여 소득을 기준으로 보험료를 산정하도록 규정하면서도, 실질적으로는 직장가입자의 경우 실소득을 기준으로 보험료를 산정·부과하는 반면, 지역가입자의 경우에는 소득파악이 제대로 되지 않는다는 이유로 소득 외에 재산, 생활수준, 경제활동참가율 등 다양한 기준을 적용하여 지역가입자의 소득을 추정하고, 그 추정소득에 대하여 보험료를 부과하도록 함으로써 보험료 납부의무를 관철하고 있다.

이와 관련하여 법정의견은 '건강보험 재정통합 하에서 보험가입자 간의 소득파악율의 차이는 보험료 부담의 평등의 관점에서 헌법적으로 간과할 수 없는 본질적인 차이'(헌재 2013. 7. 25. 2010헌바51)이기 때문에 지역가입자에 대한 보험료 산정의 구성요소로 소득 이외의 부분을 참작하는 것에는 합리적인 이유가 있다고 한다. 다시 말하면 원칙적으로 소득을 기준으로 보험료를 산정하고 부과하여야 하지만, 지역가입자의 경우에는 소득파악율이 낮기 때문에 부득이 소득을 추정하여서 보험료를 산정·부과할 수밖에 없다는 것이다.

그런데 소득파악율이 낮다는 것은 공단이 보유하고 있는 지역가입자에 대한 과세자료의 보유비율이 낮다는 것을 의미할 뿐, 소득미신고율이 높다거나 소득탈루비율이 높다는 것을 의미하지는 않는다. 건강보험통계에 따르면 2016. 7. 기준 건강보험적용인구 5,064만 명 중에 직장가입자는 3,669만 명으로 전체의 72.4%에 이르는 반면, 지역가입자는 1,395만 명(753만 세대)으로 전체의 27.6%에 불과하고, 그 중 76.8%가 연소득 500만 원 이하인 세대에 속한다. 과거에는 고소득 자영업자들이나 고액자산가들이 지역가입자에 속하였으나, 현재는 1인 이상의 근로자를 고용하고 있는 한 모두 직장가입자로 편입되기 때문에(국민건강보험법 제3조 제2호 및 제6조 제2항), 지역가입자에 속하는 자들은 주로 근로자가 없거나 가족근로 또는 시간제근로자만을 두고 있는 영세자영업자이거나 농어민, 월 근로시간 60시간 미만인 일용근로자나 비상근 직원, 은퇴자, 무직자, 실직자 등이다.

　　지역가입자 중에서도 공단이 소득자료를 보유하고 있는 세대는 소득보유세대로, 소득자료를 전혀 보유하고 있지 않은 세대는 무소득세대로 분류된다. 공적연금 생활자는 공적연금기관으로부터 100% 소득자료 파악이 가능하고, 자영업자들의 경우 조사기관별 차이가 있으나 사업등록제, 신용카드사용증가, 현금영수증제도 등으로 소득파악율이 현재 70~90% 수준으로 높아진 것으로 나타나고 있기 때문에, 주로 공적연금소득에 기반하여 살아가는 은퇴자나 사업등록을 한 자영업자들이 소득보유세대에 해당한다. 반면에 소득이 영세하여서 조세행정상 관리의 실익이 없다는 이유로 실소득이 파악되지 않거나 과세자료를 보유하기 힘든 농어민이나 일용근로자, 무직자나 실직자 등이 무소득세대에 해당한다.

　　법정의견이 설시한 대로 소득파악율의 차이가 '보험가입자 간 헌법적으로 간과할 수 없는 본질적이 차이'라고 한다면, 지역가입자들 사이에서도 소득보유세대와 무소득세대는 달리 취급되어야 할 것이다. 그런데 이 사건 법률조항은 소득보유세대에 대하여서도 파악된 소득자료를 기준으로 보험료를 부과하는 것이 아니라 여전히 추정소득을 통하여 보험료를 산정·부과하도록 규정하고 있어서 논리적으로 모순된다. 또한 무소득세대에 대하여서는 별도의 보험료 산정·부과기준이 필요하다고 할 것이나, 앞에서 살펴 본 바와 같이 무소득세대의 상당수가 소득자료를 보유하기 힘든 저소득 취약계층이라고 한다면, 일률적으로 최저보험료를 부과하는 등의 특별한 배려가 필요한 것이지, 세대 구성원의 수나 연령을 기준으로 인두세와 같이 사회보험료를 부과하는 것은 사회연대의 원칙이나 소득재분배의 원리에 부합하지 않는다.

　　설령 무소득세대 중에 소득신고를 누락하거나 소득세를 탈루한 자들이 포함되어 있다고 할지라도, 실제로 소득이 없는 경우인지 소득을 탈루한 경우인지를 구별하는 것은 정부의 노력 여하에 따라 개선될 수 있는 것으로 극복 불가능한 본질적인 한계라 할 수 없다. 앞서 언급한 대로 자영업자에 대한 소득자료 보유율은 재정통합 이전보다 월등히 증가하였고, 임대소득을 비롯한 종합소득에 대한 과세기준이 개선되고 있음에도 불구하고 직장가입자에 비하여 소득자료 보유율이 낮고 소득신고방법이나 소득결정방법이 다르다는 이유로 지역가입자에게 일률적으로 추정소득에 따라 보험료를 부과하는 것은, 행정절차상의 편의를 위한 것이라고 볼 수밖에 없으며 결과적으로 소득미파악의 리스크를 지역가입자 집단 전체에게 전가하는 것에 다름 아니다. 그러한 절차적 편의성이 보험료 부담의 형평 내지는 소득이 적은 자들을 우선적으로 배려하여야 한다는 사회연대성의 원리에 위배되는 것을 감수하면서까지 실현해야 할 우월적 공익에 해당한다고 보기는 어렵다.

다. 직장가입자에 비하여 지역가입자의 소득파악율이 낮다는 현실적인 한계를 이유로 추정소득을 통하여 보험료 납부의무를 관철시키는 것이 불가피하다 하더라도, 지역가입자에 대한 소득추정이 합리적이고 신뢰할 만한 기준에 근거하고 있지 않다면 추정소득에 대한 보험료부과는 보험가입자 사이의 부담의 평등을 제대로 실현할 수 없을 것이다(헌재 2000. 6. 29. 99헌마289 참조).

그런데 현재의 보험료 산정·부과체계는 고소득 가입자에게 유리하고 저소득 가입자에게 불리한 구조로 설계되어 있다.

구체적으로 살펴보면, 직장가입자의 경우 보험료는 보수에 보험료율(2016년 기준 6.12%)을 곱하여 산정하는데, 사업장과 직장가입자가 이를 절반씩 나눠서 부담하고, 근로소득 이외에 종합소득이 있더라도 연 7,200만 원을 초과하는 부분에 대하여서만 추가적으로 보험료를 부담한다(국민건강보험법 제71조 제1항 및 같은 법 시행령 제41조 제2항 참조). 한편 직장가입자의 가족은 소득이 있더라도 연간 이자소득과 배당소득의 합계액, 근로소득과 기타소득의 합계액이 각각 4천만 원 이하, 연금소득의 100분의 50에 해당하는 금액이 2천만 원 이하, 사업소득의 연간 합계액이 500만 원이하이면 직장가입자의 피부양자로 등재되어 보험료를 면제받게 된다(국민건강보험법 제5조 제3항 및 같은 법 시행규칙 제2조 제1항 제2호 관련 별표 1의2 참조). 2016. 7. 기준 건강보험적용인구 5,064만 명 중 피부양자는 2,056만 명으로 전체 가입자의 40.6%에 이른다.

반면 지역가입자들의 경우에는 세대를 기준으로 종합소득뿐만 아니라, 재산·자동차에 대해서도 보험료가 부과된다. 특히 지역가입자 중에서도 연소득 500만 원 이하인 세대의 경우에는 소득 대신 생활수준, 경제활동참가율을 고려하여 가상의 소득을 산출한 다음, 재산, 자동차 등의 요소를 추가적으로 고려하여 보험료를 부과하는데, 여기서 생활수준, 경제활동참가율은 지역가입자 세대원의 성, 연령, 장애 정도, 재산, 자동차 등의 요소를 참작하여 결정된다(국민건강보험법 시행령 별표 4 제1항 라목). 따라서 연소득 500만 원 이하인 세대의 경우, 실거주 주택이나 자동차에 대해 이중으로 보험료가 부과되며, 지역가입자 세대원의 성, 연령 등을 보험료 부과요소로 정하고 있어서 지역가입자의 가족은 직장가입자의 피부양자와 달리 아무런 소득이 없더라도 성·연령에 따라 보험료를 부담하게 된다. 이렇게 산정된 월 보험료를 세대별로 비교해 보면 2016. 7. 기준 직장가입자 세대는 월 평균 88,779원의 보험료를, 지역가입자 세대는 월 평균 107,834원의 보험료를 부담하고 있어서, 지역가입자 세대가 오히려 더 많은 보험료를 내고 있는 것으로 나타나고 있다.

한편 현행 보험료 부과기준은 세대구성이 동일하고 생활수준이 비슷한 보험가입자들 간에도 직역에 따라 보험료 산정결과에 현저한 차이를 가져온다. 이는 동일한 세대구성에 동일한 생활수준을 유지하고 있는 자가 퇴직을 이유로 직역을 전환하는 경우에 극명하게 나타난다. 가령 3억 원 상당의 주택 1채와 자동차 1대를 보유한 4인 가구의 외벌이 직장가입자가 월급 200만 원을 받고 있는 경우에는 보수에 대해서만 보험료를 부담하기 때문에 월 61,200원의 보험료만 납부하면 되지만, 같은 가입자가 퇴직하여 무소득상태로 지역가입자로 전환되는 경우에는 주택과 자동차는 물론 평가소득에 보험료가 부과되어 월 209,410원의 보험료를 납부하여야 하는 불합리한 결과를 초래한다.

이러한 차이는 연소득 500만 원 이하의 지역가입자에게 적용되는 생활수준, 경제활동참가율 등의 부과기준이 실제 보험료 부담능력을 정확히 반영하지 못할 뿐만 아니라 보험료 부담능력의 변동에 따라 보험료를 감액하거나 조정할 수 있는 여지를 두고 있지 않는 데에서 비롯된다.

물론 국민건강보험법 제75조 및 보험료 경감고시는 특정 지역의 농어민, 65세 이상의 노령자, 장애인, 유공자, 휴직자 외에 소년·소녀가정세대이거나 화재·부도 등으로 사업장 운영에 막대한 지장이 있는 자영업자, 재산이 경매 중인 자, 만성질환자, 임의계속가입자 등에게 세대별 보험료액의 100분의 50의 범위 내에서 보험료를 경감할 수 있도록 규정하고 있다. 그러나 보험료 경감사유가 한정되어 있어서 단순히 퇴직이나 실직 등으로 소득이 없거나 소득이 영세하다는 점을 소명하는 것만으로는 보험료가 경감되지 아니하고, 보험료 경감범위도 100분의 50으로 제한되어 있어서 추정소득을 통한 보험료 산정·부과의 구조적 불형평성을 해소하기에는 부족하다. 또한 국민건강보험법 제84조 및 같은 법 시행령 제50조는 보험료 징수가 불가능할 때 예외적으로 결손처분이 가능하도록 규정하고 있으나, 보험가입자가 완전히 경제활동능력을 상실한 경우가 아니라면 인정되지 않기 때문에, 현재로서는 실제 부담능력에 비하여 과도한 보험료 납부의무를 부담하고 있는 지역가입자들을 위한 보험료 조정제도나 감액제도는 존재하지 않는다고 보아도 무방하다.

실소득을 파악할 수 없어서 잠정적으로 소득을 추정하여 보험료를 산정·부과할 수밖에 없다고 하더라도, 실질적인 부담능력이 소명되면 그에 따라 보험료를 조정하거나 감액할 수 있는 제도적 장치를 두는 것이 마땅함에도 그러한 보완장치를 두고 있지 않다면, 이 사건 법률조항이 정하고 있는 보험료 산정·부과기준은 지역가입자라는 이유만으로 실질적인 보험료 부담능력과 상관없이 일률적으로 추정된 소득에 따라 보험료를 납부하게 하는 것으로, 합리적이고 신뢰할 만한 기준에 근거하고 있다고 볼 수 없다.

라. 한편 지역가입자의 소득파악율이 온전히 확보되지 않은 상태에서 실소득을 중심으로 부과체계를 개선할 경우 직장가입자의 재정적 부담이 과도하게 늘어날 것이라는 지적이 있다.

그러나 보수 외에 소득을 보유한 자들은 전체 직장가입자의 18.8%에 불과하고 (2016년 기준, 약 214만 명), 그 중 보수 외 소득이 연 7,200만 원(월 600만 원)을 초과하는 자들은 1.8%(약 4만 명)에 불과하므로, 보험료 부과체계를 개선한다 하더라도 그로부터 영향을 받는 자들은 일부 고소득자들에 국한된다. 소득이 많은 자들이 소득이 적은 자들보다 더 많은 보험료를 내는 것은 사회연대의 원칙에 따라 당연히 요청되는 것으로서 누구도 이의를 제기할 수 없다.

한편 보험료를 납입하지 않고 무임승차하는 피부양자의 수는 보험료를 납입하는 직장가입자 수의 1.5배 수준으로, 전체 건강보험가입자의 40%(약 2천만 명)에 이른다. 가입자 개인의 보험료는 원칙적으로 건강보험 전체의 지출을 충당할 수 있도록 산정·부과된다는 점을 고려한다면, 전체 보험가입자의 보험료 부담을 낮추기 위하여서라도 피부양자 제도의 폐지나 소득반영율의 인상은 반드시 필요하다. 게다가 인구 노령화에 따른 노인진료비 및 만성질환 의료비 증가, 보장성 확대 요구 등으로 인한 건강보험 재정 지출요인이 증가하는 상황에서, 건강보험 재정의 건전성 확보를 위한 부과기반 확대가 필요하다는 점을 감안한다면, 피부양자를 건강보험 재정에 참여시키는 것은 피할 수 없는 정책적 과제라 할 것이다.

반면에 가족의 갑작스런 사고나 질병, 퇴직이나 실직, 대출이자 납부 등으로 소득이 감소하였음에도 불구하고 보험료를 조정하지 않는다거나, 일상적으로 소득이 영세한 세대임에도 불구하고 실소득을 감안하지 않고 과도한 보험료를 부과함으로써 지역가입자들과 그 가족이 겪는 경제적 부담은 간과할 수 없는 수준에 이르고 있다. 건강보험통계에 따르면, 2014. 6. 기준, 6개월 이상 보험료를 체납한 지역가입자는 1,522,000세대이며, 그 중에서도 월 5만 원 이하의 보험료를 체납한 이른바 '생계형 체납자'가 68%(104만 세대)에 달한다. '국민기초생활보장법'에 따른 의료급여 수급자는 건강부조의 혜택을 받게 되지만, 의료급여 수급자가 아닌 이른바 '생계형 체납자'들은 건강보험의 틀 안에 있어도 실제로는 보험료 체납으로 인한 급여제한으로 건강보험의 혜택을 받지 못하여 의료보장의 사각지대에 놓이게 되므로, 이 사건 법률조항으로 인하여 초래되는 저소득 지역가입자들과 그 가족의 정신적·신체적 혹은 경제적 불이익은 매우 중대하다.

사정이 이와 같다면, 동일한 보험집단을 구성하고 있는 지역가입자와 직장가입자를 서로 달리 취급할 아무런 합리적 근거가 없음에도, 지역가입자에 대하여서만 소득 이외에 다른 요소들을 근거로 소득을 추정하여서 보험료를 산정·부과하도록 하는 이 사건 법률조항은 합리적 이유 없이 지역가입자에게 경제적 불이익을 주어 이들을 자의적으로 차별하는 것이므로, 헌법상 평등원칙에 위배된다.

북한이탈주민 정착지원금 필요적 몰수 사건
(헌재 2017. 8. 31. 2015헌가22)

□ 사건개요 등

당해 사건 피고인은 '북한이탈주민의 보호 및 정착지원에 관한 법률'(이하, '법'이라 한다)의 보호대상자로 결정되었으나, 보호대상자 결정 과정에서 실제 탈북일과 다르게 진술한 사실이 발각되어 1심 법원으로부터 유죄판결 및 추징 2,360만 원을 선고받았다. 항소심 법원은 거짓이나 그 밖의 부정한 방법으로 보호·지원을 받아 재물이나 재산상 이익을 얻은 경우 이를 필요적으로 몰수·추징하도록 규정한 법 제33조 제3항(이하, '심판대상조항'이라 한다)에 대해 위헌법률심판제청을 하였다.

헌법재판소는 심판대상조항이 헌법에 위반되지 아니한다고 결정하였다. 이 결정에는 재판관 안창호 외 3명의 반대(위헌)의견이 있었다. 반대의견은 심판대상조항이 과잉금지원칙을 위반하여 헌법에 위반된다는 견해인데, 그 중요 내용은 다음과 같다.

첫째, 북한이탈주민은 대한민국 국민이므로, 국가는 헌법규정에 따라 이들이 선량한 국민으로서 정상적인 삶을 영위할 수 있도록 보호 및 지원을 해야 하고, 이들에 대한 보호와 지원은 '최소한의 물질적인 생활'의 유지에 적합해야 한다.

둘째, 북한이탈주민이 거짓이나 그 밖의 부정한 방법으로 재물이나 재산상의 이익을 지원받은 것에 대하여 제재를 할 경우에도, 북한이탈주민 개개인의 '최소한의 물질적인 생활'을 고려한 회수·박탈이 이루어지도록 해야 한다.

셋째, 북한이탈주민이 거짓이나 그 밖의 부정한 방법으로 재물이나 재산상의 이익을 지원받았다고 하더라도, 이에 대해 필요적 몰수·추징이 아니라 임의적 몰수·추징으로 규정하고 법관이 법의 입법목적과 구체적 범죄의 불법성과 책임의 정도를 고려하여 몰수·추징 여부 및 그 범위를 결정할 수 있도록 해야 한다.

반대의견은, 탈북 초기에 이루어지는 정착지원금이 대한민국에 생활기반이 없고 스스로 경제활동을 할 수 있는 능력과 여건을 갖추지 못한 북한이탈주민에게 경제적으로 스스로 자립할 수 있는 기초가 된다는 현실에 주목하였다. 반대의견은 북한이탈주민이 법을 위반한 경우라도 개별적·구체적 사정을 고려하지 아니하고 획일적으로 몰수·추징하는 경우, 이는 그들의 생활근거를 상실하게 하거나 채무자로 전락시켜 그들의 조기정착과 사회통합에 심각한 저해가 될 수 있다고 보고, 법 위반행위를 유형화하여 일정한 법 위반행위에 대해서는 감면이 가능한 임의적 몰수·추징으로 하는 방안을 제시하고 있다.

반대의견에서 밝힌 바와 같이, 심판대상조항은 사회연대와 사회통합 차원에서 반드시 개정되어야 한다. 그리고 향후 입법과정에서 사회적 기본권과 관련된 법률이라고 하더라도 인간의 존엄에 상응하는 생활에 필요한 '최소한의 물질적인 생활'과 관련된 경우에는 세심하게 헌법현실을 파악하여 보다 적극적으로 사회적 기본권이 확보될 수 있도록 하는 방안이 강구되어야 할 것이다.

□ 반대(위헌)의견

우리는 심판대상조항이 입법목적의 정당성 및 수단의 적절성은 인정되나, 침해

의 최소성 및 법익 균형성 요건을 충족한다고 할 수 없어 과잉금지원칙에 위배된다
고 생각하므로 아래와 같이 반대의견을 밝힌다.

　　가. 헌법은 제10조에서 "모든 국민은 인간으로서의 존엄과 가치를 가지며, 행복
을 추구할 권리를 가진다. 국가는 개인이 가지는 불가침의 기본적 인권을 확인하고
이를 보장할 의무를 진다."고 규정하고 있다. 또한 헌법은 제34조 제1항에서 "모든
국민은 인간다운 생활을 할 권리를 가진다."고 규정하고 제34조 제2항에서 "국가는
사회보장·사회복지의 증진에 노력할 의무를 진다."고 규정하여 국민의 인간다운 생
활을 할 권리와 국가의 사회보장 및 사회복지 증진의무를 규정하고 있다. 북한이탈
주민은 대한민국 국민이므로(헌재 1999. 1. 28. 97헌마253등; 헌재 2000. 8. 31. 97헌가12
참조), 국가는 헌법규정에 따라 이들이 선량한 국민으로서 정상적인 삶을 영위할 수
있도록 보호 및 지원을 하여야 한다.

　　법은 군사분계선 이북지역에서 벗어나 대한민국의 보호를 받고자 하는 북한주
민이 정치·경제·사회·문화 등 모든 생활영역에 있어서 신속히 적응·정착하는 데
필요한 보호 및 지원에 관한 사항을 규정함을 목적으로 제정되었다(법 제1조). 법의
기본원칙은 북한이탈주민을 인도주의에 입각하여 특별히 보호하는 것이다(법 제4조
제1항). 법에서 정한 보호 및 지원은 대한민국에 경제적·사회적 기반이 없는 북한이
탈주민이 대한민국 국민으로서 정착하여 우리 사회에 적응할 수 있도록 하기 위한
것으로서 사회보장적 성격을 갖는다.

　　나. 사회보장의 구체적인 내용과 방향은 삶의 과정에서 발생하는 특별한 위험
으로부터의 안전에 대한 국가의 배려와 급부라고 할 수 있으며, 구체적으로 무엇을
사회적 위험으로 인식하고 국가가 이에 대해 어떻게 대처할 것인지는 시대와 사회
구조의 변화, 사회 전체의 복지 수준 및 사회적 위험에 대한 국민의 인식에 따라 달
라질 수 있다(헌재 2016. 9. 29. 2014헌바254 보충의견 참조).

　　앞서 본 바와 같이, 헌법은 제34조 제1항과 제2항에서 인간다운 생활을 할 권
리와 국가의 사회보장 및 사회복지 증진의무를 규정하고 있다. 헌법재판소는 '인간
다운 생활을 할 권리'는 법률을 통해 구체화될 때에 비로소 인정되는 권리라고 하면
서도 인간의 존엄에 상응하는 생활에 필요한 '최소한의 물질적인 생활'의 유지에 필
요한 급부를 요구할 수 있는 구체적인 권리가 직접 도출될 수 있음을 시사하고 있다
(헌재 1995. 7. 21. 93헌가14; 헌재 1998. 2. 27. 97헌가10 등; 헌재 2000. 6. 1. 98헌마216; 헌

재 2003. 5. 15. 2002헌마90; 헌재 2003. 7. 24. 2002헌바51; 헌재 2006. 11. 30. 2005헌바25 등 참조).

　　법 제1조와 제4조 제1항은 북한이탈주민이 대한민국에서 신속히 정착·적응하는 데 필요한 인도적 차원의 보호 및 지원을 규정하고 있다. 이러한 헌법규정과 법의 입법취지를 고려하면, 정치과정에서 타협과 조정에 의해 결정된 제한적인 예산의 범위 내에서라도 북한이탈주민에 대하여는 인도주의에 입각한 보호와 지원이 이루어져야 하며, 그 보호와 지원은 북한이탈주민 개개인의 '최소한의 물질적인 생활'의 유지에 적합하도록 해야 한다.

　　심판대상조항은 북한이탈주민이 거짓이나 그 밖의 부정한 방법으로 보호 및 지원을 받은 경우, 이에 대한 제재로 그들이 받은 재물이나 재산상의 이익을 필요적으로 몰수·추징하는 조항이다. 그런데 앞서 살펴본 바와 같이 북한이탈주민에 대한 보호와 지원은 사회보장적 성격을 가지므로, 심판대상조항은 그들의 '최소한의 물질적인 생활'과 관련된 재물이나 재산상 이익을 회수·박탈하는 의미를 가질 수 있다.

　　따라서 북한이탈주민이 거짓이나 그 밖의 부정한 방법으로 재물이나 재산상의 이익을 지원받은 것에 대하여 제재를 할 경우에도 일반적·추상적으로 정하여진 요건에 따라 획일적으로 회수·박탈할 것이 아니라, 북한이탈주민 개개인의 '최소한의 물질적인 생활'을 고려한 회수·박탈이 이루어지도록 해야 한다. 특히 탈북 초기에 이루어지는 정착지원금 등은 대한민국에 아무런 생활기반이 없고 스스로 경제활동을 할 수 있는 능력과 여건을 갖추지 못한 북한이탈주민에게 경제적 지원을 통하여 스스로 자립할 수 있는 기초를 마련해 주는 것이라는 점에서 개별적·구체적 사정에 대한 고려의 필요성은 매우 크다.

　　다. 심판대상조항은 북한이탈주민이 법에 따른 보호나 지원을 받을 수 없음에도 불구하고 '거짓이나 그 밖의 부정한 방법'으로 재물이나 재산상 이익을 받은 경우에 이에 대한 필요적 몰수·추징을 규정하고 있다. 그런데 심판대상조항의 요건이 되는 범죄사실인 법 제33조 제1항에 해당하는 행위태양이나 그 죄질의 정도는 매우 다양하다.

　　북한이탈주민을 보호대상자로 결정하지 아니할 수 있는 사유, 즉 보호대상자 배제사유를 정하고 있는 법 제9조 제1항 각 호의 사유는 여러 가지 유형이 있다. 법 제9조 제1항 제1호 내지 제3호에서 정한 보호대상자 배제유형은 항공기 납치·마약

거래·테러·집단살해 등 국제형사범죄자, 살인 등 중대한 비정치적 범죄자, 위장탈출 혐의자 등이다. 이러한 배제유형은 국제법적으로나 국내법적으로 용인될 수 없으므로 보호대상자의 지위에서 배제하는 것이 타당하다. 이러한 경우에는 법에서 정한 보호대상자가 될 수 없음에도 불구하고 거짓이나 그 밖의 부정한 방법으로 보호대상자로 결정된다면 그 사유가 중대하다 할 것이므로 그 지원받은 재물이나 재산상의 이익 전부에 대해 필요적 몰수·추징을 하는 것이 타당할 수 있다.

그러나 법 제9조 제1항 제4호 및 제5호에서 정한 보호대상자 배제유형은 체류국(滯留國)에 10년 이상 생활 근거지를 두고 있는 사람, 국내 입국 후 1년이 지나서 보호를 신청한 사람 등이다. 이러한 배제유형에 해당하는 사람도 헌법상 대한민국 국민이므로 위 조문에 정한 사유만으로 보호대상자로 결정될 수 없도록 한 것이 과연 타당한지 의문이 제기될 수 있다. 설령 법 제9조 제1항 제4호 및 제5호의 합리성을 인정한다고 하더라도, 위 조문에서 정한 보호대상자 배제유형에 해당하는 사람이 부정한 방법으로 보호대상자로 결정되었다는 이유만으로 지원받은 재물이나 재산상 이익 전부를 획일적으로 몰수·추징하는 것은 책임의 정도를 넘는 과도한 제재가 될 수 있다. 이러한 배제유형에 해당하는 사람은 대통령령이 정하고 있는 부득이한 사정이 있는 경우에는 그 예외를 인정받음으로써 보호대상자가 될 수 있고(법 제9조 제2항), 그 배제유형에 이르게 된 사유와 내용이 다양할 수 있으며, 거짓이나 그 밖의 부정한 방법으로 재물이나 재산상의 이익을 지원받게 된 경위와 방법이 각기 다를 수 있기 때문이다.

따라서 이와 같이 개별적·구체적 사정에 따른 행위의 불법성과 책임을 고려하지 아니하고 단지 북한이탈주민이 부정한 방법으로 재물이나 재산상의 이익을 지원받았다는 이유만으로 이에 대하여 획일적으로 필요적 몰수·추징을 규정하고 있는 심판대상조항은 책임과 형벌 간의 비례원칙에 위반된다.

라. 다수의견에서 본 바와 같이, 중국에서 체류하는 북한이탈주민 중 대한민국으로 입국하는 사람의 상당수는 탈북 중개인 등을 통해 입국하고 있는데, 탈북용역계약은 보통 지불각서 형식과 차용증 형식으로 이루어지고 북한이탈주민보호센터 수료 후 북한이탈주민에게 지급되는 정착지원금 등을 그 지급 재원으로 한다. 이는 우리나라가 북한의 정치적 억압과 경제적 빈곤으로부터 이탈하여 대한민국의 보호를 받기 위해 지불하는 탈북 및 입국비용을 온전히 북한이탈주민 스스로 부담하여

야 하기 때문이다. 그런데 북한이탈주민이 부정한 방법으로 위 금원 등을 지원받았다는 이유로 이를 획일적으로 몰수·추징한다면, 국가가 국민보호차원에서 지불해야 할 탈북 및 입국비용까지 박탈하는 것이 아닌가 하는 의문이 제기될 수 있다.

더욱이 초기 정착지원금 등은 대한민국에 아무런 생활기반이 없고 스스로 경제활동을 할 수 있는 능력과 여건을 갖추지 못한 북한이탈주민에게 경제적 지원을 통해 스스로 자립할 수 있는 기초를 마련해 주는 것이며 북한이탈주민이 탈북 중개인 등에게 정착지원금 등의 상당부분을 탈북 및 입국비용으로 지급하는 현실을 고려한다면, 심판대상조항에 따른 필요적 몰수·추징은 북한이탈주민에게 대단히 가혹할 수 있다. 이러한 경우 북한이탈주민이 지원받은 재물이나 재산상의 이익 전부를 획일적으로 몰수·추징하는 것은 그들의 생활근거를 상실하게 하거나 그들을 채무자로 전락시켜 북한이탈주민의 조기정착과 생활안정에 심각한 저해가 될 수 있기 때문이다.

마. 법에 따라 보호대상자를 결정하는 것은 통일부장관의 재량영역에 해당하고 통일부장관은 보호대상자 결정과 보호 및 지원 단계에서 인도주의에 입각하여 적절히 재량권을 행사할 수 있다. 그러나 이와 같이 통일부장관의 적절한 재량권 행사가 가능하다고 하더라도 북한이탈주민이 부정한 방법으로 지원받은 재물이나 재산상의 이익을 필요적으로 몰수·추징해야 하는 것은 아니다.

북한이탈주민이 거짓이나 그 밖의 부정한 방법으로 재물이나 재산상의 이익을 지원받았다고 하더라도, 이에 대해 필요적 몰수·추징이 아니라 임의적 몰수·추징으로 규정하고 법관이 법의 입법목적과 구체적 범죄의 불법성과 책임의 정도를 고려하여 몰수·추징 여부 및 범위를 결정할 수 있도록 하는 것이 타당하다. 이와 같이 법관에 의해 개별적·구체적으로 몰수·추징 여부 및 범위를 정하도록 하는 것이, 책임에 비례하는 제재가 부과될 수 있도록 하는 책임원칙에 부합하는 것일 뿐만 아니라 북한이탈주민에 대한 지원의 사회보장적 기능을 충실하게 하는 것이기 때문이다.

한편 다수의견은 책임과 형벌의 비례관계는 주형과 부가형을 통산하여 인정되는 것이며, 필요한 경우 주형의 구체적 양형과정에서 필요적 몰수·추징의 부가형을 참작함으로써 구체적 형평을 기할 수 있다고 한다. 그러나 필요적 몰수·추징은 행위의 불법성이나 책임이 크지 않은 경우에도 법관으로 하여금 주형에 비하여 과도하게 높은 부가형을 선고할 수밖에 없게 하거나, 이를 피하기 위해서 부가형인 몰

수·추징뿐만 아니라 주형까지 선고를 유예하게 할 수 있다. 이는 결국 법관의 양형
재량을 제한하여 범죄자의 귀책사유에 상응하는 형벌을 선고할 수 없게 하므로 책
임원칙에 반하는 결과를 초래할 수 있다.

　바. 심판대상조항은 북한이탈주민이 부정한 방법으로 재물이나 재산상의 이익
을 지원받았다는 이유로 필요적 몰수·추징을 규정하고 있다. 앞서 본 바와 같이 북
한이탈주민이 지원받은 정착지원금 등을 획일적으로 몰수·추징하는 경우, 이는 그
들의 생활근거를 상실하게 하거나 그들을 채무자로 전락시켜 북한이탈주민의 조기
정착과 생활안정에 심각한 저해가 될 수 있다. 이에 따라, 북한이탈주민은 북한의
정치적 억압과 경제적 빈곤으로부터 이탈하여 대한민국의 보호를 받으려는 사람으
로 통일과정에서 소중한 인적 자원이 될 수 있음에도 불구하고, 심판대상조항으로
인해 그들이 다시 제3국으로 출국하거나 재입북하는 문제를 초래할 수 있다. 이는
또 다른 차원에서 북한이탈주민의 인권문제를 야기할 수 있는 것일 뿐만 아니라, 헌
법이 선언하고 있는 자유민주적 기본질서에 입각한 평화적 통일정책에 반하는 것이
며(헌법 제4조), 국민통합을 훼손하는 것이다.

　반면에, 북한이탈주민이 거짓이나 그 밖의 부정한 방법으로 재물이나 재산상
이익을 지원받은 경우에도, 이에 대해 필요적 몰수·추징이 아니라 임의적 몰수·추
징으로 규정하고 법관이 다양한 정상을 고려하여 합리적으로 몰수·추징 여부 및 그
범위를 정하더라도, 곧바로 법에서 정한 보호 및 지원의 기준이 무너진다거나 입법
목적을 달성하는 데 커다란 지장이 초래된다고 단정할 수 없다.

　따라서 심판대상조항을 통하여 달성하려는 공익이 그로 인한 북한이탈주민의
경제적 손실과 우리 사회의 경제적·사회적 손실보다 더 크다고 할 수 없다.

　사. 그렇다면, 심판대상조항은 침해의 최소성 및 법익 균형성 요건을 충족한다
고 할 수 없으므로 과잉금지원칙에 위배된다.

재외국민 영유아 지원배제 사건
(헌재 2018. 1. 25. 2015헌마1047)

□ 사건개요 등

청구인들은 대한민국 국민으로 일본 특별영주권을 보유하여 '재외동포의 출입
국과 법적 지위에 관한 법률'(이하, '재외동포법'이라 한다) 제2조 제1호에서 정하는 '재
외국민'인 영유아의 부모들로서, 국내거주 재외국민인 영유아를 보육료 및 양육수당
의 지원대상에서 배제한 보건복지부지침에 대해 헌법소원심판을 청구하였다.

헌법재판소는 국내거주 재외국민인 영유아를 보육료·양육수당의 지원 대상에
서 제외하는 '보건복지부지침 2015년도 보육사업안내 부록 2'(이하, '심판대상조항'이라
한다)가 헌법에 위반된다고 결정하였다.[1] 법정의견은 심판대상조항이 국내거주 재외
국민인 영유아를 양육하는 청구인들의 평등권을 침해한다는 견해인데, 그 중요 내용
은 다음과 같다.

첫째, 국내거주 재외국민, 특히 외국 영주권을 보유하고 있으나 상당한 기간 국
내에서 거주하는 재외국민은 주민등록법상 재외국민으로 등록·관리될 뿐 소득이 있
는 경우 납세의무를 부담하며, 남자의 경우 병역의무이행의 길도 열려 있는 등 '국
민인 주민'이라는 점에서 다른 일반 국민과 실질적으로 동일하다.

둘째, 영유아보육법상 보육료·양육수당은 대한민국 국민으로서 일정기간 국내
에 거주하는 사람이면 그 거주의 목적이 무엇인지, 향후 생활의 근거가 대한민국인
지 외국인지 여부 등을 불문하고 지급되어야 하고, 단지 외국의 영주권을 취득한 재
외국민이라는 이유로 일반 국민들과 달리 취급해서는 안 된다.

셋째, 장래에 '국내 영주 의사'가 불분명하다는 점에는 '이중국적자'나 '재외국
민'이 다르지 않음에도, '이중국적자'인 영유아가 국내에 거주하며 주민등록번호를
부여받은 때에는 보육료를 지원받는 데 반해, '재외국민'인 영유아는 국내에 거주하

---

1) 이 사건에서 법정의견은 보건복지부 지침의 적법요건에 대한 판단 없이 본안판단을 하였다.
   종래 헌법재판소가 취한 '행정규칙에 대한 공권력 행사성'에 대한 견해에 따르면, 위 지침의
   적법요건과 관련해서 다양한 견해가 있을 수 있다. 반면에 제8장 '경제질서와 헌법재판제도'의
   '행정규칙의 공권력 행사성 사건(헌재 2018. 5. 31. 2015헌마853)'에서 재판관 안창호가 제시한
   견해에 따르면, 위 지침에 대해 적법요건은 쉽게 충족될 수 있다.

면서 주민등록번호를 받아도 보육료를 지원받지 못하여 불합리하게 차별받고 있다.

보육료와 양육수당은 영육아의 생활에 필요한 기본적인 수요를 충족시킬 수 있는 생활수단을 확보해 주며 나아가 인격의 자유로운 발현과 인간의 존엄성을 보장하는 수단이 된다. 더욱이 현재 저출산 문제가 사회적으로 뿐만 아니라 국가적 문제로 부각되고 있는데, 이러한 문제를 해결하기 위해서라도 영육아에 대한 보육료와 양육수당 지원에 대한 적극적이고 세심한 배려가 필요하다. 이 결정이후 정부는 헌법재판소의 결정 취지와 동일하게 보건복지부 지침을 개정하여 시행하고 있다.

□ **법정(위헌)의견**

가. 재외국민의 의의 등

(1) 재외국민의 의의

'재외국민'은 대한민국 국민으로서 외국의 영주권을 취득한 자 또는 영주할 목적으로 외국에 거주하는 자를 의미한다(재외동포법 제2조 제1호). 과거에는 재외국민이 해외로 이주하는 경우 주민등록이 말소되었던바, 구 재외동포법(2014. 5. 20. 법률 제12593호로 개정되기 전의 것) 제6조는, 재외국민이 30일 이상 국내 체류를 목적으로 입국하는 경우 외국국적동포와 마찬가지로 출입국관리사무소에 국내거소신고를 하고 국내거소신고증을 부여받도록 하고 있었다.

이로 인하여 재외국민이 국내에 장기체류 목적으로 입국하여 국내거소신고증을 받더라도 주민등록번호가 없는 관계로 금융기관과의 금융거래, 국내 취업 및 재산권 행사 등 주민등록을 기반으로 한 각종 경제활동에 있어 상당한 불편과 제약이 있어 왔고, 대한민국 국적을 보유한 재외국민을 외국 국적을 취득한 외국국적동포와 행정적으로 동일하게 취급하는 데 대한 심리적 거부감 또한 존재하여, 2014. 1. 21. 개정된 주민등록법은 재외국민의 주민등록 말소제도를 폐지하고 재외국민용 주민등록 제도를 도입하였다.

개정된 주민등록법은 재외국민이 국내에 30일 이상 거주할 목적으로 입국할 때는 해당 거주지를 관할하는 시장·군수 또는 구청장에게 주민등록 신고하도록 하는 한편(제10조의2), 주민등록이 말소되었던 사람이 귀국 후 재등록 신고를 하거나, 주민등록이 없었던 사람이 귀국 후 최초로 주민등록 신고를 하는 경우는 재외국민으로 주민등록을 하도록 하였다(제6조 제1항 제3호).

(2) 재외국민에 대한 영유아 보육료·양육수당 지원 배제

영유아보육법상 보육료·양육수당 제도는 순수하게 국가 및 지방자치단체의 재정만으로 충당되므로, 한정된 재원으로 제도의 입법취지를 충실히 실현하기 위하여 그 수급요건을 일정한 기준에서 제한할 수는 있다. 이에 따라 국가는 재정부담능력과 전체적인 사회보장 수준 등을 고려하여 초기에는 저소득층, 장애아 등에 대한 선별적 지원형식으로 정책을 시행해 왔다. 그러나 저출산 문제와 연계되어 보육의 사회적 중요성이 부각되면서 2013. 1. 23. 개정된 영유아보육법 제34조는 "국가와 지방자치단체는 영유아에 대한 보육을 무상으로 하여야 한다."고 규정하고 그 내용 및 범위는 대통령령으로 정한다고 규정함으로써 영유아 전체에 대한 무상보육의 법률적 근거를 마련하였으며, 2013. 3. 23. 개정된 영유아보육법 시행령 제22조는 해당 가구의 소득재산과 무관하게 전 계층에 보육료가 지원되도록 규정하였다.

그런데 보건복지부는 이와 동시에 '대한민국 국적을 가지고 있으며 주민등록법에 의해 주민등록번호가 유효한 아동'을 지원대상으로 하는 내용의 지침을 제정함으로써 주민등록번호 발급이 어려운 재외국민을 사실상 그 대상에서 배제하였고, 그 후 앞서 본 바와 같이 재외국민용 주민등록 제도가 도입되면서 재외국민도 주민등록을 할 수 있게 되자, 심판대상조항과 같이 변경하여 재외국민은 지원대상이 아님을 보다 명확히 하였다.

나. 심판대상조항의 위헌 여부

(1) 이 사건의 쟁점은, 대한민국 국적을 가지고 있는 영유아 중에서도 재외국민인 영유아를 보육료·양육수당의 지원대상에서 제외함으로써, 청구인들과 같이 국내에 거주하면서 재외국민인 영유아를 양육하는 부모를 차별하는 심판대상조항이 청구인들의 평등권을 침해하는지 여부이다.

(2) 일반적으로 평등원칙은 본질적으로 같은 것은 같게, 다른 것은 다르게 취급할 것을 요구하는 것으로서 입법과 법의 적용에 있어서 합리적인 근거가 없는 차별을 배제하는 상대적 평등을 뜻하므로, 합리적 근거가 있는 차별은 평등의 원칙에 반하는 것이 아니다(헌재 2001. 6. 28. 99헌마516; 헌재 2003. 12. 18. 2001헌바91 참조).

(3) 심판대상조항은 2015년도 보육료·양육수당 지원대상을 대한민국 국적 및

유효한 주민번호를 보유한 만 0~5세 영유아로 정하면서, 주민등록법 제6조 제1항 제3호에 따라 주민등록을 발급받아 재외국민으로 등록·관리되는 자를 제외함으로써 재외국민인 영유아를 차별취급하고 있다.

그런데 이 사건 지침에 따라 '이중국적자'인 영유아가 국내에 거주하면서 주민등록번호를 부여받은 경우 보육료를 지원받고, 국내에서 출생신고를 한 재외국민의 자녀도 보육료·양육수당을 지원받을 수 있어, 심판대상조항은 유독 특별영주권을 가지고 있는 재외국민의 자녀들에 대해서만 보육료·양육수당 지원에서 배제하는 결과가 되는바, 이러한 차별취급에 합리적인 이유가 있는지 살펴본다.

(4) 영유아보육법은 영유아의 심신을 보호하고 건전하게 교육하여 건강한 사회구성원으로 육성함과 아울러 보호자의 경제적·사회적 활동이 원활하게 이루어지도록 함으로써 영유아 및 가정의 복지 증진에 이바지함을 목적으로 한다(법 제1조). 국가와 지방자치단체는 보호자와 더불어 영유아를 건전하게 보육할 책임을 지며, 이에 필요한 재원을 안정적으로 확보하도록 노력하여야 한다(법 제4조 제2항).

영유아보육법은 보육 이념 중의 하나로, "영유아는 자신이나 보호자의 성, 연령, 종교, 사회적 신분, 재산, 장애, 인종 및 출생지역 등에 따른 어떠한 종류의 차별도 받지 아니하고 보육되어야 한다."고 규정하고 있다(법 제3조 제3항). 보육료는 어린이집을 이용하는 영유아의 출석일수에 따라 해당 어린이집으로 보육료를 입금하는 방식으로 지원되고, 영유아가 출국 후 91일째 되는 날에는 보육료 지원이 정지된다(법 제34조 제1항, 같은 법 시행규칙 제35조의3, 이 사건 지침). 양육수당 역시 2015. 5. 18. 영유아보육법 개정시 영유아가 90일 이상 해외에 장기 체류하는 경우에는 그 기간 동안 양육에 필요한 비용의 지원을 정지하도록 하였다(법 제34조의2 제3항).

위와 같은 영유아보육법 규정을 종합할 때, 보육료·양육수당은 영유아가 국내에 거주하면서 국내에 소재한 어린이집을 이용하거나 가정에서 양육되는 경우에 지원이 되는 것으로 제도가 마련되었다고 볼 수 있다. 즉 영유아보육법상 보육료·양육수당은 대한민국 국민으로서 일정기간 계속 거주를 하는 자이면 그 거주의 목적이 무엇인지, 향후 생활의 근거가 대한민국인지 외국인지 여부 등을 불문하고 지급되어야 하는 것이다. 단지 외국의 영주권을 취득한 재외국민이라는 이유로 일반 국민들과 달리 취급할 아무런 이유가 없다.

단순한 단기체류가 아니라 국내에 거주하는 재외국민, 특히 외국의 영주권을 보유하고 있으나 상당한 기간 국내에서 계속 거주하고 있는 자들은 주민등록법상 재외국민으로 등록·관리될 뿐 소득이 있는 경우 납세의무를 부담하며, 남자의 경우 병역의무이행의 길도 열려 있는 등 '국민인 주민'이라는 점에서는 다른 일반 국민과 실질적으로 동일하다. 그러므로 국내에 거주하는 대한민국 국민을 대상으로 하는 보육료·양육수당 지원에 있어 양자에 대한 차별을 정당화할 어떠한 사유도 존재하지 않는다.

설령 재외국민에 대하여 해외 거주 국가에서의 보육료 등 지원이 충분히 예상되는 경우 중복 지원을 방지할 필요가 있다고 하더라도, 앞에서 본 바와 같이 영유아가 90일 이상 해외에 체류하는 경우 보육료 및 양육수당 지원이 정지되므로, 주민등록법상 재외국민으로 주민등록을 한 자를 보육료·양육수당 지원 자격이 없는 자로 규정하여 보육료·양육수당 지원을 원천적으로 봉쇄하는 것은 합리적인 이유가 아니다.

더구나 '이중국적자'인 영유아가 국내에 거주하며 주민등록번호를 부여받은 경우에는 보육료를 지원받는 데 반해, '재외국민'인 영유아는 국내에 거주하면서 재외국민으로서 주민등록번호를 받아도 보육료를 지원받지 못한다. 예컨대, 재일동포가 일본에서 귀화절차를 밟아 일본 국적을 취득한 후 대한민국 국민과 혼인하여 한국에서 거주하는 경우 그 자녀는 이중국적자로서 보육료가 지원되는 데 반해, 재일동포가 대한민국 국적을 포기하지 아니하고 영주권만을 보유한 상태에서 대한민국 국민과 혼인하여 한국에 거주하는 경우 재외국민인 그 자녀에게는 보육료가 지원되지 않는 불합리한 결과가 발생하는 것이다.

장래에 '국내 영주 의사'가 불분명하다는 점에는 '이중국적자'나 '재외국민'이 다르지 않다 할 것인데, 외국의 '국적'이 아닌 '영주권'을 취득하였다는 사유만으로, 국내에 거주하는 '재외국민'을 보육료 지원 대상에서 일률적으로 제외하는 것은 그 합리성을 인정하기 어렵다.

다. 소결론

심판대상조항은 영유아에 대한 보육료·양육수당 지급에 있어 국내거주 재외국민을 대한민국 국적을 보유하고 국내에 주민등록을 두고 있는 국민에 비해 차별하고 있으며, 그와 같은 차별에 아무런 합리적 근거도 인정될 수 없으므로 청구인들의 헌법상 기본권인 평등권을 침해한다.

노인복지시설 운영자처벌 사건
(헌재 2016. 6. 30. 2015헌바46)

□ 사건개요 등

청구인은 양로시설을 신고하지 않고 11명의 노인들에게 급식과 일상생활에 필요한 편의를 제공하였다는 사실로 기소되자, 노인복지법 관련 조항에 대해 헌법소원 심판을 청구하였다.

헌법재판소는 국가 또는 지방자치단체 이외의 자가 양로시설을 설치하고자 하는 때에는 일정한 시설을 갖추어 이를 신고하도록 하고 이를 위반한 사람을 처벌하는 노인복지법 제33조 제2항 중 제32조 제1항 제1호의 '양로시설'에 관한 부분 및 제57조 제1항 중 제33조 제2항의 '양로시설'에 관한 부분(이하, '심판대상조항'이라 한다)은 헌법에 위반되지 아니한다고 결정하였다. 이 결정에는 재판관 안창호 외 3명의 반대(위헌)의견이 있었다. 반대의견은 심판대상조항이 과잉금지원칙을 위반하여 일반적 행동의 자유, 법인 운영의 자유 등을 침해하여 헌법에 위반된다는 견해인데, 그 중요 내용은 다음과 같다.

첫째, 종교단체 등 민간영역의 사회복지활동은 인류애와 사회연대 의지를 토대로 하여 사회복지 행정의 사각지대를 메워 왔으며 사회복지를 질적으로 한 단계 도약시키는 역할을 해 왔다.

둘째, 심판대상조항은 양로시설이 일정한 시설기준에 부합할 것을 신고요건으로 하면서, 경제적인 이유 등으로 신고의무를 이행하지 못하는 경우 그 운영자를 처벌함으로써, 종교단체 등의 사회복지활동을 원천적으로 봉쇄하기도 한다.

셋째, 일정한 시설을 갖추지 못하거나 일정한 입소인원에 미치지 못하는 시설의 경우, 양로시설이나 노인공동생활가정의 신고대상에서 제외하는 것은 노인들의 쾌적하고 안전한 주거환경 보장이라는 입법목적에 부합하지 않을 수 있다.

반대의견은 양로시설을 비롯한 복지시설이 법이 정한 시설기준을 갖추지 못하면 신고를 하지 못하고 국가 또는 지방자치단체로부터 지원을 받지 못할 뿐만 아니라, 그 운영자가 처벌됨으로써, 이런 복지시설에서 생활하는 많은 국민이 복지사각지대에 놓이게 되는 현실을 주목하고 있다. 반대의견은 양로시설 등의 경우 일정한 기준을 갖추지 못한 경우라도 신고대상으로 하고 이들에 대한 지원과 감독을 통해 민간의 자발적 참여를 활성화하고, 노인 및 사회 복지의 전 분야에서 실질적 복지가 이루어질 수 있도록 해야 한다는 견해이다. 이러한 반대의견의 방향 제시는 복지에 대한 재정증액과 관련해서 국가적으로 논란이 많은 현실에서, 양로시설을 비롯한 사회복지시설의 확충을 통해 사회적 기본권을 강화하고 사회국가원리를 구현하는데 중요한 참고가 될 수 있는 것으로 보인다.

□ **반대(위헌)의견**

우리는 일정한 규모 이상의 양로시설에 대한 미신고 설치 및 운영 행위를 일률적으로 형사처벌하도록 한 심판대상조항은 과잉금지원칙에 위반하여 사회복지활동과 관련한 종교적 행위의 자유, 일반적 행동의 자유 및 법인 운영의 자유 등 헌법상 기본권을 침해한다고 생각하므로 다음과 같이 반대의견을 밝힌다.

가. 국가의 노인복지 증진의무 및 민간에 의한 노인복지

(1) 사회국가원리 및 국가의 노인복지 증진의무

우리 헌법은 제34조 제1항과 제2항에서 모든 국민에게 생활의 기본적 수요를 충족시켜 건강하고 문화적인 생활을 보장하는 것을 국가의 책무로 하는 사회국가원리를 수용하고 있다. 또한 헌법 제34조 제4항은 "국가는 노인과 청소년의 복지향상을 위한 정책을 실시할 의무를 진다."라고 규정하고, 제5항은 "신체장애자 및 질병·노령 기타의 사유로 생활능력이 없는 국민은 법률이 정하는 바에 의하여 국가의 보호를 받는다."라고 규정하여 생활능력이 없는 노인에 대한 국가의 보호의무와 노약자에 대한 국가의 복지증진의무를 헌법상 명시하고 있다. 노인복지법은 이러한 헌법상 의무를 구체화하여 국가와 지방자치단체로 하여금 노인의 보건과 복지증진 및 이를 위한 시책을 강구하여 추진해야 할 의무를 부여하고 있다(노인복지법 제4조 제1항).

따라서 사회적 활동의 감소와 경제적인 수입의 한계로 인하여 주거 마련에 어려움을 겪는 노인들에 대한 주거문제의 해소는 사회국가원리를 실현하기 위한 국가의 노인복지증진의무의 하나로서 요청된다 할 것이다.

(2) 민간에 의한 자발적인 노인복지

그런데 한정된 국가의 예산만으로는 노약자의 복지수요를 충족하는 데에 한계가 있고, 국가와 지방자치단체가 설치한 복지시설의 전반적인 수용여건이 턱없이 부족한 상황에서는 복지의 사각지대가 나타날 수밖에 없다. 이에 인류애에 기초한 사회연대 의지를 토대로 하여 이루어진 민간의 사회복지활동은 국가와 지방자치단체의 복지사무의 사각지대를 메워 왔으며 사회복지제도의 한 축인 사회복지시설 정책을 실현하는 데에 기여를 해 왔다. 특히 종교인 또는 종교단체는 전통적인 선교행위의 한 방법으로 사회적 취약계층을 위해 양로시설이나 보육시설 등을 운영하고 자발적인 봉사활동에 앞장섬으로써 우리나라의 사회복지를 질적으로 한 단계 도약시키는 역할을 해 왔다는 점은 부인할 수 없다.

이에 노인복지법은 국가 또는 지방자치단체로 하여금 국가나 지방자치단체 외의 자에게도 노인의 주거용 시설의 공급을 조장하도록 하면서, 주거용 시설의 공급자에 대하여는 적절한 지원을 할 수 있도록 규정하고 있다(노인복지법 제8조). 이는 민간에서 복지수요가 일정부분 해소될 수 있도록 함으로써 국가의 노인복지의무를 간접적으로 실현하고자 하는 것으로 볼 수 있다.

나. 심판대상조항의 위헌 여부

(1) 입법목적의 정당성

심판대상조항은 일정한 규모 이상의 양로시설에 대한 미신고 설치 및 운영행위를 형사처벌하도록 하는 조항이다. 양로시설의 설치에 신고를 요구하는 것은 양로시설에 입소한 노인들에게 편안하고 쾌적한 주거환경을 제공하도록 국가나 지방자치단체가 관리·감독을 통해 국가의 노인복지증진의무를 실현하기 위한 것으로 입법목적의 정당성이 인정된다는 점은 다수의견과 같다.

(2) 수단의 적절성 및 침해최소성

양로시설의 설치시 일정한 시설기준을 갖추어 신고하도록 하고 신고의무 위반을 형사처벌로 제재하는 것은 미신고 양로시설에서 이루어지는 사회복지활동을 제한함으로써 노인에게 필요한 주거환경의 제공이라는 당초의 입법목적을 달성하는데 오히려 장애가 될 뿐만 아니라, 과도한 형벌권 행사가 될 수 있다.

㈎ 노인복지법과 동법 시행규칙에서는 국가 또는 지방자치단체 외의 자가 노인 주거복지시설을 설치하고자 하는 경우 하위법령에서 정하는 일정한 시설설치기준에 따른 적법한 시설 등을 갖추어 관할 시장·군수·구청장에게 신고하도록 하고 있다(노인복지법 제33조 제2항, 제3항, 동법 시행규칙 제16조). 구체적으로 양로시설의 경우에는 입소정원이 10명 이상이면 신고대상이 되는데, 입소정원 1명당 연면적 15. 9㎡ 이상의 공간을 확보하여야 하고, 입소자 1명당 침실면적은 5.0㎡ 이상이어야 하며, 합숙용 침실 1실의 정원은 4명 이하이어야 하는 등 일정한 시설기준을 갖출 것이 요구된다(시행규칙 제17조 제1항 별표 2 참조).

그런데 이 같은 시설기준을 갖추기 위해서는 경제적 여건이 뒷받침되어야 하므로 법령상 시설기준은 사회복지활동에 대한 일종의 진입장벽으로 기능한다. 특히 비영리의 영세한 단체나 개인의 경우 경제적 여건상 사회복지시설에 요구되는 법정시설기준을 완벽히 갖출 수 없는 경우가 많으므로 이들에게 신고의무의 이행을 기대하기란 사실상 어렵다.

이와 같이 심판대상조항은 노인복지법 시행규칙과 결합하여 일정한 시설기준에 해당할 것을 신고요건으로 하면서 경제적인 이유로 신고의무를 이행하지 못하는 경우 형사처벌 함으로써 법령상 시설기준에 미치지 못하는 종교시설이나 그 밖의 양로시설에서의 사회복지활동의 기회를 원천적으로 봉쇄하고 있다.

㈏ 양로시설의 설치시 일정한 시설기준을 갖추어 신고하도록 하고 신고의무 위반을 형사처벌로 제재하는 것은 국가의 노인복지증진의무를 규정한 헌법상 취지에도 부합하지 않는다.

우리나라의 경우 복지수요에 비하여 사회복지시설이 턱없이 부족한 상황이고, 양로시설의 입소대상자 요건도 엄격히 제한되어 있다(노인복지법 시행규칙 제14조 제1항 제1호). 이에 따라 입소요건을 갖추지 못하였지만 사회의 도움을 절실히 필요로 하는 노인들이 사회복지시설에 수용되지 못한 채 복지사각지대로 내몰리는 경우가 많으며, 이와 같은 사회문제를 해결하기 위하여 영세한 단체나 개인들이 자발적인 재원 조달에 의한 시설마련을 통해 노인들에게 주거의 편의를 제공하는 등 기존의 사회복지시설을 보완하는 역할을 수행해 왔다.

만약 이러한 양로시설의 사회복지증진에 대한 기여를 전혀 고려하지 않고 단지 신고의무 해태만을 이유로 형사처벌이라는 강력한 제재를 가한다면 사회복지에 대한 민간의 자발적 참여를 위축시켜 복지시설의 양적 축소를 가져올 수 있다. 뿐만 아니라, 법령상 요구되는 시설기준을 갖추지 못하여 그 규모나 시설 면에서 다소 취약한 점이 있다 할지라도 그러한 시설을 통해 안정적인 쉼터를 제공받아 온 노인들이 별다른 대안 없이 거리로 내몰릴 수밖에 없는 상황을 초래할 수도 있다. 게다가 인류애에 기초하여 타인을 도우려는 순수한 목적으로 복지활동에 헌신한 자들을 단지 신고의무 불이행만으로 범죄자로 낙인찍음으로써 사회복지활동 전반에 대한 일반국민의 인식을 왜곡시킬 우려도 있다.

㈐ 심판대상조항은 노인복지법 시행규칙과 결합하여 입소인원이 10인에 미치지 못하는 양로시설의 경우에는 양로시설 설치 신고대상에서 제외하고 있으며, 5인에 미치지 못할 경우에는 노인공동생활가정에도 해당하지 않게 되어 노인복지법상 시설설치에 따른 신고대상에 해당하지 않게 된다.

이처럼 입소인원에 따라 신고대상을 나누고 있는 현행 신고제는 노인들의 쾌적하고 안전한 주거환경 보장을 위하여 국가가 양로시설을 관리·감독하고자 하는 신고제의 도입 취지에 어긋난다는 점도 함께 지적될 필요가 있다. 사회복지시설에 대한 국가나 지방자치단체의 실태 파악이 미흡할 경우 시설 내에서 발생할 수 있는 인권침해행위가 은폐될 가능성이 있으므로 국가 및 지방자치단체의 관리·감독이 필요하고, 이러한 관리·감독의 필요성은 종교시설의 경우에도 마찬가지로 인정된다. 또한 신고제에 기반한 국가의 관리·감독을 통해 노인들이 편안하고 쾌적한 주거환경을 제공받을 수 있고 인권침해의 발생 가능성도 미연에 방지할 수 있다는 점에 비추어 보면, 양로시설의 입소인원이나 시설 규모에 상관없이 신고제를 전면적으로 정착시켜야 할 필요성도 인정된다.

그런데 심판대상조항은 노인복지법 시행규칙과 결합하여 입소인원이 5인에 미치지 못하는 경우에는 양로시설 또는 노인공동생활가정으로서의 신고대상에서 제외함으로써 이들을 국가의 관리·감독의 사각지대에 남겨 둘 뿐만 아니라, 이들이 자발적으로 신고를 원한다 하더라도 현행 노인복지법과 시행규칙에 따라 신고 자체가 불가능함에 따라 국가로부터의 지원 대상에서도 배제되도록 하고 있다. 입소인원에 따라 노인들의 쾌적하고 안전한 주거환경 보장 및 국가의 관리·감독의 필요성을 달리 볼 수 없음에도 불구하고 신고대상 범위를 이와 같이 제한하는 것은 합리적인 이유를 찾기 어렵다. 뿐만 아니라, 신고대상이 아닌 시설 내에서 이루어지는 인권침해의 발생 가능성을 미연에 방지할 수 없고, 이들 시설의 운영 개선에 대하여 진일보한 대책이나 지원을 강구할 수도 없는 결과를 초래할 수 있다.

결국 입소인원에 따라 신고대상을 나누어 5인에 미치지 못하는 시설의 경우에는 양로시설이나 노인공동생활가정으로서의 신고대상에서 제외하는 것은 노인들의 쾌적하고 안전한 주거환경 보장이라는 입법목적에도 부합하지 않으며, 현행 신고제 자체가 이러한 불합리성을 가진 이상, 이러한 신고제에 기반한 형사처벌 조항 역시 그 정당성을 인정하기 어렵다 할 것이다.

㈐ 한편 노인복지법에는 노인에 대한 상해나 유기, 방임 행위 등과 같은 인권침해행위에 대한 처벌조항이 이미 존재하고(노인복지법 제55조의2, 제55조의3, 제55조의4 참조), 이러한 처벌조항은 적용 대상자를 한정하고 있지 아니하므로 신고된 시설뿐만 아니라 미신고 시설에서 이루어지는 행위에도 마찬가지로 적용된다.

이와 같은 처벌조항을 통해 시설 내에서의 인권침해행위에 대하여 충분히 제재를 가할 수 있으므로 양로시설 설치에 있어서의 신고의무 위반을 별도로 형사처벌할 실익이 크지 않다. 오히려 인권침해행위와 무관하게 신고의무의 불이행만을 이유로 형사처벌 하는 것은 국가의 사회복지시설에 대한 관리·감독상의 한계와 부실 책임을 단순히 민간의 신고의무 불이행 탓으로만 전가하는 것이라는 강한 의심이 든다.

심판대상조항과 같이 양로시설의 미신고 설치 행위에 대하여 형사처벌이라는 강력한 제재수단을 두지 않더라도 양로시설에 대한 국가의 관리·감독을 용이하게 할 수 있는 보다 덜 제한적인 수단이 존재한다. 예를 들어 국가나 지방자치단체는 미신고 양로시설에 대한 실태조사 후 재정지원 등을 통해 일정한 유예기간을 거쳐 신고시설로의 자발적 전환을 유도할 수 있다. 또한 비영리의 소규모 시설들에 대하여는 신고요건을 완화하여 원하는 경우 모두 신고를 할 수 있도록 함으로써 사회복지활동에 대한 진입장벽을 낮추되 노인을 보호하고 심신의 건강을 유지할 수 있는 물적·인적 시설을 갖추도록 시설 운영비를 비롯한 다양한 지원을 하는 방법으로 관리·감독의 범위를 확대할 수도 있다. 설령 경제적 여건이 갖추어져 시설요건을 충족하는 것이 어렵지 않음에도 불구하고 신고의무를 지속적으로 해태하는 경우라면 형사처벌이 아닌 행정적인 제재를 통해 신고의무의 이행을 강제하는 것도 가능하다.

㈐ 결국 국가의 관리·감독을 통한 노인의 편안하고 쾌적한 주거환경의 제공을 목적으로 양로시설 설치시 신고의무를 부여하였다 하더라도, 앞서 본 바와 같이 합리적인 이유 없이 입소인원 등을 기준으로 운용되고 있는 신고제 자체가 입법목적 달성에 불충분하고, 그러한 불충분하고 불합리한 신고제를 전제로 하여 신고의무 해태를 일률적으로 형사처벌하도록 한 것은 수단의 적절성 및 침해의 최소성이 인정되지 않는다.

(3) 법익의 균형성

심판대상조항은 신고요건을 갖추기 어려운 영세한 규모의 시설을 통한 사회복지활동의 경우에도 신고의무 해태를 이유로 일률적으로 형사처벌하도록 하는바, 그로 인한 종교적 활동의 자유나 일반적 행동의 자유, 법인운영의 자유에 대한 제한과 사회복지활동의 위축이라는 결과는, 일정한 규모 이상의 사회복지시설에 대한 관리·감독을 통해 노인들의 쾌적하고 안전한 주거환경을 보장한다는 공익에 비하여 결코 가볍다고 볼 수 없으므로 법익의 균형성 원칙에도 위반된다.

다. 소결론

양로시설 미신고 설치 및 운영 행위를 일률적으로 형사처벌 하도록 하는 심판대상조항은 과잉금지원칙에 위배되어 사회복지활동과 관련한 종교적 활동의 자유나 일반적 행동의 자유, 법인운영의 자유 등 헌법상 기본권을 침해한다고 볼 것이므로 헌법에 위반된다.

국가유공자 가족 가산점 사건
(헌재 2012. 11. 29. 2011헌마533)

□ 사건개요 등

청구인은 고엽제 후유증 환자로 등록된 국가유공자의 자녀로서 '국가유공자 등 예우 및 지원에 관한 법률'(이하, '국가유공자법'이라 한다)이 정한 취업지원 대상자이다.

청구인은 동법 시행령이 기능직 공무원과 달리 계약직 공무원의 채용시험에 응시하는 청구인에게 가산점 혜택을 부여하지 않는 것이 평등권 등을 침해한다고 주장하면서 헌법소원심판을 청구하였다.

헌법재판소는 국가기관 등의 취업지원 실시기관이 시행하는 공무원 채용시험의 가점 대상이 되는 공무원의 범위에서 계약직 공무원을 배제하고 있는 국가유공자법 시행령 제48조 별표8 중 '1. 국가기관·지방자치단체·군부대 및 국공립학교' 부분(이하, '이 사건 시행령 조항'이라 한다)이 청구인의 평등권 등을 침해하지 아니한다고 결정하였다. 이 결정에는 재판관 안창호의 반대(헌법불합치)의견이 있었다.

반대의견은 이 사건 시행령 조항이 취업가산점 대상에서 계약직 공무원을 제외한 것은 청구인의 평등권을 침해한다는 견해인데, 그 중요 내용은 다음과 같다.

첫째, 헌법 제32조 제6항은 국가유공자 등에 대해 우선적 근로기회 부여를 규정하고 있다. 국가유공자는 헌법 제32조 제6항에 따른 직접 보호대상이 되고, 국가유공자의 가족 등은 위 조항의 취지에 따라 간접 보호대상이 된다.

둘째, 국가유공자법상 취업가산점 제도의 주된 목적은 신체의 상이 또는 가족의 사망 등으로 정신적, 재정적 어려움을 겪은 국가유공자와 그 가족 등에게 우선적 근로기회를 제공함으로써 이들의 생활안정과 봉사기회를 확충하는 데에 있으므로, 정부는 취업가산점 제도의 취지에 부합하는 행정입법을 할 의무가 있다.

셋째, 계약직 공무원의 전문성 등 업무성격을 고려하지 않고 모든 계약직 공무원 채용에서 일률적으로 취업가산점을 부여하지 않은 것은, 국회에서 위임받은 사항을 대통령령에 규정함에 있어 입법의 편의성만을 추구한 것으로 이를 정당화할 객관적이고 합리적인 이유가 없다.

반대의견은 국가를 위하여 헌신한 국가유공자 등에 대해 우선적 근로기회 부여를 규정한 헌법 제32조 제6항의 의미와 내용을 강조하면서, 국가공동체를 위하여 희생하거나 기여한 사람들에 대한 보상과 예우에 철저할 것을 지적하는 견해이다. 이는 국가공동체의 형성·유지·발전에 기여한 사람들에 대한 보상과 예우를 통하여 국가공동체의 결속과 사회연대성이 강화될 수 있다고 보는 입장이다. 앞으로의 국가작용에서 헌법 제32조 제6항의 취지가 존중되어 국가유공자와 그 가족 등의 보호와 지원에 소홀함이 없도록 해야 할 것이다.

□ 반대(헌법불합치)의견

나는 법정의견과 달리 이 사건 시행령 조항이 국가유공자와 그 가족 등에게 부여되는 취업가산점 대상에서 계약직 공무원을 제외한 것은 이를 정당화할 객관적이고 합리적인 이유가 있다고 볼 수 없어 청구인의 평등권을 침해한다고 판단하므로 다음과 같이 그 이유를 밝힌다.

가. 계약직 공무원에 대한 차별의 합리성

헌법 제32조 제6항은 국가를 위해 헌신한 국가유공자 등에 대해 우선적 근로기회 부여를 규정하고 있는바, 그 취지에 따라 직·간접으로 입법자의 재량이 헌법적으로 한계가 지워진다고 할 것이다. 국가유공자는 헌법 제32조 제6항에 따른 직접 보호대상이 될 것이고, 국가유공자의 가족 등의 경우에는 헌법 제32조 제6항에 의한 직접 보호대상은 아니지만, 우선적 근로기회 부여를 통해 생활의 안정을 보장하려는 취지에서 간접적으로 보호의 필요성이 확인되고, 헌법 전문의 대한민국 건국이념에서도 국가유공자의 가족 등의 보호필요성이 도출될 수 있다.

국가유공자법상의 취업가산점 제도의 주된 목적은 신체의 상이 또는 가족의 사망 등으로 정신적, 재정적으로 어려움을 겪어 통상적으로 일반인과 비교하여 수험준비가 상대적으로 미흡한 국가유공자와 그 가족 등에게 가산점 부여를 통해 우선적 근로의 기회를 제공함으로써 이들의 생활안정을 도모하고, 이들이 국가사회에 봉사할 수 있는 기회를 부여하는 데 있으므로, 입법자는 이러한 가산점 제도의 취지에 부합하도록 입법을 할 의무가 있다.

법정의견은 취업가산점 제도의 취지를 고려할 때, 신분보장이 불안정한 계약직 공무원보다 경력직 공무원으로서 신분이 두텁게 보장되는 기능직 공무원에 대한 채용시험에서 국가유공자와 그 가족 등에게 취업가산점을 부여할 필요성이 더 높다고 할 것이므로, 국가유공자와 그 가족 등에게 부여되는 취업가산점대상에서 기능직 공무원과는 달리 계약직 공무원을 제외하여도 헌법에 위반되지 않는다고 한다.

그러나 계약직 공무원이 기능직 공무원에 비해 신분보장이 되지 않고 법적 지위가 열악하다는 것이 취업가산점 부여에 있어 기능직 공무원과 차이를 두어야 할 정당한 이유는 될 수 없다. 국가유공자와 그 가족 등이 계약직 공무원 응시자인 경우에도 경제활동을 통해 생활의 안정을 보장받을 필요가 있다는 측면에서 기능직 공무원 응시자와 차이가 없어 계약직 공무원 응시자가 기능직 공무원 응시자와 비교하여 취업보호의 필요성이 덜하다고 볼 수 없다. 오히려 기능직 공무원은 정보통신, 토건, 전신, 기계, 열관리, 화공, 선박, 보건위생 등 해당 분야의 자격증 소지를 요구하는 등 일반적으로 계약직 공무원에 비하여 자격요건이 까다롭고, 경쟁이 매우 치열하다는 점에 비추어 볼 때, 신분보장 등에 있어 기능직 공무원에 비하여 처우가 열악함에도 계약직 공무원에 응시하여 경제활동을 함으로써 생활의 안정을 도모하려는 국가유공자와 그 가족 등에 대하여 우선적 근로기회를 부여할 필요성이 더욱 큰 경우가 많을 것이다.

더구나 이 사건 법원 속기공무원 채용의 경우에는 계약직, 기능직을 불문하고 응시자가 소정의 속기자격증을 가지고 있으면 여타 응시자격, 시험방법 등의 채용절차에 있어서 실질적 차이가 없고, 현실적으로도 법원에서는 기능직 속기공무원에 결원이 생기는 경우에는 계약직 속기공무원으로 근무한 경력자가 기능직 속기공무원으로 채용되는 사례가 많이 있는바, 이 사건 청구인에게 법원 계약직 속기공무원 채용시험에 있어 가산점을 부여하지 않을 경우, 사실상 국가유공자와 그 가족 등의 취업지원 대상자가 법원 기능직 속기공무원에 채용됨에 있어 가산점을 받지 못하는 불합리한 결과에 직면하게 된다. 이러한 불합리한 상황은 단순히 이 사건 법원 속기공무원 채용의 경우에 그치지 않고 계약직 공무원과 실질적으로 동일하거나 유사한 업무를 수행하는 기능직 공무원을 채용하고 있는 다른 국가기관 등에서도 다양한 형태로 발생할 수 있다.

이와 같이 국가유공자와 그 가족 등이 기능직 공무원 채용시험 또는 계약직 공무원 채용시험에 응시할 경우 취업보호의 필요성에 있어서 차이가 없음에도 신분보장이 불안정하다는 이유로 계약직 공무원 채용에 있어 취업가산점을 부여하지 아니하는 것은 국가유공자와 그 가족 등에게 우선적 근로의 기회를 제공함으로써 이들의 생활안정을 도모한다는 헌법 제32조 제6항의 취지 및 국가유공자법상 취업가산점 제도의 목적에 명백히 반하게 되는 결과를 초래하게 되어 입법자의 재량범위를 벗어난 자의적인 차별이라고 볼 수밖에 없다.

또한 일상적으로 하루 20명 이상을 고용하는 공·사기업체 또는 공·사단체, 사립학교의 경우에는 국가유공자나 그 자녀에게 계약직인지 여부를 구분하지 않고 가산점을 부여하도록 하고 있는바(국가유공자법 제30조, 제31조, 동법 시행령 제48조 별표 8), 국가유공자와 그 자녀 등에 대한 우선적 근로기회부여에 있어 국가와 지방자치 단체 등이 사적 영역보다 훨씬 큰 역할을 담당하여야 할 것임에도 오히려 이 사건 시행령에서 계약직 공무원을 취업가산점 대상에서 제외한 것은 이를 정당화할 합리 적 이유를 찾기 어렵다.

한편 법정의견에서는 국가유공자와 그 자녀 등의 취업지원 대상자는 계약직 공 무원 채용시험과 기능직 공무원 채용시험을 선택하여 응시할 수 있으므로 계약직 공무원 채용시험이 아니라 기능직 공무원 채용시험에 응시함으로써 취업가산점 제 도의 혜택을 누릴 기회가 충분히 있다고 하고 있다. 그러나 이미 살핀 것처럼, 일반 적으로 기능직 공무원은 계약직 공무원에 비하여 자격조건이 까다롭고 경쟁이 매우 치열한 점, 기능직 공무원과 계약직 공무원이 실질적으로 동일하거나 유사한 업무를 수행하는 경우에는 기능직 공무원을 계약직 공무원 경력자로 충원하는 경우가 많아 실질적으로 선택의 기회가 제약되거나 형해화되어 있는 현실을 도외시한 것이어서 이를 납득하기 어렵다.

나. '모든' 계약직 공무원에 대한 차별의 합리성

법정의견은 경력직 공무원인 기능직 공무원과 달리 계약직 공무원은 국가가 전 문지식·기술이 요구되는 경우이므로 취업가산점을 부여하기에 적절하지 않다고 하 고 있다.

계약직 공무원은 일반계약직, 전문계약직, 시간제계약직 및 한시계약직 공무원 으로 구분되는바(계약직공무원규정 제2조 제1항), 그 중에서 법정의견에서 언급한 전문 지식이나 기술이 요구되는 경우는 특수 분야에 대한 전문적 지식이나 기술 등이 요 구되는 직위의 업무를 수행하기 위한 전문계약직(계약직공무원규정 제2조 제3항)에 한 정될 것이다. 그런데 전문계약직의 경우에도 하위등급의 경우, 즉 채용예정분야 학 사학위 이상 취득자, 학사학위 취득 후 2년 이상 채용예정 직무분야 경력자, 채용예 정 직무분야와 관련된 산업기사 이상의 자격을 취득한 자(계약직공무원규정 제3조 제2 항 별표 1 '라'급), 이 사건 법원 계약직 속기공무원(법원계약직공무원규칙 제2조 제3항 별 표 1 '마'급)과 같은 경우는 높은 수준의 전문적 지식이나 기술을 요구하는 것이 아님 이 명백하여 국가유공자와 그 자녀 등에게 취업가산점을 주는 것이 적절하지 않는 직무라고 보기 어렵다.

법정의견에서 지적하는 바와 같이 높은 수준의 전문성이 요구되는 등의 사유로 국가유공자와 그 자녀 등에게 취업가산점을 부여하는 것이 적절하지 않은 업무영역이 있다는 점에 대하여는 충분히 공감한다. 실제 이 사건 시행령 조항은 그런 이유로 5급 이상 공무원 채용에 있어서는 취업가산점을 부여하지 않고, 6급 이하 일반직 공무원의 경우에도 업무의 성격상 취업가산점을 부여하기 적절하지 않다고 판단한 '연구직 및 지도직 공무원'에 대하여는 취업가산점 대상에서 제외하고 있다(이 사건 시행령 조항 '가점대상 계급 및 직급', '가'항 참조).

이와 같이 전문지식이나 기술이 요구되어 국가유공자나 그 자녀에게 취업가산점을 부여하는 것이 적절하지 않은 계약직 공무원에 관하여는 입법기술상 용이하게 취업가산점 부여 대상에서 제외할 수 있다. 그럼에도 계약직 공무원의 업무성격 등을 고려하지 않고 모든 계약직 공무원 채용에서 일률적으로 취업가산점을 부여하지 않은 것은 국회에서 위임받은 사항을 대통령령에 규정함에 있어 입법의 편의성만을 추구한 것으로 이를 정당화할 객관적이고 합리적인 이유를 찾을 수 없다.

다. 소결론

이 사건 시행령 조항이 국가유공자와 그 가족 등에게 부여되는 취업가산점 대상에서 '모든' 계약직 공무원을 일률적으로 제외한 것은 국가유공자 등에게 우선적 근로기회를 부여할 것을 규정한 헌법 제32조 제6항의 취지 및 국가유공자법의 입법목적에 상반되는 것이며, 이와 같이 계약직 공무원 응시자를 기능직 공무원 응시자에 비하여 차별취급하는 것을 정당화하는 객관적이고 합리적인 이유를 찾아볼 수 없어 청구인의 평등권을 침해한다. 따라서 입법자로 하여금 이 사건 시행령 조항을 헌법에 합치하는 내용으로 개정하도록 헌법불합치결정을 선고하여야 할 것이다.

보훈보상대상자 지원 순위 사건

(헌재 2018. 6. 28. 2016헌가14)

□ 사건개요 등

이 사건은 보훈보상대상자의 부모에 대한 유족보상금 지급 시 수급권자를 1인으로 한정하고 나이가 많은 자를 우선하도록 규정한 '보훈보상대상자 지원에 관한 법률'(이하, '보훈보상자법'이라 한다) 제11조 제1항 제2호 중 '부모 중 선순위자 1명에 한정하여 보상금을 지급하는 부분', 같은 법 제12조 제2항 제1호 중 '부모 중 나이가 많은 사람을 우선하는 부분'(이하, '심판대상조항'이라 한다)에 대한 위헌제청 사건이다.

헌법재판소는 재판관 전원의 일치된 의견으로, 심판대상조항이 헌법에 합치되지 아니한다고 결정하였다. 법정(헌법불합치)의견은 심판대상조항이 제청신청인의 평등권을 침해한다는 견해인데, 그 중요 내용은 다음과 같다.

첫째, 보훈보상자법상 유족보상금을 지급함에 있어 유족이 다수 있을 경우에는 국가의 재정능력이 허락하는 한 원칙적으로 모두를 수급자로 정하고, 생활정도에 따라 보상금의 액수를 달리하여 지급하는 것이 보상금 수급권이 가지는 사회보장적 성격에 비추어 볼 때 바람직하다.

둘째, 만약 불가피하게 유족 중 1명으로 한정하여 보상금을 지급하는 경우에는 국가의 재정부담 능력, 보상금 수급권의 실효성 보장 등 그 선정기준을 정당화할 만한 별도의 합리적 이유가 요구된다.

셋째, 직업이나 보유재산에 따라 연장자가 경제적으로 형편이 더 나은 경우에도 그보다 생활이 어려운 유족을 배제하면서까지 연장자라는 이유만으로 보상금을 지급하는 것은 보상금 수급권이 가지는 사회보장적 성격에 부합하지 아니한다.

법정의견은 보상금 수급권이 사회보장적 성격을 가지는 것이므로 경제적 형편이 어려운 사람에게 우선적으로 지원해야 한다는 점을 강조하고 있다. 헌법재판소는 심판대상조항과 유사한 내용을 규정한 '독립유공자예우에 관한 법률' 조항에 대하여 헌법불합치결정을 선고한 바 있는데(헌재 2013. 10. 24. 2011헌마724), 이에 따라 관련 법률이 개정된 사실이 있다.

앞으로도 입법과정에서 국가유공자 등에게 지급되는 '보상금 수급권'은 사회보

장적 성격이 강조되어 경제적 형편이 어려운 사람에게 우선적으로 지급되는 방안이
적극 고려되어야 할 것이다.

□ 법정(헌법불합치)의견

가. 제한되는 기본권

심판대상조항은 보훈보상대상자의 부모 중 1명에 한정하여 유족보상금을 지급
하도록 하면서 그 중 나이가 많은 자를 우선하도록 하고 있다. 이는 동일한 보훈보
상대상자의 부모간에 유족보상금의 지급 여부를 달리하는 것이므로 평등권의 침해
여부가 문제된다.

나. 평등권 침해 여부

(1) 심사기준

보훈(報勳)대상 중 국가의 수호·안전보장 또는 국민의 생명·재산보호와 직접
관련이 없는 보훈보상대상자의 희생에 대해서는 국가유공자와 구분되는 보훈보상을
하려는 취지로 2011. 9. 15. 법률 제11042호로 보훈보상자법이 제정되었다. 보훈보
상자법은 보훈보상대상자, 그 유족 또는 가족에게 합당한 지원을 함으로써 이들의
생활안정과 복지향상에 이바지함을 목적으로 한다(보훈보상자법 제1조). 보훈보상대상
자 및 그 유족 또는 가족에게 지급할 구체적인 보상의 내용 등에 관한 사항은 국가
의 재정부담 능력과 전체적인 사회보장 수준, 보훈보상대상자에 대한 평가기준 등에
따라 정해질 수밖에 없다.

따라서 법률이 정하고 있는 보상수준이 보훈보상대상자 및 그 유족 또는 가족
에게 인간다운 생활에 필요한 최소한의 물질적인 수요를 충족시켜 주고, 헌법상의
사회보장, 사회복지의 이념에 명백히 어긋나지 않는 한, 입법자는 이를 정함에 있어
광범위한 입법재량권을 행사할 수 있다. 그러나 국가가 보훈보상대상자와 그 유족
또는 가족에 대한 지원에 있어서 최소한의 합리적인 내용도 이행하지 않거나 현저
히 자의적으로 의무를 이행한다면, 그러한 국가의 작위 또는 부작위는 헌법상 기본
권을 침해하는 것이 된다.

(2) 차별취급의 존부

심판대상조항은 본질적으로 동일한 보훈보상대상자의 부모에게 보상금을 지급함에 있어서 그 중 1명에게만 보상금을 지급하도록 하면서 나이가 많은 자를 우선하도록 하여 이에 해당하지 않는 부모 일방을 유족보상금의 수급대상에서 제외하고 있다. 이러한 측면에서 심판대상조항에 의한 차별취급이 존재한다.

(3) 차별취급에 대한 합리적 이유의 존부

보훈보상자법상 유족보상금을 지급함에 있어 유족이 여러 명 있을 경우에는 국가의 재정부담 능력 등이 허락하는 한 원칙적으로 모두 수급자로 정하고, 생활정도에 따라 보상금의 액수를 달리하여 지급하는 것이 보상금 수급권이 가지는 사회보장적 성격에 비추어 볼 때 바람직하다. 만약 이와 달리 불가피하게 유족 중 1명에게 한정하여 보상금을 지급하는 경우에는 국가의 재정부담 능력, 보상금 수급권의 실효성 보장 등 그 선정기준을 정당화할 만한 별도의 합리적 이유가 요구된다. 그런데 심판대상조항은 보훈보상대상자의 부모에게 보상금을 지급함에 있어 어떠한 예외도 두지 않고 1명에게만 한정하여 보상금을 지급하도록 하고, 그 중 나이가 많은 자를 우선하도록 하고 있는바, 다음과 같은 이유에서 그 합리성을 인정하기 어렵다.

㈎ 국가가 보훈보상대상자 및 그 유족 또는 가족에게 지급할 구체적인 보상의 내용 등에 관한 사항은 국가의 재정부담 능력과 전체적인 사회보장 수준, 보훈보상대상자에 대한 평가기준 등에 따라 정해질 수밖에 없으므로, 보훈보상대상자의 유족보상금 지급에 있어 유족의 생활보호 측면 외에도 국가의 재정부담 능력이 중요한 요소로 고려되어야 하는 것은 사실이다.

그러나 국가의 재정부담 능력 등이 허락하는 한도에서 보상금 총액을 일정액으로 제한하되, 그 범위 내에서 적어도 같은 순위의 유족들에게는 생활정도에 따라 보상금을 분할해서 지급하는 방법이 가능하다. 만약 다른 유족에 비하여 특별히 경제적으로 어려운 자가 있고, 그 이외의 유족에게는 생활보호의 필요성이 인정되지 않는다는 별도의 소명이 존재한다면 그 경우에는 보상금 수급권자의 범위를 경제적으로 어려운 자에게 한정하는 방법도 가능하다. 이처럼 국가의 재정부담을 늘리지 않으면서도 보훈보상대상자 유족의 실질적인 생활보호에 충실할 수 있는 방안이 존재하는 상황에서, 부모에 대한 보상금 지급에 있어서 예외 없이 오로지 1명에 한정하여 지급해야 할 필요성이 크다고 볼 수 없다.

부모 중 1명에게만 보상금을 지급할 경우 보상금을 지급받게 되는 자의 입장에서는 경제적으로 유용하고 효과적일 수 있을지 몰라도, 소액의 보상금조차 전혀 지급받지 못하는 나머지 부모 일방의 생활보호는 미흡하게 된다. 특히 보상금의 액수가 상당한 금액에 이르는 경우에 이를 부모 중 어느 일방에게 독점시킴으로써 다른 일방의 생활보호를 외면하는 것은 보훈보상대상자 유족의 생활안정과 복지향상이라는 보훈보상자법의 입법취지에도 정면으로 배치된다. 나아가, 부모는 통상 2명 이하이므로 분할지급의 경우 보상금 액수가 지나치게 소액이 되어 그 실효성을 상실한다거나 보상금 수급권자 급증에 따른 국가재정부담의 증가가 우려된다는 이유는 타당하지 않다.

이러한 점들을 고려하면, 심판대상조항이 국가의 재정부담능력의 한계를 이유로 하여 부모 1명에 한정하여 보상금을 지급하도록 하면서 어떠한 예외도 두지 않은 것에는 수긍할 만한 합리적 이유가 있다고 보기 어렵다.

㈏ 심판대상조항 중 나이가 많은 자를 우선하도록 한 것 역시 문제된다. 나이에 따른 차별은 연장자를 연소자에 비해 우대하는 전통적인 유교사상에 기초한 것으로 보이나, 부모 중 나이가 많은 자가 나이가 적은 자를 부양한다고 일반화할 합리적인 이유가 없고, 부모 상호간에 노동능력 감소 및 부양능력에 현저히 차이가 있을 정도의 나이 차이를 인정하기 어려운 경우도 많다. 오히려 직업이나 보유재산에 따라 연장자가 경제적으로 형편이 더 나은 경우에도 그보다 생활이 어려운 유족을 배제하면서까지 연장자라는 이유로 보상금을 지급하는 것은 보상금 수급권이 갖는 사회보장적 성격에 부합하지 아니한다.

㈐ 보훈보상자법에서는 나이를 기준으로 보상금 지급을 달리하는 것에 따른 문제점을 시정하기 위하여, 보훈보상대상자를 주로 부양하거나 양육한 사람을 우선하도록 하거나 같은 순위 유족 간의 협의에 의하여 같은 순위 유족 중 1명을 보상금을 받을 사람으로 지정한 경우에는 그 사람에게 보상금을 지급하도록 하는 일정한 예외조항을 마련해 놓고 있다(보훈보상자법 제12조 제2항 제1호 단서 및 제2호). 그러나 부모는 특별한 사정이 없는 한 보훈보상대상자를 함께 부양하거나 양육함이 일반적이고, 부모간에 협의가 되지 않을 경우 여전히 나이에 따른 차별 문제가 발생한다는 점에 비추어 보면, 위와 같은 예외조항의 실효성을 인정하기도 어렵다.

다. 소결론

심판대상조항은 국가가 보훈보상대상자의 유족인 부모에게 보상금을 지급함에 있어 합리적인 이유 없이 보상금 수급권자의 수를 일률적으로 제한하고, 부모 중 나이가 많은 자와 그렇지 않은 자를 합리적인 이유 없이 차별하고 있으므로 나이가 적은 부모의 평등권을 침해하여 헌법에 위반된다.

출퇴근 근로자 산업재해보상 사건
(헌재 2016. 9. 29. 2014헌바254)

□ 사건개요 등

청구인은 자신의 자전거를 타고 퇴근하다 교통사고를 당하여 상해를 입은 다음 산업재해에 따른 보상을 청구하는 소송을 제기하면서, 사업주의 지배관리 아래 출퇴근하다 발생한 사고만을 업무상 재해로 인정하는 산업재해보상보험법(이하 '산재보험법'이라 한다)조항이 혜택근로자에 비하여 비혜택근로자를 불합리하게 차별하고 있다고 주장하면서 헌법소원심판을 청구하였다.

헌법재판소는 '합리성 심사'를 하면서 산재보험법 제37조 제1항 제1호 다목(이하, '심판대상조항'이라 한다)이 출퇴근용 교통수단을 지원받지 못하는 비혜택근로자를 혜택근로자에 비하여 자의적으로 차별하고 있다고 보아 헌법불합치결정을 하였다. 이 결정에는 위 조항이 헌법에 위반되지 않는다는 재판관 3명의 반대(합헌)의견과 재판관 안창호의 법정(헌법불합치)의견에 대한 보충의견이 있었다.

법정의견에 대한 보충의견은 산재보험수급권 관련영역 중 일정한 경우에는 평등심사의 강도를 강화해야 한다고 하면서 심판대상조항이 헌법에 합치되지 아니한다고 하였는데, 그 주요 내용은 다음과 같다.

첫째, 경제력 집중과 양극화 현상이 심화되고 국가 공동체의 통합에 대한 부정적 영향이 우려되고 있는 상황에서는, '인간의 존엄에 상응하는 생활에 필요한 최소한의 물질적인 생활'의 유지에 필요한 급부의 의미와 내용을 확대하거나 이에 대한 위헌심사의 강도와 밀도를 높임으로써, 사회적 기본권의 보장을 강화해야 한다.

둘째, 사회보장수급권이 국가재정의 한계라는 가능성의 유보 아래 법률에 의해 보장된다고 하더라도, 산업재해로 인하여 '인간의 존엄에 상응하는 생활에 필요한 최소한의 물질적인 생활'이 위협받거나 이와 밀접하게 연관되어 있는 때에는 보다 적극적인 보호조치가 이루어져야 한다.

셋째, '인간의 존엄에 상응하는 생활에 필요한 최소한의 물질적인 생활'과 밀접하게 연관되어 있는 사회보장수급권은 비록 입법의 뒷받침이 없는 경우라 하더라도, 재산권적 성격을 가질 수 있는 영역에서는 그 잠재적 재산권성을 고려하여 평등권 심사의 강도와 밀도를 강화할 수 있다.

넷째, 출퇴근 재해에 있어 혜택근로자와 비혜택근로자 사이는 구체적 입법이 뒷받침되어 있는지 여부를 제외하고는 재산권성과 관련하여 그 차이가 발견되지 아니하므로, 심판대상조항이 이들 근로자를 차별하는 것은 평등원칙에 위반된다.

헌법재판소는 종래에는 심판대상조항이 평등원칙에 위반되지 아니한다는 견해였으나(헌재 2013. 9. 26. 2012헌가16), 이 사건에서 견해를 변경한 것이다. 보충의견은 위헌심사를 함에 있어 법정의견과 같이 단순히 합리성 심사가 아니라 보다 강화된 기준에 의해 심사돼야 한다는 견해이다. 즉 사회보장수급권이 비록 구체적 입법의 뒷받침이 없는 경우라 하더라도, 근로현장에서 산업재해로 인한 장애·질병 등으로 '인간의 존엄에 상응하는 생활에 필요한 최소한의 물질적인 생활'이 위협을 받거나 이와 밀접하게 연관되어 있는 경우에는, 보다 적극적인 보호를 위해 심사기준을 강화해야 한다는 것이다. 헌법재판소의 이 사건 결정으로, 2017년 10월 24일 법률 제14933호로 산재보험법이 개정되어 심판대상조항이 삭제되었고, 출퇴근의 정의조항(제5조 제8호) 및 산업재해의 한 종류로 출퇴근재해조항(제37조 제1항 제3호)이 신설되어 통상의 출퇴근 중 발생한 재해는 출퇴근용 교통수단과 관계없이 모두 업무상 재해에 포함되어 보상을 받을 수 있게 되었다.

□ **법정(헌법불합치)의견에 대한 보충의견**[2]

가. 나는 2012헌가16 결정 등에서, 심판대상조항이 평등원칙에 위배되지 않는

---

2) 이하, 결정문의 내용을 보다 명확히 하기 위해 일부 표현을 수정하였다.

다고 보았다. 즉 심판대상조항이 혜택근로자와 달리 비혜택근로자의 출퇴근 재해를 업무상 재해로 보지 아니하고 산재보험수급권을 인정하지 아니한 것은, 혜택근로자와 달리 비혜택근로자는 사용자의 지배관리 아래 있지 아니한 상태에서 재해를 입은 것 때문인바, 심판대상조항이 이들에 대해 차별한다고 하여 합리적 이유가 없다고 할 수 없으므로 평등원칙에 위배되지 않는다고 보았다.

그러나 최근 우리사회의 경제력 집중과 양극화 현상이 심화되고 그에 따른 국가 공동체의 통합에 대한 부정적 영향이 우려되고 있다. 인간의 존엄과 가치에 기초한 자유민주주의 그리고 자유와 창의, 적정한 소득의 분배와 경제주체간의 조화를 바탕으로 한 시장경제의 지속적인 발전을 위해서는, 헌법재판소가 비록 제한된 범위 내에서라도 헌법재판을 통해 사회갈등을 완화하는 입법을 가능하게 함으로써 사회 통합에 이바지할 수 있어야 한다. 이에 헌법재판소가 사회보장과 관련한 법률 등에 대하여 위헌심사를 할 때에는 심사기준 강화 등 사회적 기본권 보장을 위한 다양한 방안을 강구할 필요가 있다고 생각한다.

심판대상조항에 대해 합리성 심사를 할 경우에는 종전 2012헌가16 결정에서와 같이 합헌으로 귀결될 수밖에 없다고 생각하나, 이 사건에서는 새로이 강화된 심사기준에 의해 심사하여, 심판대상조항이 평등원칙에 위배되므로 헌법에 합치되지 아니한다는 의견으로 견해를 변경하고자 한다.

나. 국가의 인적·물적 자원의 한계로 인하여 재원투입의 우선순위나 재원부담의 주체 등에 관한 대립과 갈등을 조정하여 사회보장과 사회복지를 사회통합의 기제(機制)로 작용할 수 있도록 하는 것은 원칙적으로 정치의 역할과 책임이라고 할 수 있다. 그러나 우리 헌법이 모든 국민은 인간의 존엄과 가치를 가지며 행복을 추구할 권리를 가진다고 선언하면서 인간다운 생활을 할 국민의 권리를 규정하고 사회보장과 사회복지의 증진에 관한 국가의 의무를 명문으로 규정하고 있는 이상, 그 규범력의 확보와 관철을 통한 국민의 기본권 보장은 헌법재판의 몫이 될 수 있다.

헌법재판소는 이미 인간의 존엄에 상응하는 생활에 필요한 '최소한의 물질적인 생활'의 유지에 필요한 급부를 요구할 수 있는 구체적인 권리가 상황에 따라서는 직접 도출될 수 있음을 시사하고 있다(헌재 2003. 5. 15. 2002헌마90 참조). 따라서 현대사회에서 노사갈등, 계층갈등, 세대갈등, 남녀갈등, 이념갈등, 지역갈등이 심화·확대되고 세분화·고정화 되면서 인간의 존엄과 가치 그리고 행복이 심각하게 위협받는 상황에서는, 헌법재판소는 사회보장영역에서 인간의 존엄에 상응하는 생활에 필요한 '최소한의 물질적인 생활'의 유지에 필요한 급부의 의미와 내용을 확대하거나 이에 대한 위헌심사의 강도와 밀도를 높여 나감으로써, 사회적 기본권의 보장을 강화하고 실질화하여 계층간 격차와 갈등을 줄여가는 등으로 사회통합에 기여할 수 있다.

다. 헌법재판소는 원칙적으로 사회보장제도 관련 입법에 대해 입법자의 광범위한 입법형성권을 인정하여 합리성 심사를 해 왔으나, 개별 사안의 특성이나 일정 요건이 갖추어진 경우에는 재산권 침해여부를 판단하는 방법으로 심사가능성을 확장하고 그에 따라 심사강도도 조정하여 왔다(헌재 2008. 11. 27. 2006헌가1; 헌재 2003. 12. 18. 2002헌바1 등 참조). 일정한 법정요건을 갖춰 발생한 사회보장수급권은 구체적인 법적 권리로 보장되고, 그 성질상 경제적·재산적 가치가 있는 공법상의 권리로서 헌법상 재산권의 보호대상에 포함되어(헌재 2014. 6. 26. 2012헌바382등 참조) 위헌심사가 이루어지는 등, 일반적인 사회적 기본권보다 그 심사기준이 강화되기도 했다.

이러한 사정에 비추어보면, 재산권적 성격을 가질 수 있는 영역에서 사회보장의 필요성이 긴절한 경우에는, 비록 구체적 입법의 뒷받침이 없어 재산권으로 보호를 받지 못한다고 하더라도, 그 잠재적 재산권성을 고려하여 위헌심사의 기준을 강화할 수 있다고 할 것이고, 위와 같은 경우 평등원칙에 대한 심사가 이루어질 때에는 합리성 심사가 아니라 보다 강화된 기준에 따른 심사를 할 수 있다고 할 것이다.

종래 평등심사의 경우 헌법에서 특별히 평등을 요구하고 있는 경우나 차별 취급으로 인하여 관련 기본권에 대한 중대한 제한을 초래하게 되는 경우에는 엄격한 심사를, 그 외에는 자의금지원칙에 의한 완화된 심사를 해 왔다. 이러한 이분법적 심사는 위 두 요건에 해당하지 않는 이상 자의적 차별인지 여부만을 심사하게 되어 합헌을 향해 가는 형식적 심사로 귀결된다는 비판과 문제 제기가 있었다. 이러한 사실은 평등심사에 대한 새로운 기준의 필요성을 반증하는 것이다.

이에 산재보험수급권과 관련된 영역에서의 차별이 문제되는 이 사건에서 위와 같은 취지를 고려하여 평등심사의 강도를 높일 수 있는지를 살펴본다.

라. 산재보험제도는 직업생활의 과정에서 발생하는 각종 업무상 재해를 신속하고 공정하게 보상하여 재해근로자의 재활 및 사회복귀를 추진함으로써 근로자의 보호에 이바지하고자 하는 것으로 근로자의 인간다운 생활을 위한 물질적 기초를 마

련하는 수단으로 기능하고 있다(산재보험법 제1조 참조).

사회보장의 구체적인 내용과 방향은 삶의 과정에서 발생하는 특별한 위험으로부터의 안전에 대한 국가의 배려와 급부라고 할 것이므로, 국가가 구체적으로 무엇을 사회적 위험으로 인식하고 이에 대해 어떻게 대처할 것인지는, 시대와 사회구조의 변화, 사회 전체의 복지 수준 및 복지에 대한 국민의 인식에 따라 달라질 수 있다. 현대산업사회에서 산업재해는 근로자 개인의 주관적인 주의력의 한계를 넘어 산업사회에 내재하는 구조적 위험의 발현으로서 근로자와 그 가족의 생존에 관한 문제가 되기도 하여 이들에 대한 사회보장의 기능이 더욱 강조되고 있다. 그 결과 현대산업사회에서 산업재해와 이로 인한 장애와 질병 등의 위험으로부터 근로자의 안전과 생존의 보장은 사회보장·사회복지의 증진을 위한 국가의무의 중요한 부분 중하나가 되었음을 부인할 수 없다.

우리 헌법은 제34조 제1항과 제2항에서 인간다운 생활을 할 권리와 국가의 사회보장 및 사회복지 증진의무를, 제32조에서 근로의 권리를, 제34조 제5항에서는 신체장애자 및 질병·노령 기타의 사유로 생활능력이 없는 국민에 대한 국가의 보호의무를 규정하고 있다. 이는 곧 사회보장수급권이 국가재정 및 사회적 부담능력의 한계라는 가능성의 유보 아래 법률에 의해 보장된다고 하더라도, 근로현장에서 산업재해로 인한 장애·질병 등으로 '인간의 존엄에 상응하는 생활에 필요한 최소한의 물질적인 생활'에 위협을 받거나 이와 밀접하게 연관되어 있는 국민에게는 보다 적극적으로 보호조치가 이루어져야 함을 헌법이 요청하는 것으로 보아야 할 것이다.

한편 정치과정에서 타협과 조정에 의해 결정된 제한적인 복지예산과 사용자의 보험료 부담의 범위 내에서라도 위와 같은 영역에 대해서는 적극적인 배려와 지출이 이루어져야 한다. 또한 새로운 제도의 도입과 시행에 따른 문제발생이 예상된다 하더라도 전면적인 제도 도입 및 시행의 배제나 유보보다는, 예외적으로 그 내용이나 적용의 범위를 일부 제한하는 등의 방법을 통해 국가가 보다 적극적으로 사회보장 증진의무를 이행해야 한다. 그리고 국가가 사회보장 증진의무를 이행함에 있어 단계적 상향방식의 입법을 통한 접근이 허용된다고 하더라도, 그 수혜자를 한정함에 있어서는 위와 같은 헌법규정의 취지를 고려하여 보다 신중하고 세심한 배려가 필요하다.

이러한 사정에 비추어보면, 산재보험수급권과 관련된 영역에서 심판대상조항에 의해 배제된 비혜택근로자에 대한 평등심사는 합리성 심사가 아닌 보다 강화된 기준에 의한 심사가 필요하다고 할 것이다.

마. 산재보험제도는 국가가 사회보장정책의 일환으로 실시하고 있는 사회보험제도이므로, 산재보험수급권은 기본적으로 '사회보장수급권'의 성격을 가지고 있다. 따라서 그 수급요건·수급권자의 범위·급여금액 등 구체적인 내용이 법률에 의하여 비로소 확정되고, 일정한 법정요건을 갖춰 발생한 산재보험수급권은 구체적인 법적 권리로 보장되며, 그 성질상 경제적·재산적 가치가 있는 공법상의 권리로서 헌법상 재산권의 보호대상에 포함될 수 있다(헌재 2014. 6. 26. 2012헌바382등 참조).

그런데 공법상의 권리인 사회보험수급권이 재산권적인 성질을 가지기 위해서는, ① 공법상의 권리가 권리주체에게 귀속되어 개인의 이익을 위해 이용 가능해야 하고(사적 유용성), ② 국가의 일방적인 급부에 의한 것이 아니라 권리주체의 노동이나 투자, 특별한 희생에 의하여 획득되어 자신이 행한 급부의 등가물에 해당하는 것이어야 하며(수급자의 상당한 자기기여), ③ 수급자의 생존의 확보에 기여해야 한다(생존보장에 기여)(헌재 2009. 5. 28. 2005헌바20등 참조).

이러한 기준에서 볼 때, 심판대상조항에 의해 구체적인 입법으로 형성되어 혜택근로자에게 인정되는 산재보험수급권은 사회보장수급권 및 공법상의 권리로서 헌법상 재산권의 보호대상이 될 수 있다. 반면에 심판대상조항에서 제외된 비혜택근로자에게는 구체적인 입법으로 형성된 권리가 없으며, 이 사건에서 문제되는 차별이 발생한다.

이와 같이 혜택근로자와 비혜택근로자 사이에 차별이 발생하고 있다고 하더라도, 이들 사이에는 통상의 출퇴근 재해에 있어 구체적 입법이 뒷받침되어 있는지 여부를 제외하고는 재산권성과 관련하여 그 차이를 발견하기 어렵다. 즉 비혜택근로자에게도 재산권성 인정의 요건이 되는 사적 유용성, 수급자의 상당한 자기기여, 수급자의 생존보장에 기여라는 표지는 모두 갖추어져 있다. 비혜택근로자는 출퇴근 재해로 인한 산재보험수급권에 있어 단지 구체적 입법에 의한 권리의 형성이 유보되어 있을 뿐 잠재적으로 재산권성이 인정되는 공법상의 지위를 가질 수 있다고 할 수 있다.

그렇다면 이 사건에서 혜택근로자와 비혜택근로자 사이의 차별에 대해 평등심사를 함에 있어는 이러한 잠재적 재산권성을 고려하여 보다 강화된 기준에 의한 심사가 이루어져야 할 것이다.

바. 위와 같은 심사기준의 강화 필요성에 근거하여, 이 사건에서 심판대상조항이 혜택근로자와의 관계에서 비혜택근로자를 차별하는 것의 합리성 여부를 살펴보는 것에서 더 나아가 이러한 차별이 '헌법상 허용될 만한 정당하고 충분한 이유'가 있는지 여부를 살펴본다.

먼저 위에서 살펴본 헌법 제34조 제1항 및 제2항의 취지, 근로의 권리를 규정한 헌법 제32조 제1항의 내용, 신체장애자 및 질병·노령 기타의 사유로 생활능력이 없는 국민에 대한 국가의 보호의무를 특별히 규정하고 있는 헌법 제34조 제5항 및 국가의 재해예방의무 및 그 위협으로부터 국민에 대한 국가의 보호의무를 규정한 헌법 제34조 제6항의 내용 등을 고려하면, 근로자의 통상의 출퇴근 재해 위험에 대해서는 국가와 사용자의 강화된 책임과 배려가 필요하다고 할 것이다(보호영역의 특성). 그리고 산업사회의 근로자에게 근로가 가지는 의미를 고려하면 통상의 출퇴근 중 '재해를 입은' 비혜택근로자에 대한 급부는 필요하고 긴절하다고 할 수 있다(보호의 긴절성). 또한 심판대상조항은 비혜택근로자에 대한 안전 배려, 급부와 관련된 의무의 이행을 소홀히 한 것으로서 비혜택근로자에 대하여 적절하고 효과적인 보호를 위한 충분한 조치를 한 것이라고 할 수 없으며, 사회보장제도로서 산재보험제도의 본질에 반하는 측면이 있다고 할 수 있다(보호수준의 적절성).

그렇다면 심판대상조항이 혜택근로자와의 관계에서 비혜택근로자를 차별하는데 헌법상 허용될 만한 정당하고 충분한 이유가 없다고 할 것이므로 심판대상조항은 평등원칙에 위배된다.

산업재해 입증책임 사건
(헌재 2015. 6. 25. 2014헌바269)

□ 사건개요 등

이 사건은 근로자나 그 유족이 업무와 사망 사이의 상당인과관계를 증명하도록 한 산업재해보상보험법(이하, '산재보험법'이라 한다) 제37조 제1항 제2호 업무상 질병

부분(이하, '심판대상조항'이라 한다)에 대한 위헌소원 사건이다.

법정의견은, 심판대상조항이 업무와 재해 사이의 상당인과관계에 대한 입증책임을 근로자 측에 부담시킨 것은 입법자의 재량을 일탈하지 않는다고 결정하였다. 이 결정에는 재판관 안창호의 보충의견이 있었다. 보충의견은 근로자 측의 부담을 완화할 수 있도록 입법개선이 필요하다는 견해인데, 그 중요 내용은 다음과 같다.

첫째, 우리나라는 경제규모나 국가의 재정능력 등에 있어 많은 변화가 있었고 또 재해근로자에 대한 사회적 보호가 점차 강조되고 있는 상황이므로, 업무와 재해 사이의 상당인과관계에 대한 입증책임을 근로자 측에 전적으로 부담시키는 것은 근로자 측에게 가혹한 결과를 초래할 수 있다.

둘째, 법률상 추정 규정을 두는 등의 방법으로 업무와 재해 사이의 상당인과관계에 대한 입증책임을 전환하는 방안도 있으나, 이러한 방안은 과거 스웨덴의 예에서 볼 수 있는 바와 같이 보험재정의 파탄이나 근로자 측의 도덕적 해이 및 그로 인한 남소(濫訴)를 불러올 가능성이 있어 이를 제도화하는 것은 바람직하지 않다.

셋째, 다수의 재해근로자가 유사한 작업환경에서 유사한 질환으로 업무상 재해를 주장하고 그 질병과 관련하여 사회적으로 논란이 야기되는 경우에 역학조사를 의무적으로 실시하도록 하는 등으로 근로자 측의 입증부담을 실질적으로 완화할 수 있는 방안이 적극적으로 고려될 수 있다.

보충의견은 재판관 안창호가 산업재해로부터 근로자를 보호해야 한다는 검사 시절의 수사경험에 기초한 의견으로 보인다. 보충의견은 업무상 질병의 경우 근로자 측에서 업무와 재해 사이의 상당인과관계를 입증한다는 것이 현실적으로 상당히 어렵다는 점을 직시하고, 입증책임의 전환은 아니더라도 근로자 측의 입증부담을 완화할 수 있는 구체적인 입법개선의 방향을 제시하였다. 보충의견은 업무와 재해 사이의 상당인과관계의 입증책임을 단순히 유책성의 관점에서 본 것이 아니라, 근로자의 기본권 강화라는 관점에서 파악함으로써, 산업현장에서 일하는 근로자 보호에 사회 구성원 모두가 보다 진지하게 관심을 가져야 한다는 것을 촉구한 의견으로 평가된다.

□ 법정(합헌)의견에 대한 보충의견

나는 심판대상조항이 헌법에 위반된다고 판단하지는 않지만, 업무상 질병으로 인한 업무상 재해에 있어 근로자 측의 입증부담을 완화할 수 있는 방향으로 입법개선이 필요하다고 생각하므로, 다음과 같이 보충의견을 개진한다.

법정의견에서도 밝히고 있듯이 업무상 질병은 업무상 사고와 달리 장기간에 걸쳐 천천히 진행하여 근로자가 이를 자각하는 것이 용이하지 아니할 뿐만 아니라, 근로자 측은 전문적 지식이나 관련 정보가 부족한 경우가 많고, 산업화에 따른 여러 유해환경으로 인하여 현재까지의 과학이나 의학으로는 밝혀낼 수 없는 새로운 질병이 나타나는 등 업무상 질병에 있어 업무와 재해 사이의 상당인과관계를 입증한다는 것이 근로자 측에게 상당한 부담으로 작용하리라는 점은 부인할 수 없다.

비록 산재보험제도에 있어 그 보험급여의 지급대상 선정이나 그 지급요건 및 방법 등을 결정하는 것이 입법정책에 관한 문제이고 또 입법자의 광범위한 입법형성의 자유영역에 속하는 것이라고 보더라도, 그 동안 우리나라는 경제규모나 국가의 재정능력 등에 있어 많은 변화가 있었고 또 재해근로자에 대한 사회적 보호가 점차 강조되고 있는 상황에서, 앞서 본 바와 같은 업무상 질병에서까지 업무와 재해 사이의 상당인과관계에 대한 입증책임을 근로자 측에게 전적으로 부담시키는 것은 근로자 측에게 가혹한 결과를 초래할 수 있다.

이러한 문제점을 보다 근본적으로 해결하기 위하여, 법률상 추정 규정을 두는 등의 방법으로 업무와 재해 사이의 상당인과관계에 대한 입증책임을 전환하는 방안도 생각할 수 있다. 그러나 이러한 방안은, 과거 스웨덴이 업무상 요인에 의하여 발생한 질병이 아니라는 명백한 반증이 없는 경우에는 업무상 재해로 추정되도록 하였다가 보험급여비용의 폭증으로 이를 폐지한 사례에서 볼 수 있는 바와 같이, 보험재정의 파탄이나 근로자 측의 도덕적 해이 및 그로 인한 남소를 불러올 가능성이 있어 제도화하는 것은 신중을 기해야 한다. 다만 이러한 방안을 제도화하기 어렵다면, 적어도 근로자 측의 입증부담을 완화할 수 있는 실질적인 방안을 강구할 필요가 있다고 본다.

예를 들어 법정의견에서도 언급하고 있는 산재보험법 시행령 별표 3 '업무상 질병에 대한 구체적인 인정기준'은 각 질환별로 업무상 질병에 해당하는 경우를 예시함으로써 적어도 그에 해당하는 질병에 대하여는 근로자 측의 입증부담을 완화하는 역할을 수행할 수 있는데, 문제는 위와 같은 인정기준이 근로자 측이 직면하고 있는 현실을 어느 정도로 잘 반영하고 있는지 여부라 할 것이므로, 이를 위하여 전문가들로 하여금 산업구조 및 작업환경의 변화에 따라 새롭게 나타나는 질병을 과학적으로 조사·체계화하도록 한 후 이를 반영한 산재보험법 시행령 별표 3의 내용을 정기적으로 보완·개정하도록 의무화하는 것도 근로자 측의 입증부담을 완화할 수 있는 실효성 있는 방안이 될 수 있다.

또한 산재보험법 등이 공단으로 하여금 업무상 질병 여부를 판단할 수 있는 자료를 실질적으로 조사·수집하도록 하고 있다고는 하나, 그 실시 여부를 공단의 재량에 맡겨 두고 있어 근로자 측의 보호에 불충분하다고 보이므로, 공단으로 하여금, 사업장 조사 등 일정한 자료의 조사·수집에 있어서는, 근로자 측의 신청이 있는 경우 정당한 사유가 없는 한 이를 의무적으로 실시하여 그 내용을 근로자 측에게 공개하도록 하고, 많은 시간과 비용이 요구되는 전문기관 자문이나 역학조사 등에 있어서도 다수의 재해근로자가 유사한 작업환경에서 유사한 질환으로 업무상 재해를 주장하고 그 질병과 관련하여 사회적으로 논란이 야기 되는 등 일정한 경우에는 이를 의무적으로 실시하도록 하는 것 역시 근로자 측의 입증부담을 실질적으로 완화할 수 있는 방안으로 고려할 수 있을 것이다.

따라서 심판대상조항은 위헌이라고 선언할 정도에 이르지는 않지만 입법자는 재해근로자나 그 가족을 보호함에 미흡함이 없도록, 앞서 살핀 바와 같은 방안 등을 포함하여 업무상 질병으로 인한 업무상 재해에 있어 근로자 측의 입증부담을 완화할 수 있는 방향으로 입법개선 노력을 기울여야 할 것임을 지적해 두고자 한다.

청원경찰 근로3권제한 사건

(헌재 2017. 9. 28. 2015헌마653)

□ 사건개요 등

이 사건은 청원경찰에 대해 국가공무원법을 준용하여 청원경찰로 하여금 노동운동을 할 수 없도록 하고 이를 위반한 경우 처벌하도록 한 청원경찰법 제5조 제4항 중 국가공무원법 제66조 제1항 가운데 '노동운동' 부분을 준용하는 부분(이하, '심판대상조항'이라 한다)에 대한 위헌소원 사건이다.

헌법재판소는 재판관 전원의 일치된 의견으로, 심판대상조항이 헌법에 합치되지 아니한다고 결정하였다. 법정의견은 심판대상조항이 공무원이 아닌 청원경찰의 근로3권을 획일적으로 제한하는 것은 과잉금지원칙을 위반하여 청구인들의 근로3권을 침해한다는 견해인데, 그 중요 내용은 다음과 같다.

첫째, 청원경찰은 국가기관 등이 아닌 청원주와 고용계약을 체결한 근로자일 뿐, 공무원 신분이 아니므로, 청원경찰에게는 원칙적으로 헌법 제33조 제1항에 따라 근로3권이 보장되어야 한다.

둘째, 청원경찰은 특정 경비구역에서 근무하며 그 구역의 경비에 필요한 한정된 권한만을 행사하므로, 청원경찰의 업무가 가지는 공공성이나 사회적 파급력은 군인이나 경찰의 그것과는 다르다.

셋째, 청원경찰의 신분보장 수준은 일반적으로 공무원에 비하여 낮고, 더욱이 국가기관이나 지방자치단체 이외의 곳에서 근무하는 청원경찰은 근로조건에 관하여 공무원뿐만 아니라 국가기관 등에서 근무하는 청원경찰에 비해서도 낮은 수준이다.

법정의견은 종래 헌법재판소가 노동운동 등 집단적 행위를 한 청원경찰을 처벌하도록 한 청원경찰법 조항이 헌법에 위반되지 않는다고 본 선례(헌재 2008. 7. 31. 2004헌바9)를 변경한 것이다. 이 결정은 민간 영역임에도 공적 업무에 종사한다는 이유만으로 근로3권을 지나치게 제한하였던 종래의 입법에 대해, 민간 영역에서의 근로3권은 공무원의 경우와는 달리 헌법에서 보장되는 기본권이므로 그 제한에 있어 비례원칙이 보다 엄격하게 적용된다는 점을 명백히 한 것이다.

앞으로 민간영역에서의 근로3권의 제한은 보다 신중하게 검토되어 입법되어야 할 것이다. 이 결정 이후 청원경찰에게도 근로3권 중 단결권과 단체교섭권을 허용하는 청원경찰법 개정안이 발의되었다.

□ **법정(헌법불합치)의견**

가. 청원경찰의 지위와 복무

(1) 청원경찰의 배치대상 및 직무범위

청원경찰의 배치대상 시설은 국가기관 또는 공공단체와 그 관리 아래에 있는 중요 시설 또는 사업장, 국내 주재 외국기관, 선박·항공기 등 수송시설, 금융 또는 보험을 업으로 하는 시설 또는 사업장, 언론·통신·방송 또는 인쇄를 업으로 하는 시설 또는 사업장, 학교 등 육영시설, 의료기관, 그 밖에 공공의 안녕질서 유지와 국민경제를 위하여 고도의 경비가 필요한 중요 시설, 사업체 또는 장소이다(청원경찰법 제2조, 같은 법 시행규칙 제2조).

청원경찰은 청원경찰의 배치결정을 받은 자(이하 '청원주'라 한다)와 배치된 기관·시설 또는 사업장 등의 구역을 관할하는 경찰서장의 감독을 받아 그 경비구역 안에 한하여 경비목적을 위하여 필요한 범위 안에서 경찰관 직무집행법에 의한 경찰관의 직무를 행한다(청원경찰법 제3조). 청원경찰이 직무를 수행할 때에는 경비목적을 위하여 필요한 최소한의 범위에서 하여야 하고, 특히 직무 외의 수사활동 등 사법경찰관리의 직무를 수행해서는 아니 된다(같은 법 시행규칙 제21조).

(2) 임용 및 신분

청원경찰은 사용자인 청원주와의 고용계약에 의한 근로자로서 공무원 신분이 아니다(헌재 2008. 7. 31. 2004헌바9; 헌재 2010. 2. 25. 2008헌바160 참조). 다만 청원경찰은 일정한 범위 안에서 경찰관의 직무를 수행하는 등 그 업무수행에 공공성을 가지기 때문에, 관할 지방경찰청장의 사전승인을 받아 청원주가 임명하고(청원경찰법 제4조, 제5조, 같은 법 시행령 제2조, 제4조), 임용에 있어서 국가공무원법상의 임용결격자는 청원경찰로 임용될 수 없으며(청원경찰법 제5조 제2항), 일정한 신체조건 등 별도의 자격이 요구된다(같은 법 시행규칙 제4조).

청원경찰의 복무에 관하여는 국가공무원법상 복종의 의무, 직장 이탈 금지 의무, 비밀 엄수의 의무, 집단 행위의 금지에 관한 규정 및 경찰공무원법상 거짓 보고 등의 금지에 관한 규정을 준용한다(청원경찰법 제5조 제4항). 청원경찰은 형법 기타 법령에 의한 벌칙 적용 시 공무원으로 간주되고(같은 법 제10조 제2항), 국가기관이나 지방자치단체에 근무하는 청원경찰은 직무상 불법행위에 따른 배상책임에 있어 공무원으로 간주된다(같은 법 제10조의2).

(3) 근무방법 및 지휘체계

청원경찰은 근무 중 제복을 착용하여야 한다(청원경찰법 제8조 제1항). 지방경찰청장은 청원경찰이 직무를 수행하기 위하여 필요하다고 인정하면 청원주의 신청을 받아 관할 경찰서장으로 하여금 청원경찰에게 무기를 대여하여 지니게 할 수 있으나(같은 조 제2항), 청원주 및 청원경찰은 이와 관련하여 관리상의 엄격한 규제를 받는다(같은 법 시행령 제16조, 같은 법 시행규칙 제16조). 청원주는 소속 청원경찰의 근무 상황을 감독하고 근무 수행에 필요한 교육을 하여야 하며, 지방경찰청장은 청원경찰의 효율적인 운영을 위하여 청원주를 지도하고 감독상 필요한 명령을 할 수 있다(같은 법 제9조의3).

(4) 근로조건 및 신분보장

㈎ 청원경찰의 운영에 필요한 경비는 청원주가 부담한다(청원경찰법 제6조 제1항). 국가기관이나 지방자치단체에 근무하는 청원경찰의 보수는 재직기간에 따라 경찰공무원 중 순경부터 경위의 보수를 감안하여 대통령령으로 정하고(같은 법 제6조 제2항), 수당은 '공무원수당 등에 관한 규정'에 따른 수당 중 가계보전수당, 실비변상 등으로 한다(같은 법 시행령 제9조 제2항). 반면 그 이외의 곳에서 근무하는 청원경찰에게 지급할 봉급과 각종 수당은 그 최저부담기준액만을 경찰청장이 정하여 고시할 뿐이고(같은 법 제6조 제3항), 구체적인 금액은 개별 사업장의 취업규칙 또는 근로계약에 따라 정해진다.

㈏ 국가기관이나 지방자치단체에 근무하는 청원경찰은 재해보상에 관하여 공무원연금법의 적용을 받는다(공무원연금법 제3조 제1항 제1호 나목, 같은 법 시행령 제2조 제1호). 반면 그 외의 곳에서 근무하는 청원경찰은 직무상 부상·질병·사망 등의 재해를 입은 경우에 산업재해보상보험법이나 근로기준법에 따른 보상금을 받는다(청원경찰법 제7조, 같은 법 시행령 제13조).

㈐ 국가기관이나 지방자치단체에 근무하는 청원경찰은 퇴직급여에 관하여 공무원연금법의 적용을 받는다(공무원연금법 제3조 제1항 제1호 나목, 같은 법 시행령 제2조 제1호). 반면 그 외의 곳에서 근무하는 청원경찰의 퇴직급여에 관해서는 근로자퇴직급여 보장법이 적용될 뿐이다(청원경찰법 제7조의2).

㈑ 국가기관이나 지방자치단체에 근무하는 청원경찰의 휴직 및 명예퇴직에 관하여는 국가공무원법을 준용한다(청원경찰법 제10조의7). 반면 그 외의 곳에서 근무하는 청원경찰은 국가공무원법상 휴직사유 및 휴직기간에 관한 규정, 명예퇴직에 관한 규정을 적용받지 못하며, 이들의 휴직 및 명예퇴직에 관해서는 개별 사업장의 취업규칙에 따른다.

㈒ 청원경찰은 형의 선고, 징계처분 또는 신체상·정신상의 이상으로 직무를 감당하지 못할 때를 제외하고는 그 의사에 반하여 면직되지 아니한다(청원경찰법 제10

조의4 제1항). 그러나 청원주는 청원경찰이 배치된 시설이 폐쇄되거나 축소되어 청원경찰의 배치를 폐지하거나 배치인원을 감축할 필요가 있다고 인정하면 청원경찰의 배치를 폐지하거나 배치인원을 감축할 수 있는데, 이로써 청원경찰은 당연 퇴직된다 (같은 법 제10조의5 제1항 본문, 제10조의6 제2호).

나. 본안에 대한 판단

(1) 쟁점의 정리

헌법 제33조 제1항은 "근로자는 근로조건의 향상을 위하여 자주적인 단결권·단체교섭권 및 단체행동권을 가진다."고 하여 근로3권을 보장한다. 근로3권은 사회적 보호기능을 담당하는 자유권 또는 사회권적 성격을 띤 자유권이라고 할 수 있다. 자유권적 성격과 사회권적 성격을 함께 갖는 근로3권은, 국가가 근로자의 단결권을 존중하고 부당한 침해를 하지 아니함으로써 보장되는 자유권적 측면인 국가로부터의 자유뿐만 아니라, 근로자의 권리행사의 실질적 조건을 형성하고 유지해야 할 국가의 적극적인 활동을 필요로 한다(헌재 1998. 2. 27. 94헌바13등; 헌재 2008. 7. 31. 2004헌바9 참조). 심판대상조항은 청원경찰의 복무에 관하여 국가공무원법 제66조 제1항을 준용하여 노동운동을 금지하고 있으므로, 자유권적 측면의 근로3권과 관련이 깊다.

청구인들은 국가중요시설의 경비업무를 담당하는 특수경비원의 경우 단체행동권만이 제한되는 반면, 청원경찰은 근로3권 전부가 제한되고 있으므로 평등권을 침해한다고 주장한다. 그러나 청구인들이 주장하는 취지를 종합하여 보면 이 부분 주장은 결국 청원경찰의 근로3권을 모두 제한하는 것이 과도하다는 주장에 포함된다. 따라서 평등권 침해 여부에 대해서는 따로 판단하지 아니한다. 이하에서는 심판대상조항이 근로3권을 침해하는지 여부를 살펴보기로 한다.

(2) 근로3권 침해 여부

㈎ 목적의 정당성 및 수단의 적합성

심판대상조항은 청원경찰의 근로3권을 제한함으로써 청원경찰이 관리하는 중요시설의 안전을 도모하려는 것이므로 목적의 정당성이 인정될 수 있고, 근로3권의 제한은 위와 같은 목적달성에 기여할 수 있으므로 수단의 적합성도 인정될 수 있다.

(나) **침해의 최소성**

1) 헌법 제33조 제1항이 근로3권을 인정한 취지는 근로조건의 향상을 위하여 경제적 약자인 근로자가 사용자와 대등한 입장에서 단체협약을 체결할 수 있게 하자는 데 있다. 근로자단체의 단결된 힘에 의해서 비로소 노사관계에 있어서 실질적 평등이 실현되며, 근로자는 이를 바탕으로 근로조건의 향상을 꾀할 수 있기 때문이다(헌재 1990. 1. 15. 89헌가103; 헌재 1998. 2. 27. 94헌바13등 참조).

공무원은 그 임용주체가 궁극에는 주권자인 국민이기 때문에 국민전체에 대하여 봉사하고 책임을 져야 하는 특별한 지위에 있다. 또한, 공무원은 담당업무가 국가 또는 공공단체의 공적인 일이고 그 직무를 수행함에 있어서 공공성·공정성·성실성 및 중립성이 요구된다. 헌법은 제7조 제1항, 제2항에서 공무원은 국민전체에 대한 봉사자이고 국민에 대하여 책임을 지며, 그 신분과 정치적 중립성은 법률이 정하는 바에 의하여 보장된다고 규정하고 있고, 제33조 제2항에서 근로3권에 관하여 공무원에 대한 특별규정을 두고 있다(헌재 1992. 4. 28. 90헌바27 참조).

그런데 청원경찰은 사용자인 청원주와의 고용계약에 의한 근로자일 뿐, 국민전체에 대한 봉사자로서 국민에 대하여 책임을 지며 그 신분과 정치적 중립성이 법률에 의해 보장되는 공무원 신분이 아니다(헌재 2008. 7. 31. 2004헌바9; 헌재 2010. 2. 25. 2008헌바160 참조). 법률이 정하는 바에 따라 근로3권이 제한적으로만 인정되는 헌법 제33조 제2항의 공무원으로 볼 수는 없는 이상, 일반근로자인 청원경찰에게는 기본적으로 헌법 제33조 제1항에 따라 근로3권이 보장되어야 한다.

2) 청원경찰에게 근로3권이 보장된다고 하더라도 헌법 제37조 제2항에 따라 국가안전보장, 질서유지 또는 공공복리를 위하여 근로3권이 제한될 수 있다. 청원경찰은 중요시설·사업장 등의 경비를 담당하므로(청원경찰법 제2조), 이러한 청원경찰 업무의 공공성은 청원경찰의 근로3권을 제한하는 근거가 될 수 있다. 그러나 이러한 제한은 그 목적 달성에 필요한 최소한의 범위 내에서 이루어져야 한다.

청원경찰은 경찰 등과 달리 청원주의 감독을 받으면서 제한된 구역만의 경비를 목적으로 필요한 범위에서 경찰관의 직무를 수행할 뿐이다(청원경찰법 제3조). 구체적으로 청원경찰 중 자체경비를 위한 입초근무자는 경비구역의 정문 기타 지정된 장소에서 경비구역의 내부·외부 및 출입자의 동태를 감시하고, 순찰근무자는 청원주가 지정한 일정한 구역을 순회하면서 경비임무를 수행하며, 대기근무자는 소내 근무에 협조하거나 휴식하면서 불의의 사고에 대비한다(같은 법 시행규칙 제14조 제1항, 제3 항, 제4항). 청원경찰은 직무 외의 수사활동 등 사법경찰관리의 직무를 수행할 수 없 다(같은 법 시행규칙 제21조 제2항). 이와 같이 청원경찰의 근무지역은 제한된 특정 경 비구역에 국한되고, 그 권한 역시 경비구역의 경비에 필요한 범위로 엄격하게 한정 된다.

그리고 청원경찰은 보수 등에 있어서 법적으로 일정한 보장을 받고 있으나, 이 런 보장이 공무원과 동일하다고 할 수 없다. 청원주는 청원경찰이 배치된 시설이 폐 쇄 또는 축소되는 경우 필요하다고 인정될 때에는 청원경찰의 배치를 폐지하거나 인원을 감축할 수 있고 이로써 청원경찰은 당연히 퇴직하게 되는 등 청원경찰의 신 분보장은 공무원에 비해 취약하다(청원경찰법 제10조의5, 제10조의6).

따라서 심판대상조항이 청원경찰 업무의 공공성을 이유로 하여 일반근로자인 청원경찰의 근로3권 전부를 쉽사리 제한해서는 아니 된다.

3) 위에서 본 바와 같이 청원경찰의 신분보장 수준은 일반적인 공무원에 비하여 낮으며, 이를 쉽게 공무원의 경우와 동일시할 수는 없다. 더욱이 국가기관이나 지방 자치단체 이외의 곳에서 근무하는 청원경찰은 근로조건에 관하여 공무원뿐만 아니 라 국가기관이나 지방자치단체에 근무하는 청원경찰에 비해서도 낮은 수준의 법적 보장을 받고 있다. 이들에 대해서는 근로3권이 허용되어야 할 필요성이 더욱 크다.

국가기관이나 지방자치단체에 근무하는 청원경찰의 보수는 같은 재직기간에 해당하는 경찰공무원의 보수를 감안하여 대통령령으로 정하고(청원경찰법 제6조 제2 항), 각종 수당은 '공무원수당 등에 관한 규정'에 따른 수당 중 가계보전수당, 실비변 상 등으로 하지만(같은 법 시행령 제9조 제2항), 그 이외의 곳에서 근무하는 청원경찰 에게 지급할 봉급과 각종 수당은 최저부담기준액만을 경찰청장이 정하여 고시할 뿐 이다(같은 법 제6조 제3항). 국가기관이나 지방자치단체에 근무하는 청원경찰은 재해 보상, 퇴직급여에 관하여 공무원연금법의 적용을 받고(공무원연금법 제3조 제1항 제1호 나목, 같은 법 시행령 제2조 제1호), 휴직 및 명예퇴직에 관하여는 국가공무원법의 적용 을 받지만(청원경찰법 제10조의7), 그 이외의 곳에서 근무하는 청원경찰은 개별 사업 장의 취업규칙 또는 근로계약 등에 따라 해당 근로조건이 정해진다.

국가기관이나 지방자치단체에 근무하는 청원경찰의 근로조건은 국가나 지방자 치단체가 그 비용을 부담하므로 공무원과 마찬가지로 국가 등의 예산상황과 조화될 수 있는 범위에서 정해질 필요가 있으나, 그 외의 곳에서 근무하는 청원경찰의 근로조건은 이러한 제한을 받지 아니하고 사인인 청원주와의 합의에 따라 정해진다. 국가기관이나 지방자치단체 이외의 곳에서 근무하는 청원경찰이 청원주와 실질적으로 동등한 지위에서 근로조건을 결정하기 위해서는, 근로3권이 일률적으로 부정되어서는 아니 된다.

그럼에도 심판대상조항은 근로조건이나 신분보장을 고려하지 않고 모든 청원경찰의 근로3권을 전면적으로 제한하고 있다.

4) 앞서 살펴본 청원경찰의 업무의 내용과 성격을 고려할 때, 청원경찰에 대하여 직접행동을 수반하지 않는 단결권과 단체교섭권을 인정하더라도 경비하는 시설의 안전 유지라는 입법목적 달성에 반드시 지장이 된다고 단정할 수 없다.

헌법 제33조 제3항은 국가방위와 관련하여 업무의 공공성이 크다고 할 수 있는 방위산업체 근로자들의 경우에도 단결권과 단체교섭권에는 아무런 제한을 가하지 아니하고 단체행동권만을 제한하고 있으며, 그것도 모든 방위산업체가 아니라 주요한 방위산업체로 그 범위를 제한하고 있다. 그리고 청원경찰과 같이 무기를 휴대하고 국가중요시설의 경비 업무를 수행하는 특수경비원의 경우에도, 쟁의행위가 금지될 뿐 단결권과 단체교섭권은 제한되지 않는다(경비업법 제15조 제3항).

한편 종래 교원과 공무원의 노동운동은 금지되었으나, 1999. 1. 29. 제정된 '교원의 노동조합 설립 및 운영 등에 관한 법률'과 2005. 1. 27. 제정된 '공무원의 노동조합 설립 및 운영 등에 관한 법률'을 통해 교원과 일부 공무원에게 단결권과 단체교섭권이 인정되기에 이르렀다. 이러한 상황에서 일반근로자인 청원경찰의 근로3권을 모두 제한하는 것은 사회의 변화에도 맞지 않는다.

이러한 사정을 고려하면, 청원경찰 업무의 공공성이나 그의 무기 휴대를 이유로 모든 청원경찰의 단결권, 단체교섭권, 단체행동권을 일괄적으로 제한할 필요는 없다.

5) 유사한 업무를 수행하는 다른 직역과의 관계에서, 공공성의 정도에 현저한 차이가 있음에도 불구하고 근로3권과 관련하여 동일한 제한을 가한다면 이는 지나친 제한이 될 수 있다.

청원경찰과 유사한 업무를 담당하고 있는 공적 영역의 직역으로는 군인과 경찰이 있다. 군인은 대한민국의 자유와 독립을 보전하고 국토를 방위하며 국민의 생

명과 재산을 보호하고(군인의 지위 및 복무에 관한 기본법 제1조, 제5조 제2항), 경찰은
국민의 생명·신체 및 재산을 보호하고 범죄를 예방·진압·수사하는 등 공공의 안
녕과 질서를 유지한다(경찰관 직무집행법 제2조). 군인과 경찰은 공무원으로서 국민
전체에 대한 봉사자로서의 지위를 가질 뿐만 아니라, 국가안전과 국민의 생명 및
안전보호 등 중요한 국가기능을 수행한다. 이에 군인과 경찰의 노동운동 등 집단행
위는 금지되고 있다(군인의 지위 및 복무에 관한 기본법 제31조 제1항 제1호, 경찰공무원법
제31조 제4항).

그런데 앞서 살핀 바와 같이 청원경찰은 특정 경비구역에서 근무하며 그 구역
의 경비에 필요한 한정된 권한만을 행사하므로, 국가안전보장, 질서유지 등과 관련
하여 청원경찰의 업무가 가지는 공공성이나 사회적 파급력은 군인이나 경찰의 그것
과는 비교하여 견주기 어렵다. 그럼에도 불구하고 심판대상조항은 군인이나 경찰과
마찬가지로 모든 청원경찰의 근로3권을 획일적으로 제한하고 있다.

6) 이상을 종합하여 보면, 심판대상조항이 모든 청원경찰의 근로3권을 전면적
으로 제한하는 것은 입법목적 달성을 위해 필요한 범위를 넘어선 것이므로, 심판대
상조항은 침해의 최소성 원칙에 위배된다.

㈐ 법익의 균형성

심판대상조항으로 말미암아 청원경찰이 경비하는 중요시설의 안전을 도모할
수 있음은 분명하나, 이로 인해 받는 불이익은 모든 청원경찰에 대한 근로3권의 전
면적 박탈이라는 점에서, 심판대상조항은 법익의 균형성도 인정되지 아니한다.

㈑ 소결론

심판대상조항은 과잉금지원칙을 위반하여 청구인들의 근로3권을 침해한다.

공문서 한글전용 등 사건
(헌재 2016. 11. 24. 2012헌마854)

☐ 사건개요 등

이 사건은 공문서의 한글전용을 규정한 국어기본법 제14조 제1항 및 국어기본

법 시행령 제11조(이하, '이 사건 공문서 조항'이라 한다), 한자교육을 학교 재량에 따라 선택적으로 받도록 한 초·중등학교 '초·중등학교 교육과정'(교육과학기술부 고시 제2012−3호)의 'Ⅱ 학교 급별 교육과정 편성과 운영' 중 한자교육 및 한문 관련 부분(이하, '이 사건 한자 관련 고시'라 한다)에 대한 위헌소원 사건이다.

헌법재판소는 '이 사건 공문서 조항' 및 '이 사건 한자 관련 고시'가 헌법에 위반되지 아니한다고 결정하였다. 이 결정에는 이 사건 공문서 조항의 법정(합헌)의견에 대한 재판관 안창호의 보충의견과[3] 이 사건 한자 관련 고시에 대한 재판관 안창호 외 3명의 반대(위헌)의견이 있었다.

이 사건 공문서 조항에 대한 법정의견은, 공문서를 한글로 작성하도록 하는 것은 과잉금지원칙을 위반하여 청구인의 행복추구권을 침해하지 아니한다는 견해인데, 그 중요 내용은 다음과 같다.

첫째, 언어와 그 언어를 표기하는 방식인 글자는 정신생활의 필수적인 도구이며 타인과의 소통을 위한 가장 기본적인 수단이므로, 한자를 의사소통의 수단으로 사용하는 것은 일반적 행동의 자유 내지 개성의 자유로운 발현의 내용이 될 수 있다.

둘째, 이 사건 공문서 조항에서 규정하고 있는 공문서는 '공공기관 등이 주체가 되어 작성하는' 공문서를 말하므로, 일반 국민은 위 조항과 관계없이 자신들이 원하는 방식으로 문서를 작성하여 공공기관에 제출할 수 있으며, 특별히 위 조항으로 인하여 의사표현의 방식에 제한을 받는다고 볼 수 없다.

셋째, 국민은 공공기관 등이 작성한 공문서를 통하여 공적 생활에 관한 수많은 정보를 습득하고 자신의 권리 의무와 관련된 사항을 알게 되므로, 국민 대부분이 읽고 이해할 수 있는 한글로 공문서를 작성할 필요가 있다.

이 사건 한자 관련 고시에 대한 반대의견은 이 고시가 학생의 자유로운 인격발현권 및 부모의 자녀교육권을 침해한다는 견해인데, 그 중요 내용은 다음과 같다.

첫째, 한자는 수천 년 동안 우리말을 표현하는 수단으로 사용되어 우리 민족의 역사와 전통, 문화와 사상을 담아내는 도구로서 자리 잡아 왔고, 한자어는 우리말의

---

3) 이 사건 공문서 조항의 법정의견에 대한 재판관 안창호의 보충의견은 제8장 '경제질서와 헌법재판제도'에서 '공무원의 기본권 주체성'이라는 제목으로 수록된 내용과 대동소이하므로 생략하였다.

약 70%를 차지하며, 추상어, 개념어, 전문어 등 주요 어휘들을 구성하고 있다.

둘째, 한자교육은 외국 글자를 하나 더 알기 위한 학습이 아니라, 우리말을 더욱 완벽하게 구사하고 우리의 역사와 문화를 이해하기 위한 교육이며 언어적 사고력·응용력·창의력을 길러 인격 발현의 기회를 제공한다.

셋째, 국가는 적어도 중학교 이상의 학생들에 대하여는 한문을 필수교과로 편제하여, 공교육을 받은 학생이라면 누구나 일상생활에 필요한 기본적인 한자지식을 갖출 수 있도록 한자교육을 제공하여야 하므로, 이를 제한하고 있는 이 사건 한자관련 고시는 학생의 자유로운 인격발현권 및 부모의 자녀교육권을 침해한다.

이 사건 한자 관련 고시에 대한 반대의견은 우리 전통과 문화에서 한자의 중요성과 한문과목이 개설되지 않은 중·고등학교에서는 한자 학습 기회가 전혀 없을 수 있다는 점을 지적하면서, 적어도 중·고등학교에서는 일정한 범위의 한자를 가르쳐 학생들의 인격적 성장·발전을 도모해야 한다고 주장함으로써 우리 사회에서 한자교육의 중요성을 환기시켰다는 평가를 받고 있다.

□ 이 사건 공문서 조항에 대한 판단: 법정(합헌)의견

가. 제한되는 기본권

헌법 제10조 전문은 "모든 국민은 인간으로서의 존엄과 가치를 가지며, 행복을 추구할 권리를 가진다."고 규정하여 행복추구권을 보장하고, 이러한 행복추구권은 일반적인 행동자유권과 개성의 자유로운 발현권을 포함한다(헌재 1991. 6. 3. 89헌마 204 참조). 언어와 그 언어를 표기하는 방식인 글자는 정신생활의 필수적인 도구이며 타인과의 소통을 위한 가장 기본적인 수단인바, 한자를 의사소통의 수단으로 사용하는 것은 행복추구권에서 파생되는 일반적 행동의 자유 내지 개성의 자유로운 발현의 한 내용이다(헌재 2009. 5. 28. 2006헌마618 참조).

이 사건 공문서 조항은 공적 영역에서 한자를 의사소통의 수단으로 사용할 수 없게 하고 있으므로 청구인들의 행복추구권을 제한한다.

나. 행복추구권 침해 여부

(1) 이 사건 공문서 조항은 공문서를 읽고 쓰기 쉬운 한글로 작성하도록 함으로

써 공적 영역에서 원활한 의사소통을 확보하고 효율적·경제적으로 공적 업무를 수행하기 위한 것으로, 공문서를 한글로 작성하면 학력이나 한자 독해력 등에 관계없이 모든 국민들이 공문서의 내용을 쉽게 이해할 수 있고, 다른 글자와 혼용하여 공문서를 작성하는 것에 비해 시간과 노력이 적게 소요되므로 행정의 효율성 및 경제성을 증진시킬 수 있다.

(2) 한 나라의 문자정책은 최소한의 교육을 받은 국민이면 누구나 일상의 문자생활에 불편이 없게 하는 방향으로 나아가야 하며, 특히 공적인 글은 국민 누구나 이해할 수 있게 쉬워야 한다. 이러한 이유에서 우리나라는 1948년 '한글 전용에 관한 법률'을 제정·공포하여 "대한민국의 공용문서는 한글로 쓴다. 다만 얼마동안 필요한 때에는 한자를 병용할 수 있다."고 규정한 이래 이 사건 공문서 조항에 이르기까지 약 70년 동안 공문서의 한글전용원칙을 유지하고 있다.

공문서는 공공기관의 정책이나 의사를 국민에게 알리고 그러한 업무처리 결과를 보존하기 위해 작성하는 문서로, 국민들은 공문서를 통하여 공적 생활에 관한 수많은 정보를 습득하고 자신의 권리 의무와 관련된 사항을 알게 되므로, 우리 국민 대부분이 읽고 이해할 수 있는 한글로 작성할 필요가 있다. 만약 한자어라고 하여 한자로만 표기하는 한자혼용방식으로 공문서를 작성하게 되면, 한자를 잘 모르는 사람들로 하여금 공적 영역에서의 정보습득에 어려움을 겪게 함으로써 원활한 의사소통에 장애가 될 수 있다.

(3) 청구인들은 한자어는 한자로 적어야 뜻의 정확한 전달과 이해가 가능하므로 한자혼용방식으로 공문서를 작성할 수 있어야 한다는 취지로 주장한다.

그러나 낱말이란 단독으로 쓰이는 것이 아니라 문장 속에 쓰이므로 한자어를 굳이 한자로 쓰지 않더라도 앞뒤 문맥으로 그 뜻을 이해할 수 있는 경우가 대부분이다. 더구나 이 사건 공문서 조항은 뜻을 정확히 전달하기 위하여 필요한 경우 또는 전문용어, 신조어의 경우에는 괄호 안에 한자를 병기할 수 있도록 하고 있으므로 한자혼용방식에 비하여 특별히 한자어의 의미 전달력이 낮아진다고 보기 어렵고, 일반 국민이 공문서를 읽고 이해함에 있어서도 가독성이나 효율성 면에서 한자혼용방식의 공문서와 큰 차이가 있다고 보기 어렵다.

(4) 한편 국어기본법 제14조 제2항은 "공공기관 등이 작성하는 공문서의 한글 사용에 관하여 그밖에 필요한 사항은 대통령령으로 정한다."고 규정하여 위 법 제14

조의 공문서 작성방식에 관한 내용이 '공공기관 등이 작성하는 공문서'에 대한 것임을 명확히 하고 있다.

'행정업무의 효율적 운영에 관한 규정' 제3조 제1호는 행정기관이 접수한 문서를 공문서에 포함시키고 있으나, 이는 사문서인 민원문서도 행정기관에서 접수한 이후에는 공문서로 취급한다는 것일 뿐, 그렇다고 하여 일반인이 작성하여 제출하는 민원문서까지 제출 당시부터 공문서로 보아 일반 국민에게 공문서 작성방식을 준수하도록 의무를 부담시키는 것은 아니다. 실제 공공기관에 문서를 제출하는 국민들이 '행정업무의 효율적 운영에 관한 규정' 제7조 각 항에서 정하고 있는 공문서 작성의 일반원칙을 모두 염두에 두고 작성한다고 볼 수 없고, 위 작성원칙이 준수되지 않은 문서들이라 하여 공공기관에서 반려되거나 불수리되는 예는 찾아보기 힘들다. 그렇다면 이 사건 공문서 조항에서 규정하고 있는 공문서는 '공공기관 등이 주체가 되어 작성하는' 공문서를 말하므로, 일반 국민은 위 조항과 관계없이 자신들이 원하는 방식으로 문서를 작성하여 공공기관에 제출할 수 있으며, 특별히 위 조항으로 인하여 의사표현의 방식에 제한을 받는다고 볼 수 없다.

결국 이 사건 공문서 조항은 '공공기관 등이 작성하는 공문서'에 대하여만 적용되고, 일반 국민이 공공기관 등에 접수·제출하기 위하여 작성하는 문서나 일상생활에서 사적 의사소통을 위해 작성되는 문서에는 적용되지 않는다.

다. 소결론

이 사건 공문서 조항은 청구인들의 행복추구권을 침해하지 아니한다.

□ 이 사건 한자 관련 고시에 대한 판단: 반대(위헌)의견

우리는 한자 내지 한문을 최소한 중학교 이상의 학생들에 대하여는 필수과목으로 가르쳐야 함에도 중·고등학교에 대하여도 선택과목으로 편제하고 있는 이 사건 한자 관련 고시는 위헌이라고 생각하므로 다음과 같이 반대의견을 밝힌다.

가. 우리 문화의 주요 구성요소인 한자의 기능

한자는 수천 년 동안 우리말을 표현하는 수단으로 사용되어 오면서 우리 민족의 역사와 전통, 문화와 사상을 담아내는 도구로서 자리 잡아 왔다. 우리 민족이 사용하여 온 한자는 그 속에 우리만의 고유한 소리와 뜻이 담겨있고 우리의 생각과 정신이 스며있으며, 우리의 과거와 전통, 역사를 이해하기 위한 핵심적인 문화요소이다. 이러한 점은 학생이나 학부모의 가치관, 세계관에 따라 달라지거나 선택가능한 문제가 아니라 한국인이라면 누구에게나 적용되는 역사적·문화적 사실이다.

또한 우리말은 한자어와 고유어로 구성되어 있고, 이 중 한자어가 약 70%를 차지하며, 추상어, 개념어, 학술어, 전문어 등 주요 어휘들은 상당부분 한자어이다. 함축된 뜻을 담고 있는 한자어를 한글로만 이해하는 것과 한자를 통하여 이해하는 것은 그 언어에 담긴 정확한 의미와 어감(語感)을 이해하고 표현함에 있어서 차이가 있다. 한자를 알고 있던 사람에게는 그 의미가 이미 머릿속에 있어 본래의 의미를 인식해 낼 수 있지만, 한자를 모르는 사람은 말의 맥락 속에서만 파악하여 인식하는 데 그치고, 이렇게 인식한 한자어를 적절하게 구사하거나 응용하는 데 제한이 따를 수밖에 없다. 그러므로 한자어를 고유어로 대체하는 것이 한계가 있고 우리말에서 한자어를 모두 제거할 수 없는 한, 우리말의 정확한 이해와 사용을 위하여 한자에 대한 기본지식을 갖출 필요가 있다. 한글이 우리말의 고유어를 표기하는 문자로 더없이 훌륭하고 과학적인 문자인 것은 사실이지만, 우리 글자생활에서 한자어를 한자로 표기할 때의 장점과 한자가 가지는 조어력·축약력 등의 특성을 활용한다면 우리의 언어생활이 보다 풍부하고 정확하며 바람직한 방향으로 발전하는 데 기여할 수 있다.

나. 한자교육의 중요성과 필요성

우리나라에서 한자교육은 외국 글자를 하나 더 알기 위한 학습이 아니라, 우리말을 더욱 완벽하게 구사하고 우리의 역사와 문화를 이해하기 위한 교육의 하나라는 점을 인식해야 한다. 이미 살핀 바와 같이 한자지식은 우리 문화와 전통에 대한 이해를 넓히고 한자어의 정확한 이해와 사용능력을 길러주기 위한 필수요소로서, 전문서적의 해독이나 학술분야에만 요구되는 것이 아니며, 교육적 성장과 발전을 통해 한국인으로서 자아를 실현하는 데 필요한 기본 소양이자 덕목이다.

특히 언어와 이를 표현하는 글자는 사람 사이의 의미 전달만을 목적으로 하는 것이 아니라 인간 내면에서 사고의 도구로 쓰이므로, 도구의 다양성과 정교함은 사고의 폭과 깊이를 넓히기 위한 중요한 바탕이 된다. 한자는 5천년 동양문화의 지혜가 녹아 있는 문명의 도구로서 함축성과 조어력이 풍부하며, 복잡한 사물의 이치나 추상적인 개념을 압축하여 두세 자의 한자로 표현해 낼 수 있다. 따라서 한자를 통해 한자어를 학습하는 것은 그 자체가 사고하는 방법과 생각하는 힘을 기르는 것이며, 단순히 한자독해력을 갖는 것을 넘어서서 언어적 사고력·응용력·창의력을 기를 수 있는 토대가 될 수 있다.

나아가 한자는 비록 그 음과 형태, 뜻에 차이가 있지만, 동아시아 문화권 국가들의 이해를 촉진하는 공통의 문화코드이며, 상호협력과 교류에 있어서 중요한 연결고리가 될 수 있다. 특히 한자는 우리나라와 물적·인적 교류가 가장 활발한 중국, 일본이 상용하고 있는 문자로, 문자만 가지고도 어느 정도 의사소통이 가능한 것이 삼국 간 관계이다. 한자를 통한 문화교류는 과거사·영토·정치 갈등과 관계없이 세 나라 국민들이 서로를 이해하고 존중하는 촉매제가 될 수 있으며, 아시아에 강력한 문화적 연대를 확산하고 발전시킬 수 있는 발판이 될 수 있다. 이러한 취지에서 2014년 4월 한중일 한자 전문가들이 모여 '한중일 공용한자 808자'를 선정한 바 있으며, 한중일 정부 차원에서도 한자를 통한 문화교류의 필요성을 인정하고 위 공용한자 808자를 더욱 활성화하는 방안을 검토하기도 하였다.

이상에서 본 바와 같이 한국인의 문화적 정체성 확립과 우리 전통에 대한 이해, 더 풍부하고 정확하며 바람직한 언어생활, 사고력·응용력 및 창의력 계발, 동아시아에서의 문화적 연대와 국제 경쟁력 확보 등을 위해서는 공교육과정에서의 한자 내지 한문교육이 반드시 필요하다고 할 것이다.

다. 한자교육의 시기

(1) 한자교육이 중요하고 필요하다는 점에는 의문이 없으나, 아이들의 연령과 발달수준을 고려하여 적절한 한자교육의 시기를 정할 필요가 있다.

초등학교 단계에서는 모국어의 기초 낱말에 대한 감수성을 키우고 우리글의 기본과 언어 예절, 대화 방법 등 기초적인 언어학습을 해야 하는 시기이므로 한자교육을 한글교육과 동시에 하는 것이 반드시 바람직하다고 보기는 어려울 수 있다.

그러나 중고등학생은 우리말과 글에 대한 이해와 사용능력이 어느 정도 갖추어진 상태로, 한자교육이 한글학습이나 기초적인 언어습관 형성에 혼란을 초래한다고 보기 어렵다. 오히려 적절한 수준의 한자교육은 위에서 본 바와 같이 우리 전통에 대한 이해와 사고를 기르고, 우리말의 어휘력을 향상시키며, 각 교과과목의 필수개념을 이해하는 데 도움을 주는 등 학생들의 교육적 성장과 발전에 크게 기여할 수 있다. 또한 대학이나 사회에 진출한 후 새로이 한자를 접하고 익히는 것은 더 큰 어려움이 있을 수 있으므로, 최소한 중고등학교에서부터 기본적인 한자지식을 갖추게 하고 이를 바탕으로 대학에서는 보다 심화된 내용의 한자 학습과 학문적 연구 등을 할 수 있도록 교육의 토대를 마련할 필요가 있다.

따라서 국가는 적어도 중학교 이상의 학생들에 대하여는 한문을 필수교과로 편제하여 모든 학교에서 반드시 일정 시간 이상 가르치도록 함으로써, 공교육을 받은 학생이라면 누구나 일상생활에 필요한 기본적인 한자지식을 갖출 수 있도록 한자교육을 제공하여야 한다고 할 것이다. 이에 따른 학습 부담 증가의 우려는 가르칠 한자의 수를 적절히 제한하고 그 중 일정 비율 이상을 습득한 경우에는 그 과목을 이수한 것으로 하는 등의 방법을 통해 해소할 수 있을 것이다.

(2) 그런데 이 사건 한자 관련 고시는 중고등학교의 한문과목을 여러 선택과목 중 하나로 지정하고 있어 한문과목이 개설되어 있지 않은 중고등학교를 졸업한 학생들은 공교육을 통해 한자를 배울 기회가 전혀 없다.

한문을 선택과목으로 배우는 학생들의 경우에도 대학입시 위주로 수업이 운영되는 교육현실을 고려할 때 필수과목에 비해 학습량이나 학습동기가 떨어질 수밖에 없다. 현재 통계상 80%가 넘는 중고등학교에서 한문을 선택과목으로 가르치고 있고, 중학교 900자, 고등학교 900자를 교육용 기초한자로 선정하여 교육하고 있다고 하나, 이러한 교육을 받고도 대학과 사회에 진출한 젊은 세대들이 한자사용에 불편과 어려움을 겪고 있다는 것은 공교육과정 속에서 한자교육이 충실히 이루어지지 못하고 있음을 반증하는 것이다.

그리고 공교육과정에서 영어과목이 차지하는 비중과 비교하면 현격한 차이가 있다. 현재 영어는 초등학교 3학년부터 중고등학교 전 과정에서 필수과목으로 가르치도록 되어 있고 연간 수업시수도 국어나 수학에 버금가는 수준의 상당히 많은 시간이 배정되어 있다. 이와 비교해보더라도 오히려 우리의 전통·문화와 더욱 깊은 관계가 있고 우리 의식구조의 한 부분을 형성하고 있는 한자 내지 한문에 대한 교육은 그 비중이 지나치게 낮게 규정되어 있음을 알 수 있다.

한편 통계상 중학교의 경우 11%, 고등학교의 경우 17%의 학교에서 한문을 선택과목으로도 가르치고 있지 아니하는 등 공교육과정에서 한자교육이 제대로 이루어지지 않고 있어 일정부분 사교육에 의존할 수밖에 없는바, 경제적으로 어려운 가정의 자녀들은 사교육에 의해 한자를 배울 기회조차 얻지 못할 수 있으므로 결국 경제력의 유무에 따라 한자 학습 및 이를 통한 교육적 성장과 자아실현에 있어 형평에도 부합하지 아니할 수 있다.

라. 소결론

이 사건 한자 관련 고시는 최소한 중학교 이상의 학생들에 대하여는 한문을 필수과목으로 가르칠 필요가 있음에도 이를 선택과목으로 편제함으로써 결과적으로 한자교육의 부실화를 초래하였고, 그 결과 한자 내지 한문교육을 통하여 인격적 성장과 발전을 이루고자 하는 학생들의 자유로운 인격발현권 및 부모의 자녀교육권을 침해한다고 할 것이다.

검정고시 출신 대학지원제한 사건
(헌재 2017. 12. 28. 2016헌마649)

□ 사건개요 등

검정고시 합격자인 청구인들은 국립교육대학인 피청구인들을 상대로, 검정고시 출신자가 일부 특별전형 대상에 해당하지 않는 한 피청구인들 대학의 수시모집에 지원할 수 없도록 한 2017학년도 수시모집요강(이하, '이 사건 수시모집요강'이라 한다)이 청구인들의 교육을 받을 권리를 침해한다고 주장하면서 헌법소원심판을 청구하였다.

헌법재판소는 재판관 전원의 일치된 의견으로, (심사기준을 밝히지 않은 채) 이 사건 수시모집요강이 청구인들의 균등하게 교육을 받을 권리를 침해한다고 결정하였다. 이 결정에는 재판관 안창호 외 1명의 보충의견이 있었다. 보충의견은 균등하게 교육을 받을 권리가 자유권적 성격을 가지고 있는 경우 그 기본권의 침해여부는 엄격한 심사기준에 의해 판단하여야 한다는 견해로, 그 주요 내용은 다음과 같다.

첫째, 헌법 제31조 제1항은 국민이 능력에 따라 균등하게 교육을 받기 위하여 '국가로부터 교육에 필요한 시설의 제공을 요구할 수 있는 권리' 및 '각자의 능력에 따라 교육시설에 입학하여 배울 수 있는 권리'를 기본권으로 보장하고 있다.

둘째, 국민이 각자의 능력에 따라 교육시설에 입학하여 균등하게 배울 수 있는 권리는 평등원칙을 구체화 한 권리의 성격을 가지고 있으면서, 국가에 대하여 교육에 필요한 시설의 제공을 요구하는 것이 아니라 국가로부터 차별이나 간섭을 받지 아니하고 능력에 따라 교육을 받을 권리, 즉 자유권적 기본권의 성질을 가진다.

셋째, 검정고시 출신자인 청구인들이 피청구인들 대학에게 수시모집 지원자격의 부여를 요구하는 것은 기존의 교육자원, 제도 및 시설에 입학하여 배울 수 있도록 해 달라는 것이며, 이는 자유권적 성격을 가지는 것이므로, 이에 대한 심사는 보다 엄격한 기준에 의해 이루어져야 한다.

보충의견은 균등하게 교육을 받을 권리가 단순히 사회권적 기본권의 성질을 갖는 것이 아니라 자유권적 기본권의 성질을 가질 수 있음을 지적함으로써 그 기본권의 내용과 권리구제의 지평을 넓혔다는 평가가 가능하다. 앞으로 균등하게 교육을 받을 권리에 대해서는 '국가로부터 교육에 필요한 시설의 제공을 요구할 수 있는 권리'인지, '각자의 능력에 따라 교육시설에 입학하여 배울 수 있는 권리'인지를 구분하여 그 기준을 달리하여 심사해야 할 것이다.

□ 법정(위헌)의견

가. 쟁 점

(1) 헌법 제31조 제1항은 "모든 국민은 능력에 따라 균등하게 교육을 받을 권리를 가진다."고 규정함으로써 모든 국민의 교육의 기회균등을 보장하고 있는바, 이때 교육의 기회균등이란 국민 누구나가 교육에 대한 접근 기회, 즉 취학의 기회가 균등하게 보장되어야 함을 뜻한다(헌재 2008. 9. 25. 2008헌마456).

고졸 검정고시에 합격한 사람은 초·중등교육법 제27조의2 제1항 및 초·중등교육법 시행령 제98조 제1항 제1호에 따라 상급학교 진학 시 고등학교를 졸업한 사람과 같은 수준의 학력이 있다고 인정되므로, 고등학교를 졸업한 사람과 마찬가지로 대학에 입학할 수 있는 자격을 갖는다(고등교육법 제33조 제1항).

그런데 피청구인들 대학은 대학입학 전형을 수시모집과 정시모집으로 구분하여 신입생을 선발하면서 수시모집 전형에 있어서는 검정고시 출신자의 지원을 제한함으로써, 대학입학의 기회에 있어 고등학교를 졸업한 사람과 검정고시 출신자를 차별하여 취급하고 있다.

따라서 이 사건의 쟁점은 이 사건 수시모집요강이 헌법 제31조 제1항에서 보장하는 균등하게 교육을 받을 권리를 침해하는지 여부이다.

(2) 청구인들은 이 사건 수시모집요강이 청구인들의 직업선택의 자유를 침해한다고도 주장한다. 이 사건에서 청구인들이 직접적으로 문제삼는 것은 직업선택에 필요한 자격요건의 제한이 아니라 대학입학 자격요건의 제한이어서 이 사건 수시모집요강과 관련하여 직접적으로 관련된 기본권은 교육을 받을 권리라 할 것이므로, 직업선택의 자유에 관하여는 별도로 판단하지 않는다.

(3) 청구인들은, 이 사건 수시모집요강이 합리적 이유 없이 '검정고시 출신자'와 '고등학교 졸업자'를, '초등학교 교사가 되려는 자'와 '중고등학교 교사가 되려는 자'를 차별하고, 경제적 여유가 없는 사회적 취약 계층을 차별함으로써 청구인들의 평등권을 침해한다고도 주장한다. 그러나 이 사건 수시모집요강이 '검정고시 출신자'와 '고등학교 졸업자'를 차별한다는 주장은 균등하게 교육을 받을 권리의 침해 주장과 중복되므로, 이에 대하여는 별도로 판단하지 않는다. 또한 이 사건 수시모집요강 자체가 '초등학교 교사가 되려는 자'와 '중등학교 교사가 되려는 자'를 차별하여 취급하는 것은 아니고, 검정고시 출신자가 모두 사회적 취약 계층이라고 단정할 수 없을 뿐만 아니라, 피청구인들 대학은 기초생활수급자 및 차상위계층 등을 대상으로 한 특별전형을 마련하고 있으므로(이러한 특별전형에 있어서는 검정고시 출신자의 지원을 허용하고 있다), 이 부분 주장도 나아가 판단하지 않는다.

(4) 청구인들은, 검정고시 출신자를 수시모집의 일반전형에서 일률적으로 제외하는 것이 "대학은 입학자를 선발함에 있어 모든 국민이 능력에 따라 균등하게 교육받을 권리를 보장하도록 하여야 한다."고 규정하고 있는 고등교육법령을 벗어나 법률유보원칙에 위반된다고도 주장하나, 이러한 주장 역시 균등하게 교육을 받을 권리를 침해한다는 주장에 다름 아니므로 별도로 판단하지 않는다.

나. 교육을 받을 권리의 침해 여부

(1) 헌법은 제31조 제1항에서 "능력에 따라 균등하게"라고 하여 교육영역에서 평등원칙을 구체화하고 있다. 헌법 제31조 제1항은 헌법 제11조의 일반적 평등조항에 대한 특별규정으로서 교육의 영역에서 평등원칙을 실현하고자 하는 것이다. 평등권으로서 교육을 받을 권리는 '취학의 기회균등', 즉 각자의 능력에 상응하는 교육을 받을 수 있도록 학교 입학에 있어서 자의적 차별이 금지되어야 한다는 차별금지원칙을 의미한다. 헌법 제31조 제1항은 취학의 기회에 있어서 고려될 수 있는 차별기준으로 '능력'을 제시함으로써, 능력 이외의 다른 요소에 의한 차별을 원칙적으로 제한하고 있다. 여기서 '능력'이란 '수학능력'을 의미하고 교육제도에서 '수학능력'은 개인의 인격발현과 밀접한 관계에 있는 인격적 요소이며, 학교 입학에 있어서 고려될 수 있는 합리적인 차별기준을 의미한다.

헌법 제22조 제1항이 보장하고 있는 학문의 자유와 헌법 제31조 제4항에서 보장하고 있는 대학의 자율성에 따라 대학이 학생의 선발 및 전형 등 대학입시제도를 자율적으로 마련할 수 있다 하더라도, 이러한 대학의 자율적 학생 선발권을 내세워 국민의 '균등하게 교육을 받을 권리'를 침해할 수 없으며, 이를 위해 대학의 자율권은 일정부분 제약을 받을 수 있다.

(2) 현행 대입입시제도는 모집시기에 따라 수시모집과 정시모집으로 구분된다. 그 중 수시모집은 대학수학능력시험 점수를 기준으로 획일적으로 학생을 선발하는 것을 지양하고, 각 대학별로 다양한 전형방법을 통하여 대학의 독자적 특성이나 목표 등에 맞추어 다양한 경력과 소질 등이 있는 자를 선발하고자 하는 것이다.

과거에는 수시모집은 정시모집의 예외로서 그 비중이 그리 크지 않았으나 최근에는 그 비중이 점차 확대되고 있다. 2017학년도에는 전체 4년제 대학을 기준으로 모집인원의 70.5%를 수시모집에서 선발하고 있고, 피청구인들 대학의 경우도 이러한 추세의 예외가 아니어서 2017학년도에 적게는 21.3%에서부터 많게는 64.1%에 이르기까지 평균 53.4% 상당을 수시모집에서 선발하고 있다. 이처럼 수시모집은 더 이상 대학입학전형에서 소수의 학생만을 선발하는 예외적인 형태가 아니라, 정시모집과 같거나 오히려 더 큰 비중을 차지하는 입시전형의 형태로 자리 잡고 있다. 이러한 상황에서는 수시모집의 경우라 하더라도 응시자들에게 동등한 입학 기회가 주어질 필요가 있다. 동등한 입학 기회가 주어진다는 의미는 수학능력에 차이가 없다면 누구에게나 동등하게 입학할 수 있는 기회가 열려 있어야 함을 의미한다.

그런데 이 사건 수시모집요강은 기초생활수급자 및 차상위계층, 장애인 등을 대상으로 하는 일부 특별전형에만 검정고시 출신자의 지원을 허용하고 있을 뿐 수시모집에서의 검정고시 출신자의 지원을 일률적으로 제한하여 실질적으로 검정고시 출신자의 대학입학 기회의 박탈이라는 결과를 초래하고 있다. 수시모집의 학생선발 방법이 정시모집과 동일할 수는 없으나, 이는 수시모집에서 응시자의 수학능력이나 그 정도를 평가하는 방법이 정시모집과 다른 것을 의미하며, 수학능력이 있는 자들에게 동등한 기회를 주고 합리적인 선발 기준에 따라 학생을 선발하여야 한다는 점에서는 정시모집과 다르다고 할 수 없다.

따라서 이 사건 수시모집요강이 수시모집에서 검정고시 출신의 응시자에게 수학능력이 있는지 여부를 평가할 수 있는 기회를 부여하지 아니하고 이를 박탈한다는 것은 수학능력에 따른 합리적인 차별이라고 보기 어렵다.

(3) 피청구인들은 검정고시 출신자들에게는 정규 고등학교의 학교생활기록부가 없어 초등교사로서의 품성과 자질 등을 다방면에서 평가할 자료가 없다는 이유로 그들에 대하여 수시모집에 응시할 수 있는 기회자체를 박탈하는 것이라고 한다.

검정고시 출신자들이 정규 고등학교 과정을 이수하지 못하였다는 사정만으로 초등학교 교사로서의 자질을 습득할 수학능력이 부족하다고 단정할 수 없다. 오히려 검정고시 출신자들의 다양한 배경과 경험은 학생들을 지도함에 있어 도움이 될 수 있다. 그리고 대학은 고등학교에서 작성된 학교생활기록부가 없더라도 자기의견서, 추천서, 교직적성·인성검사, 심층면접 등 학교생활기록부를 대신할 다른 평가방법을 개발함으로써 응시자들에 대한 교사로서의 품성과 자질 등을 평가할 수 있다. 일부 대안학교의 경우 검정고시를 통하여 학력을 인정받고 있음에도 실질적으로 학교생활기록부와 유사한 기록을 작성하고 있는데, 이와 같은 기록의 객관성과 신뢰성이 담보된다면 이를 활용하는 방법도 고려될 수 있다. 지금도 이미 많은 대학들이 수시모집에서 검정고시 출신자가 지원할 수 있는 입시전형을 두고 있고, 피청구인들 대학과 같이 초등학교 교사 양성을 목적으로 하는 이화여자대학교 초등교육과와 제주대학교 초등교육과에서도 검정고시 출신자가 지원할 수 있는 수시모집 전형을 두고 있는바, 이를 통하여도 피청구인들 대학이 학교생활기록부를 대신할 다른 평가방법을 개발하여 사용할 수 있음을 알 수 있다.

따라서 이 사건 수시모집요강이 검정고시 출신자들에게는 정규 고등학교의 학교생활기록부가 없어 초등교사로서의 품성과 자질 등을 다방면에서 평가할 자료가 없다는 이유로 검정고시 출신자로 하여금 피청구인들 대학의 수시모집에 전혀 지원할 수 없도록 하는 것은 불합리하다고 볼 수밖에 없다.

(4) 피청구인들은 수시모집에서 검정고시 출신자의 지원을 제한하는 것은 공교육을 정상화하기 위한 조치라는 취지로 주장한다.

그러나 대학입학 제도에서 학교생활기록부를 활용하는 것이 공교육을 정상화하기 위한 하나의 수단이 될 수 있음을 인정하더라도, 학교라는 공교육 과정과는 별도로 동일한 학력을 인정하는 검정고시제도를 둔 이상, 공교육에서 이탈한 학생들을 수시모집에서 제외하는 방식으로 공교육의 정상화를 달성하려는 것은 바람직한 방법이라고 보기 어렵다.

또한 피청구인들은 학교생활기록부가 수시모집에서 주된 입시전형자료가 되는데 검정고시 출신자의 경우 비교내신으로 학교생활기록부 점수를 환산함으로 인하여 오히려 성실히 고등학교 과정을 이수한 일반 학생들이 상대적으로 불이익을 당하게 되고, 이로 인하여 많은 학생들이 고등학교 자퇴 후 검정고시를 선택하는 상황에 이르게 될 수 있다고 주장한다.

그러나 이미 많은 대학들이 수시모집에서 검정고시 출신자의 지원에 제한을 두고 있지 않은 상황에서 피청구인들 대학의 수시모집에서 검정고시 출신자의 지원을 허용한다고 하여 고등학교 졸업자가 검정고시 출신자보다 불이익을 입는다고 단정할 수 없다. 피청구인들 대학이 지적하는 비교내신에 관한 문제는 검정고시 출신자의 수시모집 지원 때문이 아니라 비교내신의 산출방식에서 초래되는 것이므로, 대학으로서는 검정고시 출신자가 고등학교를 자퇴시 그때까지의 학교생활기록부를 반영하거나, 비교내신을 잘 받기 위하여 검정고시를 여러 번 치른 경우 해당 성적을 모두 반영하도록 하는 등의 다양한 방안을 강구하여 그 형평성을 제고할 수 있다.

(5) 이러한 사정을 종합하면, 이 사건 수시모집요강은 검정고시 출신자인 청구인들을 합리적인 이유 없이 차별하여 청구인들의 교육을 받을 권리를 침해한다고 할 수 있다.

□ 보충의견

우리는 법정의견과 같이 이 사건 수시모집요강이 합리적 이유 없이 대학입학의 기회에 관하여 고등학교를 졸업한 사람과 검정고시 출신자를 차별하여 취급함으로써 균등하게 교육을 받을 권리를 침해한다고 생각한다. 아울러 이 사건 수시모집요강이 자유권적 성격의 '균등하게 교육을 받을 권리'를 침해할 수 있으며, 헌법 제31조 제1항이 규정하고 있는 '능력' 외의 사유로 차별취급을 하고 있다는 점에 비추어 보았을 때, 이 사건 수시모집 요강에 대하여는 심사의 강도를 높여 엄격한 심사기준에 따라 판단하는 것이 타당하다고 생각하므로 다음과 같이 보충의견을 밝힌다.

가. 자유권적 기본권은 그 성격에 있어서 국가로부터의 자유, 대국가적 방어권 및 국가에 대한 부작위청구권을 의미한다. 자유권적 기본권은 생명권, 신체의 자유, 양심의 자유, 표현의 자유 등과 같이 법적 형성을 전제로 하지 아니하는 것과 재산권 등과 같이 법률에 의해서 기본권의 보호대상이 구체적으로 형성됨으로써 개인이 입법자에 의한 입법을 통하여 비로소 기본권을 행사할 수 있는 자유권이 있다.

반면에 사회적 기본권은 국민 누구나 법적으로 보장된 자유를 행사할 수 있도록 국가에 대하여 그 사실적 조건을 형성하는 적극적인 행위를 요구할 수 있는 권리를 의미한다. 사회적 기본권은 국가가 제공하는 급부의 배분 및 급부에의 참여에 관한 것으로 국가의 경제적 급부능력에 의존하고 있다.

헌법 제31조 제1항은 "모든 국민은 능력에 따라 균등하게 교육을 받을 권리를 가진다."고 규정하고 있다. 헌법 제31조 제1항은 헌법 제11조의 일반적 평등조항에 대한 특별규정으로서 교육의 영역에서 평등원칙을 실현하고자 하는 것이다. 헌법 제31조 제1항은 국민 모두가 능력에 따라 균등하게 교육을 받기 위하여 '국가로부터 교육에 필요한 시설의 제공을 요구할 수 있는 권리' 및 '각자의 능력에 따라 교육시설에 입학하여 배울 수 있는 권리'를 국민의 기본권으로 보장하고 있다(헌재 2009. 4. 30. 2005헌마514 참조).

'국가로부터 교육에 필요한 시설의 제공을 요구할 수 있는 권리'는 국가가 제공하는 급부의 배분 및 급부에의 참여에 관한 것이므로 사회적 기본권의 성격을 가진 것에 대해 의문의 여지가 없다. '국민이 각자의 능력에 라 교육시설에 입학하여 균등하게 교육을 받을 수 있는 권리'는 평등원칙을 구체화 한 권리의 성격을 가지고 있음에도, 국가에 대하여 특정한 시설의 제공을 요구하는 것이 아니라 국가로부터 차별이나 간섭을 받지 아니하고 각자의 능력에 따라 교육시설에 입학하여 교육을 받을 수 있는 권리이다. 물론 이러한 권리는 교육제도 및 시설을 전제로 하는 것이므로 자연적으로 존재하는 자유권적 기본권은 아니지만, 교육제도를 통하여 헌법이 지향하는 문화국가·민주복지국가의 이념을 실현하기 위해 인정된 기본권이며, 각자의 능력에 따라 균등하게 교육을 받음으로써 자유롭고 독립적인 인격으로 성장하는 것을 방해하는 국가권력으로부터의 자유를 실현하는 성격을 가진다.

결국 헌법 제31조 제1항에 규정된 교육을 받을 권리는 기본적으로 교육영역에서 평등원칙을 구체화하는 것으로서, '국민이 그 의사와 능력에 따라 균등하게 교육받을 것을 공권력에 의하여 부당하게 침해받지 않을 권리'와 '국민이 능력에 따라 균등하게 교육받을 수 있도록 국가가 적극적으로 배려하여 줄 것을 요구할 수 있는 권리'를 포함한다. 전자는 자유권적 기본권의 성격을, 후자는 사회권적 기본권의 성격을 가진다(헌재 2008. 4. 24. 2007헌마1456; 헌재 2012. 5. 31. 2010헌마139등 참조).

나. 이 사건 수시모집요강이 어떠한 성격의 기본권을 침해하느냐에 따라 위헌심사기준은 달라질 수 있다.

(1) 이 사건 수시모집요강은 고등학교 졸업자에 대하여만 수시모집 지원자격을 부여함으로써, 수학능력이 아닌 고등학교 졸업 여부라는 기준으로 검정고시 출신자를 고등학교 졸업자와 달리 취급하고 있다.

그런데 검정고시 출신자인 청구인들이 피청구인들 대학에게 수시모집 지원자격의 부여를 요구하는 것은 교육조건이나 교육환경의 새로운, 혹은 심화된 조성을 적극적으로 요구하는 것이 아니라, 기존의 교육자원에 대한 접근, 기존의 제도 및 시설에서 교육을 받을 지위를 확보해 달라는 것이다. 이는 기존의 교육자원 및 시설에서 차별이나 간섭을 받지 아니하고 각자의 능력에 따라 균등하게 교육을 받을 수 있게 해 달라는 것으로 자유권적 성격을 가진다.

이 사건 수시모집요강은 청구인들과 같은 검정고시 출신자로 하여금 자신의 수학능력과는 무관하게, 그리고 수시모집에서 자신의 수학능력을 증명할 기회도 부여받지 못한 채 수시모집 지원에서 배제되게 한다. 이는 검정고시 출신자가 기존의 교육자원 및 시설에서 국가로부터 차별이나 간섭을 받지 아니하고 능력에 따라 균등하게 교육을 받을 권리, 즉 자유권적 성격의 권리가 이 사건 수시모집요강에 의하여 제한되는 것을 의미한다.

따라서 이 사건 수시모집요강이 자유권적 성격의 교육을 받을 권리를 침해하는지 여부는 비례성 심사를 하여야 한다. 대학의 연구 및 교육의 내용, 그 방법과 대상, 교과과정의 편성, 학생의 선발 및 전형 등도 대학의 자율의 범위에 속하고 따라서 입학시험제도도 자주적으로 마련될 수 있어야 함을 감안하더라도 마찬가지이다(헌재 1992. 10. 1. 92헌마68등 참조). 과거 헌법재판소가 자유권적 성격의 교육을 받을 권리를 제한하는 것은 헌법 제37조 제2항의 비례원칙에 의한 심사, 즉 과잉금지원칙에 따른 심사를 받아야 한다고 판단한 것도 같은 맥락에 있다(헌재 2008. 4. 24. 2007헌마1456; 헌재 2012. 5. 31. 2010헌마139등 참조).

(2) 앞서 본 바와 같이, 이 사건 수시모집요강은 수학능력이 아닌 고등학교 졸업 여부를 기준으로 검정고시 출신자를 고등학교 졸업자와 달리 취급하고 있다. 법정의견은 헌법 제31조 제1항을 헌법 제11조의 일반적 평등조항에 대한 특별규정으로 보아 이 사건 수시모집요강에 대해 평등권으로서 교육을 받을 권리의 침해 여부를 판단하였다.

헌법 제31조 제1항은 교육시설에 입학함에 있어서 고려될 수 있는 유일한 차별기준으로서 '능력'의 요건을 제시함으로써, 능력 이외의 다른 요소에 의한 차별을 원칙적으로 금지하고 있다. 여기서 능력이란 수학능력을 의미하고, 교육제도에서 수학능력은 개인의 인격발현과 밀접한 관계에 있는 인격적 요소이며, 교육시설에 입학함에 있어서 고려될 수 있는 합리적인 차별기준을 의미한다. 교육시설의 입학에서 능력 이외의 다른 요소를 고려하여 취학의 기회를 제한하는 것은 원칙적으로 금지된다. 아울러 교육이 가지는 의미 즉, 개인의 자유로운 인격 발현의 전제가 된다는 점, 오늘날 산업사회에서 직업의 자유 행사에 필수요건이라는 점, 그밖에 다른 기본권의 의미 있는 행사를 위한 기초가 된다는 점 등을 고려하면 수학능력이 아니라 다른 기준에 의한 학생선발제도나 입학시험제도는 위헌의 의심을 강하게 불러일으키는 차별로서 평등권으로서 교육을 받을 권리를 심사함에 있어 보다 엄격하게 심사되어야 한다.

따라서 수학능력이 아닌 고등학교 졸업 여부를 기준으로 검정고시 출신자를 고등학교 졸업자와 달리 취급하고 있는 이 사건 수시모집요강의 평등권으로서 교육을 받을 권리의 침해 여부에 대해서는 보다 엄격한 기준에 의해 심사되어야 한다.

(3) 한편 국가에게 있어 검정고시와 같은 학력인정제도는 능력에 따라 교육의

기회균등을 실현하기 위한 수단이자, 국민 각자가 자유롭게 자신의 개성을 신장하고 인격을 발현할 수 있도록 하는 기본권을 실현하고 보장하는 토대가 된다. 이에 국가로서는 그 같은 학력인정제도의 취지에 맞게 학력 미취득자의 학력취득을 지원하고 독려함으로써 기본권의 행사를 용이하게 하고 사회통합에 기여하도록 공평하고 적절하게 운용하여야 한다(헌재 2005. 11. 24. 2003헌마173; 헌재 2008. 4. 24. 2007헌마1456 참조). 이와 같은 교육의 기회균등을 실현하고자 하는 학력인정제도의 취지, 대학입시제도가 오늘날 우리 사회에서 가지는 중요성 등을 고려하였을 때에도, 대학입학에 관련하여 고등학교 졸업자와 검정고시 출신자를 달리 취급하고 있는 이 사건 수시모집요강에 대하여는 엄격한 심사가 필요하다.

　　다. 법정의견이 살펴본 바와 같이, 이 사건 수시모집요강은 차별취급에 합리적인 이유가 없으므로, 합리성 심사에 따라 평등권으로서 교육을 받을 권리를 침해하는지 여부를 판단하더라도 헌법에 위반된다. 다만 이 사건 수시모집요강이 수학능력이 아닌 고등학교 졸업 여부를 기준으로 검정고시 출신자를 고등학교 졸업자와 달리 취급하여 평등권으로서 교육을 받을 권리를 제한함과 동시에 자유권적 성격의 교육을 받을 권리를 제한하고 있는 점, 이 사건 수시모집요강이 능력 이외의 경력으로 검정고시 출신자를 차별하고 있는 점, 학력인정제도의 취지 등을 고려하면, 이 사건 수시모집요강이 교육을 받을 권리를 침해하는지 여부는 보다 엄격한 심사기준에 따라 판단하는 것이 타당함을 지적해 둔다.

국립대학교 총장후보 기탁금 사건
(헌재 2018. 4. 26. 2014헌마274)

□ 사건개요 등

　　전북대학교 교수인 청구인은, 총장후보자에 지원하려는 사람으로 하여금 1,000만 원의 기탁금을 납부하도록 하고 지원서 접수시 기탁금 납입 영수증을 제출하도록 한 '전북대학교 총장임용후보자 선정에 관한 규정'(이하, '총장후보자 선정규정'이라 한다) 제15조 제1항 제9호 및 제15조 제3항(이하, '이 사건 기탁금조항'이라 한다)이 청구인의 기본권을 침해한다고 주장하면서 헌법소원심판을 청구하였다.

헌법재판소는 간선제로 총장후보자를 선출하는 방식 하에서 1,000만 원의 기탁금을 내도록 하는 위 기탁금조항이 청구인의 공무담임권을 침해한다고 결정하였다. 이 결정에는 공무원의 기본권 주체성과 관련하여 재판관 안창호의 보충의견이 있었다.[4] 법정(위헌)의견은 이 사건 기탁금조항이 과잉금지원칙을 위반하여 청구인의 공무담임권을 침해한다는 견해인데, 그 중요 내용은 다음과 같다.

첫째, 이 사건 기탁금조항은 국립대학교인 전북대학교 총장후보자 선정과정에서 후보자에 지원하려는 사람에게 기탁금을 납부하도록 하고, 기탁금을 납입하지 않을 경우 총장후보자에 지원하는 기회가 주어지지 않도록 하고 있으므로, 이 사건 기탁금조항은 총장후보자의 공무담임권을 제한한다.

둘째, 총장후보자 선정규정에 따른 선정방식이 추천위원회를 중심으로 한 간선제 방식이고, 선거운동방법이 합동연설회만 있는 점을 고려하면, 직선제 방식으로 총장후보자를 선정하는 것과 달리 지원자들의 무분별한 난립과 선거의 과열 문제가 발생할 여지가 적다.

셋째, 만일 지원자들이 난립하여 선거가 과열될 우려가 있다면, 필요한 경우 총장후보자의 자격요건을 강화하여 학내 인사의 경우에도 일정 수 이상의 전임교원 추천을 받도록 하거나, 학외 인사에게는 요구되는 추천자의 수를 늘리는 등으로 이를 방지할 수 있다.

공무담임권은 '모든 국민이 누구나 그 능력과 적성에 따라 공직에 취임할 수 있는 균등한 기회를 보장함'을 내용으로 하는 권리, 즉 평등원칙을 구체화 한 권리의 성격을 가지면서도, 국가로부터 차별이나 간섭을 받지 아니하고 각자의 능력에 따라 공직에 취임하여 국민에 대한 봉사자로서 개인의 인격발현과 자기결정을 자유롭게 할 수 있는 권리, 즉 자유권적 기본권의 성격을 가진다.

따라서 헌법 제25조의 "모든 국민은 '법률이 정하는 바에 의하여' 공무담임권을 가진다."는 의미는 공무담임권을 법률로 구체화하여 실현하라는 것이며, 그 제한은 국민전체에 대한 봉사자인 공무원 지위의 특수성을 고려해서 비례원칙에 의해 심사해야 한다.

---

4) 재판관 안창호의 보충의견은 제8장 '경제질서와 헌법재판제도'에서 '공무원의 기본권 주체성'이라는 제목으로 수록되어 있다.

□ **법정(위헌)의견**

가. 제한되는 기본권

헌법 제25조는 '모든 국민은 법률이 정하는 바에 의하여 공무담임권을 가진다.'고 규정하고 있다. 공무담임권이란 입법부, 집행부, 사법부는 물론 지방자치단체 등국가, 공공단체의 구성원으로서 그 직무를 담당할 수 있는 권리를 말한다. 여기서직무를 담당한다는 것은 모든 국민이 현실적으로 그 직무를 담당할 수 있다고 하는의미가 아니라, 국민이 공무담임에 관해서 자의적이지 않고 평등한 기회를 보장받음을 의미한다. 특히 직업공무원에게는 정치적 중립성과 더불어 효율적으로 업무를 수행할 수 있는 능력이 요구되므로, 직업공무원으로의 공직취임권에 관하여 규율함에있어서는 임용희망자의 능력·전문성·적성·품성을 기준으로 하는 이른바 능력주의또는 성과주의를 바탕으로 하여야 한다. 결국 헌법 제25조 공무담임권 조항은 '모든국민이 누구나 그 능력과 적성에 따라 공직에 취임할 수 있는 균등한 기회를 보장함'을 내용으로 한다(헌재 1999. 12. 23. 98헌바33; 헌재 2014. 4. 24. 2010헌마747 참조).

국립대학교 총장은 교육공무원으로서 국가공무원의 신분을 가진다. 이 사건 기탁금조항은 국립대학교인 전북대학교 총장후보자 선정과정에서 후보자에 지원하려는 사람에게 기탁금을 납부하도록 하고, 기탁금을 납입하지 않을 경우 총장후보자에지원하는 기회가 주어지지 않도록 하고 있다. 따라서 이 사건 기탁금조항은 기탁금을 납입할 수 없거나 그 납입을 거부하는 사람들의 공무담임권을 제한한다.

나. 공무담임권 침해 여부

(1) 목적의 정당성 및 수단의 적합성

이 사건 기탁금조항은 총장후보자에 지원하는 사람들의 무분별한 난립을 방지하고 그 책임성과 성실성을 확보함으로써 총장후보자 선출과정에서 나타날 수 있는선거의 과열을 예방하기 위한 것이므로 그 목적의 정당성은 인정된다. 그리고 총장후보자 지원자들에게 지원서 접수시 1,000만 원의 기탁금을 납부하게 하는 것은 지원자가 무분별하게 총장후보자에 지원하는 것을 예방하는 데 기여할 수 있으므로위와 같은 입법목적을 달성하는 데 유효한 수단이 될 수 있다. 따라서 이 사건 기탁금조항은 입법목적의 정당성과 수단의 적합성을 갖추고 있다.

(2) 침해의 최소성

㈎ 교육공무원법 제24조에 따르면, 대학의 장(이하 '총장'이라 한다)은 해당 대학의 추천을 받아 교육부장관의 제청으로 대통령이 임용하는데(제1항 본문), 이에 따른 총장의 임용추천을 위하여 대학에 총장후보자 추천위원회(이하 '추천위원회'라 한다)를 두고(제2항), 추천위원회는 해당 대학에서 정하는 바에 따라 추천위원회에서의 선정방식(제3항 제1호) 또는 해당 대학 교원의 합의된 방식과 절차에 따른 선정방식(제3항 제2호) 중 어느 하나의 방법에 따라 총장후보자를 선정하여야 한다. 2012. 8. 24. 규칙 제130호로 개정된 전북대학교 학칙 제4조는 교육공무원법 제24조 제3항 제1호 '추천위원회에서 총장후보자를 선정'하는 공모제 방식에 따라 후보자를 선정한다고 규정하면서, 이에 관한 세부사항은 교원의 합의에 따라 별도로 정하도록 하고 있다.

과거 전북대학교는 '해당 대학 교원의 합의된 방식과 절차에 따른 선정', 즉 직선제 방식에 따라 선거 공고일 당시 대학에 재직하고 있는 전임교원을 선거권자로 하여 이들의 직접·비밀투표에 의하여 총장후보자를 확정하였고(구 '전북대학교 총장후보자 선출규정' 제8조, 제9조), 선거운동도 전화 또는 컴퓨터통신을 이용하거나 선거공보와 소형인쇄물을 배부하는 방법, 공개토론회와 합동연설회를 개최하는 방법이 허용되었다(같은 규정 제17조). 현행 총장후보자 선정규정에 따르면 전북대학교는 '추천위원회에서 총장후보자를 선정'하는 간선제 방식에 따라 총장후보자를 선출한다(총장후보자 선정규정 제21조 제2호). 총장후보자로 지원하려는 사람은 일정한 자격요건을 갖추고 지원서 등을 관리위원회에 접수하여야 하고(같은 규정 제15조, 제16조), 추천위원회는 지원자에 대한 서류심사를 비롯하여 리더십, 사회적 영향력, 도덕성 등을 종합하여 총장후보자를 선정한다(같은 규정 제28조). 현행 총장후보자 선정규정에 따른 선출방식 하에서 지원자에게 허용되는 선거운동 방법은 추천위원회 위원을 대상으로 한 합동연설회 방식밖에 없다(같은 규정 제25조).

이처럼 현행 총장후보자 선정규정에 따른 선정방식이 추천위원회를 중심으로 한 간선제 방식인 점, 허용되는 선거운동방법으로 합동연설회만 있을 뿐인 점을 고려하면, 현행 총장후보자 선정규정에 따른 선출제도에서는 직선제 방식으로 총장후보자를 선정하던 것과 비교하여 지원자들의 무분별한 난립과 선거의 과열 문제가 발생할 여지가 적다. 따라서 직선제 방식을 취하였던 과거와는 달리 총장후보자를 선출함에 있어 이 사건 기탁금조항을 둘 필요가 있는지 의문이다.

(나) 연혁적으로 보더라도 2006. 6. 2. 훈령 제1051호로 제정되어 2013. 12. 31. 훈령 제1724호로 폐지된 구 '전북대학교 총장후보자 선출규정'은 총장후보자 선출방식으로 직선제 방식을 취하면서 그 후보자로 등록하려는 사람으로 하여금 2,000만 원의 기탁금을 추천위원회에 납부하도록 하는 규정을 두었다(제16조 제1항). 이후 2012. 8. 24. 규칙 제130호로 전북대학교 학칙이 개정되어 총장후보자 선출방식이 간선제 방식으로 변경되었고, 2013. 12. 31. 훈령 제1724호로 제정된 구 총장후보자 선정규정에 위 기탁금규정을 대신하여 이 사건 발전기금조항이 신설되었다. 그런데 현행 총장후보자 선정규정에 따르면 전북대학교는 여전히 총장후보자를 간선제 방식으로 선출하고 있음에도, 이 사건 발전기금조항을 삭제하고 다시 이 사건 기탁금 조항을 규정하였다. 그러나 어떠한 필요성에 근거하여 과거 직선제 방식에서 채택하였던 기탁금제도를 현행 총장후보자 선정규정에 따른 간선제 방식에서 다시 두게 된 것인지에 관하여서는 이를 명시적으로 설명하고 있는 자료를 찾아보기 어렵다.

(다) 물론 총장후보자 선정방식이 간선제 방식이라고 하더라도, 총장후보자의 자격요건을 갖춘 사람들이 다수여서 지원자들의 무분별한 난립과 그들 사이에서의 선거 과열 문제가 완전히 없어지는 것은 아니다. 그런데 총장후보자 선정규정 제16조에 따르면, 지원자가 총장후보자의 자격을 갖추기 위해서는 학내 인사의 경우 공개모집 공고일 당시 전북대학교에서 10년 이상 재직 중이어야 하고(제4호 가목), 학외 인사의 경우 박사학위소지자(명예박사학위 포함) 중 전북대학교 전임교원 20인 이상의 추천을 받아야 한다(제4호 나목). 만일 지원자들이 난립하여 선거가 과열될 우려가 있다면, 필요한 경우 현행 총장후보자 선정규정의 규정들보다 총장후보자의 자격요건을 강화하여 학내 인사의 경우에도 일정 수 이상의 전임교원 추천을 받도록 하거나, 학외 인사에게는 요구되는 추천자의 수를 늘리도록 할 수 있으며, 관리위원회가 총장후보자 지원자에 대한 적격여부를 심사함에 있어 청문회제도를 도입하는 등 그 적격 여부를 보다 엄정하게 심사함으로써 지원자들의 무분별한 난립을 막을 수도 있다.

한편 총장후보자 선정규정 제17조는 총장후보자가 관리위원회나 추천위원회 등 위원들에게 금전·물품·향응 등을 제공하는 행위, 위원들에게 자신이나 타인이 총장후보자가 되어야 함을 청탁 또는 강요하는 행위, 타인이 총장후보자가 되지 않아야 함을 청탁 또는 강요하는 행위, 허위사실을 유포하거나 상대 후보에 대한 비방

행위를 하는 경우 등의 부정행위를 금지하고(제1항), 이를 위반할 경우 관리위원회가 경고, 시정명령, 자격박탈 등의 조치를 취할 수 있으며, 사안에 따라 형사고발 조치 등을 할 수 있도록 하고 있으므로(제2항), 이를 통하여서도 선거의 과열을 충분히 방지할 수도 있다.

위와 같은 방법은 이 사건 기탁금조항보다 지원자들의 공무담임권을 보다 적게 제약하면서 지원자들의 무분별한 난립과 선거의 과열을 방지하는 적절한 대체수단이 될 수 있다.

㈑ 한편 이 사건 기탁금조항이 요구하는 기탁금 액수가 너무 고액이어서 재산을 가지지 못한 국민의 공무담임권을 지나치게 제한하는 결과에 이른다면 그 위헌성이 문제될 수 있을 것이다.

그런데 이 사건 기탁금조항의 1,000만 원이라는 기탁금 액수는 교원 등 학내 인사의 입장에서 결코 적은 금액이라고 할 수 없을 뿐만 아니라, 일반 국민들의 입장에서도 평균적인 소득수준이나 저축수준 등을 고려하여 보았을 때 누구나 손쉽게 이를 마련할 수 있는 정도라고 보기 어렵다. 더군다나 위와 같은 기탁금은 추천위원회 최초 투표만을 기준으로 그 유효투표총수의 100분의 10 이상 100분의 15 미만을 득표한 경우에는 지원자로서는 100분의 50에 해당하는 금액만을 반환받을 수 있을 뿐이고(총장후보자 선정규정 시행규칙 제6조 제2항 제2호), 만약 유효투표총수의 100분의 10 미만을 득표한 경우라면 지원자에게 위 기탁금은 반환되지 않는다(같은 시행규칙 제6조 제3항 제1문). 이 경우 반환하지 않은 기탁금은 기탁자 명의로 대학발전기금(기부금)으로 귀속된다(같은 시행규칙 제6조 제3항 제2문).

이처럼 이 사건 기탁금조항에 따른 기탁금 액수가 1,000만 원이라는 점, 이 사건 기탁금조항이 추천위원회의 최초 투표만을 기준으로 기탁금 반환 여부를 결정하도록 하는 점, 일정한 경우 기탁자 의사와 관계없이 기탁금을 대학발전기금으로 귀속시키도록 하고 있는 점 등을 종합하면, 이 사건 기탁금조항이 정한 1,000만 원이라는 액수는 자력이 부족한 교원 등 학내 인사와 일반 국민으로 하여금 총장후보자에 지원하려는 의사를 단념토록 할 수 있을 정도로 과다한 액수라고 할 수 있다.

㈒ 이러한 사정들을 종합하면, 이 사건 기탁금조항은 침해의 최소성 원칙에 위배된다.

(3) 법익의 균형성

이 사건 기탁금조항은 총장후보자에 지원하려는 사람들의 무분별한 난립을 방지하여 선거의 과열을 예방하고, 이로써 선거관리의 효율성을 추구하려는 것이다. 그런데 앞서 본 것처럼 현행 총장후보자 선정규정에 따른 간선제 방식에서는 직선제 방식과는 달리 총장후보자에 지원하려는 사람들의 무분별한 난립과 그로 인한 선거 과열의 문제가 발생할 여지가 적다. 결국 이 사건 기탁금조항이 대학의 자율성에 의하여 규율된 것이라고 하더라도, 그로써 달성하려는 공익은 제한적이다.

반면 이 사건 기탁금조항으로 인하여 기탁금을 납입할 자력이 없는 교원 등 학내 인사 및 일반 국민들은 총장후보자에 지원하는 것 자체를 단념하게 되므로, 이 사건 기탁금조항으로 제약되는 공무담임권의 정도는 결코 과소평가될 수 없다.

이처럼 이 사건 기탁금조항을 통한 후보자 난립 방지, 선거의 과열 예방 등의 목적과 공무담임권의 제약 정도를 비교할 때, 이 사건 기탁금조항으로 달성하려는 공익이 제한되는 공무담임권 정도보다 크다고 단정할 수 없으므로, 이 사건 기탁금조항은 법익의 균형성 원칙에도 위배된다.

(4) 소결론

이 사건 기탁금조항은 과잉금지원칙에 반하여 청구인의 공무담임권을 침해한다.

기타 중요 사건

□ 대학교수 단결권 부정 사건(헌재 2018. 8. 30. 2015헌가38)

이 사건은 대학교 교원에 대하여 노동3권을 보장하지 아니한 '교원의 노동조합 설립 및 운영 등에 관한 법률' 제2조 본문에 대한 위헌제청 사건이다.

헌법재판소는 위 법률조항이 공무원이 아닌 대학 교원의 단결권을 부정하는 것은 필요최소한의 제한이라고 할 수 없으며, 공무원인 교원의 단결권을 부정하는 것은 합리적인 이유가 없다는 이유로 헌법불합치결정을 하였다. 이 결정에는 재판관 2명의 반대의견이 있었다.

법정의견은 대학교수의 단결권을 부정하는 것은 공무원이 아닌 사립대학 교수의 경우는 물론이고 공무원인 국공립대학의 교수의 경우에도 헌법에 합치되지 아니한다고 함으로써, 모든 대학교수가 노동조합을 결성할 수 있게 되었다.

□ **교원노조 조합원 자격제한 사건**(헌재 2015. 5. 28. 2013헌마671등)

이 사건은 조합원의 자격을 초·중등학교 재직 중 교원으로 제한하는 '교원의 노동조합 설립 및 운영 등에 관한 법률' 제2조 등에 대한 위헌소원 사건이다.

헌법재판소는 위 법률조항이 교원이 아닌 사람에게 조합원의 자격을 부여하는 것은 교원이 아닌 사람들이 교원의 근로조건에 영향을 미치는 결과를 초래할 수 있고 교원노조의 자주성을 훼손할 수 있다는 이유로 합헌결정을 하였다. 이 결정에는 재판관 1명의 반대의견이 있었다.

법정의견은 교원을 위한 근로조건의 유지·개선과 교원의 경제적·사회적 지위의 향상을 도모하기 위해서는, 교원 노동조합의 조합원 자격은 교원으로 제한될 수 있다는 견해이다.

□ **노동조합 운영비 원조금지 사건**(헌재 2018. 5. 31. 2012헌바90)

이 사건은 사용자가 노동조합 운영비를 원조하는 행위를 부당노동행위라고 하여금지하는 '노동조합 및 노동관계조정법' 제81조 제4호 중 사업자가 '노동조합의 운영비를 원조하는 행위'에 관한 부분에 관한 위헌소원 사건이다.

헌법재판소는 위 법률조항이 단서의 예외를 제외한 모든 원조 행위를 일률적으로 부당노동행위로 간주하여 금지하고 있어, 노동조합이 사용자로부터 운영비를 원조 받을 수 없을 뿐 아니라 궁극적으로 노사자치의 원칙을 실현할 수 없게 됨으로써, 노동조합의 단체교섭권을 침해한다고 결정하였다. 이 결정에는 재판관 2명의 반대의견이 있었다. 법정의견에 따라 노동조합은 노사자치의 원칙이 훼손되지 않는 한 사용자로부터 운영비를 원조받을 수 있게 되었다.

□ **1년 미만 근로에 대한 유급휴가배제 사건**(헌재 2015. 5. 28. 2013 헌마619)

이 사건은 계속근로기간 1년 이상인 근로자가 근로연도 중도에 퇴직한 경우 중도퇴직 전 1년 미만의 근로에 대하여 유급휴가를 보장하지 않는 근로기준법 조항에 관한 위헌소원 사건이다.

헌법재판소는 위 법률조항이 계속근로기간 1년 이상인 근로자가 근로연도 중도에 퇴직하는 경우 그에게 유급휴가를 보장하지 않는 것은 입법재량의 범위를 일탈한 것이 아니라고 하여 헌법에 위반되지 아니한다고 결정하였다. 이 결정에는 위 법률조항이 청구인의 근로의 권리를 침해하고, 계속근로기간 1년 미만 근로자와 합리적 이유 없이 차별하여 평등권도 침해한다는 재판관 안창호 외 3명의 반대(위헌)의견이 있었다.

이 결정 이후 반대의견의 취지에 따라, 2017년 11월 28일 법률 제15108호로 근로기준법 제60조 제3항이 삭제되어 계속근로기간 1년 이상인 근로자가 근로연도 중도에 퇴직한 경우에도 최대 11일의 연차휴가가 보장될 수 있도록 제도가 개선되었다.

□ **6개월 미만 근로에 대한 해고예고배제 사건**(헌재 2015. 12. 23. 2014헌바3)

이 사건은 근로자로서 6개월이 되지 못한 사람을 해고예고제도의 적용 대상에서 배제하고 있는 근로기준법 제35조 제3호에 관한 위헌소원 사건이다.

헌법재판소는 재판관 전원의 일치된 의견으로, 위 법률조항이 근로자로서 6개월이 되지 못한 사람에 대해 전직을 위한 시간적 여유를 갖거나 실직으로 인한 경제적 곤란으로부터 보호받지 못하게 하는 것이므로 근로의 권리를 침해하고 평등원칙에도 위배된다고 결정하였다. 이 결정은 구 근로기준법 제35조 제3호가 헌법에 위반되지 아니한다고 판시하였던 종전의 선례(헌재 2001. 7. 19. 99헌마663 결정)를 변경한 것이다.

이 결정으로 대법원이 근무기간 6개월 미만인 근로자에게도 해고예고수당을 지급해야 한다고 판단(대법원 2017. 1. 12. 선고 2016재다224 판결)하는 등 실무관행이 개선되었다. 다만 헌법재판소는 1일 단위로 계약하여 근로하는 일용근로자로서 3개월을 계속 근무하지 않은 사람을 해고예고제도의 적용대상에서 배제하고 있는 근로기준법 제35조 제1호에 대해서는 헌법에 위반되지 아니한다고 결정하였다(헌재 2017. 5. 25. 2016헌마640).

□ 기간제근로자 사용기간제한 사건(헌재 2015. 5. 28. 2013헌마619)

이 사건은 사용자가 기간제근로자를 사용하는 경우 최장 2년까지만 사용할 수 있도록 규정하고 있는 '기간제 및 단시간근로자 보호 등에 관한 법률' 제4조 제1항 본문에 관한 위헌소원 사건이다.

헌법재판소는 위 법률조항이 기간제근로자의 무기계약직 전환과 근로조건 개선을 위해 불가피한 것으로 계약의 자유를 침해하지 않는다고 결정하였다. 이 결정에는 재판관 2명의 반대의견이 있었다.

□ 강제적 셧다운제 사건(헌재 2014. 4. 24. 2011헌마659등)

이 사건은 16세 미만 청소년에게 오전 0시부터 오전 6시까지 인터넷게임의 제공을 금지하는 이른바 '강제적 셧다운제'를 규정한 청소년보호법 제26조 제1항 등에 대한 위헌소원 사건이다.

헌법재판소는 청소년의 인터넷게임 이용률 및 중독성이 강한 인터넷게임의 특징을 고려할 때, 청소년의 건전한 성장과 인터넷게임 중독을 예방하기 위하여 16세 미만 청소년에 한해 심야시간에만 그 제공을 금지하는 것은 청소년의 일반적 행동자유권, 부모의 자녀교육권 및 인터넷게임 제공자의 직업수행의 자유를 침해하지 아니한다고 판단하였다. 이 결정에는 재판관 2명의 반대(위헌)의견이 있었다.

'강제적 셧다운제'의 시행 이후 헌법상 기본권 침해 여부를 둘러싼 논쟁 외에도, 제도의 실효성 측면이나 국내 인터넷게임 산업에 대한 위축 효과, 청소년에 대한 지나친 국가후견주의 내지 개인의 오락 및 여가활동에 대한 국가의 간섭과 개입이라는 관점에서 찬반 논란이 계속되고 있다. 한편 이 결정 당시 여성가족부 고시로 강제적 셧다운제의 적용이 유예되어 있던 스마트폰, 태블릿피씨 등을 이용한 게임물에 대해서는 여전히 그 적용이 유예되고 있다.

□ 학교폭력 가해학생 재심제한 사건(헌재 2013. 10. 24. 2012헌마832)

이 사건은 학교폭력과 관련하여 가해학생에 대한 조치 중 전학과 퇴학을 제외한 나머지 조치에 대해 재심을 제한하는 '학교폭력예방 및 대책에 관한 법률' 제17조의2 제2항(이하 '재심조항'이라 한다), 가해학생이 특별교육을 이수할 경우 그 보호자도 함께 특별교육을 이수하도록 하는 같은 법 제17조 제9항(이하 '이수조항'이라 한다) 등에 관한 위헌소원 사건이다.

헌법재판소는 재심조항에 대하여 가해학생 보호자의 자녀교육권을 지나치게 제한한다고 볼 수 없고, 가해학생 및 그 보호자의 평등권을 침해하지 않는다고 판단하고, 이수조항에 대하여도 가해학생 보호자의 일반적 행동자유권을 침해하지 않는다고 판단하였다. 이 결정에는 재심조항에 대한 재판관 안창호 외 2명의 반대(위헌)의견이 있었다.

재심조항에 대한 반대의견은, 학교폭력 문제는 가해학생이 더 이상 폭력행위를 저지르지 않도록 선도하여 신속히 교육현장으로 복귀하도록 하는 것이 중요하므로, 재심제도를 퇴학과 전학 이외에는 허용하지 아니한 것은 가해학생과 그 보호자의 기본권을 침해하여 위헌이라는 견해이다.

□ 공무원연금법 제32조 사건(헌재 2018. 7. 26. 2016헌마260)

이 사건은 공무원연금을 압류할 수 없도록 한 공무원연금법 제32조에 대한 위헌소원 사건이다. 헌법재판소는 위 법률조항이 양육비채권자인 청구인의 재산권을 침해하지 않는다고 판단하였다. 이 결정에는 위 법률조항 중 집행채권이 양육비채권인 경우에 관한 부분은 양육비채권자인 청구인의 자녀양육권과 재산권을 침해한다는 재판관 안창호 외 3명의 반대(위헌)의견이 있었는데, 그 취지는 다음과 같다.

위 법률조항의 입법목적에는 채권자로부터 수급권자의 자녀 등 부양가족의 생활을 보호하는 것도 포함되어 있다. 수급권자가 확정된 양육비 지급을 거부하는 경우, 위 법률조항은 수급권자의 양육대상인 자녀의 생활 보호를 도외시한 채 수급권자 본인과 그와 같이 사는 가족의 생활만을 보호하는 기능을 할 수 있다. 이는 입법목적에 반하는 것이므로, 위 법률조항은 수급권자와 이혼한 청구인의 자녀양육권과 재산권을 침해한다.

제8장

경제질서와 헌법재판제도

— 재소자 발씻기, 광주고등검찰청 가족과 함께 —

서   론

대한민국은 자유민주주의와 시장경제질서를 근간으로 하고 있다. 헌법은 경제질서에 관하여 제119조 제1항에서 "대한민국의 경제질서는 개인과 기업의 경제상의 자유와 창의를 존중함을 기본으로 한다."고 선언하고 있다. 이를 통하여 시장경제질서를 구성하는 두 개의 지주인 '개인에 의한 분권적 계획'과 '사유재산'을 보장하고 국가발전과 국민생활향상을 도모하고 있다. 헌법 제119조 제2항 이하의 경제조항은 경제영역에서 사회정의를 실현하기 위하여 경제에 대한 국가의 규제와 조정을 허용하고 있다. 이는 건강한 공동체에 뿌리를 두지 아니한 원자적 개인의 자유와 권리는 언제라도 훼손될 수 있는 것이므로, 경제적 정의와 사회적 연대를 통해 건강한 공동체를 형성하고 균형있는 국민경제의 성장을 도모하여, 기본권을 보장하고 인간의 존엄과 가치를 실현하기 위한 것이다.

우리 헌법은 사유재산제를 바탕으로 하고 자유경쟁을 존중하는 시장경제질서를 '기본'으로 하면서도, 이에 수반되는 모순을 제거하고 경제민주화를 실현하기 위해 국가의 규제와 조정을 '용인'하는 사회적 시장경제질서의 성격을 가지고 있다고 할 수 있다. 다만 국민경제의 성장은 개인과 기업의 경제상의 자유와 창의에 바탕을 둘 때 지속가능한 것이므로, 국가의 규제와 조정이 경제영역에서의 자유와 창의를 부정하거나, 사유재산제도의 본질을 훼손해서는 안 된다. 한편 헌법은 중소상공인과 농어민의 보호가 건강한 시장경제질서의 중요한 요소로서, 경제적 자유와 창의를 존중하는 측면과 함께 경제정의를 실현하는 측면이 있다고 보아, 이에 대해 특별한 보호규정을 두고 있다(제121조, 제123조).

헌법재판제도는 인간의 존엄과 가치의 실현을 핵심 가치로 하는 헌법을 수호하고 국민의 기본권을 최대한 보장하는 것을 목표로 한다. 헌법재판은 법치국가의 정수(精髓)로서, 기본권을 보장하고 민주주의를 지키는 기능을 가진다는 점에서 민주적 정당성을 가질 수 있다. 헌법재판에 관한 절차규범은 헌법재판이 그 기능을 다할 수 있도록 절차적 규정을 제공하여야 한다. 헌법재판소법은 헌법재판소가 관할하는 각종 심판절차에 대한 적법요건을 규정하고 있으나, 종국적으로 적법요건은 헌법재판소 결정에 의해 구체화될 수 있다.

제8장 '경제질서와 헌법재판제도'에서는 경제질서와 관련해서 2건, 헌법재판제도와 관련해서 5건을 선정하여 재판관 안창호가 집필한 부분을 중심으로 수록하였다. 선정된 7건은 다음과 같다.

민법 제651조 제1항 관련 사건(헌재 2013. 12. 26. 2011헌바234)은 임대차기간을 20년으로 정한 민법규정에 대한 위헌소원 사건이다. 재판관 안창호 등은 법정(위헌)의견에서 이 조항이 현재의 사회경제적 상황을 제대로 반영하지 못한다고 하면서 헌법에 위배된다고 판단하였다.

상가임대차법 제2조 관련 사건(헌재 2014. 3. 27. 2013헌바198)은 상가건물 임대차보호법의 적용범위에 관한 위헌소원 사건이다. 재판관 안창호 등은 법정(합헌)의견에서 위 법률조항은 경제정의를 실현하는 측면과 함께 소상공인의 경제적 자유와 창의를 존중하는 측면이 있다고 하면서 합헌이라고 판단하였다.

공무원의 기본권 주체성 사건(헌재 2018. 4. 26. 2014헌마274)은 국립대학교 교수가 위 대학교의 학칙에 대해 위헌성을 주장한 위헌소원 사건이다. 재판관 안창호는 보충의견에서 공무원의 기본권 주체성에 관한 기존의 선례를 비판하고, 공무원은 직무관련 정도와 관계없이 모든 영역에서 기본권 주체성이 인정되어야 한다는 견해를 제시하였다.

행정규칙의 공권력 행사성 사건(헌재 2018. 5. 31. 2015헌마853)은 지방자치단체의 행정규칙에 대한 위헌소원 사건이다. 재판관 안창호는 보충의견에서 법령보충적 행정규칙과 특정한 재량준칙에 한하여 행정규칙의 공권력 행사성을 인정해 온 기존의 선례를 비판하고, 행정규칙은 그 성질에 관계없이 헌법소원의 대상이 되는 공권력 행사로 보아야 한다는 견해를 제시하였다.

기본권 침해가 종료된 권력적 사실행위의 심판이익 사건(헌재 2016. 10. 27. 2014헌마626)과 위법한 권력적 사실행위의 심판이익 사건(헌재 2017. 12. 28. 2015헌마632)은 권력적 사실행위의 심판이익에 관한 위헌소원 사건이다. 재판관 안창호는 권력적 사실행위에 대한 심판이익과 관련하여 기본권 침해의 반복 위험성과 헌법적 해명의 필요성에 대한 새로운 기준을 제시하였다.

제소기간이 도과된 행정처분 사건(헌재 2014. 1. 28. 2010헌바251)은 제소기간이 도과된 행정처분에 대한 무효확인소송에서 그 근거 법률의 재판 전제성에 관한 위헌소원 사건이다. 재판관 안창호 등은 법정(각하)의견에서 행정처분의 제소기간이 도과된 때에는, 행정처분의 근거 법률은 재판의 전제성이 인정되지 아니한다고 하면서도 헌법적 해명이 필요한 경우에는 본안판단을 할 수 있다고 하였다.

　　재판관 안창호는 건강한 공동체를 위해 경제에 관한 규제와 조정을 할 수 있다고 하면서도, 이는 개인과 기업의 경제적 자유를 위한 전제로서 그 실질적 기반을 형성하고 유지하는 데 기여해야 한다는 입장이다. 이러한 경제질서에 대한 입장은 사립학교 개방이사제 등 사건(헌재 2013. 11. 28. 2007헌마1189등), 대형마트 영업규제 사건(헌재 2018. 6. 28. 2016헌바77 등), 골프장개발 공용수용 사건(헌재 2014. 10. 30. 2011헌바129 등) 등에서도 관철되고 있다. 한편 헌법재판제도와 관련해서는, 종래 헌법재판소의 견해에 따르면 적법요건 판단에 많은 시간과 노력이 필요하고 불합리한 결과가 발생할 수 있는 점을 직시하고, 국민의 기본권 보장과 민주주의의 발전에 기여하고 헌법재판의 기능 강화를 위해 보다 간명하고 효율적인 방안을 제시하고 있다.

민법 제651조 제1항 관련 사건[1]

(헌재 2013. 12. 26. 2011헌바234)

□ 사건개요 등

　　이 사건은 건물 임대차의 존속기간을 20년으로 제한한 민법 제651조 제1항(이하, '이 사건 법률조항'이라 한다)에 대한 위헌소원 사건이다.

　　헌법재판소는 이 사건 법률조항이 헌법에 위반된다고 결정하였다. 이 결정에는 재판관 3명의 반대(합헌)의견이 있었다. 법정의견은 이 사건 법률조항이 과잉금지원칙을 위반하여 계약의 자유를 침해한다는 견해인데, 그 중요 내용은 다음과 같다.

　　첫째, 이 사건 법률조항은 '건물 등 임대차' 및 '견고하지 않은 건물 기타 공작물 소유를 목적으로 하는 토지임대차'에 대해 그 임대차존속기간을 20년으로 제한

---

1) 이 사건은 임대차존속기간과 관련된 사건으로 개인과 기업의 경제활동과 관련되어 있어, 제8장 '경제질서와 헌법재판제도'에 수록하였다.

한 강행규정인데, 그 입법목적이 불분명하다.

둘째, 이 사건 법률조항은 제정 당시에 비해 현저히 변화된 현재의 사회경제적 현상을 제대로 반영하지 못하고 있고, 사적 자치에 의한 자율적 거래관계 형성을 심하게 왜곡하고 있으며, 계약 이후 제반 사정의 변화에 따라 당사자가 이 사건 법률조항을 악용할 여지가 있다.

셋째, 이 사건 법률조항의 예외가 인정되는 토지임대차와 관련해서, 소유건물이 석조 등과 같은 견고한 건물에 해당하는지 여부가 불분명하여 분쟁 원인이 되기도 하며, 건축기술이 발달된 오늘날, 이러한 견고한 건물에 해당하는지 여부가 임대차존속기간의 적용 여부를 결정하는 기준이 되기에는 부적절하다.

법정의견은 이 사건 법률조항이 50여 년 전 제정 당시에 비하여 변화된 현재의 사회경제적 상황을 제대로 반영하지 못하고 오히려 분쟁의 원인이 된다고 하면서 이 조항에 대해 헌법에 위반된다고 결정하였다. 법정의견은 헌법현실을 구체적으로 파악하고 분석하여 현재의 사회경제적 상황을 정확하게 반영했다는 평가를 받았다. 이 결정 이후 2016년 1월 6일 법률 제13710호로 민법이 개정될 당시 이 사건 법률조항이 삭제되었고, 종래 임대차존속기간과 관련하여 문제가 되었던 다수의 분쟁이 사라지게 되었다.

□ 법정(위헌)의견

가. 입법경위 및 취지

(1) 입법경위

이 사건 법률조항은 민법이 1958. 2. 22. 법률 제471호로 제정될 당시부터 존재하여 현재까지 이어지고 있다. 1954. 10. 26. 정부제출안으로 국회에 제출된 민법안은 제641조에서 "건물 기타 공작물의 소유를 목적으로 한 토지임대차의 기간은 석조, 석회조, 연와조 및 이와 유사한 것에는 30년, 그 외의 건물에는 15년, 공작물에는 5년 미만으로 하지 못한다."고 하고, 제642조에서 "식목, 채염을 목적으로 한 토지임대차의 기간은 30년, 목축을 목적으로 한 토지임대차의 기간은 10년 미만으로 하지 못한다."고 하면서, 제643조에서 "전이조(前二條)의 임대차기간을 정하지 아니하거나 그 기간보다 짧은 기간을 정한 때에는 그 기간은 전이조(前二條)의 제한기간의 최단기간으로 한다."고 하여, 건물 기타 공작물의 소유를 목적으로 한 토지임대차 및 식목, 채염, 목축을 목적으로 한 토지임대차에 대하여 최단기를 제한하도록 입안되었다.

그런데 이에 대한 심의를 담당한 민의원법제사법위원회 민법안심의소위원회는, 제641조 내지 제643조는 거의 지상권에 있어서의 존속기간에 관한 규정과 유사하여 지상권에 비하여 단기간성을 가진 임대차의 성질에 적합하지 아니할 뿐 아니라 이러한 규정을 창설하면 임대인에 대한 불이익과 구속이 과대하여 토지를 용이하게 타인에게 임대하지 않는 경향을 조성할 염려가 있으므로 특히 장기간을 요하는 경우에는 당사자가 지상권설정의 방법을 취할 것이라는 실정을 고려하여 이 사건 법률조항과 같은 내용으로 수정안을 제시하면서, 다만 이를 갱신할 때에 그 기간이 갱신한 날로부터 20년을 넘지 못하도록 하였다. 이후 국회의 의결을 통해 갱신기간을 10년으로 수정한 현행과 같은 조항이 제정되기에 이르렀다.

(2) 입법취지

이 사건 법률조항에 의하여 '석조, 석회조, 연와조 또는 이와 유사한 견고한 건물 기타 공작물의 소유를 목적으로 하는 토지임대차 및 식목, 채염을 목적으로 하는 토지임대차'를 제외한 토지임대차와 건물 기타 공작물 임대차나 동산 임대차가 임대차존속기간의 제한을 받게 된다.

이상의 입법경위를 살펴볼 때, 이 사건 법률조항 제정 당시에는 주로 토지임대차만을 염두에 두고, 당사자가 장기간 사용할 필요가 있을 경우 지상권을 설정할 것이고, 토지임대차의 최단기를 규정하는 것은 토지임대인에게 지나치게 불리하다는 고려하에 입법을 하게 된 것으로 보인다. 즉, 토지임대차에 대하여 최단기를 규정하지 않음으로써 최단기를 강제함에 따라 나타날 수 있는 토지임대인에 대한 지나친 불이익을 없애고자 한 것이다.

그런데 건물 기타 공작물 임대차나 동산 임대차(이하 '건물 등 임대차'라 한다) 및 견고하지 않은 건물 기타 공작물의 소유를 목적으로 하는 토지임대차와 관련하여 역시 임대차의 최단기 제한은 두지 않으면서 최장기간을 20년으로 제한한 취지에 대하여는 국회의 입법과정에서 토의되거나 검토된 사항을 확인할 수 없다.

한편 대법원은 이 사건 법률조항의 입법취지가 "너무 오랜 기간에 걸쳐 임차인에게 임차물의 이용을 맡겨 놓으면 임차물의 관리가 소홀하여지고 임차물의 개량이 잘 이루어지지 않아 발생할 수 있는 사회경제적인 손실을 방지하는 데에 있다."고 하고 있다(대법원 2003. 8. 22. 선고 2003다19961 판결; 대법원 2009. 12. 24. 선고 2009다 40738, 40745 판결). 아울러 대법원은 이 사건 법률조항을 개인의 의사에 의하여 그 적용을 배제할 수 없는 강행규정으로 보고 있다(위 대법원 판결들 참조).

나. 제한되는 기본권

이 사건 법률조항은 석조, 석회조, 연와조 또는 이와 유사한 견고한 건물 기타 공작물의 소유를 목적으로 하는 토지임대차나 식목, 채염을 목적으로 하는 토지임대 차를 제외한 임대차의 존속기간을 당사자 약정으로 달리 정할 가능성을 배제한 채 예외 없이 20년으로 제한하고 있다.

헌법 제10조에 의하여 보장되는 행복추구권 속에는 일반적 행동자유권이 포함 되고, 이 일반적 행동자유권으로부터 계약 체결의 여부, 계약의 상대방, 계약의 방 식과 내용 등을 당사자의 자유로운 의사로 결정할 수 있는 계약의 자유가 파생되는 바(헌재 1998. 10. 29. 97헌마345; 헌재 2006. 3. 30. 2005헌마349 참조), 이 사건 법률조항 으로 인하여 임대차계약의 당사자는 임대차기간에 관한 계약의 내용을 당사자 간의 합의에 의하여 자유롭게 결정할 수 없으므로 계약의 자유가 제한된다.

또한 헌법 제23조 제1항이 보장하고 있는 재산권은 사유재산에 관한 임의적인 이용, 수익, 처분권을 본질로 하는바, 이 사건 법률조항은 임대차 최장기간을 당사 자 약정으로 달리 정할 가능성을 배제한 채 예외 없이 20년으로 정함으로써 임대인 소유의 재산에 대한 수익·처분권을 제한하고 있으므로 소유자인 임대인의 재산권 역시 제한된다.

이처럼 하나의 규제로 인해 여러 기본권이 동시에 제약을 받는 경우에는 기본 권침해를 주장하는 청구인의 의도 및 기본권을 제한하는 입법자의 객관적 동기 등 을 참작하여 사안과 가장 밀접한 관계에 있고 또 침해의 정도가 큰 주된 기본권을 중심으로 해서 그 제한의 한계를 따져 보아야 할 것이다(헌재 1998. 4. 30. 95헌가16 참 조). 이 사건 법률조항에 대한 청구인의 주장, 입법자의 입법동기 등을 고려하면, 임 대차존속기간의 제한은 계약의 자유와 가장 밀접한 관계에 있고, 재산권에 대한 제 한은 계약의 자유에 대한 제한에 부수하여 2차적으로 발생하는 것에 불과하므로, 계 약의 자유를 중심으로 해서 이 사건 법률조항이 그 헌법적 한계를 지키고 있는지를 판단하기로 한다.

다. 계약의 자유 침해 여부

계약의 자유는 절대적인 것이 아니라 헌법 제37조 제2항에 따라 공공복리 등을 위하여 제한될 수 있으며, 다만 이와 같이 법률상 제한을 하더라도 헌법 제37조 제2항에 규정된 기본권 제한입법의 한계를 준수하여야 하므로, 이 사건 법률조항에 의한 계약의 자유 제한이 이러한 헌법적 한계 내의 것인지를 본다.

(1) 입법목적의 정당성 및 수단의 적절성

이 사건 법률조항 제정 당시에 견고한 건물 기타 공작물의 소유를 목적으로 하는 토지임대차 및 식목, 채염 목적의 토지임대차에 대하여 최단기의 제한을 규정하지 않은 것은 토지임대인을 위한 것으로 그 입법취지를 확인할 수 있으나, 견고하지 않은 건물 기타 공작물 소유를 목적으로 하는 토지임대차 및 건물 등 임대차와 관련하여 임대차존속기간을 강행규정으로 제한한 이유에 대하여는 임대인을 위한 것인지, 임차인을 위한 것인지 또는 임대차와 관련된 사회경제적 효용성을 고려한 것인지 그 입법취지가 불명확하다.

이와 관련하여 대법원은 이 사건 법률조항의 입법취지가 너무 오랜 기간에 걸쳐 임차인에게 임차물의 이용을 맡겨 놓으면 임차물의 관리가 소홀하여지고 임차물의 개량이 잘 이루어지지 않아 발생할 수 있는 사회경제적인 손실을 방지하는 데에 있다고 밝힌 점은 앞서 본 바와 같다. 대법원은 임대차의 사회경제적 효용성에 주목하여 애초 입법취지가 명확하지 않은 이 사건 법률조항에 대하여 규범의 필요성 차원에서 입법취지를 해석한 것으로 보인다.

대법원이 밝힌 임차물 관리 소홀과 개량 태만으로 인한 사회경제적 손실을 방지하기 위한 것이라는 입법목적은 그 정당성이 인정될 수 있다.

또한 임대차존속기간을 20년으로 제한하는 것이 관리나 개량 소홀로 인한 임차물 가치훼손을 방지할 수 있는 하나의 수단이 될 수 있다는 점에서 입법목적 달성을 위한 수단으로서의 적절성을 배제할 수는 없다.

(2) 침해의 최소성 및 법익균형성

㈎ 대법원이 밝힌 입법취지에 따르면, 이 사건 법률조항은 임차인에게 지나치게 장기간 동안 물건의 이용을 맡길 경우 물건에 대한 관리와 개량이 소홀해질 수

있다는 사회경제적 관점에서 규정한 강행규정이다. 그러나 당사자는 임대차계약을 하면서 임차물의 관리와 개량에 관한 사항, 즉 관리·개량의 주체와 그 방법 등을 구체적으로 정할 수 있다. 대법원의 판례는 임대인 또는 소유자를 임차물의 가장 적절한 관리자로 상정하고 있으나, 구체적·개별적 사정이나 사회·경제적 상황에 따라서는 임차인에게 임차물의 관리·개량을 맡기는 것이 임차물의 적절한 이용을 도모할 수 있는 경우도 있을 수 있고, 임대인이 임차물을 관리하기로 약정하여 장기간의 임대차로 인한 임차물의 관리 소홀이나 사회경제적 손실의 염려를 덜게 할 수도 있다.

이처럼 임대차계약을 통하여 합리적이고 효과적인 임차물의 관리 및 개량방식의 설정이 가능함에도 불구하고, 임대인 또는 소유자가 임차물의 가장 적절한 관리자라는 전제하에 임대차의 존속기간을 강제함으로써 임차물 관리·개량의 목적을 이루고자 하는 것은 임차물의 관리 소홀 및 개량 미비로 인한 가치하락 방지라는 목적 달성을 위한 필요한 최소한의 수단이라고 볼 수 없다.

(나) 이 사건 법률조항은 당사자가 구체적 사안의 특수성을 고려하여 달리 약정할 여지를 남겨두지 아니한 강행규정으로 해석되고, 대법원도 이를 강행규정으로 보고 있다. 그런데 사회경제적 상황의 변화를 감안하여 임대차기간을 정하는 것은 기본적으로 계약당사자들의 경제적 득실을 고려한 자율적 판단에 맡겨야 할 것인바, 계약당사자가 사회경제적 상황이 변화할 것이라는 예상을 하지 못할 것을 상정하고, 이러한 계약당사자를 보호하기 위해 국가가 후견적으로 개입하여 사적 자치를 제한하는 것은 정당화되기 어렵다.

뿐만 아니라, 임대차의 존속기간을 제한하는 규정이 없더라도 당사자 의사가 불분명한 경우에는 기간의 정함이 없는 계약으로 보아 해지권을 인정할 수 있고(민법 제635조), 당사자 의사가 분명한 경우에는 그 의사에 따르면 족하다. 또한 영구 또는 20년 이상 장기로 기간을 정하더라도 임대차계약 시 해지권을 보류하면 임대차기간 내에 해지가 가능하고(민법 제636조), 경제사정의 변동으로 인하여 약정한 차임이 상당하지 아니하게 된 때에는 차임증감청구권을 행사할 수 있는 등(민법 제628조) 현재의 법체계만으로도 임대차관계를 원활하게 운영할 수 있는 장치들이 충분히 마련되어 있다.

외국의 입법례를 보더라도 임대차의 존속기간을 제한하는 예는 거의 없으며,

일본 민법에 임대차의 존속기간을 20년으로 제한하는 규정이 있기는 하나, 이에 대한 특별법인 차지차가법(借地借家法)에서 건물소유를 목적으로 하는 토지임대차에 대하여는 최단기에 관한 규정만 두고 있고, 건물임대차에 대하여는 존속기간을 제한하지 않고 다만 임대인의 해약신청 및 갱신거절 제한에 관한 규정을 두고 있을 뿐이다.

㈐ 나아가 이 사건 법률조항은 구체적 적용에 있어서 다음과 같은 부작용을 초래하고 있다.

1) 건물 등 임대차의 경우, 당사자가 20년이 넘는 기간의 임대차를 원하더라도 이 사건 법률조항으로 인해 20년 초과 부분은 무효가 되므로 당사자는 일단 20년의 임대차계약을 체결한 후 이를 갱신하는 형태를 취하여야 한다. 그런데 오늘날 대형 건축물 신축사업 등의 경우를 보면, 토지소유자인 건축주가 건축물의 규모 등에 따라 일정기간의 임대료를 받아 건축비 등에 충당하는 경우가 많다. '사회기반시설에 대한 민간투자법'에 따라 정부가 추진하는 민간투자사업이 이에 관련한 경제현실을 확인할 수 있는 참고 자료가 될 수 있을 것인데, 기획재정부 발간의 '민간투자사업 운영현황 및 추진실적보고'에 따르면, 사업시행자에게 무상으로 부여되는 관리운영권의 부여기간이 통상 항만시설은 50년, 물류기지나 터널시설은 30년, 주차장시설은 20년으로 되어 있음을 알 수 있다.

이처럼 건축물의 규모와 사업의 성격에 따라 토지소유자인 건축주는 임차인으로부터 일정기간의 임대료를 일괄 선납받아 건축비 등에 충당하고, 건축주로부터 임차하는 임차인(통상은 법인의 형태일 것이다)은 상권분석 등 스스로의 사업수익 판단에 따라 일정한 임차기간을 안정적으로 확보하고 있다. 대형건물 신축에 따른 임대차에 관한 거래의 실정을 살펴보면, 당사자가 20년 이상, 예컨대 30년의 임대차기간을 원할 경우, 처음 계약할 때부터 계약기간을 20년으로 하되 특별한 사유가 없는 한 10년 연장이 가능하도록 하면서, 30년분의 임대료를 선납받는 형태로 임대차계약이 이루어지는 경우가 적지 않게 확인된다. 비록 이 사건 법률조항이 경제발전이 미미한 단계에 있던 입법 당시의 사회경제적 상황에서 별다른 문제점을 발생시키지 않았더라도, 현저히 변화된 현재의 사회경제적 현상을 제대로 반영하지 못하는 데 그치지 않고, 사적 자치에 의한 자율적 거래관계 형성을 심하게 왜곡하고 있음을 단적으로 보여준다.

뿐만 아니라, 계약 이후 제반 사정의 변화에 따라 당사자가 이 사건 법률조항을 악용할 여지가 있다는 점에서 문제가 있다. 20년 이상의 임대차는 주로 대형건물의 임대차에서 투자금 회수와 관련하여 문제가 되는데, 임차한 상가와 주변 상권의 영업 전망에 따라 임차인으로서는 20년 이상의 임대차를 묵인하고 계속 임차하기를 원할 수도 있고, 아니면 20년 초과 부분의 무효를 주장하고 20년 초과기간에 해당하는 임대료 상당의 부당이득의 반환을 청구할 수도 있다. 역으로 임대인의 경우에도 영업 전망이 좋을 경우 20년 초과 임대차의 무효를 주장하거나 임대료의 대폭 인상을 요구할 수 있을 것인데 이러한 현상은 이 사건 법률조항이 의도하는 바가 전혀 아니다.

임대차존속기간에 관한 당사자의 의사가 불분명할 때 이 사건 법률조항이 이를 보완하는 기능을 넘어서 당사자의 의사가 명확할 때조차도 당사자의 의사를 배제하고 20년을 강제함으로써 경제사정의 변화에 따라 당사자가 이를 악용할 여지를 만들어 주는 것은, 이 사건 법률조항이 입법목적의 실현을 위해 필요한 범위를 벗어나는 과도한 제한을 가하고 있음으로 인한 결과이다.

비록 민법 제651조 제2항이 임대차기간의 갱신이 가능하도록 규정하고 있기는 하나, 위와 같은 사회경제적 현상에 비추어 볼 때 위 조항은 이 사건 법률조항으로 인한 문제점을 해결하는 데 아무런 도움이 되지 않는다는 것을 알 수 있다.

2) 토지임대차에 관하여, 이 사건 법률조항은 석조, 석회조, 연와조 또는 이와 유사한 견고한 건물 기타 공작물의 소유를 목적으로 하는 토지임대차나 식목, 채염을 목적으로 하는 토지임대차의 경우에는 임대차기간을 제한하지 않고, 그 외의 임대차에 대하여 기간을 제한하고 있는데, 토지임대차에 있어서 소유건물이 석조, 석회조, 연와조와 유사한 견고한 건물에 해당하는지 여부가 불분명한 경우도 있어 이에 대한 분쟁이 유발될 수 있을 뿐 아니라, 건축기술이 발달된 오늘날 이러한 견고한 건물에 해당하는지 여부가 임대차존속기간 제한의 적용 여부를 결정하는 기준이 되기에는 부적절하다.

또한 지하매설물 설치를 위한 토지임대차나 목조건물과 같은 소위 비견고건물의 소유를 위한 토지임대차의 경우 이 사건 법률조항으로 인해 임대차기간이 갱신되지 않는 한 20년이 경과한 후에는 이를 제거 또는 철거해야 하는데, 이는 사회경제적으로도 손실이 아닐 수 없다.

㈑ 입법을 통하여 달성하려는 공익은 기본권제한의 정도와 적정한 비례관계를 유지하여야 한다. 이 사건 법률조항에 의하여 실현하고자 하는 공익은 임차물의 관리와 개량 소홀로 인한 사회경제적 손실 방지라 할 것인데, 이러한 공익이 이 사건 법률조항으로 달성될 수 있는 부분은 극히 미미해 보이는 반면, 위에서 본 바와 같이 이 사건 법률조항이 초래하는 부작용 내지 불이익은 매우 크다 할 것이므로, 제한을 통하여 얻는 공익적 성과와 제한이 초래하는 부정적인 효과가 합리적인 비례관계를 현저하게 일탈하였다.

㈒ 그러므로 이 사건 법률조항이 임대차존속기간을 20년으로 제한하고 이를 강제하는 것은 침해의 최소성과 법익균형성 요건을 충족시키지 못한다.

(3) 소결론

결국 이 사건 법률조항은 입법취지가 불명확하고, 대법원이 해석하는 바와 같이 사회경제적 효율성 측면에서 일정한 목적의 정당성이 인정된다 하더라도 과잉금지원칙을 위반하여 계약의 자유를 침해한다.

상가임대차법 제2조 관련 사건
(헌재 2014. 3. 27. 2013헌바198)

□ 사건개요 등

이 사건은 상가건물 임대차의 적용범위를 정한 구 '상가건물 임대차보호법'(이하, '상가임대차법'이라 한다) 제2조 제1항 단서(이하, '이 사건 제외조항'이라 한다)와 제2조 제2항(이하, '이 사건 기준조항'이라 한다)에 대한 위헌소원 사건이다.

헌법재판소는 위 조항들이 포괄위임입법금지원칙에 위반되지 아니하고, 이 사건 제외조항이 재산권 형성에 관한 입법재량을 일탈하지 않았으며, 평등원칙에도 위반되지 않는다고 결정하였다. 그 중요 내용은 다음과 같다.

첫째, 상가임대차법의 입법목적은 경제적 약자인 소액 임차인의 교섭지위를 규범적으로 강화하여 실질적인 계약자유 내지 사적자치 실현의 전제조건을 확보하고, 공정한 계약의 형성 및 법적 정의의 실현을 담보하려는 것이다.

둘째, 입법자가 상가임대차법을 통해 재산권 관련 질서를 새로이 형성함에 따라, 민법상 임차권에 비해 그 권리가 강화된 임차권은 재산가치 있는 구체적 권리라고 볼 수 있으므로, 헌법에서 인정하는 재산권 보장의 대상이 될 수 있다.

셋째, 보증금이 소액인 상가임대차의 경우에는 임차인이 영세한 상인일 가능성이 크고, 반대로 보증금이 고액인 상가임대차의 경우에는 임차인이 자력이 있을 것이라는 전제 하에, 보증금 액수를 상가임대차법의 적용 기준으로 선택한 입법자의 판단은 그 합리성이 인정될 수 있다.

헌법은 중소상공인의 보호가 건강한 시장경제 성장의 중요한 요소로서, 경제적 자유와 창의를 존중하는 측면과 함께 경제정의를 실현하는 측면이 있다고 보아 이에 대해 특별한 보호규정을 두고 있다(제121조, 제123조). 최근에도 상가임대차와 관련해서 사회적으로 많은 논란이 있다. 법정의견은 상가임대차법의 입법목적을 '일정 보증금액에 미치지 못하는 상가건물 임차인의 교섭지위를 규범적으로 강화시킴으로써 실질적 계약 자유와 사적자치 실현의 전제조건을 확보하고, 공정한 계약의 형성과 법적 정의의 실현을 담보하는 것'이라 하여, 경제적 자유 및 창의의 존중과 경제정의의 실현을 강조하고 있다. 이와 같이 소상공인에 대한 보호는 단순히 경제적 정의의 실현에만 방점이 있는 것이 아니라 소상공인의 경제적 자유와 창의를 존중하여 건전한 시장경제의 발전에 기여하려는 목적도 있음을 유념해야 할 것이다.

□ 법정(합헌)의견

가. 개 관

(1) 상가임대차법의 입법목적

상가임대차법은 상가건물 임대차에서 고액의 임대료 인상, 임대차기간의 불안정, 보증금의 반환거부 등으로 어려움을 겪는 상가임차인들을 보호할 필요가 있다는 사회적 공감대의 형성에 따라 2001. 12. 29. 법률 제6542호로 제정되었다.

상가임차인의 영업활동과 투자는 임차 상가에 투여되거나 그와 밀접하게 결부되어 행해지므로 상가임차인의 영업상 권리와 이익은 임대인의 계약 해지 및 갱신 거절에 의해 침해될 수 있을 뿐 아니라, 그러한 사정 자체가 임대인과의 관계에 있어서 임차인의 교섭상의 지위를 약화시키는 조건이 된다. 그리고 계약의 갱신 교섭에 있어서 임차인의 불리한 지위는, 상가건물 임대차관계의 불공정을 가져올 위험이 있을 뿐 아니라, 상가임차인의 경제활동을 위축시키고, 나아가 국민경제의 균형발전에 장애가 될 수도 있다. 이러한 점을 고려하여 임차인의 교섭지위를 규범적으로 강화시킴으로써 실질적 계약자유 내지 사적자치 실현의 전제조건을 확보하고, 공정한 계약의 형성 내지 법적 정의의 실현을 담보하고자 하는 것 역시 상가임대차법의 주요한 입법목적이다.

(2) 상가임대차법의 주요 내용

이러한 상가임대차법의 입법목적에 따라, 동 법률은 건물의 인도와 사업자등록에 의한 임대차관계의 대항력을 인정하고(제3조), 대항요건 및 임대차계약서상의 확정일자에 의해 보증금에 대한 우선변제권을 인정하며(제5조), 임대인이 차임연체 등 정당한 사유 없이는 5년의 범위 내에서 임차인의 계약갱신요구를 거절할 수 없도록 하여 임대차의 존속을 보장하고(제10조), 차임 또는 보증금의 증액도 대통령령이 정하는 기준에 따른 비율을 초과할 수 없도록 하여 임대인의 과도한 증액 요구로부터 임차인을 보호하는(제11조) 등의 내용을 담고 있다.

(3) 이 사건 법률조항들의 내용 및 연혁

이 사건 제외조항은 대통령령으로 정하는 보증금액을 초과하는 상가임대차관계를 이 법의 적용범위에서 제외하고 있다. 이 법의 적용범위에서 제외된 상가임대차는 일반법인 민법상 임대차에 관한 규정의 적용을 받으며, 그 임대차를 건물의 양수인 등 제3자에게 주장할 수 없고 임대료 인상과 계약 갱신 등은 원칙적으로 당사자 간 사적 자치에 맡겨진다.

다만 2013. 8. 13. 법률 제12042호로 상가임대차법이 개정될 때 신설된 제2조 제3항은, 이 사건 제외조항에 의해 상가임대차법 전체의 적용이 배제되던 임대차의 경우에도 임차인의 계약갱신요구권에 관한 제10조의 규정 일부가 적용되도록 하여 이 사건 제외조항의 의미를 축소시키고 상가임대차법의 적용을 확대시키는 결과를 가져왔다.

한편 상가임대차법의 적용 기준이 되는 보증금액은, 2002. 10. 14. 제정된 상가임대차법 시행령에 의해 서울특별시는 2억 4천만 원, 수도권 중 과밀억제권역(서울특별시를 제외한다)은 1억 9천만 원, 광역시(군지역과 인천광역시지역을 제외한다)는 1억 5천만 원, 그 밖의 지역은 1억 4천만 원으로 정해졌으며, 이후 물가 상승 등을 고려하여 서울특별시 기준으로 2008. 8. 21.에는 2억 6천만 원, 2010. 7. 21.에는 3억 원, 2013. 12. 30.에는 4억 원으로 상향되어 왔다.

이 사건 기준조항은 이 사건 제외조항에 따른 보증금액을 정하기 위한 기준들을 제시하고 있으며, 상가임대차관계에 보증금 외에 차임이 있는 경우에 그 차임액에 대통령령으로 정하는 일정한 비율을 곱하여 환산한 금액을 포함시키도록 하고 있는데, 그 비율은 2002. 10. 14. 상가임대차법 시행령이 제정될 당시 '1분의 100'으로 정해진 뒤 지금까지 유지되고 있다.

나. 이 사건 법률조항들의 포괄위임입법금지원칙 위반 여부

(1) 위임입법의 한계

입법의 위임은 법률로써 구체적인 범위를 정하여 이루어져야 하는 것이며, 법률의 규정에 의하여 이미 대통령령으로 규제될 내용 및 범위의 기본사항이 구체적으로 규정되어 있어 누구라도 당해 법률로부터 대통령령에 규정될 내용의 대강을 예측할 수 있어야 한다. 이 경우에 있어 그 예측가능성의 유무는 당해 특정조항 하나만을 가지고 판단할 것이 아니고 관련 법조항 전체를 유기적·체계적으로 종합 판단하여야 하며, 각 대상법률의 성질에 따라 구체적·개별적으로 검토하여야 할 것이다. 또한 위임의 구체성·명확성의 요구 정도는 규제대상의 종류와 성격에 따라서 달라지는데, 다양한 사실관계를 규율하거나 사실관계가 수시로 변화될 것이 예상될 때에는 위임의 명확성의 요건은 완화되어야 한다(헌재 2008. 4. 24. 2004헌바48).

(2) 이 사건 제외조항에 대한 판단

이 사건 제외조항이 대통령령에 위임하고 있는 사항은 상가임대차법의 적용범위를 정하기 위한 기준이 되는 보증금액이다. 상가임대보증금의 시세는 우리나라의 전반적인 경제현황, 상가임대차의 수요와 공급 상황, 지역 경제의 흥망성쇠와 상권의 변화, 물가인상 등의 요인에 의해 수시로 변화하는 성질을 가지고 있으므로 그러한 변화에 신속히 탄력적으로 대응할 필요성이 인정된다. 또한 상가임대보증금은 전국적으로 동일한 수준에서 형성되는 것이 아니라 지역별로 그 지역의 경제규모 등에 따라 많은 차이를 보이고 있으므로 다양한 사실관계에 대해 세분화된 규율이 필요한 영역인 반면, 처벌법규나 조세법규와 같이 법률 전속적 요구(죄형법정주의, 조세법률주의)가 강한 규율영역은 아니다(헌재 2008. 4. 24. 2004헌바48 참조). 따라서 법률에서 상가임대차법의 적용대상이 될 보증금액의 대강의 기준을 마련하고, 구체적인 보증금의 액수를 대통령령에 위임하는 것이 허용되며, 위임의 구체성·명확성 요건도 완화될 수 있다.

이 사건 제외조항의 위임에 의해 대통령령이 규정할 '보증금액'은, 상가임대차법의 적용범위를 정하는 기준이 되는 금액이라는 점이 이 사건 제외조항에 의해 드러나 있다. 또한 임대차관계에서 상대적으로 불리한 지위에 놓인 상가임차인을 보호하여 공정한 경제질서를 달성하고자 하는 상가임대차법의 입법취지와 대통령령이 정하는 보증금액을 '초과'하는 임차인을 상가임대차법의 적용범위에서 제외하고 있는 점을 고려하면, 기준이 되는 보증금액은 상가임차인 보호 및 이와 상충하는 다른 법익 간의 균형을 이루면서 상대적으로 영세한 임차인들을 보호범위에 포함시키기에 적정한 범위 내에서 정해질 것임을 충분히 예측할 수 있다. 나아가 위 보증금액을 정하기 위한 보다 구체적인 기준을 밝히고 있는 제2조 제2항을 통해, 그 금액을 정할 때에는 '해당 지역의 경제 여건 및 임대차 목적물의 규모 등'이 고려되고, 보증금액을 '지역별로 구분'하여 정해질 것이라는 점도 예측할 수 있다.

이와 같이 이 사건 제외조항은 위임의 범위와 한계에 대한 구체성·명확성의 요청이 비교적 약할 뿐만 아니라, 상가임대차법의 입법목적 및 관련조항을 유기적·체계적으로 판단하여 보면 대통령령에서 정할 대강의 내용을 예측할 수 있으므로, 헌법상 포괄위임입법금지의 원칙에 위반되지 않는다.

(3) 이 사건 기준조항에 대한 판단

이 사건 기준조항이 대통령령에 위임하고 있는 사항은 차임액에 곱하는 '비율'이다. 이 사건 기준조항에서 상가임대차법의 적용기준이 되는 보증금액을 정할 때 차임에 일정 비율을 곱하여 환산한 금액을 포함하도록 하는 것은, 차임과 보증금이 일정한 산정률을 통해 서로 전환되는 관계에 있으므로(상가임대차법 제12조), 차임을 고려하여야 보증금만 존재하는 임대차와 차임이 존재하는 임대차 간의 형평을 달성할 수 있기 때문이다. 그렇다면 대통령령으로 정해질 비율은, 상가임대차법의 적용 여부에 있어 형평에 어긋나지 않기 위하여 어느 정도의 차임액이 어느 정도의 보증금액과 상응한다고 보는 것이 합리적인지를 정하기 위한 비율이 될 것임을 예측할 수 있다.

상가임대차법 제12조가 보증금을 월차임으로 전환할 경우의 산정률을 제한함에 있어 은행의 대출금리를 고려하는 것에서 볼 수 있듯이, 월차임은 보통 보증금을 통해 얻을 수 있는 금융이익을 고려하여 정해지는 것이 통상적이며, 무엇보다 이 사건 기준조항 스스로 가장 중요한 고려 기준으로 '은행법상 대출금리'를 직접 밝히고 있으므로 그 상한과 하한을 법률에서 명확하게 밝히고 있지 않다는 사정만으로 대통령령에서 정해질 범위의 대강을 예측할 수 없다고 볼 수 없다. 따라서 이 사건 기준조항은 포괄위임입법금지원칙에 위반되지 않는다.

다. 이 사건 제외조항의 기본권침해 여부

(1) 재산권 침해 여부

㈎ 재산권 보장의 대상

헌법이 보장하고 있는 재산권은 경제적 가치가 있는 모든 공법상·사법상의 권리이며, 사적 유용성 및 그에 대한 원칙적인 처분권을 내포하는 재산가치 있는 구체적 권리를 의미한다(헌재 2005. 7. 21. 2004헌바57). 따라서 청구인들이 원하는 만큼 임대차관계를 지속시킬 수 있을 것이라는 기대 내지 그를 통한 지속적인 영업의 기회는 재산가치 있는 구체적인 권리가 아니라 단순히 장래에 취득할 재산상 이익에 대한 기대로서 헌법에서 인정하는 재산권 보장의 대상이라고 볼 수 없다.

그러나 입법자가 상가임대차법을 통해 재산권 질서를 새로이 형성함에 따라 상가임차인이 누리게 되는 임차권, 즉 제3자에 대해 대항력이 인정되며, 보증금을 후순위권리자나 그 밖의 채권자보다 우선하여 회수할 수 있고, 계약갱신요구를 통해 일정한 임대차기간을 보장받을 수 있는 등 민법상 임차권에 비해 강화된 상가임대차법상 임차권은 재산가치 있는 구체적 권리라고 볼 수 있으므로, 헌법에서 인정하는 재산권 보장의 대상으로 파악될 수 있다. 입법자는 상가임대차법의 제정으로 새로운 재산권의 내용을 형성하면서 이 사건 제외조항을 통해 상가임대차법의 적용범위를 설정함으로써 그러한 재산권의 한계를 형성하고 있는 것이다.

㈏ 심사기준

재산권의 내용과 한계를 구체적으로 형성함에 있어서 입법자는 넓은 입법형성권을 가진다. 따라서 재산권의 본질적 내용을 침해하지 아니하고 사회적 기속성을 고려하여 법익 간에 균형을 이루도록 하여야 한다는 등의 입법형성권의 한계를 일탈하지 않는다면 재산권 형성적 법률규정은 헌법에 위반되지 아니한다(헌재 2000. 6.

29. 98헌마36).

그렇다면 이 사건 제외조항이 재산권을 침해하는지 여부에 대한 심사는, 이 사건 제외조항이 재산권의 내용과 한계를 형성하면서 보증금액의 다과를 그 기준으로 설정한 것이 입법자에게 주어진 합리적인 재량의 한계를 일탈하였는지 여부를 심사하는 것으로 이루어져야 한다.

⑷ 판 단

1) 상가임대차법은 민법상 채권에 불과한 임차권에 대항력을 인정하고, 보증금에 대한 우선변제권, 계약갱신요구권을 인정하면서 차임 또는 보증금의 증액에 한도를 설정하는 등의 방식으로, 본래 사적자치에 의하여 형성되던 권리관계에 개입하여 상가임차인을 보호한다. 그 과정에서 임대인은 임대차계약의 내용이나 계약의 갱신 여부를 결정할 자유에 제약을 받고, 자신이 소유한 상가건물을 자신이 원하는 방식으로 사용·수익할 수 있는 권리가 제한되며, 우선변제권이 인정되는 임대보증금의 액수만큼 상가건물의 담보가치 활용에 제약을 받는다. 상가건물의 양수인은 임대인의 지위를 승계하여야 하고, 상가건물의 담보권자는 자신이 담보를 설정한 이후에 체결된 임대차의 경우라도 최우선 변제되는 보증금액은 담보권 행사에 대한 예측할 수 없었던 제약을 감수해야 하며, 임대인에 대한 일반채권자도 우선 변제되는 임대보증금으로 인해 채권 회수에 제약을 받을 수 있다. 이와 같이 임차인 보호를 위해 사적자치원리에 수정을 가하여 임차인의 지위를 강화하는 것은 그 상대방인 임대인이나 상가건물의 양수인과 담보권자, 임대인에 대한 채권자 등 다른 권리주체의 계약의 자유 및 재산권 보장의 요청과 충돌하고, 사적 자치 및 거래의 안전이라는 공익을 저해하는 측면이 있다.

따라서 입법자로서는 상가임대차법의 제정을 통해 재산권 질서를 새로이 형성함에 있어서, 상가임차인의 보호와 임대인 등 다른 권리주체들의 재산권, 거래의 안전과 같은 법익 간에 균형을 이루도록 하여야 한다. 이 사건 제외조항의 목적은 상가임대차법의 적용을 일정 범위의 임대차관계로 한정하고, 적용에서 제외되는 임대차관계는 민법상의 일반원칙에 맡김으로써 상충하는 법익 간의 균형을 이루기 위한 것이므로 그 목적의 정당성이 충분히 인정될 수 있다.

2) 상가임대차법의 적용을 통하여 강력하게 보호되어야 하는 대상인지 여부를 판단하는 데 있어서, 상가임차인의 경제력이 중요한 고려요소가 될 수 있다. 그런데

그 경제력 판단에 있어 상가임차인이 어느 정도의 보증금을 감당할 수 있는지가 유일한 판단 요소는 아니어도 가장 중요한 요소 중 하나라는 점은 부인할 수 없다. 임대차계약에 의해 명백히 드러난 보증금 액수 이외의 다른 요소는 임차인의 경제력과의 상관관계를 가지는지 여부에 대한 파악이 용이하지 아니할 뿐만 아니라, 그 구체적인 내용을 아는 것이 용이하지 아니하다.

따라서 대체로 보증금이 소액인 상가임대차의 경우 임차인이 영세한 상인일 가능성이 크고, 반대로 고액의 보증금이 수수되는 임대차계약의 경우에는 임차인이 비교적 자력이 있는 경우가 많을 것이라는 전제 하에 보증금의 액수를 상가임대차법의 적용 기준으로 선택한 입법자의 판단은 그 합리성이 충분히 인정될 수 있다. 또한 상가임대차법에 의해 보호되는 임대차계약의 보증금이 클수록 임대인이나 상가 건물의 담보권자 등 다른 권리주체의 재산권 제약이 커질 수 있다는 점도 보증금의 액수를 상가임대차법의 적용기준으로 선택하는 합리적인 이유가 될 수 있다.

3) 이 사건 제외조항과 같이, 기준이 되는 특정 금액을 설정하는 입법방식은 그 기준금액 전후로 근접한 임차인 사이에 형평의 문제를 야기할 수 있으나, 이는 금액을 기준으로 법률효과를 달리하는 모든 법률에서 나타날 수밖에 없는 것으로 입법기술상 불가피한 현상이지, 그러한 기준 설정이 현저히 불합리하다고 볼 사정은 아니다.

또한 이 사건 제외조항이 임대인으로 하여금 상가임대차법의 적용을 피하기 위하여 차임을 인상하도록 유발하는 측면이 있다고 하여도, 그 현상만을 이유로 이 사건 제외조항의 합리성이 훼손된다고 할 수 없다. 차임은 기본적으로 시장원리에 의해 형성되는 것이지 임대인이 주변의 시세와 경제상황을 고려하지 않고 자의적으로 결정할 수 있는 것은 아니라고 할 것이기 때문이다.

한편 설령 현재의 기준 보증금액이 실제로 보호가 필요한 상가임차인을 충분히 포섭할 수 없다 하여도, 그것은 시행령이 정하고 있는 보증금의 액수나 차임액에 곱할 비율의 구체적 타당성 문제로, 시행령의 개정을 통해 보다 현실성 있는 금액과 비율을 설정함으로써 상당 부분 해결될 수 있는 것이지, 보증금액을 기준으로 적용 범위를 한정한 이 사건 제외조항 자체의 문제는 아니다. 실제로도 이 사건 헌법소원이 제기된 이후 2013. 12. 30. 대통령령 제25036호로 개정된 시행령은 기준이 되는 보증금액을 서울특별시 기준으로 3억 원에서 4억 원으로 상향조정하여, 법률의 변화 없이 더 많은 상가임차인을 상가임대차법의 보호범위에 포섭하였다.

4) 위와 같은 점들을 종합하여 볼 때, 이 사건 제외조항을 통하여 상가임대차
법의 적용범위를 일정한 보증금액 이하의 상가임대차로 한정한 입법자의 판단이
현저히 자의적이라거나 재산권 형성에 있어서 입법자의 재량을 일탈하였다고 보기
어렵다.

(2) 평등권 침해 여부

이 사건 제외조항이 일정한 보증금액을 초과하는 상가임대차를 상가임대차법
의 적용범위에서 제외시키는 것과 달리, 주택임대차의 경우에는 보증금액에 관계없
이 모든 주택임대차가 주택임대차보호법의 적용을 받으며 대항력과 우선변제권 등
이 인정된다. 이러한 차이는 주택임대차와 상가임대차는 건물의 임대차라는 점에서
는 동일하지만, 주택과 상가가 갖는 헌법적 의미, 임차인 보호의 취지 및 헌법상 근
거 등이 다르기 때문이다.

거주공간으로서 주택은 국민 생활의 가장 기본적인 문제인 만큼, 헌법은 국가
에게 주택개발정책 등을 통해 모든 국민이 쾌적한 주거생활을 할 수 있도록 노력하
여야 할 의무를 부과함으로써(제35조 제3항) 그 중요성을 강조하고 있다. 특히 주거
의 안정은 인간다운 생활을 하기 위한 필수불가결한 요소이며, 국가는 경제적 약자
인 임차인을 보호하고 사회복지의 증진에 노력할 의무를 진다는 점에서, 주택임차인
을 보호하는 것은 헌법 제34조 제1항 및 제2항에 의해 정당화될 수 있다(헌재 1998.
2. 27. 97헌바20 참조).

반면 상가건물은 기본적으로 영리활동을 목적으로 하는 공간이므로, 상가건물
의 임대차 관계도 우리 헌법질서가 제119조 제1항을 통해 보장하는 자유시장 경제
질서 내에서 사적 자치의 원칙에 따라 규율되는 것이 원칙이다. 다만 상가임차인이
자신의 경제적 이익을 최대화하기 위한 목적으로 상가건물에 투자한 비용, 영업활동
의 결과로 형성된 지명도나 고객 등의 경제적 이익이 임대인의 계약 해지 및 갱신
거절에 의해 침해될 수 있다는 사정은 자칫 상가임대차관계의 불공정이나 상가임차
인의 경제활동 위축을 가져올 수 있고, 이는 결국 국민경제의 균형발전에도 장애가
된다. 그러므로 상가임대차법이 상가임차인을 보호하는 것은, 원칙적으로 사적 자치
를 존중하면서 시장경제질서의 회복을 위해 보충적으로 규제와 조정을 가할 수 있
도록 한 헌법 제119조 제2항에 의해 정당화될 수 있다.

이러한 헌법적 근거와 의미의 차이는 보호 내용의 차이로 나타난다. 상가임대

차법은 투자 회수 및 영업상 이익의 보호를 위한 계약갱신요구권을 인정(제10조)하고 있는 반면 주택임대차법은 생존가족의 주거권을 보호하기 위한 취지에서 주택의 임차인이 사망한 경우에 그 주택에서 가정공동생활을 하고 있던 자에게 임차권의 승계를 인정하는 상속의 특례 규정(제9조)을 두고 있음을 알 수 있다.

이와 같은 점들을 종합하여 보면, 주택임차인과 상가임차인은 본질적으로 동일한 비교집단으로 보기 어렵고, 이 사건 제외조항이 본질적으로 동일한 집단을 다르게 취급하는 차별적 효과를 야기하지 아니하므로 평등권이 침해된다고 할 수 없다.

설령 주택임차인과 상가임차인을 임차인이라는 점에서 동일한 비교집단으로 상정한다고 하여도, 위와 같은 차이점을 고려할 때, 주거공간의 안정성과 주택임대차보증금은 임차인의 자력 여부에 불문하고 보호하는 반면, 영업활동의 안정성과 상가임대차보증금의 보호는 이와 상충되는 임대인 및 이해당사자의 이익과의 조화를 꾀하기 위해 보증금의 액수를 고려하여 일정 범위 내로 한정하겠다는 입법자의 판단이 현저히 자의적이라고 보이지 아니하므로, 그러한 차별취급은 합리적인 것으로 정당화될 수 있다.

한편 청구인은 이 사건 제외조항이 상가임차인이라는 동일한 집단을 보증금액이라는 기준으로 차별 취급하고 있으므로 평등권이 침해된다고 주장하나, 이는 상가임대차법의 적용범위를 정하는 데 있어 일정한 보증금액을 기준으로 설정한 것이 합리적인지 여부를 판단하여 달라는 것에 다름 아니고, 앞서 재산권 형성에 있어 입법자의 합리적인 재량을 일탈하였는지 여부를 심사함으로써 판단되었으므로 별도로 평등권 침해 여부를 검토하지 않는다.[2]

공무원의 기본권 주체성 사건
(헌재 2018. 4. 26. 2014헌마274)

□ **사건개요 등**

전북대학교 교수인 청구인은, 총장후보자에 지원하려는 사람으로 하여금 1,000

---

2) 기타 청구인의 직업수행의 자유, 행복추구권 침해 주장은 생략하였다.

만 원의 기탁금을 납부하도록 한 전북대학교의 '총장임용후보자 선정에 관한 규정' (이하, '이 사건 기탁금 조항'이라 한다)이 청구인의 기본권을 침해한다고 주장하면서 헌법소원심판을 청구하였다.

헌법재판소는 간선제로 총장후보자를 선출하는 제도에서 1,000만 원의 기탁금을 내도록 하는 위 기탁금조항이 청구인의 공무담임권을 침해한다고 결정하였다.[3] 이 결정에는 공무원의 기본권 주체성과 관련하여 재판관 안창호의 보충의견이 있었다. 보충의견은 공무원의 기본권 주체성이 직무외의 사적 영역, 근무영역뿐만 아니라, 직무수행영역에서도 인정될 수 있다는 의견으로 그 중요 내용은 다음과 같다.

첫째, 공무원은 직무수행영역에서도 공권력 작용에 의해 불이익을 받을 수 있고, 그 불이익으로 인격권 등 헌법상 기본권이 침해될 수 있으며, 공무원에게 발생한 불이익이 구체적으로 어느 영역에서 발생한 것인지 불분명할 수 있어, 기본권 보장을 위해서는 모든 영역에서 공무원의 기본권 주체성이 인정되어야 한다.

둘째, 공무원이 '개인의 지위에서' 기본권 침해를 다투는 경우에 모든 영역에서 공무원의 기본권 주체성이 인정된다고 하더라도, 공무원은 국민전체에 대한 봉사자로서 공적 과제를 수행하고 있고, 본인의 희망에 따라 공법상 근무관계를 맺은 것이므로, 공무수행과 관련된 공무원의 기본권은 일반 국민보다 제한될 수 있다.

셋째, 공무원의 기본권은 모든 영역에서 제한되는 것이 아니라 공무원이 수행하는 직무와의 연관성 등이 고려된 영역에 한정되고, 이와 같이 제한되는 기본권은 공무원의 헌법상 지위, 공무원이 수행하는 직무의 목적 및 기능, 국가행정 등의 원활한 운영 및 공익실현과 비례원칙이 준수되어야 한다.

종래 헌법재판소는 국가나 지방자치단체 등의 직무를 담당하는 '공무원'이 제기한 헌법소원은 구체적 사안에 따라 기본권의 주체성 인정여부가 달라진다고 하면서, 공무원이 기본권의 주체로서 헌법소원의 청구인적격을 가지는지 여부는 법률 등 공권력 작용이 규율하는 기본권의 성격, 국가기관으로서의 직무와 제한되는 기본권 간의 밀접성 및 관련성, 직무상 행위와 사적인 행위 간의 구별가능성 등을 종합적으로 고려하여 결정되어야 한다고 하였다(헌재 2008. 1. 17. 2007헌마700참조).

종래 헌법재판소 견해에 따르면 구체적 사건에서 위와 같은 고려요소를 판단함

---

3) 이 부분은 제7장 '사회적 기본권'의 '국립대학교 총장후보 기탁금 사건'으로 수록되어 있다.

에 있어 다양한 견해가 제기되어 적법요건 판단에 많은 시간과 노력이 필요하고, 일부 사건에서 볼 수 있듯이 본안 판단할 사안을 각하하는 등 불합리한 결과가 발생할수 있다. 보충의견은 이런 문제점을 인식하고, 공무원이 '국가기관의 지위'로서가 아닌 개인의 지위에서 기본권 침해를 주장하는 경우 공무원에 대하여 곧바로 기본권주체성을 인정하여, 이러한 문제를 해결하고 있다. 보충의견에 따르면, 공무원의 기본권 주체성은 공권력 작용이 규율하는 기본권의 성격이나 공무원의 직무영역과 관계없이 모든 영역에서 인정되며, 다만 본안심사에서 공무원의 특수성을 고려하여 공무원의 기본권 침해 여부를 판단할 수 있다고 한다.

□ 보충의견

나는 이 사건 기탁금조항이 과잉금지원칙에 위반하여 청구인의 공무담임권을침해한다는 법정의견과 견해를 같이한다. 다만 청구인이 공무원인 전북대학교 교수로서 전북대학교 학칙에 규정된 내용을 다투고 있으므로 이와 관련된 헌법상의 문제에 대하여 다음과 같이 보충의견을 밝힌다.

가. 특별권력관계이론의 종언

과거에는 공무원, 재소자, 군인 등 소위 특별권력관계에 있는 국민도 일반 국민과 같이 기본권 주체로서 기본권을 주장할 수 있는지 여부가 문제되었다.

19세기 독일 공법이론의 산물인 특별권력관계이론에 따르면, 국민은 일반 국민과 특별권력관계에 있는 국민으로 구분되고 후자에게는 기본권이 인정되지 않는다고 한다. 즉 기본권이란 국가의 침해로부터 사회의 구성원을 보호하고자 하는 것인데, 공무원 등과 같이 개인이 일반 사회에서 이탈하여 국가와 특별한 권리·의무관계가 형성되는 경우에는, 개인은 기본권의 주체인 '사회의 구성원'이 아니라 '국가조직의 일부분'으로 간주된다. 그 결과 특별권력관계에 있는 국민은 기본권 보호를 받지 못하고 공무원에 대한 규율은 기본권 제한에 해당되지 않으며 법률유보원칙 등이 적용되지 아니한다고 하였다.

그러나 현대법치국가에서는 국가와 특별한 관계에 있는 국민에 대해 기본권 보호의 사각지대를 인정한 특별권력관계이론은 더 이상 정당성을 인정받지 못하는 이론이다. 모든 국가기관이 기본권의 구속을 받는 헌법국가에서 기본권의 구속으로부터 자유로운 국가행위의 영역은 인정되지 않는다(헌재 2001. 3. 21. 99헌마139등 참조).

나. 공무원의 기본권 주체성

(1) 대한민국 헌법상 공무원은 국민전체에 대한 봉사자이며, 국민에 대하여 책임을 진다(헌법 제7조 제1항). 국가나 지방자치단체 등 공법인의 기능이나 작용은 국가기관이나 지방자치단체 등 공법인의 기관이 담당하고 국가기관 등의 구체적 활동은 공무원이 수행한다. 이와 같이 공무원은 넓은 의미의 국가조직 영역 내에서 공적 과제를 수행하는 사람으로서 권한과 관할에 따라 구체적으로 활동하게 된다. 이러한 경우 공무원의 기본권 주체성이 인정될 수 있는지 여부가 문제될 수 있다.

이에 대해서는 공무원은 공익실현의 주체이고 공무원에게 인정되는 주관적 권리는 직업공무원제도의 기능을 보장하기 위한 것이며, 이는 신분보장을 관철하기 위한 헌법적 권리로서 기본권과는 다르다는 견해가 있다. 이 견해는 공무원의 주관적 권리는 직업공무원제도의 특수성으로부터 나오는 것이므로, 그 권리의 헌법적 근거는 공무담임권을 보장한 헌법 제25조가 아니라 직업공무원제도를 보장하는 헌법 제7조 제2항이라고 한다. 이 견해에 따르면 공무원은 원칙적으로 기본권의 주체성이 인정되지 아니하며, 공무담임권은 국민이 공직에 취임하기 이전의 문제라고 본다.

(2) 한편 헌법재판소는 '국가', '국가기관', '국가조직의 일부' 또는 '공법인'은 공권력 행사의 주체이자 기본권과 관련된 법령 등의 '수범자'로서 기본권의 '소지자'인 국민의 기본권을 보호 내지 실현해야 할 책임과 의무를 지니고 있을 뿐이므로, 기본권의 주체성이 인정되지 아니하고 청구인적격이 없다고 본다(헌재 1994. 12. 29. 93헌마120; 헌재 1995. 9. 28. 92헌마23등; 헌재 2001. 1. 18. 2000헌마149 참조).

그런데 헌법재판소는 국가나 지방자치단체 등의 직무를 담당하는 '공무원'이 제기한 헌법소원은 구체적 사안에 따라 기본권의 주체성 인정여부가 달라진다고 한다. 법률 기타 공권력 작용이 넓은 의미의 국가 조직영역 내에서 공적 과제를 수행하는 주체의 권한 내지 직무영역을 제약하는 성격이 강한 경우에는 공무원의 기본권 주체성이 부정될 것이지만, 그것이 일반 국민으로서 국가에 대해 가지는 헌법상 기본권을 제약하는 성격이 강한 경우에는 기본권의 주체성을 인정할 수 있다고 한다. 즉, 개인의 지위를 겸하는 공무원이 기본권의 주체로서 헌법소원의 청구인적격을 가지는지 여부는, 법률 등 공권력 작용이 규율하는 기본권의 성격, 국가기관으로서의 직무와 제한되는 기본권 간의 밀접성 및 관련성, 직무상 행위와 사적인 행위 간의 구별가능성 등을 종합적으로 고려하여 결정되어야 한다고 한다(헌재 2008. 1. 17. 2007헌마700참조).

(3) 공무원은 넓은 의미의 국가조직영역 내에서 공적 과제를 수행하는 자로서 기본권의 구속을 받는 위치에 있지만, 공무원이라고 하더라도 직무외의 사적 영역, 예컨대 근무시간 외의 개인적인 생활형성이나 사회적 활동 등에서는 사인으로서 기본권의 주체가 될 수 있다. 또한 공무원은 근무영역에서도 개인적인 법적 지위가 문제되는 경우(예를 들면, 근무 중 복장이나 외양 선택)에는 기본권의 주체가 될 수 있다. 이 경우에도 국가 등과의 관계에서 개인적 지위가 완전히 소멸한 것은 아니므로 그 한도 내에서 기본권의 주체가 될 수 있다.

반면 공무원에 대해 직무수행과 직접 관련되는 영역, 즉 직무수행영역에서도 기본권 주체성을 인정할 것인지에 대해서는 의문이 제기될 수 있다. 그러나 공무원은 직무수행영역에서도 공권력 작용에 의해 불이익을 받을 수 있으며, 그 불이익으로 인격권 등 헌법상 기본권이 침해될 수 있다. 그리고 공무원에게 발생한 불이익이 구체적으로 직무외의 사적 영역에 속한 것인지, 근무영역에 속한 것인지, 또는 직무수행영역에 속한 것인지 불분명한 경우도 있고, 직무수행영역에서 발생한 불이익이 개인의 지위와 관련된 것인지 아니면 국가기관 등의 지위와 관련된 것인지 역시 구분이 모호한 경우도 있다. 나아가 공권력 작용의 수범자가 국가기관인 공무원이고 일반 국민은 수범자가 아닌 경우 일반 국민이 헌법소원을 청구하는 경우에는 자기관련성 유무가 불분명할 수 있다. 이러한 경우 직무수행영역에서 발생한 불이익이라고 하여 공무원의 기본권 주체성을 부정해버린다면 부당한 공권력 작용으로 인해 실질적으로 공무원 또는 일반 국민의 기본권이 침해되어도 이를 구제하기 어려울 수 있다.

이러한 점들을 고려하면, 공무원 개인 및 일반 국민의 기본권 보장을 확보한다는 측면에서, 공무원이 '국가기관 등의 지위에서' 또는 '국가기관 등을 대신하여' 헌법소원심판을 청구한 것이 아니라 '개인의 지위'에서 기본권 침해를 다투는 경우에는, 직무외의 사적 영역과 근무영역뿐만 아니라 직무수행영역에서도 공무원의 기본권 주체성을 인정하여야 한다(헌재 2016. 11. 24. 2012헌마854 재판관 김이수, 안창호의 보충의견 참조).

다. 공무원의 기본권 제한

다만 공무원은 그의 특수한 지위와 공직의 기능 확보를 위하여 기본권이 일반 국민에 비하여 보다 넓게 제한될 수 있다.

(1) 앞서 본 바와 같이 공무원이 개인의 지위에서 기본권 침해를 다투는 경우에 공무원의 기본권 주체성이 인정된다고 하더라도, 공무원은 국가조직영역 내에서 공적 과제를 수행하고 있으므로 기본권이 보다 넓게 제한될 수 있다. 특히 공무원은 국민전체에 대한 봉사자로서의 지위를 가지면서 국민에 대하여 책임을 지고 있으며(헌법 제7조 제1항), 본인의 희망에 따라 공법상 근무관계를 맺었다는 점에서 공무원의 기본권은 일반 국민보다 더 제한될 수 있다.

그러나 공무원이라고 하여 모든 기본권이 제한되는 것은 아니며, 제한되는 기본권은 기본권의 내용, 공무원이 수행하는 직무와의 연관성 등이 고려된 영역에 한정되어야 한다. 이와 같이 제한되는 기본권은 공무원의 헌법상 지위, 공무원이 수행하는 직무의 목적 및 기능, 국가행정 등의 원활한 운영 및 공익실현과는 비례원칙이 준수되어야 한다.

따라서 공무원이 개인의 지위에서 기본권 침해를 주장하는 경우 공무원의 기본권 주체성이 인정된다고 하더라도, 헌법 제37조 제2항에 따라 구체적인 기본권의 내용과 성질, 그 제한의 태양과 정도 등을 공익의 실현 등과 교량하여 공무원의 기본권 제한의 범위와 한계를 설정하여야 한다. 그리고 공무원 지위의 헌법적 특수성을 고려하여 기본권의 제한이 불가피하다 하더라도 그 본질적인 내용을 침해하거나 과잉금지의 원칙에 위배되어서는 아니 된다(헌재 2016. 11. 24. 2012헌마854 재판관 김이수, 안창호의 보충의견 참조).

(2) 한편 대학교수인 공무원은 대학과의 관계에서 대학의 자율성으로 인해 기본권주체 상호간의 문제로 보아 그의 기본권이 더욱 제약될 수 있는 것이 아닌가 하는 의문이 제기될 수 있다.

헌법 제31조 제4항은 "교육의 자주성, 전문성, 정치적 중립성 및 대학의 자율성은 법률이 정하는 바에 의하여 보장된다."고 규정하여 교육의 자주성과 대학의 자율성을 보장하고 있다. 대학의 자율성은 대학의 인사, 대학시설의 관리·운영, 학사관리 등에 관하여 대학이 자율적으로 결정하는 것을 말한다. 이러한 대학의 자율성과 관련하여, 대학은 '국가에 대한 관계'에서는 기본권의 주체로서 그 보장이 문제될 수 있으나, '국민이나 그 구성원과의 관계'에서는 영조물인 대학의 공권력 담당자이므로 원칙적으로 행정적 규제를 과하는 공권력행사의 주체로서 그 공권력행사의 한계가 문제된다(헌재 1992. 10. 1. 92헌마68등 재판관 조규광의 반대의견 참조).

따라서 대학교수인 공무원이라고 하더라도 위에서 본 바와 같이 공무원이기 때문에 기본권이 제한되는 것 이외에, 대학의 자율성으로 인해 그 기본권이 반드시 더욱 제한되는 것은 아니다.

라. 국립대학교의 학칙과 헌법소원 대상성

학칙은 학교가 교육목적 달성을 위하여 학교의 조직·운영·이용관계 등에 관하여 정하는 일체의 내부규칙을 말한다.

국립대학교 학칙의 법적 성격에 관하여 행정규칙이라는 견해, 자치규범이라는 견해, 특별명령이라는 견해, 일반처분이라는 견해 등이 있다. 국립대학교의 학칙이 행정규칙의 일종이라고 보는 견해는 그 학칙이 법령보충적 행정규칙이므로 대외적 구속력이 있다고 하여 헌법소원의 대상성을 인정하고 있다. 학칙이 자치규범이라는 견해는 학칙이 헌법상 자치권으로부터 유래하는 규범으로 대외적 구속력이 있다고 하여 헌법소원의 대상성을 인정하고 있다.

그런데 국립대학교 학칙의 법적 성격에 관하여 행정규칙이라는 견해를 취하는 경우라고 하더라도, 행정규칙은 행정입법의 일종이므로 대외적 구속력 인정 여부와 관계없이 헌법소원의 대상이 되는 '공권력의 행사'로 보는 것이 타당하다.[4] 행정규칙은 상급행정기관이 하급행정기관에 대해 그 조직이나 업무처리의 절차·기준 등에 관하여 발하는 일반적·추상적 규범이므로 대외적 구속력과는 무관하게 행정권의 고권적 작용으로서 헌법소원의 대상이 될 수 있고, 국가기관이나 지방자치단체 등의 다양한 입법작용 가운데 행정규칙에 대해서만 유독 대외적 구속력을 가진 경우에 한해 '공권력의 행사'에 해당한다고 함으로써 헌법소원의 대상범위를 축소하여야 할 헌법상의 근거가 없으며, 행정규칙이 대외적 구속력을 가지는 경우에 한하여 헌법소

---

4) 이에 대한 구체적인 설명은 이 장(章)의 '행정규칙의 헌법소원 대상성'에 기재되어 있다.

원의 대상성을 인정한다면 일반 국민의 기본권 침해를 구제하지 못하는 경우가 발생할 뿐만 아니라 공무원의 기본권이 침해되는 경우에도 구제하지 못하는 경우가 발생할 수 있기 때문이다.

마. 소결론

청구인은 전북대학교 교원인 공무원으로서 같은 대학의 총장후보자에 지원하려는 사람이고, 총장후보자 선정규정은 전북대학교 학칙이다.

전북대학교 교원인 청구인이 전북대학교 총장후보자가 되려는 것이 직무외의 사적 영역에 속한 것인지, 근무영역에 속한 것인지, 또는 직무수행영역에 속한 것인지 의문이 제기될 수 있음에도, 청구인은 이 사건 기탁금조항이 청구인의 공무담임권을 제한하고 있다고 다투고 있다. 즉 청구인은 이 사건 기탁금조항과 관련하여, '국가기관 등의 지위에서' 또는 '국가기관 등을 대신하여' 헌법소원심판을 청구한 것이 아니라 '개인의 지위'에서 기본권 침해를 다투고 있다. 이러한 경우에는 청구인이 전북대학교 총장후보자가 되려는 것이 직무외 사적 영역에 속하는 것인지 여부 등과 관계없이, 청구인의 기본권 주체성은 인정되어야 한다.

한편 위에서 본 바와 같이, 학칙인 총장후보자 선정규정의 성격과 관련하여 다양한 견해가 대립할 수 있으나, 총장후보자 선정규정은 그 성격을 행정규칙으로 보더라도 헌법소원의 대상인 '공권력의 행사'에 해당한다고 보는 것이 타당하다. 또한 이 사건 기탁금조항은 대외적 구속력이 있는지 여부와 관계없이 전북대학교 교원인 청구인의 공무담임권을 침해할 수 있다.

청구인이 전북대학교 교원인 공무원으로서 국민전체에 대한 봉사자로서의 지위를 가지면서 국민에 대해 책임을 지고 있으며(헌법 제7조 제1항), 본인의 희망에 따라 공법상 근무관계를 맺었다는 점에서 청구인의 기본권은 일반 국민보다 제한될 수 있다. 그러나 이 사건 기탁금조항이 정한 기탁금의 액수는 청구인에게 과도한 부담이 될 수 있고 다른 기본권을 덜 제한하는 방법으로도 입법목적을 달성할 수 있어 침해의 최소성 원칙을 충족한다고 할 수 없다. 또한 총장후보자의 선정을 직선제 방식이 아닌 간선제 방식으로 하고 있어 후보자를 지원하는 사람들의 무분별한 난립과 선거 과열의 문제가 발생할 여지가 적음에도 고액의 기탁금을 정한 것은 법익의 균형성 원칙을 충족한다고 할 수 없다. 더욱이 이 사건 기탁금 조항은 전북대학교의 교원 등 학내 인사뿐만 아니라 일반 국민이 전북대학교 총장이 되려는 경우에도 적용되므로, 위 조항에 대한 기본권 침해 여부를 판단함에 있어 공무원 지위의 특수성이 반드시 고려될 필요는 없다.

따라서 이 사건 기탁금조항은 과잉금지원칙에 반하여 청구인의 공무담임권을 침해한다.

행정규칙의 공권력 행사성 사건
(헌재 2018. 5. 31. 2015헌마853)

□ 사건개요 등

청주시장은 청구인의 대표이사가 수의계약체결 등과 관련하여 관계 공무원에게 뇌물을 공여하였다는 이유로, '지방자치단체를 당사자로 하는 계약에 관한 법률'(이하 '지방계약법'이라 한다) 시행령 및 행정자치부 예규에 따라 청구인에게 3개월의 입찰참가자격을 제한하였다. 이에 청구인은 입찰참가자격 제한과 관련된 ① 구 지방계약법 시행령 제92조 제1항 제10호(이하, '이 사건 시행령조항'이라 한다) 및 ② 구 '지방자치단체 입찰 및 계약 집행기준'(행정자치부예규) 조항(이하, '이 사건 예규조항'이라 한다)이 청구인의 기본권을 침해한다고 주장하며 헌법소원심판을 청구하였다.

헌법재판소는 이 사건 시행령조항은 기본권침해의 직접성이 인정되지 않는다는 이유로 이 부분 심판청구를 각하하고, 이 사건 예규조항은 '법령보충적 행정규칙'이라면서 공권력 행사성을 인정한 다음 직업수행의 자유를 침해하지 않는다고 결정하였다. 이 결정에는 ① 이 사건 예규조항은 '법령보충적 행정규칙'이 아니라고 하면서 공권력 행사성을 부정한 다음, 이 부분 심판청구는 부적법하다는 재판관 4명의 반대(각하)의견, ② 행정규칙은 기본권침해의 개연성이 있는 경우, 공권력의 행사에 해당한다는 재판관 3명의 법정(합헌)의견에 대한 보충의견, ③ 행정규칙은 원칙적으로 공권력 행사성이 인정된다는 재판관 안창호의 법정(합헌)의견에 대한 보충의견이 있었다.

헌법재판소는 행정규칙은 원칙적으로 국민의 권리·의무에 영향을 미치지 아니한다는 이유로, 행정규칙이 헌법소원의 대상이 되는 '공권력의 행사'에 해당하지 않는다고 보았다(헌재 1991. 7. 8. 91헌마42; 헌재 2002. 7. 18. 2001헌마605 등 참조). 다만 행정규칙이 이른바 '법령보충적 행정규칙'으로서 상위법령의 범위 내에서 형성된 경우, 그리고 행정규칙이 재량권 행사의 준칙으로서 그 정한 바에 따라 되풀이 시행되어 행정관행이 형성되고, 이에 따라 평등원칙이나 신뢰보호원칙에 의해 행정관청이 자기구속을 당하는 경우5)에는 대외적 구속력이 인정되고, 이 경우에는 그 행정규칙이 헌법소원의 대상이 된다고 보았다(헌재 1990. 9. 3. 90헌마13). 법정의견은 이러한 종래의 법리에 따라 이 사건 예규조항이 '법령보충적 행정규칙'에 해당하여 헌법소원의 대상이 된다고 판단하였다.

재판관 안창호의 보충의견은, 행정규칙은 그 성격에 관계없이 원칙적으로 공권력 행사로서 헌법소원의 대상이 된다는 견해인데, 그 중요 내용은 다음과 같다.

첫째, 행정규칙은 상급행정기관이 하급행정기관에 대해 그 조직이나 업무처리의 절차·기준 등에 관하여 발하는 일반적·추상적 규범으로서, 대외적 구속력이 있는지 여부와 관계없이 행정권의 고권적 작용으로서 헌법소원의 대상이 될 수 있다.

둘째, 행정규칙에 대해 헌법소원의 대상성을 인정하더라도, 기본권 침해 가능성, 직접성, 자기관련성, 청구기간 등 다른 적법요건을 충족해야 본안판단이 가능하므로, 본안판단의 대상이 과도하게 확대되는 것은 아니다.

셋째, 공권력의 주체가 행정규칙에 근거하여 국민의 권리를 제한하거나 의무를 부과하는 결과를 가져오는 구체적인 고권적 작용을 하는 경우, 행정규칙은 구체적인 고권적 작용을 매개로 하여 국민의 권리·의무관계에 영향을 미치게 되므로 직접성이 인정되지 아니한다.

넷째, 반면에 행정규칙에 근거한 행정작용이 수익적 행위 또는 공·사법상 계약인 경우, 그 작용에서 배제된 제3자는 구체적으로 구제받을 수 있는 방법이 없거나 매우 우회적이므로 행정규칙에 대한 직접성이 원칙적으로 인정된다.

헌법재판소의 종래 견해에 의하면, 행정규칙에 의하여 기본권을 제한받는 조직

---

5) 헌법재판소가 이러한 기준에 의해 행정규칙에 대해 공권력 행사성을 판단하면서, 법령보충적 행정규칙에 대해서는 일반적으로 공권력 행사성을 인정하고 있으나, 재량준칙에 대해서는 산업연수생 사건(헌재 2007. 8. 30. 2004헌마670), 전세자금 대출자격 사건(헌재 2011. 10. 25. 2009헌마588) 등에 한해 재량준칙의 헌법소원 대상성을 인정하고 있다.

내부의 공무원 또는 행정규칙에 근거한 행정작용이 수익적 행위이거나 공·사법상 계약이어서 위 규칙에서 배제된 사람은 법적 구제받지 못하는 경우가 발생할 수 있다. 보충의견은 이러한 불합리한 결과를 배제할 수 있는 견해로 평가된다.

그리고 헌법재판소의 종래 견해에 의하면, 이 사건에서 보는 바와 같이 '법령보충적 행정규칙'에 해당하는지 여부에 대한 의견이 달라지는 등 행정규칙의 공권력 행사성과 관련해서 다양한 견해가 있을 수 있어, 구체적으로 적법요건의 판단에 많은 시간과 노력이 필요하고 그 판단이 불합리할 수 있다. 보충의견은 이러한 문제를 해소하고 행정규칙과 관련된 적법요건에 대한 심사가 간명하게 해결될 수 있는 장점이 있다. 보충의견에 대한 심도 있는 검토를 통해, 헌법재판소가 견해를 변경하는 것이 바람직해 보인다.

□ 보충의견

나는 이 사건 예규조항이 법률유보원칙과 과잉금지원칙에 위반되지 아니한다는 다수의견과 견해를 같이 하면서, 행정규칙은 행정기관의 고권적 작용으로서 대외적 효력과 관계없이 헌법소원의 대상이 된다고 생각하므로 아래와 같이 보충의견을 밝힌다.

가. 행정규칙의 기능

강학상 행정입법은 행정기관이 일반적·추상적 규정을 정립하는 작용 또는 그에 의해 제정된 규범으로서의 명령을 의미한다. 행정입법은 일반적으로 법규성(대외적 구속력, 재판규범성)을 가지는지 여부에 따라 법규명령과 행정규칙으로 구분된다.

행정규칙은 행정조직 내부에서 상급행정기관이 하급행정기관에 대하여 그 조직이나 업무처리의 절차·기준 등에 관하여 발하는 일반적·추상적 규정이다. 행정규칙은 상위법령의 구체적인 위임에 따라 제정되기도 하고, 행정권의 행사를 위한 구체적인 기준의 필요에 따라 제정되기도 하며, 행정주체의 구성, 권한배분 및 업무처리절차 등을 정하기 위해 제정되기도 한다.

현대국가에서는 법치국가원리가 강조되는 가운데에서도 사회가 급속도로 발전해고도로 전문화·기술화됨에 따라, 전문적·기술적이거나 신속한 대응이 요구되는 영역에서는 행정입법을 통한 신속하고 탄력적인 규율이 불가피해지고 있다. 이에 따라 행정규칙도 점차 규율범위가 확대되어 행정조직의 내부뿐만 아니라 직·간접적으로 국민의 권리·의무에 관한 사항까지 규율하기도 한다.

나. 행정규칙과 공권력 행사

(1) 헌법재판소법 제68조 제1항은 '공권력의 행사 또는 불행사'로 인하여 기본권을 침해받은 자가 헌법소원을 제기할 수 있다고 규정하고 있다.

헌법소원의 대상이 되는 공권력의 행사 또는 불행사와 관련하여, 헌법재판소는 '공권력'이란 입법권·행정권·사법권을 행사하는 국가기관 또는 공공단체 등의 모든 고권적 작용을 의미한다고 한다(헌재 2001. 3. 21. 99헌마139등 참조). 그런데 헌법재판소는 행정규칙에 대하여 원칙적으로 행정조직 내부에서만 효력을 가지는 것이고 대외적인 구속력을 가지는 것이 아니어서 헌법소원의 대상이 되는 '공권력의 행사'에 해당하지 아니한다고 하면서도(헌재 1991. 7. 8. 91헌마42; 헌재 2002. 7. 18. 2001헌마605 등 참조), 일정한 경우 예외를 인정하고 있다. 즉 법령의 규정이 행정관청에 법령의 구체적 내용을 보충할 권한을 부여하여 행정규칙이 그 위임 범위 내에서 형성된 경우 또는 재량권 행사의 준칙인 규칙이 그 정한 바에 따라 되풀이 시행되어 행정관행이 형성됨으로써 평등원칙이나 신뢰보호원칙에 의해 행정기관이 그 상대방에 대한 관계에서 그 규칙에 따라야 하는 등 자기구속을 당하게 되는 경우에는, 행정규칙이 대외적 구속력을 가지게 되어 헌법소원의 대상이 될 수 있다는 것이다(헌재 1990. 9. 3. 90헌마13; 헌재 2002. 7. 18. 2001헌마605; 헌재 2004. 10. 28. 99헌바91; 헌재 2007. 8. 30. 2004헌마670; 헌재 2011. 10. 25. 2009헌마588 등 참조).

(2) 이처럼 헌법재판소는 행정규칙이 헌법소원의 대상이 되는 '공권력의 행사'에 해당하는지 여부를 행정규칙이 대외적 구속력을 가지는지 여부의 문제와 결부시켜 판단하고 있는데, 이러한 선례의 태도는 다음과 같은 문제를 가진다.

첫째, '행정규칙의 헌법소원 대상성 문제'와 '행정규칙의 법규성 인정 문제'는 헌법소원과 행정소송의 고유한 목적·구조·기능에 따라 독자적으로 판단되어야 한다.

재판관 3명의 보충의견에서 지적한 것과 같이, 행정소송에서 행정규칙은 원고가 처분 등 구체적 행정작용의 위법 여부 등을 다투는 과정에서 주로 문제가 되므로, 법원의 관심사는 소송 당사자 사이에 공법상의 법률관계가 형성되었는지, 그리고 행정작용의 위법성 판단에 행정규칙을 그 '기준'으로 삼을 수 있는지에 집중되므로, 행정규칙이 대외적 구속력을 가지는지 또는 행정기관의 내부규율에 불과한 것인지가 중요한 기준이 된다.

그러나 헌법소원제도는 국민이 '공권력의 행사'에 의하여 기본권을 침해받았는지 여부를 심판하는 주관적 권리구제절차로서 공권력의 남용으로부터 개인의 기본권을 보호하려는 것이므로, 기본권 침해의 전제가 되는 입법권·행정권·사법권을 행사하는 국가기관이나 공공단체 등의 모든 고권적 작용은 헌법소원의 대상이 된다고 해야 한다. 행정규칙은 행정입법의 일종으로 기본권 침해의 전제가 되는 행정권의 고권적 작용임에도 불구하고, 이는 원칙적으로 행정조직 내부에서만 효력을 가지는 것이고 대외적인 구속력을 가지는 것이 아니라고 하면서 헌법소원의 대상성을 부인하는 것은 헌법소원제도의 고유한 목적·구조·기능을 소홀히 하는 것이라는 비판이 가능하다.

따라서 상급행정기관이 하급행정기관에 대해 그 조직이나 업무처리의 절차·기준 등에 관하여 발하는 일반적·추상적 규범인 행정규칙은, 대외적 구속력이 있는지 여부와 무관하게 행정권의 고권적 작용으로서 헌법소원의 대상이 될 수 있다.

둘째, 헌법재판소법 제68조 제1항에 의한 헌법소원이 적법하기 위해서는 그 대상이 '공권력의 행사'에 해당해야 할 뿐만 아니라, 헌법소원이 기본권 침해가능성, 직접성, 자기관련성, 현재성, 권리보호이익, 청구기간 등과 관련된 적법요건을 갖추어야 한다.

헌법재판소는 법률(헌재 1994. 12. 29. 94헌마201 등), 대법원규칙(헌재 1990. 10. 15. 89헌마178; 헌재 2008. 12. 26. 2006헌마384 등), 행정입법 중 법규명령(헌재 1990. 10. 15. 89헌마178 등), 중앙선거관리위원회의 규칙(헌재 2012. 3. 29. 2010헌마97 등) 지방자치단체의 조례·규칙(헌재 1995. 4. 20. 92헌마264 등), 그 밖의 국가기관이나 공공단체 등이 형성한 일반적·추상적 규율에 대해서는, 기본권 침해의 전제가 되는 입법권·사법권·행정권을 행사하는 국가기관·공공단체 등의 고권적 작용으로 보고 곧바로 헌법소원의 대상인 '공권력의 행사'에 해당된다고 한다. 즉 헌법재판소는 이러한 고권적 작용이 국민의 권리와 의무에 대해 직접적인 법률효과를 발생시켜 청구인의 법률관계 내지 법적 지위를 불리하게 변화시키는 것인지 여부를 판단하기에 앞서, 일단 헌법소원의 대상이 된다고 보고, 이에 대한 헌법소원이 기본권 침해가능성, 직접성 등의 적법요건을 충족하는지 여부를 판단하여 왔다.

물론 행정규칙은 법률, 대법원규칙, 법규명령, 조례 등과는 형성주체, 절차, 형식, 방법 등이 다르다. 그렇다고 하더라도 행정규칙은 일반적·추상적 성격을 가지는 행정입법의 일종으로서 기본권 침해의 전제가 되는 고권적 작용임을 부인할 수 없고, 국가기관이나 공공단체 등의 다양한 입법작용 가운데 행정규칙에 대해서만 유독 대외적 구속력을 가지는 경우에 한하여 '공권력의 행사'에 해당한다고 함으로써 헌법소원의 대상범위를 축소하여야 할 헌법상 근거를 찾기 어렵다. 또한 뒤에서 보는 바와 같이 행정규칙이 대외적 구속력을 가지는 경우에 한하여 헌법소원의 대상성을 인정한다면 국민이 기본권 침해를 구제받지 못하는 경우가 발생한다.

한편 행정규칙이 헌법재판소법 제68조 제1항의 '공권력의 행사'에 해당한다고 하는 것은 행정입법의 투명성을 확보하는 데도 기여한다. 행정입법의 상당 부분을 차지하는 행정규칙을 '공권력의 행사'에 해당한다고 하여 헌법소원의 대상에 포함시키는 것은 헌법소원제도를 통하여 행정입법과 관련된 공권력을 감시·견제하는 출발점이 될 수 있기 때문이다.

이상과 같은 점들에 비추어 보아도, 행정규칙은 대외적 구속력이 있는지 여부에 관계없이 헌법소원의 대상이 되는 '공권력의 행사'에 해당된다고 하여야 한다.

셋째, 행정규칙이 단순히 행정조직 내부의 조직, 사무처리의 절차·기준을 규율할 뿐이어서 대외적 구속력이 인정되지 않는 경우에도 그 행정규칙에 의해 수범자인 공무원의 기본권이 제한되는 경우가 있다.

행정규칙의 수범자인 공무원은 행정규칙을 준수하여야 하고, 이를 위반할 때에는 징계를 받을 수 있으므로, 행정규칙은 그 공무원에 대하여 구속력을 가진다고 할 수 있다. 그런데 공무원은 직무외 영역뿐만 아니라 근무영역 및 직무수행영역에서도 기본권 주체성이 부인되지 않는바(헌재 2016. 11. 24. 2012헌마854 중 재판관 김이수, 안창호의 보충의견 참조), 행정규칙이 대외적 구속력을 가지고 있지 않은 경우라도 행정조직의 구성원인 공무원의 직무외 영역·근무영역 또는 직무수행영역을 일의적으로 규율함으로써 공무원의 권리와 의무에 대하여 직접적인 법률효과를 발생시켜 공무원의 기본권을 제한할 수 있다.

따라서 행정규칙이 대외적 구속력을 가지지 아니한다는 이유로 공권력 행사가 아니라고 보아 헌법소원의 대상성을 부인하는 것은 국민인 공무원의 기본권 보장에도 충실하지 못하는 것이 될 수 있다.

넷째, 앞서 본 바와 같이, 헌법재판소가 행정규칙의 헌법소원 대상성을 인정하기 위한 예외적인 기준을 제시하고 있으나, 이러한 기준의 구체적인 적용에 있어서는 다양한 견해와 해석에 의해 일관된 결론에 이르지 못하기도 한다.

행정규칙이 법령으로부터 법령의 구체적 내용을 보충할 권한을 부여받은 행정기관에 의하여 그 위임 범위 내에서 형성된 경우에는, 헌법소원의 대상이 된다는 점에 대해서는 다툼이 없다. 그러나 위임하는 법령의 내용이 과도하게 추상적이거나 그 위임이 정치(精緻)하지 아니하여 특정한 내용을 정한 행정규칙이 과연 법령의 위임에 따른 것인지 문제되는 경우가 있다. 또한 법령의 위임에 따라 위임의 범위 내에서 행정규칙이 형성된 경우에도, 행정규칙에 따른 행정작용의 법적 성질, 관련 법령의 내용과 체계, 문헌형식과 구조, 공무원의 재량 등이 고려됨에 따라 행정규칙의 대외적 구속력 인정 여부에 대하여 견해가 대립할 수 있다.

그리고 재량권 행사의 준칙인 행정규칙인 경우에는 공무원이 이를 준수해야 하는 것이므로, 행정규칙에서 정한 바에 따라 되풀이 시행되어 행정관행이 형성되고 평등원칙이나 신뢰보호원칙에 의해, 행정기관이 그 상대방에 대한 관계에서 행정규칙을 따라야 하는 등 자기구속을 당하게 되는 것이 일반적이라고 할 수 있다. 그러나 이러한 기준에도 불구하고 구체적 사안에서는 어떤 행정규칙이 재량권 행사의 준칙이 되는지 아니면 단순한 내부적인 행정작용에 불과한지 여부에 관하여 견해가 대립하기도 한다(예컨대 헌재 2007. 8. 30. 2004헌마670; 헌재 2011. 10. 25. 2009헌마588 참조).

이와 같이 구체적 사안에서 행정규칙의 헌법소원 대상성에 관한 선례의 기준을 적용함에 있어 다양한 견해가 제시될 수 있고, 또 이러한 견해의 정당성 여부에 대하여 논란이 야기될 수 있음을 고려할 때, 행정규칙이 헌법소원의 대상이 되는 '공권력의 행사'에 해당하는지 여부를 대외적 구속력과 연계하는 것은 행정규칙의 대외적 구속력이나 헌법소원의 대상적격에 관하여 견해 대립과 혼선만을 일으킬 뿐이고 헌법소원심판에서 구체적인 권리구제에는 도움이 되지 못한다. 행정규칙이 대외적 구속력을 가지고 있는지 여부에 따라 헌법소원의 대상성이 결정된다고 하면, 구체적인 사안에서 대외적 구속력이 없는 행정규칙의 외관을 가지고 있으나 실질적으로 기본권을 제한하고 있는 경우까지 헌법소원의 대상에서 배제됨으로써, 기본권을 제한받는 국민이 권리구제를 받지 못하는 경우가 발생할 수밖에 없다.

따라서 대외적 구속력을 가지는 행정규칙에 대해서만 예외적으로 헌법소원의 대상성을 인정하는 것은 결과적으로 국민의 기본권 보장에 공백을 만든다.

다섯째, 헌법재판소는 헌법재판소법 제68조 제1항에 의한 헌법소원을 제기하기 위해서는 헌법소원의 대상인 '공권력의 행사'가 국민의 권리와 의무에 대해 직접적인 법률효과를 발생시켜 청구인의 법률관계 내지 법적 지위를 불리하게 변화시키는 것이어야 한다고 한다(헌재 1994. 8. 31. 92헌마174; 헌재 2003. 2. 27. 2002헌마106; 헌재 2008. 1. 17. 2007헌마700; 헌재 2012. 2. 23. 2008헌마500; 헌재 2015. 10. 21. 2015헌마214 등 참조). 이러한 판시를 바탕으로, 행정규칙이 헌법소원의 대상이 되는 '공권력의 행사'인지 여부를 판단하면서 '법적 불이익' 내지 '기본권 침해가능성'을 고려해야 한다는 견해도 있다.

그러나 행정규칙이 헌법소원의 대상이 되는지 여부를 판단하면서 '법적 불이익' 내지 '기본권 침해가능성'을 고려하는 것은, '공권력의 행사'의 범위를 축소할 뿐만 아니라, '공권력의 행사'라는 헌법소원의 대상성과는 구별되는 요건인 기본권 침해가능성 및 직접성 등 기본권 침해의 법적 관련성 개념을 형해화할 우려가 있다.

(3) 이러한 사정들을 종합하면, 행정규칙이 헌법소원의 대상이 되는 공권력 행사에 해당하는지 여부는 행정규칙이 대외적 구속력을 가지는지 여부와 필연적인 관계에 있다고 할 수 없다. 따라서 행정규칙은 대외적 구속력을 가지는지 여부를 불문하고 행정권의 고권적 작용인 행정입법으로서 헌법소원의 대상이 된다고 하는 것이 타당하다. 이러한 해석이 공권력의 남용으로부터 개인의 기본권을 보호하면서 헌법질서를 수호하는 헌법소원제도의 취지에도 부합하고, 국민의 권리구제에 소홀함이 없도록 하는 방법이 된다(예컨대 헌재 2018. 1. 25. 2015헌마1047 참조).

다만 위와 같이 행정규칙에 대해 대외적 효력 여부를 불문하고 헌법소원의 대상인 '공권력의 행사'로 인정한다면, 헌법소원심판의 범위가 지나치게 확대되는 것이 아닌가 하는 의문이 제기될 수 있다. 그러나 행정규칙에 대해 헌법소원의 대상이 되는 '공권력의 행사'라고 한다 하더라도, 행정규칙에 대한 헌법소원은 헌법재판소법 제68조 제1항에 따라 기본권 침해가능성, 직접성, 자기관련성, 현재성, 권리보호이익, 청구기간 등의 다른 적법요건을 구비해야 하므로, 헌법소원심판의 범위가 무분별하게 확대되는 문제는 발생하지 아니한다.

다. 행정규칙과 직접성

기본권침해 가능성이 있는 행정규칙에 대한 헌법소원은 직접성 요건이 매우 중요한 의미를 가지고 있으므로, 행정규칙의 직접성 요건에 대하여 행정작용의 성격에 따라 살펴볼 필요가 있다.

(1) 헌법재판소의 선례에 따르면, 기본권 침해의 직접성은 일반적·추상적 규범이 집행행위를 매개로 하지 아니하고 직접 국민의 자유를 제한하거나, 국민에게 의무를 부과하거나, 또는 국민의 권리 또는 법적 지위를 박탈하는 경우에 인정된다(헌재 1992. 11. 12. 91헌마192; 헌재 1998. 7. 16. 96헌마268; 헌재 2004. 9. 23. 2003헌마19 등 참조). 결국 일반적·추상적 규범이 구체적인 집행행위를 통해 비로소 기본권 침해의 법률효과가 발생하는 경우에는 직접성의 요건이 결여된다(헌재 1998. 3. 26. 96헌마166; 헌재 2005. 5. 26. 2004헌마671 참조).

다만 일반적·추상적 규범에 근거한 구체적인 집행행위가 예정되어 있는 경우라도 일반적·추상적 규범이 일의적이고 명백한 것이어서 집행기관이 심사와 재량의 여지없이 그 규범에 따라 일정한 집행행위를 하여야 하는 경우(헌재 1995. 2. 23. 90헌마214 참조) 또는 당해 집행행위를 대상으로 하는 구제절차가 없거나, 구제절차가 있다고 하더라도 권리구제의 기대가능성이 없고 단지 기본권 침해를 당한 청구인에게 불필요한 우회절차를 강요하는 것밖에 되지 않는 경우(헌재 1992. 4. 14. 90헌마82 참조)에는 예외적으로 당해 규범의 직접성을 인정할 수 있다. 그런데 행정규칙은 행정조직 내부에서 상급행정기관이 하급행정기관에 대하여 발하는 것이므로, 일반 국민과의 관계에서는 행정규칙의 기본권 침해가능성이 인정되는 경우라고 하더라도, 행정규칙에 근거한 구체적인 집행행위에 대해 구제가능성이 있는 때에는 원칙적으로 직접성이 인정되지 아니한다.[6] 따라서 행정규칙을 대상으로 한 일반 국민의 헌법소원이 직접성 요건을 갖추었는지 여부를 판단함에 있어서는 구체적 집행행위에 대한 구제가능성의 유무가 중요한 의미를 가진다.

(2) 국가기관 또는 공공단체 등이 행정규칙에 근거하여 국민의 권리를 제한하

---

6) 법령보충적 행정규칙의 경우에는 그 행정규칙이 일의적이고 명백한 것이어서 집행기관이 심사와 재량의 여지없이 그 행정규칙에 따라 집행행위를 하여 직접성이 인정되는 경우가 일반적이므로, 이곳에서 주로 문제되는 것은 재량준칙에 대한 논의임을 주지할 필요가 있다.

거나 의무를 부과하는 결과를 가져오는 구체적인 고권적 작용을 하는 경우, 행정규칙은 구체적인 고권적 작용을 매개로 하여 국민의 권리·의무관계에 영향을 미치게 된다.

이러한 때에는 국민은 자신의 권리를 제한하거나, 또는 자신에게 의무를 부과하는 구체적인 고권적 작용의 위헌·위법을 다툼으로써 권리구제를 받을 수 있다. 구체적인 고권적 작용의 성격에 따라 행정소송(행정소송법 제3조 제1항, 제4조 제1호) 또는 헌법소원(헌법 제111조 제1항 제5호, 헌법재판소법 제68조 제1항)을 통해 권리구제가 이루어질 수 있다. 더욱이 구체적인 고권적 작용이 권력적 사실행위에 해당한다면, 행정규칙에 따라 권력적 사실행위가 반복적으로 이루어지고, 그 권력적 사실행위에 대한 헌법소원은 권리보호이익이 없는 경우라도 심판의 이익이 인정될 수 있으므로 (헌재 2017. 11. 30. 2016헌마503), 권력적 사실행위에 대한 헌법소원은 실효적인 권리구제 수단이 된다. 그 결과, 행정규칙에 근거해 국민의 권리를 제한하거나 국민에게 의무를 부과하는 등 구체적인 고권적 작용이 이루어지는 경우에는, 행정규칙을 대상으로 한 헌법소원이 직접성 요건을 충족한다고 볼 필요성이 크지 않다.

따라서 행정규칙에 근거해 국민의 권리를 제한하거나 국민에게 의무를 부과하는 등 구체적인 고권적 작용이 이루어지는 경우에는 구체적인 고권적 작용을 대상으로 삼지 아니하고 그 고권적 작용의 바탕이 되는 행정규칙을 대상으로 제기된 헌법소원은 원칙적으로 직접성 요건을 충족하지 못하여 부적법하다.

(3) 국가기관 또는 공공단체 등이 행정규칙에 근거하여 특정인에게 권리를 부여하거나 의무를 면제하는 등의 구체적인 수익적 작용을 하는 경우, 그 수익적 작용의 대상이 아닌 국민은 수익적 작용의 위헌·위법을 다투어 권리구제를 받을 수 있는 방법이 제한된다.

특정인에게 수익을 부여하는 행정작용에 대해 제3자가 항고소송을 제기하더라도 원고적격이 인정되는 경우는 드물고(대법원 2008. 3. 27. 선고 2007두23811 판결 등 참조), 제3자가 이러한 수익적 작용을 대상으로 헌법소원을 제기하더라도 자기관련성 요건이 부정될 가능성이 크다(헌재 1992. 9. 4. 92헌마175; 헌재 1997. 3. 27. 94헌마277; 헌재 2015. 4. 30. 2012헌마634 등 참조).

한편 행정청을 상대로 자신에 대하여도 특정인에게 이루어진 수익적 작용과 동일한 수익적 작용을 하여 줄 것을 요구하고, 행정청이 이를 거부하는 경우 그 거부에 대하여 항고소송으로 다툴 수 있는 방법도 상정해볼 수 있으나, 법령상 또는 조리상의 신청권이 인정되는 경우가 아닌 한, 그 거부가 항고소송이나 헌법소원의 대상이 될 수 없다(헌재 2016. 1. 12. 2015헌마1188 등 참조).

이처럼 행정규칙에 근거하여 특정인에게 권리를 부여하거나 의무를 면제하는 등의 구체적인 수익적 작용이 이루어지는 경우, 그 수익적 작용의 대상이 아닌 국민은 수익적 작용의 위헌·위법을 다툴 방법이 존재하지 아니하거나, 구제절차가 있다고 하더라도 권리구제의 가능성이 없는 경우가 있을 수 있다. 이러한 경우에는 그 수익적 행정작용의 대상이 아닌 국민은 행정규칙 자체를 대상으로 헌법소원을 제기할 수 있도록 할 필요가 있다.

따라서 행정규칙에 근거하여 특정인에게 권리를 부여하거나 의무를 면제하는 등의 구체적인 수익적 작용이 이루어지는 경우, 그 수익적 작용의 대상이 아닌 국민이 행정규칙에 대하여 평등권을 침해받았다고 하면서 제기한 헌법소원은 원칙적으로 직접성 요건을 충족한다.

(4) 국가 및 공법인 등이 고권적 작용의 주체로서가 아니라 국민과 대등한 지위에서 행정규칙에 근거하여 특정인과 공법상 또는 사법상 계약을 체결하는 경우, 행정규칙에 의해 공법상 또는 사법상 계약으로부터 배제된 국민은 이러한 계약의 위헌·위법을 다투어 권리구제를 받을 수 있는 방법이 제한된다.

국가나 공법인 등이 행정규칙에 근거하여 사경제의 주체로서 계약을 체결한 경우, 그 계약은 사법상 계약일 뿐 공권력의 행사에 해당하지 아니하므로(헌재 1992. 11. 12. 90헌마160; 헌재 1992. 12. 24. 90헌마182 등 및 대법원 2001. 12. 11. 선고 2001다33604 판결 등 참조), 이러한 행정작용을 대상으로 한 헌법소원이나 항고소송 제기가 불가능할 뿐만 아니라, 계약당사자가 아닌 제3자로서는 그 사법상 계약이나 그 근거가 되는 행정규칙의 효력을 다투기가 어렵다. 국가나 공법인 등이 행정규칙에 근거하여 일반 국민과 공법상 계약을 체결한 경우에도, 이는 행정기관의 고권적 작용이 아니므로 사법상 계약을 체결한 경우와 마찬가지로 계약당사자가 아닌 제3자로서는 항고소송을 제기할 수 없는 등(대법원 2014. 4. 24. 선고 2013두6244 참고), 제3자의 권리구제 가능성은 제한적이라고 할 수 있다. 이러한 경우에는 행정규칙에 의하여 공법상 또는 사법상 계약의 대상으로부터 배제된 국민은 고권적 작용인 행정규칙에 대하여 헌법소원을 제기할 수 있도록 하여 권리구제를 받을 수 있게 할 필요가 있다.

따라서 국가나 공법인 등이 행정규칙에 근거하여 특정인과 공법상 또는 사법상 계약을 체결하는 경우, 행정규칙에 의하여 공법상 또는 사법상 계약의 대상으로부터 배제된 국민이 행정규칙을 대상으로 제기한 헌법소원은 원칙적으로 직접성 요건을 충족한다고 할 수 있다(헌재 2007. 8. 30. 2004헌마670; 헌재 2011. 10. 25. 2009헌마588 등 참조).

(5) 결국 행정규칙을 대상으로 한 일반 국민의 헌법소원의 직접성 요건 충족 여부는 다음과 같이 판단된다.

국가기관 또는 공공단체 등이 행정규칙에 근거하여 국민의 권리를 제한하거나 의무를 부과하는 결과를 가져오는 구체적인 고권적 작용을 하는 경우에는 일반 국민과의 관계에서 기본권 침해라는 법률효과는 원칙적으로 일반적·추상적 규범인 행정규칙이 아니라 행정처분이나 권력적 사실행위와 같은 구체적인 행위를 통해 비로소 발생한다. 이러한 경우에는 일반 국민은 행정처분이나 권력적 사실행위의 위헌·위법을 다툼으로써 권리구제를 받을 수 있으므로, 행정규칙을 대상으로 한 헌법소원은 원칙적으로 직접성 요건이 결여된 것으로서 부적법하다.

반면에 행정규칙에 따라 권리의 취득이나 의무의 면제 등 수익적 작용이 이루어지는 경우 또는 국가기관·공공단체 등이 고권적 작용의 주체로서가 아니라 대등한 지위에서 행정규칙에 기반하여 일반 국민과 공법상 또는 사법상 계약을 체결하는 경우에는 행정규칙에서 이미 행정작용의 대상으로부터 배제된 국민으로서는 이러한 구체적인 행정작용의 위헌·위법을 다툴 수 있는 방법이 제한되어 있다 할 것이므로, 이러한 경우에는 행정작용의 대상으로부터 배제된 국민은 원칙적으로 행정규칙을 직접 대상으로 하여 헌법소원을 제기할 수 있다 할 것이고, 이러한 헌법소원은 직접성 요건을 충족하여 적법하다고 할 것이다. 다만 수익적 작용 또는 공법상·사법상 계약 등과 관련해서, 행정규칙에 근거하여 특정인을 배제하는 내용을 담은 행정기관의 조치를 대상으로 한 권리구제절차가 법원의 판례 등을 통하여 구체적으로 형성되었다면, 이러한 경우에는 행정규칙을 대상으로 한 헌법소원은 직접성 요건을 갖추지 못한 것이 될 수 있다.

라. 소결론

법정의견에서 본 바와 같이, 이 사건 예규 및 그 일부인 이 사건 예규조항은 상

위법령의 위임에 따라 그 범위 내에서 수의계약의 계약당사자 선정 기준을 구체화한 행정규칙으로서 헌법소원의 대상이 되는 '공권력의 행사'라고 할 것이다. 그리고 이 사건 예규조항은 일정한 사유로 부정당업자 제재 처분을 받고 그 종료일로부터 6개월이 지나지 아니한 자를 수의계약의 상대방에서 배제하고 있으므로, 수의계약의 상대방이 되고자 하는 자의 직업수행의 자유 등을 침해할 가능성이 인정된다.

이 사건 예규조항에 근거하여 체결되는 수의계약은 사법상 계약의 성격을 가진다. 이 사건 예규조항에 의하여 수의계약의 대상으로부터 배제된 청구인은 일반적·추상적 성격의 행정규칙인 이 사건 예규조항 또는 이에 근거하여 체결된 수의계약을 대상으로 항고소송을 제기하는 등의 방법으로는 권리 구제를 받을 가능성이 있다고 보기 어렵다.

따라서 청구인을 지방자치단체의 수의계약 대상으로부터 배제한 이 사건 예규조항에 대한 헌법소원은 '공권력의 행사'를 대상으로 한 것이고, 직접성 요건도 충족하고 있으므로 적법하다고 할 것이다.

기본권 침해가 종료된 권력적 사실행위의 심판이익 사건
(헌재 2016. 10. 27. 2014헌마626)

□ 사건개요 등

청구인은 교도소에 수용되어 있던 중 교도소장으로부터 의류 및 휴대품 검사를 받았다. 교도소장은 청구인이 자비로 구매한 흰색 러닝셔츠 1장을 임의로 형광색(노란색)으로 물들여 소지하고 있음을 발견하고 위 러닝셔츠가 '형의 집행 및 수용자의 처우에 관한 법률'(이하, '형집행법'이라 한다) 제92조 소정의 '금지물품'에 해당한다는 이유로 이를 폐기하였다(이하, '이 사건 폐기행위'라 한다). 청구인은 이 사건 폐기행위 등에 대해 헌법소원심판을 청구하였다.

헌법재판소는, 이 사건 폐기행위는 이미 종료되었고, 이에 대한 판단은 피청구인의 공권력 행사에 대한 위헌성의 문제가 아니라 위법성의 문제에 불과하므로, 이 사건 폐기행위에 대한 심판이익이 인정되지 않는다고 결정하였다. 이 결정에는 재판관 안창호 외 1명의 반대의견이 있었다. 반대의견은, 이 사건 폐기행위는 불확정개념을 사용한 법령에 근거한 행위로서 적법하다는 인식하에 계속적으로 행하여질 수 있으므로 기본권 침해의 반복위험성이 인정되고, 이러한 유형의 행위에 대한 헌법적 해명의 필요성이 인정된다는 이유로, 이 사건 심판청구는 심판이익이 인정된다는 견해인데, 그 중요내용은 다음과 같다.

첫째, 법령이나 행정규칙의 내용이 일의적으로 명백한 경우에는, 법집행기관이 이를 위반하는 것은 이례적인 것이므로 이러한 권력적 사실행위는 원칙적으로 기본권 침해의 반복위험성이 인정되지 아니하고, '그 근거 법령이나 행정규칙'의 위헌 여부가 문제되는 때와 같은 '예외적인' 경우에만 헌법적 해명의 필요성이 인정된다.

둘째, 법령이나 행정규칙이 불확정개념을 사용하거나 재량규정으로 되어 있는 경우에는, 그 법령이나 행정규칙에서 정한 내용에 포섭되는 권력적 사실행위는 '적법'하다는 인식 하에서 계속적으로 행하여질 수 있으므로 기본권 침해의 반복위험성이 인정되고, 그 행위가 어떠한 징표를 가지고 있고 그 징표로부터 일반적인 헌법적 의미를 추출할 수 있을 때에는 헌법적 해명의 필요성 또한 인정될 수 있다.

셋째, 헌법적 해명은 단순히 개별적·구체적 권력적 사실행위에 대한 위헌여부의 문제를 넘어, 권력적 사실행위의 근거 또는 관련 법령에서 유래된 '권력적 사실행위의 일반적·추상적 내용'에 의해 침해되는 기본권 또는 헌법질서의 성격과 그 내용을 확인하고 이를 제한하는 행위의 헌법적 한계를 확정하면서 그에 대한 기준을 제시하는 문제이다.

헌법소원은 주관적 권리구제뿐만 아니라 헌법질서 보장의 기능도 겸하고 있으므로 청구인의 권리구제에는 도움이 되지 아니한다 하더라도, 같은 유형의 침해행위가 앞으로도 반복될 위험이 있거나 당해 분쟁의 해결이 헌법질서의 유지·수호를 위하여 긴요한 사항이어서 헌법적으로 그 해명이 중대한 의미를 가지는 경우에는 예외적으로 심판이익을 인정할 수 있다는 것은 헌법재판소의 확고한 태도이다(헌재 2008. 7. 31. 2004헌마1010; 헌재 2012. 12. 27. 2011헌마351 참조).

그러나 헌법재판소가 헌법적 해명의 필요성이 인정되기 위한 지표로 제시하고 있는 '기본권 침해의 반복될 위험성', '당해 분쟁의 해결이 헌법질서의 유지·수호를 위하여 긴요한 사항인지 여부'는 매우 추상적이어서, 구체적 사안에서 헌법적 해명의 필요성이 인정되는지 여부를 판단하는데 있어 위와 같은 지표는 실질적으로 큰 기능을 하지 못하고 있다. 이로 인하여 실무에서는 적법여부와 관련해서 많은 시간과 노력이 필요했고 유사한 사안에서 다른 결정이 선고되기도 한다.

이에 반대의견은 권력적 사실행위의 기본권 침해의 반복위험성과 헌법적 해명의 필요성에 대한 일반적인 기준을 제시하여, 심판이익과 관련된 종래의 혼선을 해결하고자 하였다. 반대의견에 대한 심도 있는 검토를 통해, 헌법재판소가 견해를 변경하는 것이 바람직해 보인다.

□ 반대의견

우리는 이 사건 폐기행위는 2014. 7. 14. 이루어져 즉시 종료하였으므로 주관적 권리보호이익은 인정되지 아니하더라도, 심판이익은 인정되므로 본안판단에 나아가야 한다고 생각하므로 다음과 같이 반대의견을 밝힌다.[7]

가. 국민의 기본권은 헌법 제37조 제2항에 의하여 국가안전보장, 질서유지 또는 공공복리를 위하여 필요한 경우에 한하여 이를 제한할 수 있으나 그 제한은 원칙적으로 법률로써만 가능하며, 제한하는 경우에도 기본권의 본질적 내용을 침해할 수 없고 필요한 최소한도에 그쳐야 한다. 이러한 법률유보의 원칙은 '법률에 의한' 규율만을 뜻하는 것이 아니라 '법률에 근거한' 규율을 요청하는 것이므로 기본권 제한의 형식이 반드시 법률의 형식일 필요는 없고, 법률에 근거를 두면서 헌법 제75조가 요구하는 위임의 구체성과 명확성을 구비하면 위임입법에 의하여도 기본권 제한을 할 수 있다 할 것이다(헌재 2005. 2. 24. 2003헌마289). 그리고 법률의 위임범위 내라면 법규명령뿐만 아니라, 규칙, 조례 등 실질적 의미의 법률을 통해서도 기본권 제한이 가능하다(헌재 2013. 7. 25. 2012헌마167 참조).

그리고 헌법재판소법 제68조 제1항은 '공권력의 행사 또는 불행사로 인하여 기본권을 침해받은 자'가 헌법소원심판을 청구할 수 있다고 규정하고 있다. 여기에서 '공권력'이란 입법권·행정권·사법권을 행사하는 모든 국가기관·공공단체 등의 고권적 작용을 말하고, 그 행사 또는 불행사로 국민의 권리와 의무에 대하여 직접적인 법률효과를 발생시켜 청구인의 법률관계 내지 법적 지위를 불리하게 변화시키는 것

---

7) 결정문의 내용을 보다 명확하게 전달하기 위해 결정문의 일부 표현을 수정하였다.

이어야 하므로(헌재 2012. 3. 29. 2010헌마599), 국민의 기본권을 제한하는 법집행기관의 권력적 사실행위는 공권력 행사로서 헌법소원심판 청구의 대상이 된다.

한편 헌법소원제도는 개인의 주관적 권리구제뿐만 아니라 헌법질서를 보장하는 기능도 가지므로, 헌법소원심판청구가 청구인의 주관적 권리구제에는 도움이 되지 않는다 하더라도 그러한 침해행위가 앞으로도 반복될 위험이 있거나, 당해 분쟁의 해결이 헌법질서의 수호·유지를 위하여 긴요한 사항이어서 헌법적으로 그 해명이 중대한 의미를 지니고 있는 경우에는 심판이익이 인정될 수 있다(헌재 2016. 5. 26. 2013헌마879 참조).

나. 먼저 권력적 사실행위에 의한 기본권 침해의 반복위험성이 인정되지 않는 경우를 살펴본다.

법률, 법률의 위임을 받은 법규명령 또는 법령의 위임에 의해 법령을 보충하여 법규명령과 같은 효력을 가지는 법령보충적 행정규칙 등(이하, 법률, 법규명령, 법령보충적 행정규칙을 합하여 '법령 등'이라 한다)에 그 내용이 일의적으로 명백하게 규정되어 있어 법집행기관이 재량의 여지없이 그 법령 등에 따라 일정한 집행행위를 하여야 하는 경우에는, 법령 등을 위반한 권력적 사실행위는 기본권 침해의 반복위험성이 인정되지 아니한다. 이 경우 법령 등을 위반한 권력적 사실행위는 법치국가에서 요구되는 법률유보원칙과 적법절차원칙에 정면으로 위배되는 것으로 규범적으로 허용되지 않는 행위이며, 이러한 권력적 사실행위의 집행주체인 공무원이 법령준수의무(국가공무원법 제56조)를 위반하는 것이 되기 때문이다.

그리고 권력적 사실행위의 직접적인 근거 법령이 없는 대신 일반적·포괄적 수권조항만 존재하는 경우 또는 권력적 사실행위의 근거 법령 등이 불확정 개념을 사용하거나 재량규정으로 되어 있는 경우로서, 이와 관련하여 행정규칙이 비록 법령 등의 구체적 위임이 없다 하더라도 법령 등의 내용을 일의적으로 명백하게 재량권 행사의 준칙(이하 '재량준칙'이라 한다)을 정한 때에는, 기본권 침해의 반복위험성이 원칙적으로 인정되지 않는다고 보아야 한다(헌재 2016. 4. 28. 2013헌마870 참조). 이러한 재량준칙은 적어도 행정조직 내부에서는 업무처리지침으로서의 효력을 가지는 것이므로, 이를 위반한 권력적 사실행위는 그 집행주체인 공무원이 직무상 복종의무(국가공무원법 제57조)를 위반한 것이 될 수 있기 때문이다.

한편 헌법적 해명의 필요성은 기본권 침해의 반복위험성이 있는 권력적 사실행위가 어떠한 징표를 가지고 있고, 그 징표로부터 일반적인 헌법적 의미를 추출할 수 있는 경우에 한하여 인정된다. 그리하여 일회적이고 특정한 상황에서 벌어진 권력적 사실행위의 경우에는 원칙적으로 헌법적 해명의 필요성이 인정되지 아니하고, 예외적으로 이에 대하여 일반적인 헌법적 의미를 추출할 수 있는 경우에 한하여 헌법적 해명의 필요성이 인정될 수 있다(헌재 2006. 6. 29. 2005헌마703; 헌재 2016. 5. 26. 2013헌마879 등 참조).

법집행기관이 명백한 법령 등 또는 재량준칙을 위반하는 것은 예외적이고 매우 이례적인 것이므로, 이와 같은 권력적 사실행위는 기본권 침해의 반복위험성이 인정되지 아니하고, 특히 법령 등을 위반한 권력적 사실행위는 곧바로 위법하고 위헌적인(적어도 법률유보원칙에 위배된다) 행위가 되는 것이므로 그 행위의 사실인정 여부만 남아 있을 뿐, 원칙적으로 헌법적 해명의 필요성이 인정되지 아니한다. 다만 권력적 사실행위의 근거가 되는 법령 등 또는 재량준칙의 위헌성이 문제되는 때와 같이 예외적인 경우에는 그 권력적 사실행위에 대한 헌법적 해명의 필요성이 인정될 수 있다.[8]

다. 권력적 사실행위에 의한 기본권 침해의 반복위험성이 있는 경우를 살펴본다.

법령 등 또는 행정규칙의 내용이 일의적으로 명백하고, 그러한 법령 등이나 행정규칙에 근거하여 권력적 사실행위가 이루어진 때에는, 이는 이러한 법령이나 행정규칙을 위반한 경우와는 달리 법집행기관이 해당 공권력 행사가 '적법'하다는 인식 하에서 계속적·반복적으로 이루어질 수 있으므로 기본권 침해의 반복위험성이 인정된다.

마찬가지로 권력적 사실행위의 직접적인 근거 법령은 없으나 일반적 또는 포괄적 수권조항이 존재하는 경우 및 권력적 사실행위의 근거 법령 등이 불확정 개념을 사용하거나 재량규정으로 되어 있고 이와 관련한 재량준칙이 존재하지 아니하거나 재량준칙이 존재하더라도 그 준칙 역시 불확정 개념을 사용하거나 재량규정으로 되

---

8) 반대의견은, 공무원이 그 내용이 명백한 법령이나 행정규칙을 위반하는 것은 이례적인 것이므로, 이러한 권력적 사실행위는 원칙적으로 기본권 침해의 반복위험성이 없고 헌법적 해명의 필요성이 인정되지 않는다는 견해인데, 이 견해에 대해, 실질적 법치주의 관점에서는 의문이 제기될 수 있다. 그러나 반대의견은, 권력적 사실행위의 근거 법령이나 행정규칙에 대해 위헌성이 문제되는 때에는 예외적으로 헌법적 해명이 필요성을 인정하여 본안판단을 할 수 있다고 하고 있으므로, 실질적 법치주의 관점에서도 문제의 여지가 있다고 할 수 없다.

어 있는 경우에는, 그 법령 등 및 재량준칙에서 정한 내용에 포섭되는 권력적 사실행위는 '적법'하다는 인식 하에서 계속적·반복적으로 이루어질 수 있으므로 기본권 침해의 반복위험성이 인정될 수 있다.

그리고 '적법'하다는 인식 하에 계속적·반복적으로 권력적 사실행위가 이루어지는 경우에는, 그 근거 또는 관련 법령에서 유래된 권력적 사실행위의 일반적·추상적 내용이 과연 헌법 제37조 제2항에 따른 법률유보원칙이나 과잉금지원칙을 준수하였는지 등에 대해 일반적인 헌법적 의미를 추출할 수 있다면 헌법적 해명이 필요하다고 할 것이다. 물론 계속적 반복적으로 행하여지는 권력적 사실행위라고 하더라도, 청구인이 그 법령 등 및 재량준칙이 정한 내용에서 비롯된 것으로서 일반적인 헌법적 의미를 추출할 수 있는 징표를 가지는 공권력 행사를 문제 삼지 아니하고 개별적·구체적 행위에 대한 규범적 평가만을 다투고 있는 경우에는 헌법적 해명의 필요성이 인정되지 아니한다.

라. 이 사건 폐기행위에 심판의 이익이 인정되는지 여부를 살펴본다.

(1) 형집행법 제92조 제2호는 수용자가 소지해서는 안 되는 금지물품의 종류로 "주류·담배·화기·현금·수표, 그밖에 시설의 안전 또는 질서를 해칠 우려가 있는 물품"을 규정하고 있으며, 같은 법 제93조 제5항은 "소장은 제1항에 따라 검사한 결과 제92조의 금지물품이 발견되면 형사 법령으로 정하는 절차에 따라 처리할 물품을 제외하고는 수용자에게 알린 후 폐기한다."라고 하여 교도소장이 금지물품을 폐기하는 규정을 두고 있다. 그리고 위 법률에서 정한 '그밖에 시설의 안전 또는 질서를 해칠 우려가 있는 물품'에 무엇이 포함되는지에 대하여는 다양한 해석의 가능성이 존재한다. 그런데 피청구인은 형집행법 시행규칙 제214조 제15호에서 수용자가 허가 없이 물품을 변조하는 행위를 금지하는 점을 고려하여, 그러한 규율위반행위에 기하여 염색한 러닝셔츠가 교정시설 내의 규율과 질서유지에 어려움을 초래할 수 있다고 판단하였으며, 이에 따라 청구인이 염색한 러닝셔츠를 형집행법 제92조 제2호의 '그 밖에 시설의 안전 또는 질서를 해칠 우려가 있는 물품'에 해당한다고 보아 같은 법 제93조 제5항에 근거하여 이 사건 폐기행위를 한 사실이 인정된다.

청구인은 피청구인이 청구인의 러닝셔츠를 폐기한 행위가 청구인의 재산권 등을 침해한다고 주장하고 있다. 이러한 청구인의 주장은 자신에 대하여 이루어진 특정 일자의 러닝셔츠 폐기행위의 개별적·구체적 내용에 대한 고유한 위법성 여부를 다투는 것이라기보다는, 형집행법 등에 근거하여 청구인을 비롯한 수용자에게 계속적·반복적으로 행해지는 '염색한 의류에 대한 폐기행위'에 대한 규범적 평가, 즉 이러한 폐기행위의 근거 규정들에서 유래된 일반적·추상적 내용을 다투면서 이 사건 폐기행위의 위헌성을 주장하는 것이라고 할 것이다. 설령 청구인의 주장이 이 사건 폐기행위 고유의 개별적·구체적 내용에 대한 규범적 평가를 다투는 내용을 포함한다고 보더라도, 청구인이 그러한 특정행위를 포섭하는, 즉 근거 규정들에 의해 이미 일반화되어 있는 권력적 사실행위의 위헌성을 함께 문제 삼고 있는 이상, 이는 법령 등이 정한 내용에 따른 권력적 사실행위로서 '적법'한 행위라는 인식 하에 계속적·반복적으로 행해질 수 있으므로 기본권 침해의 반복위험성을 인정할 수 있다.

(2) 앞서 본 바와 같이, '적법'하다는 인식 하에 계속적·반복적으로 권력적 사실행위가 이루어지는 경우에는 그 근거 또는 관련 법령에서 유래된 권력적 사실행위의 일반적·추상적 내용이 과연 헌법 제37조 제2항에 따른 법률유보원칙이나 과잉금지원칙을 준수하였는지 등에 대해 일반적인 헌법적 의미를 부여할 수 있다면 헌법적 해명이 필요하다고 할 것이다.

청구인이 이 사건 폐기행위에 대한 심판청구에서 문제 삼고 있는 것은 피청구인이 청구인의 염색한 러닝셔츠를 폐기한 행위가 헌법적으로 허용될 수 있는지에 대한 것이다. 이는 이 사건 폐기행위의 근거 규정들에 담긴 일반적·추상적 내용이고, 비록 수용자라 하더라도 행복추구권의 한 내용으로서 러닝셔츠의 색상을 선택할 자유 또는 재산권인 소지 금지물품에 대한 소유권을 당연히 박탈당한다고 단정할 수는 없으므로, 이에 대한 판단은 수용자의 소지 금지물품의 범위와 교도소장의 금지물품 폐기행위의 한계를 확정짓고 이를 통해 수용자의 기본권 침해 여부를 확인하는 것에 해당하여 일반적인 헌법적 의미를 부여할 수 있는 경우로서 헌법적 해명이 필요한 사안에 해당한다.

비록 폐기된 의류의 색상과 형태, 다른 색으로 물들여 변형을 가한 정도와 동기, 다른 수용자들이 소지하고 있는 동종 의류와의 차이 등 구체적인 사정을 고려하여 특정한 권력적 사실행위의 위법 여부에 대한 판단이 달라질 수 있다 하더라도, 교도소장이 형집행법 등에 근거하여 행하는 물품 폐기행위의 한계를 확정짓고 그에 관한 합헌적 기준을 제시하는 문제는 단순히 개별행위에 대한 위법 여부의 문제를 넘어 수용자의 헌법상 기본권 침해와 관련하여 해명이 필요한 사안이므로 당해 사건에만 국한하여 의미를 가진다고 볼 수 없고, 이에 대하여 아직까지 헌법재판소에 의하여 헌법적 해명이 이루어진 바도 없다.

따라서 이 사건 폐기행위의 위헌 여부에 대한 판단은 개별적이고 구체적인 성격을 넘어 일반적인 헌법적 의미를 추출할 수 있는 경우에 해당하고, 이에 대한 해명은 헌법질서의 수호·유지를 위하여 긴요한 사항이라 할 것이므로 그 부분에 관한 헌법적 해명의 필요성도 인정된다.

마. 그렇다면 이 사건 폐기행위에 대한 심판청구는 주관적 권리보호이익은 소멸하였으나, 기본권 침해의 반복 가능성과 헌법적 해명의 필요성이 인정된다 할 것이므로 심판이익은 인정된다 할 것이다.

위법한 권력적 사실행위의 심판이익 사건
(헌재 2017. 12. 28. 2015헌마632)

□ 사건개요 등

청구인들의 변호인은 청구인들의 형사사건 수사기록 중 증거로 제출되지 아니한 기록 전부에 대하여 열람·등사신청을 하였는데, 피청구인 검사는 이를 거부하였다. 청구인들의 변호인은 법원에 위 기록 전부에 대한 열람·등사 허용을 신청하였고, 그 중 일부에 대하여 열람·등사 허가 결정을 받았으나, 피청구인은 열람·등사 허가를 받은 서류에 대하여 열람만을 허용하고 등사를 허용하지 아니하였다. 청구인들은 피청구인의 이러한 등사 거부행위(이하 '이 사건 등사 거부행위'라 한다)에 대하여 헌법소원심판을 청구하였다.

헌법재판소는, 이 사건 등사 거부행위는 청구인들의 신속·공정한 재판을 받을 권리 및 변호인의 조력을 받을 권리를 침해한다고 판단하였다. 이에 대하여 이 사건에서 주관적 권리보호이익이 없다고 볼 경우 심판이익은 인정되지 않는다는 재판관 안창호의 보충의견이 있었다.

보충의견은 이 사건 등사 거부행위가 헌법재판소의 결정을 위배하는 것이므로 기본권 침해의 반복위험성과 헌법적 해명의 필요성이 인정되지 아니하여 심판이익을 인정할 수 없다는 견해인데, 그 중요 내용은 다음과 같다.

첫째, 권력적 사실행위의 기본권 침해의 반복위험성은 권력적 사실행위의 근거 또는 관련 법령에서 유래된 권력적 사실행위의 일반적·추상적 내용에 의한 기본권 침해의 반복위험성을 의미한다. 그리고 통상 권력적 사실행위의 일반적·추상적 내용에 의한 기본권 침해의 반복위험성이 없으면, 특별히 예외적인 경우를 제외하고는 헌법적 해명이 중대한 의미를 가진다고 할 수 없다.

둘째, 법집행기관이 헌법재판소의 위헌결정의 취지에 반하여 권력적 사실행위를 하는 것은 규범적으로 허용되지 아니하는 것이므로, 기본권 침해의 반복위험성이 인정되지 아니하고 헌법적 해명의 필요성도 인정되지 아니한다.

셋째, 헌법재판소는 이미 이 사건 등사 거부행위를 포섭하는 권력적 사실행위의 일반적·추상적 내용에 대하여 청구인의 신속·공정한 재판을 받을 권리 및 변호인의 조력을 받을 권리까지 침해한다는 헌법적 해명을 하였으므로, 이를 위반한 이 사건 등사 거부행위는 기본권 침해의 반복위험성이 인정되지 아니하고 헌법적 해명의 필요성도 인정되지 아니한다.

재판관 안창호 외 1명은 헌재 2016. 10. 27. 2014헌마626 결정의 반대의견에서 법집행기관이 법령이나 행정규칙의 명백한 내용을 위반하는 것은 원칙적으로 기본권 침해의 반복위험성이 인정되지 아니하고 헌법적 해명의 필요성도 인정되지 아니한다는 견해를 표명한 바 있다. 이 사건에서 재판관 안창호의 보충의견은 위 2014헌마626 결정의 반대의견과 같은 맥락에서, 법집행기관이 헌법재판소의 위헌결정의 취지에 반해 권력적 사실행위를 하는 것은 규범적으로 허용되지 아니하는 것이고, 이는 공무원의 고의 내지 과실에 의한 개별적 일탈행위라 할 것이므로 예외적이고 이례적이라고 할 수 있는바, 기본권침해의 반복위험성이 인정되지 아니하고 헌법적 해명의 필요성도 인정되지 아니한다는 견해이다.

□ **보충의견**[9]

나는 이 사건 심판청구는 권리보호이익이 있고, 이 사건 등사 거부행위가 피고

---

9) 법정의견의 내용이 최종 결정문 작성과정에서 일부 변경되어, 재판관 안창호의 의견을 '별개의견'에서 '보충의견'으로 수정하여 수록하였다.

인의 신속·공정한 재판을 받을 권리 및 변호인의 조력을 받을 권리까지 침해한다는 점에 대해서는 다수의견과 견해를 같이한다.

헌법소원은 국민의 기본권침해를 구제하는 제도이므로 헌법소원심판청구가 적법하려면 심판청구 당시는 물론 결정 당시에도 권리보호이익이 있어야 한다(헌재 2016. 10. 27. 2014헌마626). 이 사건 등사 거부행위는 법원이 검사의 열람·등사 거부처분에 정당한 사유가 없다고 판단하고 수사서류의 열람·등사를 허용하도록 결정하였음에도, 검사가 이 중 등사허용결정을 신속하게 이행하지 아니함으로써 수사서류에 대한 열람·등사권의 실현을 방해하는 권력적 사실행위로서의 공권력 행사에 해당하고(헌재 2010. 6. 24. 2009헌마257), 2015. 4. 7. 이미 종료되었다. 일반적으로 권력적 사실행위는 그 행위가 종료됨으로써 기본권 침해 상황이 종료된다. 그러나 이 사건 등사 거부행위와 같이 예외적인 경우에는 권력적 사실행위가 종료된 이후에도 기본권 침해 상황이 계속될 수 있으므로 주관적 권리보호이익이 인정된다.

다만 이 사건 등사 거부행위와 관련하여 헌법재판소의 헌법적 해명이 있었으므로 다수의견과 달리 주관적 권리보호이익이 없다고 볼 경우, 이 사건 심판청구는 심판이익이 인정되지 아니한다고 생각하므로 아래와 같이 그 의견을 밝힌다.

가. 헌법소원제도는 개인의 주관적 권리구제뿐만 아니라 헌법질서를 보장하는 기능도 가지고 있으므로, 헌법소원심판청구가 청구인들의 주관적 권리구제에는 도움이 되지 않는다 하더라도 그러한 침해행위가 앞으로도 반복될 위험이 있거나, 당해 분쟁의 해결이 헌법질서의 수호·유지를 위하여 긴요한 사항이어서 헌법적으로 그 해명이 중대한 의미를 지니고 있는 경우에는 예외적으로 심판이익이 인정될 수 있다(헌재 2012. 8. 23. 2008헌마430; 헌재 2012. 2. 23. 2009헌마333).

그러나 심판이익은 주관적 권리보호이익이 없는 경우에 예외적으로 인정되는 것이므로, 헌법소원을 통해 제기된 기본권 침해 문제가 일반적인 헌법문제로의 의미를 갖는지, 기본권 침해의 정도가 심각하여 헌법적 해명이 중대한 의미를 갖는지, 헌법재판소가 이미 당해 쟁점에 대하여 헌법적 해명을 하였는지, 다른 권리구제절차의 유무 등을 종합적으로 고려하여 신중히 판단하여야 한다.

나. 헌법재판소는 심판이익을 인정하기 위해서 권력적 사실행위에 대한 헌법적 해명이 중대한 의미를 가지고 있어야 한다고 한다(헌재 2014. 3. 27. 2012헌마652; 헌재 2016. 12. 29. 2013헌마142 등 참조).

물론 개개의 권력적 사실행위는 그 행위의 주체·시간·장소·동기·절차·방법·대상 및 법령 등 주변 환경과의 관계 속에서 이루어지는 것이므로 이러한 구체적 사정에 따라 위헌 여부에 대한 판단이 달라질 수 있다. 그러나 헌법적 해명은 단순히 개별적·구체적 권력적 사실행위에 대한 위헌여부의 문제를 넘어, 권력적 사실행위의 근거 또는 관련 법령에서 유래된 '권력적 사실행위의 일반적·추상적 내용'에 의해 침해되는 기본권 또는 헌법질서의 성격과 그 내용을 확인하고 이를 제한하는 행위의 헌법적 한계를 확정짓고 그에 대한 기준을 제시하는 문제이다(헌재 2016. 10. 27. 2014헌마626 재판관 이진성, 재판관 안창호의 반대의견; 헌재 2017. 7. 27. 2016헌마53 재판관 안창호, 재판관 강일원, 재판관 이선애의 반대의견; 헌재 2017. 11. 30. 2016헌마503 참조).

2007. 6. 1. 법률 제8496호로 형사소송법이 개정됨에 따라 공소제기 후 검사가 보관하고 있는 수사서류 등에 대하여 피고인의 열람·등사신청권이 인정되고, 검사의 열람·등사 거부처분에 대한 불복절차가 마련되었다. 즉, 개정 형사소송법은 이러한 검사의 열람·등사 거부처분을 법원의 통제 대상으로 규정하고 검사가 수사서류의 열람·등사에 관한 법원의 결정을 지체 없이 이행하지 아니하는 때에는 해당 증인 및 서류 등에 대한 증거신청을 할 수 없도록 하였다(형사소송법 제266조의3, 제266조의4).

헌법재판소는 2010. 6. 24. 2009헌마257 사건에서, 법원이 위 형사소송법의 규정에 기초하여 수사서류에 대하여 열람·등사를 허용한 결정을 따르지 아니한 검사의 거부행위는 피고인의 신속·공정한 재판을 받을 권리와 변호인의 조력을 받을 권리를 침해한 것이므로 위헌임을 확인하는 결정을 하였다. 즉, 법원이 검사의 열람·등사 거부처분에 정당한 사유가 없다고 판단하고 수사서류의 열람·등사를 허용하도록 명한 이상, 법치국가와 권력분립의 원칙상 검사로서는 당연히 법원의 그러한 결정에 지체 없이 따라야 할 것이므로, 법원의 열람·등사 허용 결정에도 불구하고 검사가 이를 신속하게 이행하지 아니하는 경우에는 해당 증인 및 서류 등을 증거로 신청할 수 없는 불이익을 받는 것에 그치는 것이 아니라 피고인의 신속·공정한 재판을 받을 권리 및 변호인의 조력을 받을 권리까지 침해한다는 것이다.

이 사건은 형사소송법에 기초한 불복절차에 따른 법원의 수사기록에 관한 열람·등사 허용 결정에 대하여, 검사가 열람만 허용하고 등사를 허용하지 아니한 사안이다. 이 사건에서 검사는 법원의 열람·등사 허용결정을 위반하여 열람만 허용하고 등사를 거부한 것이므로, 이는 2009헌마257 사건에서 이미 헌법적으로 해명한 '법원의 수사서류 열람·등사 허용 결정을 따르지 아니한 검사의 거부행위'에 당연히 포섭된다. 즉, 헌법재판소는 이미 이 사건 등사 거부행위를 포섭하는 권력적 사실행위의 일반적·추상적 내용에 대하여 청구인의 신속·공정한 재판을 받을 권리 및 변호인의 조력을 받을 권리까지 침해한다는 헌법적 해명을 하였으므로, 이 사건 등사 거부행위와 관련한 헌법적 해명이 중대한 의미를 가지고 있다고 할 수 없다(헌재 2016. 5. 26. 2013헌마879).

　　다수의견은 이 사건에서 2009헌마257 사건과 달리 검사가 법원의 열람·등사 허용 결정 이후 수사서류에 대한 열람은 허용하고 등사만 거부하였으므로 헌법적 해명이 필요하다고 한다. 그러나 다수의견과 같이 헌법재판소의 헌법적 해명이 이미 있는 권력적 사실행위의 일반적·추상적 내용에 포섭되는 권력적 사실행위에 대해 새로이 헌법적으로 의미있는 주장이 없었음에도 헌법적 해명의 필요성을 인정한다면, 어느 경우에 헌법적 해명이 필요한지 그 기준이 모호해지고 그 필요성을 인정함에 있어 자의적인 결정이 있을 수 있다. 또한 일반적으로 긴요하지 아니한 헌법재판절차가 다시금 진행되어 사법자원의 효율적 배분에도 반할 수 있다. 더욱이 이 사건과 같이 문제되는 권력적 사실행위를 포섭할 수 있는 내용에 대하여 이미 위헌이라는 헌법적 해명이 있다고 한다면, 이를 위반한 권력적 사실행위는 위법행위가 되어 (헌법재판소법 제75조 제1항 참조) 법원을 통한 권리구제가 가능하다고 할 것이므로, 이에 대한 헌법재판절차의 진행은 오히려 신속한 권리구제에 역행할 수 있다.

　　따라서 이 사건 등사 거부행위를 포섭하는 권력적 사실행위의 일반적·추상적 내용에 대한 헌법적 해명이 이미 이루어졌고, 달리 이 사건에서 청구인들은 헌법적으로 의미 있는 주장을 하고 있지 아니하므로, 이 사건 등사 거부행위와 관련하여 중대한 의미를 가지는 헌법적 해명이 필요하다고 할 수 없다.

　　다. 한편 헌법재판소는 심판이익을 인정하기 위해서 기본권 침해의 반복위험성에 대하여도 언급하고 있다.

　　앞서 살펴본 바와 같이, 개개의 권력적 사실행위는 그 행위의 주체·시간·장소·동기·절차·방법·대상 및 법령 등 주변 환경과의 관계 속에서 이루어지는 것이므로 개별적·구체적일 수밖에 없다. 이러한 개별적·구체적 권력적 사실행위는 관련된 사정의 특수성으로 인해 그러한 행위 자체의 반복위험성이 인정되지 아니한다. 따라서 심판이익을 인정하기 위해서 요구되는 권력적 사실행위의 기본권 침해의 반복위험성은 권력적 사실행위의 근거 또는 관련 법령에서 유래된 권력적 사실행위의 일반적·추상적 내용에 의한 기본권 침해의 반복위험성을 의미한다.

그러나 '권력적 사실행위의 일반적·추상적 내용'에 의한 기본권 침해의 반복위험성은 헌법적 해명이 중대한 의미를 지니고 있는지 여부를 판단하기 위한 징표로 기능한다. 통상 권력적 사실행위의 일반적·추상적 내용에 의한 기본권 침해의 반복위험성이 없으면, 헌법적 해명이 필요한 특별히 예외적인 경우를 제외하고는, 헌법적 해명이 중대한 의미를 가진다고 할 수 없다. 또한 그러한 반복위험성이 있다고 하더라도 헌법적 해명이 중대한 의미를 가지고 있지 아니하면 헌법적 해명의 필요성이 인정된다고 할 수 없다. 헌법재판소는 '헌법적 해명이 중대한 의미를 가진 경우' 또는 '기본권 침해의 반복위험성이 있는 경우'에 심판이익을 인정할 수 있는 것으로 표현하기도 하나, 이는 기본권 침해의 반복위험성이 없는 경우에도 예외적으로 헌법적 해명이 필요한 때에 심판이익이 인정될 수 있음을 고려한 표현으로 보인다.

헌법재판소에서 '권력적 사실행위의 일반적·추상적 내용'에 대하여 헌법에 위반된다고 확인한 경우에는 그러한 권력적 사실행위는 기본권 침해의 반복위험성이 인정되지 아니한다. 헌법재판소가 심판대상인 권력적 사실행위의 일반적·추상적 내용이 헌법에 위반된다고 헌법적 해명을 하면, 모든 국가기관과 지방자치단체는 헌법재판소의 위헌결정에 따라야 할 의무가 있다(헌법재판소법 제75조 제1항 참조). 이러한 위헌 결정의 기속력과 헌법을 최고규범으로 하는 법질서의 체계적 요청에 비추어 보면, 법집행기관은 이러한 위헌결정의 취지에 반하여 집행행위를 할 수 없다(대법원 2012. 2. 16. 선고 2010두10907 전원합의체 판결 참조).

물론 법집행기관이 헌법재판소의 위헌결정의 취지에 반하여 권력적 사실행위를 하는 경우가 있을 수 있고, 이러한 경우 기본권을 침해하는 권력적 사실행위가 반복될 수 있다고 볼 수 있는 것은 아닌지 의문이 들 수 있다. 그러나 법집행기관이 헌법재판소의 위헌결정의 취지에 반하여 권력적 사실행위를 하는 것은 위에서 본 바와 같이 규범적으로 허용되지 아니하는 것이고, 이는 공무원의 고의 내지 과실에 의한 개별적 일탈행위라 할 것이므로 예외적이고 이례적인 경우라고 보아야 한다. 만일 이와 같이 규범적으로 허용되지 아니하는 예외적·이례적 일탈행위에 대해서도 권력적 사실행위의 기본권 침해의 위험성을 인정한다면, 사실상 모든 권력적 사실행위에 대한 그 반복위험성을 인정할 수 있게 됨으로써 권력적 사실행위의 일반적·추상적 내용에 의한 기본권 침해의 반복위험성의 의미를 형해화하는 결과를 초래할 수 있다. 또한 헌법적 해명이 중대한 의미를 가지고 있는지 여부를 판단하기 위한 징표로서 기능하는 기본권 침해의 반복위험성의 의미에 비추어 보면, 이 사건에서와 같이 헌법적 해명의 필요성이 인정되지 아니하는 권력적 사실행위는 그 반복위험성을 인정할 필요가 없다.

이러한 사정을 종합하면, 헌법재판소에서 권력적 사실행위의 일반적·추상적 내용에 대하여 헌법에 위반된다고 확인한 경우에는 그 권력적 사실행위에 포섭되는 것은 기본권 침해의 반복위험성이 인정되지 아니한다고 할 수 있다. 위법한 권력적 사실행위와 관련하여 상대방은 헌법재판의 권리보호이익이나 심판이익이 인정되지 아니하는 경우에도 법원에 권리구제절차를 밟을 수 있다.

헌법재판소는 2010. 6. 24. 2009헌마257 사건에서 법원이 검사의 열람·등사 거부처분에 정당한 사유가 없다고 판단하고 수사서류의 열람·등사를 허용하도록 명한 경우에 검사가 이를 신속하게 이행하지 아니하는 것은 헌법에 위반된다고 헌법적 해명을 하였다. 이 사건에서 검사는 법원의 열람·등사 허용결정을 위반하여 청구인에게 열람만 허용하고 등사를 거부하였으므로, 이는 검사가 헌법재판소의 위헌결정의 취지에 반하여 한 권력적 사실행위로서 기본권 침해의 반복위험성이 인정되지 아니한다.

라. 그렇다면 이 사건 등사 거부행위에 대한 심판청구는 주관적 권리보호이익이 없다고 볼 경우 심판이익이 인정되지 아니한다. 다만 입법론적으로는 수사기록 열람·등사 허용 여부의 중대성 및 신속한 절차진행의 필요성에 비추어 볼 때, 법원의 열람·등사에 관한 결정에 대한 불복수단으로 '집행정지효가 있는 즉시항고'를 명문으로 허용하는 것을 적극 검토하는 것이 바람직하다 할 것이다.

제소기간이 도과된 행정처분 사건

(헌재 2014. 1. 28. 2010헌바251)

□ 사건개요 등

청구인들은 구 산업자원부장관이 허가한 풍력발전소 설치사업(이하 '이 사건 사업'이라 한다) 부지와 인접한 지역에서 거주하거나 작물을 재배하는 사람들이다. 청구인들은 이 사건 사업에 대한 허가처분(이하 '이 사건 처분'이라 한다)의 하자가 중대·명백하다고 주장하면서 그 무효확인을 구하는 소를 제기하고, 소송 계속 중 '백두대간 보호에 관한 법률' 제7조 제1항 제6호(이하 '이 사건 법률조항'이라 한다)가 헌법에 위반된다고 주장하면서 헌법소원심판을 청구하였다.

헌법재판소는 이 사건 법률조항이 재판의 전제성이 인정되지 아니한다는 이유로 각하하였다. 이 결정에는 위 조항에 대해 재판의 전제성을 인정하는 재판관 4명의 반대의견이 있었다. 법정의견은 행정처분에 대한 제소기간이 도과한 후 그 처분에 대한 무효확인의 소를 제기한 경우, 그 행정처분의 근거법률은 당해 사건 재판의 전제성이 인정되지 않는다는 견해인데, 그 중요 내용은 다음과 같다.

첫째, 당해 사건의 재판에 직접 적용되지 않는 법률조항이라 하더라도, 그것이 헌법에 위반되는지 여부에 따라 당해 사건의 재판에 직접 적용되는 법률조항의 위헌 여부가 결정되거나 그 의미가 달라짐으로써 당해 사건의 재판에 영향을 미치는 경우 등과 같이, 양 규범 사이에 내적인 관련이 있는 경우에는 간접적으로 적용되는 법률조항에 대해서도 재판의 전제성이 인정될 수 있다.

둘째, 법령이 정한 제소기간의 경과 등으로 그 행정처분에 대하여 더 이상 취소소송을 제기하여 다툴 수 없게 된 때에는, 비록 그 행정처분의 근거법률에 대하여 위헌결정이 있다 하더라도 그 위헌결정으로 인해 그 행정처분이 무효로 되는 것은 아니므로, 그 법률은 재판의 전제성이 인정되지 아니한다.

셋째, 헌법재판소는 행정처분의 근거가 된 법률에 의해 침해되는 기본권이 중요하며 그 법률에 대한 헌법적 해명이 긴요히 필요한 경우에는, 근거법률에 대한 위헌결정이 행정처분의 효력에 영향을 미칠 여지가 없는 때에도 헌법질서의 수호자로서의 사명을 다하기 위하여 예외적으로 근거법률에 대해 본안판단을 할 수 있다.

법정의견은 종래 헌재의 결정을 따른 것으로, 제소기간이 경과한 행정처분에 대하여 우회적인 방법으로 이를 다투는 것을 허용함으로써 야기될 수 있는 행정쟁송제도의 혼란을 피하고 법적 안정성을 도모하기 위한 것이다. 다만 법정의견은 행정처분의 근거가 된 법률에 의해 침해되는 기본권이 중요하며 그에 대한 헌법적 해명이 긴요한 경우에는 예외적으로 본안판단에 나아갈 수 있도록 하여 헌법수호에 소홀함이 없도록 하였다.

□ **법정(각하)의견**

가. 재판의 전제성의 의미

재판의 전제성은 위헌법률심판과 헌법재판소법 제68조 제2항의 헌법소원심판이 가지는 구체적 규범통제절차로서의 본질을 드러내 주는 요건으로서(헌재 1993. 5. 13. 92헌가10 등 참조), 헌법재판소법 제68조 제2항의 헌법소원심판청구가 적법하려면 당해 사건에 적용될 법률이 헌법에 위반되는지 여부가 재판의 전제가 되어야 하고, 여기에서 법률의 위헌 여부가 재판의 전제가 된다는 것은 그 법률이 당해 사건에 적용되고, 그 위헌 여부에 따라 재판의 주문이 달라지거나 재판의 내용과 효력에 관한 법률적 의미가 달라지는 것을 말한다(헌재 2010. 9. 30. 2009헌바101).

나. 간접 적용되는 법률조항과 재판의 전제성

당해 사건의 재판에 직접 적용되지 않는 법률조항이라 하더라도, 그것이 헌법에 위반되는지 여부에 따라 당해 사건의 재판에 직접 적용되는 법률조항이 헌법에 위반되는지 여부가 결정되거나 그 의미가 달라짐으로써 당해 사건 재판에 영향을 미치는 경우 등과 같이, 양 규범 사이에 내적인 관련이 있는 경우에는 간접적으로 적용되는 법률조항에 대해서도 재판의 전제성이 인정될 수 있다(헌재 2001. 10. 25. 2000헌바5; 헌재 2011. 10. 25. 2009헌바234 등 참조).

이 사건 처분은 직접적으로는 전기사업의 허가에 관한 구 전기사업법 제7조 제1항에 근거한 것이어서 이 사건 법률조항이 당해 사건 재판에 적용되는 법률조항에 해당하는지 의문이 제기될 수 있다. 그러나 이 사건 처분에 의하여 허가된 이 사건 사업은 백두대간 보호지역 중 핵심구역 안에서 신·재생에너지에 속하는 풍력을 이용하여 전기를 생산하는 발전시설을 설치하는 것도 포함하고 있으므로, 이 사건 처분은 그 내용상 '백두대간 보호지역 중 핵심구역 안에서는 건축물의 건축이나 공작물 그 밖의 시설물의 설치 등을 원칙적으로 금지하되, 다만 신·재생에너지의 이용·보급을 위한 시설의 설치 등의 경우에는 예외를 인정하는' 이 사건 법률조항의 요건을 충족하는 것을 당연한 전제조건으로 하는 것이다. 따라서 이 사건 법률조항은 적어도 구 전기사업법 제7조 제1항과 내적 관련이 있는 조항으로서 당해 사건의 재판에 간접 적용되는 법률조항이라고 볼 수 있다.

다. 불가쟁력이 발생한 행정처분과 위헌인 법률에 근거한 행정처분의 효력

비록 위헌인 법률에 기한 행정처분이라고 하더라도 그 행정처분에 대하여 법령에 정한 제소기간이 모두 경과하는 등 더 이상 취소소송을 제기하여 다툴 수 없게 된 때에는 그 뒤에 한 위헌결정의 효력이 이에 미치지 않는다고 보아야 한다.

제소기간이 경과함으로써 그 행정처분을 더 이상 다툴 수 없게 된 뒤에도 당사자 또는 이해관계인이 그 처분의 무효확인소송이나 처분의 효력 유무를 선결문제로서 다투는 민사소송 등에서 언제든지 그 처분의 근거 법률이 위헌이라는 이유를 들어 그 처분의 효력을 부인할 수 있도록 한다면, 그 처분으로 불이익을 받은 개인의 권리구제에는 더없는 장점이 될 수 있다. 그러나 이로 말미암아 제소기간의 규정을 두고 있는 현행의 행정쟁송제도가 뿌리째 흔들리게 됨은 물론, 기존의 법질서에 의해 형성된 법률관계와 이에 기초한 다른 개인의 법적 지위에 심각한 불안정을 초래할 수 있다. 이러한 결과는 헌법재판소법 제47조 제2항이 법률의 위헌결정의 효력을 장래에 미치도록 규정함으로써 법적 안정성을 도모하는 취지에 반하는 것일 뿐만 아니라, 비록 위헌인 법률이라 하더라도 헌법재판소의 위헌결정에 의하여 비로소 형성적으로 그 효력을 잃게 되는 것이므로 헌법재판소의 위헌결정이 있기 전에는 어느 누구도 그 법률의 효력을 부인할 수는 없다는 이치에도 어긋나는 것이다.

이렇게 본다고 하여 위헌법률심판에 의한 구체적 규범통제의 실효성 확보나 개인의 권리구제에 심각한 지장이 생긴다고 단정할 수 없다. 행정처분의 당사자 또는 법적 이해관계인은 그 처분에 대한 법령상의 제소기간이 경과하기 전에 적법한 소송을 제기하고 그 사건에서 그 처분의 근거가 된 법률이 위헌이라고 주장하여 법원이 이에 대하여 위헌법률심판을 제청하는 길과 그 제청신청이 기각되는 경우 헌법재판소법 제68조 제2항에 따라 헌법소원심판을 청구하여 위헌법률 및 이에 근거한 행정처분의 효력을 당해 사건에서 소급적으로 제거할 수 있는 길이 열려 있기 때문이다. 결국 위헌인 법률에 근거한 행정처분의 당사자 또는 법적 이해관계인에게는 법령상 인정된 제소기간 내에 적법한 소송을 제기하여 그 절차 내에서 그 행정처분의 근거가 된 법률 또는 법률조항의 위헌 여부를 다툴 수 있도록 보장하고, 제소기간의 경과 등 그 처분에 대하여 더 이상 다툴 수 없게 된 때에는 비록 위헌인 법률에 근거한 행정처분이라 하더라도 되도록 그 효력을 유지하도록 함으로써 다 같이 헌법상 지켜져야 할 가치인 법적 안정성과 개인의 권리구제를 조화시킴이 바람직한 길이다(헌재 1994. 6. 30. 92헌가18 반대의견; 헌재 1994. 6. 30. 92헌바23 반대의견 참조).

바로 이러한 이유 때문에 대법원은, 행정청이 어떠한 법률에 근거하여 행정처분을 한 후 헌법재판소가 그 법률을 위헌으로 결정한 경우 그 행정처분은 결과적으로 법률의 근거 없이 행하여진 것과 마찬가지여서 하자 있는 것으로 되지만, 일반적으로 법률이 헌법에 위반된다는 사정은 헌법재판소의 위헌결정이 있기 전에는 객관적으로 명백한 것이라고 할 수는 없으므로, 특별한 사정이 없는 한 그러한 하자는 행정처분의 취소사유일 뿐 당연무효사유는 아니라고 판시해 오고 있는 것이다(대법원 1994. 10. 28. 선고 92누9463 판결; 대법원 2001. 3. 23. 선고 98두5583 판결; 대법원 2009. 5. 14. 선고 2007두16202 판결 등 참조).

라. 위헌인 법률에 근거한 행정처분의 효력과 재판의 전제성

(1) 법률의 위헌 여부가 재판의 전제가 된다는 것은 그 법률이 당해 사건에 적용되고 그 위헌 여부에 따라 재판의 주문이 달라지거나 재판의 내용과 효력에 관한 법률적 의미가 달라지는 것을 의미하는바, 근거 법률에 대한 위헌결정이 행정처분의 효력에 영향을 미칠 여지가 없는 경우에는 그 법률의 위헌 여부에 따라 당해 사건 재판의 주문이 달라지거나 재판의 내용과 효력에 관한 법률적 의미가 달라질 수 없는 것이므로 재판의 전제성을 인정할 수 없게 된다. 물론 위헌인 법률에 기한 행정처분이 무효인지 여부는 당해 사건을 재판하는 법원이 판단할 사항이다.

앞서 살핀 바와 같이 대법원은 행정청이 법률에 근거하여 행정처분을 한 후에 헌법재판소가 그 행정처분의 근거가 된 법률을 위헌으로 결정하였다면 결과적으로 그 처분은 법률의 근거가 없이 행하여진 것과 마찬가지가 되어 하자가 있는 것이 된다고 할 것이나, 특별한 사정이 없는 한 이러한 하자는 단지 행정처분의 취소사유에 해당할 뿐이라는 입장이다.

이에 따라, 헌법재판소는 법률이 헌법에 위반된다는 사정은 헌법재판소의 위헌결정이 있기 전에는 객관적으로 명백한 것이라고 할 수는 없으므로 특별한 사정이 없는 한 그러한 하자는 행정처분의 취소사유에 해당할 뿐 당연무효사유는 아니라고 전제한 다음, 제소기간이 경과한 뒤에는 행정처분의 근거 법률이 위헌임을 이유로 무효확인소송 등을 제기하더라도 행정처분의 효력에는 영향이 없음이 원칙이므로, 이미 제소기간이 경과하여 불가쟁력이 발생한 행정처분의 근거 법률의 위헌 여부에 따라 당해 사건 재판의 주문이 달라지거나 재판의 내용과 효력에 관한 법률적 의미가 달라진다고 볼 수 없어, 이 경우는 재판의 전제성을 인정할 수 없다고 판단하여 왔다(헌재 2001. 9. 27. 2001헌바38; 헌재 2005. 3. 31. 2003헌바113; 헌재 2006. 11. 30. 2005헌바55; 헌재 2007. 10. 4. 2005헌바71; 헌재 2010. 9. 30. 2009헌바101 등 참조).

(2) 헌법재판소법 제68조 제2항에 의한 헌법소원심판에 있어 요구되는 재판의 전제성은 헌법재판소법 제41조에 의한 위헌법률심판절차와 마찬가지로 '구체적' 규범통제절차로서의 본질을 드러내 주는 요건이다. 행정처분에 대한 제소기간이 경과한 후 무효확인소송을 제기한 경우, 앞서 살핀 바와 같이 근거 법률의 위헌 여부가 당해 사건 재판의 주문 등에 영향을 미칠 수 없음에도 불구하고 재판의 전제성을 인정한다면, 구체적 사건의 해결과 관계없이 근거 법률의 위헌 여부를 판단하는 것이 되어 구체적 규범통제제도에 근거한 현행 헌법재판제도와 조화되기 어렵다. 설령 구체적 규범통제제도로 인한 규범적 공백에서 발생하는 문제가 있다고 하더라도 이를 메우는 것은 헌법재판소에 주어진 역할이 아니다. 또한 본안 판단의 결과 법률의 위헌결정을 통하여 달성할 수 있는 헌법의 최고규범성 확보 역시 구체적 규범통제를 위한 적법요건 판단 단계에서 고려할 사항은 아니라고 할 것이다.

그리고 헌법재판소법 제47조 제2항은 "위헌으로 결정된 법률은 그 결정이 있는 날부터 효력을 상실한다. 다만 형벌에 관한 법률은 소급하여 그 효력을 상실한다."라고 규정하고 있다. 위 법률규정에도 불구하고, 헌법재판소는 구체적 규범통제의 실효성을 보장하기 위하여 법원의 제청·헌법소원의 청구 등을 통하여 헌법재판소에 법률의 위헌결정을 위한 계기를 부여한 당해 사건 등에 대하여 형벌에 관한 법률 이외에도 소급효가 인정된다고 본다(헌재 2000. 8. 31. 2000헌바6 참조). 위와 같은 예외적인 소급효 인정과 관련하여, 재판의 전제성 부인이 재심청구를 통해 확정판결의 효력을 부인할 수 있도록 규정한 헌법재판소법 제75조 제7항 취지에 부합하지 아니한다는 의문이 제기될 수 있다. 그러나 헌법재판소법 제68조 제2항의 헌법소원절차에서는, 행정처분의 근거 법률이 위헌으로 결정된 경우 그 행정처분의 근거 법률이 소급하여 효력을 상실한다는 전제에서, 그 처분의 효력을 판단하여 당해 사건 재판의 주문 등이 달라지는지 여부에 따라 재판의 전제성 인정 여부를 결정한다. 결국 제소기간이 경과한 행정처분의 근거 법률에 대한 재판의 전제성의 부인은 법률의 위헌결정에 대한 소급효 인정과 서로 조화될 수 없는 것이 아니고 헌법재판소법의 체계에 부합하는 것이다.

그렇다면 앞서 살펴본 헌법재판소의 견해는 여전히 타당하고, 이와 달리 판단할 사정의 변경이나 필요성이 있다고 인정되지 않는다. 다만 헌법재판소는 행정처분의 근거가 된 법률에 의해 침해되는 기본권이 중요하며 그 법률에 대한 헌법적 해명이 긴요히 필요한 경우에는 근거 법률에 대한 위헌결정이 행정처분의 효력에 영향을 미칠 여지가 없는 때에도 헌법질서의 수호자로서의 사명을 다하기 위하여 예외적으로 본안판단에 나아갈 수 있을 것이다(헌재 1993. 12. 23. 93헌가2; 헌재 2013. 7. 25. 2012헌바63 참조).

(3) 이러한 입장에서 이 사건 심판청구를 살펴보면, 먼저 당해 사건은 이 사건 처분에 대한 제소기간이 경과한 후에 제기되었으므로 설령 이 사건 법률조항에 대하여 위헌결정이 있다 하더라도 이 사건 처분이 취소될 수 없다. 또한 이 사건 처분을 할 당시 이미 이 사건 법률조항의 위헌성이 명백하였다고 볼 만한 특별한 사정도 없다. 결국 이 사건 심판청구는 이 사건 법률조항의 위헌 여부에 따라 당해 사건 재판의 주문이 달라지거나 재판의 내용과 효력에 관한 법률적 의미가 달라지는 경우로 볼 수 없고, 따라서 재판의 전제성을 갖추지 못하였다.

기타 중요 사건

□ 사립학교 개방이사제 등 사건(헌재 2013. 11. 28. 2007헌마1189등)[10]

　　이 사건은 사립학교 이사의 4분의 1을 외부 인사들로 구성된 위원회에서 추천한 이사로 선임하도록 한 이른바 '개방이사제'를 규정한 사립학교법 제14조 제3항 및 제4항, 학교법인의 정상화를 위한 이사선임에 관해 사학분쟁조정위원회의 심의를 거치도록 한 사립학교법 제25조의3 제1항, 초·중등학교장의 중임 회수를 1회로 제한한 사립학교법 제53조 제3항 단서 등에 관한 위헌소원 사건이다.

　　헌법재판소는 개방이사제가 사립학교 운영의 투명성과 공정성을 높이고 학교 구성원에게 참여 기회를 부여하기 위한 것으로 학교법인의 사학의 자유와 평등권을 침해하지 않고, 학교법인의 정상화를 위한 이사 선임에 사학분쟁조정위원회에 주도권을 부여한 것은 동 위원회가 공정성과 전문성을 가지고 있고 정관을 통하여 학교법인의 정체성 유지·계승이 가능하다는 이유로 학교법인 등의 사학의 자유를 침해하지 않으며, 초·중등학교장의 중임 회수를 1회로 제한한 것은 교장의 노령화·관료화를 방지하고 학교경영과 교육의 분리를 위한 것으로 교장의 직업의 자유 등을 침해하지 않는다고 결정하였다. 재판관 안창호는 재판관 3명과 함께 사립학교법 제25조의3 제1항에 대해 반대(위헌)의견을 제시하였다.

　　사립학교법 제25조의3 제1항에 대한 반대의견은, 학교법인 이사제도는 학교법인이 영속성을 가지고 설립목적을 실현하기 위한 것인데, 위 법률조항은 학교법인의 정상화를 위한 이사선임 단계에서 학교법인의 정체성을 유지하고 학교법인의 설립목적 실현을 위한 최소한의 장치를 마련하고 있지 않으므로 학교법인 등의 사학의 자유를 침해한다는 견해이다.

　　재판관 안창호는 학교법인 경영의 투명성과 공정성 강화를 위해 개방이사제와 초·중등학교장의 중임회수를 1회로 제한하는 규정에 대해서는 합헌의견을 취하면서도, 학교법인의 영속성을 보장하고 그 운영의 자유와 창의를 존중하기 위해 사학

---

　　10) 이 사건은 재단법인의 재산권과 사립학교의 영속적인 경영과 관련되어 있어, 제8장 '경제질서와 헌법재판제도'에 수록하였다.

분쟁조정위원회의 권한은 조정되어야 한다는 견해를 취하였다.

□ **친일반민족행위 관련 사건**(헌재 2013. 5. 30. 2012헌바19; 헌재 2013. 7. 25. 2012헌가1)[11]

헌법재판소는 '일제강점하 반민족행위 진상규명에 관한 특별법' 제2조 제13호에 관한 위헌소원 사건(헌재 2013. 5. 30. 2012헌바19)에서, 내선융화 및 황민화운동은 일본이 한국민족의 고유성을 말살시키고 한국인을 일본제국주의의 침략전쟁에 동원하기 위해 실시한 정책이었으므로, 위 법률조항이 이를 적극적으로 주도한 행위를 친일반민족행위에 포함시킨 것은 민족의 정통성을 확인하고 사회정의를 구현하기 위한 것으로써 헌법에 위반되지 아니한다고 결정하였다.

그리고 헌법재판소는 '친일반민족행위자 재산의 국가귀속에 관한 특별법' 제2조 제1호 나목 본문에 관한 위헌제청 사건(헌재 2013. 7. 25. 2012헌가1)에서, '일제로부터 작위를 받거나 계승한 자'는 우리 민족을 탄압하는 행위를 한 것이고, 국고귀속의 대상은 일본제국주의에 협력한 대가로 취득하거나 이를 상속받은 재산 등이며, 위 법률조항은 작위를 거부·반납하거나 후에 독립운동에 적극 참여한 자와 같이 친일 정도가 상대적으로 경미한 사람을 제외하고 있으므로, 위 법률조항이 '일제로부터 작위를 받거나 계승한 자'의 재산에 대해 국가귀속을 규정한 것은 친일반민족행위자 후손의 재산권을 침해하지 않는다고 결정하였다.

□ **대형마트 영업규제 사건**(헌재 2018. 6. 28. 2016헌바77 등)

이 사건은 대형마트에 대하여 의무휴업 등 영업규제를 할 수 있도록 한 유통산업발전법 규정에 대한 위헌소원 사건이다. 헌법재판소는 위 법률조항이 대형마트 운영자의 직업수행의 자유를 침해하거나 평등원칙에 위반되지 않는다고 결정하였다. 이 결정에는 재판관 1명의 반대(위헌)의견이 있었다.

헌법재판소는 시장경제의 건강한 발전을 위해서는 개인과 기업의 자유와 창의

---

11) 이 사건은 개인과 기업의 경영과 관련된 것은 아니지만, 개인의 재산권과 관련된 사건이므로 제8장 '경제질서와 헌법재판제도'에 수록하였다.

를 기본으로 하면서도, 헌법 제119조 제2항에 따라 국가가 경제영역에서 사회정의를 실현하기 위한 규제와 조정을 할 수 있다는 전제에서, 위 법률조항이 헌법에 위반되지 않는다고 결정하였다. 이 결정은 중소상인들의 성장이 전제되어야 건강한 시장경제질서가 가능하고, 개인과 기업의 자유와 창의가 존중될 수 있으며, 또한 경제민주화에도 기여할 수 있다는 점을 확인하는 의미가 있다.

□ 골프장개발 공용수용 사건(헌재 2014. 10. 30. 2011헌바129 등)

이 사건은 민간개발자가 고급골프장 개발을 위해 사업에 필요한 토지 등을 수용할 수 있도록 한 '지역균형개발 및 지방중소기업 육성에 관한 법률' 제19조 제1항의 '시행자' 부분 중 '제16조 제1항 제4호'에 관한 부분에 관한 위헌소원 사건이다.

헌법재판소는 위 법률조항이 헌법에 위반된다는 취지로 헌법불합치 결정을 하였다. 이 결정에는 재판관 3명의 반대(합헌)의견이 있었다. 이 결정은 고급골프장이나 고급리조트 등 공익성이 낮은 사업에 대해 사인의 재산권을 의사에 반하여 강제로 취득할 수 있는 가능성을 열어둔 것은 헌법상 공익의 필요성이 있는 경우에만 예외적으로 공용수용이 가능하도록 한 헌법 제23조 제3항의 취지에 반하는 것임을 확인하는 의미가 있다.

□ 상속에 관한 관습법 사건(헌재 2016. 4. 28. 2013헌바396등)[12]

이 사건은 "여(女)호주가 사망하거나 출가하여 호주상속 없이 절가된 경우, 유산은 그 절가된 가(家)의 가족이 승계하고 가족이 없을 때는 출가녀(出家女)가 승계한다."는 구 관습법에 대한 위헌소원 사건이다.

헌법재판소는 관습법도 헌법재판소법 제68조 제2항에 의한 헌법소원심판의 대상이 될 수 있으나, 위 관습법은 평등원칙에 위배되지 않는다고 결정하였다. 이 결정에는, 관습법은 헌법재판소법 제68조 제2항에 의한 헌법소원심판의 대상이 될 수 없다는 재판관 3명의 반대(각하)의견과 위 관습법이 헌법에 위반된다는 재판관 안창

---

12) 이 사건 역시 개인과 기업의 경영과 관련된 것은 아니지만, 개인의 재산권과 관련된 사건이므로 제8장 '경제질서와 헌법재판제도'에 수록하였다.

호 외 1명의 반대(위헌)의견이 있었다.

반대(위헌)의견은 관습법이 헌법재판소법 제68조 제2항에 의한 헌법소원의 대상이 된다는 기존의 선례(헌재 2013. 2. 28. 2009헌바129)를 전제로, 남녀의 성을 근거로 하여 차별하는 것은 헌법 제36조 제1항에 의하여 원칙적으로 금지되고, 성질상 남성 또는 여성에게만 특유하게 나타나는 문제 해결을 위해 예외적 경우에 한하여 성차별적 규율이 정당화될 수 있음에도, 위 관습법은 합리적인 이유 없이 남성과 여성을 달리 취급하므로 헌법 제36조 제1항에 위반된다는 견해이다.

부 록

이진성 헌법재판소장, 김이수·김창종·안창호·강일원 헌법재판관 퇴임
2018. 9. 19.

— 헌법재판소 대강당, 헌법재판관 퇴임식 —

退任辭

친애하는 서울고검 직원을 비롯한 검찰 가족 여러분!

저는 오늘 27년 8개월의 검사 생활을 마감하기 위해 이 자리에 섰습니다.

여러분과 함께 제 인생의 가장 소중한 시간을 지낸 검찰을 떠나려고 하니 아쉬움을 억누를 수 없지만, 오랜 세월 저를 이끌어 주고 도와주신 선배, 동료, 그리고 후배 여러분과 직원 여러분에 대한 고마움이 앞섭니다.

되돌아보면 검사의 직은 저에게 과분한 천직이었고 삶의 소중한 자산이었습니다. 또한 국민이 저에게 주시는 소명에 대한 보답으로서, 그리고 공인으로서의 책무를 실천할 수 있는 터전이었습니다.

저는 검찰에 몸담는 동안 부족하지만 정의를 구현하면서도 인간에 대한 사랑을 잃지 않는 멋진 검사를 꿈꾸며 이를 실천하려고 노력하였습니다.

2005년 정치권의 검찰조서의 무력화 시도에 맞서 비장한 결의를 다지면서 대처했던 일, 공익법무관 제도의 도입을 통해 서민 법률 복지에 이바지한 일, 검사직무대리 제도의 시행을 통해 검찰 인력 운영의 효율성에 기여했던 일, 일심회 간첩단 사건을 수사지휘하면서 국가의 안보에 조금이나마 기여했던 일, 17대 총선을 지휘하면서 선거사범에 대한 엄정한 구속기준 정비와 정치인에 대한 압수수색과 계좌추적 수사기법을 정착시켜 금품선거 근절의 전기를 마련했던 일 등은 저의 작은 보람과 긍지로 남아 있습니다.

이 모든 것은 저 개인의 능력이나 노력의 결과가 아니라 하나님의 가호와 그동안 저를 믿고 지탱해 준 선후배, 동료 여러분을 비롯한 검찰가족 한 분 한 분이 있었기에 가능한 일이었습니다.

친애하는 검찰 가족 여러분!

돌이켜 보면 검찰이 걸어온 길은 언제나 험난하였습니다. 그러나 지금 검찰은 어느 때보다 어려운 상황에 놓여 있습니다. 국민으로부터의 곱지 않은 시선에 직면해 있습니다.

세찬 바람과 험한 가시밭길이 검찰을 기다리고 있습니다. 그 길을 가야만 하는 여러분께 사랑하는 마음으로 당부 드리고 싶은 말이 있습니다.

어려운 때일수록 검찰은 원칙과 기본으로 돌아가 자신을 성찰함으로써 위기를 극복해 나가야 합니다.

먼저, **정의를 바로 세워나가는 검찰인**이 되어야 합니다.

칸트는 "하늘이 무너져도 정의는 바로 세워라"라고 하였습니다. "있는 것은 있다 하고 없는 것은 없다"할 수 있는 실력과 용기가 필요합니다.

어떠한 유혹이나 압력에 굴하지 말고 검찰권을 공정하고 불편부당하게 행사해야 합니다. 오직 정의와 진실의 편에 서서 정정당당하게 검찰권이 행사되어야 합니다.

검찰이 정치적 중립과 수사의 독립을 지켜 나가기 위해서는 제도나 정치권력의 의지도 중요하지만 무엇보다 검찰인 한 사람 한 사람의 의지가 중요합니다.

소금이 그 짠 맛을 잃으면 버려져 밟힐 뿐입니다. 검찰은 소금과 같이 짠 맛을 가지고 사회 구석구석에서 정의가 구현되도록 해야 합니다.

정의에 대한 강한 신념을 가지고 이를 실천할 때 비로소 검찰은 국민이 부여한 책무를 다할 수 있는 것입니다.

다음, **인간을 사랑하고 인권을 존중하는 검찰인**이 되어야 하겠습니다.

정의가 없는 사랑만으로는 사회가 유지될 수 없으나 사랑이 없는 정의는 폭력으로 변질될 수 있습니다.

예기(禮記)에 나오는 '대인포의(戴仁抱義)'라는 말과 같이 정의를 구현하기 위해서는 사랑이 전제되어야 하는 것입니다.

검찰인은 국민을 섬기고 아끼는 마음으로 검찰권이 행사될 수 있도록 최선을 다해야 합니다.

국민의 애환이 녹아있는 사건 하나하나에서 엄정하게 법집행을 하면서도, 처벌받는 사람에 대해까지 눈물을 흘릴 줄 아는 따뜻한 검찰인이 되어야 합니다.

"범죄는 엄격하게 다스려도 범인을 미워해서는 안 된다"는 말이 진부해 보이기도 하지만, 그 말 속에 진리가 담겨 있음을 유념해야 할 것입니다.

검찰 수사에 있어 어떠한 일이 있어도 인권침해가 없어야 할 것이며, 그러한 의혹조차 받는 일이 없어야 합니다.

또한, 검찰인은 직무상 다른 사람을 추궁하고 잘잘못을 판단하면서 심성이 황폐화될 수 있음을 유념하여, 소홀하기 쉬운 마음가짐을 바로 잡도록 심성계발에도 노력을 기울여야 할 것입니다.

마지막으로 **청렴한 검찰인**이 되어야 하겠습니다.

검찰은 다른 사람의 잘못을 찾아내어 처벌하는 것을 주된 업무로 하고 있는 만큼 검찰인이 먼저 한 치의 부끄러움도 없어야 할 것입니다.

청렴은 공직자로서 당연한 책무일 뿐만 아니라 특히 우리시대에 국민이 검찰인에 대해 강력하게 요구하고 있는 시대적 명령임을 마음속 깊이 새겨야 합니다.

검찰이 따뜻한 마음과 정의에 대한 신념, 그리고 진실을 밝힐 수 있는 실력을 갖추어 구체적 정의를 실천해 나가면서도 깨끗함이 더한다면, 국민은 검찰을 신뢰하고 사랑을 보낼 것입니다.

친애하는 검찰 가족 여러분 !

저는 여러분의 국가와 국민에 대한 애정과 충정 그리고 역량을 믿습니다.

여러분의 굳은 각오와 열정, 그리고 하나 됨이 함께 할 때 '정의와 인권을 실천하는 신뢰받는 검찰'을 만들 수 있을 것을 확신합니다.

이제 저는 평생을 아끼고 사랑해온 검찰과 검찰가족 여러분의 축복과 건승을 기원하면서 터키의 나짐 히크메크가 옥중에서 희망을 노래한 '진정한 여행'의 한 구절로서 퇴임인사를 마치겠습니다.

'가장 훌륭한 시는 아직 쓰여지지 않았다.

가장 아름다운 노래는 아직 불려지지 않았다.

최고의 날들은 아직 살지 않은 날들

가장 넓은 바다는 아직 항해되지 않았고

가장 먼 여행은 아직 끝나지 않았다.'

여러분, 그동안 정말 고마웠습니다.

안녕히 계십시오.

2012년 9월 14일

서울고등검찰청 검사장　**안 창 호**

就 任 辭

존경하는 헌법재판소 가족 여러분!

반갑습니다.

그리고, 헌법재판관으로 첫발을 내딛는 저를 격려하시기 위해 이 자리에 참석하신 여러분께 깊은 감사의 말씀을 드립니다.

저는 지난 1997년부터 2년간 이곳 헌법재판소에서 헌법연구관으로 근무를 했었습니다. 그때의 추억은 지금도 매우 아름답게 그리고 소중하게 남아 있습니다. 또 그때 만났던 많은 분들을 다시금 뵙게 되니 친근함을 더하기도 합니다.

이제 재판관이 되어 돌아온 지금 더없이 영광스럽지만, 재판관에게 부여된 헌법적 가치의 구현과 국민의 기본권 보장, 사회적 갈등의 치유라는 소임을 다해야 한다는 무거운 책임감과 사명감이 저를 압도하고 있습니다.

헌법재판소 가족 여러분!

헌법재판소는 1988년 설립된 이래 헌법재판을 통해 때로는 기존의 가치질서를 보존하고 때로는 새로운 가치질서를 제시하면서 명실상부한 최고의 헌법해석기관으로 자리매김을 해 왔습니다.

이는 모두 선배 재판관님들을 비롯하여 헌법재판소 가족 한분 한분이 헌법수호의 의지를 갖고 혼연일체가 되어 헌신적인 노력을 기울여 오신 결과라고 생각합니다.

이 자리를 빌려 선배 재판관님들과 여러분의 노고에 경의와 감사를 드립니다.

지금, 우리나라는 서양에서 수백 년 걸쳐 이룩한 민주주의와 경제발전을 수십 년 만에 이룩하였습니다. 이러한 과정에서 국민들의 권익실현의 요구가 높아지고 사회 각 분야에서 갈등이 심화되고 있으며 극단적으로 대립하는 주장들이 곳곳에서 분출하고 있습니다.

이러한 때일수록 헌법재판은 이해관계가 대립하는 모든 분야에서 인간으로서의 존엄과 가치, 그리고 그로부터 파생되는 국민의 기본권을 최대한 보호하고 인간 사이의 연대와 공감을 통한 사회통합을 이루어내야 한다고 생각합니다.

아울러 민주주의와 법치주의, 시장경제의 건전한 발전이라는 헌법질서를 지켜나가는 것 역시 헌법재판소의 중요한 사명이라고 생각합니다.

헌법재판소 가족 여러분!

여러모로 부족한 제가 과연 선배 재판관님들과 헌법재판소 가족 여러분께서 이루어온 빛나는 업적을 이어받아 재판관으로서의 책무와 사명을 잘 수행할 수 있을지 두려움이 앞섭니다.

그렇지만 제가 헌법재판관으로 부름을 받은 이상, 부족하나마 저의 모든 지식과 경험을 바탕으로 헌법의 가치와 이념을 구현하고 국민의 기본권을 신장하며 헌법질서를 수호하기 위해 최선을 다할 것입니다.

우선, 저는 대한민국 헌법에 담긴 여러 중요한 가치를 겸허히 돌아보고 이를 헌법재판에 반영함으로써 헌법적 정의를 구현하는 데 저의 모든 것을 바치겠습니다.

누구의 편에서가 아니라 오로지 진실과 정의의 편에 서서 헌법적 가치를 구현하는데 노력을 게을리 하지 않을 것입니다.

다음으로, 저는 인간에 대한 믿음과 사랑을 기초하여 헌법적 가치가 사회구석구석에서 구현될 수 있도록 최선의 노력을 다할 것입니다.

인간이 인간으로서 갖는 고귀한 권리, 누구라도 함부로 침해할 수 없는 그 권리의 보호와 신장을 위해 부족한 미력이나마 보태려고 합니다.

소수자등 사회적 약자가 희생되지 않도록 섬세하게 배려하는 마음을 가짐으로써, 다수의 권리가 존중되면서도 소수자와 약자의 권익도 최대한 신장되도록 노력할 것입니다.

마지막으로, 저는 열린 마음으로 다양한 의견과 주장에 귀를 기울이면서 우리 사회가 조화와 통합의 길로 나갈 수 있도록 하겠습니다.

우리 사회의 다양한 가치관과 갈등을 조율하여 더욱 발전된 형태의 사회통합을 이루어내도록 힘쓸 것입니다.

아울러 눈에 잘 보이지 않는 진실을 통찰하고 쉽사리 들리지 않는 숨은 목소리를 경청함으로써 우리 사회의 구석구석에까지 헌법정신이 구현될 수 있도록 최선을 다할 것입니다.

헌법재판소 가족 여러분!

저는 헌법재판관이라는 자리를 어떤 권리를 행사하거나 개인의 목적 달성을 위한 자리라고 생각하지 않습니다. 저는 이 자리가 헌법적 가치 구현을 통해 국민을 섬기라는 소명을 받은 자리라고 생각하고 업무에 임하려고 합니다.

저는 국민 한 사람, 한 사람을 섬기도록 노력할 것입니다. 아울러 우리 재판소 가족 한 사람 한 사람을 섬길 것입니다.

우리가 먼저 서로를 신뢰하고 사랑하면서 우리의 소임을 다한다면, 분명 우리 헌법재판소는 국민의 신뢰와 사랑 속에서 최고의 헌법해석기관으로서의 자리매김을 더욱 공고히 할 수 있을 것입니다.

이 자리에 참석하신 여러분께 늘 축복과 은총이 함께 하기를 기원합니다.

감사합니다.

2012년 9월 20일
헌법재판소 재판관 **안 창 호**

退任辭

존경하는 헌법재판소 가족 여러분!

여러 가지로 부족한 제가 헌법재판관의 중책을 별 무리 없이 마치고 정든 재판소를 떠나게 되었습니다.

개인적으로는 2007년도부터 2년간 헌법재판소에서 연구관으로 근무를 한 경험이 있어 우리 재판소에 대한 정이 더 했는지 모르겠습니다.

어려운 여건 속에서도 이른 아침에 출근하셔서 청소하고 나무를 잘 키워주신 아저씨, 아주머니!

청사를 방호하고 아침마다 반가운 인사와 맑은 웃음으로 맞이해 주신 청원경찰과 방호원 여러분!

헌신적으로 행정업무에 매진해 주신 사무처 직원 여러분!

열정적으로 연구업무에 충실하셨던 연구관 여러분!

그리고 평소 존경하는 소장님과 동료 재판관님!

그동안 부족하고 허물이 많은 저에게 베풀어 주신 은혜와 사랑에 머리 숙여 감사의 말씀을 드리고 싶습니다.

헌법재판소 가족 여러분!

저는 재판관으로 취임하면서, 인간에 대한 믿음과 사랑에 기초하여 헌법적 정의와 가치가 우리 사회 구석구석에서 구현될 수 있도록 최선의 노력을 다하겠다고 말씀드렸었습니다.

헌법재판은 우리의 구체적 헌법현실을 파악하고 헌법가치를 궁구하는 여정이었습니다.

보편적 인권의 가치를 실현하는 과정에서 우리 사회의 정치적·경제적·사회적·문화적·역사적 맥락을 파악하는 것은 그리 쉬운 일만은 아니었습니다.

우리 법문화와 사회적 담론에 대한 고민이 없는 결정은 법질서를 혼란스럽게 할 수 있는 공허한 논리일 뿐이며, 사회통합에 오히려 역행할 수 있다는 생각 때문이었습니다.

물론 이러한 헌법현실의 고려는 개인의 기본권을 제약하는 구실이 아니라, 공동체 구성원 전체의 인권이 신장되기 위한 것이어야 했습니다.

무엇이 공법이고 무엇이 공동체의 정의인지, 무엇이 사랑이고 무엇이 공동체 구성원의 인권인지, 무엇이 믿음이고 무엇이 공동체의 신뢰인지를 부족하지만 하나님 앞에서, 그리고 역사 앞에서 떨리는 마음으로 항상 심사숙고 하려고 노력했습니다.

존경하는 국민 여러분!

저에겐 꿈이 있습니다.

갈등과 반목의 골이 평탄케 되고, 마음이 상한 분들이 치유함을 얻고, 국민 모두가 서로 사랑하는 공동체에 대한 꿈이 있습니다.

저에겐 꿈이 있습니다.

우리 구성원 모두가 자유롭고 평등하며 안전하고 행복하며, 도덕적으로는 수준 높고, 물질적으로도 풍요로운 그런 국가공동체에 대한 꿈이 있습니다.

저에겐 꿈이 있습니다.

이제 북한 땅에서도 자유롭게 원하는 것을 말하고, 자유롭게 신앙하며, 결핍과 공포로부터 자유로운 그런 곳이 되는 꿈이 있습니다.

존경하는 국민여러분! 그리고 사랑하는 재판소 가족 여러분!

윤동주의 서시로 저의 말씀을 맺고자 합니다.

죽는 날까지 하늘을 우러러
한 점 부끄럼이 없기를,
잎새에 이는 바람에도
나는 괴로워했다.
별을 노래하는 마음으로
모든 죽어가는 것을 사랑해야지.

그리고 나한테 주어진 길을
걸어가야겠다.
오늘 밤에도 별이 바람에 스치운다.

감사합니다.

2018년 9월 19일
헌법재판관 **안 창 호**

헌재가 이념에 경도되면 국회도 무력화 시킬 수 있다*

통진당 해산 결정의 안창호 헌법재판관

안창호 헌법재판관이 지난 7일 법복을 입고 헌법재판소 대심판정에 섰다. 그는 "지난 6년간 헌정 사상 초유의 역사적 사건 선고들이 이곳에서 이뤄졌다"며 "헌법적 가치 탐구의 여정이었다"고 말했다.

　　노무현 정부 때 진보 성향으로 분류됐던 5명의 대법관을 두고 사람들은 '독수리 5형제'라고 불렀다. 대법원과 최고 법원 자리를 놓고 다퉈온 헌법재판소에도 5형제가 있다. 이명박 정부 때인 2012년 9월 19일에 동시 취임한 5명의 헌법재판관이다. 헌재 5기 재판부의 주축을 이룬 이들은 출생 성분이 여당, 야당, 여야 합의, 대법원장 추천 등으로 제각각이었다. 간통죄 폐지, 통합진보당 해산, 양심적 병역 거부 등 주요 사회적 이슈에 따라 각자 색깔을 드러냈다. 이른바 '배다른 형제들'인 셈이다. 하지만 헌정 사상 최초로 현직 대통령의 파면을 결정하고 정당의 해산을 선언한 것도 이들이다. 퇴임을 앞둔 안창호(61·사법시험 23회) 재판관을 지난 7일 서울 재동 헌법재판소 집무실에서 만나 헌재 재판관 구성에 대한 생각과 나라를 뒤흔든 헌재 결정의 뒷얘기를 들어봤다.

---

* 인터뷰는 2018. 9. 14.자 중앙일보에 게재된 내용이다. 보다 정확한 내용전달을 위해 일부 내용을 보완하였다.

질의 : 정권이 바뀔 때마다 헌법 재판관의 성향이 크게 바뀐다. 요즘 인선을 어찌 보나.

응답 : 이번에 후보자로 지명된 분들과는 개인적 교류가 있거나 근무를 같이한 적이 없어 뭐라고 말씀드리기 어렵다. 다만 정권교체에 따라 구성원 성향이 급격히 바뀌면 헌재 결정이 편향적 해석으로 보일 수 있고 법적 안정성을 해칠 수 있다. 독일은 16명의 헌법 재판관이 있다. 상원과 하원에서 반반씩 선출한다. 하원에선 출석의원의 3분의 2, 재적의원 2분의 1 이상 동의를 받아 지명한다. 좌나 우로 치우친 인사를 배제하고 신망과 능력을 기준으로 인선할 수 있는 장치다. 우리 헌법은 대통령·대법원장·국회가 3명씩 지명하게 돼 있으나 이젠 국회에서 모두 뽑는 게 맞지 않나 싶다. 대법원이나 헌재는 선출된 권력인 국회보다 민주적 정당성이 상대적으로 낮다.

질의 : 헌재 구성이 진보, 좌든, 보수, 우든 편향되면 뭐가 문제인가.

응답 : 국회는 다수결로 의결한다. 법률 제정과 관련해선 5분의 3(현재 180석)이 마지노선이다. 180석 이상을 얻기가 여야 모두 어렵다. 그런데 최근 양심적 병역거부 사건(처벌조항은 합헌, 대체복무 미규정은 위헌 결정)에서 보듯 헌재 재판관 3분의 2가 합의하면 법률을 위헌으로 만들 수 있다. 헌재가 치우치면 국민이 만든 국회의 상호견제 구도도 무력화시킬 수 있다. 국민의 의사와 상반되는 결과가 나올 수 있다. 헌재 구성이 특정 이념에 경도돼서는 안 된다는 뜻이다.

질의 : 박근혜 전 대통령 탄핵 사건 비화는.

응답 : 당시 박한철 헌재 소장이 집중심리제로 결정을 빨리 내리려고 했던 건 국민이 뽑은 대통령의 직무가 정지되고 국무총리가 대행하는 헌법적 위기상황을 신속히 해소해야 한다는 데 재판관들의 의견이 일치했기 때문이다. 처음에는 재판관들 사이에서도 탄핵 사유냐 아니냐를 놓고 의견이 갈렸다. 탄핵하라는 국민의 요구만으로 결정을 내리긴 어려웠다. 재판을 하면서 자료를 보고 끝날 때쯤 심증을 형성했다. 끝까지 치열하게 고민했던 분들이 있었다고만 말하겠다. 막판에는 8대 0 예상을 했다. 재판관들 전원이 무엇이 국민과 국가를 위한 것인지 고민 끝에 내린 결론이다. 보충의견에도 썼지만 이것은 단순히 보수, 진보의 문제가 아니었다.

질의 : 형사 재판이 끝나지 않은 상태에서 탄핵 결정이 내려졌다.

응답 : 그런 결정이 나온 가장 큰 이유는 헌법적 가치와 질서를 무너뜨렸다고 판단했기 때문이다. 최순실 씨가 설립에 관여한 K스포츠재단 등에 기부금을 낸 그 대기업 출연자들이 꼭 해야 하는 일이 두 가지 있다. 정관 작성과 이사 선임이다. 이 두 가지를 하면 출연자들이 재단에서 자신의 의견을 관철시킬 수 있다. 그런데 정관 작성과 이사 선임이 출연자들의 의사와는 무관하게 이뤄졌다. 이것을 용인하면 또 다른 권력형 비리가 나올 수 있는 상황이라 탄핵이 불가피했다. 우리 헌정사에선 모든 대통령이 불행해진 이유는 제왕적 대통령제 때문이다. 대통령의 힘이 분산되면 지금처럼 사활을 걸고 이전투구처럼 하지도 않고 지역갈등도, 여야갈등도 해소될 것으로 본다.

안 재판관은 박한철 전 헌재 소장과 같은 검사 출신이다. 2014년 12월의 통합진보당 정당해산 심판청구 사건 선고 때 유일하게 해산 반대 의견을 낸 김이수 재판관에 따르면 안 재판관이 해산 찬성, 김 재판관이 반대 결정문을 각각 작성했다. 평의 결과는 8대 1 해산 결정.

질의 : 문재인 대통령이 국회의원 시절 "잘못된 결정"이라고 강하게 비난했는데.

응답 : 정치적 입장에 따라 헌재 결정을 비판할 수는 있겠지만, 통진당 해산 결정은 민주주의의 기준점을 제시하고 진보정당이 발전할 수 있는 기틀을 마련해 준 것이다. 결정문에 '민주적 기본질서를 넘지 않는 한 진보정당의 지평을 넓힐 수 있을 것'이라고 적시한 그대로다. 통진당 해산을 편향적이라고 말하는 것 자체가 편향적 시각이다. 그러면 재판관 8명은 편향이고 한 사람만 옳은가. 해산 결정은 문 대통령의 당선에도 도움이 됐다고 생각한다. 그로 인해 종북 프레임에 걸리지 않았다고 본다.

질의 : 독일의 정당 해산과 통진당 해산 간의 차이가 있나.

응답 : 심리 과정에서 독일 헌법재판소가 공산당 해산을 결정할 때의 자료를 참고했는데 자료가 매우 적었다. 반면 통진당 관련 자료는 방대해 강령 등 공식 자료만 갖고도 해산 결정을 내릴 수 있을 정도였다. 또 독일에서는 공산당에 대한 대

대적인 탄압으로 많은 사람이 구속됐다. 우리는 주도세력을 주체사상이라는 이념적 지향점이 같은 사람들로 제한했다. 주도세력을 언급하면서 전과를 나열했다. 민혁당 사건, 일심회 간첩 사건 등은 주사파에 의한 사건이다. 통진당 관련자들이라는 이유만으로 형사처벌은 없었다. 통진당 해산 선고는 여전히 정당하다.

질의 : 대체복무제 관련 양심적 병역 거부 사건에선 소수의견(합헌)을 냈다.
응답 : 재판관 6대 3의 의견으로 헌법불합치 결정이 났는데 우리 현실을 무시한 결정이고 법리적으로도 문제가 있다. 내가 남북문제 전문가다. 1999년부터 2년간 통일법제와 북한 법률을 담당하는 법무부 특수법령과장으로 근무할 때 북한에 네 번 다녀왔다. 당시 6·15 남북공동선언, 북한과 경협 4대 합의 등이 나왔다. 북한은 수령 중심 체제다. 우리 안보 상황은 엄중하다. 청구인들(여호와의 증인)이 요구하는 대체복무의 내용은 집총 거부뿐 아니라 군사 업무를 안 하고 그야말로 사회봉사만 하겠다는 것이다. 사회봉사도 병무청·국방부 등이 감독하는 건 거부한다. 오늘날 국방의 개념이 넓어졌다고 하지만 그럼 소방도 국방인가. 국방은 국토 방위다. 법정의견은 논리 비약이 엄청나다. 헌법에 있는 국방의 의무와 양심적 병역거부자의 대체복무는 (양립하기 어려운) 개념이다. 위헌 쪽 논리는 대상자가 500~600여 명으로 적은 숫자라 국방에 영향이 없다는 것 등이다.

질의 : 가장 기억에 남는 사건은.
응답 : 지난해 7월 시민단체인 부산경실련 기장지역자치모임 회원 2명이 기장군의회가 지역주민의 방청을 불허한 것은 잘못이라며 낸 헌법소원 사건이다. 관련규정은 지방의회에 출석한 군 의원 3분의 2가 의결하면 회의를 비공개로 할 수 있게 해 놨다. 원래 4명이 인용 의견이었으나 막판에 한 분이 돌아서 최종적으로 각하됐다. 지방의회는 의원들이 멋대로 운영한다는 비난이 많다. 시민들이 직접 방청을 하면 이른바 '예산 나눠먹기'도 방지하고 지방의회 활성화에 기여할 수 있다. 국회에서도 자율권을 존중한다며 방청 불허권이 행사된다. 특히 대통령의 권한이 분산되면 국회나 지방의회로 넘어갈 가능성이 크다. 그 경우 시민들의 직접 통제와 감시가 중요해진다. 민주주의 발전을 위해 매우 의미 있는 사건이라고 봤기에 각하됐을 때 안타까움이 컸다. 언젠가 헌재가 인용할 날이 오리라고 믿는다.

제왕적 대통령의 입김 최소화해야
'사법부 적폐 수사' 반복 안 돼
헌법 재판은 진보·보수 문제 아닌
국민과 국가 영향 주는 삶의 문제

질의 : '양승태 사법부'에 대한 적폐 청산 수사를 어떻게 보나.

응답 : 적폐 청산은 헌법적 용어가 아니라서 '사법부에 의한 사회적 폐습과 불의'라고 칭하겠다. 그게 실재한다면 당연히 시정돼야 한다. 다만 사법부 수사는 사법부 독립 및 신뢰와 밀접하게 연관돼 있다. 이런 점을 고려하고 국민의 기본권 보장이라는 관점에서 수사에 임해야 한다. 제왕적 대통령의 권한을 축소해 사법부에 미치는 입김을 최소화해야 이런 사태가 반복되지 않을 것이다.

질의 : 진보 성향으로 분류되는 김이수 재판관과 같은 의견을 낸 적도 있던데.

응답 : 박 전 대통령 탄핵 사건에서 의견이 같았다. 지난달 30일 결정이 선고된 양승태 대법원의 과거사 판결에 대한 위헌 여부 판단에선 나란히 소수의견을 냈다. 다수 의견은 '고문·간첩조작 등 과거사 사건으로 피해를 본 사람의 국가배상 청구권에 민법상 소멸시효(6개월)를 적용하는 건 헌법에 어긋나지만 대법원의 과거사 판결까지 취소할 수는 없다'는 거였다. 나와 김 재판관은 판결까지 취소해야 한다는 의견이었다. 해당 판결들이 '긴급조치 1·9호가 위헌'이라는 2013년 3월 헌재 결정에 배치된다고 봤다. 이처럼 헌법 재판은 좌·우 또는 진보·보수의 문제가 아니다. 삶의 문제다. 국민과 국가에 어떤 영향을 줄 것이냐가 최우선 고려대상이고 그에 입각해 사안별로 소신에 따라 결정을 내리는 게 헌법재판관의 일이다.

질의 : 검사 출신인데 지난 6년이 버겁지 않았나.

응답 : 헌재 구성의 다양화를 위해선 수사 전문가인 검사 출신 재판관이 반드시 있어야 한다. 헌법재판소의 주요 기능 중 하나는 공권력 행사에 의한 기본권 침해를 판단하는 기관인데 공권력 행사의 대표적인 게 수사 아닌가. 그동안 현장의 다양한 얘기를 듣고 결정문에 반영하려고 노력했다. 양심적 병역 거부 사건이나 간통죄 폐지 사건도 우리 현실에 대한 고찰에서부터 판단을 시작해야 했다. 큰 틀에서

사법기관은 사회 변화를 선도하기보다는 현실에 바탕을 두고 안정적, 점진적으로 개혁해 나가는 방향이 바람직하다.

> **질의** : 퇴임 후 계획은.
> **응답** : 공익 활동을 할 생각이고 뭘 할 수 있을지 고민 중이다.

#잉여 질문. 한때 박근혜 전 대통령이 차기 헌재 소장으로 생각했다는 얘기가 있었는데 사실인가? "…" 빙긋이 웃기만 하는 표정, 부정은 아니다. 누구에게나 운명은 있구나, 잠시 생각했다.

안창호 재판관은 …
사법시험 23회(1981년)에 합격한 뒤 대검 공안기획관, 형사부장, 대전지검장, 서울고검장 등을 지냈다. 독일 통일을 연구해 검찰 내 통일 전문가로 통하며 서울중앙지검 2차장 때는 '일심회' 간첩 사건 수사를 지휘했다. 이명박 정부 때 새누리당 추천으로 헌법재판관에 임명됐다. 독립운동가인 도산 안창호 선생과 한자 이름이 같고, 독실한 기독교인인 것도 겹친다. 집무실에는 항상 성경책이 놓여 있다.

저자 약력

대전고등학교
서울대학교(사회학)
서울대학교 대학원(법학, 수료)
미국 미시간대학 로스쿨(방문학자)
제23회 사법시험 합격
법무부 인권과 검사
법무부 특수법령과장(현 통일법무과장)
대검찰청 기획과장
대검찰청 공안기획관
법무부 사법제도기획단장
대검찰청 형사부장
서울고등검찰청 검사장
헌법재판관
황조근정훈장(2010년) 수상
청조근정훈장(2018년) 수상

공법과 정의 ― 안창호 재판관 의견 모음집 ―

초판발행	2019년 3월 1일
지은이	안창호
펴낸이	안종만
편 집	이승현
기획/마케팅	임재무
표지디자인	조아라
제 작	우인도·고철민
펴낸곳	(주) **박영사**
	서울특별시 종로구 새문안로3길 36, 1601
	등록 1959. 3. 11. 제300-1959-1호(倫)
전 화	02)733-6771
f a x	02)736-4818
e-mail	pys@pybook.co.kr
homepage	www.pybook.co.kr
ISBN	979-11-303-3341-0 93360

정 가   45,000원